Zeichen der Freiheit

Das Bild der Republik in der Kunst des

D0671547

ZÜRICH

Bernisches Historisches Museum
Kunstmuseum Bern

1. Juni bis 15. September 1991

Zeichen der Freiheit

Das Bild der Republik in der Kunst des 16. bis 20. Jahrhunderts

Herausgegeben von Dario Gamboni
und Georg Germann
unter Mitwirkung von François de Capitani

21. Europäische Kunstausstellung
unter dem Patronat des Europarates

WITHDRAWN

Verlag Stämpfli & Cie AG Bern · 1991

©
Verlag Stämpfli & Cie AG Bern, 1991

Gestaltung des Kataloges: Peter Sennhauser, Stämpfli + Cie AG, Bern
Gesamtherstellung: Stämpfli + Cie AG, Graphisches Unternehmen, Bern
Printed in Switzerland

ISBN 3-7272-9185-0

Inhalt

Essays

Werkbeschreibungen

Anhang

Geleitwort

Ich freue mich sehr, daß zum ersten Mal in der Geschichte des Europarates eine Europäische Kunstausstellung in der Schweiz durchgeführt werden kann. Daß dieses Ereignis mit der 700-Jahr-Feier der Eidgenossenschaft und dem Jubiläum 800 Jahre Bern zusammenfällt, war zwar nicht bewußt geplant, erweist sich aber als glückliche Fügung.

Die Ausstellung *Zeichen der Freiheit. Das Bild der Republik in der Kunst des 16.–20. Jahrhunderts*, die in der Bundesstadt veranstaltet wird, vergegenwärtigt jene Ausprägungen republikanischen Denkens und Handelns, die die Geschichte Europas seit dem 16. Jahrhundert immer stärker beeinflußt und die sich neben der höfischen Kultur in einer höchst eigenständigen, faszinierenden Form kulturell manifestiert haben. Die republikanische Staatsform, wie sie in der Antike geschaffen und im 18. Jahrhundert philosophisch ausformuliert worden ist, gründet auf den Menschenrechten, den Begriffen der individuellen Freiheit und der kollektiven Verantwortung. Hinzu kommen im 19. Jahrhundert die Ideen der nationalen Selbstbestimmung und der sozialen Gerechtigkeit.

Die Geschichte der Republik ist eine Geschichte der Visionen und Utopien, aber auch der Rückschläge und Niederlagen. Wir leben heute in einer Zeit, in der die Idee der Republik in mehrfacher Hinsicht eine neue Aktualität erhalten hat. Bereits 1814 lieferte Saint-Simon einen Entwurf zum Wiederaufbau der europäischen Staaten auf der Grundlage der Republik und forderte die schrittweise Vereinigung Europas sowie eine einheitliche Wirtschaft und Politik des Kontinents. Die europäische Integration ist heute keine Utopie mehr, sondern zum Teil bereits eine Realität, mit der sich die Schweiz intensiv beschäftigt.

Beim Aufbau des gemeinsamen Europas hat auch sie zweifellos ihren Beitrag zu leisten. Sie könnte in ihrer kulturellen Vielfalt ähnlich modellhaft wirken, wie sie im 18. und 19. Jahrhundert als republikanisches Staatswesen mit einer eigenen politischen Kultur von Interesse war. Die Schweiz stellt aber keinen Sonderfall dar, sondern sie hat lebendigen Anteil an der europäischen Geschichte und Kultur.

Die Ausstellung bietet Anlaß, sich mit der gemeinsamen Geschichte Europas auseinanderzusetzen und sich Gedanken zu machen zur europäischen Identität. Möge sie ein großes und interessiertes Publikum finden.

Ich danke dem Bernischen Historischen Museum und dem Kunstmuseum Bern für die Planung und Organisation der Ausstellung, die mit einem namhaften Beitrag des Bundes unterstützt wird. Mein besonderer Dank geht an die Projektleitung unter dem Vorsitz von Herrn Dr. Hans Christoph von Tavel für ihren enormen Einsatz und an alle, die zum Gelingen der bedeutenden Veranstaltung beigetragen haben.

Flavio Cotti
Bundespräsident

Ehrenkomitee

Flavio Cotti
Bundespräsident

Sten Anderson
Président du Comité des Ministres
du Conseil de l'Europe

Anders Björck
Président de l'Assemblée Parlementaire
du Conseil de l'Europe

Catherine Lalumière
Secrétaire Général du Conseil de l'Europe

René Bärtschi
Regierungspräsident des Kantons Bern

Yves Moret, Botschafter
Ständiger Vertreter der Schweiz beim
Europarat

Alfred Defago
Direktor des Bundesamts für Kultur

Werner Bircher
Stadtpräsident von Bern

Rudolf von Fischer
Burgerratspräsident von Bern

Risto Kivela
Président du Conseil de la Coopération
Culturelle

José Vidal-Beneyto
Directeur de l'Enseignement, de la Culture
et du Sport du Conseil de l'Europe

Europäisches Organisationskomitee

Dr. Hans Christoph von Tavel
Direktor des Kunstmuseums Bern
Generalkommissär

Dr. François de Capitani
Konservator am Bernischen Historischen
Museum
Ausstellungskommissär

Dr. Reinhold Baumstark
Direktor der Fürstlichen Kunstsammlungen,
Vaduz

Prof. Antonio Bonet Correa
Universidad Complutense de Madrid,
Miembro de la Real Academia de Bellas
Artes de San Fernando

Martin Butlin, CBE, FRA
Former Keeper of the Historic British
Collection, Tate Gallery, London

Dr. Görel Cavalli-Björkman
Direktorin der Gemälde und Skulpturen-
sammlung des Nationalmuseums,
Stockholm

Prof. Dr. Wolf-Dieter Dube
Generaldirektor der Staatlichen Museen
Preußischer Kulturbesitz, Berlin

Prof. Andrea Emiliani
Sovrintendente per i Beni Artistici e Storici
di Bologna

Jean-René Gaborit
Conservateur général, chargé de la
Conservation du département des sculptures
du musée du Louvre, Paris

Hofrat Prof. Dr. Konrad Oberhuber
Direktor der Graphischen Sammlung
Albertina, Wien

Dr. Derk P. Snoep
Direktor des Frans Halsmuseum, Haarlem

Dr. Cäsar Menz
Bundesamt für Kultur, Bern

David Mardell
Chef du service de la Culture du Conseil
de l'Europe

Irène Herrenschmidt
Assistante des Expositions d'art du Conseil
de l'Europe

Verantwortlich für das Konzept

Dr. Hans Christoph von Tavel
Direktor des Kunstmuseums Bern
Generalkommissär

Dr. Cäsar Menz
Bundesamt für Kultur

Dr. François de Capitani
Konservator am Bernischen Historischen
Museum, Ausstellungskommissär

Dr. Georg Germann
Direktor des Bernischen Historischen
Museums
Verantwortlich für den Katalog

Harry Zaugg
Ausstellungsgestalter

Wissenschaftlicher Beirat

PD Dr. Marcel Baumgartner,
Privatdozent
Schweizerisches Institut für Kunst-
wissenschaft, Zürich

Dr. Yvonne Boerlin-Brodbeck
Öffentliche Kunstsammlung Basel

Dr. Raffaello Ceschi
Bellinzona

Pierre Chessex
Dictionnaire Historique de la Suisse, Berne

Dr. Dario Gamboni
Rédacteur du catalogue

Prof. Dr. Ulrich Im Hof
Universität Bern

Prof. Dr. Werner Oechslin
Eidgenössische Technische Hochschule Zürich

Prof. Dr. Martin Schaffner
Universität Basel

Prof. Dr. Adolf Max Vogt
Eidgenössische Technische Hochschule Zürich

Prof. François Walter
Universität Genf

Prof. Dr. Beat Wyss
Universität Bochum

Leihgeber

Wir danken allen Personen und Institutionen, die das Zustandekommen der Ausstellung durch Leihgaben ermöglicht haben

Dr. Günter Böhmer, München
Marianne Feilchenfeldt, Zürich
H. Bn. Gyllenhaal, Den Haag
Eberhard Kornfeld, Bern
The British Council, London
Gesellschaft für Schweizerische Kunstgeschichte, Bern
Gottfried Keller-Stiftung
Schweizerische Eidgenossenschaft, Bundesamt für Kultur

sowie allen, die nicht genannt zu werden wünschen.

Unser Dank geht ebenso an die Verantwortlichen der folgenden Sammlungen:

Belgien

Brüssel
Musées royaux des Beaux-Arts de Belgique

Deutschland

Augsburg
Städtische Kunstsammlungen

Berlin
Deutsches Historisches Museum
Staatliche Museen, Gemäldegalerie im Bodemuseum
Staatliche Museen Preußischer Kulturbesitz, Nationalgalerie

Bonn
Bundespräsidialamt

Dessau
Staatliche Galerie Schloß Georgium

Essen
Folkwang Museum

Hamburg
Hamburger Kunsthalle

Leipzig
Museum für bildende Künste

München
Staatliche Graphische Sammlung

Münster
Westfälisches Landesmuseum

Nürnberg
Germanisches Nationalmuseum

Solingen
Bergisches Museum Schloß Burg an der Wupper

Weimar
Staatliche Kunstsammlungen

Frankreich

Arles
Musée Réattu

Auxerre
Musée des Beaux-Arts

Bordeaux
Musée des Beaux-Arts

Colmar
Musée Bartholdi

Compiègne
Musée Vivenel

Grenoble
   Musée des Beaux-Arts

Nantes
   Musée des Beaux-Arts

Paris
   Dépôt des œuvres d'art de la ville
   de Paris
   Mairie de la ville de Paris
   Musée Carnavalet
   Musée du Louvre
   Musée du Petit Palais
   Musée d'Orsay
   Musée National d'Art Moderne
   Musée Picasso

Vizille
   Musée de la Révolution française

Großbritannien

Glasgow
   University Library

London
   British Museum

Italien

Venedig
   Fondazione Scientifica Querini Stampalia
   Galleria dell'Accademia
   Musei Civici di Venezia, Ca' Rezzonico
   Musei Civici di Venezia, Museo Correr

Niederlande

Amsterdam
   Amsterdams Historisch Museum
   Rijksmuseum
   Stedelijk Museum

Den Haag
   Mauritshuis

Haarlem
   Frans Halsmuseum

Leiden
   Koninklijk Pennigkabinet

Österreich

Innsbruck
   Tiroler Landesmuseum Ferdinandeum

Wien
   Akademie der Bildenden Künste
   Graphische Sammlung Albertina

Polen

Krakau
   Nationalmuseum

Portugal

Lissabon
   Museu Nacional de Arte Antigua

San Marino

Museo di Stato della Repubblica
di San Marino

Schweden

Stockholm
   Nationalmuseum

Schweiz

Aarau
   Aargauer Kunsthaus
   Kantonale Kunstsammlung

Baden
   Rathaus

Basel
  Historisches Museum
  Öffentliche Kunstsammlung
Bern
  Berner Kantonalbank
  Bernisches Historisches Museum
  Burgerbibliothek
  Kunstmuseum
  Naturhistorisches Museum
  der Burgergemeinde
  Schweizerisches Alpines Museum
  Stadt- und Universitätsbibliothek
  Staatsarchiv des Kantons Bern
Chur
  Rätisches Museum
Genf
  Bibliothèque publique et universitaire
  Galerie Anton Meier
  Musée d'art et d'histoire
  Musée du Petit Palais
Lausanne
  Musée des Beaux-Arts
  Musée historique de Lausanne
Ligornetto
  Museo Vela
Lugano
  Collection Thyssen-Bornemisza
  Diocesi di Lugano
  Municipalità
Luzern
  Zunft zu Safran
Môtier
  Musée Rousseau
Olten
  Kunstmuseum
Pfäffikon SZ
  Sammlung »Moderne Kunst – unsere
  Gegenwart«

Schaffhausen
  Museum zu Allerheiligen
Solothurn
  Kunstmuseum
Stans
  Museum
Tour-de-Peilz, La
  Commune
Winterthur
  Stadtbibliothek
Zug
  Museum in der Burg
Zürich
  Gesellschaft der Schildner zum
  Schneggen
  Graphiksammlung der Eidgenössischen
  Technischen Hochschule Zürich
  Kunsthaus
  Schweizerisches Landesmuseum

Spanien

Madrid
  Museo del Prado

Ungarn

Budapest
  Museum der Bildenden Künste
  Ungarische Nationalgalerie

Union der Sozialistischen Sowjetrepubliken

Leningrad
  Russisches Museum
Moskau
  Tretjakow-Galerie
  Zentralmuseum der Revolution

Vereinigte Staaten von Amerika

Boston
Museum of Fine Arts

Chicago
The Art Institute of Chicago

New Haven
Yale University Art Gallery

New York
New York Public Library

St. Louis
Art Museum

Tulsa, Oklahoma
Gilcrease Istitute of American History
and Art

Washington
Library of Congress
National Gallery of Art
Phillips Collection
Winterthur, Delaware
Henry Francis du Pont Winterthur
Museum

Verfasser und Übersetzer

Verfasser der Essays

Jochen Becker, Utrecht
Enrico Castelnuovo, Pisa
Thomas Fröschl, Wien
Ulrich Im Hof, Bern
Helga Möbius, Berlin
Martin Warnke, Essen

Verfasser der Werkbeschreibungen

Juerg Albrecht, Bern (Kat. 363)
Bernhard Anderes, Rapperswil (Kat. 52)
Margherita Azzi Visentini, Mailand
　(Kat. 115–138, 141)
Oskar Bätschmann, Gießen (Kat. 381,
　431–434)
Zsuzsa Bakó, Budapest (Kat. 368, 379, 380)
Antoine Baudin, Lausanne (Kat. 382–386)
Marcel Baumgartner, Zürich (Kat. 265)
Lydia Beauvais, Paris (Kat. 79–81)
Jochen Becker, Utrecht (Kat. 88–93, 140,
　336, 337)
Rosemarie Beier, Berlin (Kat. 378)
Anne Bielman, Lausanne (Kat. 75)
Paul Boerlin, Basel (Kat. 42)
Yvonne Boerlin-Brodbeck, Basel (Kat. 271)
Philippe Bordes, Vizille (Kat. 301, 302, 326,
　329–331, 334)
Regina Bühlmann, Bern (Kat. 290, 303, 324,
　332, 333, 371–373, 415, 417, 419–421)
Giorgio Busetto, Venedig (Kat. 305–309)
Martin Butlin, London (Kat. 279, 296)
Danielle Buyssens, Genf (Kat. 339, 423)
François de Capitani, Bern (Kat. 55, 56, 59,
　76, 82, 83, 139, 149–206, 219–224,
　228, 229, 231, 232, 273–276, 287, 288,
　365–367, 468–480)
Lea Carl, Zürich (Kat. 241)
Maria Helena Carvalho dos Santos, Lissabon
　(Kat. 358)

Marie-Claude Chaudonneret, Paris
　(Kat. 403–407)
Pierre Chessex, Bern (Kat. 145–148, 233,
　234, 297)
Dorota Dec, Krakau (Kat. 369)
P. Rainald Fischer, Luzern (Kat. 19)
Thomas Fröschl, Wien (Kat. 214, 215, 304,
　319)
Jean-René Gaborit, Paris (Kat. 77, 78, 266,
　320, 327, 328, 360, 402)
Dario Gamboni, Bern (Kat. 207–213,
　216–218, 230, 325, 356, 359, 441)
Georg Germann, Bern (Kat. 43, 142, 251)
Guénola Groud, Paris (Kat. 409–414, 416)
Hans Haeberli, Bern (Kat. 225–227, 257,
　258, 262, 263, 310–312)
William Hauptman, Lausanne (Kat. 144,
　286, 317, 318, 321, 322, 394–401,
　425–428)
Jutta Held, Osnabrück (Kat. 345–354)
Anne de Herdt, Genf (Kat. 298–300, 315,
　316, 340–344)
Peter Hoegger, Aarau (Kat. 5–15)
Christine Hofmann, Bern (261, 313, 314)
Barbara Huber, Bern (Kat. 70–74)
Philippe Junod, Lausanne (Kat. 291)
Philippe Kaenel, Lausanne (Kat. 278, 364,
　445–450, 454–467, 481–497)
Georg Kreis, Basel (Kat. 442)
Markus Landert, Bern (Kat. 387–391)
Hanspeter Lanz, Zürich (Kat. 22, 23, 25, 26,
　114)
Willy Laureyssens, Brüssel (Kat. 57)
Isabelle Leroy-Jay Lemaistre, Paris (Kat. 361)
Renée Loche, Genf (Kat. 335)
Hans A. Lüthy, Zürich (Kat. 429, 430)
Henriette Mentha Aluffi, Bern (Kat. 65, 451,
　452)
Christian Müller, Basel (Kat. 27–41, 44)
Sigrid Pallmert, Zürich (Kat. 17)
Madeleine Pinault, Paris (Kat. 68, 235–240,
　242–250, 252–256, 259, 260, 272,
　280–285, 289, 338)
Anne Pingeot, Paris (Kat. 408)

Peter Rautmann, Bremen (Kat. 355)
Burkard von Roda, Basel (Kat. 24, 422)
Marie-Louise Schaller, Bern (Kat. 267)
Rudolf Schnyder, Zürich (Kat. 18, 60, 61,
    67, 69, 277)
Benno Schubiger, Solothurn (Kat. 392, 393,
    444)
Derk P. Snoep, Haarlem (Kat. 84–87)
Aenete von Specht, Berlin (Kat. 377)
Johannes Stückelberger, Basel (Kat. 443)
Hans Christoph von Tavel, Bern (Kat. 16,
    45–48, 58, 292–295)
Heinrich Thommen, Binningen (Kat. 424)
Trudy van den Oosten, Utrecht
    (Kat. 92–113)
Thea Vignau-Wilberg, München (Kat. 49,
    50, 53, 54)
Matthias Vogel, Zürich (Kat. 440)
Bernhard von Waldkirch, Zürich
    (Kat. 268–270)
Janusz Walek, Krakau (Kat. 369)
Marc-Joachim Wasmer, Bern (Kat. 357,
    435–439)
Sylvie Wuhrmann, Lausanne (Kat. 62, 143,
    264, 370, 374–376, 418, 453)
Lucas Wüthrich, Zürich (Kat. 20, 51, 66)
Robert L. Wyss, Bern (Kat. 21)
Rolf Zbinden, Bern (Kat. 362)
Franz Zelger, Zürich (Kat. 1–4, 63, 64)

Verfasser der Einleitungen

François de Capitani, Bern

Übersetzer

Der Essay von Enrico Castelnuovo wurde
von Georg Germann übersetzt, die
Werkbeschreibungen von:
Lea Carl, Zürich (Kat. 62, 68, 75, 79–81,
    145–148, 233–240, 242–250, 252–256,
    259, 260, 266, 272, 278, 280–285, 289,
    297, 320, 327, 335, 338, 339, 360, 361,
    364, 369, 375, 402, 445–450, 454–467,
    481–497)
Georg Germann, Bern (Kat. 57, 77, 78,
    84–87, 143, 207–213, 216–218, 230,

264, 279, 291, 296, 299–302, 305–309,
    315, 316, 322, 325, 326, 328–331,
    342–344, 356, 358, 359, 370, 374, 376,
    382–386, 402–414, 416, 418, 423, 441,
    453)
Urs Hobi, Zürich (Kat. 144, 286, 298, 317,
    318, 321, 340, 341, 394–401, 425–428)
Christine Hofmann, Luzern (Kat. 115–138,
    141)

Register der Personennamen

Susanne Ritter-Lutz, Belp

Dank

Wir danken den Verfassern, Übersetzern
und Mitgliedern der Ausstellungskommis-
sionen, außerdem vielen weiteren Helfern,
besonders aber Franz Bächtiger, Bern; Jean-
Luc Barré, Montreuil; Käthy Bühler, Bern;
Tadeusz Chruscicki, Krakau; Géza Csorba,
Budapest; Pierre Ducrey, Lausanne; Heloísa
Magalhïes Duncan, Rio de Janeiro; Klaus
Herding, Hamburg; Urs Hobi, Zürich; Peter
Hoegger, Aarau; Etienne Hoffmann, Lausanne; Balázs Kapossy, Bern; Helmut G.
Koenigsberger, London; Geneviève Lacam-
bre, Paris; Mauro Natale, Genf; Gisèle Ol-
linger-Zinque, Brüssel; Alois Riklin, St. Gallen; Françoise Roberts-Jones, Brüssel; Alexandre Schild, Lausanne; Urs Staub, Bern;
Isabel Tamen, Lissabon; Gerald Stourzh,
Wien. Endlich danken wir den Verantwortlichen des Verlags Stämpfli, Jakob Stämpfli
und Rudolf Stämpfli, dem Buchgestalter Peter Sennhauser, seiner Mitarbeiterin Sonja
Benz (Umschlaggestaltung) und den Mitarbeitern des Graphischen Unternehmens
Stämpfli sowie allen, die uns Photographien
verschafft und die Reproduktionserlaubnis
erteilt haben (siehe hinten, Herkunft der Abbildungen).   D. G. und G. G.

Vorwort

Der anfängliche Titel des Projekts, »Das Bild der Republik«, hat eine doppelte Bedeutung: das Bild, das von einer Republik gemacht wird, also beispielsweise Allegorien auf die Republik, und Bilder, die in einer Republik oder in einer republikanisch gesinnten Gesellschaft entstehen. Dieser doppelten Bedeutung des anfänglichen Titels sind wir in der Ausstellung treu geblieben und haben nach den kunstgeschichtlich relevantesten Kapiteln im Rahmen dieses Themas gesucht. Daß die Schweizerische Eidgenossenschaft zwar nicht im Mittelpunkt der Ausstellung stehe, aber doch einen wesentlichen Platz darin einnehme, wurde von uns erwartet und lag auch in unserer Absicht. So entschlossen wir uns, auf die Kunst der antiken Republiken und auf die der spätmittelalterlichen italienischen Stadtrepubliken nicht einzugehen, sondern mit dem kunsthistorischen Abschnitt zu beginnen, in dem sich erstmals bedeutende und namentlich bekannte Künstler mit dem merkwürdigen staatlichen Gebilde der Eidgenossenschaft auseinandersetzten: an jener Nahtstelle zwischen Mittelalter und Neuzeit, an der Humanismus und kirchliche Reform sich berührten und gegenseitig durchdrangen und ein neues Zeitalter einleiteten. Das früheste Kunstwerk, das wir – mit Ausnahme von einigen Münzen – ausstellen, ist der Zyklus von eidgenössischen »Standesscheiben« von Lukas Zeiner (Kat. 5–15). Es handelt sich um einen Beschluß der Tagsatzung, der regelmäßigen Konferenz von Abgesandten der miteinander in der Eidgenossenschaft verbündeten Orte, ihren Ratssaal im Rathaus zu Baden (Kanton Aargau), mit farbigen Fenstern zu schmücken. Der Zürcher Glasmaler-Werkstatt von Lukas Zeiner wurde der Auftrag erteilt, einen Zyklus von zehn Wappenscheiben der damaligen Bundesorte zu schaffen, dazu das Stadtwappen von Baden. Der Zeitpunkt dieses Auftrags unterstreicht dessen Bedeutung: Er erfolgte unmittelbar nach dem »Schwaben«- oder »Schweizerkrieg«, in dem sich die Eidgenossen faktisch aus dem Reichsverband lösten und ihre Souveränität in Anspruch nahmen und behaupteten. »Wenn die Berner Münsterscheiben gemeinhin für das letzte große Zeugnis der spätmittelalterlichen Glaskunst gehalten werden, so darf die Serie aus dem Badener Tagsatzungssaal als erster einheitlich konzipierter Scheibenzyklus des bürgerlich-weltlichen Zeitalters gelten« (HOEGGER 1976, S. 229).

Der überwiegende Teil der Bilder der Republik entstand im öffentlichen Raum bürgerlicher Kulturen. Diese Ausstellung und ihr Katalog sind somit ein Dokument der abendländischen bürgerlichen Kunst. Aber der Begriff der »Republik« deckt sich weder historisch noch kunsthistorisch mit dem

Begriff des »Bürgertums«. Wie es der Name »Res publica« besagt, ist »republikanische« Kunst eine »öffentliche« Kunst, während eine private bürgerliche Kultur auch in nicht republikanisch organisierten Gesellschaften blühen
kann. Unsere Ausstellung enthält deshalb fast ausschließlich Werke der
Kunst, die in irgendeiner Form an die Öffentlichkeit gerichtet sind oder ein
öffentliches Motiv zum Thema haben: vom Rathaus bis zum Flugblatt.

Die Staatsform der Republik unterscheidet sich von den übrigen Staatsformen dadurch, daß ihre Oberhäupter und Behörden vom Volk oder von
einem Teil desselben gewählt werden. Somit fallen unter den Begriff »Republik«, wie Ulrich Im Hof dies in seinem nachfolgenden Beitrag darlegt,
nicht nur Demokratien, sondern auch Aristokratien und Oligarchien. Für die
Kunst hat dies eine außerordentliche Vielfalt von Themen, Ausdrucksfor-
men und Stilen zur Folge. Findet man praktisch keine Übereinstimmung
zwischen der aristokratischen Kultur der Republik Venedig und der Kultur
der demokratischen Republik Appenzell beispielsweise, so sind die Berührungspunkte zwischen der Kultur Venedigs und der aristokratischen Kultur
Berns im Ancien Régime recht zahlreich.

Die Kunst der Republiken grenzt sich nicht scharf gegenüber der Kunst
anders organisierter Staaten ab. Dies gilt für die Thematik ebenso wie für
die Formensprache. So sind die antikisierenden Themen in der französischen Kunst des 18. Jahrhunderts zunächst nicht Aufträge der Republik, sondern entsprechen der Mode »à l'antique« in der höfischen Gesellschaft und
dienen der Evokation der auch in der Monarchie geschätzten republikanischen Bürgertugenden. Die Bilder gehen den politischen Konsequenzen
voraus. Andererseits nimmt die Kunst Venedigs im Spätbarock »höfische«
Züge an. Es bedarf in jedem Falle der ganzheitlichen Betrachtung jedes einzelnen Kunstwerks, um im Zusammenspiel zwischen Entstehungsgeschichte,
Thema und Formensprache den spezifisch »republikanischen« bzw. »höfischen« Charakter zu erkennen. Dies hängt nicht zuletzt damit zusammen,
daß auch für die Lebensformen der gesellschaftlich höherstehenden Schichten der Republiken die europäischen Höfe Vorbilder waren.

Im Laufe der Arbeit mußten wir erkennen, daß zwar im Ancien Régime
die Republiken klar von den Monarchien unterschieden werden können
und sich eine spezifische künstlerische Struktur herausarbeiten läßt. Dies gilt
bis zu den Anfängen der Vereinigten Staaten von Amerika nach der Unabhängigkeitserklärung. Aber von der Französischen Revolution an drängte
sich immer gebieterischer eine veränderte Betrachtungsweise auf. Wohl lassen sich Merkmale der schweizerischen Kunst oder der Kunst der Dritten
Republik in Frankreich aufzeigen, wohl bildet das Jahr 1848 einen eigenen
Abschnitt auch in der Geschichte der Kunst, aber der Begriff der »Nation«
oder die Volksaufstände, die – wie etwa in Griechenland – letztlich nicht

zur Republik, sondern zu einer Monarchie führten, ließen sich in der Geschichte der Kunst nicht entflechten. Da uns aber daran gelegen war, nicht nur eine Ausstellung über die Kunst der Republiken im Ancien Régime zu veranstalten, sondern die Wirkungen republikanischen Denkens in der Kunst bis ins 20. Jahrhundert zu verfolgen, mußten wir den Titel »Das Bild der Republik« in die zweite Zeile verbannen. Je länger desto deutlicher stellten wir fest, daß »Republik«, dieser so weit gefaßte Begriff für die verschiedensten Staatsformen, im 19. und 20. Jahrhundert kein Thema für die Kunst mehr sein konnte. Dagegen erkannten wir, daß die Motivation zur Durchsetzung republikanischen Gedankenguts in den europäischen Ländern und in den Vereinigten Staaten immer wieder das Streben nach politischer Freiheit war – sei es im Sinne der individuellen Freiheit der Bürger, sei es im Sinne der Freiheit eines ganzen Volkes, das sich aus den Fesseln der Fremdherrschaft löste. So kam es zum Titel »Zeichen der Freiheit – Das Bild der Republik in der Kunst des 16.–20. Jahrhunderts«.

Selbstverständlich bedarf auch dieser Titel der Erklärungen und Abgrenzungen. Es geht in dieser Ausstellung nicht um Zeichen der Freiheit in der Kunst schlechthin. So trifft selbst die nächstliegende Interpretation, die der individuellen künstlerischen Freiheit, für das Ausstellungsthema nicht zu. Sondern es geht um die politische Freiheit, die das Kennzeichen der in der Republik herrschenden Gesellschaft ist. Die Thematik der Kunst in dieser Ausstellung läßt sich eingrenzen auf die Auseinandersetzung mit der Vorstellung von politischer Freiheit in einer bestimmten Gesellschaft. So kommt es, daß der Besucher sowohl Darstellungen der in sich ruhenden und mehr oder weniger ausbalancierten Republik vor sich hat als auch zahlreiche Bilder des Kampfes um die Republik, von Revolutions- und Freiheitskämpfen, von erfüllten wie von enttäuschten Hoffnungen: Über dem Gesamten steht sozusagen das Ideal der Republik, die aber nur in verschwindend wenigen Fällen zu einer dauerhaften politischen Freiheit des Individuums führte und sehr oft ein für das Individuum tragisches Ende fand. So stellten wir zu unserem Erstaunen fest, daß die Kunst des 19. und 20. Jahrhunderts, sofern sie sich überhaupt mit dem Thema der politischen Freiheit befaßte, verhältnismäßig selten die Erfüllung der republikanischen, politischen Freiheit verkündet, oft jedoch das Grauen des Krieges und die Leiden und die persönlichen Opfer des Individuums vor der Übermacht der physischen Gewalt.

Die letzte künstlerische Konsequenz des Kampfes um die Freiheit stellt die im Ersten Weltkrieg von der Schweiz, von Zürich, ausgehende Dada-Bewegung dar. Die Frage, ob die Ausstellung deshalb mit Werken des Dada abzuschließen sei, haben wir nach sorgfältigen Überlegungen negativ entschieden. Der Einbezug von Dada hätte die Frage nach der künstlerischen Freiheit in den Vordergrund gerückt, die sich nicht mit der politischen Freiheit in der Republik deckt, und hätte eine Darstellung der künstlerischen Freiheit für die Zeit seit 1500 notwendig gemacht, was eine völlig andere Zielsetzung bedeutet hätte. Die individuelle künstlerische Narrenfreiheit kann in einer aufgeklärten hierarchisch organisierten Gesellschaft vermutlich besser gewährleistet werden als in einer Republik. So entschlossen wir uns, die Ausstellung mit einigen wenigen Beispielen aus dem 20. Jahrhundert, in denen republikanische Freiheitsbestrebungen zum Ausdruck kommen, abzuschließen.

Wie manifestieren sich republikanisches Gesellschaftsbewußtsein und Lebensgefühl in der bildenden Kunst? Abgesehen von den Bildthemen selbst wird es schwierig sein, republikanische Kunst auf einen Nenner zu bringen: Der holländischen Bürgertugend und Häuslichkeit antwortet das extreme Raffinement Venedigs, eidgenössischer Biederkeit der Überschwang der Feste in der Dritten Republik, dem Idealismus revolutionärer Bewegung der Realismus des Gezänks in der Demokratie. Das Bild der Republik ist das Bild einer planlosen Vielfalt von Regeln und Gesetzen einzelner Gesellschaften. So wie sich diese einzelnen Gesellschaften geistig und physisch mit der jeweiligen Übermacht auseinandersetzen, so setzt sich auch ihre Kunst mit dem jeweiligen Kanon und Vorbild übermächtiger oder allgemeingültiger künstlerischer Formensprachen und Themen auseinander. Republiken fällt es schwerer, einer »Wiege der Kunst« die nötige Nestwärme zu bieten, als wohlhabenden und kunstbegeisterten Landesvätern und Kirchenfürsten, dafür herrscht in den Republiken oft ein emsigeres Geben und Nehmen von Anregungen und Ideen als in den Residenzen. So darf man »Vielfalt« als Grundstruktur der abendländischen republikanischen Kultur bezeichnen: die Vielfalt, die aus dem Wesen der einzelnen souveränen nationalen Gesellschaften, die sich selbst verwalten, entsteht und die sich verflüchtigt, sobald der Totalitarismus oder eine irgendwie geartete kirchliche oder weltliche Supermacht die Oberhand gewinnt.

Das Thema »Zeichen der Freiheit« genießt heute eine unbestrittene Aktualität. Wie aber steht es mit dem Thema »Republik«? Den Künstlern scheint dieses Thema fernzustehen. Wir hatten Mühe, Namen von Künstlern zu finden, denen die politische Freiheit ein zentrales Anliegen ist. Die Kunst scheint heute mehrheitlich ihre eigenen »globalen« Wege zu gehen und verlacht oder mißachtet das Ringen um eine weltweite Republik autonomer gesellschaftlicher Organismen. Das Stelldichein auf internationalen Ausstellungen und Kunstmessen gilt mehr als die republikanische Selbstverwirklichung partikularer Schichten und Regionen und ihre Herausforderung. Die Massenmedien führen – wie es ihr Name besagt – zu einer Vermassung anstatt zu einer Differenzierung, zu einer Nivellierung und Vereinheitlichung der Kultur anstatt zu einem vertieften Verständnis und zur Anerkennung von Unterschieden. So stellt die Ausstellung letztlich die Frage, ob die Erdbevölkerung in Zukunft eine grenzenlos in sich kommunizierende Weltmasse darstelle oder ob sie sich in einzelne, profilierte »Republiken« gliedert, die in ihrer Gesamtheit einen weltweiten Bund von Einzelrepubliken bildet.

Die XXI. Kunstausstellung des Europarates ist die erste, die in der Schweiz zur Durchführung kommt. Das Bestreben, in den jeweiligen Ländern ein Thema, das der Geschichte ihrer eigenen Kunst entspricht, zur Darstellung zu bringen und zugleich die nationale Teilhabe an der Geschichte der gesamteuropäischen Kunst aufzuzeigen, führte in unserem Lande zunächst zum Thema »Das Bild der Republik«. Dieses ist vom Europarat 1986 genehmigt worden. Die Durchführung wurde auf 1991 festgesetzt, somit auf das Jahr, in dem die Schweizerische Eidgenossenschaft ihr 700jähriges Bestehen seit dem angeblich 1291 auf dem Rütli geschlossenen Bund der drei Waldstätte feiert. Für die Durchführung der Ausstellung wählte der Bundesrat die Bundesstadt Bern.

Das Projekt ist von David Mardell und seiner Mitarbeiterin Irene Herrenschmidt, Abteilung Kunstausstellungen beim Europarat in Straßburg, mit Nachdruck unterstützt worden. Die Verbindung zwischen dem Europarat, den Bundesbehörden für Kultur und den Ausstellungsmachern nahm Cäsar Menz, Chef der Sektion Kunst/Heimatschutz/Denkmalpflege beim Bundesamt für Kultur in Bern, wahr; er beteiligte sich maßgeblich an der Entwicklung des Konzepts. Gestützt auf wichtige Vorarbeiten, die von François de Capitani im Hinblick auf die Präsentation in Straßburg geleistet und von einer gesamtschweizerischen Arbeitsgruppe begutachtet worden war, nahmen Georg Germann, Direktor des Historischen Museums Bern, als Verantwortlicher für den Katalog, François de Capitani als Ausstellungskommissär, Harry Zaugg und Fritz Bürki als Ausstellungsgestalter, Dario Gamboni als Redaktor und Regina Bühlmann als Assistentin sowie der Schreibende als Generalkommissär die Arbeit auf, deren Resultat sie nun vorlegen. Ihnen standen zur Seite ein internationales Expertenkomitee mit Vertretern aus den wichtigsten Leihgeberländern des Europarates und ein nationales Komitee von Fachleuten, die die Arbeit mit Rat und Tat begleiteten; die Namen der Mitglieder der beiden Komitees sind S. XI f. aufgeführt. Das Sekretariat führten Susanne Neeracher und Küngolt Bodmer; die Finanzverwaltung meisterte Hannes Schläfli; die Buchhaltung führte Margrit Bütikofer, die museumspädagogischen Vorbereitungen übernahmen Kathrin Bütikofer, Thomas Meier, Hans Rudolph Reust und Beat Schüpbach; die Public Relations lagen bei Ewa Hess und dem Atelier Jaquet, Bern; allgemeine Assistenz leistete seit Sommer 1990 Markus Landert. Die Beleuchtung der Ausstellung ist Hanspeter Keller und Cri Bertozzi, Wädenswil, zu verdanken, die Ausstellungsbauten der AG Marcel Meier, Brügg, das Modell des Nationaldenkmals (Kat. 444 d) Urs Huber, Kehrsatz.

Die Mittel zur Durchführung der Ausstellung und zur Publikation des Katalogs wurden von der Schweizerischen Eidgenossenschaft, vom Kanton Bern und von der Einwohnergemeinde Bern bereitgestellt; weitere Beiträge leisteten die Burgergemeinde Bern, der Lotteriefonds und die Stanley Thomas Johnson Stiftung. Die Leihgaben stammen aus öffentlichem und privatem Besitz in Belgien, Deutschland, Frankreich, Großbritannien, Italien, den Niederlanden, Österreich, Polen, Portugal, San Marino, Schweden, Spanien, der UdSSR, Ungarn, den USA sowie der Schweiz. Die Leihgeber sind S. XIII ff. aufgeführt. Für besonders aufwendige Koordinationsaufgaben und Bemühungen in den betreffenden Ländern wurden wir unterstützt durch François Barras, Kulturattaché an der schweizerischen Botschaft in Washington, Giulio Cattaneo, Generalkonsul der Schweiz in Venedig, Simon de Dardel, ehemals Kulturattaché an der schweizerischen Botschaft in Paris, Paul Koller, Nachfolger de Dardels, Wolfram Dufner, Botschafter Deutschlands in Bern, Christine Gläser, Kulturattaché an der deutschen Botschaft in Bern, Francis Pianca, Botschafter der Schweiz in Moskau, Giandomenico Romanelli in Venedig, Heidi Tagliavini, Kulturattaché an der schweizerischen Botschaft in Moskau, sowie den Mitgliedern des internationalen Expertenkomitees. Allen Beteiligten sowie allen Mitarbeiterinnen und Mitarbeitern der beiden Museen danken wir für das Zustandekommen dieser Ausstellung.

Hans-Christoph von Tavel

Essays

Ulrich Im Hof

Republik – Demokratie – Freiheit

Regierungsformen, Sozialstrukturen und politische Konzepte

Die Begriffe

Republik kommt von »res publica«, »der öffentliche Bereich«, und bedeutet ursprünglich den Staat und seine Funktionen. Seit der Renaissance aber wird dieser Begriff immer ausschließlicher auf Staaten ohne monarchische Spitze bezogen, Staaten, wo entweder eine Gruppe – die Aristokratie – oder das ganze Volk – die Demokratie – regiert.

Demokratie bedeutet »Herrschaft des Volkes«. Der Begriff wird schon in der griechischen Antike verwendet und im Humanismus auf solche Staaten bezogen, in denen alle, die im Besitz des Bürgerrechtes sind, als Volksversammlung den letzten Entscheid innehaben. Demokratie bedeutet auch politische Gleichheit der Bürger. In der Realität ergibt sich meistens eine Mischform von Demokratie und Aristokratie. Aristokratie bedeutet »Herrschaft der Besten«, das heißt in der Regel der Besitzenden und der Gebildeten. Sie sind die Klasse, die in den entscheidenden politischen Gremien dominiert. Jede Staatsform hat nach klassischer Definition auch ihre Entartungsform. Die Monarchie kann zur Despotie, zur Tyrannis werden, zur Alleinherrschaft des emporgekommenen Machthabers. Die Aristokratie kann zur Oligarchie, zur Herrschaft der Wenigen, das heißt einer bestimmten Sondergruppe, werden oder auch zur Plutokratie, der Herrschaft der »Reichen«, der wirtschaftlich Mächtigen. Die Demokratie kann zur Ochlokratie, zur Herrschaft des »Pöbels«, umschlagen, zur gesetzlosen Willkürherrschaft der Masse. *Freiheit* ist das erste Attribut der Republik. In ihr kann sich der Bürger frei bewegen, frei denken, frei handeln. Auf wirtschaftlichem Gebiet kann Freiheit freie Ausübung der Gewerbe und der Landwirtschaft sein. Freiheit bedeutet auch Garantie für den Besitz, besonders den kleinen Besitz. Freiheit kann auch Freiheit für Minderheiten und für Asylsuchende bedeuten. Diese Freiheiten müssen durch den Staat garantiert sein, sei es durch stillschweigenden Konsens, durch Tradition oder – in der neueren Zeit – durch Kodifizierung, durch Gesetze und schließlich durch Verfassungen. Dergestalt ist Freiheit durchaus auch in einer Monarchie möglich. Die Entartungsformen Despotie, Tyrannis, Diktatur, Oligarchie stellen die Freiheit in Frage.

Zum Grundsatz der Freiheit tritt oft derjenige der Gleichheit. Tatsächlich ist die Freiheit gedacht für alle Bürger gleich welcher sozialer Herkunft. Freiheit nur für die Aristokraten, für den Adel oder das reiche Bürgertum verträgt sich nicht mit dem ursprünglichen Sinn republikanischer Freiheit.

Zur Freiheit gehört auch das Widerstandsrecht des Bürgers oder bestimmter Gruppen von Bürgern, die handeln müssen, wenn die Regierung Freiheits- und Gleichheitsrechte verletzt. In solchen Fällen gilt das »Recht auf Revolution«. Seit der Antike ist der Tyrannenmord als Extremforderung des Widerstandsrechts ein immer wieder diskutierter Gegenstand der Lehre vom Staat. Brutus und Tell sind mythologische Vorbilder des Widerstandsrechtes geworden.

Weil die Republik und in verstärktem Maße die Demokratie von einem Kollektiv regiert werden, entwickelt sie bestimmte Bürgertugenden: Gesetzestreue, Pflichtbewußtsein, Staatsbewußtsein, Unabhängigkeit und Kritik, Genügsamkeit, Arbeitsethos, Rücksicht auf Minderheiten. Gehorsam heißt in der Republik Gehorsam den Gesetzen gegenüber und nur bedingt gegenüber der Obrigkeit. Die Obrigkeit ist ja vom guten Willen der Republikaner abhängig und wird nur respektiert, wenn sie die Gesetze, zu denen der Bürger seine Zustimmung gegeben hat, ausführt. Die Staatsform der Republik ist an sich anspruchsvoll, und die historische Wirklichkeit entfernt sich oft weit von der Idealform.

Die Organisation der Republiken

Die Antike kannte den Stadtstaat als erste Form dessen, was später Republik hieß. Der Stadtstaat wird getragen von freien Bürgern, die unter sich gleich an politischen Rechten sind. Ökonomisch können große Unterschiede herrschen. Es gibt auch in den Republiken eine dienende Klasse, die keinen Anteil an den Bürgerrechten besitzt.

Die antiken Republiken gingen unter. Athen und Sparta, Theben und viele andere rieben sich in gegenseitigen Kämpfen auf und wurden schließlich Rom untertan, das seinerseits die republikanische Staatsform mit der monarchischen des Imperiums vertauschte. Die Republik kam wieder auf, als die erstarkenden Städte des Mittelalters nicht nur wirtschaftlich, sondern auch politisch selbstbewußt wurden. Sie beanspruchten Autonomie und schließlich volle Unabhängigkeit vom ursprünglichen Stadtherrn.

Die voll ausgebildete Stadtrepublik des Mittelalters basiert auf den Organisationen der Bürgerschaft in den Stadtquartieren und den Handwerkskorporationen, den »Zünften«. Sie sind für die Verwaltungsinfrastruktur und die Stadtverteidigung verantwortlich, Quartiere und Zünfte delegieren ihre

Vertreter in den Großen Rat der Stadt, bei welchem die letzte Entscheidung liegt, sofern sie nicht von der gesamten Bürgerschaft in der »Stadtgemeinde« wahrgenommen wird. Ein Ausschuß des Großen Rates, der Kleine Rat, besorgt die eigentliche Gesamtverwaltung, die durch Ratskommissionen, in denen Vertreter beider Räte sitzen, vorberaten wird. Die Spitze der Republik bildet das Amt des Bürgermeisters bzw. von zwei oder mehr Bürgermeistern, die alternierend für ein Jahr »regierend« sind.

Die Stadt verfügt in der Regel über ein kleineres oder größeres Territorium. Dieses wird von Stadtbürgern verwaltet. Die Republik ist Landesfürst.

Eine parallele Erscheinung stellen die ländlichen Demokratien dar, die im Spätmittelalter entstanden sind. Es handelt sich um geschlossene Regionen, meist eine Anzahl von Dorfgemeinden umfassend. Sie sind korporativ gegliedert, die besitzenden Bauern kontrollieren die Dorfstrukturen. In den Großkommunen ist die Volksversammlung, die »Landsgemeinde« oberstes Entscheidungsorgan. Sie wählt das Standeshaupt, den Landammann. Auch dieses Amt ist später doppelt besetzt und wird alternierend ausgeübt. Ein Landrat – aus den Delegationen der einzelnen Dorfschaften bestellt – besorgt die laufenden Geschäfte oder überläßt sie dem Kleinen Rat. Hinter diesen freien Kommunen steht letztlich die mittelalterliche Konzeption vom ursprünglich freien Bauern im Sinn des Ausspruchs: »Als Adam grub und Eva spann, wer war denn da ein Edelmann?«

Die ersten Republiken

Unter den Städten waren es zuerst die italienischen, die zu selbständigen Republiken wurden, vor allem in der Toskana und in der Lombardei. Siena, Florenz und andern gelang es, sich zu eigentlichen Stadtstaaten zu entwickeln und große Politik zu machen. Genua und Venedig konnten respektable Territorien erwerben. Genua besaß die ligurische Küste und Korsika. Venedig verfügte in seiner Machtzeit über ein Reich, das sich von Kreta über die griechischen Inseln, die Adriaküste bis in die Lombardei erstreckte. Bis zuletzt blieben Dalmatien und die Terra Ferma zwischen Friaul und Bergamo in venezianischer Hand. Davon zeugt noch in vielen Städten die Säule mit dem Markuslöwen.

Für die meisten italienischen Städte kam aber einmal der Tag, wo sie entweder durch die mächtigere Nachbarstadt in deren Territorium eingegliedert wurden oder sich zur Monarchie eines besonders starken aristokratischen Geschlechts wandelten. Diese Entwicklung zur »Signoria« konnte nur in Venedig, Genua, Lucca und San Marino sowie in der adriatischen Stadt Ragusa verhindert werden.

Ähnliche Entwicklungen bahnten sich jenseits der Alpen an, wo die Reichsstädte des Heiligen Römischen Reiches, die königlichen Städte in Frankreich, die spanische Städte, die englischen »Boroughs«, die polnischen und russischen Städte – zum Beispiel die Republik Nowgorod – immer stärker und unabhängiger von ihren Herren wurden. Aber nur in der Schweiz und den Niederlanden konnten sich die Städte zu freien Republiken entwickeln und es bleiben.

Vom 16. Jahrhundert an zeichnete sich überall der Trend zur absoluten Monarchie an, die als einzige Regierungsform Ordnung im europäischen Chaos versprach. Die Monarchien haben sukzessive die städtische und die ländliche Demokratie zurückgebunden und entmachtet. Das geschah schon früh in London und in Paris, in den süddeutschen Städten und vor allem in den freien Bauerngemeinden. Bäuerliche Vollfreiheit fand sich schließlich nur noch in den schweizerischen Alpen. Einige isolierte Reichsdörfer überlebten im Deutschen Reich. Relativ selbständig blieben die Tiroler, die Friesen, die Dithmarschen im westlichen Holstein sowie die schwedischen und norwegischen Bauern. Sie bleiben aber alle in den Rahmen einer Monarchie eingegliedert.

Die Föderation von Republiken: die Schweiz und die Niederlande

Schon früh versuchten gleich strukturierte Städte, sich durch gegenseitige Bündnisse abzusichern. Es gab die Lega lombardica, die spanischen Hermandades, die elsässische Dekapolis, die schwäbischen, fränkischen, rheinischen Städtebünde, die Hanse. Dazu die Bündnisse der Schweizerischen Eidgenossenschaft.

Hier handelte es sich um drei Bundessysteme: die Drei Waldstätte bäuerlicher Art, die Stadt Zürich und die Bodenseestädte, die Stadt Bern und ihre Burgundische Eidgenossenschaft. Sie begannen seit dem 14. Jahrhundert zusammenzuarbeiten, bis das Geflecht so enge wurde, daß man nicht mehr aus ihm ausscheren konnte. Die Eidgenossenschaft konnte im Raum, der ursprünglich Habsburg, Savoyen oder Mailand zustand, ihren eigenen republikanischen Willen durchsetzen und die verschiedenen Alpenpässe und Flußwege unter Kontrolle bringen. Schließlich umfaßte die Eidgenossenschaft ein Dutzend städtischer und ein halbes Dutzend ländlicher Kommunen sowie die zwei förderativen Alpenrepubliken Graubünden und Wallis. Als kleinste Republik der Welt galt das Dorf Gersau am Vierwaldstättersee. Es handelte sich um Reichsstädte und Reichsländer, die 1648 aus dem Reichsverband entlassen wurden, aber schon lange vorher selbständige Republiken waren. Die Eidgenossenschaft organisierte sich als »XIII Orte und Zugewandte« (Verbündete) mit gemeinsamer Tagsatzung als oberstem Bundesorgan. Sie hatte vornehmlich die Aufgabe der Konfliktregelung, die Verwaltung der Kondominien, der »Gemeinen Herrschaften«, sowie der Außenpolitik. Alle Orte (bzw. Kantone) führten das Schweizerkreuz in den Kantonsfahnen, kultivierten einen gemeinsamen Gründungsmythos von Rütli, Tell und Burgenbruch sowie die Erinnerung an die Heldenschlachten des 14. und 15. Jahrhunderts. Sie galten lange Zeit als »Kuhschweizer«, d. h. dumme und barbarische Bauern von unritterlicher Natur. Erst im 18. Jahrhundert wurden sie als freie Älpler, als »freie Schweizer«, verherrlicht, ungeachtet aller Ungleichheiten, die sich vom 16. Jahrhundert an immer stärker entwickelt hatten.

Das andere Föderativsystem von Republiken, das niederländische, ist späteren Datums, jedoch handelt es sich auch da um Städte und Landschaften, die sich im Rahmen des Heiligen Römischen Reiches einer bestimmten Selbständigkeit erfreuten. Das Meer mochte da die ähnlich freimachende Funktion haben wie die Alpen. Der harte Absolutismus der spanischen Habsburger prallte im 16. Jahrhundert am entschlossenen Widerstand der durch den Calvinismus verstärkten alten Freiheitlichkeit ab. Als es scheinbar in Europa für einen neuen Staat und gar eine Republik keinen Platz mehr gab, konnten die vereinigten Niederländer nicht nur einen wirtschaftlich und kulturell hervorragenden Staat schaffen, sondern auch ein Weltreich mit Kolonien in allen drei Weltteilen. Allerdings ist diese Föderation von sieben Provinzen nicht ganz Republik im engeren Sinn, denn in den Provinzen wie im Gesamtstaat spielte das Element der Statthalterschaft eine gewichtige Rolle mit monarchischen Tendenzen. Doch während zwei Zeitabschnitten waren die Niederlande echte Republik, denn von 1650 bis 1672 und von 1702 bis 1747 war die Generalstatthalterschaft aufgehoben.

Die Sieben Provinzen besaßen gemeinsam ein größeres Kondominat, die Generalitätslande im Süden. Die Bauernrepublik Drenthe war Verbündete. Die gemeinsame Politik war Sache der »Generalstaaten«. Die Provinz Holland mit ihren vielen Städten spielte eine hegemoniale Rolle.

Die Republik der Neuzeit

Schon die Reformation von Zwingli und Calvin zeigte einen ausgesprochen republikanischen Ansatz. Während das Luthertum und der Anglikanismus sich dem Rahmen monarchischer Staatsformen anpaßten, betrachtete sich die reformierte Gemeinde als Heilsgemeinde der ganzen Bürgerschaft. Die Reformation in Zürich, in verschiedenen Schweizer Städten und Ländern und in Genf vollzog sich als Volksbeschluß der Stadt- bzw. der Landgemeinde.

Die Kirche selbst war – zumindest nominell – durch die Synode aller Geistlichen verwaltet und trug damit einen demokratischeren Charakter als die von Bischöfen und Generalsuperintendenten verwaltete römisch-katholische, anglikanische und lutherische Kirche. Desgleichen standen die Reformierten auf dem Boden von durchaus republikanisch-bürgerlichen Wertmaßstäben, nicht nur mit ihrem Arbeitsethos. Auch wenn Ansätze zur freien Predigt und zum Widerstandsrecht in der Theorie der reformierten Kirchen lagen, so wurden sie doch bald von der Staatsrealität zurückgebunden. Auch Republiken machten eben ein wenig den Absolutismus mit.

Aber im 17. Jahrhundert versuchten die englischen Puritaner, die Calvinisten und andere nonkonformistische Gruppen, eine republikanische Revolution gegen das absolutistische Königtum durchzuführen. Für elf Jahre trat tatsächlich nach Beseitigung des Königs im durch Oliver Cromwell geführten »Commonwealth« ein »Free-State« unter Leitung des Parlaments an die Stelle der Monarchie. Eine Generation später kam es 1688 zur »Glorreichen Revolution«, die zwar den König beließ, aber die effektive Macht dem Parlament gab, das nun weiterhin eine Politik der Freiheit betreiben konnte, die in Europa bald als Vorbild galt: Schutz persönlicher Freiheit, Toleranz für alle protestantischen Bekenntnisse, weitgehende Pressefreiheit. Andere Monarchien, d. h. die dänische (mit Norwegen) und die schwedische (mit Finnland), setzten im Laufe des 18. Jahrhunderts den Absolutismus des Monarchen außer Kraft. Sie waren – wie Voltaire sich ausdrückte – »libre sous les rois«. Also war eine freiheitliche Regierung möglich, ohne formal Republik zu sein.

Die Republiken hatten es nicht immer leicht in diesem Zeitalter der Könige und ihrer Minister. Die Republik Genf zerstritt sich in Bürgerwirren über die Prinzipien – das aristokratische wurde von einem Verwaltungspatriziat, das demokratische von den aufstrebenden Kaufleuten vertreten. Genf wurde schließlich 1782 durch eine militärische Intervention der Königreiche Frankreich und Sardinien sowie der Republik Bern zur Räson gebracht, d. h. zur Aristokratie zurückgeführt. Als sich 1785 in den Niederlanden eine Patriotenpartei anmaßte, das Statthalteramt wieder abzuschaffen, erfolgte zwei Jahre später dessen Restauration durch das Königreich Preußen. In den englischen Kolonien in Nordamerika gelang jedoch der große Wurf einer Neugründung einer Republik in Form der Revolution gegen eine Kolonialherrschaft. Die 13 Kolonien basierten schon von ihrer Gründung an auf republikanischen Prinzipien: Selbstverwaltung, Gleichheit der Siedler, Freiheit im Handel und oft auch im Denken; je nach Kolonie verschiedene christliche Bekenntnisse: politisch-sozial bald mehr Pflanzeraristokratie, bald mehr calvinistische Bürgerdemokratie. Nach dem Unabhängigkeitskrieg ging man an die Gründung der ersten modernen Republik, föderalistisch strukturiert mit viel Freiheit und für damalige Begriffe einem Maximum an Demokratie.

Hinter allen republikanisch-demokratisch-freiheitlichen Bewegungen des 18. Jahrhunderts stand eine sich im Rahmen der Aufklärung mächtig entwickelnde Theorie der Republik und des Naturrechts der Menschenrechte. Die neuen Lehren verkündeten zuerst der Engländer Locke – als Theoretiker der Glorreichen Revolution –, dann der Franzose Montesquieu – als Theoretiker der Gewaltenteilung – und schließlich der Genfer Rousseau – als Theoretiker der Demokratie. Für diese Staatsphilosophen und viele andere war die beste Staatsform entweder die Republik oder die konstitutionelle Monarchie, ein Staat, der durch eine Volksvertretung regiert wird und der die Freiheit, d. h. die Menschenrechte, respektiert.

Die Republik der großen Revolution

Im Jahr, in dem die amerikanische Verfassung in Kraft trat, brach in Paris die große Revolution aus, die Bürger- und Menschenrechte zum Staatsgrundsatz machte, eine freiheitliche Verfassung schuf und sich schließlich 1792 zur Republik wandelte – unter den Jakobinern sogar zu einer demokratischen, allerdings begleitet von Krieg und Terror. Der Revolutionskrieg gegen die vereinten Mächte der Gegenrevolution der Könige führte in ganz Europa zur Polarisierung zwischen den Anhängern der monarchischen Gegenrevolution und denjenigen der republikanischen Revolution. Überall, wo die Franzosen Meister waren, errichteten sie Schwesterrepubliken, die allerdings gleichzeitig Satellitenrepubliken der großen Republik waren: Das Fürstbistum Basel wurde zur Raurakischen Republik, die Niederlande des Generalstatthalters zur Batavischen Republik, das Kurfürstentum Mainz zur gleichnamigen Republik, die Stadt Genua zur Ligurischen Republik, das Herzogtum Mailand zur Cisalpinischen Republik, die Eidgenossenschaft zur Helvetischen Republik, der Kirchenstaat zur Römischen Republik und das Königreich Neapel zur Parthenopeischen Republik. Überall bedeutete dies Entmachtung des Adels, Befreiung der Untertanen, Emanzipation des Bürgertums, Modernisierung der Staatsverwaltung. Die Namen dieser Republiken erinnerten an die alte römische Republik, die als das große republikanische Muster galt: phrygische Mütze und Liktorenbündel wurden Staatssymbole. Modern ist die Revolutionstrikolore, von Frankreich und Italien bis heute beibehalten.

Nach wenigen Jahren fügte allerdings Napoleon diese Republiken teils als eigene Königreiche, teils durch Bündnis oder Annexion in seinen großen Staat ein, der nicht mehr Republik, sondern Empire hieß. Die Liquidation der napoleonischen Herrschaft brachte die allgemeine Restauration der vermeintlich guten alten Zeit mit ihren Monarchen, ihrem Adel und ihren Klöstern – aber alle leicht bis stark lädiert durch das Erlebnis der Revolution.

Die nationale Republik

Der Traum von Freiheit und Demokratie wurde in der Restaurationszeit weitergeträumt und verband sich mit dem Gedanken des Nationalismus, d. h. der Selbstbestimmung jener Völker, die bis dahin ohne eigene staatliche Existenz gewesen waren. Die Griechen befreiten sich von der osmanischen Monarchie, und später sollten Serbien, Montenegro, Rumänien, Bulgarien und Albanien folgen. Irland begann sich gegen Großbritannien zu regen, Belgien trennte sich von den Niederlanden, Norwegen von Dänemark und später von Schweden. Diese nationalen Bewegungen geschahen allerdings nicht im Zeichen der suspekt gewordenen Republik, sondern als konstitutionelle Monarchien, für die man jeweils einen König aus einer der vielen gekrönten Familien fand.

Der Gedanke der Republik machte aber nach nordamerikanischem Vorbild in den spanischen Kolonien Lateinamerikas Schule: Von Mexiko bis Chile, von Argentinien bis Venezuela entstanden nationalstaatliche Republiken, frei von spanischer Kolonialherrschaft, aber der grundbesitzenden Klasse ausgeliefert, nach französischem Muster zentralistisch verwaltet.

Traum und Wirklichkeit der Republik des 19. und 20. Jahrhunderts

Europa erlebte 1848 sein großes Revolutionsjahr. Die Schweiz, die 1803 wieder zur alten föderalistisch-republikanischen Ordnung zurückgekehrt war, hatte mit der Niederwerfung des Sonderbundes der konservativen Kantone das Signal gegeben. 1848 schuf sie sich eine ausgeglichen zentralistisch-föderalistische Verfassung. Die Schweiz war wieder Musterrepublik. Dann machte Frankreich seine Februarrevolution und errichtete die Zweite Republik. Es folgten Dänemark, die Niederlande, später Schweden mit Modernisierung ihrer konstitutionellen Monarchien. Großbritannien hatte schon 1832 mit seiner »Great Reform« den neuen Weg eingeschlagen. Auch in den deutschen Staaten schlug eine republikanische Welle hoch, scheiterte aber an der monarchischen Reaktion, vorgetragen durch die preußische Armee. Auch die Zweite Republik Frankreichs mußte schon bald dem Zweiten Kaiserreich weichen, um nach dem Sturz von Kaiser Napoleon III. zur Dritten Republik zu werden. Weder das vereinte Italien noch das vereinte Deutsche Reich wurde zur Republik. Dem reich gewordenen Bürgertum paßte ein konstitutionelles König- bzw. Kaiserreich besser in den Kram als eine demokratische Republik.

Denn schon 1848 hatten sich die Sozialisten und die Kommunisten ge-meldet, die von einer klassenlosen Republik träumten, ohne König, ohne Adel, aber auch ohne Bürgertum ... Der Begriff der sozialistischen Republik wurde durch den Aufstand der »Commune« während der Belagerung von Paris im Jahr 1871 noch suspekter.

Als aber die zwei Republiken Frankreich und Nordamerika gemeinsam mit dem ebenso freien und sich immer mehr demokratisierenden Großbri-tannien den Ersten Weltkrieg gegen den deutschen und den österreichischen Kaiser und den Sultan der Türkei gewonnen hatten, da war erneut die Bahn frei für die Gründung von Republiken, für die Republiken der Tschechoslo-wakei, der Polen, von Litauen, Lettland, Estland und Finnland. Auch Deutschland, Österreich und Ungarn wurden Republiken, und ihre Monar-chen mußten ins Exil gehen. Rußland setzte seinen Zaren ab und wurde so-zialistische Sowjetrepublik bzw. eine Union von Sowjetrepubliken – dies allerdings in der Form der Diktatur des Proletariats bzw. der Kommunisti-schen Partei.

Der alte liberal-demokratische Gedanke der Republik war sehr bald er-neut bedroht durch das Aufkommen des Faschismus, durch den Führerstaat, mit welchem die alte Entartungsform der Monarchie, hier die Despotie oder Tyrannis in Form einer Parteidiktatur, ihre Triumphe feierte. Diese Staats-form, die in vielen Staaten Eingang fand, hat den Zweiten Weltkrieg in Mitteleuropa nicht überlebt. Man fand zu den alten republikanischen Zu-ständen zurück.

Freiheit und Demokratie bleiben eine Aufgabe, ob in der republikani-schen oder in der konstitutionell-monarchischen Form verwirklicht. Freiheit ist nie selbstverständlich, sondern muß stets wieder neu gewonnen werden. Maßstab und lebendiges Vorbild bleiben die Republiken der Antike, des Spätmittelalters und der Renaissance.

Lit.: BARON 1939; LANE 1966; BAILYN 1967; STOURZH 1970; KONZE 1972; ADAMS 1973; DURAND 1973; PEYER 1978; KOENIGSBERGER 1979; NICOLET 1982; EVERDELL 1983; MAGER 1984; HIGONNET 1988; KOENIGSBERGER 1988; VAN DEN HEUVEL 1988; RIKLIN 1989; STOURZH 1989; EVERDELL 1990 (mit neuerer Literatur, Anmerkung 9, S. 34–36).

Thomas Fröschl

Rathäuser und Regierungspaläste

Die Architektur als Hauptinstrument republikanischer Selbstdarstellung in Europa und Nordamerika vom 16. zum 20. Jahrhundert

I

In den europäischen Stadtrepubliken seit dem späten Mittelalter waren die monumentalen Profanbauten der Rathäuser die politischen Zentren, während die Kirchen die sakralen Mittelpunkte darstellten; gemeinsam setzten sie die dominanten Akzente im jeweiligen Stadtbild, wobei jede der Stadtrepubliken ihr Rathaus an möglichst prominenter Stelle errichtete. Das Gebäude des Rathauses war somit der Architektur gewordene Ausdruck der politischen Struktur des Gemeinwesens und seines Selbstverständnisses. Es war das Kennzeichen der Freiheit in der Republik bis in die zweite Hälfte des 18. Jahrhunderts, daß sie auf gerechten Gesetzen beruhte, die sich freie Bürger selbst gaben; dem lag ein Freiheitsbegriff zugrunde, der für den Einzelnen als politische Berechtigung innerhalb des Gemeinwesens, für den Freistaat insgesamt dagegen als Souveränität nach außen in Erscheinung trat.

Aus dieser Voraussetzung kam den republikanischen Staatsbauten eine doppelte Aussage und Aufgabe zu: Sie standen für eine Idee, für die Freiheit des Gemeinwesens, das sich selbst regierte, d. h. für die von einem Oberherrn unabhängige Stadtrepublik. Darüber hinaus war das Rathaus der Rahmen, in dem die Gesamtheit der vollberechtigten Bürger (cives) agierte; sein Ort waren neben Treppen und Korridoren vornehmlich die großen, zentralen Bürgersäle in den Rathäusern, die in ihren Ausmaßen einen direkten Bezug zur Anzahl der Stadtbürger hatten, die alle in ihm Raum finden sollten.

Bürger mit vollen Rechten waren nur wenige Einwohner der Stadt, die als politisch berechtigtes Volk im Durchschnitt etwa drei Prozent der Bevölkerung ausmachten. Dieser geringe Anteil war die Basis, von der alle politischen Positionen und Funktionen der Stadtrepublik besetzt wurden.

Gemäß diesem Verständnis waren die Bürger im rechtlich-politischen Sinn untereinander auch gleich. Ein Rathaus konnte in einem einzigen Gebäude die Räume des stadtrepublikanischen Regiments sowie der Verwaltungs- und Justizbehörden vereinigen, es konnten aber als Folge administrativer Differenzierung und wachsenden Raumbedarfs zusätzliche Bauten hinzukommen und so eine Rathausgruppe bilden; Bern ist dafür ein Beispiel. Dazu konnten sich noch ganze Staatsbautengruppen entwickeln, die neben dem Rathaus bzw. der Rathausgruppe noch Kornspeicher, Zeug- und Kaufhäuser, Zollwachen, Münzstätten oder Bibliotheken umfaßten und über das gesamte Stadtgebiet verstreut sein konnten. Venedig, Augsburg und erneut Bern waren Stadtstaaten, wo diese Bauwerke im Stadtbild dominierten.

Doch blieb das Rathaus unter allen Staatsbauten immer das vornehmste Gebäude; in kein anderes wurde so viel an Ideen und Ausschmückung investiert. Es war als »Wohnung« des Regiments das gemeinsame Anliegen der Stadt, in dem sich das jeweilige kollektive Bewußtsein niederschlug. Größe, Prunk und Ausstattung des Baus waren vom ökonomischen Hintergrund abhängig, vom Reichtum der Stadt, vom Gestaltungswillen des Regiments und nicht zuletzt vom Vorhandensein kraftvoller Künstlerpersönlichkeiten. In den Räumlichkeiten der städtischen Ratsgremien wurden die jeweiligen Amtsträger anhand von Tugendallegorien und historischen Beispielen immer neu gemahnt, durch gute und gerechte Gesetze für das Gemeinwohl zu sorgen, unbestechlich ihre Pflichten zu erfüllen und die strengsten Gesetze auch an sich selbst zu vollziehen.

Wer demnach das Gemeinwesen gut zu regieren verstand und wo ein »Gutes Regiment« vorhanden war, dort war für Frieden (Pax), Sicherheit (Securitas) und die innere Eintracht (Concordia) gesorgt. Die Personifikationen dieser Regierungstugenden bzw. ihrer Auswirkungen zierten in großer Zahl die Rathäuser der europäischen Stadtrepubliken als Skulpturen oder Fresken am Außenbau bzw. als skulpturaler und bildnerischer Schmuck die wichtigsten Innenräume. Die bildnerische Ausgestaltung des Basler Großratssaales durch Hans Holbein d. J. zu Beginn des 16. Jahrhunderts verkörpert diese Gesinnung auf exemplarische Weise (Kat. 27–41).

Die Mahnungen zu tugendhaftem Verhalten hatten ihre Begründung im ständigen Rückbezug auf das »bonum commune«, das Gemeinwohl aller Bewohner einer Stadt. Die Beispiele (exempla), die hier den Bürgern und Amtsträgern als Vorbild (oder Abschreckung) dargeboten wurden, stellten die »cives« in einen Bezug zu antiken und biblischen Traditionen. Diese »exempla« hatten vor allem deshalb ihre Bedeutung, weil sie zum humanistischen Bildungsbesitz gehörten: Die stadtbürgerlichen Eliten kannten die antiken Schriftsteller wie die Heilige Schrift, und diese Kenntnisse ermöglichten das beziehungsvolle Verstehen und Anwenden dieser Tugendallegorien.

II

Jede der frühneuzeitlichen Republiken hatte ihre historischen, verfassungsmäßigen, ökonomischen und kulturellen Eigenheiten, und doch kann man
innerhalb dieser Vielzahl von republikanischen Städten und Gemeinwesen
gewisse Gruppierungen unterscheiden:

1. Es gab zunächst die freien Stadtrepubliken mit ihren mehr oder weniger
ausgedehnten Landgebieten. Beispiele waren in Italien der vornehmste aller
Freistaaten, Venedig, bzw. Genua oder Lucca, in der Eidgenossenschaft
Bern, Zürich, Freiburg oder Luzern. Überall war die Verfassung der Republik auf die Stadt selbst beschränkt, und nie wurden beispielsweise Venedig
und Bern zu »Hauptstädten« in dem Sinn, daß dort die zentralen Behörden
für das ganze Land residiert hätten. Dementsprechend war das jeweilige Rathaus nur der Sitz des Regiments dieser einen Stadt, nicht auch des zugehörigen Territoriums.

Der venezianische Dogenpalast war ausschließlich das politische Zentrum
der Lagunenstadt selbst; die Untertanenstädte auf der Terra Ferma oder in
Dalmatien hatten je eigene Rathäuser und Behörden. Der wesentliche Unterschied war der, daß bevollmächtigte Stellvertreter Venedigs dort Stadt-
herren, Obrigkeit und letzte Rechtsinstanz waren. Verona, Vicenza oder Padua waren politisch nicht souverän und keine freien Stadtrepubliken. Venedig hatte keinen Oberherrn, sein Rat war alleiniger Souverän. Die »Serenissima« hatte im Dogenpalast und in den ihn umgebenden Staatsbauten
ihr politisches Zentrum. In seiner äußeren Gestalt ging er auf das 14. Jahrhundert zurück, als zwei große Brände 1574 und 1577 den Anlaß gaben,
die Gestaltung eines Neubaus zu überlegen; im Interesse der visuellen Kontinuität entschied sich der Rat der Stadt für die Wiederherstellung des mittelalterlichen Außenbaus und damit gegen die Entwürfe Andrea Palladios.

Das Innere dagegen wurde umgestaltet, und das Selbstverständnis der
»Biberrepublik«, wie Goethe sie genannt hat, war an der Ausschmückung
der Innenräume abzulesen: Ein Blick in den Saal des Großen Rates, dessen
Mitglieder die politische Basis der venezianischen Regierungspyramide ausmachten, konnte das verdeutlichen (Kat.135). Im Zeitpunkt beginnenden
Niedergangs der Republik feierte Venedig seine Größe und Unabhängigkeit
in allegorischen Gemälden politisch-religiösen Gehalts – Tizian und Veronese standen neben anderen für die Darstellung des Staatsmythos der Lagunenstadt als Künstlerpersönlichkeiten höchsten Ranges zur Verfügung.

Weitaus bescheidener nahmen sich demgegenüber die Rathäuser von Zürich und Bern aus, den beiden bedeutendsten Stadtrepubliken nördlich der

Alpen. Die »curia« des eidgenössischen Vororts Zürich wurde zwischen 1694 und 1698 im Zentrum der Stadt errichtet (Abb. 1). Humanistische Gelehrsamkeit brachten die mit lateinischen Sinnsprüchen versehenen 23 Büsten republikanischer Helden aus der griechischen, römischen und schweizerischen Geschichte in den Giebeln der Fenster des Erdgeschosses zum Ausdruck; Stauffachers Büste etwa zierte der Spruch »Die Freiheitsliebe vereinte uns im starken Bund« (Libertatis amos stabili nos foedere junxit). Im Großratssaal befand sich neben zwei Kachelöfen mit Szenen aus der Geschichte der Stadt und der Eidgenossenschaft Heinrich Füsslis *Rütlischwur* (1778–1781) (Kat. 3), den der Maler der Stadt Zürich zum Geschenk gemacht hatte.

Das Berner Rathaus geht in seiner Baugestalt auf das 15. Jahrhundert zurück; nach einer Reihe kleinerer Veränderungen kam es erst gegen Ende des 18. Jahrhunderts zu einem Neubauprojekt, wobei die einzelnen Gebäude der Rathausgruppe zu einem einzigen Bau vereinigt werden sollten. Das vom Berner Rat 1788 angenommene Projekt des Pariser Architekten Jacques-Denis Antoine (Abb. 2) erschien dem Rang des Staates angemessen, gelangte aber nicht mehr zur Ausführung. Von monumentaler Großzügig-

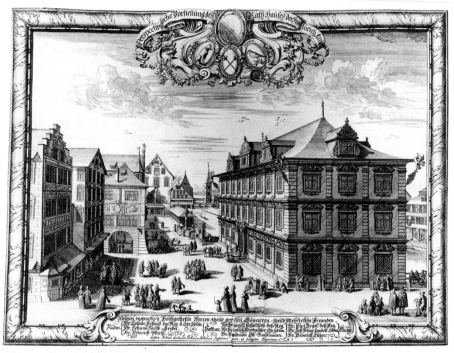

Abb. 1: Johann Melchior Füssli, *Perspektivische Ansicht des Rathauses von Zürich*, 1716

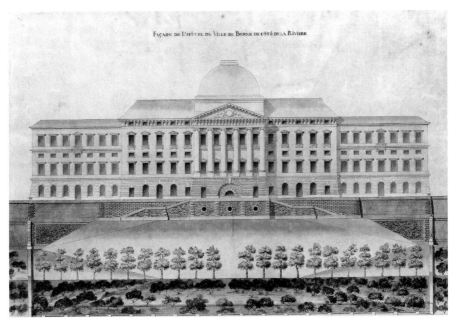

Abb. 2: Jacques-Denis Antoine, *Fassade des Rathauses von Bern*, Flußseite, 1788. Bern, Staatsarchiv

keit und architektonisch auf der Höhe der Zeit stehend, sollte es die Regierung eines Stadtstaates beherbergen, dessen Verfassungsstruktur ohne wesentliche Modifikationen seit dem Ende des 13. Jahrhunderts Bestand hatte. In der alten Burgerstube stellte die bildliche Ausgestaltung neben allegorischen Verherrlichungen des Stadtstaates den Bezug zu den übrigen Orten der Eidgenossenschaft über die Bannerträger der XIII Orte her und brachte Szenen aus der Stadtgeschichte zur Darstellung (Kat. 207–218).

2. Die freien Reichsstädte des Heiligen Römischen Reiches Deutscher Nation hatten bis 1803/06 den Kaiser als ihr rechtmäßiges Oberhaupt. Die ganze frühe Neuzeit hindurch traf daher das die Republiken charakterisierende Kennzeichen der vollen Souveränität nach außen auf die Reichsstädte nur bedingt zu. Doch auch die eidgenössischen Städte gehörten bis 1648 de jure noch zum Reich – worauf der doppelköpfige Reichsadler in den Wappen der Städte selbst nach diesem Zeitpunkt noch hinwies. Ihrer verfassungsmäßigen Struktur wie ihrem Selbstverständnis nach können zumindest die bedeutendsten unter den Reichsstädten, wie Hamburg, Lübeck, Frankfurt, Köln, Augsburg oder Nürnberg, durchaus den souveränen Stadtrepubliken zugerechnet werden. Zu Beginn des 17. Jahrhunderts entstanden in

Abb. 3: Salomon Kleiner, *Ansicht des Rathauses von Augsburg*, 1732 (aus einer 16teiligen Stichserie). Augsburg, Städtische Kunstsammlungen

Augsburg und Nürnberg die beiden prächtigsten, ambitiösesten Rathausneubauten des Reiches. Elias Holls Augsburger Rathaus (Abb. 3) entstand von 1615 bis 1620. Jakob Wolffs Nürnberger Bau (Abb. 4) folgte zwischen 1619 und 1622, blieb aber unvollendet; beide Bauwerke setzten entscheidende Akzente im jeweiligen Stadtbild. Besonders in Augsburg zeigte sich die staatsrechtliche Doppelstellung einer Reichsstadt als Souverän *und* Untertan im Bauprogramm, indem die beiden Ebenen des städtischen Regiments und der Verwaltung von den Räumlichkeiten, die für eine Reichsversammlung zur Verfügung standen, getrennt waren. Allegorische Gemälde mit Bezügen zur Tugend der Regimentspersonen und Gerechtigkeitsdarstellungen beherrschten die erste Ebene, der prunkvolle Raum des Goldenen Saales mit den Kaiserbildern bringt die Stadt in Beziehung zum Reich sowie durch Augustus zur eigenen Geschichte. Diese Bezüge wurden durch die Reihe öffentlicher Brunnen ergänzt, deren bedeutendster, der Augustusbrunnen, von der auf das Rathaus deutenden Kaiserstatue bekrönt wird.

Der Sitz des patrizischen Stadtregiments in Nürnberg wirkte vor allem durch die lange, monumentale Fassade gegenüber dem Chor der Kirche des Stadtheiligen St. Sebald. Über dem mittleren der drei prunkvollen Portale sollte die Darstellung eines Pelikans, der sich die Brust ritzt, um seine Jungen mit dem eigenen Blut zu nähren, nicht allein auf den Opfertod Christi, sondern an dieser Stelle auf das Selbstverständnis einer Obrigkeit verweisen, die für ihre Untertanen in jeder Hinsicht zu sorgen bereit war.

3. Die niederländischen Städte behielten im Rahmen der europäischen Republiken auch nach dem Ausscheiden des Landes aus dem Reichsverband 1648 eine Sonderstellung, da sie mit den freien Stadtrepubliken in Italien, in der Eidgenossenschaft oder auch im Reich nicht zu vergleichen waren. Die Niederlande hatten in jeder der sieben Provinzen eine Ständeversammlung, in der die Städte gemeinsam mit dem Adel und zum Teil der Geistlichkeit »das Land« waren und dort eine Kurie in den als »Staaten« bezeichneten Provinzialständen bildeten. Neben den Ständen verkörperte der Statthalter als Vertreter des Landesfürsten entsprechend der bipolaren Theorie des Ständestaates den zweiten Brennpunkt dieser Ellipse; der Landesfürst war 1581 in den sieben niederländischen Nordprovinzen abgesetzt worden.

Alle Städte des Landes hatten ihr Rathaus und ihr städtisches Regiment, doch gehörten nicht alle der Städtekurie in der Ständeversammlung ihrer Provinz an. In Holland waren 18 Städte in den Provinzialständen vertreten; Den Haag, der Tagungsort der Stände, gehörte nicht dazu. Amsterdam war unter den holländischen Städten rechtlich nur eine neben den übrigen, doch zugleich die in jeder Hinsicht reichste und mächtigste Stadt – Haarlems

Abb. 4: Nürnberg, Hauptfassade des Rathauses

Abb. 5: Amsterdam, Burgerzaal im Rathaus

(rechtliches) Verhältnis zu Amsterdam, um ein Beispiel zu geben, unterschied sich damit fundamental von demjenigen Paduas gegenüber Venedig. Somit war das zwischen 1648 und 1655 nach Plänen des Jacob van Campen errichtete Amsterdamer Rathaus (Kat. 92–113) zwar eines der prächtigsten, aber Symbolik und Ausstattung weisen es alleine als Rathaus dieser einen Stadt aus; es war nicht der Regierungspalast der gesamten Republik, obgleich der Bilderzyklus des bei Tacitus geschilderten Kampfes der Bataver gegen Rom eine solche Deutung nahelegen konnte. Tatsächlich wurde jedoch das republikanische Selbstverständnis einer mächtigen Handelsmetropole zum Ausdruck gebracht, die den einzigen ernstzunehmenden Gegenpol zum Oranierhof des Statthalters in Den Haag darstellte.

Das Rathaus war der Sitz des oligarchischen Stadtregiments, geschmückt mit Personifikationen der Stadt Amsterdam in mannigfachen Abwandlungen, vornehmlich als Friedensgöttin. Was an und in diesem Bau zelebriert wurde, war das Selbstbewußtsein einer den Welthandel beherrschenden Metropole, was die Figuren in den Giebeln der Ost- und Westfassade veranschaulichen – die Huldigung der Welt an Amsterdam stand dabei im Mittelpunkt (Abb. 33 und 34). Im größten Raum, dem Bürgersaal (Abb. 5), wurde die Huldigung an Amsterdam gar in globale und kosmische Bezüge eingebettet – der Marmorfußboden zeigt die Hemisphären von Himmel und Erde.

In den Räumen der städtischen Amtsträger fanden sich die mahnenden Tugendbeispiele aus der antiken Literatur mit ihren Warnungen, die Erfordernisse eines guten Regiments nicht aus den Augen zu verlieren. Die traditionellen Tugendpersonifikationen der Gerechtigkeit, des Friedens, der Mäßigung, der Klugheit verwiesen deutlich auf den gesamteuropäischen Kontext, obwohl im Figuren- und Bildprogramm der große Unterschied zwischen der calvinistischen Stadt und der katholischen Republik von San Marco auffällt.

4. Föderative Strukturen zwischen einzelnen Republiken bildeten sich zuerst unter den eidgenössischen Kantonen, deren Bündnisse und Allianzen diesen Staatskörper wesentlich geprägt haben. Obgleich die Souveränität der Einzelstaaten erhalten blieb, bildete das »Corpus Helveticum« eine gewisse Einheit. Eidgenössische Staatsbauten hat es dennoch nicht eigentlich gegeben, mit Ausnahme derjenigen Rathaussäle, in denen die gesamteidgenössische Tagsatzung ihre Sitzungen abhielt – das waren die Rathäuser von Baden (zwischen 1426 und 1712) und Frauenfeld (von 1712 bis 1798), wo die Gesandten der Eidgenossenschaft zu ihren jährlichen Beratungen zusammenkamen. Baden war in der frühen Neuzeit die wichtigere Tagsatzungsstadt; in den Fenstern ihres Rathaussaales wurden 1501 die von den zehn Orten der damaligen Eidgenossenschaft und der Stadt Baden gestifteten Standesscheiben angebracht, die Lukas Zeiner ausgeführt hatte (Kat. 5–15). In diesem Zyklus der Standesscheiben kam der föderative Charakter des Landes deutlich zum Ausdruck; durch dieses Vorbild angeregt, wurden immer wieder Standesscheiben angefertigt, die damit zu einem hervorragenden Zeichen der Verbundenheit zwischen den Republiken wurden. Nachdem Basel 1501 als elfter Stand der Eidgenossenschaft beigetreten war, erbat der Rat 1513 bei den nunmehr verbündeten Orten je eine Standesscheibe für das neu erbaute Rathaus.

Auch das Heilige Römische Reich entwickelte sich de facto seit dem 17. Jahrhundert zunehmend auf eine Föderativrepublik hin, die Montesquieu im *Esprit des lois* auch so bezeichnet hatte. Dem Rathaus in der Reichsstadt Regensburg kam dabei für das Reich eine den Tagsatzungsrathäusern analoge Funktion zu: Die Sitzungen des seit 1662 permanenten Reichstages fanden im Reichssaal des alten Rathauses statt, wobei es seit dem 15. Jahrhundert, außer Erweiterungen im Inneren für die Vertreter der Reichsstände, zu keinen entscheidenden baulichen Veränderungen mehr gekommen ist. Die mittelalterliche Baustruktur spiegelte nur zu deutlich die Realität der Reichsverfassung wider, wobei mit dem Neubau des Regensburger Rathauses nach 1721 der Kontrast zwischen der föderativen Struktur des Reiches und der zunehmenden Selbständigkeit seiner Glieder überdeutlich geworden war (Abb. 6).

In den Niederlanden hatte sich seit der Utrechter Union von 1579 eine gegenüber der Eidgenossenschaft engere Föderation der sieben Provinzen herausgebildet; dabei galt volle Gleichberechtigung der Provinzen und Einstimmigkeit bei Beschlüssen. Die gemeinsamen Behörden der Republik befanden sich in Den Haag, wo auch der Statthalter residierte und wo im Binnenhof die Staaten von Holland und die Generalstaaten der Niederlande ihren Sitz hatten. Der »Trèvessaal« genannte Tagungsort der Generalstaaten wurde 1696/97 neu gestaltet, wobei das föderative Band der sieben Provinzen im allegorischen Deckengemälde der »Concordia« beschworen und die den Fenstern gegenüberliegende Längswand des Raumes mit Statthalterbildnissen geschmückt wurde (Abb. 7).

Abb. 6: Andreas Geyer, *Das Rathaus von Regensburg*, 1722. Museen der Stadt Regensburg, Kunst- und Kulturgeschichtliche Sammlungen

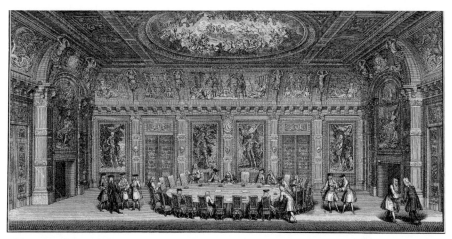

Abb. 7: Jan Caspar Philips, *Der Trèvessaal im Binnenhof, Den Haag*, 1738. Den Haag, Gemeentearchief

5. Ein dem Selbstverständnis nach republikanisches Staatswesen war bis 1795 auch die polnische Wahlmonarchie. Durch die Tatsache der «electio» war die Adelsrepublik dem Heiligen Römischen Reich oder Venedig näher als den übrigen Königreichen in Europa. In zwei Räumen des Warschauer Schlosses, seit 1569 «Conclave Consiliorum et Officium Regum» genannt, fand Polens Republikanismus hervorragenden Ausdruck: einerseits im repräsentativen Senatorensaal, in dem sich die drei Stände des Reiches (König, Senatoren und Landboten) versammelten (Abb. 8), andererseits in der Landbotenkammer, dem Sitzungssaal der untereinander rechtlich gleichen Adeligen; der republikanischen Verfassungsstruktur gemäß durfte der König diesen seit 1680 auf gleichem Niveau mit dem Senatorensaal liegenden Raum weder betreten noch dort sein Bild anbringen.

III

Zum Verständnis der Republik des 19. und 20. Jahrhunderts ist gegenüber der Situation in der frühen Neuzeit die Kenntnis einiger Veränderungen des Bürgerbegriffs wichtig. Seit dem späten 18. Jahrhundert vollzieht sich der Übergang vom politisch berechtigten *Stadtbürger*, der innerhalb der Bevölkerung einer kleinen Minderheit angehörte, hin zum *Staatsbürger* als dem zunächst nur aufgrund bestimmter einschränkender Qualifikationen wie Besitz oder Bildung zur politischen Partizipation zugelassenen Bewohner; der An-

Abb. 8: Charles de La Haye, *Der polnische Landtag*, 1694. Warschau, Biblioteka Narodowa

teil dieser Einwohner wurde immer größer und zeigte die Tendenz zur Beseitigung jeglicher rechtlicher Beschränkungen. Damit verlor der alte Begriff des Stadtbürgers seinen Sinn und führte auch zu einer Veränderung des Begriffsinhalts von Republik. Mit dieser verbreiterten Basis an berechtigten Bürgern im Gemeinwesen konnte der Grundsatz der Stadtrepubliken, sich auf der Basis gerechter Gesetze selbst zu regieren, auf die Bevölkerung ganzer Länder und Staaten ausgeweitet werden, solange die Herrschaft der Gesetze das Fundament der Freiheit blieb. Diese Entwicklungen haben sich nicht in den alteuropäischen Freistaaten, sondern zuerst in den Vereinigten Staaten von Amerika und in Frankreich gebildet und durchgesetzt.

Die genannten Veränderungen hatten Auswirkungen auf die Architektur der öffentlichen Bauten; zunehmend wurde der frühneuzeitliche Gebäudetypus der ständischen Vertretungen wichtig. Im englischen Parlament von Westminster fand sich eine Ausgangssituation, an die in der jungen Republik der Vereinigten Staaten angeknüpft werden konnte. So bedeuteten die Kapitolsbauten der USA in gewisser Weise eine Fortführung alteuropäischer Ständehäuser bzw. antiker Versammlungsräume, nicht jedoch der stadtrepublikanischen Rathäuser. Hinsichtlich der städtebaulichen Präsenz dieser Gebäude gab es aber insofern Analogien, als die Kapitole die jeweiligen Stadtsilhouetten bis zum Siegeszug der Hochhausbauten dominierten.

Das Kapitol des Staates Virginia in Richmond wurde seit 1785 nach Entwürfen Thomas Jeffersons, der dem Vorbild der »Maison Carrée« in Nîmes folgte, in Tempelform errichtet. Die architektonische Form bürgte ihm für ein Traditionsverständnis, das es erlaubte, die gedachte Vorbildlichkeit antiker Republiken auch baulich wirksam werden zu lassen (Abb. 9). In der großen Halle des Kapitols befindet sich Houdons Statue des George Washington; der erste Präsident des Landes wurde hier als selbstloser Republikaner dargestellt, der dem Ruf seines Landes gefolgt war, als das Gemeinwohl das verlangte. Auch die demokratische Gesellschaft war auf das Vorbild ihrer angesehenen Bürger angewiesen, die als Tugendhelden mit Beispielswirkung weiterhin Bedeutung hatten.

Nach dem Inkrafttreten der amerikanischen Bundesverfassung von 1787 wurde die nach dem ersten Präsidenten benannte Hauptstadt angelegt. Das Kapitolsgebäude wurde an stadtbeherrschender Stelle mit zentralem Kuppelraum und zwei Flügeln für beide Häuser des Kongresses zwischen 1793 und 1827 nach mehrmals modifizierten Plänen des William Thornton errichtet (Kat. 393). Mit der Ausdehnung der Union wurde das Kapitolsgebäude seit 1851 um zwei neue Flügel für den Kongreß erweitert; die große Kuppel entstand in ihrer heutigen Gestalt erst während des Bürgerkrieges und war 1863 vollendet. Sie sollte bewußt die Einheit der Union symbolisieren und mit einer Personifikation der Freiheit (Liberty) bekrönt werden, welche ursprünglich die phrygische Mütze tragen sollte – dieses Zeichen der Sklaven-Emanzipation wurde jedoch aus naheliegenden Gründen durch einen Federbusch ersetzt.

Abb. 9: L. A. Ramm, *Der Kapitolsplatz von Richmond (Virginia)*, um 1850. Washington, Library of Congress

In der Rotunde des Kapitols hängen acht Historienbilder; die vier besten mit Szenen aus der amerikanischen Revolution hat John Trumbull zwischen 1819 und 1824 gemalt (Abb. 10). Zusammen mit der übrigen Ausstattung zeigt sich in diesem Bauwerk der Anspruch, das amerikanische National-denkmal zu sein, auf besonders deutliche Weise – was durch das Kuppel-fresko der »Apotheose Washingtons« noch unterstrichen wird.

Anders als die Genese der amerikanischen Kapitole verlief die Entwick-lung des Versammlungsraumes für Abgeordnete (salle d'assemblée) als Bau-typus in der erst 1792 »republikanisierten« französischen Monarchie. Seine Entwicklung reicht in die 70er Jahre des 18. Jahrhunderts zurück und steht somit im Kontext der klassizistischen Architekturtheorien, nicht aber im Zu-sammenhang mit der republikanischen Staatsform. Für die Ausbildung des modernen Parlamentssaales haben nämlich Entwürfe, die Jacques Gondoin (1737–1818) für die »Ecole de Chirurgie« 1780 veröffentlicht hat, wesentli-che Bedeutung: Sein »Amphithéâtre« (Abb. 11), in dem die Sitzplätze halb-kreisförmig ansteigen – die (unausgeführt gebliebenen) Planungen William Kents von 1739 für das House of Commons im Rahmen des neuen Parla-mentsgebäudes hatten bereits ein Auditorium mit ansteigenden Sitzen vor-gesehen –, bringt zugleich deutlich die klassizistischen Parolen der »simpli-cité« oder »grandeur« zum Ausdruck, wie auch die monumentale Kassetten-decke als Reminiszenz an das Pantheon in Rom auf die Antike verweist.

Die Dritte Republik hatte in Frankreich nach 1870 den republikanisch-laizistischen Charakter des Staates stark betont, und die Prinzipien von 1789 sollten das ganze Land durchdringen. Der Mangel einer genuin republikani-schen Architekturtradition führte jedoch dazu, daß noch am ehesten die Mo-numentalplastiken der personifizierten Freiheit sowie die rhetorische Be-schwörung der revolutionären Begriffstrias »Liberté, Egalité, Fraternité« und ihre Anbringung an öffentlichen Bauten einige spezifisch republikanische Aspekte der Dritten Republik widerspiegeln (Kat. 409–414).

Im deutschen Kaiserreich nach 1871 errichtete das Bürgertum in vielen Städten monumentale Rathäuser, die hier außer Betracht bleiben; diese Bau-ten wurden überwiegend in den historisierenden Stilen der Spätgotik und der Renaissance des 14. bis 16. Jahrhunderts entworfen, in denen man den Höhepunkt deutscher Bürgerkultur erblickte. Man suchte über kommunale Autonomie an Kontinuitäten anzuknüpfen und Traditionen zu stiften, die aber nicht ausreichten, dem erfolgreichen, in erster Linie dem Staat ergebe-nen und weitgehend kaisertreuen Bürgertum zu einer »republikanischen« Vergangenheit zu verhelfen.

Eine wesentliche Ausnahme war Hamburg, wo sich eine stadtrepublikani-sche Kontinuität über alle Brüche des 19. Jahrhunderts erhalten konnte. So wurde auch das zwischen 1886 und 1897 errichtete neue Rathaus (Abb. 12)

Abb. 10: Philip Maas, *Inneres der Kuppelrotunde des Kapitols mit den Gemälden von John Trumbull,* aus *Public Buildings and Statuary,* Washington 1840

Abb. 11: Jacques Gondoin, *Das anatomische Theater in Paris* (begonnen 1771), aus J. GONDOIN, *Description des écoles de chirurgie,* Paris 1780 ▷

der Hansestadt zu einem Monument seiner republikanischen Gesinnung, die neben anderem im zentralen Turmzimmer mit den vier Gemälden der bedeutendsten Stadtrepubliken der Geschichte (Athen, Rom, Venedig und Amsterdam) seinen Ausdruck findet. Vom Inhalt seiner Bauaussage ist das Rathaus daher eher dem Berliner Reichstag oder dem Berner Bundeshaus als den Rathäusern anderer Städte zu vergleichen.

Abgesehen von San Marino, dem Sonderfall Frankreich und den wenigen ehemaligen Reichsstädten in Deutschland, die sämtliche politischen Umwälzungen überlebt haben, waren es seit dem beginnenden 19. Jahrhundert die Schweizerische Eidgenossenschaft und die Vereinigten Staaten von Amerika, die ihre republikanischen Traditionen kontinuierlich bewahren konnten. Die übrigen Republiken Alteuropas sind im Zuge der Französischen Revolution verschwunden: Das gilt für Italien ebenso wie für die Niederlande und die meisten Reichsstädte.

Der eidgenössische Staatenbund wurde erst 1848 im Gefolge gravierender innerer Umwälzungen zu einem Staat auf föderativer Grundlage. Die neue Verfassungsordnung fand dann in der Baugeschichte des Berner Bundeshauses (Abb. 13) seinen architektonischen Niederschlag. Dieses in beherrschender Lage zwischen 1852 und 1902 in mehreren Etappen errichtete

Abb. 12: Hamburg, Rathaus

schweizerische Nationaldenkmal hielt sich bei den Architekturformen durchwegs im Rahmen der zeitgenössischen Baukunst, knüpfte aber in den Details der Ausstattung am Außenbau wie in den Innenräumen an zahlreiche eidgenössische Traditionen an. Dies bezeugen unter anderem die Standeswappen aus Glas der 22 Kantone in der Kuppel des Bundeshauses, womit die Tagsatzungssäle gleichsam eine Fortsetzung fanden. In der Ausgestaltung spielten bekannte Ereignisse wie der Rütlischwur als Wegmarken der nationalen Geschichte eine große Rolle; doch gehörten zum nationalen Selbstverständnis noch die Institution der Landsgemeindedemokratie (Kat. 443) und die Figur des Wilhelm Tell; auch die Alpen als der Umraum der eidgenössischen Freiheit wurden entsprechend berücksichtigt.

Das Bundeshaus ist somit im Europa des 19. Jahrhunderts einer der wenigen Großbauten, den man als republikanisches Architekturzeichen verstehen kann; daneben haben nur noch das Hamburger Rathaus, das Washingtoner Kapitol mit seinen baulichen Erweiterungen sowie die zahlreichen Kapitolsgebäude in den Hauptstädten der neu in die amerikanische Union eingetretenen Gliedstaaten das frühneuzeitliche republikanische Erbe unter veränderten Bedingungen weitergeführt.

Abb. 13: Bern, Hauptfassade des Bundeshauses

IV

In der demokratischen Gegenwart Europas und Nordamerikas ist der Wandel vom stadtrepublikanischen Bürger zum politisch vollberechtigten Staatsbürger zu einem Abschluß gekommen. Es ist die Demokratie, nicht mehr die Republik, die heute in der Architektur den adäquaten Ausdruck suchen muß. Nicht die Beispiele republikanischen Tugendverhaltens, sondern Transparenz und Offenheit der demokratischen Gesellschaft sollten ihre bauliche Gestaltung finden. Diesem Anspruch wird in exemplarischer Weise das »State of Illinois Center« in Chicago des Architekten Helmut Jahn gerecht. 1985 eröffnet, wurde es zum Symbol demokratischer und rechtsstaatlicher Ideale und setzte doch ältere Traditionen unverkennbar fort – sein zentraler Raum (Abb. 14) erinnert als Ort der Begegnung der Bürger an die Rotunden amerikanischer Kapitole.

Abb. 14: Chicago, Inneres des State of Illinois Center

Lit.: STURM 1718; ESCHER 1939; TUNK 1942; GRUBER 1943; VAN GELDER 1943; HOFER 1947; HAUTECŒUR 1952; SCHNEIDER 1954; FREMANTLE 1959; NIPPERDEY 1968; GERMANN 1969; PIERSON 1970; WALTER 1972; SCHEINFUSS 1973; BRAUNFELS 1976; COLVIN 1976 (Bd. 5, bes. Kapitel 10, S. 416–425); KRANZ-MICHAELIS 1976; HANSMANN 1978; SINDING-LARSEN 1980; VERHEYEN 1982; CRAIG 1984; FEHR 1984; LILEYKO 1984; WARNKE 1984; STÜCKELBERGER 1985; SZAMBIEN 1986; WOLTERS 1987; FRÖSCHL 1988; ROTTERMUND 1989; SCHREIBER 1989.

Enrico Castelnuovo

Gesichter der Republik

Herrscherporträts

Es ist leicht zu erfahren, was ein höfisches Porträt ist, wie sich gewisse Züge des Dynastenporträts herausbilden und wie darauf die Würdezeichen erscheinen, die dem Betrachter eine Botschaft übermitteln – aber hat es je ein »republikanisches« Porträt gegeben? Diese Frage versuchen wir hier zu klären. Gleich zu Beginn sei jedoch festgehalten, daß diese Thematik bisher höchst selten behandelt wurde (FRÖSCHL 1988) und daß sich unter dem Begriff der Republik so verschiedene Fälle, Situationen und Verfassungen zusammendrängen, daß der Diskurs hypothetisch bleiben muß und sich nur mit Mustern, Kostproben und Beispielen fortbewegen kann.

Von der Mitte des 13. Jahrhunderts an bildeten die Höfe die bevorzugten Entstehungsorte des Porträts (JENKINS 1947), und zwar gerade wegen der Rolle, die das Herrscherbild entwickeln konnte, sei es als isolierte Verkörperung der Macht, sei es in einem Stammbaum, welcher die Kontinuität der Dynastie zu bezeugen hatte. Kaiser Friedrich II. machte früh und ausgiebig Gebrauch von seinem Bild – aber sollen wir von »Bildnissen« sprechen? Seine »effigies« wurde in antikisierender Form, allein oder zusammen mit Bildern seiner Ratgeber, zumeist an Stadttoren angebracht (LANGLOTZ 1951; KASCHNITZ WEINBERG 1953–1955; BOLOGNA 1969; BUSCHHAUSEN 1974; DEICHMANN 1983). Wir finden dieses Verhalten erneut bei Papst Bonifaz VIII. Dieser machte von seinem Bild als Instrument der Macht und der Herrschaft einen Gebrauch, der die Zeitgenossen neu und maßlos dünkte. Der französische König Philipp der Schöne klagte ihn deswegen der Idolatrie an, und die Beschuldigung, er lasse sich vergöttern, ist einer der Anklagepunkte – der achte – in dem Ketzerprozeß, den der Monarch einige Jahre nach dessen Tod gegen den Pontifex anstrengte. Eine der Anklagen lautete dahin, er habe in den Kirchen Silberstatuen mit seinen Zügen aufstellen lassen, damit sie von den Gläubigen angebetet würden, und Marmorstandbilder – »imagines« – auf den Stadttoren errichtet, wo einst die Götterbilder standen (SOMMER 1919; CASTELNUOVO 1973).

Von den aus zahlreichen Schriftquellen bekannten Stammbäumen mit Bildern (HEPBURN 1986) ist fast nichts erhalten geblieben. Noch reicher fließen die Quellen im folgenden Jahrhundert. In der Maison du Marais des Grafen von Artois gab es zu Anfang des 14. Jahrhunderts eine Gruppe von

»Königshäuptern«. In Ypern wurde Hanyn Soyer 1323 für die Porträts des Louis de Nevers, Grafen von Flandern, und seiner Gemahlin Marguerite de France bezahlt, die im Magistratenzimmer gestanden haben sollen. In Courtrai schmückte eine Reihe von Porträts der Grafen und Gräfinnen von Flandern die Wände der Grafenkapelle in der Stiftskirche Notre-Dame. In Gent zierten die Bilder der Grafen von Flandern wie in Ypern das Magistratenzimmer (CAMPBELL 1990).

In den Anfängen mußten die Darstellungen von Persönlichkeiten keine Porträtzüge aufweisen; das zeigt das Haupt eines Königs mit vollkommen konventionellen Zügen, im Stil des Mattew Paris und um 1250 zu datieren, das in der St George's Chapel von Schloß Windsor aufbewahrt wird. Bald aber sollte sich die Lage ändern; denn nun brach sich das Interesse für die sichtbare Welt seine Bahn (MARTINDALE 1981). Bezeichnend dafür ist das gleichsam kalligraphische Profilbildnis des Robert von Anjou, der von seinem Bruder, dem hl. Ludwig von Toulouse, der frontal thront, die Krone des Königreichs Neapel empfängt (Tafelbild von Simone Martini, Neapel, Museo di Capodimonte). Dasselbe gilt für die wenigen Dynastenporträts des 14. Jahrhunderts, die erhalten geblieben sind: die Tafel, welche die Gesichtszüge des französischen Königs Johann des Guten darstellt (Paris, Louvre), die zahlreichen Porträts der Handschriften des französischen Königs Karl V. (RICHTER SHERMAN 1969; Paris 1981), die Tafel mit Erzherzog Rudolf IV. von Österreich (Wien, Diözesanmuseum), die Tafel mit dem Bild des Königs Richard II. von England (London, Westminster Abbey), die Kopien des 16. Jahrhunderts nach dem verlorenen Original des Luxemburger-Stammbaums auf Burg Karlstein oder die außergewöhnliche Galerie von Bildnisbüsten des St.-Veits-Doms in Prag, wo Peter Parler Kaiser Karl IV., seine Gemahlinnen und die Vorfahren dargestellt hat (1374–1379).

An den Höfen also vermehrten und vervielfachten sich die Bildnisse. Sie dienten der Legitimation, was sich besonders deutlich bei den Valois in Frankreich, den keineswegs unbestrittenen Nachfolgern der Kapetinger, zeigte (CAZELLES 1978), aber auch bei den Luxemburgern, die, als sie Prag zur Kaiserresidenz erkoren, ihre Verbindung mit der vorhergehenden böhmischen Dynastie der Premysliden demonstrieren wollten. Das Porträt diente dabei als geeignetes Instrument der symbolischen Herrschaft. Doch wie stand es in den Republiken?

Erste republikanische Porträts: Toskana

Hier ging es nicht darum, das Bild der Regierenden zu verewigen und ihnen damit eine besondere Legitimation zu verleihen; im Gegenteil: das individuelle Porträt stieß in den Republiken auf Widerstand, denn das Bedürfnis

Abb. 15: Sienesischer Maler (Guido di Graziano?), *Don Guido, Mönch von San Galgano, Camerlingo di Biccherna, Januar/Juni 1280.* Siena, Archivio di Stato

überwog, die Regierungsform sowie die sie bestimmenden ethischen und politischen Grundsätze zu zelebrieren. Der Diskurs der Malerei, in der sich die republikanische Ikonographie entwickelt, ist komplex (WIERUSZOWSKI 1944; RUBINSTEIN 1958; CARTER SOUTHARD 1979; DONATO 1985, 1986, 1988), komplexer jedenfalls als jener Diskurs der Malerei, welche Dynastien und Monarchien feiert (ARASSE 1989). In den Republiken sollte das Porträt eine weit geringere Rolle spielen und eine weniger auffällige Bedeutung erlangen. Gleichwohl erschienen schon früh Formen des Porträts, die sich auf die republikanische Verfassung bezogen. Als sich im 14. Jahrhundert die Sprache der Bilder in der Öffentlichkeit mit der ganzen Kraft des von Giotto eingeführten Idioms und der neuen illusionistischen Mittel manifestierte (BELTING 1989), wurden Bilder aufgeboten, um die Wertsetzungen der republikanischen Machthaber zu propagieren und zu festigen, und dies geschah nicht zuletzt mit Porträts.

Die Anfänge liegen freilich noch vor Giotto. Ein wichtiges Kapitel stellten die Schmähbilder dar, von denen die Schriftquellen berichten (ORTALLI 1979; REINLE 1984). Ein Mittel, die Feinde der Republik zu bekämpfen, stellte nämlich die Exekution in effigie dar, die von den Behörden vollzogen wurde, indem sie die Bilder von Verurteilten an möglichst sichtbarer

Stelle malen ließen, in der Regel an die Fassade eines Gebäudes; die Erkennbarkeit des Dargestellten war in diesem Fall ein wesentliches Element der Operation. Daraus folgte für die Entwicklung des Porträts ein bedeutender Impuls, zumal da solche Malereien schon vom Ende des 13. Jahrhunderts bezeugt sind. Aber die Geschichte des Porträts geht in den Republiken nicht ausschließlich von negativen Vorzeichen aus.

Wir sind zwar nicht sicher, daß wir diese Geschichte genau im Jahre 1124 mit dem von Giuseppe Scalia (1987) einleuchtend rekonstruierten Porträt des Pisaner Konsuls Rodolfo beginnen lassen dürfen; aber seit der Mitte des 13. Jahrhunderts haben wir zuverlässige Zeugnisse. Deren erstes bildet die Reihe der *Tavolette di Biccherna*, die sich größtenteils im Staatsarchiv von Siena erhalten haben. Es handelt sich um Gemälde auf Holz, ausgeführt von angesehenen Künstlern, die als Deckel der wichtigsten Amtsrechnungen der Stadtgemeinde von Siena dienten, vor allem der der sogenannten Biccherna als Vermögensverwaltung (BORGIA et al. 1984).

Diese Täfelchen, beginnend um 1250, folgten sich im Abstand von sechs Monaten, im Wechsel der Amtsvorsteher, und stellen meist den »camerlingo della Biccherna« dar, was man mit »Präsident der Staatstresorerie« übersetzen könnte (Abb. 15). Das älteste erhaltene Bild ziert das Rechnungsbuch der Monate Juli bis Dezember 1258, wurde dem Maler Gilio di Pietro mit 5 Soldi bezahlt und zeigt Don Ugo, einen Mönch des Zisterzienserklosters San Galgano, den damaligen Amtsvorsteher. Es handelt sich dabei nicht – und die Mittel und Formeln der Malerei hätten das zu jener Zeit auch nicht erlaubt – um ein physiognomisches Porträt, sondern vielmehr um das Bild eines Magistraten an der Arbeit, dessen Sinn darin liegt, durch die Darstellung eines Amtsträgers die Wichtigkeit des Amtes selbst zu würdigen.

Die Reihe der Tavolette di Biccherna erstreckt sich über Jahrhunderte und präsentiert vielerlei Gegenstände; denn das Bild des Camerlingo konnte mit kirchlichen oder politischen Sujets abwechseln; so malte Ambrogio Lorenzetti auf eines dieser Täfelchen eine Allegorie des Guten Regiments. Die lange Dauer der Gattung und ihrer Ikonographie beweist die tiefe Bedeutung: wie die Genealogien der Herrscher die Kontinuität der Dynastie und der monarchischen Verfassung unterstreichen, so festigen die Bilder der Camerlinghi auf den Tavolette di Biccherna in Siena die Kontinuität in einem für die Republik zentralen Amt.

Schon zu Beginn unseres Jahrhunderts wurde die Bedeutung der Sieneser Tavolette für die Geschichte des Porträts erkannt (LISINI 1902) und eine französische Parallele entdeckt (Paris 1907): die Serie der »Capitouls«, der Stadträte, von Toulouse, die von 1295 bis Ende des 18. Jahrhunderts Jahr für Jahr in den handschriftlichen Annalen porträtiert wurden; die Revolutionszeit hat jedoch daran unsäglichen Schaden angerichtet.

Abb. 16: Duccio (?), *Die Eroberung von Giuncarico im Jahre 1314* (Ausschnitt). Siena, Palazzo Pubblico

Auch andere Amtsträger der Kommune konnten mit einer bildlichen Darstellung rechnen, die nicht ihre Person, sondern ihre Aufgabe würdigte, ihre Rolle in einem Kriegsereignis oder die Vorteile, welche die Republik aus ihren Handlungen zog. Der berühmteste Fall ist jener des Bildes von Guidoriccio da Fogliano, der zwischen 1328 und 1333 der Stadt Siena als Kriegshauptmann diente. Über die Datierung und die Autorschaft des Freskos im Palazzo Pubblico von Siena, das den Kondottiere zu Pferd zwischen zwei Festungen zeigt, wurde viel geschrieben und gestritten (siehe BELLOSI und SEIDEL 1982). Es bleibt aber wahrscheinlich, daß es sich um das Gemälde auf die Eroberung von Montemassi handelt, für das Simone Martini im Mai 1330 bezahlt wurde. Die Sala del Mappamondo, wo sich das Reiterbild befand, ist nach Ambrogio Lorenzettis mobiler Weltkarte benannt und diente den Ratsversammlungen. Auf einer Wand sieht man die Maestà, die inmitten des himmlischen Hofstaates thronende Muttergottes, gemalt 1315 von Simone Martini und von ihm 1321 überarbeitet, ein Bild, dessen politische und gleichzeitig religiöse Bedeutung durch die Verse am Fuß des Throns unterstrichen wird, mit denen sich Maria an die gläubigen

Abb. 17: Lippo Memmi, *Maestà*, 1317 (Ausschnitt mit dem Porträt des Podestà Nello di Mino dei Tolomei). San Gimignano, Palazzo Pubblico

Betrachter wendet. An den anderen Wänden stellen die Fresken die Stärke und die Eroberungen von Siena dar, so die bereits genannte von Montemassi; ferner die Schlacht von Valdichiana (1373), gemalt von Lippo Vanni, und die Übergabe eines Städtchens, vielleicht diejenige von Giuncarico, das 1314 fiel (BELLOSI und SEIDEL 1982). Neben dem Bild des befestigten Orts erscheinen zwei Personen (Abb. 16), wahrscheinlich der Bürgermeister, der über die Kapitulation verhandelt, und ein Mitglied der Sieneser Regierung, möglicherweise Fragment einer vollzähligen Darstellung des Rats der Neun. So boten die Abbilder eroberter Festungen und Landschaften im Ratssaal, welche die Maler an Ort stu-

Abb. 18: Meister Francesco, *Christus als Lehrer der Signoria von Florenz*, 1391 (Predella). Bagno a Ripoli, Santa Maria a Quarto

dierten (1331 begab sich Simone Martini nach Arcidosso, Castel del Piano und Scansano), die Gelegenheit, auch die Hauptleute, Magistraten, Bürgermeister usw. darzustellen, die dadurch in das »topographische und politische Programm« der Bilder aufgenommen wurden (RAGIONIERI 1985).

Im allgemeinen vermieden die Republiken die Darstellung von Individuen zugunsten von Bildern oder Botschaften generelleren Inhalts. Im Palazzo Pubblico von Siena hält so die Muttergottes der Maestà Zwiesprache mit Regierung und Ratsversammlung, aber ohne daß Zeitgenossen dargestellt sind, und in der Sala della Pace, dem Saal des Rats der Neun, geht es in Ambrogio Lorenzettis Fresko des Guten Regiments (1337-1339) nicht um einzelne, erkennbare Personen, sondern um eine komplexe politische Allegorie. Anders im Palazzo Pubblico von San Gimignano, wo auf der Maestà, die Memmo di Filippuccio und sein Sohn Lippo Memmi 1317 nach dem Vorbild der Sieneser Maestà malten, das Porträt des Nello di Mino dei Tolomei erscheint, «onorevole podesta e chapitano del Chomune di San Gemignano», welcher Maria vorgestellt und empfohlen wird (Abb. 17), so wie das Bild des Podestà Matteo da Correggio am oberen Becken der Fontana di Piazza von Perugia erscheint (1278) und wie sich der Podestà Fidemini da Varano in der Kapelle des Bargello in Florenz vor Christus kniend abbilden ließ (um 1335).

Ein außerordentlicher Fall ist die Predella eines Gemäldes der Muttergottes mit Kind zwischen Johannes dem Täufer und dem hl. Nikolaus von Myra, vom Ende des 14. Jahrhunderts, heute in der Kirche Santa Maria a Quarto bei Bagno a Ripoli in der Umgebung von Florenz. Hier erscheint Christus als Lehrer; um ihn scharen sich wie Schüler auf Bänken, nach einem an den Grabmälern der Juristen der Universität Bologna entwickelten Schema, die »priori delle arti« (Zunftmeister), d. h. die Mitglieder der Signoria von Florenz, zusammen mit dem Gonfaloniere di Giustizia Filippo Corsini (Abb. 18), flankiert von zwei Löwen (»marzocchi«), den Wappentieren der Stadt, die auf die politische Bedeutung der Szene hinweisen. Der Maler dieser einzigartigen Predella war ein Meister Francesco, der im März/April 1391 gerade Priore dell'arte dei Medici e degli Speziali war, Zunftmeister der Ärzte und Apotheker, die auch die Maler umfaßte; Francesco gehörte also selbst der Signoria an. Dieses Tafelbild, das die älteste Darstellung der republikanischen Regierung von Florenz enthält (BORSOOK 1968), muß ursprünglich für den Palazzo Vecchio, den Florentiner Regierungssitz, gemalt worden sein.

Auch in einer anderen Richtung mögen die republikanischen Institutionen in die Geschichte des Porträts eingegriffen haben. Gewiß ist das der Fall in der ortsbezogenen Ikonographie der »verdienstvollen Männer«, in Florenz zum Beispiel verknüpft mit der Schrift des Filippo Villani, *Liber de origine civitatis Florentiae et eiusdem famosis civibus* (um 1400), einem wahren Pantheon ruhmreicher Florentiner (DONATO 1986). Wer die Republik durch Schwert oder Feder berühmt gemacht hatte, fand über kurz oder lang angemessene Verehrung durch ein Denkmal im Dom: Giovanni Acuto 1436 in einem gemalten Reiterbild von Paolo Uccello, Niccolo Tolentino 1455/56 in einem Fresko von Andrea del Castagno, Dante 1465 in einem Tafelbild von Domenico Michelino (Ersatz für ein älteres), oder dann in einem Gemäldezyklus wie dem von Castagno (Abb. 19), einst für eine Villa außerhalb von Florenz gemalten (GILBERT 1989). Diesem Zyklus berühmter Florentiner gingen im späten 14. Jahrhundert andere, weitgehend verschwundene voraus (DONATO 1985, 1986, 1988); genannt seien die Zyklen der »Aula Minor« im Palazzo Vecchio und des Audienzsaals im Palazzo dell'Arte dei Giudici e Notai in der heutigen Via del Proconsolo. Im Laufe des 14. Jahrhunderts verstärkte sich in Florenz das Bewußtsein einer literarischen Renaissance. Der Stolz darauf fand seinen bildlichen Ausdruck in zahlreichen Porträts der kanonischen drei Dichter: Dante, Petrarca und Bocaccio (DONATO 1988). Die Republik schmiedete daraus eine Waffe in dem langwierigen Streit mit den Herren von Mailand.

Venedig

In Venedig entstand eine zugleich komplexe und wohlstrukturierte republikanische Ikonographie. Nach Anfängen im 14. Jahrhundert entfaltete sie sich im 15. und 16. Jahrhundert und zeigte sich zumal in der Ausschmückung des Dogenpalastes, deren gründliche Erforschung wir Wolfgang Wolters verdanken (1983). Eine beträchtliche Rolle kam dabei dem Porträt zu (vgl. Kat. 116–130).

An den Wänden der Sala del Maggior Consiglio (vgl. Kat. 132, 133 d, 135) bietet sich ein Zyklus von höchstem symbolischem Gewicht dar; er zeigt den Kampf Papst Alexanders III. und der ihm verbündeten Venezianer

Abb. 19: Andrea del Castagno, *Berühmte Menschen*, um 1450 (ehem. Villa Carducci di Legnaia in Soffiano). Florenz, Uffizi

gegen Kaiser Friedrich Barbarossa, der 1177 mit dem Sieg der Venezianer endete, der Stadt zum Titel »Regina del mare« verhalf und dem Amt des Dogen von seiten des Papstes bedeutsame Würdezeichen wie das »Privileg des Parasols« brachte (MUIR 1981). Die großen Leinwandgemälde, die wir heute sehen, wurden nach dem Brand von 1577 geschaffen, der diesen Teil des Dogenpalastes verwüstete (WOLTERS 1966; PIGNATTI 1971); es lohnt sich aber, die Vorgeschichte des Zyklus zu betrachten.

In der zweiten Hälfte des 14. Jahrhunderts entstand eine erste Fassung. Diese Fresken wurden 1409–1422 überarbeitet und fortgesetzt, und zwar von den berühmtesten Malern ihrer Zeit, darunter Gentile da Fabriano und Pisanello (LUCCO 1990; HUMFREY 1990). Im nächsten Schritt wurden die Wandmalereien durch Leinwandbilder ersetzt, die Wasser und Salzen besser standhalten (nicht aber dem Feuer); das geschah in den 1470er Jahren, als »viele alte Bilder neu gemacht wurden; denn da damals die Vivarini, die Bellini und andere namhafte Maler lebten, gefiel es dem Senat, sich ihrer Kunst zu bedienen, und als nun die Obgenannten Hand anlegten, machten sie fast alles neu« (SANSOVINO 1581 bzw. 1663, S. 325). Die endgültige Fassung des Gemäldezyklus beschäftigte die Maler weitere hundert Jahre, also bis zum Vorabend des verheerenden Brandes, der alles in Asche legte. Zu jenem Zeitpunkt zählte die Sala del Maggior Consiglio 22 Historienbilder von Gentile Bellini, Giovanni Bellini, Alvise Vivarini, Vittor Carpaccio, Tizian, Pordenone, Paolo Veronese, Jacopo Tintoretto und Orazio Vecellio (LORENZI 1868; WICKHOFF 1883; WOLTERS 1983; AGOSTI 1986; FORTINI-BROWN 1988; HUMFREY 1990).

Der Saal, der diesen Zyklus barg, war das eigentliche Herz der Republik; denn hier versammelten sich die venezianischen Patrizier zur Ratsversammlung, die für die Besetzung der wichtigen Ämter zuständig war. Die Porträts verdienstvoller Venezianer waren hier sehr zahlreich. Die Vergangenheit wurde mythisiert, und die Fest- und Triumphzüge, die Zeremonien, die Empfänge und die Aussendung von Gesandten lieferten den Vorwand zu einem venezianischen Pantheon der Schriftsteller, Dichter, Grammatiker, Geschichtsschreiber, Kardinäle, Söldnerführer, Feldherren, Admiräle, Ritter, Kriegsräte, Senatoren, Prokuratoren von San Marco, Juristen, Staatsanwälte und Richter. Auch in Florenz seit dem 15. Jahrhundert geläufig (CASTELNUOVO 1973), gewann das politische Kryptoporträt in Venedig schon früh an Bedeutung. Indem einzelnen Personen in Historienbildern die Züge lebender Personen verliehen wurden, aktualisierten diese die Geschichte. Dieses Verfahren wurde schon in der Fassung des Zyklus von 1409–1422 geübt, ein bezeichnender Einbruch des Porträts (LADNER 1983). Sansovino überliefert, daß auf einem Historienbild Pisanellos neben anderen der künftige Doge Andrea Vendramin dargestellt war, «il più bel giovane di Venezia ai suoi tempi».

Wenn in Venedig von Alters her eine so große Zahl von Porträts präsent war, hatte das zur Folge, daß nicht einzelne Protagonisten die Szene beherrschten, weder Papst Alexander III. noch der Doge Sebastian Ziani, auch wenn er dem Papst und dem Kaiser ebenbürtig dargestellt wird. Die identifizierbaren Personen erschienen in dem Zyklus nicht vor allem als Helden, sondern als loyale Venezianer, die ihre Pflicht erfüllten, und so war sinngemäß der Held der Geschichte nicht eine Person, sondern Venedig selbst (HUMFREY 1990).

Die Berührungspunkte zwischen dem republikanischen Porträt Venedigs und der Geschichte des Porträts überhaupt sind wiederum deutlich in der Typologie der Porträts des Dogen (ROMANELLI 1982), d. h. der höchstgestellten Person der Republik, die das Amt nicht durch erbliche Nachfolge oder durch Gewalt erlangte, sondern durch einen in Gesetzen geregelten Wahlvorgang (SANSOVINO 1581 bzw. 1663, S. 468). Bezeichnenderweise spielte der Doge in den Gemälden der Sala del Maggior Consiglio nicht die Hauptrolle. Unter den Herrschern Europas war der Doge in der Tat eine einzigartige Figur (LANE 1973; MUIR 1981); er gab, sagt der Staatstheoretiker Gaspare Contarini, Venedig die Vorteile der Monarchie ohne ihre Nachteile. Der Gegensatz zwischen der Machtfülle, die seine Attribute erwarten ließen, und den begrenzten Möglichkeiten seines persönlichen Eingreifens verblüffte ausländische Besucher stets aufs neue. Dem Namen und der Erscheinung nach Herr und Fürst, aber in Wirklichkeit bei seinen Handlungen einschließlich des Porträtgebrauchs genau überwacht, war der Doge nach dem Urteil des Francesco Sansovino »von außen gesehen ein absoluter Fürst, aber in Wahrheit so an die Gesetze gebunden, daß er sich von den anderen

Abb. 20: Lazzaro Bastiani (?), *Zwei Dogen*, Ende 15. Jahrhundert. Venedig, Museo Civico Correr

Amtsträgern überhaupt nicht unterscheidet« (SANSOVINO 1581 bzw. 1663, S. 469).

Die Ikonographie des Dogen wurde streng kontrolliert, mindestens in öffentlichen Werken und Angelegenheiten. Das zeigt sich bereits in den Vorsichtsmaßnahmen betreffend Münzbilder. Nachdem schon zuvor kleinere Münzen mit Dogenbildern geschlagen worden waren, ließ Niccolò Tron, Doge von 1471 bis 1473, Lirastücke mit seinem Bild prägen; doch 1485 wurde ein Gesetz erlassen, das den Dogen untersagte, ihr Bild auf die Münzen zu setzen (SANSOVINO 1581 bzw. 1663, S. 486).

In der Sala del Maggior Consiglio des Dogenpalasts befand sich eine berühmte Serie von Dogenporträts, deren Anfänge hinter das Jahr 1366 zurückreichten. Damals nämlich wurde über das Porträt des Dogen Marin Faliero beraten, der 1355 wegen Hochverrats enthauptet worden war. Dieser

Abb. 21: Gentile und Giovanni Bellini (?), *Votivbild des Dogen Giovanni Mocenigo*, 1479 (?). London, National Gallery

Zyklus war wohl von der Serie der Papstbildnisse in Rom inspiriert (LAD-NER 1941) und befand sich oberhalb des Zyklus von Gemälden, welche den siegreichen Krieg Venedigs gegen Barbarossa darstellte, und zwar unmittelbar unter der Flachdecke; er beanspruchte alle vier Wände und setzte sich in der angrenzenden Sala dello Scrutinio fort. Nach dem Brand von 1577 wurde der Zyklus von Jacopo Tintoretto und anderen Malern erneut gemalt. Im Dogenpalast gab es wenigstens zwei weitere Zyklen von Dogenporträts, denjenigen im Saal des Rats der Fünfundzwanzig, gemalt von Lazzaro Bastiani (SANSOVINO 1581 bzw. 1663, S. 326), und den in einem Studiolo, genannt »Camera dei doxi«, den Marin Sanudo im ersten Drittel des 16. Jahrhunderts gesehen hat (Abb. 20, 22).

Einen eigentümlichen Typus des Dogenbildes finden wir in den Investiturbildern. Der Evangelist Markus, als Stadtheiliger, wird durch sein Tier, den Löwen, dargestellt; der Doge kniet vor ihm, um die Standarte zu empfangen. Das Bild des Dogen, der vor dem Markuslöwen kniet, dem Symbol der Republik, machte klar, daß der Doge, verglichen mit anderen europäischen Herrschern, in dem Lagunenstaat eine weit abweichende Stellung und Rolle einnahm.

Eine weitere Gelegenheit, bei der das Bild des Dogen öffentlich erscheinen durfte, waren die großen Devotionsbilder (SINDING-LARSEN 1974),

Abb. 22: Vincenzo Catena, *Porträt des Dogen Andrea Gritti*, 1523 (?). London, National Gallery

Abb. 23: Jacopo Tintoretto, *Zwei Prokuratoren von San Marco*, um 1580. Venedig, Galleria dell'Accademia

wo der Doge, wiederum kniend, in der Anbetung Mariä oder Christi gezeigt war. Fast alle Gemälde dieses Typus im Dogenpalast stammen aus der Zeit nach den beiden Bränden der 1570er Jahre. Es sind aber aus der vorangegangenen Zeit einige Werke verschont geblieben, so das berühmte Votivbild des Dogen Giovanni Mocenigo, der von 1478 bis 1485 regierte (Abb. 21); dargestellt ist der kniende Doge, er hält das Banner von San Marco, der hl. Johannes der Täufer, sein Namenspatron, präsentiert ihn im Beisein von St. Christophorus der Muttergottes. Wahrscheinlich von Gentile Bellini begonnen, aber nach der Abreise nach Konstantinopel von seinem Bruder Giovanni vollendet, stellt das Leinwandgemälde das Urbild einer ganzen Reihe von Votivbildern von Dogen für den Dogenpalast dar. Aus der Zeit vor den Bränden datiert auch das Gemälde von Vincenzo Catena (um 1505), auf dem der Doge Leonardo Loredan vom hl. Markus der Muttergottes empfohlen wird (Venedig, Museo Correr). Im Dogenpalast selbst stammen aus der Zeit vor den Bränden das Votivbild des Dogen Antonio Grimani von Tizian in der Sala delle Quattro Porte und (mit Vorbehalten) das Gemälde von Tintoretto, das sich heute in der Mitte der

Abb. 24: Jacopo Tintoretto, *Die Schatzmeistermadonna*, um 1570. Venedig, Galleria dell'Accademia

Decke des Atrio Quadrato befindet und den Dogen Girolamo Priuli zeigt, wie er vor den Personifikationen der Gerechtigkeit und Venedigs sowie vor dem hl. Markus als Hauptfigur kniet.

Nach dem ersten großen Brand des Dogenpalastes im Jahre 1574 (WOLTERS 1966) erhielten die Sala del Collegio und die Sala del Senato zahlreiche, oft als Ersatz gemalte Devotions- oder Votivbilder von Tintoretto, Paolo Veronese und Palma il Giovane.

Etwa von der Mitte des 14. Jahrhunderts an wurde es üblich und gegen 1500 eine Pflicht, daß der neu gewählte Doge auf seine Kosten für einen der Säle des Dogenpalastes ein Bild malen und für den Hochaltar der St.-Markus-Kirche ein Antependium sticken ließ, auf denen sein Bild erschien. Weitere Bilder des Dogen wurden für seine Residenzräume geschaffen; da sie nicht für die Öffentlichkeit bestimmt waren, blieb ihre Ikonographie freier.

Die Beamten bestrebten sich, es dem Dogen mit entsprechenden Bildtypen gleichzutun (Abb. 23 und 24; vgl. Kat. 124, 125), und schmückten ihre Amtsräume innerhalb und außerhalb des Dogenpalastes mit Gruppenvotivbildern, auf denen sie porträtiert waren (KLEINSCHMIDT: Beamte 1977; WOLTERS 1983). Wie der Brauch der Dogenvotivbilder begann auch dieser Ende des 15. Jahrhunderts; Votivbilder bestellten so die Prokuratoren von San Marco, die mächtigsten Amtsträger Venedigs, deren eindrucksvoller Sitz, die Prokuratien, an der Piazza San Marco steht, die Avogadori (Staatsanwälte) und die Censori (vgl. Kat. 118), die ihre Räume im Dogenpalast hatten, die Camerlenghi, Finanzbeamte mit hohen Befugnissen, für ihren prächtigen Palast im Rialto-Bezirk, die als Maler Bonifazio de' Pitati und Jacopo Tintoretto bevorzugten, die Dieci Savi (die Zehn Weisen an der Spitze der Steuerbehörde), die ihren Palast ebenfalls im Rialto-Bezirk hatten, die Rettori der Festlandstädte und viele weitere Amtsträger von unterschiedlichem Rang.

Genua und Lucca

Während in Venedig der langen Dauer und der festen republikanischen Regierungs- und Verwaltungsstruktur eine komplexe und langlebige Staatsikonographie entsprach, befand sich Genua häufig im Umbruch. Um 1462/63 schreibt der Chronist Antonio di Faie, die Wechselfälle Genuas wolle er nicht mehr aufzeichnen, denn ihm scheine, sie seien so zahlreich, daß er dafür keinesfalls genug Papier finden werde (*Atti della Società Ligure di Storia Patria*, X, S. 52). So wurde für den Dogen von Genua keine besondere Ikonographie entwickelt. Bild und Funktion des Dogen waren hier ganz anders als in Venedig. Freilich fehlt es nicht an Porträts der Dogen in großem Staat, und man könnte die zahlreichen Dogenporträts aus den Familien Spinola und Brignole-Sale anführen, aber es handelt sich dabei um individuelle Bildnisse, die weniger das Amt unterstreichen und zelebrieren, als daß sie den Glanz der Familie erhöhen. Das trifft auch für das Porträt eines vormaligen genuesischen Dogen zu, das des Giovan Vincenzo Imperiali (MARTINONI 1983) in der Tracht eines Senators der Republik, das Van Dyck 1626 gemalt hat (Abb. 25): ein einzigartiges Bilddokument, das alle Schattierungen von Verschlagenheit, Zurückhaltung und kaum verhülltem Mißtrauen zeigt, die sprichwörtlich die Mentalität der Genuesen prägen (ZERI 1988); wir sehen also nicht wie in Venedig den ersten Bürger der Republik, durchdrungen von seinen Aufgaben, nicht ein Staatsporträt, sondern ein mondänes Porträt, das eines überheblichen Patriziers, eines hochfahrenden, stolzen, eleganten Gentiluomo.

Nach einer Phase der lebenslänglichen Herrschaft, in der der Doge bald aus dem Klan der Fregosi, bald aus dem der Adorno stammte, folgte 1528 das System der zweijährigen Dogenwürde (RAGGIO 1990). Die Entwicklung zu Oligarchie und Zentralismus führte nicht zu einer unabhängigen öffentlichen Verwaltung; denn der genuesische Staat wurde von den Faktionen der zerstrittenen Aristokratie gleichsam als Privatsache behandelt. Dementsprechend entfaltete sich die Staatsikonographie nicht in den öffentlichen Gebäuden sondern eher in den Privatpalästen; sie verherrlichte nicht die Staatsform, sondern den Ruhm einzelner Familien: der Doria, Grimaldi, Spinola, Adorno, Lercari. Im ersten Drittel des 17. Jahrhunderts fanden diese ihre Maler in Lazzaro Tavarone, Giovan Antonio Carlone und Giovan Battista Ansaldo.

Auch in Lucca, der langlebigsten der toskanischen Stadtrepubliken, kam es nicht zur Ausarbeitung einer besonderen Staatsikonographie. Höchstens das allegorische Wandbild des Pietro Testa, also wiederum eines Malers des 17. Jahrhunderts, darstellend die Freiheit mit dem Liktorenbündel zwischen

Abb. 25: Antonis van Dyck, *Porträt des Dogen von Genua Giovan Vincenzo Imperiali,* 1626. Washington, National Gallery

Abb. 26: Gerrit van Honthorst, *Porträt des Statthalters Friedrich Heinrich und seiner Gemahlin Amalia,* um 1637. Den Haag, Mauritshuis

zwei Panthern, im Palazzo Pubblico läßt sich hier einreihen. (Das Gemälde ist stark zerstört, eine schöne Skizze dazu wird in Oxford aufbewahrt.) Lucca kennt keine Ahnengalerien oder andere Typen des öffentlichen Porträts. Alles, was wir finden können, sind individuelle Porträts.

Reisende Zeichner wie der Sachse Georg Christoph Martini haben immerhin Staatszeremonien wie den Gang zur Wahl dargestellt (MARTINI 1969).

Die Niederlande

Die von den nordniederländischen Provinzen nach ihrem Kampf gegen Spanien gebildete Republik erlebte im Verlauf des 17. Jahrhunderts eine außergewöhnliche Blüte der Porträtmalerei. Sie war aber polarisiert. In der Umgebung des in Den Haag residierenden Statthalters überwog die internationale Hofkunst, von der sich die Bildniskunst in Amsterdam und den anderen städtischen Zentren stark abhob. Das Amt des Statthalters, das aus der Zeit der burgundischen Herzöge stammte, machte ihn vor allem zum Kriegsherrn; da es sich aber um ein Erbamt handelte, konnte sich durch die dynastischen Verbindungen und die Schaffung eines Hofstaats der Embryo einer monarchischen Herrschaft bilden. So kam es zu häufigen Konflikten mit den niederländischen Generalstaaten und mit dem Parlament von Holland,

Abb. 27: Cornelis van der Voort, *Die Regenten des Altmännerhauses und des Altfrauenhauses von Amsterdam*, 1618. Amsterdam, Historisch Museum

der reichsten und modernsten Provinz der Republik. Der Kontrast war lebhaft, bewirkte politische Spannungen und brachte – mit dramatischem und zuweilen tragischem Ausgang – das großbürgerlich-kaufmännische Milieu der Städte in Konflikt mit den zentralistisch-autoritären Tendenzen des Hauses Oranien. Anders als bei den Dogen von Venedig fehlte in den Niederlanden die ständige, strenge Kontrolle über die Ikonographie der fürstlichen Aufträge und über die Darstellungen des Prinzen. Mit dem Gemäldezyklus im Oraniersaal von Huis ten Bosch bei Den Haag, der Residenz der Amalia von Solms, Gemahlin und seit 1647 Witwe des Statthalters Friedrich Heinrich (Abb. 26), gelangte die dynastische Verherrlichung auf einen Höhepunkt, der sich mit der Glorifizierung der absoluten Herrscher messen konnte (PETER-RAUPP 1980; BRENNINKMEYER-DE ROOIJ 1982).

Im Licht dieser Polarisierung muß man auch den konfessionellen Gegensatz zwischen den strengen Calvinisten der reformierten Kirche und den 1619 in der Synode von Dordrecht davon ausgeschlossenen Remonstranten sehen, ebenso die Zusammenstöße zwischen autoritärer Zentralisierung und Forderung nach städtischer Autonomie: es sind Teilaspekte eines Konfliktes

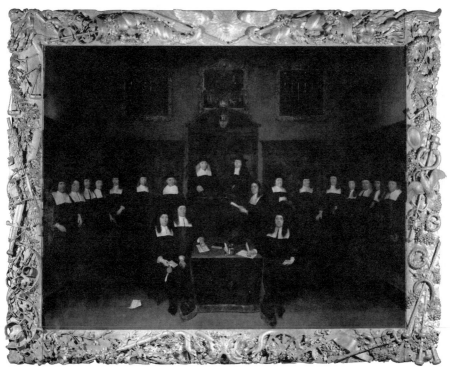

Abb. 28: Gerard Ter Borch, *Die Bürgermeister von Deventer*, 1667. Deventer, Rathaus

zwischen den Kaufmannsoligarchien der Städte, vertreten in den Generalstaaten, auf der einen Seite, dem Bündnis zwischen den Oraniern, der reformierten Kirche und einer kleinen Aristokratie auf der anderen Seite – ein
Konflikt, in dem die Hegemonie in der Republik der Vereinigten Niederlande auf dem Spiel stand. An diesem Konflikt war auch die Kunstproduktion beteiligt. So gesehen ist es kein Zufall, daß die ersten Gruppenporträts
der Regenten von Fürsorgeeinrichtungen in Amsterdam – Cornelis van der
Voort schuf damals ein drei Jahrhunderte gültig bleibendes Kompositionsschema (Abb. 27) – gerade während der Krise der Jahre 1617–1619 entstanden, die im Hochverratsprozeß gegen Jan van Oldenbarneveldt, Führer der
republikanischen Partei und Freund der Remonstranten, endete. 'In this con-
text the appearance of the first three of a new type of Dutch group portrait
was a timely statement of support for the rights and privileges of traditional
seifgovernment against the forces of centralization' (MULLER 1989).
    Die Gruppenporträts, die in der Malerei der Niederlande eine ruhmreiche
Tradition hatten (RIEGL 1902 bzw. 1931), fanden in der Republik einen günstigen Boden; die Bildnisse der Vorsteher einer Gilde, der Mitglieder einer

Abb. 29: Jan Steen, *Porträt eines Bürgers von Delft und seiner Tochter*, 1655. Privatsammlung

Abb. 30: Govaert Flinck, *Porträt des Gerard Pietersz. Hulft*, 1654. Amsterdam, Rijksmuseum

Bürgerwehr, einer Gesellschaft von Büchsen- oder Armbrustschützen mehrten sich. Selten einmal ließen sich auch Bürgermeister im Gruppenporträt darstellen (in den großen Städten regierten mehrere Bürgermeister gleichzeitig); genannt seien die Gruppenporträts der vier Bürgermeister von Amsterdam (Kat. 90), denen die Ankunft der Maria von Medici gemeldet wird, von Thomas de Keyzer (SCHWARTZ 1986), das der Bürgermeister von Den Haag von Jan van Ravesteyn oder das der Bürgermeister von Dordrecht von Cornelis Bisschop. Zu den bedeutendsten Gruppenporträts dieser Art gehört das der Bürgermeister von Deventer, gemalt 1667 von Gerard Ter Borch (Abb. 28); die strenge Komposition zeigt die Bürgermeister umringt von Mitgliedern des städtischen Rats, alle in dunkler Kleidung mit weißem Kragen, in einer Haltung von schlichter Würde, im Vordergrund den Tisch, an dem gravitätisch die vier Sekretäre sitzen, und den prunklosen Saal – ein Bild von außerordentlicher Wirkung.

Man muß sich vergegenwärtigen, daß dieses strenge, die Bürgertugenden preisende Gemälde in einem Zeitraum entstand, als nach einer schweren politischen Krise und nach dem 1650 überraschend eingetretenen Tod des an den Pocken erkrankten Statthalters Wilhelm II. die Niederlande in den Städten ein Leben in Saus und Braus, den Triumph des Handelsbürgertums und des republikanischen Regiments erlebten (PRICE 1974). In diesem Zeitraum wurde auch das Rathaus von Amsterdam (vgl. Kat. 92–113) erbaut und ausgestattet, in dessen Architektur und Skulpturen sich wie am Dogenpalast

Venedigs das gebieterische Ethos eines Stadtstaates ausdrückte (SCHAMA 1987). Kurz zuvor, 1655, hatte Jan Steen das schöne Porträt eines Bürgers von Delft und seiner Tochter (Abb. 29) gemalt, das durch Simon Schama populär wurde, der es als Umschlagbild seines Buches über die Niederlande im 17. Jahrhundert (1987) wählte; auch hat eine subtile Bildanalyse viele politische Implikationen geklärt (MULLER 1989). In jenem Zeitraum glitten immer schneller Wertvorstellungen von der öffentlichen in die private Sphäre (SENNETT 1977; SMITH 1990), ja die politische Neigung und. Stellungnahme zeigten sich gerade in der Wahl häuslicher und intimer Szenen.

Die Rolle eines Mannes war im öffentlichen Leben der Niederlande nicht so festgeschrieben wie in Venedig; ein hoher Magistrat konnte sein Leben ändern, eine neue Laufbahn einschlagen, sein Glück auf den Meeren suchen. Das enthüllt uns das außergewöhnliche Porträt einer wahrhaft farbigen Persönlichkeit, des Gerard Pietersz. Hulft (1621–1656), der den Maler Govaert Flinck und den Dichter Vondel protegierte (Abb. 30). In diesem Gemälde Flincks erinnern die Aktenbände und die Landkarte der oberen Hälfte an seine Funktion als Sekretär oder Kanzleivorsteher der Stadt Amsterdam (Vondel schreibt, das Rathaus sei für einen Mann seines Formats zu klein gewesen), während in der unteren Hälfte sein späteres Leben dargestellt wird, eine Kette von Schiffahrtsabenteuern, die im Tod des 35jährigen auf Ceylon endeten. Die Verwandlung des Archivwurms in einen Mann der Tat wird durch Raupe und Schmetterling symbolisiert, die auf der Kartusche dargestellt sind.

Das heroische Zeitalter des niederländischen republikanischen Bürgertums neigte sich seinem Ende zu, als nach dem französischen Truppeneinmarsch 1672 der Krieg gegen Ludwig XIV. begann und der Statthalter neue Befugnisse erhielt.

Blick auf die Schweiz

Derselbe Zug einer bürgerlichen Förmlichkeit unter republikanischer Verfassung, wie sie sich so eindrucksvoll in Ter Borchs Gemälde *Die Bürgermeister von Deventer* ausdrückt, findet sich in dem faszinierenden seltenen Fall eines Schweizer Gruppenporträts, der *Bibliothekskommission von Bern* (Farbtaf. VIII, Kat. 227), das die Amtsträger von 1696/97 zeigt. Sie sind um einen Tisch versammelt, in schlichter schwarzer Tracht, umgeben von den gefüllten Bücherschränken, an denen sich Bibliothekare zu schaffen machen, und von einer Folge strenger Porträts, die wie in der Sala del Maggior Consiglio des Dogenpalastes unmittelbar unter der Decke einen Fries bilden; die Herren der Bibliothekskommission, bestehend aus Mitgliedern des Kleinen und

Abb. 31: *Allianzteppich*, nach einem Karton von Charles Le Brun (Ausschnitt). Zürich,
Schweizerisches Landesmuseum

des Großen Rats sowie Professoren der Akademie, werden in ihrer gemeinsamen Arbeit erfaßt – ein Vorbild und Beispiel republikanischer Tugenden.

Die gleichen Tugenden erscheinen in den Gesichtern und in der Kleidung des Bürgermeisters Johann Heinrich Waser von Zürich und seiner Begleiter auf einem Wirkteppich (Abb. 31, vgl. Farbtaf. 2 und Kat. 17), der die
Zeremonie darstellt, bei der sich König Ludwig XIV. von Frankreich im
Jahre 1663 in der Kathedrale Notre-Dame von Paris mit einer Delegation
der Eidgenossenschaft traf, um das Bündnis zwischen den beiden Ländern
zu feiern. Gezeigt wird ein Kontrast: der Kontrast zwischen der prunkvollen
und raffinierten Eleganz des Monarchen und seines Hofstaats einerseits und
dem einfachen, derben, altväterischen Aussehen der Schweizer andererseits.
Der Hofkünstler Charles Le Brun, bei dem die Kartons für die große Folge
von Wirkteppichen zur *Histoire du Roi* in Auftrag gegeben wurden, wollte
in Mode, Tracht, Haltung, Körperbau die Welt des Sonnenkönigs der Welt der
republikanischen Eidgenossen gegenüberstellen (PALLMERT 1990); bei diesen traf er gerade jene Züge von Strenge und Verschlossenheit, die in den

Abb. 32: Jacques-Louis David, *Der Ballhausschwur*, Ausführungsentwurf, 1790/91. Château de Versailles

republikanischen Selbstdarstellungen der *Bürgermeister von Deventer* von Ter Borch oder der *Bibliothekskommission von Bern* von Johannes Dünz hervortreten.

Die Französische Revolution

Die Gattung des Porträts feiert während der Französischen Revolution einen Erfolg sondergleichen. Im Jahrzehnt 1789–1799 wächst der Anteil der Porträts an den im »Salon« ausgestellten Werken und werden gleichzeitig neue Typen geschaffen (LEITH 1965). Es geht dabei nicht nur um die Vorliebe des bürgerlichen Publikums für Porträt, Landschaft und Genre gegenüber dem großformatigen geschichtlichen, mythologischen oder religiösen Historienbild, sondern um neue Rollen, die den Individuen übertragen werden. Der Höhepunkt des Porträts wird mit dem Projekt für das Gemälde *Der Ballhausschwur* von Jacques-Louis David erreicht, das für den Saal der Assemblée nationale bestimmt war (BORDES 1983). Hier sollte die zeitgenössische Geschichte in der feierlichen Würde antiker Themen erscheinen, und hier sollten die Porträts in eine großartige gemeinsame Handlung eingebunden werden, darstellend die Gehorsamsverweigerung der Vertreter des Dritten Standes, die sich, durch königliches Dekret vom Ständesaal in Versailles ausgeschlossen, im bescheidenen Gebäude des Jeu de Paume daselbst zusammenfanden und schworen, die Arbeit fortzusetzen und sich nicht zu trennen, bis sie frei sein würden (Abb. 32). Jeder einzelne Protagonist jener schicksalhaften Verschwörung sollte charakterisiert und verewigt werden. Bekanntlich hat David das Gemälde nie vollendet; aber die zahlreichen Skizzen und Entwürfe und nicht zuletzt die Köpfe auf der riesigen weißen Leinwand des angefangenen Bildes beweisen uns die neue Bedeutung des Porträts.

Die Zeiten änderten sich rasch, tiefe Gräben taten sich auf. Die Redner, die sich unter dem Druck drohender Ereignisse zur Tribüne des Konvents begaben, wo unerbittlich die großen revolutionären Ikonen Davids herrschten: Porträts der republikanischen Märtyrer Le Peletier de Saint-Fargeau und Marat (TRAEGER 1986; HERDING: Aufklärung 1989), die an die Stelle des unvollendeten, optimistischen *Ballhausschwurs* getreten waren – diese Männer waren sich bewußt, historische Ereignisse zu erleben und vor weitreichende, schwierige Entschlüsse und Entscheidungen gestellt zu sein. Die Maler bemächtigen sich ihrer Bilder, die Stecher vervielfältigten sie und vertrieben Hunderte und Tausende von Exemplaren. Es entstand ein neuer Typus des Porträts, das Bildnis des Volksvertreters, der Wichtigkeit seiner Aufgaben und seines Tuns eingedenk, streng, gefaßt, gedankenvoll. Das illustrieren die zwei Porträts, die der Genfer Maler Saint-Ours im Jahre 1797 von seinem Mitbürger Jacob Du Pan-Sarasin geschaffen hat (Kat. 315, 316). Im ersten porträtiert er Du Pan als Vertreter des Ancien Régime, der er tatsächlich war, mit Perücke und pelzverbrämtem Rock, in einem reich mit Bögen, Vorhängen und Malereien verzierten Rahmen; das andere zeigt ihn als öffentlichen Beamten neuen Stils in einfacher Tracht, ohne Perücke, mit angestrengtem Ausdruck, im Hintergrund ein Baumdickicht und eine klassizistische Stele mit dem Relief eines Adlers (DE HERDT: Révolution 1989). Die Republik hatte das Gesicht des Menschen verändert.

Helga Möbius

Frauenbilder für die Republik

Es gibt Bildgegenstände, die anscheinend keiner Erklärung bedürfen. Sie existieren, man kann ihr Entstehen, ihre Geschichte, ihren Gebrauch beschreiben, ohne fragen zu müssen, warum sie existieren. Ich meine die im Grunde keineswegs selbstverständlichen Städte- und Länderpersonifikationen. Warum hat man sie sich als Frauen vorgestellt? Der ausweichende Hinweis (der die Frage nur auf ein anderes Gebiet verschiebt) auf das grammatikalische Geschlecht der meisten Begriffe, die allegorisiert wurden, und alte Traditionen genügen in der kunsthistorischen Forschung als Erklärung. Ich will versuchen, das Problem wenigstens zu bezeichnen: Bilder *von* Frauen oder *in der Gestalt* von Frauen in Ländern, die für sich Freiheit von einer Herrscherperson und Gleichheit der Regierenden untereinander in Anspruch nahmen, also eine Ausnahmestellung in Europa behaupteten. Welche Folgen hatte dies für die Beziehungen der Geschlechter? Hatte es Folgen?

Am ehemaligen Rathaus von Amsterdam, 1655 festlich eingeweiht, nehmen Frauenfiguren in der Bildausstattung einen hervorragenden Platz ein. Sie beherrschen die Giebel der beiden Hauptfassaden (Abb. 33 und 34) und die Riesenhalle des Bürgersaales, sie dominieren im Raumeindruck der Vierschaar, wo das städtische Hochgericht tagte, sie triumphieren im Dekkengemälde des Ratsherrensaales, man begegnet ihnen in den Galerien, die den Zugang zu den Diensträumen regeln. Die zentrale Figur der Giebelreliefs von Artus Quellinus (Kat. 112–113) trägt an der östlichen Vorderseite, nach dem Dam zu, eine Kaiserkrone, an der westlichen Rückseite sitzt sie vor dem Flachrelief einer Kogge. Ihre Identifikation bereitet keine Schwierigkeiten, ein Wappenschild weist sie als »die Amsterdam« aus. Die Kaiserkrone fügte einst Maximilian I. dem Stadtwappen hinzu, die Kogge gehört zum Stadtsiegel. Der imperiale Gestus der Thronenden ist selbst für den Betrachter vom Platz aus evident. Aus dem dichten und schwungvoll bewegten Figurengeflecht isoliert sie die Ruhe des frontalen Herrschersitzes. In ferne Höhe entrückt, faßt sie – der Giebel als »Dach« – Platz und Rathaus zusammen und bleibt zugleich nahe: die schnellen Bewegungsabläufe der Giebelbildwelt konnten als Parallele zum städtischen Alltagsgewühl wahrgenommen werden.

An der Vorderfront nimmt die Stadtallegorie die Huldigung von Seewesen entgegen. Meernymphen reichen Lorbeerkränze, Tritonen und Seekentauren umringen sie voll Ergebenheit: Amsterdam als Seehandelsmacht

Abb. 33: Amsterdam, Rathaus (Königliches Palais). Giebelfeld der Ostseite

und Beherrscherin der Meere, symbolisch überhöht, aber bezogen auf den Damrak, den städtischen Binnenhafen als den wirklichen Zugang zu den Weltmeeren. An der Rückseite bringen die Allegorien der vier Erdteile der Thronenden ihre Gaben dar, eine noch direktere Metapher für die Stadt als Zentrum des Welthandels. Frauen an den Fußpunkten der Giebel bedeuten Vorsorge, Gerechtigkeit, Maßhalten und Wachsamkeit, bezeichnen also Voraussetzung und Bedingung der Triumphierenden zwischen ihnen. Sie kommentieren und bekräftigen sie, fügen sie aber auch in eine übergreifende Ordnung ein. Dies gilt noch mehr für die Figuren auf den Giebelspitzen, die Allegorie des Friedens auf der Platzseite, Atlas mit der Weltkugel auf dem Nacken nach dem Nieuwezijds Voorburgwal zu. Sie sind räumlich und sinngemäß der Stadtpersonifikation übergeordnet. Frieden als Grundlage städtischen Gedeihens bedarf kaum einer Erklärung, zumindest als Wunsch und Behauptung – nicht alle »Gaben« an die Stadt erfolgten freiwillig –, zudem im Jahr des Friedens von Münster, in dem der Neubau endgültig beschlossen wurde und die Vereinigten Provinzen ihre Unabhängigkeit offiziell bestätigt erhielten. Atlas, die einzige Männerfigur unter den Tugendallegorien und im Stadtbild von besonderer Signifikanz, ist ein Problem anderer Art.

Wir können hier darauf verzichten, die anderen Allegorien in Frauengestalt eingehend zu betrachten. Sie variieren die bisher genannten, mit einer Ausnahme: die vier Karyatiden der Vierschaar. Als Trägerinnen des Gebälks über der marmornen Richterbank begleiteten sie aus nächster Nähe die Entscheidungen über Leben und Tod. Zwei haben die Hände auf dem Rücken gefesselt, zwei bedecken das Gesicht mit den Händen in Scham und Trauer.

Abb. 34: Amsterdam, Rathaus (Königliches Palais). Giebelfeld der Westseite

Es sind Aktfiguren von hervorragender Schönheit, nur die Beine verhüllt, und die Entblößung wirkt eindringlich als Preisgabe. Für sich genommen läßt sich ihre Bedeutung nicht genau benennen. Sie haben aber drei Reliefs zur Seite, die am Beispiel der Urteile von Salomo, Brutus und Seleukos das Thema der unerbittlichen Gesetzestreue, der Klugheit und der Großmut umkreisen. Erst in diesem Zusammenhang von gerechter Strafe und menschlicher Tragik erklären sich die Karyatiden. Sie fassen zusammen, was die Reliefs erzählen, das kostbare Leben und das unbeugsame Recht. Insofern kann man sie Allegorien nennen, und indem wir ihren Sinn im Verhältnis zu den Szenen begreifen, haben wir das Prinzip des Rathaus-Bildprogramms: die Allegorien in Frauengestalt repräsentieren das Gemeinwesen und seine Erfordernisse, die Historienbilder, in denen Männer handeln, konkretisieren die dafür nötige Praxis. Es ist das Verhältnis vom Allgemeinen zum Besonderen. Halten wir außerdem zunächst fest, daß Frauen in den Räumen, die sie so dominant bezeichnen, keine Funktion hatten. Die zentralen Tugenden des guten bürgerlichen Regiments, die das Rathaus definieren, hatten allein Männer zu verantworten. Ob diese Aussage, die für das Rathaus zutrifft, darüber hinaus gilt, werden wir zu prüfen haben.

Die Allegorienpraxis im ausgefeilten Bildprogramm des Amsterdamer Rathauses ist zwar von außergewöhnlicher Dichte, aber nur darin neu. Weniger um Originalität ging es als darum, das eigene Selbstverständnis in einen weitreichenden Bezugsrahmen zu stellen. Der Gebildetenelite des Großbürgertums stand der Bilderschatz antiker Mythologie selbstverständlich zur Verfügung. Im Hinblick auf die Qualitäten der für das Gemeinwohl Verantwortlichen verglich sie sich mit den Helden der römischen Republik, des Alten Testamentes und der Bataver, die sie als nationale Vorfahren ihres eigenen Freiheitskampfes in Anspruch nahmen. Indem man die Bürgertugenden in alter Zeit bereits vorfand, erhielten sie zur Nützlichkeit die Weihe hochrangiger Tradition. Das gilt auch für die weiblichen Allegorien, die zum geläufigen Bildungsgut gehörten, und für Göttinnen, unter denen Minerva als Beschützerin des Gewerbes und des Wissens erstrangige Bedeutung im Denken der Niederländer besaß, zumal sie als Pallas Athena zugleich als Stadtgottheit fungiert hatte. Sie könnte in ihrer griechischen wie römischen Existenzweise die Bildprägung der »Amsterdam« beeinflußt haben. Das Beziehungsfeld schließt aber auch die Staatsallegorien der Monarchien ein. Peter Paul Rubens' Zyklus über »Die Geschichte der Maria von Medici«, in dem »Francia« mehrfach handelnd eingreift, ist bei der Ausarbeitung des Rathausprogramms sicher bekannt gewesen, und sei es durch den Antwerpener Artus Quellinus.[1] Marten de Vos zeichnete wohl 1585 eine klagende »Antwerpia«. Das Motiv war also allgemeiner bekannt, jedoch nirgends so umfangreich im Gebrauch wie in der Republik der Niederlande und: in Venedig. In der Ausstattung des Dogenpalastes im Lauf des 16. Jahrhunderts erschien »Venetia« zunehmend häufiger und triumphaler, und obwohl unmittelbare Beziehungen sich nicht ausmachen lassen, müssen die Amsterdamer dies gekannt haben, zumal sie sich überhaupt mit der venezianischen Republik ehrgeizig verglichen und sie ihnen als Maßstab galt.[2]

Dennoch war die weibliche Personifikation des Landes und seiner Städte kein Import. Schon 1573 ließen die Staten Generaal (Generalstände) eine Münze prägen, die in der Umschrift »libertas patriae« ein Mädchen im »hollandse tuin«, dem flechtzaungeschützten Gehege, zeigt.[3] Die deutlich weibliche Gestalt ist männlich inszeniert. Sie trägt einen auffallenden Hut, hält in der rechten Hand steil aufgerichtet ein Schwert, die Linke stützt sie mit dem Handrücken in die Hüfte, wie es den Männern der Aristokratie vorbehalten war. Der frontale Sitz mit breitgestellten Beinen kommt ausschließlich Herrschern und Richtern zu, in weiblicher Form ist er bis dahin nur für Maria als »Thron der Weisheit« und für Allegorien wie »Sophia« und »Justitia« möglich gewesen. Die »Nederlandse Maagd«, wie man die Allegorie auf der in Dordrecht geprägten Münze wohl nennen muß und wie sie hier zum erstenmal auftaucht, nimmt also Züge des Herrscher- und des Gerechtigkeitsbildes auf, ferner das alte und höfisch wie religiös bestens eingeführte

---

[1] FREMANTLE 1953, S. 73–95, wies allerdings auf zwei Zeichnungen des Architekten Van Campen hin, die die Giebelreliefs in den wichtigsten Zügen bereits enthalten und möglicherweise vor dem endgültigen Entwurf des Artus Quellinus entstanden.

[2] BURKE 1974.

[3] VAN WINTER 1957.

Glückssymbol »Garten«: als Liebesgarten, Paradiesgarten der »angenehme Ort« schlechthin, speziell aber »hortus conclusus«, in dem die Reinheit der »Jungfrau« (Maria) ihre Macht entfaltet, geschützt, erhöht und unberührbar – die Übertragung auf das patriotische Sinnbild liegt nicht so fern, wie es scheint. Der Dordrechter Drucker Pieter de Keyser wählte schon 1520 ein »Stedemaagd«, eine Jungfrau mit Wappen, die im Garten sitzt wie eine Madonna dell'Umiltà, vor dem Stadtprospekt. Im Städteatlas von G. Braun und F. Hogenberg[4] bezeichnet die Jungfrau im Garten außer Dordrecht auch Maastricht, und »Hollands tuin« steht 1580 beim Empfang Wilhelms des Schweigers in Amsterdam ganz selbstverständlich für die gerettete Heimat.[5] Die Metaphern eines politischen Pamphlets im Streit um die Friedensbemühungen mit Spanien faßte Willem Buytewech 1615 für das Titelblatt zusammen: »Hollandia«, zierliches Mädchen, jedoch im Herrschersitz, thront im Zentrum eines pompösen Gebäudes, das Inschrift und Wappen als Vereinigte Niederlande und »batavische Herrschaft« bezeichnen.[6] Einen geräumigen Garten vor ihr schützen Löwe und Flechtzaun, pflegen »Macht« und »Vernunft«, die Feinde lauern vor dem Eingang. Die etwas pedantische Ausführlichkeit der Allegorie ist sonst nicht üblich, offenbar auch nicht nötig, denn Text und Bild lassen erkennen, daß die Jungfrau-Garten-Metapher schon geläufig war. Dazu haben vermutlich die Veranstaltungen der festlichen »Einzüge« mit ihren lebenden Bildern und Triumphwagen das meiste beigetragen. Für den Empfang Wilhelms I. 1580 haben die Amsterdamer ihre »Stedemaagd« zusammen mit Neptun auf einem Walfisch posieren lassen, Maria von Medici begrüßte sie 1638 in der Kogge des Stadtsiegels,[7] zur Feier der Ankunft des Grafen von Leicester in Den Haag 1585 führten lebende Bilder die Greuel der spanischen Belagerung als Verfolgung der »Leidse Maagd« vor.[8] Stets nahmen auch die sieben Provinzen als Frauen mit Wappen oder mit Orangen teil. Als Prunkspektakel für große Öffentlichkeit und zusätzlich durch die Graphik verbreitet, haben sie ihre Wirkung sicher nicht verfehlt.

Es ist daher bemerkenswert, daß die Stadt- und Republikallegorien keineswegs zu einem allgemeinen Bildgegenstand geworden sind: sie bleiben bestimmten, offiziellen Gelegenheiten vorbehalten und dringen nicht in die

[4] G. Braun und F. Hogenberg, *Civitates Orbis Terrarum*, Köln 1572–1618. Maastricht und Dordrecht in Bd. II, 1575.

[5] Snoep 1975.

[6] Haverkamp-Begeman 1959, S. 170–171; Van Winter 1957, S. 35–36, zum Verhältnis von »hollands« und »nederlands« der Garten-Jungfrau-Metapher.

[7] Caspar Barlaeus, *Medicae hospes*, Amsterdam 1638. Entwurf C. C. Moeyaert, Stich P. Nolpe. Dazu Tümpel 1974; Snoep 1975.

[8] Snoep 1975.

Abb. 35: Isaac Claesz. van Swanenburgh, *Allegorie der Überreichung der Gewerbeordnung*, um 1600.
Leiden, Stedelijk Museum De Lakenhal

privaten Bildwelten ein.[9] Folgerichtig ist der interessanteste Auftritt einer
»Stedemaagd« in der Malerei für einen halböffentlichen Zweck, die Tuchhalle in Leiden, bestimmt. Isaac Claesz. van Swanenburgh, Künstler und
Bürgermeister, hielt zwischen 1594 und 1612 in sieben Bildern fest,[10] was
erst neuerdings den Aufschwung seiner Stadt bewirkt hatte: die Textilproduktion und ihre Modernisierung nach dem Ende der spanischen Fremdherrschaft. Die ungewöhnlich ausführliche Schilderung der Arbeitsgänge erscheint symbolisch überhöht durch die spätmanieristische Dynamik der Körpersprache und der Flächenstruktur. Den Symbolcharakter steigert schließlich auf zwei Bildern die Allegorie. Die Stedemaagd, das Leidener Wappen
auf der Brust, verabschiedet das alte Gewerbe, eine müde Alte, und wendet
sich einer jungen Frau zu, der neuen Produktion. Die »Leidse Maagd« obwohl zentral auf einem Thron, vermeidet jede heraldische Strenge, im glei-

---

[9] Genauer gesagt: sie treten neben sie, zum einen durch die Graphik, zum anderen dadurch, daß patriotische Gegenstände auch zu den häuslichen Bildersammlungen gehörten.
[10] Leiden, Stedelijk Museum De Lakenhal.

Abb. 36: Abraham van den Tempel, *Die »Stedemaagd« empfängt die Textilproduktion*, 1651. Leiden, Stedelijk Museum De Lakenhal

chen enthusiastischen Bewegungsduktus wie die Arbeitsdarstellungen wirkt sie im gleichen Maß »wirklich« und symbolisch wie sie. In einer zweiten Allegorie der Serie (Abb. 35) läßt Swanenburgh die Stedemaagd der »Nieuwen Neringhe« das Buch mit den Gildesatzungen überreichen. Höfisch-verbindlich und affektiv treten die Frauen aufeinander zu, Hände und Blicke verschränken sich, ein schönes Bild für die Zusammengehörigkeit von Stadt und Gewerbe. Das Allegorienpaar ist Blickfang und scheinbares Hauptthema. Hier wird nun aber ein Kontrast gesetzt. Auf der Terrasse eines städtischen Gebäudes lassen sich neun Magistratsherren aus dem Buch der Satzungen vorlesen: die eigentlichen Akteure treten auf und beherrschen das Geschehen aus dem sinnzentralen Hintergrund. Für die neue Tuchhalle, 1639/40 im zeitgemäß würdevollen Klassizismus entstanden, genügte die schlichte alte Bilderreihe nicht mehr. 1648 erhielt Abraham van den Tempel den Auftrag für drei allegorische Gemälde in das Gouverneurszimmer, wo sie sich noch befinden. Van den Tempel hat dem erhöhten Repräsentationsanspruch mit Pathos und prunkvoller Ausstattung der allegorischen Figuren

Abb. 37: Delft, Nieuwe Kerk, Grabmal Wilhelms I. von Hendrick de Keyzer, 1614–1621 (Ausschnitt *Die Freiheit*)

entsprochen, dafür auf die Darstellung städtischen und gewerblichen Lebens verzichtet. In zwei der Szenen ist die Stedemaagd Hauptperson (Abb. 36). Wir haben den auffälligen Hut der Jungfrau im Garten auf der Münze von 1573 erwähnt. Eine zwei Jahre später geprägte Münze zeigt ihn allein, mit dem Motto »Libertas aurea«. Der Freiheitshut wird seitdem zum häufigsten Attribut der Stadtpersonifikation,[11] Sieben-Provinzen-Allegorien und Statthalter beten ihn knieend an,[12] und selbst die Behauptung des oranischen Anspruchs in der Verherrlichung des Statthalters Friedrich Heinrich im Huis ten Bosch gesteht ihn der »Nederlandse Maagd« zu[13] – doch trägt sie ihn nie wieder, wie 1573, auf dem Kopf, sondern wird künftig deutlicher als Präsentierende eines Emblems von ihm unterschieden. Die bedeutendste Rolle, die das niederländische Freiheitszeichen je in einem Kunstwerk gespielt hat, wurde ihm von Hendrick de Keyzer am Grabmal Wil-

---

[11] Dazu trug vermutlich u.a. bei, daß Karel van Mander den Hut in seine *Wtlegghinghe op den Metamorphosen...* (1603/04) aufnahm; fol. 133: »Van de Mutse, oft Hoedt. Met den Hoedt wort besonder aenghewesen de vrijheyt: want oudts tijts de Slaaven geen Hoeden mochten draghen, dan vry ghemaeckt wesende, gafmen hun den Hoet.« Die Bedeutung des Pileus als Zeichen des freien römischen Bürgers wird den humanistisch Gebildeten aber auch aus der antiken Literatur bekannt gewesen sein.

[12] Kupferstich aus ADRIANUS VALERIUS, *Nederlantsche Gedenck-Clanck,* Haarlem 1626.

[13] Theodor van Thulden im Oranjezaal im Huis ten Bosch, *Die »Nederlandse Maagd« bietet Friedrich Heinrich den Oberbefehl an.* Dazu BRENNINKMEYER-DE ROOIJ 1982, S. 137. Den Hut hält einer der Putti, die auch die Wappen der Sieben Provinzen tragen. Die »Nederlandse Maagd« reicht den Kommandostab kniend, wird aber erhöht durch den Ehrenplatz zur Rechten des Statthalters.

helms I. in der Delfter Nieuwe Kerk gegeben,[14] und die einzigartige nationale Kultstätte der republikanischen Idee hat vermutlich seinen emblemhaften Gebrauch mitbestimmt. Eine klassisch gewandete Frau hält ihn mit erhobenem Arm, goldstrahlend und mit »aurea libertas« bezeichnet ragt er triumphierend über das Ecktabernakel hinaus (Abb. 37). Die Frauenstatuen an den Ecken, außer der »Freiheit« die »Gerechtigkeit«, der »Glaube« (Religio) und die »Standhaftigkeit« (Fortitudo), definieren den ermordeten Nationalhelden und in ihm die Republik. Der Tote liegt auf dem Sarkophag, aber ihm zu Häupten sitzt das Bild eines höchst lebendigen, wachsamen, streng in den Raum blickenden Willem. Ich rede von dem merkwürdigen »Sinnbild-Porträt« der Republik und ihres Helden, das im Zusammen- und Wechselspiel mit den Frauen entsteht: in ihrer demonstrativen tänzerischen Bewegtheit scheinen sie nicht nur als Attributenträgerinnen daran teilnehmen zu sollen. War der »Vater des Vaterlands« schwer vorstellbar ohne die »Mütter«? Die »Freiheit« hat den Ehrenplatz, an der rechten Seite des Statthalters, und sie ist schlichter, gemessener konzipiert – also Werkstattarbeit? Oder nicht doch Unterscheidungsmittel für die zentrale Allegorie, der die besondere Würde des Einfachen zukam? Unterscheidung war wohl notwendig; denn Tugenden begleiteten auch schon die französischen Königsgräber in Saint-Denis, die neue »Freiheit« in ihrer Mitte hatte daher ohnehin einen ausgezeichneten Rang. Wie sehr gerade die Freiheitsfigur für das ganze nationale Denkmal stehen konnte, zeigt ein Innenraumbild der Delfter Kirche von Gerard Houckgeest (1650). Es gilt als erstes holländisches Kircheninterieur mit dem stimmungshaften Schrägblick:[15] nur dieser ermöglichte, von dem inhaltlich zentralen Grabmal einzig die »Freiheit«, und zwar in voller Frontalansicht, abzubilden.

Ein Vergleich mit der Stadtrepublik-Allegorie für Venedig – er müßte gründlicher erfolgen als hier möglich – offenbart in mancher Hinsicht überraschende Nähe, aber die Unterschiede machen das je andere Selbstverständnis deutlich, und ein einfacher Rückgriff der Niederländer auf den Bildgebrauch der bewunderten Stadt kommt wohl nicht in Betracht. Auch die Traditionen des »Venetia«-Bildes reichen weit zurück, doch erst im 16. Jahrhundert wird es zum Standardtyp, ohne, wie in den Niederlanden, mit einem Neubeginn des Gemeinwesens verbunden zu sein. Den komplizierten, ja verworrenen Bildgebrauch für »Venetia« hat Wolfgang Wolters aufgeklärt,[16] von größtem Interesse ist dabei, daß er die Zusammenhänge

---

[14] Auftrag 1609 durch die »Staten-Generaal van Holland«, 1614 Beginn, 1623 vollendet, bereits 1620 durch Pieter Bor ausführlich beschrieben; siehe JIMKES-VERKADE 1980.

[15] Für JANTZEN 1910, S. 95–96, ist der neue Typ des Innenraumbildes nur ein Problem der künstlerischen Entwicklung.

[16] WOLTERS 1983, Kapitel »Venetia«, S. 236–246.

und Verschränkungen mit der literarischen Venedig-Panegyrik, mit Erfolgen oder Niederlagen der Republik und ihrer Dogen dargestellt hat. Zweierlei fällt auf: erstens die zunehmende Häufigkeit und die Veränderung der Bildformel »Venetia« seit Beginn des 16. Jahrhunderts, zweitens die intensiv reflektierte Beziehung zum Dogen oder, selten, zu anderen Repräsentanten der Stadt. Die frühen Identifikationen (des 14. Jahrhunderts) mit »Justitia« oder »Pax«, die geläufige ikonographische Formeln benutzen und sie per Inschrift als »Venetia« deklarieren, sie sind geeignet zur Repräsentation hervorhebenswerter Eigenschaften im Selbstverständnis und vielleicht weniger aus der Schwierigkeit entstanden, verbale Lobformeln in bildliche umzusetzen. Die wahrscheinlich erste »Venetia«, nach 1341 an der Westfassade des Dogenpalastes, »in forma di Justitia«,[17] aber auf der Schriftrolle ruhmredig sich selbst als stark, gerecht, meerbeherrschend und tugendhaft preisend, bleibt begrifflich abstrakt, nicht anders als die erste »Nederlandse Maagd« von 1573, der sie auch sonst erstaunlich ähnelt. Irritierend ist in der Folge die wechselnde, zunehmend aber dominierende Entscheidung für »Venetia« gegenüber dem Markuslöwen, dem eigentlichen und ursprünglichen Bildzeichen für die Stadt. Eine Antwort scheint möglich, wenn wir beobachten, wie die Ausarbeitung der Ikonographie darauf zielt, die Stadtpersonifikation in Frauengestalt als Herrscherin, als selbständig Handelnde und in Beziehungen sich Verhaltende visuell eindringlich zu machen (Abb. 38). »Venetia« krönt den Dogen,[18] nimmt Geschenke von Städten an,[19] wird selbst gekrönt, wobei die Madonna in der Höhe religiöse Weihe verleiht,[20] sie läßt sich vom hl. Markus beschützen,[21] sie verspricht, mit Geldsack in der Hand, ordentlichen Venezianern gutes Auskommen.[22] Der Doge Francesco Venier ließ sich darstellen, wie er ihr bei der Huldigung durch vier Städte assistiert.[23] Venetia thront, wie sonst nur die Madonna, am linken Bildrand auf hohem Stufenbau, die Stadtallegorien Brescia, Udine, Padua und Verona im Unterwerfungsgestus tief unter ihr reichen Geschenke – an Venetia? Neben ihr steht der Doge, und es ist nicht ganz eindeutig, wem die Huldigung gilt. Das delikate Spiel zwischen scheinbar bescheidenem Zurücktreten und tatsächlicher Rolle als spiritus rector aus dem Hintergrund wird im 17. Jahr-

[17] WOLTERS 1983, S. 106, 237.

[18] Andrea Schiavone (?), *Entwurf für ein Antependium des Dogen Antonio Grimani* (1521/23), Zeichnung, London, British Museum; Paolo Veronese, *Entwurf zum Votivbild des Dogen Sebastiano Venier* (1577–1578), London, British Museum.

[19] Jacopo Palma il Giovane, *Votivbild des Dogen Francesco Venier* (1554–1556), Venedig, Dogenpalast, Sala del Senato (Abb. 38).

[20] Jacopo Palma il Giovane, *Venetia wird von S. Magno gekrönt*, Venedig, S. Geremia.

[21] Bonifacio de' Pitati, *Markus als Beschützer der Venetia*, 1532, Venedig, Galleria dell'Accademia.

[22] Vitrulio Buonconsiglio, *Die Nicolotti huldigen Venetia*, 1559, Venedig, Galleria dell'Accademia.

[23] Wie Anm. 19 (Abb. 38).

Abb. 38: Jacopo Palma il Giovane, *Votivbild des Dogen Francesco Venier*, um 1580. Venedig, Dogenpalast, Sala del Senato

hundert in holländischen Familienporträts weitergespielt werden. Es ermöglicht ein geheimes Herrscherporträt, das als offenes strikt zu vermeiden war. So haben auch die Statthalter der Vereinigten Niederlande sich als Diener der Republik vorführen lassen, mit ihr gemeinsam die Lanze mit Freiheitshut ergreifend,[24] oder von ihr den Kommandostab entgegennehmend, wie

---

[24] Jan Tengnagel (1584–1635), *Prosperität der Republik unter Moritz von Oranien*, Delft, Stedelijk Museum Het Prinsenhof.

Friedrich Heinrich im Oraniersaal.[25] Auch als handelnde Bildfigur bleibt die weibliche Herrschende allgemein und abstrakt genug, um den Machtanspruch nicht zu beeinträchtigen.

Noch aufschlußreicher für unsere Fragestellung ist es zu beobachten, wie »Venetia« sich die Marienikonographie aneignet. Als Thronende, bei der Krönung, auf Wolken schwebend im Bildmuster der Himmelfahrt kann sie der flüchtige Blick zuweilen kaum unterscheiden. Auch der Rubens-Schüler Erasmus Quellinus erfand die »Amsterdam« für das Deckenbild im Rathaus[26] offensichtlich mit Hilfe der *Marien-Himmelfahrt* seines Meisters in Antwerpen, die merkwürdige Verwandtschaft der »Stedemaagd« im Garten mit dem hortus conclusus erwähnten wir schon. Daß die calvinistischen Niederlande die zentrale Integrationsfigur der katholischen Kirche nicht übernehmen mochten, leuchtet ein. In Venedig bedeutete, sich auf Maria zu berufen, immer auch ein Bekenntnis im sensiblen Verhältnis zum päpstlichen Rom, zudem hatten Maria als Stadtpatronin schon andere Städte beansprucht. Aber eine Gestalt von ähnlicher Identifikations- und Integrationsfähigkeit wurde gebraucht. Dies um so mehr, als es in beiden Republiken galt, die schwierige und stets gefährdete Balance zu halten zwischen der Gleichrangigkeit des Patrizierregiments und den monarchischen Bestrebungen einzelner Personen oder Familien. Ein Herrscherkörper stand somit als Repräsentant des Staatsvolkes nicht zur Verfügung. Selbst die auftrumpfenden Venedig-Allegorien in der Sala del Maggior Consiglio, Höhepunkt des Venedigmythos zu einer Zeit, da die reale Macht der Serenissima endgültig nicht mehr unbestritten war, bedurften der übergreifenden abstrakten Idee, und sie vielleicht erst recht. Tintorettos *Freiwillige Unterwerfung der Provinzen unter Venedig* (Abb. 39) zeigt in der Bildstruktur, wie die Dominanzen der Venetia, in unwirkliche Höhen entrückt, und des Dogen auf der Spitze der irdischen Rangordnung sich wechselseitig bedingen.[27] Je hartnäckiger der besondere Rang des Dogenamtes auch bei zunehmend eingeschränkten Handlungsräumen behauptet wurde, um so mehr war für den Ausgleich zu sorgen. Mit anderen Worten: Apotheose tat not, doch nicht eines Einzelnen, sondern des Gemeinwesens. Die niederländischen Städte wurden von Bürgermeisterkollegien geleitet, auf die für andere Kollegien üblichen Gruppenporträts haben sie wohlweislich verzichtet.

Nicht verzichten konnten auch die republikanisch verfaßten Gemeinschaften auf ein repräsentatives Identifikationszeichen. Mußte es eine Person sein? Warum nicht der Markuslöwe oder eines der niederländischen Unab-

[25] Wie Anm. 13.
[26] 1656 im Ratssaal. BRUYN 1988, S. 229.
[27] Vgl. die Analyse von WOLTERS 1986, S. 336–369.

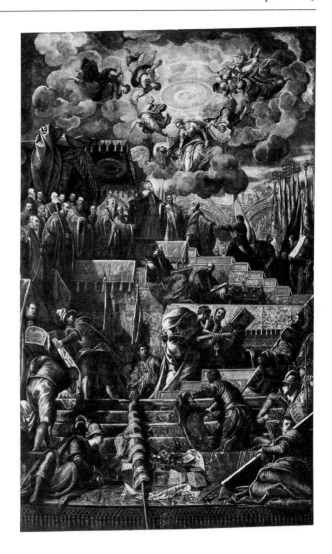

Abb. 39: Jacopo Tintoretto,
*Freiwillige Unterwerfung
der Provinzen unter Venedig,*
1580–1584. Venedig,
Dogenpalast, Sala
del Maggior Consiglio

hängigkeitssymbole? Wenn wir sehen, wie aus den anfangs emblematisch gebrauchten Stadt- und Landespersonifikationen sinnlich und emotional ansprechende Figuren mit der Fiktion »wirklicher« menschlicher Wesen werden, könnte die Antwort heißen: Nur so war es möglich, die Bürgergemeinde auf eine gemeinsame Idee zu verpflichten und die affektive Bindung an sie zu vermitteln, ohne einen realen Machthaber zu exponieren. Dieses Ideal mußte abstrakt genug und konkret genug sein, es mußte schön und vollkommen sein. Noch einmal gerät hier die überragende Rolle der Maria im Mittelalter in das Blickfeld. Mit der mythischen Reinheit der

Jungfrau, der Liebe, Barmherzigkeit, lebenschaffenden Kraft der Mutter, der Schönheit der Frau war schließlich jenes Integrationsmodell entstanden, das gerade deshalb so umfassend wirken konnte, weil es außerhalb der an Gesetze gebundenen Vater-Sohn-Herrschaft stand.[28] Für Calvinisten wie für Humanisten der frühen Neuzeit galt Christus, galten die Heroen des Alten Testamentes als höchste Instanz, wie Apollo und Herkules für Männermacht und -tugend standen. Den neuen Männeridentifikationsfiguren gegenüber hatte das alte Mariensymbol den entscheidenden Vorzug, die menschliche Gesellschaft in ihrer Ganzheit aus Männern und Frauen anzusprechen. Untersuchungen zu den Mentalitäts- und Gesellschaftsstrukturen der frühen Neuzeit haben deutlich gemacht, wie im Geschlechterrollendiskurs das Bewußtsein geschärft wurde, daß die Menschheit aus beiden Geschlechtern bestand und daß die Beziehungen kompliziert sind.

Mir erscheint als einer der spannendsten Zeugen neuer Schwierigkeiten im Geschlechterverhältnis der effektvolle Auftritt des Atlas auf dem Rathaus-Westgiebel und im Bürgersaal (Kat. 111). Atlas-Herkules gehört in die Herrschafts- und Männerikonographie und steht am Anfang einer Entwicklung, die im 19. Jahrhundert zum an seiner Verantwortung leidenden Mann führt,[29] aber bereits im 16. Jahrhundert als Tugendheld und mit dem Herrscheramt Beladener, zwar positiv besetzt, Züge der leidvollen Mühsal enthält. Der Amsterdamer Atlas, der weder dem Himmelsglobus noch als Symbol der Kraft der Heimaterde[30] sonderlich sinnvoll erscheint, behauptet sich jedoch unter den vielen Frauenbildern rund um ihn, vielleicht unter anderem deshalb, weil er anders ist: nackt, stark, problematisiert, auch schön – aber gegenüber den ausgeglichenen Frauen auf andere Art. Könnte es sein, daß man ihn im vollen Bewußtsein seiner Herrscherbedeutung wählte, ein bereits eingeführtes Zeichen für die schwere Arbeit des Regierens, die den niederländischen Stadtregenten als höchste Bürgertugend galt? Dann allerdings stünde Atlas sehr zu Recht über der »Amsterdam«, aussagefähiges Bild der täglich praktizierten Herrschaft. Bilder von Frauen können die ideale nichtpartikulare Stadtgemeinschaft bezeichnen, eben weil die wirklichen Frauen außerhalb der realen Herrschaftsmechanismen standen. Atlas behauptet sich nicht nur neben den allegorischen Frauen, er markiert vielmehr den kritischen Punkt dieser symbolischen Fiktionen von ganzheitlicher Weib-

---

[28] SPANGENBERG 1987, bes.: Exkurs »Maria als Anwalt der Sünder«, S. 130–145.

[29] CORBIN 1989.

[30] SNOEP 1967/68 diskutiert zwar Atlas-Herkules als »gezagsdrager«, als »Modell für alle Autorität« in der Ikonographie der Herrscherhäuser, trennt aber den Amsterdamer Atlas strikt davon ab. Im Grunde belegen dessen Herrschaftsbedeutung schon die »politischen« Tugenden um ihn, die die Tradition der Stadtrepubliken wie der Monarchien aufnehmen.

lichkeit. Die Ikonographie des Amsterdamer Rathauses hält neben allen anderen Bedeutungen eine eminent wichtige Aussage zur Ausarbeitung der Geschlechterdifferenz bereit.[31]

Andere Ebenen der Bildargumentation können meine Behauptung stützen, daß dies nicht automatisch schon Geschlechterhierarchien befestigt und neu definiert, obwohl sie angelegt sind. Bilder von Frauen – das sind in den Niederlanden und in Venedig nicht nur die Allegorien. In Venedig gibt es für einige Jahrzehnte die merkwürdigen Porträts von idealer Frauenschönheit, die so auffallend komplementär zu den melancholisch grüblerischen Männern erscheinen.[32] In den Niederlanden – und nur hier – gibt es die Gruppenporträts von »Regentinnen«. Regenten waren die leitenden Verantwortlichen in städtisch-öffentlichen Einrichtungen der Fürsorge und des Strafvollzugs. In diesen ehrenamtlichen und ehrenvollen, als Bürgerpflicht für das öffentliche Wohl geleisteten Ämtern sind Frauen, natürlich nur aus den reichen und angesehenen Schichten, prinzipiell gleichrangig mit Männern tätig und angesehen gewesen. Wie die männlichen Regentenkollegien ließen auch die weiblichen Gruppenporträts herstellen, die in ihren Amtsräumen ihre Autorität bekräftigten und für die Zeit ihrer Abwesenheit garantierten. Besonders die wenigen Gruppenporträts, die sich heute noch im halbwegs originalen Raumzusammenhang befinden, machen überraschend deutlich, wie die Frauen als öffentlich und verantwortlich Tätige in keiner Weise hinter den Männern zurückstehen, nicht im anspruchsvollen Format, nicht in der würdevollen Repräsentation. Sie posieren mit Selbstverständlichkeit ganz ebenso gelassen und ihrer Pose bewußt wie die Männer, was es nach allen Aussagen über die in der frühen Neuzeit endgültig einsetzende und noch heute fortwirkende Ausgrenzung und Benachteiligung des weiblichen Geschlechts gar nicht geben dürfte. In der kurzen Lebenszeit der niederländischen Republik war die Entwicklungsrichtung im Hinblick auf Wertung und Rang der Geschlechterrollen noch offen. Eindeutiger als die zahlreichen einschlägigen Texte sprechen dafür Bilder, die im Geschlechterrollendiskurs entscheidend mitgewirkt haben.

In Haarlem z. B. ließen sich mehrfach das Männer- und das Frauenkollegium der gleichen Einrichtung zur gleichen Zeit porträtieren: die Regenten des St.-Elisabeth-Hospitals 1641 von Frans Hals, die Regentinnen von Jan Cornelisz. Verspronck; die Regenten/Regentinnen des Arme-Kinder-Hauses

---

[31] Ein Beispiel von schöner Anschaulichkeit für das Verhältnis allegorischer weiblicher Herrschaft zur realen männlichen ist das Gouverneurszimmer der Leidener Lakenhal, wo Abraham van den Tempels triumphale *Stedemaagd* (siehe Abb. 36) die Tätigkeit der Gouverneure überblickt. Am Modell des Denkmals im 19. Jahrhundert hat das Problem ausgearbeitet: WENK: Die steinernen Frauen 1987.

[32] VON GÖTZ-MOHR 1987.

Abb. 40: Werner van den Valckert, *Die Regenten des Leprosenhauses von Amsterdam*, 1624.
Amsterdam, Rijksmuseum

1663 und 1664, des Leprosenhauses 1667 von Jan de Bray (Kat. 86–87); die
Regenten/Regentinnen des Alt-Männer-Hauses in den berühmten Bildern
von Frans Hals 1664. Auch in Amsterdam haben wir solche Vergleichsmög-
lichkeiten, am eindrucksvollsten in Werner van den Valckerts beiden großen Gemälden (Abb. 40 und 41) aus dem Leprosenhaus 1624.³³ Über alle
Unterschiede des künstlerischen Anspruchs hinweg, die für uns die Charak-
terisierungskunst und Spontaneität des Malstils von Frans Hals unvergleich-
bar machen, haben sie etwas, was Männer untereinander und Frauen untereinander verbindet und sie gegeneinander abhebt. Die Männer geben sich
ungezwungen, lebhaft, Haltung, Mimik, Modellierung der Gesichter sind
entschieden bewegt, intensiv Kommunikation herstellend. Die Frauen tragen Würde gemessener, zurückhaltender vor, Mimik und Gestik bleiben
immer ausgeglichen. Im Porträt des Frans Hals von 1641 gibt es eine Rük-
kenfigur, die sich mit kühner Drehung ins Profil aus dem Bild herauswen-
det. Versproncks Frauen-Pendant entspricht in der Gruppenregie nahezu
vollständig, nur diese spontane Bewegung mußte er vermeiden, sie hätte
weibliche Verhaltensnorm verletzt. Die beiden Porträts von Jan de Bray

---

³³ Hals, Verspronck, De Bray: Haarlem, Frans Halsmuseum; Van den Valckert: Amsterdam, Rijksmuseum.

Abb. 41: Werner van den Valckert, *Die Regentinnen des Leprosenhauses von Amsterdam*, 1624. Amsterdam, Rijksmuseum

1667, in Haarlem nebeneinanderhängend, traut man auf den ersten Blick kaum dem gleichen Maler zu. In Wirklichkeit und genau besehen, beanspruchen die Frauen nicht weniger Interesse, sicheres Handlungsbewußtsein tragen sie körpersprachlich und mit der Subjektivität ihrer Erscheinung nicht geringer zur Schau als die Männer. Die drei großen Damen, die Van den Valckert malte (Abb. 41), dürften sogar ihre männlichen Partner im autoritären Gestus, in der anspruchsvollen Raumbeherrschung bei weitem übertreffen, und erst recht gilt das von den vielgescholtenen herrischen Greisinnen des Frans Hals 1664. Das Mißverständnis, sie als kalt, berechnend, boshaft zu sehen, rührt aus der späteren Situation einer einseitig fixierten Geschlechterrollenteilung her, als die »Natur« der Frauen auf die sanfte Liebe und emotionale Fürsorglichkeit festgelegt war.[34] Van den Valckert, Hals, Verspronck und andere, die Aufträge von Frauenkollegien erhielten, sahen diese in ihrer Regentenfunktion zwar anders, aber ohne Rangunterschiede zu den Männern agieren.

Die meisten Regentinnen waren Witwen. Verheiratete Frauen kamen offenbar für die Ehrenämter kaum in Betracht, sie hatten anderes zu tun. Wir stoßen damit auf einen weiteren Aspekt der Geschlechterdifferenzierung der

[34] DUNCAN 1973; SPICKERNAGEL 1985; BARTA 1987; SPICKERNAGEL 1987.

frühen Neuzeit. Das Wirkungsgebiet der Frauen sind Familie und Haus, das der Männer der Beruf. Wirken in der Öffentlichkeit und in der privaten Häuslichkeit treten deutlicher auseinander. Das bedeutet zunächst eine neue Wertschätzung der Frau in der Familie.[35] Als »freie Hausfrau« beschrieb sie Coornhert, der Hausherr soll sie nicht als sein Eigentum, nicht als Dienstboten halten, denn sie ist »Herrin des Hauses, wie er Herr ist«.[36] Die Aussage ist ambivalent, es liegt in der Entscheidung des Mannes, wie er die Frau »hält«. Der Bildgebrauch in den Wohnhäusern niederländischer Groß- und Mittelbürger kann das erhellen. Als verbindliche Gewohnheit hatte sich herausgebildet, daß Hausherr und Hausfrau durch Porträts gemeinsam zu repräsentieren waren, und um dies auch in den Haushalten der Nachkommen zu gewährleisten, ließen sich Eltern oft mehrfach malen. In den Ehepaarpendants (Abb. 42 und 43) gilt für die Darstellungsweise das gleiche wie für die Gruppenporträts: Mann und Frau sind per Geschlechtscharakter unterschieden, im Rang aber gleichgeordnet. Das ist insofern einzuschränken, als das Porträt des Hausherrn stets den Ehrenplatz, zur Rechten der Frau, beansprucht. Es ist oft beobachtet worden, wie bei dieser Anordnung die Lichtführung von links das Gesicht des Mannes lebendig, beweglich, »interessant« macht, das Gesicht der Frau voll ausleuchtet, so daß die Züge gleichmäßig, stillgelegt, reaktionslos erscheinen. Dem entsprechen Haltung und Gestik. Die Ehepaarporträts halten somit im Haus nicht nur ihren gleichen Wert für das Haus gegenwärtig, sie bekräftigen auch geschlechtstypische Verhaltensweisen.[37] Zahllose Traktate, unter ihnen besonders breitenwirksam *Houwelick* (die Ehe) des populären Jacob Cats,[38] haben mit dem Wort daran mitgewirkt, letztlich führen sie das Prinzip aus, in dem Juan Luis Vives mittelalterliche Verhaltenslehren für Frauen neubegründete:[39] Männer brauchen Klugheit, Beredsamkeit, Gerechtigkeitsgefühl, Festigkeit, Nächstenliebe, Großmut. Frauen brauchen »Keuschheit«; ohne sie sind sie nichts. Mit solchem Rigorismus verglichen geben Bilder spannungsreichere Auskünfte. Zur Bildausstattung des Hauses gehörten außer den Ehepaarpendants die Familienporträts. So viele Möglichkeiten der Gruppenregie für diesen Bildtyp entwickelt wurden,[40] das zentrale Problem scheint stets gewesen zu

---

[35] Dieser Prozeß setzt aber bereits im 14. Jahrhundert ein: HELD: Marienbild 1987; MÖBIUS (im Druck).

[36] D. V. COORNHERT, *Zedekunst dat ist Wellevenskunst* (1586), hrsg. von B. Becker, Leiden 1942, S. 186–187.

[37] MÖBIUS 1987.

[38] J. CATS, *Houwelick*, Middelburg 1625.

[39] J. L. VIVES, *Institutio foeminae christianae* (1523); niederländische Übersetzung Antwerpen 1554. Zum entsprechenden Bildgebrauch: VELDMAN 1986.

[40] DE JONGH 1986; MÖBIUS 1988, S. 115–141.

Abb. 42: Frans Hals, *Porträt des Nicolaes van der Meer*, 1631. Haarlem, Frans Halsmuseum

Abb. 43: Frans Hals, *Porträt der Cornelia van der Meer, geb. Vooght*, 1631. Haarlem, Frans Halsmuseum

Abb. 44: Jürgen Ovens, *Familienporträt*, 1658. Haarlem, Frans Halsmuseum

sein, wie das Gleichgewicht in der Ordnung und Zuordnung von Mutter und Vater in der Schwebe zu halten war (Abb. 44). Die weitaus meisten Varianten zeigen in ausgleichender Gruppierung den Mann als scheinbar unbestrittene Hauptperson, die Frau in ausstrahlender Emotionalität die innerfamiliären Beziehungen wirkungsvoller prägend. Oft tritt der Mann von hinten an die Familie heran. So demonstriert die Mutter, im Vordergrund von Kindern umringt, ihre Dominanz im häuslichen Leben, ohne das Familienoberhaupt zu beeinträchtigen, das zudem kompositionell deutlich isoliert bleibt: das Haus ist nicht der dem Mann eigene Aktionsraum. Die Subtilitäten der Gruppenregie geben das Familienporträt als Spiegel und Instrument neuer Normierungen im freiheitlichen Holland zu erkennen, denen Männer und Frauen in gleichem Maß unterworfen waren. Fragen wir schließlich, ob es auch Bilder *für* Frauen gab, so müssen wir das wohl verneinen. Die Tugend- und Lasterexempel der »Genremalerei« mit ihren körpersprachlichen Mustern für unbeherrschte oder kontrollierte Affekte wenden sich als Entscheidungsforderung nicht nur an Frauen – sosehr sie die Erziehungs-*schriften* für Frauen zu reproduzieren scheinen –, sondern sprechen ihnen ebenso wie Männern die entwickelte Persönlichkeitsstruktur zu, in der Selbstbeherrschung und Selbstreflexion eine hochmobile Gesellschaft sichern halfen.

Bilder von Frauen auf den verschiedensten Ebenen: Allegorie, patrizische Regentin, Ehefrau/Mutter, Tugendexempel. Verbunden sind sie untereinander dadurch, daß sie Verhaltensnormen des frühmodernen Bürgertums als schön und sinnvoll einprägen. Ordnung herzustellen, übersichtliche und funktionsfähige Strukturen mit klar abgegrenzten Funktionsfeldern zu schaffen, wurde in den Behauptungskämpfen der neuen oder sich wandelnden Republiken existenznotwendig. Dazu gehörte auch die strikte Neuordnung der Geschlechterverhältnisse. Patriarchale Herrschaft stand dabei nicht zur Disposition. Aber die Bilddispute der Frühmoderne hielten verschiedene Möglichkeiten bereit. Die »Regentin«, wenn auch nur im halböffentlichen Ehrenamt, bot eine Chance, die in der Folge vergeben wurde. Die für einen Augenblick denkbare Gleichrangigkeit der Geschlechterrollen im öffentlichen und häuslichen Wirken lief auf die Rangordnung des einen über das andere hinaus. Die Verhaltensnormen des Männlichen und Weiblichen haben sich immerhin als effizient erwiesen: wir haben sie verinnerlicht. Auch die Allegorie lebt. Wo immer Frauen nicht entscheidungsfähig am Gesellschaftscharakter mitwirken können, hält sie das »Bild« der Utopie eines Gemeinwesens wach, in dem Harmonie über konkreten Konflikten steht und Geschlechterdifferenz nicht Werthierarchie bedeutet: Die »Amsterdam«, die »Venetia« ebenso wie die Allegorienproduktion der Französischen Revolution, in der Frauen den Wirkungsraum erhielten, den die neuen »Menschenrechte« ihnen verweigerten,[41] die Frauen zu Füßen der Geisteshelden im Denkmal des 19. Jahrhunderts,[42] die weibliche Aktskulptur im Stadtorganismus des 20. Jahrhunderts,[43] bis zu jenem gescheiterten Experiment obrigkeitlich verordneter Gleichberechtigung in einer sozialistischen Gesellschaftsprogrammatik, deren illusionäres Wesen ihr unverändert normativer und symbolischer Umgang mit Frauenbildern offenbart.[44] Die frühneuzeitlichen Republiken haben das Problem gestellt, die heutigen könnten es lösen.

---

[41] SCHMIDT-LINSENHOFF 1989.
[42] WENK: Die steinernen Frauen 1987.
[43] WENK: Der öffentliche weibliche Akt 1987.
[44] MÖBIUS 1989.

MARTIN WARNKE

Die Demokratie zwischen Vorbildern und Zerrbildern

Demokratie gilt heute als ein politischer Zustand, mit dem jede nationale Geschichte ihr endgültiges Ziel und ihre Erfüllung gefunden hat.

Jahrhundertelang jedoch war für das politische Denken Demokratie eine bedenkliche Staatsverfassung. Auch nach der Französischen Revolution war sie für Wieland »die schlechteste aller Regierungsarten« oder für Fichte »eine schlechthin rechtswidrige Verfassung«.[1] In der dritten Auflage des liberalen Meyerschen Konversations-Lexikons konnte es 1875 heißen, es sei »nicht zu verkennen, daß in dem europäischen Staatsleben das monarchische Princip zu fest gewurzelt ist, als daß die Demokratie hier auf die Dauer Boden gewinnen könnte«.

Es ist also eine junge Errungenschaft, wenn heute Demokratie als ein Telos der Geschichte erscheint, als eine fast naturnotwendige Form des politischen und sozialen Lebens.

Haben Bilder dazu beigetragen, der Demokratie diesen hervorragenden, definitiven Stellenwert in der europäischen Bewußtseinsgeschichte zu erobern?

Die Demokratie tritt als eine abartige Herrschaftsform in die europäische Bildwelt ein. Um 1370 hat sich der französische König Karl V. von einem Gelehrten seines Hofes, Nicolas Oresme, die Hauptschriften des Aristoteles übersetzen und illustrieren lassen. Als Frontispiz zur *Politik* dient eine zweiteilige Illustration zu den Passagen, in denen Aristoteles gute und schlechte Regierungsformen vergleicht; der Buchmaler versucht, die guten und schlechten Ausprägungen der Staatsordnungen auf jeweils drei Streifen szenisch umzusetzen. An der Spitze aller guten Regierungen steht die Monarchie, die nach Aristoteles die beste aller Regierungsformen ist (Abb. 45).[2] Der König sitzt auf einem Baldachinthron und ist umgeben von Ratgebern aus verschiedenen Ständen, die vor ihm miteinander diskutieren und ihm ihre Ratschlüsse mitteilen; das Mittelalter kannte dieses Modell des gut beratenen Königs aus zahlreichen »Ratgeberbildern«, denn nur ein eingeholter Rat

---

[1] Zit. nach Reinhart Koselleck in: BRUNNER, CONZE und KOSELLECK 1972, Bd. 1, S. 849–852.
[2] Einer mittelalterlichen Übung entsprechend, steht das Schlechte links, das Gute rechts. Vgl. RICHTER SHERMAN 1977 und Köln 1978, Bd. 3, S. 119, und Resultatband 1980, wo Taf. 12 auch eine als »bonne democracie« überschriebene ländliche Szene abgebildet ist. Ich folge hier meiner eigenen Deutung in: BUSCH und SCHMOOCK 1987, S. 422 f.

legitimierte die Hilfe der Untertanen. Als die Verkehrung dieses Regierungssystems erscheint auf der Gegenseite oben der Tyrann, der ohne Rat entscheidet, schwerbewaffnet auf seinem Stuhl sitzt, während seine Schergen links und rechts die Untertanen foltern und morden (Abb. 46). – In der mittleren Ebene werden die positiven und negativen Formen der Aristokratie, der zweitbesten Regierungsform, gezeigt. In ihrer positiven Ausprägung links sind drei Männer als Staatslenker herausgehoben; das Kollegium spricht lebhaft miteinander, trotzdem wissen die seitlich sitzenden Standesvertreter sich bemerkbar zu machen. Die Perversion dieser Aristokratie ist die Oligarchie; sie zeigt das schwerbewaffnete, Geldbeutel schwingende Kollegium zerstritten und willkürlich die Untertanen foltern und töten. Die untere Bildebene zeigt links nicht, wie es von Aristoteles' Text eigentlich nahegelegt wäre, die Politie, sondern die Timokratie, eine Herrschaft der Reichen und der Geldbesitzer. In der positiven Ausprägung dieses Regierungssystems ist ein dreiköpfiges Ratskollegium gegeben, das nicht nur miteinander, sondern auch mit den Untertanen zu ihren Füßen das Gespräch sucht. Als Perversion dieser Herrschaft wird dasjenige Regierungssystem genannt, das wir heute als das ideale ansehen: die Demokratie, die nach Aristoteles deshalb pervers ist, weil sie nur den Armen zum Vorteil gereicht. Allerdings ist nach Aristoteles die Demokratie unter allen perversen Regierungssystemen noch das erträglichste, und so sieht es offensichtlich auch der Illustrator: Er zeigt auch hier ein schwerbewaffnetes Regierungskollegium mit verrohtem Aussehen, das zwar Prügel, Vertreibung und Würgebock gegen die Untertanen anwenden, doch sie nicht gleich köpfen läßt. Es ist aufschlußreich, daß der Illustrator durchaus selbständig gegenüber der aristotelischen Textvorlage den Umgang der Obrigkeit mit den Untertanen zum entscheidenden Kriterium für die Güte des Regierungssystems macht. Was den König vom Tyrannen unterscheidet, ist die Fähigkeit, Berater und Standesvertreter zu hören; die Güte der jeweiligen Regierungsform richtet sich nach ihrer Gesprächsfähigkeit gegenüber den Regierten. Das ist ein demokratisches Element, aber noch kein demokratisches Prinzip. Das, was »Demokratie« heißt, bleibt die schlechteste aller Regierungsformen, weil das Subjekt der Herrschaft die neidischen Armen sind, die nach Thomas von Aquin kraft Menge die Reichen unterdrücken, so daß in diesem demokratischen System «populus totus erit quasi unus tyrannus».[3]

Solche aristoteleshörigen Bestimmungen bleiben für das ganze Spätmittelalter und für die Folgezeit maßgeblich. Das schloß nicht aus, daß im politischen Leben immer wieder demokratische Tendenzen aufbrachen, und

---

[3] Thomas von Aquin, *De regimine principum*, 16, zit. nach Reimann 1972, Bd. 1, S. 835. Vgl. auch Witt 1971, S. 188.

Abb. 45: *Die guten Herrschaftsformen.*
Monarchie – Aristokratie – Timokratie.
Miniatur aus NICOLAS ORESME, *Les*
Politiques d'Aristote. Brüssel, Bibliothèque
Royale, MS 11201–02, fol. 2 recto

Abb. 46: *Die schlechten Herrschaftsformen.*
Tyrannei – Oligarchie – Demokratie. Miniatur aus
NICOLAS ORESME, *Les Politiques d'Aristote.*
Brüssel, Bibliothèque Royale, MS 11201–02,
fol. 1 verso

daß immer wieder eine forensische Rhetorik auch die Kunst für die Anprei-
sung politischen Gemeinsinnes heranzog. Die städtischen Kommunen be-
dienten sich seit dem 14. und 15. Jahrhundert immer häufiger der Bildkün-
ste, wenn sie öffentlich ihre Grundsätze und politischen Standpunkte klar-
machen wollten. Wenn die jeweils herrschende Partei in den Städten nach innen
oder nach außen hin behaupten mußte, daß sie gegen irgendeine bedrohliche
Gefahr das Gesamtinteresse einer unabhängigen und freien Republik vertrete,
dann war sie selten um entsprechend treffende Bildaussagen verlegen.

Im Sieneser Rathaus hat in den Jahren 1338–1340 der Maler Ambrogio
Lorenzetti in seinen großen Wandbildern der Guten und der Schlechten Regierung solche »Schlagbilder« geliefert. Auf der einen Seite wirft die »Tyrannis« mit Zwietracht und Krieg das Recht zu Boden und stürzt das Land in
Unordnung. Auf der anderen Seite aber läßt das »allgemeine Wohl« mit den
Kardinaltugenden und mit der Eintracht das Recht in jeder Form gültig werden und Landarbeit und Gewerbe aufblühen.[4]

---

[4] Hierzu und zu andern Bildprogrammen des Trecento mehrere Beiträge in BELTING/BLUME 1989.

In Rom hat Cola di Rienzo 1347 und 1354 seinem republikanischen Freiheitspathos auch mit Hilfe großer Wandbilder Nachdruck verliehen. In Florenz nimmt man Herkules als Garanten der Volksfreiheit in die Stadtsiegel auf. In Perugia, Siena und – von dort angeregt – Schwäbisch Hall oder Nürnberg benutzt man Brunnenanlagen, um rechtliche Werte und politische Tugenden zu verkünden. Mit Hilfe von Denkmälern des Roland kann nach einem Konflikt der innerstädtische Friede und die neugewonnene Rechtssicherheit besiegelt werden. In Florenz können Judith oder David durch ihre Aufstellung vor dem Palazzo Comunale die Entschlossenheit verkünden, tyrannische Willkür niemals zuzulassen. In Venedig hat man ab 1536 zu Füßen des Campanile auf der Piazza San Marco eine Loggia errichten lassen, für die der Erbauer Jacopo Sansovino auch ein Skulpturenprogramm schuf, das sein Sohn 1581 ausführlich bespricht. Das Gesamtprogramm, das einer Machtkonzentration beim Dogen entgegenwirken soll, veranschaulicht die Herrschaftsmaximen des venezianischen Senats: In den Nischen die Bronzefiguren der Minerva, welche »die einzigartige und unvergleichliche Weisheit der Stadtväter in Sachen der Staatsführung«, die des Merkur, welche »die Wichtigkeit der Beredsamkeit bedeutet, mit der alle sorgsam bedachten Anweisungen bei den untertänigen Zuhörern Nachdruck erhalten«; die Figur des Sonnengottes Apoll vertritt »die Einzigartigkeit dieser Republik, die nach ihrer Verfassung, nach ihrer Einigkeit, und nach ihrer ungeschmälerten Freiheit mit keiner anderen vergleichbar ist«, und die Figur der Pax schließlich bedeutet, daß der Friede die Grundlage für das Gedeihen der Republik und für deren Harmonie ist.[5] – Auch wenn man fraglich sein läßt, ob je eine Regierung tatsächlich diesen ihr angedichteten Tugenden gerecht geworden ist, kann man doch für wichtig halten, daß aller Welt ein wünschbarer Kanon eines guten Regimentes vor Augen gestellt wurde. In der Ausstattung der Rathäuser können Gerechtigkeitsbilder deutlich machen, daß das Salomon-Urteil, die Susanna-Geschichte, daß die Großmütigkeit des Scipio oder die Gerechtigkeit des Trajan den Regierenden als Leit- und Vorbilder dienen. Feste oder Herrscherbesuche bieten Gelegenheit, in aufwendigen Prospekten und Schaubögen Wünsche, Ansprüche, Normen und Absichten öffentlich anschaulich zu machen.[6] So entstehen, gleichzeitig und auch in Konkurrenz zu den herrscherlichen Höfen, profane Aufgaben- und Motivkreise, deren tatsächliche Verbindlichkeit Thomas Hobbes (1651 bzw. 1976, S. 167) gewiß richtig einschätzt: »Bis auf den heutigen Tag steht an den Türmen der Stadt Lucca in großen Lettern das Wort LIBERTAS geschrieben. Doch daraus kann niemand den Schluß ziehen, ein einzelner besitze dort

---

[5] SANSOVINO 1663, S. 307 f. – Zur historischen Stellung vgl. FRÖSCHL 1988, S. 263.
[6] Vgl. BRYANT 1976.

mehr Freiheit oder könne weniger zum Staatsdienst herangezogen werden als in Konstantinopel.« Man braucht dem nicht zu widersprechen und kann doch annehmen, daß auch durch solche Scheinveranstaltungen das Politikverständnis in den Kommunen mit Vorstellungen angereichert wurde, die als abrufbare Maßstäbe politischen Handelns wirksam werden konnten. Die Bedeutung all dieser Bilder liegt nicht in ihrem Wirklichkeitsgehalt, sondern in ihrem Fiktionsgehalt. Je mehr in Wirklichkeit das politische Handeln sich von religiösen oder moralischen Vorgaben frei machte und sich nach nackten Staatsinteressen richtete, um so mehr bedurfte es zur Kompensation oder zur Überblendung einer scheinhaften Sinnproduktion, die im wesentlichen von den Künsten zu leisten war.

Die fiktionalen Wertschöpfungen können in Konfliktsituationen zugespitzt, beschworen und akut werden, so daß sie lange im kollektiven Gedächtnis wirksam bleiben: Gent unter den Artevelde (1338, 1379), Paris unter Marcel Etienne (1358), Florenz unter den Ciompi (1378), Böhmen unter den Hussiten (1419–1437), Florenz unter Savonarola (1494–1498), die Aufstände der Comuneros in Spanien (1520–1522), Deutschland in den Bauernkriegen (1525), Münster unter den Wiedertäufern (1534–1535), Neapel unter Masaniello (1647), dies sind solche, durchaus nicht nur »von unten« getragene, propagandistisch oft aufgeheizte Kurzereignisse, die die politische Phantasie der Nachwelt immer wieder beschäftigt haben. Unter den wenigen Fällen, in denen diese aufflammenden Bewegungen eine überlokale, nationale Dimension erreichten, haben die Niederlande für die politische Ikonographie eine besondere Bedeutung gewonnen.

Bei den Niederländern traf der politische Selbstbehauptungswille auf eine künstlerische Kultur, die alten und neuen Vorstellungsinhalten eine gültige bildliche Form geben konnte. Die Geusen haben mit ihrer rot-weiß-blauen Flagge den Niederlanden als erstem Lande eine Nationalfahne gegeben. Humanisten sorgen für eine Anreicherung der politischen Propaganda um antike Symbolisierungs- und Allegorisierungsformen. Es wird die historische Erinnerung aktiviert, die die Bataver als Freiheitskämpfer gegen Rom aufruft und die die eigene Geschichte mit alttestamentlichen Schicksalen des auserwählten Volkes vergleicht. Besonders gerne wird das neue Staatsgebilde personifiziert, so daß Belgica und Batavia als Frau oder »Magd« von staatstragenden Tugenden begleitet und gestützt werden.

Die Freiheit, die in der Renaissance den Pileus der römischen Freigelassenen wieder bekommen hatte, ist vielleicht die wichtigste neu belebte politische Bildprägung der niederländischen Unabhängigkeitskämpfe.[7]

---

[7] Vgl. JANSON 1982. Für die Empfindlichkeit, auf die der Pileus in England noch im 19. Jahrhundert stoßen konnte, vgl. EPSTEIN 1989.

Abb. 47: Kupferstich nach einer Medaille zum »Ewigen Edikt« und auf die Zerstörung der Zitadelle von Antwerpen im Jahre 1577. Avers. *Libertas mit Attributen.* Revers. *Die zerstörte Zitadelle.* Aus G. VAN LOON, *Histoire métallique des Pays-Bas* (1732)

Freiheit bedeutet freilich noch weniger das Recht auf die Entfaltung individueller Fähigkeiten und Möglichkeiten innerhalb konsensuell bestimmter Grenzen als vielmehr einen Rechtszustand, in dem der Souverän Privilegien, »Freiheiten«, achtet und sich tyrannischer Willkür enthält. Ein »Ewiges Edikt«, das den Abzug der spanischen Truppen vorsah, und die Zerstörung der spanischen Zitadelle, welche die Stadt Antwerpen bedroht hatte, wurden im Jahr 1577 mit einer Medaille gefeiert, auf der Libertas das Joch zersprengt und neben Hut und Schwert auch Friedens- und Vertrauenssymbole vorweist (Abb. 47). In der freien, antikischen Körperlichkeit und in der Bewegung des in einer Spirale aufwehenden Tuches mag sich etwas von jener »liberté naturelle« regen, die gleichzeitig Bodin (1576 bzw. 1977, S. 19) als einen Zustand bestimmt, in dem es möglich ist, «ne souffrir autre commandement que de soymesme». Einen in diesem Sinne erweiterten Gehalt politischer Errungenschaften Hollands wird man vielleicht eher in der Entwicklung einer freien Landschaftsmalerei als in den zahllosen, an Stangen aufgepflanzten Freiheitshüten finden. Denn grundsätzlich bleibt die Personifikation der Freiheit eingebunden in den Kontext ständischer Vorrechte. Wenn der Statthalter der Niederlande den Freiheitshut auf einer Stange von Hollandia überreicht bekommt, dann besagt das, daß er die Privilegien der Stände achten soll (Abb. 48).[8] Als eine Art Attribut der Statthalter ist sie noch nicht mit der Demokratie verschwistert. So mag ein damaliger spanischer Beobachter nicht ganz unrecht gehabt haben, als er bemerkte, daß bei

---

[8] So unter anderem im Oranjezaal im Huis ten Bosch, Den Haag, an der rechten Seitenwand, wo Prinz Wilhelm II. von Oranien die Nachfolge durch Hollandia überreicht bekommt (vgl. PETER-RAUPP 1980); ebenso unter anderem in J. Tengnagles Bild der *Prosperität der Republik unter Moritz von Oranien* im Prinsenhof, Delft, vor 1620 (vgl. Washington 1980, S. 71).

Abb. 48: *Hollandia überreicht den oranischen Prinzen und Statthaltern den Freiheitshut.* Titelblatt zu ARNOLDUS MONTANUS, *t'Leven en Bedryf der Prinsen van Oranje* (1664). Göttingen, Niedersächsische Staats- und Universitätsbibliothek

Abb. 49: *Hollandia mit dem Freiheitssymbol und dem Bildnis des oranischen Prinzen Wilhelm III.* Titelblatt zu PHILIPP VON ZESEN, *Leo Belgicus* (1660). Wolfenbüttel, Herzog August Bibliothek

den Niederländern »die Freiheit überall ausgerufen, aber nirgends wirklich angetroffen wird, da sie mehr in der Phantasie, als in der Realität vorhanden ist«.[9] Es wäre ja aber schon viel, wenn die Freiheit wenigstens »in der Phantasie« lebendig gewesen wäre. Es gibt aber auch Zeugnisse, wie das Titelblatt eines Geschichtswerkes Philipps von Zesen, in denen das Freiheitsverständnis doch etwas Widerstandssubstanz zeigt (Abb. 49): Unter dem Hauptfeld mit der Hollandia ist in einem Schmalfeld eine Sitzung der Generalstaaten dargestellt. Hinter dem Baldachin, vor dem die junge wache Hollandia thront, wird im Hintergrund die holländische Abwehrkraft zu Wasser und zu Land vorgeführt; Hollandia hält in der Rechten den Stab mit dem

---

[9] FAJARDO 1640 bzw. 1930, Bd. 1, S. 169. Zur Diskussion um die Staatsform in den Niederlanden vgl. MOUT 1986.

Abb. 50: Frankfurt am Main,
Freiheitsbrunnen, von Johann
Michael Datzerath, 1759

Freiheitshut, und zu ihren Füßen liegt der belgische Löwe, auf den sie das
Bildnis des zehnjährigen Prinzen wie einen Schild aufgestellt hat. Ihre wert-
setzende Autorität ergibt sich daraus, daß sie das Bildnis des künftigen Statthalters links oben, wo ihre »ersten Unterdrücker«, Nero und Philipp von
Burgund, oder rechts oben anbringen kann, wo ihre »ersten Erneuerer«, der
Freiheitskämpfer gegen Rom, Claudius Civilis, und der Freiheitskämpfer
gegen Spanien, Wilhelm von Oranien, hängen. Die Regierungen werden
gemessen an ihrem Verhältnis zur Freiheit. – Wie zögerlich oder bedacht-
sam auch immer die Freiheit in Holland für den einzelnen Bürger politische
Ansprüche stellte, es bleibt ein Verdienst der holländischen Republik, die
Libertas populär gemacht und ihr so viel vom altrömischen Pathos mitgeteilt
zu haben, daß sie künftigen Bedeutungsanforderungen genügen konnte.
Ohne diese Vorarbeit wäre sie wohl nicht 1759 in Frankfurt auf die Pump-
säule eines »Freiheitsbrunnens« gelangt – mit Pileus in der Linken und Ketten zu Füßen (Abb. 50) – oder im gleichen Jahr in Lübeck in eine Serie von
Allegorien der Staatstugenden für den Audienzsaal des Rathauses aufgenommen worden, wo sie mit Autorität das Zepter führt und das Joch
den Putti zum Spiel überläßt, während der römische Krieger mit dem kaiser-

Abb. 51: Lübeck, Audienzsaal im
Rathaus, *Libertas*, von Stefano Torelli,
1761

lichen Wappen die Reichsfreiheit der Stadt gewährleistet (Abb. 51).[10] In dieser wie in anderer Hinsicht wurden in den Niederlanden die Techniken und
ikonographischen Muster politischer Propaganda ausgebildet, die dann auch
die Bildagitation der Englischen, der Amerikanischen und schließlich auch
der Französischen Revolution bestimmen konnten.[11]

Während sich ein demokratisches Bewußtsein aus der niederländischen,
dann auch aus der englischen Propagandagraphik mit einem ganzen Bilderschatz hätte nähren können, blieb der ikonographische Gewinn für eine ver-
bildlichte Erscheinung der Demokratie bescheiden. Immerhin aber hat der
Antwerpener Maler Marten de Vos in einem Bild, das er 1579 der Politeia
widmete, eine in der politischen Literatur schon länger übliche begriffliche
Verschiebung gegenüber Aristoteles nachvollzogen, indem er Demokratie
(anstelle der Politie) in eine Reihe mit den positiven Herrschaftsformen

---

[10] Er befand sich ursprünglich auf dem Hühnermarkt zwischen Dom und Römer (heute Innenhof der
Stadtwerke); die Figur der Freiheit von Johann Michael Datzerath (vgl. LOHNE 1969, S. 25). Zum Lü-
becker Bild des Bologneser Hofmalers aus Dresden Stefano Torelli vgl. *Bau- und Kunstdenkmäler der
Hansestadt Lübeck* 1979, S. 163–164, 167; LUNGAGNANI 1970.

[11] Vgl. JANSON 1982, S. 228–284. Zur historischen Einschätzung GRIFFITHS 1959.

Abb. 52: *Politeia*, eine Tafel
mit der Aufschrift »REGNUM –
ARISTOCRATIA – DEMOCRATIA«
haltend. Nach Vorlage von
Marten de Vos gestochen von Johann
Sadeler I, 1579

▷

Abb. 53: *Die Republik als Laube.* Aus
JACOB VAN DER HEYDEN, *Pugillus
Facetiarum* (1608). Straßburg,
Bibliothèque nationale et universitaire

brachte und als die gute Volksherrschaft hinstellte (Abb. 52).[12] Die Politeia liest in dem Nachstich, über der raffgierigen Figur des Neides sitzend, in einer Tafel, auf deren Rückseite die drei Verfassungstypen »REGNUM – ARISTOCRATIA – DEMOCRATIA« genannt sind. Hier ist die Demokratie also in die Klasse der guten Regierungsformen aufgenommen. Daß durch solch eine Verschiebung nicht schon das ganze Wertgefüge verändert wurde, verdeutlicht die Beischrift: »Die huldreiche Politeia regelt die Ordnung der Dinge: Wenn sie gut ist, erbringt sie einen König, wenn sie pervers ist, einen Tyrannen.« – Da sich diese begriffssystematische Aufwertung der Demokratie bildgeschichtlich nicht gleich auswirkte, blieb die Demokratie allgemein »ein vielköpfiges Monstrum«, das noch mehr zu fürchten sei als die Tyrannei.[13] In der Emblematik wird sie mit dem angeblich chaotischen Ameisenstaat verglichen, und es wird gewarnt: »Wie der Wirbelwind den Unwettern an den Küsten vorangeht, so ist Verfassung und Zustand

[12] Zu dieser Begriffsverschiebung vgl. MAGER 1984, S. 563, und MAIER 1972, Sp. 51–52. Der Stich des Johann Sadeler I gehört zu einer neunteiligen Tugendserie, die auch *Majestas* enthält (vgl. HOLLSTEIN 1978, S. 153, Nr. 539).

[13] So 1531 Sir Thomas Elyot in *The Book Named the Governour*, zit. nach ARCHAMBAULT 1967, S. 38.

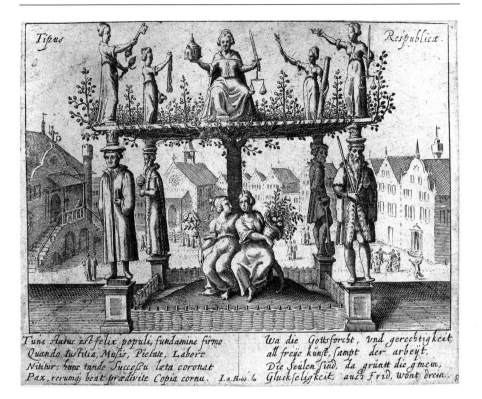

solcher Bürger unbeständig. Fliehe sie, wenn du dir ein ruhiges Haus errichten willst, denn die Volksherrschaft hat keine Festigkeit.«[14]

Mildernde Umstände konnten sich für die Demokratie ergeben, wenn sie dem Begriff der Republik angenähert wurde, in den sich etwas von der Emphase selbstbewußter Stadtstaaten des Spätmittelalters hinübergerettet hatte.[15] Als Bild für die »république« hatte 1540 ein Emblematiker die sehr alte Metapher des Schiffes vorgeschlagen, deren Sinn darauf hinauslief, daß auf dem Schiff ein jeder seinen Platz und seine Aufgabe erfüllen muß, wobei dem königlichen Steuermann die Hauptrolle zufällt.[16] Es gab keine verbreitete antike Vorgabe für eine verkörperte »res publica«. Deshalb konnte man sich für den *Tipus Reipublicae* eine Laube ausdenken, deren Dach von Vertretern des Volkes: von einem Hirten, einem Gelehrten, einem Richter und einem Bauern gestützt wird, so daß auf dem Dach die Gerechtigkeit, unter dem Dach Friede und Überfluß sitzen können (Abb. 53).[17]

[14] JOANNES SAMBUCUS, *Emblemata*, 1566, S. 21, zit. nach HENKEL und SCHÖNE 1967, Sp. 929–930.
[15] Vgl. MAGER 1984, S. 580 ff.
[16] MÖSENEDER 1985, S. 139; zur Schiffsmetapher: PEIL 1983, S. 700–870.
[17] So Friedrich Brentel für Jacobus van der Heydens satirisches Emblembuch *Pugillus Facetiarum…*, Straßburg 1608 (vgl. WEGNER 1966, S. 114 ff.).

RES.MALA
MVLTOR.IMPERIVM

Abb. 54: Augsburg, Rathaus, *Demokratie*. Deckengemälde von Johann König, 1622–1624. Augsburg, Städtische Kunstsammlung

Daß jedenfalls die Künstler, die solche Phänomene ins Bild bringen sollten, ratlos sein konnten, bezeugt ein Passus in dem 1564 erschienenen Buch des Anton Francesco Doni, in dem er Bilder zu zwölf Begriffen beschreibt und in dem eingangs das Bemühen eines Malers geschildert wird, den Auftrag für ein Bild der »Republica« zu erfüllen: Er »schuf Hunderte von Entwürfen, die ihn jedoch nicht zufriedenstellten. Einmal zeichnete er sie als nackte Frau, die ihre Kleider und ihren Schmuck Cäsar überreicht, dann als eine Frau, die sich aus den Händen Julius Cäsars befreit und Cicero und Cato nachfolgt. Der Maler bat Freunde und Bekannte um Rat...«[18] Die Unsicherheit, ob die Republik ein königsfreundliches oder ein königsfeindliches Wesen sei, entsprach durchaus einer begriffsgeschichtlichen Konstellation, in der Republik einmal jeden übergeordneten Staat, dann aber auch den Oppositionsbegriff zur Monarchie bezeichnen konnte. Wir wissen nicht, was sich Wendel Diet-

---

[18] Zit. nach WERNER 1977, S. 13.

terlin 1593/94 in Stuttgart gedacht hat, als er nach fertiggestellter Arbeit im fürstlichen Lusthaus zum Dank der Stadt »ein kunstreiche tafel der Justitien und Republic verehrt hat«.[19]

Dort, wo diejenige Form der Republik, in der das Gemeinwohl von einer abgehobenen Gruppe oder Schicht vertreten wird, Verfassungswirklichkeit war, blieb die Demokratie im Sinne einer unmittelbaren Volksherrschaft eher eine Schreckvorstellung. Um 1623 ließ der patrizische Rat der Reichsstadt Augsburg in dem neuen Rathaus in den Zyklus der Deckenbilder von Johann König im Großen Ratssaal eine Darstellung der Demokratie unter dem Motto aufnehmen: »Eine schlechte Sache ist die Herrschaft der Vielen« (Abb. 54). Zur Illustration dieser Prämisse wird eine Art Plebiszit gezeigt, in dem eine Menge sich um die Tribüne eines Redners schart und alle bereits mit erhobener Hand den Anträgen zustimmen, die dieser noch verliest. Halb entkleideter Pöbel hat ein Denkmal in der Art der Trajanssäule erklettert und beobachtet teilnahmelustig das Geschehen. Der Auflauf bekräftigt das alte Urteil, die Demokratie liefere die staatlichen Belange den Demagogen aus. So wendet sich im Vordergrund der Gegentypus zum Demagogen, ein Philosoph, der dem Plato in Raffaels *Schule von Athen* ähnlich sieht, nachdenklich ab, während in seiner Nähe ein entschlossen gestikulierender Soldat sagen zu wollen scheint, daß das Ganze auch zügiger zu erledigen sei. Den Ratsherren lag gewiß jener Beratungsmodus am nächsten, den Johann König in dem Bild der Aristokratie zeigte, wo einfach in einem Hinterstübchen geheim beraten wird.[20]

Trotz aller Verachtung, die man der Demokratie auch in den Städten entgegenbrachte, war sie doch aus der Reihe der nach Aristoteles perversen Staatsformen in die Reihe der möglichen, neben Monarchie und Oligarchie halbwegs erträglichen Staatsformen aufgerückt. Auch wenn sie dort den niedersten Rang einnahm, und im werdenden absolutistischen Staat weniger Chancen denn je hatte, so geisterte sie wohl gerade deshalb durch viele politische Diskussionen.[21] Nachdem die Demokratie in eine begriffliche Nachbarschaft zu Monarchie und Aristokratie gelangt war, wuchs wohl auch das Bedürfnis, sie über Bilder gleichsam persönlich kennenzulernen.

Die Gelegenheit dazu ergab sich um das Jahr 1630 über eine erheblich erweiterte Neuauflage eines Kompendiums, das der in Rom tätige Cesare Ripa schon 1593 angelegt und in dem er den Künstlern Personifizierungsvorschläge für fast alle Lebens- und Gefühlslagen gemacht hatte.

---

[19] ROTT 1934, S. 290.
[20] Vgl. Regensburg 1985, Nr. 53; eine Vorzeichnung ebd., Nr. 300.
[21] Vgl. SCHILLING 1988, S. 116 ff., wo über Diskussionen in den Reichsstädten des 17. Jahrhunderts «de statu huius reipublicae, an sit aristocraticus, an democraticus», berichtet wird.

Abb. 55: *Monarchia.* Holzschnittillustration aus CESARE RIPA, *Iconologia.* Erweiterte Auflage, Venedig 1645

Abb. 56: *Aristocratia.* Holzschnittillustration aus CESARE RIPA, *Iconologia.* Erweiterte Auflage, Venedig 1645

Abb. 57: *Democratia.* Holzschnittillustration aus CESARE RIPA, *Iconologia.* Erweiterte Auflage, Venedig 1645

Immer wieder hat das Bedürfnis, die Welt nach menschlichen Maßstäben zu erfassen, dazu geführt, Begriffe, Vorstellungen und Normen in menschlicher Gestalt anschaulich vor Augen zu stellen. So sieht die erweiterte, 1630 in Padua verlegte Ausgabe des Werkes von Ripa Personifikationen der Monarchia, der Aristocratia und der Democratia vor (Abb. 55–57 und Kat. 193). Während die Aristocratia die übliche oligarchische Struktur vertritt, ist die Monarchia eine thronende Frau, die ihre Allmacht im Symbol der Sonne verklärt und durch einen Löwen und kniende Untertanen bekräftigen läßt. Da das Handbuch die Personifikationen alphabetisch aufführt, bekommt die Democratia eine selbständige Position, die auch dadurch auffällig gemacht ist, daß sie – aus Bescheidenheit, wie der Ripa-Nachfolger ausführt – als einzige steht.

Für die Demokratie hatte sich schon Plato ein Bild zurechtgelegt: »Wie ein buntes, in allen Farben prangendes Gewand prangt auch sie im Schmuck aller möglichen Lebensrichtungen und ist dem Anschein nach die schönste.«[22] Nicht als Verführerin, wie Plato, stellt sich der Bearbeiter der *Iconologia* des Ripa um 1630 die Demokratie vor, sondern als eine Frau mit einem bescheidenen Gewand, weil in einer Demokratie unbedingt der Eindruck einer angestrebten Nähe zu den höheren Ständen vermieden werden muß

---

[22] *Platons Staat.* Übers. Otto Apelt, Leipzig 1920, S. 331.

56   57

(Abb. 57). Die Demokratie wird definiert als eine Regierung, die geleitet und bestimmt wird von der Masse des Volkes in einer Ratsversammlung, der jeder Plebejer, aber kein Adliger angehört, in der man alle wichtigen öffentlichen Angelegenheiten behandelt. Die Personifikation der Demokratie wird als Frau in fortgeschrittenem Alter dargestellt, »weil man in diesem mit mehr Vernunft handelt«. Sie trägt einen Kranz, der die Einigkeit des Volkes symbolisiert. Der Granatapfel in ihrer Rechten bedeutet die Volksversammlung. Die Schlangen in ihrer Linken aber besagen, daß die »Volksherrschaft, die ohne Gewicht, ohne wahren Ruhm, einer Schlange gleich ist, da sie auf der Erde kriecht, sich von dort nicht erheben kann und da die Natur der Plebs meistens zum Schlechteren hinstrebt«. Die Körner auf dem Boden sollen die Eigenart einer Volksherrschaft andeuten, »das Volk durch Provisionen zu befriedigen, und sie sollen zeigen, daß das Volk mehr den Überfluß an Proviant, als den Ehrgeiz nach Ehre schätzt«.[23]

In dieser Personifikation also versammeln sich alle Vorurteile und Vorbehalte, die der Demokratie seit Aristoteles angehängt werden konnten. Doch die kanonische Dreierskala der Herrschaftsformen verlangte auch nach einem Bild der Demokratie, nach einer Personifikation in Frauengestalt, in der das Unwesen gebannt war und mit der man reden konnte. So erklärt es

[23] RIPA 1630, S. 175 (Democratia), 489 (Monarchia), 58 (Aristocratia). Unsere Abbildungen sind nach den identischen Figuren der Ausgabe Venedig 1645 angefertigt.

sich wohl auch, daß die Personifikation der Demokratie als Großskulptur zuallererst an einem Ort auftritt, wo sie vielleicht zuallerletzt etwas zu suchen hat: am Schloß zu Versailles.

Der Hofmaler und Akademiedirektor Charles Le Brun hat die Vorzeichnung geliefert für die Statue, die der Bildhauer Jacques Buirette dann von 1681 bis 1683 für das Ensemble von 32 Figuren auf dem Attikageschoß des Südflügels des Schlosses ausführte (Kat. 81 und Abb. 58).[24] Die Demokratie findet ihren Platz neben der Aristokratie von Matthieu Lespagnandelle; statt der Monarchie erscheint, ebenfalls mit den Attributen nach Ripa, die »Staatsräson« von Marc Arcis mit dem Löwen, der die Monarchie mitvertritt.[25] Alle drei stehen gleich groß nebeneinander. Obwohl sie mit allen pejorativen Attributen wie den Schlangen und Korntöpfen ausgestattet ist, haben doch Zeichner und Bildhauer nichts getan, was die Erscheinung der Democratia abwertete; in klassischem Profil, in einem nicht üppigen, aber würdigen Gewand hat sie nicht das etwas nachlässige Gehabe der Illustration bei Ripa, sondern steht sie als hoheitsvolle Frau da, die in der Zeichnung des Le Brun sogar einen Strahlenkranz erhalten hat.

Da nicht jeder Bewohner oder Besucher des Schlosses in Versailles den Ripa in der richtigen Auflage zur Hand oder gar im Kopfe gehabt haben kann, wird die Aussagefähigkeit der Attribute geschwunden und eine gelassene Frau verblieben sein, der man hier wohl wie Revoluzzern im Salon begegnete. In diesem Sinne sind noch in dem ikonologischen Kompendium des H.-F. Gravelot und C.-N. Cochin um 1791 fast frivol alle drei Regierungsformen – die Monarchie, die Aristokratie und die Demokratie – in einen einzigen Raum zusammengeführt (Abb. 59). Sie sind genau nach Ripa und dessen Rezeptionen in Versailles mit Attributen ausgestattet, doch für die Demokratie, die im Vordergrund mit entblößter Brust steht, bemerkt der Text, daß man an die Stelle der Schlangen, über deren Bedeutung nichts mehr gesagt wird, auch eine Bürgerkrone setzen könne.[26] Über den langen Weg einer begriffsgeschichtlichen Promotion darf sich die Demokratie endlich als gleichberechtigte Alternative neben den konkurrierenden Regierungsformen fühlen.

---

[24] SOUCHAL 1977, S. 72, Nr. 6; die Staatsräson; ebd., S. 8, Nr. 39. Zur Aristokratie vgl. SOUCHAL 1981, S. 407, Nr. 30, und SOUCHAL 1972.

[25] RIPA 1630, S. 415.

[26] GRAVELOT und COCHIN 1972, Bd. II, S. 73 f.

[27] Vgl. das Emblem bei HENKEL und SCHÖNE 1967, Sp. 1718, 1722; nachdem schon Ronsard 1560 den Götterhimmel mit Beratern Heinrichs II. (= Jupiter) besetzt hatte, wird im Medicizyklus fast permanent im Olymp politisch beraten, während nach Rousseau «on ne peut imaginer que le peuple reste incessament assemblé». Auch der Friedenskongreß in Nürnberg wird 1650 als Götterversammlung gefeiert (vgl. TEKOTTE 1935, S. 21).

Abb. 58: Versailles, Südflügel des Schlosses, *Demokratie*. Statue von Jacques Buirette nach Entwurf von Charles Le Brun, 1681–1683

Abb. 59: *Monarchie – Aristokratie – Demokratie.* Aus H.-F. GRAVELOT und C.-N. COCHIN, *Iconologie par figures* (um 1791)

Rousseau hatte in seiner Schrift *Du Contrat social* geschlossen, Demokratie sei zwar für kleine Städte eine schöne Sache, doch für einen Flächenstaat nichts, denn: «S'il y avoit un peuple de dieux, il se gouverneroit démocratiquement. Un gouvernement si parfait ne convient pas à des hommes» (Buch III, Kap. 4). Der Philosoph, der das Kupferstechen gelernt hatte, mag die unablässigen Götterversammlungen in der Malerei und Graphik seit der Renaissance vor Augen gehabt haben, die gelegentlich als politische Versammlungen aufgefaßt wurden.[27] Sein Verweis auf die Demokratie als ein Wolkenkuckucksheim macht deutlich, wie sehr das, wofür der Begriff stand, zum Fiktionsbestand der politischen Kultur Europas gehört hatte. In der Masse der Bilder, mit denen sich in Städten und Höfen die hohen Amtsträger umgaben, gab es seit Jahrhunderten fast nur wohlberatene, Frieden und Freiheit bringende und stiftende, von den Untertanen getragene und verehrte, von Gott und Göttern gesegnete, in günstigsten mythologischen oder religiösen Verkleidungen auftretende, das Böse niedertretende, das Gute und Gerechte verteidigende, kurz: allen Bedürfnissen und Normen gefügige, offene Regenten als wahrhafte Organe des Gesamtwohls.

Über diesen Fiktionsapparat muß sich so etwas wie ein normativer Anspruch an die Politik herausgebildet haben, der bei gegebener Gelegenheit abrufbar war. In der Französischen Revolution, seit 1789, tritt dieser Fiktionsapparat seinen Weg in die politische Praxis an. Sobald aber eine Revolution jenen Wertehimmel von seinem Scheindasein in die politische Wirklichkeit zu holen beansprucht, indem sie ihn als verbindliche Handlungsanweisung in einer Staatsverfassung verankert, ist er einklagbar geworden. Dann aber hat sich die Aufgabe der Kunst erledigt, jene Werte als fiktive am Leben zu erhalten.

In vielen Allegorien der Revolutionszeit dient die Gestalt der Republik fast nur noch als Rahmenfigur für aufgebaute Schrift- oder Gesetzestafeln. Die *Republik* des Chinard (Kat. 328) umklammert mit beiden Armen die Tafeln, die die Verfassung und das Gesetz vertreten. Wo die bildlichen Fiktionen zu einem verschriftlichten Recht geronnen sind, ist das Bild der Republik eigentlich eine belastete Erinnerung an die Zeit, da sie nur Fiktion sein durfte. Sooft in der revolutionären Bildpropaganda die Republik über ihre alten Bildgenossinnen, Monarchie und Aristokratie, triumphiert (Abb. 60)[28], sooft stellt sie sich in die Pflicht, aus einem allegorischen in ein wirkliches Dasein überzutreten. Wo die Kunst, statt Wünsche auszumalen, Ansprüche vor-tragen soll, dort geraten die ästhetischen Formen leicht unter einen überspannten Druck. Daran mag es liegen, daß politische Allegorien aus dem Ancien Régime wahrhaftiger wirken können als die unzähligen beredten republikanischen Allegorien, die seit der Französischen Revolution produziert wurden.

Die meisten alten und neu geschaffenen personifizierten Begriffe werden in der Revolution gleichsam unter Dampf gesetzt; sie sollen sein oder wenigstens glaubhaft fordern, was sie darstellen. Vor allem die alte Libertas, die immer bei sich und ihren Attributen war, gerät außer sich und stürmt seither aktivistisch voran, in einem permanenten Vorwärts, in das die Betrachter sich hineinziehen lassen sollen. So wie in Festen und in neuen Kleidungen die Freiheit leibhaftig eingeübt werden soll[29], so turnen die gemalten und skulptierten Figuren in einer dauernden Imperativform die Umsetzung der politischen Normen vor.

---

[28] Die reichste Dokumentation bei VOVELLE 1986; vgl. SIMONS 1982; VAN DEN HEUVEL 1988, S. 167–213. Eingehende Analysen bei HERDING und REICHHARDT 1989.
[29] Vgl. BAXMANN 1989. Zur Herkunft der Gestenrhetorik vgl. JOHNSON 1989.

Abb. 60: Alexandre Evariste Fragonard, *Triumph der Republik über Monarchie und Aristokratie*, Zeichnung, 1794. Grasse, Musée Fragonard

Die Personifikation der Republik, die jetzt die Demokratie ganz in sich aufnimmt, kommt nicht unter diesen Sollensdruck. So vielfältig die Grundmuster, die sie stehend, schreitend oder thronend zeigen, variiert werden, so konstant erscheint sie in einer schweren, fast gehemmten Gravität. Das erklärt sich daraus, daß sie eine Fülle neuer Bedeutungsschichten in sich aufnehmen muß. Da die Tradition sie nicht genügend stabilisiert, vertraut und selbstverständlich gemacht hatte, konnte und mußte sie jetzt neu aufgebaut, mit neuen Würdeformen und Werten ausgestattet werden. Sie muß etwas von der Sieghaftigkeit der Victoria oder der Roma, etwas von der Unparteilichkeit und Würde der Justitia, oft auch etwas von der Mütterlichkeit der Caritas, auch etwas von dem Pathos der Spes und der Libertas, schließlich auch die gewaltigen Flügel der Erzengel haben (Abb. 62). Vor allem aber muß sie zugleich eine nationale Dimension in sich aufnehmen, denn in ihrer Personifikation verkörperte sich zugleich die Nation.

All diese Bedeutungsleistungen machen die Figur der Republik unbeweglich, lassen sie übergroß, manchmal wie überanstrengt erscheinen, da sie sich immer wieder als Summation aller demokratischen Tugenden darstellen muß, die zudem noch glaubwürdig, realisierbar erscheinen müssen. Der wichtigste Grund allerdings, der die personifizierte Republik so unbeweglich und unemphatisch machte, ergab sich daraus, daß sie ihre frühere

61

62

Hauptkonkurrentin, die Monarchie, zu beerben hatte: Sie darf jetzt Schwert und Zepter führen, sie darf die oft gewaltigen Throne hinter sich wissen und darauf auch sitzen, und sie darf jetzt auch den königlichen Löwen als Ausdruck ihrer Mächtigkeit und Unübertrefflichkeit zu Füßen liegen haben. Da all die Bedeutungsansprüche durch besondere Attribute wie Olivenzweige und Ähren, Schriftrollen und -tafeln unterstrichen werden, wozu dann noch modernere Utensilien wie das augenbewehrte Richtscheit kommen können, vermag die Gestalt der Republik aus sich selbst heraus nur noch durch sparsame Gesten Willensäußerungen zu tätigen (Abb. 61–63). Die lähmende Übercodierung einer Personifikation macht es verständlich, daß der Versuch der jungen Zweiten Französischen Republik, im März 1848 über eine öffentliche Ausschreibung endlich an eine offizielle und repräsentative Verkörperung der Republik zu kommen, trotz lebhafter Resonanz bei den Künstlern (Kat. 402 ff.) erfolglos abgebrochen werden mußte.[30] Unter den Hunderten von Personifikationen der Republik, die auch industriell hergestellt wurden,[31] ist wohl nicht eine einzige, die als ikonisches Symbol ihre Zeit oder ihre nationale Grenze überdauert hätte.

Von der Kunst profitiert die moderne Demokratie am ehesten dort, wo die fortgeschrittensten künstlerischen Mittel dazu genutzt werden, in das

---

[30] Vgl. BOIME 1971, CHAUDONNERET 1987.
[31] Vgl. AGULHON 1988.

Abb. 61: Sébastien Cornu, *Die Republik*.
Skizze für den Wettbewerb von 1848.
Besançon, Musée des beaux-arts

Abb. 62: Jules Ziegler, *Die Republik*, Skizze
für den Wettbewerb von 1848. Lille, Musée
des beaux-arts

Abb. 63: *Die Französische Republik*, Medaille
von Eugène Oudine, 1848

politische Tagesgeschehen einzugreifen: so mit der Karikatur Daumiers
(Kat. 481–497), die der Idee der Demokratie dadurch dient, daß sie deren
aktuelle Praxis schonungslos angreift. Wo die Republik persönlich auftaucht,
dort ist sie nicht mehr heroisiert, sondern »sieht mit trauriger Gelassenheit
zu, wie die Politiker, einschließlich Thiers und Napoleon III., nicht ablassen,
sie anzugreifen« (Kat. 495).[32] Schon allein durch das Dasein der Karikatur
äußert sich eine der Stärken der Demokratie: daß sie Kritik, Aggression, Revi-
dierbarkeit und Machtverlust zu den Bedingungen ihres Überlebens zählt.

Die Kunst im traditionellen Sinne jedoch wird in den demokratischen
Meinungsbildungsprozessen einfach immer weniger noch gebraucht. Je
mehr die politische Bildagitation auf Massen wirken muß, um so weniger
kann sie sich mit dem begnügen, was Pinsel und Meißel leisten können. Die
politische Propaganda in den modernen Demokratien nutzt ganz andere visuelle Medien, um ihre Normen und Meinungen unter die Leute zu bringen. Die Künstler ziehen sich von der politischen Dienstleistung auf ihre
Subjektivität zurück und geraten grundsätzlich in eine kritische Distanz zur
Gesellschaft. Zwar haben gelegentlich, so in der Oktoberrevolution und in
der deutschen Novemberrevolution, Avantgardekünstler mit Hilfe von Plakaten und sonstigen Agitationsformen für die Beförderung sozialer und demokratischer Prozesse zu wirken versucht, doch wirklich überzeugende,

[32] GOMBRICH 1963, S. 141.

Abb. 64: J. Engelhardt, *Elend und Untergang, Folgen der Anarchie*. München 1918

Abb. 65: *Wieder erwachsende Republik.* Italienische Briefmarke nach
Entwurf von R. Garrasi, 1945

identitätsstiftende, dauerhafte Ergebnisse hat dieses Engagement nicht gebracht. In Deutschland hatte der demokratische Staat, obwohl er einen Reichskunstwart bestellte, keine Zeit mehr, sich bildpolitisch gegen die das Feld beherrschenden Parteien durchzusetzen. Einprägsame Bilder sind im Auftrag der Demokratie nur zustande gekommen, wo sie auszugrenzen hatte: So ist gegen die Anarchie wieder ein dämonistisches Formenrepertoire zum Einsatz gekommen (Abb. 64). Die Propaganda der totalitären Systeme dieses Jahrhunderts, oft von Könnern besorgt, setzte wieder auf die Drohpotentiale der bildlichen Agitation. Wenn dann 1945 ein bemüht harmloses Formenrepertoire die Demokratie aus den Trümmern wieder erstehen zu lassen sucht (Abb. 65), dann belegt das nur, daß ihr Bild in dem Maße entbehrlich wurde, in dem ihre Praxis alltäglich war.

Wenn man skeptisch zurückblicken wollte, würde man sagen, die Künste hätten in der Vergangenheit immer eher gegen die demokratischen Bewegungen als mit und in ihnen gestanden. Die Künste haben die Flamme der Demokratie gewiß nicht durch die dunkle Zeit des Ancien Régime getragen. Aber sie haben im Dienste der Höfe, Herrscher und Stadtregierungen den Untertanen immer wieder Fiktionen vorgetragen und über sie die Maßstäbe und Kriterien für eine denkbare politische und gesellschaftliche Existenz anschaulich vor Augen gestellt; in ihrem Schatten gewinnt allmählich auch die Demokratie Figur und Kontur. Als man daranging, mit Hilfe auch solcher Vorgaben die politische Wirklichkeit umzugestalten, wurde die fiktive Sinnproduktion überflüssig. Die Kunst, aus den unmittelbaren politischen Diensten entlassen, bewegt sich seither in einem abgesonderten ästhetischen System; scheinbar dient sie dort nur noch sich selbst. Vielleicht aber spiegelt sie doch eine Erfahrung, die für uns so fern, fremd und fiktiv ist wie den Untertanen des Ancien Régime die Wunschwelten der damaligen Künstler.

Jochen Becker

Die funkelnden Farben der Freiheit: zu einem schillernden Begriff in Historiographie und Kunsttheorie

Il n'y a point de mot qui ait reçu plus de différentes significations, et qui ait frappé les esprits de tant de manières, que celui de liberté.[1]

Politik, Freiheit und Redekunst

Der lange Zeit Longinus (213–273) zugeschriebene Traktat *Über das Erhabene* (Peri Hypsos), der wohl in der ersten Hälfte des ersten nachchristlichen Jahrhunderts entstanden ist, endet nach einer Darstellung der rhetorischen Stile mit einer kurzen Betrachtung über das Verhältnis zwischen politischer und künstlerischer Lage. Dabei referiert der Verfasser als Meinung eines Freundes, daß der gegenwärtige Verfall der Beredsamkeit dem Verlust der republikanischen Staatsform zuzuschreiben sei. Trotz seiner relativierenden Antwort, die die Schuld eher bei den Menschen selbst als in den Zeitläufen und einem billigen Laus temporis acti sucht, hat sich eine Formulierung wie die, daß die Freiheit die schönste und reichste Quelle der Beredsamkeit sei, als außerordentlich einprägsam und dauerhaft erwiesen. Ja, sie hat ihr Recht vom Feld der Redekunst auf das Gebiet aller Künste auszudehnen vermocht.[2]

Für die Tradierung dieser Idee ist der Traktat *Über das Erhabene* ohne direkte Bedeutung, da er erst mit Boileaus Übersetzung (1674) Einfluß ausübte. Doch finden wir vergleichbare Gedanken in verschiedenen rhetorischen Abhandlungen, etwa an prominenter Stelle in Tacitus' *Dialogus de oratoribus*. Auch hier wird der Verfall der Beredsamkeit als Mittel der politisch-öffentlichen Kommunikation durch den politischen Verfall begründet: da wo es in der Republik – in der guten alten Zeit – notwendig und gebräuchlich war, in deutlichen und klaren Worten seine Meinung zu sagen, herr-

---

[1] Montesquieu 1951, II, S. 394.
[2] Kallen 1942 bzw. 1969; Starobinski 1977; zu den Voraussetzungen solcher Begriffsübertragungen vgl. Alpers 1977 und Haskell 1987.

schen jetzt Schönrednerei, Schmeichelei und leere Phrasen. Der Stand der Redekunst ist ein Gradmesser für den Stand der Tugend (virtus) und Freiheit in einer Gesellschaft: die Republik wird von einem der Gesprächsteilnehmer als strahlendes Vorbild dem Prinzipat gegenübergestellt, Macht und Gefährlichkeit der Redekunst werden ausdrücklich anerkannt. Obwohl der Gastgeber Melissus – dem Tacitus wohl seine eigenen Gedanken in den Mund legt – der pessimistischen Beurteilung der Zeitgeschichte nicht zustimmt, glaubt auch er, daß politische Umstände zum Verfall der Redekunst geführt haben, und stellt damit eine Entsprechung zwischen einer der Künste und dem gesamten Staatswesen her, eine Parallele, die in späteren Zeiten zu einem politischen und philosophischen Leitbegriff ausgebaut wurde.[3]

Die Freiheit der Barbaren

Die alten Tugenden und die Freiheit findet Tacitus gerade nicht bei seinen eigenen römischen Zeitgenossen, sondern bei den Gegnern des Staates, den Germanen und insbesondere den Batavern. Dabei beruft er sich auch auf die Berichte Julius Cäsars, der den Helvetiern die gleiche Freiheitsliebe zuschreibt. Bei den germanischen Stämmen herrsche noch die Einfachheit der alten Sitten und die natürliche Tugend, die er dem »Zeitgeist« der verderbten Mitbürger in Rom im Idealbild vor Augen stellen wollte.[4] Die Geschichtsschreibung der Renaissance greift einerseits auf klassische Formen zurück, andererseits verfolgt sie Themen der klassischen Vorbilder zur Rechtfertigung eigener Normen und Ziele. In den Niederlanden, die erst am Ende des 16. Jahrhunderts eine nationale Eigenständigkeit zu entwickeln beginnen, ist es natürlich Tacitus' Beschreibung der germanisch-batavischen Tugenden, der Gleichwertigkeit der alten Stämme auf dem niederländischen Grundgebiet und von deren Tugenden – insbesondere ihrer Freiheitsliebe –, in denen man Ursprung, Tradition und Vorbild eigener Ideale erkennt. Eine solche historische Rechtfertigung war für die unabhängig werdenden Niederlande um so bedeutsamer, als sie ihren Platz in der europäischen Völkerfamilie nicht mit der ererbten Legitimation der Nachbarn einnahmen, sondern ihr Recht darauf sozusagen erst im Hinweis auf ihre bedeutsame Vergangenheit beweisen mußten. Historische und kulturelle Argumente spiel-

---

[3] WIRSZUBSKI 1950; JENS 1956; FLACH 1973 bes. S. 196–224, der betont, daß Tacitus Freiheit auch in der Staatsform des Prinzipats annimmt und die Gefahr nicht in der »libertas«, sondern in der »licentia« sieht, die der Demagogie eigen ist. – Zu den Folgen dieser Idee im 16. und 18. Jahrhundert vgl. CAST 1977; STAROBINSKI 1987.

[4] TACITUS, Annalen 13, 54 und Germania 17–19; vgl. CÄSAR, Gallischer Krieg 1,1 und 6; 11 ff.

Abb. 66: Rembrandt van Rijn, *Die Verschwörung des Claudius Civilis*, 1661. Stockholm, Nationalmuseum

ten dabei eine ebenso bedeutsame Rolle, wie es die Waffen und der Mut der Bürger im politisch-militärischen Kampf getan hatten.[5]

Die ideologisch übersteigerte Schilderung bei Tacitus dient hier als Rechtfertigung des politischen Anspruchs, sie rechtfertigt hier den Aufstand als Manifestation der Freiheit: ein Gedanke, mit dem Wilhelm von Oranien seine großangelegte *Apologie* eröffnet. Tacitus bietet – als Stammvater der europäischen Geschichtstradition – zugleich das Modell vorbildlicher Geschichtsschreibung und wird darum von den Niederländern Hugo de Groot und dem »holländischen Tacitus« Pieter Cornelisz. Hooft studiert, übersetzt und nachgeahmt.[6] Zugleich dürfte Tacitus nicht nur den Beleg für die Gleichwertigkeit von Römern und Batavern – und damit zugleich der Niederländer, die man als deren Nachfahren in der Neuzeit betrachtete –, son-

---

[5] TACITUS, *Historien* 4, 12–37, 54–79 und 5, 14–26; VAN DE WAAL 1952; FREMANTLE 1959, S. 49 ff. – Diplomatisch suchte man den ungewohnten Status als Republik in enger Anlehnung an die traditionelle Republik Venedig zu stabilisieren, vgl. HERINGA 1961, S. 335 ff. und allg. S. 198 ff.

[6] DE GROOTS *Liber de antiquitate Reipublicae Batavicae* erscheint 1610 in einer lateinischen und – auch das ist bezeichnend für das nationale Selbstbewußtsein – niederländischen Ausgabe. De Groot schreibt dann seine schon im Titel auf Tacitus verweisenden *Annales et historiae de rebus Belgicis* (zuerst Amsterdam 1658). Der Dichter und Historiker Pieter Cornelisz. Hooft übersetzt alle Werke von Tacitus, außer dem rhetorischen Traktat (Amsterdam 1704).

dern zugleich ein wichtiges innenpolitisches Argument liefern. Mit seinen kritischen Bemerkungen zur eigenen Zeitgeschichte und zu den aristokratischen Tendenzen unter den Germanen, die immerhin auch Könige kannten, denen aber nur beschränkte, vor allem militärische Macht zuerkannt wurde, ist er ein idealer Gewährsmann für die antimonarchistische Strömung des 17. Jahrhunderts (die »staatsgezinden« gegenüber den »prinsgezinden«). Das dürfte die Verwendung seiner Themen im Amsterdamer Rathaus begünstigt haben (Abb. 66). Das eben zuvor entstandene Dekorationsprogramm des statthalterlichen Palais Huis ten Bosch greift – bei allen Entsprechungen in Anspruch und Inhalt – in einem viel aristokratischeren Ton vor allem auf Themen Virgils und der Fürstenspiegel zurück.[7]

Der Freiheitsbegriff der Niederlande

An De Groot lassen sich zudem die Grenzen der Freiheit im politischen Alltag zeigen. 1619 muß er mitten in einer glänzenden Karriere aus den Niederlanden fliehen, da ihm vorgeworfen wird, sich gegen den Statthalter verschworen zu haben. Die Balance zwischen der zentralen militärischen Macht (die im Titel noch immer auf die ursprüngliche kaiserliche Macht zurückweist) und der politischen und ökonomischen Macht der verbündeten Einzelprovinzen schlägt hier nach einer Seite aus. In dem empfindlichen, in der Praxis stets wieder zu prüfenden Gleichgewicht erkannte Spinoza etwa ein halbes Jahrhundert später gerade die Vorbildlichkeit der niederländischen Freiheit – ebenso wie er in den politischen Morden an Oldenbarneveldt, De Groots angeblichem Mitverschwörer, und später den Brüdern De Wit eine Art Opferritual in der so merkwürdigen und doch vorbildlichen Staatsform sah.[8]

Gleichzeitig zeigt sich hier, wie unsicher die religiöse Freiheit bleibt: der – zeitweilige – Sieg des Statthalters bedeutet zugleich Gewinn für die orthodoxen Calvinisten, denen als Ideal eine Theokratie vor Augen stand (wie Calvin sie in Genf verwirklicht hatte). Das durchzusetzen gelingt allerdings nie: die Gewissensfreiheit als einer der Ausgangspunkte der Revolution bleibt weitgehend unbestritten, die Kultfreiheit allerdings weniger: sie muß oft – und das gilt ganz wörtlich – teuer erkauft werden. Daß in Amsterdam nach dem Frieden von Münster das Rathaus und nicht der Turm der Nieuwe

---

[7] TACITUS, *Historien,* daneben sein *Agricola* 12 ff.; FREMANTLE 1959. – Zur Rechtfertigung des Aufstandes vgl. DE VRANKRIJKER 1933. – Zum Oranjezaal vgl. PETER-RAUPP 1980; BRENNINKMEYER-DE ROOIJ 1982.

[8] SPINOZA charakterisiert in seinen *Tractatus theologico-politicus,* Kap. 16, die Demokratie als natürlichste Staatsform, da sie der Freiheit am nächsten kommt, die die Natur jedem Individuum zuerkennt.

Kerk das Stadtbild beherrscht (Kat. 94), ist ein bleibendes Zeichen für die Machtverhältnisse in der Republik.[9]

In einer religiös-politischen Diskussion weist 1630 der Dichter Joost van den Vondel darauf hin, daß das Notgeld während der spanischen Belagerung von Leiden die Inschrift »Haec libertatis ergo« und nicht etwa »religionis ergo« getragen habe und daß damit der Grundstein des nationalen Wohlstands gelegt sei:

> Der Menschen Herzensgrund kann Gott allein ergründen,
> Sagt man in Amsterdam. Doch Freiheit soll der finden,
> Der aus dem Hafen fährt. So baut man unsre Stadt,
> In der die Kaufmannschaft gefüllte Kassen hat.
> Kein Pfaff', kein Intrigant kann hier die Dinge regeln ...

Sinn für ökonomischen Vorteil, die notwendige Öffnung der Niederlande als Handelsnation und die genannte innere Balance wirken hier zusammen als Garanten für eine theologische und auch im weitesten Sinne geistige Liberalität, die in ganz Europa als vorbildlich betrachtet wurde. Und diese Liberalität fand sichtbare Belohnung: sie bot Raum für die verschiedensten Arten von Flüchtlingen, die mit ihren spezifischen Fertigkeiten und Kenntnissen die Republik enorm bereicherten. Geradezu sinnbildhaft wurde das in der Blüte des traditionell freiesten Industriezweiges, im Druckwesen, ebenso im Zustrom von Künstlern, die auf einem offenen Markt neue Chancen und Themen entdeckten.[10]

Der negative Freiheitsbegriff

Das Engagement für die Freiheit erweist sich wiederum bei Hugo de Groot in dessen Eintreten für den Katholizismus in den vierziger Jahren, der seinerseits von dem Dichter Vondel verteidigt wurde. Schon in den zwanziger Jahren hatte dieser seine politischen Auffassungen verteidigt und hatte schließlich selbst konvertiert, weil er im Schoße der Kirche mehr Freiheit erwartete, als er sie im dauernden Streit der reformatorischen Gruppen finden konnte. Gerade gegenüber De Groot hatte 1614 der Theologe Isaac Casaubonus begrüßt, daß die Synodenbeschlüsse die Religionsfreiheit eingeschränkt hatten – sonst nämlich würde durch schädliche Wißbegierde die politische Ruhe gestört. Wir kennen De Groots Antwort hierauf nicht, doch

---

[9] BEEK und KURPERSHOECK 1983, S. 8–10, und unsere Katalognummer 96.

[10] BECKER und OUWERKERK 1985; MÉCHOULAN 1990; zur Immigration vgl. die Untersuchungen von J. G. C. A. BRIELS, besonders seine Diss. (1976). Quellen: VONDEL 1929, S. 329–333; DE SÉRIOME 1778 und 1780.

sie dürfte kaum anders gelautet haben als die Zurechtweisung, die der eifrige Casaubonus schon zuvor von dem liberalen Leidener Theologen Vorstius erhalten hatte (der auch das Los der Verbannung teilte):[11]

> ... diese Form der Freiheit, nämlich zu forschen und darüber auch unterschiedliche Meinungen zu vertreten, müssen wir den Gelehrten ganz und gar überlassen. Hüten wir uns, den Schein zu erwecken, als wollten wir das Tor zur Wahrheit schließen, nach der stets mehr Menschen verlangen. Eine heilige und christliche Selbstbeherrschung muß hier wie überall beachtet werden, damit wir nicht um einen Fehler zu vermeiden, in einen anderen, weniger gefährlichen, verfallen.

Zugleich schließt die Freiheitsverherrlichung des 17. Jahrhunderts an eigene spätmittelalterliche Traditionen an: der Kern der Freiheiten, die die Niederlande in ihrem Aufstand verteidigen, besteht in den Privilegien, die ihnen von ihren jeweiligen Herrschern zuerkannt und jeweils wieder in festlicher Form (dem feierlichen Einzugszeremoniell der »Blijde Incomste«) bestätigt wurden. Hier wie auch in dem zitierten Schreiben von Vorstius ist Freiheit das Einräumen von Rechten, oft gerade als Ausnahme von der Regel, eine Besonderheit (»ich nehme mir eine Freiheit«). Eine solche Bedeutung ist nur in engen Grenzen positiv: allzu große Freiheit führt zu Unordnung, zur Herrschaft des Pöbels, während der republikanischen Freiheit am besten mit einem starken Patriziat gedient ist (in Nachfolge aristotelischer Ideen). Schon Malessus, der ausgleichende Gastgeber in Ciceros *De oratoribus* (40) formuliert eine solche Entgleisung:

> ... jene große und berühmte Redekunst ist Tochter der Zügellosigkeit, die die Narren Freiheit nennen ...
> (est magna illa et notabilis eloquentia alumna licentiae, quae stulti libertatem vocant)

In der Rhetorik verhält sich das nicht anders. Freiheit legt die Basis öffentlicher Rede, kann aber nicht der Form der Rede zugrunde liegen, da diese in einem Regelsystem die intersubjektive Verständlichkeit versichern muß. Alle möglichen Freiheiten werden denn auch nachdrücklich in diesem Rahmen und abhängig von der Kommunikationssituation gewährt (Quintilian, *Institutio oratoria* 3.8.48), der dehnbar, aber nicht aufzusprengen ist. Er ist für den Rhetor nachdrücklich enger als für den Dichter, der die bekannten dichterischen Freiheiten genießt (u.a. Quintilian, *Institutio oratoria* 2.4.3 und 10.1.28). Unverständlichkeiten, Unanständigkeiten und dergleichen treiben

---

[11] *Praestantium ac eruditorum virorum epistolae ecclesiasticae et theologicae*, 2. Aufl., Amsterdam 1684, S. 378 ff. (Nr. 224) und 287 ff. (Nr. 187). Vgl. dazu GINZBURG 1976; PETERS 1985.

die Freiheit zu weit, sind nicht »libertas«, sondern »licentia« – so wie im
geistigen Bereich neben der Freiheit die Freigeisterei steht. Der Libertin ist
von den schweizerischen Reformatoren bis ins 19. Jahrhundert hinein das
Schreckgespenst der Bindungslosigkeit in Glauben und Moral.[12]

Malerei und Freiheit

In der Kunstliteratur findet sich kaum ein Niederschlag der so nachdrücklich
gefeierten politischen Freiheit. Sicher haben Liberalität und Handelsfreiheit
zu einer Öffnung des Marktes geführt und in einer wirtschaftlichen Blüte
die Grundlage für einen bemerkenswerten Kunstboom gelegt – die politische Veränderung führt aber auch zum weitgehenden Wegfall traditioneller
religiöser oder höfischer Themenkreise, an deren Stelle die expansive Entwicklung der »niedrigen« Themen in Genre, Landschaft und Stilleben
ebenso wie das bürgerliche Porträt tritt. Dabei waren die Maler wirtschaftlich nicht frei, sondern in Berufsausübung und Handel – wie alle Handwerker – an die traditionellen Regeln der Gilden gebunden.

Standesbewußten Theoretikern wie dem Haarlemer Karel van Mander
war eine solche Situation natürlich ein Dorn im Auge, sein Ziel war es, die
Freiheit der Malerei – nicht nur am Markt – zu erreichen, eine Emanzipation und Erhebung seines Standes. Dazu griff er auf ein altes Konzept zurück, das in dem als vorbildlich geltenden Italien schon Früchte getragen
hatte: das System der Freien Künste (artes liberales). Diese zunächst richtiger
als »Wissenschaften« zu bezeichnende Gruppe war seit der Spätantike als
Vorbereitungsunterricht für die höchste Wissenschaft der Philosophie festgelegt: vorbereitend das Trivium der redenden Künste (Grammatik, Dialektik und Rhetorik), daran anschließend das Quadrivium der höheren, mathe-
matischen Künste (Arithmetik, Geometrie, Musik und Astronomie).[13]

Diese Künste sind frei, weil sie eines freien Mannes würdig (und damit
in der Antike den Sklaven verboten) sind, zugleich sind sie in zunehmen-
dem Maße frei von Erfahrung, der Abhängigkeit von als zufällig und als un-
vollkommen betrachteter Wirklichkeit. Die Malerei wie auch (was uns vielleicht noch verständlicher ist) die Baukunst gehörten zum Handwerk, gelehrt gesagt zu den *artes mechanicae*. Sie hatten kein Regelsystem, sondern
wurden in der Praxis der Werkstatt überliefert. Das verändert sich mit der
politisch-ideologisch bedingten Rolle von Malerei und anderer – noch nicht
so genannter – »bildender Künste«. Neben den Regeln der sprechenden

---

[12] G. Schneider 1970.
[13] Kristeller 1965.

Künste werden Proportion, Perspektive und Harmonie aus den messenden Künsten entnommen, die der Malerei Regel und Theorie und damit einen Platz unter den Freien Künsten sichern. Daß die Akademie der ideale Platz zum Unterricht in der neuen freien Kunst und damit Instrument der Emanzipation sein soll, erscheint später geradezu als Ironie der Geschichte. Für Vasari ist Freiheit das Kennzeichen der Hochrenaissance, die sich in Kenntnis der jetzt verfügbaren Antiken über die ordentliche Richtigkeit der Regel- und Mittelmäßigkeit erhebt. Zugleich liegt für ihn hier die Gefahr der Übersteigerung freier Erfindung in den Grotesken des Manierismus.[14]

Karel van Mander bedauerte in den Niederlanden das Fehlen von Akademien wie ganz allgemein Regellosigkeit und Tiefstand der Kunst. Sein Versuch, in einer Haarlemer »Akademie« (wohl nicht viel mehr als einem disputierenden Zirkel zum Studium nach Aktmodellen) und in seinem *Schilderboeck,* in dem er Art und Adel der »edel-vry schilderconst« verherrlicht, die intellektuelle und soziale Lage der Kunst grundlegend zu verändern, hatte jedoch keinen durchschlagenden Erfolg. Gerade die politisch unfreien Städte und Länder, Rom, Florenz und später Frankreich, blieben bewunderte Vorbilder.

Erst am Ende des Jahrhunderts wird der Leitbegriff der Freiheit mit einem niederländischen Maler verbunden. Offenbar ausgehend von dem »gemeinen Volk«, das Rembrandt darstellt, berichtet der Franzose Roger de Piles:[15]

... er neigte dazu, mit Menschen geringer Abkunft umzugehen. Einige Leute, die sich um seinen guten Ruf bekümmerten, wollten ihn darüber zur Rede stellen. »Wenn ich meinen Geist entspannen will«, antwortete er, »dann suche ich nicht Ehre, sondern Freiheit.« Und als man ihm eines Tages die Eigenartigkeit seiner Farbbehandlung vorwarf, wodurch seine Bilder knorrig würden, antwortete er, er sei Maler und kein Färber.

Der Hinweis auf die freie Farbbehandlung, den typischen Kolorismus der Niederländer, eröffnet die Parallele zu einer anderen sich nachdrücklich als unabhängig darstellenden Republik: Venedig. Hier hatte eine stilistische Entwicklung unabhängig von Rom und Florenz stattgefunden, die beide in der maßgebenden Kunstliteratur als normsetzend betrachtet werden. Es liegt dann nahe, die Natur als Mutter aller Freiheiten gegen die Regeln der Kunst ins Feld zu führen. Abweichungen von dieser Regel können etwa als Ketze-

---

[14] LeMollé 1988, S. 200 ff.
[15] De Piles 1699, S. 435; vgl. Emmens 1968, S. 80, und Puttfarken 1985, bes. S. 67 f. (... de Piles claimed that it was colour, *le coloris,* which not only distinguished the painter from the mere craftsman, but which also put him on an equal footing with other 'liberal artists' like poets, mathematicians, and geometricians.)

rei denunziert werden. Dabei klingt ein Unterton der Bewunderung mit, was etwa deutlich wird, wenn auch Michelangelos Meisterschaft als Übertretung der Regeln erscheint.[16]

Ins Positive gewendet werden solche Freiheiten am Ende des 17. Jahrhunderts vor allem an Rubens verdeutlicht. Die Freiheiten, die er sich gegenüber dem strengen Regelsystem erlaubt, beweisen in Frankreich das Recht einer modernen Kunstströmung gegenüber den an klassischen Regeln festhaltenden Konservativen *(Querelle des anciens et des modernes)*.[17]

Rubens hat sein Werk schnell, kenntnisreich und frei ausgeführt, als ein souveräner Meister seiner Kunst.

Die solcherart unter die freien Künste aufgenommene Malerei versichert ihren Jüngern dann auch soziales Prestige (das allerdings an einem Hof des Absolutismus wohl noch größer ist als in einer Republik). Sie eröffnet ihnen zugleich den Zugang zu der *République des lettres,* die sich – ausgehend von dem Standesgefühl humanistischer Gelehrter – im 17. und im 18. Jahrhundert etabliert und die ihre Mitteilungen, die *Nouvelles de la République des lettres,* gerade wieder von Holland aus verbreiten kann.[18]

Revolution und Kunst

In der *République des lettres* fanden Gelehrte, Künstler und Mäzene über nationale und soziale Schranken zusammen: ihr Freibrief war der Adel des Geistes. Aus diesem Klima erwachsen sowohl das Freiheitskonzept des Neuhumanismus als auch die Ideen der Französischen Revolution, in der die Freiheitsidee einen grundlegenden Wandel erfährt: vom Mittel wird sie zum Ziel. Einmal an die Macht gekommen, setzt sie sich auch auf dem Gebiet der Kunst mit despotischer Konsequenz durch: die Kunst ist nicht mehr frei, sondern steht im strengen Dienst der Freiheit. Die Revolutionäre – unter denen auch Künstler eine bedeutende Rolle spielen – greifen dabei auf Ideale der antiken Republiken zurück – das äußert sich bis in die Mode.[19]

Der – zeitweisen – Abschaffung der Akademie, der Einrichtung juryfreier Ausstellungen und anderen Äußerungen der Befreiung der Künstler ent-

---

[16] BOUWSMA 1969; LOGAN 1972; BURKE 1974; BIALOSTOCKI 1979; HAITSMA MULIER 1980; zur Farbe vgl. HEGEL (vgl. Anm. 28), II, S. 213; HARVARD 1876; KELLER 1960, S. 26 ff.; IMDAHL 1987.

[17] DE PILES 1681, S. 37.

[18] Der Herausgeber Pierre Bayle rühmt in seinem Vorwort Holland als Land der Druck- und Gedankenfreiheit.

[19] VAN DEN HEUVEL 1988; OZOUF 1988. – Zur Verbindung von Kunst und Freiheit im englischen 18. Jahrhundert vgl. DOBAI 1974 ff., bes. Bd. I; BUTTLAR 1982; BARRELL 1986.

spricht die Befreiung der Kunst selbst. Der Besitz von König, Adel und Kurie wird nationalisiert und von den Zeichen früherer Herrschaft befreit, die Sammlungen werden »republikanisiert«, was nicht in das neue System eingepaßt werden kann, wird vernichtet. Das gilt insbesondere für die Königsdenkmäler, aber auch für religiöse Objekte.[20]

Mit der Ausbreitung der Revolution durch Europa greift auch die Freiheit um sich. Der Kunstbesitz von Kirche und Aristokratie muß sich – so meinen fortschrittliche Geister – als Produkt des menschlichen Genies in einer solchen Umgebung beleidigt fühlen und wird an den Ort gebracht, wo sich die Menschheit in Freiheit verwirklicht hat: die Hauptstadt der Revolution. Luc Barbier, Maler und Offizier der Armée du Nord, feiert hymnisch die Ankunft der niederländischen Stücke in Paris:[21]

> Die Rechte des Genies sind das Erbe der Freiheit, dies Erbgut wird von der Armee des Volkes stets geachtet werden. Die Armée du Nord drang mit Feuer und Schwert ins Herz der Unterdrücker und ihrer Mitläufer, aber sie hütete sorgfältig die vielen Meisterwerke, die diese Despoten … zurückließen. Zu lang waren diese Meisterwerke durch den Anblick der Unterdrückung beleidigt: im Herzen der freien Völker werden diese Werke der berühmtesten Meister jetzt Frieden finden … Die unsterblichen Werke sind nicht mehr in der Fremde, heute haben sie ihre Heimat gefunden, im Vaterland von Genie und Künsten, von Freiheit und heiliger Gleichheit, in der Französischen Republik.

Durch die Stücke aus den südlichen Niederlanden, die gleichsam selbst in Aufstand kommen, scheint das Ideal der *République des lettres* verwirklicht:[22]

> Die Republik erwirbt durch ihren Mut, was Ludwig XIV. selbst für enorme Summen Geldes nicht bekommen konnte. Crayer, Van Dyck und Rubens sind auf dem Wege nach Paris, die flämische Schule steht en masse auf, um unsere Museen zu schmücken. Frankreich wird in den Besitz unerschöpflicher Reichtümer kommen, um die Kenntnisse der Menschheit zu bereichern und unsere Zivilisation zu vervollkommnen.

Mit den Niederlanden – nunmehr »Batavische Republik« – wird noch großzügig eine Ausnahme gemacht, indem man eine Anzahl künstlerisch ebenso uninteressanter wie historisch bedeutsamer »nationaler Reliquien« feierlich zurückerstattet. Solche Großzügigkeit gilt natürlich nicht für Italien, angeb-

---

[20] Ein sprechender Fall ist das Musée spécial de l'Ecole française établi dans le Palais national de Versailles.

[21] Zit. nach GUILLAUME 1905, S. 75.

[22] *La décade philosophique, literaire et politique* 3, S. 20 ff.; französischer Text abgedruckt in ROY 1977, S. 26.

lich das Land des klerikalen Obskurantismus, dessen Kunstschätze – auch die der Republik Venedig – in Triumphzügen nach Paris gebracht werden. Diese Eroberungen führen zu Kritik und Protesten: gerade Kunst ist in ihrer angestammten, »natürlichen« Umgebung frei. Derartige Vorstellungen und die Anerkennung der feudalen Kunst als Teil des nationalen Erbes führen schon in den frühen neunziger Jahren zur Entwicklung eines Denkmalschutzes.[23]

Nach dem Zusammenbruch des Napoleonischen Imperiums wird die Rückführung der geraubten Kunstwerke natürlich wieder als »Befreiung« betrachtet, die eine nationalistisch romantische Haltung zur Kunst bestärkt.

Der deutsche Idealismus

Die französischen Revolutionäre beriefen sich – wie fast alle Ästhetiker der zweiten Hälfte des 18. Jahrhunderts – auf einen Autor, der als »Vater der modernen Kunstgeschichte« Antiken- und Kunstverständnis nachhaltig beeinflußt hatte: Johann Joachim Winckelmann. In seiner *Geschichte der Kunst des Altertums* (1763) wird im Gegensatz zur älteren Künstlergeschichte eine Stilgeschichte der Künste des klassischen Altertums entfaltet, die das Denken über die Kunst nachhaltig beeinflußt. Er bestätigt nachdrücklich die Verbindung zwischen Kunst und Politik, die sich gerade im Begriff der Freiheit darstellt: die demokratische Gesellschaftsordnung des Perikleischen Zeitalters habe Voraussetzungen für die individuelle Freiheit wie für die vollkommene Darstellung des künstlerischen Ideals geschaffen:[24]

> In Absicht der Verfassung und Regierung von Griechenland ist die Freiheit die vornehmste Ursache des Vorzugs der Kunst. Die Freiheit hat in Griechenland alle Zeit den Sitz gehabt ... Durch die Freiheit erhob sich, wie ein edler Zweig aus einem gesunden Stamme, das Denken des ganzen Volks ... Herodotus zeigt, daß die Freiheit allein der Grund gewesen von der Macht und Hoheit, zu welcher Athen gelangt ist ...

Was Winckelmann in einem großen Entwurf im Angesicht der Kunstwerke (beziehungsweise von deren Kopien oder Reproduktionen) entworfen hat: die Einheit des sinnlichen, intellektuellen und sittlichen Vermögens des Menschen, findet erst bei Kant eine systematische philosophische Formulierung.

---

[23] Der nachdrücklichste Protest gegen den Kunstraub: QUATREMÈRE DE QUINCY, *Lettres à Miranda sur le déplacement des monumens d'art de l'Italie* (1796); über Kunst- und Denkmalschutz ausführlich Edouard Pommier in QUATREMÈRE 1989.
[24] WINCKELMANN 1913, S. 139 und 141. – Vgl. RAAFLAUB 1985, S. 259 ff.; POMMIER 1989.

In seiner Suche nach den Gründen unserer Urteile beschreibt er neben der erkennenden Vernunft, die die Regel der Dinge abliest, und dem fordernden Verstand, der der Welt seine moralischen Regeln aufstellt, die Urteilskraft, in der Erkennen und Wollen einander in Freiheit aufheben. Das hier gefällte Urteil ist subjektiv, aber prinzipiell allen Menschen gemein.[25]

Komplizierend in diesem – hier unzulässig vereinfachten Schema – ist, daß Schönheit sich an Objekten erweist, die entweder inhaltlich irrelevant sind, oder an Objekten, die an eine begriffliche Bestimmung gebunden sind. Hierdurch wird die Schönheit (etwa eines Hauses) anhängend (adhaerens), während sie bei inhaltlich irrelevanten Objekten ungebunden und frei ist, etwa in Blumen, Vögeln oder Ornamenten. Die höchste Bestimmung durch die Idee hat für den Menschen natürlich der Mensch selbst als moralisches Wesen. Diesen unverzichtbaren Voraussetzungen des Denkens überhaupt muß auch die Schönheit Rechnung tragen: sie kann nicht unverpflichtet frei bleiben. Sie muß ihr Ideal in der Gestalt des sittlich bestimmten Menschen ausdrücken, so in Polyklets *Doryphoros*.

Es mag paradox erscheinen, daß Kant zuerst die »freie« Schönheit entdeckt, um dann unter dem moralischen Gebot gerade diejenige Figur als ideal zu erkennen, die durch alle Zeiten hin als Kanon, als Vorbild eines Regelsystems für die Schönheit gilt. Das Schöne wird damit zugleich Symbol – hiermit bezeichnet Kant eine intuitive Vorstellung – des Sittlichen: in ihm kann, was sich sonst der Anschauung entzieht, doch sichtbar vor Augen gestellt werden.

Schiller bezieht die Lehre Kants wieder zurück auf die politische Gegenwart, erklärt die Freiheit von Schönheit und Kunst. Die Überzeugung »Schönheit also ist nichts anders als Freiheit in der Erscheinung« (*Kalliasbriefe* 8.2.1793) wird durch die aktuellen Ereignisse vertieft: Die Revolution zeigt gerade, daß bestehende Ordnung und geforderte Freiheit nicht ohne schmerzliche Brüche ineinander übergehen können.[26]

Ein solcher Übergang ist nötig durch die zweifache Verwurzelung des Menschen sowohl in der Natur mit ihren Zwängen als auch dem Geist mit seinen unbedingten Ansprüchen. Um nicht an diesem Gegensatz zu zerbrechen, sondern sich zu verwirklichen, muß der Mensch sich der Nötigung der Natur entziehen und sich gleichsam in einen freien Raum, den des Spiels und ästhetischen Scheins, begeben. Schiller deduziert, daß hier Veränderung (des Wirklichen) zum Stillstand kommt (wie es dem Wesen der Ideen entspricht), die Zeit sich in der Zeit aufhebt und die menschlichen Kräfte in ein freies Spiel treten können. Die Ruhe und Freiheit des Geistes

---

[25] In der *Kritik der Urteilskraft* (1790), KANT 1965, S. 171 ff.
[26] SCHILLER 1966, Bd. XVII, S. 167.

angesichts des Kunstwerks wird geradezu der »Probierstein der ästhetischen Güte«:[27]

> In dem ästhetischen Staate ist alles – auch das dienende Werkzeug – ein freier Bürger, der mit dem edelsten gleiche Rechte hat, und der Verstand, der die duldende Masse unter seine Zwecke gewalttätig beugt, muß sie hier um ihre Beistimmung fragen. Hier also, in dem Reiche des ästhetischen Scheins, wird das Ideal der Gleichheit erfüllt …

Diese Ideale bestimmen das Kulturverständnis des deutschen Neuhumanismus – wobei allerdings das Genügen an individueller Freiheit gesellschaftliche Entscheidungen verhindert. Sie klingt noch in den kulturpolitischen Ideen von Joseph Beuys nach.

Geschichtsphilosophie im Gegenwartsbezug

Mit Hegel wird die Kunst in den Gang der Geschichte eingestellt, sowohl in ihren historischen Erscheinungsformen wie in ihrer universalen Entwicklung. Geschichte ist für Hegel Manifestation des Weltgeistes, die im Gang durch die sichtbare Welt zu sich selbst zurückgelangt. Die Kunst bildet in diesem Gang unter Philosophie und Religion eine Stufe, in der der Geist (Inhalt) noch an die Substanz (Form) gebunden ist (das »Ansich«). Selbst steigert sie sich wieder nach Stufen der Befreiung und zunehmender Entfernung von den Dingen und zunehmender Herrschaft der Form in Plastik, Malerei, Poesie und Musik. Die Malerei ordnet Hegel dabei in seinem durchgehenden Systemstreben dem Mittelalter zu, obwohl er ihre Höhepunkte im italienischen 16. und holländischen 17. Jahrhundert ansiedelt. Auch sie sind in plastischer Idealität beziehungsweise koloristischer Partikularität in den historischen Fortschritt, den Gang der Befreiung des Geistes eingebunden.[28]

Obwohl Hegel die höchste Kunstleistung der Malerei in der »Versöhnung des Inneren mit seiner Realität« in Raffaels *Sixtinischer Madonna* sieht, geht er ausführlich auf die niederländische Kunst ein, die ihn aus eigener Anschauung beeindruckt hat. Diese Kunst widerstrebt der idealen systematischen Einordnung, wiederholt versucht er, sie in den Griff zu bekommen. Die Malerei als – gegenüber Architektur und antiker Plastik – moderne

---

[27] SCHILLER 1966, Bd. XIX, S. 67 und 95 (*Ästhetische Briefe* 22 und 27); vgl. HEUER 1970.

[28] Die Textzitate folgen der Kollegnachschrift der *Ästhetik* durch Heinrich Gustav Hotho, hrsg. von Friedrich Bassenge. – Vgl. TAYLOR 1975, S. 465–479; KOEPSEL 1975; GOMBRICH 1984, S. 51–70; SCHÜTTAUF 1984.

Kunst ist durch Subjektivität gekennzeichnet, die Entfernung von Objekt und objektiver Ordnung. Für die Bilder bedeutet das die Lösung aus älteren religiösen Zusammenhängen, die zu einem größeren Realismus und zugleich zu einer Zunahme der Individualität des Malers führt. Die lineare Bestimmtheit wird durch ein koloristisches Gefühl ersetzt – damit erneuert Hegel den alten Gegensatz zwischen einerseits römisch-florentinischen Regeln und andererseits Freiheit der Farbe in Venedig – und Holland. Er erklärt sie aus der Verbindung von Wasser und Land, nicht aus der politischen Situation der beiden Republiken. Eine solche politische Erklärung scheint ihm für Holland offenbar näher zu liegen als für Venedig (II, S. 213 f.).

Die Auseinandersetzung mit der »subjektiven«, nicht durch einen erhebenden Gegenstand legitimierten Malerei beginnt mit einer Rechtfertigung gegenüber ihrer Abwertung in der klassischen Hierarchie der Kunst: da sie niedrige Themen darstellt, wird sie selbst als bedeutungslos betrachtet. Gerade aber die Bedeutungslosigkeit des Objekts legt allen Nachdruck auf die subjektive Gestaltung, die »Künstlichkeit der Hervorbringung« (I, S. 169 und 573). Die Perfektion der Darstellung, die für die Niederlande seit den Flamen des 15. Jahrhunderts charakteristisch ist, macht das Kunstwerk zum Selbstzweck (II, S. 254).

Die Loslösung der kleinen und unbedeutenden Dinge befreit sie zugleich zu ihrer eigenen Bedeutung, die sich uns in schöpferischem Sehen erschließt: Hegel erkennt hierin eine Eigenart, die für die niederländischen Bauern und Protestanten bezeichnend ist (I, S. 572); dem Protestantismus

> allein kommt es zu, sich auch ganz in die Prosa des Lebens einzunisten und sie für sich, unabhängig von religiösen Beziehungen, vollständig gelten und sich in unbeschränkter Freiheit ausbilden zu lassen. Keinem anderen Volke wäre es unter derartigen Umständen eingefallen, Gegenstände, wie die holländische Malerei sie uns vor Augen bringt, zum vornehmlichsten Inhalt von Kunstwerken zu machen. In allen diesen Interessen haben die Holländer aber nicht etwa in der Not und Armseligkeit des Daseins und Unterdrückung des Geistes gelebt, sondern sie haben sich ihre Kirche selbst reformiert, den religiösen Despotismus ebenso wie die spanische weltliche Macht und Grandezza besiegt und sind durch ihre Tätigkeit, ihren Fleiß, ihre Tapferkeit und Sparsamkeit im Gefühle einer selbsterworbenen Freiheit zu Wohlstand, Behäbigkeit, Rechtlichkeit, Mut und selbst zum Übermut des heiteren täglichen Daseins gekommen. Das ist die Rechtfertigung für die Wahl ihrer Kunstgegenstände.

Mit diesem historisch-religiösen Argument sind wir zugleich bei der Erscheinungsform des objektiven Geistes, der »Befreiung von Kirchen und Königsdespotie« (II, S. 256), die die Niederlande errungen haben. In der

Genrekunst (die in Hegels Begrifflichkeit die niederen Gattungen: Landschaft, Genre und Stilleben ebenso wie bestimmte Porträts umfaßt) wird der künstlerische Reflex der erstrittenen Bürgerlichkeit sichtbar, der Ausdruck der Freude an der eigenen Lebensform, die sich in den kleinsten der Kunstgegenstände widerspiegelt (I, S. 164, 286 und 573; II, S. 189).

Was Hegel philosophisch systematisierte, wurde im Laufe des 19. Jahrhunderts zum Gemeingut von Geschichte und Kunstgeschichte, wobei unter Zugrundelegung älterer Klimatheorien sozialhistorische, politische und künstlerische Entwicklungen mehr oder weniger stringent verbunden wurden. Dabei spielten französische Autoren, die die Niederländer des 17. Jahrhunderts als Kronzeugen für eigene künstlerische und politische Ideale betrachteten, eine besondere Rolle.[29]

In der systematisch-mechanistischen Kunsttheorie des konservativen Historikers Hippolyte Taine, der nicht nur auf Hegel, sondern auch auf Spinoza und Tacitus zurückgreift, wird die Kunst des holländischen 17. Jahrhunderts als Produkt der germanischen Freiheitsliebe und der klimatischen und visuellen Voraussetzungen der Küstenlandschaft abgeleitet: hier sieht auch Taine wieder die Parallele zur freien Küstenrepublik Venedig.[30]

Zum ersten Mal in der Weltgeschichte ist das Gewissen frei und wird der Bürger in all seinen Rechten respektiert ... Für Kultur und Unterricht, für die Kunst von Verwaltung und Regierung, haben sie einen Vorsprung von zwei Jahrhunderten vor dem übrigen Europa ... Betrachten wir diese Kunst, in Farben und Formen zeigt sie alle die angeborenen Kräfte, die sich soeben in Taten und Werken dargestellt hatten.

Politische Implikationen werden oft mehr in die Bilder hinein- als aus ihnen herausgelesen, wenn Autoren eine geschichtliche Bestätigung eigener Ideen suchen. Théophile Thoré, der seine politischen Sympathien durch das Pseudonym W. Bürger deutlich macht, kam als Flüchtling vor der Pariser politischen Polizei in die Niederlande, in deren Kunst er den Beginn einer demokratischen und realistischen Moderne erkannte:[31]

Die holländische Kunst mit ihrem *Naturalismus,* wie man das gern nennt, ist im modernen Europa einzigartig. Sie schöpft aus ganz anderen Quellen als die mystische Kunst des Mittelalters, als die allegorisch-aristokratische Kunst der Renaissance, die bis heute fortwirkt. Die Kunst Rembrandts und der Holländer ist ganz einfach *menschliche Kunst.*

---

[29] Vgl. TEN DOESSCHATE CHU 1974, bes. S. 9-17.
[30] TAINE 1883 (Grundlagen S. 1 ff.; Zitate S. 147 ff.; «Les causes permanentes» S. 60 ff.); zum Vergleich mit Venedig TAINE 1895, S. 315 ff.
[31] BÜRGER(-THORÉ) 1858, S. 326; vgl. unsere Katalognummern 88 und 90.

Thorés Sicht der niederländischen Schule führt auch zu einer – bis in die Gegenwart nachwirkenden – Ausgrenzung derjenigen Maler, die nicht ins Bild passen. Diese reicht vom angeblichen klassizistischen Verfall inmitten von Hollands Freiheit und Kunst, bei dem Rembrandt-Schüler Bol (Kat. 99, 100, 104–108, 110) im Amsterdamer Rathaus, bis zum Vorwurf der Dekadenz an den höfisch glatten Adriaen van der Werff. Mit diesem Postulat typisch republikanisch-freiheitlicher Formen und Stile steht Thoré in einer Tradition, in der die anfängliche Zurückweisung der niederländischen Kunst zu einer speziellen lobenswerten Errungenschaft umgemünzt wird.[32]

Einfühlend vertieft wurden derartige Vereinnahmungen der niederländischen Kunst durch den Maler-Schriftsteller Eugène Fromentin (1876). Bei ihm als Vertreter einer jüngeren Generation sind deren Vorzeichen allerdings verändert, er schrieb gegen die platte Bürgerlichkeit der auf anekdotische Inhalte erpichten zeitgenössischen Malerei. In den holländischen Altmeistern erkannte er die Qualitäten einer von ihm als inhaltsarm betrachteten Malkunst, deren Qualität in der meisterlichen Darstellung ihrer Gegenstände bestand. Auch er bestätigt wieder die historische Determinante:[33]

… das Recht auf eine nationale und freie Malerschule und die Sicherheit, daß diese am Tage nach dem Friedensschluß gelten werde, gehören offenbar zu den Abmachungen des Waffenstillstands von 1609.

Fromentin beschreibt die Ideale einer schon wieder älter werdenden Generation von Realisten, deren Errungenschaften er durch die Entstehung von modernem Genre und Impressionismus gefährdet sieht.

Gerade die Realisten haben unter dem Schlagwort der – künstlerischen und politischen – Freiheit gegen drückend empfundene Traditionen gekämpft (wobei sie nicht selten kurzlebige Forderungen der französischen Revolutionskunst aufnehmen). Das ist einerseits die – im 16. und 17. Jahrhundert gerade als Emanzipationsinstrument ersehnte – Akademie, andererseits die Befreiung von der als reaktionär betrachteten Jury bei öffentlichen Ausstellungen. 1855 errichtet Courbet (der sich später im Commune-Aufstand engagiert) auf der Avenue Montaigne in Paris ein Zelt mit der Aufschrift »Réalisme«, in dem er Bilder zeigt, die auf der Weltausstellung zurückgewiesen worden sind. Er steht damit in einer Tradition von juryfreien Ausstellungen, die häufig den Bruch mit älteren – oft als akademisch verschrienen – Richtungen besiegeln. Noch 1897 steht als Manifest der Wiener Sezessionisten auf dem für ihre Ausstellungen erbauten Künstlerhaus: »Der Zeit ihre Kunst, der Kunst ihre Freiheit«.

---

[32] Bürger(-Thoré) 1860, S. 21; vgl. unsere Katalognummern 104–105.
[33] Fromentin 1939, S. 132.

Epilog

Hier sind nur einige Fäden im unübersichtlichen Geflecht von Kunst, Politik, Geschichte und Theorie angedeutet worden; Fäden die sich anders ziehen oder auch völlig leugnen lassen. So kann man von Kant auch über Schopenhauer und Freud bis zur Befreiung in künstlerischer Therapie, von Hegel über Marx bis zur Rechtfertigung des sozialistischen Realismus oder von Schelling und Tieck bis zu den Experimenten von Dadaismus oder Surrealismus historische Entwicklungslinien der Freiheit ziehen. Andererseits kann man die »befreienden« Forderungen nach Modernität oder Autonomie der Kunst als sozial und historisch bedingte Konzepte entlarven oder auf die negativen Folgen der Freiheit für die Kunst hinweisen, die man ganz nach eigenen Bedürfnissen, sowohl in der künstlerischen Qualität wie der sozialen Situation des nicht mehr gebundenen Künstlers erkennen kann. Am ehesten noch, so scheint mir, läßt sich dabei eine historische Linie der Befreiung vom Künstler über den Betrachter bis zum Interpreten denken.

Deutlich dürfte indessen geworden sein, daß der Gedanke einer Verbindung von Kunstproduktion, Kunstrezeption und politischen Voraussetzungen – das Postulat also einer Verbindung von Freiheit, republikanischer Staatsform und Kunst – selbst ein hochtheoretisches und historisch bedingtes Konstrukt ist, das mannigfaltigen Veränderungen unterliegt.

Katalog

An den Leser und Benutzer

Der Ausdruck »Kat.«, gefolgt von einer Zahl, verweist auf die Werkbeschreibungen. Die Maße werden in der Reihenfolge Höhe, Breite, Tiefe gegeben. Mit Rücksicht auf den Charakter der Ausstellung haben wir auf vollständige Wiedergabe der Inschriften und Bezeichnungen auf den Werken sowie auf vollständige Angaben zu Literatur und Ausstellungen verzichtet.

In den Literaturangaben liegt das Gewicht auf Nachschlagewerken, neueren Forschungen und Studien zu unserem Thema. Die Zitierweise benutzt Kurzformen; die vollständigen Titel finden sich im alphabetischen Literaturverzeichnis hinten.

Nicht ausgestellt sind, meist aus konservatorischen Gründen: Kat. 93, 121, 123, 125, 284, 319, 386, 431.

Während der Drucklegung wurde die Ausleihe folgender Werke zugesichert: Joseph Anton Koch, *Aarelandschaft mit Mönch und Jungfrau,* 1813, Dessau, Staatliche Galerie, Schloß Georgium, Inv. 306; drei Stiche nach George Caleb Bingham, *Die Kreiswahl, Auf Stimmenfang* und *Die Wahlrede,* St. Louis, St. Louis Art Museum ("lent by the People of Missouri").

Einleitung

Das ist der Weisheit letzter Schluß:
Nur der erwirbt sich Freiheit wie das Leben;
Der täglich sie erobern muß.
(J. W. VON GOETHE, *Faust* II)

Soweit wir die Geschichte der Menschheit zurückverfolgen können, finden wir in den verschiedensten Epochen und Kulturen die Sehnsucht nach Freiheit. Diese Sehnsucht kann sehr unterschiedliche Ausprägungen annehmen. Im Spannungsfeld zwischen Gebundenheit und Autonomie, zwischen Beschränkung und Entfaltung, zwischen Notwendigkeit und Wunsch sucht der Mensch den Weg zu den Mitmenschen und mit den Mitmenschen. Freiheit wird zu einer Hoffnung, die eng mit der Auseinandersetzung um die existentiellen Zwänge des menschlichen Lebens verbunden ist.

Freiheit kann Erlösung aus dem Elend bedeuten, stille Hoffnung oder aber Verpflichtung zum Handeln sein. Es gibt keinen Bereich des menschlichen Lebens, der nicht mit der Frage nach der Freiheit konfrontieren würde. Die Frage nach der verantwortungsbewußten Selbstbestimmung kann ihre Wurzeln in der geistigen oder religiösen Erfahrung des Einzelnen haben oder in der Hoffnung einer ganzen Gesellschaft auf eine bessere Zukunft. Alle Freiheitsbegriffe haben eines gemeinsam: Freiheit bedeutet für das Individuum wie für die Gemeinschaft stets ein Ziel, eine letztlich unerfüllbare Hoffnung, der es sich immer wieder neu anzunähern gilt. Die errungene Freiheit kann nur befriedigen, wenn sie als Verpflichtung zum weiteren Handeln angesehen wird; anderenfalls wird sie schal und zum bloßen Sinnbild der Eitelkeit.

Was für die Befreiung des Einzelnen in der Religion, in der Philosophie, in der Kunst gilt, ist ebenso wahr für die politische Freiheit, die Freiheit des Einzelnen in der Gemeinschaft. Zu den Fragen nach der Freiheit wovon und der Freiheit wozu kommt hier jene nach den Trägern dieser postulierten Freiheit hinzu. Wer ist frei, wer darf es sein und wer nicht? Ist die Freiheit einer Gemeinschaft die Summe der Freiheiten der einzelnen Menschen, die sie konstituieren, oder ist sie ein davon völlig unabhängiges Merkmal? In allen Epochen und allen Kulturen haben die verschiedenen philosophischen und religiösen Vorstellungen über den Menschen und seine Eingebundenheit in Gesellschaft und Weltplan den Begriff der politischen Freiheit geprägt. Viele Konzepte vergangener Kulturen über den Begriff der Freiheit sind für den heutigen Menschen nur schwer nachvollziehbar, weil das ihnen zugrundeliegende Welt- und Menschenbild nicht mehr verstanden wird.

Im Verlauf der Neuzeit wurden in der europäischen Gesellschaftstheorie die philosophischen Postulate der Gleichheit aller Menschen und der unantastbaren Würde des Einzelnen zu den zentralen Ausgangspunkten für die Definition der politischer Freiheit. Diese Grundüberzeugungen beherrschen bis heute die Diskussion über die politische Freiheit.

Bevor wir uns der Frage nach dem Ideal der Freiheit in den Republiken der Neuzeit zuwenden, müssen wir versuchen, den größeren geistesgeschichtlichen und institutionellen Rahmen abzustecken, in dem sich ein solches Gedankengut entwickeln konnte.

Seit der klassischen Antike wurde in Europa die Freiheit als ein zentrales politisches Thema angesehen. Zum kulturellen Vermächtnis Griechenlands und Roms gehörte die Auseinandersetzung mit dem Begriff der politischen Freiheit, der Freiheit des Gemeinwesens als Ganzes und der Freiheit des Einzelnen im Gemeinwesen. In den Stadtstaaten Athens und Roms entstand aus der Idee der kollektiven Verantwortung für das Gemeinwesen eine Theorie der politischen Freiheit, die als eine der Grundsäulen des gesellschaftlichen Handelns angesehen wurde. Von der Renaissance bis weit in die Neuzeit wurde dieses klassische Erbe zu einer der Grundlagen der politischen Philosophie.

Zu den Vorstellungen von Herrschaft und Gesellschaft des Mittelalters gehörte ebenfalls die Überzeugung, daß Freiheit zu den existentiellen Grundbedingungen des Menschen gehört; doch sind uns die politischen Ideale der mittelalterlichen Gesellschaft kaum mehr vertraut. Eine Freiheit war nur in der Einordnung in ein größeres Ganzes denkbar. Die Freiheit war so in jedem Fall eine gestufte Freiheit. Die Ein- und Unterordnung in das universale Weltbild galt als unabdingbare Voraussetzung, um Freiheit positiv erfahren zu können. Nur selten finden wir die Anrufung der Freiheit als einer schöpferischen Kraft, aus der heraus im kollektiven Akt das allumfassende gesellschaftliche Ziel – der Frieden – geschaffen werden könnte. Andere Tugenden, so vor allem die Gerechtigkeit und die Angemessenheit, standen weit mehr im Zentrum des politischen Denkens. Politische Ideale knüpften an die Vorstellung eines universalen Personenverbandes an, nicht an eine abstrakte Vorstellung vom Staat als einer Konstruktion der Menschen.

Erst das Entstehen moderner Herrschaftsformen und letztlich die Herausbildung von Territorialstaaten seit dem späten Mittelalter führten zu einer Freiheitsdiskussion, die uns wieder vertrauter ist. Wir müssen uns aber davor hüten, in der beginnenden Neuzeit einen völligen Bruch mit der mittelalterlichen Weltsicht zu sehen. Viele Vorstellungen, die ihre Wurzeln im hohen und späten Mittelalter haben, sollten noch für Jahrhunderte das Bild der Gesellschaft entscheidend prägen. Bis ins 18. Jahrhundert, ja teilweise bis in die Zeit des Ersten Weltkrieges hinein, bildete das dynastische Weltbild des Personenverbandes einen wichtigen Bestandteil des europäischen Staatsdenkens. Gerade die monarchische und dynastische Herrschaftslegitimation der Neuzeit knüpfte an diese viel älteren Vorstellungen an und verband sie erst nach und nach mit modernen Staatstheorien.

Über diese mittelalterlichen Strukturen legten sich aber seit der Renaissance neue Schichten des politischen Denkens und Fühlens, die zu einer völlig anders gearteten Sicht der Grundlagen der politischen Gemeinschaft führten: Die Solidarität der freien Bürger sollte Ursprung des Staates sein. In den italienischen Stadtstaaten der Renaissance verband sich zum ersten Mal die Idee der kollektiven Verantwortung mit jener der Freiheit des Gemeinwesens.

Das Entstehen moderner Staatsideen bildete dazu den Hintergrund. Nicht mehr der Personenverband, sondern das Territorium wurde zum entscheidenden Kriterium der Herrschaftsausübung. Im späten Mittelalter und in der frühen Neuzeit hat sich diese Form der Staates langsam, aber stetig in ganz Europa durchgesetzt. An die Stelle der Idee einer allumfassenden Christenheit unter der Leitung von Kaiser und Papst trat nach und nach die moderne Vorstellung von Europa als Lebensgemeinschaft souveräner Staaten. Zwischen der Reformation und dem Dreißigjährigen Krieg bildete sich ein Staatensystem heraus, das bis heute unser politisches Denken und unser öffentliches Leben bestimmt. Entscheidend für ein modernes Staatsverständnis wurde der Begriff der Souveränität, der besagte, daß der Staat nicht a priori in ein größeres Ganzes eingegliedert ist und keine weltliche Macht über sich anerkennt. Erst in unserem Jahrhundert gewannen Fragen einer übernationalen, universalen gesellschaftlichen Verantwortung wiederum eine brennende Aktualität und stehen heute im Zentrum des politischen Interesses. Auf diesem staatsgeschichtlichen Hintergrund muß das Ringen um die politische Freiheit und der Wandel der Freiheitsideale Europa vom 16. bis zum 20. Jahrhundert gesehen werden.

In dieser entscheidenden Phase der europäischen Geschichte – der Neuzeit vom 16. bis zum frühen 20. Jahrhundert – kam der Frage nach Monarchie und Republik eine Bedeutung zu, die weit über staatsrechtliche Verfassungsfragen hinausging und in alle Bereiche der Kulturgeschichte hineinwirkte. Im Rückgriff auf die Tradition der Antike begann man den Begriff der politischen Freiheit mit jenem der Republik zu verbinden. Die neue Freiheit der Kommunen wurde als Gegenentwurf zur monarchischen Herrschaftslegitimation proklamiert. In diesen frühen Republiken wurde die Freiheit zur Grundlage des Staates, zur Voraussetzung einer kollektiven Verantwortung. Zwar scheiterten letztlich die meisten frühen Versuche einer kommunalen nichtmonarchischen Verfassung der Renaissance, doch blieb als ihr Erbe ein entscheidender Anstoß zur Neuformulierung eines politischen Freiheitsbegriffs zurück.

Entscheidend für dieses republikanische Staatsverständnis war die Idee, daß das Gemeinwesen unabdingbar das Produkt eines kollektiven und freien Willensentscheides sei. Die höchste Macht im Staat wird nicht unwiderruflich an einen Einzelnen, oder an eine Dynastie, abgetreten, sondern verbleibt bei den gleichberechtigten Urhebern dieses Willensentscheides. Der Kreis der am Staat Teilhabenden kann sehr eng gezogen werden, wie es die aristokratischen Republiken des Ancien Régime zeigen, doch innerhalb dieses Kreises sind im Prinzip alle gleichberechtigt und tragen die Verantwortung für den Staat solidarisch. Hier unterscheidet sich die Republik grundsätzlich von einer Wahlmonarchie, wo durch die Wahl auch eine Übertragung der höchsten Macht stattfindet.

Die wenigen Republiken spielten im europäischen Staatensystem der frühen Neuzeit vorerst eine entschieden untergeordnete Rolle; das monarchische Prinzip bestimmte den Weg zum modernen Staat des Absolutismus und später zum Nationalstaat. Die großen Staatsdenker befaßten sich vornehmlich mit der Begründung der fürstlichen Machtvollkommenheit und ihrer Grenzen. Die dynastische Legitimation der Macht stand im Vordergrund. Immerhin waren aber Republiken als staatsrechtliche Kuriosa bekannt und die antiken Vorbilder jedem Gebildeten geläufig. Die Stellung italienischer und deutscher Reichsstädte hatte seit der Renaissance die Diskussion immer wieder belebt. Niemand bestritt, daß es sich um freie Städte handelte, aber kam ihnen wirklich der Rang eines souveränen Staates zu? Es war schließlich nicht leicht vorstellbar, daß Republiken im größeren Rahmen des altehrwürdigen Römischen Reiches Deutscher Nation mit letztlich universalem Anspruch als souverän gelten konnten. So konzentrierte sich die Diskussion um die Republik auf Gebilde außerhalb des Reiches oder anderer Monarchien. Venedig und England gehörten nie zum Reichsgebiet, die Niederlande und die Eidgenossenschaft wurden 1648 aus dem Reichsverband entlassen.

Fast ein halbes Jahrtausend lang blieb die Frage nach der politischen Freiheit eng mit jener nach der Staatsform verbunden. An der Frage ob Monarchie oder Republik schieden sich die Geister; verschiedenste Hoffnungen und Ängste waren untrennbar mit dieser Diskussion verbunden. Im Laufe der Jahrhunderte veränderten sich zwar die Schwerpunkte der Diskussion, doch teilweise bis in unser Jahrhundert hinein blieb die Frage nach Republik und Monarchie emotionsgeladen, lieferte den Anlaß zu grundsätzlichen Auseinandersetzungen, ja zu blutigen Kämpfen.

Heute bewegt die Frage nach Republik und Monarchie kaum mehr die Gemüter. Unsere politischen und moralischen Ideale zielen nicht mehr primär auf die äußere Regierungsform eines Staates, sondern auf die Garantie der fundamentalen Rechte des einzelnen Menschen, denen der Staat die Rahmenbedingungen eines Lebens in Freiheit und Gerechtigkeit ermöglichen soll. Wir verbinden heute nicht mehr die Forderung nach politischer Freiheit mit jener nach der republikanischen Staatsform, sondern mit jener nach der Demokratie, das heißt mit der Forderung, daß alle mündigen Menschen prinzipiell die gleichen Möglichkeiten haben müssen, an den politischen Entscheiden mitzuwirken und sie mitzutragen. Die Geschichte der letzten zweihundert Jahre hat uns gezeigt, daß weder die Republik den sicheren Garanten dieser Freiheit darstellt noch daß die Monarchie ihrer Realisierung im Wege steht.

Wir sind uns heute kaum mehr bewußt, daß während Jahrhunderten in Europa die Forderung nach politischer Freiheit und Selbstbestimmung mit der Idee der Republik eng verbunden war. Vieles ist in unser heutiges Denken und Fühlen übergegangen, ohne daß wir die Wurzeln kennen.

In der europäischen Kunst aber sind viele dieser Sehnsüchte, Hoffnungen und Ängste vergangener Zeiten auch für uns noch lebendig und erfahrbar geblieben.

Das Kunstwerk bezeugt die weltbewegenden Emotionen der Zeiten, findet aber auch einen Ausdruck, der weit über die Zeitgebundenheit hinausweist. Es ist mehr als eine Illustration seiner Zeit: es ist ein Vermächtnis an die Nachfahren.

Es kann also nicht darum gehen, anhand von Kunstwerken eine Ideengeschichte zu entwerfen oder zu illustrieren. Vielmehr möchten wir helfen, einen Weg zum Verständnis des Kunstwerks zu weisen, der heute nicht mehr ohne weiteres auf der Hand liegt. Das Werk soll dabei nicht in eine enge Interpretationsschablone gezwängt, sondern durch die Ausstellung einer neuen Dimension des Verstehens erschlossen werden.

Mit diesem Anspruch wollen wir der Tradition der künstlerischen Darstellung der Freiheit und der Republik im Europa der Neuzeit nachgehen. Die Kunst vermag die Brücke über die Jahrhunderte zu schlagen und uns erahnen lassen, wie stark wir heute noch unbewußt unter dem Eindruck einer langen Tradition der Sehnsucht nach Freiheit und Selbstbestimmung stehen. Eine Annäherung an ein wenig bekanntes und im heutigen Zeitpunkt brennend aktuelles Thema der europäischen Kunst soll gezeigt werden, nicht eine illustrierte Ideengeschichte. Aus der Spannung zwischen Werken verschiedener Herkunft, verschiedener Epochen und verschiedener Ebenen des künstlerischen Schaffens soll ein wichtiger und oft unterschätzter Aspekt der europäischen Kunstgeschichte ins Bewußtsein gehoben werden: das Ringen von Auftraggeber und Künstler um die Darstellung der Freiheit im Europa der Neuzeit.

F. de Capitani

Die alte Eidgenossenschaft

In kleinen Schritten – fast unmerklich – entstand im 15. und im frühen 16. Jahrhundert aus dem lockeren Bündnisgeflecht von Städten und Ländern, den »Orten«, eine politische Körperschaft, die mit den traditionellen Vorstellungen kaum mehr zu fassen war. Nur langsam wurden sich die Einwohner dieses zusammengewürfelten Gebildes ihrer Zusammengehörigkeit bewußt. Außenstehende Betrachter haben wohl schon vor den Betroffenen das nachmalige Gebiet der Schweiz als ein eigenständiges Gebilde zu betrachten begonnen. Gelehrte Humanisten, so Enea Silvio Piccolomini, riefen schon in der ersten Hälfte des 15. Jahrhunderts die antike Auseinandersetzung Cäsars mit den Helvetiern in Erinnerung, und von da war es nur noch ein kleiner Schritt zur Bezeichnung »Helvetia« für ein mehr oder weniger klar begrenzbares Gebiet.

Oft waren es die Gegner der Eidgenossen, die zuerst diese noch wenig strukturierte Gemeinschaft als eine Einheit ansahen, ihnen gemeinsame Eigenschaften zuschrieben und damit letztlich ein Zusammengehörigkeitsgefühl erst erwachen ließen. Langsam nur begannen sich Elemente eines gemeineidgenössischen Bewußtseins herauszukristallisieren. Dieses eidgenössische Bewußtsein nahm die Angriffe der Gegner auf und gab ihnen eine positive Wendung. Dem Vorwurf der Verschwörung gegen die legitime Herrschaft stellten die Eidgenossen den tugendhaften Kampf gegen die Tyrannei gegenüber. Der Vorwurf der bäuerischen und barbarischen Lebensart wurde zum Ehrentitel des unerschrockenen Kriegers umgedeutet. Am schwierigsten gestaltete sich die Formulierung des Verhältnisses zum Reich. Nach den schweren und kriegerischen Auseinandersetzungen der Jahre 1495–1499 war es klar geworden, daß man zwar selbstverständlich am Reichsgedanken festhielt, aber nicht an der Politik des übrigen Reiches teilnahm. Deutlich lassen sich die Positionen an den beiden Namen dieses Krieges ablesen: die Eidgenossen gaben ihm den Namen »Schwabenkrieg«, im Reich hieß er »Schweizerkrieg«.

So finden wir schon um 1500 ein politisches Gebilde aus Städten und Ländern, deren Position zum Reich wesentlich durch ihre Zugehörigkeit zur Eidgenossenschaft geprägt war. Diese Gemeinschaft mußte nun ihre Eigenart definieren, nicht nur in der Tagespolitik, sondern auch im Nachweis ihrer Legitimität.

Das Wir-Bewußtsein einer Gruppe dreht um drei Ebenen: so wurden wir/so sind wir/so wollen wir sein (VON MATT 1988). Diese drei Themenkreise und ihre negative Formulierung: so wurden wir nicht/so sind wir nicht/so wollen wir nicht sein, bestimmten denn auch die Ausprägung eines schweizerischen Wir-Bewußtseins.

Übermächtig wurde für dieses Bewußtsein die Beschwörung der eigenen Geschichte. Die Gründungsmythen – Rütlischwur, Tellengeschichte und Vertreibung der ungerechten Herren, der Tyrannen – wurden zu den stärksten Elementen eines gemeineidgenössischen Bewußtseins. Schon im 16. Jahrhundert wurde die Urschweizer Befreiungstradition zum gemeinsamen Besitz aller eidgenössischen Orte, so verschieden ihre eigene Geschichte und ihre Interessen auch waren.

Die Vorbilder der eigenen Staatlichkeit fand man im Alten Testament und in der Tradition der antiken Geschichte. Als neues »auserwähltes Volk«, umringt und bedroht von Feinden und bisher auf wunderbare Art vor dem Untergang bewahrt, suchte man die Parallelen in der Geschichte Israels. In den Tugendbeispielen der römischen Geschichte fand man die Vorbilder für das eigene Handeln.

Parallel zum Erwachen eines gemeineidgenössischen Empfindens fanden die einzelnen Orte zu einem neuen Selbstbewußtsein. Die Reformation akzentuierte die schon lange vorhandenen Spannungen zwischen den Orten und führte zu klaren Abgrenzungen. Die gemeineidgenössischen Interessen waren aber bereits so stark, daß der institutionelle Rahmen der Eidgenossenschaft nicht in Frage gestellt wurde. So blieben die Auseinandersetzung um die Reformation eine »innere« Angelegenheit der Eidgenossen. Die einzelnen Orte, Besitzer von oft sehr diversen und auch diffusen Herrschaftsrechten, setzten in ihrem Territorium eine mehr oder weniger einheitliche Landesherrschaft durch. Der Rahmen der Eidgenossenschaft gab ihnen die Möglichkeit, ihren Anspruch auf Souveränität über ein Territorium sukzessive durchzusetzen.

Hier, in den Städten und Ländern der Eidgenossenschaft, können wir seit dem ausgehenden 16. Jahrhundert von einem republikanischen Freiheitsstolz reden. Die deutliche Absetzung vom Reich, die eifersüchtige Wahrung der erworbenen Rechte und die Ablehnung jeder fürstlichen Gewalt prägten das staatliche Leben in diesen kleinen Republiken. Der Schritt von der spätmittelalterlichen Reichsstadt (oder vom Reichsland) zum souveränen Staat konnte nur auf dem Hintergrund der eidgenössischen Sonderentwicklung stattfinden; den großen Reichsstädten im Reich – deren Selbstbewußtsein in vielem den eidgenössischen Städten glich – gelang dieser entscheidende Schritt nicht.

Die Ausgliederung der Eidgenossenschaft aus dem Reich nach dem Dreißigjährigen Krieg am Westfälischen Friedenskongreß im Jahre 1648 bildete den folgerichtigen Abschluß dieser Entwicklung.

Auf diesem Hintergrund muß die Frage nach der Darstellung dieses Staatsgedankens in der Kunst gesehen werden. Es fehlten die großen höfischen Zentren, es fehlten auch die ganz großen Städte, die eine kontinuierliche Tradition des künstlerischen Schaffens hätten garantieren können. So ist die Geschichte der Kunst in der Schweiz wesentlich durch eine große Uneinheitlichkeit gekennzeichnet. Einzelnen Höhepunkten der künstlerischen Produktion steht eine breite kleinstädtisch-handwerkliche Tradition gegenüber. Urs Graf, Niklaus Manuel oder Johann Heinrich Füssli bleiben isolierte Erscheinungen, die sich nicht in die autochthone Tradition stellen lassen.

Schon im Ancien Régime hat man sich die Frage gestellt, ob nicht das politische System und die politischen Ideale der Eidgenossenschaft wesentlich zu dieser Situation beigetragen haben. So schreibt Johann Konrad Escher (der spätere Escher von der Linth) im Jahre 1788:

Wir dürfen uns nicht durch Kunstliebhabereien einschläfern lassen. Bei uns darf der Menschenfreund noch frei und zufrieden den Menschen und Bürger im wirklichen Leben betrachten, und ein rechtschaffener Richter ist für die Gesellschaft nützlicher als selbst ein Raphael. Dort, wo überall nur Unterdrückung, Armut und Laster zu sehen sind, mag man Erheiterung in schönen Bildern suchen. In Freistaaten steht dem Bürger ein edlerer Wirkungskreis offen. Wir sollen für das Wohl der Mitbürger arbeiten, und dabei muß die Kunst, die doch immer mit einem gewissen Grad von Schwäche und Weichlichkeit der Sitten verbunden ist, in den Hintergrund treten (zit. nach FELLER 1938).

Der immer wieder erhobene Vorwurf der republikanischen Kunstfeindlichkeit wird hier ins Positive gewendet und zur Bürgertugend erklärt.

Die Situation der Maler und Bildhauer war in der Schweiz schwierig. Die Betonung der korporativen Freiheiten verhinderte die Ausprägung einer individuellen Freiheit des Künstlers, dem kein eigener Freiraum zugestanden wurde. Es fehlten auch die großen Auftraggeber, die kontinuierlich eine Schar von Künstlern mit hohen Ambitionen hätten ernähren können. So finden wir immer wieder bedeutende Schweizer Maler, die außerhalb der Schweiz zu Ruhm und Ehre kamen. Auf der anderen Seite mußten schweizerische Auftraggeber ausländische Künstler berufen, wenn außerordentliche Projekte realisiert werden sollten.

Konnten sich Malerei und Bildhauerei in den schweizerischen Orten nicht zu ähnlicher Blüte entwickeln, wie in anderen Ländern, so bot doch gerade die einzigartige politische Situation für andere künstlerische Arbeiten einen hervorragenden Boden. Die Goldschmiedekunst und die Glasmalerei entwickelten sich hier im 16. und 17. Jahrhundert zu einer bemerkenswerten Blüte. Die Zünfte und Korporationen fanden hier die ihnen adäquate Form der Selbstdarstellung und förderten diese Künste, die fest im städtisch-handwerklichen Leben verankert waren.

Die Künstler standen besonders zu Beginn der Entwicklung, im frühen 16. Jahrhundert, vor schwierigen Aufgaben: Die Darstellung eines schweizerischen Freiheitswillens verlangte nach einer neuen Bildersprache, für die nur zum Teil auf Vorbilder zurückgegriffen werden konnte.

In den Republiken fehlte die Möglichkeit der Staatsdarstellung, die im Bild des Regenten gipfelte, wie es in den Monarchien die wohl wichtigste Form der Darstellung der politischen Macht war. Die Suche nach Zeichen der kollektiven Freiheit, nach Bildern der Republik, prägt denn auch die Bildersprache der Künstler in der alten Eidgenossenschaft. Der Wappenkranz wurde zum Symbol des eidgenössischen Bundes gleichberechtigter Orte. An die Stelle der Personifikation durch den Monarchen trat hier die Abstraktion durch die heraldischen Zeichen.

In den öffentlichen Gebäuden, vor allem in den Rathäusern, hielt eine neue Form der Selbstdarstellung ihren Einzug: Die Darstellung der Bürgertugenden am Beispiel der alttestamentarischen, der antiken und der vaterländischen Geschichte diente der Legitimation der eigenen Staatlichkeit. Das Bildprogramm, das Holbein für das Basler Rathaus entworfen hat, sollte weit über die Eidgenossenschaft hinaus zum Vorbild werden.

In den Darstellungen des 17. Jahrhunderts begegnet uns ein weiteres neues Phänomen: die Konfrontation der Eidgenossenschaft mit dem europäischen Staatensystem. Aus dem spätmittelalterlichen Kuriosum war ein politisches Gebilde geworden, das seinen souveränen Platz im europäischen Staatengeflecht zu definieren suchte. Das Bild der Allianzen, aber auch die Allegorien, welche die bedrohte Schweiz darstellten, sind Zeugen dieser Suche nach dem Platz der Schweiz in Europa.

Die Befreiungsgeschichte, die Gründung des Bundes und seine Konsolidierung wurden zu den bestimmenden Bildern der nationalen Ikonographie. In der Geschichte Tells, des Rütlischwurs und des Stanser Verkommnisses fand man den gemeinsamen Nenner des politischen Freiheitswillens. Der Schwur wurde hier erstmals in der Neuzeit zum zentralen republikanischen Bildthema; der Schwur begründet die Gemeinschaft und bindet den Einzelnen. So legt die kollektive Verantwortung den Grundstein zur Freiheit der Gesellschaft und des Individuums innerhalb der Gesellschaft. Im Bild des Schwurs wird für uns das Spannungsfeld zwischen Einbindung und Befreiung erfahrbar.

F. de Capitani

Der Schwur

Während seines Aufenthaltes in Zürich zwischen Oktober 1778 und April 1779 erhielt Johann Heinrich Füssli (1741–1825) durch Johann Caspar Lavaters Vermittlung von einigen prominenten Bürgern den Auftrag, für das Rathaus den »Schwur der drei Schweizer« zu malen. Mit dieser Geste rehabilitierte ihn die Heimatstadt, allerdings spät, für ungerechte politische Ächtung. 1762 hatte Füssli mit zwei Kommilitonen der Theologie, mit Johann Caspar Lavater, dem späteren Physiognomiker, und Felix Hess, den Landvogt Felix Grebel, den Schwiegersohn des Bürgermeisters Leu, in einem Pamphlet unlauterer Machenschaften überführt. Nachdem die jungen Leute von der Obrigkeit gerügt worden waren, begaben sie sich ins Ausland. Wer den Bildauftrag erteilt hat, ist nicht ganz geklärt. Füssli schreibt in seinem Brief vom 28. August 1781 an Lavater: »Usteri und die Andern, die es bei mir bestellet« (MUSCHG 1942, S. 198). Vielleicht ist Leonhard Usteri gemeint, Professor für Hebräisch und Theologie sowie Begründer der Zürcher Töchterschule, mit dem Füssli befreundet war. Zu den »Andern« könnte Salomon Escher, der Seidenfabrikant, gehört haben, der damals die zwei ebenfalls in London vollendeten Gemälde *Der Künstler im Gespräch mit Johann Jakob Bodmer* und *Ezzelin und Meduna* in Auftrag gab. Albert Boime postuliert denn auch eine inhaltliche Verknüpfung der drei Bilder: er sieht sie unter dem gemeinsamen Nenner 'unity and loyalty' (BOIME 1987, S. 247).

Es ist wahrscheinlich, daß dieser einflußreiche Zürcher sich auch an einem Auftrag, der für das Rathaus bestimmt war, beteiligen wollte. Naturwissenschaftlich nicht haltbar ist Boimes These, der Nachtfalter rechts unten sei dem die Seide liefernden Maulbeerspinner (Bombyx mori) sehr ähnlich und spiele somit auf die Rolle des Seidenfabrikanten Escher in der Kommission an (BOIME 1987, S. 276). Bei dem dargestellten Nachtfalter handelt es sich eindeutig um eine (nicht genau identifizierbare) Art aus der Familie der Schwärmer (Sphingidae) und keinesfalls um einen Vertreter aus der Familie der Spinner (Bombycidae), welcher der Bombyx mori angehört (Mitteilung von M. Wohlgemuth).

Das Thema der drei Staatsgründer, die einen Geheimbund beschworen, um die alten Freiheiten und Bürgertugenden gegen obrigkeitlich-aristokratische Unterdrückung zu verteidigen, bot offensichtlich für den Künstler wie für die Auftraggeber Identifikationsmöglichkeiten. Füssli nannte das Bild »Die drei Schweizer« und hielt es offenbar selbst für bedeutsam: »Die drei Schweizer betrachte ich als ein publikes Werk« (MUSCHG 1942, S. 198). Zwei Vorstudien sind in Zürich entstanden, das Gemälde hat Füssli in London ausgeführt, vermutlich auch die unlängst aufgetauchte Ölstudie. Der erste Entwurf (Kat. 1), der durch Lavater in den Besitz Goethes gelangte und heute in Weimar aufbewahrt wird, zeigt in Untersicht drei schwörende Jünglinge, wobei der mittlere im alten Adorantengestus beide Hände zum Himmel hebt. Gegenüber der traditionellen Rütlischwur-Ikonographie wirken Füsslis nahezu unbekleidete Gestalten antikisch-idealisiert, was der Thematik aber durchaus entspricht, war doch die republikanische Staatsform der Antike, die hier wieder aufleben soll, vorbildlich für die im aufgeklärten Kreis um Bodmer angestrebte Erneuerung der Eidgenossenschaft. Bodmer selbst hatte schon die Errichtung eines schweizerischen Bundesstaates vorgeschlagen. Die Darstellung von Schwurszenen entsprach denn auch dem neuen künstlerischen Ideal (vgl. z. B. Gavin Hamiltons *Brutus* und Davids *Horatier*). Im zweiten Entwurf (Kat. 2) nähert Füssli – zaghaft zwar – seine Konzeption der ikonographischen Überlieferung an, was vor allem durch die ineinandergelegten Hände zum Ausdruck kommt. Im übrigen läßt er auch auf diesem Blatt dem Betrachter so viel Spielraum, daß dieser sowohl römische Republikaner als auch das Ereignis im Mittelalter assoziieren kann.

Was die spontan hingeworfene Ölskizze in Chicago (Kat. 4) betrifft, vermutet David H. Weinglass, es handle sich dabei um eine nachträglich entstandene Arbeit (Brief an Christian Klemm, 23. August 1989). Im Gemälde (Kat. 3) sind die drei anonymen Männer »historische« Figuren geworden. Sie tragen zwar keine explizit mittelalterlichen Gewänder, sondern vielmehr zeitlos wirkende Phantasiekleider. Füssli folgt hier weitgehend der literarischen und bildlichen Tradition: In der Mitte spricht Walter Fürst – der Repräsentant der vornehmen Grundbesitzer – mit erhobenem Schwert die Eidesformel, rechts schwört Stauffacher, ein Typ von bäuerlich-derbem Schlag, links der Jüngling Melchtal. Unmißverständlich kommt der Glaube an eine bessere Zukunft in dem durch die Wolken hervorbrechenden Licht zum Ausdruck. Die Figuren, die ihren Bund besiegeln, stehen zum Teil noch im nächtlichen Dunkel der Gegenwart. Zu ihren Füßen sitzt der erwähnte Nachtfalter als Symbol der Wiedergeburt. Das von immergrünem Efeu umrankte und von am Boden liegenden Rosen umgebene Grabkreuz in der rechten dunklen Ecke weist darauf hin, daß der Tod die Voraussetzung einer »Neuen Zeit« ist. Füssli aktualisiert das mittelalterliche Ereignis im Geist der Aufklärung, indem er eine politisch-moralische Erneuerung der Eidgenossenschaft propagiert. Seine drei Männer verkörpern die Ideale, von denen die fortschrittlichen Kräfte in der damaligen Schweiz neue Impulse für das Staatswesen erhofften. So versinnbildlicht Walter Fürst die kriegerischen Tugenden, auf die man sich berief, um das Heerwesen auf einen aktuellen Stand zu bringen, Stauffacher steht im Rousseauschen Sinn für das unverbrauchte Bauerntum, und in Melchtal kann ein Reflex der Tugendschwärmerei erkannt werden, die »unter den Jünglingen des Bodmer-Kreises als unentbehrliche Grundlage aller Reformideen galt« (SCHIFF 1973, S. 98). Darüber hinaus spielt Füssli möglicherweise auf die feierliche Erneuerung des Bündnisses mit Frankreich am 25. August 1777 in Solothurn an. Dort erschie-

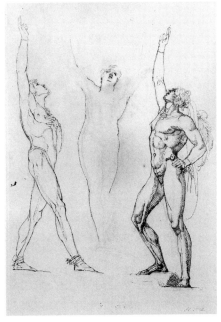

1

nen in Anlehnung an den ersten Schwur der Eidgenossen die Abgeordneten zum Festakt mit Mantel und Schwert. Oberst Heinrich Escher, Statthalter von Zürich und erster Vorortsgesandter, sprach wie Walter Fürst die Eidesworte auf den Bund vor (GERN 1970, S. 127 f.). Der wenige Tage darauf verstorbene Escher gehörte ebenfalls zum Kreis um Lavater; mit Salomon Escher, dem vermutlich zu den Auftraggebern gehörenden Seidenfabrikanten, war er allerdings nur entfernt verwandt. Ganz allgemein ist festzuhalten, daß seit dem amerikanischen Befreiungskrieg die Entstehungsgeschichte der Eidgenossenschaft geradezu paradigmatisch für Freiheit und Selbstbestimmung stand. Ebenso wie der Einzelkämpfer Tell war das Thema des gemeinsamen Handelns und Verantwortens dazu prädestiniert, Identifikationen zu ermöglichen. F. Zelger

1

JOHANN HEINRICH FÜSSLI
Zürich 1741–1825 London

Die drei Schweizer. 1778–1779
Feder und Sepia über Bleistift,
46,4 × 31,9 cm
Weimar, Staatliche Kunstsammlungen,
Inv. KK 1383.

Füssli hat in diesem ersten Entwurf von historischen Kostümen abstrahiert und durch die halbnackten Gestalten mit antikischen Gesten dem Ereignis zeitloses Gepräge verliehen.   F. Zelger

Lit.: SCHIFF 1973, Nr. 411, S. 95; ZELGER 1973, S. 24; KLEMM 1987, Nr. 122; THURMANN 1989.

2

JOHANN HEINRICH FÜSSLI
Zürich 1741–1825 London

Die drei Schweizer. 1778–1779
Feder und Sepia, braun und grau getönt über Bleistift, 41,4 × 34,5 cm
Zürich, Kunsthaus, Graphische Sammlung,
Inv. Z. 1938/765

Zeigte Füssli im ersten Entwurf drei schwörende Individuen, so schuf er im vorliegenden Blatt durch die ineinandergelegten Hände, die spannungsvoll mit den himmelwärts gerichteten Armen kontrastieren, ein Sinnbild für gemeinsames Handeln und Selbstbestimmung.   F. Zelger

Lit.: SCHIFF 1973, Nr. 412, S. 95; ZELGER 1973, S. 24 f.; HOLSTEN 1980, Nr. 309, S. 351; KLEMM 1986, Nr. IX.

3

JOHANN HEINRICH FÜSSLI
Zürich 1741–1825 London

Die drei Schweizer. 1779–1781
Öl auf Leinwand, 267 × 178 cm
Zürich, Kunsthaus, Inv. 1989/15 (Eigentum des Kantons Zürich)

Das in London ausgeführte Gemälde, bezeichnet unten rechts »I.H. Fuessli 1780«.
                                                    F. Zelger

Lit.: SCHIFF 1973, Nr. 359, S. 94–98; ZELGER 1973, S. 24 f.; HOLSTEN 1980, S. 351; BOIME 1987, S. 272 f.; IRWIN 1987; GALLINI 1989.

4

JOHANN HEINRICH FÜSSLI
Zürich 1741–1825 London

Die drei Schweizer. 1786–1789
Öl auf Leinwand, 74 × 63,2cm
Chicago, Art Institute of Chicago,
Inv. 1980.170 (anonymes Geschenk)

Wann die vorliegende, unlängst entdeckte Ölstudie entstanden ist, läßt sich nicht mit Sicherheit ausmachen. Die naheliegende Annahme, Füssli habe mit dieser rasch hingeworfenen Arbeit ein Bindeglied zwischen dem zweiten Entwurf und dem ausgeführten Gemälde geschaffen, weist David H. Weinglass zurück. Er macht darauf aufmerksam, daß die *Drei Schweizer* auf die Rückseite einer zerschnittenen Leinwand gemalt worden sind. Die fragmentarisch erhaltene Frauenfigur auf der ursprünglichen Vorderseite datiert er aus stilistischen Gründen in die Jahre 1786–1789 und folgert daraus eine entsprechende Entstehungszeit der Schwurszene (Brief an Dr. Christian Klemm, 23. August 1989).   F. Zelger

2

3

4

Republik unter Monarchien

5-15

LUKAS ZEINER
Zürich 1454–1513 Zürich

Standesscheibenzyklus aus dem Tagsatzungssaal Baden. 1500
Hüttengläser, Überfanggläser, Silbergelb, unterschiedlich starke Schwarzlotüberzüge mit ausgekratzten Konturen und Mustern. Jede Scheibe ca. 48 × 34,75 cm

Im Spätmittelalter und bis zum Untergang der alten Ordnung pflegten die Landesherren im Reich ihre Rechtshoheit durch weithin sichtbare Wappendarstellungen an den öffentlichen Gebäuden zu dokumentieren. Die eidgenössischen Stände machten hierin keine Ausnahme. Vor allem seit den Gebietserwerbungen im 15. Jahrhundert kennzeichneten sie ihre Vogtsitze und Kirchen sowie die Türme und Tore ihrer Untertanenstädte mit ihren heraldischen Schilden. Da, wo sie gemeinschaftlich regierten, machten sie das durch eine entsprechend vielteilige Wappenreihe sichtbar.

Der Anspruch auf Respekt von seiten der Untertanen war nur einer der Beweggründe für die heraldische Präsentation der Obrigkeit; ein anderer lag im Bedürfnis der Untertanen selber, eine sinnfällige »Schutzgarantie« des regierenden Standes gegen fremde Übergriffe zu haben. Wenn in Zeiten innereidgenössischen Haders ein Standeswappen vom politischen oder religiösen Gegner zerstört wurde, bedeutete das die Anfechtung bestehender Macht- und Schutzverhältnisse.

Um die Wende zum 16. Jahrhundert nehmen die Darstellungen von Standeswappen merklich zu. Das hängt mit einer verstärkten Selbstbesinnung nach den Burgunder- und Schwabenkriegen zusammen, durch die sich die Eidgenossen ihrer Unverwechselbarkeit und ihrer entscheidenden Bedeutung im militärischen Kräftespiel der europäischen Fürsten bewußt werden. Wie nie zuvor genießt jetzt das obrigkeitliche Wappenbild Geltung in der Glasmalerei; in Form der Kabinettscheibe ziert es die Fenster in Kirchen und Kreuzgängen, vor allem aber in profanen Räumen wie Rats- und Wirtsstuben, Zunft- und Schützenhäusern, wo es von der breiten Öffentlichkeit wahrgenommen wird. Die gehobenen Wohnansprüche am Ende des Mittelalters und die neu aufgekommene Technik der differenzierten Schmelzfarbenmalerei tragen gleicherweise zum Aufschwung des kleinformatigen Glasgemäldes in profaner Umgebung bei.

Die Scheibenserie in Baden schuf Zeiner im Auftrag der eidgenössischen Orte, nachdem diese vom Rat der Stadt um Wappenfenster in den neugebauten Tagsatzungssaal gebeten worden waren. Sie vertritt alle zehn Orte, die im Jahr 1500 dem Bund angehörten. Baden, seit 1415 mit dem Aargau unter gemeineidgenössischer Verwaltung, war bis 1712 wegen seiner günstigen Lage und seiner Thermalquellen bevorzugter Tagsatzungsort.

In den Wappenbildern verbinden sich zeichnerische Raffinesse, Sinn für ausgewogene Farbenverteilung und ein ungemein sicheres Gefühl für die das Wesentliche erfassende Großform zu einer in der Kabinettscheibenkunst seltenen Ganzheit. Anknüpfend an Vorstufen des späten 15. Jahrhunderts (Graphik Dürers, Wappentriaden Urs Werders in Bern, Bannerträgerscheiben), schafft Zeiner den eigentlichen Prototyp der Standesscheibe, der in der Folge zwar mannigfach variiert wird, in seinen Grundzügen jedoch bis tief ins 17. Jahrhundert vorherrschend bleibt (SCHNEIDER 1954, S. 109 f.). Zentrales Motiv sind der große Standesschild und das ihm aufgesetzte Reichswappen unter der deutschen Königskrone; zwei selbstbewußt auftretende Bannerträger – Krieger, Wildmänner, Engel oder Tiere – flankieren die heraldische Pyramide; ein gemusterter Damastgrund und eine rahmende Stein- oder Astwerkarkade verleihen der Komposition kompakte Geschlossenheit. Ein besonderer Reiz der Badener Scheiben liegt im sichtbaren Gegensatz ihrer normativen Grundform und gewisser individuell gestalteter Einzelmotive (z.B. der Schildwächter oder der Standesheiligen auf den Bannertüchern). Vielleicht ist er gewolltes Symbol für die im Bund besiegelte Zusammengehörigkeit der Stände und ihre gleichzeitig weitreichende politische Unabhängigkeit.

5

Scheibe von Zürich

Zürich, Schweizerisches Landesmuseum, Inv. LM 12804

Schildhalter: stehende Löwen. Linkes Banner: Zürich, mit rotem Schwenkel; rechtes Banner: Zürich, mit den Stadtheiligen Regula, Felix und Exuperantius. Linke Zwickelfigur: bärtiger Mann in Halbharnisch und Mipartibeinkleidern, in der Rechten ein Banner; rechte Zwickelfigur: Jüngling in kurzen Mipartihosen, in der Rechten eine Halbarte, die Linke am Schwert.

6

Scheibe von Bern
Privatbesitz

Schildhalter: stehende Bären. Linkes Banner: Bern, mit dem Stadtheiligen Vinzenz; rechtes Banner: Bern. Zwickelfiguren: zwei einander anfauchende Bären.

7

Scheibe von Luzern

Zürich, Schweizerisches Landesmuseum, Inv. LM 23442 (Farbtaf. I)

Schildhalter: Wildmänner mit Keule. Linkes Banner: Luzern, mit dem Stadtpatron Leodegar; rechtes Banner: Luzern, mit der Darstellung Christi am Ölberg im Eckquartier (letzteres wurde Luzern 1479/80 durch Papst Sixtus IV. verliehen). Zwickelfiguren: zwei Narren (in Luzern stellten die sehr verbreiteten Narrengesellschaften bis ins 19. Jahrhundert eine öffentliche Persiflage der Justiz dar; SCHNEIDER 1954, S. 26).

5

6

7

8

9

10

11

12

Tafel I (Kat. 7)

8

Scheibe von Uri
Zürich, Schweizerisches Landesmuseum,
Inv. IN 2

Schildhalter: harsthornblasende Jünglinge
mit gegürtetem Schwert. Beide Banner: Uri.
Linke Zwickelfiguren: Jüngling mit Schwert
und Halbarte und bärtiger Krieger mit ge-
schultertem Spieß; rechte Zwickelfiguren:
ein Trommler und ein Pfeifer.

9

Scheibe von Schwyz
Zürich, Schweizerisches Landesmuseum,
Inv. IN 2,2

Schildhalter: zwei Krieger in Vollharnisch,
der linke ohne Helm mit Federbusch, der
rechte mit Helm und einer Feder (vielleicht
eine Anspielung auf Morgarten). Linkes
Banner: Schwyz, mit dem hl. Georg als Drachentöter; rechtes Banner: Schwyz, mit den
Leidenswerkzeugen Christi im Eckquartier
(Georg, hier anstelle des sonst üblichen Standesheiligen Martin, symbolisiert das waf-
fenstarke Volk der Schwyzer). Linke Zwik-
kelfigur: springender Hirsch; rechte Zwik-
kelfigur: hornblasender Jäger; die Jagdszene
ist ergänzt durch zwei dekorativ angeordnete
Hündchen auf den beiden Säulenbasen (Jäger und Soldaten rekrutierten sich in Schwyz
aus den gleichen schußgeübten Kreisen;
SCHNEIDER 1954, S. 34).

10

Scheibe von Unterwalden
Stans, Rathaus (Eigentum der Gesellschaft
für Schweizerische Kunstgeschichte, Bern).
Datiert 1500
Beschriftet: »VNDERWALDEN«

Schildhalter: zwei Engel (als Anspielung auf
Kloster Engelberg). Linkes Banner: Obwal-
den, mit dem religiösen Viertel Nidwaldens
– einer Kreuzigungsgruppe (an Nidwalden
verliehen 1487 durch Kaiser Maximilian I.);
rechtes Banner: Nidwalden. Zwickelfiguren:

13

14

15

zwei jugendliche Herolde, die in ihre Trompeten stoßen (das Hornblasen war bezeichnend für Unterwalden und wird noch heute an der Landsgemeinde geübt).

11

Scheibe von Glarus
Genf, Musée d'art et d'histoire,
Inv. D 67

Schildhalter: zwei junge Männer in Schützentracht und Federbarett mit gegürtetem Degen. Linkes Banner: Zug, mit dem Stadtheiligen Oswald; rechtes Banner: Zug. Zwickelfiguren: zwei keulenschwingende Wildmänner.

12

Scheibe von Zug
Basel, Historisches Museum,
Inv. 1870/1272

Schildhalter: zwei Greifen. Beide Banner: Glarus, mit weißem Schwenkel (der hl. Fridolin, wie auf dem Standesschild, als tonsu-

rierter Abt mit Pedum und Pilgertasche wiedergegeben; üblich ist die Darstellung als Pilger). Zwickelfiguren: zwei Junker mit Speer bzw. Halbarte.

13

Scheibe von Freiburg
Zürich, Privatbesitz

Schildhalter: zwei Löwen. Linkes Banner: Freiburg, mit dem hl. Nikolaus als Bischof; rechtes Banner: Freiburg. Zwickelfiguren: ein junger und ein älterer, bärtiger Mann in kurzen Hosen und Halbharnisch, die einander mit Langspießen den Leib durchbohren.

14

Scheibe von Solothurn
Zürich, Schweizerisches Landesmuseum,
Inv. LM 12805

Schildhalter: zwei Junker in enganliegenden Mipartibeinkleidern, Wams mit geschlitzten Ärmeln, Brustpanzer und Federbarett, mit Schwert (Verkörperungen der Wehrfreudigkeit Solothurns, das siebenmal mehr Soldaten als irgendein anderer Stand aufzustellen vermochte; SCHNEIDER 1954, S. 47). Linkes Banner: Solothurn, mit dem Stadtpatron Ursus in Vollrüstung; rechtes Banner: Solothurn. In den Zwickeln spätgotische Krabben.

15

Scheibe von Baden
Baden, Rathaus, Stadtratssaal

Schildhalter: zwei junge Männer in Halbharnisch. Mipartibeinkleider und federgeschmückte Mützen, mit gegürtetem Schwert. Linkes Banner: Baden; rechtes Banner: Baden, mit Mondsichelmadonna im schwarzen Vertikalstreifen. In den Zwickeln: zwei wilde Löwen.   P. Hoegger

Lit.: LEHMANN 1925, S. 36–66; SCHNEIDER 1954, passim; BOESCH 1955, S. 68–86; WEHRLI 1967, S. 127–128; SCHNEIDER 1988, S. 14–16; ANDERES und HOEGGER 1989, S. 26–28, 36–38, 275–278, 310–333.

16

16

ANONYM

Die Ehrengeschenke der Juliusbanner

Um 1513

Holzschnitt, 33,6 × 42,3 cm
Zürich, Kunsthaus, Graphische Sammlung,
Inv. Gr. C. 31.16c

Der Holzschnitt zeigt in der Mitte zwei geharnischte Fähnriche mit den Bannern des Heiligen Stuhls und des Papstes Julius II. Rovere, dem Prunkschwert und dem Herzogshut, mit denen der Papst die Eidgenossen zum Dank für die Vertreibung der Franzosen aus Italien 1512 ausgezeichnet hatte. Die päpstlichen Bannerherren sind umrahmt von den Bannerträgern der XII Orte, gefolgt von den Zugewandten Orten Sankt Gallen, Appenzell, Wallis und Chur. Alle eidgenössischen Banner tragen in der oberen Ecke bei der Stange ein Eckquartier mit einer Darstellung aus der Leidensgeschichte Christi. Diese Eckquartiere sind Geschenke des Pap-

stes an die einzelnen Orte. Der Text unter den päpstlichen Fähnrichen bezieht sich auf die Bulle Julius' II. vom 5. Juli 1512, in der der Sinn der Geschenke erklärt wird. Es ist der Dank des Papstes für die Befreiung der Kirche von der französischen Herrschaft im ganzen Gebiet Italiens durch die Eidgenossen.

Der Holzschnitt, der sich in zwei verschiedenen Versionen desselben Inhalts erhalten hat, dürfte erst 1513 erschienen sein. Er wurde in Zürich, dem damaligen Vorort der Eidgenossenschaft, gedruckt und diente der Verbreitung der einzigartigen Auszeichnung der Eidgenossen, die – eben erst siegreich aus den Befreiungs- und Abwehrkämpfen des Spätmittelalters hervorgegangen – nun als »Befreier« anderer Mächte und Länder auftraten und gefeiert wurden, indem sie sich als Reisläufer (Söldner) von Papst, Kaiser, Königen und Fürsten anwerben ließen.

Der Holzschnitt ist ein Produkt der Zürcher Offizin des Hans Rüegger (Zürich

17

1475–1517 Zürich), die 1517 von Christoph
Froschauer d. Ä. übernommen und weitergeführt wurde.   H. C. von Tavel

Lit.: KOEGLER 1926; Bern 1979, Nr. 8; Zürich
1981, Nr. 197; VON TAVEL 1991.

17

CHARLES LE BRUN
Paris 1619–1690 Paris

Allianzteppich. Zwischen 1705 und 1723
(5. Serie der Folge *Histoire du Roi*)
Ausführung: Gobelin
Wirkteppich, bunte Wolle und Seide,
387 × 585 cm
Zürich, Schweizerisches Landesmuseum,
Inv. Dep. 65 (Gottfried Keller-Stiftung)
(Farbtaf. II)

Thema des sogenannten Allianzteppichs ist
die Erneuerung des Soldbündnisses zwischen Ludwig XIV. von Frankreich und den
Gesandten der Eidgenossenschaft in der Kathedrale Notre-Dame in Paris am 18. November 1663. Es handelt sich dabei um einen Ausschnitt aus der schweizerischen und

der französischen Geschichte, der lange Zeit
nicht frei von Emotionen behandelt werden
konnte. Die Wirkerei berichtet über Freiheit
und Unfreiheit, über die Abhängigkeit der
weniger Mächtigen von den Mächtigen, und
sie legt Zeugnis ab vom Umgang der Herrschenden mit der Macht.

Die Mittelachse der Wirkerei bildet die
Figur Ludwigs XIV. Der von Natur aus eher
kleingewachsene König erscheint in einer
Art Bedeutungsmaßstab. Zusammen mit seinem Hofstaat demonstriert und zelebriert er
mittels exzessiver Prunk- und Prachtentfaltung Selbstbewußtsein und Macht des französischen Staates. Die üppige Kleidung unterstreicht das Imponier- und Renommierge-
habe des Königs, der als eigentliche Personifikation des Staates auftritt. Die Devise
«L'état c'est moi» als oberstes Gebot seiner
Lebens- und Staatsphilosophie wird unmittelbar faßbar. Johann Heinrich Waser, Bürgermeister zu Zürich und Oberhaupt der eidgenössischen Delegation, steht Ludwig XIV.
in ehrerbietiger Haltung gegenüber. Die
Schweizer Gesandtschaft – auf ein paar we-

18

nige Repräsentanten reduziert – nimmt nur minimsten Raum ein. Einmal mehr wird die Signalwirkung der Bekleidung manifest. Die Schweizer Amtsträger erscheinen in ihrer zurückhaltenden Kleidung als Repräsentanten des Staates; nicht die Personen, sondern die Funktionen stehen im Vordergrund.

In der königlichen Gobelinmanufaktur als Bestandteil einer siebzehnteiligen Folge zur *Histoire du Roi* 1665 vom König in Auftrag gegeben, hatte diese Tapisserie ausschließlich der Selbstdarstellung und Glorifizierung des Monarchen zu dienen. Die hier drastisch vor Augen geführten Machtverhältnisse erinnern uns an die Bilder der jüngsten Vergangenheit, die durch die Massenmedien der ganzen Welt gingen.

Nur zäh waren die Verhandlungen zur Erneuerung des Soldbündnisses zwischen Frankreich und der Schweiz vorangekommen. Mit Hilfe von Druckmitteln aller Art, Bestechungsgeldern und Versprechungen wirtschaftlicher Privilegien gelang es dem Herrscher jedoch wiederum, einen Vertrag auszuhandeln, der es ihm ermöglichte, in der Schweiz bis zu 16 000 Mann zu rekrutieren. Die Hoffnungen der Schweizer wurden bald herb enttäuscht, denn nur ein kleiner Teil

der gemachten Versprechungen wurde auch wirklich eingelöst. **S. Pallmert**

Lit.: MAYOR 1896; DE VALLIÈRE 1940, S. 318 bis 340; LAPAIRE 1961; MEYER 1980, S. 53–60; PALLMERT 1990.

18

HANS HEINRICH SCHWYZER
Zürich 1618–1673 Zürich

Zürcher Regimentsspiegel. 1657
Doppeltüriger, nußbaumfurnierter Schrank, im Innern die gemalte Darstellung der Zürcher Regierung mit den Wappen und Namen ihrer Mitglieder. Höhe 244 cm, Breite (geöffnet) 423 cm
Zürich, Schweizerisches Landesmuseum, Inv. LM 3611

Bis 1648 war Zürich formell Reichsstadt; dann, im Westfälischen Frieden, wurde die Bindung ans Reich endgültig gelöst. Die Stadt war nun eine vom Reich völlig unabhängige, freie Republik. Dieser neue Status fand seinen Ausdruck vor allem im Bereich staatlicher Repräsentation und Selbstdarstellung. Eindrückliches Beispiel dafür ist der von Hans Heinrich Schwyzer geschaffene,

1657 datierte und im Zürcher Rathaus aufgestellte Regimentsspiegel.

Den Mittelteil der Darstellung nimmt das Organigramm des Zürcher Regierungsapparats ein im Gleichnis eines großen Sternbildes mit Scheiben, die vor dem gestirnten Himmel kreisen, ein auch dem monarchistischen Absolutismus vertrautes Bild. Die Scheiben bezeichnen die Regierungsämter, und auf ihnen sind die Namen, Wappen und Amtsdaten aller Amtsinhaber seit 1490, fortgesetzt bis 1798, aufgeführt. Die mittlere Scheibe gehört den Bürgermeistern und den nächsthöheren Ämtern, im 2. und 3. Kreis sind die Kleinen Räte, im 4. Kreis die Herren vom Großen Rat verzeichnet. Weiter folgen im 5. und 6. Kreis die Regierungsvertreter in den Untertanengebieten wie Landvögte, Klosteramtleute und Schaffner, im 7. und 8. Kreis die städtischen Amtleute, Verwalter und Schreiber. Die Flügel zeigen die Zusammensetzung des Rats im Jahr 1657. In den oberen Flügelhälften sind die Ratsrotten des Kleinen Rats aufgeführt: links der unter dem Bürgermeister Hans Heinrich Rahn stehende Natalrat, rechts der unter dem Bürgermeister Hans Heinrich Waser stehende Baptistalrat. Auf den unteren Flügelhälften figurieren die Mitglieder des Großen Rats. Das mittlere Schriftband enthält nebst der Erklärung, »wie dieser vor Augen stehende Regimentsspiegel gründlich zu verstehen« ist, ein Lobgedicht, das mit dem Vers beginnt: »O Zürich Gottes Statt. Auf WAS ERhöchtem TRAHN«. Seit der Loslösung vom Reich sitzen die Zürcher Bürgermeister Waser und Rahn auf erhöhtem Thron.

Da es bei den wachsenden Aufgaben des Staates immer schwerer wurde, Staatsämter und jeweilige Amtsinhaber zu überblicken, wurden seit dem Ende des 16. Jahrhunderts Orientierungshilfen geschaffen und Regimentsbücher angelegt. Dem gleichen Zweck sollte auch der Regimentsspiegel von Hans Heinrich Schwyzer dienen. Er stand bis 1898 im Rathaus und wurde dann auf Beschluß des Zürcher Stadtrats ins neueröffnete Landesmuseum überführt.   R. Schnyder

19

Lit: ESCHER 1692, S. 41; VÖGELIN 1873, S. 25 f.; SCHWEIZER 1916, S. 117; GYR 1929, S. 79 ff.; ESCHER 1939, S. 321, 359; SCHNYDER 1975, S. 14.

19

JOHANN MARTIN(?) GEIGER
1656–1731

Kleine Ratsrose von Appenzell Innerrhoden. 1688
Öl auf Leinwand, Durchmesser 157 cm
Zürich, Schweizerisches Landesmuseum, Inv. LM 8440

Nachdem sich die Schweizerische Eidgenossenschaft 1481 und 1501 um vier Stadtrepubliken erweitert hatte, nahm sie 1513 die seit über 100 Jahren befreundete Bauernrepublik Appenzell als Vollmitglied auf. Die Reformation führte 1597 zur Spaltung des Standes Appenzell in zwei Staatswesen.

1688 erhielt einer der Söhne des Pannerherrn Johann Konrad Geiger – am ehesten kommt Johann Martin in Frage – den Auftrag, »die ... Roßen in der kleinen rathsstuben« zu malen. Für die Vollendung des Werkes erhielt der Vater 1689/90 aus dem Landessäckel 18 Gulden ausbezahlt. Als Muster diente die 180 cm messende Große Ratsrose, für die Maler Hans Bildstein 1651 den bescheideneren Betrag von 11 Gulden erhalten hatte. Ratsrosen als Staatssymbole sind im 17. Jahrhundert auch anderwärts bezeugt, so in Zürich, wo 1679/80 die Große Rose erneuert wurde. Während die Große Ratsrose von Appenzell an Ort und Stelle erhalten blieb, gelangte die Kleine Ende des 19. Jahrhunderts über den Kunsthandel in Museumsbesitz.

Die Kleine Ratsrose ordnet die Welt des Halbstandes Appenzell Innerrhoden in drei konzentrischen Kreisen. Zuinnerst ein Gerechtigkeitsbild mit einem eher seltenen Exempel aus der antiken Geschichte: Der Richter Bias von Milet wendet sich weinend von der Vollstreckung eines Todesurteils ab. Der teilweise erhaltene umlaufende Spruch mahnt zur Verbindung von Strenge und Barmherzigkeit. Die Große Ratsrose hatte als Gerechtigkeitsbild die geläufigere Geschichte von Kambyses und Sisamnes nach Herodot gewählt. Der zweite Kreis symbolisiert das innerrhodische Staatswesen mit seinen politisch-militärischen Unterverbänden, den Rhoden. Teils reichen sie in die Zeit der Appenzeller Freiheitskriege zurück, teils sind sie nach der Landteilung 1597 neu umschrieben worden. Mit Wappen und Rhodsbannern sowie heiligen Patronen und bewaffneten Bären als Schildhaltern erscheinen sie in der hierarchischen Rangordnung: Schwende, Rüte, Lehn, Schlatt, Gonten, Rinkenbach, Stechlenegg, Hirschberg, Oberegg. Die zweizeiligen Sprüche beziehen sich auf die ruhmvolle kriegerische Vergangenheit und auf die friedliche Arbeit der Gegenwart. Der äußerste Kreis führt mit Namen und Wappen die 25 Mitglieder des Geheimen Rates auf. Sie haben über Gerechtigkeit und Gemeinwohl zu wachen. Ein Behang mit roten Tüchern ist für die Große Ratsrose bezeugt, für die Kleine als wahrscheinlich anzunehmen.   P. R. Fischer

Lit.: FISCHER: Malerei 1977, S. 34–37; FISCHER: Recht 1977, S. 111–117; FISCHER 1984, S. 66, 75, 77–78, 82, 93, 290, 306–307, 312–313.

20

20

ANONYM SCHWEIZ

Allegorie auf die Verwerflichkeit des Solddienstes und der Pensionen
Um 1625
Öl auf Leinwand, 70,5 × 53,5 cm
Zürich, Schweizerisches Landesmuseum, Inv. LM 24998

Die Pensionen, mit denen die Söldnerlieferungen an fremde Mächte bei den Regierenden in den Orten der Schweiz abgegolten wurden, öffneten der Korruption Tür und Tor. Ganze Heerscharen tapferer Schweizer wurden um der Bereicherung einiger weniger willen ins Verderben getrieben. Schon 1503 hatten die Eidgenossen unter dem Eindruck des Verrats von Novara den schädlichen Einfluß der Solddienste und Pensionen auf Moral und Sitten der Bevölkerung erkannt und beide untersagt. Zwingli erneuerte für das reformierte Zürich dieses Verbot. Der Anschluß Zürichs an das französische Soldbündnis von 1614 ließ die Diskussion über Vor- und Nachteile des Söldnerwesens wiederaufleben. Sie schlug sich nicht nur in Worten, sondern auch in sprechenden Bildern nieder, die vermutlich neben den antiken Rechtsgeschichten als Mahnmale in den Ratsstuben hingen. Zielscheibe der Kritik waren vor allem die Söldnerführer, die ihre Truppen selbst anwarben und dafür hohe Entschädigungen empfingen. Das Geschäft mit Söldnern war im 16. und 17. Jahrhundert eine der ergiebigsten Einnahmequellen der Schweiz, es wurde mit fast modern anmutenden Methoden betrieben.

Auf dem anonymen Gemälde im Landesmuseum wird ein Söldnerführer als Protagonist aller Pensionenbezüger in den Vordergrund gerückt. In der üblichen geschlitzten Tracht mit gewechselten Farben steht er an Hals und Hand an ein fürstliches Tor gekettet, unter dessen Bogen ihm die fremden Potentaten entgegentreten, um seinen schon fast vollen Geldsack noch mehr zu füllen. Links stehen die geistlichen, rechts die weltlichen Würdenträger. Der Papst mit Tiara streckt dem Schweizer zwei pralle Geldbeutel hin, seine Zuträgern sind ein Geistlicher mit Birett und ein Mönch mit Kapuze. Von hinten gesehen, aber dennoch die Bildmitte einnehmend, der spanische König, auf seinem Schild als solcher bezeichnet. Rechts folgen der französische König, der Doge von Venedig und der Kaiser, am Rand zwei geharnischte fremde Feldherren. Über die Balustrade des barocken Renaissance-Gebäudes mit tonnenförmigem Dach neigt sich ein Kanzlist und zeigt einen mit sieben Siegeln versehenen Soldvertrag. Das eigenartige, an eine Loretokapelle erinnernde Haus könnte Sinnbild für einen riesigen Tresor, eine Bank, sein. Ganz im Hintergrund eine Residenzstadt und darüber, auf dem höchsten Punkt eines Hügels, eine kirchenähnliche Burg, in der geistliches und weltliches Herrschertum zusammenzufließen scheinen.

Es fällt schwer, die Herrscher zu individualisieren. Die Gesichter deuten auf Hauptfiguren im Zeitalter der Glaubenskriege. So kann man im Kaiser Ferdinand II. erkennen, im Spanier – anachronistisch – Philipp II.

und im Franzosen Heinrich IV. Mit dem Papst wird Paul V., Camillo Borghese, gemeint sein. Der anscheinend später hinzugefügte Kardinal hinter dem Kreuzstab des Papstes bezieht sich wohl auf Richelieu, dessen Person die Datierung des Bildes auf ca. 1625 festlegt.

Daß die Eidgenossen wegen Solddienst und Pensionen ihrer mit Tapferkeit errungenen Freiheit wieder verlustig gehen, wird in einer Rollwerkkartusche unten auch mit Worten dargelegt:

O, Eidgnoschafft durch Pension,
wirst um dein Fryheit wider kon,
Wirst Fürsten und Herren gfangner sein,
Was Rümst dich mehr der Fryheit dein,
O, Dapferkeit sich die hierin.

Mit der schwer verständlichen letzten Zeile soll möglicherweise ausgedrückt werden, daß sich auf dem Rücken der Schweizer Söldner und ihrer Tapferkeit der Mißstand des Pensionenbezugs entwickeln konnte; mit derselben Tapferkeit möge man nun auch dem Übel wieder Abhilfe schaffen.

L. Wüthrich

Lit.: Mojonnier und Gessler, 1951, S. 245 und 255, Taf. nach S. 280; Wüthrich, 1976, S. 8–9; *Jahresbericht des Schweizerischen Landesmuseums* 1985, S. 25 (Abb. 37) und 28.

21

ALBRECHT KAUW
Straßburg 1616–1681 Bern

Helvetia Moderna. 1672
Öl auf Leinwand, 140 × 102 cm
Bern, Privatbesitz

Bei diesem Gemälde handelt es sich um eine neue Version eines im 17. Jahrhundert bereits mehrmals bildlich dargestellten Themas, das in seiner ursprünglichen Bedeutung einer Allegorie auf das Reislaufen entsprach (vgl. Kat. 20). Diese Darstellung nimmt Bezug auf das 1671 in Bern auf Werbung Ludwigs XIV. von Frankreich geschaffene erste Schweizer Linienregiment und dessen unfreiwillige Beteiligung am französisch-holländischen Krieg von 1672. Die Äußerung

21

des Ritters (links außen) mit dem österreichischen Wappenschild und der Bezeichnung »AUSTRIA«: »Sich: meiner Leüthen Boßheit, ist Ursach deiner Freyheit«, weisen auf die kleinformatigen Szenen im Hintergrunde, die vier Begebenheiten aus der Befreiungsgeschichte der Eidgenossen gegen die Österreicher wiedergeben: Des Landvogts Knechte spannen dem Arnold von Melchtal die Ochsen aus; Konrad Baumgarten erschlägt den Landvogt Wolfenschießen im Bade, Geßlers Hut, dem Wilhelm Tell die Referenz verweigert; Tells Apfelschuß auf Geheiß Geßlers.

Der Bannerträger (in der Mitte) mit der Schweizerfahne verkörpert allgemein den Schweizer Söldner, der sich in früheren Jahrhunderten aus Abenteuerlust, Habgier und Gewinnsucht zu kriegerischen Dienstleistungen bei fremden Fürsten anheuern ließ. An einem über die rechte Schulter laufenden Band trägt er die gefüllten Geldbeutel mit den Wappen derjenigen Fürstenhäuser, in deren Dienste Schweizer Söldner standen, sowie die Bezeichnung »AVARITIA« (Geldgier).

Dem Bannerträger gegenüber steht (rechts außen) eine Frauengestalt mit der Namensbezeichnung »VOLUPTAS«. Sie trägt ein höfisches Gewand und hält mit der einen Hand dem Bannerträger eine goldene Ehrenkette mit einer Medaille entgegen, mit der anderen weist sie auf einen fürstlich gedeckten Tisch mit goldenen Bestecken und

köstlichen Speisen. In älteren Darstellungen des gleichen Themas wurde Voluptas jeweils als nackte Frau dargestellt, die den Schweizer Söldner an einem Seil gefangen hält und ausschließlich Wollust, Sinnesfreude und Lebensgenuß verkörperte. Hier im Bilde kommt dieser allegorischen Frauenfigur auch die Bedeutung einer Repräsentantin des französischen Hofes zu, die den Schweizer Söldner mit einem kostbaren und ehrenvollen Geschenk und höfischem Prunk zu gewinnen sucht.

Dem Linienregiment, das unter dem Kommando des Obersten Johann Jakob von Erlach stand und dessen vertraglich geregelte Dienstverpflichtungen der Genehmigung des Großen Rates bedurften, gehörten nur bernische Offiziere und Soldaten an. Dieses Regiment, dem auch noch andere schweizerische Regimenter folgten, sollte ständig, sowohl in Kriegs- wie in Friedenszeiten, im Dienste Frankreichs stehen und weder über die Grenze noch gegen die französischen Hugenotten geführt werden. Bisher waren die Schweizer Söldner nur für einen bestimmten Feldzug geworben worden. Mit der Schaffung der schweizerischen Linienregimenter erfuhr der Solddienst eine entscheidende Wendung. Hierauf mag sich die Bezeichnung »Helvetia Moderna« beziehen.

Als das Regiment von Erlach auf Befehl Ludwigs XIV. in das reformierte Holland einmarschieren sollte, empörte man sich in den reformierten Orten der Schweiz und vor allem in Bern, was im Großen Rat gewaltige Proteste auslöste. Die Interventionen des Großen Rates wegen Nichteinhaltens der vertraglichen Abmachungen sowohl am französischen Hofe wie beim Regiment von Erlach hatten zur Folge, daß den Berner Offizieren mit harten Strafen und Entlassungen gedroht wurde, so daß sich die sich dem Willen Frankreichs fügten. Hierauf dürfte der zweite Spruch im weißen Schriftband deuten: »Ich sorg, daß nicht mein Bößer gang mich wider Bring in frömbden Zwang.«

Der auf dem von Engeln getragenen Schriftband befindliche Text: «Nisi conversi fuertis. Arcum suum tetendit» (wenn ihr

Eure Gesinnung nicht ändern wollt, dann spannt er seine Bogen), ist dem Psalm 7 entnommen und bedeutet eine Drohung des Himmels, eine Strafe Gottes.

Nach dem gevierten Allianzwappen in der Ecke unten rechts zu schließen, muß das Gemälde im Auftrage des Salzkassenverwalters Johann Rudolf von Graffenried, der mit Dorothea Tillier verheiratet war, entstanden sein.

Graffenried gehörte seit 1664 auch dem Großen Rate der Stadt Bern an und ließ die Allegorie auf die Reisläuferei von Albrecht Kauw als Protestbild in einer Umdeutung auf die Ereignisse von 1671/72 malen.

R. L. Wyss

Kauws Geburtsdatum 1616 verdanken wir den Forschungen von Georges Herzog. – Lit.: IM HOF 1991; VON TAVEL 1991.

22

22

ANONYM: Goldschmied mit der Marke Nagel auf Dreiberg
1608–1630 in Zug nachweisbar

Fußschale. 1620
Silber, teilweise vergoldet, Höhe 18 cm, Durchmesser Schale 15,6 cm, Durchmesser Szene 6,8 cm
Zürich, Schweizerisches Landesmuseum, Inv. Dep. 463

Aus dem Bürgerschatz der Stadt Bremgarten AG. Zur Darstellung der Tellenschußszene im Schalenboden diente eine in mehreren Exemplaren (u. a. Landesmuseum Inv. AZ 5977) erhaltene zeitgenössische oder wenig frühere Medaille, die vom Goldschmied eingefügt wurde. Die Inschrift des Schalenrandes gibt die Moral:

»Fryheitt · ist · Guldin · sagt · man · zwar · / Aber · die · zerhalten · hät · fürwar · / Ein dapfer · Thrüw · und · Redlich · gmüet · / Sunst · wird · die · fryheit · gantz · bethrübt · 1620«. Auf den Stifter der Fußschale, Beat II. Zurlauben (1597–1663), 1617–1630 Landschreiber in den Freien Ämtern, weist die Inschrift unmittelbar um die Tellenschußszene:

22

»H : Beatt · Zur · Lauben · Burger · zu · Zug · und · Brengarten · d:z: [= derzeit] Landtschriber · der · fryen · Empteren · d:Erg: [= des Aargaus]«. Als Schaft der Schale dient eine gegossene Frauenfigur, die mit der Linken den Schild mit Wappen Zurlauben (Laubast über Dreiberg) hält. Auch die ziselierten Schnecken im Ornamentband des Fußwulstes dürften auf den Stifter der Schale anspielen, sei es auf Besonnenheit als Charakterstärke oder den Umstand des soeben erhaltenen Bürgerrechts und des Hauskaufs in Bremgarten.

Der Landschreiber war de facto der erste Mann in den von den Kantonen Uri, Schwyz, Unterwalden, Zürich, Luzern, Zug und Glarus gemeinsam verwalteten Freien Ämtern. Seine Stelle war mit der Wohnsitznahme in Bremgarten verbunden und nicht dem Zweijahresturnus im Wechsel der von den Kantonen alternierend gesandten Landvögte unterworfen. Vom Kanton Zug her bestand ein starkes Interesse daran, sich dauernden Einfluß in der ans Kantonsgebiet direkt anstoßenden Gemeinen Herrschaft zu sichern. Die Zurlauben als maßgebende zugerische Familie verschafften sich durch den Erwerb des Bremgartner Bürgerrechts gleichsam einen erblichen Anspruch auf das Landschreiberamt, eine Rechnung, die aufgegangen ist, folgten doch auf Beat II. Zurlauben in praktisch ununterbrochenem Ablauf bis 1726 vier weitere Vertreter des Geschlechts. Unsere Fußschale als damals üblicher »Einstand« eines Neubürgers in den Bürgerschatz, das damalige Kapital einer Korporation, ist in diesem Kontext zu sehen.

Die Themenwahl des Tellenschusses entspricht einer persönlichen Stellungnahme des Staatsmannes Zurlauben, ist aber auch im größeren Zusammenhang der innen- und außenpolitischen Situation der Schweiz vorgängig und mit Ausbruch des Dreißigjährigen Krieges zu verstehen. Dem drohenden Auseinanderfallen der Eidgenossenschaft begegnet die katholische wie die protestantische Seite mit Rückbesinnung auf die gemeinsame Geschichte und die Gründungszeit. 1617 läßt der frisch gewählt Zürcher Bürgermeister Hans Heinrich Holzhalb eine der Prunkstuben seines Wohnhauses »Zum Wilden Mann« in Zürich (heute Winterthur, Schloß Wülflingen) mit einem Winterthurer Kachelofen bestücken, der Szenen aus Christoph Murers Radierung *Ursprung der Eidgenossenschaft* von 1580 (Kat. 53) zeigt, aber in zwei Darstellungen auch die Abhängigkeit der Schweiz von Soldverträgen mit dem Ausland geißelt. Dieselben Szenen kehren wieder im leider unvollendet gebliebenen, um 1620 entstandenen Bildfries des Festsaales im Zurlaubenhof in Zug, begleitet von auf die Vertäfelung gemalten Bannerträgern und historischen Figuren, insbesondere einer fast lebensgroßen Darstellung des Bruder Klaus. Die moralisierend gehaltene, durch den Saal führende Inschrift stimmt in ihrer Aussage – insbesondere in der Beschwörung der Einigkeit und Warnung vor fremden Bündnissen – mit den Tituli auf dem erwähnten Ofen überein. Auftraggeber des repräsentativen Saales war Konrad Zurlauben, der Vater von Beat II., dem wir die Fußschale im Bremgartner Bürgerschatz verdanken.   Hp. Lanz

Lit.: Heinemann 1902, S. 12, 17, 19, Abb. 8; Felder 1967, S. 126–133; Meier 1981, Bd. 1, S. 176–177; Keller 1984. – Zur Medaille vgl. *Jahresbericht des Schweizerischen Landesmuseums* 1983, S. 16–17 und Abb. 13.

23

HANS HEINRICH RIVA
Zürich 1590–1660 Zürich

Trinkgefäß in Form eines Alten Schweizers. Um 1620
Silber, teilweise vergoldet, Höhe 46 cm
Bern, Bernisches Historisches Museum,
Inv. 46541

Gegossene Figur in der Tracht eines Alten Schweizer Kriegers. Trinkgefäß. Das Barett kann abgenommen werden, der innen vergoldete, zu den angelöteten Gliedmaßen abgeschlossene Rumpf dient als Behältnis. Auf der Standfläche des Sockels Darstellung einer Schlacht zwischen Alten Schweizern und einem Ritterheer. Fußwulst mit Ornamentfries, in den Trophäen eingefügt sind.

Wappengravur auf der Sockelvorderseite und Inschrift: «CASPAR EFFINGER / D. 22. JUNIUS 1476» weisen auf die Familie Effinger von Schloß Wildegg AG. Tatsächlich erscheint das Trinkgefäß in der um 1820 verfaßten Schloßchronik der Sophie von Erlachvon Effinger als ehemals im »Gewölbe«,

23

23

dem heutigen Archivraum im Bergfried, aufbewahrt und zur Zeit im Besitze der Berner Linie befindlich. Aus direkter Erbfolge gelangte das Stück 1986 im Rahmen des Lega-tes Eugen von Büren an das Bernische Historische Museum. Sophie von Erlach bemerkt weiter, daß der Becher Kaspar Effinger von der Berner Regierung geschenkt wurde, in Anerkennung seiner Verdienste 1476 in der Murtenschlacht, und daß diese auf dem Sokkel dargestellt sei. Dieser Überlieferung entsprechen Name und eingraviertes Datum, aber nicht die effektive Entstehungszeit des Gefäßes und die Schlachtenszene, welche der Darstellung der Schlacht von Morgarten in der Chronik des Johannes Stumpf (1548, Fol. 180 verso) folgt. Somit ist es ein Schweizer Kämpfer von Morgarten, der sich uns, gleichsam aus dem Schlachtengewühl herausgetreten, präsentiert. Diese originelle Lösung eines der bedeutendsten Zürcher Goldschmiede erinnert an die berühmte Fußschalenfolge aus dem Besitz von Papst Clemens VIII. Aldobrandini (1592–1605) mit den 12 römischen Kaisern, die als plastische Figur jeweils inmitten der auf dem Schalengrund verteilten Darstellungen aus ihrem Leben stehen (New York 1983, Nr. 16, S. 66–71). Beobachtungen zur Ornamentik am Sockel des Trinkgefäßes und zur Figur selbst, deren plastische Vorlage in der Art des Büttenmannes im Schweizerischen Landesmuseum anzunehmen ist, der vom damals in Zürich tätigen Bartholomäus Paxmann signiert und 1618 datiert wurde (Landesmuseum, Inv. IN 7022), lassen auf eine Entstehung um 1620 schließen. Zu vergleichen ist auch die Steinfigur eines wilden Mannes für das 1615 datierte Hauszeichen des Wohnhauses von Hans Heinrich Holzhalb in Zürich. Ob Paxmann, der nachweislich für Holzhalb gearbeitet hat, mit dem Steinbildhauer identisch ist und ob er die Vorlage zum Alten Schweizer geschaffen hat, bleibt offen. Wesentlich ist die Feststellung, daß die künstlerisch und ikonographisch bedeutende Goldschmiedearbeit primär in den Umkreis der um 1620 entstandenen Werke mit nationaler Thematik gehört. Die Verbindung mit der Familie Effinger ist sekundär und nur durch eine Umdeutung der Schlachtenszene möglich. Da die Beziehungen der Effinger zu Zürich in der ersten

Hälfte des 17. Jahrhunderts intensiv waren, ist ein damaliger Ankauf des Stückes möglich, die Umdeutung zum »Familienstück« kann schon früh erfolgt sein und war sicher eine Tatsache zur Zeit der nachträglichen Wappen- und Schriftgravur, die wir Ende des 18. oder zu Beginn des 19. Jahrhunderts ansetzen.   Hp. Lanz

Lit.: BÄCHTIGER 1975; LÖSEL 1983, S. 277 und S.383, Abb.110–110a; *Jahresbericht des Bernischen Historischen Museums* 1986, S. 23, 32, 33, mit Abb.

24

GEORG GLONER
Straßburg 1563–um 1650 Straßburg

Ehrenpokal für den Basler Bürgermeister Johann Rudolf Wettstein. 1649
Silber, vergoldet, Höhe 64,6 cm
Basel, Historisches Museum, Inv. 1917.18
(Depositum aus Privatbesitz)

Das Ende des Dreißigjährigen Krieges brachte der Eidgenossenschaft die formelle Lösung vom Reich. Die im Jahre 1648 in Münster und Osnabrück geschlossenen Friedensverträge enthalten auch den Passus, »daß die … Stadt Basel und die übrigen Orte der Eidgenossenschaft im Besitz voller Freiheit und Exemption vom Reiche und in keiner Weise den Gerichtshöfen und Gerichten desselben Reiches unterstellt sind«. In die Westfälischen Friedensschlüsse einbezogen zu werden, hatte Basel als Handelsstadt gute Gründe, waren doch wiederholt Basler Kaufleute vom Reichskammergericht belangt und in der Folge geschädigt worden. Die definitive Entscheidung für die gesamte Eidgenossenschaft erreicht zu haben, ist das Verdienst des Basler Bürgermeisters Johann Rudolf Wettstein (1594–1666), der als Gesandter vom Dezember 1646 bis Dezember 1647 die schwierige Mission vertrat. Wettsteins Tagebuch, heute in der Universitätsbibliothek Basel, gibt darüber authentische Auskunft.

   Wettsteins Leistungen haben in seiner Heimatstadt am sinnfälligsten in einem silbervergoldeten Ehrenpokal Anerkennung gefunden, der bemerkenswerterweise in Straßburg geschaffen wurde. Es ist nicht ei-

24

nes der Serienprodukte, wie sie auf den Abschluß des Westfälischen Friedens hergestellt wurden, sondern ein Einzelstück, das durch seine Größe und sein Gewicht von fast 3,5 kg mit den stattlichsten Silberobjekten der Basler Zünfte konkurriert und das seine Bestimmung durch sein Programm selbst anschaulich macht. Mit dem Wappen Wettstein, der Jahreszahl 1649 und der Widmungsumschrift (auf der Deckelzunge) »HERREN IOHANN RVDOLFH WETZSTEIN BVRGER MEISTER IN BASEL« ist der Pokal eindeutig an seinen Empfänger adressiert und gleichzeitig durch die gravierten Handelsmarken und die Namen von sieben Basler Handelsfirmen als den Auftraggebern (in der Kartusche an der Frontseite) als deren Geschenk ausgewiesen. Den Hinweis auf den Anlaß geben an den Breitseiten der Kuppa die gravierten Inschriften »MÜNSTER« und »OSNABRUCK« mit den Wappen der beiden Städte der Friedensschlüsse. Frankreich und Schweden als Garanten des Friedens sind durch ihre Wappen am auslaufenden Bogen der Kuppa präsent. Das Programm des Pokals erschließt sich zusammen mit den figürlichen Teilen: dem Basilisken mit dem Wappen der Stadt Basel, den drei Eidgenossen beim Rütlischwur sowie mit dem Reichsadler als Bekrönung. Er hält die Siegespalme und den von Kaiser Ferdinand III. bestätigten Privilegienbrief in der Klaue. Bilder und Inschriften verknüpfen sich so zu der Aussage, daß auf der von der Stadt Basel getragenen Plattform, nämlich durch Basels Bürgermeister Wettstein, für die vereint auftretende Eidgenossenschaft die Unabhängigkeit vom Reich erwirkt wurde. Der Wettsteinpokal hat also über die baselstädtischen Interessen seiner Schenker hinaus nationalen Denkmalcharakter.

Seine charakteristische Form entlehnt der Wettsteinpokal den Nautilusbechern, jenen aus dem Gehäuse einer Tintenfischart gefertigten Gefässen, die sich als Kunst- und Wunderkammerobjekte im 16. und 17. Jahrhundert großer Beliebtheit erfreuten; der Basilisk als Trägerfigur ließ sich mit diesem Gefäßtypus treffend in Einklang bringen. Der getriebene, ziselierte, punzierte und gravierte Dekor der Kuppa und des Fußes mit Knorpelwerk und Fruchtgirlanden ist ganz der zeitgenössischen Ornamentmode verpflichtet. Freilich, hinter dem Zeitgeschmack steht auch der Rückgriff auf einen geadelten Gefäßtypus: als Reliquienbehälter oder in der Ausbildung als Schiffchen zur Aufbewahrung des fürstlichen Mundbestecks standen Nautilusgefäße seit dem Mittelalter in einer bedeutungsträchtigen Tradition.

B. von Roda

Lit.: *Handbuch der Schweizer Geschichte*, I, 1972, S. 640–642; GAUSS 1962; REINHARDT 1967; München 1980, II/2, S. 486, Nr. 780; VIGNAU-WILBERG 1975, S. 28.

25

JOHANN IGNAZ OHNSORG
Zug 1648–1718 Zug

Deckelpokal, sogenannter Ohnsorgpokal
1682
Silber, Höhe 32,5 cm
Zug, Museum in der Burg, Inv. 3262

Eigentum der Bürgergemeinde Zug, 1698 in Silbergeschirrinventaren des Rathauses aufgeführt und möglicherweise vom Goldschmied geschenkt. Die Form des Pokals weist ins 16. Jahrhundert. Sie entspricht dem 1581 geschaffenen Modell, nach dem die Augsburger Goldschmiede bis 1772 ihr Meisterstück zu fertigen hatten. Unserem Beispiel unmittelbar verwandt ist der 1689 entstandene Deckelpokal des Johann Andreas Thelot in der Städtischen Kunstsammlung Augsburg, der als dessen Meisterarbeit gilt. Der in Zug aufgewachsene Johann Ignaz Ohnsorg bewirbt sich 1681 um die Meisterwürde in Augsburg; 1682 ist unser sonst ungemarkter Pokal am Fuß inschriftlich datiert (JOHAN IGNATIVS ONSORG FECIT ANNO 1682), womit anzunehmen ist, daß er als Meisterstück geschaffen wurde, um so mehr als er nachher im Besitz des Goldschmieds bleibt und 1695, bei Ohnsorgs Rückkehr nach Zug, mitkommt.

Nicht nur vom Künstlerischen, auch vom Inhaltlichen her handelt es sich um ein anspruchsvolles Werk, auf dem die ganze Gründungsgeschichte der Schweiz abgehandelt wird. Diese, ausgebreitet auf Kuppa und Deckel, wird »getragen« von der gegossenen Figur des Simson im Kampf mit dem Löwen, der den Schaft bildet. Die Inschrift auf dem Sockel erklärt ihn als Vorläufer Tells: »SCHAVT DES SAMSONS HELTEN THAT. DELL SICH IHM VERGLICHEN HAT.« Auf der Wandung der Kuppa wird mit der Einnahme der Rotzburg der Burgenbruch geschildert, der auf die Willkür der Vögte folgt. Diese ist dargestellt mit den Szenen der Erschlagung des badenden Wolfenschießen, der Vertreibung des Vogtsknechtes, der die Ochsen ausspannen will, und der Blendung von Melchtals Vater auf dem Randwulst der Kuppa und mit den Szenen aus der Tellengeschichte, der der Deckel gewidmet ist: Tell vor dem Geßlerhut, Apfelschuß und Erschießung Geßlers. Bekrönt wird der Deckel vom Tellenknaben, der mit der Linken den durchschossenen Apfel präsentiert und mit der Rechten den zweiten Pfeil sowie den Schild mit Standeswappen Zug hält. Die 12

25

25

übrigen Wappen der 13 örtigen Eidgenossenschaft zieren den Deckelrand. Ein im Innern des Deckels angebrachtes, mit Emailfarben bemaltes Medaillon zeigt, gleichsam zusammenfassend, den Schwur der drei Eidgenossen. Diese sind in den Farben der Kantone Uri, Schwyz und Unterwalden gekleidet und als drei Lebensaltern zugehörig charakterisiert.

Die den Schwur der Eidgenossen begleitende Inschrift »Ach Gott dein Ehr. Achten wier mehr. Als unser Leib und Leben« mag einen Hinweis auf Ohnsorgs thematische Quelle beinhalten. Sie entspricht der Schwurformel der drei Tellen in Johann Kaspar Weissenbachs Drama *Eidgenössisches Contrafeth*, das 1672 unter Beteiligung der Zuger Bürgerschaft aufgeführt und anschließend gedruckt wurde. Es enthält im ersten seiner fünf Akte all die auf dem Pokal abgebildeten Szenen und im weitern auch den Bezug zum Volke Israel wie zur Gegenwart der 13 örtigen Eidgenossenschaft. Als Zuger dürfte Ohnsorg die Aufführung dieses Staatsspieles miterlebt oder es zumindest gekannt haben; die dramaturgische Umsetzung ist ihm beim Meisterstück, mit dem er sich als Zugezogener in Augsburg präsentiert, aufs glücklichste gelungen. Hp. Lanz

Lit. EBERLE 1928; PRÄEL-HIMMER 1978, S. 78–79, 82–83 mit Abb.; KELLER 1984, S. 112–113.

26

UNBEKANNTER GOLDSCHMIED

Fußschale. Drittes Viertel 17. Jahrhundert
Silber, teilweise vergoldet, Höhe 29,5 cm,
Durchmesser Schale 19 cm
Luzern, Zunft zu Safran

Der Dekor von Schalenboden, Deckblech der Schalenunterseite und Fuß übereinstimmend: gerahmte Szenen und Landschaftsansichten, unterbrochen von Knorpelwerk, das Fratzen bildet.

Während die Landschaften auf Fuß und Schalenunterseite dekorativen Charakter haben, sind die Szenen des Schalenbodens der Gründungsgeschichte der Schweiz gewid-

26

26

met. Um die Darstellung des Bundesschwurs im Zentrum gruppieren sich der Drachenkampf des Struthan Winkelried, Baumgarten, der den Vogt Wolfenschießen im Bad erschlägt, und Melchtal bei der Vertreibung des Vogtsknechtes, der die Ochsen des Vaters wegführen will. Auf den Stifter der Fußschale weist der Schild mit Wappen Schmid (steigender Löwe auf Dreiberg mit Hammer), der von einem römischen Legionär mit Lanze gehalten wird. Dieser bildet den Schaft der Schale. Die von seinem Kopf ausgehende Tülle ist allerdings neueren Datums. Die ursprüngliche Tülle war sicher kürzer, so daß der Ansatz der Schale auf die Höhe der Lanzenspitze zu liegen kam. Die Inschrift am Schalenrand bezeichnet den Stifter und ist zugleich ein Zeitdokument: »Fürschlag Herrn Georg Adam Schmids Stubenmeist. Ao 1694. galte Anfangs diß Jahrs 1. Bächer Mähl 15 s. [Schilling]. Ein Maß Wein 24. s. bei Ausgang aber ein Bächer Mähl 4 s. ein Maß Wein 12. s. Fleisch und Ancken war alzeit thewr. Gott gebe fehrners sein Gnadenreichen Seegen, und bewahre uns vor allem Bösen.« Das letzte Jahrzehnt des 17. Jahrhunderts war in Europa geprägt durch schlechte Ernten infolge einer allgemeinen Abkühlung und durch Kornmangel, was zu einer enormen Preissteigerung führte, deren Spitze im Mai 1694 lag, als auf der Pariser Märkten fünfmal höhere Preise für Korn notiert wurden als bei Ausbruch der Krise 1688/89. Gemäß Inschrift beruhigte sich die Situation Ende 1694 vorübergehend wieder.

Über Georg Adam Schmid wissen wir wenig. Er ist zwischen 1678 und 1694 in Luzern erwähnt als Besitzer einer Apotheke, 1692 wird er Zunftmeister zu Safran und anschließend Stubenmeister.

So läßt sich über persönliche oder politische Umstände, die zur Themenwahl der Gründungslegende führten, nichts sagen; das gilt um so mehr, als Schmid der Zunft eine früher entstandene Fußschale übergibt, deren Entstehungsort mangels Herkunfts- und Meisterstempel nicht festzustellen ist. Die Beschränkung auf Szenen, die mit Unterwalden in Verbindung stehen, insbesondere das Einbeziehen von Struthan Winkelried, machen aber eine Entstehung des Stückes zwischen 1650 und 1670 in Luzern wahrscheinlich.   Hp. Lanz

Lit.: Rittmeyer 1941, S. 229–230, Taf. 176 bis 177; Reinle 1954, S. 76–77; Rosenkranz 1978, S. 110–111, Abb. 20–22.

Tafel II (Kat. 17)

Holbein und der Basler Großratssaal

Der Neubau des Basler Rathauses, den die Stadt 1503 beschloß, kann als Ausdruck des Selbstbewußtseins gesehen werden, das sie mit dem Beitritt zum Bund der Eidgenossen 1501 erlangt hatte. Es ist zugleich getragen von den Bestrebungen, sich aus der Abhängigkeit vom Bischof zu lösen. Seit der Mitte des 14. Jahrhunderts hatte der Rat von ihm schon grundlegende Herrschaftsrechte erwerben können. Vor diesem Hintergrund erhalten auch der Ausbau des Hinterhauses mit der Einrichtung des Großratssaales zwischen 1517 und 1521 Gewicht. Der Große Rat, dem bisher die Refektorien der Prediger und der Augustiner als Tagungsorte dienten, trat am 21. März 1521 erstmals im Rathaus zusammen. An diesem Tage sagten sich Kleiner und Großer Rat gemeinsam vom Bischof als Stadtherrn los (*Das Basler Rathaus* 1983, S. 9 ff.).

Mit der Ausmalung der Großratssaales beauftragte der Rat Hans Holbein d. J. Der Vertrag wurde mit ihm am 15. Juni 1521 abgeschlossen. Bis Ende September 1521 und von April bis November 1522 erhielt er Zahlungen für die Wandbilder (zu allen Dokumenten RIGGENBACH 1932). Bis dahin müssen die Nord- und die Ostwand ausgeführt gewesen sein; die Südwand bemalte Holbein erst in der zweiten Hälfte des Jahres 1530. An den drei Seiten des Saales, der ungefähr 20 × 10 Meter maß und die Gestalt eines unregelmäßigen Vierecks hatte, blieb über den Sitzbänken ein etwas mehr als 2 Meter hoher Wandstreifen, der Holbein zur Ausmalung zur Verfügung stand. Die Westwand öffnete sich zum Hof hin in fünf Fenstern. Durchgehende Wandflächen boten jedoch nur die Nord- und die Südwand, das sind die beiden Schmalseiten des Saales, sowie die linke Hälfte der Längswand; denn an der rechten durchbrachen zwei Türen und ein kleines Fenster die Wandfläche; auch ragte ein Ofen in den Raum.

Nur wenige Fragmente, die Holbein nicht in Freskotechnik, sondern »a secco« ausführte, haben sich erhalten und konnten abgenommen werden (ROWLANDS 1985, Kat. L.6.IIa, Taf. 174–180). Der Zustand der Malereien erschien im 18. Jahrhundert so hoffnungslos, daß man die Wände 1737 mit Tuch bespannte. Später wurde der Raum selbst durch Einbauten verändert und der Haupteingang verlegt (RIGGENBACH 1932, Abb. 430). Eine Vorstellung von Holbeins Werk läßt sich nur noch indirekt gewinnen. Außer den Fragmenten, die spätere Übermalungen aufweisen, sind vor allem die drei eigenhändigen Entwürfe im Kupferstichkabinett Basel aussagekräftig, außerdem eine Reihe von Kopien nach Entwürfen, die zum größten Teil aus der Zeit der Wandmalereien stammen. Weitere Anhaltspunkte geben alte Beschreibungen, die überlieferten Inschriften, die Fundberichte und schließlich die Kopien, die der Maler Hieronymus Hess um 1817 nach den hinter den Tapeten wieder zum Vorschein gekommenen, jedoch stark zerstörten Wandbildern angefertigt hat. Die Rekonstruktionen von H. A. Schmid, R. Riggenbach, G. Kreytenberg und F. Maurer stützen sich auf diese Grundlage.

Getrennt durch Wandvorlagen, welche die Balken der Decke stützen, und flankiert von Nebenbildern mit allegorischen Gestalten, haben sich möglicherweise folgende Hauptbilder an der Nordwand, der vom Eintretenden aus gesehen rechten Wand, befunden: *Croesus auf dem Scheiterhaufen* und *Die Demütigung des Kaisers Valerian;* an der der Fensterseite gegenüberliegenden Ostwand *Der Selbstmord des Charondas* und *Die Blendung des Zaleucus;* neben der Eingangstür auf derselben Wand *Marcus Curius Dentatus weist die Geschenke der Samniter zurück,* darunter der *Stadtbote* oder, wie Kreytenberg vermutet, ein Repräsentant der Basler Bürgerschaft. Die Südwand war zwei Themen aus dem Alten Testament gewidmet, *Rehabeams Übermut* (möglicherweise verteilt auf ein kleineres und ein größeres Bild) und *Samuel flucht Saul.* Mit Sicherheit ausgeführt, d. h. durch Berichte belegbar, sind hiervon jedoch nur *Croesus, Charondas, Zaleucus, Marcus Curius Dentatus* und *Rehabeam* (2 Bilder). Ungewißheit besteht auch weitgehend über die Verteilung der begleitenden und die Hauptbilder kommentierenden Nebenfiguren. Unter den Entwurfskopien haben sich erhalten: *Justitia, Prudentia, Temperantia, David* und *Christus.* Diese lassen den Schluß zu, daß auf das Charondas-Bild David und auf das Zaleucus-Bild (Seleukos) Christus folgen sollte. Die überlieferten Inschriften geben Hinweise auf die Darstellung weiterer Einzelfiguren: »Anacharsis«, »Harpocrates« und »Ezechias« (Hiskia). Ungewiß ist, ob die Darstellung *Christus und die Ehebrecherin,* bekannt durch eine Entwurfskopie, zur Ausstattung des Saales gehört hat. Auch das Gestühl, die Fenster und die Holzdecken müßten in die Betrachtung einbezogen werden; denn deren bildliche Ausstattung könnte einen Zusammenhang mit den Themen der Wandbilder gehabt haben. Erhalten sind jedoch lediglich zwei Prophetenbüsten des aus Stolberg stammenden Bildhauers Martin Hoffmann. Er wurde am 3. August 1521 für die beiden Büsten bezahlt, die sich möglicherweise über den beiden äußeren Pfeilern der Hoffenster des Großratssaales befanden (RIGGENBACH 1932, S. 569 ff.; *Das Basler Rathaus* 1983, S. 50).

Die Südwand, die Holbein in der ersten Phase 1521/22 unbemalt gelassen hatte, war sicherlich schon früh in die Planung des Programmes einbezogen worden. Über die vorgesehenen Bilder läßt sich keine Vorstellung gewinnen, ebensowenig über die Ursache der ungefähr acht Jahre dauernden Unterbrechung der Arbeit, die Holbein erst 1530 wieder aufnahm. Vielleicht veränderte oder ergänzte Holbein damals auch die Malereien auf der rechten Hälfte der Längswand, um sie der Situation nach der Reformation anzupassen, wie Kreytenberg (1970, S. 99 f.) vermutet. Außerdem geben uns Fragmente der Malereien und die Kopien von Hess deutliche Hinweise darauf, daß die ausgeführten Malereien im 19. Jahrhundert nicht nur in Einzelheiten, sondern auch im Format von den uns bekannten Entwürfen abwichen.

Dies wird besonders deutlich, wenn wir den Entwurf für das Bild *Der Selbstmord des Charondas* mit der Kopie vergleichen, die Hess 1817 nach dem wiederentdeckten Wandbild angefertigt hat. Von der Nordwand läßt sich mit Gewißheit nur sagen, daß sich dort eine Darstellung des *Croesus* befand. Es handelte sich nicht um eine Einzelfigur, sondern um eine Szene. Peter Vischer-Passavant berichtet 1817 über den Fund der Inschrift und der Malereifragmente: »Auf der anderen Mauer gegen die Eingangsthüre über, wo die Tapete auch weggenommen wurde, müssen ebenfalls Malereien in Wasserfarb gewesen sein, wovon aber fast nichts mehr zu sehen war. Die Figuren waren größer als bei obigem Gemälde *[Die Blendung des Zaleucus].* Man las die Worte ›Solon. Solon‹ und ›Cresus‹. Wahrscheinlich war da Cresus auf dem Scheiterhaufen abgebildet.« (Nach RIGGENBACH 1932, S. 602.)

Für die Malereien an der Nord- und an der Südwand stand jeweils ein Wandstück von ungefähr 10 Metern Breite zur Verfügung. Eine Wandvorlage, die den Tragbalken des Saales aufnahm, unterteilte dieses Feld in der Mitte. Als Holbein 1530 die Südwand bemalte, nahm er auf diese Situation Rücksicht und entwarf die beiden Bilder in ausgeprägten Querformaten. An einem vorspringenden Wandstück in der Saalecke könnte sich ein schmales drittes Bild befunden haben, das unmittelbar zum Rehabeam-Bild gehörte und zusammen mit diesem als eine Darstellung aufgefaßt werden konnte (vgl. KREYTENBERG 1970, S. 91 ff.). Waren diese Querformate die einzigen im Saal, oder nahm Holbein damit auf die gegenüberliegende Wand Bezug? Hatte er 1521 schon einmal solche Formate vorgesehen und diesen Gedanken 1530 an der Südwand wieder aufgegriffen? Im Kupferstichkabinett Basel liegen zwei bisher nicht beachtete Entwürfe, die möglicherweise in unseren Zusammenhang gehören. Beide stammen von derselben Hand und weisen das gleiche Format auf. Nach den Wasserzeichen zu schließen, sind sie um die Mitte des 16. Jahrhunderts entstanden. Sie geben sich

stilistisch als Durchzeichnungen zu erkennen. Als Vorlage dienten dem Zeichner
wahrscheinlich eigenhändige Entwürfe Hans
Holbeins aus der Zeit der ersten Ausmalungsphase. Dargestellt sind Croesus auf
dem Scheiterhaufen und das Beispiel mit
den Pferden, das Sertorius den Lusitaniern
gab. Wenn wir die Formate der Zeichnungen zu den Proportionen des Saales in Beziehung setzen, dann hätten die ausgeführten
Bilder nebeneinander eine der Querwände
bedecken können. Die Entwürfe stammen
vielleicht aus einer frühen Phase der Planung, als über die Formate und Themen der
Bilder noch Unklarheit bestand. Immerhin
ist eine Darstellung des Croesus nachweislich ausgeführt worden. Es fällt auf, daß die
Figuren, anders als bei den übrigen Entwürfen, im Verhältnis zur Zeichenfläche deutlich größer geworden sind. Nicht unwich-
tig erscheint uns deshalb die Beobachtung
von Vischer-Passavant, daß die Figuren des
Croesus-Bildes größer als im Zaleucus-Bild
waren.

Zu den Themen, an deren Auswahl der
Humanist Beatus Rhenanus beteiligt gewesen sein mag, gehörten Exempel aus der antiken Geschichte und aus dem Alten Testament, Tugenden und biblische Gestalten.
Die teilweise mit Inschriften versehenen Bilder sollten die Ratsherren als Richter zu Unparteilichkeit und gerechtem Handeln mahnen und als Politiker vor Machtmißbrauch
und Hochmut warnen. Das Interesse Holbeins und seiner Berater richtete sich auf Begebenheiten, die Herodot, Valerius Maximus, Plutarch und Lucian schildern. Nach
der Reformation fand das Alte Testament
stärkere Berücksichtigung.

Neben *König David, Ezechias* und den
beiden Prophetenbüsten Martin Hoffmanns
kann es im Großratssaal noch weitere Darstellungen von Weisen, alttestamentarischen
Gesetzgebern und Propheten gegeben haben.
F. Maurer (1971, S. 766 ff.) ergänzt zum Beispiel eine Mosesfigur. Auch der skythische
Weise Anacharsis mit seinem Gleichnis vom
Spinnennetz und den Gesetzen sowie Har-
pokrates, der zur Verschwiegenheit ermahnt,

und Christus werden in diese Reihe gestellt.
Die Tugenden verkünden wie die Propheten
geistliche und weltliche Weisheit. Vielleicht
waren ursprünglich alle vier Kardinaltugenden, also auch die »Fortitudo« vorgesehen.
Kreytenberg (1970) und Maurer (1971) denken sogar an die drei theologischen Tugenden »Fides«, »Spes« und »Caritas«. Ihre Autorität resultiert aus den zitierten Bibelwor-
ten und den Beispielen aus der antiken Geschichte, die dem Betrachter Anschauung geben von der Unmäßigkeit berühmter Herrscher, der Milde des Siegers, der Einsicht des
Schwächeren, der Gleichbehandlung vor
dem Gesetz, schließlich der Macht des Got-
teswortes. Die Tatsache, daß wir uns von
den zur Ausführung gelangten Themen und
der übrigen Ausstattung des Saales nur ein
unvollständiges Bild machen können, erschwert die weitere Beurteilung des Programmes. Daß etwa der Kaiser wie im
gleichzeitig ausgestatteten Nürnberger Rat-
haussaal als Tugendheld verklärt wird, ist in
Basel kaum zu erwarten; andererseits läßt das
Programm, soweit wir dies fassen können,
keine spezifische Aussage erkennen, die unmittelbar auf den Beitritt Basels zum Bund
der Eidgenossen anspielt. Dies war anderen
Ausstattungselementen des Rathauses vorbehalten: den Wappen der eidgenössischen
Stände am Zinnenkranz der Marktplatzfas-
sade und den Standesscheiben, die Antoni
Glaser zwischen 1517 und 1521 für die Vordere Ratsstube angefertigt hat.   C. Müller

Lit.: Schmid 1896, S. 73–96; Riggenbach
1932, S. 517–608; Kreytenberg 1970, S. 77–
110; Maurer 1971, S. 747–776; *Basler Rathaus
1983*; Rowlands 1985, S. 55–56; Müller
1988, S. 117–123, 228–231.

27

27

ANONYM BASEL
(nach Hans Holbein d. J.)

Croesus auf dem Scheiterhaufen
Kopie um 1550 nach Original um 1521
Feder (schwarz), 28,4 × 70,2 cm
Basel, Kupferstichkabinett, Inv. Z 341

Dargestellt ist eine Episode aus dem Leben des lydischen Königs Croesus, von der Herodot in seinem Geschichtswerk berichtet (I, 6–94). Nach seiner Niederlage gegen den Perser Cyrus im Jahr 547 v. Chr. wird Croesus gefangengenommen und zum Tod durch das Feuer verurteilt. Auf dem Scheiterhaufen stehend, erinnert er sich an den weisen Solon, der dem einst reichen und mächtigen Herrscher gesagt haben soll, niemand dürfe vor seinem Ende glücklich genannt werden. Als Croesus ruft: »O Solon, o Solon«, läßt sich Cyrus von ihm die Bedeutung dieses Ausrufs erklären. Er befiehlt, das schon gelegte Feuer zu löschen; doch dies gelingt erst, als Apoll eingreift und einen starken Regenguß schickt. Croesus wird schließlich von Cyrus begnadigt. Auf unserem Entwurf sehen wir Croesus an einen Baum gekettet, um den ein Scheiterhaufen errichtet ist. Rechts halten Männer aus dem Gefolge des Cyrus schon die Fackeln bereit, um das Holz zu entzünden. Von links naht Cyrus zu Pferd, begleitet von weiteren Soldaten. Zwi-

schen den beiden Hauptfiguren schwebt oben eine leere Schrifttafel, welche die 1817 aufgefundene Inschrift getragen haben könnte (vgl. RIGGENBACH 1932, S. 602, Nr. 21).

Zitate nach italienischer Druckgraphik, die in unserer Zeichnung zu finden sind, erscheinen für Holbein in dieser Zeit nicht ungewöhnlich. Der Hinweis auf die Fassade des Hertensteinhauses in Luzern, die Holbein 1517 u. a. mit dem *Triumphzug Caesars* nach Stichen Andrea Mantegnas und seiner Werkstatt bemalte, mag hier genügen (ROWLANDS 1985, Kat. L. 1d). Einzelne Figuren weisen Beziehungen zu eigenen Werken Holbeins auf. Der Reiter auf dem sich aufbäumenden Pferd links ruft den (in die andere Richtung springenden) Reiter am Haus »Zum Tanz« in Erinnerung. Der nackte Begleiter von Cyrus, der eine Hellebarde über der Schulter trägt und weit ausschreitet, wirkt wie ein Pendant zu dem *Schweinehirten* auf Holbeins Scheibenriß im Kupferstichkabinett Basel (MÜLLER 1988, Nr. 9). Und unter dem Gefolge des Cyrus finden sich zahlreiche Figuren, die große Verwandtschaft zu den Soldaten auf Holbeins gezeichneter Passionsfolge in Basel aufweisen.   C. Müller

Lit.: MÜLLER 1991.

28

28

ANONYM BASEL
(nach Hans Holbein d. J.)

**Sertorius und das Gleichnis
von den Pferden**

Kopie um 1550 nach Original um 1521
Feder (schwarz), 28,1 × 70,1 cm
Basel, Kupferstichkabinett, Inv. Z 340

Obwohl wir bisher keinen Hinweis auf eine Darstellung mit diesem Thema im Basler Großratssaal haben, könnte der Entwurf, der unserer Kopie zugrunde liegt, in diesen Zusammenhang gehört haben, denn er schließt sich stilistisch und im Format an die Croesus-Szene an.

In der Mitte thront auf einem Triumphwagen der Feldherr Sertorius (geboren um 123 v. Chr.). Er war nicht nur wegen seines Mutes und seiner Stärke berühmt, sondern ebenso für seine Klugheit. Unter Sulla geächtet, stellte er sich gegen Rom an die Spitze der Lusitanier. Als diese zur Hauptschlacht gegen das römische Heer rüsten, zeigt ihnen Sertorius, wie die Römer geschlagen werden könnten: Nicht der Angriff der schwächeren Lusitanier auf das ganze Heer, sondern auf einzelne Abteilungen könne zum Erfolg führen. Diesen Gedanken demonstriert Sertorius anhand des Gleichnisses von den Pferden. Ein starker junger Mann versucht vergeblich, einem schwachen Pferd den ganzen Schweif auszureißen, während ein alter schwacher Mann einem starken Pferd die Haare einzeln ausreißt und damit zum Ziel kommt. Zu den Kriegslisten des Sertorius gehört auch eine gezähmte Hirschkuh, von deren göttlicher Herkunft er die Lusitanier überzeugen konnte. Er ließ sie in der Schlacht am Sucro plötzlich in Erscheinung treten und konnte dadurch den Kampfeswillen der Lusitanier steigern. Unter dem ausgestreckten rechten Arm des Sertorius ist auf unserer Zeichnung ein Hirsch zu sehen, der wohl auf diese Kriegslist anspielt.

Die Quelle für das Gleichnis von den Pferden könnte Valerius Maximus gewesen sein *(Factorum ac dictorum memorabilium* Lib. VII, Cap. III, 6), für die Hirschepisode Plutarch. Holbein hat das Gleichnis von den Pferden schon einmal Ende des Jahres 1515 illustriert: auf Folio Fv des *Lobes der Torheit* von Erasmus von Rotterdam.

Auch in diesem Entwurf finden sich manche Zitate nach Drucken oberitalienischer Meister. Dafür nur ein Beispiel. Die Figur des Sertorius, die nicht nur die zentrale Gestalt des Bildes, sondern zugleich die Gelenkstelle der Komposition bildet, hat ihr Vorbild in einem Kupferstich Zoan Andreas, auf dem ein Brunnen dargestellt ist, der von Neptun bekrönt wird (BARTSCH 1802 ff., Nr. 15). Holbein hat sich verschiedentlich mit dieser Brunnenfigur beschäftigt. Die kontrapostisch ponderierte Sitzfigur steht z. B. auch hinter der Darstellung Christi als

Schmerzensmann auf dem linken Flügel des
kleinen Diptychons im Kunstmuseum Basel
von ungefähr 1519/20 (ROWLANDS 1985,
Kat. 8). Nur wenig später begegnet sie uns
wieder auf einem Holzschnitt und bekrönt
dort einen Altar (HOLLSTEIN 1988, B,
Nr. 114b).

An seine eigenen Arbeiten werden wir
bei den detailliert gezeichneten und prägnant
charakterisierten Köpfen, etwa dem »schwachen Alten« oder den Soldaten unmittelbar
dahinter erinnert. Sie lassen sich mit den
Schergen auf Holbeins Scheibenriß der *Ent-
kleidung Christi* vergleichen, die sich im Hintergrund mit einem Schächer befassen
(MÜLLER 1988, Nr. 56).   C. Müller

Lit.: MÜLLER 1991.

29

ANONYM BASEL
(nach Hans Holbein d. J.)

Sapientia. Kopie um 1521/25 nach Original
um 1521. Feder (schwarz), grau laviert,
26,5 × 12,6 cm. Basel, Kupferstichkabinett,
Inv. U.II.16 (Amerbach-Kabinett)

Sapientia, die Weisheit, ist als antikisch gekleidete Frau wiedergegeben und trägt einen
Lorbeerkranz. Ihre Doppelgesichtigkeit ist
eine bildliche Anspielung auf ihre Gabe, zu-
rück- und vorauszuschauen. Das Buch und
die Fackel, die sie in den Händen hält, sind
Hinweise auf das Wissen und Streben nach
Erkenntnis, »Erleuchtung«. Das Wandbild
könnte sich auf der linken Seite neben *Valerians Demütigung* befunden haben, und die
Inschrift auf dem Spruchband «EXPERIRI
PRIUS CONSILIO / QUAM ARMIS PRESTAT»
(Es ist besser, eher mit einer Beratung einen
Versuch zu machen als mit Waffen) läßt sich
vielleicht auf den im militärischen Kampf
unterlegenen Kaiser beziehen, der ein Beispiel unklugen Verhaltens gibt. Das Motto
auf dem Buch «INICIUM / SAPIEN / CIE TI-
MOR / DOMINI» (Der Anfang der Weisheit
ist die Furcht des Herrn) geht auf Psalm
111,10 zurück.   C. Müller

Lit.: MÜLLER 1988, Nr. 33.

29

30

30

HANS HOLBEIN d. J.
Augsburg 1497/98–1543 London

Die Demütigung des Kaisers Valerian durch den Perserkönig Sapor. Um 1521
Feder (schwarz), grau laviert und aquarelliert,
über Kreidevorzeichnung, 28,5 × 26,8 cm
Basel, Kupferstichkabinett, Inv. 1662.127
(Amerbach-Kabinett)

Die Quelle könnte Lactantius (*De mortibus persecutorum*, 5) gewesen sein. Er berichtet, daß Valerian, römischer Kaiser von 253 bis 260 n. Chr., von dem sassanidischen Großkönig Sapor gefangengenommen wurde. Sapor erniedrigte Valerian dadurch, daß er ihn als Schemel benutzte, wenn er sein Pferd besteigen wollte. Schließlich ließ er Valerian schinden und die Haut im Tempel aufhängen. Das Aufsetzen des Fußes auf den Rücken eines gegnerischen Feldherrn ist eine Geste der Unterwerfung des Besiegten. Valerian wird zusätzlich durch die Berührung des Erdbodens erniedrigt und gedemütigt. Eine Analogie findet sich in einem Stich mit dem gleichen Thema vom Meister der Boccaccio-Illustrationen (LEHRS, 1908 ff., Nr. 9). Holbein könnte den Stich oder hiervon abhängige Darstellungen gekannt haben, denn der am Boden kniende, die Hände nach vorne zum Bildrand ausstreckende Valerian, der zu Sapor aufzublicken scheint, ist ähnlich aufgefaßt. Vergleichbar ist auch die hutartige Krone Sapors. Holbein läßt die Handlung in einer zeitgenössischen Umgebung, vielleicht vor der Fassade des Basler Rathauses, spielen.

Spuren einer von der Ausführung abweichenden Vorzeichnung sind zwischen den Figuren und an der Architektur des Hintergrundes zu erkennen. Sie sprechen, wie auch die Korrekturen an den rahmenden Pfeilern, für die Eigenhändigkeit der Zeichnung, ebenso die lebendige Strichführung.

Die Zeichnung dürfte 1521 entstanden sein. Die in der Inschrift genannten Namen sind frühere Besitzer: der Basler Gerichtsamtmann Wolleb (gestorben 1571) und der elsässische Dichter Matthias Holzwart.

31

Wenn das ausgeführte Wandbild sich tatsächlich an der Nordwand des Saales, neben dem Croesus-Bild, befunden hat, wie die meisten Autoren annehmen, dann konnte es als Gegenbeispiel zu diesem Bild aufgefaßt werden, das die Einsicht und Milde des Siegers vor Augen führte.   C. Müller

Lit.: MÜLLER 1988, Nr. 32; BÄTSCHMANN 1989, S. 4 f., Abb. 9.

31

ANONYM BASEL
(nach Hans Holbein d. J.)

Temperentia
Kopie um 1521/25 nach Original um 1521
Feder (schwarz), grau laviert, 21,5 × 12,3 cm
Basel, Kupferstichkabinett, Inv. U.II.15
(Amerbach-Kabinett)

32

Die eine Flüssigkeit abmessende oder Wein
und Wasser mischende Tugend der Mäßigkeit begleitete vielleicht das Bild mit der
Demütigung Valerians auf der rechten Seite.
Das Spruchband mit dem Text «QUI · SIBI-
PLUS LICERE VULT / QUAM · DECEAT ·
SUE · STUDET / RUINE» (Wer will, daß ihm
mehr erlaubt sei, als sich ziemt, bemüht sich
um sein Verderben) könnte einerseits auf das
Ende des Valerian, andererseits aber auch auf
die Unmäßigkeit des Sassaniden Sapor im
Umgang mit dem römischen Kaiser anspielen.   C. Müller

Lit.: MÜLLER 1988, Nr. 34.

32

ANONYM BASEL
(nach Hans Holbein d. J.)

Der Selbstmord des Charondas
Kopie um 1521/25 nach Original um 1521
Feder (schwarz), grau laviert, 28,1 × 30,7 cm
Basel, Kupferstichkabinett, Inv. 1662.174
(Amerbach-Kabinett)

Charondas von Thurii (Sybaris) hatte verboten, auf Volksversammlungen Waffen zu
tragen. Als er selbst aus Versehen bewaffnet
eine Versammlung betrat, vollzog er die
Strafe an sich selbst und stieß sich das
Schwert in die Brust. Quelle ist Valerius
Maximus (*Factorum ac dictorum memorabilium*

33

Lib. VI, Cap. V, Externa 4). Von der Malerei
haben sich zwei Fragmente erhalten, die auf
Unterschiede zwischen unserer Entwurfsko-
pie und der Ausführung schließen lassen
(ROWLANDS 1985, Taf. 162, 163). Starke
Abweichungen weist auch die Kopie von
Hieronymus Hess nach den 1817 aufgefun-
denen Resten des Wandbildes auf. Es befand
sich auf der linken (nördlichen) Seite der
Längswand des Saales (Ostwand).   C. Müller

Lit.: ROWLANDS 1985, Kat. L.6.I.b, Taf. 161;
GROHN 1987, Nr. 30g.

33

ANONYM BASEL
(nach Hans Holbein d. J.)

König David

Kopie um 1521/25 nach Original um 1521
Feder (schwarz), grau laviert, 27,6 × 12,2 cm
Basel, Kupferstichkabinett, Inv. U.II.17
(Amerbach-Kabinett)

Unmittelbar an den *Selbstmord des Charondas* grenzte die Darstellung König Davids. Die rahmenden Wandvorlagen der beiden Entwurfskopien lassen sich zu einem Pilaster zusammenfügen. Maurer (1971) vermutet, daß sich links neben dem *Selbstmord des Charondas* eine weitere Einzelfigur befunden habe, vielleicht *Moses mit den Gesetzestafeln,* als Überbringer des göttlichen Gesetzes, während König David mit seinem Spruchband auf die Anwendung der Gesetze anspielt: «IUSTE IUDICATE FILII HOMINUM» (Urteilt gerecht, ihr Menschensöhne; nach Psalm 5,70,2). C. Müller

Lit.: MAURER 1971, S. 766 ff.; ROWLANDS 1985, Kat. L.6.I.h; GROHN 1987, Nr. 30 d.

34

ANONYM BASEL
(nach Hans Holbein d. J.)

Die Blendung des Zaleucus (Seleukos)
Kopie um 1521/25 nach Original um 1521
Feder (schwarz), grau laviert, 27,7 × 29,2 cm
Basel, Kupferstichkabinett, Inv. 1662.173
(Amerbach-Kabinett)

Auch das zweite Hauptbild an der Längswand befaßt sich mit dem Thema der konsequenten Befolgung der Gesetze, die vor dem Gesetzgeber und dessen Familie nicht haltmacht. Zaleucus von Locri hatte als Strafe auf Ehebruch die Blendung gesetzt. Als sein Sohn wegen dieses Vergehens verurteilt wurde, teilte sich Zaleucus auf Drängen der Bürgerschaft mit seinem Sohn in die Strafe, der dadurch nur ein Auge verlor. Als Quelle diente auch hier die Schilderung bei Valerius

34

Maximus (Lib. VI, Cap. V, Externa 3). Bei Sotheby's, London, gelangte eine Kopie (des frühen 17. Jahrhunderts?) mit der sich anschließenden Darstellung von Christus zur Auktion, die für den Zusammenhang dieser beiden Bilder spricht (28. November 1977, Nr. 27, als Dietrich Meyer d. Ä. nach Holbein). Offen bleibt, ob sie auf Entwürfe oder auf die ausgeführten Bilder zurückgeht. C. Müller

Lit.: ROWLANDS 1985, Kat. L.6.I.c, Taf. 165; GROHN 1987, Nr. 30 h.

35

ANONYM BASEL
(nach Hans Holbein d. J.)

Christus

Kopie um 1521/25 nach Original um 1521
Feder (schwarz), grau laviert, 27,4 × 11,6 cm
Basel, Kupferstichkabinett, Inv. U.II.18
(Amerbach-Kabinett)

Die Darstellung von Christus schloß sich unmittelbar an die *Blendung des Zaleucus* an. Die Inschrift der Tafel, die Christus hält, läßt sich auf die beiden vorangehenden Hauptbilder beziehen, denn sie enthält die Mahnung, gerecht, aber nicht unangemessen zu urteilen: «QUOD TIBI NON VIS FIERI / AL-

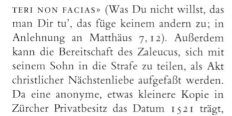

35

36

nung das Entstehungsjahr der Kopie sein. Eine im Vergleich zu den übrigen Entwürfen der ersten Ausmalungsphase spätere Entstehung des Originalentwurfes ist aus dem Datum demnach nicht abzuleiten. Es bezeichnet auch nicht die Beendigung der Ausmalung, wie das ein Teil der Autoren angenommen hat.   C. Müller

Lit.: ROWLANDS 1985, Kat. L.6.I.i, Taf. 172; GROHN 1987, Nr. 30 e.

36

ANONYM BASEL
(nach Hans Holbein d. J.)

Justitia
Kopie um 1521/25 nach Original um 1521
Feder (schwarz), grau laviert, 27,6 × 21,5 cm
Basel, Kupferstichkabinett, Inv. 1662.176
(Amerbach-Kabinett)

Justitia, die Göttin der Gerechtigkeit, erscheint mit Schwert und Waage, den Zeichen der strafenden und ausgleichenden Gerechtigkeit. Sie trägt jedoch auch eine Krone

TERI NON FACIAS» (Was Du nicht willst, das man Dir tu', das füge keinem andern zu; in Anlehnung an Matthäus 7, 12). Außerdem kann die Bereitschaft des Zaleucus, sich mit seinem Sohn in die Strafe zu teilen, als Akt christlicher Nächstenliebe aufgefaßt werden. Da eine anonyme, etwas kleinere Kopie in Zürcher Privatbesitz das Datum 1521 trägt, könnte das Datum 1523 auf unserer Zeich-

und einen Brustpanzer. Während die Waage zu ihren Füßen liegt, wird das Schwert, mit dem sie auf die Schrifttafel über ihr deutet, besonders betont. Möglicherweise sind damit Anspielungen auf andere »Gottheiten« beabsichtigt, die einen streitbaren Charakter aufweisen, etwa die römische Göttin Minerva als Beschützerin des Staates. Die Inschrift der Tafel richtet sich an die Regierenden, die durch ihr Verhalten die Grundlage eines gerechten Staates schaffen sollen: «O · VOS · REIGENTES · / OBLITI · PRIVATORUM · / PUBLICA · CURATE» (O ihr Regierenden, denkt nicht an das eigene, kümmert euch um das allgemeine Wohl). Während Schmid und Maurer die Personifikation auf die linke Seite der Nordwand plazieren, nimmt Kreytenberg an, daß sie für die linke Seite der Südwand vorgesehen war; dafür könnte der Lichteinfall von rechts sprechen. Außerdem sprang die Wand dort etwas vor und hätte die im Vergleich zu den übrigen etwas breitere Darstellung aufnehmen können.   C. Müller

37

Lit.: SCHMID 1896, S. 81; KREYTENBERG 1970, S. 80, 82 f., Abb. 8; MAURER 1971, S. 768 f.; ROWLANDS 1985, Kat. L. 6 e, Taf. 168; GROHN 1987, Nr. 30 a.

37

ANONYM BASEL
(nach Hans Holbein d. J.)

Christus und die Ehebrecherin
Kopie um 1540 nach Original um 1521/22
Feder (schwarz), grau laviert und aquarelliert,
23,8 × 29,4 cm
Basel, Kupferstichkabinett, Inv. U. III. 19
(Amerbach-Kabinett)

Dargestellt ist die Episode, die bei Johannes 7, 1–11 erzählt wird. Die Pharisäer und Schriftgelehrten führten eine Ehebrecherin zu Christus. Während das Gesetz als Strafe die Steinigung forderte, entgegnete Christus: «QUI · SINE PECCATO EST / VESTRUM · PRIMUS · IN · ILLAM · LAPIDEM · MITTAT» (Wer unter euch ohne Sünde ist, der werfe den er-

sten Stein; Johannes 7, 7). Die nicht zu der Gruppe der frühen Entwurfskopien gehörende und vermutlich erst um die Jahrhundertmitte entstandene Zeichnung könnte auf einen verlorenen Entwurf Holbeins zurückgehen, der zur ersten Ausmalungsphase des Großratssaales von 1521/22 gehörte. (Das Wasserzeichen deutet auf eine Entstehung nach 1540.) Unklar ist, an welcher Wand das Bild seinen Platz haben sollte und ob es tatsächlich zur Ausführung kam. Schmid vermutete es an der Nordwand neben *Sapor und Valerian*, Kreytenberg, Riggenbach und Maurer dachten eher an die Südwand. Dort könnte es durch die Bilder der zweiten Ausmalungsphase von 1530 ersetzt worden sein. Rowlands schlägt vor, daß es erst zu dieser Zeit entworfen, aber schließlich von den Themen aus dem Alten Testament verdrängt worden sein könnte, denn aus der ersten Ausmalungsphase lassen sich keine biblischen Themen mit Sicherheit nachweisen. Eine Entstehung des Originalentwurfes um 1521/22 erscheint jedoch zutreffender. Die Architekturkulisse fügt sich besser zu den Bildern aus dieser Zeit, und die Auffassung der Figuren scheint auch eher einer älteren Stilstufe anzugehören.   C. Müller

Lit.: RIGGENBACH 1932, S. 539, Abb. 411, S. 582, Nr. 9; KREYTENBERG 1970, S. 87 f., Abb. 9; MAURER 1971, S. 772 f.; ROWLANDS 1985, Kat. L. 6. II. c; GROHN 1987, Nr. 30 e.

38

38

HANS HOLBEIN d. J.
Augsburg 1497/98–1543 London

Rehabeams Übermut. 1530
Feder (braun), grau laviert und aquarelliert
über Kreidevorzeichnung, 22,5 × 38,3 cm
Basel, Kupferstichkabinett, Inv. 1662.141
(Amerbach-Kabinett)

Für die Ausmalung der Südwand im Jahre
1530 haben sich zwei Entwürfe mit Themen
aus dem Alten Testament erhalten. Sie stellen die Entscheidungen des Rates unter das
Gesetz und Wort Gottes und sind in ihrer
Auswahl von der Reformation geprägt, die
1529 in Basel zum Durchbruch gelangt war.
   Vom Eintretenden aus gesehen auf der
linken Seite dürfte sich zuerst ein schmales
Bild mit der Darstellung König Salomos befunden haben, welches an das Rehabeam-
Bild angrenzte. Zur Fensterseite hin folgte
das Bild mit Samuel und Saul. Die erhaltenen Fragmente des Rehabeam-Bildes (siehe
unten) machen deutlich, daß Holbein die
Komposition gegenüber der Zeichnung verändert hat; Rehabeam ist nicht mehr frontal

dargestellt, sondern von der Seite zu sehen.
Die Szene folgt dem ersten Buch der Könige, Kapitel 12, in dem der Abfall der
Stämme Israels vom Hause Davids unter
dem Nachfolger Salomos, seinem Sohn Rehabeam, geschildert wird. Die Vertreter des
Volkes Israel kommen zu Rehabeam und
bitten ihn um ein milderes Regiment. Die
Versammlung der Ältesten, die auf der linken Seite hinter dem thronenden Rehabeam
zu sehen ist, rät dem König, diesem Wunsch
zu entsprechen und auf diese Weise das Volk
Israel an sich zu binden. Doch Rehabeam
hört auf den Rat der Jungen, die auf der
rechten Seite unter der offenen Halle im Rat
sitzen, und entgegnet den Abgesandten:
«Minimus digitus meus grossior est dorso
patris mei: Pater meus cecedit vos flagellis,
ego autem cedam vos scorpionibus» (Mein
kleinster Finger ist breiter als der Rücken
meines Vaters: mein Vater hat euch mit Peitschen geschlagen, ich will euch mit Skorpio-
nen peitschen; laut Überlieferung des
17. Jahrhunderts). Rehabeam deutet mit der
Rechten auf eine Peitsche und einen Skorpion, die ein Diener hereinbringt, und hält
den Gesandten den ausgestreckten kleinen

39

Finger der linken Hand entgegen. In der Ferne ist die Folge der Entscheidung Rehabeams und seiner Unmäßigkeit zu sehen: Die Stämme Israels krönen den aus Ägypten zurückgekehrten Jerobeam zu ihrem König. Ihm hatte der Prophet Ahia geweissagt, er werde König über Israel, weil Salomo das Volk bedrücke.

Das Licht fällt von der rechten Seite ein und ist auf die natürlichen Lichtverhältnisse des Raumes berechnet. Die Gegenüberstellung mit dem Salomo-Bild könnte als Mahnung gedacht sein, auf den Rat der Weisen und Erfahrenen zu achten, hart, jedoch nicht maßlos zu regieren. C. Müller

Lit.: MÜLLER 1988, Nr. 71.

39

HANS HOLBEIN d. J.
Augsburg 1497/98–1543 London

Samuel flucht Saul. 1530
Feder (braun), grau und braun laviert und aquarelliert über Kreidevorzeichnung, 21/21,5 × 52,4/53,3 cm
Basel, Kupferstichkabinett, Inv. 1662.33 (Amerbach-Kabinett)

Im ersten Buch Samuel, Kapitel 15, wird berichtet, daß Saul siegreich gegen die Amalekiter kämpfte, sich jedoch nicht an die Forderung Samuels hielt, alle Amalekiter und auch ihr Vieh zu töten. Statt dessen nahm Saul ihren König Agag gefangen und ließ zu, daß die israelitischen Soldaten Schafe und Rinder zur Beute nahmen. Als Saul zurückkehrte, wurde er von Samuel zur Rede gestellt und verlor wegen des Verstoßes gegen Gottes Befehl seine Königswürde.

Das Gefolge Sauls kommt von rechts heran. Die Soldaten führen den gefangenen König Agag mit sich, der in geknickter Haltung auf seinem Pferd sitzt. In der Ferne ist das geraubte Vieh der Amalekiter zu sehen und zeugen Brände von der kriegerischen Auseinandersetzung. Saul ist vom Pferd gestiegen und geht Samuel mit offenen Armen und in ergebener Haltung entgegen. Für die Figur Sauls griff Holbein auf eine Formulierung Lucas van Leydens zurück, den ganz rechts stehenden König auf dem Kupferstich von 1513 (BARTSCH 1802 ff., Nr. 37). Samuel spricht auf Saul ein und deutet erzürnt auf das Vieh im Gefolge Sauls. Über ihnen hängt eine leere Schrifttafel, auf der im ausgeführten Bild die überlieferten Worte standen: «Nunquid vult Dominus holocausta et victimes et non potius obediatur voci Domini? Pro eo quod abjecisti sermonem Domini abjecit te Dominus, ne sis rex» (Hat wohl der Herr größeres Wohlgefallen am Opfer oder Brandopfer als an Gehorsam gegen die Stimme des Herrn? Weil du das Wort des Herren verworfen hast, hat er dich verworfen, auf daß du nicht König seiest; nach 1. Samuel 15,22,23).

Die Zeichnung ist sicher um dieselbe Zeit wie der Entwurf zum Rehabeam-Bild entstanden und stimmt in Stil und Technik mit diesem überein. Erscheint aus der Bewegungsrichtung der Figuren und dem Lichteinfall eine Anordnung an der rechten Wandhälfte sehr wahrscheinlich, so bleibt doch ungewiß, ob der Entwurf in dieser Form ausgeführt worden ist.   C. Müller

Lit.: MÜLLER 1988, Nr. 72; BÄTSCHMANN 1989, S. 9, Abb. 13.

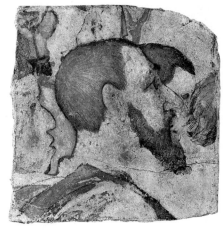

40a

40a–f

HANS HOLBEIN d. J.
Augsburg 1497/98–1543 London

Rehabeams Übermut. 1530
Sechs Fragmente aus dem 1825 wiederaufgefundenen Wandbild.
Öl auf Kalkputz
Basel, Öffentliche Kunstsammlung,
Inv. 329a (28 × 28 cm),
329b (31,5 × 25,5 cm), 714a (18 × 15 cm),
715a (9,5 × 11 cm), 716a (10 × 8,5 cm),
332 (18,5 × 14 cm)

Das hier nicht ausgestellte, aus zwei Teilen bestehende Fragment mit dem Oberkörper Rehabeams und seinem ausgestreckten Arm läßt erkennen, daß Holbein die Komposition gegenüber dem uns bekannten Entwurf verändert hat (die Maße des Fragmentes betragen 28 × 41,5 cm, Öffentliche Kunstsammlung Basel, Inv. 328). Im Unterschied zur Zeichnung ist Rehabeam nach links ins Profil gewendet, doch die Geste der Hand ist ähnlich geblieben. Die Umorientierung der Hauptfigur dürfte auch Auswirkungen auf die anderen Personen des Bildes gehabt haben. Deshalb ist eine Identifizierung der Figuren auf den teilweise schlecht erhaltenen Fragmenten kaum möglich. Die größeren dürften jedoch aus der Gruppe der israelitischen Gesandten stammen, die den Thron Rehabeams umstehen, die kleineren viel-

40b

leicht aus der im Hintergrund dargestellten *Krönung Jerobeams.* Nur die beiden größeren Fragmente (Inv. 329a und 329b) wurden von der Übermalungen aus späterer Zeit befreit. Besonders der ins Profil gewendete Bärtige auf dem Fragment mit vier Köpfen

40 c

40 c

40 d

40 e

(Inv. 329 a) läßt noch etwas von der Qualität der Malerei Holbeins erahnen. Die Bilder an der Südwand hatten schon wenige Jahrzehnte nach ihrer Fertigstellung unter der Feuchtigkeit der Wand gelitten. Hans Bock d. Ä. wurde deshalb 1579 beauftragt, eine Kopie auf Leinwand anzufertigen, die vor den beschädigten Bildern angebracht werden sollte (RIGGENBACH 1932, S. 594 f.).

C. Müller

Lit.: RIGGENBACH 1932, S. 584 ff., Nrn. 4–11, S. 604, Nr. 25; ROWLANDS 1985, Kat. L.6.II.a, Taf. 175–180; GROHN 1987, Nrn. C¹–C⁷.

40 f

41 a

41 a

HIERONYMUS HESS
Basel 1799–1840 Basel

**Marcus Curius Dentatus weist die
Geschenke der Samniter zurück.** 1817
Kopie nach dem Wandbild Hans Holbeins
d. J. im Basler Großratssaal von 1521/22
Aquarell, 49,4 × 49,6 cm
Basel, Kupferstichkabinett, Inv. Bi. 259.3

Das Bild befand sich auf der rechten Seite
der Längswand zwischen den beiden Türen,
die in den Saal führten. Als es 1817 hinter
der Tapete zum Vorschein kam, muß es noch
relativ gut erhalten gewesen sein, so daß die
Kopie von Hieronymus Hess eine verläßli-
che Vorstellung von der Ikonographie des
Wandbildes gibt. Erhalten hat sich auch ein
Fragment der Malerei, das im Kunstmuseum
Basel aufbewahrt wird (50 × 49,5 cm;
ROWLANDS 1985, Kat. L.6.1.d). Entwürfe
Holbeins oder Kopien davon sind nicht bekannt. Das Bild war horizontal unterteilt
und zeigte oben den römischen Feldherrn
Marcus Curius Dentatus, der ein Beispiel
von Selbstbeherrschung und »römischer Einfachheit« gibt (nach Valerius Maximus, Lib.
IV, Cap. III, 5). Marcus Curius bereitete sich
gerade ein Rübengericht, als die samnitischen Gesandten zu ihm kamen. Sie waren
erstaunt über seine Armut und boten ihm
auf Befehl ihrer Regierung Gold und Geschenke an, die Marcus Curius jedoch ab-
wies: «Malo haec (respicit ad rapas assatas) in
fictilibus meis esse et aurum habentibus im-
parare» (Ich ziehe es vor, in meinen Töpfen
dieses Schlechte zu haben – er weist auf die
ausgerissenen Rüben –, dafür aber denen zu
befehlen, die Gold besitzen; laut Überlieferung des 17. Jahrhunderts). Die Figur in der
unteren Bildhälfte wird häufig als Darstellung des Stadtboten gedeutet. Kreytenberg
(1970) sieht in ihr einen Repräsentanten der
Basler Bürgerschaft, der Zeuge der Verhandlungen des Rates ist.   C. Müller

Lit.: ROWLANDS 1985, Kat. L.6.I.d, Taf. 166;
GROHN 1987, Nr. 30B.

41 b

41 b

HIERONYMUS HESS
Basel 1799–1840 Basel

Der Selbstmord des Charondas. 1817
Kopie nach dem Wandbild Hans Holbeins
d. J. von 1521 im Basler Großratssaal
Aquarell, 68,1 × 10,2 cm
Basel, Kupferstichkabinett, Inv. Z 200

Das Wandbild wurde 1817 zusammen mit
dem Zaleucus-Bild und der Darstellung des
Marcus Curius Dentatus hinter den Tapeten
wiedergefunden. Auch die Jahreszahl 1521
soll dabei zum Vorschein gekommen sein.
Jedenfalls gibt sie Hieronymus Hess auf
dem Pilaster rechts oben wieder. Das Bild
muß stark zerstört gewesen sein. Im Kupferstichkabinett Basel wird eine Bleistiftskizze
aufbewahrt, die Hess 1817 vor dem Bild angefertigt hat (RIGGENBACH 1932, Abb. 432).
Sie läßt Fehlstellen erkennen, enthält aber
auch Notizen über die damals noch erkennbaren Farben, die jedoch stark von der Farbigkeit des Aquarells abgewichen sein dürf-

ten. Diese Skizze wie auch die erhaltenen
Aquarelle von Hess – er fertigte mehrere
Wiederholungen an – weisen ein ausgepräg-
tes Querformat auf. Die frühe, noch aus der
Zeit der Wandmalereien stammende Entwurfskopie besitzt jedoch annähernd quadra-
tische Proportionen. Ob Holbein bei der
Ausführung das Format veränderte oder ob
diese Abweichungen eine Folge späterer Eingriffe sind, bleibt offen. Sie sind jedoch
nicht Hieronymus Hess zuzuschreiben, der
gelegentlich auf die Entwürfe aus der Entstehungszeit der Malereien zurückgegriffen hat,
um die fragmentarisch erhaltenen Wandbilder zu interpretieren.   C. Müller

Lit.: RIGGENBACH 1932, S. 589, Nr. 2 c; 603,
Nr. 23; ROWLANDS 1985, Kat. L.6.I.b, Taf. 164.

42

SAMUEL HOFMANN
Sax SG 1595(?)–1649 Frankfurt a. M.

**Bildnis des späteren Basler
Bürgermeisters Johann Rudolf Wettstein**
1639
Öl auf Leinwand, 67,5 × 56,5 cm
Basel, Öffentliche Kunstsammlung,
Inv. 1926

Als Sohn des aus dem Weinbauerndorf Russikon im Zürcher Oberland (Kyburger Amt) stammenden, seit 1579 in Basel ansässigen Jakob Wettstein wurde Johann Rudolf Wettstein am 27. Oktober 1594 in Basel geboren. Er absolvierte hier das Gymnasium und hernach eine kaufmännische Lehre in Yverdon und Genf. Schon 1611 heiratete er eine Tochter der vornehmen Basler Familie Falkner. Die Ehe war ein Mißerfolg, und Zwistigkeiten zogen sich bis zum Tod seiner Frau (1645) hin. – 1616 trat Wettstein als Schreiber in den Dienst von Hauptmann Emanuel Socin, der die Anwerbung von Truppen für Venedig betrieb. Nach seiner Rückkehr tätigte er Bankgeschäfte; vor allem aber trat er nun in die städtische Ämterlaufbahn ein. Seit 1615 zu Rebleuten zünftig, wurde er 1620 in den Kleinen Rat gewählt. 1622–1624 Münzverwalter. 1624–1626 Landvogt auf Farnsburg. 1626–1635 Obervogt in Riehen. 1627 Mitglied des Dreizehnerkollegiums. 1634 Berufung ins Dreieramt (Finanzbehörde). 1635 Oberstzunftmeister. 1645 Bürgermeister bis zum Tod, am 12. April 1666.

Als begabter Staatsmann, Finanzpolitiker, Diplomat und als eigentliche Regentennatur wurde Wettstein die für das Basler Staatswesen ausschlaggebende, starke Persönlichkeit und dessen repräsentatives Oberhaupt, das auch in der eidgenössischen Politik ein gewichtiges Wort mitredete. Seit 1630 nahm er als Gesandter an eidgenössischen Tagsatzungen teil. Seine größten Verdienste erwarb er sich mit der Mission, die Stadt Basel und die Eidgenossenschaft vom Dezember 1646 bis Dezember 1647 als Gesandter an dem den Dreißigjährigen Krieg liquidieren

42

den europäischen Friedenskongreß in Münster und Osnabrück zu vertreten. In langen, äußerst zähen und schwierigen Verhandlungen erreichte er schließlich, daß die gesamte Eidgenossenschaft aus dem Verband des deutschen Reiches entlassen wurde. 1650 ließ er sich diese »Exemtion« in Wien in direkten Verhandlungen mit Kaiser Ferdinand III. bestätigen (vgl. Kat. 24).

Wettsteins hartnäckige und gewandte Verhandlungskunst bewährte sich auch auf eidgenössischem Gebiet, so 1656, als es seinem Vermittlungsgeschick gelang, den Villmergerkrieg zwischen den katholischen und den protestantischen Orten der Eidgenossenschaft zu beenden und den Frieden wiederherzustellen.

Basel verdankt Bürgermeister Wettstein auch den Erwerb des »Amerbach-Kabinetts«. Diese im wesentlichen von dem Basler Juristen Prof. Basilius Amerbach (1533–1591) angelegte Sammlung, die Bücher, Münzen und Medaillen, Goldschmiedearbeiten, naturwissenschaftliche Objekte, vor allem aber Gemälde, Zeichnungen und Druckgraphik der Familie Holbein, von Niklaus Manuel, Urs Graf, Hans Leu d. Ä., Hans Bock d. Ä.

und anderen Künstlern enthielt, drohte ins Ausland verkauft zu werden. Auf Drängen der Universität setzte sich Wettstein für einen Ankauf ein, und 1661 beschloß der Rat, das Kabinett für die enorme Summe von 9000 Reichstalern zu erwerben. Wettstein wurde damit indirekt zum Begründer der ersten Kunstsammlung im Besitz eines bürgerlichen Gemeinwesens. Das Amerbach-Kabinett bildet den Ursprung der heutigen großen Basler Museen.

Samuel Hofmann ist einer der bedeutendsten Schweizer Porträt- und Stillebenmaler des 17. Jahrhunderts. Lehre wohl 1608–1611 in Zürich bei Gotthard Ringgli. Um 1615 nach Amsterdam, wo er zunächst als Geselle (nicht, wie behauptet, im Atelier von Rubens!), ab 1617–1618 selbständig, offenbar erfolgreich, tätig war. Am 22. Mai 1622 Heirat mit Lysbeth Bassong. Im gleichen Jahr Rückkehr nach Zürich. Hier arbeitete Hofmann als gesuchter Porträtist der vornehmen Zürcher Familien. Er erhielt aber auch Aufträge des süddeutschen Adels, so der Grafen von Fürstenberg und des Markgrafen von Baden-Baden. 1636 erneute Reise nach Holland. 1638 oder 1639 im Lager des Herzogs Bernhard von Sachsen-Weimar. Auf der Rückreise entstand in Basel das Bildnis des damaligen Oberstzunftmeisters Johann Rudolf Wettstein. Weiterer Aufenthalt in Basel 1643–1644. Von hier zog Hofmann im Juli 1644 weg und ließ sich in Frankfurt a. M. nieder. Dort starb er am 24. Januar 1649.

Für seine Porträtmalerei, die noch im 16. Jahrhundert wurzelt und in ihrer flüssigen Modellierung Anklänge an Tobias Stimmer zeigt, bediente sich Hofmann verschiedener Bildtypen: Ab 1628 findet sich ein höfischer Typus mit ganzfiguriger, oft lebensgroßer Darstellung. Für manche Patrizierbildnisse verwendete Hofmann gerne den Typus der Dreiviertelfigur. Das Wettstein-Porträt zeigt den bei bürgerlichen Bildnissen beliebten Typus der Halbfigur, hier in besonderer Schlichtheit, da die Hände nicht in die Komposition einbezogen und keine Attribute gezeigt sind. Die Darstellung lebt

daher ausschließlich aus der raumschaffenden Schrägstellung des Oberkörpers und aus der spontanen Wendung des Kopfes zum Betrachter hin. Eine farbige Belebung der schwarzen Tracht bringen nur die weiße Halskrause und die silberne Gürtelschließe.

Dieses Porträt ist zum Ausgangspunkt einer Reihe von Kopien und zahlreicher gestochener Wettstein-Bildnisse geworden.

P. Boerlin

Lit.: PFISTER-BURKHALTER, 1947; GAUSS und STOECKLIN 1953; SCHLÉGL 1980, S. 61, 118–119, Kat. 52.

Die Gemeinschaft der Krieger

43

HANS GIENG (Zuschreibung)
Tätig in Freiburg i. Ü. 1525–1562

Brunnenfigur der Gerechtigkeit. 1543
Kalkstein, Höhe 160 cm
Bern, Bernisches Historisches Museum,
Inv. 4800 (Depositum der Stadt Bern)

Zwischen 1542 und 1549 wurden in der Stadt Bern elf steinerne Brunnen, alle mit Standbildern, geschaffen. Sie lassen sich gesamthaft oder teilweise Hans Gieng zuschreiben, der mit dem damaligen Berner Ratsschreiber Peter Cyro die Herkunft aus Freiburg i. Ü. teilt. Als der prächtigste gilt der Gerechtigkeitsbrunnen, aufgestellt im vornehmsten Teil der Hauptgasse (heute Gerechtigkeitsgasse), unweit der Quergasse (Kreuzgasse), die Münster, Richtstuhl und Rathaus verband.

Die bekrönende Justitia wurde oftmals nachgeahmt, ikonographisch genau in Neuenburg (1547), Solothurn (1561), Lausanne (1585), Cudrefin (1605), Boudry (1610). 1798 wurde sie beim Untergang des alten Bern der Attribute beraubt, dann wiederhergestellt, aber 1986, offenbar erneut in politischer Absicht, von der Säule gestürzt. Das

43

zertrümmerte Original kam 1988 restauriert, aber unbemalt ins Museum; auf der Brunnensäule steht eine Kopie.

Als eine der ersten Gerechtigkeitsdarstellungen ist die Berner Justitia gerüstet (vgl. Kat. 36 und *Recht und Gerechtigkeit* 1988, S. 97, 126–129). Sie trägt wie eine streitbare antike Göttin Zierpanzer, Gürtel, Rock und Sandalen. In der rechten Hand hält sie aufrecht das Richtschwert, in der linken die Waage. Augenbinde und Bänderhaube nehmen ihr Gesicht und Gehör, so daß sie ohne Ansehen der Person richtet und straft. Zu ihren Füßen sind die Vertreter der irdischen Mächte dargestellt: der Kaiser mit Reichskrone und Schwert, der Papst mit Tiara und Kreuzstab, der Sultan mit Krummsäbel und der Berner Schultheiß mit Barett, Amtskette und Zepter. »Alle vier Regenten erscheinen mit geschlossenen Augen: ihre Gewalt ist nämlich einer höheren Macht unterstellt ... Die Gerechtigkeit bildet also die Grundlage jeder politischen Ordnung. Für die Gemeinschaft gleicher Bürger aber wird sie, wie das Beispiel des Berner Gerechtigkeitsbrunnens zeigt, als höchste Staatstugend zum Sinnbild der Republik erhoben« (Führungsblatt von Franz Bächtiger, 1988).

Diese besondere Bedeutung zeigt sich im Vergleich. Das Berner Justitia-Standbild erhielt seinen Platz nicht im Rathaus (wie z. B. in Basel) oder vor dem Rathaus (wie z. B. in Lausanne), nicht im Kreis der Kardinaltugenden (wie z. B. am gleichzeitigen Römerbrunnen in Frankfurt a. M., den bis 1611 ein Herkules krönte), sondern mitten in der Stadt, ähnlich den schweizerischen und süddeutschen Brunnenstandbildern der Bannerträger, Schildhalter oder Wappner, welche die »kriegerische Wehrkraft der Stadt« (MEINTEL 1931, S.47) sowohl für deren Bürger als auch deren Besucher darstellten, in Bern durch den Vennerbrunnen vertreten, zeitlich (1542) und ursprünglich auch örtlich (Nydeggstalden) dem Gerechtigkeitsbrunnen benachbart.

In den Herrscherbüsten zu Füßen der Justitia hat man seit jeher die Verkörperungen von Staatsformen gesehen: Theokratie (Papst), Monarchie (Kaiser), Autokratie (Sultan) und Republik (Schultheiß), eine ikonographische Erfindung, die man einem in den humanistischen Staatsdenkern bewanderten Ratsherrn oder Ratsschreiber zutrauen möchte und für die der Bildhauer Hans Gieng die angemessene, zündende Form fand.

Die politische Aktualität ergab sich aus dem drohenden Türkenkrieg und dem Konfessionsstreit (1541 gescheiterte Expedition Karls V. nach Algier, 1542 Einberufung eines allgemeinen Konzils durch Papst Paul III.). Bern widersetzte sich um dieselbe Zeit der Aufforderung des Reichstags, die Waadt an Savoyen zurückzugeben (1542).

G. Germann

Lit.: MEINTEL 1931; HOFER 1952, bes. S. 314 bis 321; STRUB 1962, S. 85–95 und S. 198–199, Nr. 64; *Recht und Gerechtigkeit* 1988 (zu Vergleichsbeispielen).

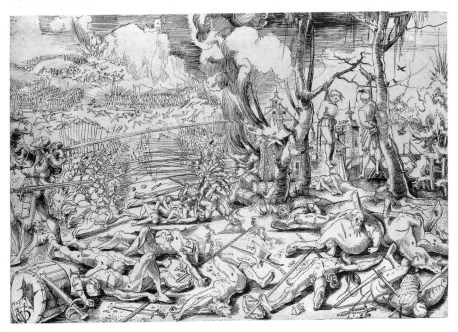

44

44

URS GRAF
Solothurn um 1485–1527/28 Basel

Schlachtfeld. 1521
Feder (schwarz), 21,1 × 31,7 cm, an allen
Seiten beschnitten
Basel, Kupferstichkabinett, Inv. U.X.91
(Amerbach-Kabinett)

Mit dem Thema des Reislaufens beschäftigte
sich Urs Graf häufig in seinen Zeichnungen.
Kein anderer Künstler schildert Aspekte des
Söldnerwesens so facettenreich. Das *Schlachtfeld* ist eines der Beispiele, in denen Graf die
von ihm gewöhnlich bevorzugte Einzelfigur
in einen größeren szenischen Zusammenhang stellt. F. Bächtiger (1974) machte darauf
aufmerksam, daß die kriegerischen Handlungen im Hintergrund vermutlich ein ganz bestimmtes Ereignis wiedergeben, an dem Urs
Graf unmittelbar beteiligt war: die Schlacht
bei Marignano. Im Kampf gegen das französische Söldnerheer König Franz' I. erlitten

die Eidgenossen während der am 13. und
14. September 1515 tobenden Schlacht eine
ihrer größten Niederlagen. Entscheidend
war das Eingreifen der in venezianischen
Diensten stehenden Stradioten, einer albani-
schen Reitertruppe, der es gelang, den Rückzug der Franzosen zu stoppen. Von links
stürmt die Reiterschar gegen die sich mit
Spießen verteidigenden Eidgenossen heran.
Bächtiger konnte zeigen, daß auch das übrige
Kampfgeschehen weitgehend mit der Überlieferung der Ereignisse in Einklang steht.
Am 18. November 1521 wurde Urs Graf
noch einmal mit diesem Geschehen konfrontiert: Kardinal Schiner führte die Eidgenossen vor die immer noch unbestattet auf
dem Feld liegenden Gefallenen, um sie gegen die Franzosen aufzustacheln. Dies war
vielleicht Anlaß für Urs Graf, sich in einer
Zeichnung mit dieser Schlacht auseinanderzusetzen, die er unbeschadet überstanden
hatte. Ob allerdings in der drastischen Schilderung der Gefallenen im Vordergrund eine
Anklage gegen den Krieg oder eine Kritik

am Reislaufen gesehen werden kann, wie sie etwa Erasmus von Rotterdam nach der Niederlage der Eidgenossen formulierte, ist fraglich. Weder die Erfahrungen dieser Schlacht noch Verbote konnten Urs Graf davon abhalten, erneut ins Feld zu ziehen. Auch in anderen Zeichnungen ist Urs Grafs Anteilnahme an dem Schicksal der Gefallenen, der Verstümmelten oder zum Tode Verurteilten von der Faszination geprägt, die der Anblick des Gräßlichen und Schrecklichen auf ihn hatte. Diese Dimension kommt auch in dem Reisläufer zum Ausdruck, der unmittelbar über der durchlöcherten Trommel am linken Rand steht, auf der Urs Graf seine Signatur angebracht hat. Er wendet sich scheinbar gleichgültig von den Toten ab und stärkt sich aus einer Flasche. Urs Grafs Zeichnungen sind selten im Auftrag entstanden und zumeist in seinem Besitz verblieben. Es sind sehr persönliche Äußerungen eines Künstlers, der immer wieder das Schicksal herausgefordert hat.   C. Müller

45

Lit.: BÄCHTIGER 1974; ANDERSSON 1978, S. 29 ff.; BÄCHTIGER: Schlacht 1979; LANDOLT 1986.

45

NIKLAUS MANUEL
Bern um 1484–1530 Bern

Rückenfigur eines Eidgenossen. Um 1518
Feder in Braunschwarz, 26,8 × 19 cm
Bern, Kunstmuseum, Inv. A.1979.100

Angeregt von Dürer, der den im Dienste des Kaisers und der deutschen Landesfürsten kämpfenden Landsknecht zum Bildthema gemacht hatte, haben in der Eidgenossenschaft Urs Graf, Niklaus Manuel und einige Zeitgenossen den Reisläufer zu einem Thema gemacht, das schließlich zum nationalen Bildthema schlechthin geworden ist. Unter »Reislauf« versteht man das eidgenössische Söldnerwesen. Da die eidgenössischen Söldner vom Kaiser, vom Papst und von den Königen von Frankreich und Spanien u.a. eifrig umworben wurden, oft das Kriegsglück auf den Schlachtfeldern entscheidend beeinflußten und gleichzeitig die Macht und

die Freiheit der Eidgenossenschaft verkörperten, sind sie zu einem populären Idol der Alten Orte der Eidgenossenschaft geworden. Schon in den Anfängen jedoch untergrub die Käuflichkeit des Reisläufers seine Moral nachhaltig. Künstler, Literaten und verantwortungsbewußte Staatsmänner, unter ihnen z.B. auch Ulrich Zwingli, übten deshalb Kritik am Reislauf und stellten die Eitelkeit und Verrohung des Reisläufers bloß. Als sich gar Eidgenossen auf den Schlachtfeldern gegenüberstanden und gegeneinander zum Kampf antraten, wurde versucht, dem Reislauf mit Verboten entgegenzutreten. Doch selbst hochgestellte Persönlichkeiten in den Republiken konnten der Versuchung nicht wiederstehen und machten sich straffällig (vgl. Kat. 47).

Sowohl Urs Graf wie Niklaus Manuel haben in ihrem Œuvre das Doppelgesicht des Reisläufers zu einem der wesentlichen Themen gemacht. Die vorliegende Zeichnung, aller Wahrscheinlichkeit nach Niklaus Manuel zuzuschreiben, ist in den 1520er Jahren entstanden. Kennzeichen des Eidgenossen sind das senkrecht stehende Kreuz in seiner »geschlitzten und gepufften« Tracht sowie die Bewaffnung: der kurze Schweizerdolch am Rücken, das Schwert zu Anderthalbhand und der Langspieß. Die Darstellung erweckt den Eindruck, als würde der Reisläufer das Schwert auf seine Tauglichkeit für die Schlacht prüfen. Das abgeschnittene Hosenbein entspricht einem jeweils unmittelbar vor der Schlacht vollzogenen Brauch. Der Weg wird eingerahmt durch zwei »memento«: die Taschensonnenuhr als Symbolzeichen für die ablaufende Zeit und das Bildstöcklein als Mahnung zur Demut vor Gott auf dem Lebensweg. An der übergroßen Feder aber baumelt eine kleine Schelle, die man unwillkürlich als Narrenschelle interpretiert. Mit Attributen von Narren hat man in denselben Künstlerkreisen auch das Liebeswerben geiler Männer der Lächerlichkeit preisgegeben. Anstatt die beiden Symbolzeichen zu beachten, dreht sich der Reisläufer nach der Narrenschelle, die an seiner eigenen Feder, die in dieser Größe zum Symbol für seine Eitelkeit wird, klingelt.

H. C. von Tavel

Lit.: Washington 1967–1968, Nr. 21; HUGELS-HOFER 1969, Nr. 19; Bern 1979, Nr. 170; MENZ 1980.

46

HANS FUNK (Zuschreibung)
Zürich vor oder um 1470 – um 1540,
wohl Zürich

Der alte und der junge Eidgenoß

Nach 1530
Glasgemälde, 57,2 × 56,7 cm
Bern, Bernisches Historisches Museum,
Inv. 21643

Das Thema dieses eigenartigen, lehrhaften Werks ist der Gegensatz zwischen der Moral des «alten» und der Verwerflichkeit des »jungen« Eidgenossen. Der »alte«, bäurisch wirkende repräsentiert den Eidgenossen der Befreiungskriege im 14. und 15. Jahrhundert, der »junge« den Eidgenossen der Eroberungskriege und des Reislaufs im 16. Jahrhundert. Unter dem fast die Hälfte der Komposition einnehmenden Bild einer für die Eidgenossen siegreichen Schlacht gibt der »alte« dem »jungen« Auskunft über seine Prinzipien und seine Moral. In Form von riesigen Schriftrollen rahmt der Text des Gespräches die beiden sich im Hof eines Palastes gegenüberstehenden Eidgenossen ein. Der »junge« stellt dem »alten« die Frage, weshalb die früheren Generationen erfolgreicher gewesen seien als die heutigen, die doch »listiger« seien als jene. Der »alte« antwortet, daß sich die Vorfahren von Gottesfurcht, Treue und Demut leiten ließen; sie seien bestrebt gewesen, »alle Frommen« zu schützen; sie hätten Hoffart, Gewalt und Übermut aus dem Lande verjagt, die nun aber erneut das Land regieren. Weltlicher Reichtum sei heute »Herr und Gott«.

Für alle Teile der Scheibe scheinen bestehende Vorbilder verwendet worden zu sein. Der »alte Eidgenoß« geht zurück auf eine um 1520 zu datierende Wappenscheibe eines Bauern, die sich im Bernischen Historischen Museum erhalten hat; die Figur des »jungen Eidgenossen« entspricht einer Figur Niklaus Manuels, die mehrmals auf Scheiben und in deren Zusammenhang vorkommt. Sie trägt das den erfolgreichen Reisläufer kennzeichnende »geschlitzte und gepuffte« Kostüm. Vom Schlachtbild, dem künstlerisch interessantesten Teil der Komposition, hat sich zwar kein Vorbild erhalten, doch ist nicht anzunehmen, daß diese eindrückliche Darstellung eigens für diesen Bildstreifen konzipiert und erarbeitet wurde. Von links rückt das geordnete Heer der Eidgenossen vor: zuvorderst das Berner Banner mit dem weißen Kreuz, gefolgt, im ersten Glied, von den Bannern der eidgenössischen Orte Zürich, Luzern, Schwyz, Uri und Zug. Rechts das sich in Flucht auflösende gegnerische Heer von Landsknechten. Man vermutet, es handle sich um eine Reminiszenz an die 1513 geschlagene Schlacht bei Novara, in der die Eidgenossen die Söldner im Dienste König Ludwigs XII. von Frankreich aus Oberitalien vertrieben hatten. Jedenfalls ist ein Sieg der »jungen«, nicht der »alten« Eidgenossen über ihre Feinde dargestellt. Der

46

scheinbare Widerspruch löst sich, wenn man diesen Sieg als den letzten gemeineidgenössischen Erfolg betrachtet. Was folgte, waren Kämpfe von Schweizern gegen Schweizer in fremdem Sold und der konfessionelle Bruderkrieg. So verstanden ruft der »alte« Eidgenosse zur politischen Versöhnung auf.

Die Zuschreibung an den meist in Bern tätigen Glasmaler Hans Funk ist nicht gesichert. Dagegen bestätigen die Wappen die Herkunft des Glasgemäldes aus Bern und geben einen wichtigen Hinweis auf die Entstehungszeit. Es sind die Wappen des Berner Ratsherrn Hans Rudolf Nägeli (gest. 1561)

und seiner Frau Margarethe May. Ihre Hochzeit fand 1532 statt, womit das früheste mögliche Entstehungsdatum gegeben ist. Da nebst dem »jungen« Eidgenossen auch der »alte« und das Schlachtbild unverkennbar verwandt sind mit Werken Niklaus Manuels, muß der Glasmaler nach dessen Vorlagen bzw. unter ihrem Einfluß gearbeitet haben, obschon der berühmte Maler, Dichter und Staatsmann schon 1530 gestorben war. Wer der Autor des Textes ist, ist nicht bekannt.   H. C. von Tavel

Lit.: BÄCHTIGER 1972; Bern 1979, Nr. 303 (Heinz Matile).

47

ALBRECHT KAUW
Straßburg 1616–1681 Bern

**Kopie nach dem »Totentanz« von
Niklaus Manuel.** 1649
Gouache mit Gold, Bildgröße
durchschnittlich ca. 36,5 × 49,2 cm
Bern, Bernisches Historisches Museum,
Inv. 822

Der *Totentanz* von Niklaus Manuel ist nur in
Kopien erhalten. Er befand sich ursprünglich
an der Friedhofmauer des Predigerklosters in
Bern. Die 48 Bilder und dazugehörigen
Texte sind von 1516/17 bis um 1520 entstanden und zogen sich über mehr als 100
Meter hin; die Figuren mögen etwas weniger als lebensgroß gewesen sein. Schon kurz
nach der Mitte des 17. Jahrhunderts fiel die
Kirchhofmauer mit dem *Totentanz* der Ver-
breiterung der heutigen Zeughausgasse zum
Opfer. Trotzdem ist dieses Werk von Manuel das populärste geblieben. So sind auch
die »Totentanz«-Aufführungen 1991 vor
dem Berner Münster wieder von diesem
Werk des Malers und Dichters inspiriert.

Der Grund, weshalb Albrecht Kauw den
Totentanz von Niklaus Manuel kopierte, ist
nicht bekannt. Es hat sich noch eine weitere
Kopie Kauws nach Manuel erhalten: eine
Zeichnung, die heute im Kunstmuseum Bern
verwahrt ist. Daß die Bedeutung des *Totentanzes* von Manuel seit seiner Entstehung in
Bern anerkannt war, zeigen die verschiedenen Abschriften von Textstrophen. Es haben
sich solche erhalten aus den Jahren 1576,
1588, 1608, 1642, 1649 (Kauw) und aus
dem Anfang des 18. Jahrhunderts. Möglich
ist, daß sich Kauw mit der Kopie dieses bedeutendsten »Bildes der Republik«, das es in
Bern gab, nach dem Abschluß des Westfälischen Friedens beim Rat in Bern empfehlen
und gleichzeitig das von der Verwitterung
schon damals schwer beschädigte Werk der
Nachwelt überliefern wollte. Er schenkte die
Blätter der Obrigkeit, erhielt allerdings ein
sehr stattliches »Recompens« dafür, was darauf schließen lassen könnte, daß die Anre-

gung zu der Kopie aus dem Kreise des Rates
selbst kam. Auch von Conrad Meyer aus Zürich (1618–1689) haben sich einige skizzenhafte Kopien erhalten. Der Berner Maler
Wilhelm Stettler (Bern 1643–1708 Bern)
hat den *Totentanz* nach Kauw kopiert (heute
im Kunstmuseum Bern), einige Motive sogar mehrmals (zerstreut in Privatbesitz).

Manuel und seine Auftraggeber verweb-
ten die mittelalterliche »Totentanz«-Parabel
mit der Struktur der Stadtrepublik, mit dem
Schicksal und dem Verhalten lebender Zeitgenossen und mit der eidgenössischen Reis-
lauf-Mode. Im *Totentanz* Manuels werden
die Bürger der Stadtrepublik in die Kostüme
der mittelalterlichen geistlichen und weltlichen Stände gesteckt. Die im Diesseits nur
sich selbst gegenüber verantwortliche Gesellschaft der Bürger in einer Stadtrepublik
»spielt« die Hierarchien der Kirche und des
Reichs und tritt anstelle der entsprechenden
Würdenträger: eine Anmaßung des freien
Bürgers, der – wie aus dem Text des *Totentanzes* hervorgeht – nur Gott, den Tod, die
Gerechtigkeit und die Stadt als Autoritäten
anerkennt. So sagt der Schultheiß: »Min Regieren ist nit ein Gwallt,/ Jch wach und richt
in Dienstes Gstallt;/ Statt, Land und Burger
laszt sich daran,/ Noch mag ich dem Tod nit
entgan.« Und der Ratsherr: »Zů Gott han ich
min Zůversicht,/ Der zum Raths Herren selber spricht:/ Wölche die Gerechtigkheyt ver-
bringen,/Vor Gott mag inen nit miszelin-
gen.« Und der Burger: »Jch sůcht stäts der
Statt Nutz und Eer;/ Was mich gůts düecht,
da macht ichs meer./ By miner Gsellschafft
was mir wol./ Ach, das ich sy verlassen sol!«
Im Gegensatz zu diesen Repräsentanten der
Republik legen Papst und Kaiser Bekenntnisse der Schuld und des Mißerfolgs ab:
»Uff Erd scheyn grosz min Heyligkeyt,/ Die
torecht Wällt sich vor mir neygt,/ All ob ich
uff schlusz s Himmelrych./ So bin ich jetz
selbs ouch ein Lych.« So der Papst, und der
Kaiser: »Alle meine Diener, Ritter und
Knecht / Wychend jetz von mir in disem
Gefecht./ Han ich ye ghan uff Erden Gwalt,/
So hat es doch jetz mit mir ein andere
Gstalt.«

47

47

47

Die Träger des Stadtstaates, d. h. die Mitglieder der regierenden Familien der in Entstehung begriffenen Aristokratie, ziehen sich im *Totentanz* selbst zur Rechenschaft. Jeder Darstellung sind nicht nur ein Familienwappen, sondern auch Initialen beigegeben, die die Identifikation fast aller Figuren mit bestimmten lebenden Persönlichkeiten möglich machen, die nicht nur als Stifter, sondern auch gleichsam als Schauspieler auftreten. So werden nicht nur Papst, Kaiser, König, Schultheiß etc. zum Tanz mit dem Tod aufgerufen, sondern gleichzeitig ganz bestimmte Persönlichkeiten, die sich im Rahmen des monumentalen Memento mori der Führungsschicht der Republik öffentlich zur Schau stellten. Man muß zum Verständnis dafür bedenken, daß die Stadt in den Jahren der Entstehung des *Totentanzes* zwischen 1515 und 1520 eine Erschütterung und einen Skandal nach dem andern durchmachte: 1515 die Niederlage bei Marignano (vgl. Kat. 44–46), 1517 der plötzliche, unerwartete Tod des amtierenden Schultheißen Wilhelm von Diesbach, kurz danach die peinliche Untersuchung von Zuwiderhandlungen gegen das Reislaufverbot, rückwirkend bis 1513, in die Personen aus dem Rat selbst und aus den höchsten Schichten der Gesellschaft verwickelt waren, ein Jahr später der skandalöse Auftritt des Ablaßkrämers Bernhardin Sanson, der einen Ratsherrn vor sich niederknien ließ, weil er eine Schrift von Luther besaß, den er öffentlich, vor dem Volk, verdammen mußte usw. Die Datierung des *Totentanzes* ergibt sich nicht aus stilistischen Erwägungen, die durch die Tatsache, daß ein Gemälde nur in Kopien erhalten ist, sehr erschwert wird, sondern aus dem Bezug zu den bestimmten Persönlichkeiten. Die ersten vier Bilder trugen die Wappen der Schultheißen Wilhelm von Diesbach (gest. 1517), Jakob von Wattenwyl (im Amt 1517–1519) und Hans von Erlach (gewählt 1519) sowie des Bruders von Wilhelm von Diesbach, Ludwig, und ihren Gattinnen. Der »Schultheiß« wird ausnahmsweise nicht von einem Berner dargestellt, sondern vom Freiburger Schultheißen Peter Falk, der 1519,

auf der Rückreise von Jerusalem, vom Tod ereilt wurde. Ein auffallend großer Teil der mit Initialen gekennzeichneten Persönlichkeiten war in die erwähnte Untersuchung über verbotenen Reislauf verwickelt.

Wie die Gemälde so ist auch der Text nur in Kopien erhalten. Die vierzeiligen Strophen waren vermutlich jeweils paarweise unter den entsprechenden Bildern angebracht: zuerst die Anrede durch den Tod, gefolgt von der Antwort des Opfers. Die hier angeführten Textbeispiele entstammen der ältesten und zuverlässigsten Abschrift; sie stammt aus dem Jahre 1576 von der Hand des Schulmeisters Hans Kiener.

H. C. von Tavel

Lit.: WYSS 1823; FLURI 1900; Bern 1979, S. 252–291; ZINSLI 1979; BÄCHTIGER 1985 (zum Schlußbild). – Zu Kauw: Mitteilungen von Georges Herzog (Kauws Geburtsjahr).

48

PETER RUDOLF DICK
Kassel 1704–1763 Bern

Salomos Götzendienst. 1732
Kopie nach dem Wandbild von Niklaus
Manuel von 1518
Aquarell, Feder und Bleistift, 39,3 × 52 cm
Bern, Bernisches Historisches Museum,
Inv. 34566

Neben dem *Totentanz* (Kat. 47) hat Niklaus Manuel noch ein anderes Wandbild im »öffentlichen Raum« der Stadt Bern geschaffen. Es befand sich ursprünglich in einem engen Gäßlein hinter der ehemals auf dem heutigen Münsterplatz stehenden Armbruster-Kapelle, einem sehr reich ausgestatteten spätgotischen Bau, der nach der Reformation abgerissen wurde. Das an der Fassade des Bürgerhauses von Antoni Noll befindliche Wandbild geriet durch diesen Abbruch direkt an den Münsterplatz, auf dem später, genau vor dem Wandbild, der Mosesbrunnen errichtet wurde. Das Gemälde selbst war, laut Inschrift auf der Kopie, stark beschädigt und wurde 1758 »abgethan«.

48

Waren »Herkules am Scheideweg« und »Urteil des Paris« beliebte Bildmotive der Zeit, mit denen die Entscheidungsfreiheit des modernen Menschen illustriert wurde, so hat Manuel in diesem Wandbild den zeitgenössischen Menschen an den Scheideweg zwischen verschiedenen Wegen bzw. Irrwegen der damaligen Gesellschaft gestellt und läßt ihn auf der Mauerbrüstung zwischen dem allegorisch-moralisierenden Unterteil des Gemäldes und dem »realistischen« Oberteil balancieren. Das Schwert zu Anderthalbhand, mit dem dieser Zeitgenosse gegürtet ist, läßt auf einen Reisläufer schließen (vgl. Kat. 45). Ob die Figur je mit dem senkrecht stehenden Schweizerkreuz gekennzeichnet war und einen Schweizerdolch trug, kann heute nicht mehr festgestellt werden. An den Formen des Hutes und des Schwertgriffs, der in einen Säbelgriff umgewandelt ist, erkennt man, daß das Wandbild restauriert wurde. Drei Jahre nach Dick hat ein

Nachkomme Manuels, Johann Viktor Manuel, eine Rekonstruktion des ursprünglichen Zustandes versucht und seine Kenntnisse über die Formenwelt seines Vorfahren eingebracht (Kunstmuseum Bern): der Hut ist wieder zum Federbarett gemacht; der Säbel ist verschwunden und hat einer unklaren Andeutung von Parierringen, jedoch ohne Parierstange, Platz gemacht, wie sie zum Anderthalbhänder der Manuelzeit gehörten. Das Fehlen der Schweizerkreuze entspricht den Kostümen im *Totentanz*. Ob für diesen merkwürdigen Umstand schon während der Entstehungszeit Bedenken wegen der Kompromitierung des Schweizer Reisläufers verantwortlich zu machen sind oder ob erst spätere Korrekturen dazu geführt haben, ist heute nicht mehr auszumachen.

Die Hauptfigur sieht sich von oben die Parabel von Salomos Götzendienst an. Ein Bürgerpaar brandmarkt mit einer Schrifttafel den von heidnischen Frauen zum Götzendienst verführten König. Die die Hauptfigur umgebende Gesellschaft im Oberteil des Wandbildes ist ein Abbild der Gesellschaft der Zeit. Links über einer Dreiergruppe mit Zuhälterin, Dirne und Freier, ein Geistlicher, der seine Narrenkappe zurückgeschlagen hat und auf den gefallenen König zeigt, dann zusammen mit drei Personen, von denen eine an ihrem hohen Hut als albanesischer Söldner erkennbar ist, die ans Bein der Hauptfigur gelehnte Frau Venus, gekennzeichnet durch das Käuzchen, das sie auf ihrem Arm trägt wie in den Illustrationen zu der von Adam Petri 1519 edierten *Geuchmatt* von Thomas Murner. Rechts von der Hauptfigur Mutter und Kind, drei Frauen verschiedenen Alters, zwei männliche Vertreter oder Würdenträger des Bürgerstandes mit Ratsherrenbarett und Pelzhaube.

So steht diese Hauptfigur, mit aller Wahrscheinlichkeit das Idol der Eidgenossenschaft, ein Reisläufer, zwischen der Moral der bürgerlichen Gesellschaft, verbildlicht durch das Bürgerpaar links unten und die Gesellschaft rechts oben einerseits und der närrischen Geistlichkeit, Söldnertum, Liebesverführung und dem Götzendienst Salomos andererseits wie Herkules am Scheidewege oder Paris vor den drei Göttinnen.

H. C. von Tavel

Lit.: Bern 1979, S. 293–298, Nr. 132 (Cäsar Menz); VON TAVEL: Manuel 1983.

Nationale Mythen

49

ANONYM

Die Verleihung der ersten Freiheiten an die Waldstätte. 1507
Holzschnitt, 16,4 × 14,9 cm

Aus PETERMANN ETTERLIN, *Kronica von der loblichen Eydtgenoschaft Ir harkomen und sust seltzam stritenn und geschichten.* Basel (Michael Furter) 1507
Zürich, Schweizerisches Landesmuseum, Inv. LM 44521 (DG 1)

49

Unter den Illustrationen in Etterlins *Schweizer Chronik* ragen zwei Holzschnitte hervor. Während die Mehrzahl bereits in anderen Verlagswerken Verwendung gefunden hatte, wurden diese speziell für das Werk gerissen und geschnitten. Ihre Bedeutung erhalten die Darstellungen sowohl durch ihre hohe künstlerische Qualität (Bock schreibt sie dem Meister DS zu; vgl. Kat. 51) als auch durch ihre Ikonographie: Die mythischen Anfänge der Eidgenossenschaft waren nie zuvor verbildlicht worden.

Der zu Unrecht als *Rütlischwur* bekannte Holzschnitt (unter diesem Namen bei BAUD-BOVY 1935, S. 56, und KELLER 1984, S. 111) findet sich erstmals auf Fol. B ii r der Chronik und erscheint danach an vier weiteren Stellen als – mehr oder weniger passende – Illustration. Drei Männer stehen eng zusammengedrängt; einer von ihnen ist bürgerlich gekleidet, zwei tragen eine leichte Rüstung. Sie nehmen von einem geharnischten und bewaffneten Boten ein versiegeltes Schreiben in Empfang. Zemp (1897, S. 92) deutet die Szene als die Verleihung der ersten Freiheiten an die Waldstätte. Die Darstellung folgt insgesamt dem Text der Chronik ab Fol. 3 i v. Im Hintergrund sind jene Ereignisse wiedergegeben, die dem Haupt-

moment des Holzschnittes vorangingen. So
ziehen links wackere Männer in das unwirt-
liche Land ein (zu Fol. B i v, »Wie in die
Wildnüs Ury, Switz und Underwaldeñ / erst
malen lütt darin kamen«) und roden rechts
die Wälder, um Platz für ihre Siedlungen zu
schaffen (zu Fol. B ii v, »Da selbs Rüttottent
unnd buwttent«). Ein Drache, der zu den
»vil ungehürer tyeren und menger grosser
wurm« (Fol. B ii v) gehört, die der Bevölkerung und dem Vieh nach dem Leben trachten, wird von einem des »Geschlechts
Winckelried« getötet. Daß dieser an den zu-
gefügten Verletzungen starb, »das doch schad
ist«, kommentiert der Chronist (Fol. B ii v).

Vom Rütlischwur berichtet erst der Text
auf Fol. C ii v; auf der folgenden Seite wird
der Holzschnitt wiederholt. Interessanter-
weise erscheint die Illustration in der Chronik immer dann, wenn in einer Überschrift
von einem »püntnüß« oder »pund« die Rede
ist (Fol. C vi r, S ii v, U iii r). Der Rütlischwur, der wenig später als die Keimzelle,
aus der die Eidgenossenschaft hervorgegangen ist, verstanden wird, ist in Etterlins
Chronik zwar ikonographisch vorgeprägt;
erst in der Chronik von Johannes Stumpf
(1548, S. 329) sollte er aber eine eindeutige
Form erhalten.   Th. Vignau-Wilberg

Lit.: ZEMP 1897, S. 89 ff.; BOCK 1924, S. 7, Taf.
IX; BAUD-BOVY 1935, S. 56 f.; KELLER 1984,
S. 111.

50

ANONYM

Wilhelm Tells Apfelschuß. 1507
Holzschnitt, 28 × 19 cm

Aus PETERMANN ETTERLIN, *Kronica von der
loblichen Eydtgenoschaft Ir harkoḿen und sust
seltzam strittenn und geschichten.* Basel
(Michael Furter) 1507
Bern, Burgerbibliothek, Inv. S. 129 a

Im Unterschied zur *Verleihung der ersten Freiheiten an die Waldstätte* (Kat. 49) war bei dem
Holzschnitt mit *Wilhelm Tells Apfelschuß* eine
mehrfache Verwendung in derselben Chronik ausgeschlossen. Die Darstellung auf Fol.

50

C iiii r illustriert »Von Wilhelm Tellen dem
frommen landtmann der sinem eigen kind
ein ȯpffel must ab dem houpt schiessen und
wie es im ergieng«. Tell, auffallend jung, hat
den Mantel abgelegt und zielt auf den Apfel.
Der zweite Pfeil – jener für Geßler, falls er
den Knaben und nicht den Apfel treffen
sollte – steckt zwischen den Schulterblättern
unter seinem Wams. Geßler, den einer seiner Begleiter durch eine Handbewegung zu
beschwichtigen versucht, sieht dem Schießen
voller Ingrimm zu. Links blickt man auf den
See, rechts ragt auf einem Felsplateau die
Vogtsburg auf. Auch bei dieser Darstellung
verblüfft die souveräne Beherrschung räum-
licher Ordnung und die künstlerische Qualität des Holzschnittes, der von Bock dem
Meister DS zugeschrieben wird.

Der Vergleich mit der Darstellung derselben Szene in der Chronik von Johannes
Stumpf, die vierzig Jahre später erscheinen
sollte (S. 328), macht deutlich, wie originell
und modern Reißer und Formschneider in
Etterlins Chronik die Gestaltung dieses Stof-

51

fes meisterten. Josias Murer sollte sich noch in einem Scheibenriß aus dem Jahr 1580 (Basel 1984, Nr. 336, Abb. 293) nicht nur in Details (Geßlers Pfeil), sondern auch im Aufbau der Darstellung nach dem Apfelschuß in Etterlins Chronik richten.

Th. Vignau-Wilberg

Lit.: ZEMP 1897, S. 89 ff.; BOCK 1924, S. 7, Taf. IX; BAUD-BOVY 1935, S. 56 f.; KELLER 1984, S. 111, Abb. 1.

51

HANS KÜNG (Zuschreibung)
Tätig in Zürich 1496–1523

Relief mit Tells Apfelschuß. Um 1523

Lindenholz bemalt, 49 × 102 × 6 cm
Zürich, Schweizerisches Landesmuseum,
Inv. Dep. 2448 (Gottfried Keller-Stiftung)

In der Tell-Ikonographie steht das 1912 von der Gottfried Keller-Stiftung aus Luzerner Privatbesitz angekaufte Relief an zweiter Stelle. Es erweist sich in der Bildkonzeption abhängig vom Prototyp der Apfelschußszene, einem Holzschnitt in Petermann Etterlins Schweizer-Chronik von 1507 (Kat. 49, 50). Schon der Illustrator des Luzerner Geschichtsschreibers, der Meister DS (wohl Daniel Schwegler, vgl. HIERONYMUS 1984),

teilte sein Bild in vier klar voneinander getrennte Szenen: links das Tellenbübchen mit übereinandergelegten (gefesselten?) Händen ruhig vor einem Baum stehend, rechts der mit der Armbrust zielende junge Vater, umgeben von drei Personen, nämlich Geßler mit seinem Gefolgsmann und einem Kriegsknecht, im Hintergrund links der See mit Geßlers Boot nahe der Tellskapelle, rechts die Geßlerburg sowie andeutungsweise vielleicht die Hohle Gasse. Der im Gegensatz zu Etterlin bärtige und älter aussehende Tell hat Barett und Köcher vor sich auf den Boden gelegt; seiner Armbrust fehlt der abgefallene Bogen und in seinem Göller der zweite Pfeil. Geßler trägt ein Barett nach der Mode der Renaissancefürsten, der Gefolgsmann ein geschlitztes Barett von Landsknechtart und der Krieger die geschlitzte Hosentracht nach neuester Söldnermode. Ob der Stock unter des letzteren linkem Arm als Stange für den Geßlerhut zu interpretieren sei, wie das Baier-Futterer tat, bleibe dahingestellt.

Das Relief dürfte nicht wesentlich später als der Holzschnitt von 1507 entstanden sein. Fortschrittlich im Stil wirkt neben der Kleidung die Burg aus Stein, die indessen wohl hauptsächlich zur Erleichterung des Schnitzens so einfach kubisch ausgefallen ist. Eigenartig erscheint die schollenartig schup-

pige Gestaltung des Bodens und der Berge
sowie das lappige Haupthaar Tells. Diese Stil-
elemente findet man in den Deckenmedaillons des Klauserhauses in Luzern wieder, sowohl im Saal des ersten Stocks wie auch in
der Kapelle des zweiten Stocks. Es sind dies
mit den Initialen HK und der Jahreszahl
1523 versehene Arbeiten des Zürcher
Tischmachers Hans Küng. Wegen des weitgehend identischen Schnitzstils sowie auch
wegen der Herkunft aus Luzern hat man das
Tellrelief mehrheitlich Hans Küng zugeschrieben, ja sogar angenommen, daß es im
Saal des Klauserhauses als Supraporte gedient
habe, aber einige Zeit vor dem Abbruch, also
nicht zeitgleich mit den Decken, entfernt
worden sei. Die Interieurs des Klauserhauses
sind 1908 von der Gottfried Keller-Stiftung
erworben und dem Landesmuseum zur Ausstellung zugewiesen worden, wo sich die
Decke des 1. Stocks in der Eingangshalle
eingebaut findet. Man neigt zur Annahme,
Küng habe das Relief gleichzeitig mit den
Deckenmedaillons geschnitzt, von denen das
mit der reitenden Kybele ähnliche Land-
schaftsschollen und das mit dem geigenden
Orpheus gleiche lappige Haare zeigt. Küngs
Hauptwerk sind die dem Relief ebenfalls
vergleichbaren Deckenverzierungen in der
Zürcher Zunftstube zur Schmieden von
1520.

In der Komposition halten sich bis um
1600 alle Apfelschußszenen mehr oder weniger getreu an den Holzschnitt in Etterlins
Chronik bzw. an das Relief aus Luzern. Erst
später tauchen veränderte Elemente auf, so
Tell in kniender Stellung und Geßler zu
Pferd. In Hans Küngs Relief besitzt man die
erste plastische Gestaltung des für die Grün-
dungssage der Eidgenossenschaft so wichtigen Ereignisses.   L. Wüthrich

Lit.: Genf 1896, S. 160, Nr. 1648; ZEMP 1897,
S. 94, Anm. 3; HEINEMANN 1902, S. 7–9, Abb. 2,
S. 53, Anm. 78; BRUN 1905–1917, II, S. 202, und
IV, S. 269; Jahresbericht des Schweizerischen Landes-
museums 1912, S. 63; Bericht der Gottfried Keller-
Stiftung 1912, S. 6–8; BAIER-FUTTERER 1936,
S. 144–145; REINLE 1954, S. 140–142, Abb. 119
und 121; BAUM 1965, S. 89, Taf. 225 (Abb. 511).

52

52

ANONYM

Tells Apfelschuß. Um 1530
Glasgemälde, 35 × 25 cm
Zürich, Schweizerisches Landesmuseum,
Inv. LM 13255

Die Apfelschußszene wird von Balustersäu-
len und Astbogen gerahmt. Landvogt Geßler
in rotem Gewand, umgeben von Geharnischten mit Halbarten und einem einzelnen
Speerträger, hat Wilhelm Tell eben den Befehl erteilt, einen Apfel vom Kopfe seines
Sohnes Walter zu schießen. Tell nimmt für
den Schuß mit der Armbrust eine kniende,
aber freihändige Stellung ein. Ein zweiter,
bei Mißlingen des Schusses für Geßler bestimmter Pfeil steckt in seinem Göller. Der
Schauplatz Altdorf wird durch den Urnersee
mit schroffen Felsrippen und wildwüchsigen
Bäumen angedeutet. – Im Bogenfeld sind
zwei weitere Episoden aus der Freiheitsge-
schichte der Eidgenossenschaft dargestellt.
Rechts schreitet Tell bedeckten Hauptes am
bewachten Geßlerhut vorbei. Im Hinter-

grund ist die von Geßler bei Amsteg erbaute Burg Zwing-Uri sichtbar. Auf der linken Seite ist Konrad Baumgarten im Begriffe, den im Badezuber sitzenden habsburgischen Untervogt Wolfenschießen mit der Axt zu erschlagen, weil er seine Frau, die jetzt unbeteiligt am Spinnrocken sitzt, vergewaltigen wollte.

Die drei Szenen gehören zu den beliebtesten Darstellungen des Tellmythos. Der Apfelschuß als Topos der Heldentat kommt bereits in skandinavischen Sagen des 11./12. Jahrhunderts vor. Hauptquelle der Tellengestalt und der Befreiungsgeschichte der Waldstätte ist ein epischer Nachtragstext, der im sogenannten Weißen Buch von Sarnen, einem Kopialbuch alter Bundesbriefe, erscheint und um 1470–1472 von Hans Schreiber – nach einer bereits um 1420 in Bern entstandenen Vorlage – aufgezeichnet wurde. Die älteste bildliche Überlieferung des Apfelschusses (und des Rütlischwurs) geht auf die von Michael Furter 1507 in Basel gedruckte eidgenössische Chronik des Luzerner Stadtschreibers Petermann Etterlin zurück (Kat. 50). Unser Künstler scheint sich aber nicht an Etterlins Illustrator, dem Monogrammisten DS, zu orientieren, sondern gestaltet das Geschehen neu. Gewisse stilistische Merkmale, so der steinbesetzte Platz, die dramatisierte Landschaft, der Vogelzug und der zur Trauerweide stilisierte Baum, unter welchem Tells Söhnchen steht, lassen Einflüsse der Donauschule verspüren, wie sie auch im Werk des Zürcher Malers und Graphikers Hans Leu d. J. (um 1490–1531) aufzufinden sind.

Der am Fuß genannte Stifter »CHRISTOV FROSCHOWER«, mit sprechendem Wappen »Frosch auf Aue« (hier in Rot, sonst in Blau, vgl. SCHNEIDER 1970, Nr. 338) war der Begründer der Offizin Froschauer, die von 1521 bis 1591 das Zürcher Druckereiwesen beherrschte. Berühmtheit erlangte die Zürcher- oder Froschau-Bibel von 1524/25.

B. Anderes

Lit.: SCHNEIDER: Glasgemälde 1970, I, Kat. 13–4; STUNZI 1973, S. 33 f.; MEYER 1985; ANDERES und HOEGGER 1988, S. 317–319.

53

CHRISTOPH MURER
Zürich 1558–1614 Winterthur

Ursprung der Eidgenossenschaft. 1580
Radierung, 73,7 × 131,1 cm (Blatt).
Hauptdarstellung: drei Platten nebeneinander; auf der rechten Platte links unten signiert und datiert: »Christof Murer Inven Tigurin 1580« mit Schweizerdolch und Schnurschlingen. Über der szenischen Folge eine Wappenreihe, ebenfalls von drei Platten gedruckt; unter der Folge zwölf Textspalten, gedruckt von drei Holzstöcken. Zürich, Graphiksammlung der ETH, Mappe 500

Die Hauptdarstellung schildert synoptisch die Geschichte der Entstehung der Eidgenossenschaft und ihrer Loslösung von Habsburg. Die einzelnen Szenen sind in eine durchlaufende Landschaft plaziert; sie sind arabisch numeriert (1–20). Zur Radierung erschien die Erläuterung eines unbekannten Autors. Die Zahlen links neben dem in zwölf Spalten gedruckten Text beziehen sich auf die entsprechend numerierten Darstellungen der Radierung. Über der Szenenfolge befindet sich ein Wappenfries. Das Zürcher Wappen mit zwei Schildhaltern nimmt die Mitte ein, links und rechts davon erscheinen, jeweils durch eine Säule getrennt, die Schilde der übrigen zwölf Orte in ihrer Rangordnung (vgl. Kat. 208): Schaffhausen (12), Freiburg (10), Glarus (8), Unterwalden (6), Uri (4), Bern (2), Luzern (3), Schwyz (5), Zug (7), Basel (9), Solothurn (11) und Appenzell (13). An den Säulen hängen die Schilde der zugewandten Orte und Herrschaften: Bremgarten, Sargans, Frauenfeld, Toggenburg, Rottweil, Wallis, St. Gallen, Chur, Mülhausen, Biel, Wil, Baden, Rheineck und Rapperswil.

Vor der Ausgabe der gesamten Folge mit Text gab es bereits Drucke der einzelnen Platten. Die Darstellung der mittleren Platte mit Rütlischwur und Apfelschuß erschien, durch eine Linie eingefaßt, mit der Überschrift »Verzeichnus deß Ersten ursprungs der Loblichen freyen Eidtgnosschafft« (Ex-

53

emplar München, Staatliche Graphische Sammlung). Bei einer späteren Auflage wurde das Blatt in einzelne Plattenabzüge zerlegt herausgegeben, die Drucke wurden hintereinander angeordnet und in handlicher Buchform gebunden (Exemplar Luzern, Zentralbibliothek). Bei der wesentlich späteren Ausgabe des Jahres 1666 wurden links und rechts oben Radierungen mit der Geschichte des Königs Skiluros und des Hauptmanns Sertorius (Teile der *Vermanung*-Radierung Murers siehe Kat. 54) angestückt.

Murers *Ursprung der Eidgenossenschaft* ist der Gattung der Bilderchroniken zuzuordnen; der Form und dem Inhalt nach ist das Blatt ein politisches Flugblatt. Es führt den Zeitgenossen die glorreichen Taten der Eidgenossen in der Vergangenheit vor Augen und bezweckt die Verstärkung ihres Nationalbewußtseins, indem es – konfessionellen Unterschieden zum Trotz – sie zu Treue und Einigkeit im Sinne ihrer Ahnen ermahnt.

In Murers Radierung ist der Mythos der Gründung der Eidgenossenschaft, der sich erst im 15. Jahrhundert entwickelt hatte, in allen Szenen völlig ausgebildet. Besonders der *Rütlischwur* auf dem mittleren Blatt beeinflußte die noch junge nationale Ikonographie nachhaltig. Während der Rütlischwur in Etterlins Chronik noch keineswegs als der Ausgangspunkt der Eidgenossenschaft angesehen wurde, war er in Stumpfs Chronik zwar als ein wichtiger Moment hervorgehoben, jedoch künstlerisch unbefriedigend illustriert worden. Murers Radierung bringt den Rütlischwur erstmals in einer durchdachten und spannungsreichen Komposition, deren Wirkung noch Jahrhunderte später spürbar ist. Die drei Eidgenossen werden im Text namentlich als Walter Fürst von Uri, Werner Stauffacher von Schwyz und Arnold von Melchtal von Unterwalden genannt. Individuelle Gesichtszüge und unterschiedliche Kleidung heben sie voneinander ab. Durch verschiedenes Alter – ungestüme Jugend, kraftvolles Mannesalter und weise Reife – verkörpern sie außerdem die drei Lebensalter und weisen so über sich hinaus auf die gesamte Eidgenossenschaft hin.

Th. Vignau-Wilberg

Lit.: ANDRESEN 1872, S. 231 f., Nr. 6; HAENDCKE 1893, S. 272; ZEMP 1897, S. 153 ff.; VIGNAU-WILBERG 1975, S. 141, Abb. 2; VIGNAU-WILBERG 1979–1980, S. 99 f., Abb. 7 f.; VIGNAU-WILBERG 1982, S. 14 ff., Abb. 137; KELLER 1984, S. 111, Abb. 2.

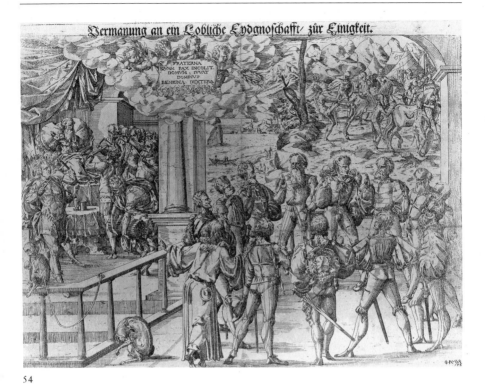

Vermanung an ein Lobliche Eydgnoschafft, zur Einigkeit.

FRATERNA
QUAM PAX INCOLIT
DOMUM, IUVAT
DOMINUS
BENIGNA DEXTERA

54

54

CHRISTOPH MURER
Zürich 1558–1614 Winterthur

**Vermanung an ein Lobliche
Eydgnoschafft zur Einigkeit.** 1580
Radierung, 33,2 × 43,7 cm (Blatt)
Zürich, Graphiksammlung der
Eidgenössischen Technischen Hochschule,
Mappe 505

Das Blatt zeigt als Hauptdarstellung auf der
rechten Bildhälfte den Bundesschwur zu
Stans im Jahr 1481: Die Tagboten der XIII
(statt – historisch richtig – VIII) Orte sind
kreisförmig angeordnet. Links über ihnen
hängt ein Schriftstück mit 13 durch Wappen
geschmückten Siegeln. Es trägt die Aufschrift «FRATERNA / QUAM PAX INCOLIT /
DOMUM, IUVAT / DOMINUS / BENIGNA
DEXTERA» (Dem Haus, das der Friede unter
den Brüdern bewohnt, hilft Gott mit seiner milden Rechten). Die Rückenfigur des

Abgeordneten Solothurns ist dem Rütlischwur der *Ursprung*-Radierung entnommen
(Kat. 53). Ihm legt der Vermittler im Stanser
Verkommnis, Bruder Klaus, Verbündeter
beider Konfessionen, beschwichtigend die
rechte Hand auf die Schulter. Mit der Linken
zeigt er auf eine Szene, die sich auf einer Art
von Bühne abspielt und die zu der Hauptdarstellung in enger Beziehung steht. Als ty-
pologische Parallele unterstreicht sie die
Aussage der Hauptdarstellung. Bei der Ermahnung der Eidgenossen zur Einigkeit
wird auf König Skiluros hingewiesen, der
seinen 13 (der Zahl der XIII Orte des Jahres
1580 entsprechend) Söhnen demonstriert,
daß man leicht einen einzelnen Stab brechen
könne, daß sich ein Rutenbündel jedoch
nicht brechen läßt: Verbunden werden auch
die Schwachen mächtig. – Als Hintergrund
zum Stanser Schwur wird eine Episode aus
dem Leben des römischen Hauptmannes
Sertorius erzählt (vgl. Kat. 28).

55

ausgehende 16. Jahrhundert datiert. Tell setzt zum Apfelschuß an; der legendäre zweite Pfeil steckt im Göller. Er trägt das rot und gelb-schwarz geteilte Kleid der Berner Reisläufer und wird so zum Inbegriff des schweizerischen Kriegers und Helden. Als Waffe trägt er eine Armbrust aus der zweiten Hälfte des 15. Jahrhunderts, wohl nicht die ursprüngliche Waffe der Skulptur. Seit dem 17. Jahrhundert ist die Figur im Berner Zeughaus belegt, wo sie als Symbol der vaterländischen Tugenden einen Ehrenplatz einnahm. Eine Holzskulptur des Tellensohns wurde ebenfalls im Zeughaus verwahrt, wenn auch angenommen werden kann, daß diese kaum vom gleichen Künstler ausgeführt wurde und vielleicht auch später zu datieren ist.

1975 wurde die Skulptur restauriert und von Zusätzen und Veränderungen befreit.

F. de Capitani

Lit.: HOFER 1947; BÄCHTIGER: Tell 1979.

Auch Murers *Vermanung*, deren Auflage wohl sehr klein war (sie ist Andresen nicht bekannt), beeinflußte die Kunst seiner Zeit. Bereits in den Jahren 1584–1586 verwendete sie Humbert Mareschet als Vorlage bei der Ausführung zweier seiner Gemälde für die Burgerstube des Berner Rathauses (Kat. 211, 212). Th. Vignau-Wilberg

Lit.: VIGNAU-WILBERG 1980, S. 104 ff., Abb. 11; VIGNAU-WILBERG 1982, S. 15 ff., Abb. 138; KELLER 1984, S. 114 f.

55

ANONYM SCHWEIZ

Der Schütze Tell. 1580/90

Bemalte Holzskulptur, Höhe 178 cm
Bern, Bernisches Historisches Museum,
Inv. 278a

Der »Berner Tell« ist die erste ganzfigürliche Darstellung der Schußszene und wird in das

56

ANONYM FLÄMISCH
(Umkreis Josse de Momper)

Tells Apfelschuß vor Gebirgslandschaft
Um 1630

Öl auf Holz, 48,5 × 83,3 cm
Bern, Bernisches Historisches Museum,
Inv. 49870

Die flämische Landschaftsmalerei erlebte am Übergang vom 16. zum 17. Jahrhundert einen ersten Höhepunkt. Josse de Momper (1564–1635) und andere Künstler aus seinem Umkreis stellten die Landschaft ins Zentrum ihrer Bilder; die Darstellung historischer oder mythologischer Ereignisse und Personengruppen trat hinter die Bedeutung der Landschaftsdarstellung zurück.

Das Landschaftsbild, das wohl kaum Josse de Momper selbst zugewiesen werden kann, zeigt eine phantastische Gebirgslandschaft an einem See. Reisende, Burg und Schiff beleben die Darstellung, deren Horizont sich in den Wolken verliert.

56

Die Darstellung des Apfelschusses steht in der Tradition der flämischen Telldarstellungen (vgl. Kat. 57). Der Knabe steht mit dem Rücken zum Schützen und hat die Augen verbundenen. Tell, im bürgerlichen Gewand der Zeit um 1600, hat die Armbrust zum Schuß erhoben. Der Landvogt Geßler, hoch zu Roß, und seine Krieger verfolgen die Szene. Ein ähnliches Bild befindet sich im Schweizerischen Landesmuseum (Inv. 188); Heinemann (1902, S. 26–27) weist auf die Spur eines dritten Bildes hin, das aber nur aus einer Beschreibung des 18. Jahrhunderts bekannt und mit dem des Landesmuseums vielleicht identisch ist.

Die Frage bleibt offen, ob ein und derselbe Maler die Landschaft und die Figurengruppe gemalt hat. Als Maler der Figurengruppe wird Sebastian Vrancs (1573–1647) in Betracht gezogen.   F. de Capitani

Lit.: HEINEMANN 1902; ERTZ 1986, Nr. A 5.

57

KARL-EMMANUEL BISET
Mecheln 1633–1691 Breda

Die Szene von Tells Apfelschuß, vor der Sebastiansbruderschaft Antwerpen. 1672
Öl auf Leinwand. 117,5 × 209 cm
Brüssel, Musées royaux des beaux-arts de Belgique, Inv. 1476

Im 17. Jahrhundert zeigt das Gruppenbildnis meistens eine Körperschaft. In Holland wird es zur bürgerlichen Darstellung, während es sich in Flandern selten aus dem religiösen Zusammenhang löst. Außergewöhnlich in unserem Gemälde ist die Bezugnahme auf die politische Geschichte.

Um in sein Gruppenbildnis Leben zu bringen, läßt Biset die Mitglieder der St.-Sebastians-Bruderschaft oder Schützengilde von Antwerpen gleichsam einer Tell-Aufführung beiwohnen, wo der Held der Schweizer Sage gerade mit seinem Pfeil den Apfel auf dem Haupt seines Söhnchens durchbohrt. Der Meisterschütze Tell erscheint übrigens in der holländischen und flämischen Bildwelt bereits im 16. Jahrhundert.

57

Die Szene spielt sich vor einem Barockpalast ab. Die Mitglieder der Schützengilde befinden sich hinter einer niedrigen, mit dem Wappen der St.-Sebastians-Bruderschaft geschmückten Mauer. Einige tragen Schulterstücke mit den Abzeichen ihres Ranges in der Bruderschaft. Der Vorsteher sitzt. Vor ihm hängt ein Teppich mit seinem Wappen. Es deutet auf Jan Snyers, Schöffen und Bürgermeister der Stadt Antwerpen. Die Rücklehne des Stuhls ziert das Wappen des Jan Baptist Greyns. In den Kartuschen der Kolonnade liest man lateinische Distichen zum Ruhme der Vaterlandsliebe und des Guten Regiments. Von Bewaffneten begleitet, erscheint der Tyrann Geßler auf dem Altan des Palasts. Er ist als Türke gekleidet. In seiner Nähe ist die Lanze mit dem Hut aufgepflanzt, den sich der Befreier der Eidgenossen zu grüßen geweigert hat; vielleicht ist – einer Traditionsvariante folgend – ein orientalischer Tell gemeint.

Am 28. April 1672 unterzeichnete Biset vor dem Notar den Vertrag mit der Gilde der Altbogenschützen von Antwerpen, worin er sich verpflichtete, auf einem großen Gemälde deren wichtigste Mitglieder zu porträtieren und Tells Apfelschuß darzustellen. Biset war seit 1663 selbst Mitglied dieser Bruderschaft. J.-B. Descamps sah das Bild im 18. Jahrhundert in der St.-Sebastians-Schützenstube von Antwerpen.

An dem Gemälde wirkten zwei Spezialisten mit: der Architekturmaler Wilhelm Schubert von Ehrenberg und der Landschaftsmaler Philipp Augustin Immenraet.

W. Laureyssens

Lit.: DESCAMPS 1792, S. 189; FETIS 1865, S. 243–245, Nr. 118; VAN DEN BRANDEN 1883, S. 873–874; HEINEMANN 1902, S. 25–26 (Abb.); STUNZI 1973, S. 51 (Abb.); PIGLER 1974, Bd. 2, S. 448.

58

JOSEPH WERNER
Bern 1637–1710 Bern

Der Schwur auf dem Rütli. 1677
Gouache auf Pergament über Kupfer,
11,7 × 9,5 cm
Berlin, Staatliche Museen zu Berlin,
Gemäldegalerie im Bodemuseum,
Inv. M 624

Werner stellt den Schwur auf dem Rütli in einer erfundenen schweizerischen Landschaft mit See, Voralpen und Hochalpen dar; im Hintergrund ist die Szene mit Tells Apfelschuß vor großer Volksmenge zu erkennen.

Für die drei Schwörenden greift Werner auf die seit dem 16. Jahrhundert gewohnte Auffassung und Komposition zurück. Da er eine bedeutende Medaillensammlung besaß, darf angenommen werden, daß er den *Bundestaler* von Jakob Stampfer (Kat. 170) kannte. Bis auf die erhobenen Hände lehnt sich die Stellung der Rückenfigur links, der frontalen in der Mitte und der schräg zum Betrachter stehenden Figur rechts mit dem Kopf im Profil an Stampfer an. Hielten bei Stampfer die Schwörenden mit der Linken ihre Waffen und legten die Rechte zur Besiegelung des Bündnisses ineinander, so läßt nun Werner die drei Figuren ihre Rechte zum Schwur erheben und ihre Linke ineinanderlegen. Damit nimmt Werner die Komposition von Füssli (Kat. 1–4) vorweg. Auch die an den Rücken gehängten Hüte der seitlichen Figuren gehen auf das 16. Jahrhundert zurück. Man vergleiche die Darstellung im *Ursprung der Eidgenossenschaft* von Christoph Murer (Kat. 53).

An der Apfelschußszene fällt auf, daß der Knabe nicht an einem Baum steht, sondern vor einer eigens aufgerichteten Wand. Dies mag eher zeitgenössischen Festspiel-Aufführungen entsprechen als dem Bestreben nach historischer Rekonstruktion. Möglicherweise lag Werner für diese Szene ein flämisches oder niederländisches Vorbild vor (vgl. Kat. 56, 57). Theatralisch wirkt auch die Kostümierung der Schwörenden.

Der Schwur auf dem Rütli ist das einzige Werk mit einem Motiv aus der Geschichte der Eidgenossenschaft, das sich von Werner erhalten hat. Über die Bestellung und die ersten Besitzer ist nichts bekannt; die Herkunft der Miniatur läßt sich nur bis 1815 zurückverfolgen. Damals befand sie sich schon in Berlin. Im Entstehungsjahr, 1677, arbeitete Werner in Augsburg, wo er – dem erhaltenen Bestand nach zu schließen – vor allem mit Miniaturen für die Münchner Residenz beschäftigt war. 8 Darstellungen aus dem Leben Mariä und 7 Bildnisminiaturen der Familie des Kaiserhauses haben sich in situ erhalten. Werner, Miniaturmaler im Dienst der Höfe in Versailles und München, hat

58

hier für einmal »à sa façon« ein nationales Thema seines republikanischen Vaterlandes aufgegriffen und damit den Rütlischwur mit dem Mittel des maltechnischen Raffinements in winzigem Format sozusagen hoffähig gemacht. H. C. von Tavel

Lit.: GLAESEMER 1974, Nr. 99; VON TAVEL 1991.

59

ANONYM SCHWEIZ

Tell und sein Sohn. Um 1760
Bemalte Holzskulptur, Höhe 23 cm
Bern, Bernisches Historisches Museum,
Inv. 3374

Die Tellgeschichte wurde in der zweiten Hälfte des 18. Jahrhunderts heftig diskutiert. Es ging nicht nur um die Frage, ob sie eine Sage oder ein historisches Faktum sei, sondern auch um jene nach der moralischen Rechtfertigung von Ungehorsam und Tyrannenmord. Die Taten Tells konnten einerseits als Auslöser der Befreiungskämpfe angesehen werden, andererseits aber als deren Gefährdung. – Auf diesem Hintergrund rückten

59

60a

in den Darstellungen des nicht gegrüßten Hutes die Schußszenen etwas in den Hintergrund; ungeteiltes Verständnis fand allein das Drama des Vaters, der das Leben seines Sohnes gefährden mußte. Nicht die Rebellion gegen die Obrigkeit, sondern das verletzte Vaterherz wurde zur Schlüsselszene der Tellgeschichte. Johann Caspar Lavater hat in seinem *Tellenlied* (1766) diesen Moment nach dem Apfelschuß wiedergegeben:

> Voll jugendlicher Munterkeit
> Jauchzt ihm der Sohn, in Eil'
> Bringt er dem Vater – welche Freud' –
> Am Apfel seinen Pfeil.
>
> So schlug ihm nie sein Vaterherz,
> So pries er niemals Gott;
> So quoll ihm Freude nie aus Schmerz,
> Und Ehre nie aus Spott.

Die Kleinplastik erlebte im ausgehenden 18. Jahrhundert eine bedeutende Blüte; aus den verschiedensten Materialien entstanden Figuren und Figurengruppen, die den neuen Bedürfnissen bürgerlicher Repräsentation entsprachen.

Wilhelm Tell, in der Tracht des alten Schweizers, trägt einen großen, ausladenden Hut mit Federschmuck, den Tellenhut, der zum Symbol der schweizerischen Freiheit geworden war.

Ein ähnliches Stück befindet sich im Schweizerischen Landesmuseum (Inv. LM 24937). F. de Capitani

Lit. zur Ikonographie: HEINEMANN 1902; STUNZI 1973.

60 a, b

VALENTIN SONNENSCHEIN
Stuttgart 1749–1828 Bern

Rütlischwur. Um 1780
Gruppe aus gebranntem Ton mit weißem Anguß, Höhe 27,5 cm
Bern, Bernisches Historisches Museum, Inv. 26176

Tell mit Frau und Sohn. Um 1780
Gruppe aus gebranntem Ton mit weißem Anguß, Höhe 25,5 cm
Bern, Bernisches Historisches Museum, Inv. 26177

60 b

Die zwei Gruppen, die im Inventar des Bernischen Historischen Museums als »Rütlischwur« und als »Tells Heimkehr« aufgeführt sind, sind dem Museum als Deposita des Familienarchivs von Mülinen zugekommen. Sie sind mit ihren gleichgewichtigen Figurenkompositionen auf gleichgestalteten Sockeln zweifellos als Gegenstücke geschaffen worden.

Im *Rütlischwur* sind die Figuren von Stauffacher und Fürst, den Vertretern von Schwyz und Uri, als ältere, bärtige Männer mit parallel erhobenen Schwurhänden dargestellt, denen Melchtal, der Unterwaldner, im Harnisch als junger, bartloser Krieger entgegenschwört. In der Tellgruppe wird nicht »Tells Heimkehr« gezeigt, sondern der Moment, da Tell nach dem glücklichen Treffschuß seine geprüfte Frau umarmt und aufrichtet, während sie den Knaben mit dem vom Pfeil durchschossenen Apfel an sich zieht.

Die Gruppen vergegenwärtigen als Gegenstücke die zwei grundlegenden Ereignisse, die am sagenhaften Ursprung der schweizerischen Freiheit stehen: zum einen den politischen Akt des Bundesschwurs, zum anderen die individuelle Tat des Freiheitshelden Tell. Die Darstellung der letzteren ist ungewöhnlich, indem sie nicht die Tat ins Zentrum rückt, sondern das Leid, das hier der Mutter zugefügt worden ist: Tell ist zu ihr geeilt, greift ihr unter die Arme, richtet sie auf, und ihre Aufrichtung wird so, allegorisch verstanden, zum Bild der Aufrichtung und Befreiung des mißhandelten Volkes. In Haltung und Gebärde sind die Figuren Modellen eng verwandt, die Valentin Sonnenschein vor seiner im Jahre 1779 erfolgten Übersiedlung nach Bern in Zürich für die Porzellanmanufaktur in Kilchberg-Schooren geschaffen hat; die Gruppen *Rütlischwur* und *Tell mit Frau und Sohn* sind deshalb zweifellos nur wenig danach entstanden. Dreißig Jahre später hat Sonnenschein eine zweite Version seiner Tellgruppe von idealistischerer Auffassung geschaffen (Kat. 61).

Bei den Figuren handelt es sich um Sammlungsstücke, wie man sie vor allem in Bibliotheken gern aufstellte. Ihre Herkunft aus dem Besitz der Familie von Mülinen legt nahe, daß sie zuerst in der gepflegten Bibliothek des späteren Berner Schultheißen Albrecht von Mülinen standen, der »ein feuriger Freund vaterländischer Geschichte« war, und daß sie von ihm auf seinen berühmteren Sohn, den Historiker Niklaus Friedrich, kamen, dessen Bibliothek »einige schätzbare Erzeugnisse der bildenden Künste« enthielt.

R. Schnyder

Lit.: *Lebensgeschichte des Schultheißen* 1837, S. 20, 419; *Jahrbuch des Bernischen Historischen Museums* 1938.

61

61

VALENTIN SONNENSCHEIN
Stuttgart 1749–1828 Bern

Wilhelm Tell mit Frau und Sohn
Um 1810
Gruppe aus gebranntem Ton, Höhe 57 cm
Bern, Kunstmuseum, Inv. P 214

Die (signierte) Dreifigurengruppe zeigt die
Szene nach dem Apfelschuß. Tell steht als
dominierende, hochaufgerichtete Gestalt
frontal vor uns, mit nach rechts gewandtem,
in den Nacken geworfenem, zum Himmel
erhobenem Haupt. Seine linke Hand liegt
auf der Schulter seiner Frau, die, von ihm
abgekehrt, den Kopf zu ihm zurückdreht, zu
ihm aufblickt und gleichzeitig mit beiden
Händen den nackten Knaben hält, der ihr
den getroffenen Apfel gebracht hat. Die Inschrift auf dem Sockel erklärt zum Bildwerk:
»Wilhelm Tell. Gott flehet er an, um Rache,
auf Geßlers Haupt.«
Sonnenschein hat in dieser Gruppe das
Motiv wieder aufgegriffen, das er dreißig

Jahre früher als bewegte Szene mit einem
fast kavalierhaften Tell, der seiner Frau unter
die Arme greifend aufhilft (Kat. 60 b), schon
einmal gestaltet hatte. Nun aber hat er ein
formal streng durchkomponiertes, blockhaf-
tes, pathetisches Werk geschaffen. Tells Haltung drückt ohnmächtige Wut aus über den
unmenschlichen Befehl, auf sein eigenes
Kind zu schießen, den auszuführen ihn Geßler, der Tyrann, gezwungen hat, während die
Mutter zwischen Kind und Vater hin- und
hergerissen, von Tell abgekehrt sich um den
Knaben kümmert, gleichzeitig aber rück-
wärts zum Manne schaut mit der Frage auf
den Lippen: »Wie konntest du so etwas
tun?« Die Geste der Mutter, die das Kind in
Empfang nimmt, entspricht der Geste von
Trippels *Tell* (Kat. 69).
Die Szene ist ganz ins Menschliche ge-
wendet: in ihr erscheint die Rache Tells an
Geßler, der seine Macht willkürlich miß-
braucht hat, als gerechtfertigte, heroische
Freiheitstat. Die hier gegebene Sicht der
Tellsgeschichte ist zehn Jahre später von
Ludwig Vogel übernommen worden und
über ihn zu breiter ikonographischer Nach-
wirkung gelangt.
Sonnenschein hat seine Gruppe *Tell mit
Frau und Sohn* 1810 auf der Kunst- und In-
dustrieausstellung in Bern gezeigt. Seit vor
1911 ist sie im Besitz des Kunstmuseums
Bern.   R. Schnyder

Lit.: Bern 1810, S. 16, Nr. 160; BREITBART 1911,
S. 287, Taf. XX; KUTHY 1986, S. 28, Nr. 42.

62

DANIEL CHODOWIECKI
Danzig 1726–1801 Berlin

Wilhelm Tell. 1781
Radierung, 36,8 × 41,8 cm
Bern, Burgerbibliothek

Im Jahre 1773 beanspruchte Johann Caspar
Lavater die Dienste des Berliner Stechers
Daniel Chodowiecki, dem er einen Teil der

WILHELM TELL.

62

Illustrationen zu den *Physiognomischen Fragmenten* anvertraute (BRINITZER 1973, S. 245 ff.). Die beiden Männer verstanden sich zumindest während der ersten Jahre ihrer Zusammenarbeit ausgezeichnet, wie es dieses graphische Einzelblatt, das der Künstler dem Zürcher Pfarrer zueignete, nebst einem regen Briefwechsel bezeugt.

Die Ikonographie Wilhelm Tells, von der lange Zeit fast nur die Szene des Apfelschusses dargestellt wurde, erneuerte sich im Verlauf des 18. Jahrhunderts (GASSER 1971) und bereicherte sich durch bisher wenig ausgebeutete Sujets, die, wie etwa Tells Sprung aus dem Schiff oder der Tod Geßlers, die Rebellion gegen den Tyrannen und die Befreiungstat deutlicher zum Ausdruck bringen. So ist Chodowiecki allem Anschein nach der erste Künstler, der, in seinem realistisch-expressiven Stil, die Episode des in Reserve gehaltenen zweiten Pfeils darstellt, die im nachfolgenden Jahrhundert öfter behandelt werden sollte. Dargestellt mit den Zügen eines »ungeschlachten Bauern« (GASSER 1971, S. 572), macht Tell, der seinen Sohn leidenschaftlich-wild an sich drückt, deutlich, daß der zweite Pfeil, den er aufgespart hat, für Geßler bestimmt gewesen sei. Geßler antwortet mit fassungslosem Erstaunen. Im Hintergrund, wo eine Dreiergruppe von Männern, die in hitzigem Gespräch auf die Stange mit dem aufgepflanzten Geßler-

hut weist, ist bereits der Rütlischwur angedeutet.

Die Parallelsetzung von Wilhelm Tell und Lavater, damals keineswegs als abgeschmackt empfunden, beweist im Gegenteil die vom Zürcher Gelehrten gespielte aktive Rolle in der Bildung des Nationalgefühls. Nachdem er 1765 Mitglied der Helvetischen Gesellschaft geworden war, gab Lavater zwei Jahre später die *Schweizerlieder* heraus, eine Auswahl historischer und patriotischer Gesänge. Dieses Werk, das am Ende des 18. Jahrhunderts eine große Verbreitung fand, entsprach dem Wunsch der Gesellschaft (IM HOF 1983, S. 199 ff.). Eines der populärsten dieser Lieder, betitelt *Wilhelm Tell*, wurde regelmäßig bei Versammlungsbeginn von der Helvetischen Gesellschaft angestimmt (ebd., S. 207; LABHARDT 1947, S. 50 ff.). Chodowieckis Identifikation von Lavater mit Tell könnte auch anspielen auf die kurze Verbannung des jungen Lavater 1762, nachdem er den ehemaligen Landvogt von Grüningen der Veruntreuung bezichtigt hatte. S. Wuhrmann

Lit.: ENGELMANN 1857, Nr. 384; GASSER 1971, Nr. 9; STUNZI 1973, S. 65; BAUER 1982, Nr. 821; Lausanne 1989, Nr. 239.

63, 64

Johann Heinrich Füssli: Der Sprung Tells aus dem Schiff

Die Historizität Tells ist für die heutige Geschichtsforschung kein Thema mehr. Ein weitverbreitetes Sagenmotiv traf in der Urschweiz auf fruchtbaren Boden und verband sich mit eidgenössischem Unabhängigkeitswillen. Tell wurde zum ersten Schweizer und zum Symbol der Freiheit schlechthin. »Man weiß ihn unhistorisch und errichtet ihm Standbilder«, spottet Daudets Tartarin. In der Tat: Die Bildproduktion, die mit Beginn des 16. Jahrhunderts einsetzte, ist unübersehbar und sehr ambivalent. So tritt der Held in ganz gegensätzlichen Rollen auf.

63

Auf der einen Seite ist er Symbol der konservativen Eidgenossenschaft, dann wieder
Leitbild des Aufstandes gegen jede Art von
Unterdrückung. Bis zum heutigen Tag finden wir ihn immer wieder an der Front der
Unzufriedenen. Für die einen ist er ein »zor-
niger«, für die andern ein »redlicher« Mann
(ZELGER 1990, S. 392). Daß man ihm aber
auch mit Witz begegnen kann, demonstriert
die frühe Zeichnung von Füssli (Kat. 63).
Beim berühmten Sprung aus Geßlers Schiff,
kurz bevor er den Tyrannen erschießt,
scheint den Nationalhelden nichts mehr zu
beschäftigen, als daß er sein Federbarett nicht
verliert. Von ganz anderer Aussagekraft ist
Füsslis unmittelbar vor der Französischen
Revolution gemalter Sprung Tells. Das heute
nicht mehr erhaltene Gemälde wurde von
dem in Paris tätigen Kupferstecher Carl Guttenberg erworben. In seiner Reproduktion
fügte er eine Vignette mit dem Apfelschuß
und dem Rütlischwur hinzu und erläuterte
in einer Legende die Geschichte Tells
(Kat. 64).
    Guttenbergs in deutscher und französi-
scher Sprache verfaßter Text hat seine Wir-

kung in den Monaten vor dem Sturm auf
die Bastille kaum verfehlt, namentlich die
folgenden Sätze: »Schnell und kühn, enge-
flammet vom Geiste der Freiheit raffte TELL
Pfeil und Bogen zu sich, und sprang an
Strand: das Schiff wankte vom Stosse des
Trittes zurück; Doch GESLER kam bald, und
grimmig ans Gestade, er tratt aus, entschlossen dem entflohenen nachzueilen, Aber
TELL erschoß aus dem Gebüsche den Tiran-
nen.« Während der Französischen Revolution wurde Tell gar zum Jakobiner; er trat
auf der Bühne als Sanskulotte zur Melodie
der Marseillaise auf und feuerte die Zuschauer an, die Waffen gegen den König zu
erheben. Wie Brutus wurde er als Tyrannenmörder gefeiert. Der Schweizer Nationalheld ist zum Symbol der Europa aufrütteln-
den Freiheitsideen geworden. Mit dem
Sprung Tells schuf Füssli eine Inkunabel. Er
wählte eine dynamische, das Bild spren-
gende Diagonalkomposition, in der Hell
und Dunkel aufeinanderprallen. Während
der Held in gefährlichem, doch elegantem
Sprung nach links oben schnellt, stößt er das
Schiff in den wildwogenden See zurück. Das
bald untergehende Ancien Régime versinnbildlichen der verzweifelt dem Fliehenden
nachblickende Geßler in seinem mittelalter-
lich empfundenen Phantasiekostüm und die
ohnmächtige Rokokodame, Figuren, die
Füssli ganz an den rechten Bildrand schiebt
und deutlich negativ zeichnet. Kann Aufbruch nachhaltiger demonstriert werden?

F. Zelger

63

JOHANN HEINRICH FÜSSLI
Zürich 1741–1825 London

Der Sprung Tells aus dem Schiff
Um 1758–1760
Pinsel und Tusche über Bleistift,
25,7 × 19,5 cm.
Zürich, Kunsthaus, Graphische Sammlung
Inv. Z. 1940/85

In dieser frühen Zeichnung konzentriert sich
Füssli ganz auf die Figur Tells, der mit der
rechten Hand sein Federbarett auf den Kopf

64

drückt und die phantasievolle Tracht der
Schweizer Reisläufer aus der ersten Hälfte
des 16. Jahrhunderts trägt: geschlitztes Wams
mit weiten Ärmeln und geschlitzte Pluder-
hosen.   F. Zelger

Lit.: SCHIFF 1973, Nr. 266.

64

JOHANN HEINRICH FÜSSLI
Zürich 1741–1825 London

Der Sprung Tells aus dem Schiff
Um 1787/88
Kupferstich von Carl Guttenberg,
43,8 × 59,5 cm
Zürich, Kunsthaus, Graphische Sammlung,
Inv. Gr. 1940/141

Bezeichnet links unten: »Peint par Fuessli, à
Londres«. Rechts unten: »Gravé à Paris par
Charles Guttenberg«.   F. Zelger

Lit.: SCHIFF 1973, Nr. 719, S. 137; ZELGER 1973,
S 25f.; HOLSTEN 1980, Nr. 308; Lausanne 1989;
ZELGER 1990, S. 391 und 392.

65

BALTHASAR ANTON DUNKER
Saal bei Stralsund 1746–1807 Bern

Tells Sprung. 1795
Aquarell und Feder, 43,5 × 41,8 cm
Zürich, Schweizerisches Landesmuseum,
Inv. LM 25086

Patriotische Bildthemen gewinnen in Zeiten
politischer Verunsicherung immer wieder an
Bedeutung. Dies trifft auch auf das Ende des
18. Jahrhunderts zu, als in der Schweiz die
Oberschicht mit Unbehagen die Entwicklungen im benachbarten Frankreich beobachtete. Um die nationale Unabhängigkeit zu
untermauern, besann man sich auf die urei-

65

gene eidgenössische Geschichte. In erster Linie wurde Wilhelm Tell aus den Annalen der Vergangenheit ausgegraben und in Bild, Wort und Skulptur verherrlicht.

Dunkers Aquarell ist in diesem Zusammenhang zu verstehen. Es bezieht sich auf den überlieferten Mythos und die Episode, als Tell von Geßler gefangengenommen wurde und bei stürmischem See nach Küßnacht am Vierwaldstättersee überführt werden sollte. Tell befreite sich jedoch mit einem kühnen Sprung aus dem Boot. Genau diesen Augenblick hält Dunker in seiner Komposition fest. Tell hält sich im Springen mit seiner Rechten an einem Grasbüschel des rettenden Ufers fest und hängt etwas verloren zwischen Land und Boot. Zurück bleibt das Ehepaar Geßler, durch den Sprung Tells in eine heikle Lage gebracht. Das Schiff ist vom Sturm stark in Mitleidenschaft genommen, kippt unheilvoll zur Seite und wird von tosenden Wogen überspült. Geßler und seine Frau versuchen sich reflexartig vor den kalten Fluten zu schützen, der Steuermann kämpft mit dem flatternden Segel, dessen Schoten gerissen sind. Vor dem Hintergrund der damaligen, von der revolutionären Bedrohung geprägten Situation der Schweiz bleibt Dunkers Aussage generell.

H. Mentha Aluffi

Lit.: STUNZI 1973, S. 88–106.

66

CHRISTIAN VON MECHEL
Basel 1737–1817 Berlin

Die Insel Altstad mit dem Nationaldenkmal. 1786
Kolorierte Umrißradierung, Bild
21,4 × 34,9 cm (mit Text 24 × 34,9 cm)
Basel, Kupferstichkabinett, Inv. 1896.I.66

Der aus der geistlichen Laufbahn geworfene französische Historiker und Schriftsteller Guillaume Thomas François Raynal (1713–1796) mußte im Jahre 1781 aus Frankreich fliehen, weil er in seinem erstmals 1771 erschienenen Hauptwerk demokratisches Gedankengut verbreitet hatte. Die *Histoire politique et pratique des établissements et du commerce des Européens dans les deux Indes* wurde 1781 in Paris öffentlich verbrannt, und für den Autor ein Haftbefehl ausgestellt. Raynals Emigration nahm ihren Anfang in der Schweiz, wo ihm in Uri die Idee zufiel, auf der Rütliwiese ein Monument zum Gedenken an die Geburt der freien Schweiz und ihrer ersten Helden zu errichten. Die Urner Regierung wollte davon nichts wissen. Raynal gab den Gedanken nicht auf und fand kurze Zeit später, 1783, Gelegenheit, seinem Vorhaben auf der kleinen Insel Altstad, die dem Meggenhorn vorgelagert ist, Gestalt zu verleihen. Den als virtuosen Intendanten der Menus Plaisirs bekannt gewordenen Architekten Pierre-Adrien Pâris aus Besançon (1745–1819) beauftragte Raynal mit der Gestaltung eines mit Zeichen der Freiheit zu verzierenden Erinnerungsmals. Die Aufrichtung des fertigen Werks in Form eines Obelisken fand am 23. Oktober 1783 statt. Eine vergoldete Kugel mit Pfeilspitze als klassische Abwandlung des vom Pfeil durchbohrten Apfels bildete den oberen Abschluß, am schmäleren Teil des Schaftes hing in einem Oval der Geßlerhut, und den Sockel zierten die in einen Kreis gefaßten Wappen der drei Urkantone sowie folgende Inschrift: «Obeliscum hunc Guillelmus Thomas Raynal Natione Gallus proprio sumptu erigi curavit» (... auf eigene Kosten errichtet). Dieser Satz

VUE DE LA PETITE ISLE D'ALTSTADT SUR LE LAC DE LUCERNE,
avec le MONUMENT que le célèbre ABBÉ RAYNAL y a fait ériger à la gloire des trois premiers Fondateurs de la Liberté Helvétique.

66

machte schnell die Runde und wurde wegen seiner eitlen Selbstgefälligkeit verspottet, indem man annahm, der Verfasser habe den Gedenkstein mehr um seinetwillen als wegen der schweizerischen Freiheitshelden schaffen lassen. Schon nach 13 Jahren 1796 verschwand das Denkmal; ein vom metallenen Apfel angezogener Blitz spaltete den Obelisken. Die Überbleibsel fanden in anderen Denkmälern würdige Verwendung, so in jenem zu Ehren des in der Reuß ertrunkenen Luzerner Politikers F. X. Keller, ferner am Brunnen im Wey nächst der Hofkirche von Luzern und am Freischärlerdenkmal von Malters. Baron von Zurlauben wählte den Raynalschen Obelisken als Motiv für ein Kupfertitelblatt seiner *Tableaux de la Suisse* (Paris 1785, gestochen von François Denis Née). Die schönsten Ansichten besorgte der Basler Kupferstichverleger Christian von Mechel 1786; er integrierte das Denkmal in romantischer Weise in die Innerschweizer Seenlandschaft. Die Legende unseres Blattes lautet: «Vue de la petite Isle d'Altstadt sur le Lac de Lucerne, avec le Monument que le célèbre Abbé Raynal y a fait ériger à la gloire des trois premiers Fondateurs de la Liberté Helvétique».

Raynals Schöpfung wurde zu ihrer Zeit in der Schweiz nicht richtig verstanden. Ihren Sinn als Bekenntnis zur politischen Freiheit begriffen dagegen sehr wohl viele Besucher der Schweiz aus absolutistischen Ländern. Goethe wollte das Denkmal besuchen, als es schon zerstört war. Raynal ist der erste, der dem Freiheitsideal der alten Schweizer ein Denkmal setzte. Die Revolution rehabilitierte ihn in Frankreich und ehrte ihn sowohl durch die Wahl zum Deputierten der Etats généraux wie auch kurz vor seinem Tod zum Membre de l'Institut.

L. Wüthrich

Lit.: FEUGÈRE 1922, S.297-299; SCHMID 1940; WÜTHRICH 1955, S.188-189, 313-314; GERMANN 1982, S.186-187.

67 a

67 b

67 a, b

PORZELLANMANUFAKTUR
NYON
Tätig 1781–1813

Wilhelm Tell. Um 1800
Figur aus Porzellan. Gegenstück zur Figur
des *Sterbenden Geßler*, Höhe 31 cm
Zürich, Schweizerisches Landesmuseum,
Inv. LM 69830

Der sterbende Gessler. Um 1800
Figur aus Porzellan. Gegenstück zur Figur
des *Wilhelm Tell*, Höhe 25,5 cm
Zürich, Schweizerisches Landesmuseum,
Inv. LM 69831

Die Figuren von Tell und Geßler sind unge-
markt. Auf Grund der Übereinstimmung mit
Resten von Gipsnegativen aus der einstigen
Porzellanproduktion der Manufaktur Nyon
lassen sie sich aber eindeutig dieser zuweisen. Allein schon wegen ihres für Nyon ganz
außergewöhnlichen Formats haben sie als
Hauptstücke der dortigen Produktion zu gelten.

Der Modelleur hat festgehalten, wie Tell,
nachdem er den tödlichen Pfeil abgeschossen

hat und Geßler ins Herz getroffen zurück-
sinkt, aufgestanden ist und den Sterbenden
mit der erhobenen Rechten grüßt. Geßler hat
nach dem Pfeil gegriffen und diesen abgebrochen; nun röchelt er mit zurückgelegtem
Kopf sein Leben aus. Beide tragen ein geschlitztes Renaissancekleid, Tell mit Federhut, Geßler ohne Kopfbedeckung. Die Modellierung ist ungewöhnlich lebendig, großzügig, skizzenhaft; besonders Geßler ist in
Haltung und Gesicht sehr ausdrucksstark gebildet.

Tell wird hier als Tyrannenmörder gefeiert. Es war die Französische Revolution,
die diesen Aspekt des Freiheitshelden stärker
betont hat. So ist die pathetische Darstellung
des sterbenden Geßler dem Gemälde *L'Hé-
roisme de Guillaume Tell* von Frédéric Schall
aus dem Jahr II (1793/94) beziehungsweise
dem 1797 danach angefertigten Stich von
Romain Girard verpflichtet. Die Gruppe
Sterbender Geßler wird in Nyon nur wenig
später entstanden sein. Sie ist zweifellos als
spontan geschaffenes Denkmal zu verstehen,
das Ausdruck der Stimmung in der Waadt
im Jahr 1798 ist und die Ereignisse von damals heroisiert: den Aufstand des Volkes,

die Vertreibung der Landvögte, die Befreiung der Waadt.

Die Figuren sind 1988 auf dem Zürcher Antiquitätenmarkt aufgetaucht; sie wurden als unbekannte Werke ins Schweizerische Landesmuseum gebracht und von diesem 1989 erworben.   R. Schnyder

Lit.: HAUG 1938, Nr. 433; PÉLICHET 1973, S. 172 und 175; STUNZI 1973, S. 171; SCHNYDER 1990, S. 43 ff.

68

68

JOSEPH ANTON KOCH
Obergiblen (Tirol) 1768–1839 Rom

Tells Apfelschuß. Um 1816
Feder in Braun über Bleistift, 19 × 25,9 cm
Wien, Graphische Sammlung, Albertina,
Inv. 5679

Koch wählt eine der berühmtesten Episoden aus der Geschichte der Symbolfigur des Kampfes gegen die Tyrannei, Wilhelm Tell. Tell verweigert dem Hut des habsburgischen Landvogtes Geßler (Bildmitte, zu Pferd) die Huldigung. Der Hut trägt die heraldischen Farben Habsburgs und ist auf dem Hauptplatze Altdorfs aufgepflanzt, als Zeichen der Fremdherrschaft in den Urkantonen. Die Unterdrückung wird durch den Hellebardenträger, der im Bildmittelpunkt steht, augenfällig. Tells Ungehorsam wird von Geßler bestraft, indem dieser dazu verurteilt wird, einen Apfel vom Kopfe seines Söhnleins Walter zu schießen.

Koch wiederholt diesen Vorwurf einige Male, so in einem sehr qualitätvollen Aquarell (signiert und datiert, Rom 1799; Liverpool, Walker Art Gallery), das als Protest gegen die Invasion der Schweiz durch die Revolutionstruppen 1797–1798 gelten mag, als Manifestation des schweizerischen Nationalbewußtseins, das Koch bewundert, ohne die Ideale der Französischen Revolution preiszugeben (BAILEY 1974–1975). Diese Zeichnung in der Albertina diente als Vorzeichnung zu einem heute verschollenen Ge-

mälde, das 1816 der Freiherr Karl vom Stein bestellte. Im Gegensatz zum Aquarell in Liverpool, das von Dürer geprägt ist, folgt das Blatt in Wien dem Klassizismus: Umrißzeichnung – eine bevorzugte Technik Kochs – und Übernahme der Frauengruppe rechts im Bild aus Davids Gemälde *Die Liktoren bringen Brutus die Leichen seiner Söhne* (vgl. Kat. 302). Koch bringt Wilhelm Tell mit altrömischem Republikanersinn zusammen.

M. Pinault

Lit.: LUTTEROTTI 1985, S. 383, Z 945, Abb. 186.

69

ALEXANDER TRIPPEL
Schaffhausen 1744–1793 Rom

Tell und Knabe, der ihm den Apfel bringt. Postament für einen Glaspokal.
Um 1780; Glaspokal um 1830
Skulptur aus Nußbaumholz. Glas geschliffen, mit rotem Überfang- und Schnittdekor. Höhe der Gruppe 47,5 cm; Höhe mit Pokal 57,5 cm
Zürich, Schweizerisches Landesmuseum,
Inv. IN 70

Alexander Trippel hat die Tellgruppe im Auftrag von Jakob Sarasin und anderen Basler Mitgliedern der Helvetischen Gesellschaft als Postament für einen Tischbecher geschaffen, der anläßlich der Versammlung der Gesellschaft in Olten am 14. Mai 1782

69

am Ende der Eröffnungssitzung vor dem großen Mittagessen übergeben wurde. Der Tellbecher erhielt dann in der Mitte des Festsaals auf dem Präsidialtisch seinen Ehrenplatz und machte zum Abschluß des Mahls gefüllt mit »Schweizerblut« (d. i. Wein von den auf dem Schlachtfeld von St. Jakob an der Birs gewachsenen Reben, den die Basler mitgebracht hatten) unter dem Gesang von Liedern auf Wilhelm Tell, die Helden von St. Jakob u. a. die Runde. Dieses Zeremoniell wurde fortan auf jeder Jahresversammlung wiederholt.

Die Statuette zeigt Tell, wie er, angelehnt an den Baumstumpf, der als Postament für den Becher dient, sich zum Knaben niederbeugt, der in seine Arme geeilt ist und ihm den vom Pfeil durchschossenen Apfel entgegenstreckt. Die Armbrust hat er am von Eichenlaub umrankten Strunk niedergelegt; der Hut, den zu grüßen er sich geweigert hat, liegt am Boden. Der Becher trägt die geschnittene Inschrift »Eidgenössische Freundschaft Heilig« und ein Medaillon mit den Kantonswappen und dem Schweizerkreuz nach dem Bundessiegel von 1815. Der ursprüngliche Tellbecher ist um 1830 infolge der neuen politischen Situation durch den heute erhaltenen ersetzt worden.

Das von Trippel geschaffene Tellmotiv des Knaben, der dem Vater den Apfel bringt, ist am 12. Mai 1798 von der neueingesetzten helvetischen Regierung als Symbol des Siegels der Helvetischen Republik bestimmt und damit als Signet der neuen, vom Geist der Französischen Revolution geprägten Ordnung beansprucht worden. Die Figur in ihrer Bedeutung als unmißverständliches Zeichen eidgenössischer Freundschaft wiederherzustellen, hat man ihr nach dem Ende der Franzosenzeit und der Zeit der Restauration mit einem neuen Pokal das Siegel des neuen Bundesstaates aufgesteckt. 1891 ist der Tellbecher von den Kindern Augustin Kellers, des letzten Präsidenten der Helvetischen Gesellschaft, dem neugegründeten Schweizerischen Landesmuseum übergeben worden.   R. Schnyder

Lit.: Stunzi 1973, S. 79; Im Hof 1983, S. 70, 206; Schnyder 1984; Röthlin 1990, S. 172.

Die Freiheit als Gefahr – die Freiheit in Gefahr

Der Schweizer art will sich regen
Und die böswicht erwegen
gegen ihren hern empören;
[...]
Helft ihr hern, daß es werd gewest
und nehet es zu rechter Zeit,
e daß das loch werd zu weit,
denn es sich klein hat gespunnen an!

(Von den heidingsfelde Schweizern, 1525)

Wir sind es gewohnt, Freiheit als eines der höchsten Güter zu betrachten. Wir verbinden die Idee der Freiheit eines politischen Gemeinwesens mit jener der individuellen Freiheit, der allein durch die Vorschriften der Moral beschränkten Handlungsautonomie des Einzelnen.

Die Zeit des ausgehenden Mittelalters und der frühen Neuzeit wurde von einer ganz anderen politischen Sehweise beherrscht. Die Freiheit des einzelnen Menschen als Geschöpf Gottes wurde nicht grundsätzlich in Frage gestellt. Sie lag aber auf einer Ebene, die keine direkten Konsequenzen auf das gesellschaftliche Handeln nach sich zog. Diese Freiheit war die unabdingbare Voraussetzung für ein verantwortungsvolles Handeln des Einzelnen im Hinblick auf die ewige Seligkeit oder Verdammnis. Die Freiheit des Menschen lag in der Entscheidung zwischen dem sündigen und dem gottesfürchtigen Leben. So gesehen, konnte Freiheit nicht als Voraussetzung einer politischen Ordnung verstanden werden; nur abgeleitet aus der Einordung in die allumfassende göttliche Weltordnung waren einzelne Freiheiten als Privilegien denkbar.

Seit der Renaissance finden neue Elemente Eingang in die politische Diskussion. Nicht mehr das Schicksal der Christenheit im Heilsplan, sondern die Handlungsautonomie der einzelnen Körperschaften rückte ins Zentrum der Überlegungen. Der Begriff der politischen Freiheit erhielt hier eine neue Brisanz. Niccolò Macchiavelli hat während Jahrhunderten Bewunderung und Abscheu erregt, indem er den Staat als ein menschliches Instrument mit eigenen Gesetzmäßigkeiten beschrieb. Nicht die Gnade Gottes allein garantiert für ihn die Stabilität der Herrschaft, sondern die Beherrschung der Regierungstechnik.

Macchiavelli und andere Denker der Renaissance schlugen den Bogen von der Antike in die Gegenwart; unabhängig von einem christlichen Heilsplan suchten sie die Naturgesetze der Politik zu ergründen. Wie aus der Geschichte der heidnischen Antike direkte Parallelen zur Gegenwart gezogen werden konnten, so konnte auch die Gültigkeit der politischen Tugenden der Antike für die Neuzeit postuliert werden. Auf diesem Hintergrund wurde politische Freiheit zu einem Element des politischen Handelns, zu einem Argument im Kampf gegen Unterdrückung und Willkür.

Die Abwehr gegen diesen neuen Freiheitsbegriff stützte sich auf die überlieferte Legitimation der Macht durch die göttliche Ordnung. Eine politische Handlungsautonomie außerhalb oder neben der dynastischen Machthierarchie stand – aus dieser Sicht – in diametralem Widerspruch zur geschaffenen Weltordnung, ja bildete eine Gefährdung des Heilsplanes. Im 16. und 17. Jahrhundert stehen sich die beiden Vorstellungswelten im politischen Kampf gegenüber. Die Vorherrschaft eines absolutistischen und fürstlichen Staatensystems in Europa ließ nur wenig Platz für das Postulat einer Staatsidee, die auf der Vorstellung einer politischen Freiheit beruhte, die nicht in der Person des Monarchen verkörpert und aufgehoben war.

Der Freiheitsgedanke gehörte in den wenigen Republiken zu den Grundlagen des politischen Handelns. Es ging hier nicht um die politische Freiheit des einzelnen Individuums, sondern um die Autonomie der Korporationen und ihrer Mitglieder. Kollektive Entscheide konnten nur auf der Grundlage eines solchen Freiheitsbegriffs gefällt werden.

Die unbedingte Unterordnung partikularer Freiheiten unter das Ordnungsprinzip der Monarchie war das erklärte Ziel der Könige und Fürsten der frühen Neuzeit; hier bildeten die Republiken einen irritierenden Gegenentwurf, der diesen Absichten zuwiderlief. »Freiheit« und »Republik« wurden zu einem Paar von eng zusammengehörenden Begriffen. So wie die Republiken die Freiheit als Grundlage ihrer Staatlichkeit begriffen, so wurde diese Freiheit als Gefährdung des monarchischen Prinzips angesehen.

Das »schlechte Beispiel« der Schweizer, aber auch der Niederländer wurde als Gefahr für die europäischen Staaten betrachtet, ihre Freiheit als Bedrohung der gottgewollten Ordnung. Der Vorwurf aus der Zeit des deutschen Bauernkriegs, daß die Bauern – nach dem Vorbild der Schweizer – Herren werden wollten, beinhaltete die Ablehnung einer Freiheit, die man als Angriff auf die gesamte Gesellschaftsordnung ansah. Im ganzen 16. und 17. Jahrhundert wurde diese Freiheit – gemeint ist die Handlungsautonomie kollegialer Korporationen – mit Vehemenz bekämpft. Die Errichtung einer Republik in den südlichen Niederlanden wurde von Colbert mit folgender Bemerkung abgelehnt: »Den Republiken gelingen Eroberungen nicht mit Waffengewalt, sondern durch das schlechte Beispiel ihrer Freiheit; siehe die Schweizer.« (Zit. nach DURAND 1973, S. 184) Die Ausgliederung der Niederlande und der Eidgenossenschaft aus dem Reichsverband nach dem Dreißigjährigen Krieg war Voraussetzung, diesen Staaten eine Souveränität zuzugestehen und die eigenen Territorien vor ähnlichen Bestrebungen zu schützen.

Als in England im Jahre 1649 nach langen Machtkämpfen der König vor Gericht gestellt und hingerichtet wurde und das Commonwealth an die Stelle der Monarchie trat, wurden die schlimmsten Alpträume der europäischen Monarchen Wirklichkeit. Der legitime Widerstand gegen den Tyrannen gehörte zwar seit jeher zu den gängigen Postulaten der politischen Theorien, doch seine Umsetzung in die politische Praxis zeigte ein neues Staatsverständnis. Die Verteidigung der Freiheit des Vaterlandes wurde nun auch in der politischen Praxis höher bewertet als die dynastische Legitimität des Herrschers. Die protestantischen Staatsdenker, besonders die niederländischen des ausgehenden 16. und beginnenden 17. Jahrhunderts, hatten wesentlich dazu beigetragen, diese Hierarchie der Werte und ein neues Verhältnis von politischer Theorie und Praxis im Bewußtsein zu verankern. Der Beschluß des englischen Parlamentes, der die Monarchie abschaffte, berief sich ausdrücklich auf die Idee der Freiheit der Nation:

> Von nun an soll England als Gemeinschaft und Freistaat regiert werden, und zwar durch die höchste Macht der Nation, also durch die Vertreter des Volkes im Parlament und durch die von ihm zum Wohl des Volkes eingesetzten Beamten und Diener.

Karl I. vertrat im Prozeß die absolutistische, einer ganz anderen Welt verpflichtete Vorstellung:

> Ich bin nicht durch das Volk in mein Amt eingesetzt, das Volk ist mein Eigen durch Erbrecht.

Was sich im England des 17. Jahrhunderts abspielte, war die auf die Spitze getriebene Konfrontation zwischen zwei Weltbildern, eine Auseinandersetzung, die bis ins 20. Jahrhundert anhalten sollte.

Seit dem 18. Jahrhundert wurde das Auseinanderdriften von politischer und religiöser Argumentation immer deutlicher. Als das Seelenheil der Menschen nicht mehr das letztlich einzig wahre Ziel der politischen Ordnung bildete, erlangte das Postulat der Freiheit des Einzelnen und sein irdisches Glück eine entscheidende Bedeutung. Die Autonomie des Individuums wurde zu einem der höchsten Güter und damit zu einer zentralen Forderung der politischen Theorie und Praxis. Der Begriff der Freiheit erhielt eine neue Dimension, die bald zur wichtigsten in der ganzen politischen Diskussion werden sollte.

Diese Fragen bewegten nicht nur die Politiker, Philosophen und Staatsrechtler, sondern auch die Künstler. In den offiziellen Auftragswerken spiegelt sich die Haltung des Siegers, sowohl in den Republiken, wie in den

Monarchien wider. Dem Schreckbild von Willkür und Terror stellen die Monarchien das Ideal der kraftvollen Ordnung gegenüber. In den Republiken wird der Terror zum Mahnmal auf die verlorene Freiheit und Tugend.

Neben den offiziellen Bildern der Machthaber gab es aber zu allen Zeiten auch die engagierten Stellungnahmen von Künstlern und Auftraggebern, die für die Sache der Schwachen in die politische Polemik eingreifen. Flugblätter und illustrierte Bücher sind die Träger von Ideen, denen die Künstler ein Bild zu geben vermögen. Die technischen Möglichkeiten des Druckes erlaubten es, mit dem Bild in die Debatten einzugreifen, das Bild als Kampfmittel einzusetzen. Seit dem 16. Jahrhundert ist jede politische Auseinandersetzung auch ein Kampf der Bilder.

In den Holzschnitten aus dem Umfeld des deutschen Bauernkriegs eröffnet sich uns die Welt einer hintergründigen Auseinandersetzung mit den sozialen und politischen Fragen der Zeit. Es sind nicht die Bilder der Sieger und ihres Triumphes, sondern Bilder der Opfer, der Ungerechtigkeit und der enttäuschten Hoffnung.

Die zum Bild gewordenen erschütternden Klagen gegen Terror und Krieg begleiten die europäische Geschichte; noch ist in den ersten Jahrhunderten der Neuzeit die Frage offen, ob Freiheit eine Geißel der Menschheit bedeutet oder ihre Erlösung.

F. de Capitani

70

ALBRECHT DÜRER
Nürnberg 1471–1528 Nürnberg

Gedächtnissäule für den Bauernkrieg
1525
Holzschnitt, 22 × 6,8 cm, Sockel
6,5 × 19 cm
Bern, Stadt- und Universitätsbibliothek,
Inv. Bong. IV.744

»Wer ein Siegesmal [victoria] aufrichten
wollte, weil er die aufständischen Bauern
überwunden hätte, könnte sich dazu eines
solchen Materials [gezeugs] bedienen, wie
ich im folgenden zeigen will« (MITTIG
1984, S.7). Mit diesen Worten beginnt Dürer seine Erläuterungen zu der sogenannten
Bauernsäule. 1525 werden die letzten Erhebungen der Bauern am Oberrhein, in Oberschwaben, Franken und am Mittelrhein nie-
dergeworfen, und die Zeitgenossen werden
Zeugen der teilweise drakonischen Strafen
und Vergeltungsmaßnahmen der Adligen.

In den folgenden Jahren können zwar
die Bauern viele ihrer Forderungen trotz der
militärischen Niederlage in verschiedenen
Regionen (vor allem in Oberschwaben, am
Oberrhein, aber auch in Tirol und Salzburg)
durch Verträge mit der Obrigkeit verwirklichen, und auch der folgende Reichstag in
Speyer von 1526 bemüht sich um Reformen
im Interesse des »gemeinen Mannes«. Trotzdem ist für den Zeitzeugen Dürer das Bild
des gequälten und verfolgten Bauern vorherrschend; die militärische Auseinandersetzung hat nicht zur Verwirklichung der
bäuerlichen Ziele geführt. Der Kampf um
die Befreiung von der Leibeigenschaft, um
die Erhaltung und Verfestigung wirtschaftlicher und politischer Rechte und Freiheiten
der Korporationen und der Gemeinden und
um die Einführung reformatorischer Neu-
erungen ist 1525 zuungunsten der Bauern
ausgegangen.

Die Interpretation der Bauernsäule ist
nun mit der Frage nach der politischen Parteinahme Dürers während des Bauernkrieges
eng verknüpft. Die äußeren Umstände der

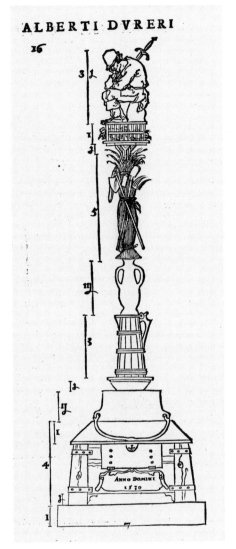

70 a

Darstellung geben Aufschluß: Die Bauernsäule dient in dem von Dürer verfaßten
Lehrbuch der Geometrie, der *Unterweysung
der Messung mit dem Zirckel und Richtscheyt* zusammen mit zwei anderen Säulen als Beispiel für die graphische Darstellung längli-
cher Körper.

70 b

Für die erste Säule, eine Siegessäule, die entsprechend der Tradition den Ruhm des Siegers verewigen soll, sieht Dürer erbeutete Waffen, Schilde, Helme, kurz Trophäen, als Gestaltungsmittel vor. Die dritte Säule ist ein ironisch zu verstehendes Grabmal eines Trinkers. Die aufgetürmten Gegenstände (Bierfaß, Spielbrett, Schüsseln, Bierglas, Körbe mit Eßwaren) zeigen, welches die hauptsächlichen Stationen auf dem Lebensweg des Verstorbenen gewesen sind. Dazwischen steht die *Bauernsäule*, ein Gebilde, das den bäuerlichen Alltag wiedergibt: Haustiere, wie sie (gefesselt) auf dem Markt anzutreffen sind, Körbe mit Käse und Eiern, eine Getreidekiste, Kessel, Butterfässer, Getreidegarben und Geräte für die Feldarbeit, ein Korb mit Hühnern. Über all dem sitzt zuoberst ein erstochener Bauer. Dieser Kontext erschwert die einfache Deutung der Säule: Zeichnet Dürer hier ein Symbol des Triumphes, das die Sieger bestätigt, oder kritisiert er die Fürsten, indem er ihnen anhand der »Trophäen« vor Augen führt, welch zweifelhaften Sieg sie dank ihrer militärischen Überlegenheit über die Bauern errungen haben? Verspottet er so aber auch zugleich die Bauern, die als unwürdige Kriegsgegner dastehen, ist die *Bauernsäule* gleich wie die *Trinkersäule* ironisch zu verstehen? Gegen diese Deutung spricht die Figur des ermordeten Bauern, die durch ihre trauernde Haltung Mitgefühl erregt und an andere Leidensdarstellungen Dürers erinnert.

Ist Dürer also solidarisch mit den Unterlegenen? Neuere Untersuchungen zeigen einen Mittelweg für die Interpretation. Dürer hat sich während des Bauernkrieges nie an der zum Teil sehr heftigen Bildpropaganda für oder gegen die Bauern beteiligt. Als an-

gesehener Nürnberger Bürger, der rege Kontakte mit humanistischen Kreisen pflegte, hat er wohl eher die Rolle des besorgten Beobachters eingenommen, der die Exzesse der herrschaftlichen Rache verurteilt, aber nicht den Sieg des Adels in Frage stellt.

Trotz dieser Einschränkungen bleibt die Bauernsäule ein ergreifendes Bild der Anteilnahme am Schicksal des Bauern im Kampf um seine Freiheit. B. Huber

Lit.: BLICKLE 1983, S. 246–253, 279–287; MITTIG 1984.

71

HANS HOLBEIN d. J.
Augsburg 1497/98–1543 London

Der Tod und der Graf. 1526
Holzschnitt, 6,5 × 5 cm
Aus der Totentanzfolge
Bern, Kunstmuseum, Inv. S 1064

In der Tradition des Totentanz-Motives (vgl. Kat. 47) beschreiben die Bilder die verschiedenen gesellschaftlichen Stände im Angesicht des Todes. Der Betrachter soll in der Meditation über den Tod, über die Vergänglichkeit und die Gleichheit aller vor dem Tod zu Sühne und Umkehr finden und sich so auch auf den eigenen Tod vorbereiten.

In der durch starke Emotionalität geprägten Darstellung greift der Tod den Grafen als einen Vertreter des Adelsstandes an, bedroht ihn mit einem Wappenschild, dem Attribut des Edelmannes. Die am Boden liegenden übrigen Bestandteile des Wappens, der Spangenhelm, die Helmdecke, ein Flügel als Teil der Helmzier, verweisen auf die gewaltsame Zerstörung. Die Dramatik des Geschehens greift durch die besondere Darstellung des Todes über die religiöse Thematik hinaus.

Der Tod ist mit den Attributen des Bauern ausgestattet; er trägt eine kurze Bauernjacke und eine bäuerliche Kopfbedeckung, in seinem Gürtel steckt ein Wetzstahl, zwischen den Füßen des Grafen ist der Flegel, der auch als Waffe dient, zu erkennen. Vor

71

schen ihre politischen und wirtschaftlichen Forderungen mit dem Göttlichen Recht, das im Gegensatz zum »Alten Herkommen«, der Grundlage der bisherigen Rechtsordnung, nicht durch Tradition begründet ist, sondern durch den Bezug auf das Evangelium als Richtschnur für weltliches Recht definiert wird.

Dieses Göttliche Recht liefert den ideologischen Rückhalt für die überregionalen bäuerlichen Zusammenschlüsse in »Christlichen Vereinigungen«, die, allein der brüderlichen, christlichen Liebe vertrauend, radikale politische Forderungen stellen, die in eine antifeudale, das heißt betont kommunale, korporative, letztendlich republikanische Gesellschaftsordnung einmünden sollen.   B. Huber

Lit.: BLICKLE 1983, S. 140–149; PETERSMANN 1983, S. 253–262.

diesem »bäuerlichen Tod« wendet sich der Graf entsetzt zur Flucht, bittend oder betend hat er die Hände gefaltet. Der Tod ist so ebenfalls Teil der Ständegesellschaft; die Szene erhält dadurch eine unmittelbar soziale Aussage und nimmt direkt Bezug auf die reale politische Lage, auf den Bauernkrieg als existentielle Bedrohung der bestehenden Gesellschaftsordnung.

Die Drohung der Bauern, »Herren werden zu wollen«, wird hier in das Bild umgesetzt und wandelt sich durch Holbeins Darstellung zu einer Vision apokalyptischen Ausmaßes, indem der individuelle Tod des Adligen und das Ende der bestehenden gesellschaftlichen Hierarchie zusammenfallen.

Diese radikale Bildaussage kann durch ein weiteres ikonographisches Element gestützt werden: Die hinter dem Tod erkennbare Weinranke wird als Bezugnahme auf das sogenannte »Göttliche Recht« interpretiert. So wie in zahlreichen reformatorischen Flugschriften bedeutet die Weinranke das Symbol Christi und das wahre Christentum im Sinne der Reformation. Während des Bauernkrieges legitimieren die Aufständi-

72

HANS WEIDITZ d. J.
Tätig 1518–1536

Von der verlornen Tyranney. 1532
Holzschnitt, 14,2 × 15,5 cm
Aus FRANCESCO PETRARCA, *Von der Artzney bayder Glueck des guten und widerwertigen* (Augsburg 1532, Bd. 2, Kap. 81)
Bern, Stadt- und Universitätsbibliothek, Inv. Litt. III.9

1532 wird in Augsburg die deutsche Übersetzung des Textes von Petrarca *De remediis utriusque fortunae* herausgegeben, illustriert mit einer großen Anzahl hervorragender Holzschnitte von Hans Weiditz dem Jüngeren. Das »Trostbuch« steht in der Tradition der stoischen Moralphilosophie: in 254 Dialogen wird dargelegt, daß jede seelische Erschütterung auch ihre Kehrseite habe, daß also Glück in Wahrheit Unglück sei und umgekehrt. Der Kerngedanke besteht in der Gewißheit, daß die affektlose Tugend das einzig wahre Gut ist. *De remediis* ist als einer der bedeutendsten Texte zur humanistischen Ethik von den Zeitgenossen gewürdigt wor-

So bistu erst recht worden frey/   Und bist jetzt aller Sorgen quit.

Schmertz.

72

che Freiheiten, gegen die Schmälerung wirtschaftlicher Autonomie und Handlungsfreiheit, liefert den Anstoß für die Bildidee; der Burgenbruch als militantes Kampfmittel ist eine immer wiederkehrende Aktion der Bauern, die während der Auseinandersetzungen um die Erhaltung ihrer Freiheiten ringen.   B. Huber

Lit.: SCHEIDIG 1955, S. 282 f.; RAUPP 1984.

73

HANS WEIDITZ d. J.
Tätig 1518–1536

Von dem Haß und Neid deß gemeinen Manns. 1532
Holzschnitt, 9,7 × 15,6 cm
Aus FRANCESCO PETRARCA, *Von der Artzney bayder Glueck des guten und widerwertigen* (Augsburg 1532, Bd. 2, Kap. 81)
Basel, Kupferstichkabinett, Inv. X. 1524.14

den und hat bis ins 18. Jahrhundert seine Spuren hinterlassen.

Die Illustration zum Thema *Von der verlornen Tyranney* verdeutlicht besonders eindrücklich die Funktion aller Holzschnitte, den Text in die erfahrbare, aktuelle Wirklichkeit der Leser zu »übersetzen«, sie macht aber auch klar, daß der Künstler eigene inhaltliche Schwerpunkte festlegt. In Ergänzung und Ausweitung des Textes, in dem die Nachteile der tyrannischen Herrschaft mit den Vorzügen des gerechten Herrschers und der Wohltat des geringeren Standes verglichen werden, ohne aber näher auf die Urheber des Tyrannensturzes einzugehen, stellt der Illustrator diesen letzten Aspekt in den Vordergrund: Die sinnbildliche Darstellung betont die ständische Differenzierung: Es sind Bauern, die den Tyrannen samt seiner Burg, die Ausdruck der herrschaftlichen Rechtsstellung ist, niederreißen, im Vordergrund wird der Gestürzte erstochen. »Tyrann« heißt hier derjenige Herr, der gegen den »gemeinen Nutzen« verstößt, der nach dem Empfinden des »gemeinen Mannes« über Gebühr seine herrschaftliche Position ausnutzt, der alte Rechte übergeht und mißachtet. Die konkrete Erfahrung des bäuerlichen Widerstandes gegen zunehmende fürstliche Eingriffe in korporative und persönli-

Gleich wie in der Illustration mit dem Titel *Von der verlornen Tyranney* geht Weiditz mit diesem Holzschnitt inhaltlich über den Text Petrarcas hinaus. Im allegorischen Dialog klagt der Schmerz über die ungerechtfertigte Verfolgung und Verachtung durch den Pöbel; die Vernunft beschwichtigt mit dem Hinweis auf die Unbeständigkeit und Unberechenbarkeit des gemeinen Volkes. Weiditz überträgt die Szene, die der Schmerz beschreibt, in seine politische Gegenwart, indem er den Pöbel als eine mit Waffen, Dreschflegeln und Mistgabeln bewaffnete Bauernschar zeichnet, die einen stutzerhaften Ritter fern von seiner sicheren Burg umringen, bedrohen und entwaffnen. Das Bauernheer sammelt sich unter der sogenannten Bundschuhfahne, die die ganze Szene etikettiert. Die Figurenkonstellation zeigt zentrale Aspekte der zeitgenössischen Beurteilung bäuerlicher Widerstandsbewegungen am Übergang vom Mittelalter zur Neuzeit.

Durch die Bundschuhverschwörungen, die Ende 15., Anfang 16. Jahrhundert das Elsaß, den Breisgau und das Bistum Speyer bewegen, entwickelt sich der Bundschuh zu

73

einem der wichtigsten Symbole für revolutionäre Freiheitsbewegungen im Reich. Als ständisches Attribut der Bauern (ein loser Schuh mit langen Riemen, die um Knöchel und Waden geschlungen werden) dient er der Identifikation des »gemeinen Mannes«, des Untertanen. Die chronikalische Überlieferung schreibt den Bundschuhern größte Radikalität zu, und es wird etwa über die Verschwörer berichtet: »Schwuren sie zu hauf ... kein herren nimmer mer haben, dem sie zehend [Zehnten], zoll, rent oder fron [Fronarbeit] geben, sonder selbst under in [ihnen] regenten machen, die in in allen spän [Streitfällen] recht sprechen« (ROSENKRANZ 1927, Bd. 2, S. 91).

Die Verschwörer, deren Vorhaben allerdings immer verraten wird, akzeptieren als Obrigkeit nur den Papst und den Kaiser. Entsprechend werden diese »göttlichrechtlichen« Aufstände im Gegensatz zu den altrechtlichen, die die Wiederherstellung von altem Recht anstreben, als Hochverrat klassifiziert. So verwundert es denn nicht, daß die Bundschuher im »gelobten Land« der Eidgenossenschaft Schutz suchen, also dort, wo die Freiheit besteht, die sie anstreben.

Die Angst der Obrigkeiten vor dem Bundschuh als Symbol für den totalen Umsturz der bestehenden Machtverhältnisse, als Zeichen der »Schweizer Freiheit« ist während des deutschen Bauernkrieges deutlich spürbar, denn auch 1525 droht der »gemeine Mann« mit diesem radikalen Symbol der Revolte. B. Huber

Lit.: ROSENKRANZ 1927, Bd. 2, S. 91; FRANZ 1933, S. 99–121, S. 307; SCHEIDIG 1955, S. 228 f.; BLICKLE 1988, S. 66 f.

74

HANS WEIDITZ d. J.
Tätig 1518–1536

Cicero. 1532
Holzschnitt, 13,8 × 15,5 cm
Aus JOHANN VON SCHWARTZENBERG,
Officia M.T.C. Ein Buch, so Marcus Tullius Cicero der Römer ... inn Latein geschrieben ...
(Augsburg 1532, Bd. 1, Kap. 19)
Bern, Kunstmuseum, Inv. E 8176

Von den Pflichten, eine der philosophischen Schriften von Marcus Tullius Cicero, behan-

74

delt ethische Grundfragen und ist als Sitten-
lehre an den Sohn Marcus adressiert.

Die Illustrationen von Hans Weiditz sind
zum Teil aus dem Petrarca (Kat. 72, 73) übernommen, zum Teil ausdrücklich für die *Officia* geschaffen worden. Dies gilt für das Bild
mit dem Titel *Cicero*.

Im 19. Kapitel bespricht Cicero den
Krieg und fordert dabei Zurückhaltung von
jeglicher Grausamkeit während des Kampfes
und gegenüber den Unterworfenen, die mit
Großmut behandelt werden sollen. Weiditz
setzt diesen Gedanken in ein von großer
Symmetrie geprägtes Sinnbild um. Der Gelehrte Cicero wägt die beiden Kriegsparteien
– und hier aktualisiert der Künstler ganz unmittelbar –, Ritter, Adliger auf der einen,
Bauer auf der anderen Waagschale, und findet den gefesselten und geknebelten Bauer
schwerer als den in voller Rüstung prächtig
wirkenden Ritter. Die Haltung des Adligen
weist darauf hin, daß er sich vor der Autorität Ciceros beugt. Der Künstler hält sich in
diesem Themenkreis an den Hauptgedanken
des Werkes, gegenüber den Unterlegenen
Milde walten zu lassen und so in dieser Situation echte Sittlichkeit zu zeigen. Die
Übertragung dieses Gedankengutes auf den
Bauernkrieg als zeitgenössischen Höhepunkt
der Auseinandersetzung zwischen Feudalherr
und »gemeinem Mann« gerät so nicht zu einer prinzipiellen Parteinahme für den unterlegenen Bauern; die Kräfteverhältnisse un-

mittelbar nach der Auseinandersetzung wer-
den nicht in Frage gestellt. In moralischer
Hinsicht jedoch steht der Künstler auf der
Seite des geknebelten Bauern.   B. Huber

Lit.: SCHEIDIG 1955, S. 26; RAUPP 1984, S. 61 f.

75

ANONYM

**Die Triumvirn als Zwingherren der
Römischen Republik.** 16. Jahrhundert
Öl auf Holz, 148,5 × 84,5 cm
Lausanne, Musée des beaux-arts, Inv. 730
(Depositum im Rektorat der Universität
Lausanne)

Die über einflußreiche Mitglieder der republikanischen Partei verhängte Ächtung bezeichnet den Anfang des zweiten römischen
Triumvirats; dieses war am 27. November
des Jahres 43 v. Chr. von Antonius, Lepidus
und Oktavian gegründet worden. Der antike
Historiker Appian hat diese blutigen Tage in
einem ausführlichen Bericht festgehalten
(APPIANUS, *Bürgerkriege* IV, 5–51). Das Gemälde von Lausanne rafft mehrere Hauptereignisse aus Appians Bericht in ein Bild zusammen: Köpfe der Proskribierten werden
gegen eine Prämie den Triumvirn gebracht –
hier auf einer Estrade vor der Kurie aufgereiht – um sie auf dem Forum öffentlich zur
Schau zu stellen; die Proskriptionslisten werden der Bevölkerung vorgelesen; ihre Opfer
suchen Rettung in Brunnenschächten oder in
der Kloake; die abgeschlagenen Hände und
der Kopf Ciceros starren von einer über der
Rostra aufgepflanzten Lanze. Im Vordergrund liest man auf dem Fußboden die Inschrift «Lan 60 (oder 68?) avan J. S. C.»
(BORDIER 1879; GRANDJEAN 1965), eine
spätere Zutat, die wahrscheinlich das zweite
mit dem ersten Triumvirat verwechselt. Unter dem Deckmantel der römischen Geschichte stellt der Maler die zeitgenössischen, konfessionsbedingten Verfolgungen
dar, diejenigen des ersten Religionskrieges
(1562–1563), welcher der Allianz dreier
Schirmherren des Katholizismus entsprang,

75

nämlich des Konnetabels de Montmorency, des Marschalls de Saint-André und des Herzogs de Guise, die die Protestanten »Triumvirat« nannten. Der im Vordergrund dargestellte Gefangene, dem die Zunge herausgeschnitten wird, gleicht übrigens eher einem Hugenotten als einem Römer (BORDIER 1879).

Zu Unrecht (GRANDJEAN 1965) dem Protestanten François Dubois zugeschrieben, ist das Bild dennoch sicher das Werk eines Künstlers, der die gewalttätigen Angriffe auf die Gedankenfreiheit anprangert. Bis mindestens 1878 wurde das Bild »Die Triumvirn« benannt; seinen heutigen Titel »Die Triumvirn als Zwingherren der Römischen Republik« erhielt es erst am Ende des 19. oder eher in der ersten Hälfte des 20. Jahrhunderts: Dieser Titel geht insofern fehl, als das Bild darauf angelegt ist, die Ereignisse der Vergangenheit mit denjenigen der Gegenwart gleichzusetzen; ja, das Bild lebt recht eigentlich aus dieser Identifikation, wobei der Künstler an die Stelle der Regierung die persönliche Willkür der drei Tyrannen setzt. In seiner Bildkomposition weist er den Triumvirn nur einen marginalen Platz zu, unterstreicht aber ihre politische Verantwor-

tung für die Greueltaten durch eine Inschrift an der Fassade der Kurie, das Distichon: «CUM TRIBUS INFOELIX SERVIRET ROMA TYRANNIS HAEC RERUM FACIES QUAM MODO CERNIS ERAT» (Als das unglückliche Rom den drei Tyrannen gehorchte, / Fielen die Taten vor, die du im Bilde hier siehst).

A. Bielman

Lit.: BORDIER 1879, S. 11–19; LEBEL 1938; EHRMANN 1945; GRANDJEAN 1965, S. 412.

76 a–f

JACQUES CALLOT
Nancy 1592–1635 Nancy

Sechs Blätter aus den »Grandes Misères de la guerre«. 1633
Radierungen, je 8,2 × 18,7 cm
Bern, Kunstmuseum, Inv. 4494, 4495, 4499, 4503, 4505, 4512

In zwei Graphikzyklen hat Jacques Callot die Schrecken des Krieges festgehalten: in den sogenannten *Petites misères de la guerre* von 1632 und im folgenden Jahr in den *Grandes misères*. Lothringen, Callots Heimat, war in diesen Jahren wiederholte Male Kriegsschauplatz, und Callot hat die Schrecken des Krieges miterlebt. Den unmittelbaren Anlaß bildete die Eroberung Lothringens durch Ludwig XIII. in den Jahren 1632/33. – Die Anklage Callots richtet sich nicht gegen eine bestimmte Kriegspartei. Er vermeidet alle Hinweise, welche die Schuld einer Partei zuweisen könnten. Sein Thema ist das sinnlose Leiden der Unschuldigen wie der Schuldigen. Er beschreibt in 18 Blättern den typischen Kriegsablauf: Söldner werden angeworben und in den Kampf geschickt. Raub, Mord und Plünderungen begleiten ihren Weg. Aber das Schicksal ereilt auch sie; sie werden von Bauern niedergemetzelt und von Ordnungskräften gefangengesetzt. Die Übeltäter werden grausam hingerichtet. Als die Ordnung wiederhergestellt ist, belohnt der Monarch jene Soldaten, die sich ihrer Aufgabe würdig erwiesen haben. Die strenge Symmetrie des Schlußbildes betont das Prinzip der Ordnung als Gegenbegriff zur Willkür.

Callot zeigt den Krieg als Herrschaft der reinen Willkür, bar jeder Menschlichkeit. Er knüpft damit an niederländische Vorbilder, vielleicht auch an die Darstellungen aus dem deutschen Bauernkrieg an. Sadoul (1959, S. 290) nimmt an, daß Callot mit seinen beiden Serien, besonders aber mit den in großer Zahl verbreiteten *Petites misères*, zum Widerstand gegen die absolutistischen Kriegszüge aufrufen wollte. Sein Werk ist ein verzweifelter Appell an das Recht und die Ordnung gegen die Willkür und die Machtgier.

76 a

Blatt 1: **Frontispiz**

Titel: «Les / MISERES ET LES / MAL-HEVRS / DE LA GVERRE. / Representez par IACQUES CALLOT / Noble Lorrain. / ET mis en lumiere Par ISRAEL / son amy. / A PARIS / 1633. / Avec Privilege du Roy».

76 b

Blatt 2: **Die Werbung**

Legende: «Ce Metal que Pluton dans ses veines enserre, / Qui faict en mesme temps, et la paix, et la guerre, / Attire le soldat, sans creinte des dangers, / Du lieu de la naißance,

aux Pais estrangers / Ou s'estant embarqué pour suiure la Milice / Il faut que sa vertu s'arme contre le vice. / 2».

76 c

Blatt 6: **Plünderung eines Klosters**

Legende: «Icy par vn effort sacrilege et barbare / Ces Demons enragez, et d'vne humeur auare / Pillent, et bruslent tout, abattent les Autels; / Se mocquent du respect qu'on doit aux Immortels, / Et tirent des saincts lieux les Vierges desolees / Quils osent enleuer pour estre violées. / 6».

76 d

Blatt 9: **Verhaftung der Übeltäter**

Legende: «Apres plusieurs excez indignement commis / Par ces gens de neant de la gloire ennemis, / On les cherche par tout, avec beaucoup de peine, / Et le Preuost du camp au quartier les rameine, / Affin dy receuoir comme ils l'ont merité, / Vn chastiment conforme a leur temerité. / 9».

76 e

Blatt 11: **Die Gehängten**

Legende: «A la fin ces Voleurs infames et perdus, / Comme fruits malheureux a cet arbre pendus / Monstrent bien que le crime (horrible et noire engeance) / Est luy mesme instrument de honte et de vengeance, / Et que cest le Destin des hommes vicieux / D'esprouuer tost ou tard la iustice des Cieux. / 11».

76 f

Blatt 18: **Belohnung**

Legende: «Cet exemple d'vn Chef plein de reconnoißance, / Qui punit les méchans et les bons recompance, / Doit picquer les soldats d'vn aiguillon d'honneur, / Puis-que de la vertu, depend tout leur bon-heur, / Et qu'ordinairement ils reçoiuent du Vice, / La honte, les mespris, et le dernier supplice. / 18».

F. de Capitani

Lit.: LIEURE 1927, Bd. III, Nrn. 1339 und 1356; SADOUL 1959.

Tafel III (Kat. 86)

76 a

76 b

76 c

Apres plusieurs excez, indignement commis   On les cherche par tout, auec beaucoup de peine,   Affin d'y receuoir comme ils sont merité
Par ces gens de neant de la gloire ennemis;   Et le Preuost du camp au quartier les ramene,   Vn chastiment conforme a leur temerité   9

76 d

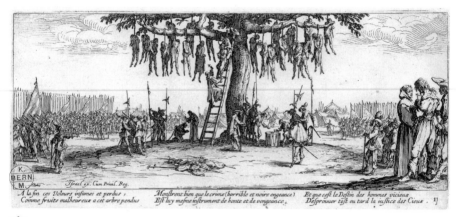

A la fin ces Voleurs infames et perdus,   Monstrent bien que le crime (horrible et noire engeance)   Et que c'est le Destin des hommes vicieux
Comme fruits malheureux a cet arbre pendus   Est luy mesme instrument de honte et de vengeance,   Desprouuer tost ou tard la iustice des Cieux   11

76 e

Cet exemple d'vn Chef plein de reconnoissance,   D'vit picquer les soldats d'vn aiguillon d'honneur, Et qu'ordinairement ils reçoiuent du Vice,
Qui punit les méchans et les bons recompance,   Puis que de la vertu, depend tout leur bon-heur,   La honte, le mespris, et le dernier supplice   18

76 f

77

PIERRE DE FRANQUEVILLE
Cambrai 1548–1615 Paris

FRANCO BORDONI
Florenz 1580–1654 Paris

Gefangener. 1618
Bronzestatue, 155 × 66 × 70 cm
Vom Reiterdenkmal Heinrichs IV. auf dem
Pont-Neuf in Paris
Paris, Musée du Louvre, Département des
sculptures, Inv. M.R. 1668

Das in Vollplastik, Reliefs, Kameen und Medaillons der klassischen Antike verbreitete
Motiv des Kriegsgefangenen wurde in der
Renaissance wiederaufgenommen und zur
fast unabdingbaren Ergänzung der Bilder
von triumphierenden Fürsten gemacht.
Diese Darstellungen konnten rein symbolisch sein (wie in Michelangelos ersten Pro-
jekten für das Juliusgrab), waren aber meist
auf einen politischen Zweck ausgerichtet; das
gilt für die geketteten »barbareschi« am
Denkmal des Großherzogs der Toskana, Ferdinands I., in Livorno, einem Werk von Pietro Tacca (1623), wie von den Statuen der
besiegten Nationen am Denkmal Ludwigs
XIV. auf der Place des Victoires in Paris von
Martin Desjardins (1685).
    Das Reiterdenkmal Heinrich IV. war
zweifellos eines der ersten, wo die Plastik
dem Thema eine solche Bedeutung beimaß.
Die Gefangenen waren anscheinend von
dem Augenblick an vorgesehen, da Giambologna den Auftrag für das Monument erhielt
(1604/05), wurden aber erst spät (1635) aufgestellt und unterschieden sich beträchtlich
von denen, die wir von einer Zeichnung des
Ludovico Cigoli kennen (Louvre, dessins,
Inv. 921), die das ursprüngliche Projekt veranschaulicht. Schon im 17. Jahrhundert kam
man überein, in den vier Figuren die Personifikationen der vier Erdteile zu sehen; die
Bestätigung scheint derjenige Gefangene zu
geben, der deutlich mit negroiden Zügen
charakterisiert ist. Möglicherweise stellt der
hier abgebildete Gefangene mit dem langen
Bart, der an die Barbarenbilder der Antike

erinnert, einen Nordländer dar: die Rüstung,
an die er sich lehnt, wäre dann als Gegenstück zu dem römischen Panzer zu verstehen, der vor den Füßen des jüngsten Gefangenen liegt, eines Mannes mit regelmäßigen
klassischen Gesichtszügen.
    Der ideale Charakter der Gefangenen
vom Denkmal Heinrichs IV. genügte nicht,
sie der Mißbilligung durch die aufgeklärten
Geister des 18. Jahrhundert zu entziehen,
und als nach dem Sturz der Monarchie
(10. August 1792) das Standbild zerstört
wurde, war es allein ihre elegante antikische
Schönheit, die sie vor dem Einschmelzen
rettete: «leur dessin svelte et léger honorait
les premières antiquités de la France». Voltaire hatte in seinem *Siècle de Louis XIV* über
des Sonnenkönigs Reiterdenkmal auf der
Place des Victoires geschrieben: »Es ist ein
alter Brauch, Sklaven zu Füßen der Königs-

standbilder zu setzen. Besser wäre es, hier
freie und glückliche Bürger darzustellen.«
Diesen Rat befolgte Jean-Baptiste Pigalle am
Denkmal für Ludwig XV. (1763): er pla-
zierte auf dessen Sockel einen sich ausruhen-
den *Citoyen*; friedfertig, von Attributen des
Handels und des Wohlstandes umgeben,
verbildlicht er ein neues Verhältnis zwischen
Herrschern und Beherrschten, wo die
Knechtung besiegter Völker keinen Platz
mehr hat.   J.-R. Gaborit

Lit.: DE FRANQUEVILLE 1968, S. 78–85; BEYER
und BRESC-BAUTIER 1977, Nr. 8; Brisbane-To-
kio 1988, Nr. 10; Pau-Paris 1989–1990, Nr. 447.

78

78

MARTIN DESJARDIN
Breda 1637–1694 Paris

**Die Unterwerfung des Dogen von
Genua.** 1685
Bronzemedaillon, Durchmesser 84 cm
Vom Schmuck der Place des Victoires in
Paris
Paris, Musée du Louvre, Département des
sculptures, Inv. R.F. 1606

Unter den Ensembles, die für die Glorifizierung Ludwigs XIV. konzipiert wurden, ragte
das der Place de la Victoire nach seinem Gehalt wie durch die Qualität der Ausführung
hervor: Auf einem kreisförmigen Platz erhob sich das vergoldete Bronzestandbild des
Königs, der von Viktoria gekrönt wurde.
Vor den Ecken des Sockels saßen die Kolos-
salfiguren der »besiegten Nationen«; der
Sockel selbst war mit vier Reliefs und zwei
Medaillons geschmückt. Vier rote Marmor-
säulen auf Pylonen, an denen weitere Medaillons hingen, dienten nachts als Laternen.
   Bei der feierlichen Einweihung der Platz-
anlage, am 28. März 1686, waren die Later-
nenmedaillons aus Gips. Geldknappheit
hemmte die Ausführung in Bronze. Nur einer der Pylonen wurde programmgemäß mit
sechs Medaillons geschmückt; ein wenig be-

kannter Bildhauer, Jean Arnould, formte sie
nach den Entwürfen von Pierre Mignard;
den Guß besorgte Pierre Le Nègre (auch Le
Néer). Unter den Medaillons des zweiten
Pylonen befanden sich zwei wiederverwen-
dete Stücke, Werke von Martin Desjardins,
geschaffen für den Sockel einer ersten, in
Marmor ausgeführten, aber nie plazierten
Statue. Eines davon zeigt die *Unterwerfung
des Dogen von Genua*, in seinem großen Stil
stark verschieden von den eleganteren, aber
anekdotischen Medaillons, die Mignard entworfen hat.
   Die dargestellte Szene steht am Ende
dramatischer Ereignisse. Genua machte sich
im Krieg zwischen Frankreich und Spanien
schuldig, dieses unterstützt und besonders
mit Schiffen beliefert zu haben. Bei der französischen Algerienexpedition von 1684
wurde die Stadt während sechs Tagen bom-
bardiert. Ludwig XIV. verhieß, auf die Stadt
so lange Druck auszuüben, bis der Doge in
Person Abbitte leisten würde. Francesco Maria Imperiale Lercaro begab sich deshalb, begleitet von den vier Senatoren Gianettino
Garibaldi, Agostino Lomellino, Paris Maria
Salvago und Marcello Durazzo nach Versailles und bat am 15. Mai 1685 in einer Audienz den König um Verzeihung.

Das Medaillon, das uns die fünf Genueser Vertreter kniefällig vor dem König zeigt, paßt genau in das Bildprogramm der Place des Victoires. Mit ebensoviel Selbstgefälligkeit wie die eigentlichen Kriegserfolge sind die Kraftakte dargestellt, mit denen Ludwig XIV. die französische Vorherrschaft durchsetzte: Entschuldigung des spanischen Gesandten, die Affäre der »Pyramide des Corses« in Rom, Interventionen in Deutschland. Freilich finden wir auch friedlichere Ruhmestitel: die Bauten von Versailles, den Canal du Midi, das Verbot von Duellen. Die Unterwerfung Genuas hatte unter diesen Episoden offenbar eine besondere Spitze: Zum militärischen und diplomatischen Triumph gesellte sich für den König von Frankreich und seinen Hof zweifellos die Genugtuung, eine alte patrizische Republik zu demütigen und damit eine Staatsform, die den Lobrednern der absoluten Monarchie geradezu widernatürlich scheinen mußte. Die gleichsam karikierende Haltung, in der Desjardins die fünf Genuesen zeigt, scheint diesem Standpunkt zu entsprechen. Die Gesetze der Republik Genua hätten es nämlich dem Dogen verboten, die Stadt zu verlassen; als man Francesco Lercaro nach der peinlichen Zeremonie die Schönheiten von Versailles zeigte und ihn die Höflinge fragten, was ihn am meisten in Erstaunen setze, antwortete er kalt: »Daß ich mich hier sehe.«

Die Place de la Victoire, dieser Ort maßloser Lobpreisung des Sonnenkönigs, entstand immerhin nicht durch seinen Machtanspruch. Die Initiative ergriff ein Höfling, der Marschall de La Feuillade, der hier sein Vermögen verschleuderte, unterstützt, aber ohne Begeisterung, von der Stadt Paris. Sehr schnell jedoch erschien solche Ehrerbietung einem christlichen Monarchen gegenüber als exzessiv, ja skandalös. 1699 verzichtete man auf das Anzünden der Lichter, und 1719 wurden die in ihrem Schmuck nie vollendeten Laternen kurzerhand abgebrochen.

J.-R. Gaborit

Lit.: SEELIG 1980, S. 155–158.

79

79, 80

CHARLES LE BRUN
Paris 1619–1690 Paris

Der König entschließt sich zum Krieg mit Holland. 1671
Öl auf Leinwand, 72 × 98 cm
Auxerre, Musée des beaux-arts,
Inv. 835.1.16

Holland nimmt den Frieden an und sagt sich von Deutschland und Spanien los
1678
Öl auf Leinwand, 50 × 112 cm
Compiègne, Musée Vivenel, Inv. B 34

Die beiden Skizzen gehören zu den neun großen Gemälden im Gewölbe der Grande Galerie in Versailles, welche die Taten des Königs während des Krieges mit Holland darstellen. Ludwig XIV. hatte den Holländischen Krieg sorgfältig vorbereitet, indem er geschickt ein Netz von diplomatischen Beziehungen knüpfte, die Armee und die Marine reorganisierte und die Waffen sowie die Kampf- und Belagerungstaktik verbesserte. Der König und seine Minister, vorab Colbert, wünschten diesen Krieg, sowohl aus dem Willen zur Macht und zur Größe als auch mit dem Ziel, die Nordgrenze zu befestigen und diesen Hauptrivalen Frankreichs, der seine Handels- und Seefahrtsansprüche im Schach hielt, zu schwächen.

Das erste Bild zeigt den Entschluß zum Krieg in der erhabenen Gestalt der Allegorie. Der König, im Kriegergewand der Antike,

80

führt Zwiesprache mit den Göttern, begleitet von den Sinnbildern der Gerechtigkeit, des Siegs und des Ruhms. Rainssant beschreibt das Bild 1687 und erläutert die Absichten des Künstlers: »Der thronende (König) beratschlagt mit Minerva, Mars und Justitia. Mars führt ihm einen Triumphwagen vor, … indem er Waffentrophäen zeigt …, den holländischen Löwen erschlagen, Viktoria bereit, ihn zu krönen …, und den Ruhm, welcher, die Trompete in der Hand, sich anschickt, die Ruhmestat zu verbreiten. Andererseits führt ihm Minerva, welche die Vorsicht verkörpert, in einer Tapisserie ein Bild der Mühsal und Not des Krieges vor Augen, sie zeigt ihm … Ertrunkene, tote Soldaten oder solche, die elend Hungers sterben …, und den als Greis personifizierten Winter, der einen erfrorenen Soldaten in seinen Armen hält. Die Gerechtigkeit, die den Vorsitz zu führen scheint …, und Lanze und Schwert die sie führt, offenbaren, daß sie zum Krieg und zur Bestrafung der Schuldigen neigt …« Holland, so Rainssant, muß für seinen Undank und seine Vermessenheit bestraft werden. In der Skizze steht die Vorsehung mit dem Kompaß hinter dem König, im ausgeführten Bild wird sie durch Justitia ersetzt.

Im Jahr 1672 brechen die Feindseligkeiten aus, und nach der ruhmvollen Überquerung des Rheins erlangt die königliche Armee rasche Erfolge. Für die Niederlande bedeutet zu Beginn des Krieges die Ermordung des Vorkämpfers für die Republik, Jan de Witt, im Jahr 1672 einen schweren Schlag; er hatte vor allem die Unabhängigkeit der Städte gefördert. In der Folge wurde die bürgerliche Republik mit der Einsetzung des Stathouders (Statthalters) Wilhelm von Oranien durch eine Diktatur abgelöst.

Wilhelm von Oranien, ein erbitterter Feind Ludwigs XIV., vermag 1674 das Deutsche Reich, Spanien und sogar England gegen Frankreich um sich zu scharen. Die neuen Erfolge Frankreichs, besonders zu Wasser, wo die Flotte, das Mittelmeer beherrschend, ein holländisches Geschwader bei Sizilien schlägt, schaffen die Voraussetzungen für einen Friedensschluß. In der Längsachse der Grande Galerie in Versailles liegen sich in den zwei Bogenfeldern der Gewölbezone zwei Gemälde gegenüber; sie krönen die Eingänge zum Salon de la Guerre und zum Salon de la Paix. Das erste zeigt die Allianz zwischen Deutschland, Spanien und Holland, das zweite deren Auflösung. Die Skizze zu diesem ist hier ausgestellt.

Wie in sämtlichen Gewölbemalereien der Galerie erscheint auch hier der Vorwurf als Allegorie. Die feindlichen Mächte werden durch Frauen verkörpert, die ihr Symboltier bei sich haben: Spanien den Löwen, die Niederlande den auf sieben Pfeilen ruhenden Löwen, das Deutsche Reich den Adler. Rainssant erklärt dazu (1687): »Holland, das sich als erstes Land in den Krieg verwickelt fand und das die beiden anderen hineingezogen hatte, löst sich als erstes von seinen Verbündeten … Der Verdruß, den Deutschland von diesem Schritt Hollands verspürt, wird deutlich, indem der Reichsadler sich umsonst bemüht, Holland an seinem Gewand zurückzuhalten … Spanien weiß keinen Ausweg, als sich an dieses (Holland), seine einzige Stütze, anzuklammern …« In der vorliegenden Skizze kommt England in Begleitung eines Leoparden Holland zu Hilfe. In der endgültigen Fassung wird der Leopard ersetzt durch einen Pfauen, das Symbol der Vanitas oder Vergänglichkeit, das den Alliierten Hollands verdeutlicht, welcher Art die Reserven sind, die ihnen für die Weiterführung des Krieges noch bleiben. Aber endlich werden sie sich ergeben, «elles achèveront de se déterminer à la Paix au bruit que fait la Renommée …». Durch den Frieden von Nimwegen bekommt Holland 1678 sämtliche von Frankreich eroberten Gebiete zurück und erlangt die Abschaffung des von Colbert 1667 eingeführten übersetzten Zolltarifs. Frankreich verstärkt seine Grenzen im Norden und im Süden zum Nachteil Spaniens und behält die Franche-Comté. Ludwig XIV. wird auf einige Jahre Alleinherrscher Europas.   L. Beauvais

Lit.: Rainssant 1687.

81 a, b

CHARLES LE BRUN
Paris 1619–1690 Paris

Die Demokratie. Um 1681
Schwarze Kreide, grau laviert,
27,5 × 13,3 cm
Paris, Musée du Louvre, Département des arts graphiques, Inv. 29.779

Die Stärke. Um 1681
Schwarze Kreide, grau laviert,
29,2 × 13,4 cm
Paris, Musée du Louvre, Département des arts graphiques, Inv. 29.786

Für die Fassaden des Mittelbaus des Schlosses von Versailles hatte der Architekt Le Vau einen vollplastischen, sich von der Attika abhebenden Statuenschmuck gewählt. Einige Jahre später fügt Hardouin-Mansart die großen Flügel im Süden (1680) und Norden (1685) an und übernimmt die Figuren und ihre Verteilung im architektonischen Rahmen. Le Brun beteiligt sich am Entwurf der Steinskulpturen. Als erster Hofmaler und Kunstdirektor unter Ludwig XIV. beauftragt er eine Anzahl begabter Bildhauer mit der Ausführung, indem er Entwürfe und ein straffes Bildprogramm vorlegt. Für den Südflügel plant Le Brun eine Folge von 32 Allegorien: die Tugenden, verschiedene Regierungsformen, Künste und Wissenschaften (Souchal 1972).

Alle Figuren tragen Attribute aus der 1644 ins Französische übersetzten *Iconologia* Ripas (1603, vgl. S. 87 ff. und Kat. 139). Zwei von Le Bruns Zeichnungen, wie er sie den Bildhauern vorlegte, sind hier ausgestellt.

Die Demokratie. Ripa nennt unter den Regierungsformen die Aristokratie, die Demokratie und die Monarchie. Die beiden ersten finden sich ohne hierarchische Ordnung unter den Skulpturen des Südflügels. Die Monarchie jedoch konnte nicht durch eine Allegorie, sondern nur durch die Person des Königs verkörpert werden, wie überhaupt der figurale Schmuck in Versailles, vorab nach 1680, der Verherrlichung des Monarchen dient.

Nach Ripa ist die Demokratie »ein Volksstaat, das heißt, daß er durch das Volk regiert wird, mittels Rat und Versammlung, wo jeder seine Stimme geben darf, um öffentliche Angelegenheiten zu entscheiden«. Offensichtlich entfernt sich Le Brun von Ripas etwas verächtlicher Schau und Charakterisierung der Demokratie (vgl. S. 88–89). Er

81 a   81 b

übernimmt zwar rein äußerlich die Attribute
aus Ripa, läßt aber im übrigen seiner plastischen Erfindungsgabe freien Raum. Er gibt
der Figur, die er in elegant gefaltete Drape-
rien kleidet, etwas Stolzes, beinahe Wildes.
Ebenso trägt die Demokratie bei Le Brun
den Strahlennimbus, während sie bei Ripa
nur mit Weinranken, die Monarchie aber
mit Strahlen als Zeichen von «grandeur et
majesté» gekrönt ist.

Auf der Rückseite des Blattes ist der
Name des Bildhauers Buirette vermerkt,
dem die Ausführung dieser Statue oblag. Das
ausgeführte, in situ erhaltene Werk bewahrt

den Adel der Entwurfszeichnung. Das prächtige Gewand ist beibehalten, das Attribut des
Granatapfels aber weggelassen worden.

Die Stärke. Für die wichtigste der königlichen Tugenden, die Stärke, folgt Le Brun
ebenfalls den Vorbildern Ripas: »Die Stärke
ist ... als Kriegerin geschildert, vor der ein
gereizter Löwe erscheint, den sie tapfer ab-
wehrt, indem sie den Arm erhebt, um ihn
mit ihrer Keule zu erschlagen.« Indem er die
Freiheit anderer Völker mißachtet, stellt
Ludwig XIV. seine Stärke in den Dienst seines Ehrgeizes und seiner Ruhmsucht. Der
Löwe – wie ihn Le Brun gleichzeitig auf ver-

82

schiedenen Gewölbebildern der Grande Galerie in Versailles darstellt (Kat. 79–80) –
steht auch für die Königreiche Spanien und
Holland, mächtige Feinde Frankreichs, die
der König besiegte und deren Niederlagen
im Vertrag von Nimwegen 1678 besiegelt
wurden.

Im Gegensatz zum – statischen – Vorbild
Ripas, ist die Stärke bei Le Brun eine Figur
in unbändiger Bewegung. Dieser Schwung
spiegelt sich in der Skulptur Raons, dessen
Name auf der Rückseite der Zeichnung
steht. Die Originalskulptur wurde ersetzt
durch eine Kopie, bei welcher die Keule mit
einem Dolch vertauscht ist.   L. Beauvais

Lit.: RIPA 1603 (wir übersetzen nach der französischen Version von 1644); SOUCHAL 1972,
S. 85–99.

82

ANONYM ENGLAND

Die königliche Eiche Britanniens. 1649
Kupferstich, 22,9 × 16,5 cm
Aus CLEMENT WALKER, *The Complete
History of Independency by Theodorus Verax*
(1649)
London, Trustees of the British Museum,
Inv. 1870-7-9-283

Auf dem Stich *The Royall Oake of Brittayne*
wird die Eiche, Symbol des Königtums, ge-
fällt. Das königliche Wappen, Krone und
Zepter hängen in ihren Ästen, ebenso eine
Anzahl von Büchern, die für die englische
Rechtstradition stehen. ΕΙΚΩΝ ΒΑΣΙΛΙΚΗ,
»Das Herrscherbild«, eine von Karl I. ver-
faßte Apologie der Monarchie, «BIBLIA
SACR.», «MAGNA CHARTA», «STATVTES»,
«REPORTES». Drei Männer sind daran, den
Stamm zu fällen, der die Inschriften trägt:

'Let vs kill him and seyse his Inheritance Math 21 38', «Venales manus ibi fas vbi maxima merces» (Für den, der von der Arbeit lebt, steht das Recht dort, wo der höchste Lohn winkt). Sieben Bauern reißen mit Seilen am Stamm, andere schneiden Äste herunter: «Incertum Vulgus ruenti graue» (Das schwankende Volk wird dem Stürzenden zum Verhängnis), «Quercu cadente ligna quiuis colligit» (Fällt die Eiche, so stürzen sich alle auf ihr Holz). Schweine suchen nach Eicheln: 'Fatted for Slaughter'. Neben dem Eingang zur Hölle, auf einer Kugel mit der Inschrift «Locus Lubricus» (Unsicherer Stand), steht Cromwell mit Harnisch und Schwert «Lex terrae» (Das Gesetz dieser Erde) und leitet das Werk der Zerstörung: «Inspiratio Diabolica» (Eingebung des Teufels) und «Quod Vtile, Honestum» (Recht ist, was nützt). Er spricht: 'Kill and take possession, 1. Kings. 19.'. Blitze erleuchten den Himmel: «Sero, sed Serio» (Spät, aber im Ernst: die Devise von Cecil, Earl of Salisbury, der entscheidend an der Festigung der Stuartmonarchie beteiligt gewesen war). In einem Haus im Hintergrund versammelt sich eine Festgemeinde, die neuen Machthaber: «Barathrum Fisci Charibdis Vectigalium» (Abgrund der Staatsfinanzen, Strudel der Abgaben).   F. de Capitani

Lit.: *Catalogue of Prints* 1870, Nr. 737.

83

83

ANONYM ENGLAND

Cromwells Wagen. 1684
Kupferstich, 27,9 × 17,8 cm
Frontispiz aus *A true Copy of the Journal of the High Court of Justice for the Tryal of K. Charles I* by J. NALSON (1684)
London, Trustees of the British Museum, Inv. 1868-8-8-3253

Dargestellt ist der Triumphzug Oliver Cromwells und der Mächte der Hölle. Zwei flammenspeiende Greife ziehen 'Cromwells Car', der vom Teufel gelenkt wird und dessen Speichen aus Schwertern bestehen.

Cromwell als Wolf hält mit dem Schwert eine Waage, deren eine Schale mit Federn, 'Liberty', schwerer wiegt als die andere mit Krone, Reichsapfel, Zepter und Kirche. Zu seinen Füßen liegen weinend und in Ketten die gekrönten Personifikationen Englands, Schottlands und Irlands. Mit der linken Pranke greift Cromwell nach der Krone Englands. Hinter ihm hält ein kleiner Teufel das Wappen des Commonwealth. Karl I. und die Gerechtigkeit mit zerbrochener Waage liegen leblos unter dem Wagen. Die Freundschaft, ein Engel, ist gefesselt und eingesperrt. Im Hintergrund jagen Wölfe eine Schafherde, und ein Falke stürzt sich auf einen kleinen Vogel, der seinem Käfig entflohen ist. Einem Haus im Hintergrund sind die Ecksteine und die tragenden Teile herausgeschlagen.   F. de Capitani

Lit.: *Catalogue of Prints* 1870, Nr. 743.

Die Niederlande

Das Genie dieser Nation, durch den Geist
des Handels und den Verkehr mit so vielen Völkern
entwickelt, glänzte in nützlichen Erfindungen;
im Schoße des Überflusses und der Freiheit reiften
alle edleren Künste.
(FRIEDRICH SCHILLER, *Der Abfall der Niederlande*
von der spanischen Regierung, 1788)

Das Entstehen republikanischer Staatsstrukturen und eines republikanischen Bewußtseins in den Niederlanden stand am Ende eines achtzigjährigen Ringens um Unabhängigkeit und politische Selbstbestimmung. Der Abfall von der spanischen Krone und der blutige Unabhängigkeitskrieg hatten die aufständischen Provinzen zu einer Einheit zusammenwachsen lassen, die nur nach und nach zu einer eigenen, höchst komplexen Identität und Staatlichkeit fand.

In den Niederlanden wurde nicht mit einem Schlag im 16. Jahrhundert eine Republik gegründet; die Vereinigten Provinzen trennten sich nach und nach im Verlauf des Krieges gegen Spanien von monarchischen Elementen, griffen einerseits auf die stark ausgeprägten, überlieferten ständischen Strukturen zurück und suchten andererseits nach neuen Wegen der staatlichen Organisation. Aus dem Beharren auf altehrwürdigen ständischen Privilegien auf der einen Seite und der Suche nach modernen Formen der Staatlichkeit auf der anderen Seite erklärt sich auch die schillernde Eigenständigkeit des niederländischen Staates in der frühen Neuzeit.

Der ungeheure wirtschaftliche Aufschwung, der vor allem dem Fernhandel zu verdanken war, ließ die Niederlande im 17. Jahrhundert zu einer der reichsten Regionen Europas werden. Das wirtschaftliche und bevölkerungsmäßige Übergewicht Hollands und seiner Hauptstadt Amsterdam wurden für die Geschicke der ganzen Niederlande maßgebend. Besonders in Amsterdam und den Städten Hollands entstand jenes Bürgertum, das zur staatstragenden Schicht der Niederlande im 17. Jahrhundert werden sollte. Nicht mehr der Adel bestimmte vornehmlich die Politik, sondern das der Kaufmannschaft entstammende Bürgertum. Es entstand eine eigentliche Regentenschicht, die eifersüchtig über die Privilegien ihrer Korporationen wachte und Reichtum mit politischer Macht zu verbinden wußte. Die Politik der Regenten zeichnete sich durch die Stärkung der partikularen Gewalten aus. Vor allem die Städte, allen voran das große Amsterdam, bestimmten den Gang der Politik. Die gemeinsame Institution der Vereinigten Provinzen, die Generalstaaten in Den Haag, blieb dagegen schwach und konnte nur im Konsens mit allen Provinzen Verfügungen erlassen und durchsetzen.

Die Loslösung von der spanischen Herrschaft bedeutete auch den Durchbruch für die calvinistische Religion. Im Bildersturm von 1566 hatten sich die seit langem gärenden Spannungen erstmals an den religiösen Fragen entladen. Von Anfang an war die Forderung nach der politischen Freiheit eng mit jener nach der Durchsetzung der Reformation verbunden. Die protestantischen Staatsdenker lieferten denn auch die Argumente für die Legitimität des neuen Staatswesens. Die rechtstheoretische Begründung des Widerstands gegen den ungerechten Tyrannen, die ersten Ansätze zu einer Theorie der Volkssouveränität entstanden im Umfeld des französischen und niederländischen Calvinismus.

Die Union von Utrecht im Jahre 1579, die den Grundstein zur staatlichen Unabhängigkeit gelegt hatte, hielt an den monarchischen Traditionen fest. Das Statthalteramt war Sinnbild dafür, daß man an der Kontinuität der Herrschaftsformen festhalten wollte. Das Spiel der Kräfte zwischen dem Statthalter, den Generalstaaten und den Partikulargewalten bestimmte die staatliche Entwicklung der Niederlande. Erst im Verlauf des 17. Jahrhunderts traten im niederländischen Staatsdenken entschieden republikanische Elemente in den Vordergrund. Die Diskussion um die Begründung der staatlichen Souveränität, die Loslösung aus dem Deutschen Reich im Westfälischen Frieden von 1648 und die starke Betonung der Partikularinteressen, besonders der holländischen Städte, führten um die Mitte des 17. Jahrhunderts zu einem Höhepunkt republikanischen Selbstbewußtseins. Die Rückbesinnung auf die batavische Befreiungsgeschichte, die Betonung der Parallelen zu biblischen und antiken Vorbildern wurden zur Legitimation der eigenen Staatlichkeit herangezogen.

Im Jahre 1650 verzichteten Holland und vier weitere Provinzen auf das Amt eines Statthalters und damit auf die letzten Reste einer fiktiv gewordenen monarchischen Tradition; bis 1672 blieb das Statthalteramt unbesetzt. Diese zwanzig Jahre wurden von den Zeitgenossen als die Epoche der »wahren Freiheit« bezeichnet. Dieser Zeitraum fällt zum großen Teil mit dem »Goldenen Zeitalter« der niederländischen Kunst zusammen. Unter dem Eindruck der direkten Bedrohung durch das Frankreich Ludwigs XIV. traten 1672 die Oranier mit Wilhelm III. wiederum das Statthalteramt an. Neben die republikanische Komponente trat nun im niederländischen Staat wieder vermehrt ein monarchisches Gegengewicht.

Die politischen, wirtschaftlichen und sozialen Verhältnisse erklären zwar nicht, warum die Niederlande im 17. Jahrhundert einen derartigen Höhepunkt der darstellenden Künste erlebten, doch helfen sie uns, die Rahmenbedingungen der Kunstproduktion und der Funktion der Künste besser zu verstehen. Unter den vielen Autoren, die sich mit dieser Frage beschäftigt haben, ragt Jan Huizinga hervor, der in der engen Symbiose von Kunstproduzenten und Kunstkonsumenten einen entscheidenden Faktor für die beispiellose Blüte der Kunst in den Niederlanden des 17. Jahrhunderts sieht. Den Künstler trennen keine unüberwindbaren sozialen Schranken von seinen Auftragsgebern, er gehört letztlich zu den gleichen Kreisen der Gesellschaft, teilt ihre Ideale, Hoffnungen und Ängste:

> Man könnte vielleicht die These wagen, eine Kultur sei umso gesünder, je vollständiger die Kreise ihrer geistigen Produktion und Konsumption zusammenfallen, vorausgesetzt, daß dieser Prozeß sich nicht in dem sehr beschränkten Rahmen einer in sich geschlossenen Elite abspielt. (HUIZINGA 1932. S. 20).

Die für damalige Zeiten unerhörte Kaufkraft nicht nur der reichen Kaufleute, sondern auch eines beachtlichen Teiles aller Einwohner ließen einen blühenden Kunstmarkt entstehen, der sich radikal von traditionellen höfisch, feudal und kirchlich geprägten Produktionsbedingungen unterschied. Der Bildersturm von 1566 hatte zwar nicht einen radikalen Bruch mit der Kunsttradition zur Folge, setzte aber ein deutliches Zeichen für einen Neubeginn unter veränderten Vorzeichen. »Marktgerechte« Bilder, handliche kleinere Formate, bildeten nun den größten Teil der Kunstproduktion, die sich an ein breites Käuferpublikum wandte. »Die Prosa des Lebens« wurde, so Georg Wilhelm Friedrich Hegel, zum Thema der niederländischen Kunst, die Kunst zum Spiegel der niederländischen Gesellschaft und ihrer Lebensideale wie Frömmigkeit, Einfachheit, Sparsamkeit und Reinlichkeit.

In dieser reichen Kunstlandschaft kam der öffentlichen Auftragskunst eine besondere, wenn auch zahlenmäßig nicht sehr große Bedeutung zu. Die Kirche führte als Auftraggeberin getreu der calvinistischen Lehre nur noch ein Schattendasein; der Einflußbereich der verschiedenen Kirchen lag auf anderen Ebenen des öffentlichen Lebens. Die Kommunen, Korporationen und politischen Zusammenschlüsse – von den Schützengilden bis zu den Generalständen – aber haben durch ihre Aufträge ein Bild des Landes und ihrer politischen Ideale entwerfen lassen, das in Europa einmalig ist. Der Reichtum und die Größe der Städte – an ihrer Spitze Amsterdam – erlaubten eine Großzügigkeit, die es mit jedem Fürstenhof aufnehmen konnte.

Im Gruppenporträt fanden die Regenten das ihrem politischen Willen angemessene Bild. Die Kraft der Korporation beruht auf der Gleichheit ihrer Mitglieder; es sind Bilder der Freiheit und der kollektiven Verantwortung für das Gemeinwesen. Die Schützenbilder zeigen uns einen anderen Aspekt dieses republikanischen Gruppenbewußtseins: Die Einordnung des Einzelnen in die militärische Hierarchie, nicht als Last oder Zwang verstanden, sondern als unbedingter Wille aller zur Verteidigung der Freiheit.

Auch in den Niederlanden wurde zur Legitimation der eigenen Staatlichkeit – in vergleichbarer Weise wie in der Eidgenossenschaft – auf die heroische Geschichte der Vorfahren, auf die Vorbilder des Volkes Israel und der Antike zurückgegriffen. Der legendäre Freiheitskampf der Bataver wurde zur jüngsten Befreiungsgeschichte in Parallele gesetzt; der Freiheitswille wurde so zum unveränderlichen Bestandteil des Nationalcharakters erhoben. Im Bilderschmuck der Staatsbauten, vor allem der Rathäuser, wurde die Geschichte als Lehrmeisterin der Tugend zum Gleichnis der Freiheit und der kollektiven Verantwortung. Den Höhepunkt bildete der Neubau des Amsterdamer Rathauses, des wohl bedeutendsten republikanischen Bauwerks des 17. Jahrhunderts überhaupt. Architektonische Anlage und Bildprogramm ergänzen sich zu einem eindrücklichen Monument des stolzen Bürgertums und seiner Institutionen. Schon kurze Zeit nach dem Bau wurde es als das »achte Weltwunder« bezeichnet.

Das zeitliche Zusammenfallen eines ausgeprägten republikanischen Bewußtseins um die Mitte des 17. Jahrhunderts mit dem »Goldenen Zeitalter« der niederländischen Malerei führte zu einem Höhepunkt der Auseinandersetzung der Künstler mit dem Thema der republikanischen Freiheit.

F. de Capitani

84

Ereignisse und Porträts

84

HENDRICK CORNELISZ. VROOM
Haarlem 1566–1641 Haarlem

**Die Ankunft Friedrichs von der Pfalz
und Elisabeth Stuarts in Vlissingen.** 1623
Öl auf Leinwand, 203 × 409 cm
Haarlem, Frans Halsmuseum, Inv. I-346

Zehn Jahre nach dem Empfang des hohen
Paares am 29. April 1613, den wir auch aus
zeitgenössischen Chroniken kennen, schil-
derte Vroom das historische Ereignis in seinem berühmten Seestück.

Als Großsohn des Prinzen Wilhelm von
Oranien, der im Jahre 1584 als Begründer
der Utrechter Union der sieben nordniederländischen Provinzen durch ein Attentat getötet wurde, war Pfalzgraf Friedrich von großer politischer Bedeutung für die junge Republik. Hier wurde die sein Ansehen stär-
kende Hochzeit mit einer Tochter König Jakobs I. von England in der Hoffnung auf
finanzielle und militärische Unterstützung
mit Nachdruck gefeiert. Neues dynastisches
Ansehen für die Statthalter und Beziehungen
der Generalstaaten zum protestantischen Teil
Deutschlands erschienen als wichtig für das
europäische Gleichgewicht.

Mit umständlichem Zeremoniell wurde
die Flotte, angeführt vom englischen Flagg-
schiff Prince Royal, auf der Schelde bei Vlissingen von den Oranierprinzen Moritz und
Friedrich Heinrich auf der Jacht der Generalstaaten und durch Abgeordnete der holländischen Städte, ebenfalls auf Schiffen, empfangen. Die Stadt Vlissingen hatte angeordnet,
die Schiffe zum Zeichen des Friedens und
der Freiheit mit offenen Festungstoren zu
begrüßen. Das Gemälde zeigt bis in alle Einzelheiten die seemännischen und zeremo-
niellen Aspekte eines solchen Staatsempfangs
und wird dadurch zur unschätzbaren historischen Bildquelle.

Trotz des Übermaßes an historischen Details kennen wir den Auftraggeber nicht. Es
gibt keine Anhaltspunkte für die Herkunft
des Werks aus dem Besitz des Pfalzgrafen,
der Oranier, der Generalstaaten oder der
Stadtvertreter. Erst im 18. Jahrhundert befand es sich nachweislich im Eigentum der
Stadt Haarlem.

In der Haarlemer Kunst des Goldenen
Zeitalters hat das Gemälde seinen Platz nicht
allein durch das Format und den Detailreichtum erworben, sondern noch mehr
durch seinen harmonischen Aufbau in Farb-
flächen und perspektivischer Tiefe, als Wegbereiter des holländischen Seestücks. Hen-

85

drick Vroom erscheint dabei als Chronist der niederländischen Kriegsmarine, welche die Grundlage für die Freiheit und Unabhängigkeit der Republik von Spanien geschaffen hat.   D. P. Snoep

Lit.: Haarlem 1983.

85

HENDRICK GERRITSZ. POT
Haarlem vor 1585–1657 Amsterdam

**Die Offiziere der
Cluvenier-Schützengilde.** 1630
Öl auf Leinwand, 214 × 276 cm
Haarlem, Frans Halsmuseum, Inv. I-285

In den Niederlanden, namentlich im Norden, in den westholländischen und seeländischen Städten, spielten Schützengilden in Politik, Wehrwesen und Gesellschaftsleben

eine große Rolle. Daß die bildnismäßige Darstellung von Sitzungen, Paraden und Festen der Stadtmilizen zu den Höhepunkten der Malerei im Goldenen Zeitalter gehören, zeigt sich auch in dem weltberühmten Beispiel von Rembrandts Nachtwache. Von den Schützenstücken sind 135 erhalten geblieben. Amsterdam besitzt noch 56, Haarlem 18, wovon Frans Hals 5 gemalt hat. Zusammen mit denen der Spitalvorsteher oder »Regenten« (Kat. 86 und 87) bilden diese Gruppenporträts die unvergleichliche Darstellung einer großen Anzahl von Bürgern, auch wenn diese zumeist der Oberschicht der Bevölkerung angehören.

In dem politischen Machtkampf zwischen den Handwerksgilden und den Behörden konnten die Schützen kraft ihrer gesellschaftlichen Stellung und ihrer Bewaffnung in ihren Ständen als verlängerter Arm der Behörden gelten. Die Mitgliedschaft bei ei-

Tafel IV (Kat. 97)

ner Schützengilde verhieß – wenigstens den Offizieren – den Aufstieg in die städtischen Ämter.

Die Schützen hielten Versammlungen, Übungen und Feiern in ihren eigenen Gebäuden ab, wo der periodische Wechsel im Wachtdienst – alle paar Jahre wurden die Korps umgruppiert – jedesmal auf Tafel- oder Leinwandgemälden dargestellt wurde. Diese Bilder wurden als Symbole der Souveränität und der Freiheit der Stadt aufgehängt, wo das angestrebte Machtgleichgewicht Frieden und Wohlstand zu sichern schien.

Die Kompositionsschemata sind traditionell und ausgewogen; doch verstärken Waffen und Kostüme den lebensvollen Realismus der Gruppenbildnisse. Im übrigen werden Rangabzeichen, Orden und Rangordnung dem Willen der Auftraggeber gemäß exakt und zweckentsprechend wiedergegeben.

Die Haarlemer Offiziere sind vor und auf der Freitreppe ihres jetzt noch bestehenden Schützenhauses porträtiert. Durch die geöffneten Läden sehen wir den oberen Abschluß des damals ältesten, heute noch erhaltenen Schützenstückes aus dem Jahre 1583. Das Bedürfnis, Alter und Rechtmäßigkeit der Gilde auszuweisen, bildete wahrscheinlich die Grundlage für diesen Blick durch die Fenster auf die eigene Vergangenheit.

D. P. Snoep

Lit.: *Schutters in Holland* 1988, Nr. 171.

86

JOHANNES CORNELISZ. VERSPRONCK

Haarlem 1597–1662 Haarlem

Die Vorsteherinnen des Heiliggeisthauses von Haarlem. 1642

Öl auf Leinwand, 173,5 × 240,5 cm

Haarlem, Frans Halsmuseum, Inv. I-335

(Farbtaf. III)

Bis zur Reformation war die Waisen- und Armenfürsorge in Haarlem wie anderswo weitgehend eine kirchliche Angelegenheit. Zahlreiche wohltätige Stiftungen erhielten ihre Einkünfte aus kirchlichen Kollekten und Straßensammlungen. Sogenannte Heiliggeistmeister wachten über das materielle und geistige Wohlbefinden elternloser und bedürftiger Kinder. Sie ordneten deren Geldsachen, soweit die Zöglinge nicht in einem Heim, sondern bei Privatpersonen untergebracht waren. Im frühen 17. Jahrhundert wurden die Zulassungsbedingungen zu den Armen- und Waisenhäusern, offenbar mit Rücksicht auf den Andrang, durch die Stadt verschärft. Die Eltern der Waisen mußten das Bürgerrecht besessen, die Kinder das festgesetzte Alter erreicht haben. Die Aufsicht war an Kollegien von Vorstehern und Vorsteherinnen übertragen, die man aus der politisch und finanziell stabilen Oberschicht der Stadtbevölkerung wählte. Die Vorsteher oder »Regenten« führten die Aufsicht über den Alltag der Verwaltung, die einer Hausmutter oder einem Hausvater oblag. Zu den Aufgaben gehörte die Sorge für Kleidung, Ernährung und Unterricht.

Für den Typus des holländischen Gruppenporträts ist das Motiv der Vorsteherschaftssitzungen von Bedeutung. Zuweilen lassen sich die Dargestellten durch beigefügte Namen oder Wappenschilde identifizieren; in anderen Fällen helfen nur Archivstudien weiter. Die Gruppenbildnisse wurden meist ohne erkennbaren Anlaß gemalt und einem ansässigen Künstler aufgetragen. Die Einrichtung eines repräsentativen Versammlungsraumes konnte die Gelegenheit bieten, die Bilder an auffallender Stelle, zum Beispiel am Kamin, anbringen zu lassen. Hier sollte das Gemälde unmißverständlich und eindrücklich die Zielsetzung der Wohltätigkeit manifestieren. Auf unserem Bild von Verspronck geschieht das, indem die Vorsteherinnen des Heiliggeisthauses von Haarlem mit sprechenden Gebärden die Ausübung verschiedener Ämter zeigen. So wird das Gruppenporträt zum Vorbild tätiger Liebe, der »Caritas«.

Die Waisenmutter führt ihre Zöglinge herein; der Knabe weist auf seine zerrissene

86

Kleidung. In säkularisierter Form ist gleichsam eines der Werke der Barmherzigkeit
dargestellt: die Bekleidung und die Speisung
der Notdürftigen.

Vom strengen Kompositionsschema der
Regentenstücke des 17. Jahrhunderts mit ihren festgelegten Elementen (die Personen,
der Verhandlungstisch mit Attributen der fi-
nanziellen und administrativen Aufgaben,
die Landkarte, die Zöglinge) wich auch Verspronck nicht ab. Die Künstler erhielten wenig Freiheit, wenn es um die Darstellung der
hierarchischen Amtsausübung ging. Selbst
Versproncks berühmter Stadtgenosse Frans
Hals mußte sich mindestens ähnlicher Sche-
mata bedienen.   D. P. Snoep

Lit.: EKKART 1979, Nr. 40.

87

JAN DE BRAY
Haarlem 1627–1697 Haarlem

**Die Vorsteher des Arme-Kinder-Hauses
von Haarlem.** 1663
Öl auf Leinwand, 187,5 × 249 cm
Haarlem, Frans Halsmuseum, Inv. I-32

Haarlem kannte als mittelgroße, aber wohl-
habende Handelsstadt in Holland eine Vielzahl charitativer Einrichtungen. Durch die
zunehmende Betriebsamkeit und das Bevöl-
kerungswachstum nahm auch der Umfang
der Problemgruppen zu. Im Jahre 1656
wurde beschlossen, das in Kat. 86 genannte
überbelegte Heiliggeisthaus fortan vor allem
den unter Vormundschaft stehenden Kindern vom siebenten Altersjahr an vorzube-
halten. Ungeachtet des beständigen Geld-
mangels kümmerte sich die Stadtregierung
um die geistige und praktische Schulung der
Insassen. Daß 1663, als das Gruppenbildnis

87

entstand, das Jahresbudget von 30 000 Gulden nicht genügte, ist kaum zu glauben.

Die beiden Waisenhäuser vereinigten sich später zu einem einzigen städtischen Waiseninstitut, das im Gebäude des heutigen Frans Halsmuseum untergebracht war. Stärker noch als der Maler der Vorsteherinnen (Kat. 86) huldigt hier De Bray einem fast illusionistischen Verismus. Mit bedeckten Häuptern – die Hüte wurden bei offiziellen Sitzungen aufbehalten – konzentriert sich die Vorsteherschaft freundlich-herablassend auf einen Punkt: das außerhalb des Bildes hereintretende Mündel im Gegenüber mit den Autoritätspersonen, die in seiner Gegenwart ihre Arbeit unterbrechen.

Beinahe majestätisch gebärden sie sich gegenüber dem jungen Einwohner als der verlängerte Arm der städtischen Gewalt. In diesem Zusammenhang verdient erwähnt zu werden, daß unter den nordniederländischen Gruppenporträts die Darstellungen der eigentlichen Stadtregierungen fehlen. Diese

noch nicht erklärte Lücke in der Bildnisüberlieferung wird indessen reichlich wettgemacht durch die zahllosen Gruppenbildnisse aus den nachgeordneten Behörden, die sich überall erhalten haben.

De Brays Regentenstück ist kompositionell in hohem Maße von der Amsterdamer Schule beeinflußt, wo Künstler wie Ferdinand Bol und Govaert Flinck hohes Ansehen genossen. Rembrandts *Staalmeesters* sind nicht zufällig nur ein Jahr früher, 1662, als unser Bild entstanden. D. P. Snoep

88

GERARD TER BORCH
Zwolle 1617–1681 Deventer

Bildnis des Jan Roever. Um 1660
Leinwand, 66,5 × 51,5 cm
Hamburg, Hamburger Kunsthalle, Inv. 240

Der Deventer Bürgermeister Jan Roever, der sich wohl um 1660 von Gerard ter Borch

malen ließ, gab seinen Auftrag einem Mitbürger, der erst seit einigen Jahren durch
eine nicht ungüstige Heirat in Deventer Bürgerrecht und Zugang zum städtischen Patriziat erworben hatte (so daß er schließlich
selbst Bürgermeister wird). Der Mitvierziger
Ter Borch, der aus dem nahegelegenen
Zwolle stammte, hatte eine Karriere hinter
sich, die ihn nicht nur aus der Provinz in den
tonangebenden Westen der Republik, sondern auch nach England, Frankreich, Italien
und Spanien geführt hatte. Als Begleiter des
Amsterdamer Verhandlungsführers wird er
der Porträtist des Friedens von Münster, dessen Schlußsitzung am 15. Mai 1648 mit dem
Schwur aller Abgesandten er in einem bedeutenden historischen Ereignisbild festhält
(jetzt in der National Gallery, London).

Nach seiner Heirat in Deventer 1654
malt Ter Borch Interieurszenen und Porträts,
die ihn – wiederholte Aufträge auch aus
Amsterdam beweisen das – zu einem der
führenden Künstler seiner Zeit machen. Für
die Kunstgeschichte des 19. Jahrhunderts erscheint er als ein typischer Repräsentant der
bürgerlichen Kultur des »goldenen Zeitalters«. Dessen Eigenheit suchte man traditionell gerade in Abgrenzung gegen ausländischen Akademismus und verderbliche Hof-
malerei in Einfachheit und Unabhängigkeit.

Trotz allem [d. h. seiner Reisen] ist er in
Stil und Ausführung ein reiner Holländer
geblieben. Die schreckliche Erfahrung
von Italien hat ihn nicht verdorben. Der
Umgang mit Königen, Prinzen, Gesandten, Kardinälen und den Großen der
Erde hat ihn sein Naturell nicht verlieren
lassen; er hat allein ein feines Unter-
scheidungsvermögen und eine ausge-
suchte Anmut erworben, um die holländische Gesellschaft in Repräsentanten ihrer Oberschicht darzustellen. Kein einziger ausländischer Meister hat ihn im ge-
ringsten beeindruckt, obwohl er sich auf
geheimnißvolle Weise ihre allerbesten
Eigenschaften angeeignet hat (BÜRGER
1858, S. 119).
Der fortschrittliche französische Kritiker
Thorée-Bürger sucht in seinem Begriffssy-

88

stem die einfache Repräsentanz der Porträts
zu bestimmen, die in der Regel auf Attribute
oder Hintergrund verzichten, die die Figuren
raumbeherrschend in kleinen Formaten darstellen, elegant und doch realistisch sind,
Abstand und zugleich Nähe schaffen. Es sind
– seien es Porträts oder Genrestücke – stets
vor dem Modell gemalte Stilleben.

Unser Porträt von Jan Roever (1610-
1661) läßt die beschriebenen Charakteristica
erkennen, ist aber »etwas farblos und zag«
(GUDLAUGSSON 1960, 138). Der feierlich
dunkel gekleidete Bürgermeister steht, mit
dem hohen Hut auf dem Kopf und den eleganten Handschuhen in der Hand, in einem
sparsam angedeuteten Bildraum und schaut
den Betrachter an. Möglicherweise handelt
es sich um ein Amtsporträt, von dem Kopien
für private Zwecke angefertigt wurden. Bemerkenswert ist, daß Ter Borch etwa für
seine ehrgeizigen Auftraggeber in Amsterdam (Bildnisse der Familie De Graeff) auch
über weniger bescheidene Bildmittel verfügt.   J. Becker

Lit.: GUDLAUGSSON 1959-1960, Nr. 155; DU-
DOK VAN HEEL 1983.

89 a, b

ARTUS QUELLINUS d. Ä.

Antwerpen 1609–1658 Antwerpen

Pendantbüsten von Cornelis Witsen und Catharina Lambertsdr. Opsij (Catharina Graeff). 1658

Paris, Louvre

Marmor Büste Witsen: 71 × 60 cm. R.F. 3518 – Büste Opsij: 72 × 57 cm. R.F. 3519

Die Arbeiten des Bildhauers Arthur Quellijn (sein Name wird meist latinisiert) am Amsterdamer Rathaus führten nicht nur zu seiner Übersiedlung aus Antwerpen in den Norden (für die Zeit zwischen 1646 und 1663/64), sondern brachten ihm auch eine Anzahl Aufträge – sowohl von der Stadt selbst wie von einzelnen Mitgliedern des Patriziats. Die für die Amsterdamer Oberschicht geschaffenen Marmorbüsten müssen als Hoheitsform, die antiken Ruhm und fürstlichen Glanz evoziert, in den nördlichen Niederlanden, an deren Wiege doch auch die Bilderstürmer gestanden hatten, auffallen. Plastische Bildnisse wurden eigentlich nur als Grabmonumente allgemein geduldet, wie etwa der Kampf um das 1622 vollendete Denkmal des Erasmus in Rotterdam beweist (BECKER 1979). Die von Quellinus geschaffenen Porträtbüsten – die natürlich nicht für den öffentlichen Raum bestimmt waren – beweisen, daß die dargestellten liberalen Regenten keine Bedenken gegen »Bilder« hatten und sich unbekümmert auf klassische Ideen von Nachleben und Ruhm berufen konnten. Die Familie Witsen, die vom Übergang Amsterdams zu den Rebellen (der Alteratie 1578) bis zum Ende des Ancien Régime 1795 Mitglieder der Regierung stellte und mit dem Clan der Bicker und de Graeff versippt war, fand derartige aristokratische Porträtformen sicherlich standesgemäß.

Es ist wieder der Dichter Joost van den Vondel, der solche Gedanken in seinen Lobgedichten auf »Artus Phidias« (WB VIII, S. 600), auf seine Büsten und damit auf die Abgebildeten ausdrückt. Das hier ausgestellte Bild des Bürgermeisters und Ratsherrn besingt er wohl im Jahre seines Entstehens,

1658, in dem Cornelis Witsen (1605–1669) nach einer glänzenden Karriere im Dienst der Stadt zum zweiten Male Bürgermeister ist (WB IX, S. 283–284).

> Das Nilland hat seit je
> auf Pyramidenspitzen
> Und Obelisken das
> Gedächtnis aufbewahrt
> Der Großen, wie dies Bild
> des Bürgermeisters Witsen
> Sein Antlitz treu vertritt.
> Denn oft ist er auf Fahrt:
> Sei's daß im Rathaus er
> der Bürger alte Rechte,
> Sei's daß im Seerat er
> die Handelsschiffahrt schützt.
> Er hilft im Haag, daß nicht
> die Freiheit sich verknechte,
> Er ist's, der säulengleich
> den Rat der Staaten stützt.
> Die Kunst folgt der Natur,
> doch was vermag zu geben
> Ein Bild aus Erz und Stein? –
> Ruhm schafft allein das Leben!

Vondel benutzt hier deutlich antike Topoi: das Überdauern von Marmor und Metall in der Schlußapotheose weist deutlich auf den Schlußgesang des dritten Buches von Horaz' Oden *(Carmina 3, 30* hier in der Übersetzung Emanuel Geibels), dessen Vergleich mit ägyptischen Monumenten Vondels Ausgangspunkt bildet:

> Ew'ger schuf ich als Erz,
> höher als Königsmacht
> Pyramiden sich türmt,
> mir ein Grabmal,
> daß kein stürzender Guß,
> keines Orkanes Gewalt
> zu erschüttern vermag,
> noch der unendliche
> Strom der Jahre zerstört
> oder der Zeiten Flucht.
> Nicht ganz werd' ich vergehn,
> über das Grab hinaus
> dauert meiner ein Teil…

Sicherlich ist Vondel neben Horaz' Ode die etwa bei Ripa (1644, S. 441) referierte symbolische Bedeutung von Pyramiden (heml-

89 a   89 b

hoofe spitsen) und Obelisken (naelden) als »Gloria di Principi, Roem, Eere of Heerlijckheyt der Princen« vertraut. Fürstliche Ehre für den Stadtpolitiker in einer Republik, der bürgerliche Rechte und republikanische Freiheiten ausdrücklich beschützt – das scheint ein Gegensatz, den Vondel hier bewußt einsetzt, um dem Selbstbewußtsein des Bürgermeisters und damit dem Selbstverständnis der Stadt und ihrer Bürger, Ausdruck zu geben. Ebenso betont er in der Beischrift auf Quellinus' Büste des Bürgermeisters Johan Huydekoper nachdrücklich dessen Kontakte zu ausländischen Fürsten (WB V, S. 849).

Beide Sockel tragen in lateinischen Majuskeln den Namen der Abgebildeten und das Datum 1658; die Büste Witsens außerdem die Signatur »Artus Quellinus fecit«. Nicht nur in seiner lateinischen und bewußt antikisierenden Sockelinschrift trachtet hier Quellinus danach, klassischen Vorbildern zu folgen. Sein Stil erinnert über den seines römischen Lehrers François Duquesnoys und den Frühstil Berninis an die römische Porträtkunst der Kaiserzeit. – Quellinus findet in der Generation nach De Keyzer in seinen Porträts zu einem klassizistisch repräsentativen Barock, der Realismus- wie Repräsentationsanspruch seiner (oft fürstlichen) Kunden offenbar in hohem Maße entsprach.

Die Porträts ohne Hände werden im angeschnittenen zeitgenössischen Kostüm von einem weitfallenden Mantelrand umgrenzt (der an eine Toga erinnern mag). Witsen nimmt in Umriß, gespanntem Gesichtsausdruck und gerichtetem Blick mehr Raum ein als seine Gattin, die die Augen leicht niedergeschlagen hat. Damit werden geschlechtsspezifische Eigenschaften ausgedrückt, deren Realität wir nur für den Bürgermeister selbst bestätigen können. Sein Unternehmungssinn wird nicht nur in Lobgedichten gepriesen, sondern von anderen Zeitgenossen auch als Habgier kritisiert, ebenso wie man beobachtet, daß er »te veel geneegen tot groote glaesen« sei (BONTEMANTEL 1897, II, S. 495). Bei der Versteigerung von Rembrandts Haus in der Breestraat macht er 1658 als Hauptgläubiger einen wenig angenehmen Eindruck, wie er auch möglicherweise vier Jahre später an der Rückweisung von Rembrandts *Claudius Civilis* für das Amsterdamer Rathaus beteiligt war (vgl. Kat. 101). Von seiner Frau dagegen wissen wir wenig mehr, als was wir in diesem Porträt und einem gleichzeitigen Gemälde Bartholomeus van der Helsts ablesen können.   J. Becker

Lit.: NEURDENBURG 1948, S. 171–200; BRESC-BAUTIER 1982.

90

90

THOMAS DE KEYZER
Amsterdam 1596/97–1667 Amsterdam

**Den Amsterdamer Bürgermeistern wird
die Ankunft der Maria von Medici
mitgeteilt.** 1638
Grisaille auf Holz; 28,5 × 38,0 cm
Den Haag, Mauritshuis, Inv. 78 (Depositum
im Historisch Museum, Amsterdam)

Das Werk Thomas de Keyzers, der als Sohn
des berühmten Bildhauers Hendrik de Keyzer einer großen Künstlerfamilie entstammt,
wurde zuerst von dem französischen Kunstkritiker Etienne Joseph Théophile Thoré
(1807–1869) zusammengestellt, dem wir
auch die Wiederentdeckung des seinerzeit
beinah vergessenen Jan Vermeer verdanken
(Bürger-Thoré 1858, S. 231 ff.).

Den Ausgangspunkt von Thorés kleinem
Œuvrekatalog (noch unter dem Namen

Theodor de K.) bildete im Mauritshuis das
Gruppenporträt der Amsterdamer Bürgermeister, denen am 31. August 1638 die Ankunft der Maria von Medici im Amsterdamer Stadtgebiet mitgeteilt wird. Er stellte
die kleine Grisaille, die ihn selbst an Tizian
und Velasquez erinnerte, in die direkte Nähe
von Rembrandts *Nachtwache* und seinen
Staalmeesters.

Was Thoré so anspricht, ist nicht nur die
Harmonie der vornehm-einfachen Farben-
skala und die lebendige Charakterisierung
der Dargestellten, die zuhörend, nachden-
kend oder sprechend auf die Mitteilung reagieren, es ist der Gesamteindruck von »sim-
plicité, force, harmonie«. Darin erkennt er
offenbar nicht nur malerische Qualitäten
dieses einen Bildes, sondern Charaktereigen-
schaften der ganzen Nation.

Thoré, der, um den Nachstellungen der
Polizei Napoleons III. zu entgehen, aber zugleich als politisches Manifest das Pseud-

onym William Bürger gebraucht, ist der große Propagator der »realistischen« Kunst des niederländischen 17. Jahrhunderts, deren bürgerlich-demokratischer Charakter als Vorbild eigener Kunstbestrebungen dargestellt wird. Der radikale Demokrat und Freund der modernen französischen Realisten erfaßt und mißversteht wohl zugleich wesentliche Züge des Bildes und des Ereignisses, das ihm zugrunde liegt.

Maria von Medici, die Witwe des französischen Königs Heinrich IV. und Mutter des regierenden Königs Ludwig XIII., wurde auf Betreiben des mächtigen Kanzlers Richelieu aus Frankreich vertrieben und suchte im Sommer 1638 die Vermittlung der Niederlande zwischen ihr und ihrem Sohn. Damit wurde der Republik, deren politischer Platz in Europa noch keineswegs gefestigt war, eine schmeichelhafte Rolle in dem innenpolitischen Konflikt eines Nachbarlandes zugemessen. Vom Glanz, der von der »Mutter von drei Königreichen« auf ihre Gastgeber abstrahlte, suchten nicht nur die »Staaten« zu profitieren, sondern auch der Hof des Statthalters und die – auf traditionelle Rechte und Unabhängigkeit peinlich bedachten – besuchten Städte. Das galt insbesondere für Amsterdam, das die Unabhängigkeit der »Staaten«, besonders der Provinz Holland, und die eigene Bedeutung als übermächtige Kapitale stets gegen die Ansprüche des Statthalters verteidigte. Ein Empfang des berühmten Gastes gab der Stadt so – trotz Marias unsicherer politischer Position – Gelegenheit, sich als gleichwertigen Partner zu präsentieren.

De Keyzers Bild gibt von dieser Manifestation städtischen Selbstbewußtseins Zeugnis: die Bürgermeister Abraham Boom, Petrus Hasselaar, Albert Coenradsz. Burgh und Antonius Oetgens van Waveren empfangen vom Reiterhauptmann Cornelis van Davelaer den Bericht, daß Maria die Stadtgrenze passiert hat. Sie gehen der Fürstin aber keineswegs entgegen, sondern erwarten ihre Ankunft im Rathaus. (Der dargestellte Ratssaal dürfte aber kaum dem des alten Rathauses von 1638 entsprechen.) Der Stich Jonas

Suyderhoeffs nach der Grisaille beweist in seiner Unterschrift noch einmal das Selbstbewustsein der Regenten: «Effigies nobilissimorum et amplissimorum DD. Consulum qui Reip. Amstelodamensis praefuere...»

Diese Begrüßungsszene ist in dem ausführlichen Bericht *Medicea hospes, sive decriptio publicae gratulationis, qua ... Mariam de Medicis, excepit Senatus Populusque Amstelodamensis* (1638) des Besuchs und der dabei veranstalteten Festlichkeiten festgehalten, in dem der Amsterdamer Professor Caspar van Baerle Inhalt und Bedeutung der Ereignisse und der aufwendigen Ehrenbögen, Wasserspiele und allegorischen Darstellungen beschreibt.

Eine andere Perspektive finden wir in dem »höfischen« Bericht über Marias Reise durch die Niederlande von Jean Puget de la Serre, *Histoire de l'entree de la reyne Mere du Roy tres-chrestien, dans les Provinces Unies des Pays-Bas* (1639) Hier liegt der Nachdruck auf Wenzel Hollars Stadtprospekten mit dem Zug der Königin.

In verschiedenen Szenen dieses Amsterdamer Einzugs werden Alter und Adel der Stadt unterstrichen, etwa wenn nachdrücklich die Abkunft der Kaiserkrone im Amsterdamer Stadtwappen von einem Geschenk Maximilians demonstriert wird. Das setzt die Stadt in eine Art Familienverhältnis zu der Fürstin, zu deren Vorfahren der Kaiser zählt.

Die Verbindung des ungewöhnlich kleinen Bildes mit dem Einzug wird dadurch bestätigt, daß der Nachstich von Jonas Suyderhoef häufig in die genannte Beschreibung Van Baerles eingebunden ist. Wohl durch diese ausgezeichnete Reproduktion (die praktisch das Format der – hierfür entworfenen? – Vorlage hat) konnte De Keyzers Komposition einen nachhaltigen Einfluß auf die Gruppierung der Personen in derartigen Porträts ausüben.   J. Becker

Lit.: OLDENBOURGH 1911, S.55ff. und 79, Nr.63; DUBIEZ 1958; SNOEP 1975, S.39–76; *Mauritshuis 1977*, S.132, Nr.78; ADAMS 1985, S.378ff.

91

JÜRGEN OVENS
Tönning 1623–1678 Friedrichstadt a. d. E.
Allegorie mit vier Amsterdamer Bürgermeistern. Zwischen 1657 und 1662
Feder, laviert, 40,8 × 63,5 cm
Hamburg, Hamburger Kunsthalle,
Inv. 22730

Das Amsterdamer Rathaus erscheint den Zeitgenossen als sichtbarer Beweis für die ihnen aus Geschichte und Literatur vertraute Annahme, daß Frieden zum Erblühen der Künste führe – beides Zeichen eines Goldenen Zeitalters. Als vergleichbares Produkt des Friedens erscheint auch die Ausbreitung des Handels, der seinerseits die ökonomische Basis für ein reiches Kunstleben bildet. Schon bei der Eröffnung der Illustre School, des Ursprungs der Amsterdamer Universität, hatte Caspar van Baerle eine solche Institution als charakteristisch für die Weisheit der Kaufmannschaft gepriesen. Vondel formuliert gleichartige Gedanken am Schluß seiner *Inwijdinge:*

> Die Tugend schreitet fort,
>   sie folget diesem Herrn.
> Die Schlechtigkeit schmilzt hin.
>   Gold unterliegt den Ehr'n.
> Die Künste blühen auf,
>   nützliche Wissenschaften
> Herrschen jetzt überall ...

Die großformatige Zeichnung, die wohl als Entwurf zu einem (nicht ausgeführten?) Gemälde entstand, feiert in einem großen allegorischen Apparat die vier Amsterdamer Bürgermeister. Eine derartige Huldigung entspricht der Lobtopologie, wie sie nach dem Frieden von Münster und während der Entstehung des Amsterdamer Rathauses – das sich rechts noch eingerüstet erhebt – vielfältig vorkam.

Die Bürgermeister schreiten unter der beherrschenden Statue der Justitia in einem Zug von (zum Teil identifizierbaren?) Begleitern und Soldaten vom Rathaus zu einem Triumphwagen. Auf ihm thronend schwingt die Amsterdamer »Stedemaagd« ihr Zepter

und lenkt zugleich das Löwenpaar, das den Wagen zieht; sie vermag als Friedensheldin – darauf deuten die Tauben um den Thron – selbst das stärkste der Tiere zu bezwingen. Vor dem Hintergrund eines Waldes von Schiffsmasten, den Häusern der Stadt (mit einem erfundenen Palast), klassisch-arkadisch anmutenden Freudentänzen und einer Zuschauerkulisse streuen Kinder Blumen vor den Triumphwagen, der von Trägern symbolischer Feldzeichen (zu erkennen ist eine Victoria) und Tugenden (zu erkennen links die Stärke, rechts die Weisheit) umgeben wird. In der Luft tragen Putten das Stadtwappen und die dazu gehörige (Kaiser-)Krone, sowie zwei Siegeskränze. Der Vordergrund wird links vom Seegott Neptun mit seinem Gefolge, rechts von einer Gruppe abgeschlossen, die sich hilfeflehend an die Bürgermeister wendet. Zu erkennen ist die Personifikation des Überflusses, ein Gefangener und wohl Repräsentanten von Armen, Witwen und Waisen, deren Schutz traditionell der Obrigkeit obliegt (vgl. etwa Exodus 22, 21 und Deuteronomium 10, 18 und 26, 12–13). Der Erfolg ihrer Bitten wird um so wahrscheinlicher, als wir Invidia, die traditionelle Feindin alles Guten, hilflos auf dem Rücken liegen sehen.

Die Genannten sind Repoussoirfiguren vor der Hauptszene, die der sich öffnende Himmel in helles Licht taucht: die Verkörperungen von Künsten und Wissenschaften, die sich huldigend, bittend und ermahnend zugleich den Bürgermeistern in den Weg stellen. Von vorn nach hinten sind dies: die Wissenschaft, Baukunst, Malerei und Dichtkunst (hinter der sich Minerva und die Stedemaagd erheben). Bezeichnend führt in dieser bildlichen Argumentation die zentrale Pictura das Wort; den Bürgermeistern zugewendet, weist sie diese offenbar auf die zum Himmel aufsteigende Fama, den Ruhm, den die Stadtväter durch ihr gutes Regiment erwerben können.

Das auffällig großformatige und sorgfältig durchgezeichnete Blatt wurde früher allgemein mit Govaert Flinck in Zusammenhang gebracht, offenbar weil es in das Werk

91

des Amsterdamer Porträtisten und zu seinen Dekorationen im Rathaus paßt. Sumowski (IX, Nr. 2090 x) hat es mit guten Gründen neuerdings dem deutschen Rembrandtschüler Jürgen Ovens zugeschrieben, der neben Flinck an der Ausmalung des Rathauses beteiligt war. Neben stilistischen Vergleichen spricht hierfür auch die kompositionelle und ikonographische Verwandschaft mit der Behandlung eines verwandten Themas, das Ovens 1661 als Hofmaler verfertigte, der *Huldigung des Herzogs Christian Albrecht von Gottorf als Schirmherr von Künsten und Wissenschaften* (Cederfeld de Simonsen Sammlung in Aarholm bei Aarup; Vorzeichnungen in Kopenhagen und Göttingen; vgl. SCHMIDT 1922, S. 161, Nr. 140; SUMOWSKI 1979 bis 1985, IX, Nrn. 2041 und 2042).

Geht man von Ovens' Autorschaft aus, wird es möglich, das Blatt näher zu datieren. Es muß dann während Ovens' Amsterdamer Aufenthalt von 1657 bis 1662 entstanden sein. Einen weiteren Anhaltspunkt geben die – nicht sonderlich spezifizierten – Darstel-

lungen der Bürgermeister, unter denen zumindest links der korpulente Johan Huydecoper erkennbar ist (vgl. etwa sein Porträt auf Govaert Flincks *Schützenstück* von 1648 im Rijksmuseum). Huydecoper war unter anderem 1655, 1657, 1659 und 1660 Bürgermeister. Es liegt damit nahe – und die Bildevidenz widerspricht dem nicht – die Zeichnung mit der Einweihung des Rathauses im Jahre 1655 zu verbinden: nicht als Reportage oder historisches Ereignisbild, sondern als eine allegorische Darstellung und damit tatsächlich Vondels *Inwijdinge* zu vergleichen. Offen bleibt die Frage nach der Funktion des Blattes. Reizvoll ist die Annahme, daß die vier Bürgermeister von 1655 – »Ioan Huydecoper, Ridder, Heer van Maerseveen etc., Cornelis de Graef, Vry Heer van Suydpols-broeck, etc., Ioan van de Poll und Hendrik Dircksz. Spiegel« (DAPPER 1663, Anhang), von denen zwei sichtbar stolz auf ihre Adelstitel sind – sich hier in einer Selbstverherrlichung darstellen lassen, die adeligen Präsentationsformen entspricht. Das gerade könnte so sehr im Widerspruch zur republikanischen Bildsprache gestanden haben, daß die Ausführung als Gemälde oder gar Stich ausgeschlossen war (vgl. DUDOK VAN HEEL 1990).   J. Becker

Lit.: SCHMIDT 1922; SUMOWSKI 1979–1985, IX, Nr. 2090x; DUDOK VAN HEEL 1990.

Das Rathaus von Amsterdam

Im Jahre 1648, in dem der Frieden von Münster einen für die Niederlande achtzigjährigen Krieg beendigte, wurde in Amsterdam der Grundstein für ein neues Rathaus gelegt. Das Ende eines jahrzehntelangen Kampfes um politische, religiöse und Handelsfreiheit und der sichtbarste Ausdruck der Blüte dieses Goldenen Zeitalters fallen so chronologisch sinnfällig zusammen. Der Gedanke von Frieden und Freiheit findet sich denn auch durchgehend in dem Hauptgebäude der Stadt, die am meisten von dem neuerworbenen Frieden profitieren sollte. Das neue Rathaus wurde als Monument für den Frieden betrachtet.

Obwohl der Bau noch nicht vollendet war, wurde das Rathaus am 29. Juli 1655 eingeweiht. Zu dieser Feier schrieb der berühmteste niederländische Dichter des 17. Jahrhunderts, der Amsterdamer Joost van den Vondel (1587–1678) das Gedicht *Inwydinge van 't Stadhuis t'Amsterdam,* in dem er eine Beschreibung des Bauwerks in die geschichtliche Darstellung Amsterdams einfügt. Vondel muß Pläne und Hintergründe des Baus gekannt haben: er beschreibt noch unausgeführte Details genauso wie ideelle Konzepte, die dem Entwurf zugrunde lagen. Damit wird sein Gedicht ein bedeutendes Dokument, das im folgenden wiederholt zur Erläuterung und Deutung herangezogen wird.

Vondels Gedicht ist den vier Bürgermeistern gewidmet, die im Jahre 1655 der Stadtregierung vorstanden. Einer von ihnen, der »Achtbare Freiherr Graef«, war Cornelis de Graeff, der Sproß einer reichen Patrizierfamilie, der nach dem Studium eine glänzende politische Karriere gemacht hatte, die ihm zwischen 1643 und 1662 zehnmal zum Amt des Bürgermeisters verhalf. Er ist es wahrscheinlich, der das intellektuelle Konzept des Rathauses (mit)entworfen hatte, er ist wohl auch der Mittelsmann zwischen der Stadtregierung und dem Dichter.

Das Programm des Rathauses umfaßt eine Fülle von sorgfältig geplanten und miteinander korrespondierenden Einzelheiten, die sich vom Grundriß über die Fassaden bis ins Innere des Baus finden. Sie schaffen einen Mikrokosmos, in dem Amsterdam einen wichtigen Platz einnimmt. Die Stadt zeigt den Bürgern ihre Aufgaben und Funktionen, darüber hinaus demonstriert sie nachdrücklich ihre Machtposition innerhalb der Republik der Vereinigten Niederlande.

Bis in die Materialwahl, die Maße der Räume und Einzelheiten der Dekorationen erstreckt sich die symbolische Gestaltung, am deutlichsten spricht sie sich wohl in den Fassaden, den Haupträumen und den Gemälden des Inneren aus. Hier stellte man bedeutende Ereignisse der biblischen, der klassischen sowie der nationalen Geschichte dar, Themen die – im Gegensatz zu den für uns so »typisch niederländischen« Landschaften, Stilleben oder Interieurs – malerisch und moralisch »große« Probleme behandelten.

In diesen Historien wurden Vergleiche mit der eigenen Zeit dargestellt oder angedeutet: die abgebildete Szene war für die Gegenwart nützlich, weil sich hier Lehren oder repräsentative Vergleiche mit der eigenen Zeit ergaben. Stets variierte Themen sind dabei Macht und Wohlstand der Stadt, der Frieden nach dem Unabhängigkeitskampf gegen die Spanier und die Tugenden der städtischen Regenten. Die Darstellungen hatten sowohl eine ermahnende wie eine repräsentative Funktion, die unter den Bildern in vierzeiligen Gedichten erläutert wurden, deren Verfasser wiederum Vondel war.

Der umfangreiche und in den Niederlanden einzigartige Auftrag führte wohl auch dazu, daß mehrere Maler in einer Art Wettbewerb kleinformatige Entwürfe vorlegten, so daß wir verschiedene Fassungen desselben Themas vergleichen können. Durch seine unerhörte Pracht und Größe (und ebenso durch eine geschickte Öffentlichkeitspolitik der Stadt) erlangte das Rathaus durch ganz Europa den Ruf eines achten Weltwunders. Ein solcher Begriff sagt uns nicht mehr so viel wie den Zeitgenossen Vondels, doch bleibt – verstärkt noch durch moderne Forschungen zu Ikonographie und Ikonologie – der Ruhm eines für das niederländische Goldene Zeitalter bezeichnenden Gebäudes.

92

T. van den Oosten

Lit.: Zu Ikonographie, Baugeschichte, historischem und intellektuellem Hintergrund vgl. durchgehend: VAN DE WAAL 1952 und FREMANTLE 1959. – Die Zitate in den nachfolgenden Beschreibungen stammen, wenn nicht anders angegeben, aus Vondels *Inwijdinge* (WB V, S. 857–904).

92, 93

ANONYM (Merkzeichen M?)

Kelle für die Grundsteinlegung des Amsterdamer Rathauses. 1648
Silber, 7,1 × 9,8 × 24,5 cm; 227,5 g
Amsterdam, Historisch Museum,
Inv. Ahma 15679

JOHANNES LUTMA
Emden 1587–1669 Amsterdam

Schale und Kanne. 1655
Silber, Durchmesser Schale 60,5 cm;
Höhe Kanne 21 cm
Amsterdam, Rijksmuseum, Inv. 142
(nicht ausgestellt)

Grundsteinlegung und Einweihung des Rathauses wurden von Festlichkeiten begleitet, die man dem Ruhm des »achten Weltwunders« angemessen fand und die jedermann die Bedeutung des Baus deutlich machten.

Noch heute erinnert im Gerichtssaal ein Gedenkstein an die Grundsteinlegung. Er ist wohl nicht identisch mit dem Stein, der 1648 an der Südwestecke gelegt worden, später allerdings verschwunden ist. Dieser erste Stein wurde von vier Söhnen beziehungsweise Neffen der Bürgermeister gelegt, ihre Namen standen auch auf dem Stein (VAN EEGHEN 1955, S. 83–85). Zwei Zierkellen in öffentlichem Besitz erinnern an das Ereignis. So bewahrt das Rijksmuseum ein Johannes Lutma zugeschriebenes Exemplar, das dem jungen Jacob de Graeff geschenkt wurde. Die beiden Seiten der Kelle zeigen in Kartuschen die Darstellung der vier Kinder bei der Grundsteinlegung beziehungsweise das Wappen der Familie mit einer Gedenkinschrift. Das hier ausgestellte Exemplar ist bedeutend einfacher gearbeitet, die eigentliche Kelle trägt nur den Namen Philips de Vos und zwei bislang nicht identifizierte Marken. Am Ende des Handgriffs dient ein Ring wohl zum Aufhängen des kostbaren Souvenirs, eine Inschrift um den Handgriff erinnert an den festlichen Anlaß:

Jacob de Graeff, den eersten steen van 't Amsterdams Stadthuys geleght hebbende met dezen troffel op den XXVIII Oct. Ao 1648 heeft denzelven vereert aen Philips de Vos, stadsmeester-metselaer, die hem daerin geholpen ende bijgestaan hadde.

Der junge Jacob de Graeff hat die Kelle also dem Werkmeister Philips de Vos geschenkt, der ihm bei der Grundsteinlegung geholfen hatte – es handelt sich damit wohl um eine

93

elegante Belohnung des Bürgermeisters De Graeff an einen der wichtigsten Mitarbeiter am Bau.

Bei der Einweihung 1655 spielte die Erinnerung an den Westfälischen Frieden (1648) noch immer eine bedeutende Rolle, die aber in ein übergreifendes historisch-kosmologisches Programm eingebaut war. In den öffentlichen Feierlichkeiten kommt dieser ideale Hintergrund allerdings nur wenig zum Ausdruck. Beinahe den ganzen Tag lang feierte man – d.h. die offiziellen Würdenträger – das Fest. Es begann mit einem morgendlichen Gottesdienst in zwei Kirchen, dem Aufzug vom Prinzenhof (wo nach dem Brand des alten Rathauses Rat und Verwaltung einen vorläufigen Sitz gefunden hatten) zum Dam und dem Einzug in die fertiggestellten Räume. Hier empfing man Vertreter aller »öffentlichen«, d.h. der calvinistischen, Kirchen und nach einer Parade die der Schützengilden. Den Geistlichen wurde ein Fäßchen Rheinwein ins Haus geschickt, Hauptleute und Leutnants der Schützen wurden auf einige Gläser ins Rathaus gebeten (vgl. FREMANTLE 1959, S. 192).

Die »Herren«, die in hierarchischer Folge zum Rathaus gezogen und da schließlich in derselben Ordnung zu Tische gegangen waren, wurden mittags »seer deftich getracteert«. Davon zeugt heute noch die eigens für diese Gelegenheit angefertigte, mit Orts-, Jahres- und Meistermarke gestempelte Kanne mit Schale aus dem Besitz des Rijksmuseum. Die achteckige Schale zeigt in der Mitte das Amsterdamer Wappen und auf dem Rand in vier Kartuschen Namen und Wappen der Regierenden Bürgermeister; die Kanne trägt auf ihren Seiten Kartuschen mit den Wappen der beiden Schatzmeister Nicolaes Tulp und Cornelis van Dronckelaer, die natürlich als Verwalter der städtischen Finanzen bei dieser Gelegenheit neben den Bürgermeistern die bedeutendste Rolle spielten. Die vornehme Schlichtheit dieses Werks, das vor allem den Glanz des kostbaren Materials sprechen läßt, kann man als bezeichnend für den bürgerlichen Aspekt der städtischen Selbstrepräsentation betrachten – daneben stehen (wie andere Nummern dieses Katalogs zeigen) deutlich exuberantere Formen.

Der Amsterdamer Goldschmied Johannes Lutma (1587–1669), der an der Spitze einer Künstlerfamilie und wiederholt als Vorsitzender der Gilde die Produktion seiner Zeit nachhaltig beeinflußt, zeigt in seiner Biographie exemplarische Züge: Als Sohn von Flüchtlingen aus den südlichen Niederlanden in Emden (wo sich eine große Kolonie niederländischer Protestanten befindet) geboren, kommt er um 1620 nach Amsterdam, wo er – auch durch die Einheirat in eine Goldschmiedefamilie – schnell ein umfangreiches Werk mit zahlreichen städtischen Aufträgen liefert, etwa eine Medaille zur Erinnerung an den Frieden von Münster und eine Kanne mit Schale als Geschenk an Admiral Tromp.

J. Becker und T. van den Oosten

Lit.: HUDIG 1941; FREDERIKS 1952–1961, I, Nr. 143 P (Kelle Rijksmuseum) und S. 227, Nr. 145 U (Kanne und Schale); *Catalogus van goud en zilverwerken* 1952, Nr. 122 (Kelle) und Nr. 142 (Kanne und Schale); *Vondels Inwydinge* 1982, S. 58–61; Amsterdam 1989, S. 48–59 und Kat. S. 96–103.

94

GERRIT BERCKHEYDE
Haarlem 1638–1698 Haarlem

Das Rathaus in Amsterdam. 1680
Öl auf Leinwand, 39,5 × 48,5 cm
Wien, Gemäldegalerie der Akademie der bildenden Künste, Inv. 384

94

Das neue Rathaus beherrscht den Platz des
Dam, so daß alle anderen Gebäude zurücktreten und selbst die Nieuwe Kerk (Neue
Kirche) rechts klein erscheint. Schon jahrhundertelang war der Dam, an dem sich die
ersten Fischer angesiedelt hatten, das ökonomische und soziale Zentrum von Amsterdam. Neben dem alten Rathaus befanden
sich hier Fischmarkt, Stadtwaage und Börse
als Symbole von städtischem Handel und
Wohlstand.

Seit 1639 plante man eine anspruchsvolle
Neugestaltung des Platzes, um ihm nach
dem Vorbild italienischer Renaissance-Anla-
gen ein repräsentatives Aussehen zu geben,
wie das einer Handelsmetropole und Hauptstadt der Republik entsprach. Der Bau des
neuen Rathauses und die Wiederherstellung
der Nieuwe Kerk nach einem Brand von
1645 bildeten einen Teil des großangelegten
Projekts.

Die Stadtregierung versprach den Calvinisten für die spätgotische Kirche, die sie
1578 nach der Vertreibung der Katholiken
mit anderen Gebäuden und Einrichtungen
übernommen hatten, eine neue stattliche
Südfassade. Ein solches sinnfälliges Gleichgewicht von geistlicher Macht und weltlicher Macht genügte jedoch den calvinistischen Geistlichen nicht. Sie beschlossen,
jetzt endlich den Kirchturm zu erbauen, für
den seit 1565 die Fundamente lagen. Er
sollte die Kuppel des Rathauses weit überra-
gen und so jedem Betrachter das ideale Kräf-
teverhältnis in der Stadt deutlich machen.
Nachdem Jacob van Campen – also niemand
anders als der Architekt des Rathauses – einen Entwurf geliefert hatte, unterbrach man
den Bau einige Meter über dem Boden. Dafür war neben Geldmangel wohl eine bewußte Politik des Rats verantwortlich: Das
Rathaus sollte in Maß und Allüre alle ande-

ren Gebäude übertreffen. Sowohl als Bauwerk wie als Zeichen der Macht der Bürger erweckte es tatsächlich in ganz Europa Bewunderung. – Den Kampf zwischen weltlichen und geistlichen Autoritäten sah man auch hier wieder in der biblischen Geschichte vorgeprägt, und zwar in der Auseinandersetzung zwischen Moses und Aaron. Noch heute erinnert hieran im Rathaus Bols *Moses empfängt die Gesetzestafeln,* ebenso wie die schmale Straße, die Rathaus und Neue Kirche trennt: die Moses-und-Aaron-Straße (KUYPER 1980, S.69–74).

Auffällig ist auch auf Berckheydes Wiener Gemälde, daß dieses monumentale Gebäude keine entsprechend repräsentative Eingangspartie besitzt. Der Besucher betritt das Rathaus durch sieben kleine Türen vom Dam aus. (In die Haupträume der ersten Etage gelangt er dann über eine Treppe, die sich in nichts mit repräsentativen Treppenanlagen in Frankreich oder Süddeutschland messen kann.) Man hat das damit erklären wollen, daß das Amsterdamer Patriziat sich so im Notfall leichter vor rebellischen Volksmassen hätte schützen können. Eine andere Interpretation will in der Siebenzahl und Ebenbürtigkeit der nebeneinander gelegenen Eingänge eine Anspielung auf die ersten sieben Provinzen der Republik lesen.

Diese Frage hat noch keine befriedigende Antwort gefunden. Man sollte jedoch bedenken, daß Van Campen die Schriften des klassischen römischen Architekten Vitruv wiederholt für seine Pläne gebrauchte. Die Maßverhältnisse des Bürgersaals z.B. entsprechen den Verhältnissen, die Vitruv für Basiliken als öffentliche Versammlungsräume angibt. Und die Basilika, die der römische Architekt in Fano als städtisches Repräsentativgebäude errichtet hat, war gegen das Forum hin in sieben Achsen gegliedert, ein Motiv, das sich auch an der Front des Kapitolpalastes in Rom findet. Damit ist es nicht unwahrscheinlich, daß Van Campen hier bewußt ein klassisches Motiv zitiert hat, weil er es funktional und ideologisch als vorbildlich betrachten mußte (FREMANTLE 1959, S.39; KOENIGSBERGER 1988, S.253).

Allein das Amsterdamer Rijksmuseum besitzt vier vergleichbare Veduten des Rathauses von der Hand Berckheydes, die zwischen 1672 und 1694 datiert sind. Der Maler erweist sich damit als Vertreter eines Spezialfaches (nämlich des »stadgezicht«) in der Malerei wie es für den niederländischen Kunstmarkt des 17.Jahrhunderts bezeichnend ist. Die Haarlemer Brüder Job (1630–1693) und Gerrit (1638–1698) Berckheyde gingen hier in der Nachfolge ihres Lehrmeisters Pieter Saenredam seit 1660 einen eigenen Weg. Gerrit beschränkte sich ausschließlich auf Stadtansichten und erreichte mit seinen Bildern aus Amsterdam, Haarlem und Den Haag eine hohe malerische Qualität. Offenbar erfüllte er die Vorstellungen seines Publikum so sehr, daß er von einigen seiner Werke mehrere Wiederholungen anfertigen mußte. Eine Beischrift, die der Biograph Arnould Houbraken zitiert (HOUBRAKEN 1753, I, S.175), beweist und erklärt zugleich die Popularität dieses Motivs von Berckheyde:

> Das achte Wunder steht
> als Quaderbau am Y,
> Das neunte aber ist
> sein Bild als Malerei.

T. van den Oosten

Lit.: FREMANTLE 1959, S.39; *Katalog Wien Akademie 1972, S.115; Amsterdam/Ontario 1977;* KUYPER 1980, S.69–81; KOENIGSBERGER 1988, S.253.

95

ANONYM

Modell des Amsterdamer Rathauses
Um 1800
Papier, 35 × 47,5 × 9,7 cm (ca. 1:220)
Bern, Bernisches Historisches Museum, Depositum

Am 28.Januar 1640 beschloß der Amsterdamer Rat, ein neues Rathaus zu bauen. Das alte, noch aus dem Mittelalter stammende Rathaus – aus verschiedenen Einzelhäusern zusammengewachsen – genügte weder der Verwaltung, noch konnte es den Repräsenta-

95

tionsanspruch der mächtig gewachsenen Stadt erfüllen. Erst 1648 wurden Ort und Umfang endgültig festgelegt: es sollte ungefähr an Stelle des Vorgängerbaues stehen, diesen aber an Größe weit übertreffen. Daß hierfür 69 Wohnhäuser abgebrochen werden mußten, führte zu Protesten. Im Zentrum der Stadt überragte das neue Rathaus alle umliegenden Gebäude (vgl. Kat. 94).

Das straffe, symmetrische Gebäude hatte für diese Zeit unerhörte Maße. Um die zwei Innenhöfe liefen auf den beiden Hauptetagen Galerien, die Zugang zu den verschiedenen Räumen gaben. Zentral auf der ersten Etage lag die große Halle des Bürgersaals. Einteilung und Dekoration des ganzen Gebäudes verbanden nach innen und nach außen praktische, repräsentative und symbolische Funktionen, wie Joost van den Vondel in seinem ausführlichen Einweihungsgedicht, der *Inwijdinge,* darstellt.

Zunächst aber müssen wir uns anhand der Grundrisse von Vennekool (Kat. 96) den Aufbau des Rathauses deutlich machen. Auf dem Niveau des niedrigen Souterrains lag zentral zwischen den Innenhöfen, die als Lichthöfe und – mit den Galerien – als Verbindung dienen, die Munitionskammer (Y), unter der sich im Keller Gefängniszellen (V) befanden. An der Nordseite des Souterrains lagen weitere Geschäftszimmer der Justiz: Räume für Geißelungen und Folterungen sowie Zimmer für die Aufseher (O, P, Q). An der Südseite residierte die Wechselbank (G, H, K, L), unter der im Keller die Goldre-

serve lag. An der Frontseite erstreckte sich über zwei Etagen der Gerichtssaal, die »Vierschar« (C bzw. auf der ersten Etage D), ein durch Lage, Höhe und Dekorationen ausgezeichneter Raum, wo die Urteile über Leben und Tod gefällt wurden. Hier manifestierten sich damit wesentliche Rechte der Stadt. Sowohl zur Fassade wie zu dem im oberen Niveau daneben liegenden Zimmer der Bürgermeister konnte die Vierschaar geöffnet werden: die Stadtväter vertraten den obersten Gesetzgeber, das Volk mußte aus dem Vollzug des Gesetzes Lehre und Mahnung ziehen. – Auf der ersten Etage schloß hinter der Vierschaar nach hinten der riesige Bürgersaal an (W), dessen Form an römische Versammlungsräume, die Basiliken, erinnert. Hier hatten die Bürger stets freien Zugang und konnten so sichtbar Reichtum und Ruhm der Stadt genießen, aber auch frei das Funktionieren ihrer Obrigkeit und Verwaltung beobachten. Der Bürgersaal schloß nach hinten mit dem größten Zimmer der ersten Etage, dem der Beigeordneten, der »Schepenkamer« (P), an die sich zu seiten Räume für Anwälte und Prokuratoren anschlossen. Andere zentrale Funktionen hatten ebenfalls ihren Platz auf der ersten Etage: die Rechenkammer (M) im Nordwesten sowie die Konkurskammer und die Versicherungskammer (L, K), in der u. a. Schiffversicherungen geregelt wurden. Weiter die Waisenkammer (H), die Tresorerie (G) als Vorläufer unseres Finanzamtes, zugleich zuständig für die Bauverwaltung. Die Frontseite war wieder den bedeutendsten Funktionen vorbehalten: links von der Vierschaar lag der große Ratssaal (F), der erst 1660 vollendet wurde. Hier wurden vierteljährlich die großen Linien der Politik und die wichtigsten Beschlüsse in einer Art engerem Rat besprochen. Die Bürgermeister dagegen kamen täglich in der »Burgemeesterskamer« (B) zusammen, von der sie wie gesagt auch dem Rechtsgang im Gerichtssaal folgen konnten. Aus ihrem Zimmer war auch die »Pui« zugänglich, ein schmaler Balkon, von dem aus die städtischen Verordnungen unter dem Läuten der Glocken öffentlich verkündigt wurden.

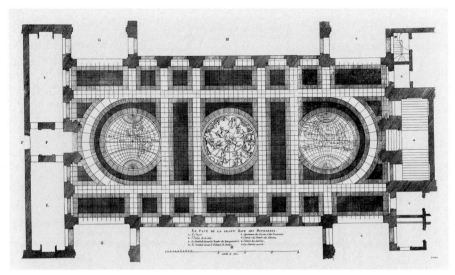

96

Die Repräsentationsräume von Bürgermeistern, Rat und Sekretariat reichten bis in die zweite Etage hinein, die bei der Eröffnung des Rathauses noch nicht vollendet war. Vondel nennt hier denn auch allein die Waffenkammer (eine Schausammlung), die ursprünglich den größten Teil des Obergeschosses einnahm. Später kamen noch Büro- und Archivräume hinzu. Die niedrige dritte und vierte Etage wurden erst seit dem Ende des Jahrhunderts für verschiedene militärische Zwecke gebraucht, hier befand sich die »Konstkamer«, der Beginn der städtischen Kunstsammlung. Uhrwerk und Glockenspiel auf dem Dach wiesen schließlich noch einmal sichtbar auf den kosmologischen Zusammenhang, in den das ganze Gebäude eingebunden ist.

Das Stichwerk von Vennekool und unzählige andere Abbildungen erleichterten den Modellbauern die Arbeit. Das ausgestellte Modell im Maßstab 1:220 stammt aus dem Amsterdamer Kunsthandel, ein anderes befindet sich im Historischen Museum von Amsterdam.   T. van den Oosten

Lit.: FREMANTLE 1959, S. 39–41; EMEIS 1981; *Vondels Inwydinge* 1982, S. 145–160; Amsterdam 1987.

96

JACOB VENNEKOOL
Amsterdam um 1632–1673 Amsterdam
Kupferstichwerk über das Rathaus von Amsterdam. 1661
Bern, Stadt- und Universitätsbibliothek, Inv. Arch. I. 25

Die Pläne des Architekten Jacob van Campen (1595–1657) für das Amsterdamer Rathaus wurden zunächst unter Leitung des 1648 ernannten Stadtbaumeisters Daniel Stalpaert ausgeführt. Als Van Campen sich 1654 aus unbekannten Gründen von dem Projekt zurückzog, oblag Stalpaert die Gesamtleitung, wobei die ursprünglichen Ideen im allgemeinen getreulich ausgeführt wurden. Wir kennen diese ursprünglichen Pläne durch die Zeichnungen von Jacob Vennekool, der sie 1661 in 30 Kupferstichen herausgab: *Afbeelding van 't StadHuys van Amsterdam, in dartigh coopere plaaten, geordineert door Jacob van Campen en geteeckent door Jacob Vennekool.* In der Widmung dieses Werks wird Campens Wunsch erwähnt, daß der Bau nach seinen Plänen vollendet würde: das läßt ebenso wie der Text des Titels und die Konsistenz der Pläne vermuten, daß der Weg-

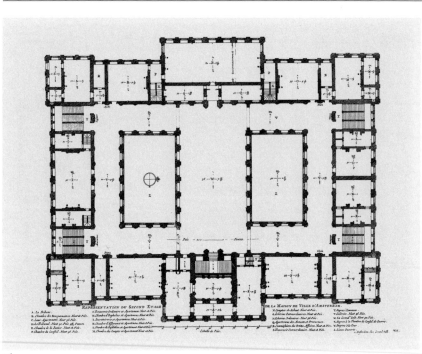

96

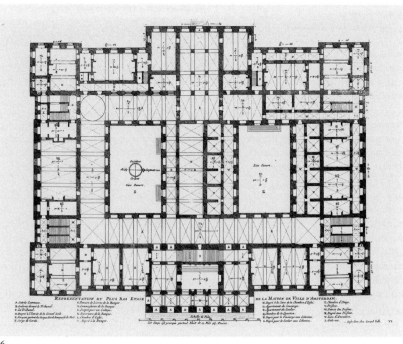

gang des Entwerfers keinen Bruch bedeutete (FREMANTLE 1959, S. 202).

Die Serie der Blätter wird mit einer anonymen Einleitung eröffnet, die zum Teil Vondels *Inwijdinge van 't Stadhuis* entspricht, andere Teile sind dagegen ursprünglich und geben weitergehende Erläuterungen. Vennekools Stiche bilden neben den Entwürfen auch die Lage der Räume und Teile von deren Ausstattung ab. Dabei nennt er zahlreiche Maße, die bis auf Dezimalstellen genau sind – viel präziser als das für die Baupraxis nötig wäre. Das verstärkt die Annahme, daß dem Gesamtplan ein mathematisches Schema zugrunde liegt.

In seiner *Inwijdinge* (Vers 631–634) weist Vondel ebenfalls auf einen Kanon für den so vollkommenen Bau hin:

> Die Baukunst suchte sich
> für dieses Werkes Plan
> Das Vorbild, und sie nahm
> des Menschen Körper an:
> So meisterhaft gebaut
> von außen wie von innen
> Daß es an nichts gebricht...

Die Maßverhältnisse des Rathauses werden in dieser Passage mit den menschlichen Proportionen verglichen, die seit dem Altertum als Muster für die Baukunst gelten. Man glaubte, sie garantierten Harmonie und Symmetrie eines Gebäudes und brächten alle Teile in harmonische Übereinstimmung. Der menschliche Körper besitze diese Harmonie nicht nur, weil er selbst das Werk des göttlichen Schöpfers sei, sondern er zeige als Mikrokosmos auch die universelle Harmonie des Makrokosmos.

Diese ideale Entsprechung wurde von dem römischen Architekten Vitruv (im vierten Dezennium vor Christi Geburt) in der sogenannten *Figura Vitruviana* ausgedrückt, einem Menschen, der mit ausgestreckten Armen und Beinen, einen Kreis berührt und dessen Nabel im Zentrum steht. Aus den illustrierten Vitruvausgaben wanderte dieses Sinnbild in die Architekturlehrbücher des 16. und 17. Jahrhunderts, von denen viele in Amsterdam gedruckt wurden. Vondel erwähnt in seiner Rathausbeschreibung ausdrücklich den Namen des Vitruv.

Jacob van Campen gebrauchte dessen Ideen sowohl im Gesamtplan wie im Entwurf der einzelnen Räume. Hier wie bei anderen Details der reichen und sinnreichen Ausstattung werden die meisten zeitgenössischen Besucher wohl mehr durch Größe und Pracht beeindruckt gewesen sein, als daß sie die Fülle von Symbolen und Anspielungen verstanden hätten. T. van den Oosten

Lit.: FREMANTLE 1959, S. 112, 202; VEENSTRA 1968 und 1973.

97

PIETER DE HOOCH
Rotterdam 1629–1684 Amsterdam

Ratssaal im Amsterdamer Rathaus mit Besuchern. Um 1660
Öl auf Leinwand, 112,5 × 99 cm
Lugano, Sammlung Thyssen-Bornemisza,
Inv. 1960.3 (Farbtaf. IV)

Obwohl das Rathaus bei seiner Einweihung im Jahre 1655 noch nicht fertiggestellt war, wurde ein Teil (so das Zimmer der Bürgermeister) bereits benutzt. Als »achtes Weltwunder« war das Gebäude sowohl für die Amsterdamer wie für auswärtige Besucher eine Sensation. Diese konnten ungehindert auf den Galerien umhergehen (wie es z.B. Vennekool in einem seiner Stiche zeigt). Auch die offiziellen Räume waren, solange sie nicht benutzt wurden, zur Besichtigung freigegeben, so daß sich in mehreren Führern eine ausführliche Beschreibung findet: auch hierin manifestiert sich eine neue Freiheit der Bürger.

Kaminstücke und andere Elemente der Ausstattung wurden in den Führern ausführlich besprochen, darunter auch das berühmteste der Gemälde, Ferdinand Bols *Fabritius' Unerschrockenheit*. Dapper beschreibt es in seiner Chronik aus dem Jahr 1663 *(Historische beschrijving der Stadt Amsterdam)*:

> Über dem Kamin im Norden zeigt ein herrliches und großes Gemälde die Unerschrockenheit von Fabritius, der dem Kö-

als Tugendspiegel stets vor Augen stand. Ein Vorhang, wie De Hooch ihn darstellt, wurde im 17. Jahrhundert öfter vor Gemälden angebracht, um sie zu schützen.

Andere Details des Interieurs sind von De Hooch erfunden, etwa der Durchblick in das Zimmer links oder die Musterung des Fußbodens. In den sechziger Jahren verband der Amsterdamer Maler in seinen Interieurs häufiger Wirklichkeit und Phantasie, wobei er architektonische Motive gern dem neuen Rathaus entlehnte (SUTTON 1980, Kat. 67, 68 und 76). Die Erinnerung an das allgemein bewunderte Gebäude sollte eine Atmosphäre modernen Luxus' evozieren. Auf unserem Bild kann er auf phantastische Elemente weitgehend verzichten: das «achte Weltwunder» spricht für sich.

T. van den Oosten

Lit.: VALENTINER 1929, S. 85; FREMANTLE 1959, S. 42 und 71; BLANKERT 1975, S. 13; SUTTON 1980, Nrn. 66–68 und 76; EMEIS 1981, S. 71.

97

nig Pyrrhus widersteht, obwohl dieser ihn mit Gold und durch das Brüllen eines Elefanten zu beeindrucken sucht. Unter dem Bild stehen die nachfolgenden Verse von Vondel... (Übersetzung der Verse: Kat. 104, 105)

Außer Vondel besangen auch andere Dichter dieses Werk, so der Amsterdamer Jan Vos (1662, S. 526):

Fabritius hält hier
    vor Pyrrhus' Listen stand.
Wer gestern Gold veracht',
    weicht keinem Elefant'.
Auf solche Tapferkeit
    kann Amsterdam wohl bauen.
Der Bürger darf dem Schutz
    der Obrigkeit vertrauen.

Auf Pieter de Hooghs Gemälde sehen wir, wie die Besucher Bols Bild bewundern, das größtenteils sichtbar ist. Wir besitzen damit ein Dokument, das Einzelheiten der originalen Einrichtung des Bürgermeisterzimmers darstellt, etwa, daß die Wände mit gestreiftem Stoff bezogen waren und daß die untere Fensterpartie nach innen durch rote Läden abgeschlossen werden konnte. Die Bürgermeister hielten ihre Beratungen an dem runden Tisch unter Bols Bild, das ihnen damit

98

GOVAERT FLINCK
Cleve 1615–1660 Amsterdam

Die Verschwörung des Claudius Civilis
1659 (?)
Feder, Tusche, laviert, 16,6 × 17 cm
Hamburg, Hamburger Kunsthalle,
Inv. 22345

Im August des Jahres 1659 erwartete Amsterdam hohen Besuch: zur Hochzeit einer Tochter des Statthalters nach Holland gekommen, sollten Amalia von Solms, der Kurfürst von Brandenburg und Johann Mauritius auch im neuen Rathaus empfangen werden. Aber vier Jahre nach der Einweihung war unter anderem die vielbesuchte Galerie um den Bürgersaal noch nicht dekoriert. Hier sollten Darstellungen aus dem Streit der Bataver gegen die Römer an den gerade abgeschlossenen Freiheitskampf erinnern (vgl. Kat. 99, 100). Anläßlich des fürstlichen Besuchs mußte Govaert Flinck innerhalb weniger Tage zumindest eine vorläufige Bemalung anbringen.

98

Für diesen monumentalen Auftrag hatte Flinck sich durch Teilnahme an der Ausmalung des Oranjezaal im Huis ten Bosch qualifiziert, eines der wenigen Projekte von diesem Umfang in den nördlichen Niederlanden, zu dem denn auch zahlreiche ausländische Künstler herangezogen wurden (FREMANTLE 1959, S. 138–142; PETER-RAUPP 1980). Außerdem hatte er sich in der Amsterdamer Gesellschaft mit einem Gruppenporträt der *Feier der Bürgerwache beim Frieden von Münster* (Amsterdam, Rijksmuseum) eingeführt und schon 1657 für das Rathaus *Marcus Curius Dentatus weist die Geschenke der Samniter zurück* und *Salomons Gebet um Weisheit* geliefert (vgl. Kat. 106 und Kat. 107).

Die ephemeren Malereien in Wasserfarbe (!) sind begreiflicherweise verlorengegangen; wir kennen ihre Themen aus einem Gedicht Vondels: Verschwörung der Bataver, Brinius wird auf das Schild gehoben, Überfall auf die Römer, Friedensschluß (WB VIII, S. 723).

Offenbar waren die Stadtväter mit Flincks Bildern zufrieden. Im November 1659 erteilten sie ihm den Auftrag für die endgültige Dekoration des Rathauses: acht Szenen aus der Geschichte des Aufstands gegen die Römer und vier Porträts vaterländischer Helden. Flinck hatte nur einige Entwurfsskizzen fertiggestellt, als er zwei Monate später starb. Andere Künstler übernah-

men die Aufträge, so Rembrandt das Thema des *Claudius Civilis* (Abb. 66, Kat. 101). Als dieses Bild 1662 aus unbekannten Gründen entfernt wurde, vollendete Ovens das alte, schon weitgehend ausgeführte Bild von Flinck; diese »Gemeinschaftsproduktion« hängt noch heute an Ort und Stelle.

Von Flincks Werken für das Rathaus sind nur zwei Zeichnungen erhalten, die *Verschwörung des Claudius Civilis* und *Brinius wird auf den Schild gehoben* (vgl. Kat. 103). Wir können nicht entscheiden, ob sie zum ersten oder zum zweiten der genannten Werkkomplexe gehören. Beide Themen hat Vondel in Gedichten besungen, die wieder die Parallelisierung römisch-batavischer und zeitgenössischer Geschichte deutlich machen. So preist er die *Verschwörung des Claudius Civilis,* der volkstümlich Nicolaas Burgerhart genannt wurde (WB VIII, S. 758):

Erkennt im Bürgerherz
  die Größe von Oranien!
Verschwörung gegen Rom
  ist jenem so geglückt,
Wie Wilhelm sich vermocht
  zu wappnen gegen Spanien.
Jetzt klingt der Freiheit Wort,
  die lange unterdrückt.

In einem Gedicht auf Flincks Porträt erinnert Vondel im Jahre 1660 an die »Historien, die Tacitus von altersher beschrieben« (WB VIII, S. 944). Der Dichter kannte möglicherweise die Serie Tempestas nach Otto van Veen, *Batavorum cum Romanis bellum* aus dem Jahre 1612, die mit Tacitus-Zitaten erläutert ist (Kat. 102). Flinck hat sich jedenfalls deutlich an Tempestas Radierung gehalten, aus der er eine Szene isoliert darstellt. Möglicherweise ist die erwähnte Entfernung von Rembrandts Gemälde darauf zurückzuführen, daß er zu frei mit Tempestas offenbar als vorbildlich geltender Gestaltung umging, ebenso wie er gerade hier – in einer barbarisch wilden Inszenierung – allzu frei auch von den Regeln der Kunst abweicht (EMMENS 1968).

T. van den Oosten

Lit.: VAN DE WAAL 1939, S. 58, 60; VAN DE WAAL 1952, S. 220–224, 226–227; FREMANTLE

1959, S. 49–52, 138–142; VON MOLTKE 1965, Nr. D 36; LANDWEHR 1971, S. 52; SNOEP 1975, S. 83–88; BUCHBINDER-GREEN 1976, S. 116–117, 192–196; BLANKERT 1975, S. 28; SUMOWSKI 1979–1985, IV, Nr. 975.

99, 100

FERDINAND BOL
Dordrecht 1616–1680 Amsterdam
Die Friedensverhandlungen zwischen Claudius Civilis und Cerealis. Um 1660
Ölskizze, 122 × 112,5 cm
Amsterdam, Rijksmuseum, Inv. A 4853
Claudius Civilis beim Aufbruch in die Schlacht. Um 1660
Feder in Hell- und Dunkelbraun, grau und braun laviert, 44 × 61,7 cm
München, Staatliche Graphische Sammlung, Inv. 1750

99

Seit dem Beginn des Aufstands gegen die Spanier hatten die Niederländer Rechtfertigung und Hoffnung in historischen Parallelen zu ihrem Freiheitskampf gesucht. Dabei griff man sowohl auf das Schicksal des Volkes Israel wie auf den Aufstand der Bataver gegen die Römer zurück (69–70 n. Chr.). Literatur und Kunst stellten vielfach die Rebellion der eigenen Vorväter gegen die übermächtigen Römer als Beweis nationalen Heldentums und als ermutigendes Vorbild dar. Der batavische Anführer Claudius Civilis wurde dabei als Prototyp für den Führer der Aufständischen, Wilhelm von Oranien, betrachtet.

Die anschauliche Vorstellung der Zeitgenossen wurde stark durch eine graphische Serie bestimmt, die Antonio Tempesta (1555–1630) nach den Entwürfen von Otto van Veen (1556–1629) radiert hatte. Diese Serie erschien 1612 in Antwerpen, drei Jahre nach dem Abschluß des Waffenstillstandes zwischen den aufständischen Provinzen und Spanien, von dem man einen baldigen Frieden erwartete. Die 36 Blätter sind durch lateinische und niederländische Beischriften erläutert und von einem lateinischen Kommentar begleitet, der des Tacitus

Geschichtwerken *Historien* und *Germania* entstammt. Die *Germania* war für die Niederländer die Hauptquelle ihrer Kenntnis der nationalen Geschichte, Übersetzungen erschienen 1612, 1614, 1616 und 1630.

Die letzte Radierung der Serie Tempestas zeigt das Ende des Aufstands der Bataver mit den Friedensunterhandlungen zwischen Claudius Civilis und dem römischen Feldherrn Cerealis. Nach den ersten Worten, die der Bataver seinem römischen Verhandlungspartner über eine zerstörte Rheinbrücke zuruft, bricht der Bericht Tacitus' plötzlich ab, so daß wir nichts über die genauen Friedensregelungen erfahren – fest steht allein, daß die Bataver nach dem Jahre 70 als Bundesgenossen mit den Römern in Frieden lebten. Die Unterschrift unter der Radierung betont die Gleichstellung von Germanen und Römern:

Civilis steht an der einen Seite der Brücke, Cerialis an der anderen. Hier hat Civilis die Ursachen des Krieges dargelegt, durch Unterhandlungen hat sich der alte Bund zwischen Holländern und Römern erhalten.

Die Rheinbrücke bietet den symbolträchtig-spektakulären Hintergrund für die Begeg-

100

nung der beiden Anführer als ebenbürtiger Partner: beim Frieden von Münster 1648 sollte es zu einer ähnlich das Prestige erhöhenden Begegnung kommen, die zur endgültigen Anerkennung der Republik der Vereinigten Niederlande führte. Und der Vergleich mit den Römern – oder der als vorbildlich betrachteten Antike – wurde nicht nur auf militärischem, sondern auch auf kulturellem und politischem Gebiet gezogen. So stellte der Historiker und Jurist Hugo de Groot 1610 in seinem *Tractaet vande Oudtheyt vande Batavische nu Hollandsche Republique* unter anderem Aristokratie und Verwaltungspraxis der Römer als vorbildlich für die politische Organisation der jungen Niederlande dar (BECKER 1987).

Tempestas Graphiken dienten als Vorlagen für die Serie der Darstellungen aus der ältesten nationalen Geschichte, die die Galerien um den Bürgersaal im Amsterdamer Rathaus schmücken sollten. Nach dem Tod von Govaert Flinck ging ein Teil der an ihn erteilten Aufträge 1660 an Ferdinand Bol,

der wohl schon im selben Jahr Entwürfe der *Friedensverhandlungen zwischen Römern und Germanen* und des *Civilis vor der Schlacht bei Xanten* malte. Möglicherweise gebrauchte er die hier gezeigten Ölskizzen bei seiner Bewerbung um den städtischen Auftrag. In der Darstellung der Friedensverhandlungen lehnte er sich eng an Tempesta an, fügte aber eine schwebende Fama hinzu, die die Unterhändler mit Lorbeerkränzen krönt. Derartige allegorische Elemente fehlten bei Van Veen-Tempesta. Die *Friedensverhandlungen* wurden ebensowenig ausgeführt wie die drei anderen Entwürfe Bols, in denen er ursprünglich Flinck aufgetragene Themen abbildete. Eine ähnliche Schlußszene ist jedoch von Jürgen Ovens erhalten.

Doch nennt J. van Dijck in seiner Beschreibung des Rathauses 1758 die vier nicht ausgeführten Episoden nach Tacitus. Dazu gehört auch der *Sieg bei Vetera* (jetzt Xanten), wo Civilis Frauen und Kinder hinter den Streitern antreten läßt. Bols Zeichnung *Claudius Civilis beim Aufbruch in die Schlacht* stellt den Abschied des Feldherrn von Frauen und Kindern vor der Schlacht bei Xanten dar. Nach Tacitus würden diese im Falle einer Niederlage Selbstmord begehen – was natürlich die Väter zu äußerstem Mut anspornen mußte. Der schon genannte Jürgen Ovens zeichnete noch 1662 Entwürfe für dasselbe Thema (Kunsthalle Hamburg), in denen er sich enger als Bol an Van Veen und Tempesta anschloß. Auch sie wurden nicht ausgeführt.   T. van den Oosten

Lit.: SCHNEIDER 1926, S. 84 und 220; VAN DE WAAL 1939, S. 60; VAN DE WAAL 1952, S. 221–227; SPREY 1953, S. 108–109; MÜLLERS 1978, S. 33 und 47; BLANKERT 1982, Kat. 54 und S. 113; BECKER 1987.

101

101

REMBRANDT VAN RIJN
Leiden 1606–1669 Amsterdam

Die Verschwörung des Claudius Civilis
Um 1660/61
Federzeichnung, 19,6 × 18,0 cm
München, Staatliche Graphische Sammlung,
Inv. 1451

Am 6. Juni 1945, gerade einen Monat nach der deutschen Kapitulation, wurde im Amsterdamer Stadttheater das Stück *Freies Volk* aufgeführt *(Vrij volk: herdenkingsstuk bij de bevrijding van ons land in mei 1945,* eine Gemeinschaftsproduktion von A. Helman, M. Dekker, A. Coolen, J. van Schaick-Willing und A. Defresne). Der erste Akt stellte die Befreiung von den Römern unter dem batavischen Helden Claudius Civilis dar. Die zweite Szene zeigte die Verschwörung im »Schakerbosch«, sie kulminierte in dem Ausruf »Wir Bataver kämpfen für die Freiheit«. Die älteste Vergangenheit bewies damit im Moment der Befreiung noch einmal dieselbe Kraft, die sie im 17. Jahrhundert nach dem Sieg über die Spanier hatte. In der Beschreibung der Inneneinrichtung des Amsterdamer Rathauses aus dem Jahr 1662 wurde bei der Darstellung dieser Verschwörung nachdrücklich auf die historische Parallele hingewiesen:

So haben die Bataver (als treffliches Vorbild der heutigen Holländer) mit Waffengewalt ihre Freiheit erstritten, genauso wie die sieben freien Provinzen geführt vom nassauischen Heer in unseren Tagen unter der Regierung der »Staaten« die Freiheit erkämpft haben (FOKKENS 1662, S. 166–167).

Der Besucher befand sich, wenn er diese Worte an Ort und Stelle las, in der Galerie zu seiten des Bürgersaals, wo 1661 Rembrandts Gemälde *Die Verschwörung des Claudius Civilis* hing. Die ausgestellte Zeichnung ist hierfür eine Vorstudie. Gezeigt wird genau dieselbe Szene wie drei Jahrhunderte später in dem Amsterdamer Schauspiel. In den Worten der zeitgenössischen Beschreibung:

Hier beginnt die Mahnrede des Anführers Claudius Civilis, der die Edelsten, die Besten und die Anführer des Volkes im Schakerbosch zusammengerufen hatte, wo man eine große Mahlzeit hielt... Nach diesen Ansprachen, haben alle tapferen Helden... seinem Vorschlag [zum Aufstand] mit Beifall zugestimmt: Civilis nahm ihnen den Schwur ab und verfluchte diejenigen, die davor zurückschraken. Darauf trank man reihum Wein

aus einem großen goldenen Becher...
und das wird auf dem ersten Bild von
Rembrandt dargestellt (FOKKENS 1662,
S. 162).

Rembrandts Bild (Abb. S. 66) eröffnete also
den Zyklus von Darstellungen des Bataver-
Aufstandes aus dem Jahre 69, der in den Galerien zu beiden Seiten des Bürgersaals dargestellt war. Die Zeichnung, die sich auf der
Rückseite einer Begräbnisanzeige vom
25. Oktober 1661 findet, muß während der
Arbeit an dem Bild entstanden sein, das
Rembrandt nur wenig später lieferte. Nach
wenigen Wochen wurde ihm jedoch das
größte Gemälde, das er je malte (ca.
6 × 5,5 m), zurückgegeben; auf einen Teil
der Bezahlung mußte er verzichten. Die in
der Galerie entstandene Lücke wurde mit einem Bild von Ovens, nach einem älteren
Entwurf von Flinck, gefüllt – den Besuchern
(wenn sie die Beschreibung in der Galerie
selbst lasen) dürfte wohl kaum je aufgefallen
sein, daß da hoch über ihnen in der Lünette
kein Rembrandt mehr hing. Wohl um den
Forderungen des Marktes zu genügen, beschnitt wahrscheinlich der Maler selbst das
Bild auf ein Format von 196 × 309 cm. Wir
wissen, daß es 1734 in Amsterdam von einem schwedischen Kaufmann erworben
wurde und auf diesem Weg schließlich in
das Stockholmer Nationalmuseum gelangte.
Neben der hier ausgestellten Zeichnung besitzt die Graphische Sammlung in München
noch drei weitere Vorstudien, deren Eigenhändigkeit umstritten ist.

Die Serie der Darstellungen des Aufstandes im Amsterdamer Rathaus weist zurück
auf eine gleichartige Serie, die Otto van
Veen schon 1612 an die Generalstaaten verkaufte, mehr noch auf eine Serie, die Antonio Tempesta im selben Jahr nach Entwürfen Van Veens radiert hatte (*Batavorum cum
Romanis bellum*, vgl. Kat. 102). Wir können
vermuten, daß Rembrandts Bild zurückgewiesen wurde, weil es diesen bekannten
Vorbildern wenig entsprach. Er bildet nicht
den Eid mit Handschlag, sondern einen
Schwerteid ab, er situiert die Szenen nicht
im heiligen Schakerbosch, sondern in einem

wilden Gewölbe, Claudius Civilis trägt
keine Krone sondern einen fremdartigen
Kopfschmuck, vor allem aber ist der halb-
blinde Held frontal porträtiert, so daß er seinen körperlichen Fehler preisgibt, den man
nach den Regeln der klassischen Kunsttheorie besser verbirgt. Kurzum: die ganze Szene
entsprach wenig der heroischen Darstellung
der vaterländischen Vergangenheit, die das
17. Jahrhundert erwartete. Daneben kann die
so prominente Darstellung eines »Herrschers« in der »statthalterlosen Zeit« und bei
einem nicht ungestörten Verhältnis zum
Haus Oranien bei den auf ihre Unabhängigkeit bedachten Amsterdamern schlecht ange-
kommen sein (CAROLL 1986). Ebensowenig
entsprach Rembrandts Komposition mit viel
leerem Raum (den er ja dann auch später
wegschnitt) den anderen Bildern des Zyklus,
die die hohe Bildfläche mit einer vielfiguri-
gen, gestuften Komposition füllten.

Wie dem auch sei – ein traditionelles,
heroischeres Geschichtsbild, ästhetische Ansprüche an die Bildkomposition oder Streite-
reien mit oder zwischen den Auftraggebern
(vgl. Kat. 98) –, die Rückweisung des monumentalen öffentlichen Gemäldes hat sicher
wesentlich zu dem traditionellen Bild von
Rembrandt als verkanntem Genie beigetragen, das inzwischen korrigiert worden ist
(EMMENS 1968).   T. van den Oosten

Lit.: VAN DE WAAL 1952, I, S. 323–338; *Konst-
historisk Tidskrift* 1956; EMMENS 1968; BREDIUS
1969, S. 595; HAAK 1969–1970, bes. S. 141; BE-
NESCH 1954–1957 V, 1973, S. 291; VAN DE
WAAL 1974, S. 28–43 und 44–72; BLANKERT
1975, S. 29; SCHÖFFER 1981, S. 85–110;
SCHWARTZ 1984, S. 319; München 1983–1984,
S. 75–78; CARROLL 1986 (mit weiterer Literatur).

102, 103

JAN LIEVENS
Leiden 1607–1674 Amsterdam

Brinius wird auf den Schild gehoben
Um 1659
Öl auf Papier und Leinwand, 60 × 58 cm
Amsterdam, Historisch Museum, Inv. A 790

102   103

GOVAERT FLINCK
Cleve 1615–1660 Amsterdam

Brinius wird auf den Schild gehoben

Um 1659
Lavierte Federzeichnung, 16,3 × 16,7 cm
Hamburg, Hamburger Kunsthalle,
Inv. 22346

Die hier ausgestellten Skizzen dienten als
Entwürfe für eines der Gemälde im Amsterdamer Rathaus, die Szenen aus dem Aufstand der Bataver darstellen. Dieser germani-
sche Stamm, der einen Teil der späteren
Niederlande bewohnte, suchte sich im Jahre
69 nach Christus von der römischen Herrschaft zu befreien. Claudius Civilis, der Anführer der Bataver, suchte dazu die Unterstützung der benachbarten Canninefaten,
wobei Brinius ihm half. Dieser wurde darauf
zu deren Führer proklamiert und nach altem
Brauch »als Zeichen seiner Wahl auf einen
Schild erhoben... und auf den Schultern getragen« (Tacitus, *Historien* 4, 15).
    Der Aufstand der Bataver, die man als
Vorfahren der Niederländer betrachtete,
wurde im 17. Jahrhundert mit dem eigenen
Kampf gegen die Spanier verglichen, Wilhelm von Oranien erschien als neuer Claudius Civilis, sein Bruder als neuer Brinius

(VAN DE WAAL 1952, I, S.219–224). Bei
diesen historischen Parallelen bildete der
Kampf um die Freiheit das tertium compara-
tionis.
    Jan Lievens und Govaert Flinck stellen
die Szene so dar, wie Tacitus sie beschrieben
hat. In Lievens' Ölskizze steht Brinius im
Gewand eines zeitgenössischen Feldherrn inmitten seiner Krieger auf einem Schild.
Mehr als die Hälfte der Bildfläche ist mit Figuren gefüllt: den germanischen Kriegern,
die, mit Fahnen und Hellebarden gerüstet,
einer Ansprache ihres Führers zuhören.
Diese Skizze von Lievens – möglicherweise
auch der Stadtregierung zur Billigung vorgelegt – entspricht im wesentlichen dem ausgeführten – Gemälde.
    Ursprünglich war Govaert Flinck mit die-
sem Bild und einer Reihe anderer Darstellungen des Batavischen Aufstandes beauftragt. Nach seinem Tod (1660) mußten Lievens, Rembrandt und Jordaens die Dekoration vollenden (VAN DE WAAL 1952, I,
S.225; vgl. Kat. 98). Hierdurch mußte Lievens nach Entwürfen Flincks arbeiten, von
denen allein die hier ebenfalls gezeigte
Skizze der Hamburger Kunsthalle erhalten
ist (VAN DE WAAL 1952, I, S.230, Abb. 76;
VON MOLTKE 1965, Kat. D35).

1660 schrieb Vondel ein Gedicht auf Flincks Bild von Brinius' Huldigung, das die Vergleichung zeitgenössischer und germanischer Geschichte nochmals deutlich macht (WB VIII, S. 758):

Der tapfere Brinius
wird auf den Schild gehoben:
Der Held aus Kermerland
empfängt den Schwur der Treu'.
So bietet Nassau Trotz,
mag Spanien immer toben.
Aus Dünensand erwächst
die Landesfreiheit neu.

Man muß dabei allerdings bedenken, daß im huldigenden Vergleich der Nassauer mit dem germanischen Helden hier zugleich eine Warnung im Kampf um die Vormacht im Staat ausgesprochen wird: die spontane Erhebung auf den Schild, von der Tacitus berichtet, beweist gerade, daß die Batarer kein erbliches Königstum kennen, sondern in Notzeiten einen militärischen Anführer küren – im Kampf um die Herrschaft während der »statthalterlosen Zeit« (zwischen dem Tod Wilhelms II. 1650 und der Installation Wilhelms III. im Jahre 1672) ist das ein überaus aktueller Hinweis.

Lievens übernimmt von Flincks Entwurf nur Einzelmotive: die Gestaltung der Briniusgruppe, den Jungen mit der Trommel rechts und den knienden Soldaten im Vordergrund. Die Gesamtkomposition ist dagegen durchgreifend verändert: während Flinck die Mitte freiläßt und die Gruppe um Brinius auf die linke Seite setzt, rückt Lievens diese Hauptgruppe ins Zentrum und stellt den Helden hoch über seinen Begleitern an die Spitze einer Dreieckskomposition. Damit strafft er Flincks mehr genrehafte Darstellung im Sinne barocker Heroisierung.

Haltung und Tracht des Brinius sind die eines Herrschers aus der Mitte des 17. Jahrhunderts. Das erweckt den Eindruck einer Aktualität, wie man sie ja tatsächlich den historischen Ereignissen zumaß. Doch ist eine solche visuelle Aktualisierung ungebräuchlich: sowohl auf den übrigen Bildern des Ba-

taver-Zyklus wie auf anderen historischen Darstellungen im Rathaus verwenden die Maler historische oder zumindest historisierende Kostüme.

Beide Maler wie auch die Auftraggeber konnten historische Information wie Bildideen einer Serie von Radierungen aus der Geschichte des Aufstands entnehmen, die Rubens' Lehrer Otto van Veen 1612 in Antwerpen veröffentlicht hatte: *Batavorum cum Romanis bellum*. Diese von Antonio Tempesta radierten Blätter gaben – noch vor dem Abschluß des Freiheitskrieges – aufgrund von Tacitus' *Historien* eine exemplarische Darstellung der Geschehnisse aus der germanischen Vorgeschichte. Sie beeinflußte auch den Dichter Vondel, als er 1661 seine *Batavische gebroeders of onderdruckte vryheit* schrieb – im selben Jahr, in dem Lievens den Auftrag für seinen *Brinius* erhielt. Mehr noch als Lievens' Behandlung des Themas ist Flincks Entwurf mit dem Stich Van Veens vergleichbar, von dem er gleichsam einen Ausschnitt vergrößert.

Lievens' Dreieckskomposition entstammt also nicht der Serie Tempestas, sie hat ihr Vorbild in einem anderen Bild Van Veens, das auch wieder in einer Serie von Szenen die Geschichte des Aufstands der Batarer illustriert. Sie wurde schon 1613 von der Stadt Den Haag gekauft und befindet sich jetzt im Rijksmuseum (Inv. A 421–432).

T. van den Oosten

Lit.: VAN DE WAAL 1939, S. 16; VAN DE WAAL 1952, I, S. 222, 230; VON MOLTKE 1965, Kat. D35; BLANKERT 1975, S. 27; BUCHBINDER-GREEN 1976; Braunschweig 1979, Nr. 40; SUMOWSKI 1979–1985, IV, Nr. 976.

104, 105

FERDINAND BOL
Dordrecht 1616–1680 Amsterdam

Pyrrhus und Fabritius
Zwischen 1653 und 1656
Feder in Braun, braune und Tuschlavierung, Kohlevorzeichnung, 39,6 × 33,3 cm
München, Staatliche Graphische Sammlung, Inv. 1749

Pyrrhus und Fabritius

Zwischen 1653 und 1656
Öl auf Leinwand, 81,2 × 66 cm
Amsterdam, Historisch Museum,
Inv. A 25383

Über dem nördlichen Kamin des Bürger-
meistersaals hängt ein Gemälde von Bol, das
Pyrrhus und Fabritius darstellt (vgl. Kat. 97).
König Pyrrhus hatte bei Unterhandlungen
mit seinem Gegner Fabritius versucht, den
römische Konsul zu bestechen. Als das mißlang, wollte er ihn durch einen Elefanten
einschüchtern, der während ihrer Bespre-
chungen plötzlich hinter einem Vorhang
zum Vorschein kam – natürlich ohne den
Römer in Schrecken versetzen zu können.
Dieses »fruchtbare Moment« hat Bol abgebildet: Fabritius (der geharnischte Krieger)
wendete sich (nach Plutarch) dem Pyrrhus zu
und spricht kühl: »Gestern hat dein Gold
mich nicht beeinflußt, heute tut das Untier
das ebensowenig.« Unter dem Bild erläutert
ein Gedicht von Vondel dessen Bedeutung
(WB VIII, S. 16):

104

> In Pyrrhus' Lager hält
>   sein Feind Fabritius stand.
> Bestechung läßt ihn kalt,
>   denn Habgier kennt er nicht,
> Nicht schüchtert mit Gebrüll
>   ihn ein der Elefant:
> Der Staatsmann weicht nicht Gold,
>   nicht drohendem Gerücht.

Seit dem Mittelalter dienten solche ermah-
nenden und belehrenden Bilder in Rathäusern den Stadtvätern als Vorbild und Mahnung. Zugleich zeigten sie den Besuchern,
daß ihre Regierung ebenso unbestechlich
war wie die der Römer (vgl. Kat. 97). Über
dem südlichen Kamin desselben Raums variiert ein Gemälde Govaert Flincks dasselbe
Thema *Marcus Curius Dentatus weist die Geschenke der Samniter zurück* (vgl. Kat. 106).
    Der Vergleich mit klassischen Vorbildern
diente im 16. und 17. Jahrhundert dazu, der
eigenen Situation eine allgemeine, überzeitliche Bedeutung zu geben. So waren schon
während der Friedensfeiern von 1648 Numa

Pompilius, der Stifter der römischen Religion, und der Friedenskaiser Augustus als
Prototypen der niederländischen Statthalter
zitiert worden. Während dort ein König und
ein Kaiser eine Vorbildfunktion bekleideten,
schien es im Amsterdamer Rathaus mehr geraten, diese Rolle einem Konsul zu übertragen, womit die republikanische Tradition
der Stadtregierung unterstrichen wurde. In
zeitgenössischen Übersetzungen wurde der
lateinische Titel Consul dann auch konse-
quent mit »Bürgermeister« wiedergegeben.
    Bols Bild im Rathaus trägt das Datum
1656; fünf bekannte Vorstudien sind wahrscheinlich nach 1652 entstanden (BLANKERT
1976, S. 57). Sie stammen damit aus der
Zeit, in der Bol sich vom Einfluß seines
Meisters Rembrandt löst, um in einem mehr
barocken Stil zu arbeiten. Diese Entwicklung
läßt sich in den bekannten Studien besonders deutlich verfolgen.
    Die Münchener Zeichnung, die erste der
bekannten Vorstudien, stellt Pyrrhus und Fabritius, der ein Phantasiekostüm à la Rembrandt und ein großes Barett trägt, mit den
übrigen Figuren auf eine Linie. Die abschlie-

105

ßende, kaum strukturierte Wand ist nur links durch einen Torbogen unterbrochen.

Dieser Raum bekommt in einer zweiten Münchener Zeichnung (München, Staatliche Graphische Sammlung, Inv. 1748) eine viel deutlichere Struktur: er wird diagonal durch eine Treppe in der Mitte durchschnitten, auf der zwei Kinder spielen. Darüber stehen die beiden Protagonisten auf einer Art Podium. Ihre Figuren sind – wie auch die zwei Männer hinter dem Vorhang und der Kopf des Elefanten – aus der vorigen Zeichnung übernommen, allerdings ist der Rüssel des Tieres jetzt drohend nach oben gerichtet. Zu seiten der Treppe schließen zwei Figurengruppen den Vordergrund kulissenartig ab, die übrigen Figuren sind in den Hintergrund gedrängt.

Eine hier nicht ausgestellte Ölskizze des Historischen Museums in Amsterdam übernimmt diese Komposition spiegelbildlich, dramatisiert sie aber, indem die zwei Kinder und ein Soldat jetzt vor dem Elefanten flüchten. Damit wird die Kaltblütigkeit des Konsuls sinnfälliger, der hier kein Phantasiekostüm mehr trägt, sondern eine antikisie-

rende Rüstung – und der damit mehr dem Bild eines heldenhaften Römers entspricht (Van de Waal 1952, S. 113–120).

Die ausgestellte Ölskizze des Historischen Museums in Amsterdam steht dicht bei dem Gemälde im Rathaus. Die Treppe und die Figuren an ihrem Fuß sind verschwunden. Bol konzentriert sich auf die beiden Hauptpersonen, die hier ihre endgültige Gestalt gefunden haben. Sie haben eine nachdrücklichere Pose bekommen, wodurch sie einen heroischeren, »barockeren« Eindruck machen. Pyrrhus steht frontal, die Arme in die Seiten gestemmt, vor uns, Fabritius wendet sich ihm zu und weist dabei auf den Elefanten.

Im ausgeführten Gemälde (und einer ihm weitgehend entsprechenden Vorstudie in Braunschweig) sind Treppe und Figuranten der früheren Vorstudien wieder zurückgekehrt, allerdings sind sie jetzt kompakter und füllen den Raum stärker. Hier erscheint auch wieder der Zuschauer mit einem Spazierstock hinter dem Rücken, den Bol schon in der ersten Amsterdamer Skizze aus Rembrandts berühmtem *Hundertguldenblatt* übernommen hatte.   T. van den Oosten

Lit.: Schneider 1926; Van de Waal 1952, S. 113–120; Pigler 1974, II, S. 392; Blankert 1975, S. 13, 20–21; Buchbinder-Green 1976, S. 113–116; Sumowski 1979–1985, Nrn. 110–111; Amsterdam 1980–1981, Nr. 38; Blankert 1982, Kat. 49–52; München 1983–1984, Nr. 52.

106

FERDINAND BOL
Dordrecht 1616–1680 Amsterdam

Marcus Curius Dentatus weist die Geschenke der Samniter zurück
Um 1655
Feder laviert, 38,2 × 32,8 cm
Wien, Graphische Sammlung Albertina, Inv. 9554

Der Bau des Amsterdamer Rathauses wurde nicht überall mit Jubel begrüßt. Vor allem

die Calvinisten fürchteten, daß eine solche
Manifestation des Reichtums als verwerfli-
cher Hochmut die Strafe Gottes nach sich
ziehen müsse. Man erinnerte sich, daß mit
Rathausneubauten in Antwerpen und Emden
die Blüte der Stadt zugleich einen Wendepunkt erreicht hatte. Das Schicksal beider
Städte war den Flüchtlingen aus dem Süden
vertraut: viele von ihnen hatten gerade in
Emden eine Zeitlang Zuflucht gefunden.
Und Antwerpen mußte sowohl in seiner po-
litisch-ökonomischen Stellung wie in Pracht
und Programm seines Rathauses als direktes
Vorbild für Amsterdam gelten. Auf dem
Höhepunkt seiner zentralen Stellung in den
– noch ungeteilten – niederländischen Provinzen hatte die Scheldestadt 1561 ein viel-
bewundertes Rathaus errichtet, nach Aufständen, Machtwechsel – und den damit verbundenen Veränderungen der Dekoration –
wurde sie als »spanischer Hafen« zwanzig
Jahre später das Opfer einer Blockade, die
ihre wirtschaftliche Vorrangstellung brach
und Amsterdam zur Handelsmetropole der
Niederlande werden ließ (EVENHUIS 1971,
III, S. 11; BEVERS 1985).

Im Zimmer der Amsterdamer Bürgermeister hing über dem Kamin Govaert
Flincks *Marcus Curius Dentatus weist die Geschenke der Samniter zurück*. Während des
Krieges der Römer mit den Samnitern hatte
der Konsul Marcus Curius Dentatus den
Feinden, die ihn bestechen wollten, geant-
wortet: er brauche kein Geld, da ihm Rüben
als Mahlzeit und ein Tongeschirr zum Essen
genügten, und er wolle lieber über Leute
herrschen, die Gold hätten, als es selbst zu
besitzen (CICERO, *Die Republik* 3, 40; vgl.
Kat. 41, 339). Die Darstellung solch eines
tugendhaften Politikers ermahnte die steinreichen Bürgermeister zu Einfachheit und
Unbestechlichkeit und propagierte gegenüber den Besuchern zugleich diese Tugenden. Das entsprach ganz der calvinistischen
Lehre, daß Reichtum nicht verboten war,
wenn man nur mäßig lebte (TAWNEY 1942,
S. 95 und 100). Auch hier erläuterte eine
Beischrift Vondels das Bild (WB VIII,
S. 216):

106

Getrost liegt Rom im Schlaf,
  denn seine Konsuln üben
Ihr Amt gewissenhaft.
  Bestechungsgeld verschmäht
Ein Marcus Curius
  für ein Gericht von Rüben,
So daß dank Mäßigkeit
  und Treu' die Stadt besteht.

Bols hier ausgestellte Zeichnung ist wohl ein
Entwurf, mit dem er sich für den Auftrag
bewarb, den schließlich Flinck erhielt. Gegenüber von Flincks Gemälde hängt im
Zimmer der Bürgermeister allerdings wieder
ein von Bol ausgeführtes Bild, *Pyrrhus und
Fabritius* (Kat. 104 und 105).

Beide Themen sind in den Niederlanden
im 17. Jahrhundert sonst nicht dargestellt. Es
ist bemerkenswert, daß sich eine der wenigen früheren Ausführungen des Marcus-Cu-
rius-Themas ebenfalls in einem Rathaus findet. Es gehört zu dem berühmten Gerechtig-
keitszyklus, den Hans Holbein d. J. im Saal
des Großen Rates von Basel malte (vgl. Kat.
27–41).   T. van den Oosten

Lit.: LEDERLE-GRIEGER 1937, S. 46–47; TAWNEY
1942, S. 95, 100; EVENHUIS 1971, S. 11; PIGLER
1974, II, S. 383; BLANKERT 1982; SUMOWSKI
1979–1985, I, Nr. 115; BEVERS 1985.

107

107

FERDINAND BOL
Dordrecht 1616-1680 Amsterdam

**Salomos Tempelweihe (Dankopfer
Salomos).** Um 1655
Feder in Hell- und Dunkelbraun, grau und
braun laviert. 60,6 × 45,3 cm
München, Staatliche Graphische Sammlung,
Inv. 1744

Das Selbstbewußtsein der aufständischen
Provinzen und der jungen Republik wurde –
politische und militärische Erfolge ließen oft
lange auf sich warten – durch historische
und biblische Vergleiche bestärkt. So identifizierte man sich als auserwähltes Volk mit
dem alttestamentarischen Vorbild des Volkes
Israel und sah im Kampf gegen die Spanier
eine Parallele zum Kampf gegen den ägyptischen Pharao. Damit war der eigene Kampf
gerechtfertigt, göttliche Hilfe und ein glücklicher Ausgang waren garantiert. Wilhelm
der Schweiger sprach schon 1573 von einem
»festen Bündnis« mit Gott, das gültiger war

als irdische Treue zum spanischen König.
1612, drei Jahre nach dem Waffenstillstand,
beendet Vondel sein erstes Drama *Pascha* mit
einem »Vergleich der Erlösung der Kinder
Israels mit der Befreiung der niederländischen Provinzen«. In diesem Stück trägt der
Pharao die Züge Philipps II. Moses' Rolle
entspricht der Wilhelms von Oranien.

Die Überwindung der Spanier bedeutete
damit den sichtbaren Beweis der göttlichen
Hilfe. Und der Reichtum des Landes bestätigte dauernd Gottes Huld: Amsterdam
konnte als neues Jerusalem betrachtet werden, in dem das Rathaus als Tempel der Freiheit stand.

Nachdem das calvinistische Bilderverbot
die früher so blühende kirchliche Kunst erheblich eingeschränkt hatte, lieferte das Alte
Testament weiterhin und vermehrt, doch
ohne die Gefahr der Bilderverehrung, Vorbilder für Literatur und bildende Kunst.
Nicht nur das ganze Staatswesen, sondern
auch Individuen und Gruppen konnten sich
mit alttestamentarischen Figuren vergleichen. König Salomo etwa gab wie schon früher in Gerichts- und Ratssälen das Vorbild
für die (unter seinem Namen sprichwörtlich
gewordene) Weisheit, die bei allen Urteilen
und Entscheidungen erforderlich ist. Im
Amsterdamer Rathaus hat Artus Quellinus
das Salomosurteil in einem Relief der »Vierschaar« dargestellt: der König entscheidet
den Streit zweier Frauen um ein Kind mit
der Drohung, es in zwei Teile zu teilen,
worauf die echte Mutter auf ihr Recht verzichten will (1. Könige 3, 16–28).

Im Ratssaal erscheint Salomo in der Darstellung der Tempelweihe. In einem Gebet
dankt er dem Herrn und bittet ihn, das Volk
weiter zu erhören und zu beschützen (1. Könige 8 und 2. Chronik 5–7). Obwohl das
noch vorhandene Kaminstück im Rathaus
von Govaert Flinck stammt (VON MOLTKE
1965, Kat. 30) hat offenbar auch Ferdinand
Bol am Wettbewerb für diesen Auftrag teil-
genommen: der Stil seiner Zeichnung entspricht dem Datum für die Erteilung des
endgültigen Auftrags, nämlich dem Einwei-
hungsjahr 1655. Mehr als Flinck hält Bol

sich in seinem Münchener Entwurf eng an
den Bibeltext, der das Opfer von Schafen
und Rindern »so viel, daß man's nicht zählen
noch rechnen konnte« nennt und beschreibt,
wie die Hohenpriester, die hier seitwärts
stehen, die Bundeslade in das Allerheiligste
des Tempels bringen (1. Könige 8, 5 und
2. Chronik 5–6).

Flincks Entwurf wurde von den Bürgermeistern wohl darum dem seines Konkurrenten vorgezogen, weil er in der Verbindung verschiedener biblischer Ereignisse
auch den göttlichen Ursprung der Weisheit
Salomos darstellt – ein Motiv, das dem
Selbstbewußtsein der Bürgermeister schmei-
cheln mußte. Vondel betont diesen Gehalt
in seiner Unterschrift unter Flincks Gemälde
(WB VIII, S. 694):

> Des Salomo Gebet
>   und Opfer Gott behagen,
> So daß er Weisheit ihm
>   des Nachts vom Himmelsthron
> Verspricht, zusamt viel Ehr',
>   Reichtum und Lebenstagen.
> Wo Weisheit sitzt im Rat,
>   da trägt der Staat die Kron'.

Vondel und Flinck weisen hier demonstrativ
auf eine Tugend hin, die der Rat – die
»Vroedschap« schon in seinem Namen für
sich beanspruchte: Das niederländische Wort
»vroed« bedeutet wie das alte deutsche Dia-
lektwort »frut« nichts anders als »weise«,
»verständig«, so daß man das 36köpfige Be-
ratergremium der Bürgermeister vielleicht
am besten als »Rat der Weisen« bezeichnen
kann.   T. van den Oosten

Lit.: Lederle-Grieger 1937, S. 30; Troescher
1939, S. 139; Von Moltke 1965, Kat. 30; Pigler 1974, I, S. 161; Blankert 1975, S. 24; Amsterdam 1980–1981, Nr. 37; Blankert 1982;
München 1983–1984, Nr. 51; Sumowski
1979–1985, I, Nr. 114.

108

108

FERDINAND BOL
Dordrecht 1616–1680 Amsterdam

**Jethro vor Moses (Die Wahl der Ältesten
in Israel).** 1655
Feder in Braun, braune Lavierung,
Kreidevorzeichnung, 67,5 × 46,7 cm
München, Staatliche Graphische Sammlung,
Inv. 1741

Die Funktionen der Amsterdamer Stadtregierung waren – vor der modernen Gewaltenteilung – sowohl legislativ wie judikativ
und exekutiv – Aufgaben, die häufig ineinander übergingen. Das Rathaus diente allen
diesen Zwecken, es war Parlament, Justizmi-
nisterium, Gerichtshof, Sitz der Staatsanwalt-
schaft, Polizeipräsidium, Gefängnis und Ge-
richtsstätte. Ebenso umfangreich waren die
Aufgaben, die aus dem stetig zunehmenden
Handelsverkehr erwuchsen. In einer rapide
wachsenden Stadt mußte das zu Raumman-

gel und schließlich zum Neubau führen (VAN GELDER und KISTEMAKER 1983, S. 58–70; Amsterdam 1987).

Die vier Bürgermeister ließen sich als direkt Verantwortliche für so viele Sachgebiete von den 36 Mitgliedern des Rats der Weisen (Vroedschap) beraten, die wiederum verschiedene Kommissionen bildeten. Zunächst kam der Rat im Zimmer der Bürgermeister zusammen, bis 1660 der neue Ratssaal vollendet war. Auch hier wiesen die Dekorationen wieder auf die Pflichten der Behörden: Zwei Gemälde über den Kaminen stellten *Salomos Gebet um Weisheit* (von G. Flinck; vgl. Kat. 107) und Jethros Rat (Jan van Bronckhorst) dar, Friese unter diesen Bildern stellten den Ratsherren Ausgangspunkte und Folgen eines guten Rates vor Augen (FREMANTLE 1977, S. 50ff.).

Van Bronckhorsts Gemälde zeigt die Szene aus der Geschichte des Volkes Israel, in der Moses auf den Rat seines Schwiegervaters Jethro Richter anstellt, um sich selbst auf bedeutendere Aufgaben konzentrieren zu können. Hiermit ist einerseits – vor dem Hintergrund des Vergleichs der Niederländer mit dem Volk Israel – wiederum die Parallele der Stadtväter mit Moses als politischem Führer gezogen (vgl. Kat. 107), andererseits wurden sie gewarnt, ihre Zeit nicht mit Kleinigkeiten zu vertun. Im 18. Jahrhundert wurde noch eine weitere prototypische Darstellung aus der Moses-Geschichte im Ratssaal angebracht, nämlich Jacob de Wits *Moses erwählt die Ältesten.*

Bevor Jan Gerritsz. van Bronckhorst am 27. April 1658 der Auftrag für sein Gemälde erteilt wurde, hatte auch Ferdinand Bol Entwürfe mit diesem Thema gezeichnet. Neben unserer Münchener Zeichnung kennen wir noch eine hierauf basierende Ölskizze aus der Leningrader Eremitage. Sie zeigt, wie Jethro seinem Schwiegersohn Moses zusieht, der morgens früh Recht zu sprechen beginnt, »und das Volk stand um Moses her vom Morgen an bis zu Abend« (2. Moses 18, 13). Auf der Rückseite der Münchener Zeichnung befindet sich das Fragment zu einer Pyrrhus-Szene (vgl. Kat. 104), so daß wir

109

auch unsere Zeichnung auf 1655 datieren können. Infolgedessen müssen die Entwürfe zu biblischen Themen vor denen zur römischen Geschichte entstanden sein (BLANKERT 1982, Kat. 48; SUMOWSKI 1979–1985, I, Nrn. 110 und 112).

Bol ist einer der bekanntesten Schüler Rembrandts, in dessen Atelier er etwa zwischen 1635 und 1640 gearbeitet hat. Noch jahrelang steht er unter dem Einfluß seines Lehrers und verwendet aus seinem Werk entlehnte Motive. So stammt auch die Mosesfigur der hier ausgestellten Zeichnung aus Rembrandts Ölskizze *Josef erzählt seine Träume,* die um 1638 entstanden sein muß (Amsterdam, Rijksmuseum).

T. van den Oosten

Lit.: SCHNEIDER 1926, S. 80–81; FREMANTLE 1977, S. 50–51; SUMOWSKI 1979–1985, Nr. 113; BLANKERT 1982, Kat. 48; VAN GELDER und KISTEMAKER 1983, S. 58–70; Amsterdam 1987.

109

ERASMUS QUELLINUS
Antwerpen 1607–1678 Antwerpen

Amsterdam als Minerva, gekrönt von der Weisheit, der Eintracht und der Religion
Um 1655
Federzeichnung, braun laviert,
46,7 × 20,8 cm
Paris, Musée du Louvre, Département des arts graphiques, Inv. 22.302

Im Ratssaal der Vroedschap stand die Dekoration im Zeichen des weisen und guten Rats: Flincks Gemälde *Salomos Gebet um Weisheit,* Van Bronckhorsts *Jethro vor Moses* (vgl. Kat. 107 und 108). Auch Quellinus' Deckenbild verweist auf diese Eigenschaften – als Propaganda und Ermahnung zugleich.

Die Stadt Amsterdam erscheint in Quellinus' Bild als Stadtgöttin, in Analogie zur Dea Romana, in der Gestalt der Patronin der Weisheit und der Künste, der Göttin Minerva. Sie thront auf einem Adler, dem Attribut ihres Vaters Jupiter. Links hält sie einen Schild (als Schutzgöttin), rechts den Schlangenstab, das Attribut von Merkur, dem Gott des Handels. Unter dem allesehenden Auge als Zeichen vernünftiger Herrschaft wird sie von der Weisheit mit einem Lorbeerkranz bekrönt. Begleitet wird diese zentrale Gruppe von weiteren Personifikationen: der bürgerlichen Eintracht mit einem Rutenbündel und der Religion mit den Gesetzestafeln. Darunter Gerechtigkeit und Liebe, über ihnen Standhaftigkeit, Kunst, Mäßigkeit und Frieden. Alle diese Begriffe, die auch an anderen Stellen im Stadthaus

dargestellt sind, wurden als grundlegend für den Bestand der Stadt betrachtet.

Diese Entwurfszeichnung muß kurz vor 1656, dem Entstehungsdatum des Deckenbildes in Amsterdam, entstanden sein. Erasmus erhielt diesen Auftrag wohl durch den Architekten Jacob van Campen, der seinem Bruder Artus in Rom begegnet war. Artus führte den größten Teil der Bildwerke am Rathaus aus, so im Ratssaal die Ausgangspunkte und die Folgen der guten Regierung (über dem nördlichen und südlichen Kamin) und um das Deckengemälde die Symbole von Stärke und Autorität (FREMANTLE 1977, S. 50–51).

T. van den Oosten

Lit.: LUGT 1949, Nr. 994; FREMANTLE 1959, S. 59–69; BUCHBINDER-GREEN 1974, S. 129; FREMANTLE 1977, S. 50–51; DE BRUYN 1983, S. 230–233; DE BRUYN 1986, S. 260 und Abb. 49; DE BRUYN 1988, S. 180 und Abb. 180.

110

FERDINAND BOL
Dordrecht 1616–1680 Amsterdam

Elisa lehnt die Geschenke Naemans ab
1661
Öl auf Leinwand, 151 × 248,5 cm
Amsterdam, Historisch Museum,
Inv. A 7294

Die Amsterdamer Stadtväter ließen die Wände ihrer Repräsentationsräume mit Bildern schmücken, welche sie als Warnung oder Vorbild zu den Tugenden ihres Standes ermahnen oder den Bürgern und Besuchern die Tugenden der Stadtväter symbolisch zeigen sollten. So finden wir im Rathaus Flincks *Marcus Curius Dentatus weist die Geschenke der Samniter zurück* und Bols *Pyrrhus und Fabritius* (vgl. Kat. 104 und 105), die Einfachheit und Unbestechlichkeit in klassischen Exempeln darstellen. Auch in anderen städtischen Einrichtungen fand eine solche Form des Gruppenporträts Eingang, etwa im »Leprozenhuis« (Lepraspital), für dessen Vorstand Ferdinand Bol im Jahre 1661 *Elisa lehnt die Geschenke Naemans ab* malte.

110

Das Lepraspital, das schon um 1400 außerhalb der Mauern der Stadt errichtet
wurde, nahm im 17. Jahrhundert neben der
stets geringer werdenden Zahl Aussätziger
auch Schwachsinnige und Unterstützungs-
empfänger auf. Seit der Stadterweiterung
von 1593 lag es innerhalb der Stadt (neben
dem heutigen Waterlooplein). Vier Männer
und drei Frauen leiteten ehrenamtlich das
Spital, sie wurden von den Bürgermeistern
aus dem Kreis begüterter Bürger auf Lebenszeit bestimmt. Einmal wöchentlich kam man
zusammen, um die Geschäfte zu regeln.

Traditionell waren die Zimmer eines solchen Gremiums mit den Abbildungen der
biblischen Geschichte des Armen Lazarus
(nach Lukas 16, 19–21) geschmückt – das
hätte in Amsterdam einen besonderen Sinn
gehabt, weil das Spital auch als Lazarushaus
bezeichnet wurde. Da Lazarus aber ein Bettler war und das Betteln in einem Erlaß der
»Staaten« von Holland schon 1585 und dann
noch einmal 1613 verboten wurde, war
seine Geschichte kaum geeignet, in einem
Amsterdamer Regentenstück dargestellt zu
werden (VAN GELDER und KISTEMAKER
1983, S. 267–269). Passender erschien wohl

die alttestamentarische Geschichte des aus-
sätzigen Heerführers Naeman, der auf An-
raten des Propheten Elisa im Jordan badet
und darauf Genesung findet (2. Könige 5,
15–19). Ältere niederländische Darstellungen hatten die Badeszene abgebildet, Bol
konzentrierte sich auf die darauf folgenden
Ereignisse: Naeman besucht Elisa, um ihn
reich mit Geschenken zu belohnen. Wir erkennen den à l'antique gekleideten Feldherrn, der Elisa einen kostbaren Becher
überreichen will, den der Prophet aber nachdrücklich zurückweist. So gibt er den Regenten des 17. Jahrhunderts ein Vorbild von
Genügsamkeit.

Eine Nebenfigur unterstreicht diese Moral noch einmal und hält sie auch den unteren Beamten vor: Ganz rechts auf dem Bilde
Bols beobachtet Elisas geiziger Diener Ge-
hasi die Szene. Er wird später Naeman nach-
reisen und ihm von einem Sinneswandel des
Propheten berichten, um doch noch die Geschenke in Empfang zu nehmen. Dafür wird
er allerdings am Ende von seinem Herrn –
der von allem nichts weiß – streng bestraft.
Unseres Wissens wird diese Anekdote
nur noch ein weiteres Mal, nämlich von P.

de Grebber im Jahre 1637 für die Vorsteher
der Haarlemer Gilde, abgebildet. Die Amsterdamer Regenten weichen damit – ebenso
wie sie es 1655 bei Bols *Marcus Curius Dentatus* (vgl. Kat. 106) getan hatten – von der
gebräuchlichen Ikonographie ab und wählen
bewußt eine neue Ausdrucksform, die ihren
Idealen und Wünschen mehr entspricht.

T. van den Oosten

Lit.: Pigler 1974, I, S.183; Blankert 1975,
S.41–46; Amsterdam 1980–1981, Nr.39; Blankert 1982, Kat.A14; Van Gelder und Kistemaker 1983, S.267–69; Muller 1985,
S.41–44.

III

ARTUS QUELLINUS d.Ä.
(Werkstatt des)
Antwerpen 1609–1668 Antwerpen

Atlas. Zwischen 1646 und 1663
Terrakotta-Modell, Höhe 78 cm
Amsterdam, Rijksmuseum, Inv. Am. 51–87

III

Wenige Figuren der klassischen Mythologie
haben so viele Interpretationen gefunden
wie Atlas. Die Griechen meinten, daß er
durch seine Kraft Himmel und Erde trug
und verhinderte, daß der Himmel auf die
Erde stürze. In der Spätantike und im Mittelalter interessierte man sich mehr für die
astrologischen Aspekte des Titanen, noch
später wurde er beliebtes Sinnbild für Geduld und Ausdauer. In Traktaten, die die
vorbildlichen Tugenden propagierten, wie
etwa den sogenannten Fürstenspiegeln,
konnte er zeigen, wie man bereitwillig die
schweren Lasten anderer auf seinen Schultern tragen muß.

Als Träger des Himmels steht Atlas über
dem Eingang des Bürgersaals im Amsterdamer Rathaus (Abb. 5). Damit befindet er sich
symbolisch inmitten einer Abbildung des
Universums, das sich in den Dekorationen
des Saals und darüber hinaus des ganzen Rathauses entfaltet. So sind auf dem Fußboden
des Saals die zwei Hälften der Weltkugel in
Mosaik eingelegt. Dem nördlichen Sternenhimmel dazwischen entspricht der auf der
Decke gemalte südliche Sternenhimmel.
Dazu fügen sich in Ausstattungselementen
die vier Elemente, die vier Jahreszeiten, die
Tierkreiszeichen und die sieben (damals bekannten) Planeten. In diesem Mikrokosmos
thront gegenüber Atlas am östlichen Eingang
des Bürgersaals die Allegorie der Stadt, die
damit ebenso eine beherrschende Rolle innerhalb der ganzen Welt beansprucht.

Die Außenseite des Rathauses spiegelt
ebenso symbolisch den ganzen Kosmos. So
wird Amsterdam auf dem östlichen Giebel
durch die Weltmeere, auf dem westlichen
durch die Kontinente gehuldigt (vgl. Kat.
113 und Abb.33–34). Hier im Westen steht
ein monumentales Bild von Atlas genau
oberhalb der Stadtallegorie. Kraftvoll trägt er
das runde Himmelsgewölbe und wird so
sinnfällig zur Weltachse, die nach antiker

Vorstellung Himmel und Erde scheidet – Amsterdam wird zugleich Zentrum und Repräsentant der ganzen Erde.

Mehr denn als Spiegel für die Tugenden der Ratsherren steht Atlas hier als Zeichen der Stärke und Standhaftigkeit der Handelsmetropole Amsterdam (vgl. Kat. 90). Zu seiten von Atlas stehen denn auch die Allegorien von Kraft und Mäßigkeit, Eigenschaften, die Amsterdam seine universale Rolle zu erfüllen helfen. In seiner *Inwijdinge* beschreibt Vondel die Fassade, wobei er Amsterdam und die Schiffahrt, Stadtallegorie und im Rathaus dargestellte Elemente der Welt miteinander verbindet (Vers 887–888 und 891–895):

So scheint das Weltall rings
  um Amsterdam gebaut,
Das auf dem Throne stolz
  allhier man sitzend schaut
… und Atlas stützt die Macht.
Auf seinen Schultern steht
  des Himmels schwere Fracht,
An dem der Erdkreis hängt,
  mit Ländern und mit Meeren,
Die, oft der Küste fern,
  die Schiffer überqueren,
Vertraut mit dem Gebrauch
  von Kompaß und Oktant.

Das Terrakotta-Modell des Atlas aus dem Rijksmuseum ist mit einer gelben Farbschicht bedeckt, wohl um der endgültigen Ausführung in Bronze soviel wie möglich zu gleichen. Das endgültige Modell für den Guß, der dem Bronzegießer F. Hemony übertragen wurde, steht heute noch im Rathaus.

Unser Modell muß mit den andern Entwürfen zwischen 1646 und 1663 in Quellinus' Amsterdamer Werkstatt entstanden sein. Hierher war er durch die Vermittlung des Architekten Van Campen gekommen, der ihm in Rom begegnet war, wo Artus unter dem berühmten François Duquesnoy seine Ausbildung vervollkommnete. Sein Stil verbindet den Einfluß dieses Lehrers mit stilistischen Einflüssen von Rubens, die in

den zeichnerischen Entwürfen für das Rathaus am deutlichsten sichtbar werden.

T. van den Oosten

Lit.: GABRIËLS 1930, S. 146; FREMANTLE 1959, S. 163–165; SNOEP 1967–1968; LEEUWENBERG 1973, Nr. Am 51 ff.

112

HUBERTUS QUELLINUS
Antwerpen 1619–1687 Antwerpen

Allegorie der Stadt Amsterdam mit Tritonen und Nereiden. Um 1655
Schwarze Kreide, Weißhöhung,
44,6 × 196 cm
Paris, Musée du Louvre, Département des arts graphiques, Inv. 20.174

In seiner *Inwijdinge* (Vers 893) schreibt Vondel, daß der Erdball in »Wasser und Land geteilt ist«. Das kommt auch an der Außendekoration des Amsterdamer Rathauses zum Ausdruck: die Westfassade (Rückseite) stellt die Huldigung der Stadt durch die Erdteile, die vordere Ostseite die Huldigung durch die Meeresgötter dar. Damit ist die Bedeutung des Seehandels unterstrichen, der sich gerade unter dem Eingang des Rathauses abspielte.

Der Ostgiebel zeigt die Allegorie der Stadt mit der (vermeintlichen) Kaiserkrone (vgl. Kat. 113), mit einem Olivenzweig als Friedenszeichen und dem Stadtwappen in den Händen zwischen verschiedenen Seegöttern, Nereiden und Zephyren, die ihr mit Hörnerklang und Lorbeerkränzen huldigen. Vondel (Vers 711–721) beschrieb die Huldigung der Amstelodamia (auch: stedemaagd):

Der Wassergötter Schar
  bläst laut, mit Hörnerschall,
Der Stadtmagd hohes Lob
  den Meeren überall.
Die Seegöttinnen muß
  ein solches Tönen wecken,
Ihr Ruhmeskranz, Seegras
  und Palmen hinzustrecken.

112

Seehund und Krokodil
    und Schwan, alle zugleich
Sieht freudig schwimmen man
    in ihrem Friedensreich.
Man hört Tritonen auch
    trompeten; mit Delphinen
Sind Nymphen, nassen Haars,
    in ihrem Zug erschienen.
Neptun führt sein Gemahl
    zum hohen Weihefest
Im Muschelwagen her,
    und jubelnd jagt der Rest
Des Wasservolkes [...]

Die zentrale Idee des Frontons ist – wie auch
Vondel es sieht – die friedliche Herrschaft
von Amsterdam über die Meere – eine Variante des Weltherrschaftsgedankens, der das
ganze Gebäude durch. Die Schiffahrt war im
17. Jahrhundert die Grundlage von Handel
und Reichtum in Amsterdam und Holland
(VAN GELDER und KISTEMAKER 1983).
Ideologisch unterbaut wurde diese Position
etwa durch Hugo de Groot, der in seinem
Mare liberum (Von der Freiheit der Meere,
1609) mit einem Plädoyer für die freie
Schiffahrt in der ganzen Welt zugleich die
Grundlage des Völkerrechts legte. Der Welthandel hatte Frieden nötig, Amsterdam als
Handelszentrum wurde damit zugleich eine
Friedenshauptstadt und – um den Gedanken
zu verfolgen – ein Zentrum der Kunst, die
nach zeitgenössischen Texten aus dem Frieden erblühte und vom Wohlstand des Landes profitierte.

Amsterdam hatte sich lebhaft für den
Frieden von Münster eingesetzt, da der
Krieg mit Spanien den Handelsinteressen
der Stadt im Wege stand. Ihre Unterhändler

nahmen an den Friedensverhandlungen teil,
der Friedensschluß wurde in Amsterdam
ausführlich gefeiert – im selben Jahr, in dem
der Grundstein für das Rathaus gelegt wurde
(vgl. Kat. 113). Eine Verbindung beider Ereignisse ist damit sowohl ideologisch wie
chronologisch gegeben: zu Recht wird der
Verkörperung der Stadt auf der Front des
Ratshauses – das in sich schon ein Denkmal
für den Frieden von Münster ist – dann auch
durch die Weltmeere gehuldigt. Die Plastiken über dem Giebel verstärken diese Bedeutung noch weiter: zwischen Vorsicht und
Gerechtigkeit steht zentral als deren Ursprung und Ziel der Frieden, der wie die Allegorie der Stadt, die direkt unter ihm sitzt,
einen Ölzweig als Symbol des Friedens in
Händen hält.

Das kolossale Marmorrelief wurde unter
der Leitung von Artus Quellinus (Quellijn)
verfertigt. Sein Bruder Hubertus bildete es
mit den anderen Dekorationen des Rathauses in einer Serie von Kupferstichen ab, die
in zwei Bänden 1655 und 1662 herausgegeben wurden: *De voornaemste statuen ende cira-
ten van 't konstrijck Stadhuys van Amstelredam
tmeeste in marmer gemaeckt, door Artus Quellinus, beelthouwer der voorseyde stadt.*

Hubertus Quellinus' Gouache im Louvre
diente als Entwurf für den viel kleineren
Stich, der im zweiten Teil dieser Prachtaus-
gabe enthalten ist. Beide stellen das Tympanon so dar, wie es um 1648 durch den Architekten Jacob van Campen entworfen
wurde. Von diesen Zeichnungen sind nur
noch zwei frühe Entwürfe für die Frontons
erhalten (Amsterdam, Rijksprentenkabinet;
FREMANTLE 1953 und 1959, S. 156–158).

T. van den Oosten

Lit.: GABRIËLS 1930, S.14; LUGT 1949, II,
Nr.1003; FREMANTLE 1953; FREMANTLE 1959,
S.38, 201, 156–158; FREMANTLE 1977, S.18;
Vondels Inwydinge 1982, S.120–122; VAN GELDER
und KISTEMAKER 1983; KOENIGSBERGER 1988.

113

ARTUS QUELLINUS d.Ä.
Antwerpen 1609–1668 Antwerpen

Allegorie der Stadt Amsterdam. Um 1656
Terrakotta-Hochrelief, 44 × 27 cm
Amsterdam, Historisch Museum,
Inv. BA 2453

Der Bozzetto von Artus Quellinus gehört
mit neun anderen zu seiner Entwurfsserie
für das Giebelfeld des Amsterdamer Rathauses. Dieses Tympanon stellt die Huldigung
der Stadt durch die Seegötter dar (vgl.
Kat. 112). Auf unserer Teilskizze sitzt die Allegorie der Stadt auf, genauer vor, einem Löwen. Sie trägt eine Kaiserkrone, in ihrer Linken hält sie das Stadtwappen, die Rechte war
bestimmt, einen Ölzweig zu halten. Das entspricht der allgemeinen Darstellung der
Stadt als Amstelodamia oder »Stedemaagd«,
die Züge einer Allegorie, hier des Friedens,
tragen kann (vgl. KOENIGSBERGER 1988,
S.254). Amsterdam hatte 1489 von König
(später Kaiser) Maximilian als Dank für politische und finanzielle Unterstützung das
Recht erhalten, eine Krone im Wappen zu
führen, was natürlich als besondere Auszeichnung verstanden wurde – zumal man
diese Krone schnell als Kaiserkrone betrachtete. Wie auf den Turm der Westerkerk
wurde die Kaiserkrone – hier sogar in vierfa-
cher Wiederholung – auf das Dach des Rathauses gesetzt. Diese Bekrönung, die Amstelodamia in Quellinus' Werk selbst trägt, beweist Stolz und Machtanspruch der Stadt.
Beide finden wir in verwandter Weise auch
in anderen niederländischen Städten des
17.Jahrhunderts, die gern personifiziert auftreten, während die Allegorie der Zentral-
macht der Republik vergleichsweise selten
zu finden ist (WINTER 1957).

113

Das Selbstbewußtsein von Amsterdam
als mit Abstand größter Stadt der nördlichen
Niederlande war sicher nicht unbegründet.
Als bedeutendster Handels- und Schiffahrts-
platz empfand man sich als Zentrum der
Welt, ein Gedanke der in Konstruktion und
Dekoration des Rathauses durchgehend zum
Ausdruck gebracht wurde.

Unter den zahlreichen Verweisungen auf
politische und ökonomische Macht der Stadt
sowie ihre Stellung als Zentrum der Welt
wird in diesem Tympanon besonders ihre
Stellung als Herrscherin der Weltmeere gefeiert; das oben schon genannte Antwerpener Rathaus hatte dafür an der Fassade Maria
als »Stella maris« abgebildet.

T. van den Oosten

Lit.: WINTER 1975; FREMANTLE 1977; VAN
GELDER und KISTEMAKER 1983; BEVERS 1985,
S.108ff.; KOENIGSBERGER 1988, S.254.

Venedig

Nur wenige der italienischen Stadtrepubliken konnten ihre Verfassung in die Neuzeit hinüberretten. Nach der großen Zeit der kommunalen Unabhängigkeitsbewegung im hohen und späten Mittelalter, in der zum ersten Mal seit der Antike die Grundzüge der republikanischen Freiheit postuliert worden waren, wich fast überall die Republik der Signorie. Mächtige Familienclans bemächtigten sich der städtischen Institutionen und wandelten sie nach und nach in monarchische Strukturen um. Das eindrücklichste Beispiel lieferte sicherlich Florenz, wo es den Medici im 16. Jahrhundert gelang, sich als Großherzöge der Toskana zu etablieren.

In einigen Städten blieb die republikanische Verfassung wenigstens teilweise erhalten. Städte wie Genua oder Lucca behielten bis ans Ende des Ancien Régime ihre Verfassungen bei; doch wie bei den deutschen Reichsstädten blieb auch hier – wenigstens in der Theorie – die Oberhoheit des Kaisers unangetastet. Gerade im Fall von Genua, das immer französischen Expansionsgelüsten ausgesetzt war, konnte dies als Schutz gegen Übergriffe von Nutzen sein. Von den kleinen Stadtstaaten Italiens gelang es einzig der Republik San Marino, ihre völlige Unabhängigkeit durch alle Zeiten hindurch zu erhalten.

Wie ein erratischer Block ragt die Republik Venedig aus der italienischen Staatenlandschaft der Neuzeit heraus. Die Stadt hatte nie zum westlichen Reich gehört, sondern hatte sich nach und nach von der byzantinischen Oberherrschaft in Konstantinopel gelöst. Fast ist man geneigt zu glauben, daß in Venedig das Rom der Antike nie völlig untergegangen ist. Im Handel mit der Levante, in den Kreuzzügen und später in den Kämpfen gegen das osmanische Reich hatte Venedig eine europäische Schlüsselstellung inne. Eine ähnliche Stellung wie Venedig vermochte nur die kleinere Republik Ragusa zu verteidigen, die ihre Unabhängigkeit bis ins 19. Jahrhundert hinein bewahrte.

Im Zentrum eines Machtbereichs, der von Kreta im östlichen Mittelmeer bis nach Bergamo reichte, durchlief Venedig eine in ganz Europa einzigartige Sonderentwicklung. Das Venedig des Mittelalters kannte weder die heftigen Kämpfe zwischen Guelfen und Ghibellinen, die während Jahrhunderten die meisten italienischen Städte bewegten, noch die blutigen Wechsel von Volksherrschaft, Aristokratie und Signorie.

Die aristokratische Verfassung hatte seit dem 14. Jahrhundert eine Stabilität gewonnen, die bis ans Ende des Ancien Régime keinen Erschütterungen ausgesetzt war. Die Abschließung des Patriziates zu Beginn des 14. Jahrhunderts und ein kompliziertes System von sich gegenseitig kontrollierenden Gremien garantierten ein politisches Gleichgewicht, das ebensosehr auf Mißtrauen wie auf Kollegialität beruhte.

Auch für Venedig war der Übergang in die Neuzeit mit der grundsätzlichen Auseinandersetzung um die Frage der Souveränität und ihrer Grenzen begleitet. Die wiederholte Gefährdung Venedigs durch die europäischen Monarchen und deren Ambitionen in Italien trugen zur Stärkung des unbedingten Unabhängigkeitswillens der Republik bei. Besonders heftig gestaltete sich die Konfrontation mit der Kirche. Der katholische Glaube wurde zwar nie ernsthaft in Frage gestellt, doch der Kampf um die völlige Kontrolle über alle Herrschaftsrechte führte zwangsläufig zum Konflikt mit Rom. Dieser Konflikt gipfelte in den Jahren 1606 und 1607 in der Verhängung des Interdikts durch Papst Paul V. Es gelang schließlich der Republik, sich auch in geistlichen Angelegenheiten in ihren Territorien die souveräne Herrschaft sehr weitgehend zu sichern.

Nur etwa ein Zwanzigstel der Bevölkerung Venedigs gehörte zum Patriziat und hatte damit Zugang zu den politischen Entscheiden; aber jeder erwachsene Patrizier war Mitglied des Großen Rates, des Souveräns der Republik. Die Legitimität der Macht des Dogen, des Senates und der übrigen Räte und Gremien beruhte letztlich auf der Souveränität des Großen Rates. Ein kompliziertes System von gegenseitigen Kontrollorganen sollte verhindern, daß ein Einzelner zuviel Macht an sich reißen konnte. In den minuziös festgelegten Ritualen kam denn auch immer wieder zum Ausdruck, daß die einzelne Person völlig hinter ihr Amt zurückzutreten hatte.

In den prunkvollen Festen und Aufzügen fand die Republik die ihr angemessenen Formen der Selbstdarstellung. Religiöse und weltliche Feste prägten den Jahresablauf und waren Anlaß, die ganze politische Hierarchie dem Volk vor Augen zu führen. Monarchische Elemente fehlten dabei nicht, doch wurde genau darauf geachtet, daß keinerlei dynastische Momente zum Tragen kamen.

Die große Ära des venezianischen Handels ging im 16. Jahrhundert ihrem Ende entgegen. Das Mittelmeer büßte gegenüber dem Handel im atlantischen Raum immer mehr an Bedeutung ein. Eine nach der anderen fielen die venezianischen Besitzungen – Außenposten des Levantehandels – an die osmanischen Herrscher: Cypern im Jahre 1572, Kreta 1669 und schließlich Morea auf dem Peloponnes 1718. Der Machtbereich blieb schließlich auf die Gebiete der »Terra ferma« in Oberitalien beschränkt. Der Reichtum der venezianischen Oberschicht beruhte nun mehr und mehr auf dem Grundbesitz im Herrschaftsgebiet der Republik und immer weniger auf dem Fernhandel. Die großen venezianischen Familien des 17. und besonders des 18. Jahrhunderts trachteten in ihrem Habitus die Geselligkeit eines großstädtischen Patriziates mit dem Lebensstil des adeligen Landlebens zu verbinden.

Das ausgeklügelte politische System des Gleichgewichtes und der Stabilität verhinderte jede noch so vorsichtige Reform des Staates. Im 18. Jahrhundert war man sich der Notwendigkeit einer Erneuerung bewußt, doch erwies sie sich als nicht durchführbar, ohne die Grundfesten des Staates in Frage zu stellen. Der Untergang der Republik war nur noch eine Frage der Zeit.

Venedig war in der frühen Neuzeit neben Rom das große künstlerische Zentrum in Italien. Ungebrochen konnte sich hier die Tradition der Renaissance weiterentwickeln. Ohne Gefährdung durch große politische und wirtschaftliche Umwälzungen oder durch einen reformatorischen Bildersturm kannten die venezianischen Künstler eine Kontinuität ihres Schaffens wie kaum an einem anderen europäischen Ort. Die Aufträge des Staates, der Kirche und der Privaten flossen reichlich und garantierten einer großen Zahl von Künstlern ihren Unterhalt. Die Künstler waren sich der einmaligen politischen Situation bewußt und haben immer wieder – das päpstliche Rom als Gegenpol vor Augen – die Vorzüge der republikanischen Freiheit Venedigs für die Kunst gepriesen.

Man hat gelegentlich darauf hingewiesen, daß auch im 16. und 17. Jahrhundert Harmonie und Gleichgewicht die Ideale der venezianischen Kunst blieben, in einer Zeit, wo man im übrigen Italien diese Gesetze zu durchbrechen begann. Der gesellschaftliche Wunsch nach Ausgleich und Stabilität fand hier seine künstlerische Entsprechung.

Die Lagunenstadt selbst wurde zum Kunstwerk. Das Patriziat rechnete es sich zur Ehre an, mit seinen Palästen zum prunkvollen Gesamtbild der Stadt beizutragen. Die Fassaden der Stadt blieben der Tradition verpflichtet; es wurde als patriotische Aufgabe angesehen, dieses Erscheinungsbild der Stadt zu bewahren, als Ebenbild der politischen Kontinuität.

Der Markusplatz mit der Markuskirche und dem Dogenpalast bildete das Herz der Stadt. Der Dogenpalast war das Zentrum der politischen Macht und wurde zum Monument der Republik. Sein ikonographisches Programm – sorgfältig von Politikern und Künstlern entwickelt – sollte die politischen Tugenden, die Legitimation der Macht durch die Religion und die Geschichte den Würdenträgern allgegenwärtig vor Augen führen. Bezeichnenderweise verzichtete man 1577 nach einem Brand auf eine Umgestaltung. Der Senat entschied, daß der alte Palast möglichst getreu wiederhergestellt werden sollte.

Schließlich wurde das Bild der Stadt selber zu einem der wichtigsten Themen der venezianischen Kunst. Gerade im 18. Jahrhundert bildete die venezianische Vedute einen bedeutenden Beitrag zur Selbstdarstellung der Republik, ihrer Topographie, ihrer Feste und ihrer Freiheit. Ganz Europa war von der Pracht Venedigs fasziniert, von seinem Stadtbild, von seinem politischen und gesellschaftlichen Leben. Die Spannungen zwischen unerschütterlicher Stabilität und gesellschaftlichem Wandel ließen von Venedig eine Faszination ausgehen, der sich niemand entziehen konnte. Künstler wie Canaletto, Guardi oder Longhi haben diese Stimmung eingefangen, nicht nur für ihre einheimischen Kunden, sondern für ein großes europäisches Publikum, das immer zahlreicher in die Lagunenstadt strömte.

F. de Capitani

114

DIETHELM HOLZHALB
Zürich 1574–1641 Zürich

**Trinkgefäß in Form des Löwen von
San Marco.** 1608
Silber vergoldet, Höhe 31,5 cm
Zürich, Schweizerisches Landesmuseum,
Inv. Dep. 374

114

Gegossene Figur des Markuslöwen, geflü-
gelt, mit Nimbus, das aufgeschlagene Evangelium mit der rechten Vorderpranke haltend. Trinkgefäß. Der Kopf kann abgenommen werden, der innen vergoldete, zu den
angelöteten Gliedmaßen abgeschlossene
Rumpf dient als Behältnis. Die Standfläche
des Sockels ist zweigeteilt: Mit den Hinter-
läufen steht der Löwe auf Wasserwellen, mit
der linken vorderen Pranke auf festem Land,
das in einen von einem burgenähnlichen
Gebäude bekrönten Hügel ansteigt: ein Bild
für die See- und Landherrschaft Venedigs.

Die auf dem getreppten Sockel rundum
gravierte Inschrift «SERENISSIMAE REIPVBLI-
CAE VENETAE NOMINE. MVNVS AMPLISSIMO
SENATVI POPVLOQ. TIGVRINO DEDIT IO
BAPTISTA PADAVINVS: TIGVRI DEGENS.
1608.» erinnert an die Übergabe des Trinkgefäßes an Rat und Stadt Zürich durch Giovanni Battista Padavino. Dieser weilte während eines knappen Jahres als Gesandter Venedigs in Zürich. Seiner diplomatischen
Korrespondenz mit dem Dogen in Venedig
verdanken wir die genaue Kenntnis der Umstände der Entstehung, des Übergabezere-
moniells und der kulturgeschichtlichen Bedeutung dieser Goldschmiedearbeit. So berichtet Padavino von einem im Dezember
1607 zu seinen Ehren veranstalteten Essen
im Haus der Gesellschaft der Schildner zum
Schneggen, aus dessen Anlaß er sich, der
Sitte entsprechend, mit einem silbernen
Trinkgefäß erkenntlich zeigen wollte. Da die
Herstellung einer so anspruchsvollen Goldschmiedearbeit einiger Zeit bedurfte, behalf
er sich mit dem Wachsmodell des Bildhauers, das er vorzeigte, indem er das danach
zu fertigende Trinkgefäß in Aussicht stellte.

Dieses ist ein Beispiel für die Zusammenarbeit von Bildhauer und Goldschmied, die in
diesem Falle auch durch die auf dem Evan-
geliumseinband gravierten Signaturen von
Bildhauer Ulrich Oeri (Zürich 1567–1631
Zürich) und Goldschmied Diethelm Holzhalb belegt ist. Vier Monate später war das
Gefäß ausgeführt und wurde an einem von
Padavino wiederum auf dem »Schneggen«
veranstalteten Festessen zum Markustag (25.
April) feierlich übergeben.

Mit dieser repräsentativen Goldschmiedearbeit und dem Donator verbinden sich
offensichtliche politische Interessen. Padavino war ein erfahrener Diplomat, der 1603
unter schwierigsten Umständen die Allianz
zwischen Venedig und Graubünden zustande gebracht hatte. Das damals von Spanien, Österreich und dem Kirchenstaat ein-
gekreiste Venedig war sehr interessiert am
guten Einvernehmen mit dem noch verblei-
benden einzigen Nachbarn, der nicht zur katholischen Allianz gehörte und darüber hinaus die für den Handel mit dem Norden
wichtigen Pässe kontrollierte. Dementsprechend suchte es auch Kontakt mit den protestantischen Kantonen, vorab mit Zürich als
»Vorort« und für Venedig wichtiger Handelsstadt. Daß Padavino 1607/08 gute Vor-

115

arbeit geleistet hat und auch Zürich am Kontakt mit Venedig interessiert war, zeigt das 1615 zwischen Venedig, Bern und Zürich vereinbarte Soldbündnis, das erste seiner Art, nachdem sich Zürich 1614 nach fast 100 Jahren des Abseitsstehens dem Soldvertrag der Eidgenossen mit Frankreich angeschlossen hatte   Hp. Lanz

Lit.: USTERI 1960, S. 84–86; GRUBER 1977, S. 172 mit Abb.; LÖSEL 1983, S. 60. Taf. 5, S. 68–69, 220, Abb. 99; GIACOSA und OLIVARI 1984.

115

JOSEPH HEINTZ d. J.
Augsburg um 1600–nach 1678 Venedig

Vogelschauplan von Venedig
Mitte 17. Jahrhundert
Öl auf Leinwand, 170 × 272 cm
Venedig, Museo Civico Correr, Inv. Cl. I,
2159

Joseph Heintz der Jüngere, Sohn des in Basel geborenen Malers Joseph Heintz des Älteren, übersiedelte schon früh nach Venedig,

wo sich seine Anwesenheit von 1625 bis zu seinem Tod nachweisen läßt. Dieses Gemälde, signiert unten links mit «IOSEPH HEINTIUS EQUES AURATUS P.», ist eine ziemlich exakte Umsetzung des berühmten Holzschnittes, der allgemein Jacopo de' Barbari zugeschrieben wird und der 1500 von dem in Venedig tätigen deutschen Verleger Anton Kolb herausgebracht worden ist. Im Vergleich zu diesem Prototyp, der 135 × 282 cm mißt, weist das Bild von Heintz eine etwas geringere Breite auf und opfert teilweise die Darstellung der Windrose auf der rechten Seite; weggelassen wurden auch die beiden Schutzgötter Venedigs, Mars und Neptun, welche die Macht der Stadt zu Land wie zu Wasser symbolisieren. Demgegenüber erlaubte die größere Höhe des Bildes eine bessere Situierung Venedigs mit seiner charakteristischen, vom Canal Grande S-förmig durchzogenen Form eines Fisches, indem die Stadt oben durch das Festland mit den Voralpen, unten durch die von zahlreichen Booten befahrene Lagune eingerahmt wird.

Die außergewöhnliche Präzision der aus der Vogelschau angelegten Stadtansicht von

1500 – unter anderem auch ermöglicht durch die Technik des Holzschnittes –, welche aus dem Werk de' Barbaris ein unvergleichliches kartographisches Dokument macht, wird im Bild von Heintz, in dem vor allem die peripheren Zonen bloß angedeutet sind, nicht erreicht. In die Stadtansicht vom Ende des 15. Jahrhunderts wurden unbeholfen einige wichtige Aktualisierungen eingefügt, besonders sichtbar in der Gegend der Kirche Santi Giovanni e Paolo, wo hinter dem Kloster der Dominikaner die Aufschüttung seit 1590 durch die Steindämme der Fondamenta Nuove vor Erosion geschützt wurde (siehe BELLAVITIS und ROMANELLI 1985); eine Verstärkung erhielten Mitte des 17. Jahrhunderts auch die Riva degli Schiavoni entlang dem Bacino di San Marco, der Giudecca-Kanal im Stadtbezirk Dorsoduro und schließlich auch die Giudecca-Insel selbst, deren der Lagune zugewandtes Ufer bei Heintz nicht mehr die in Barbaris Plan noch gut sichtbaren Sumpfgebiete zeigt.

Das Zentrum der politischen Macht Venedigs, die Gruppe der öffentlichen Gebäude rund um den Markusplatz und die Piazzetta, wird in der in der Renaissance modernisierten Form wiedergegeben. Die beiden ersten Elemente dieser Erneuerung, die Alten Prokuratien und der Uhrturm, entworfen von Mauro Codussi in der Mitte des 15. Jahrhunderts, finden sich schon im Holzschnitt von 1500. Auf der linken Seite der Piazzetta erkennt man die Loggetta und die Markusbibliothek, errichtet von Jacopo Sansovino in der ersten Hälfte des 16. Jahrhunderts. Auf der zum Kai führenden Seite ist die Bibliothek durch die Zecca (Münze) flankiert, die wir ebenfalls Sansovino verdanken; ihr Pendant bilden die neuen Gefängnisse, die in der zweiten Hälfte des 16. Jahrhunderts nach Plänen von Giovanni Antonio Rusconi an der rechten Seite des Dogenpalastes erbaut wurden. In der Mitte der kurzen Seite der Piazza, gegenüber der Markuskirche, sieht man die Kirche San Giminiano von Sansovino, die Anfang des 19. Jahrhunderts auf Befehl Napoleons niedergerissen wurde, um dem neuen Königspalast Platz zu machen.

Im Vordergrund soll beim Kloster San Giorgio eine ungeschickt angedeutete Kuppel auf den Neubau der Kirche durch Andrea Palladio hinweisen, während sich auf der Insel Giudecca die beiden auf diesen Architekten zurückgehenden Kirchen, Il Redentore und Le Zitelle, kaum erkennen lassen.

Das wirtschaftliche Zentrum der Stadt, rund um den Markt von Rialto, wird geprägt durch die majestätische Massigkeit der Brücke, die mit einem einzigen Bogen die beiden Ufer des Canal Grande verbindet. Im Verlauf der 150 Jahre, welche das Gemälde von Heintz von dem Holzschnitt Barbaris trennen, hat auch das Zentrum der militärischen Macht, das Arsenal mit seinen beeindruckenden Werften, wo die Kriegsschiffe gebaut wurden, sein endgültiges Aussehen erhalten. Die Kirche Santa Maria della Salute, errichtet nach Plänen von Baldassare Longhena, als Exvoto anläßlich der schrecklichen Pest von 1630, ist ebenfalls gut zu erkennen, während sich das Seezollamt noch mit seinem alten Turm präsentiert, welcher bald durch den barocken Bau Giuseppe Benonis ersetzt werden sollte. Schließlich bemerkt man zwischen den die Lagune belebenden Gondeln und Galeeren den mit besonderer Sorgfalt dargestellten Bucintoro, die im Bacino di San Marco liegende Staatsgaleere. M. Azzi Visentini

Lit.: LORENZETTI 1937, S. 31; PIGNATTI 1960, S. 113–114; AZZI VISENTINI 1979, S. 31, 37; AZZI VISENTINI 1980, S. 21; ROMANELLI 1984, S. 9–10.

116

PAOLO VERONESE
Verona um 1529–1588 Venedig

Venedig mit Herkules und Neptun
Nach 1574
Öl auf Leinwand, 140 × 140 cm
Budapest, Museum der Bildenden Künste, Inv. 105 (Farbtaf. V)

Veronese gehört zusammen mit Tintoretto und Palma il Giovane zu den bedeutendsten

116

Künstlern, die mit der Aufgabe betraut wurden, den Dogenpalast, Sitz der Regierung wie des Staates, auszumalen. Diese Arbeit wurde Mitte des 16. Jahrhunderts mit dem Saal der Zehn aufgenommen und mit dem Saal des Kollegiums und demjenigen des Großen Rates fortgesetzt, deren ältere, ebenso kostbare Gemälde in den Bränden von 1574 und 1577 zerstört worden waren (SCHULZ 1968, S. 96–116; PIGNATTI 1971). Diese Räume dienten zur Versammlung der wichtigsten staatlichen Organe der Republik und zur Veranstaltung zahlreicher offizieller Zeremonien. Die zum Schmuck der Wände und der Decken bestimmten Gemälde hatten somit einem genau definierten Programm zu folgen, in dessen Zentrum die politische und religiöse Verherrlichung Venedigs im Rahmen Europas stand; es handelt sich um den »Mythos von Venedig«, formuliert nach der Niederlage von Agnadello, der sich in Form eines komplizierten Geflechts symbolisch-allegorischer Darstellungen präsentiert: »Venedig, die freie und unabhängige Republik, Garant des Friedens und der Freiheit für seine Gebiete, erwählt durch ihr römisches Erbe und ihre Gründung durch die Jungfrau Maria, verteidigt die christliche Religion getreu der päpstlichen Orthodoxie; in theologischen und liturgischen Angelegenheiten

immer orthodox, versteht sie sich den weltlichen Zielen des Papsttums zu widersetzen« (SINDING-LARSEN 1988, S. 24).

Veronese meisterte seine Aufgabe bewundernswürdig, indem er seinen Kompositionen dank seinem virtuosen Umgang mit den Farben (PIGNATTI 1976, S. 84) und seinen kühnen Verkürzungen eine Beredtheit ohne Emphase verlieh. Das hier ausgestellte oktogonale Gemälde gehört ebenfalls zu diesem Programm der Verherrlichung Venedigs und schmückte ursprünglich die Decke im eher kleinen Arbeitszimmer der Schiffbaubehörde (Magistrato alle Legne) im Dogenpalast. Zwei mythologische Gottheiten, Herkules die Freiheit, Neptun das Meer verkörpernd, huldigen der im Gewand des Dogen, den Löwen zu Füßen, thronenden Venetia. Die Kunsthistoriker halten das Gemälde für ein spätes Werk, das wegen bedeutender Übermalungen jedoch schwer einzuschätzen ist. Um 1574, zeitgleich mit *Venedig, verehrt von Ceres mit Pax und Herkules*, gemalt für den Saal der Getreidebehörde, jetzt in der Accademia, setzen es Caliari, Berenson und Pigler an, während es Fiocco, Marini und Pignatti einige Jahre später situieren und es so in die Nähe der *Venetia als Herrscherin* im Kollegiumssaal rücken und die Mitwirkung der Werkstatt in Betracht ziehen.

Andrea Zucchi schuf nach dem Bild Veroneses einen Stich für das *Gran Teatro delle Pitture* von Domenico Lovisa (1720). Das Gemälde blieb bis Ende des 18. Jahrhunderts an seinem ursprünglichen Platz und wurde 1836 durch János László Pyrker dem Museum der Bildenden Künste von Budapest übergeben.   M. Azzi Visentini

Lit.: RIDOLFI 1648 bzw. 1914, S. 316; BOSCHINI 1664, S. 99; DAL POZZO 1718 bzw. 1967, S. 90; LOVISA 1720, Nr. 85; ZANETTI 1773, S. 162; CALIARI 1888, S. 115; FIOCCO 1928, S. 200; GOMBOSI 1928, S. 723, 728; BERENSON 1932, S. 420; MARINI 1968, Nr. 1182b, S. 117; PIGLER 1968, S. 746 (Nr. 105); TICOZZI 1975, Nr. 64–65; PIGNATTI 1976, S. 140 (mit Bibliographie); PALLUCCHINI 1984, S. 180 (Nr. 144).

117

ANONYM (Venedig)
Dogenmütze (»corno«). 18. Jahrhundert
Roter Damast
Venedig, Museo Civico Correr

Dieser »corno« ist eines der wenigen noch vorhandenen Exemplare des typischsten Kennzeichen des Dogen, mit welchem dieser Träger der höchsten staatlichen Autorität Venedigs in der Regel auch porträtiert wurde. Er gehörte wahrscheinlich Alvise IV Mocenigo, Doge von 1763 bis 1778. Das Museo Correr besitzt noch einen anderen, älteren Corno – die Brüchigkeit hat eine Ausleihe nicht erlaubt –, der von einem der beiden gegen Ende des 15. Jahrhunderts sich folgenden Dogen Barbarigo stammt. Jener Corno wird sogar noch durch die »camauro« oder »rensa«, die Untermütze aus feinem weißem Leinen aus Reims, vervollständigt, welche, so zeigt es auch das von Lazzaro Bastani gemalte Porträt Francesco Foscaris (Museo Correr), ursprünglich unter dem Kinn geknotet wurde.

117

Die Kopfbedeckung des Dogen von Venedig geht auf byzantinischen Ursprung zurück und wurde »biretum«, dann »corona« genannt und hatte zunächst die Form einer länglichen Kappe, vergleichbar derjenigen der Herrscher aus dem Orient, wie dies beim Dogen auf mehreren Mosaiken in der Markuskirche zu sehen ist. Allmählich veränderte sich die Form des Corno – nachweislich ab dem 13. Jahrhundert –, wurde spitzer, später runder und mit einem Stirnband versehen (Jan Grevenbroek, 2 Zeichenbände, 1754). Der Stoff des Corno wie auch der Stoff der für die Zeremonien bestimmten Gewänder des Dogen paßten sich dem Zeitgeschmack an: Gold- oder Silberbrokat (sciamito), weiße schwere Seide (tabi), leichtes Seidengewebe (cendà), Satin, dunkelroter Samt, scharlachrotes Tuch wurden – wie es die zahlreiche Dogenporträts bezeugen – mit seltenen Pelzen, Edelsteinen, Perlen und Gold verziert.

Am Ostersonntag, wenn der Doge seinen rituellen Besuch im Kloster San Zaccaria absolvierte, schenkten ihm die Nonnen einen Korb mit einem Corno. Der Doge trug den Corno, Zeichen seiner hohen Würde und Symbol der Souveränität der Republik, jedoch nicht jeden Tag. Für den am Tag nach seiner Wahl vorgesehenen Gang um den Markusplatz trug er den »tozzo« oder »taglieri«, eine Kopfbedeckung, die derjenigen der Bürger Venedigs vergleichbar war und die ihm bei der Bekanntgabe seiner Wahl vom Großkanzler aufgesetzt wurde. Der Tozzo wurde vom Dogen auch privat sowie für weniger bedeutende Besuche oder Empfänge im Palast getragen. Für die hohen Zeremonien war ein speziell prunkvoller Corno, die »zoia« bestimmt. Dieser mit Perlen und Edelsteinen besetzte Corno war Eigentum des Staates und wurde Mitte des 16. Jahrhunderts auf 200 000 Dukaten geschätzt. Zu den Insignien des höchsten venezianischen Amtes gehörten neben dem Corno auch ein mit dem Familienwappen des Dogen, dem Leitspruch »voluntas ducis« und dem Bild San Marcos geprägter goldener Ring und weitere Würdezeichen (vgl. Kat. 126). M. Azzi Visentini

Lit.: ZANETTI 1779; CECCHETTI 1864; DA MOSTO 1977, S. XXXIX–XLI; ROMANELLI 1984, S. 23–24; FRANZONI 1986, S. 85–94.

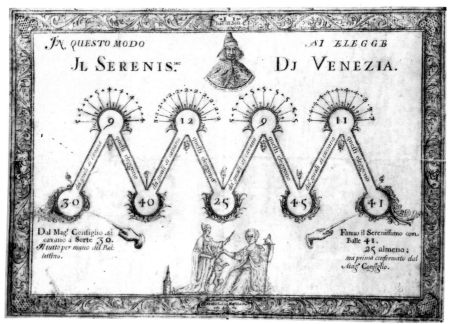

118

118

ANONYM (Venedig)

Schema der Dogenwahl
17.–18. Jahrhundert

Zeichnung auf Papier, ca. 20 × 30 cm
Venedig, Museo Civico Correr

Ursprünglich wurde der Doge von Venedig nach byzantinischer Tradition von seinem Vorgänger designiert. Ab 887, mit der Wahl Pietro Candianos, wurde er vom Volk gewählt. Das Wahlverfahren komplizierte sich später immer mehr; parallel dazu erfolgte eine schrittweise Beschneidung seiner Macht, die darin mündete, daß der Doge schließlich innerhalb eines konstitutionellen Systems mit kollektiver Führung eine rein repräsentative Funktion zu erfüllen hatte. Das Recht, an der Nomination des Dogen teilzunehmen, wurde auf diejenigen Mitglieder des Großen Rats beschränkt, die das Alter von dreißig (ab 1722 von vierzig) Jahren erreicht hatten. Der Große Rat, der auch

die höchste Autorität der Republik darstellte, war eine Versammlung derjenigen Adeligen, die keine geistliche Laufbahn eingeschlagen hatten. 1493 zählte er 2420 Mitglieder; die höchste Mitgliederzahl erreichte er wohl 1527 mit 2746 Angehörigen aus den laut Marin Sanudo im Jahr 1512 149 zählenden Patrizierfamilien. 1517 wurde noch ein spezielles Gremium geschaffen, die Censori, die mit dem Kampf gegen Amtsvergehen und Wahlbetrug betraut wurden.

Die Auswahl der einundvierzig Elektoren (Quarantaun), die den Dogen zu bestimmen hatten, basierte auf einem langen und komplizierten Verfahren, einer Kombination von Auslosung und Wahl. Es ist dieses Verfahren, das auf der hier ausgestellten Zeichnung schematisch dargestellt ist: Kleine Wachskugeln wurden an alle Wahlberechtigten ausgeteilt; dreißig davon enthielten ein Stück Pergament, das mit »elettore« beschriftet war; von diesen dreißig wurden neun ausgewählt, die vierzig andere Wähler zu bestimmen hatten, welche sich nun ihrerseits auf zwölf reduzieren mußten; diese machten fünfundzwanzig andere namhaft, die nach einer Reduktion auf neun fünfundvierzig Personen wählten, welche sich wiederum auf elf zu vermindern hatten. Diese konnten schließlich diejenigen einundvierzig Elektoren bestimmen, welchen das Recht zugesprochen wurde, im Konklave die Wahl des Dogen zu treffen. Im selben Ausmaß, wie sich vom 14. bis zum 17. Jahrhundert die Dauer des Konklaves schrittweise von vier auf durchschnittlich zwölf Tage verlängerte, stieg das Alter des neuen Dogen von den fünfunddreißig Jahren des Andrea Dandolo, gewählt 1345, auf ein Mittel von neunundsechzig im 15., fünfundziebzig im 16., zweiundsiebzig im 17. und siebenundsechzig im 18. Jahrhundert. Während der letzten vier Jahrhunderte der freien Republik Venedig übten die Dogen ihr Amt durchschnittlich sechs bis sieben Jahre lang aus.

M. Azzi Visentini

119

Lit.: Cessi 1958, S. 188 ff.; Da Mosto 1977, S. xiv–xv; Sanudo 1980, S. 85–90; Tucci 1982; Romanelli 1984, S. 22–23; Franzoi 1986, S. 73–81.

119

TIZIAN (TIZIANO VECELLIO)
Pieve di Cadoro um 1488–1576 Venedig

Porträt des Dogen Marcantonio Trevisan

1553–1554
Öl auf Leinwand, 100 × 86,5 cm
Budapest, Museum der Bildenden Künste, Inv. 4223

Marcantonio Trevisan, unverheiratet und von außergewöhnlicher Sittenstrenge, wurde 1553 im Alter von siebzig Jahren zum Dogen gewählt. Er hatte sein Amt während eines einzigen, unspektakulären Jahres inne und befaßte sich dabei hauptsächlich mit frommen Werken und dem Kampf gegen die Sittenlosigkeit (Da Mosto 1977, S. 254–259). Sein Porträt von Tizian, welcher einige Jahrzehnte zuvor Giovanni Bellini als offiziellen Porträtisten der Dogen abgelöst hatte, wurde wahrscheinlich unmittel-

bar nach seiner Wahl gemalt. Im selben Jahr widmete Pietro Aretino dem Porträt des Dogen Marcantonio Trevisan zwei Sonette (VI, 311 und 314), und pries überdies in einem Brief, wie der Doge dargestellt sei, »als ob er spräche, dächte und atmete« (Aretino 1957, Bd. 2, S. 433).

Tizian scheint keine weiteren Porträts dieses Dogen gemalt zu haben; nach dessen Tod, zwischen 1555 und 1556, schuf er jedoch ein Bild mit dem vor der Madonna knienden Trevisan, welches beim Brand des Dogenpalastes von 1577 zerstört wurde. Es ist kaum zu erklären, daß mehrere Spezialisten (Tietze, Valcanover, Wethey) sich geweigert haben, dieses Porträt zu den Werken des Meisters zu zählen, während Suida, Berenson und Pallucchini dessen Eigenhändigkeit behaupten. Pallucchini, der darauf hinweist, daß mit der Armbewegung des Dogen, welche die Öffnung seines Mantels bewirkt, nicht nur die rechte, ein Taschentuch haltende Hand sichtbar gemacht wird, sondern gleichzeitig das Gewand des Dogen durch die freigelegte rote Fläche betont wird, erklärt, die bei einem Staatsporträt auffallende Lebendigkeit ergebe sich durch das Verhältnis von Figur und Raum (1969, S. 136). Romanelli bemerkt, in den Dogenporträts zeige sich Tizian durch den geforderten »offiziellen und konventionellen Charakter der Darstellung« stärker gehemmt als bei den in privatem Auftrag ausgeführten Bildnissen. Dennoch nimmt Tizian in der Renaissance zusammen mit Raffael einen »bedeutenden Platz« in der Gattung der Staatsporträts ein (CASTELNUOVO 1973, S. 1063).

Die offizielle Kleidung des Dogen erschien dem Engländer Richard Lassels Mitte des 17. Jahrhunderts »pontifikal«. Neben dem »corno« gehörte zu dieser Kleidung auch ein weiter Mantel aus Gold- oder Silberbrokat, weiß oder rot durchwirkt, auf der oberen Vorderseite durch ein Dutzend dicke kugel- oder birnenförmige vergoldete Knöpfe zusammengehalten und bis zu den Füßen fallend wie auch das darunter getragene Gewand mit weiten Ärmeln, genannt »dogalina«, das in der Taille mit einem Gürtel geschnürt wurde. Mantel und »dogalina« waren mit Hermelin oder anderen edlen Pelzen gefüttert. Je nach Jahreszeit und für feierliche Anlässe trug der Doge darüber einen an die Knie reichenden Hermelinumhang, mit dem symbolisch seine Reinheit geschützt werden sollte.

Mitte des 19. Jahrhunderts gelangte Tizians Bild von Bologna (Sammlung Zampieri) nach Wien, von wo es, nach mehrmaligem Wechsel des Besitzers, 1912 durch den Grafen János Palffy dem Budapester Museum der Bildenden Künste übergeben wurde.   M. Azzi Visentini

Lit.: SUIDA 1935, S. 74 und 173; TIETZE 1936, Bd. 2, S. 285; BERENSON 1957, S. 184; PIGLER 1967, Bd. 1, S. 698, Nr. 4223 (mit Bibliographie); VALCANOVER 1969, Nr. 362, S. 122–123; WETHEY 1971, S. 183–184 (mit Bibliographie); ROMANELLI 1982, S. 145–146, Abb.

120

120

JACOPO TINTORETTO
Venedig 1518–1594 Venedig

Porträt des Dogen Alvise Mocegnio
Um 1570
Öl auf Leinwand, 116 × 97 cm
Venedig, Galleria dell'Accademia

Geboren in Venedig als Sohn eines Färbers (tintore) – daher sein Beiname – begann Tintoretto nach einer kurzen Lehrzeit in der Werkstatt Tizians mit dem Studium der antiken Kunst und derjenigen von Michelangelo und dessen Schülern. Es gelang ihm, den Manierismus Mittelitaliens mit der traditionellen venezianischen Farbgebung zu einem eigenen, individuellen Stil zu verbinden. Das Porträt des Dogen Alvise I Mocegnio scheint unmittelbar nach dessen Wahl vom 11. Mai 1570 gemalt worden sein. Es ist ein spätes Werk Tintorettos, der 1560 Tizian in der Funktion des offiziellen Porträtisten der Dogen abgelöst hatte.

Der Doge wird schräg gegenübersitzend dargestellt, in der Staatsrobe, jedoch ohne Hermelinumhang, die Hände auf die Armlehnen seines Sessels gestützt. Damit wird der Typ eines Hofporträts aufgenommen, welcher in der Nachfolge von Raffael und Sebastiano del Piombo allgemein gültig wurde. Tintoretto suchte nicht nur die Physiognomie, sondern auch die Psyche seines Modells zu erfassen. Wie Pallucchini bemerkt, zeigt Tintoretto die Abgebildeten nicht mehr in der unantastbaren Würde ihres Standes, sondern verleiht ihnen mit Hilfe einer geheimnisvollen Lichtführung den Ausdruck geheimer Besorgnis, die den Betrachter in einen Dialog zieht (PALLUCCHINI 1950; DE VECCHI 1970, S. 13).

Alvise Mocenigo, geboren 1507, bekleidete sein Amt bis zum 4. Juni 1577 und war damit in einer besonders schwierigen Zeitspanne mit der höchsten Aufgabe der Republik Venedigs betraut; geprägt wurden diese Jahre durch das Vorrücken der Türken, die 1570 Zypern eroberten und deren Vormarsch mit dem Sieg von Lepanto im folgenden Jahr nur für kurze Zeit aufgehalten werden konnte, sowie durch die schreckliche, zwischen 1575 und 1577 in Venedig wütende Pest, welche zur Dezimierung der Bevölkerung beitrug, die gleichzeitig von Überschwemmungen und Hungersnot heimgesucht wurde (DA MOSTO 1977, S. 274–283). 1574 zerstörte ein Brand einen Teil des Dogenpalastes, der Ende 1577, wenige Monate nach dem Tod Mocenigos, ein weiteres Mal in Flammen stand.

Dieses Bild, von dem zwei Repliken bekannt sind (Berlin, Staatliche Museen; München, Museum Caspari), stammt vom Sitz der Procuratia de Ultra, wo es von Marco Boschini als Werk Tintorettos bemerkt wurde. Der Künstler schuf zwei weitere Bilder des Dogen: das eine zeigt ihn mit seiner Familie in Anbetung der Jungfrau Maria (Washington, National Gallery); das andere, später gemalte Bild zeigt den Dogen im Gebet vor dem Erlöser (Dogenpalast, Kollegiumssaal; siehe Kat. 129). M. Azzi Visentini

Lit.: BOSCHINI 1674, S. 72; PALLUCCHINI 1954, S. 233; MOSCHINI-MARCONI 1962, S. 239; DE VECCHI 1970, S. 115; ROSSI 1973, S. 125–126 (mit Bibliographie).

121

121

BERNARDO STROZZI
Genua 1581–1644 Venedig

Porträt des Dogen Francesco Erizzo
Um 1631
Öl auf Leinwand, 125 × 103 cm
Wien, Kunsthistorisches Museum, Inv. 352
(nicht ausgestellt)

Francisco Erizzo wurde 1631 – zu einem Zeitpunkt da die Pest wütete – nach einer brillanten politischen und militärischen Karriere im Alter von fünfundsechzig Jahren zum Dogen gewählt. Er hielt dieses Amt bis zum 3. Januar 1646 inne und starb, erschöpft von den Vorbereitungen zu einer Militärexpedition nach dem von den Türken besetzten Candia (Heraklion), für welche er vom Senat als Oberkommandierender der venezianischen Armee eingesetzt worden war. Erizzo war eine starke Persönlichkeit; seine Biographen betonen seine wache Intelligenz, seine Fähigkeiten als Redner, seinen liebenswürdigen Charakter sowie seine ansehnliche Erscheinung, aufrecht, groß und schlank bis ins hohe Alter (DA MOSTO 1977, S. 371–376).

Eine entsprechende Darstellung zeigt das glanzvolle offizielle Porträt in Wien. Sehr wahrscheinlich unmittelbar nach der Amtseinsetzung Erizzos gemalt, fällt das Werk in die ersten venezianischen Jahre des genuesischen Malers Strozzi, der nach dem Tod seiner Mutter 1630 in die Lagunenstadt gekommen war. Pallucchini erkennt darin »ein treffendes Beispiel der Porträtkunst von Strozzi mit seinem Gespür für den individuellen Charakter – sowohl auf physischer wie auch auf psychischer Ebene – seiner Modelle und seiner barocken Gestaltung der pompösen Bekleidung des Dogen«. Romanelli unterstreicht ebenfalls die innere Lebendigkeit »das intellektuelle und moralische Feuer«, welches dieses Porträt mit seiner ungewöhnlichen Bildform ausstrahlt; obwohl die Anknüpfung an die genuesischen Porträts des Künstlers nicht zu übersehen sei, rückt er dieses Bild ins Umfeld des Werks von Tizian und sieht es zusätzlich durch den Einfluß der flämischen Malerei, besonders durch Van Dyck, geprägt. Für Fiocco schließlich handelt es sich um einen »schaumigen Vandyckismus, der durch eine Prise tizianischer Intimität weniger augenfällig und weniger fade gemacht wird« (1929, S. 22).

Es existieren zwei – eher schwache – Repliken dieses Bildes: die eine, ausgeführt für die Familie des Dogen, befindet sich in der Accademia in Venedig; die andere, die sich durch zahlreiche Änderungen auszeichnet, im Museum von Phoenix; außerdem kennen wir einen Nachstich von Marco Boschini.

M. Azzi Visentini

Lit.: Fiocco 1922, S.654; Fiocco 1929, S.22; Matteucci 1955, S.141 und 151; Mortari 1966, S.188–189 (mit Bibliographie); Moschini-Marconi 1970, Nr. 233; Pallucchini 1981, S.158; Romanelli 1982, S.153.

122

122

PIETRO LONGHI
Venedig um 1702–1785 Venedig

Audienz des Dogen Pietro Grimani
Nach 1740
Öl auf Leinwand, 61 × 50 cm
Venedig, Museo Civico Correr, Inv. Cl.I., 130

Dieses kleine Gruppenbild scheint einige Jahre nach der Wahl des vierundsechzigjährigen Pietro Grimani zum Dogen ausgeführt worden zu sein. Zuvor hatte sich dieser als Gesandter Venedigs in London, Wien und Rom profiliert (Da Mosto 1977, S.481–490). Im Vergleich zu dem 1744 von Carlo Orsolini nach einer Zeichnung von Bartolomeo Nazari gefertigten Porträtstich scheint der Doge bei Longhi eindeutig älter zu sein und rückt in die Nähe des von Cattini 1752, im Todesjahr des Dogen, geschaffenen Stichs. Mit diesem Werk läßt sich Longhi nicht auf die Gattung des offiziellen Porträts, die ihm kaum behagte, ein. Er verleiht der Audienz des Dogen einen beinahe familiären Charakter, in gewissem

Sinne analog zu demjenigen seiner geistrei-
chen Konversationsstücke im Stil Goldonis,
wie dies namentlich bei den beiden Masken
sichtbar wird (siehe Kat. 305–309). Dieser
intime Charakter wird noch verstärkt durch
die farblichen Feinheiten des Interieurs wie
der Kleider, auf welche Giovanni Mariacher
anläßlich der Restaurierung des Gemäldes
hingewiesen hat. Eine vorbereitende Zeichnung Longhis für die Gruppe der Senatoren
wird im Museo Correr aufbewahrt (Inv.
574).   M. Azzi Visentini

Lit.: LAZARI 1859, S. 25 (Nr. 131); MARIACHER
1953, S. 208–209; MOSCHINI 1956, S. 60; VAL-
CANOVER 1956, S. 23; PIGNATTI 1960,
S. 168–169 (mit Bibliographie); PIGNATTI 1968,
S 107 (mit Bibliographie); ROMANELLI 1982,
S. 90 (Abb.) und 154; ROMANELLI 1984, S. 31.

123

123

ANTONIO GUARDI
Wien 1699–1760 Venedig

**Der Fischer, dem Dogen den Ring
überreichend.** Um 1740
Öl auf Leinwand, 196 × 145 cm
Venedig, Museo Civico Correr, Inv. 1865
(nicht ausgestellt)

Dieses Bild stellt die Legende dar, wonach
ein Fischer dem Dogen einen Ring überreicht, nachdem ihm dieser vom hl. Markus
während eines Sturms im Hafeneingang des
Lidos anvertraut worden war. Antonio Guardi, der ältere Bruder Francescos und damit
der Vorsteher der zusammen mit weiteren
Familienmitgliedern geführten Werkstatt,
schafft hier eine getreue Wiedergabe der
1533 von Paris Bordone entworfenen Komposition für die Scuola Grande di San
Marco, die heute in der Accademia aufbewahrt wird und in der anstelle der Züge von
Bartolomeo Gradenigo (Doge von 1339 bis
1343), dem eigentlichen Protagonisten der
Legende, diejenigen von Andrea Gritti
(Doge von 1523 bis 1539) eingefügt worden waren. Guardi übernimmt von Bordone
nicht nur die lombardische Architektur mit
der in der Ferne angedeuteten monumentalen Treppe, welche an die Gigantentreppe
des Dogenpalastes gemahnt, sondern auch
die das Bild bevölkernden Figuren, und zwar
von ihrer Anordnung in der Bildfläche bis
zu ihrer jeweiligen Haltung. Wie aber auch
in seinen verschiedenen weiteren »Kopien«
hat Guardi »das zu kopierende Sujet auf eine
Weise studiert, als ob er es direkt von der
Natur auf die Leinwand umsetzen und so zu
neuem Leben erwecken müsse« und erzielte
dabei eine noch größere Plastizität der Figuren wie auch eine besondere Tiefenwirkung
(MORASSI 1973, S. 109).

Das Bild war ein Auftrag der Familie
Gradenigo, die längst keine Dogen mehr
stellte. Das Werk blieb bis 1921 im Besitz
der Familie und wurde mit dem Vermächtnis Venier direkt der Sammlung des Museo
Correr übergeben. Eine 1953 vorgenom-
mene Restaurierung machte im unteren Teil
des Bildes die Reste einer Inschrift lesbar,
die auf die Rückseite übergetragen wurde:
»Der Fischer, der dem Dogen Bartolomeo
Gradenigo und den Prokuratoren den Ring
als Zeugnis dafür überreicht, daß Venedig

anläßlich des schrecklichen Unwetters vom 15. Februar 1340 dank der Taten der Heiligen Georg, Markus und Nikolaus gerettet worden war. Das ursprüngliche Bild von Paris Bordone wird in der Scuola di San Marco aufbewahrt und wurde in dieser Form kopiert von ...«. Das Gemälde war zunächst Francesco Guardi, dann Giuseppe Maria Crespi zugeschrieben worden (siehe PIGNATTI 1960); heute jedoch teilen die Spezialisten die Ansicht von Morassi und erkennen darin einstimmig den charakteristischen Stil von Antonio Guardi.   M. Azzi Visentini

Lit.: PIGNATTI 1960, S. 105–106 (mit Bibliographie); MORASSI 1973, S. 109–110 und 335; ROMANELLI 1984, S. 24.

124

JACOPO TINTORETTO
Venedig 1518–1594 Venedig

Madonna mit dem Kind und mit vier Senatoren. 1552–1553
Öl auf gewölbter Leinwand, 188 × 146 cm
Venedig, Galleria dell'Accademia, Inv. 243
(Depositum im Istituto veneto di scienza, lettere e arti)

Dieses Bild, welchem der Restaurator G. Pedrocco seine ursprüngliche gewölbte Form wiedergegeben hat, wurde mit zwei weiteren Gemälden, Darstellungen der Heiligen Georg und Ludwig sowie der Heiligen Andreas und Hieronymus (Venedig, Accademia), für den Hauptsaal des Magistrato dei Camerlenghi in deren Palast ausgeführt. Carlo Ridolfi, der das Bild 1648 in diesem Saal gesehen hat, nennt unter anderen sich darin befindenden Werken »zahlreiche Porträts von Senatoren, von denen einige der Königin des Himmels huldigten«. 1777 wurden die drei Gemälde in den Dogenpalast überführt.

Aufgrund der Adelswappen, welche im unteren Teil des Bildes gemalt waren und später durch ein ungefähr 31 Zentimeter breites Band beschädigt wurden, hat Gustav Ludwig als Auftraggeber die Magistraten Giovanni Alvise Grimani, Giovanni Battista Donà, Nicolò Gritti und Jacopo Pisani identifiziert. Deren Entschluß, sich an der Seite der Madonna darstellen zu lassen, ist im Vergleich zu der Tradition der von den Schatzmeistern (camerlenghi) in Auftrag gegebenen Votivbildern, bei welchen sie sich mit der Darstellung ihrer Schutzpatrone begnügt hatten, eine Neuerung. Aber es ist auch der Künstler, der, wie schon in einigen in seiner Jugend gemalten «Sacre Conversazioni», zeigt, auf welche »besondere Weise er die Beziehung zwischen der Göttlichkeit und den Menschen versteht, nämlich als direkten Kontakt in einer Atmosphäre frei von jeglicher Rhetorik« (ROSSI 1974, S. 39). Da die vier Magistraten ihr Amt zwischen Januar 1552 und Januar 1553 aufgaben, muß dieses Gemälde zwischen diesen beiden Daten entstanden sein. Augenfällige stilistische Unterschiede in der Ausführung einiger Partien, wie die Hände der Senatoren, deuten auf die Mitarbeit von Gehilfen hin.
M. Azzi Visentini

Lit.: RIDOLFI 1648 bzw. 1924, Bd. 2, S. 58; BOSCHINI 1664, S. 271; LUDWIG 1902, S. 45 ff.: PALLUCCHINI 1950, S. 143; MOSCHINI-MARCONI 1962, S. 229–230; DE VECCHI 1970, S. 97 (Nr. 100); ROSSI 1974, S. 39 und 124; KLEINSCHMIDT 1977, S. 29–34 und 88 (Nr. 20); PALLUCCHINI und ROSSI 1982, S. 166 (mit Bibliographie).

125

JACOPO TINTORETTO
Venedig 1518–1594 Venedig

DOMENICO TINTORETTO
Venedig 1560–1635 Venedig

Die hl. Justina mit drei Schatzmeistern
1580
Öl auf Leinwand, 216 × 183 cm
Venedig, Galleria dell'Accademia, Inv. 225
(Depositum im Museo Civico Correr; nicht ausgestellt)

Dieses Bild, datiert unten rechts, wurde für den Hauptsaal der Salzbehörde im Palast der Schatzmeister (camerlenghi) gemalt, wo es wahrscheinlich als Pendant zum *Hl. Markus mit drei Schatzmeistern* konzipiert wurde, ei-

124

125

nem einige Jahre älteren Bild mit identischer Komposition, das heute im Museum von Berlin-Dahlem aufbewahrt wird. Die Heilige öffnet ihren Mantel gegenüber den drei Schatzmeistern als Zeichen des Schutzes. Diese tragen das traditionelle Prunkgewand mit weiten Ärmeln, die mit Hermelin gefütterte »dogalina«, welche am Hemdkragen befestigt war, sowie eine Stola aus demselben Material, die über die linke Schulter gelegt wurde. Das Bild wurde einst als Allegorie Venedigs, dessen Silhouette durch das Fenster zu sehen ist, interpretiert. Der den Kopf der bekrönten weiblichen Figur umgebende Heiligenschein weist aber auf die hl. Justina, Märtyrerin und Stadtpatronin von Padua sowie Schutzheilige der Familie Giustinian, zu der einer der dargestellten Magistraten gehört. Die unten rechts aufgeführten Wappen und Initialen (»M.A.«, aber ursprünglich »Z«, »A.M.« und »A.B.«) erlaubten eine Identifizierung der Dargestellten: es handelt sich um Marco Giustiniani (oder Zustinian), Angelo Morosini und Alessandro Badoer, die 1580 das Schatzmeisteramt inne-

hatten. Hinter ihnen erscheinen zwei Sekretäre und, oben links, neben der verblichenen Inschrift »el nostro fascicolo«, der Amtsvorsteher. Die Camerlenghi oder Schatzmeister der Republik Venedig hatten die Aufgabe, das Geld einzuziehen, das durch verschiedene öffentliche Amtsstellen in die Staatskasse einbezahlt wurde.

Diese Bild war ein öffentlicher Auftrag und entspricht einer konventionellen Komposition. Die nun schon betagte Hand Tintorettos läßt sich gut ausmachen, aber markante Schwächen, namentlich in der Gestaltung der Hände der Schatzmeister und in der emphatischen Darstellung der hl. Justina (für die eine vorbereitende Zeichnung von Tintoretto im Museum Eremitage in Leningrad vorhanden ist, Inv. 25641) verraten die Mitwirkung von Gehilfen, unter welchen Paolo Rossi die Hand des Sohns des Künstlers, Domenico, erkannt hat.   M. Azzi Visentini

Lit.: HÜTTINGER 1968, S.469; ROSSI 1975, S.41; KLEINSCHMIDT 1977, S.51 ff. und 90, Nr. 24; PALLUCCHINI und ROSSI 1982, S.218; MARTINEAU und HOPE 1983, S.126 und 217.

126

MATTEO PAGAN
Tätig in Venedig 1538–1562

Prozession des Dogen. Vor 1561
Holzschnitt in acht Blöcken, 49 × 285 cm
Venedig, Museo Civico Correr

Dieser wertvolle Holzschnitt, den Hofstaat des Dogen darstellend, welcher sich im Festzug auf dem Markusplatz präsentiert, scheint aus einer rein dokumentarischen Absicht entstanden zu sein, ohne jeden Hinweis zur Identifikation des Dogen – welcher den Holzschnitt zu seinem Ruhm hätte bestellen können – oder Elemente, welche auf ein bestimmtes Fest hindeuten würden. Es handelt sich vielmehr um ein genaues Abbild eines der »öffentlichen Rundgänge in der Stadt«, die im Verlauf des Jahres vom Dogen mit einem angemessen Gefolge zum Zeichen der »Majestät« der Republik, »repräsentiert in seiner Person«, unternommen wurden (FINLAY 1980; MUIR 1981; COZZI 1988).

Eine detaillierte Inschrift führt die Teilnehmer sowie die auf dem Umzug mitgeführten symbolischen Gegenstände auf: «L'ILLUSTRISSIMA SIGNORIA ILLUSTRISSIMUM DOMINUM LA SPADA ENSIS AMBASCIATORI DI/VARII PRINCIPI ORATORES/DIVERSOR PRINCIPUM OMBRELA IL SERENISSIMO PRINCIPE IL BILLOTTINO IL CANZILLIER GRANDO/MAGNUS CANZELLARIUS CUSSINO CATEDRA CAPPELANO SECRETARII CORNO CORNU LA CANDELLA CERIUM ALBUM PATRIARCA CANONICI SCUDIERI DEL DOGE CAMERARII SERENISIMI PRINCIPIS TROMBE PIFEARI TUBAE ET BARBITON SERVITORI DELL'IMBASCIATORI ORATOR FAMULI SEI TROMBE DI ARZENTO SEX TUBAE ARGENTAE COMANDATORI PRAECONES GLI OTTO STENDARDI OCTO VEXILLA».

Diese Zeremonien, von denen uns nur noch wenige Bilder überliefert sind, finden sich in verschiedenen zeitgenössischen Texten bis ins Detail beschrieben. So schreibt Francesco Sansovino in seiner *Venetia citta nobilissima et singolare* (1581): »So gehen wir im Triumph und mit Feierlichkeit, [der

Doge] führt unter anderem sieben Dinge mit sich, die von seinem Ansehen zeugen sowie von seiner Vorzugsstellung, die ihm unter den führenden Fürsten der Welt, sei es der Papst oder der Kaiser, eingeräumt wird. Das erste ist eine Standarte mit sechs von Gold durchwobenen Seidenbannern, die ihm von Papst Alexander geschenkt worden ist... Das zweite sind Trompeten aus Silber... Das dritte ist eine kleine vollkommen weiße Fakkel, die Kerze genannt wird...die auch auf die Schirmherrschaft des Fürsten in der Kirche San Marco hinweist... Das vierte ist der Stockdegen mit dem goldenen Sporn, den die Herrscher von Byzanz dem wohl ersten Dogen überreicht haben und der von den venezianischen Fürsten mit zahlreichen Zeichen der Würde und Ehrentiteln getragen wurde... Das fünfte ist der Stuhl oder Sessel, der wie in den heiligen Schriften Stabilität und Festigkeit symbolisiert und ein Zeichen der Würde und der Überlegenheit darstellt... Das sechste ist das Polster, welches allgemein Kissen genannt wird, Ausdruck der Ruhe... Das siebte ist der Sonnenschirm, dem Dogen durch den schon genannten Papst überreicht« (1581 bzw. 1663, S. 479–480).

Eine Inschrift oben links («In Venetia per / Matthio pagano in / Frezzaria al segno dela Fede») schreibt diese *Prozession des Dogen* Matteo Pagan zu, einem Stecher der vor allem durch seine Porträts des Sultans und durch seine zwischen 1538 und 1562 ausgeübte Tätigkeit als Kartograph bekannt wurde. Das Bild der Prozession muß vor 1561 geschaffen worden sein, da in diesem Jahr eine von Domenico de' Franceschi spiegelverkehrt ausgeführte Replik erschien, welche ausdrücklich der religösen Feier des Fronleichnamsfestes gewidmet war. Johann David Passavant hat diesen Holzschnitt – ohne stichhaltige Begründung – in die Nähe der Werke Tizians und Tintorettos gerückt; in Wirklichkeit zeigt er Ähnlichkeiten mit dem Werk von Cesare Vecellio und fügt sich lückenlos in die Produktion der venezianischen Holzschnitte aus der Mitte des 16. Jahrhunderts ein, gekennzeichnet durch die etwas

mechanische Messerführung. So ist denn auch mit Ausnahme des ersten und des letzten Blockes bzw. der mächtigen Banner und des Sonnenschirms des Dogen der größte Teil des Bildes eine ständige Wiederholung des Umzugs, der nur von den Arkaden im oberen Stockwerk der Alten Prokuratien, wo sich eine große Zahl von Frauen wie in einer Theaterloge zeigt, unterbrochen wird.

M. Azzi Visentini

Lit.: PASSAVANT 1864, S. 243, Nr. 98; TAMASSIA MAZZAROTTO 1961, S. 155–159; MURARO und ROSAND 1976, Nr. 147–148; ROSAND und MURARO 1976, Nr. 89, S. 281–288; ROMANELLI 1984, S. 23–24; WOLTERS 1987, S. 48–50.

127, 128

ANONYM (Venedig)

Die symbolische Vermählung Venedigs mit dem Meer. Um 1650

Öl auf Leinwand, 176 × 402 cm
Lugano, Diocesi di Lugano

Die Übergabe des Kommandostabes an den Generale da Mar. Um 1650

Öl auf Leinwand, 176 × 386,5 cm
Lugano, Diocesi di Lugano

Die beiden Bilder stammen aus der Residenz des Bischofs von Lugano in Balerna. Sie weisen Ähnlichkeiten mit den Werken von Joseph Heintz dem Jüngeren auf, ohne daß man sie diesem aber zweifelsfrei zuschreiben könnte; Mauro Natale hat als Hypothese die Kinder des Künstlers, Daniele und Regina, genannt, von denen man weiß, daß sie ihrem Vater in seinem Atelier assistiert haben, ohne daß uns aber ein von ihnen gemaltes Bild überliefert ist. Pallucchini hat auf die besondere Stellung von Heintz innerhalb der venezianischen Malerei des 17. Jahrhunderts hingewiesen: auch wenn er nicht zu den Künstlern ersten Ranges zählte, war sein Werk vielfältig und komplex, und dieser nordische Künstler mit seinem Sinn für das Bizarre, welcher ihn zu humoristischen und manchmal grotesken Interpretationen des Spektakels venezianischen Lebens veranlaßte, begründete damit eine Tradition, die von Luca Carlevaris fortgeführt werden sollte (1981, S. 115).

Das erste Bild stellt den Höhepunkt des Festes der Sensa dar, einer der wichtigsten, weit über ihre Grenzen hinaus bekannten Zeremonien der Republik Venedig. Diese Feier zelebrierte die symbolische Vermählung Venedigs mit der Adria und sollte an die 997 durch den Dogen Pietro Orseolo II. erzielte Unterwerfung der Städte Istriens und Dalmatiens erinnern. Orseolo II. hatte für seine Expedition das Fest der Himmelfahrt als Tag der Einschiffung bestimmt. Das ursprüngliche Volksfest wandelte sich mehr und mehr zu einem komplizierten und prunkvollen Ritual, ohne daß sich die begeisterte Mitwirkung des einfachen Volkes dadurch vermindert hätte. Seinen hochzeitlichen Charakter erhielt das Fest als Folge der Versöhnung zwischen Kaiser Friedrich Barbarossa und Papst Alexander III., die durch die Vermittlung des Dogen Sebastiano Ziani in San Marco vollzogen wurde. Der Papst überreichte dem Dogen als Anerkennung einen geweihten Ring mit den Worten: »Erhaltet ihn als Zeichen der Herrschaft über das Meer, die Euch und Euren Nachfolger auf ewig gewiß sei.« Jedes Jahr ließ der Doge einen goldenen Ehering fertigen, ähnlich dem Ring, den er seit seiner Wahl trug; nachdem er sich mit imposantem Gefolge zum Hafeneingang des Lidos begeben hatte und das Heck seines Bootes dem Ufer zugewandt war, warf er den Ring in das zuvor mit Weihwasser besprengte Meer und sprach die rituelle Formel: «Despondamus te, mare, in signum veri perpetuique dominii.»

1311 wurde durch ein Dekret des Senats das erste Staatsschiff, genannt Bucintoro gebaut; die Etymologie des Ausdruckes ist ungewiß. Zunächst verfügte es über keine Ruder, sondern wurde gezogen. 1526 wurde es mit Ruder versehen und erhielt nun sein endgültiges Aussehen mit zwei Stockwerken. Während das untere den Ruderern und Matrosen vorbehalten war, diente das obere,

127

128

der Tiemo, mit einem Baldachin aus rotem Samt überspannt, dem Aufenthalt der Würdenträger (TAMASSIA MAZZAROTTO 1961, S. 180–185). Der die Komposition des Bilds von Lugano dominierende Bucintoro (siehe auch Kat. 133 e, f) entspricht dem 1605 gebauten Staatsschiff, dessen besonders prunkvolle Ausstattung einem traditionellen ikonographischen Programm folgt, indem Venedig, seine Geschichte und seine Institutionen verherrlicht werden: auf dem Heck zwei monumentale vergoldete Löwen, eine Viktoria und die Statuen der Klugheit und der Stärke; am Bugspriet zwei Gallionsfiguren, die Erde und das Meer darstellend. Ein wenig zurückversetzt erhebt sich die Statue des Mars, vorn Justitia, dann der vom Sonnenschirm bedeckte Thron des Dogen; es folgen Fanfaren und Standarten des Gefolges des Dogen und die höchsten Würdenträger der Republik. Am einzigen Mast flattert das Banner des hl. Markus (PADOAN URBAN 1967). Im Gefolge des Bucintoro fährt das kleinere vergoldete Boot des höchsten kirchlichen Würdenträgers der Republik Venedig, des Patriarchen, der gezeigt wird, wie er das in einem Gefäß aufbewahrte Wasser weiht, bevor man es in die Lagune gießt.

Das zweite Bild stellt einen wichtigen Moment im politischen Leben Venedigs dar: die durch den Dogen vollzogene Übergabe des Kommandostabes an den neuen Admiral oder Generale da Mar, die höchste militärische Autorität der Republik. Dieses Amt war den Patriziern vorbehalten und wurde ausschließlich in Kriegszeiten vergeben. Im Anschluß an die religiöse Feier und den feierlich geleisteten Eid in der Markuskirche, begleitete ein Umzug den Dogen und den Admiral auf die Mole, wo dieser von seiner Galeere erwartet wurde, ausgezeichnet durch eine Hecklaterne mit drei Lichtern. Andere Bilder dieser Zeremonie (Stich von 1610 von Giacomo Franco, Gemälde vom Ende des 18. Jahrhunderts von Gabriel Bella in der Pinacoteca Querini Stampalia in Venedig) stellen sie vom Uhrturm ausgehend dar, so daß der Horizont durch das Bacino di San Marco gebildet wird. Unser Bild wurde vom entgegengesetzten Standpunkt, von der Lagune aus, gemalt. Im Vordergrund nimmt der neugewählte Admiral Abschied vom Dogen, den Kommandostab in der rechten Hand. Seine Galeere hat an der Mole angelegt und wird von einer wimmelnden Masse von Menschen und Tieren umgeben. Der gewählte Standpunkt, der es dem Künstler erlaubt, die beiden wichtigsten Protagonisten von dem Gefolge deutlich abzusetzen, ermöglicht auch eine anschauliche Darstellung der Architektur. Der Dogenpalast rechts und die Bibliothek links bilden die Kulissen des Platzes, der von zwei Säulen eingerahmt wird. Die Mitte wird bestimmt durch eine Seitenansicht der Basilika und die Loggetta, vor welcher an der Spitze dreier Masten aus Zedernholz die aus roter und goldener Seide gefertigten Flaggen der Republik flattern. Im Hintergrund, wird durch die große Arkade des Uhrturms der Ausgangspunkt der Mercerie sichtbar, die zu den Märkten von Rialto führen. M. Azzi Visentini

Lit.: MARTINOLA 1975, Bd. 1, S.69, Bd. 2, Abb. 119–120; NATALE 1978, S.132–135.

129

JOSEPH HEINTZ d. J. (Zuschreibung)
Augsburg um 1600–nach 1678 Venedig

Empfang im Kollegiumssaal. Um 1650
Öl auf Leinwand, 57 × 64 cm
Venedig, Museo Civico Correr, Inv. Cl.I, 268

Dieses Werk stellt den Dogen im Kollegiumssaal des Dogenpalastes dar, wie er einem ausländischen Gast – möglicherweise einem Gesandter – eine Audienz gewährt, der gerade seine Botschaft verliest. An der Seite des thronenden Dogen sitzt die Signoria, das höchste richterliche Organ der Republik, das dem Kollegium vorsteht. Sie setzt sich aus sechs Ratgebern des Dogen zusammen, einem je Stadtbezirk, und drei Führern der Quarantia Criminal. Weitere Amtspersonen flankieren die Signoria, während ein lebhaftes Publikum, zumeist mit maskierten Gesichtern, der Audienz beiwohnt. Das Bild wurde dem Museo Correr 1852 als Teil des Vermächtnisses Domenico Zoppetti, mit weiteren Bildern öffentlicher Zeremonien übergeben. Es wurde aufgrund seiner stilistischen Verwandtschaft mit Werken, deren Eigenhändigkeit feststeht, von Brunetti und Pignatti Joseph Heintz dem Jüngeren zugeschrieben, während es von Pallucchini nicht aufgeführt wird.

Die beim Brand von 1574 zerstörte Ausstattung des Kollegiumssaals wurde durch Werke von Veronese und Tintoretto ersetzt. Wie bei allen für politische Zusammenkünfte bestimmten Sälen, war das ikonographische Programm auf die Verherrlichung der tausendjährigen Republik ausgerichtet (WOLTERS 1966; PIGNATTI 1971, S. 139–140, Nrn. 192–203; PALLUCCHINI und ROSSI 1982, S.220–222, Nrn. 418–422). Auch dieses Bild zeigt verschiedene Elemente jenes Programms. Auf dem großen Deckengemälde über dem Thron, einem Votivbild, wird der Doge Sebastiano Venier, begleitet von den Allegorien des Glaubens und Venedigs sowie dem hl. Markus, dargestellt, dem Heiland für den Sieg

129

von Lepanto (7. Oktober 1571) dankend. In den seitlichen Nischen werden zwei Grisaillefiguren, die hl. Justina (die am 7. Oktober gefeiert wird) sowie der hl. Sebastian, Beschützer vor der Pest, dargestellt. Man erkennt aber nur einen Teil der Deckenausstattung, die aus Gemälden Veroneses, umrahmt von Stukkaturen Francesco Bellos, besteht. Werke von Tintoretto werden an der rechten Wand sichtbar, wo ein Gemälde den Dogen Alvise Mocenigo in Anbetung Christi zeigt (Kat. 120), ein Bild, das mit dem vom Dogen 1576 während der Pest abgegebenen Versprechen verknüpft ist, welches die Errichtung der Kirche Il Redentore durch Palladio zur Folge hatte. Bei den um die Uhr verteilten Figuren handelt es sich um Allegorien der vier Jahreszeiten.   M. Azzi Visentini

Lit.: Brunetti 1955, S. 22; Pignatti 1960, S. 114–115; Romanelli 1984, S. 26.

130

JOSEPH HEINTZ d. J. (Zuschreibung)
Augsburg um 1600–nach 1678 Venedig

Die Krönung des Dogen auf der Gigantentreppe. Mitte 17. Jahrhundert
Öl auf Leinwand, 73,5 × 57, 5 cm
Augsburg, Städtische Kunstsammlungen,
Inv. 12111 (Farbtaf. VI)

Dieses Bild, das 1964 auf dem Pariser Kunstmarkt auftauchte und 1966 vom Augsburger Museum erworben wurde, ist Heintz aufgrund der offensichtlichen Verwandtschaft mit den vom Künstler signierten Werken, vor allem mit den vier Gemälden des Museo Correr (von denen drei das Datum 1648 tragen) zugeschrieben worden. Pallucchini hat in diesen Bildern den reizvollen Beginn der venezianischen Vedutenmalerei gesehen, die zugleich dokumentarischen wie

130

mit welcher im 18. Jahrhundert dieses Ereignis dargestellt werden sollte, bevölkert Heintz die Szene mit einem bunten Durcheinander, das den ganzen verfügbaren Platz einnimmt. Trompetenspieler beugen sich ostentativ aus den Fenstern des Palastes, und wie Pallucchini bemerkt, der auf den Manierismus am Hof von Rudolf II. in Prag anspielt – wo Joseph Heintz der Ältere eine Vorzugsstellung einnahm –, liegt das Interesse des Künstlers nicht nur auf den einundvierzig auf der Treppe verteilten Dogenwählern mit ihren scharlachroten Gewändern, sondern ebenso auf der wilden Rauferei zwischen den Werftarbeitern und dem Volk im Vordergrund.   M. Azzi Visentini

Lit.: Pallucchini 1981, S. 154, Abb. 438; Krämer 1984, S. 113, Abb. 25 (mit Bibliographie).

anekdotischen Charakter zeigt (1981, S. 153–154). Die Scala dei Giganti, ebenso monumentale Schaubühne wie Zugang zu den Repräsentationsräumen des Dogenpalastes, wird hier in einer gewagten perspektivischen Verkürzung durch den spätgotischen Bogen der Porta della Carta hindurch gezeigt, welcher den Palasthof mit der Piazzetta und der Flanke der Markuskirche verbindet. Die gegen Ende des 15. Jahrhunderts nach Plänen von Antonio Rizzo gebaute Treppe erlaubte selbst Zuschauern auf der Piazzetta, den hier veranstalteten öffentlichen Zeremonien und besonders der Dogenwahl (siehe Kat. 133 d) beizuwohnen. Sie wurde 1566 von Jacopo Sansovino mit riesigen Figuren von Merkur und Neptun geschmückt, Symbolen Venedigs als Handels- und Seemacht.

Auf dem obersten Treppenabsatz bedeckte das jüngste Ratsmitglied das Haupt des neugewählten Dogen mit dem Camauro (siehe Kat. 117) und ein älteres Ratsmitglied setzte ihm die Zoia auf mit den Worten: «Accipe coronam ducalem Ducatus Venetiarum.» Fern der Feierlichkeit und der Würde,

131, 132

ANTONIO CANALETTO
Venedig 1697–1768 Venedig

Der Doge in der Sänfte auf dem Markusplatz. Um 1766
Feder in Braun, grau laviert, über Bleistift, 38 × 55,2 cm
London, Trustees of the British Museum, Inv. 1910-2-12-18

Danksagung des Dogen an den Großen Rat. Um 1766
Feder in Braun, grau laviert, über Bleistift, 38,8 × 55,3 cm
London, Trustees of the British Museum, Inv. 1910-2-12-20

Die zwei hier ausgestellten Zeichnungen gehören zu zehn erhaltenen eigenhändigen Zeichnungen Canalettos, die für eine Folge von zwölf Radierungen, der *Solennità Dogali*, bestimmt waren, welche von Giovanni Battista Brustolon ausgeführt wurde (Kat. 133). Die zwei nicht erhaltenen Vorbereitungszeichnungen, *Empfang der Gesandten durch den Dogen im Kollegiumssaal* und *Bankett des Dogen*, fehlten schon, als die Serie 1789 von Sir Robert Coalt Hoare erworben wurde. Sie blieb im Besitz der Familie des englischen

Tafel V (Kat. 116)

131

Sammlers, bis sie anläßlich einer am 2. Juni 1883 von Christie's veranstalteten Versteigerung auseinandergerissen wurde.

Die Anregung für diese Bildfolge, die zu den zahlreichen von venezianischen Verlagshäusern vor allem für den auswärtigen Markt lancierten Unternehmen gehört, kam vom Drucker Ludovico Furlanetto. Die Serie stellt die wichtigsten öffentlichen Feste dar, an denen der Doge teilnahm, welcher immer mehr zu einem »Gefangenen in seinem eigenen Palast« geworden war. Die Ursache dafür liegt in den engen Grenzen, die seiner persönlichen Freiheit gesetzt wurden: Er wurde mit Luxus und Ehrerbietung überschüttet, aber beinahe jeder wirklichen Entscheidungsbefugnis beraubt. Einige der dargestellten Funktionen waren mit der Zeremonie der Dogenkrönung verknüpft. Andere erinnerten an die seltenen öffentlichen Auftritte, die der Doge anläßlich besonderer Feste absolvierte. Diese traditionellen Riten erreichten ihren Höhepunkt ausgerechnet im

18. Jahrhundert, als ob damit die Unruhe überspielt werden müßte, die sich angesichts der anachronistischen Institutionen sowie der wirtschaftlichen und sozialen Krise der Republik breitzumachen begann und schließlich zu deren Ende führte.

Der Anlaß zu dieser speziellen Bildfolge scheint die Wahl des Dogen Alvise IV Giovanni Mocenigo vom 19. April 1763 gewesen zu sein; dies ergibt sich aus der Darstellung des Familienwappens dieses Dogen auf den Zeichnungen von Canaletto sowie dadurch, daß einige der noch erhaltenen Serien das Porträt des Dogen tragen. Die erste Erwähnung des Zyklus finden wir jedoch erst im März 1766, als Furlanetto die bevorstehende Herausgabe der ersten acht Stiche anzeigte und dabei die Subskriptionsbedingungen bekanntgab; am 8. April hielt Pietro Gradenigo in seinen *Notatori* fest, daß mit Zeichnen und Stechen dieser *Funzioni* Antonio Canaletto respektive Giovanni Brustolon betraut worden seien; im Juni kündigte Fur-

132

naletto an, daß er in der Lage sei, die restlichen vier Blätter der *Feste Ducali* herauszubringen.

Der hervorragende Zustand der noch vorhandenen Zeichnungen schließt aus, daß sie für eine direkte Übertragung auf Kupfer gedient hätten, und läßt vermuten, daß sie nur als Modello für eine mit freier Hand ausgeführte Zeichnung auf die Platte – deren Ausmaße praktisch identisch sind – gedient haben, nachdem mit Hilfe einer Durchzeichnung die Umrisse und die Massen auf die Platte übertragen waren. Canaletto wurde der Umstellung auf die Anforderung der Druckgraphik gut gerecht und eignete sich eine präzise Linienführung an, die von Brustolon mit Sorgfalt übernommen wurde. Die Inschrift «Antonius Canal pinxit e Jo. Bap. Brustolon inc.», die auf jedem Bild erscheint, hat zu verschiedenen Hypothesen Anlaß gegeben. Jene, nach welcher das «pinxit» als Anspielung auf die derselben Thematik gewidmeten Gemälde Francesco Guar-

dis (siehe Kat. 134–138) zu verstehen sei, wurde schon deswegen fallengelassen, da Canalettos Zeichnungen offensichtlich älter sind. Da man von Canaletto keine vergleichbaren Bilder kennt und die Zeichnungen ohne Zweifel eine für die Übertragung bestimmte Einheit bilden, scheint es, daß die Begriffe «pinxit» und «designavit» im vorliegenden Fall austauschbar waren. Was die Zeichnungen selbst betrifft, so erkennt man ohne jeden Zweifel die Hand des Canaletto der letzten Periode, deren lichtvolle, aus kurzen, heftigen Strichen geformte Personen Pignatti mit den Figuren der Glasbläser von Murano vergleicht (1972, S. 6).

M. Azzi Visentini

Lit.: CONSTABLE 1962; PIGNATTI 1972, S. 6–7; PIGNATTI 1975; BETTAGNO 1982, S. 51–52; CORBOZ 1985, S. 477–492 und 767, Nrn. D 222 und D 224; BAETJER und LINKS 1989, S. 347–351; CONSTABLE und LINKS 1989, S. 525, Nrn. 631 und 633.

133 a–1

GIOVANNI BATTISTA
BRUSTOLON
Venedig, 1712–1796 Venedig

Die zwölf Feste des Dogen. Um 1766
Serie von zwölf Radierungen
Venedig, Museo Civico Correr

Jedes Blatt trägt einen lateinischen Titel, der
hier jeweils aufgeführt wird, sowie den Ver-
lagsvermerk «Apud Ludovicum Furlanetto
supra Pontem dictum dei Baretti cum Privilegio Excellentissimi Senatus», gefolgt von
der Nummer des Blattes und der Signatur
«Antonius Canal pinxit Jo. Bap. Brustolon
inc.» Furlanettos Ausgabe folgte 1786 eine
weitere durch Antonio Viero und schließlich
ein Fortdruck zu Beginn des 19. Jahrhunderts durch Battaggia; bei jeder Ausgabe
wurden Änderungen vorgenommen; es wurden zum Beispiel die ursprünglichen Inschriften gelöscht. Trotz der durch diese
mehrmalige Verwendung verursachten Abnutzung erkennt man bei der Prüfung der
Platten die Mischtechnik, die Brustolon bei
dieser Arbeit, die allgemein als sein Hauptwerk betrachtet wird, anwendete: begonnen
als Radierung, wurden die Platten für zahlreiche Kreuzschraffuren und architektonische
Details mit dem Stichel bearbeitet. Um die
charakteristische Marmorierung der Schatten
zu erzielen, wurde manchmal auch die Rou-
lette eingesetzt. Als sorgfältigem und ein-
fühlsamem Stecher des großen venezianischen Vedutisten gelang es Brustolon oft,
Canalettos »flimmernde, lichtdurchflutete
Architektur und die scharfe Modellierung
seiner Figürchen« auf Kupfer zu übertragen
(PIGNATTI 1972, S. 8).

Präsentation des Dogen in der Markuskirche
39 × 54,8 cm, Inv. Gherro M. 10253

«SERENISSIMUS VENETIARUM DUX, RECENS
RENUNTIATUS, A SENIORI EX XLI. ELECTO-
RIBUS IN DUCALI BASILICA POPULO CON-
SPICIENDUS PROPONITUR. HINC SELLA /
GESTATORIA (VULGO IL POZZO) ASCENSA,
PER MAJOREM PLATEAM D. MARCI CIRCUM-
VEHITUR; AC POSTMODUM IN AULAM RE-
DUCTUS CORONATUR. / NO 1».

Unmittelbar nach seiner Wahl zeigt sich
der Doge auf der rechten Kanzel der Markuskirche, flankiert von den zwei ältesten
Dogenwählern und unter Kanonenschüssen,
Petardenknallen und Glockengeläut. Nach
dem vom Dogen verlesenen Amtseid – der
von Wahl zu Wahl aktualisiert wurde und
die Machtbefugnisse des Dogen zunehmend
einschränkte – und einer Begrüßungsanspra-
che, besteigt der Doge die Sänfte, in der er
über den Platz getragen wird.

Der Dogen auf dem Markusplatz
39 × 54,5 cm, Inv. St.P.D.7184

«HABITA A SERENISSIMO DUCE IN BASILICA
D. MARCI AD POPULO ALLOCUTIONE, AB
EOQUE DUX SALUTATUS, ARMAMENTARIO-
RUM HUMERIS IN SELLA GESTATORIA CUM
DUOBUS PROXI / ME CONSANGUINEIS EXCI-
PITUR, ET PER MAGNAM PLATEAM CIRCUM-
VECTUS, ARGENTEOS AUREOSQUE NUMMOS
PROPRIO INSCULPTUS NOMINE, USQUE AD
GIGANTUM SCALAM TURBIS AFFLUENTIBUS
PROJICIT. / NO 2».

Der Doge wird rund um den festlich geschmückten Platz getragen und verteilt Münzen, die kurz zuvor mit seinem Namen geprägt worden sind. Er wird begleitet von
zwei Verwandten und dem Admiral, der das
Banner des Kriegshafens (Arsenale) in Händen hält. Die Werftarbeiter bahnen mit ihren langen Stangen einen Durchgang für die
Sänfte, die aufgrund ihrer Ähnlichkeit mit
den in Venedig so verbreiteten Brunnen
»pozzetto« genannt wird.

Krönung des Dogen auf der Gigantentreppe
38,7 × 54,5 cm, Inv. St.Molin 1004

«EXPLETO A SERENISSIMO DUCE IN GESTA-
TORIA SEDE MAGNAE DIVI MARCI PLATEAE
CIRCUITU SOPRA GIGANTUM SCALA TOTO
SPECTANTE ELECTORUM COETU A SENIORE
CONSILIARI / GEMMATO CORNU REGIA PRAE-
FULGENTE CORONA PLAUDENTE POPULO
CORONATUR, EOQUE INSIGNITUS AD FENE-

*Sereniſsimus Venetiarum Dux, recens renuntiatus, a Seniori ex XLI. electoribus in Ducali Basilica populo conspiciendus proponitur. Hinc sella
gestatoria [vulgo il pozzo] ascensa, per majorem plateam D. Marci circumvehitur, ac poſmodum in aulam reductus coronatur.*

Apud Ludovicum Furlanetto supra Plateam vulgo dictum del Lovetori Cum Privilegio Excellentiſsimi Senatus   N. 1.

133a

*Habita a Sereniſsimo Duce in Basilica D. Marci ad populum allocutione, ab eoque Dux salutatus, Armamentariorum humeris in sella gestatoria cum duobus proxi-
mè consanguineis excipitur, et per magnam Plateam circumvectus, argenteos aureosque nummos proprio insculptos nomine, usque ad Gigantum scalam turbis affluentibus projicit.*

Apud Ludovicum Furlanetto supra Pontem vulgo dictum dei Barateri Cum Privilegio Excellentiſsimi Senatus   N. 2.

133b

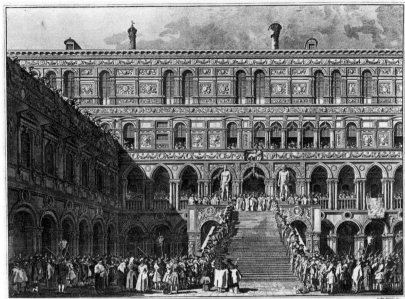

Expleto a Sereniſſimo DUCE in geſtatoria sede Magnæ Divi Marci plateæ circuitu supra gigantum scalam toto spectante Electorum cœtu a seniore Conſiliario gemmato Cornu regia præfulgente Corona plaudente populo coronatur, eoque insignitus ad feneſtram splendido ornatam ſtragulo denuo populum alloquitur.

133 c

Sereniſſimus electus Dux in Conſilio Majori, pro sibi collata summa Reipublicae Dignitate, de gratiarum actione adlocutionem inſtituit.

N. 4.

133 d

STRAM SPLENDIDO ORNATAM STRAGULO
DENUO POPULUM ALLOQUITUR. / NO 3».

Der Doge wird auf der Gigantentreppe
öffentlich gekrönt, während sich die Gemahlin des Dogen im darüberliegenden Palastfenster zeigt.

Danksagung des Dogen an den Großen Rat. 39,1 × 55 cm, Inv. St. Molin 1005

«SERENISSIMUS ELECTUS DUX IN CONSILIO
MAJORI, PRO SIBI COLLATA SUMMA REPU-
BLICAE DIGNITATE, / DE GRATIARUM AC-
TIONE ADLOCUTIONEM INSTITUIT. / NO 4».

Die Szene spielt sich im Saal des Großen
Rates ab (zu dieser Zeit einige Tausend Mitglieder, siehe Kat. 118), der ungefähr 54 auf
25 Meter mißt und durch das *Paradies* von
Tintoretto an der Decke sowie Episoden der
glorreichen Geschichte Venedigs auf der den
Fenstern gegenüberliegenden Seite geschmückt wird. Der Doge, auf dem Thron
sitzend und durch den Rat der Zehn flankiert, richtet seinen Dank an den Großen Rat.

Einschiffung des Dogen für die Vermählung mit dem Meer 39,3 × 55,2 cm, Inv. St. Molin 1932

«SERENISSIMUS PRINCEPS DE ASCENSIONIS
DOMINI IN AUREA NAVI, VULGO BUCIN-
TORO, MIRO CUIUSVIS NAVIGIORUM NU-
MERO STIPATA LITUS PETIT. / NO 5».

Die Episode zeigt den zentralen Moment
der Vermählung mit dem Meer, die sogenannte Sensa (siehe Kat. 127). Dieser Bucintoro ist das letzte Staatsschiff der Republik
Venedig: gebaut durch Stefano Conti von
1727 bis 1729, mit Skulpturen von Antonio
Corradini, wurde er durch die Franzosen
1797 zerstört; ein verkleinertes Modell wird
im Museo Storico Navale von Venedig aufbewahrt.

Rast des Dogen mit dem Bucintoro bei San Nicolò 38,5 × 54,4 cm, Inv. St. P. D. 7187

«SACRIS IN D. NICOLAI TEMPLO RITE PE-
RACTIS, APERTOQUE SIBI SOLEMNI RITU
MARI, SERENISS. PRINCEPS IN AUREA NAVI
AD URBEM REDIT. / NO 6».

Nach der Vermählung mit dem Meer
macht der Doge bei San Nicolò di Lido halt,
wo er einer Heiligen Messe beiwohnt, bevor
er an einem von den Mönchen ausgerichteten Bankett teilnimmt.

Der Doge nimmt am Fest des Schmutzigen Donnerstags teil 39 × 54,9 cm, Inv. St. Cicogna 9

«DIE JOVIS POSTREMA BACCHANALIORUM
SERENISSIMUS PRINCEPS E DUCALI PALATIO
CONSPICT POPULARES LUDOS, PERANTI-
QUAE VICTORIAE MONUMENTA. / NO 7».

In der Ehrenloge, die zu diesem Zweck
in der Loggia des Dogenpalastes errichtet
worden ist, nimmt der Doge Mocegnio –
den man am Wappen erkennt – an dem Fest
teil, welches am Donnerstag vor dem Beginn der Fastenzeit, dem Höhepunkt des
Karnevals, stattfindet. Das Spektakel spielt
sich auf einer Bühne in der Mitte der Piazzetta ab, zu Füßen eines prunkvollen, für
diesen Tag aufgebauten Gebäudes mit drei
Stockwerken. Es besteht aus akrobatischen
Schaustücken, so einer Menschen-Pyramide,
genannt »Stärke des Herkules«, welche zwei
gegnerische Parteien, die Castellani und die
Nicoletti, im Wettstreit zeigt, und dem
»Flug des Türken« oder der »Colombina«, in
welcher ein Bursche an einem Seil vom
Campanile hinuntergelassen wird (zum Teil
hier abgebildet) und dabei Blumen streut sowie Flugblätter mit Gelegenheitsversen zu
Ehren des Dogen, der zur gleichen Zeit seinen Rundgang um den Platz macht.

Besuch des Dogen in Santa Maria della Salute 38,5 × 54,4 cm, Inv. St. Gherro 1013

«ANNUA VOTIVA PROFECTIO SERENISSIMI
PRINCIPIS, COMITANTE SENATU, AD AEDEM
DEIPARAE VIRGINIS DE SALUTE, OB CIVES A
PESTILENTIA SERVATOS. / NO 8».

Jedes Jahr besuchte der Doge am 21.
November an Bord seiner Peatoni – auf der
linken Seite sichtbar – die Kirche Santa Maria della Salute. Eine Schiffbrücke erleichterte dem Volk den Zugang.

Sereniſſimus Princeps die Ascensionis Domini in aurea navi, vulgo Bucintoro, miro cujusvis navigiorum numero stipata Litus petit

Apud Ludo: van Farlanetis supra Piseiradum dietam de Barctari Cum Privilegio Excellentiſsimi Senatus .

N. 5.

133 e

Sacris in D. Nicolai Templo rite peractis, apertoque sibi solemni ritu mari, Sereniß. Princeps in aureâ navi ad Urbem redit .

Apud Ludovicum Furlanetto supra Pontem vulgo dictum dei Barctari Cum Privilegio Excellentiſsimi Senatus .

N. 6.

133 f

Die Jovis postrema Bacchanaliorum Serenissimus Princeps e ducali Palatio conspicit populares ludos, perantiquae victoriae monumenta

Apud Ludovicum Furlanetto supra Pontem vulgo dictum dei Barettari Cum Privilegio Excellentissimi Senatus.

N.º 7

133 g

...votiva profectio Serenissimi Principis, comitante Senatu, ad aedem Deiparae Virginis de Salute, ob cives a pestilentia servatos

Apud Ludovicum Furlanetto supra Pontem vulgo dictum dei Barettari Cum Privilegio Excellentissimi Senatus.

N.º 8

133 h

Solemnis per plateam D. Marci processio in die Corporis Christi; præeunte Clero sæculari et regulari, comitante Principe Serenißimo, et Eccell-Senatu

1 3 3 i

Prozession des Dogen an Fronleichnam

38,2 × 54,2 cm, Inv. St. P. D. 1499

«SOLEMNIS PER PLATEAM D. MARCI PRO-
CESSIO IN DIE CORPORIS CHRISTI; PRO-
EUNTE CLERO SAECULARI ET REGULARI, CO-
MITANTE PRINCIPE SERENISSIMO, ET EX-
CELL. SENATU. / NO 9».

Unter den für diesen Anlaß rund um den
Markusplatz errichteten Arkaden aus Holz
fand eine lange Prozession statt, bestehend
aus den Stadtbürgern (ursprünglich jeweils
ein Patrizier an der Seite eines Besitzlosen),
dem Klerus und den Vertretern der Laien-
bruderschaften (scuole). Der Doge ist auf der
linken Seite dargestellt.

Besuch des Dogen in San Zaccaria am Ostersonntag

38,8 × 54, 1 cm, Inv. St. P.D. 7185

«TEMPLUM D. ZACHARIAE DICATUM INGRE-
DITUR SERENISSIMUS PRINCEPS IN DIE PA-
SCHATIS SOLEMNISSIMA, INDULGENTIAM
ACQUISITURUS, DUCALE DIADEMA SECUM
DEFERENS GEMMIS ET MARGARITIS ORNA-
TUM, QUO ELECTI PRINCIPES CORONATUR.
/ NO 10».

Am Nachmittag des Ostersonntags begab
sich der Doge inmitten seines Gefolges und
durch seinen Sonnenschirm geschützt zur
Kirche und zum Kloster San Zaccaria, wo
Töchter aus den besten Häusern Venedigs
ihre Erziehung genossen. Ein Mitglied des
Gefolges trug die Zoia auf einem Kissen.
Laut Tradition wurde der erste Corno 885
dem Dogen Pietro Tradonico durch Agostina
Morosini, die Äbtissin von San Zaccaria,
überreicht, als Zeichen der Anerkennung für
die dem Benediktinerinnenkloster zugebil-
ligten Privilegien (vgl. Kat. 1 1 7).

Empfang der Gesandten beim Dogen im Kollegiumssaal

39,3 × 54,8 cm, Inv. St. Cicogna 243

*Templum D. Zachariæ dicatum ingreditur Serenißimus Princeps in die Paschatis solemnißima, indulgentiam acquisiturus. Du-
cale diadema secum deferens gemmis et margaritis ornatum, quo electi Principes coronantur.*

133j

Exterorum Principum Legatos admittit Serenißimus Princeps, sedens in Ducali Collegio adsidentibus Consiliariis; Capitibus de Quadraginta et utriusque ordinis Sapientibus.

133k

Solemne Serenissimi Principis convivium, quo cum electis Proceribus, exterorum Principum Legatos excipit.

Apud Zecharram Parlauelee supra Pontem vulgo dictum dei Barretteri Cum Privilegio Excellentissimi Senatus.

$N.° 12$

133¹

«EXTERORUM PRINCIPUM LEGATOS ADMIT-
TIT SERENISSIMUS PRINCEPS, SEDEM IN DU-
CALI COLLEGIO, ADSIDENTIBUS CONSILIA-
RIIS, CAPITIBUS DE QUADRAGINTA ET
UTRIUSQUE GRADUS SAPIENTIBUS. / NO
11».

Der Doge, umgeben von maskierten
Adeligen, empfängt die Repräsentanten an-
derer Staaten im Kollegiumssaal (siehe
Kat. 129).

Bankett des Dogen
39,1 × 54, 7 cm, Inv. St. Molin 1935

«SOLEMNE SERENISSIMI PRINCIPIS CONVI-
VIUM, QUO CUM ELECTIS PROCERIBUS, EX-
TERORA PRINCIPUM LEGATOS EXCIPIT. / NO
12».

Das jährliche Bankett fand im Bankettsaal
statt, in dem die Decke mit Fresken von Jacopo Guarana, die Wände mit Gemälden
von Niccolò Bambini ausgestattet waren. Er
ist heute in die Residenz des Patriarchen in-

tegriert und war ursprünglich auch durch einen später zerstörten Korridor zu erreichen.
Den maskierten Adeligen war der Zugang
zum Saal gestattet, wo sie während der beiden ersten Gängen das Gedeck bewundern
durften.

M. Azzi Visentini

Lit.: LIVAN 1942, S. 135–136; PIGNATTI 1972,
S. 7–8; PIGNATTI 1975; MASON 1973, S. 5–10;
BETTAGNO 1982, S. 51–52; SUCCI 1983, S. 81–83
und 87–93.

134–138

FRANCESCO GUARDI
Venedig 1712–1792 Venedig

**Der Dogen in der Sänfte auf dem
Markusplatz.** Nach 1765
Öl auf Leinwand, 67 × 100 cm
Grenoble, Musée de peinture et de sculpture,
Inv. MG.10

134

Danksagung des Dogen an den Großen Rat. Nach 1765
Öl auf Leinwand, 67 × 100 cm
Paris, Musée du Louvre, Département des peintures, Inv. 20.800

Einschiffung des Dogen für die Vermählung mit dem Meer. Nach 1765
Öl auf Leinwand, 67 × 100 cm
Paris, Musée du Louvre, Département des peintures, Inv. 319

Der Doge nimmt am Fest des Schmutzigen Donnerstags teil
Nach 1765
Öl auf Leinwand, 67 × 100 cm
Paris, Musée du Louvre, Département des peintures, Inv. 321

Besuch des Dogen in San Zaccaria am Ostersonntag. Nach 1765
Öl auf Leinwand, 67 × 100 cm
Paris, Musée du Louvre, Département des peintures, Inv. 324

Da wir keine zeitgenössischen Angaben über diese außergewöhnliche Serie von zwölf Bildern (von der hier fünf gezeigt werden) besitzen, welche »zu den vollkommensten Schöpfungen der gesamten venezianischen Malerei des 18. Jahrhunderts gehört« (ROSENBERG 1971, S. 76), kann der Anlaß für ihre Entstehung sowie die Beziehungen zu der Stichfolge von Brustolon (Kat. 133) und den Zeichnungen von Canaletto (Kat. 131, 132) nicht völlig geklärt werden. Am Ende des 18. Jahrhunderts wurden die Bilder Canaletto zugeschrieben und zu Beginn des 20. Jahrhunderts, als die Kunsthistoriker auf sie aufmerksam wurden, schlug man vor, sie als Vorbilder für die Stichfolge zu betrachten; seit den Arbeiten von Fiocco (1923) hat man diese Hypothese jedoch fallenlassen und stimmt darin überein, daß es sich um freie Interpretationen der Radierungen handelt, auch wenn es nicht ausgeschlossen ist, daß der Künstler Zugang zu den Zeichnungen Canalettos hatte, die damals in der Druckerei von Furnaletto aufbewahrt wur-

135

136

137

138

den. Pignatti unterstreicht, daß Guardis Fassung der *Feste ducali* die Poesie derjenigen von Canaletto übertrifft, indem er auf Kosten des realen Venedig »in die schmetterlingsleichte Sprechweise des spätesten Rokoko taucht« (1972, S. 8).

Über die Datierung der Bilder besteht keine Einigkeit. Mehrere Kritiker vertreten die Auffassung, die Serie sei in unmittelbarem Anschluß an die Herausgabe der Stichfolge Brustolons begonnen und und innerhalb kurzer Zeit vollendet worden (zwischen 1766 und 1770 für Cailleux). Andere glauben, die Serie sei nach 1768, dem Tod von Canaletto entstanden (ungefähr 1768–1771 für Pallucchini). Moschini, gefolgt von Byam Shaw und Pignatti, vermutet eine längere Entstehungsdauer, die sich an der stilistischen Entwicklung – zu immer mehr Luftigkeit und Licht – ablesen lasse. Für Pignatti gipfelt diese Entwicklung in den zwei mit äußerster Freiheit dargestellten Ansichten des in der Lagune schwimmenden Bucintoro (Louvre), die nahe an die von Guardi in den 1780er Jahre gemalten Bilder heranreichten, sowie im *Empfang der Gesandten* (Louvre)

und dem *Bankett* (Nantes), bei welchen die aufgelöste Gestaltung der Figuren schon als »Vorwegnahme des von Turner in Venedig eingeleiteten Vorimpressionismus« verstanden werden könne (1972, S. 9).

Die zwölf Bilder wurden wie die Werke Canalettos offenbar kurz nach ihrer Vollendung an den belgischen Baron de Pestre de Seneffe verkauft, der sie bis zu ihrer Konfiszierung durch die französische Regierung im Jahre 1797 in seiner Pariser Wohnung verwahrte. Heute befinden sich acht Bilder im Louvre – wo sie bis 1810 vollständig ausgestellt waren –, zwei im Musée des beaux-arts in Nantes, eines im Musée de peinture et sculpture in Grenoble und eines in der Sammlung der Musées royaux des beaux-arts de Belgique in Brüssel.

M. Azzi Visentini

Lit.: Simonson 1904, S. 39–46; Fiocco 1923, S. 34 und 37–39; Moschini 1956, S. 28; Gallo 1956–1957, S. 10 ff.; Byam Shaw 1959, S. 13–19; Haskell 1960; Constable 1962; Zampetti 1965, S. 190 ff.; Rosenberg 1971, S. 76–82; Pignatti 1972, S. 8–9; Pignatti 1975.

Tafel VI (Kat. 130)

Symbole der Freiheit

Symbole sind Erkennungszeichen. Sie setzen voraus, daß der Betrachter mit ihrem Sinngehalt vertraut ist, zu den »Eingeweihten« gehört. Symbole sind nicht zufällig gewählte Zeichen, sondern knüpfen an Elemente der Erfahrungswelt an, verdichten ein ganzes Netz von Assoziationen zu einer einfachen Aussage und wecken beim Betrachter wiederum ein ganzes Umfeld von Emotionen.

Eng mit dem Begriff des Symbols verbunden ist jener des Emblems. Im engeren Sinn bezeichnet »Emblem« die Darstellung eines abstrakten Begriffes durch eine Devise, ein Bild und ein Epigramm; diese Kunstform gewann in der frühen Neuzeit eine große Verbreitung und lieferte den Schlüssel zum Verständnis der komplizierten Bildsprache.

Im weiteren Sinn werden einfache Symbole und Erkennungszeichen häufig als Embleme bezeichnet. Im Kunstwerk werden Symbole und Embleme zu Elementen der künstlerischen Aussage. Dabei wird vorausgesetzt, daß der Betrachter das jeweilige visuelle Zeichensystem der Symbolik kennt, damit er den Sinngehalt der Botschaft überhaupt nachvollziehen kann. Wohl deshalb sind Symbole auch so langlebig: nur wenn auf eine seit langem verwurzelte und breit abgestützte Tradition zurückgegriffen werden kann, wird die Botschaft verstanden.

In zwei Bereichen des Lebens ist die Vermittlung von ideellen Botschaften besonders eng mit der Verwendung von Symbolen verbunden: in der Religion und in der Politik. Erst seit wenigen Jahrhunderten können breite Schichten der Bevölkerung mit einer schriftlichen Botschaft erreicht werden. Die Botschaft des Symbols aber weckt Emotionen und Assoziationen auch in einer Bevölkerung, die des Lesens nicht kundig ist. Der Kampf um Ideen ist immer auch ein Kampf um Symbole.

Zu den frühesten Bildwerken, die in großer Zahl vervielfältigt werden konnten, gehören die Münz- und Medaillenprägungen. Sie erreichen breite, zum Teil des Lesens unkundige Volksschichten. Griechenland und Rom schufen die Grundlagen der Prägekunst, und ihr Vorbild bestimmt bis heute die Verwendung von Symbolen im Zusammenhang mit politischen Programmen. Aus der Notwendigkeit, die Botschaft auf kleinstem Raum zu übermitteln, bildete sich eine Symbolsprache heraus, der wir auch heute noch auf Schritt und Tritt begegnen.

Wenn in den Monarchien der Fürst in Verbindung mit den Herrschertugenden das Gemeinwesen verkörpert, so können Republiken allein auf die abstrakte Darstellung der Tugenden zurückgreifen. Symbole verkünden die

Stärke, die Einigkeit und die Freiheit der Gemeinschaft, sollen den Zusammenhalt der Gruppe nach innen und außen demonstrieren.

Eine außerordentliche Bedeutung erhalten Symbole als Attribute von Personifikationen und in allegorischen Darstellungen. Die Personifikation ist – wie das Symbol – eine bildnerische Möglichkeit, einem abstrakten Gedanken ein Bild zuzuordnen. Das Symbol kann eine Personifikation identifizieren, ohne daß zum Mittel des Textes gegriffen werden muß. Von besonderer Bedeutung ist dies für das Verständnis von Allegorien, in der Personifikationen miteinander in Beziehung treten, ein Ereignis oder eine Situation darstellen. Ohne die Symbole bleiben Allegorien unverständlich; die ungeheuer reiche Welt der Allegorien in der Kunst der europäischen Neuzeit setzt ein Publikum voraus, das in ihre Zeichensprache eingeweiht ist.

Der Kanon der europäischen Freiheitsdarstellungen geht auf die römische Republik zurück. Wichtigstes Symbol war der Freiheitshut, der Pileus oder die phrygische Mütze. Ursprünglich handelte es sich im alten Rom um die Kopfbedeckung, die dem Sklaven bei der Freilassung aufgesetzt wurde. Schon unter der römischen Republik wurde der Hut zum allgemeinen Symbol für die Freiheit und taucht im ersten vorchristlichen Jahrhundert erstmals auf Münzen auf. Die eindrücklichste und berühmteste Verwendung dieses Symbols ist sicherlich die Denarprägung des Cäsarmörders Brutus. Dolch und Freiheitshut sowie die Inschrift »An den Iden des März« faßte in konzentriertester Form ein ganzes politisches Programm zusammen. Der Pileus blieb bis in die Spätantike ein beliebtes Münzbild; auch die Kaiser verstanden sich als Garanten der Freiheit und verwendeten das allgemein bekannte Symbol. Der Pileus findet sich auch als Attribut der personifizierten Freiheit: in der Gestalt einer Göttin hält sie den Freiheitshut in der Hand.

Das Interesse an der Antike in der Zeit der Renaissance brachte auch die Symbolik der antiken Welt erneut ins Bewußtsein. Die Beschäftigung mit den ägyptischen Hieroglyphen, in denen man Symbole einer uralten verschlüsselten Weisheit vermutete, hatte wesentlich zur Sensibilisierung italienischer Humanisten für die Bedeutung symbolischer Botschaften beigetragen.

Mit der Kenntnis der antiken Numismatik verbreitete sich das Wissen über die altrömischen Symbole und ihre Bedeutung in die gelehrten Kreise Europas. Auch die Kunstsammler bezeugten ein Interesse an den numismatischen Zeugnissen der Antike. Sie wurden wie die Werke von Skulptur und Architektur als Vorbilder verstanden. Die Fürsten der Renaissance eiferten mit ihren Münzen und Medaillen dem antiken Vorbild nach. So ist es für uns heute oft sehr schwierig auseinanderzuhalten, was begeisterte Nachahmung und was bewußte Fälschung war. Viele Münzen und Medaillen wurden »im Stil der Alten« geprägt und förderten damit die Kenntnisse der antiken Symbolsprache. Hier nun wurde auch der Freiheitshut wieder zum bekannten Symbol. Die Münze des Brutus diente 1535 in Florenz als direktes Vorbild für eine Medaille des Lorenzaccio nach der Ermordung des Alessandro de' Medici am 6. Januar 1537.

Auch im weitverbreiteten Emblembuch des Andrea Alciati (1492–1550), einem der Begründer der Emblematik im frühen 16. Jahrhundert, wird unter dem Titel «RESPUBLICA LIBERATA» ausdrücklich auf die Münze des Cäsarmörders Bezug genommen:

> Nach dem Tode Cäsars und der Rückgewinnung der Freiheit wurde auf Befehl des Brutus diese Münze geschlagen. Über zwei Dolchen steht der Freiheitshut, wie er den Sklaven bei der Freilassung gegeben wurde.

Der Pileus wurde im 16. Jahrhundert wieder zum Zeichen der Freiheit und, da man ihn direkt mit der Münze des Brutus in Verbindung brachte, zum Zeichen der republikanischen Freiheit als Gegensatz zur monarchischen Herrschaft.

An den römischen Pileus knüpft die Verwendung eines Hutes zur Symbolisierung der Freiheit in den Niederlanden und der Eidgenossenschaft an, auch wenn die Darstellung des Hutes sich bald vom römischen Vorbild entfernte. Eine wichtige Voraussetzung waren die zeitgenössischen Hutformen und Hutsitten, die in die Darstellung des Freiheitshutes einflossen. Ein breitrandiger Hut auf einer Stange kennzeichnet die Freiheit in den Niederlanden und in der Eidgenossenschaft. In der Schweiz wurde der Freiheitshut mit dem Hut Wilhelm Tells gleichgesetzt. Der Hut des Landvogtes Geßler, der als Zeichen der Unterdrückung verstanden wurde, fand hier sein positives Gegenstück als Zeichen der Freiheit.

Ein anderes altrömisches Symbol taucht in der frühen Neuzeit wieder auf: die Fasces, das Rutenbündel der Liktoren. Die zusammengebundenen Stäbe mit einem hineingesteckten Beil symbolisierten im alten Rom die Gewalt über Leben und Tod, die den höchsten Beamten übertragen war. Das Rutenbündel wurden zu einem wichtigen Zeichen, das Herrschaft und Macht symbolisierte.

In der frühen Neuzeit kam eine neue Bedeutung hinzu; das Rutenbündel sollte nicht nur Herrschaft bezeugen, sondern auch Macht durch Einigkeit. Die Legende des Skiluros mag hier bestimmend gewesen sein. Auf seinem Totenbett forderte Skiluros seine Söhne auf, ein Rutenbündel zu zerbrechen. Dies gelang nur dem einen, der das Bündel aufschnürte und die Stäbe einzeln zerbrach. Die Moral liegt auf der Hand: Nur vereint sind die Schwachen stark, gemeinsam muß die Verantwortung wahrgenommen werden.

Als Tugendbeispiel finden wir die Geschichte des Skiluros in den Bildprogrammen der Rathäuser und auf Münzen und Medaillen der frühen Republiken.

Pileus und Rutenbündel wurden im Ancien Régime zu den meistverwen-
deten Symbolen für die Darstellung der republikanischen Freiheit. Als Attribute begleiten sie die meist – im Ancien Régime aber nicht ausschließlich –
weiblichen Personifikationen der Republik und kennzeichnen sie als solche.
Diese Symbolik blieb im Ancien Régime vor allem auf die Eidgenossenschaft und die Niederlande beschränkt; einzelne Ausnahmen – so die Britannia mit Pileus – bestätigen auch hier die Regel.

Im Zeitalter der Revolutionen aber, im ausgehenden 18. und beginnenden
19. Jahrhundert, erhielten diese altehrwürdigen Symbole eine neue Interpre-
tation. Im Namen der Freiheit des Individuums, der Verwirklichung der
Menschenrechte und der demokratischen Republik als der einzig mit den
Zielen der Revolution vereinbarten Regierungsform erhielten die alten
Symbole eine neue Sinnrichtung. In den USA und später im revolutionären
Frankreich finden wir eine massenhafte Verwendung dieser Freiheitssym-
bole, die nun als Zeichen des Kampfes gegen die alte Ordnung und für die
Revolution und die Demokratie angesehen wurden. Der Freiheitsbaum ver-
band ein Symbol des ländlichen Festes mit dem Freiheitshut und wurde zu
einem der Leitbilder der Revolution. Als rote »phrygische Mütze« fand der
Freiheitshut nun wieder zur Hutform des antiken Vorbildes zurück.

Rutenbündel und Freiheitshut begleiten durch das ganze 19. Jahrhundert
hindurch die republikanische Ikonographie. Nicht nur in Europa und Nordamerika, überall auf der Welt verbanden sich die altrömischen Zeichen mit
der Idee der republikanischen Freiheit. Als weiteres Zeichen erscheint nun
die Fackel, die den Fortschritt und damit – im Verständnis der Aufklärung
und des 19. Jahrhunderts – auch die Freiheit symbolisiert. Die Freiheitsstatue in New York, das heute wohl bekannteste Zeichen der Freiheit, ist die
berühmteste dieser Darstellungen.

Das 19. Jahrhundert brachte aber auch eine langsame Abkehr von den
klassischen Symbolen. Immer mehr trat die weibliche Personifikation der
Freiheit in den Vordergrund, die nicht durch Symbole, sondern meist durch
eine erklärende Inschrift gekennzeichnet wird. So ist heute noch in der
Schweiz auf jedem 5-, 10- oder 20-Rappen-Stück eine Personifikation der
Freiheit mit der Inschrift «LIBERTAS» zu sehen, und alle amerikanischen
Münzen tragen die Aufschrift 'LIBERTY'.

Der Freiheitshut wurde im 19. Jahrhundert besonders in Frankreich mit
der revolutionären Freiheitstradition gleichgesetzt; um die Darstellungen
der Republik mit oder ohne Freiheitshut entbrannte ein erbitterter Kampf.

Mit dem Symbol der roten phrygischen Mütze wurde jetzt vor allem der Begriff der revolutionären, gewalttätigen Freiheit assoziert. Zwar gehört die phrygische Mütze bis heute noch zur Symbolik der Französischen Republik, doch tritt sie sehr stark hinter die »Marianne«, die Personifikation der Republik, zurück.

Die Verwendung der Rutenbündel als Symbol des italienischen Faschismus hat ältere Sinngebungen vergessen lassen. Der Umdeutung durch den Faschismus mußte auch das Rutenbündel auf der amerikanischen 10-Cent-Münze weichen und einer Fackel Platz machen.

Noch heute treffen wir auf offiziellen Emblemen, auf Fahnen, Münzen und Medaillen, auf die Überreste einer Symboltradition, die bis in die Antike zurückreicht. Besonders die Republiken Südamerikas haben seit dem 19. Jahrhundert diese Tradition ungebrochen bewahrt; aber auch in der Schweiz, in den USA und in Frankreich lebt die alte Symbolsprache nach.

F. de Capitani

Vorbilder und Interpretationen

139

ANONYM ITALIEN

Libertà, Personifikation der Freiheit
1645
Aus: CESARE RIPA, Iconologia ..., Venedig
1645, S. 373
Bern, Stadt- und Universitätsbibliothek,
Arch. V. 34

139

Die *Iconologia* erschien erstmals 1593 in
Rom. Cesare Ripa (um 1560–1623) hatte
sich zum Ziel gesetzt, einen Katalog von
möglichen Personifikationen abstrakter Begriffe zusammenzustellen: »Bilder die etwas
anderes bedeuten sollen, als was das Auge
sieht.« Im Jahre 1603 erschien erstmals eine
Ausgabe mit Holzschnitten. Im 17. Jahrhundert erlebte die *Iconologia* noch um die 20
weitere Ausgaben und wurde für die bildenden Künstler zum Nachschlagewerk dafür,
wie abstrakte Begriffe in Bilder umgesetzt
werden sollten. Das vorliegende Exemplar
stammt aus dem Besitz des Berner Malers
Wilhelm Stettler (Kat. 228).

Ripa beschreibt seine Darstellung der
Freiheit folgendermaßen: »Eine weiß gekleidete Frau, in ihrer Rechten ein Zepter, in der
Linken einen Hut und zu ihren Füßen eine
Katze. Das Zepter bedeutet die Autorität der
Freiheit und die Herrschaft, die sie aus sich
selbst ableitet, denn die Freiheit ist eine absolute Beherrscherin der Seelen, der Körper
und Sachen, die sich sich um das Gute bemühen: die Seelen durch Gottes Gnade, die
Körper durch die Tugend, die Sachen durch
die Weisheit. Den Hut trägt sie, weil die
Römer den freigelassenen Sklaven, nachdem
ihnen das Haar geschnitten worden war, einen Hut zu tragen gaben und diese Zeremonie im Tempel der Feronia, die als Beschützerin der Freigelassenen galt, abhielten. So
mag man denn die Freiheit mit dem Hut abbilden. Die Katze liebt die Freiheit sehr, und
die Alanen, Burgunder und Schweden führten sie deshalb in ihrem Wappen, da sie –
wie die Katze – es nicht dulden konnten,
von anderen eingeschränkt zu werden, sosehr war ihnen jede Unterordnung unerträg-
lich.«   F. de Capitani

Lit.: WERNER 1977.

140

THEODOR VAN THULDEN
's-Hertogenbosch 1606–1669
's-Hertogenbosch

**Den Bosch schließt sich der Utrechter
Union an.** Zwischen 1647 und 1657
Öl auf Leinwand, 82,5 × 115,5 cm
Wien, Gemäldegalerie der Akademie der
bildenden Künste, Inv. 653

Der Rubens-Schüler Theodor van Thulden
gehört zu der Gruppe südniederländischer
Künstler, die nicht am Amsterdamer Rathaus
sondern an dem – wenn man so will aristo-
kratisch-statthalterlichen Gegenprojekt –
Huis ten Bosch arbeiten. Hier wie dort soll
durch die Dienste dieser Ausländer der Anschluß an vorbildliche ausländische Formen
und Stile gefunden werden.

140

Die ausgestellte Arbeit Van Thuldens feiert die historische Verbindung der beiden Teile der Niederlande, genauer der Provinz Brabant, die 1629 mit den nördlichen Provinzen, die schon seit dem Ende des 16. Jahrhunderts ihre Selbständigkeit erklärt und verteidigt hatten.

In einer breiten Komposition, die Gesamtaufbau wie verschiedene Motive seinem Vorbild Rubens verdankt, stellt Van Thulden in einem großen allegorischen Apparat die Aufnahme der Stadt Den Bosch und einiger angrenzender Ländereien in die Union von Utrecht da, den Bund, in dem sich die nördlichen Provinzen 1579 zusammengeschlossen hatten. Die Union thront rechts auf einem Sockel mit den Wappen der Vereinigten Niederlande in einer Ehrenpforte unter hohem Bogen, in dem das Tierkreiszeichen das Datum der Kapitulation (14. September 1629) angibt. Ihr zu seiten stehen Justitia und Mars, rechts unter dem Thron kehrt die Allegorie der Arbeit (Labor) allerlei

Kriegsgerät den Rücken, dahinter vertreibt die Wachsamkeit Invidia. Von links steigt die Allegorie der Stadt, geleitet von einer kriegerischen Minerva (»Oorlochs practick«) die Stufen zu dem hohen Thron empor, ihr folgen die Personifikationen von Maasland, Oysterwijk, Kempland und Peelant (von links nach rechts). Zwischen den Allegorien tummeln sich zahllose Putti, die Wappen oder Attribute (etwa die Pfeile des Bündnisses oder den Spiegel der Weisheit) tragen. Weitere Putten im Himmel begleiten unter dem wachenden Auge der göttlichen Regierung die Zeit, die auf einem Schild mit Waage die Hoffnung auf Gerechtigkeit ausdrückt, Ruhm und Sieg werden ausposaunt, und ein Genius trägt Unio die Siegeskrone zu.

Diese Aufzählung schöpft lange nicht den ganzen symbolischen Bedeutungsreichtum des Bildes aus. So finden wir etwa an einer der Säulen des Thronhimmels die Darstellung von Castor und Pollux als em-

blematisches Zeichen der Freundschaft. Daneben hat das oben genannte Tierkreiszeichen sicherlich auch eine kosmologische Bedeutung: Virgo steht zwischen Libra (Waage)
und Löwe so wie die Unio zwischen Gerechtigkeit und militärischer Kraft: sie wird
damit zur jungfräulichen Göttin Astrea, die
eine neue Weltherrschaft (Attribut des Ru-
ders auf der Weltkugel) des Goldenen Zeitalters ankündigt (YATES 1975, 31 ff.).

Dieser Wiener Entwurf steht in einer
langen Reihe von Zeichnungen und Entwürfen, die Van Thulden zwischen 1647 und
1657 für die Dekoration des Boscher Rathauses verfertigte und in denen er stets verwandte Motive variierte. Die ausgeführten
Gemälde sind schließlich weniger anspruchsvoll als diese großangelegte Allegorie
(SCHNEIDER 1928; HEIRS 1965; 's-Hertogenbosch 1970).

Was hier – zur Zeit des Friedens – als
festlicher Zusammenschluß dargestellt wird
– sei es in deutlich hierarchischer Abstufung
zwischen Unio und eroberten Gebieten – erschien 1629 sicher dem nordniederländischen Publikum anders. Ein Stich S. Saverys
nach der Zeichnung David Vinckeboons'
(MULLER 1863, Nr. 1649) zeigt den Statthalter Friedrich Heinrich, der nach einer langen und schwierigen Belagerung (am
14. September) die Stadt eingenommen
hatte, in einem allegorischen Triumphzug
vor dem Haager Binnenhof. Den Bosch und
das gleichzeitig eroberte Wesel ziehen mit
gesenktem Haupt vor dem Wagen des
Triumphators, der mit dem Freiheitshut auf
der Stange selbst als »Freiheit« bezeichnet ist.
Das es mit dieser Freiheit nicht so weit her
war, wird deutlich, wenn nach dem Sieg der
bekannte calvinistische Pfarrer Voetius in die
eroberte Stadt reist, um dafür zu sorgen, daß
den dortigen Katholiken keine freie Reli-
gionsausübung gestattet wird. Die Geistlichen werden aus der Stadt vertrieben, die
starke katholische Bevölkerungsgruppe muß
sich mit einer unauffälligen Gewissensfreiheit begnügen.

Die Lebenskraft derartiger Darstellungen
erweist sich, wenn noch nach mehr als 100

Jahren der sonst unbekannte Fritschius eine
versöhnende und verkürzende Kombination
von verschiedenen der genannten Allegorien
in einem Titelstich (»Maurer del.«) mit der
Huldigung an Frederik Hendrik verbindet
(VAN HEURN 1776–1778).   J. Becker

Lit.: SCHNEIDER 1928; HEIRS 1965; 's-Hertogenbosch 1970; 's-Hertogenbosch 1979 (zum historischen Hintergrund); CHRIST 1984, S. 101 ff.
(ebenso).

141

POMPEO GIROLAMO BATONI
Lucca 1708–1787 Rom

**Der hl. Marinus richtet die Republik von
San Marino nach der Belagerung durch
Kardinal Alberoni wieder auf.** Nach 1740
Öl auf Leinwand, 224 × 159 cm
San Marino, Museo di Stato, Inv. A.26

Dieses große allegorische Gemälde zeigt den
hl. Marinus, wie er einer jungen Frau hilft,
sich vom Boden zu erheben. Sie ist die Personifikation der kleinen Republik, die den
hl. Marinus zum Schutzpatron hat. Das Bild
bezieht sich auf eine historische Begebenheit, nämlich auf das Ende der Belagerung
der tausendjährigen Republik (24. Oktober
1739–5. Februar 1740) durch die päpstlichen
Truppen unter der Führung von Kardinal
Giulio Alberoni, dem Legaten in der Ro-
magna.

Die lange Geschichte der Republik von
San Marino beginnt in den ersten Jahrhunderten christlicher Zeitrechnung, als Marinus, ein eifriger und später heiliggesproche-
ner Christ dalmatinischer Herkunft, sich vor
den unter Diokletian angeordneten Verfolgungen in eine kleine Höhle auf dem Monte
Titano flüchtete, wo er, nachdem ihn der Bischof von Rimini zum Diakon ernannt hatte,
ein kleines Kloster gründete. Es scheint, daß
der hl. Marinus selbst schon bestrebt war, die
von ihm gegründete kleine Gemeinschaft
unabhängig von den politischen und kirchlichen Mächten zu halten. Im 9. Jahrhundert
begann man, den Staat mit Mauern zu schützen, von welchen einige Türme auf dem

141

Bild von Batoni zu sehen sind. 1291 billigte Papst Nikolaus IV. San Marino die Unabhängigkeit zu, die auch von seinen Nachfolgern anerkannt wurde (DELFICO 1804; FATTORI 1893).

Die von Kardinal Alberoni geführte Belagerung wurde auf Anordnung des Papstes Clemens XII. abgebrochen. Dieser verzichtete endgültig darauf, die kleine Republik in den Kirchenstaat einzubinden, und verpflichtete sich vertraglich, die Republik zu respektieren und zu verteidigen. Als Zeichen der Dankbarkeit beauftragte die Republik Batoni mit diesem Bild, um es dem Kardinal Domenico Riviera zu schenken, der sich zusammen mit anderen Prälaten beim Heiligen Stuhl für ihr Anliegen eingesetzt hatte.

Der Heilige erscheint umgeben von einem Wolkenwirbel, über einem weißen Gewand eine rosa- und goldfarbene Dalmatika tragend, die einem Diakon zukommt. Die Republik, die einen Kommandostab in der linken Hand hält, trägt einen rosafarbenen Mantel über einem blaßgrünen Kleid. Hin-

ter ihr präsentiert ein dem Betrachter zugewandtes Mädchen den Pileus, das Freiheitszeichen. Im Vordergrund zeugt das Fragment eines antiken Gesimses von der Antikenverehrung Batonis.

In Lucca als Sohn aus wohlhabender Familie geboren, kam Batoni nach einer kurzen Lehrzeit schon 1727 nach Rom, wo er bis zum Ende seiner Laufbahn blieb und nach 1740 der wichtigste Vertreter des gerade entstehenden römischen Klassizismus wurde. Seine Begabung zur Komposition von Gruppenbildern und sein Gefühl für Haltung und Ausdruck (CLARK 1985, S. 24) machten ihn zudem zum berühmten Porträtisten zahlreicher Ausländer, die ihre Grand Tour durch Italien absolvierten (Lucca 1967).

Unser Bild wurde 1783 von Kardinal Marcantonio Borghese erworben und 1809 durch Don Camillo Borghese nach Paris überführt. Man kennt drei Vorbereitungszeichnungen, eine Gruppenstudie (Lille, Musée des beaux-arts, Inv. PL 671) und zwei Skizzen (CLARK 1985, S. 381 und 388), auf welchen der Kopf der jungen Republik (Florenz, Gabinetto Disegni e Stampe degli Uffizi) und der Kopf des Heiligen (Windsor Castle, Royal Library) dargestellt sind.

M. Azzi Visentini

Lit.: BONI 1787, S. 32; RAMDOHR 1787, Bd. 1, S. 338; EMMERLING 1932, S. 130 (Nr. 181); DELL PERGOLA 1959, S. 225; CLARK 1985, Nr. 49, S. 222–223 (mit Bibliographie) und Taf. 53; Paris 1990, S. 128, Nr. 133.

142

ALEXANDER TRIPPEL
Schaffhausen 1744–1793 Rom

Ruhender Herkules (Allegorie auf die Schweiz). 1775
Gips, Höhe 87 cm
Schaffhausen, Museum zu Allerheiligen, Inv. P 119

Von den allegorischen Erfindungen zur Darstellung der Schweiz ist Trippels sitzender Herkules die befremdlichste. Dem Kopfmenschen Hercule Poirot näher als dem Muskelprotzen Herkules Farnese, verkörpert er den Helden, der sich »am Scheideweg« für die Tugend entschieden hat und in seinen Taten als Befreier wirkt. Als Vertreter der republikanischen Freiheit erscheint er schon 200 Jahre früher bei Paolo Veronese (vgl. PIGLER 1974 und Kat. 116). Den Bezug zur Schweiz stellen die Reliefs auf Schild und Helm her: die Drei Eidgenossen und der Heldentod des Arnold von Winkelried in der Schlacht von Sempach. Wenig später wird der Schild mit Wappenbild die Republiken voneinander unterscheiden, so z. B. Amerika und Helvetia (vgl. Kat. 195).

Dieser *Ruhende Herkules* ist zwar das Werk eines Schweizers, aber vor allem das eines in Kunstzentren und an Höfen geschulten und tätigen Bildhauers. 1744 in Schaffhausen geboren, kam Alexander Trippel 1754 nach London, studierte in den 1760er Jahren in Kopenhagen und hielt sich in Berlin und Potsdam auf, wechselte 1771/72 über London nach Paris, begab sich im Zusammenhang mit dem *Ruhenden Herkules* in die Schweiz und lebte von 1776 bis zu seinem Tod fast ununterbrochen in Rom.

Den *Ruhenden Herkules* begann er 1775 ohne Auftrag in Paris. Dem Basler Kupferstecher und Kunstverleger Christian von Mechel (vgl. Kat. 66) beschrieb Trippel das Tonmodell in einem Brief vom 6. Mai 1775 wie folgt: »Eine Figur, die sich auf die Schweiz bezieht: Ein Herkul, 32 Zoll hoch, ermüdet, auf dem Schild der Schweizerbund dargestellt, auf dem Helm Arnold von Winkelried im Tod, Fell, Wagschale der Gerechtigkeit, Keule und ander Adrubuden [Attribute].« Er trage sich mit dem Gedanken, Abgüsse an einige Regierungen eidgenössischer Stände zu senden. Er entschloß sich dann aber, das Werk in der Schweiz persönlich vorzustellen, und es gelang ihm, die Behörden in Basel, Zürich und Schaffhausen zum Ankauf eines Gipsabgusses zu bewegen.

G. Germann

Lit.: *Museum zu Allerheiligen* 1989, Nr. 44.

142

143

JEAN-MICHEL MOREAU
Paris 1741–1814 Paris

Allegorische Darstellung der Schweizer Geschichte. 1781
Radierung von François-Denis Née,
34,3 × 21 cm
Bern, Bernisches Historisches Museum,
Inv. 47439

Entstanden kurz nach der Erneuerung des französisch-schweizerischen Bündnisses im Jahre 1777, bildet diese Komposition des französischen Illustrators Moreau le Jeune das Frontispiz zum ersten Tafelband von Beat Fidel Zurlaubens *Tableaux de la Suisse* (auch: *Tableaux topographiques ...*; WEBER 1973).

Fama, Allegorie des Ruhms, bläst die Fanfare, an der die Fahne mit der Inschrift «HELVETIORUM TROPHAEA» flattert. Sie hält den Lorbeerkranz über die Helvetia, die in einem offenen Rundtempel mit der Weihinschrift «HELVETIAE LIBERAE S[ACRUM]» sitzt. Diese »freie Schweiz« ist von Attributen umgeben, die einerseits den traditionellen Libertas-Darstellungen entnommen sind (die auf einer Lanze aufgepflanzte Freiheits-mütze, d. h. der Pileus), andererseits Herr-schaft bedeuten (das Liktorenbündel als Symbol der Eintracht, der Löwe als Symbol der Stärke) – eine Dualität, die zehn Jahre später die ersten Bilder der Französischen Republik charakterisieren sollte (AGULHON 1979, S. 21 ff.). Zwei Säulen rahmen die Sta-tue; die zur Rechten der Helvetia trägt die Wappen der Dreizehn Orte, die zur Linken die der Zugewandten Orte. Der Sockel der Allegorie ist mit Reliefs geschmückt, welche die Entstehung der Eidgenossenschaft erzäh-len (von links nach rechts: Der Rütlischwur, der Geßlermord, der Geßlerhut; unten: der Tellenschuß). Am Kuppelgebälk und auf den Girlandenmedaillons erscheinen, »die Sieges-ereignisse, wo die Schweizer ihre erwor-bene Freiheit verteidigten« (ZURLAUBEN 1780–1788, III, fol. iv). Zur Linken der Hel-vetia sitzt Frankreich als Minerva, umgeben von Medaillons, auf denen man die Namen der Schlachten liest, wo sich die Schweizer Söldner ruhmreich für Frankreich schlugen, «GALLICI FOEDERIS PIGNORA», Pfänder des erneuerten Bündnisses. Zu Füßen der Helve-tia entdeckt man einen Hund, der Minerva anblickt und so die Treue der Eidgenossen-schaft gegenüber der französischen Krone ausdrückt. Weiter hinten weist der in Ketten liegende Chronos auf die zeitlose Dauer der Allianz. Vorne links zeichnet die Malerei das Bildnis der Helvetia; sie bedient sich da-bei des Spiegels, den ihr die Wahrheit vor-hält.

Die allegorische Figur der Helvetia wird nach 1848 üblich; am Ende des Ancien Ré-gime jedoch trifft man sie selten, und man darf annehmen, sie habe sich hier dem Künstler als Pendant zu Frankreich als Mi-nerva aufgedrängt. Die Bedeutung, die Frankreich auf diesem Frontispiz zukommt, erinnert daran, daß die *Tableaux de la Suisse* in Paris veröffentlicht wurden, für das fran-zösische Publikum bestimmt waren und von Zurlauben kommentiert und herausgegeben sind, einem Berufsoffizier, den König Lud-wig XVI. 1780 zum Generalleutnant der

143

Schweizer Regimenter ernannte (MEIER 1981, I, S. 237 ff.). S. Wuhrmann

Lit.: MAHERAULT 1880, Nr. 380; BOCHER 1882, Nr. 893; WEBER 1973, S. 26; FELLER und BON-JOUR 1979, II, Taf. 40; *Jahresbericht des Bernischen Historischen Museums* 1988, S. 32 (Abb.).

144

ANONYM VEREINIGTE STAATEN

Die Freiheit. Anfang 19. Jahrhundert
Öl auf Leinwand, 75,9 × 50,8 cm
Washington, National Gallery of Art,
Inv. 1431

Einer der eigenartigsten Aspekte der ameri-kanischen Kunst des 19. Jahrhunderts ist der beträchtliche Anteil der Volkskunst. In der ersten Hälfte des Jahrhunderts ist eine um-fangreiche Produktion von dekorativen

144

Amateurbildern und -skulpturen festzustellen, welche an die bescheidenen Anfänge der amerikanischen Kunst der Kolonialzeit erinnert. Die Gründe für dieses neue Interesse, welches besonders der naiven Malerei entgegengebracht wurde, sind vielschichtig, stehen aber zum Teil in Zusammenhang mit dem radikalen Wandel, dem die Rolle der Kunst in der amerikanischen Gesellschaft der republikanischen Periode unterworfen war. Das Wissen um den Wohlstand einer nun prosperierenden und selbstbewußten Nation ermunterte künstlerische Ausdrucksweisen unterschiedlichster Art. Es ermöglichte die Entwicklung eine neuen Berufsgattung, jene des wandernden autodidaktischen Malers, der mit seinen einfachen Bildern dem Geschmack der Bevölkerung entgegenkommt. Wie dies oft bei naiven Malern festzustellen ist, scherten sie sich kaum um eine raffinierte illusionistische Darstellung mit Hilfe der Perspektive, sondern beschränkten sich

auf eine zweidimensionale, der Bildebene verhaftete Abstraktion, welche den Bildgegenstand in klaren Umrissen hervortreten läßt. Gewisse Künstler verschrieben sich gleichsam dieser primitivistische Malweise, wie etwa William Prior, der den Kunden, welche ihr Porträt ohne Schatten und Modellierung wünschten, eine Preisreduktion von einem Viertel des üblichen Honorars anbot.

Das vorliegende Bild – anonymer Herkunft, wie die meisten Beispiele dieser Art zu jener Zeit – vermittelt einen guten Eindruck von dieser folkloristischen amerikanischen Tradition. In seiner formalen Vereinfachung erinnert es an didaktische Sinnbilder, vergleichbar mit der Tradition der Emblemata der Renaissance. Es trug zuerst den Titel *Columbia*, nach Christoph Kolumbus, da es während der Revolution üblich war, die Nation nach ihrem Entdecker zu benennen. Neuerdings wird es als Darstellung der *Freiheit* (Liberty) interpretiert, verkörpert – wie in den meisten Fällen – als weibliche Figur. Das symbolisches Vokabular umfaßt die wichtigsten amerikanischen Embleme: die Flagge und den Adler. Letzterer ist ein uraltes Symbol der Macht und des Mutes, steht aber auch auch für Freiheit und Unsterblichkeit. Historisch gesehen war der Adler ein Attribut von militärischen Führern und wurde 1782 – durch einen Kongreßbeschluß – als Element des amerikanischen Siegels bestimmt. Traditionellerweise hält der Adler in der einen Klaue Pfeile, in der andern einen Ölzweig. Auf der vorliegenden Darstellung trinkt er aus dem »Kelch der Freiheit« – ein Symbol, das seinen Ursprung in volkstümlichen Redensarten hat.

Das Fahnenbild ist ungleich komplizierter und seine Herkunft von Legenden umgeben. Die erste amerikanische Flagge von 1776 trug das Kreuz der Heiligen Georg und Andreas, in einem blauen Feld mit roten und weißen Streifen. Eine vom Kongreß gutgeheißene Resolution von 1777 beschreibt die offizielle Flagge als von Rot und Weiß 13mal horizontal gestreift; in der oberen Ecke in blauem Viereck 13 weiße Sterne. Sie repräsentiert die »neue« Konstellation, die sich aus den 13 ursprünglichen Kolonien herleitet. Aber es gab trotzdem noch keine nationale Übereinkunft in bezug auf die Form. Erst 1783 wurde General Washington ein Standardmodell unterbreitet. Mit der Aufnahme von weiteren Staaten in die Union stellte sich das Problem der Anzahl der Sterne von neuem. Der Kongreß einigte sich 1794 auf deren 15, aber man mußte sich bis 1818 gedulden, bis sich das Prinzip, für jeden neuen Staat einen Stern hinzuzufügen, durchgesetzt hatte. In bezug auf die Proportionen der Streifen und die Anzahl Zacken bei den Sternen waren regional noch über lange Zeit Unterschiede und Variationen festzustellen, bis – auf eine Weisung des Präsidenten hin – 1912 die Flagge in ihrer aktuellen Form offiziell definiert wurde.

In dieser manchmal chaotischen Situation ist es nicht möglich, das Gemälde anhand des Wappenbildes zu datieren. Der Künstler zeigt 16 Sterne, die um einen größeren im Zentrum angeordnet sind, und 16 Streifen. Er hat aber wohl nur das nationale Symbol darstellen wollen, in rudimentärer, direkter Art, ohne sich um Konventionen zu kümmern. Trotz dieser Unstimmigkeit und dem, was man als zeichnerisches Unvermögen bezeichnen könnte, ist es klar, daß der Maler darauf abzielte, die zwei wesentlichen Embleme des amerikanischen Republikanismus zusammenzufassen, welche im Kontext der dominierenden Figur der Freiheit leicht zu entschlüsseln waren.   W. Hauptman

Lit.: WILDERMING 1980, S. 280.

145–147

GUSTAVE COURBET
Ornans 1819–1877 La Tour-de-Peilz

Die Freiheit. 1875
Gips, vollplastisch, Höhe 78 cm
La Tour-de-Peilz, Gemeindebesitz

Helvetia-Büste. 1875
Gipsabguß, Höhe 100 cm
La Tour-de-Peilz, Gemeindebesitz

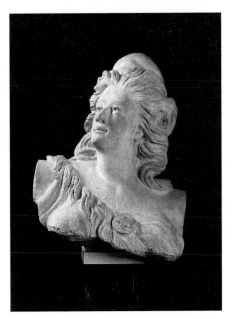

145

Freundschaft, Fortschritt, Einheit
Um 1875–1877
Gipsabguß, bemalt, Höhe 100 cm
Bern, Bernisches Historisches Museum,
Inv. 44704

»Soeben habe ich meine Helvetische Republik, mit dem Schweizerkreuz, geschaffen, es ist eine Kolossalbüste für den Brunnen von La Tour-de-Peilz …; sie hebt den Kopf und schaut nach den Bergen«, so schreibt am 4. Februar 1875 Gustave Courbet dem Pariser Kunstkritiker Castagnary (Paris, Bibliothèque nationale, Dossier Courbet). Als politischer Flüchtling nach der Pariser Commune seit 1873 in der Schweiz, schenkt der Maler aus der Franche-Comté der asylbietenden Schweizer Kleinstadt 1875 die Helvetia-Büste als »Dankeszeichen für die Gastlichkeit«, wie die Sockelinschrift sagt. Aber die Verbindung der Freiheitsallegorie, die der Französischen Republik nachgebildet ist, mit dem Schweizer Nationalwappen – das als Medaillon am Ausschnitt des Kleides dieser helvetischen Marianne hängt – mißfällt den Stadtvätern; sie bitten Courbet darum, sein

146 147

Werk nicht »Helvetia« zu nennen und das Wappen zu entfernen, »dies mit dem einzigen Ziel, jegliche Möglichkeit einer politischen Interpretation zu unterbinden« (Protokoll vom 5. April 1875, Gemeinde La Tour-de-Peilz).

Also ersetzt der Bildhauer das Schweizerkreuz durch ein Pentagramm, eine Korrektur, die man am Gips des Originals gut erkennt (Kat. 145). Einige Exemplare werden in Vevey in Bronze gegossen, zwei davon werden auf schweizerischen Plätzen öffentlich aufgestellt: in La Tour-de-Peilz auf der Place du Temple und in Martigny auf der Place de la Liberté. Aber Courbet verzichtet deshalb noch nicht auf seine ursprüngliche Konzeption und läßt zehn weitere Gipsabgüsse herstellen, mit Sockel und mit dem Schweizerkreuz am Gewandausschnitt (Kat. 146). Diese verteilt er sowohl an seine Freunde, etwa den radikalgesinnten Advokaten Louis Ruchonnet, wie auch an Museen, beispielsweise das Musée Arlaud in Lausanne, dann auch an Gesellschaften wie den Freiburger Cercle Littéraire und ferner zu volkstümlichen Anlässen wie dem Eidgenössischen Schützenfest von 1876 in Lausanne.

Die Büste im Bernischen Historischen Museum (Kat. 147) hat eine rätselhafte Herkunft: Das Medaillon trägt hier in einer Strahlensonne die Buchstaben JRS und der Sockel die Worte »Freundschaft, Fortschritt, Einheit« (AMITIÉ-PROGRÈS-UNION), zwei deutliche Hinweise auf die Freimaurerei. Courbet bezeugt selber in seiner Korrespondenz, daß seine Büste eine weite Verbreitung gefunden habe, und es ist denkbar, daß der Künstler selber den Gipsabguß nach den Wünschen der Besteller modifizierte, hier anscheinend für eine Loge. Diese Hypothese gewinnt an Wahrscheinlichkeit, wenn man weiß, daß Courbet während seiner Verbannung enge Kontakte zu wichtigen Personen der Freimaurerei unterhielt, vorab dem Geographen Elisée Reclus, der ebenfalls nach der Commune geflohen war, und dem Politiker Louis Ruchonnet, der 1871 die »Orient«-Loge Liberté gründete.

Ikonographisch knüpft Courbets *Liberté* an die ausdruckstarke und teilweise entblößte, die Phrygiermütze tragende Marianne an, in der »populären Version der Republik« (AGULHON 1979), die der Revolution der Commune als Identifikationsfigur diente. Hierin unterscheidet sie sich sowohl von den sittsam bekleideten, ruhigen, ernsten Mariannen der gemäßigten Republik als auch von den hieratischen, frontalen, hoheitsvollen Helvetiafiguren, Symbolen des Bundesstaates, welche nach der Verfassungsrevision von 1874 Föderalisten und Zentralisten versöhnte. Das dynamische Werk Courbets erregte in den zeitgenössischen Zeitungen eine Polemik, die eindeutig politisch ausgerichtet war (CHESSEX 1984) und direkt mit der Person des französischen Künstlers zusammenhing. Die Rolle, die Courbet in der Pariser Commune gespielt hatte, blieb nicht ohne Einfluß auf die Aufnahme, welche die europäische Sozialdemokratie zu Beginn des 20. Jahrhunderts dem Œuvre Courbets bereitete. Es überrascht daher nicht, daß die Büste *Freiheit* am 1. Mai 1905 auf der Titelseite eines Extrablattes der Berliner Zeitung *Vorwärts* figuriert.

P. Chessex

Lit.: FERNIER 1978, Nr. 6; AGULHON 1979; CHESSEX 1980; La Tour-de-Peilz 1982; HAUPTMAN 1983; CHESSEX 1984; Nürnberg 1989.

148

LOUIS CURTAT
Bussigny VD 1869–1944 Lausanne

Freiheit-Helvetia in den Alpen. Um 1900
Kohle und Kreide, 56 × 43 cm
Lausanne, Musée historique de Lausanne

Diese kürzlich wiederentdeckte Zeichnung illustriert ein Gedicht von Juste Olivier (1807–1876), betitelt *L'Helvétie*, welches 1835 im Sammelwerk *Les Deux Voix* erstmals gedruckt wurde. Curtat schreibt die zweite Strophe des Gedichts unter sein Bild, wobei er den letzten Vers leicht abändert. Juste Olivier spielt als romantischer Dichter,

Freund von Sainte-Beuve und Lokalhistoriker eine wichtige Rolle für das Erwachen des waadtländischen Nationalbewusstseins. Seine Gedichte haben im 19. Jahrhundert einen großen Erfolg im waadtländischen Volk, sie werden oft vertont oder auf bekannte Melodien gesungen. Das Gedicht *L'Helvétie* wird nach einer Melodie von Hans Georg Nägeli (1773–1836) für vier Männerstimmen gesetzt.

Wir kennen weder das Datum noch die Umstände unter denen die Zeichnung Louis Curtats entstand. In Paris zum Künstler ausgebildet, arbeitet Curtat 1886–1909 in Mülhausen für das Kunstgewerbe. Handelt es sich um eine Illustration zu einer Neuauflage der Gedichte Oliviers oder zu einem der zahlreichen lokalen Jubiläen, welche die Jahrhundertwende liebte, etwa die Zweihundertjahrfeier der waadtländischen Unabhängigkeit 1898, das 100jährige Bestehen des Kantons Waadt 1903 oder die Eröffnung des Simplontunnels 1906?

Für seine Freiheit, welche die Schweiz verkörpern soll, wählt der Künstler eine Mischung aus einer französischen Marianne – das Repertoire war weitgefächert – mit Phrygiermütze und aus einer romantischen Berglandschaft, wie sie Alexandre Calame prägte, auch dieser Maler ein Waadtländer und Zeitgenosse Oliviers (siehe Kat. 287–289). Einer langen Tradition zufolge, die bis in die Aufklärungszeit reicht und die in Albrecht von Hallers Gedicht *Die Alpen* gipfelt, sind die Schweizer Berge die Wiege der Freiheit. Das heroisierte Bild des Alpenmassivs, das zugleich schützender Wall der Heimat und Ursprung eines »freien Volkes« ist, wird bis ins 20. Jahrhundert gebraucht, sowohl im Ausland, zwecks Propaganda für den Tourismus, als auch im Inland, zur Stärkung des Nationalgefühls. Die bildenden Künstler, für welche konkretere Leitbilder ergiebiger sind, etwa Hirten und Helden, welche die Freiheit schützen, haben in der Darstellung von Alpenwelt und Heimatland die Allegorie kaum benützt. So ist Curtats *Marianne-Liberté* in ihrer Mischung aus Pathos und aufgewühlter Alpenlandschaft in der national-heimatli-

148

chen Bilderwelt eine Ausnahme. Auch das Schweizer Gebirge in dieser Vision ist idealisiert, genau entsprechend dem patriotischen Diskurs des ausgehenden 19. Jahrhunderts, welcher den Höhepunkt des schweizerischen Nationalismus darstellt, mit Bundesjubiläum, Bestimmung des 1. August zum nationalen Feiertag, Gründung des Schweizerischen Landesmuseums und so weiter. In jener Epoche, da die Schweiz eine Industrienation wird, sich die Bergtäler entsprechend entvölkern, die Alpen durch Eisenbahnen, Zahnradbahnen und Seilbahnen erschlossen werden, genau zu dieser Zeit besingen Dichter und Maler immer noch unentwegt die Alpen als »Hochaltar der Freiheit«, wie Alfred Escher sich ausdrückt (JOST 1989).

P. Chessex

Lit.: BRUN 1917, S. 113–114; PLÜSS 1958, S. 207.

Münzen und Medaillen

Beschreibungen und Literaturangaben zu Kat. 149–206 beruhen weitgehend auf Angaben der Leihgeber.   F. de Capitani

149–154
Römische Republik

149

Denar des L. Farsuleius Mensor
Um 82 v. Chr.

Silber, Gewicht 3,897 g, Durchmesser 18,30 mm
Bern, Bernisches Historisches Museum, Münzkabinett, Inv. 319

Vorderseite: MENSOR (von rechts gelesen), darunter S · C. Büste der Libertas mit Diadem, Ohr- und Halsschmuck nach rechts, dahinter Pileus und X Ø VII. – Rückseite: L · FARSVL im Abschnitt. Krieger mit Helm und Lanze auf fahrendem Zweigespann nach rechts, zusteigendem barhäuptigem römischem Bürger (togatus) die Hand reichend; unter dem Pferd Skorpion.

Lit.: CRAWFORD 1974, RRC 392, 1a.

149   150

150

**Denar des G. Egnatius Cn. f. Cn. n.
Maximus.** 69 v. Chr.

Silber, Gewicht 4,027 g, Durchmesser 19,9 mm
Bern, Bernisches Historisches Museum, Münzkabinett, Inv. 178

Vorderseite: MAXSVMVS (von links nach rechts gelesen). Gewandbüste der Venus mit Diadem, Ohr- und Halsschmuck, kleiner Cupido auf rechts Schulter, darunter VII. – Rückseite: C · EGNATIVS · CNF / CNN im Abschnitt. Libertas mit Stab in der Linken auf zweispännigem Streitwagen stehend nach links, von schwebender Viktoria bekränzt; hinter ihr Pileus.

Lit.: CRAWFORD 1974, RRC 391, 1b.

Vorderseite: LIBERTAS. Kopf der Libertas nach rechts mit Diadem, Ohr- und Halsschmuck; Punze 1. neben dem Auge. – Rückseite: BRVTVS im Abschnitt; Lucius Iunius Brutus, Consul 509, nach links schreitend zwischen zwei Liktoren, ihm vorausgehend ein Amtsdiener (accensus); Punze im Feld rechts.

Lit.: CRAWFORD 1974, RRC 433, 1.

151

Denar des L. Cassius Longinus. 63 v. Chr.

Silber, Gewicht 3,826 g, Durchmesser 19,90 mm
Bern, Bernisches Historisches Museum, Münzkabinett, Inv. 447

152

153

Denar des Q. Caepio Brutus. 43/42 v. Chr.

Vorderseite: Kopf der Vesta mit Schleier nach links, dahinter ein zweihenkliges Gefäß, an linker Wange s-förmige Verletzung. – Rückseite.: LONGIN · IIIV. Togatus stehend nach links läßt Tessera aus seiner Rechten in Korb fallen.

Lit.: CRAWFORD 1974, RRC 413, 1.

Silber, Gewicht 4,130 g, Durchmesser 19,6 mm
Bern, Bernisches Historisches Museum, Münzkabinett, Inv. 1139

151

153

152

Denar des L. Iunius Brutus. 54 v. Chr.

Silber, Gewicht 3,963 g, Durchmesser 22,0 mm
Bern, Bernisches Historisches Museum, Münzkabinett, Inv. 79103

Vorderseite: LEIBERTAS. Kopf der Libertas nach rechts. – Rückseite: CAEPIO · BRVTVS · PRO · COS (proconsul). Viersaitige Kithara zwischen Plektrum und Lorbeerzweig.

Lit.: CRAWFORD 1974, RRC 501, 1.

154   155   156

154

Denar des Marcus Iunius Brutus und des Lucius Plaetorius Cestinus (Münzmeister). 43/42 v. Chr.

Silber, Gewicht 3,820 g, Durchmesser 17,91 mm
Bern, Bernisches Historisches Museum, Münzkabinett, Inv. 88665 (Depositum des Vereins zur Förderung des Bernischen Historischen Museums)

Vorderseite: BRVT · IMP / L · PLAET · CEST. Kopf des Brutus. – Rückseite: EID · MAR. Pileus zwischen zwei Dolchen (Hinweis auf den Tyrannenmord an Caesar an den Iden des März 44 v. Chr.).

Lit.: CRAWFORD 1974, RRC 508, 3.

155–157
Römische Kaiserzeit

155

Quadrans des Caligula. 40 n. Chr.

Bronze, Gewicht 3,029 g, Durchmesser 18,1 mm
Bern, Bernisches Historisches Museum, Münzkabinett, Inv. 237

Vorderseite: C · CAESAR · DIVI · ALLG · PRON · AVG (nach links beginnend). S – C im Felde. Pileus zwischen S – C. – Rückseite: COS TERT PON M TRP IIII PP (nach links beginnend) RCC (remissis ducentesimis) im Felde.

Lit.: *British Museum Catalogue* 1923 ff., Nrn. 64–66; MATTINGLY, SYDENHAM et al. 1923 ff., RIC 52.

156

Denar des Vitellius. 69 n. Chr.

Silber, Gewicht 3,308 g, Durchmesser 19,1 mm
Bern, Bernisches Historisches Museum, Münzkabinett, Inv. 415

Vorderseite: A VITELLILVS GERM IMP AVG TR P. Kopf des Vitellius mit Lorbeerkranz nach rechts. – Rückseite: LIBERTAS RESTITVTA. Libertas stehend nach rechts, langes Zepter und Pileus haltend.

Lit.: *British Museum Catalogue* 1923 ff., Nr. 31; MATTINGLY, SYDENHAM et al. 1923 ff., RIC 105.

157

157

Aureus des Nerva. 96–98 n. Chr.

Gold, Gewicht 7,631 g, Durchmesser 18,7 mm
Bern, Bernisches Historisches Museum, Münzkabinett, Inv. 816

Vorderseite: IMP NERVA CAES AVG PM TR P COS II PP. Büste des Kaisers mit Lorbeerkranz. – Rückseite: LIBERTAS PVBLICA. Libertas stehend nach links mit kurzem Zepter und Pileus.

Lit.: *British Museum Catalogue* 1923 ff., Nr. 16; MATTINGLY, SYDENHAM et al. 1923 ff., RIC 105.

158

158–159
Renaissance Italien

158

Medaille auf Sokrates. 16. Jahrhundert

Blei, Durchmesser 22 mm
Basel, Historisches Museum, Münzkabinett

Vorderseite: ΑΚΤΑΙΟΣ ΣΟΚΡΑΤΗΣ (Der attische Sokrates). Kopf des Sokrates. – Rückseite: ΛΛΕΥΑ ΠΑΤΡΑ. (Rettung des Vaterlandes) Libertas mit Pileus. Es handelt sich um eine der dem Stil der Antike nachempfundenen Medaillen der Renaissance, die als »Paduaner« bezeichnet werden.

159

159

Medaille des Lorenzino de' Medici. 1537

Bronze (Nachguß), Durchmesser 36 mm
Basel, Historisches Museum, Münzkabinett,
Inv. 1905.650

Vorderseite: LAVRENTIVS MEDICES. Kopf des Lorenzino de Medici. – Rückseite: VIII. ID. IAN. Pileus zwischen zwei Dolchen.

Lit.: Avery 1983.

160–169
Niederlande

160
Jeton auf die Befreiung der Niederlande
1573
Silber, Gewicht 6,639 g
Leiden, Rijksmuseum Het Koninklijk
Pennigkabinet, Inv. 2219

Vorderseite: · LIBERTAS · PATRIÆ · 1573 · (Die Freiheit des Vaterlandes). Inmitten eines von einem geflochtenen Zaun umgebenen Blumengartens sitzt die »Hollandse maagd«, die Personifikation Hollands, den Freiheitshut auf dem Haupt und den Degen in der erhobenen Hand. – Rückseite: · DIFFVGITE · CAPRIM · MVLGI · (Hände weg von der zu melkenden Ziege!) Ein Hirt vertreibt einen Wolf, der sich der Ziege nähert.

Lit.: Van Loon 1721–1731, I, S. 174.

161
Notgeld (1 Gulden) der belagerten Stadt Leiden. 1574
Papier, Gewicht 1,731 g
Leiden, Rijksmuseum Het Koninklijk
Pennigkabinet, Inv. 112

Vorderseite: HÆC · LIBERTAS · ERGO / 1574. (Das ist das Zeichen der Freiheit) Der steigende holländische Löwe hält einen Speer mit dem Freiheitshut. – Rückseite: GOD · T BEHOEDE · LEYDEN. Im innern Kreis: N · O · V · L · S · G · I · P · A · C · (NUMMUS OBSESSÆ URBIS LUGDUNI, SUB GUBERNATIONE ILLUSTRISSIMI PRINCIPIS AURAICI CUSUS: Geldstück der belagerten Stadt Leiden, geprägt unter der Herrschaft des Prinzen von Oranien).

Lit.: Van Loon 1721–1731, I, S. 12.

162
Jeton der Vereinigten Provinzen. 1590
Silber, Gewicht 5,331 g
Leiden, Rijksmuseum Het Koninklijk
Pennigkabinet, Inv. 3200

160

161

Vorderseite: · HANC · TVEMVR · HAC · NI-
TIMVR · (Diese [die Freiheit] schützen wir,
auf jene [die Religion] stützen wir uns). Auf
einem Buch (Sinnbild des göttlichen Wortes) steht eine mit dem Freiheitshut bekränzte Säule. Sechs Hände (die Provinzen)
halten die Säule fest. Freiheitshut und Buch
sind bezeichnet: LIBERT. und RELIG. –
Rückseite: DEO IVVANTE (Mit Gottes Hilfe).
Zwei Hände halten gemeinsam ein Bündel
von sechs Pfeilen. CALC · SENAT · PROVINC ·
VNIT · BELGII · 1590 · (Jeton der Vereinigten
Provinzen der Niederlande)

Lit.: VAN LOON 1721–1731, I, S. 412.

163

SEBASTIAN DADLER
Straßburg 1586–1657 Hamburg

Medaille auf den Westfälischen Frieden
1648
Silber, Gewicht 58,455 g
Leiden, Rijksmuseum Het Koninklijk
Pennigkabinet, Inv. 1373

Vorderseite: Die Sieben Provinzen reichen
sich die Hände und tanzen um den Freiheitshut. Auf dem Hut: PAX / LIBERT · FOED ·
BELGAR · (Friede und Freiheit den Nieder-

landen). – Rückseite: LIBERTATI / FOEDE-
RAT: BELGAR: / POST / TOT: PROBE SÆCULI
/ BELLUM CUM HISPAN: / AETERNA PACE /
AETERNAE FACTAE / ANNO / M·DC·XL·VIII /
BOXH: INUEN: S·D·F (Für die Freiheit der
Niederlande wurde 1648 nach einem fast
hundert Jahre langen Krieg der Frieden ge-
schlossen).

Lit.: VAN LOON 1721–1731, II, S. 315; Münster
1988, II.

164

SEBASTIAN DADLER
Straßburg 1586–1657 Hamburg

Medaille auf die Versammlung der
Generalstaaten. 1651
Silber, Gewicht 88,98 g
Leiden, Rijksmuseum Het Koninklijk
Pennigkabinet, Inv. 1494

Vorderseite: VT RVPES IMMOTA MARI STANT
FOEDERE IVNCTI. (Unerschütterlich wie der
Fels im Meer verharren auch die Verbünde-
ten). Auf einem Felsen in der sturmbeweg-
ten See sitzt die Personifikation der Repu-
blik mit Freiheitshut auf einer Stange. Die
Wappen der Sieben Provinzen zieren den
Felsen. – Rückseite: DUM TOTUS / MIRATUR

162   162

163   164

ORBIS ET / ANCEPS EXSPECTAT QUO / RES
FŒDERATI BELGII A / MORTE ARAUSIONEN-
SIUM PRIN- / CIPIS EVASURÆ SINT ALIIS
ALIA / AGURANTIBUS MAGNA BATAVO- /
RUM AULA AD SOLENNE PROCERUM / CON-
SILIUM APERTA TANDEM ANNU- / ENTE DEO
RELIGIONE FŒDERE / ET MILITIA FORTITER
ASSERTIS / SOCII IN ORBEM DATIS ACCEPTIS
QUE / MANIBUS A SE INVICEM AMICE DI- /
MISSI MALORUM SPEM AC VOTA / FEFELLE-
RUNT BONORUM SU- / PERABUNT. M. DC.
LI. XXVI / AUGUSTI. / IN CUIUS REI MEMO-
RIAM / ZELANDIÆ PROCERES / NUMISMA
HOCCUDI / IUSSERUNT. (Als die ganze Welt
sich fragte und schwankte, wie die Geschicke
der Niederlande nach dem Tode des Prinzen
von Oranien weitergehen sollten, jeder et-
was anderes prophezeihte, als sich die Gene-
ralstaaten feierlich versammelt hatten und
mit göttlicher Unterstützung sich in kirchli-

chen, politischen und militärischen Fragen geeinigt hatten, als die schlechten Prognosen am 26. August 1651 den guten wichen, hat die Provinz Seeland beschlossen, zur Erinnerung diese Medaille prägen zu lassen.)

Lit.: VAN LOON 1721-1731, II, S. 362; WIECEK 1962.

165

SEBASTIAN DADLER
Strassburg 1586-1657 Hamburg

Medaille auf den Frieden von Westminster. 1654
Silber, Gewicht 59,310 g
Leiden, Rijksmuseum Het Koninklijk Pennigkabinet, Inv. 1529

Vorderseite: MENTIBUS UNITIS PRISCUS PROCUL ABSIT AMAROR, PILEA NE SUBITO PARTA CRUORE RUANT. (Vor vereinten Herzen weiche die bisherige Bitterkeit, damit nicht unvermittelt Blut die Freiheitshüte besudle.) Im Abschnitt: CONCLUSA:XV/XXV D. APRIL. A· M.DC.LIV. (Beschlossen am 15. April 1654) Die beiden Republiken halten gemeinsam einen Freiheitshut. Cromwells Großbritannien ist durch eine Harfe (für Irland) gekennzeichnet, die Niederlande durch einen Löwen mit Pfeilbündel. – Rückseite: LUXURIAT GEMINO NEXU TRANQUILLA SALO RES, EXCIPIT UNANIMES TOTIUS ORBIS AMOR. (Es sprieße durch diese brüderliche Verbindung der Seehandel und künde von der weltweiten Verbundenheit.) Zwei Seeschiffe, mit den Flaggen der Niederlande und Englands.

Lit.: VAN LOON 1721-1731, II, S. 33; BIZOT 1867, S. 230; WIECEK 1962.

166

JAN SMELTZING
Leiden 1656-1693 Leiden

Medaille. 1690
Silber, Gewicht 84,07 g
Leiden, Rijksmuseum Het Koninklijk Pennigkabinet, Inv. 2773

Vorderseite: GULIELMUS III D.G. BRITANN: REX. Profil Wilhelm III. – Rückseite: LEO BATAVUS. Der holländische Löwe hält in der einen Pranke das Pfeilbündel, in der anderen einen Speer mit dem Freiheitshut. Darüber das Auge Gottes. Umschrift: FECIT MAGNA QUI POTENS EST (Großes hat der Mächtige vollbracht, Luk. 1,49).

Medaille auf den Konflikt zwischen der Stadt Amsterdam und dem Statthalter Wilhelm III.

Lit.: VAN LOON 1721-1731, III, S. 468.

167

REGNIER ARONDEAUX
Tätig 1678-1702

Medaille auf den Frieden von Rjiswjik 1697
Silber, Gewicht 152,44 g
Leiden, Rijksmuseum Het Koninklijk Pennigkabinet, Inv. 3233

Vorderseite: APERTO DIGNA TIMERI / FRISIA (Wenn der Tempel des Krieges geöffnet ist, fürchte man Friesland). Die Personifikation Frieslands mit Rutenbündel und Trophäen, den Pileus auf einer Stange. Im Hintergrud der Tempel des Janus (IANUS BIFRONS), der in Kriegszeiten geöffnet ist. – Rückseite: CLAUSO PIA GRATA FIDELIS. Im Abschnitt: PACIS GEN. RYSWYK. / MDCXCVII (Im Frieden treu und großherzig). Signiert ARONDEAUX. Friesland mit den Zeichen des Friedens und des Überflusses bringt ein Dankopfer. Der Tempel des Krieges ist geschlossen, der Handel auf der See im Hintergrund floriert.

Lit.: VAN LOON 1721-1731, IV, S. 213.

168

Medaille. 1702
Leiden, Rijksmuseum Het Koninklijk Pennigkabinet, Inv. 3514

Vorderseite: ANTIQUA VIRTUTE ET FIDE / MDCII. (Mit der alten Eintracht und Treue.) Steigender Löwe in einem von geflochte-

165 165

167 167

nem Zaun umgebenen Garten. In der einen
Pranke führt er das Schwert, in der anderen
einen Speer mit dem Freiheitshut und dem
Pfeilbündel. – Rückseite: FRANGIMUR SI
COLLIDIMUR (Wir zerbrechen, wenn wir zu-
sammenstoßen). Sieben Töpfe (die Provinzen) schwimmen auf der bewegten und von
einem Gewitter heimgesuchten See.

Lit.: VAN LOON 1721–1731, IV, S. 294.

169

MARTIN HOLTZHEY
Ulm 1697–1764 Middelburg

**Medaille auf den Übergang der
spanischen Niederlande an Österreich
1716. Um 1730**
Silber, Gewicht 45,782 g
Leiden, Rijksmuseum Het Koninklijk
Pennigkabinet, Inv. 4125

168   168

169   169

Vorderseite: BELGIUM FOEDERATUM (Das Bündnis der Niederlande). Auf einen Wappenschild gelehnt, sitzt die weibliche Personifikation der Niederlande und hält den Freiheitshut auf einer Stange. Symbole der Landwirtschaft, der Fischerei und das Handels umgeben sie. – Rückseite: RELIGIO FOEDERUM. (Der Glaube der Verbündeten.) Die Göttin des Krieges, Bellona, übergibt die Provinzen dem Kaiser. Im Abschnitt: BELG:

BELLO ACQUISIT / CAES: TRADIT. / MDCCXVI. (Durch Krieg gelangen die Niederlande an den Kaiser 1716.) Nach dem Spanischen Erbfolgekrieg waren 1713 im Friedensschluß von Utrecht die südlichen Niederlande Österreich zugesprochen worden.

Lit.: VAN LOON 1721–1731, IV, S.695.

170   170

170–177

Eidgenossenschaft

170

JOHANNES STAMPFER
1505/06–1579

Bundestaler. Um 1560
Silber, Gewicht 29,473 g, Durchmesser
17,65 mm (Inv. 2), 9,48 g, Durchmesser
18,78 mm (Inv. 5)
Bern, Bernisches Historisches Museum,
Münzkabinett, Inv. 2 (Vorderseite) und
Inv. 5 (Rückseite)

Vorderseite: Doppelter Wappenkranz, in der
Mitte ein Kreuz. Im äußeren Kreis die XIII
Orte, im inneren die VII zugewandten Orte.
– Rückseite: Rundschrift auf zwei Zeilen:
WILHELM TELL VON VRE · STOUFFACHER
VON SCHWITZ ERNI VON VUNDERWALD /
ANFANG · DESS PVNTZ · IM IA[R] CHRISTI ·
1296 · Drei Männer reichen sich die Hände
zum Bund.

Lit.: KAPOSSY 1979, Nrn. 1–2.

171

JOHANNES STAMPFER
1505/06–1579

Patenpfennig. 1547/48
Silber, 95,69 g, Durchmesser 50,56 mm
Bern, Bernisches Historisches Museum,
Münzkabinett, Inv. 632

Vorderseite: Eine Hand im Strahlenkranz
hält eine Kette, die den Wappenkranz der
XIII Orte zusammenhält. Die Wappen sind
mit Namen und Rangnummer bezeichnet,
die Zwischenräume mit Lilien verziert. –
Rückseite: Zwei Engel halten ein Kreuz mit
der Inschrift: SI DEVS · NOBISCVM / QVIS
CON · TRA NOS. (Röm. 8, 31). Darum herum
ein Wappenkranz der zugewandten Orte,
mit verschlungenen Bändern und Zweigen.

Der Taler wurde von den eidgenössischen Ständen aus Anlaß der Geburt der
Prinzessin Claudia, Tochter des französischen Königs Heinrich II., in Auftrag gegeben.

Lit.: KAPOSSY 1979, Nr. 30; FRIEDLÄNDER 1989,
Nr. 92.

171   171

172   172

172

JOHANN JAKOB GESSNER
Zürich 1677–1737 Zürich

Medaille auf die Eidgenossenschaft
Nach 1712 (?)
Silber, Gewicht 22,2 g, Durchmesser 39 mm
Bern, Bernisches Historisches Museum,
Münzkabinett, Inv. 10

Vorderseite: QVAM. GESTAS .. VIGILI . STU-
DIO . SERVATO . CORONAM. (Hüte den

Kranz, den du trägst, mit deinem wachsamen
Streben!) Alter Schweizer Krieger mit Freiheitshut mit Federbusch auf Lanze, Monogramm H G. – Rückseite: Im Wappenkreis
FORTISSI- / MVM · / CONCORDIA. / LIBER-
TATIS. / PROPVGNA- / CVLVM. (Eintracht ist
das stärkste Bollwerk der Freiheit). Im Abschnitt die Wappen der zugewandten Orte,
darunter HELVETIA.

Lit.: KAPOSSY 1979 Nr. 9; vgl. FRIEDLÄNDER
1989, Nrn. 27–28.

173   173

173

JEAN DASSIER
Genf 1676–1763 Genf

Sechzehnerpfennig. Nach 1742
Silber, Gewicht 90,962 g, Durchmesser
57,4 mm und 92,47 g, Durchmesser
57,15 mm
Bern, Bernisches Historisches Museum,
Münzkabinett, Inv. 722 und 2372

Vorderseite: RESPUBLICA BERNENSIS. Auf
Kriegstrophäen ein aufrechter Bär mit
Schuppenpanzer, in der Rechten das erho-
bene Schwert mit dem Freiheitshut und in
der Linken den Wappenschild Berns. Am
Rand links die Stecherinitialen. – Rückseite:
FELICITAS REIPUBLICÆ (Das Glück des Ge-
meinwesens). Neben einem Rundaltar steht
die Personifikation der Religion mit
Schwert, Zepter und Rutenbündel. Auf dem
Altar liegt ein Buch: LEGES FUNDAMENT.
(Grundgesetze). Ein Storch (Sorgfalt) und
eine Eule (Wachsamkeit) stehen zur Linken
und zur Rechten des Altars. Im Abschnitt:
SENATUS ET SEDECIM / VIRI REIPUBLICÆ /
BERNENSIS (Der Kleine Rat und die Sech-
zehner der Republik Bern). Neben der Eule
· I Dassier/F · (Jean Dassier fecit).

Die Sechzehner waren ein Ausschuß des
Großen Rats, zur Hauptsache ein Wahlkolle-

gium. Sechzehnerpfennige erhielten jährlich
in der Regel 51 hohe Amtsträger, darunter
die Sechzehner.

Lit.: FRIEDLÄNDER 1989, Nr. 631; ROESLE 1989,
S. 106 und Nr. 50.

174

JOHANN CARL HEDLINGER
Schwyz 1691–1771 Schwyz

Medaille auf die Schlacht bei Morgarten
1734
Silber, Gewicht 84,1 g, Durchmesser 54 mm
Bern, Bernisches Historisches Museum,
Münzkabinett, Inv. 642

Vorderseite: FVNDAMENTVM LIBERTATIS
HELVETICAE (Die Grundlage der schweizeri-
schen Freiheit). Ein auf Waffen und Tro-
phäen stehender Löwe hält mit der rechten
Pranke den auf ein Schwert gesteckten Frei-
heitshut, mit der linken den mit Lorbeeren
umwundenen Wappenschild von Schwyz. –
Rückseite: Auf dreizehn Zeilen die Worte
SVITII / PAGIQ.ue FOEDERATI / CON-
IVNCTIM NVMERO 1300. / EXERCITVM
20000. / ARMATOR.um / QVEM LEOPOLDVS
AVSTRIACVS / OMNEM PERNICIEM MINI-
TANS / IN EOS IMPLACABILIS DVXERAT /

ADORTI PROFLIGARVNT / APVD DICAT / I.
C: HEDLINGER / A. 1734. (Die Schwyzer
und die verbündeten Länder, zusammen
1300 Mann, schlugen 1315 ein Heer von
20000 Kriegern, die der Herzog Leopold
von Österreich gegen sie anführte, um sie
ins Verderben zu stürzen. Zur Erinnerung an
diese Tat der teuren Heimat gewidmet von
J. C. Hedlinger im Jahre 1734.)

Lit.: FELDER 1978, Nr. 145; KAPOSSY 1979,
Nr. 14; FRIEDLÄNDER 1989, Nr. 101.

174

175

JOHANN CARL HEDLINGER
Schwyz 1691–1771 Schwyz

Berner Verdienstmedaille. 1751/52
Silber, Gewicht 163,14 g, Durchmesser
69,11 mm
Bern, Bernisches Historisches Museum,
Münzkabinett, Inv. 728

Vorderseite: REPUBLICA BERNENSIS · Die
thronende Minerva mit Palm- und Lorbeerzweig in der Rechten hält eine Stange mit
dem Freiheitshut. Sie stützt sich auf einen
Schild mit dem Berner Wappen. Ihr zu Fü-
ßen liegen, neben einem friedfertigen Ber-
ner Bären, das Rutenbündel und weitere
Symbole der Republik: Waage, Schwert und
Gesetzbuch weisen auf die Pflege der Ge-
rechtigkeit hin, Merkurstab, Füllhorn und
Münzen auf die florierende Wirtschaft.
Waffen künden von der militärischen Stärke,
Instrumente der Künste und Wissenschaften
von den Segnungen des Friedens. Unten die
Signatur I. C HEDLINGER F.; sie wurde spä-
ter von J. M. Mörikofer auf Geheiß des
Standes Bern nachgetragen. – Rückseite:
VIRTUTI ET PRUDENTÆ (Durch Tugend und
Umsicht). Ein von einem Teppich bedeckter
Steinblock mit zwei Lorbeerkränzen als
Symbole der Tapferkeit und der Klugheit.

Lit.: KAPOSSY: Hedlinger 1975, S. 193–198; FEL-
DER 1978, Nr. 188; FRIEDLÄNDER 1989, Nr.
551.

176

JOHANN CASPAR MÖRIKOFER
Frauenfeld 1738–1803 Bern

Zürcher Verdienstmedaille. Um 1780
(nach einem Entwurf von Salomon Gessner)
Silber, Gewicht 85,25 g, Durchmesser
56,77 mm
Bern, Bernisches Historisches Museum,
Münzkabinett, Inv. 930

Vorderseite: REPUBLICA TURICENSIS · (Republik Zürich). Auf einem Säulenstumpf mit
dem Zürcherwappen liegen Palmzweig,
Schwert und Freiheitshut. Daneben ein liegender Löwe mit Füllhorn. – Rückseite:
BENE MERENTI (Dem Verdienstvollen). Minerva im Harnisch hält einen Lorbeerkranz.

Lit.: FRIEDLÄNDER 1989, Nr. 241.

177

JOHANN CASPAR MÖRIKOFER
Frauenfeld 1738–1803 Bern

**Medaille der Ökonomischen Gesellschaft
Bern.** 1763
Silber, Gewicht 48,045 g, Durchmesser
41,95 mm
Bern, Bernisches Historisches Museum,
Münzkabinett, Inv. 639

175   175

Vorderseite: HINC FELICITAS (Hier liegt das
Glück). Die weibliche Personifikation der
Republik mit dem Freiheitshut auf einer
Stange sitzt auf einem Pflug. Ihr zu Füßen
ein Füllhorn und der Merkurstab als Sym-
bole von Reichtum und Handel. Darunter
die Signatur, Mörikofer · F · – Rückseite:
CIVI / OPTI- / MO (dem hervorragenden
Bürger) in einem Eichenlaubkranz. Die Um-
schrift SOC · BERNENS · AGRICULT · ET BO-
NAR · ARTIUM · faßt das Programm der Ge-
sellschaft zusammen.

Als Dank für die Ehrenmitgliedschaft
stiftete der polnische Graf Michael Georg
Mniszech 1763 den Prägestempel für diese
Medaille.

Lit.: FRIEDLÄNDER 1989, Nr. 648.

177

178–191
Das Zeitalter der Revolutionen

178

1 Dollar. 1776
Kupfer, Gewicht 30,666 g, Durchmesser
38,45 mm
Genf, Musée d'art et d'histoire, Cabinet de
numismatique, Inv. (A.F.) 27 495

Vorderseite: CONTINENTAL CURRENCY
1776 sowie FUGIO, Sonnenuhr und Sonne.
Im Abschnitt MIND YOUR / BUSINESS. –
Rückseite: AMERICAN · CONGRESS · und WE
ARE ONE. Auf einer Kette die Namen der 13
Staaten.

178

179

179

AUGUSTIN DUPRÉ
Saint-Etienne 1748–1833 Armentière

Medaille auf die amerikanische Unabhängigkeit. 1783
Silber, Gewicht 54,148 g, Durchmesser 47,8 mm
Genf, Musée d'art et d'histoire, Cabinet de numismatique, Inv. 20 710
Basel, Historisches Museum Münzkabinett, Inv. 1917.1560

Vorderseite: LIBERTAS · AMERICANA. Kopf der Freiheit mit Pileus auf Stange. Im Abschnitt: 4 JUIL. 1776. – Rückseite: NON SINE DIIS ANIMOSUS INFANS (Der mutige Knabe kann auf die göttliche Hilfe zählen). Im Abschnitt: 17/19 OCT. 1777./1781. Der Knabe Herkules erwürgt die Schlangen, während Minerva (auf dem Schild das Lilienwappen Frankreichs) den Angriff eines Löwen abwendet.

Im Oktober 1777 trat Frankreich an der Seite der Vereinigten Staaten in den Krieg gegen England ein. Die Kapitulation der englischen Truppen am 19. Oktober 1781 beendete den Krieg um die amerikanische Unabhängigkeit.

180

F. DUPRÉ

Medaille. 1790
Kupfer, vergoldet, 30 × 37 mm (oval)
Basel, Historisches Museum, Münzkabinett, Inv. 1917.1515

Vorderseite: PACTE FEDERATIF. Im Abschnitt: 14 JUILLET · 1790 · Signatur DUPRÉ. F. – Rückseite: NOUS JURONS / DE MAINTENIR / DE TOUT NOTRE / POUVOIR LA / CONSTITUTION / DU ROIAUME. Eichen- und Lorbeerkranz.

Die große Zeremonie auf dem Marsfeld zum Jahrestag des Bastillesturms in Paris am 14. Juli 1790 war das glänzendste und eindrücklichste Revolutionsfest. Die Verbrüderung von Armee, König und Nation stand im Zentrum der Handlung, an der rund 400 000 Männer und Frauen teilnahmen.

Lit.: MAZARD 1965, Nr. 140.

181

Medaille. 1790
Kupfer, vergoldet, Durchmesser 46 mm
Basel, Historisches Museum, Münzkabinett, Inv. 1917.1513

180

181

Vorderseite: Altar des Vaterlandes. A LA /PA-TRIE. Im Abschnitt: A PARIS LE 14 JUILLET/ 1790. – Rückseite: CONFÉDÉRATION / DES FRANÇAIS im Eichenkranz.

182

BENJAMIN DUVIVIER
Paris 1730–1819 Paris

Medaille auf die Verfassung. 1793
Silber, Durchmesser 43 mm
Basel, Historisches Museum, Münzkabinett,
Inv. 1905.2441

Vorderseite: RÉPUBLIQUE UNE ET INDIVISIBLE. Sitzende behelmte Republik mit Pileus auf Stab und mit Rutenbündel. Im Abschnitt: NATION FRANÇAISE. Signiert DUVIVIER. – Rückseite: CONSTITUTION RÉPUBLICAINE / ADOPTÉE ET JURÉE / EN PRÉSENCE / DE L'ÊTRE SUPRÊME / PAR LE PEUPLE FRANÇAIS / INDIVIDUELLEMENT / CONSULTÉ. Aufgeschlagenes Buch mit der Inschrift: DROITS / DE L'HOMME / CONSTI- / TUTION / FRAN- / ÇAISE. Im Abschnitt: LE 10 AOUST 1793.

Lit.: NOCQ 1911, Nr. 251.

183

Plakette der Gesetzgebenden Versammlung. 1799
Silber, 49 × 40 mm
Basel, Historisches Museum, Münzkabinett,
Inv. 1905.2441

Vorderseite: RÉPUBLIQUE FRANÇAISE. Stehende behelmte Republik, in der Rechten Lanze mit Pileus, in der Linken Eichenkranz, vor Rutenbündel und Lorbeerzweigen. Im Abschnitt: AN VIII.; Signatur GATT...RAUX. – Rückseite: Liberté, Egalité. / CORPS LÉGISLATIF.

184

Medaille auf die Errichtung der Ligurischen Republik. 1797
Kupfer, Gewicht 42 g, Durchmesser 42,5 mm
Den Haag, Sammlung H. Bn. Gyllenhaal

Vorderseite: INSUBRIA LIBERA. Die phrygische Mütze wird der Ligurischen Republik überreicht. Im Abschnitt: IX LUGLIO / MDLXXXXVII. – Rückseite: ALL'ITALICO. Büste Bonapartes. Unter der Büste bezeichnet: H · VASSALO · F.

182

183

185   186

Nach der Abdankung der alten venezianischen Regierung am 5. Juni 1797 entstand die Ligurische Republik, die bis 1806 bestand.

185

JEAN-PIERRE SAINT-OURS
Genf 1752–1809 Genf

Mi-décime. 1794
Silber, Gewicht 2,978 g, Durchmesser 23,7 / 23,3 mm
Genf, Musée d'art et d'histoire, Cabinet de numismatique, Inv. 1149

Vorderseite: CINQ / CENTIMES / L'AN III DE / L'EGALITE. Zifferblatt mit römischen Ziffern und Umschrift: LES HEURES SONT DES TRESORS. T · B. – Rückseite: GENEVE 1794. Bienenkorb mit zwei Bienen. Umschrift: TRAVAILLE ET ECONOMISE.

186

JEAN-PIERRE SAINT-OURS
Genf 1752–1809 Genf

Dix-décimes «Genevoise». 1794
Silber, Gewicht 30,383 g, Durchmesser 39,8 / 39,4 mm
Genf, Musée d'art et d'histoire, Cabinet de numismatique, Inv. 60 099

Vorderseite: REPUBLIQUE GENEVOISE. Im Abschnitt: EGALITE LIBERTE / INDEPENDANCE. Kopf der Genava mit Mauerkrone. – Rückseite: PRIX / DU / TRAVAIL. / L'AN III . DE / L'EGALITE / 1794. Zwei Getreideähren. Umschrift: APRES LES TENEBRES LA LUMIERE.

187

JEAN-PIERRE SAINT-OURS
Genf 1752–1809 Genf

Ecu de XII florins, Entwurf. 1794
Zinn, Gewicht 28,344 g, Durchmesser 41,25 / 41,0 mm
Genf, Musée d'art et d'histoire, Cabinet de numismatique, Inv. 33 333

Vorderseite: REPUBLIQUE GENEVOISE. Im Abschnitt: EGALITE · LIBERTE / INDEPENDAN / CE. Adler und stehende Figur der Genava

187

188

mit Mauerkrone, Rutenbündel mit Freiheitshut. – Rückseite: XII / FLORINS / FRUIT DU /
TRAVAIL. / L'AN . III . DE / L'EGALITE. Zwei
zusammengeflochtene Getreideähren. Umschrift: MONNOYE REVOLUTIONNAIRE . 19 .
JUILLET . 1794.

188

1 centime. 1846
Kupfer; Gewicht 3 g, Durchmesser 21 mm
Den Haag, Sammlung H. Bn. Gyllenhaal

Vorderseite: UN CENTIME 1846. Umschrift:
REPUBLIQUE D'HAITI. – Rückseite: 1 C, Ru-
tenbündel mit Beil und phrygischer Mütze.
Umschrift: LIBERTE EGALITE AN . 43.
   Haiti wurde 1795 französisches Territo-
rium und erklärte sich 1801 unabhängig.

189

1 cent. 1847
Kupfer, Gewicht 8 g, Durchmesser 28 mm
Den Haag, Sammlung H. Bn. Gyllenhaal

Vorderseite: Ölpalme am Meeresstrand und
Dampfschiff. Umschrift: ONE CENT 1847. –
Rückseite: REPUBLIC OF LIBERIA. Kopf der
Freiheit mit phrygischer Mütze, darauf Stern.
   Der Staat Liberia entsprang einer philan-
thropischen Idee. Seit 1822 suchte die Ame-

rican Colonizing Society befreiten Sklaven
in Afrika eine neue Heimat zu schaffen.
1847 wurde Liberia als eigenständige Republik ausgerufen.

190

2 baiocchi. 1849
Kupfer, Gewicht 8 g, Durchmesser 36 mm
Den Haag, Sammlung H. Bn. Gyllenhaal

Vorderseite: REPVBLICA ROMANA. Rutenbündel mit phrygischer Mütze. – Rückseite:
DUE / BAIOC / CHI. Eichenkranz.
   Am 25. November 1848 floh Papst Pius
IX. aus Rom. Am 9. Februar 1849 wurde
hier die Republik ausgerufen. Eine französische Intervention führte bereits im Juli wieder zur Restauration der päpstlichen Herrschaft.

191

ATELIER ALLEN & MOORE,
BIRMINGHAM

**Medaille auf die republikanische
Verfassung.** 1848
Zinn, Durchmesser 46 mm
Basel, Historisches Museum, Münzkabinett,
Inv. 1905.2449

189   189

Vorderseite: AU PEUPLE FRANÇAIS DÉFEN-
SEUR, LIBÉRATEUR ET SOUVERAIN DE LA
FRANCE.
Im Abschnitt: 1848. Stehende behelmte
Republik, in der Rechten die Waage, in der
Linken Lorbeerzweig und von phrygischer
Mütze bekrönte Fahne; zu ihren Füßen In-
strumente, Füllhorn, Werkzeuge, Merkurstab
und Steuerruder. Der gallische Hahn steht
auf einer Inschriftsäule: LIBERTÉ / ÉGALITÉ /
FRATERNITÉ. Signiert ALLEN & MOORE. –
Rückseite: EN / COMMÉMORATION / DES
EFFORTS ÉCLATANTS / ET HEUREUX D'UNE
NATION / PUISSANTE POUR LA / LIBERTÉ, /
LE RENVERSEMENT DE LA / MONARCHIE, /
ET L'ÉTABLISSMENT / DE LA RÉPUBLIQUE /
FRANÇAISE. / 1848.

Lit.: *Souvenirs numismatiques* 1849, Taf. XI,4 und
XVI,1.

192–206
Der Weg in die Gegenwart

192

ANTOINE BOVY
Genf 1798–1877 Rive de Prégny

20 francs, Entwurf. 1848
Gold, Gewicht 6,442 g, Durchmesser
21,2/21 mm
Genf, Musée d'art et d'histoire, Cabinet de
numismatique, Inv. 60 538

Vorderseite: RÉPUBLIQUE FRANÇAISE. Signiert A. BOVY. Bekränzter Kopf der Republik über einem Rutenbündel mit phrygischer Mütze und Gerichtsstab. – Rückseite:
20 / FRANCS / 1848. Lorbeer- und Eichenkranz mit Inschrift: · LIBERTE · EGALITE ·
FRATERNITE ·

Lit.: HENSELER 1881, Nr. 82.

193

Quarter Dollar. 1859
Silber, Gewicht 6,244 g, Durchmesser
18 mm
Bern, Bernisches Historisches Museum,
Münzkabinett

190   191

Vorderseite: QUARTER DOLLAR. UNITES STATES OF AMERICA. Adler. – Rückseite: Sitzende Freiheit, in der Rechten Wappenschild der USA und Inschriftband LIBERTY, in der Linken Stab mit Pileus. Im Rund 13 Sterne, im Abschnitt: 1859.

192   193

194

Dollar. 1881
Silber, Gewicht 26,648 g, Durchmesser 39 mm
Bern, Bernisches Historisches Museum, Münzkabinett

Vorderseite: ONE DOLLAR. In God we trust. – Rückseite: E · PLURIBUS · UNUM 1881 und 13 Sterne. Kopf der Freiheit mit phrygischer Mütze über Ähren- und Blumenkranz und Diadem mit Inschrift LIBERTY.

195

ANTOINE BOVY
Genf 1798–1877 Rive de Prégny

5 Franken. 1850
Silber, Gewicht 25,025 g, Durchmesser 33,4 mm
Bern, Bernisches Historisches Museum, Münzkabinett

194

195

198

196

197

Vorderseite: 20 FR / 1897. Wappenschild mit Schweizerkreuz an Olivenzweig. – Rückseite: HELVETIA; Signatur F. LANDRY. Mädchenkopf mit Zöpfen nach links (im Volksmund »Vreneli«) vor Berghintergrund.

Vorderseite: Sitzende Helvetia nach links, die Linke auf den Schweizerschild gelegt, die Rechte über eine Gebirgslandschaft ausstreckend. Am Rande links signiert: A. BOVY. – Rückseite: 5 Fr., darunter Jahreszahl 1850 in einem aus Alpenrosen- und Eichenzweigen gebildeten Kranz.

196

FRITZ ULYSSE LANDRY
Le Locle 1842–1927 Neuenburg

20 Franken. 1897
Gold, Gewicht 6,442 g, Durchmesser 17,1 mm
Bern, Bernisches Historisches Museum, Münzkabinett, Inv. 678

197

LOUIS ALEXANDRE BOTTÉE
1852–1941

EUGÈNE ANDRÉ OUDINÉ
Paris 1810–1887 Paris

Jubiläumsmedaille. 1889
Kupfer, vergoldet, Gewicht 60,41 g, Durchmesser 50,58 mm
Genf, Musée d'art et d'histoire, Cabinet de numismatique, Inv. 32 873

Vorderseite: MINISTERE DES FINANCES / CENTENAIRE DE 1789. Im Abschnitt: ADMINISTRATION DES MONNAIES ET MÉDAILLES. Signiert: Louis Bottée. – Rückseite: RÉPUBLIQUE FRANÇAISE: Kopf der Republik mit Ährenkranz: CONCORDE. Signiert: OUDINÉ.

199   199

198

MAXIMILIEN BOURGEOIS
Paris 1839–1901 Paris

Senatsmedaille. 1894
Silber, Gewicht 68,92 g, Durchmesser
50,5 mm
Genf, Musée d'art et d'histoire, Cabinet de
numismatique, Inv. 29 810

Vorderseite: SENAT / MAGNIN / VICE-PRÉSI-
DENT 1894. Monogramm MB. Rutenbündel
mit Schwurhand vor Eichenlaub. – Rückseite: RÉPUBLIQUE FRANÇAISE: Kopf der
Republik mit phrygischer Mütze nach rechts
vor Lorbeerzweig. Signiert MAX. BOUR-
GEOIS.

199

JULES-CLÉMENT CHAPLAIN
Montagne 1839–1909 Paris

20 francs. 1904
Gold, Gewicht 6,443 g, Durchmesser
17,09 mm
Bern, Bernisches Historisches Museum,
Münzkabinett, Inv. 1154 b

Vorderseite: REPUBLIQUE FRANCAISE. Kopf
der Republik mit phrygischer Mütze und Ei-

chenkranz nach rechts. Signiert J.-C. CHA-
PLAIN. – Rückseite: LIBERTE · EGALITE ·
FRATERNITE · / 20 FCS. Im Abschnitt: 1904.
Gallischer Hahn. – Die Randschrift lautet:
DIEU PROTEGE LA FRANCE.

200

1 escudo. 1914
Silber, Gewicht 25 g, Durchmesser 38 mm
Den Haag, Sammlung H. Bn. Gyllenhaal

Vorderseite: REPUBLICA PORTUGISA. 5 DE
OUTUBRO DE 1910. Freiheit mit Fackel und
Pileus. – Rückseite: 1 ESCUDO. Staatswappen
mit Rutenbündel und Lorbeerkranz.
Am 5. Oktober 1910 wurde in Portugal
die Republik ausgerufen.

201

10 pesos. 1870
Gold, 15,233 g, Durchmesser 24,7 mm
Bern, Bernisches Historisches Museum,
Münzkabinett

Vorderseite: IGUALDAD ANTE LA LEI. Im
Abschnitt: 10 PS. Freiheit mit Pileus, Füllhorn und Rutenbündel. Auf einem Altar

201

202

204

206

Buch mit Inschrift: CONSTITUCION. – Rückseite: REPUBLICA DE CHILE · 1870. Wappenschild.

Vorderseite: REPUBLICA MEXICANA. –
Rückseite: 8 R. Aˢ. 1879 . D . L . 10 Dˢ. 20
Gˢ. Pileus im Strahlenkranz mit der Inschrift:
LIBERTAD.

202

8 reales. 1879
Silber, 26,945 g, Durchmesser 34,84 mm
Bern, Bernisches Historisches Museum,
Münzkabinett

203

25 cts. 1953
Silber, Gewicht 6,25 g, Durchmesser 23 mm
Den Haag, Sammlung H. Bn. Gyllenhaal

Vorderseite: REPUBLICA DE CUBA / PATRIA Y LIBERTAD. 25 cts. Rutenbündel mit Pileus. – Rückseite: 1853 CENTENARIO DE MARTI 1953. Profil von José Martí (1853–1895), Schriftsteller und Patriot.

204

1 peso. 1959
Nickelstahl, 6,425 g, Durchmesser 21,56 mm
Bern, Bernisches Historisches Museum, Münzkabinett

Vorderseite: REPUBLICA ARGENTINA · LIBERTAD. Frauenkopf mit phrygischer Mütze nach links. – Rückseite: 1 PESO 1959.

205

5 centavos. 1974
Aluminium, Gewicht 1 g, Durchmesser 21 mm
Den Haag, Sammlung H. Bn. Gyllenhaal

Vorderseite: REPUBLICA DE NICARAGUA 1874. Im Mittelfeld: Staatswappen von Nicaragua (gleichschenkeliges Dreieck mit Freiheitshut, der über die Vulkanberge strahlt). PRODUCAMOS MAS ALIMENTOS. – Rückseite: 5. Umschrift: CINCO CENTAVOS DE CORDOBA · EN DIOS CONFIAMOS.

206

50 Dollars »Eagle«. 1986
Gold, Gewicht 31,1 g (1 Unze), Durchmesser 31 mm
Bern, Berner Kantonalbank

Vorderseite: LIBERTY / MCMLXXXVI. Stehende Freiheit mit Fackel und Lorbeerzweig vor aufgehender Sonne; unter dem linken Fuß Fels und Eichenzweig. Im Hintergrund das Kapitol. Monogramm SA (?) – Rückseite: E PLURIBUS UNUM / IN GOD WE TRUST. Umschrift: UNITED STATES OF AMERICA. 1 OZ. FINE GOLD 50 DOLLARS. Monogramme MB und JW. Adler bringt Ölzweig zum Horst.

Die Republik Bern

Im Verlauf des Spätmittelalters hatte die Stadt Bern ein umfangreiches Territorium erworben. Durch Kauf, Erbschaft und Eroberung war es ihr gelungen, zum wichtigsten Machtfaktor im westlichen Mittelland zwischen dem Aargau und dem Genfersee zu werden. In seinen Kämpfen gegen Habsburg, Burgund und Savoyen konnte Bern die konkurrierenden Territorialherren verdrängen. Bern bildete so in der frühen Neuzeit den größten Stadtstaat nördlich der Alpen.

In vielem erinnert die Entwicklung der schweizerischen Städte an jene italienischer Stadtstaaten; die Stadt trat an die Stelle fürstlicher Herrschaftsstrukturen und trieb den systematischen territorialen Ausbau ihrer Macht voran. Hier unterscheiden sich Bern und die anderen schweizerischen Städte seit dem 16. Jahrhundert ganz wesentlich von den benachbarten deutschen Reichsstädten, denen es nur unvollständig gelang, sich als Landesherren zu etablieren.

Seit dem Schwabenkrieg 1499 waren die Beziehungen zum Reich nur noch nominell vorhanden. Keine der Reichsinstitutionen, wie Reichstag oder Reichskammergericht, fanden in den schweizerischen Orten Anerkennung. So bereitete sich jene Entwicklung zum souveränen Staat vor, die 1648 im Westfälischen Frieden auch formell anerkannt wurde. Nun bezeichnete sich die Stadt auf Münzen und Siegeln als »res publica« und nicht mehr als »communitas«; der abstrakte Begriff des Freistaates war an die Stelle der Stadtgemeinde getreten.

In seinen Grundzügen blieb die mittelalterliche Stadtverfassung bis zum Ende des Ancien Régime bestehen. Der Große Rat war die höchste Entscheidungsinstanz und hatte immer mehr als 200 und weniger als 300 Mitglieder. Er übte die Souveränitätsrechte aus. Aus seiner Mitte rekrutierte sich der Kleine Rat, der die eigentlichen Regierungsgeschäfte führte. An der Spitze des Gemeinwesens stand der Schultheiß, dessen Amtszeit auf ein Jahr beschränkt war. Es bürgerte sich schon im ausgehenden Mittelalter ein, daß zwei Schultheißen sich im Jahresturnus abwechselten, so daß man von zwei Schultheißen sprechen kann, einem »regierenden« und einem »stillstehenden«.

Im Verlauf des 16. und 17. Jahrhunderts engte sich der Kreis der Familien, die zu politischen Ämtern Zugang hatten, immer mehr ein. Der Erwerb des Bürgerrechtes wurde erschwert, schließlich seit dem 17. Jahrhundert fast völlig ausgeschlossen. Aber auch innerhalb der Bürgerschaft verteilte sich die Macht nicht gleichmäßig. Der Kreis der wirklich an der Macht beteiligten Familien war klein; ein subtiles Wahl- und Nominationssystem garantierte diesen Familien die Kontrolle über die einträglichen politischen Ämter. Das bernische Patriziat war ein eigentlicher Magistratenstand. Die Mitglieder dieser Familien widmeten sich fast ausschließlich dem Staatsdienst, zogen sich aus Handel und Gewerbe zurück. Nur die Einkünfte aus dem Grundbesitz galten neben den Staatsgeschäften und dem Kriegsdienst als standesgemäße Lebensgrundlage. Das große Territorium und die damit verbundenen großen Verwaltungsaufgaben bildeten den wirtschaftlichen Hintergrund, die das Entstehen eines ausgeprägten Magistratenstandes in Bern möglich machten. In den anderen Schweizer Städten konnte sich eine derart ausschließliche Ausrichtung des Patriziates auf die Staatsgeschäfte nicht ausbilden.

Die Verherrlichung des bernischen Staates als des würdigen Nachfolgers der römischen Republik wurde sorgfältig gepflegt. Nicht nur zwischen den Institutionen der beiden Gemeinwesen, auch zwischen den Trägern des Staates wurden Vergleiche gezogen. Die bernische Aristokratie verglich sich mit dem Patriziat der römischen Frühzeit, wo ein Cincinnatus vom Pflug weg zu den höchsten Ämtern gerufen wurde. Grundbesitz, Kriegsdienst und Magistratur sollten die einzigen Geschäfte sein, denen sich ein Berner Patrizier zuwenden durfte. Nur damit glaubte man den republikanischen Grundsätzen der Einfachheit und der Tugend zum Durchbruch zu verhelfen. So wurde den Mitgliedern der Räte im 18. Jahrhundert die Beteiligung an Handelsgeschäften untersagt.

Das Bedürfnis nach politischer Repräsentation im alten Bern erinnert in vielen Zügen an venezianische Vorbilder. Kein anderes schweizerisches Standeshaupt umgab sich mit dem Prunk eines bernischen Schultheißen. Nur Bern kannte in der Eidgenossenschaft einen Thron für den Schultheißen, was gelegentlich als fürstlicher »Sündenfall« ausgelegt wurde. Doch im Zeremoniell wurden die republikanischen Grundsätze augenfällig. Der republikanische Grundsatz, daß kein Amtsträger über dem Gesetz zu stehen hat, wurde immer wieder betont. Nach den Wahlen, die regelmäßig am Ostermontag stattfanden, stieg der Schultheiß vom Thron, legte Zepter und Siegel beiseite und setzte sich zu den Ratsherren um die Verlesung der Fundamentalgesetze anzuhören. Das Siegel versinnbildlichte die Macht des höchsten politischen Würdenträgers, das Zepter leitete sich aus der richterlichen Gewalt ab.

Die Stadt selbst wurde zum Monument der Republik. Strenge Baubestimmungen sorgten dafür, daß ein einheitliches Erscheinungsbild gewahrt blieb. Immer wieder priesen Reisende die äußere Erscheinung der Stadt als ein Abbild der politischen Verfassung. So auch Johann Wolfgang von Goethe, der 1779 über die Stadt Bern schrieb:

Sie ist die schönste die wir gesehen haben in Bürgerlicher Gleichheit ein wie das andere gebaut, all aus einem graulichen weichen Sandstein, die egalitaet und Reinlichkeit drinne thut einem sehr wohl, besonders da man fühlt, daß nichts leere Decoration oder Durchschnitt des Despotismus ist, edle Gebäude, die der Stand Bern selbst ausführt, sind gros und kostbar doch haben sie keinen Anschein von Pracht der eins vor dem andern ins Auge würfe.

F. de Capitani

Der Berner Ratssaal

Unter den öffentlichen Bauten, die im alten Bern das Stadtbild akzentuieren und den Stadtraum strukturieren, nimmt das Rathaus eine hervorragende Stelle ein, denn es bildet das profane Gegenstück zur Münsterkirche. Die Unabhängigkeit der Stadt drückt sich zuerst im eigenen Siegel (1224), dann im Bau eines besonderen Hauses für die Ratsversammlungen aus. Der Bau und die ersten Umbauten des heutigen Rathauses sind eng mit der städtischen Territorialpolitik verknüpft. So wie die mittelalterliche Verfassung in den Hauptzügen bis zum Ende des Ancien Régime galt, so beherbergten die im Spätmittelalter errichteten Bauten trotz verschiedener Neubaupläne die politischen Behörden bis zur Revolution und darüber hinaus, freilich vielfach umgebaut und neu ausgestattet.

Der Stadtbrand von 1405 bot den willkommenen Vorwand, im folgenden Jahr mit dem Bau eines neuen Rathauses zu beginnen, um dem Repräsentationsbedürfnis von Rat und Gericht zu genügen. Der Kleine Rat (latinisiert senatus, die Exekutive) tagte in der Kleinen Ratsstube, der Große Rat (latinisiert ducenti, d. h. Rat der Zweihundert, die Legislative) in der Burgerstube; beide Säle waren im ersten Obergeschoß gelegen, ursprünglich nebeneinander, später durch einen Korridor getrennt, und von Norden belichtet. Der Saal des Kleinen Rats maß 7 × 10 Meter, der des Großen Rats 11 × 13 Meter. Mitte des 15. Jahrhunderts wurde die Kleine Ratsstube durch Meister Steffan mit Wandgemälden versehen, die den Stadtpatron St. Vinzenz, die Wappen der Stadt Bern, der Herzöge von Zähringen und des Reichs sowie ein Bildnis des Königs Sigismund, der 1414 Bern besucht hatte, zeigten. Beide Ratssäle erhielten ein flaches Holzgewölbe, wie es damals in Süddeutschland und der Schweiz für Rats- und Zunftsäle üblich wurde. Die Quellen vermelden außerdem verschwundene Bilder, so eine Passion von Niklaus Manuel und Darstel-lungen der Schlachten von Murten, Dornach und Sempach (HOFER 1947, S. 182–183).

Im Jahre 1528 entschied sich Bern für die Reformation. 1536 folgte mit der Eroberung der Waadt die größte Gebietsausdehnung. Die erste wichtige Veränderung des Rathauses fand in der zweiten Hälfte des 16. Jahrhunderts statt und entsprach einerseits dem Repräsentationsbedürfnis als Ausdruck der Machtpolitik des bernischen Stadtstaates, andererseits der gespannten politischen und sozialen Lage, in der vieles auf dem Spiel stand. Die Kleine Ratsstube, wo das Bild des hl. Vinzenz bereits nach der Reformation zugedeckt worden war, wurde in den Jahren 1562–1566 renoviert und verlor spätestens damals die übrigen Wandgemälde. In den Jahren 1580–1586 war die Reihe an der Burgerstube, deren Wände sich mit einem komplexen ikonographischen Programm von politischer Aussage bedeckten. Während wir die Ausstattung der Kleinen Ratsstube aus schriftlichen Quellen und späteren Planaufnahmen kennen, dokumentieren Bildquellen die Ausstattung der Burgerstube (Kat. 207 und 230, ferner zwei Federzeichnungen von Rudolf Stettler, um 1832, Abb. in STETTLER 1942, S. 33, und HOFER 1947, S. 92, schließlich vier Bleistiftzeichnungen im Staatsarchiv des Kantons Bern, auf die uns Franz Bächtiger aufmerksam gemacht hat, wohl ebenfalls von Rudolf Stettler). Zahlreiche Ausstattungsstücke haben sich erhalten, darunter Gemälde (Kat. 208–212) und als Möbelstück der Ratsschreibertisch von 1578 (HOFER 1947, S. 164–166).

Die Bilder, die der Rat 1584 bei Humbert Mareschet bestellte, sind – zeittypisch – nicht auf die Wand, sondern auf Leinwand gemalt. Außer auf der Fensterseite füllten sie den Raum zwischen Getäfel und Decke, und zwar als schmales Band von einem Meter Höhe auf Ost- und Westseite, als flaches, von der Saaltür unterbrochenes Bogenfeld auf der Südseite. Die Westwand erhielt Darstellungen der Bannerträger der Dreizehn alten Orte (Kat. 208), die Ostwand Bilder aus der Stadtgründungsgeschichte (Kat. 209).

Die Gemälde der Südwand sind nur unvollständig erhalten, denn hier verdrängte Joseph Werners zweiteilige Allegorie (Kat. 214–215) 1682 beidseits der Saaltür ältere Stücke, von denen wir keinerlei Nachricht haben. Von dieser Südwand stammen (von links nach rechts) das *Salomonsurteil* (Kat. 210), der *Bundesschwur von Stans* (Kat. 211) und *König Skiluros mit seinen Söhnen* (Kat. 212). Soweit die Verluste einen Schluß zulassen, wird man sagen dürfen, daß in diesem Programm der Akzent von den humanistischen »exempla virtutis«, die im Basler Großratssaal dominieren (Kat. 27–41) auf die »vaterländischen« Themen verlegt ist. Den Berner Stadtvätern lag weniger daran, die Grundsätze des guten Regiments vorzustellen, als die Miteidgenossen zur Eintracht zu ermahnen, den Verzicht auf das reformatorische Verbot fremder Kriegsdienste zu rechtfertigen und identitätsstiftende Bilder anzubieten, in denen sich der Wert ihrer Republik und der Wert der Eidgenossenschaft gegenseitig steigerten. Die Betrachter, auf welche diese Gemälde zielten, waren weniger die Bürger als die Regierenden und vor allem die von ihnen empfangenen Gesandten und Botschafter. Der Bericht eines Vertreters der Sieben katholischen Orte, deren Abordnungen 1586 in Bern eintrafen (vgl. Kat. 209 und 211), bezeugt beispielhaft die außenpolitische Wirksamkeit solcher »visueller Kommunikation«.

Mareschets Gemälde enthielten bis ins 18. Jahrhundert das Wesentliche der Bildaussage des Berner Rathauses. Durch die Initiative des Malers Joseph Werner erhielt die Kleine Ratsstube 1662 eine Allegorie der Gerechtigkeit (Kat. 213). Zwanzig Jahre später malte er im Auftrag des Rats für die Burgerstube die schon genannte zweiteilige Allegorie der Republik; im Rahmen der Gesamtrenovation des Hauptgeschosses (1678–1695), zu der man nach dem schwierigen Zeitabschnitt des ersten und zweiten Jahrhundertdrittels schritt, begnügte man sich im übrigen mit der Auffrischung der Gemälde aus dem 16. Jahrhundert und mit Grauanstrich und Vergoldung des Getäfels.

Als im Jahre 1685 die Widerrufung des Toleranzedikts von Nantes durch König Ludwig XIV. drohte, ließen sich in Bern hugenottische Wirker nieder, die nach Vorlagen Werners einen Teppich für den Ratsschreibertisch in der Kleinen Ratsstube schufen (Kat. 216). Das Mobiliar wurde 1670–1673 und 1735 – bei der »Burgerbesatzung« – erneuert; fortan saßen die Mitglieder des Großen Rats auf gepolsterten Sitzen; die Wandbespannung, die Möbel und der Schultheißenthron (Kat. 217) zeigten Régenceformen. Am Vorabend des Untergangs des alten Bern, 1784–1785, erhielt die Kleine Ratsstube eine Bemalung in Weiß und Gold und einen Schultheißenthron im Stil Louis XVI (Kat. 218).

Die Regenerationszeit bewirkte nach 400 Jahren die ersten tiefgreifenden Veränderungen. Die Burgerstube wurde 1832–1833 in einen modernen Parlamentssaal umgebaut, vergrößert und mit Tribünen versehen, wie sie der demokratische Grundsatz öffentlicher Verhandlungen erheischte. Die Absicht, das Rathaus durch einen Neubau zu ersetzen, für den 1833 ein internationaler Wettbewerb ausgeschrieben wurde, versandete in den Geldnöten des regenerierten Kantons Bern und erlitt dasselbe Schicksal wie die ehrgeizigen Neubaupläne vom Ende des 18. Jahrhunderts (vgl. Abb. 2) – sie blieben auf dem Papier. Der vollständige Umbau des Rathauses in den Jahren 1939–1942 wollte dann die mittelalterlichen Elemente des Bauwerks zu Ehren bringen, opferte aber beide Ratssäle für einen noch geräumigeren Großratssaal. Karl Walser schmückte diesen wiederum mit Wandmalereien, bediente sich jedoch in einer für die Zwischenkriegszeit charakteristischen Art der allegorischen Mittel, um Mareschets Thema – Bau der Stadt – neu zu gestalten.   D. Gamboni

Lit.: FLURI: Ratsstube 1916; FLURI: Burgerstube 1924; FLURI 1927; STETTLER 1942; HOFER 1947, S. 1–200; WYSS 1968; KOPP 1972; BÄCHTIGER 1975; BÄCHTIGER 1976.

207

207

ANONYM SCHWEIZ

Empfang von Gesandten durch den Rat von Bern. Um 1600
Öl auf Leinwand, 54 × 114,5 cm
Bern, Bernisches Historisches Museum, Inv. 23989

Dieses Bild, 1934 aus England in das Bernische Historische Museum gelangt, ist die älteste unter den seltenen Darstellungen der Burgerstube. Sie zeigt den Zustand nach den Erneuerungsarbeiten von 1580–1586, doch nur teilweise; so sieht man von Mareschets Gemälden an West- und Ostwand allein die Bannerträger der Kantone Appenzell und Schaffhausen auf der linken Seite und – wahrscheinlich auch – das letzte Bild des Stadtgründungszyklus (Kat. 209 i) zur Rechten. Diese Beobachtung hat Michael Stettler, gefolgt von Paul Hofer und Peter Ferdinand Kopp, zur Annahme geführt, unser Bild sei während der Renovation gemalt worden, als an den Wänden erst einige Entwürfe Mareschets hingen. Das Thema der Darstellung ist ein Ereignis, bei dem zwei stehende Männer mit entblößtem Haupt, der eine von hinten, der andere von der Seite gesehen, die Hauptrolle spielen. Stettler deutet die Szene als Empfang des französischen Gesandten, den

ein Dolmetscher begleitet, zur Beeidigung eines Vertrags im Juli 1583; für Hofer handelt es sich um eine »Gesandtenaudienz« im Jahre 1584. Kopp bezeichnet den Mann zur Rechten einfach als Schultheißen. Nach der 1987 vorgenommenen Restaurierung des Gemäldes hat Franz Bächtiger vorgeschlagen, die Szene in Verbindung mit dem am 3. März 1615 zwischen Venedig, Bern und Zürich (vgl. Kat. 114) geschlossenen Pakt zu bringen, für den der Gesandte Gregorio Barbarigo in den beiden eidgenössischen Städten geworben hatte; das auffällige Tier wäre dann nicht, wie Stettler annimmt, ein Hund, sondern der Markuslöwe (Führungsblatt). Nach dieser neuen Hypothese müßte man den fragmentarischen Charakter der Ausstattung nicht dem Zustand der Burgerstube zuschreiben, sondern dem Maler unseres Bildes. So ließe sich auch erklären, warum die wohl seit der Mitte des 15. Jahrhunderts sichtbaren Vogtei- und Ratsherrenwappen an der Decke fehlen (HOFER 1947, S. 91, Anm. 2). Ungelöst bleibt dabei die Frage, warum das Gemälde die Wappentiere auf den Darstellungen der Bannerträger von Appenzell und Schaffhausen seitenverkehrt zeigt (siehe Kat. 208).

Wir blicken von der Haupttür aus Richtung Norden in den Ratssaal; die zunächst sitzenden Ratsherren wenden dem Betrach-

208 a   208 b   208 c

ter den Kopf zu. Das fünfteilige Fenster, mit Butzenscheiben verglast und in der Mitte mit zwei Kabinettscheiben von 1580 geschmückt, läßt nur gedämpftes Licht ein. Die Düsterkeit wird durch das Wandgetäfel und das 1583 graublau bemalte Holzgewölbe verstärkt (HOFER 1947, S. 91). Das Ganze ist von einer Kargheit, welche fremde Gesandte (aus Paris oder Venedig) überraschen mußte. Die Ausstattung beschränkt sich aufs Äußerste und konzentriert den Schmuck wie in anderen Schweizer Rathäusern auf die Wände (KOPP 1972, S. 22). Der Boden blieb frei; bis zum reformatorischen Verbot von 1532 konnte hier getanzt werden. Die Möblierung bestand aus dem Ratsschreibertisch von 1578 und den lehnenlosen, ungepolsterten Bänken der Ratsherren. Die Mitglieder des Großen Rats tragen als Amtstracht den schwarzen Mantel, das Schwert und ein Barett; sie sitzen in 11 Reihen zu etwa 20 Personen der Ostwand gegenüber, durch die man in die Kleine Ratsstube gelangt. Der Kleine Rat, dessen Mitglieder die hutartige Berüsse und einen pelzverbrämten Mantel tragen, sitzen leicht erhöht auf Bänken entlang den Wänden.

Das Gemälde ist oben beschnitten; man sieht dort die Zipfel von Vorhängen und die Füße zweier Engel oder Allegorien. Diese dürften eine Inschrift gehalten haben, die den Anlaß dieses Erinnerungsbildes erklärte.

D. Gamboni

Lit.: *Jahrbuch des Bernischen Historischen Museums* 1934, S. 109, 120; STETTLER 1942, S. 11; HOFER 1947, S. 91–92; KOPP 1972, S. 17–18; *Jahresbericht des Bernischen Historischen Museums* 1987, S. 41.

208 a–m

HUMBERT MARESCHET
Um 1520/30–1593

Die Bannerträger der XIII Orte
1584–1585
Öl auf Leinwand, 13 Bilder verschiedenen Formats, zusammen 95 × 1090 cm
Bern, Bernisches Historische Museum, Inv. 282, 1–13

Mareschet stammte aus Nordfrankreich oder Flandern. Er hielt sich angeblich in Aix-en-Provence und Lyon auf, bevor er sich, wohl als Glaubensflüchtling, in Lausanne niederließ. In der Waadt hatte er bereits verschiedene Gemälde, vor allem in Rathäusern, ausgeführt (GRANDJEAN 1976, S. 97; PRADERVAND 1990), als ihn 1584 der Berner Rat mit den Gemälden für die Burgerstube beauftragte. Am 3. August 1584 empfing er Anweisungen zum Bildinhalt. Er arbeitete rasch und zur großen Zufriedenheit der Behörden. Diese gewährten ihm nach der Vollendung der Gemälde für die Seitenwände einen Badeaufenthalt von einem Monat

208 d   208 e   208 f

in Thun und bezahlten die Restsumme der
für den ganzen Auftrag vereinbarten 130
Kronen im Februar 1586 (FLURI: Burgerstube 1924, S. 80–82).

Der Gemäldezyklus der Bannerträger der
XIII Orte, d. h. die Vergegenwärtigung der
Vollmitglieder der Alten Eidgenossenschaft,
für die Westwand der Burgerstube be-
stimmt, ist 1894 in Einzelbilder zerlegt in
das Bernische Historische Museum gelangt.
Die Reihenfolge wurde 1975 von Franz
Bächtiger wiederhergestellt; ihr liegt die
Analyse der Bilder (Perspektive, Figurenstel-
lung) und die Rangordnung der Orte zugrunde, wie sie seit dem 16. Jahrhundert
galt: festgelegt nach der Reihenfolge des
Bundesbeitritts und nach den Machtverhält-
nissen (BÄCHTIGER 1975, S. 264; BÄCHTI-
GER 1976; GANTNER 1987, S. 145–147).
Wir finden dieselbe Rangordnung in den
Wappen am oberen Rand von Christoph
Murers *Ursprung* (Kat. 53); Zürich nimmt als
»Vorort« die Mitte ein, dann folgen, heraldisch rechts beginnend, die anderen Orte ab-
wechselnd auf beiden Seiten. Die Reihenfolge von Mareschets Bannerträgern ist
komplizierter, nämlich von links nach rechts
gelesen: Appenzell (13), Schaffhausen (12),
Solothurn (11), Basel (9), Zug (7), Schwyz
(5), Luzern (3), Zürich (1), Bern (2), Uri (4),
Unterwalden (6), Glarus (8), Freiburg (10).
Zwei Deckenkonsolen machten eine Unterteilung in eine Dreiergruppe links und zwei

Fünfergruppen rechts notwendig; Zürich und
Bern führten, Seite an Seite, je eine Fünfer-
gruppe an; offenbar wollte man Bern mit
Zürich auf dieselbe Stufe stellen.

Bächtiger unterstreicht zu Recht die Geschlossenheit des Zyklus nach seiner Wiederherstellung: einerseits die Einheit in der
Landschaft des Hintergrunds, die nicht die
einzelnen Orte zu charakterisieren sucht,
sondern mit ihren Flüssen, Seen und
Schneebergen eine einheitliche imaginäre
Schweizer Gegend mit Bauernhöfen, Brük-
ken, Städten und – auf die römische Vergangenheit der Schweiz anspielend – antiken
Ruinen (Basel Schwyz, Luzern) zeigt, andererseits die Einheit in Stellung und Bewegung der Bannerträger, die sich gegen einen
zwischen Zürich und Bern liegenden Mittelpunkt wenden. Dieser bildhafte Aufruf zur
Eintracht gehört zu den stets wiederkehren-
den Themen der Rathausikonographie. Er
schien den Auftraggebern um so dringender,
als die Einigkeit durch die konfessionelle
Spaltung und deren Auswirkungen im Europa der Konfessionskriege bedroht war und
Bern eine Vermittlerrolle zu spielen trachtete
(VON GREYERZ 1953, S. 50–56; BÄCHTIGER
1975, S. 264–269). Ende 1585 richteten die
vier reformierten Städte Zürich, Bern, Basel
und Schaffhausen in der Tat an die sieben
katholischen Orte einen entsprechenden
Aufruf zur eidgenössischen Solidarität,
worin sie an die gemeinsame Grundlage der

208 g   208 h   208 i

Befreiungskämpfe ihrer Vorfahren erinnerten. Anfang 1586 antworteten die VII Orte; sie baten die reformierten, zur Religion der Väter zurückzukehren und sandten ihrerseits eine Abordnung in jede der vier Städte; diese wurde auch in der Burgerstube von Bern empfangen.

Der Sprecher dieser Gesandtschaft, der Luzerner Stadtschreiber Renward Cysat, berichtet, die Katholiken hätten die bernische Regierung gefragt, warum sie das Tragen geschlitzter Gewänder in ihrer Stadt erlaubten; die Antwort lautete, daß seit dem Bündnis mit Frankreich von 1583 »sy yetz ouch kriegslüt syent« (zit. in BÄCHTIGER 1975, S. 264). Das Motiv der alten Schweizer Krieger, vom Zyklus der Bannerträger wiederaufgenommen, entspricht der Absicht, die Rückkehr Berns zum Söldnerwesen zu rechtfertigen; das geschieht hier mit einem Zeichen für Kontinuität, das gerade auf dem Gebiet des Kriegerethos wichtig war, weil die Katholiken jederzeit auf den Traditionsbruch in Glaubenssachen hinzuweisen vermochten. Diese Nebenabsicht läßt den bewußten Archaismus der Tracht verstehen (HOFER 1947, S. 185: Mitte 16. Jahrhundert; BÄCHTIGER 1975, S. 264: 1530er Jahre), dessen Wirkung durch das reife Alter und die großen Bärte der Bannerträger verstärkt wird. Diese stolzen, entschlossenen, kriegerischen Männer, welche – mehr emblematisch als politisch – die XIII Orte vertreten, sollen die tapferen Vorfahren beschwören, die, bevor die Glaubensspaltung den Gegensatz zwischen den Städten und den Länderorten verschärfte, ihre Waffen eher in den Dienst der eigenen Freiheit als in den fremder Fürsten gestellt hatten.

Ein Kostümdetail unterstreicht den Aufruf zur Einigkeit: das Schweizerkreuz, das verschiedentlich im Muster der geschlitzten Gewandteile erscheint (BÄCHTIGER 1975). In den komplexen Beziehungen zwischen Gleichheit und Vorrang, zwischen Solidarität und Antagonismus sind der eidgenössische und der bernische Patriotismus aufgerufen, sich gegenseitig zu stützen. Das Gold, das Mareschet in seinen Rathausbildern sparsam verwendet – für Salomos Thron, für Waffenteile – breitet sich in den *Bannerträgern* nur einmal aus: um auf der Berner Fahne den Weg zu zeichnen, den der Berner Bär einschlägt.   D. Gamboni

Lit.: HOFER 1947, S. 184–185; WYSS 1968; BÄCHTIGER 1975, S. 263 ff.; BÄCHTIGER 1976.

208 j   208 k   208 l

208 m

209 a–i

HUMBERT MARESCHET
Um 1520/30–1593

**Die Gründung und Erbauung der Stadt
Bern im Jahre 1191.** 1585–1586
Öl auf Leinwand, 9 Bilder verschiedenen
Formats, zusammen 67 × 1132 cm
Bern, Bernisches Historisches Museum,
Inv. 800 (a–h) und 39498

Der Gemäldezyklus stammt von der Ostwand der Burgerstube. Dargestellt sind folgende Szenen: (a) Herzog Berchtold V. von
Zähringen, Rektor von Burgund, betraut
Cuno von Bubenberg mit der Erbauung einer neuen Stadt; dieser befragt seine Jäger
nach einem günstigen Platz; die Jäger be

zeichnen ihm die von einer Aareschleife gebildete Halbinsel mit der Burg Nydegg; (b)
während der Jagd, die im dortigen Eichenwald veranstaltet wird, soll das zuerst erlegte
Tier – ein Bär – der künftigen Stadt Namen
und Wappenbild geben; (c) der Bär wird im
Triumph zurückgebracht und (d) dem Herzog von Zähringen vorgeführt; (e) der Wald
wird gerodet; die Äxte der Zimmerleute machen die Stämme zu Balken; (f, g, h) man
haut Steine, mischt Mörtel und baut die
Stadt unter den Augen des Herzogs
Berchtold V., den Bubenberg angesichts der
eigenmächtigen Vergrößerung besänftigen
muß; nach dem Tod des letzten Zähringers
verleiht ihr Kaiser Friedrich II. von Hohenstaufen in der Goldenen Handfeste die
Rechte einer freien Reichsstadt.

Die von Mareschet dargestellte Legende
erscheint erstmals 1415 in der *Berner Chronik*
von Konrad Justinger. Als wesentliches Instrument der Identitätsbildung durfte das
Thema der Geschichte von Stadt oder Staat
in den Bildprogrammen republikanischer
Rathäuser nicht fehlen (FRÖSCHL 1988,
S. 262 ff.). In Bern bildet die Stadtgeschichte
das Pendant zu den eidgenössischen Bannerträgern; das Thema kristallisiert sich in der
Totemfigur des Bären, der mitten im erwählten Land geopfert und zu heraldischen
Würden erhoben wird. Namentlich für die
fremden, in der Burgerstube empfangenen
Gesandten sollte der Gemäldezyklus die

209 a

209 b

209 c, d

Rechtmäßigkeit (dynastische Gründung, links) und die Unabhängigkeit (rechts) des Stadtstaates vorzeigen. In der Schlußszene findet man an Hand und Hals des Vertreters von Bern sowie an der Hand eines kaiserlichen Bewaffneten die Wappen Berns, der Zähringer und des Reichs, wie sie im 15. Jahrhundert an den Wänden der kleinen Ratsstube zu sehen waren (vgl. auch Kat. 5–15). Aber die Personen dieser weit zurückliegenden Geschichte tragen, anders als die Bannerträger der XIII Orte, zeitge-

nössische Kleidung, eine Vergegenwärtigung, die sich besonders deutlich im spanischen Kostüm der Höflinge (HOFER 1947) und in den kurzgeschnittenen Bärten zeigt. Vielleicht ist eine weitere Abgrenzung beabsichtigt: Man erkennt nämlich auf der Brust eines Kriegers von Cuno von Bubenberg, ganz links, und an den Beinlingen des Höflings, der dem Kaiser am nächsten steht (ganz rechts), Schweizerkreuz und Andreaskreuz, die, obwohl unauffällig, unverkennbar den Schweizer Reisläufer und den deut-

209 e

209 f–h

209 i

schen Landsknecht unterscheiden (siehe BÄCHTIGER 1975). Am Ende des 16. Jahrhunderts, als die Bilder Mareschets entstanden, war Bern nur noch formell ein Teil des Heiligen Römischen Reiches Deutscher Nation. Der Vertreter Berns, statt vor dem Kaiser zu knien, scheint im Begriffe sich zu erheben.　　　　　　　　　　D. Gamboni

Lit.: HOFER 1947, S. 186; Führungsblatt des Bernischen Historischen Museums (Franz Bächtiger).

210

HUMBERT MARESCHET
Um 1520/30–1593

Das Urteil Salomos. 1593
Öl auf Leinwand, 148 × 324 cm
Bern, Bernisches Historisches Museum,
Inv. 284

Die dargestellte Szene entspricht der Bibelstelle, die auf der Inschrift an der obersten

210

Thronstufe angegeben ist (nach heutiger Zählung 1. Könige 3, 16–28): Zwei Prostituierte, die im gleichen Haus wohnten und zur gleichen Zeit ein Kind geboren hatten, traten vor den König. Die eine klagte, die andere habe ihr bei Nacht das Kind gestohlen und an dessen Stelle das ihre gelegt, das sie im Schlaf erdrückt hatte. Die andere leugnete und behauptete, das lebende Kind sei das ihre. Salomo befahl: »Holt mir ein Schwert her ... und teilet das lebendige Kind in zwei Teile und gebt dieser die Hälfte und jener die Hälfte.« Die eine bat, das Kind nicht zu töten, sondern es eher ihrer Rivalin zu geben. Salomo erkannte darin die Mutterliebe und sprach ihr das Kind zu. Das Volk sah, »daß die Weisheit Gottes in ihm war, Gericht zu halten«. Die Szene spielt in der offenen Halle im Obergeschoß eines Palastes. Salomo thront mit Krone und Zepter und gibt den Befehl, das Kind zu teilen, während die wahre Mutter dem Schwertführenden in den Arm fällt und so den Ausgang des Urteils anzeigt. Zahlreiche Personen wohnen dem Gericht bei; ihre Gewänder sind wie die Architektur antikisierend.

Das Gemälde befand sich ursprünglich an der Südwand der Burgerstube, zwischen dem Getäfel und der gewölbten Decke, die den gebogenen Abschluß erklärt. Innerhalb von Mareschets bekannten Rathausgemälden handelt es sich um das einzige Bild, das keine unmittelbare Anspielung auf Bern und die Eidgenossenschaft enthält. Ganz links liest man in einer Nische über dem Datum 1585 die gerahmte Inschrift »Richtend Recht / O ir mentschen kindt / Beyd theil zhören / jr Schulldig sind.« Das Thema nimmt Bezug auf die gesetzgeberischen wie auf die richterlichen Aufgaben des Rats. Wenn aber gerade das Urteil Salomos eines der beliebtesten Gerechtigkeitsbilder in den Ratssälen ist, dann wird man auf die »Politisierung« der Gerechtigkeit im Rahmen der Tugendlehre hinweisen müssen, die sich am Ende des Mittelalters parallel zur modernen Staatlichkeit anbahnt (SCHILD 1988, S. 86, 132 ff., 150; vgl. Kat. 43). Die Gerechtigkeit erscheint so als eine Grundvoraussetzung des Guten Regiments, und die Weisheit Salomos, göttlichen Ursprungs, liefert das Vorbild der Eigenschaften, welche die Machthaber beanspruchen. D. Gamboni

Lit.: HOFER 1947, S. 186.

211

211

HUMBERT MARESCHET
Um 1520/30–1593

Der Bundesschwur zu Stans. 1586
Öl auf Leinwand, 227 × 215 cm
Bern, Bernisches Historisches Museum,
Inv. 283

Im ikonographischen Programm der Burgerstube kommt diesem Gemälde eine zentrale
Stellung zu. Paul Hofer vermutete, es habe
die Mitte der Südwand über der Tür eingenommen (1947, S. 182 und 187). Aber das
Zeugnis von Renward Cysat, der es hinter
dem Ofen sah, weist darauf hin, daß es von
Anfang an auf der rechten Seite der Wand,
unmittelbar links vom Skiluros-Bild plaziert
war (BÄCHTIGER 1975, S. 266). Die Architektur im Skiluros-Bild (Kat. 212) setzte sich
in dem großen, die Stanser Szene rahmenden Bogen fort; der heutige Segmentbogen-
abschluß dürfte nicht ursprünglich sein.

Das Gemälde zeigt vor einer Pfeiler- und
Säulenarchitektur, die sich auf eine Land-
schaft mit Seen und Bergen öffnet, dreizehn
Krieger – ähnlich den Bannerträgern der
Westwand –, in deren Gewänder das
Schweizerkreuz eingeschlitzt ist, in einem
Kreis vereint, um die rechte Hand zum Bun-
desschwur zu erheben. Sie stehen in der her-

gebrachten Rangordnung (siehe Kat. 208), die Vertreter von Zürich und Bern dem Betrachter gegenüber in der Mitte des Bildes. In der linken unteren Ecke wird der Kreis von Niklaus von Flüe geschlossen, dem Einsiedler, der bei der Tagsatzung von Stans 1481 die Versöhnung zwischen den Länderorten und den Städten herbeiführte; er legt die eine Hand dem Vertreter Basels (reformiert), die andere dem Vertreter Solothurns (katholisch) auf die Schulter. Oben erscheinen in den Wolken die Worte »Gott spricht« und zwei Engelchen, die eine Inschriftkartusche halten: »Das üwere fryheit hab ein bstand / So haltend styff der liebe bannd.«

Die Komposition ist der Hauptszene von Christoph Murers Stich *Vermanung an ein Lobliche Eydgnoschafft zur Einigkeit* (1580, Kat. 54) entliehen. Mareschet hat dieses Bild wohl von den Verantwortlichen des ikonographischen Programms als Vorbild bekommen. Er begnügt sich mit geringen, aber bezeichnenden Änderungen. Bruder Klaus zeigt im Stich auf die Skiluros-Szene; da diese im Berner Rathaus auf einem gesonderten Bild (Kat. 212) dargestellt war, kann er mit beiden Händen zur Versöhnungsgeste ausholen. In Murers Stich tragen die Engel eine Urkunde, an der die Siegel der XIII Orte hängen; im Gemälde bezeichnen die in den Standesfarben gehaltenen Gewänder deren Vertreter. Der von Zürich (im Gemälde bärtig) und der von Bern wenden sich nicht wie im Stich dem Nachbar zu, sondern einander. Die wichtige Mittlerrolle Berns wird dadurch unterstrichen, daß sein Wortführer die Schwurhand so weit emporstreckt, daß sie sich als einzige von der Landschaft abhebt und auf das Eingreifen Gottes weist. Das erinnert an die Hand, die auf Jakob Stampfers *Patenpfenning* (1548, Kat. 170) den Wappenkranz zusammenhält, genau zwischen Zürich und Bern.

Die Benennung der Szene ist umstritten. Für Fluri handelt es sich um den Bundesschwur der XIII Orte (1924, S. 81); die Gegenwart des Bruders Niklaus von Flüe führt Hofer, Bächtiger und Thea Vignau-Wilberg zur Eingrenzung auf den Bundesschwur zu

Stans, aktualisiert durch die Darstellung der XIII statt der VIII Alten Orte. Nach P. Rupert Anschwand schließt die Ikonographie der Tagsatzung zu Stans das Motiv des Bruderschwurs aus; es handele sich um ein imaginäres zeitgenössisches Ereignis, bei dem der altverehrte Niklaus von Flüe als geistiger Führer angerufen werde (1987, S. 261–265). Der Gegensatz greift nicht tief. Es geht auf jeden Fall darum, das »Krisenmanagement« von 1481 durch die Person des Schutzheiligen in Erinnerung zu rufen und als Muster darzustellen. Der Einsiedler wird von beiden Parteien in der Eidgenossenschaft beansprucht. Die Reformierten legen die Betonung auf seine historische Rolle als politischer Mittler; die Katholiken beschränken sich auf die religiöse Dimension (Durrer 1921 bzw. 1981, II, S. 851 ff.). Was Renward Cysat berichtet, ist bezeichnend: Als die katholischen Gesandten Anfang 1586 in der Burgerstube empfangen wurden, machte man sie auf die Darstellung von »Bruder Claus« als Ratgeber der schwörenden Eidgenossen aufmerksam; die Gesandten aber stießen sich an einer Einzelheit: »anstatt deß pater nosters am gürtel, haben sy jme ein große wynfleschen angemalet« (zit. in Bächtiger 1975, S. 266 und 268). D. Gamboni

Lit.: Fluri: Burgerstube 2924, S. 81; Hofer 1947, S. 186–187; Bächtiger 1975, S. 265–269; Kapossy 1979; Vignau-Wilberg 1980, S. 107–108; Vignau-Wilberg 1982, S. 16–17; Amschwand 1987, S. 264–265.

212

HUMBERT MARESCHET
Um 1520/30–1593

König Skiluros und seine Söhne. 1585
Öl auf Leinwand, 147 × 252,5 cm
Bern, Bernisches Historisches Museum,
Inv. 285

Dieses Gemälde bildete das Gegenstück zum Urteil Salomos (Kat. 210) und befand sich zuäußerst rechts an der Südwand der Burgerstube, gerahmt von einer gemalten Nische

212

und wie das Salomo-Bild von einem Reim-
spruch begleitet. Dargestellt ist eine schon
von Äsop erzählte Fabel (ROTH 1965,
S. 104): Der Skythenkönig Skiluros gibt seinen Söhnen auf dem Totenbett seinen letzten Rat in einem Gleichnis; die Söhne zeigen dessen Wahrheit vor, und die Legende
erläuterte sie: »Ein stab bricht ring / Ein
Bundt bestaht / Syt einig kindt / Das ist my
Raht«.
Die Zahl der Söhne – dreizehn – nimmt
erneut Bezug auf die politische Lage der Eidgenossenschaft; Skiluros spielt die Rolle, die
später Helvetia übernehmen sollte (KAPOSSY
1979, S. 290; KREIS 1991). Die Fabel von
Skiluros erschien schon auf der Vorderseite

der Medaille, die 1584 anläßlich des Besuchs
der Zürcher Jugend in Bern gegossen wurde
(KAPOSSY 1979) und zuvor, 1580, als linkes
Nebenbild auf Christoph Murers Stich Vermanung (Kat. 54), dessen Komposition Mareschet wie beim Bundesschwur übernommen
hat. Es ist möglich, daß Murers dritte Szene,
die Fabel von Sertorius' Pferden (vgl.
Kat. 28), auf einem verschwundenen Gemälde Mareschets ebenfalls dargestellt war.
Wiederum entfernt sich Mareschet nur
wenig von seinem Vorbild; er übernimmt
sogar Murers sich kratzenden Hund. Dagegen läßt er den Affen weg, den Murer auf
eine Balustrade setzt, und gibt statt dessen
einen Löwenkopf – Symbol der Stärke? –

und schmückt damit einen Säulenstuhl. Gebrach es Mareschet an Erfindungsgabe, daß er die Rückenfigur des Sohnes rechts spiegelbildlich zu dem links bildet und ihn mit dem Arm seines Vordermannes zeichnet? Auffallenderweise verwandeln sich die gebrochenen Stäbe von Skiluros' Kindern in Pfeile, vielleicht eine Anspielung auf Tell; die Frucht auf dem Tisch könnte ein Apfel sein. Schließlich verdient die Tatsache Erwähnung, daß das Liktorenbündel, ein Verweis auf die Antike wie in unserem Bild Tracht und Bauwerk, bald eines der bevorzugten Embleme der Republik Bern werden sollte (vgl. Kat. 215, 216, 230).

D. Gamboni

Lit.: HOFER 1947, S. 186; KAPOSSY 1979; VIGNAU-WILBERG 1980, S. 107–108; VIGNAU-WILBERG 1982, S. 47; Auskünfte von Franz Bächtiger.

213

JOSEPH WERNER
Bern 1637–1710 Bern

Allegorie der Gerechtigkeit. 1662
Öl auf Leinwand, 166 × 255 cm
Bern, Bernisches Historisches Museum
(Depositum des Kunstmuseums Bern;
Eigentum des Staates Bern)

Sohn eines von Basel nach Bern ausgewanderten, oft mit eher handwerklichen Arbeiten beschäftigten Malers, genoß Joseph Werner eine breite, internationale Ausbildung, namentlich bei Matthäus Merian in Frankfurt a. M., dann in Italien, wo er sich erfolgreich als Miniaturist spezialisierte. An den französischen Hof berufen, machte er 1662 in Bern halt und bot der Stadt diese *Allegorie der Gerechtigkeit* an; durch Ratsbeschluß vom 8. Dezember erhielt er zur Belohnung eine Denkmünze. Das Gemälde kam an die Südwand der kleinen Ratsstube und blieb da bis zum Anfang des 19. Jahrhunderts.

Die Inschrift, die wir unten rechts auf einer Kartusche über der stolzen Signatur

«Josephus Wernerus, Jun: inven: et Pinxit» lesen, gibt den Schlüssel der Allegorie: »Diß recht gerechte bild mit Zweyter Cron gezieret / durch Warheit vnd Verstand, Gotts lieb mit opffer ehret, / vertreibt durch Gottes straff, die Missethat der welt, / vnd Vnschuld wider gwalt, in stetem schutzen helt«. Die Gerechtigkeit sitzt auf einem mit dem Berner Bären geschmückten Thron, der erhöht vor einem Vorhang steht. Sie hat die Augen verbunden (Unvoreingenommenheit), trägt einen hermelinbesetzten Mantel (Würde), hält eine Waage (Billigkeit) in der Linken, die sich auf die Gesetzestafeln stützt, und ein Schwert (Strafe) in der Rechten, welche zugleich die Unschuld (Kind mit Lamm) schützt. Die gerüstete Minerva krönt sie von rechts mit Lorbeer. Links hält ihr die nackte Wahrheit den Spiegel und ein goldenes Diadem entgegen, während sich Fides (der Glaube) vorbeugt und sie beweihräuchert. Ein Engelchen, das den göttlichen Blitz wie Cupido seinen Pfeil hält, stürzt die Missetat von den Stufen; sie erscheint als Eva: verführerisch (halbnackt, mit Apfel), eitel (Spiegel mit Pfauenfedern), raffgierig (Börse, Goldkelch), dumm (Eselshaut) und gewalttätig (Dolch und Pfeil).

Mehr als die Weisheit (vgl. Kat. 210) symbolisiert nun die tätige Gerechtigkeit (iustitia militans) das Monopol der legitimen Gewalt, das vom Staat beansprucht wird (SCHILD 1988, S. 142 ff.). Die staatsmännischen Tugenden, die Werner hier gemalt hat, sind jedoch nicht als Selbstdarstellung der bernischen Regierung zu verstehen, sondern als Spiegel, den ihr der junge Künstler entgegenhält, zweifellos in der Absicht, vor der Abreise in ein Zentrum der europäischen Hofkunst seinen Ruf in der Vaterstadt zu festigen und sich für die Zukunft öffentliche Aufträge zu sichern. Die Ratssäle waren wohl der einzige Ort, um ein Bild dieser Art aufzunehmen, und Werner gelang es so, gewissermaßen den Mittelpunkt der Regierungstätigkeit und den Versammlungsort der Vertreter einflußreichster Familien zu besetzen. Als er 20 Jahre später nach Bern zurückkehrte, erhielt er in der Tat zwei öffentliche

213

Aufträge, den ersten für die Burgerstube (Kat. 214, 215), den zweiten für die kleine Ratsstube (Kat. 216).

In diesem eigentlichen Meisterstück zeigt der Künstler seine Beherrschung der allegorischen und der malerischen Ausdrucksmittel (GLAESEMER 1974, S. 63–67). Ist es eine Nachwirkung der Reformation, daß Werner sein Können in Anatomie und Aktmalerei weniger an der Figur der Wahrheit als an der Missetat vorführt? Hinweise auf die Künste und Wissenschaften fehlen, wenn man nicht Minerva, hier vor allem Vertreterin der Weisheit, auch als Beschützerin der Künste und Wissenschaften auffassen will, ein Thema, das zu Ende des 18. Jahrhunderts Jacques Sablet den Bernern vor Augen stellen wollte (Kat. 233, 234).   D. Gamboni

Lit.: HOFER 1947, S. 190; GLAESEMER 1974, S. 66–67 und 181–182 (Nr. 111), mit Bibliographie; SCHILD 1988, S. 145–146 (Abb. 227).

214, 215

JOSEPH WERNER
Bern 1637–1710 Bern

Berna mit den Allegorien der Felicitas und der Fides. 1682
Öl auf Holz, 160 × 152 cm
Bern, Bernisches Historisches Museum,
Inv. 1951 (Farbtaf. VII)

Justiz und Weisheit. 1682
Öl auf Holz, 160 × 106 cm
Bern, Bernisches Historisches Museum
(Depositum des Kunstmuseums Bern;
Eigentum des Staates Bern)

Diese »Allegorie der Tugenden der Republik« befand sich in der Burgerstube des Rathauses und damit im politischen Zentrum des bernisches Staates; sie versteht sich als Ausdruck der Selbstdarstellung der patrizischen Republik und steht in der Tradition von Darstellungen des »Guten Regiments«

in den europäischen Stadtstaaten seit dem späten Mittelalter. Nachdem Joseph Werner schon 1662 auf dem Weg an den Hof des Sonnenkönigs nach Paris in Bern Station gemacht und der Stadt eine *Allegorie der Gerechtigkeit* verehrt hatte, fertigte er zwanzig Jahre später, diesmal aus Paris kommend, die vorliegende Staatsallegorie an. Im Zusammenhang mit der tiefgreifenden Umgestaltung der Burgerstube (zwischen 1679 und 1683) konnte Werner seine Allegorie an der Südwand des Raumes plazieren, sah sich allerdings gezwungen, die Darstellung in zwei (ungleiche) Teile zu trennen, da sie zu beiden Seiten der prunkvollen, 1680 errichteten Portalädikula mit dem Sinnspruch «Audiatur et altera pars» angebracht werden mußte (HOFER 1947, S. 93). Die Bilder ersetzten

214

zwei ältere Allegorien (unbekannten Inhalts) des Humbert Mareschet aus dem 16. Jahrhundert. Die ursprünglich wohl beabsichtigte Erneuerung der Bilder der gesamten Südwand unterblieb, vermutlich auch weil der Rat der Stadt an den Allegorien Werners wenig Gefallen fand – nachdem der Rat die Forderung des Malers bereits von 70 auf 50 Dublonen reduziert hatte, erfolgte die Bezahlung erst 1683, ein Jahr nach ihrer Fertigstellung. Fehlendes öffentliches Interesse und die Abwesenheit einer Hofkultur erklären wohl die eher kühlen Reaktionen der Obrigkeit auf den komplexen Bildinhalt der Wernerschen Arbeit. Eine Bemerkung David Humes von 1742, 'that a republic is most favourable to the growth of the sciences, a civilized monarchy to that of the polite arts' (HUME 1987, S. 124), illustriert aber mehr als Werners schmerzliche Erfahrung; sie traf auf die eidgenössischen Republiken (BÄTSCHMANN 1989, S. 113) ebenso zu wie auch auf die nordamerikanische Republik des späten 18. Jahrhunderts.

Um die Segnungen einer guten Regierung und Verwaltung umfassend darzustellen, konzentrierte Werner eine Vielzahl von Attributen und Symbolen auf wenige Personen. Nun sind aber Tugenden, Laster bzw. Leidenschaften insgesamt Begriffe, die der Anschauung an sich unzugänglich sind; um

daher die Botschaften ihrer begrifflichen Abstraktheit in sinnlich wahrnehmbaren Bildern auszudrücken, gab es die »sprechenden Bilder« der Ikonologiebücher, die in der Nachfolge von Cesare Ripa den Künstlern und Kunstinteressierten zur Verfügung standen. Joseph Werners Ausbildungsgang und die Themenwahl seiner Bilder belegen seine diesbezüglichen Kenntnisse (KUNZE 1942, S. 414).

Im Mittelpunkt der als Einheit aufgefaßten Bildteile stehen zwar der bewaffnete Bär sowie der Wappenschild der Republik, doch wird die Darstellung beherrscht von der gut gerüsteten Personifikation der Stadt als »Berna«, gestützt auf den Wappenschild und versehen mit dem Schwert der Souveränität. Die ihr zu Füßen sitzende weibliche Allegorie vermittelt mehrere Aussagen: Der allgemeine Wohlstand wurde gemäß der ikonologischen Tradition durch die Attribute des Friedens und des Überflusses versinnbildlicht. Bei der Personifikation dieser »Felicitas Publica« hat Werner zwar das reiche Füllhorn (Cornucopia) und das ährenbekränzte Haupt dargestellt, jedoch das Friedensattribut (Palmzweig) durch die Freiheitsmütze (pileus), das Zeichen der »Libertas«, ersetzt, und in deutlich betonter Geste wird der »Berna«

versehen mit den Attributen des Buches (als Zeichen genauen Studiums der Grundlagen des Ratgebens) sowie der Eule (des Symbols der Weisheit) und gestützt auf einen Januskopf: der notwendige Blick in Vergangenheit und Zukunft verleiht dem Ratschlag die nötige Autorität. Die Personifikation der Gerechtigkeit schreitet auf die »Berna« zu und vollzieht das Ergebnis der Beratungen; sie hält in der einen Hand das Liktorenbündel (fasces) als Zeichen der Jurisdiktionsgewalt. In der erhobenen Linken nehmen Palmzweig, Myrte und Olivenkranz als Friedensattribute Bezug zum Füllhorn der personifizierten »Felicitas Publica« auf dem linken Bild.

Freiheit nach außen, Gerechtigkeit und innerer Friede sind somit die Bedingungen für Wohlstand und Prosperität: Die »Fasces« stehen also neben ihrem Hinweis auf Herrschaft und Macht für die innere Eintracht und Einigkeit der Bürger im stadtrepublikanischen Gemeinwesen, für »Concordia«.

T. Fröschl

Lit.: HOFER 1947, S. 190–191; GLAESEMER 1974, S. 26, 63–67, 186–188; KAPOSSY: Werner 1975; BÄTSCHMANN 1989, S. 113–117.

215

dieses Sinnbild der republikanischen Freiheit zum Schutz anvertraut. Die »Defensio Libertatis« steht damit als Hauptaufgabe der »Berna« im aussagemäßigen Zentrum des Bildes. Das Ruder kann schließlich sowohl als Attribut des Staatsschiffs als auch der Flußgottheit (Aare) gedeutet werden. Zusammen mit der Freiheit verteidigt »Berna« aber auch den als »Fides« personifizierten rechten Glauben, dargestellt mit dem Buch des Alten Testaments sowie dem Kelch des Heiles im Neuen Bund.

Sind die Verteidigung der Freiheit und des Glaubens das Thema des linken Bildes, so gibt Werner in der Entsprechung im rechten Teil der Allegorie eine Darstellung der Kennzeichen einer republikanischen Regierung: Ganz rechts sitzt ein alter Mann als Personifikation des Ratgebers (Consilium),

216

JOSEPH WERNER
Bern 1637–1710 Bern

Der Hugenottenteppich. 1685–1688
Ausgeführt von Pierre Mercier, Louis Mercier, Pierre Dixier und einem anonymen Teppichwirker
Wolle und Seide, Mittelstück 85 × 233 cm, die herabhängenden Teile 80 cm hoch
Bern, Bernisches Historische Museum, Inv. 444

Dieser Prunkteppich war bestimmt, den Ratsschreibertisch in der kleinen Ratsstube zu bedecken. Er wurde in Wirktechnik ausgeführt von vier Hugenotten, die kurz vor der Revokation des Toleranzedikts von Nantes aus der Auvergne und aus Aubusson nach Bern geflohen waren. Hier wollte sich der Rat ihr in der Stadt unbekanntes Handwerk

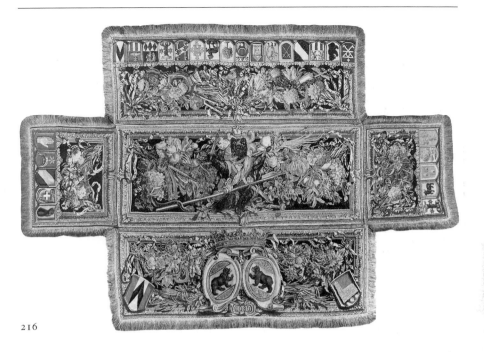

216

zunutze machen und beauftragte mit den Teppichkartons den Maler Joseph Werner, der in Paris mit der von Charles Le Brun geleiteten Manufacture des Gobelins vertraut geworden war. Von seinen Kartons – seitenverkehrt gemalten, sehr detaillierten Ölbildern – haben sich drei erhalten (GLAESEMER 1974, Nrn. 122–124). Der Teppich besteht aus fünf Teilen, die zu einem Kreuz zusammengenäht und mit Fransen verziert sind.

Dargestellt sind die Tugenden und der Wohlstand der Republik Bern, mit Erwähnung der beiden Schultheißen und der 16 Mitglieder des Kleinen Rats, deren Wappen die herabhängenden Teile säumen.

Mit Ausnahme des Bären in der Mitte verzichtet die Bildsprache auf Personifikationen; sie bedient sich der Attribute, die in ihrer Vielzahl geradezu ein allegorisches Stilleben formen. Die Gegenstände scheinen wie Trophäen an Stoffgehängen befestigt, die an den oberen Ecken und in der Mitte der Längsseiten durch Ringe gezogen sind; Blumen und Früchte gehören selbstverständlich zum Thema »Überfluß«. Der Berner Bär sitzt in der Mitte; er trägt eine Schärpe in den Standesfarben und ein Bandelier mit Schweizerkreuz; er hält ein Zepter und den Pileus (KAPOSSY: Werner 1975), einen Palmenzweig, einen Lorbeerkranz und einen Schweizerdolch; auf seinen Knien liegt eine Hellebarde, unter seinen Tatzen ein Zweihänder; er wird umgeben von den Symbolen der Tapferkeit links (Streitkolben, Schwert, Helm mit Federbusch, Löwenhaut) und von den Symbolen der guten Verwaltung rechts (Staatssäckel, Schlüsselbund, Granatapfel – dieser steht für demokratische Verfassung, vgl. Abb. 57). Auf der Vorderseite des Teppichs werden zwei gegeneinander gestürzte Bernschilde unter Herzogskrone (Hinweis auf die Stadtgründung durch Berchtold V. von Zähringen und Berns völkerrechtlichen Rang) und über Jahreszahl 1686 begleitet von den Symbolen der Vorsicht, der Wachsamkeit und der staatlichen

Gerechtigkeit (von einem Auge bekröntes Zepter, Spiegel und Schlange, Schwert und Waage, Liktorenbündel und Liktorenbeil). Die Schmalseiten beziehen sich auf die den Räten notwendige Beredsamkeit und schärften ihnen das Maßhalten ein, links mit Zeichendreieck, Zirkel, Bleilot und Feile, rechts mit Zaumzeug und einem Stück weißglühenden, unter dem Wasserstrahl abgekühlten Eisens. Die hintere Längsseite bedeutet wahrscheinlich: Die Stadtrepublik nimmt den Handel und die Künste unter ihre wachsame Obhut. Für den Handel stehen der Schlangenstab und der Flügelhelm Merkurs, Buch und Schriftrolle, Händedruck, für die Künste finden wir Schreibfedern, den Papagei, der auf dem Staatsruder sitzend wiederum die Beredsamkeit symbolisiert, die Lyra, die Panflöte und ein Vorhängeschloß; im Zentrum Symbole der Wachsamkeit: Uhr, Glocke und Öllampe (siehe DE TERVARENT 1958, S. 230).

Als der Ratsschreibertisch im Kleinen Ratssaal 1754 ersetzt wurde, verschwand daraus auch der Hugenottenteppich. Er gelangte 1881 in die Sammlung des Historischen Museums.   D. Gamboni

Lit.: FLURI: Mercier 1916; FLURI 1928; HOFER 1947, S. 172–173; GLAESEMER 1974, S. 71, 190–192; Lausanne 1985, Nr. 323. – Auskünfte von Franz Bächtiger.

217

JOHANN FRIEDRICH FUNK I
Murten 1706–1775 Bern

Schultheißenthron. 1734/35
Holz, bemalt und blattvergoldet, grüner Samt, Bronzeteile, 265 × 140 × 76 cm
Bern, Bernisches Historisches Museum, Inv. 467

Seit 1566 ist in der kleinen Ratsstube ein Schultheißenthron bezeugt (der Begriff »Thron« erscheint ab 1732); in den Jahren 1680–1682 schafft der Bildhauer Johann Hescheler für die Burgerstube einen Thron, dessen Umriß die Darstellung Johann

217

Grimms überliefert (Kat. 230). Diese Prunksessel werden im zweiten Viertel des 18. Jahrhunderts durch spätbarocke Möbel im nunmehr herrschenden französischen Geschmack ersetzt. Für die Burgerbesatzung von 1735 stellt der Bildhauer Johann Friedrich Funk I einen monumentalen Thron her, der die Mitte der Nordwand in der Burgerstube einnimmt und von dort durch seine hoheitsvolle Wirkung die Besucher beeindruckt. Der überreiche Dekor im Régencestil enthält pflanzliche Elemente, zwei Löwenpranken als Füße, zwei Löwenköpfe (Bronzeguß von Wolfgang Rudolf Müslin nach Gipsmodell von Funk) an den Armlehnen und zwei Muscheln, welche die Wappenbekrönung begleiten. Mit Ausnahme des Berner Schilds beschränken sich die Farben auf

Grün, Weiß und Gold, also wie die damalige Gesamtrenovation der Burgerstube, deren Hauptstück der Thron darstellt. Dieser war ursprünglich von einer Figur der Republik überhöht, die wir aus den Zeichnungen Rudolf Stettlers kennen (STETTLER 1942, S. 33; Staatsarchiv des Kantons Bern).

Die symbolische Kraft dieses Schultheißenthrons führte 1798, als unter dem Ansturm der französischen Truppen unter General Guillaume Brune die Republik unterging, zu einem bezeichnenden Zwischenfall. Als am 9. März das alte Regiment, der »achtbare« Teil der Stadtbevölkerung und die französischen Offiziere von der Burgerstube aus der Errichtung des Freiheitsbaumes beiwohnten, sprang der Sekretär des Generals auf den Thron und klebte über das Standeswappen einen Bogen Papier, auf den er hastig die Worte »liberté« und »égalité« geworfen hatte. Das Gelächter der Umstehenden hatte zweifellos entgegengesetzte Gründe (BÄCHTIGER 1977, S. 89). Der Thron fand nach der episodischen Helvetischen Republik (1798–1803), in der das Rathaus nur noch »Gemeindehaus« war, zu seinem alten Dienst zurück. Die liberale Regeneration aber sah in dem Thron ein Symbol der patrizischen Herrschaft und verbannte ihn 1832 ins Zeughaus. Von dort gelangte er in das Antiquarium der Stadtbibliothek und in das Historische Museum.   D. Gamboni

Lit.: HOFER 1947, S. 161–163; VON FISCHER 1961, S. 20; BÄCHTIGER 1977.

218

JOHANN FRIEDRICH FUNK II
Bern 1745–1811 Bern

Schultheißenthron. 1785
Holz, blattvergoldet, grüner Samt,
197 × 102 × 75 cm
Bern, Bernisches Historisches Museum,
Inv. 468

Der Amtsstuhl von 1720, von dem aus der Schultheiß von Bern die Sitzungen des Klei-

218

nen Rats im Rathaus leitete, wurde 1785 durch den neuen Thron ersetzt, ein »Zugeständnis an den fortgeschrittenen Zeitgeschmack« (BÄCHTIGER 1977, S. 79) und an französische Vorbilder, die der Ebenist Johann Friedrich Funk II (Sohn des Herstellers des Throns von 1734/35) während seiner Ausbildung in Paris kennengelernt hatte.

Der Sessel von 1785, vollständig vergoldet, verbindet eine strenge, antikisierende Grundform mit einem reichen Relief von Lorbeergirlanden, Blattwerk und geometrischen Ornamenten. Die Rücklehne trägt die Hoheitszeichen der Republik Bern: das Liktorenbündel, das Zepter und den Degen des Schultheißen sowie die Herzogskrone. Auf dieser liest man die Inschrift »Freiheit – Gleichheit«, aufgedeckt bei der Restaurierung von 1973. Sie nennt traditionelle Be-

219

griffe: »Freiheit« bezeichnet Unabhängigkeit
von allen Monarchen; »Gleichheit« bezieht
sich auf die Ansprüche der Geschlechter innerhalb einer ständisch geordneten Gesellschaft. Der Inhalt beider Wörter ist weit entfernt von den radikalen politischen Vorstellungen, deren Erfolge im benachbarten
Frankreich die patrizische Regierung der Republik Bern schon bald beunruhigen sollten.

Am 9. März 1798 klebte der Sekretär des
französischen Generals Brune auf den Schultheißenthron in der Burgerstube einen Zettel
mit gerade diesen Postulaten der Revolution.
Der Thron in der kleinen Ratsstube wurde
damals verschont, erlitt in der Folge ein ähnliches Geschick wie der in der Burgerstube
und verlor in der Restaurationszeit seine nun
als aufrührerisch beurteilte Devise.

D. Gamboni

Lit.: HOFER 1947, S. 161–164; VON FISCHER
1961, S. 36; BÄCHTIGER 1977.

Der Stadtstaat

219

Rotes Buch 16. 1735
Breite 28 cm, Höhe 42 cm
Bern, Staatsarchiv des Kantons Bern,
Inv. A. 1.62

In der zweiten Hälfte des 16. Jahrhunderts
begann man die wichtigsten Satzungen über
Wahlen, Amtseide und Burgerrecht, die sogenannten »Fundamentalgesetze«, in einem
besonderen Band zusammenzustellen, der
nach der Farbe seines Einbands das »Rote
Buch« hieß. Das Rote Buch sollte die im
Verlauf der Zeit erlassenen und immer komplizierter werdenden Wahlprozeduren in sy-
stematischer und für den Regierungsalltag
brauchbarer Form zusammenfassen. Bis zum
Ende des alten Berns wurde zehnmal eine
Neuredaktion vorgenommen. Die Satzungen wurden nie gedruckt, waren nur den
Ratsmitgliedern zugänglich, und nur diese
durften sich eine Abschrift anfertigen lassen.
Die kostbar gebundene Originalausfertigung
wurde so zum Symbol des wohlgeordneten
Regiments in der Republik.   F. de Capitani

Lit.: RENNEFAHRT 1959.

220

Ballotagekasten. 18. Jahrhundert
Holzkasten, 13,9 × 21,8 × 16,1 cm
Bern, Bernisches Historisches Museum,
Inv. 26197

221

Ballotagebeutel mit Balloten
18. Jahrhundert
Grüner Samt, weiße und gelbe
Metallkügelchen
Bern, Bernisches Historisches Museum,
Inv. 2117

Bei der Besetzung politischer Ämter ergänzten sich oft Wahl und Los. »Ballotieren«
hieß die Wahl durch Kugeln. Je nach dem
Amt, das es zu besetzen galt, kamen verschiedene Verfahren zur Anwendung. In der

Tafel VII (Kat. 214)

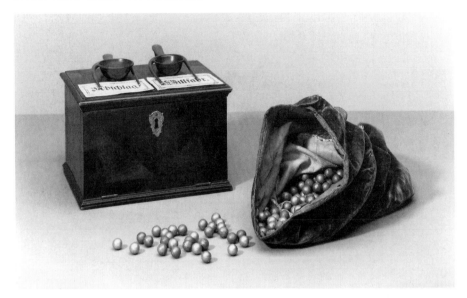

220, 221

einfachsten Form erhielt jedes Mitglied des
Wahlgremiums eine Kugel, die es in das entsprechende Fach des Ballotagekastens warf.
Der Kandidat mit der größeren Anzahl Kugeln war dann gewählt. In verschiedener
Weise konnte eine Wahl auch durch das Los
beeinflußt werden, sei es daß durch das Ziehen von silbernen und goldenen Kugeln ein
Teil der Wähler ausschied, sei es daß die
Zahl der Kandidaten durch das gleiche Verfahren reduziert wurde.
Durch die komplizierten Wahlverfahren
sollten Wahlabsprachen und Ämterkauf eingeschränkt werden. Auch konnte der Ausgang eines Loses als Fingerzeig Gottes angesehen werden.   F. de Capitani

222

GABRIEL LE CLERC
Tätig in Bern 1674–1683

Kleines Stadtsiegel. 1681
Siegelstempel, Durchmesser 9,9 cm
Bern, Bernisches Historisches Museum,
Inv. 480.2

Der aus Rouen stammende Graveur Gabriel
Le Clerc schenkte 1681 der Stadt diesen Sie-
gelstempel; zur Belohnung erhielt er ein
Geldgeschenk. In einem verzierten runden
Schild zeigt der Stempel den schreitenden
Bären, das Wappen Berns. Die Umschrift
lautet: »SIGILLUM MINUS REIPUBLICAE BER-
NENSIS« (Kleines Siegel der Republik Bern).
Der Stempelrand trägt die Inschrift: »GA-
BRIEL LE CLERC FECIT 1681«, das Einsatz-
stück ist mit einem gravierten Bärenzug ver-
ziert.
Die Stadt Bern benutzte seit dem Mittel-
alter Siegel in verschiedenen Größen; meist
waren es zwei: ein großes für die Staatsur-
kunden und ein kleines für die übrigen Geschäfte. Bis ins 17. Jahrhundert zeigte das
Siegel neben dem Wappen auch den Reichsadler und trug meist die Umschrift: »SIGIL-
LUM COMMUNITATIS VILLAE BERNENSIS«
(Siegel der Gemeinde der Stadt Bern). Im
Jahre 1678 wurde erstmals ein Siegel ohne
den Reichsadler und mit der neuen Umschrift: »SIGILLUM REIPUBLICAE BERNEN-
SIS« (Siegel der Republik Bern) in Auftrag
gegeben. Offenbar fand man es aber poli-

222

223

tisch nicht opportun, diese Zeichen eines neuen Selbstbewußtseins in Gebrauch zu nehmen; erst 1716, nach sorgfältigen Abwägungen, entschloß man sich, neue Siegel, nach dem Vorbild des 1681 von Gabriel Le Clerc verfertigten und noch ungebrauchten Stempels, gravieren zu lassen. Ein Gutachten aus dem Jahr 1714 erklärt die Gründe: »... da schon seit viel und langer Zeit Bern kein Reichsstatt mehr, sondern allerdings independente und souveraine Statt ist.«

F. de Capitani

Lit.: FLURI: Siegel 1924.

223

Siegelbeutel. 18. Jahrhundert
Roter Samt mit aufgenähten Goldbordüren, Monogramm und Familienwappen
Bern, Bernisches Historisches Museum, Inv. 33 708

Siegelbeutel des Schultheißen Niklaus Friedrich von Steiger (1729–1799), Schultheiß 1787–1798. Der regierende Schultheiß führte als Zeichen seiner Würde das Stadtsiegel. Er verwahrte es in einem Beutel, der seine Initialen und das Familienwappen trug.

F. de Capitani

224

Schultheißenzepter des Äußeren Standes
1677
Holz, Knauf und Spitze aus Silber, 106,5 cm
Bern, Bernisches Historisches Museum, Inv. 451

Das Zepter leitet sich aus der richterlichen Gewalt des Schultheißen ab. Ursprünglich wurde in Bern der Streitkolben als Gerichtsstab verwendet. Im 17. und 18. Jahrhundert wurde daraus der Schultheißenstab aus Holz, der bald als Zepter bezeichnet wurde.

Aus dem Ancien Régime sind keine Zepter der regierenden Schultheißen erhalten. Hingegen hat sich ein Zepter des »Äußeren Standes« erhalten. Der »Äußere Stand« war eine Organisation der patrizischen Jugend, die noch nicht zu den Ämtern der Republik Zugang hatten. Allen Ämter des »Inneren Standes«, der Regierung, stand ein analoges Amt des »Äußeren Standes« gegenüber. Es handelte sich also um ein Spiegelbild des Staates, das den jungen Patriziern das Einüben der künftigen Regierungsarbeit ermöglichen sollte.

Das vorliegende Zepter trägt auf dem Knauf die gravierten Wappen des Äußeren Standes, der Familien Manuel, von Bonstet-

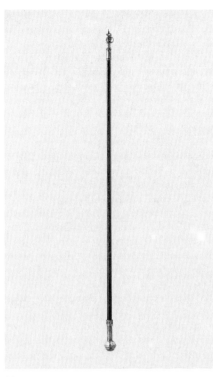

224

ten, von Wattenwyl und die Jahreszahl
1677. Die Spitze in Lilienform zeigt drei
durchbrochene Blütenblätter.   F. de Capitani

Lit.: CARLEN 1969.

225

EMANUEL HANDMANN
Basel 1718–1781 Bern

**Schultheiß Friedrich von Sinner
(1713–1791).** 1772
Öl auf Leinwand, 145 × 104 cm
Bern, Bernisches Historischen Museum, Inv.
34018 (Depositum der Burgerbibliothek)

An der Spitze der alten Stadt und Republik
Bern stand der Schultheiß, ein regierender
und ein stillstehender wechselten jährlich

auf Ostern im Amt ab. Das offizielle Staats-
porträt zeigt das eben gewählte Haupt der
Regierung Friedrich (von) Sinner in
schwarzseidener Amtstracht, den Degen an
der Linken, in wohlgemessener Haltung.
Die Staatsinsignien belegen die Würde: auf
einem roten Kissen die Berüsse (der hohe
Ratsherrenhut), das Zepter (der Schultheißenstab) und der mit dem Berner Wappen
geschmückte Siegelbeutel. Anerkennung für
Vermittlerdienste zwischen Friedrich dem
Großen und den Ständen des preußischen
Fürstentums Neuenburg bezeugt der
Schwarze Adlerorden mit dem leuchtenden
Band. Sinners politische Laufbahn verlief
steil und im traditionellen Rahmen. Nach
juristischen Studien in Marburg und vertie-
fenden Bildungsreisen blieb er geistigen und
künstlerischen Werken besonders zugetan.
Christoph Martin Wieland weilte kurze Zeit
im Hause des Ratsherrn als Hauslehrer.

Der aus Basel stammende Emanuel
Handmann gehörte zu den führenden Porträtisten der bernischen Gesellschaft. Die Beliebtheit der Bildnismalerei in den maßgebenden Familien der damals rund 10000
Einwohner zählenden Stadt erhellt nicht
zuletzt ein von Staatsverbundenheit und
Verantwortungsgefühl gestärktes Selbstbewußtsein.

Mit der gegen 1700 eröffneten, zeitlich
zurückgreifenden Galerie der Schultheißen
folgte Bern dem Vorbild der großen Schwesterrepublik Venedig mit der langen Reihe
von Dogenporträts im Dogenpalast. Als lebendige Geschichtsdenkmäler blicken heute
die gegen 40 Berner Standeshäupter (mit
wenigen Ausnahmen) auf den Besucher des
Großen Lesesaals der Stadt- und Universitätsbibliothek und des Hallersaals der Burgerbibliothek herab. Eine besondere kleine
Stilgeschichte bieten dabei die kunstvollen
Rahmen. Jener Friedrich (von) Sinners mit
der krönenden Familienwappen-Kartusche
dominiert mit seiner überreichen Louis-
seize-Formenvielfalt und bezeugt den bestimmenden Einfluß französischer Kultur am
Vorabend der Französischen Revolution
(GUGGER 1990, S. 10, 12).   H. Haeberli

225

Lit.: THORMANN 1925, Nr. 35; WAGNER und WYSS 1957, Nr. 326; *Berner Porträts bis 1850* 1962 ff.; VON FISCHER 1962; *Bibliotheca Bernensis* 1974; HAEBERLI 1983; FREIVOGEL (in Vorbereitung).

226

ANTON HICKEL
Böhmisch Leipa 1745–1798 Hamburg

Schultheiß Niklaus Friedrich von Steiger (1729–1799). 1787
Öl auf Leinwand, 142 × 104 cm
Bern, Burgerbibliothek (im Großen Lesesaal der Stadt- und Universitätsbibliothek)

Da er eben zur Zeit des Einfalls der Franzosen 1798 als regierender Schultheiß an der Spitze der Republik stand, wurde Niklaus Friedrich von Steiger, begabt und umsichtig und vielfach bewährt als Gesandter und Vermittler, zur Verkörperung des alten Bern schlechthin. Er wurde zur Symbolfigur eines

untergegangenen Zeitalters. Von keinem andern altbernischen Staatsmann haben sich auch in Privatbesitz so viele Bildnisse in den verschiedensten Techniken erhalten. »Er verbreitete nicht den Glanz des Wortes«, schreibt Richard Feller, »weil seine Stimme nicht so weit trug wie seine Gedanken. Seine Beredsamkeit bestach nicht, sondern überzeugte. Sie empfing ihren Klang von der Fülle der Kenntnisse, die sich leicht und durchsichtig vor dem Großen Rat entfalteten, ihre Kraft von der Festigkeit eines pflichtgetränkten Geistes« (FELLER, III, 1974, S. 469). Im Zusammenhang mit Steigers Vermittlertätigkeit in Genf meinte François D'Ivernois, einer der Anführer der Partei der Représentants: »Wie wenige besaß er die große Kunst, die durch den Zwist verbitterten Herzen zu besänftigen und die Liebenswürdigkeit republikanischer Sitten mit der Würde eines hohen Ranges zu vereinigen« (zit. nach FELLER, III, 1974, S. 470).

Anton Hickel, vornehmlich Bildnismaler in verschiedenen europäischen Städten und an einer Reihe von Höfen, porträtierte während seines Berner Aufenthaltes 1786–1787 den eben gewählten Schultheißen in traditioneller Weise, mit den ausgebreiteten Insignien. Den Schwarzen Adlerorden verlieh der Preußenkönig Friedrich der Große.

H. Haeberli

Lit.: THORMANN 1925, Nr. 36; *Berner Porträts bis 1850* 1962 ff.; VON STEIGER 1963 und 1976; *Bibliotheca Bernensis* 1974; HAEBERLI, 1983.

227

JOHANNES DÜNZ
Brugg 1645–1736 Bern

Die Berner Bibliothekskommission
1696/97
Öl auf Leinwand, 117 × 195 cm
Bern, Burgerbibliothek (Farbtaf. VIII)

Die Berner Bibliothek erlebte im 17. Jahrhundert einen bedeutenden Aufschwung. Mit der 1632 erfolgten Schenkung der Handschriften und gedruckte Bücher umfas-

226

senden Sammlung des französischen Humanisten Jacques Bongars (1554–1612) durch seinen Erben Jakob Graviseth (1598–1658) verdoppelte sich der Bestand. Nach dem Ausbau der Räumlichkeiten der im Westflügel des ehemaligen Barfüßerklosters untergebrachten Akademie erfolgte 1693–1698 eine entsprechende Reorganisation und Neueinrichtung: Bern erhielt eine seiner politischen Bedeutung entsprechende öffentliche Bibliothek.

Im Hochgefühl der Verwirklichung ihrer Pläne gibt die Bibliothekskommission mit Hilfe des auf dem Höhepunkt seines Schaffens stehenden Brugger Malers Johannes Dünz den Blick frei auf das geschaffene Werk: Dokumentarisch wird die ganze Ausstattung des neugestalteten Lesesaals festgehalten. Zahlreiche der aufgestellten Kunstgegenstände lassen sich identifizieren und haben sich bis heute erhalten: Bronzen aus römischer Zeit, ein reich gearbeitetes Adlerpult (heute wieder im Münster), eine Armillar-

sphäre, Globen (mit dem Wappen von Tavel). Nicht nur der Fürst, auch eine Stadtrepublik besitzt eine Kunst- und Raritätensammlung. Sie hat auch eine Galerie ihrer geistlichen Führer, Theologen und Dekane vorzuzeigen; eben damals wird die Reihe der offiziellen Porträts der Standeshäupter eröffnet. Die Schwesterrepublik Venedig präsentiert die Bildnisse ihrer Dogen, Bern die seiner Schultheißen (vgl. Kat. 119 ff. und 225 f.; THORMANN 1925; GUGGER 1990, S. 11).

Und im Vordergrund tagen, selbstbewußt, als Individuen faßbar, mit persönlicher Gestik alle mit ihrem Namen bekannten Herren der Bibliothekskommission. Ihre Amtstracht unterstreicht die Würde des aus Mitgliedern des Kleinen Rats (hoher Hut, sog. Berüsse), des Großen oder Rats der Zweihundert (Barett) und des Kollegiums der Professoren der Akademie (Käppchen) zusammengesetzten Gremiums. Dem Vorsitzenden, dem Zeugherrn Emanuel Steiger (1662–1709), gegenüber führt Oberbibliothekar Marquard Wild (1661–1747) das Protokoll; auch das Personal wird einbezogen; der büchertragende Unterbibliothekar Daniel Müslin und der auf die Leiter gestiegene Gehilfe. An die letzte, glücklich überstandene äußere Bedrohung der alten Eidgenossenschaft vor mehr als 200 Jahren erinnert die blaue, goldbestickte Decke auf dem Verhandlungstisch: Die beiden dem Betrachter den Rücken zuwendenden Herren geben den Blick frei auf den Feuerstahl mit den sprühenden Funken, Kennzeichen des Beutestücks aus der Schlacht gegen Karl den Kühnen bei Grandson (DEUCHLER 1963, S. 48 und 188–191), als sich den aus den Alpen herbeigestürmten Freiheitskämpfern im verlassenen Lager der Blick auf die schillernde Pracht der niederländischen Hochkultur öffnete. Das rot gebundene, reich beschlagene eben angelegte Donatorenbuch enthält ein in barocker Fülle gestaltetes Titelblatt des einheimischen Künstlers Wilhelm Stettler (Kat. 228).

Das Bild der Bibliothekskommission steht in der Reihe der aussagekräftigsten

227

Darstellungen altbernischer Staatsdenkmäler.
Verantwortungsbewußtsein und auch die Ar-
beitswelt werden dokumentiert. Unter den
Gruppenporträts des schweizerischen Barocks
gebührt ihm ein Spitzenplatz. Unverkennbar
ist die Verbindung zu den entsprechenden
Gruppendarstellungen (Regenten- und Gil-
denporträts) der niederländischen Malerei.

H. Haeberli

Lit.: THORMANN 1925; *Bibliotheca Bernensis Bongarsiana* 1932; HOFER 1947, S. 287–294; *Berner
Porträts bis 1850* 1962 ff.; *Bibliotheca Bernensis*
1974; SPEICH 1984, S. 140–145, 176.

228

WILHELM STETTLER
Bern 1643–1708 Bern

**Titelbild des ältesten Donationenbuchs
der Berner Bibliothek.** 1693
Aquarell, 42,5 × 32 cm
Bern Burgerbibliothek, Mss. h.h. XII. 1

Die neustrukturierte Bibliothek war der
Stolz der selbstbewußten Republik. Im
reichgeschmückten Donationenbuch wurden

die Geschenke an die Bibliothek festgehalten, die Idee, daß die Bibliothek ein Ge-
meinschaftswerk der Bürger sein soll, kam
hier zum Ausdruck. Als Manifest dieses Bür-
gersinns steht das Buch auf dem Tisch der
Bibliothekskommission im Gruppenporträt
von Johannes Dünz (Kat. 227).

Wilhelm Stettler, der in Frankreich,
Deutschland und den Niederlanden eine
gründliche Ausbildung als Maler und Kupferstecher erhalten hatte, schmückte das Titelbild mit einer großangelegten Allegorie
auf die Förderung der Wissenschaften und
Künste durch die Obrigkeit. Seine großen
emblematischen, ikonographischen und numismatischen Kenntnisse konnten sich hier
voll entfalten. Der Künstler hat das Titelblatt
ausführlich beschrieben und mit präzisen
Hinweisen auf seine Quellen und Vorbilder
ergänzt (S. 106–107 des Donationenbuchs).
Neben der *Iconologia* Cesare Ripas und den
Emblemata Adriaan de Jonges (Hadrianus Junius) benutze er vor allem die damals sehr
verbreitete Anekdotensammlung *Acerra phi-
logica* Peter Laurembergs. Als weitere
Quellen führt er die klassischen Autoren,
aber auch numismatische Beispiele an.

Im Zentrum des Bildes steht ein Denkmal zur Erinnerung an die großzügigen Gönner der Bibliothek: «Munificientiæ Monumentum / Dicatum / Honori Fautorum, Qui / Bibliothecam hanc Publicam / Donis locupletarunt» (Der Freigebigkeit gewidmetes Denkmal zur Ehre der Gönner, die diese öffentliche Bibliothek mit ihren Geschenken bereichert haben). Das Berner Wappen mit Flügelhelm, Merkurstab, Trompete, Öl- und Palmzweigen steht im Zentrum des Monuments und kündigt vom Ruhm des glorreichen und großzügigen Regiments.

Auf dem Sockel steht das Standbild des ägyptischen Königs Ptolemaios II. Philadelphos (308–246 v. Chr.), des Stifters der Bibliothek in Alexandria und Auftraggebers der griechischen Übersetzung des Alten Testaments, der Septuaginta. Sein Bild steht für die Herrschertugenden und die Förderung der Wissenschaften. Der Elefantenkopf als Helm versinnbildlicht die Stärke, aber auch die Sanftmut gegenüber den Schwachen. Der Storch auf seinem Zepter soll auf die dankbare Verbundenheit von Herrscher und Untertanen hinweisen, das Krokodil, das ihm zu Füßen liegt, aber auf das Böse und das Laster schlechthin. Hier weicht Wilhelm Stettler von der traditionellen Emblematik ab: die Eigenschaften, die er dem Krokodil zuweist, wurden seit der Antike dem Nilpferd zugeschrieben.

Zur Rechten des Königs thront eine Frauengestalt, die Personifikation der Akademie. Dabei hält sich der Künstler fast vollständig an das Vorbild Ripas. Die Feile ist das Sinnbild der akademischen Bildung: die Studenten erhalten wie das Eisen den nötigen Schliff. Die Granatäpfel symbolisieren die Einheit und den Zusammenhalt der Gelehrten. Wilhelm Stettler hat sich als Berner eine Abweichung vom Vorbild Ripas erlaubt: den lesenden Affen, der darstellen soll, daß eifriges Nachahmen der Beginn jedes Lernens sei, ersetzte er durch einen Bären. Im Hintergrund zeigt Wilhelm Stettler seine Vorstellung der Akademie in Athen. Ein großer Garten mit Denkmälern und Architekturstücken bildet den Schauplatz.

Die andere Seite des Bildes nehmen Sinnbilder der Dankbarkeit ein. Auch hier stützt sich Wilhelm Stettler vor allem auf Ripa. Die Personifikation der Dankbarkeit ist mit Wacholder bekränzt, weil Wacholder das Gedächtnis stärken soll; der Nagel dient dazu, etwas an die Wand zu hängen, um es immer vor Augen zu halten. Der Löwe mit dem Dorn in der Pranke erinnert an die antike Anekdote, daß Androklos, dem Löwen zum Fraß vorgeworfen, verschont wurde, als die Bestie in ihm ihren ehemaligen Retter erkannte. Adler und Schlange weisen in die gleiche Richtung: ein Schnitter hatte den Adler vor einer Schlange gerettet, der ihn im Gegenzug vor dem Trinken aus einer vergifteten Quelle warnte.

Hinter dieser Gruppe öffnet sich eine Tür und erlaubt einen Blick in die neugeordnete Berner Bibliothek. Über dieser Tür schildert ein Gemälde die Geschichte der cumäischen Sibylle, die vor dem König Tarquinius erschien und ihm zu einem horrenden Preis neun Bücher zum Kauf anbot. Als der König den Ankauf verweigerte, verbrannte die Sibylle drei der Bücher und forderte für die restlichen Bücher denselben Preis wie zuvor für neun. Nachdem sie nochmals drei Bücher verbrannt hatte, erhielt der König für den ursprünglich geforderten Preis nur drei Bücher. In dieser Version ist die antike Anekdote bei Peter Lauremberg überliefert. Wilhelm Stettler, ein unbequemer Politiker, der schließlich aus dem Großen Rat ausgeschlossen wurde, versetzt damit der Berner Regierung einen kleinen Seitenhieb und schreibt: »gleich wie dißmalen es auch mit unser Bibliothec geschicht.« F. de Capitani

Lit.: *Bibliotheca Bernensis* 1974, Frontispiz; zu Stettler: BRUN 1905–1917, III, S. 248–249.

228

229

229

DAVID DICK
Bern 1655–1701/02 Bern

Zahltag im Bauamt von Bern. 1687
Öl auf Leinwand, 152 × 244 cm
Bern, Bernisches Historisches Museum,
Inv. 1952

Unterhalb des Bildes bezeichnet: »Löbl.
Bauamt der Stadt und Republic Bern, gehalten
den 28ten May 1687«. Es folgt die Bildlegende:
»1. Mnhhr. Beat Ludwig Berseth,
Bauherr vom Raht, 2. Hr. Samuel Wyttenbach,
Bauherr von Burgern, 3. Hr. Beat Fellenberg,
Bauamts Schreiber, 4. Hr. Samuel
Jenner, Werckmeister des Steinwercks, 5.
Hr. Paul Schmid, Werckmeister des Holzwercks,
6. Anthoni Krauchthaler, Bauamts
Weibel, 7. Simeon Egli, Bremgartner, 8.
Nicklaus Langhans, Herren Deck [Dachdekker],
9. Sulspitius Stämpfli, Brunnmeister,
10. Jacob Zur Matten, Bachmeister, 11. Jacob
Weyermann, Gewicht und Mäs-Fecker
[Eichmeister], 12. Peter Gobeth Herren
Schmid, 13. Hans Rudolff Wenger, Beschießer
[Pflästerer], 14. N. N. Steinbrecher.«

Das Bauamt war die höchste Behörde,
die mit allen Fragen der öffentlichen Bauten
betraut war. Den beiden Bauherren waren
die Werkmeister unterstellt, die eigentlichen
leitenden Architekten, und die verschiedenen
Handwerksmeister. Das Bauamt führte
ein eigenes Rechnungswesen: »Das Rechnungswesen
bildet die Klammer, die diese
Vielfalt von Chargen zu einem Amt zusammenfaßt«
(BIETENHARD 1974). Die regelmäßig
alle zwei Wochen stattfindenden Zahltage
waren also die wichtigsten Termine des
Amts.

David Dick hat den ersten Zahltag des
Rechnungsjahres 1687/88 festgehalten. Im
Eckzimmer des 1577–1582 erbauten Münsterwerkhofs
sind die Magistraten, die
Werkmeister und einige der festbesoldeten
Handwerker versammelt. An den Fenstern
sind die Wappenscheiben der beiden Bauherren
und des Bauamtsschreibers zu sehen;
alle drei sind Magistraten und Ratsmitglieder.
An der Wand hängt das Bild von Befestigungsarbeiten
an der Großen Schanze, ein
Hinweis auf eine der Hauptaufgaben des
Bauamts. Die Szene am Zahltag zeigt in
einem Gruppenporträt die Abhängigkeiten

230 (Detail)

und Hierarchien des Amts, von den hohen Magistraten über die selbstbewußten Werkmeister und Beamten, den bescheidenen Handwerksmeistern bis zum namenlosen Steinbrecher. Nach alter Sitte ist der Zahltag mit einem Imbiß und einem Umtrunk verbunden. Die gemeinsame Mahlzeit unterstreicht die gegenseitige Verbundenheit, während die Auszahlung der geschuldeten Beträge die hierarchische Unterordnung zum Ausdruck bringt. F. de Capitani

Lit.: BRUN 1905–1917, I, S. 361; HOFER 1947; BIETENHARD 1974; KELLERHALS und STRÜBIN 1990.

230

JOHANN GRIMM
Burgdorf 1675–1747 Bern

Berner Regimentstafel. 1726–1735
Öl auf Holz und Metall, 133,5 × 81,5 cm
Bern, Burgerbibliothek

Diesen »immerwährenden Kalender« bot Johann Grimm, Schüler von Joseph Werner und Leiter einer kurz zuvor gegründeten Zeichenschule, 1726 dem Rat an. Der Typus des Wandkalenders, dessen figürlicher und heraldischer Teil die ursprüngliche Aufgabe

fast vollständig verdrängte, entwickelte sich im 18. Jahrhundert von den gestochenen Staatskalendern aus (VON MÜLINEN 1918, S. 40; das Verzeichnis der Behörden heißt im Kanton Bern noch heute Staatskalender). Die beweglichen Teile von Grimms Kalender ermöglichten es, bei jeder Burgerbesatzung die Namen der Amtsträger auszuwechseln. Der Maler benutzte für die Darstellung der regimentsfähigen Familien die Wappen in der Form, wie sie ihm von jenen angegeben wurde. Seit 1684 bemühte sich indessen der Rat, widerrechtliche Wappenverbesserungen zu unterbinden. Da er solche auf der Regimentstafel vorfand, entschädigte er zwar den Maler, wies aber sein Geschenk zurück. Nicht besser erging es Grimm, als er die Regimentstafel, korrigiert und auf den neuesten Stand gebracht, erneut dem Rat anbot, und erst 1741 gelang es ihm, dem Rat den Kalender zu verkaufen, der dann freilich nie seinen Dienst versah, sondern in die Sammlung der Bibliothek gelangte.

Die Tafel stellt vor Landschaftshintergrund eine barocke Schauwand dar. Diese als Triumphbogen zu verstehende Architektur wird bekrönt von allegorischen Figuren mit zahlreichen Attributen; es sind von links nach rechts: Die Staatsgewalt mit Herzogskrone, Liktorenbündel, Trophäe und Schatzkiste, die Stadt mit Mauerkrone und Füllhorn, die freie Republik mit Pileus, zerbrochenem Joch, Keule und Katze; die Aare (?) wie eine Flußgottheit mit gestürzter Amphore, aus der sie einen Bären tränkt; der Wohlstand (?) mit Lorbeerkranz, Kelch, Lyra, Rutenbündel und Füllhorn. Zwischen den beiden ersten Figuren betrachten Bären eine Karte des Staatsgebietes (vielleicht in Anspielung auf den staatlichen Straßenbau), neben einem Stier, einem Pferd und einem Ziegenbock (für die Landwirtschaft?). Am Bogenscheitel lesen wir die Inschrift »PERPETVUM MOBILE / Immer Währende EhrenPforten«. Im Bogenfeld halten zwei als alte Schweizer gekleidete Bären den mit Herzogskrone gezierten Berner Schild. Auf die ganze Breite verteilt ist die Inschrift »SUPREMUS / MA- / GISTRATVS / REIPVBLI- /

230

CÆ / BERNENSIS«. Unter dem Standeswappen sehen wir eine Ansicht der Burgerstube, die früheste Darstellung nach der Innenrenovation von 1679–1683. Gegenüber dem Zustand um 1600 (Kat. 207) bemerkt man die gestuften Bänke des Rats der Zweihundert, zwischen denen ein Gang zum Schultheißenthron führt; die Butzenscheiben sind durch viereckige »Heiterscheiben« ersetzt, und die Decke ist nun in Grau und Gold bemalt. Neben dieser Innenansicht erscheinen der hl. Georg als Drachentöter und ein Storch, der seinen Kindern eine Schlange bringt; die erklärenden Inschriften »CONSILIO ET VIRTUTE« sowie »PIETATE ET INDUSTRIA« sind durch Personifikationen verdoppelt, welche die Wappen der Schultheißen begleiten, und diese wiederum sind durch Kartuscheninschriften über den Medaillons mit Namen bezeichnet. Unter dem Kranzgesims umringen die Wappen der Mitglieder des Kleinen Rats ein Bild des Münsters. Die Sockelzone zeigt die Fassaden des Burgerspitals und des Kornhauses und in der Mitte die Ansicht der Stadt von Süden. Darunter folgen die Wappen der Zünfte, aus denen die Sechzehner gewählt wurden, die bei der Burgerbesatzung mitwirkten; auf Befehl der Gnädigen Herren hat Grimm die Familienwappen der amtierenden Sechzehner ersetzen müssen. Die Pfeiler der äußeren Rahmenarchitektur tragen innen die Wappen der Mitglieder des Großen Rats bzw. der »Regiments-Fähigen« und außen die der burgerlichen Geschlechter in alphabetischer Folge. Der Hauptsockel zeigt die Wappen der deutschen und welschen, d. h. französischsprachigen Landvogteien von Bern. Auf der Plattform des Denkmals tummeln sich vier Bären; sie halten die Wappen der vier Gesellschaften, deren Venner den vier Landgerichten vorstanden. Das Gemälde ist signiert und datiert unten links an der Plattform: »JGrimm Inventor et fecit A° 1726«. Die Ansichten und die Wappen sind mehrheitlich auf Metallplatten gemalt, die entweder ausgewechselt oder an Angeln gedreht werden können wie die Flügel eines Wandelaltars. So erscheinen hinter dem Bild der Bur-

gerstube der »Plan du grand Hopital neuf« und die »Elevation de la Menagerie du côté / de la Cour« (das Burgerspital, in einzeln signierten Zeichnungen des Architekten Sprünglin, geb. 1725), hinter der Ansicht des Münsters aber dessen Orgelempore und die Fassade der Französischen Kirche.

Die *Regimentstafel* enthält eine symbolische Darstellung der Republik Bern, welche die Regierenden im Bild der wichtigsten öffentlichen Bauten der Stadt, des versammelten Großen Rates, in Allegorien und vor allem durch die Mittel der Heraldik glorifiziert. Die »Freude am Wappenwesen« (VON MÜLINEN 1918, S. 41), die in Bern besonders entwickelt war, zeugt vom Einfluß aristokratischer Vorbilder auf die patrizische Republik. Der »Triumphbogen« erlaubt die Veranschaulichung von deren Hierarchie. Es erstaunt deshalb nicht, daß das Direktorium der Helvetischen Republik 1798 die Entfernung privater Wappenbilder aus den Augen der Öffentlichkeit anordnete, da sie als Zeichen der Feudalherrschaft gegen Artikel 8 der Verfassung verstießen, der die Vorrechte der Geburt abschaffte; es erstaunt auch nicht, daß, während unter dem Druck der französischen Besetzung die Zeichen der alten Staatshoheit tatsächlich verschwanden, dieser Verordnung kaum nachgelebt wurde; denn die Gesellschaftsordnung überlebte die Revolution fast unbeschadet (GAMBONI, im Erscheinen).   D. Gamboni

Lit.: VON MÜLINEN 1918; WYSS 1964, S. 9–11; zur Ansicht der Burgerstube: FLURI: Ratsstube 1916, S. 106; FLURI: Burgerstube 1924, S. 74 ff.; STETTLER 1942, S. 11–12; HOFER 1947, S. 92–93, 162; KOPP 1972, S. 18.

231, 232

Die Ratsprozession am Ostermontag in Bern

Der Ostermontag bildete den Höhepunkt des politischen Lebens in Bern. An diesem Tag endete das Amtsjahr des Schultheißen und der Räte, die Magistraten leisteten ihre

231

Nach dem feierlichen Gottesdienst am Ostermontag morgen zogen die Räte durch das Hauptportal der Kirche über die Plattform und von da zum Rathaus. Nach den Amtshandlungen im Rathaus zogen die Räte in der gleichen Ordnung zum Zunfthaus des neu eingesetzten Schultheißen. An der Spitze des Umzugs gingen die Läufer, gefolgt von den Musikanten mit Trompeten und Posaunen. Von den vier Weibeln begleitet, folgten die beiden Schultheißen, der regierende mit dem Zepter in der Hand. Nach ihnen schritten die Kleinräte, die Großräte und die Staatsbediensteten. Den Schluß des Umzug bildeten die Stadtreiter.   F. de Capitani

Lit.: MICHEL 1970; STADLER 1986; RAMSEYER 1990.

231

JOHANN GRIMM
Bern 1675–1747 Bern

Westansicht des Münsters mit Ratsprozession. Um 1730
Aquarellierte Federzeichnung, 39 × 29 cm
Privatbesitz

Lit.: BRUN 1905–1917, I, S.623.

232

ANONYM BERN

Regimentsumzug des Inneren Standes
1797
Aquarell, 13 Blätter,
zusammen 4,77 × 24,5 cm
Bern, Bernisches Historisches Museum,
Inv. 4672/1–13

Bezeichnet: »Procession solemnelle du Conseil Souverain de la Ville et République de Berne, lundi de Pâques 1797.« Auf drei Papierstreifen gemalt, 1978 restauriert und in 13 Einzelblätter geteilt. Abgebildet ist der letzte Ostermontagsumzug im Ancien Régime. Der Umzug ist allerdings nicht vollständig erhalten.

Amtseide, und die wichtigsten Gesetze wurden feierlich verlesen. War die Zahl der Großräte unter 200 gesunken, so fand in der Woche vor Ostern die Ratsergänzung statt. Etwa alle 10 Jahre gab dieses Ereignis dem Ostermontag eine zusätzliche Bedeutung.

Eine ganze Reihe von festlichen Umzügen begleitete den Ostermontag. Am gewichtigsten war natürlich der Zug der Magistraten vom Münster ins Rathaus. Daneben aber veranstaltete auch der »Äußere Stand« (vgl. Kat.224), die Handwerke der Küfer und der Metzger Umzüge durch die Stadt. Das Fest unter freiem Himmel war das Abbild der Republik. Der Umzug führte allen Bernern die streng gestufte politische Hierarchie vor Augen, gleichzeitig aber auch die Verbundenheit der Regierung mit der ganzen Bevölkerung. Der Ostermontagsumzug ist seit 1720 nachweisbar; aber schon in früheren Zeiten war es Brauch, daß sich die Räte bei Festanlässen – so auch an der Martinimesse – in einer Prozession durch die Stadt als Teil der Festgemeinde zeigten.

232a

232b

232c

232d

232e

232f

232g

232h

232i

232j

232k

232l

232m

233, 234

JACQUES SABLET
Morges 1749–1803 Paris

**Die Allegorie der Republik Bern wird in
den Tempel der Künste geführt,** Skizze
1779
Öl auf Leinwand, 33 × 47,5 cm
Lausanne, Musée cantonal des beaux-arts,
Inv. 1143

**Die Allegorie der Republik Bern wird in
den Tempel der Künste geführt.** 1781
Öl auf Leinwand, 227 × 179 cm
Bern, Kunstmuseum, Inv. 816

Außer den Bildgattungen Porträt und Landschaft fördert die oligarchische protestantische Republik Bern die schönen Künste
nicht. Künstlerische Aufträge werden eher
von Privaten oder Körperschaften als vom
Staat erteilt. Dieser übergeht sogar die allegorischen Darstellungen seiner Macht mit
Stillschweigen (Kat. 214, 215). Der Fall Jacques Sablet zeigt diese Geistesverfassung ex-
emplarisch. Der Waadt entstammend, die
seit dem 16. Jahrhundert Untertanenland der
Republik Bern gewesen ist, lernt er die elementaren Gründe der Malerei in Paris im
Atelier des Joseph-Marie Vien, der die meisten klassizistischen Maler Frankreichs aus-
bildet, beispielsweise David oder Peyron.
Dann bekommt er von der Berner Regierung ein Stipendium, um seinem Lehrer
nach Rom zu folgen, als dieser zum Direktor
der Académie de France berufen wird. 1779
schickt Sablet zum Dank für die ihm gelei-

233

stete Hilfe zwei in Rom angefertigte Bilder nach Bern, eines davon die Skizze für eine Allegorie der Republik Bern, eine jener friesartigen klassizistischen Kompositionen, die in der Ewigen Stadt, damals das Mekka der Künste, beliebt waren. Bern verlängert zwar des Künstlers Stipendium, lehnt aber einen Bildauftrag aufgrund der Skizzen ab. Sablet verfolgt sein Ziel hartnäckig weiter und führt trotz der Absage das allegorische Gemälde nach der Skizze aus. Diesmal aber im Hochformat. Nach langem Zögern kauft die Berner Regierung 1781 das Gemälde doch an und hängt es in die Bibliotheksgalerie.

Die mit Zepter und Diadem ausgezeichnete Republik Bern (links) wird von einer behelmten Minerva in den Tempel der Künste geführt. Dieser ist durch eine Halle mit hohen Säulen dargestellt, die sich auf eine italienisierende Landschaft öffnet, wo man eine Darstellung der Drei Grazien erkennen kann. Der rechte Teil des Bildes ist von einer Statue der Venus beherrscht, welche die Allegorien der Malerei, mit Palette und Pinseln, und der Skulptur, mit Hammer und Meißel, flankieren. Sablet drückt bildlich den Gedanken aus, daß die Künstler dem Staat zu Diensten stehen: Minerva, die Beschützerin der Künste, lädt die Republik Bern ein, den Tempel zu betreten, um festzustellen, daß die schönen Künste ihr respektvoll zur Verfügung stehen. Wenn zwar die Berner Autoritäten diesen Sachverhalt ohne weiteres verstehen, so ist ihnen doch die klassizistische Bildsprache, die mit dem hierzulande noch herrschenden Rokoko bricht, nicht geläufig. In der Tat erfaßt Bern erst zu Beginn des 19. Jahrhunderts, wie nützlich die Förderung der Künste und des Gewerbes ist, was sich in der Gründung einer Zeichenschule und in der Unterstützung von Ausstellungen äußert. Übrigens wird gerade in dieser Zeit das Gemälde Sablets umbenannt und heißt nun: *Die Allegorie der Republik Bern* beschützt *die Künste* (WAGNER 1805).   P. Chessex

Lit.: BRIDEL 1790; WAGNER 1805; HOFER 1947, S. 337–339; Nantes 1985, Nr. 5; BÄTSCHMANN 1989, S. 113–116; Paris: Révolution 1989, Nr. 27.

Tafel VIII (Kat. 227)

234

Die Alpen: Wiege der Freiheit

> *Auf den Bergen ist Freiheit! Der Hauch der Grüfte /*
> *Steigt nicht hinauf in die reinen Lüfte, / Die Welt*
> *ist vollkommen überall, / Wo der Mensch nicht*
> *hinkommt mit seiner Qual.*
> (FRIEDRICH SCHILLER, *Braut von Messina,*
> 1803)

Noch im 17. Jahrhundert wurden die Berge – wie übrigens auch die Meere – allgemein als furchterregende Überreste der alles zerstörenden Sintflut betrachtet, als Mahnmale der Sünde und Schreckbilder der menschlichen Unvollkommenheit. Die scheinbare Unordnung machte sie zu Abbildern des Chaos, dem der Mensch in Befolgung des göttlichen Heilsplanes ein System der Ordnung gegenüberzustellen versuchte.

Im Verlauf des 18. Jahrhunderts verloren die Berge zwar nicht vollständig ihren Schrecken, doch gerade von diesem Schrecken und seiner Überwindung ging nun eine Faszination auf die Zeitgenossen aus. Die Natur in ihren ganzen Gegensätzen wurde als Herausforderung für den Menschen verstanden. Robinson Crusoe wurde zum Helden eines neuen Naturverständnisses. Allein auf einer einsamen Insel vollzog er alle Etappen der Menschheitsgeschichte nach: vom Sammler über den Ackerbau zur Viehzucht schuf er sich in Harmonie mit der Natur eine Existenzgrundlage. Die Bedrohung war nicht die Natur, die es zu beherrschen galt, sondern die verdorbene Zivilisation, die gegen die heiligen Gesetze der Natur verstieß.

Die Sehnsucht nach der unberührten Natur als der ursprünglichen Wiege der Menschheit, in der Einfachheit, Gerechtigkeit und Harmonie herrschten, konnte auf das antike Bild des »Goldenen Zeitalters« zurückgreifen. Virgil und Ovid hatten jenes Arkadien besungen, in dem die ersten Menschen ein glückliches Leben führten, bevor die fortschreitende Zivilisation Ungerechtigkeit, Krieg und Elend hervorbrachten.

Die Natur in ihrer ursprünglichen Unberührtheit wurde zum Symbol und Garanten einer möglichen besseren Gesellschaft. Nicht die Abkehr von der Natur, sondern die Suche nach der Harmonie mit der Natur sollte eine Gesellschaft möglich machen, in der Freiheit und Gerechtigkeit herrschten.

Nicht nur auf den fernen Inseln der Südsee, in den Dschungeln und Prärien Afrikas und Amerikas sah man die Überreste eines Goldenen Zeitalters, auch in den unwegsamen Gebirgen Europas glaubte man die Spuren einer unverdorbenen Gesellschaft zu finden.

Damit gerieten die Alpen ins Zentrum des wissenschaftlichen und philosophischen Interesses. In den Alpen fand man nicht nur das Ideal einer unberührten und scheinbar unbezwingbaren Naturlandschaft, sondern auch eine Gesellschaft, von der man annahm, daß sie in Harmonie mit der Natur lebe. Die Älpler waren aber keine »Naturvölker«, wie man sie auf fremden Kontinenten fand und denen man nur ein kindlich-unreflektiertes Handeln zutraute, sondern Menschen, denen man durchaus ein moralisches Bewußtsein zugestand. Man glaubte hier Spuren eines anderen Goldenen Zeitalters zu finden: jenes Zeitalters der Bürgertugenden Spartas und Roms, des verantwortungsbewußten Handelns eines Brutus oder Cato. Schon Voltaire besang in seiner *Epître au Lac de Genève* die Schweizer als die legitimen Erben der Freiheit Spartas und Roms:

> Liberté! liberté! ton trône est en ces lieux:
> La Grèce où tu naquis t'a pour jamais perdue,
>   Avec ses sages et ses dieux.
> Rome, depuis Brutus, ne t'a jamais revue,
> Chez vingt peuples polis à peine es-tu connue.
> [...]
> Chez tous les Leventins tu perdis ton chapeau.
> Que celui du grand Tell orne en ces lieux ta tête!
> Descends dans mes foyers en tes beaux jours de fête.

Hinter der aristokratischen und dekadenten Verfassung der eidgenössischen Orte glaubte man eine ursprüngliche Gesellschaftsordnung zu erahnen, die es wieder zu entdecken galt. Albrecht von Haller und Jean-Jacques Rousseau haben dieses Bild der Alpen und ihrer Einwohner jedem Gebildeten in ganz Europa geläufig werden lassen. In der *Nouvelle Héloïse* faßt Rousseau dieses Bild einer archaischen und natürlichen Gesellschaft zusammen:

> Les enfants en âge de raison sont les égaux de leurs pères, les domestiques s'asseyent à table avec leurs maîtres; la même liberté règne dans les maisons et dans la république, et la famille est l'image de l'Etat.

Begeistert nahmen die Philosophen, Schriftsteller, Dichter, Maler und Musiker dieses Bild auf; in wenigen Jahrzehnten wurden die Schweizer Alpen zum schlagenden Argument für eine Rückkehr zu den einfachen Lebensformen der Altvordern als der Voraussetzung für eine neue, gerechte und freie Gesellschaft. In der Schweizergeschichte sah man ein gesellschaftspolitisches Lehrstück; die Freiheit der Schweizer blieb so lange unangetastet, als sie in Einfachheit und Harmonie mit der Natur lebten. Allein der Kontakt mit der dekadenten Welt der Höfe und der Metropolen hatten diese ursprüngliche Freiheit in Gefahr gebracht. Die Besinnung auf das Ursprüngliche konnte dieser Freiheit wieder zum Durchbruch verhelfen.

Das ländliche Fest, in dem allein der sportliche Wettbewerb Unterschiede schuf, wurde zum Vorbild der Selbstdarstellung der natürlichen Gesellschaftsordnung, zum Gegenentwurf zur höfischen Gesellschaft.

Das Bild der Alpen wurde zur Gesellschaftsallegorie. Die erhabene Bergwelt bildete den Damm gegen alle Gefahren der Zivilisation, der Dekadenz und der Unfreiheit. Der deutsche Dichter Christian Friedrich Daniel Schubart schrieb schon 1774 in seiner *Deutschen Chronik*:

> In einem Zeitpunkt, wo sich die Monarchien gleich angeschwollenen Strömen ausbreiten, über die Ufer treten, und hier und dort und da ein Stück Lands nach dem andern überschwemmen, und sich's nach dem Alluvionsrechte zueignen, ist Helvetien zwischen seinen Bergen gesichert und genießt alle Vorteile der Freiheit, wovon vernünftige Religion, Einfalt der Sitten, Genügsamkeit und Leibes- und Seelenstärke die Folgen sind.

Die Erhabenheit der Berge und ihre Unnahbarkeit flößten einerseits Angst ein und bildeten ein Gleichnis für die Vergänglichkeit der menschlichen Existenz, waren aber andererseits auch die Garanten einer unerschütterlichen Freiheit, von der sich der Mensch zwar entfernen, die er aber nicht zerstören konnte.

Das Erlebnis der hehren Alpenwelt wurde zum Ausgangspunkt des einsetzenden Tourismus. Die Reisenden wagten sich immer weiter in das Hochgebirge hinein; der Besuch der Schweizer Alpen wurde zum Bestandteil der Bildungsreise. Im Gefolge des Tourismus entstand eine bisher unbekannte Nachfrage nach Bildern der Alpenwelt und ihrer Einwohner. Radierungen und Lithographien in immer neuen Auflagen trugen das Bild der Schweiz in die ganze Welt hinaus.

Der Mythos der Alpen wurde zum Ausgangspunkt eines neuen Nationalbewußtseins der Schweizer. Jenseits aller Konflikte um Konfessionen, Herrschaftsformen und Wirtschaftsräume bildeten die Alpen den gemeinsamen Bezugspunkt aller Schweizer in Stadt und Land. Nicht die komplizierte und kuriose Struktur der Eidgenossenschaft stand nun im Vordergrund, sondern die mythische Vorstellung eines alle Schweizer verbindenden Volkscharakters, der in der freien und einfachen Gesellschaft der Alpenwelt wurzelte. In den letzten Jahrzehnten des Ancien Régime und ganz besonders in den unsicheren Zeiten der Revolution und des frühen 19. Jahrhunderts bildete der Mythos der Alpen eine der wichtigsten Grundlagen für ein neu definiertes Nationalbewußtsein. Das Bild der Alpen wurde zum Bild der Freiheit.

F. de Capitani

Der Alpenmaler Caspar Wolf

Geboren in Muri, wo sich die damals reichste Abtei der Schweiz findet, bekommt Caspar Wolf den ersten Malunterricht in seiner Heimat, macht eine Lehre beim bischöflichen Hofmaler Jakob Anton von Lenz (1701–1764) in Konstanz und wandert als Geselle durch Deutschland. Er bereist die Schweiz, lebt 1769–1771 in Paris, kehrt nach Muri zurück und läßt sich 1774 in Bern nieder. 1777–1779 ist er in Solothurn faßbar, um 1780 wieder in Paris und in Belgien, 1780–1783 in Deutschland. Er stirbt in Heidelberg. Die hier ausgestellten Werke stammen von seinem Aufenthalt in Bern und Solothurn und spiegeln alle Facetten seines Schaffens. Fast ausschließlich Landschaftsmaler, lebt er als Zeitgenosse der Aufklärer, doch auch – in seiner Suche nach dem Sublimen – als Vorläufer der Romantik. Charakteristisch ist die Verbindung von unendlich großer Natur und unendlich kleinem Menschen, der, obwohl beherrscht von der Szenerie der Schöpfung, dennoch friedlich vor einer von wilden und doch schon erschlossenen Natur steht. Während seiner ganzen Schaffenszeit bevorzugt Wolf Felsen, Eis, Schnee und Wasser und Naturphänomene wie den Regenbogen. Nach und nach entfernt er sich von der damals beliebten Vedutenmalerei im Sinne eines Vernet; sein Farbauftrag wird kräftig, seine Komposition in großformig stilisierten Volumen paßt gut zum Rohen des Gesteins.

Die Bergwelt wird in der zweiten Hälfte des 18. Jahrhunderts in zwei Schüben erschlossen: Der erste kulminiert um 1761, dem Jahr der Herausgabe der *Nouvelle Heloïse* von Jean-Jacques Rousseau, die in ganz Europa ungeheures Echo findet. Es ist die Zeit, wo der Wanderer die Voralpen entdeckt, die baumbestandenen Weiden, die strahlenden Dörfer, die Wälder, denen stille Wasser entspringen, welche nur etwa durch einen Sturz über Felsen in Bewegung geraten. Diesem idyllischen Aspekt der Bergwelt ist die Mehrzahl der *Tableaux topographiques pittoresques, physiques, historiques, moraux de la Suisse* von Jean-Baptiste de Laborde sowie des zugehörigen Textes unter dem Titel *Tableaux de la Suisse ou Voyage pittoresque fait dans les treize cantons* von Baron Zurlauben (Paris 1780–1786, 4 Bde.) gewidmet. Wenn Wolf bisweilen noch etwas von dieser Naturfühligkeit verrät, gehört er doch der zweiten Entwicklungsstufe an, welche unter dem Zeichen wissenschaftlicher Erkundung steht, wie sie die Naturforscher betreiben, die zu Berge steigen und botanische Präparate oder Gesteinsproben heimholen, um sie im Studierzimmer unter die Lupe zu nehmen, oder aber sie an Ort und Stelle beobachten, im »Laboratorium der Natur«. Die Geologen und Glaziologen wagen sich immer verwegener ins Hochgebirge hinauf, oft sogar in der Begleitung von Malern. Als Authentizitätsbeweis seiner Berglandschaften bringt Wolf fast immer die Gestalt eines Malers, sich selbst, im Alleingang oder in Begleitung, ins Bild. In freier Natur bezeugt er seine Künstlerfreiheit; fern vom starren Rahmen der Akademie und der theoretisch komponierten künstlichen Natur-Stücke der Ateliers, wählt er sein Motiv frei, je nach Neigung. Den in der Landschaft eben diese zeichnenden Maler findet man auch im Werk der in Italien schaffenden Künstler sowie der Schweizer Hess, Zingg oder Vater und Sohn Graff. Wolf bekommt Zugang zur Wissenschaft durch den Naturforscher Jakob Samuel Wyttenbach, Pfarrer an der Heiliggeistkirche in Bern, mit welchem er zahlreiche Expeditionen unternimmt, in Begleitung seines Berner Herausgebers Abraham Wagner. Dieser besorgt mehrere Ausgaben der Werke Wolfs in Druckgraphik. Vor der Natur zeichnet Wolf mit dem Stift oder skizziert in Öl auf Karton, worauf er das Motiv für Wagners Alpen-»Kabinett« und zuweilen für weitere Besteller in Öl auf Leinwand ausarbeitet und signiert. Im Vorwort zum ersten Teil der *Vues remarquables des montagnes de la Suisse avec leur description*, 1776 erschienen bei Abraham Wagner in Bern, gibt Haller viele Einzelheiten zu solchen alpinen Expeditionen. Im Prospekt dieses Werks erfährt man, Wolf habe für Wagner 155 Gemälde als Vorlagen geschaffen; unverkennbar ist der erzieherische Zweck dieser Publikation. In ganz Europa hatte sie großen Erfolg, und Wolfs Naturalismus, die »vérité«, wurde einhellig gelobt. Viele Stich-Sammelwerke, auf deutsch oder französisch, in Bern oder Amsterdam herausgegeben (zwischen 1776 und 1789), sind unter Wolfs Namen aufgeführt (RAEBER 1979, S. 341–344).

Besonders schön zeigt Wolfs Werk die Empfindsamkeit des Menschen im 18. Jahrhundert gegenüber der Natur. Alle gleichzeitigen Reiseberichte, selbst verschieden ausgerichteter Autoren, stimmen darin mit der Schau Wolfs überein. Es gab bisher noch nie eine Landschaftsmalerei, wo so Gegensätzliches zusammenfällt wie in diesen Alpenbildern: hinter Bewunderung und heiterem Vergnügen lauern Furcht und Schrecken.

M. Pinault

Lit.: RAEBER 1979.

235

235

CASPAR WOLF
Muri AG 1735–1783 Heidelberg

Der Staubbachfall im Lauterbrunnental im Winter. Um 1775
Öl auf Leinwand, 82 × 54 cm
Bern, Kunstmuseum, Inv. 1762 (Depositum des Vereins der Freunde des Kunstmuseums)

Der zweite Staubbachfall im Lauterbrunnental ist eine der Sehenswürdigkeiten der Schweiz. Zahlreiche Künstler halten ihn zu einer Jahreszeit fest, da er am meisten Wasser führt und die beste Wirkung tut, Wolf hingegen wählt den Winter: das Wasser gefriert auf der Felswand, die sich von einem schweren graublauen Himmel abhebt, wie ihn der Geograph Robert 1839 in seinem

Voyage dans les XIII Cantons suisses (S. 34) beschreibt: »Wenn der Frost die Wasser des Staubbachs erfaßt, verwandeln sich die aufgelösten Rinnsale und der Gischt in dichten Hagel, der unter lautem Tosen niedergeht. Dies kündet das Erstarren zu Eismassen, die Eissäule im oberen Teil, an. Der Umfang und das Volumen dieses riesenhaften Eiszapfens mehren sich, bis er unter dem Gewichte bricht, sich vom Felsen löst und mit einem schrecklichen Krachen zu Tale stürzt.« Wolf bringt – im Gegensatz zur sommerlich heiteren Stimmung bei anderen Landschaftsmalern – wie Jean Starobinski in *Les emblèmes de la raison* (1973, S. 179–180, Abb. 164–165) bemerkt, das Erhabene im Sinne Kants zur Geltung.

M. Pinault

Lit.: Kopenhagen 1973, Nr. 45; RAEBER 1979, Nr. 179; Basel 1980, Nr. 98.

236

236

CASPAR WOLF
Muri AG 1735–1783 Heidelberg
Panorama des Grindelwaldtales mit Wetterhorn, Mettenberg und Eiger
1774–1777
Öl auf Leinwand, 82 × 226 cm
Aarau, Aargauer Kunsthaus, Inv. 1947.271

Das Kupferstichkabinett in Basel bewahrt eine vorbereitende Federskizze (RAEBER 1979, Nr. 195). Wolf wählt dem weiten Blickfeld entsprechend für sein Panorama ein Breitformat in der topographischen Art, wie sie die Nordländer seit dem 17. Jahrhundert pflegen und die bis ins frühe 19. Jahrhundert führt, zu den großen sowohl künstlerischen als auch wissenschaftlichen topographischen Bestandesaufnahmen in Graphik oder in Relief. Beispiele davon sind die geodätischen Inventarisierungen des Ingenieurs Hans Conrad Escher (1767–1823) in der Eidgenössischen Technischen Hochschule Zürich oder das Alpenrelief der Innerschweiz des Kartographen Franz Ludwig Pfyffer von Wyher (1716–1802), der mit seinen geometrischen Aufnahmen (beides im Luzerner Gletschergarten) ein Pionier der Landesvermessung ist. Seine Arbeiten dienen Balthasar Anton Dunker (1746–1804) als Unterlagen für seinen Übersichtsplan des Vierwaldstättersees von 1777 (Wien, Österreichische Nationalbibliothek), den Née und

Masquelier für die *Tableaux topographiques de la Suisse* stechen.

Der Mensch der Aufklärungszeit verliert durch seine Kenntnis der Erdbeschaffenheit die überkommene Furcht vor dem Hochgebirge. Diese Geistesverfassung steckt in Wolfs Werk. Er malt sehr genau, links das Wetterhorn, in der Mitte den Mettenberg, rechts den Eiger und die zwei Gletscher dazwischen. Diese werden von gelassen promenierenden Kurgästen, die Herren im Gehrock, die Damen unter Sonnenschirmen, bestaunt. Wolf läßt in seinem Werk immer wieder die schroffe, wilde Natur des Hochgebirgs auf die behaglich eingerichtete Menschenwelt prallen, in Weiden gebettet, freundliche Dörfer, deren kleine Bewohner sich durch die überwältigende Größe der Berge nicht aus der Fassung bringen lassen.

Grindelwald enttäuscht gewisse Touristen, wie Robert, der bemerkt: »Der Ruhm des Gletschers scheint daher zu rühren, daß er leichter als andere zugänglich ist und daher von den Reisenden häufiger besucht wird ... Von der Stadt Bern aus führen sehr bequeme Straßen hin (1839, II, S. 31).« Grindelwald begeistert dagegen andere, wie Rosalie de Constant anläßlich ihres Schweizer Aufenthaltes; sie schreibt im *Voyage en Suisse en 1819* angesichts des Wetterhorns: »Das Universum ist ein Tempel, wo der Ewige thront. Die Alpen kommen mir als die Säulen dieses Tempels vor; sie scheinen

237

das Himmelsgewölbe zu tragen. Alles in diesem Naturschauspiel zeugt von einer strengen, herrlichen Majestät (S. 19–21).«

M. Pinault

Lit.: Tokio 1977, Nr. 10; RAEBER 1979, Nr. 194.

237

CASPAR WOLF
Muri AG 1735–1783 Heidelberg

**Gewitter am Unteren
Grindelwaldgletscher.** Um 1774–1775
Öl auf Leinwand, 54 × 82 cm
Aarau, Aargauer Kunsthaus, Inv. 1974.242

Dieses Gemälde entstand 1774–1775, jedenfalls vor 1776, dem Jahr, in dem die Erosion durch den Arm der Lütschine, der dem Unteren Grindelwaldgletscher entspringt, den Ort veränderte. Dieser Stelle gilt Wolfs besonderes Interesse, sie wird in seinen Werken verschiedentlich festgehalten: eine Bleistiftzeichnung (Basel, Kupfer-

stichkabinett), zwei weitere Bleistiftzeichnungen, mit Gouache laviert (Zürich, Graphische Sammlung der ETH und Amsterdam, Rijksmuseum), und ein Ölbild aus der Reifezeit des Künstlers (Winterthur, Sammlung Oskar Reinhart, RAEBER 1979, Nrn. 196 und 197). In allen diesen Bildern modelliert Wolf zerklüftete Felsformationen. Die Version in Aarau unterscheidet sich nicht in der Szenerie, doch kommt durch das Gewitter ein dramatisches Moment hinzu.

Gewitter mit Blitzschlag ist ein im ganzen 18. Jahrhundert beliebtes Sujet, besonders der Marinemalerei. Wolf malt 1772 ein Gewitter über dem Mittelmeer (RAEBER 1979, Nr. 108). Es sind dies künstlerische Zeugnisse zunehmender Sensibilität für furchterregende Naturerscheinungen. Es gelingt Wolf, den Schrecken vor dem Gewitter durch ein Rudel aufgeschreckt fliehender Gemsen – in der rechten unteren Bildecke – zu beschwören. Das eisige Kolorit des Berges, das sich mit dem Himmel verbindet,

238

kontrastiert mit dem gewittrig-grellen Wolkenriß, dem der Blitz entfährt. Auch dieses Werk Wolfs zeugt von der allgemeinen Verbreitung wissenschaftlichen Interesses an der Wetterkunde. In dieser Zeit entdeckt Benjamin Franklin den elektrischen Ursprung der Wolken (vgl. Kat. 319), und zahlreiche Gelehrte suchen nach Schutzvorrichtungen gegen die oft tödliche Unbill der Witterung. Von da an konnte der Mensch seine Angst vor Naturgewalten bezwingen und – wie Wolf – es wagen, den Blitz als Naturereignis zu betrachten und seinen Einschlag in die Erde zu beobachten.   M. Pinault

Lit.: RAEBER 1979, Nr. 199; Basel 1980, Nr. 103; Atlanta 1988, Nr. 16.

238

CASPAR WOLF
Muri AG 1735–1783 Heidelberg

Der Grimselpaß mit dem Hospiz
Um 1774–1776
Öl auf Leinwand, 54 × 82 cm
Zürich, Schweizerisches Landesmuseum,
Inv. LM 48587

Wolf zeigt den Berg großförmig, die Gesteinsmasse ist wichtiger als Einzelheiten ihrer Struktur. Das Hospiz setzt den Maßstab für die Größe der Bergwelt, es scheint winzig neben dem See am Fuße eines Berggipfels. In dieser Betrachtungsweise liegt nichts Beschönigendes. Wolf stellt den Menschen

in eine rauhe und karge Natur, das Hospiz verkörpert die Geborgenheit und Zuflucht. Schon die Namen der Berggipfel, die das kleine Bauwerk umgeben, sind furchterregend: Schreckhorn und Wetterhorn. In allen Reiseberichten nimmt die Beschreibung der Paßhöhe eine besondere Stellung ein; so beschreibt der Geograph Robert, der die Grimsel als einen der schrecklichsten Alpenübergänge erlebt, Einzelheiten über die Führung des Hospizes, die der bernischen Regierung oblag (1839, II, S. 13–14). Die von Michel in den *Tableaux topographiques de la Suisse* gestochenen Zeichnungen Le Barbiers zeigen hingegen die gemütliche Rast in diesem Hospiz.   M. Pinault

Lit.: Tokio 1977, Nr. 12; RAEBER 1979, Nr. 209; Basel 1980, Nr. 110.

239

CASPAR WOLF
Muri AG 1735–1783 Heidelberg

Die Tellskapelle in der Hohlen Gasse
1775
Öl auf Leinwand, 54 × 82 cm
Riehen BS, Privatbesitz

Die von Wolf gemalte schlichte Erinnerungskapelle von 1638 in der Hohlen Gasse, jenem kleinen Paßübergang vom Vierwaldstätter- an den Zugersee, wo Wilhelm Tell den Landvogt Geßler erschoß, trug an der Frontseite ein Wandgemälde Wolfs von 1768, das ebendiese Episode der Schweizer Geschichte illustrierte (RAEBER 1979, Nr. 70, heute verschwunden) und das Wolf auf seiner Vedute der Kapelle getreu wiedergibt. Die Signatur an der Kapellenfront gilt dem Bild und dem Bild im Bild. Im Schatten des Vordaches kaum auffallend, ist doch ikonographisch bedeutend als Darstellung des Tyrannenmordes. Wolf malt das legendenumwitterte Pilgerziel, das sich zum Vorwand für eine Reise über Land eignen mochte, in der Art eines topographischen Inventars, wie sein Rütli (Kat. 240). In dieser Optik, die das Auge für Natur, Geschichte

239

und Kunst schärft, erscheint die Schweiz im goldenen Licht eines gelobten Landes. Die Engländerin H. M. Williams schreibt, daß das Interesse an den malerischen Landstrichen der Schweiz oft durch die daran geknüpften historischen Überlieferungen vermehrt werde (1798, I, S. 40). Die Wilhelm-Tell-Sage findet gegen Ende des 18. Jahrhunderts sowohl in der Literatur als auch in den bildenden Künsten eine Verbreitung, die mit einem Bezug auf den beginnenden Mittelalterkult gesehen werden kann, den «goût naissant pour le gothique retrouvé». 1783 ließ der Schriftsteller Abbé G.-T.-F. Raynal auf der Insel Altstad zwischen Luzern und Meggen einen Obelisken zum Gedenken an Wilhelm Tell und den Rütlischwur errichten (vgl. Kat. 66).   M. Pinault

Lit.: RAEBER 1979, Nr. 212; Basel 1980, Nr. 113.

240

CASPAR WOLF
Muri AG 1735–1783 Heidelberg

**Das Rütli mit Blick auf den
Vierwaldstättersee.** Um 1774–1775
Öl auf Leinwand, 54 × 82 cm
Riehen BS, Privatbesitz

Wolf malt die Rütliwiese am Westufer des Urnersees, die als Ort des Bundesschwurs zu einer wahren Pilgerstätte wurde. 1703 errichtete hier der Einsiedler Lorenz Bosch Hütte und Garten. Am Ende des Jahrhunderts beschreibt die Engländerin H. M. Williams die abgelegene Waldlichtung als Inspirationsquelle für die Gründung der Eidgenossenschaft und vermag sich »keinen schöneren Schauplatz für eine verzweifelte und erhabene Handlung« vorzustellen (1798, I, S. 100–101). Wiederum verzichtet Wolf auf die Darstellung des Effektvollen, der feierlichen Szene des Schwurs etwa, wie ihn Johann Heinrich Füssli verewigt hat (Kat. 1–4), oder wie er in der Volkskunst lebt. Sein

240

Rütli ist ein Stück Natur, eine sich von Felspartien abhebende Bergwiese. Wäre nicht
das Gebirge im Hintergrund, dächte man bei
den kleinen Holzhäusern und den von
Quellen gespeisten Brunnenhäusern fast eher
an die »fabriques« genannten Staffagebauten
in den Parks des 18. Jahrhunderts. Das »cha-
let« figuriert häufig in den Beschreibungen
jener Zeit.   M. Pinault

Lit.: RAEBER 1979, Nr. 213; GASSER 1986,
S. 419.

Vordergrund rechts überhängen und so ein
Dach bilden für den schmalen Bergpfad, der
sich hier zu einem kleinen Absatz weitet, auf
dem Bergsteiger über dem Abgrund rasten.
Der von Geröll gesäumte Talgrund schlän-
gelt sich in die lichte Tiefe gegen die von
dunstiger Luft umwehten Firnengipfel.
                                              L. Carl

Lit.: RAEBER 1979, Nr. 223; *Kunstmuseum Bern:
Die Gemälde* 1983, Nr. 236.

241

CASPAR WOLF
Muri AG 1735–1783 Heidelberg

**Hochtal mit Blick gegen den
Grießenfirn.** 1775
Öl auf Leinwand, 54 × 82 cm
Bern, Kunstmuseum, Inv. 1760

Das Hochgebirgstal ist eingezwängt zwischen schroffen düsteren Felswänden, die im

241

242

243

242

CASPAR WOLF
Muri AG 1735–1783 Heidelberg

Felswände am Titlisgletscher. 1774–1777
Öl auf Leinwand, 25 × 38 cm
Aarau, Aargauer Kunsthaus, Inv. D. 1604
(Gottfried Keller-Stiftung)

Wolf gibt das Motiv wie ein Naturforscher
wieder, als handle es sich um eine geologi-
sche Studie. Die dunklen Schründe kontrastieren mit der leuchtenden Gletscherhalde,
die sich kaum vom Himmel abhebt. Den
Maßstab für die Felsmassen setzen zwei
Bergwanderer im Vordergrund und die
Gemsen links über dem Felsband. Der bis
zum Boden – im Vordergrund rechts unten
– niedergezogene Himmel erweckt den Eindruck schwindelerregender Höhe und gäh-
nender Leere. Vor einer solchen Komposition wird man an Goethe erinnert, der in
seinen *Briefen aus der Schweiz* schreibt: »Hier
sind *oben* und *unten* relative Worte des Au-
genblicks. Ich sage, unter mir auf einer Fläche liegt ein Dorf, und eben diese Fläche
liegt vielleicht wieder an einem Abgrund,
der viel höher ist als mein Verhältnis zu ihr.«
Das Gemälde ist vorderseitig auf einem
Stein signiert und rückseitig bezeichnet:
»Gletscher von Tüttlisberg./Ein gleschner bei
Engelberg, Cant. Underwalden.«
M. Pinault

Lit.: RAEBER 1979, Nr. 225.

243

CASPAR WOLF
Muri AG 1735–1783 Heidelberg

Der Lauteraargletscher. Um 1775
Öl auf Leinwand, 54 × 82 cm
Aarau, Aargauer Kunsthaus, Inv. 1947.244

Es handelt sich um eines der berühmtesten
Werke des Künstlers, der ebenso eindrücklich Felsgestein wie Gletschereis wiederzugeben versteht. Er komponiert das Bild diagonal, zur Hälfte felsig dunkel, zur Hälfte
frostig hell. Wie im verwandten Werk *Felswände am Titlisgletscher* (Kat. 242) ist auch hier
die Höhe über dem Talboden nicht ablesbar.
Eine 1776 datierte und wie unser Gemälde
signierte Replik befindet sich in der Öffentlichen Kunstsammlung Basel (RAEBER 1979,
Nr. 251). Hier ist die Besitznahme der Bergwelt durch den Menschen deutlich ausgesprochen. Die Figuren sind verschieden charakterisiert: Links und rechts unten widmen
sich je zwei Forscher geologischen Studien,
sie sammeln Gesteinsproben für spätere Untersuchungen im Labor. Wie man weiß,
wurden die Alpen durch Naturforscher erschlossen, die im Gebirge nach Pflanzen und
Gestein suchten. Die mineralogische Sammlung von H.-B. de Saussure (vgl. Paris:
Révolution 1989, Nr. 315 A–E) zeigt, welche Bedeutung die Gelehrten dem Gestein
beimaßen. Auch Wolf bekundet sein Interesse daran in einer Reihe von Studienblät-
tern (Basel, Öffentliche Kunstsammlung;
RAEBER 1979, Nrn. 152–158), ebenso sein

244

245

Zeitgenosse Salomon Gessner, der das Licht auf Gesteinsproben studiert (Zürich, Kunsthaus; Zürich 1988, Nr. 17). Auf dem Felsen im Schatten eines Schirmes sitzen, im Gegensatz zu den geschäftigen Forschern, behaglich plaudernde Männer, die sich der Freude über den gelungenen Aufstieg und die großartige Aussicht hingeben. Aber Wolf bleibt noch vor dem Gletscher stehen und wagt sich nicht darauf. Obschon die Gletscher bereits wissenschaftlich erforscht sind, werden sie noch nicht aus Sportgeist bestiegen, und Goethe schreibt in seinen *Briefen aus der Schweiz,* die Gletscher betreffend: »Aber jene sind wie eine heilige Reihe von Jungfrauen, die der Geist des Himmels in unzugänglichen Gegenden vor unseren Augen, für sich allein in ewiger Reinheit aufbewahrt.«   M. Pinault

Lit.: Tokio 1977, Nr. 15; RAEBER 1979, Nr. 250.

244

CASPAR WOLF
Muri AG 1735–1783 Heidelberg

Das Wehr bei Mühletal östlich Innertkirchen mit Regenbogen. 1776
Öl auf Leinwand, 82 × 54 cm
Zürich, Schweizerisches Landesmuseum, Inv. LM 48588

Auf malerische Weise profiliert der Künstler die urtümliche, wilde Natur mit Felsen und Baumstrünken an der gezähmten Natur mit ländlichem Holzsteg und einem primitiven Wehr, über dessen Wände das Wildwasser schießt. Dem Betrachter wird sowohl der Zauber von Licht und Farbe wie auch das Tosen des schäumenden Wassers vermittelt, welches im Gegensatz zur Stille der mit Fischfang beschäftigten Männer steht. Dies Bild ist ein erster Zeuge von Wolfs Interesse am Regenbogen im Zusammenhang mit fließenden Gewässern. Der Regenbogen wird im 18. Jahrhundert als meteorologisches Phänomen in Reiseberichten behandelt. Die Iris mit ihrem Farbspektrum ist ein beliebtes Motiv der damaligen Künstler. Seit Newtons Forschungen auf dem Gebiet der Optik befassen sich auch die Maler mit der Lehre von Farbe und Licht.   M. Pinault

Lit.: RAEBER 1979, Nr. 252; Basel 1980, Nr. 131.

246

245

CASPAR WOLF
Muri AG 1735–1783 Heidelberg

Felswand beim Bad Weißenburg im Simmental. Um 1776
Öl auf Leinwand, 83 × 54 cm
Bern, Kunstmuseum, Inv. 1517

Vielleicht etwas weniger monumental als andere Gemälde Wolfs, ist dieses Bild nicht minder typisch in seiner durch ein Spiel von Diagonalen aufgelockerten Vertikalstruktur: Klippe und angelehnte Holzleiter, die eine Bäuerin erklettert, einen Maßstab für die Größe der Landschaft setzend.   M. Pinault

Lit.: RAEBER 1979, 261; Basel 1980, Nr. 134; *Kunstmuseum Bern: Die Gemälde* 1983, Nr. 232.

246

CASPAR WOLF
Muri AG 1735–1783 Heidelberg

Bad Weißenburg im Simmental
Um 1774–1775
Öl auf Leinwand, 82 × 54,5 cm
Bern, Kunstmuseum, Inv. 1516

Die Thermalbäder erleben am Ende des 18. Jahrhunderts eine neue Blüte. Den Mineralquellen ist in den *Tableaux topographiques de la Suisse* ein ganzes Kapitel gewidmet, wobei die Bäder in drei Kategorien eingeteilt werden: Die erste betrifft die von Natur aus warmen Quellen, wie die schwefelhaltigen von Bad Weißenburg, zur Kur bei Erkrankung der Atemwege, die zweite die künstlich erwärmten, die dritte kalte Quellen, die für Bäder nicht erhitzt werden. Die heilsamen Kuren, verbunden mit dem kräftigenden Klima, geben der Schweiz ihren Ruf eines arkadischen Landes, das man sowohl des Naturgenusses als auch der Gesundheit wegen aufsucht. Alle Reiseberichte betonen in Wort und Bild den Gegensatz zwischen der kargen und öden Natur und der aufgeschlossenen, gastfreundlichen Bevölkerung der Schweiz. Wiederum bedeutet das Haus einen Ort der Zuflucht und den Mittelpunkt eines patriarchalischen Lebens. Wolf beobachtet die Bauweise des Schweizer Berghauses, das durch die Bergflanke gegen Lawinen geschützt wird und dessen Dach gegen den Wind mit Steinen beschwert ist.   M. Pinault

Lit.: RAEBER 1979, Nr. 263; *Kunstmuseum Bern: Die Gemälde* 1983, Nr. 231.

247

247

CASPAR WOLF
Muri AG 1735–1783 Heidelberg

Die Beatushöhle am Thunersee. 1776
Öl auf Leinwand, 54 × 82 cm
Aarau, Aargauer Kunsthaus, Inv. 1947.250

Diese Grotte ist nach dem heiligen Beat benannt, den der Basler Franziskanermönch Daniel Agricola, in Analogie zum heiligen Beat von Vendôme, der christlichen Hagiographie beifügte. Sie galt für die Behausung des Eremiten, der dort einen Drachen als Symbol des Aberglaubens kopfüber in den See stürzte, um danach dessen Höhle zu bewohnen. Wolf besucht die Beatusgrotte im Sommer 1776 in Begleitung Abraham Wagners, des jungen Malers Caspar Leontius Wyss, den er mehrmals darstellt, und des Naturforschers Jakob Samuel Wyttenbach, dessen Einfluß in der ganzen Skizzenfolge und in den ausgeführten Werken, die Wolf der Höhle widmet, spürbar bleibt. Es ist bekannt, daß Wyttenbach den Künstler bewunderte und daß er im Besitz einer Sammlung seiner Skizzen war (Atlanta 1988, Nr. 17). Um den Ort als Ausflugsziel zu charakterisieren, gruppiert Wolf im Vordergrund mehrere Berggänger, die sich ausruhen und eine Mahlzeit zubereiten. Abgesehen vom künstlerischen Wert des Landschaftstückes, ist es auch ein wertvolles Zeitdokument, das die Berichterstattung von Reisen in den Alpen illustriert. Die Grotte, die als eine Öffnung der Erde zum Himmel hin verstanden wurde, ist eines der Lieblingsthemen der europäischen Malerei der zweiten Hälfte des 18. Jahrhunderts. Die Höhle ist nicht mehr bloß die Einöde des Einsiedlers oder ein Unterschlupf des Banditen, sondern wird, wie das Gebirge überhaupt, zum Ziel für Ausflüge, die der Erforschung des Erdinneren und seiner Gesteinswelt dienen. Die Beatushöhle ist das meistgewählte Sujet Wolfs. Er malt den finsteren Höhleneingang und gibt die Felspartien minuziös wieder.

M. Pinault

Lit.: RAEBER 1979, Nr. 271.

248

248

CASPAR WOLF
Muri AG 1735–1783 Heidelberg

Inneres der Beatushöhle mit Ausblick auf Thunersee und Niesen. 1776
Öl auf Leinwand, 54,5 × 76 cm
Basel, Öffentliche Kunstsammlung,
Inv. G 1977.44

Wolf gibt das Innere der Beatushöhle, die den *Tableaux topographiques de la Suisse* zufolge Tropfstein und verschiedene Gesteinseinschlüsse enthält, mehrmals wieder. Er öffnet den finstern Raum nach außen, indem er See und Himmel als Lichtblicke hereinholt, ein im 18. Jahrhundert beliebtes Kompositionsverfahren, das einer wahren Theaterinszenierung der Landschaft gleichkommt, ein Spiel mit Scheinwerferlicht und Schatten, dunkle Vordergründe aus rauhen Felskulissen vor lichten Fernen. Wieder zeigen kleine Figurinen die Größenverhältnisse

der Höhle an, und die nach unten reißende Perspektive erweckt das Gefühl der Höhe über dem See.   M. Pinault

Lit.: Raeber 1979, Nr. 278.

249

CASPAR WOLF
Muri AG 1735–1783 Heidelberg

Der Untere Grindelwaldgletscher mit dem Kleinen Schreckhorn. 1777
Öl auf Leinwand, 54 × 82 cm
Bern, Kunstmuseum, Inv. 1761 (Depositum des Vereins der Freunde des Kunstmuseums)

Wenig veränderte, signierte und datierte Replik nach dem gleich großen Bild der Sammlung Oskar Reinhart in Winterthur (Raeber 1979, Nr. 196). Wolf malt diesen Ort verschiedentlich, besonders eindrücklich im Bild *Gewitter am Unteren Grindelwaldgletscher* im Aargauer Kunsthaus (Kat. 237). Hier ver-

249   250

zichtet Wolf auf Personen und Tiere, um das
Abweisende, Zerklüftete der Natur in
schroffen, mit dem Auge des Geologen ge-
sehenen Felsformationen zur Geltung zu
bringen.   M. Pinault

Lit.: RAEBER 1979, Nr. 280; Basel 1980, Nr. 138;
Kunstmuseum Bern: Die Gemälde 1983, Nr. 234.

250

CASPAR WOLF
Muri AG 1735–1783 Heidelberg

**Blick in die Lenk mit Wildstrubel und
Rätzligletscher.** Um 1774–1777
Öl auf Leinwand, 54 × 82 cm
Bern, Kunstmuseum, Inv. 1647

Zu diesem Panorama gibt es eine Bleistiftzeichnung auf Karton im Kunsthaus Aarau
(RAEBER 1979, Nr. 289), mit vielen handschriftlichen Vermerken, die das Gebiet
identifizieren. In der endgültigen Fassung
kontrastiert ein in dunklem Kolorit gehaltener Vordergrund mit dem Gletscher in der
Bildmitte, der sich beinahe mit dem Himmel verbindet. Der Gletscher erscheint dem
Betrachter abweisend-unzugänglich, dagegen
öffnet sich der Vordergrund einladend mit
den Holzbauten des Weilers und den Vieh-
zäunen, die den Weg säumen.   M. Pinault

Lit.: RAEBER 1979, Nr. 290; *Kunstmuseum Bern:
Die Gemälde* 1983, Nr. 283; VON TAVEL 1983,
S. 26–27.

251

CASPAR WOLF
Muri AG 1735–1783 Heidelberg

Der Geltenschuß im Lauenental. 1777
Öl auf Leinwand, 82 × 54 cm
Basel, Öffentliche Kunstsammlung,
Inv. G 1978.67 (Depositum des Freiwilligen
Museumsvereins)

Wolf zeigt hier die Erosionskraft von Wasserfällen in einem beinahe vegetationslosen
Felsenkessel. Ein kleines Stück Wolkenhim-
mel, ein Wettertännchen und vier verschwindend kleine Wanderer befreien den
Betrachter des Naturschauspiels vom Schreck
über die Steinwüste.   G. Germann

Lit.: RAEBER 1979, Nr. 300, Farbabb. 17–18.

252

CASPAR WOLF
Muri AG 1735–1783 Heidelberg

**Die Teufelsbrücke in der
Schöllenenschlucht.** Um 1777
Öl auf Leinwand, 82 × 54 cm
Aarau, Aargauer Kunsthaus, Inv. 1947.254
(Gottfried Keller-Stiftung)

Eine wie unser Gemälde signierte Replik befindet sich in einer Schweizer Privatsammlung (RAEBER 1979, Nr. 313). Wolf ist mit
den Zeichnern für die *Tableaux topographiques
de la Suisse,* Le Barbier und Châtelet, ein Pio-

251   252

nier der Darstellung der Teufelsbrücke, die
vom Ende des 18. Jahrhunderts bis in die
Romantik eines der beliebtesten alpinen
Ziele und Sujets der Malerei bleibt. Einhellig bewundern die Reisenden die wilde Naturschönheit der Reußschlucht mit ihren
drohenden Felsmassen, die Anlaß zu Legenden und Aberglauben geben. Auch bezeugen
sie Ehrfurcht vor dem von Menschenhand
gefügten Bauwerk: »Die Schlucht wird so
eng«, schreibt der General Desaix in seinem
Journal de Voyage, Suisse et Italie, »daß der
Pfad aus dem Felsen herausgehauen werden
mußte. Man weiß nicht, wo wieder eine
Straße zu erwarten ist; man umgeht die
Klippe mit letzter Anstrengung und kommt
zur Teufelsbrücke.« Robert beschreibt sie als
eine der kühnsten Konstruktionen, sie überspannt mit einem »einzigen sehr leichten
Bogen, der auf zwei Felsvorsprüngen ruht,
eine Spanne von dreißig Fuß. Es ist anzu-
merken, daß dieser Bogen aus grobbehaue-
nem Naturstein besteht, was ihn der wilden

Umgebung, wo man die staunenswerte Konstruktion wagte, anpaßt. Diese Brücke hat
keine Brüstung und mißt etwa fünfzehn Fuß
in der Breite (1839, I, S. 309).«

Meistens wird die Brücke aus etwelcher
Entfernung dargestellt, so daß die enge grau-
sige Schlucht eine Folie für die leichte, vom
Wasser bestürmte Brücke bildet.

Alle Schriftsteller der Zeit assoziieren das
Tosen des Wassers nicht nur mit dem Teufel, sondern vorab mit dem Aufruhr der Naturgewalten, Sturm und Gewitter, Erdbeben
und anderen Schrecknissen. So schreibt General Desaix 1797 (1907): «C'est la perfection du théâtre de la terreur.» Um die Enge
der Brücke vor Augen zu führen, läßt Wolf,
wie viele Zeitgenossen, eine Karawane be-
packter Maultiere darüber wegziehen.

Wolf inszeniert die Teufelsbrücke mit
theatralischem Geschick: eine V-Komposi-
tion, gegensätzliche Farben und Bergkulissen
im Gegenlicht. In den *Tableaux topographiques
de la Suisse* erscheint hingegen ein Stich von

253

254

Masquelier nach Châtelet (Wien, Österreichische Nationalbibliothek), der bereits die Romantik eines Gustav Doré ankündet: Fels und Wasser vermengen sich in geheimnisvoller Weise. Spätere Künstler sehen die Teufelsbrücke mit nüchternerem Blick, aber es liegt im Wesen dieses Ortes, daß ein leises Grauen immer fühlbar bleibt.   M. Pinault

Lit.: RAEBER 1979, Nr. 312; Basel 1980, Nr. 147.

253

CASPAR WOLF
Muri AG 1735–1783 Heidelberg

Die alte und die neue Gotthardstraße neben der Reuß oberhalb Hospental
Um 1774–1777
Öl auf Leinwand, 54 × 82 cm
Basel, Öffentliche Kunstsammlung,
Inv. 2210 (Depositum des Vereins der Freunde des Kunstmuseums)

Wolf malt verschiedene Veduten des Gotthardgebietes unter diversen Blickwinkeln: Übersichten der Paßhöhe mit dem von italienischen Kapuzinern geführten Hospiz, das immer noch als Refugium vor einer unwirtlichen Natur empfunden wird (RAEBER 1979, Nrn. 317–320). Der Paßübergang ist neun Monate im Jahr geschlossen (ROBERT 1839, I, S. 307: «fermé neuf mois entiers par les neiges et le reste du temps, les avalanches le rendent très dangereux»). Wolf veranschaulicht in unserem Bild die Schwierigkeit, den Paß zu überqueren, indem er den

Vordergrund mit den Felsbrocken des Bachbettes verstellt, über welche die junge Reuß schießt. Die wirre Lage der Felstrümmer erweckt den Eindruck des Chaos; man überblickt die Zusammenhänge nicht, es herrscht, um die *Tableaux topographiques de la Suisse* zu zitieren, «la difficulté de suivre et de voir où chaque partie aboutit et se communique», was Tafeln nach Châtelets Zeichnungen in Wien (Österreichische Nationalbibliothek) veranschaulichen. Alle Berichterstatter, sowohl Naturforscher als auch Vergnügungsreisende, wissen das Gotthardmassiv für seine Gesteinsarten zu schätzen. Insbesondere enthält es Bergkristall, dessen schönste Exemplare in Mailand geschliffen werden, während man mindere Stücke in Deutschland, etwa zu Stockknäufen, kunstgewerblich verarbeitet.   M. Pinault

Lit.: RAEBER 1979, Nr. 321; Basel 1980, Nr. 152.

CASPAR WOLF
Muri AG 1735–1783 Heidelberg

Gemmi, Felswände auf der Walliser Seite. Wohl 1777
Öl auf Leinwand, 54 × 82,5 cm
Bern, Kunstmuseum, Inv. 1989.9
(Gottfried Keller-Stiftung)

Die Gemmi, einer der höchsten Paßübergänge der Alpen, spottet jeder Einbildungskraft, nach dem Zeugnis der *Tableaux topogra-*

Wolf beobachtet wiederum das Wesen des Gesteins im Gebirge, das aus verschiedenfarbigen Kalken besteht, aus Schiefer und vitriolhaltigem Pyrit. Er folgt mit seinem Pinsel der Bewegung der blätterigen Schichten. Sein Bild stimmt mit der ziemlich ausführlichen Schilderung in den *Tableaux topographiques de la Suisse* überein. M. Pinault

Lit.: RAEBER 1979, Nr. 326.

255

phiques de la Suisse (»étonnent l'imagination«). Ihre Wildheit wird in allen Beschreibungen, besonders bei Raoul Rochette in seinen *Lettres de Suisse,* hervorgehoben: »Alles, was Sie über die Besonderheit dieses Paßübergangs, den unbestritten außergewöhnlichsten der ganzen Alpenkette, gelesen oder sich in der Phantasie ausgemalt haben können, sowie alles, was ich mir eingebildet hatte, ist nun, nach meiner eigenen Erfahrung, null und nichtig im Vergleich zur Wirklichkeit. Nirgends mußte die menschliche Erfindungsgabe gegen eine so rebellische Natur ankämpfen … Ein drei oder vier Fuß breiter Zickzackweg hängt stellenweise über dem Abgrund, an dessen Rand weder Auge noch Hand irgend welchen Halt finden, so daß ein unwillkürlicher Schauder einen vom grauenvoll vorkragenden Felsen zurückhält … (1822, II, S. 61).«

Goethe und seine Begleiter suchen die Gemmi in einem Fußmarsch auf, und Goethe empfindet auch hier den bereits wiedergegebenen Höhenschwindel vor der gähnenden Leere und maßlosen Größe: »Ich muß hier wieder bemerken, was schon so oft vorgekommen, daß, wenn man mit Gebirgen umschlossen ist, einem alle Gegenstände so außerordentlich nahe scheinen. Wir hatten eine starke Stunde über heruntergestürzte Felsstücke und dazwischen geschwemmten Kies hinaufzusteigen, bis wir uns an dem Fuß des ungeheuren Gemmibergs, wo der Weg an steilen Klippen aufwärts gehet, befanden.«

255

CASPAR WOLF
Muri AG 1735–1783 Heidelberg

Der Rhonegletscher von Gletsch aus gesehen. 1778
Öl auf Leinwand, 54 × 76 cm
Aarau, Aargauer Kunsthaus, Inv. 1947.184

Der Rhonegletscher ist eine der meistbesuchten und von Malern und Naturwissenschaftlern am häufigsten dargestellten Sehenswürdigkeiten der Schweiz. Zufolge der *Tableaux topographiques de la Suisse* ist von Gletsch aus eine Gletschertour für den Maler und den Naturforscher, den Physiker oder den Philosophen, am lohnendsten.

Die Gletscherzunge in der Form einer Eisbärenpranke ist in jener Epoche noch besonders eindrücklich. Wolf wählt seinen Standort wie Johann Heinrich Bleuler (1758–1822) und Ludwig Hess (1760–1800) unten bei Gletsch, während andere, so Johann Heinrich Wüest, von oben nach unten schauen (Kat. 259). Auf Wolfs Bild besteht die Gletscherzunge, die bedrohlich ins Tal zu greifen scheint, aus einer kompakten, von wenigen Schrunden gespaltenen Masse; im linken Vordergrund aber erinnern gelassen rastende Berggänger – einer davon zeichnet das Naturwunder – daran, daß der Mensch seine Furcht vor der Bergwelt bezwungen hat.

Die Neugierde der Maler geht Hand in Hand mit der wissenschaftlichen Erforschung und Erschließung der Gletscher durch die Glaziologen und Meteorologen, etwa in Werken de Saussures, Bourrits oder de Carbonnières. Der Naturhistoriker Besson arbeitet als Zeichner für die *Tableaux topographiques de la Suisse* (Wien, Österreichische Nationalbibliothek). Solche Fachliteratur beginnt die Laien im Tiefland für Gletschertouren, «visites aux glaciers», zu begeistern. Zunächst nur aus der Ferne bekannte Firne hinterlassen einen tiefen Eindruck bei Rückkehrern. So schreibt etwa Prinzessin Auguste d'Arenberg, überwältigt von den savoyischen und Walliser Gletschern: »Erst gestern kehrte ich von den Gletschern heim, übermüdet, aber von Begeisterung hingerissen. Ich befürchte, meine Erlebnisse und Gefühle nicht in Worte fassen zu können. Den tiefen Eindruck, den die Naturschönheit auf die Seele macht, empfindet man, außerstande, ihn wiederzugeben. Die Vielfalt, der auffällige Gegensatz von Unfruchtbarkeit und Üppigkeit, das Grauen, das die wildeste Öde einflößt, ein Bild des Winters in seiner ganzen Härte, dem Lenz in seiner ganzen Lieblichkeit gegenübergestellt, die rasch wechselnden konträren Sinneseindrücke, die diese Erscheinungen wecken, erfüllen die Seele mit einer Trunkenheit, mit einer Bezauberung, die unaussprechlich sind (1789 bzw. 1971, Nr. 44, S. 31).« M. Pinault

Lit.: Kopenhagen 1973, Nr. 46; Tokio 1977, Nr. 16; RAEBER 1979, Nr. 373; Basel 1980, Nr. 174.

256

CASPAR WOLF
Muri AG 1735–1783 Heidelberg

Schneebrücke mit Regenbogen im Gadmental. Um 1778–1779
Öl auf Leinwand, 82 × 54 cm
Bern, Kunstmuseum, Inv. 1763 (Depositum des Vereins der Freunde des Kunstmuseums Bern) (Farbtaf. IX)

Es handelt sich um eine signierte Replik des Werks von 1778 in der Öffentlichen Kunst-

sammlung Basel (RAEBER 1979, Nr. 381). Das Motiv aus dem Berner Oberland wird irreal durch den kleinen Regenbogen unter der Schneebrücke, den Wolf auf eigene Art wiedergibt. Das Wasser, aus dem der Regenbogen entsteht, im Flußbett kaum sichtbar, ist nur durch Gischt angedeutet, während der Regenbogen selbst in seiner übertriebenen Schärfe fast an Theaterdekor gemahnt; er scheint aus dem Felsen zu wachsen. Hierin erinnert Wolf bereits an Joseph Anton Koch.
M. Pinault

Lit.: RAEBER 1979, Nr. 382; *Kunstmuseum Bern: Die Gemälde* 1983, Nr. 235.

Land und Volk

257

BALTHASAR ANTON DUNKER
Saal bei Stralsund 1746–1807 Bern

Albrecht von Haller (1708–1777)
Porträtvignette über einem Gruppenbild mit dem Staubbach im Hintergrund. 1776
Radierung von Joh. Störklin,
13,5 × 21,5 cm
Bern, Kunstmuseum, Inv. B(2)0/252
(Gottfried Keller-Stiftung)

Vor der idealisierten Kulisse des Lauterbrunnentals im Berner Oberland mit dem berühmten Staubbachfall gruppieren sich einige Pioniere der Alpenforschung. Der Alpenmaler Caspar Wolf (1735–1783; vgl. Kat. 235–256) – er hat die Skizze zur vorliegenden Ansicht geliefert – steht an seiner Staffelei. Seine aufmerksamen Zuschauer sind der Berner Verleger und Drucker Abraham Wagner (1734–1782) und Jungfer Sophie Müller. Im Vordergrund rechts ist der junge Pfarrer und Naturforscher Jakob Samuel Wyttenbach (1748–1830) (vgl. Kat. 258) in sein Notizbuch vertieft, zwei Talbewohner, mit aufgerolltem Seil auf dem Rücken und einer Meßlatte, haben in seinem Auftrag die Höhe des Falls gemessen.

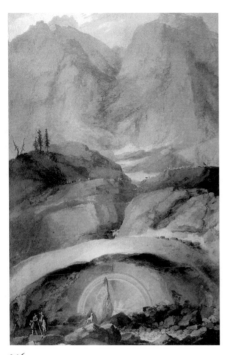

256

Über der ganzen Szene schwebt im Gir-
landenschmuck eingebettet ein Medaillon
mit dem Porträt Albrecht von Hallers (vgl.
Kat. 262 und 263). Zum Maler Wolf und
zum Naturforscher Wyttenbach gesellt sich
der Dichter. Er hat mit seinem 1732, also
mehr als 40 Jahre früher erschienenen philosophischen Lehrgedicht *Die Alpen* den Weg
zu einem neuen Naturerleben geöffnet. Neben den Schönheiten der Bergwelt gilt besonderes Lob – Verweichlichung und mora-
lisch-sittlicher Zerfall stehen im Visier –
dem einfachen Leben der Alpenbewohner.
Die erhabene Natur und die Unverdorben-
heit der Bewohner machen die Schweiz im
Zeitalter der Aufklärung zur attraktiven Heimat der alten Freiheit, zum Hort der Unabhängigkeit von jeglicher Monarchenherr-
schaft. Goethe nennt *Die Alpen* den Anfang
einer nationalen Poesie. Der Staubbach hat
beide fasziniert, Haller (*Die Alpen*, Verse
355–360) und Goethe. Auf seiner zweiten

Schweizerreise 1779, wenige Jahre nach
Dunkers Arbeit, entsteht der *Gesang der Geister über den Wassern.*

Balthasar Anton Dunkers Darstellung
ziert das Titelblatt einer vom Verleger Abraham Wagner veranstalteten Serie von Ansichten von Caspar Wolf mit dem Titel
*Merkwürdige Prospekte aus den Schweizer-Ge-
bürgen und derselben Beschreibung, Erste Ausgab,*
Bern 1776–1777 mit einem Vorwort von
Albrecht von Haller. Jakob Samuel Wyttenbach, Verfasser der Begleittexte, kommentiert handschriftlich auf einem seinem ver-
ehrten Mentor gewidmeten Erinnerungsblatt
(Burgerbibliothek Bern) Dunkers Ansicht
mit den Worten: »Noch in seinem Alter
machte Er [Haller] eine Vorrede zu den
Wagnerschen Alpenprospekten, deren Beschreibung ich über mich genommen hatte,
und Wagner ließ dazu die obenstehende Ti-
telvignette ausarbeiten. Wolf mahlte da eine
Gegend, Wagner steht ihm zu einer, und
Jgfr. Müller eine feurige Liebhaberinn der
Alpen zur andern Seite. An der andern Ecke
der Vignette bringen die Bergleute von Lau-
terbrunn die Stricke, mit welchen ich die
Höhe des Staubbachs gemessen hatte, und
ich werde daneben als schreibend erbärmlich
vorgestellt.«   H. Haeberli

Lit.: WEESE 1909, Nr. 119, S. 13 (Abb. 2); RAE-
BER 1979, S. 57–70 (bes. 67), 341; WEBER 1981,
S. 124–125; Zürich 1984, Nr. 51; Bern 1990,
S. 30, 31, Nr. 99; vgl. die Lit. zu Kat. 262.

258

PIETER RECCO
Amsterdam 1765–1820 Basel

Jakob Samuel Wyttenbach (1748–1830)
1818
Öl auf Leinwand, 107 × 86 cm
Bern, Naturhistorisches Museum

Im Verlaufe der Aufklärung setzte sich die
breite Förderung der Naturwissenschaften
nur zögernd durch. Nach langen Bemühungen erfolgte die Errichtung eines Lehrstuhls
für Naturgeschichte und Botanik an der Ber-

257

ner Akademie erst 1805. Noch mußte ausdrücklich gegen den Vorwurf, das Studium der Naturwissenschaften sei bloße Liebhaberei, Stellung bezogen werden, noch spielten die privaten Forscher und Liebhaber eine führende Rolle. Oft genug beflügelten Heimatliebe und der Wunsch, die natürlichen Reichtümer des Landes kennenzulernen. Wichtige Mittler zwischen den gebildeten Laien und dem Fachwissenschafter waren eine ganze Reihe von Pfarrherren.

Unter ihnen hat sich vor allem Jakob Samuel Wyttenbach, Pfarrer an der Heiliggeistkirche in Bern, bleibende Verdienste erworben. Schon als junger Mann weilte er beim großen Albrecht von Haller, er betreute ihn als Pfarrer in späteren Jahren auch in letzten Fragen. 1779 erhielt er den Besuch des jungen Goethe auf dessen Schweizerreise. Ausgedehnte Wanderungen führten ihn in die in vielen Beziehungen kaum erforschte Alpenwelt (vgl. Kat. 257), die nicht nur Naturforscher in ihren Bann zog, sondern auch ästhetisch-moralische Sehnsüchte zu befriedigen vermochte. Er gehörte zu den

Gründern der 1786 entstandenen Privatgesellschaft naturforschender Freunde in Bern.

Den Betreuer der in der Bibliotheksgalerie verwahrten naturgeschichtlichen Sammlungen und Mitgründer der 1815 ins Leben gerufenen Schweizerischen Naturforschenden Gesellschaft hat Pieter Recco während seines Berner Aufenthaltes im Bild festgehalten. Mit von der Mode der Zeit wohl etwas überholter Perücke weist der seit Haller bedeutendste Alpenforscher auf Schaustücke seiner Leidenschaft: es sind blühender Purpurenzian und blauer stengelloser Enzian, denen ein Laufkäfer entgegenkrabbelt, davor ein Bergkristall, und auf einem Sockel im Hintergrund, etwas entrückt, wacht der große Lehrmeister Albrecht von Haller, eine Büste nach Caldelari (Kat. 263).   H. Haeberli

Lit.: *Berner Porträts bis 1850* 1962 ff.; RAEBER 1979, S.62–63; WYTTENBACH und BURCKHARDT 1981; HUBER 1982 S.11–47.

259

JOHANN HEINRICH WÜEST
Zürich 1741–1821 Zürich

Der Rhonegletscher. Um 1795
Öl auf Leinwand, 126 × 100 cm
Zürich, Kunsthaus, Inv. 386 (Geschenk
H. Escher-Escher, 1877)

258

Wüest ist in Zürich zunächst Schüler Bullingers (1713–1793), dann verbringt er mehrere Jahre in Amsterdam, wo ihn die Landschaftsmalerei des 17. Jahrhunderts wesentlich beeinflußt, ferner drei Jahre in Paris. Nach Zürich zurückgekehrt, prägt er zahlreiche Schüler; er spezialisiert sich in Landschaftsmalerei und dekorativer Interieur-Malerei. Sein Werk ist charakterisiert durch eine stille, heitere Natursicht, die er Salomon Gessner verdankt.

Im Sommer 1772 begleitet Wüest den englischen Naturforscher, Archäologen und Kunstsammler John Strange auf eine Expedition zum Rhonegletscher. Dabei führt er für diesen eine ganze Reihe Studienblätter aus, die seit dem Tode des Sammlers verschollen sind; eine Kopie des hier besprochenen Gemäldes bewahrt das Kunstmuseum Winterthur. Einige Jahre später (1775–1780, nach anderer Meinung 1795) malt Wüest diese Ansicht des Gletschers, von oben mit Blick ins Tal, im Hochformat, um die außergewöhnliche Höhe fühlbar zu machen. Die Unendlichkeit der Natur wird anhand des übergewichtigen Himmels gezeigt, der, wie in der holländischen Malerei des 17. Jahrhunderts, mit seinem Wolkentreiben zwei Drittel der Malfläche einnimmt: blau und grau und bewegt, kontrastierend mit den düsteren Felsen und dem lichten und glasblauen Gletscher.

Wiederum deckt sich die Sinnesart der Reiseschriftsteller und der bildenden Künstler; einmal mehr korrespondiert das gemalte Sujet mit der Beschreibung in den *Tableaux topographiques de la Suisse:* »Bergspitzen und Felspyramiden umgeben und krönen den Gletscher; von diesen fließt der Firn, der das Eis bildet, herab; zuoberst spaltet sich über

einem jäheren Abhang das Eis und bedeckt diesen mit Eisnadeln und Eispyramiden. Das Ganze erinnert an ein prachtvolles Amphitheater aus weißem Marmor, dessen Schliff das grellste Licht zurückwirft.« Laborde bemerkt zu den Karstfeldern, die unter jedem Gletscher vorkommen: »Die Maler und Zeichner stellen diese Wälle am unteren Ende der Gletscher nie dar. Einen Haufen Steine malen, das brächte eine schlechte Wirkung hervor!«

Wie seine Zeitgenossen benutzt Wüest winzige Staffagefiguren, die von der Natur beherrscht erscheinen, aber diese großartige Natur erschreckt den Menschen, der sich dort ihrer Betrachtung hingibt oder zeichnet, nicht mehr. Dieses in Wüests Œuvre außergewöhnliche Werk entspricht dem Geschmack des Sammlers topographischer Bilder, die das Malerische und das Erhabene der Natur gleichzeitig zum Ausdruck bringen und die zudem geeignet sind, Erinnerungen an die Reisen aufzufrischen. Wüest und seine Vorgänger, etwa Scheuchzer (1723) oder Gruner (1760 und 1770), sowie seine

259

Zeitgenossen, Wolf, Besson oder Bourrit, halten den Stand der Gletscher im 18. Jahrhundert fest, vor ihrem unaufhaltsamen Rückzug.   M. Pinault

Lit.: Kopenhagen 1973, Nr. 50; Tokio 1977, Nr. 18; Atlanta 1988, Nr. 18; Paris: La Révolution 1989, Nr. 218; PINAULT 1990, S. 250–251.

260

ELISABETH-LOUISE
VIGÉE-LEBRUN
Paris 1755–1842 Paris

Zweites Alphirtenfest in Unspunnen, 17. August 1808. Um 1808/09
Öl auf Leinwand, 84 × 114 cm
Bern, Kunstmuseum, Inv. 843
(Gottfried Keller-Stiftung)

Als bekannte Porträtmalerin während der Regierungszeit Ludwigs XVI. flieht Madame Vigée-Lebrun anläßlich der Revolution ins Ausland und kehrt im Jahr 1802 nach Frankreich zurück. Sie unternimmt von dort aus

Reisen durch ganz Europa und hält sich 1807 erstmals in den Schweizer Alpen auf. Im Jahre 1808 verläßt sie Paris wiederum und reist in die Schweiz, «brûlant du désir d'aller contempler cette belle et grande nature». In Basel eingereist, durchquert sie den Jura, hält sich in Bern und Zürich auf und besucht in Coppet Madame de Staël. In ihren *Briefen aus der Schweiz* (IX, an Gräfin Vincent Potochka), die zugleich mit ihren *Souvenirs* (Neuausgabe Paris 1984) veröffentlicht wurden, erzählt die Künstlerin vom feierlich ergreifenden Hirtenfest («solennelle et touchante»), dem sie 1808 beiwohnt. Dieses Fest feiert gleichzeitig das 500jährige Jubiläum des Bundesschwurs – nach der Berechnung damaliger Historiker –, den man seither auf das Jahr 1291 festgelegt hat. Die Feier beginnt mit einem Feuerwerk, gefolgt von einem Konzert («musique pastorale et harmonieuse») im Hof des Schlosses des Schultheißen; das Fest im Tal zieht sich bis in den nächsten Tag hinein. Dabei wirken die Trachten der verschiedenen Kantone wie eine Blumenwiese, «un superbe champ de reines-marguerites». Die Vigée-Lebrun fährt fort, sie installiere sich «sur la prairie pour peindre le site et les masses de groupes. Le Comte de Gramont tenait ma boîte au pastel»; so stellt sie sich im Vordergrund des Bildes dar, während Madame de Staël am Arm des Herzogs von Montmorency – in Rückenansicht – promeniert.

Wahrscheinlich wurde das Bild erst in Paris (1808–1809) ausgeführt; es gehört zur Sammlung des Prinzen Maurice de Talleyrand Périgord in Paris. Bei diesem Werk der Vigée-Lebrun wurde von einigen Kunsthistorikern die Mitarbeit Franz Niklaus Königs und Johann Georg Volmars angenommen. Diese Vermutung ist unhaltbar, selbst wenn man weiß, daß die Malerin während ihres Aufenthaltes in Unspunnen Gast des Malers König war und daß sie mit ihm zahlreiche Streifzüge durch die Gegend unternahm. Ihre Beziehung stammt daher, daß die Malerin das Aquarell des Malers (Kat. 272) nebst seinen in Stichen verbreiteten Trachtengruppen für das bäuerliche Festvolk ihres Bildes

260

Lit.: *Kunstmuseum Bern: Die Gemälde* 1983,
Nr. 270; KUTHY 1983, S. 12–13; VON TAVEL
1983, S. 28–29.

auslieh. Zu diesen Trachtenbildern schreibt
sie: »Seine Schweizer Trachtenbilder sind
wegen ihrer Gruppen-Komposition manchen
älteren überlegen und verdienen besondere
Beachtung« (Bern 1983, S. 26–31).

Das hier ausgestellte Bild bleibt einmalig
im Werk der Künstlerin und zeigt, wie sie
und ihre Zeitgenossen zur Schweiz, diesem
von Schriftstellern und Malern gelobten Arkadien, standen, wo sich die Sinnbilder für
Freiheit und Gleichheit mit historischen Reminiszenzen und moralischen Vorbildern
mischen: im einfachen, patriarchalischen
Landleben mit seiner offenen Geselligkeit,
die dem Bauern eigen ist.   M. Pinault

261

Die Schweizer Trachtenbildnisse des Malers Joseph Reinhart

In den Jahren 1788–1797 malte der Luzerner Künstler Joseph Reinhart (1749–1824)
einen Zyklus von Bildnissen, in der sich die
dargestellten Personen in der Tracht ihres
Wohnortes präsentieren. Mit Ausnahme von
Basel-Stadt, Jura, Genf, Graubünden, Tessin
und Thurgau sind auf den 127 Gemälden,
heute im Besitz des Bernischen Historischen
Museum, alle Kantone der heutigen Schweiz
sowie der Schwarzwald und der Bregenzer
Wald vertreten. Ursprünglich umfaßte der
Zyklus jedoch zwischen 130 und 140 Bilder.

Die Trachtenbildnisse von Joseph Reinhart sind in verschiedener Hinsicht ein typisches Zeitzeugnis. Da ist zunächst der Bildgegenstand, die Tracht als Bekleidungsstück
einer bestimmten Gegend. Für die Trachten-
forschung ist der Zyklus noch heute die

261 a

261 b

wichtigste Bildquelle des 18. Jahrhunderts. Außerdem gründet auch die Tatsache, daß die Bekleidung einer Volksgruppe überhaupt zum selbständigen Bildgegenstand werden konnte, im Geistesleben des ausgehenden 18. Jahrhunderts. Reinhart war dabei nicht der erste Schweizer Künstler, der sich mit Trachtenbildnissen befaßte. Vor allem die sogenannten Kleinmeister hatten sich schon einige Jahre zuvor der Darstellung der Trachten angenommen. Hier muß hauptsächlich die in Bern ansässige Künstlergruppe um Johann Ludwig Aberli (1723–1786), insbesondere jedoch Sigmund Freudenberger (1745–1788) und Balthasar Anton Dunker (1746–1807), genannt werden. Aber auch Caspar Wolf (1735–1783) der als Maler der Alpen Ruhm erlangt hatte, ließ Ende der 70er Jahre eine Serie von Schweizertrachten nach eigenen Entwürfen stechen. Aberli, Freudenberger, Dunker und Wolf, aber auch Reinhart versuchten mit ihren Trachtenbildern in erster Linie dem in diesen Jahren anwachsenden Interesse an der ländlichen Bevölkerung gerecht zu werden. Ihre unterschiedlichen Resultate zeigen, wie facettenreich sich dieses Interesse manifestierte.

Im späten 18. Jahrhundert wurden vor allem die Darstellungen der mit anmutigen Trachten bekleideten Landbevölkerung von Sigmund Freudenberger berühmt. Seine Genrebilder zeigen auch, daß er sich in Paris mit dem »galanten« Werk Bouchers und Fragonards vertraut gemacht hatte. So wirken seine Bauern und Bäuerinnen wie Teilnehmer der Schäferspiele, mit welchen sich die Mitglieder des Hofes vergnügten. Obwohl schon Gotsched in seiner *Critischen Dichtkunst* auf die Diskrepanz zwischen Schäferidyllen und dem realen Bauerntum hingewiesen hatte und diese Kritik später beispielsweise von Pestalozzi oder Schiller aufgegriffen wurde, entsprachen Bauernidyllen, wie diejenigen von Freudenberger, auch lange nach Ende des Feudalsystems dem Geschmack eines breiten Publikums im In- und Ausland, welches im ländlichen Leben

261 c

261 e

hauptsächlich eine Entlastung von seiner eigenen Zivilisationsmüdigkeit suchte und nicht mit der Beschwernis des bäuerlichen Alltags konfrontiert werden wollte.

Aber auch genaue Darstellungen von Trachten, das heißt dokumentarische Beschreibungen von Kostümen, getragen von verschiedenen Bevölkerungsschichten in bestimmten Regionen, wurden schon vor dem Trachtenzyklus von Reinhart gefertigt. So hatte Aberli zwischen 1773 und 1775 eine Serie von sechs handkolorierten Umrißradierungen ediert, »Kostümblätter«, auf welchen jeweils ein Bauer oder eine Bäuerin in ihrer Tracht gezeigt wurde. Während sich Aberli, der für dieses Werk Dunker zur Mitarbeit verpflichtet hatte, fast ausschließlich auf die Umgebung von Bern beschränkte, plante Wolf eine umfassendere Trachtenfolge. Von den in der 1777 abgefaßten Subskriptionseinladung veranschlagten 30 Blättern wurden jedoch nur 12 Blätter gestochen. Dennoch werden in dieser Serie neben Trachten des Kantons Bern auch solche der

Kantone Uri, Schwyz, Luzern und Solothurn gezeigt. Der größte Trachtenzyklus vor Reinhart wurde schließlich von Dunker geschaffen. Es handelt sich dabei um eine Reihe von kolorierten Radierungen in Form von Rundmedaillons, die vermutlich Ende der 70er oder Anfang der 80er Jahre des 18. Jahrhunderts entstanden und deren Gesamtzahl unbekannt ist (SCHALLER 1990). Dunker, der sich später mit politisch motivierten Karikaturen einen Namen machte, verbindet mit seinen meist als Trachtenpaar aus jeweils verschiedenen Kantonen bestehenden Darstellungen häufig Anspielungen oder Symbole, welche sich auf Handlungen oder Gemütsverfassungen der Dargestellten beziehen, und nähert sich damit wieder dem Genrebild.

Obwohl in den Trachtenfolgen von Aberli, Wolf und Dunker die Tracht exakt wiedergegeben wird, sind auch diese Serien keine Darstellungen der bäuerlichen Wirklichkeit. Wie auch bei Freudenberger wurde hier für eine bestimmte Käuferschaft gearbeitet. Die farbenfrohen Trachten dienten hier dazu, den Vorstellungen von einem heiteren Landleben den Anstrich von Realität zu vermitteln. Als handliche Blätter konnten sie besonders die Bedürfnisse des aufkommenden Tourismus decken. Eine ganz andere Art von Trachtendarstellung begegnet uns mit dem Zyklus von Joseph Reinhart. Im Gegensatz zu den Trachtenbildern der obgenannten Künstler handelt es sich dabei nicht um graphische Blätter, sondern um Ölbilder, die von Anfang an im Gedanken an eine einheitliche Anordnung geschaffen wurden. Auch sind in Reinharts Bilder die dargestellten Personen nicht bloß Träger der Trachten, sondern vielmehr eindeutig identifizierbare Personen; genaue Angaben zu Namen und Wohnort, ja oft auch zum Beruf der Dargestellten wurden meist auf der Rückseite der Bilder von Reinhart schriftlich festgehalten. Schon aus diesen Fakten läßt sich ableiten, daß Reinhart mit seinem Zyklus keine Touristenstücke, mit denen eine Idylle vorgetäuscht werden sollte, zu gestalten hatte. Reinharts Trachtenzyklus kann eher als Verbindung zweier Bildgattungen betrachtet werden: Neben einer Art Inventar von verschiedenen Volkstypen – die sich hier hauptsächlich durch das Tragen einer bestimmten Tracht identifizieren lassen – handelt es sich auch um eigentliche Porträts – mit welchen die Persönlichkeit der Dargestellten repräsentiert werden soll.

Die Gründe für diese neue Form der Trachtendarstellung sind kaum bei dem künstlerischen Genius von Joseph Reinhart, sondern bei den Produktionsbedingungen zu suchen. Im Unterschied zu den Berner Kleinmeistern oder zu Caspar Wolf malte Reinhart diesen Zyklus nicht für den Markt, sondern im Auftrag. Auftraggeber war der Aargauer Seidenbandfabrikant Johann Rudolf Meyer (1739–1813). Meyer hatte sich aus einfachen Verhältnissen hochgearbeitet und sein Ansehen zudem noch durch Einheirat in eine alte Aarauer Bürgerfamilie gesteigert. Der Zürcher Maler Johann Heinrich Meyer (1755–1829) schrieb nach einem Besuch bei Meyer über ihn: »So selten sich spekulativer Kaufmannsgeist, algebraische Rechnungsgabe, Geschmack an schönen Wissenschaften, Literatur, Privatinteresse, Interesse fürs allgemeine Wohl, der liebenswürdigste Umgang und die reinste Liebe zum Wohltun – alles in einem und demselben Menschen vereinigt findet, so gewiß ist es, daß der Bandfabrikant Meyer sie alle besitzt und ausübt« (AMMANN-FEER 1953).

Mit dieser enthusiastisch anmutenden Beschreibung zählt der Maler Meyer im Grund nur die verschiedenen Charakterzüge auf, die nach zeitgenössischer Auffassung zu den Insignien eines aufgeklärten Patrioten gehörten. Patriotismus und Fortschrittsgläubigkeit, die neben einem wirtschaftlichen auch ein wissenschaftliches und ein moralischen Vorankommen anstrebten, bestimmten denn auch ohne Zweifel eine große Zahl von Johann Rudolf Meyers Tätigkeiten. In seiner Heimatstadt Aarau bemühte er sich um eine Verbesserung der Wasserversorgung und des Rebbaus. Ein weiteres Ziel war für ihn die Förderung des Bildungswesens. So setzte er sich für die Gründung der Kantonsschule von Aarau ein und unterstützte Heinrich Pestalozzi.

Auf der Seite der Aarauer Patrioten wandte er sich gegen die Bevormundung durch den Staat Bern und sympatisierte mit französischen Revolutionskreisen. Nach dem Zusammenbruch des Ancien Régime wurde er 1798 Mitglied des helvetischen Senats und gehörte 1802 zu den Teilnehmern der Eidgenössischen Konsulta in Paris. Meyers Patriotismus hatte sich aber schon vor der Gründung der Helvetik nicht bloß auf seine engere Heimat beschränkt. Als Mitglied der Helvetischen Gesellschaft, die er 1792 präsidierte, hatte er beispielsweise zweimal in einer Rede eine Gewässerkorrektion in der Linthebene vorgeschlagen, um damit die wirtschaftlichen und sozialen Bedingungen der dort ansässigen Bevölkerung zu verbessern.

Auch in seinen privaten Unternehmen ließ sich der Seidenbandfabrikant oft von einer Verbindung aus wirtschaftlichen Über-

261 d

 261 g

261 f

legungen, wissenschaftlicher Neugier und dem Willen zu einer Erneuerung der Eidgenossenschaft lenken. In Anlehnung an ein Relief der Innerschweiz, das nach Vermessungen des Luzerners Franz Ludwig Pfyffer (1716–1802) in den 70er Jahren entstanden war, gab Meyer 1786 ein Relief der Alpen zwischen Boden- und Genfersee in Auftrag. Dieses Relief wurde 1797 fertiggestellt und gelangte 1802 in den Besitz der französischen Regierung. Auf seinen Vermessungen basiert auch das wichtigste schweizerische Kartenwerk vor der Dufourkarte, der *Atlas Suisse, levé et dessiné par J. H. Weiss aux frais der J. R. Meyer à Aarau dans les années 1786–1802, gravé par Guérin, Eichler et Scheuermann.*

Es liegt somit nahe, den Trachtenzyklus von Joseph Reinhart als ethnographische Ergänzung zur geographischen Darstellung der Schweiz zu sehen (VON TAVEL 1961). Über die Auftragserteilung selbst ist nichts bekannt. Möglicherweise wurde Reinhart durch Franz Ludwig Pfyffer, einen seiner

Förderer, mit Meyer bekannt gemacht. Selbst wenn die mit diesem Auftrag verbundenen Ziele von Meyer nicht schriftlich festgehalten sind, steht fest, daß sich der Fabrikant nicht bloß als Kunstmäzen zu profilieren gedachte. Trotzdem begnügte er sich nicht mit einer druckgraphischen, nach wissenschaftlichen Kriterien gefertigten Trachtenfolge, sondern verlangte Ölbilder von beachtlichem Format. Da der Trachtenzyklus ungefähr zeitgleich mit dem Alpenrelief in Auftrag gegeben wurde, dachte Meyer möglicherweise an eine gemeinsame Installation dieser beiden Bestandesaufnahmen der Schweiz, die so nicht nur als bildliches Dokument, sondern auch als Aufforderung zur Erneuerung der Eidgenossenschaft hätte dienen können.

Da Meyer das Relief an die französische Regierung verkaufen mußte, blieb ihm einzig der Trachtenzyklus als monumentaler Ausdruck seiner helvetischen Gesinnung. Er errichtete in seinem Wohnhaus ein Trachtenkabinett, das – zumindest für ein ausge-

261 h

261 i

wähltes Publikum – öffentlich zugänglich
war, ähnlich dem Alpenkabinett Caspar
Wolfs beim Verleger Abraham Wagner.

Ob Meyer je an eine kommerzielle Auswertung des Zyklus gedacht hat, kann heute
nicht mehr festgestellt werden. Zumindest
willigte er in den Wunsch von Franz Niklaus König (1765–1832) ein, seine Sammlung als Vorlage einer von König produzier-
ten druckgraphischen Trachtenserie zur Verfügung zu stellen. Die erste Ausgabe von
1801–1802, der sogenannte »große König«
wurde zu einem Kassenerfolg für den Künstler, der daraufhin die gleiche Folge in klei-
nerem Format noch einmal publizierte (»Der
mittlere König« 1804). Auch Reinhart beschäftigte sich nach Beendigung seines Auftrags weiter mit der Trachtendarstellung, indem er 1796 auf eigene Rechnung mit einem weiteren, allerdings kleineren Trachtenzyklus begann, den er in seinem Haus als
Attraktion ausstellte und sehr wahrscheinlich
als Werbung nutzte. Dieser Zyklus befindet
sich heute im Besitz der Gottfried Keller-

Stiftung. 1822 wurde in London überdies
eine Serie von 30 kolorierten Aquatintasti-
chen publiziert, die nach Trachtenzeichnun-
gen von Reinhart gestochen sind (Reprint
1982).

Selbst wenn für Meyer bei seinem Auftrag wissenschaftlich-aufklärerische Motive
im Vordergrund standen, lag demnach der
Trachtenzyklus ganz im Zeittrend. Auf die
unmittelbaren Vorläufer von Reinhart wurde
schon hingewiesen. Aber neben den Trach-
tendarstellungen der erwähnten Berner
Kleinmeister und Caspar Wolfs sind schon
aus der ersten Hälfte des 18. Jahrhunderts
Trachtenblätter bekannt, die sich jedoch
nicht auf die Abbildung der ländlichen Bevölkerung beschränkten und die in erster Linie als Anweisung zu einer angemessenen
Bekleidung dienten. So entstand zum Beispiel im ersten Viertel des 18. Jahrhunderts
das *Schweizerische Trachten-Cabinett* von Johann Andreas Pfeffel. Es handelt sich dabei
trotz seines Titels nicht um einen Zyklus
mit Trachtendarstellung aus der gesamten

Schweiz, sondern um eine auf Zürich beschränkte Folge von 20 Kupferstichen, welche die Bekleidung für verschiedene Anlässe und verschiedene soziale Stufen aufführen (SCHNEIDER 1983). Mit der Lockerung der Kleidervorschriften im späten 18. Jahrhundert orientierte sich die städtische Bevölkerung immer mehr an der internationalen – und damit französischen – Mode, und die in den verschiedenen Städten getragene Bekleidung wies keine großen Unterschiede mehr auf. Gleichzeitig entfalteten sich die Bauerntrachten und wirkten für die Städter nun als neue Sehenswürdigkeit.

Auch die Trachtenbildnisse von Reinhart kamen diesem neuen Interesse an der Tracht entgegen. Seine Darstellung der Landbevölkerung kann jedoch nicht als reine Befriedigung der Sensationslust oder als simple Verherrlichung der ursprünglichen Natur und damit des ursprünglichen Menschen betrachtet werden. Reinharts Trachtenzyklus hat vielmehr einen echten moralisch-sozialen Beiklang. Er basiert auf der Aufwertung des Bauerntums, wie es mit den auch vom Auftraggeber Meyer vertretenen aufklärerischen Ideen zur Verbesserung der Landwirtschaft angestrebt wurde und in Hirzels gerade zu dieser Zeit als Bestseller bekannten Büchern über Kleinjogg, den philosophischen Musterbauern, auch literarisch unterstützt wurde. Somit wird erklärbar, daß Reinhart – im Auftrag von Meyer – die Dargestellten als Persönlichkeiten zeigt und sie nicht nur als abbildungswürdig, sondern als porträtwürdig erachtet. Indem er dem Zyklus auch ein Bildnis des Auftraggebers und ein Selbstbildnis beifügt (VON TAVEL 1961, Nrn. 126, 127), betont er die republikanische Gleichheit.

Reinhart hat seine von ihm porträtierten Landsleute mit Bedacht ausgewählt: Meist gehören sie der bessergestellten Bevölkerung an, oft nehmen sie einen besonderen Rang innerhalb ihrer Gemeinde ein, wie zum Beispiel als Amtshauptmann oder als Richter. Die Mehrzahl der Bilder sind Doppelporträts, in welchen sich eine männliche und eine weibliche Person in ihrer Tracht präsen-

tieren. Die farbigen Trachten werden durch den fast durchwegs verwendeten braunen Grund besonders hervorgehoben. Während sich die Gesichter der Figuren jedoch in der überwiegenden Zahl der Bildnisse dem Betrachter zuwenden, werden die Körper oft in einer abgewandten Haltung gezeigt. Dies ermöglicht einerseits, die Beziehung der abgebildeten Personen untereinander sichtbar zu machen, weist aber auch darauf hin, daß für Reinhart das Interesse an der Darstellung der Trachten, welche nun nicht mehr vollständig zu sehen sind, hinter dem Interesse an den Personen zurückstand. In den später gemalten Bildern gewinnt das Verhältnis zwischen den Personen zudem an Intimität (VON TAVEL 1961, Nrn. 5, 96). Reinhart nähert sich damit teilweise dem Genrebild (VON TAVEL 1961, Nr. 122). In einigen Bildern verwendet er auch die Allegorie oder die patriotische Darstellung. So gemahnt das Bildnis der drei Eidgenossen aus Uri, Schwyz und Unterwalden an den Rütlischwur (Nr. 111). In diesen Bildern wird auch die Zweifigurenkomposition aufgegeben, und die Bekleidung der Personen spielt kaum mehr eine Rolle.

Reinharts Interesse am Besonderen und Einzigartigen zeigt sich zudem in seiner Suche nach bekannten Persönlichkeiten. Neben lokalen Berühmtheiten, wie Johannes Heitz aus Glarus, der nach Reinharts Angaben über 1200 Gemsen erlegt hat (VON TAVEL 1961, Nr. 63), malt er auch Persönlichkeiten, deren Bekanntheit weit über ihre Region hinaus reicht. Der Bedeutendste ist sicher Ulrich Bräker (1735–1798), der arme Mann aus dem Toggenburg, mit seiner Familie (Nrn. 70, 71). Als Handwerker und Kleinbauer begann Bräker zu schreiben. Im Kreise der am ursprünglichen Landleben besonders interessierten Zürcher Aufklärer gewann er bald den Ruf eines wilden Naturtalents und seine *Lebensgeschichte* wurde zum ersten Male 1788/89 vom Zürcher Verleger Johann Heinrich Füssli mit Erfolg publiziert.

Als Reinhart diesen Zyklus zu malen begann, war er schon zu einem in seiner Heimatstadt Luzern anerkannten Maler avanciert. Als Nutznießer einer frühen Form von staatlicher Kunstförderung hatte er von der Luzerner Regierung 1765 ein Stipendium für eine dreijährige Ausbildung in Lucca und Rom erhalten. Als Gegenleistung wurde er nach seiner Rückkehr für die Luzerner Regierung tätig und trug beispielsweise mit einer Reihe von Schultheißenbildern zur Ausstattung des Luzerner Rathauses bei. Neben seiner Arbeit als Bildnismaler führte er auch kirchliche Aufträge aus. In der Klosterkirche von Werthenstein malte er einen Zyklus von 46 Freskogemälden mit Szenen aus dem Neuen Testament. Während er sich im sakralen Bereich des immer noch vorherrschenden Barockstils bediente, suchte er bei den Schultheißenbildnissen die sachliche Betonung der Person, aber auch ihres Ranges. Wenn in gewissen Bildnissen des Trachtenzyklus sich die Proportionen verschieben und die Köpfe im Vergleich zum Körper unverhältnismäßig groß erscheinen, beruht dies deshalb sicher nicht auf der Unfähigkeit des Künstlers. Neben Reinharts Interesse am Besonderen, vielleicht auch am Absonderlichen und einer auch zu seiner Zeit noch vorhandenen, wenn auch nicht mehr offensichtlichen Geringschätzung des ungebildeten Volkes, könnte man an dieser Überbetonung der Köpfe auch ein besonderes Interesse an der Physignomie ablesen. Damit würde sich Reinhart durchaus zeitgemäß verhalten. In den *Physiognomischen Fragmenten zur Beförderung der Menschenkenntnis und Menschenliebe* (1775–1778) stellte Johann Caspar Lavater die These auf, daß Psychisches und Physisches sich wechselseitig bedingen und daß es somit auch die Aufgabe eines Malers sei, durch das Äußere des Menschen sein Inneres zu erfassen. Johann Georg Sulzer forderte in seiner *Allgemeinen Theorie der Schönen Künste* (1771–1774) vom Porträtisten, bei einem Bildnis nicht die soziale Stellung, sondern einzig die Person in ihrer Wahrheit und Natur abzubilden.   C. Hofmann

Lit.: AMMANN-FEER 1953, S. 20; VON TAVEL 1961; SCHNEIDER 1983; RÜSCH 1990; SCHALLER 1990, S. 275 ff.

261

JOSEPH REINHART
Horw 1749–1824 Luzern

Schweizer Trachtenbildnisse. 1788–1797
Öl auf Leinwand, mehrheitlich
ca. 70 × 49 cm

Bern, Bernisches Historisches Museum, Inv. 1965/1–125 sowie 31527 und 37153

Von den 127 Bildern werden zwei Drittel ausgestellt. Abgebildet sind:

a) Bildnis Johann Rudolf Meyer mit seiner Frau Marianne geb. Renner (VON TAVEL 1961, Nr. 127)
b) Selbstbildnis mit Lorenz Keigel aus Ruswil (Kt. Luzern). 1794 (VON TAVEL 1961, Nr. 126)
c) Johannes Heitz, Baumeister und Gemsjäger im Land Glarus. 1793 (VON TAVEL 1961, Nr. 63)
d) Bildnis Ulrich Bräker mit seiner Frau Salome geb. Ambühl (in Toggenburger Alltagstracht). 1793 (VON TAVEL 1961, Nr. 70; *Chronik Ulrich Bräker* 1985, S. 402)
e) Bildnis von drei Kindern Ulrichs Bräkers: Susanna Barbara, Johannes; Anna Maria (in Toggenburger Sonntagstracht) 1793 (VON TAVEL 1961, Nr. 71)
f) Bildnis Anna Forney und Antoinette Dovat mit Tragkörben und Gemüse (Vevey. 1796 (VON TAVEL 1961, Nr. 122)
g) Bild Hans Heinrich Röllin, Kirchmeier in Littau, (Kt. Luzern) und Jungfrau Eva Krütli. 1790 (VON TAVEL 1961, Nr. 5)
h) »Trey Eidgenossen«: Bildnis Hans Jakob Fidelis Im Fanger (Kt. Uri) Jakob Joseph Hofer (Kt. Schwyz), Hans Melchior Wyrsch (Emetten, Kt. Unterwalden). 1794. Die Benennung der Dargestellten läßt Fragen offen (VON TAVEL 1961, Nr. 111)
i) Bildnis J. Leontius Strebel, Amtshauptmann und Säckelmeister in Muri (Freiamt) und seine Tochter (in Festtagstracht). 1794 (VON TAVEL 1961, Nr. 96).

C. Hofmann

262

Haller und Rousseau:
Die Entdeckung der Natur

262

ANONYM BERN

Albrecht von Haller (1708–1777)
Um 1730. Öl auf Leinwand, 26,5 × 20 cm
Bern, Burgerbibliothek

Als Hauptvertreter der Aufklärung ist Haller der bedeutendste Gelehrte, den Bern je hervorgebracht hat. Nach Jugendjahren in seiner Vaterstadt und Studien in Tübingen und Leiden, wo er 1727 als noch nicht Zwanzigjähriger zum Dr. med. promovierte, ließ er sich nach Studienreisen durch Deutschland, Holland, England und Frankreich als praktischer Arzt in Bern nieder. Mit seinem 1732 erschienenen *Versuch Schweizerischer Gedichten* und vor allem den in dieser Sammlung enthaltenen *Alpen*, Markstein in der Geschichte der Entwicklung des modernen Naturerlebnisses, schuf er sich zunächst als Dichter einen Namen (vgl. Kat. 257). Während 17 Jahren als Professor in Göttingen lehrend, ist Haller mit Standardwerken auf dem Gebiete der Botanik, der Anatomie und vor allem der modernen Physiologie in die Geschichte der Medizin und Naturwissenschaften eingegangen. Den modernen Methoden des Beobachtens und Experimentierens verpflichtet, beherrschte er auf seinen Fachgebieten das gesamte Wissen von der Antike bis zu seiner Zeit und hat es in kritischen Bibliographien festgehalten. Griffige Arbeitsmethoden und -techniken ermöglichten die Bewahrung der Übersicht und die Verarbeitung des Gelesenen, unabdingbare Voraussetzung bei einer zuletzt über 13 500 Bände zählenden Bibliothek, einer dichten, sich über ganz Europa erstreckenden Korrespondenz von über 12 000 erhaltenen Briefen von über 1100 verschiedenen Korrespondenten. Die behandelten Themen greifen über in die Tagespolitik, die Diskussionen drehen sich um Mensch, Bürger und Staat. Als Angehöriger einer Familie aus dem Kreis der sogenannten regimentsfähigen bernburgerlichen Familien erblickte er im Staatsdienst eine Verpflichtung: Er verließ den Göttinger Lehrstuhl, um nicht nur der Wissenschaft, sondern auch seiner Republik zu dienen (vgl. Kat. 263).

Der unbekannte Maler zeigt den etwa Zwanzigjährigen. Er hat sein Studium abgeschlossen, der weitere Weg ist noch nicht abgesteckt, der Blick ist offen, klug, sicher und erwartungsvoll. Es ist das früheste bekannte Porträt einer Reihe von rund 200 in den verschiedensten Techniken gefertigten Bildnissen Hallers aus den verschiedensten Lebensaltern.   H. Haeberli

Lit.: WEESE 1909, Nr. 1; vgl. die Lit. zu Kat. 263.

263

SÉBASTIEN CALDELARI
Gest. 1819 Paris

Albrecht von Haller (1708–1777). 1803
Marmorbüste, Höhe 61 cm
Bern, Burgerbibliothek

263

Der Mediziner und Naturwissenschafter (vgl. Kat. 262) und der Dichter der *Alpen* (vgl. Kat. 257) fühlte sich lebenslang seiner Vaterstadt Bern eng verbunden. Der ehrenvolle Lehrstuhl in Göttingen vermochte die Laufbahn im Staatsdienst als Rathausammann (1753–1757) und vor allem als Salzdirektor in Roche (1758–1764), wo Aufgaben als Staatsmann, Wissenschafter und Förderer des Landbaus sich vereinigten, nicht aufzuwiegen. Auch wenn der krönende Abschluß, die ersehnte Wahl in die Regierung, den Kleinen Rat, sich nicht erfüllte: aller Kritik der Auswüchse und Mängel zum Trotz bildete für Haller die Aristokratie die bestmögliche Staatsform für eine Republik von der Größe Berns. Die neuen revolutionären Ideen stellten die für ihn unantastbaren Grundlagen des alten Staates in Frage, das Beispiel der Genfer Unruhen veranschaulichte die Gefahren der Unberechenbarkeit der Demokratie. «La liberté n'est faite que pour ceux qui savent se conduire, les autres doivent etre menés» (Haller an Horace-Benedict de Saussure, 25. Juli 1763, SONNTAG 1990, S. 152).

Weniger als Dichter denn als Staatstheoretiker und an historische Vorbilder anknüpfend zeichnet der über sechzigjährige Haller in Romanen drei mögliche Staatsformen. Bei *Usong*, einem orientalischen Fürstenspiegel, werden die Vorzüge einer gut geführten absoluten Monarchie im Sinne eines aufgeklärten Despotismus hervorgehoben. *Alfred* vertritt die gemäßigte, später konstitutionelle Monarchie. Beim Beispiel aus der römischen Geschichte, *Fabius und Cato*, geht es letztlich um die Verteidigung der republikanischen Verfassung, um die Vorzüge der Aristokratie gegenüber der Volksherrschaft. Der Erfolg des Staatstheoretikers ebenso die Wirkung der Schriften des Kämpfers gegen den aufkommenden Unglauben blieben beschränkt. Die großen Widersacher waren stärker. «Voila deux hommes d'esprit», schreibt er am 12. Mai 1776 seinem Freund Charles Bonnet (1720–1793) nach Genf, «dont l'un et l'autre a fait un mal prodigieux au genre humain, J. Jaques [Rousseau] pour la vie civile, V[oltaire] pour l'eternité» (SONNTAG 1983, S. 1216).

Der Schöpfer der 1803 in Paris entstandenen Büste ist der aus dem Tessin (Lugano) stammende Bildhauer Caldelari, der seit der Jahrhundertwende in der französischen Hauptstadt verschiedene Arbeiten, z. T. auch in kaiserlichem Auftrag, schuf. Besteller war der zweitälteste Sohn des Dargestellten, der ebenfalls in Paris wirkende Bankier Rudolf Emanuel von Haller (1747–1833). Die 1810 im alten botanischen Garten in Bern aufgestellte Büste mußte wegen Verwitterungsschäden schon 1819 in die angrenzende Bibliothek überführt werden. Der Umstand, nicht mehr nach dem lebenden Modell arbeiten zu können und damit auf allerdings zahlreiche Bildvorlagen angewiesen zu sein, erleichterte Caldelari die Lösung vom traditionellen, repräsentationsverpflichteten Hallerbildnis. Jeglicher modische Ballast entfiel, es galt die geistigen Kräfte in körperlicher Ausformung zu erfassen: der dem Klassizismus verbundene Künstler entrückt Haller ins Überzeitliche.   H. Haeberli

Lit.: WEESE 1909, Nr. 143, Abb. 75, S. 111–117; LAMI 1914 bzw. 1970, Bd. I, S. 238 (die Hallerbüste – offensichtlich früheste bekannte Arbeit – fehlt im Werkverzeichnis!). Die Literatur über Haller ist außerordentlich umfangreich; ein auf mehrere Jahre geplantes Projekt befaßt sich mit Erschließung, Erforschung und Darstellung von Nachlaß (Burgerbibliothek Bern), Leben und Werk Hallers.

264

264

MAURICE QUENTIN DE LA TOUR
Saint-Quentin 1704-1788 Saint-Quentin
Bildnis Jean-Jacques Rousseau. 1753 (?)
Pastell, 15 × 36 cm, Môtiers, Musée
Jean-Jacques Rousseau, Inv. 11

Am »Salon« von 1753 stellt Maurice Quentin de la Tour 18 Pastellbilder aus, darunter ein Bildnis von «M. Rousseau, Citoyen de Genève». Rousseau zählt damals 41 Jahre; sein *Discours sur les sciences et les arts,* 1750 von der Akademie von Dijon preisgekrönt, hat ihm plötzlich zu Ruhm verholfen, und dieser wird verlängert durch den Erfolg des *Devin du village,* aufgeführt Ende 1752 in Fontainebleau und dann im März 1753 an der Pariser Oper. La Tour wird 1751 der Rang eines Conseiller de l'Académie verliehen; er ist der Porträtist der königlichen Familie und der französischen Haute Société. Der Pastellmaler und sein Modell haben den Gipfel der Anerkennung erklommen.

La Tour hat Rousseau fast frontal auf einem ungepolsterten Stuhl dargestellt, mit gepuderter Perücke, Rock und Weste geöffnet, »mit lebhaftem Blick, mit leicht sarkastischem Mund, mit einem gleichzeitig offe-

nen und fragenden Ausdruck« (GAGNEBIN 1976, S.77). Wenn die Zeitgenossen auch einhellig die technische Geschicklichkeit, die in dem Pastell zutage trat, lobten, machten sie sich doch gelegentlich über die Einfachheit der Inszenierung lustig. So schrieb Diderot einige Jahre später:»Ich suche den Literaturrichter, den Cato und Brutus unseres Zeitalters; ich erwartete einen Epiktet in nachlässiger Kleidung und mit zerzauster Perücke zu sehen, der den Schriftsteller, den Großen, den Menschen von Welt schecklich ist durch die Strenge des Antlitzes; aber ich finde nur den Verfasser des *Devin du village,* gut gekleidet, gut gekämmt, gut gepudert und lächerlicherweise auf einem Strohstuhl sitzend« (DIDEROT 1766–1773 bzw. 1984, S.370). Aber das Porträt gefiel Rousseau, der doch sonst seinen Bildnissen gegenüber so heikel war (BUFFENOIR 1913; Genf-Chambéry 1989). Es wurde oft gestochen, und es blieb auch für den Verfasser der *Confessions* »der einzige Archetypus, das sichtbare Modell aus einem für immer vergangenen Goldenen Zeitalter« (MATTHEY 1963–1965, S.103). Wie häufig, schuf La Tour von dem Werk mehrere Kopien. Heute sind vier Fassungen mit fast gleichen Maßen und eine Vorstudie bekannt (GAGNEBIN 1976); weitere Repliken werden in Quellen vom späten 18. bis zum frühen 20. Jahrhundert erwähnt (MATTHEY 1968). Die große Zahl von Exemplaren und die oft unsichere Filiation machen es schwer, mit letzter Sicherheit das »Original« von 1753 zu bestimmen. Mehrfach hat man jedoch darauf hingewiesen, daß ein Kritiker des »Salon« die Lehnen von Rousseaus Stuhl mit Kugeln bekrönt beschreibt (MICHEL 1906). Das Pastell des Museums von Môtiers scheint die einzige gegenwärtig bekannte Fassung zu sein, wo eine solche Kugel (pomme) deutlich sichtbar ist; La Tour mag bei späteren Kopien die Kugel als zu trivial entfernt oder weggelassen haben (MATTHEY 1968).   S. Wuhrmann

Lit.: MATTHEY 1968; CANDAUX 1969; GAGNEBIN 1976, S.75-84; Genf-Chambéry 1989, S.25-26.

265

265

JANUARIUS ZICK
München 1730–1797 Ehrenbreitstein

**Jean-Jacques Rousseau findet die
Antwort auf die Preisaufgabe der
Académie von Dijon.** 1757
Öl auf Kupfer, 47,4 × 38 cm
Schaffhausen, Museum zu Allerheiligen,
Inv. 272
(Geschenk Dr. Erwin Rothenhäusler, 1944)

Am 24. Juli 1749, einen Monat nach der
Veröffentlichung seiner *Lettre sur les Aveu-
gles,* war Denis Diderot (der schon seit län-
gerer Zeit unter polizeilicher Überwachung
gestanden hatte) auf königlichen Befehl verhaftet und in dem seit Anfang des 16. Jahrhunderts als Gefängnis benutzten Turm des
Schlosses Vincennes außerhalb von Paris unter Arrest gestellt worden. Zu den Personen,
die ihn dort besuchen durften, gehörte auch
sein Freund und Mitarbeiter an der *Encyclopédie,* Jean-Jacques Rousseau.
 Es sei in jenem Jahr »der Sommer übermäßig heiß« gewesen, erinnerte Rousseau
sich in seinen *Confessions* (Buch VIII, 1789).

»Man rechnet zwei Meilen von Paris nach
Vincennes. Da ich keine Droschke zu zahlen
vermochte, ging ich um zwei Uhr nachmittags, wenn ich allein war, und ging schnell,
um früher anzukommen.« Die Bäume am
Wege, »nach Landesart stets beschnitten«,
hätten fast keinen Schatten gegeben, und oft,
von Hitze und Müdigkeit übermannt, habe
er sich auf der Erde ausgestreckt. Um seinen
Schritt zu mäßigen, sei er schließlich auf den
Gedanken gekommen, ein Buch mitzuneh-
men. »So nahm ich eines Tages den *Mercure
de France,* und während ich ihn im Gehen
überflog, fiel mein Auge auf die von der
Akademie von Dijon für den Preis des folgenden Jahres gestellte Aufgabe: ›Ob der
Fortschritt der Wissenschaften und Künste
zur Verderbnis oder zur Veredelung der Sitten beigetragen hat?‹ Im Augenblick, da ich
dies las, sah ich eine andre Welt, und ich
wurde ein andrer Mensch« (ROUSSEAU
1981, S. 345–346).
 Diese für die europäische Geistesge-
schichte revolutionäre Stunde, in der Rousseau zu sich selbst und zu der mit seinem
Namen verbundenen kulturkritischen Philosophie fand, hat Januarius Zick acht Jahre
später festgehalten. Was dabei erstaunt, ist
die Genauigkeit, mit der der Maler nicht
Rousseaus Beschreibung im zweiten seiner
vier *Briefe an Malesherbes* (auf die er in den
Confessions ausdrücklich verweist) folgt –
dieser Brief wurde nämlich erst im Januar
1762 geschrieben –, sondern mit der er in
seinem 1757 datierten Bild die erste schriftliche Fixierung der Begebenheit vorweg-
nimmt. Sie muß demnach in Paris, wo der
junge Zick damals lebte, schon während der
50er Jahre zur Legende geworden sein.
 »Wenn jemals etwas einer plötzlichen Inspiration gleichkam«, wird es nämlich dort
heißen, »so war es die Bewegung, die sich
bei dieser Lektüre in mir abspielte. Auf einmal fühlte ich meinen Geist von tausend Er-
kenntnissen geblendet, Schwärme lebendi-
ger Ideen zogen, alle zugleich, in solcher Gewalt und Verworrenheit an mir vorbei, daß
ich in unsäglichen Aufruhr geriet. Mein
Kopf wird von einer rauschähnlichen Betäu-

bung erfaßt. Heftiges Herzklopfen bedrängt
mich und will mir die Brust sprengen; da ich
im Gehen nicht mehr atmen kann, lasse ich
mich am Straßenrand unter einem Baum
hinsinken, und dort verbringe ich eine halbe
Stunde in derartiger Erregung, daß ich den
ganzen Vorderteil meiner Weste von Tränen
durchnäßt finde, ohne daß ich gespürt hätte,
wie sie flossen« (ROUSSEAU 1981, S.652).

Die Versetzung in einen tranceartigen
Zustand war bisher in erster Linie jenen entrückten Heiligen zuteil geworden, mit denen die Maler und Bildhauer des Barock die
katholischen Kirchen bevölkert hatten. Der
völligen Selbst*aufgabe* in der religiösen Ek-
stase, von der jene Werke inspiriert waren,
stellt Zick den Augenblick entgegen, in dem
der Mensch wieder zu sich kommt und seiner selbst inne wird: den Augenblick der
Selbst*findung*. In seiner Form den Mustern
einer zu Ende gehenden Epoche verpflichtet,
handelt das Bild also von überraschend
neuen Inhalten. Nicht mehr die göttliche Inspiration wird für das kommende Zeitalter
entscheidend sein, sondern die »Inspiration
des bürgerlichen Helden« (HOFFMANN
1987, S.143), des auf seine innere Stimme
hörenden »Genies«.　　M. Baumgartner

Lit.: METZGER 1981, S.12, 36 (Nr. 10); *Museum
zu Allerheiligen* 1989, Nr. 48 (der vorliegende
Text ist eine leicht gekürzte Fassung des dortigen).

266

JEAN-ANTOINE HOUDON
Versailles 1741–1828 Paris

**Jean-Jacques Rousseau im antiken
Gewand.** 1778
Bronzebüste, patiniert, auf Marmorsockel,
61,5 (Gesamthöhe) × 30,5 × 17,5 cm
Paris, Musée du Louvre, Département des
sculptures, Inv. R.F. 1729

Nach dem Tode Jean-Jacques Rousseaus (2.
Juli 1778), begab sich Houdon unverzüglich
nach Ermenonville, um die Totenmaske ab-
zunehmen. Anhand dieses Abgusses modellierte er drei verschiedene Büstentypen des

266

Philosophen: einen »à la française«, bekleidet
und die Perücke tragend, einen heroischen,
ohne Perücke und mit entblößter Brust, und
schließlich einen antikisierenden, der hier in
einem Exemplar vertreten ist.

Der Schriftsteller präsentiert sich mit der
typischen Kopfbinde des Philosophen und in
geschlungenem Mantel; die unten prisma-
tisch beschnittene Büste erinnert an antike
Hermen.

Die Männer der Revolution, besonders
Robespierre, hegten große Bewunderung für
Rousseau. Der Konvent beschloß zweimal,
ihm auf den Champs-Elysées ein Denkmal
zu errichten. Das Projekt wurde als Wettbewerb ausgeschrieben. Houdon hatte dem
Konvent ein Exemplar der Totenmaske vorgelegt, wohl in der Hoffnung, mit der Ausführung des Monuments betraut zu werden.
Aus dem Projekt wurde nichts, jedoch kam

267

vielleicht so die Büste als käufliche Erwer-
bung oder als Geschenk in die Hände des
Senators Barère de Vieuzac, der Mitglied des
Wohlfahrtsausschusses und ein großer Be-
wunderer Rousseaus war. Von ihm erwarb
sie der Louvre am 31. März 1838.

J.-R. Gaborit

Lit.: Vitry 1912, S. 97–117; Réau 1964, Bd. 1,
S. 360–363, Bd. 2, S. 41 (Nr. 184); Arnason
1977, S. 48; Paris: Révolution 1989, Nr. 227;
Hamburg 1989, Nr. 33; Genf/Chambéry 1989,
Nr. 44.

267

SIGMUND FREUDENBERGER
Bern 1745–1801 Bern

Das Fest auf dem Dorf. Vor 1773
Feder und Aquarell, 15,1 × 22,6 cm
Bern, Kunstmuseum, Inv. A 6085

Sigmund Freudenberger, geboren 1745 in
Bern, hielt sich von 1765 bis 1773 in Paris

zur Ausbildung auf. Er pflegte regen Kontakt
zur damals aktuellen Kunstszene, die gerade
den Wechsel vom höfisch überfeinerten
Rokoko zur Aufklärung erfuhr. Der junge
Schweizer Künstler beobachtete die Begebenheiten in den vornehmen Salons, regi-
strierte kostbare Möbel, Roben, Accessoires,
welche dem Geschmack der Zeit entsprachen, und verfolgte mit wachem Auge die
äußeren Zeichen vollendeter Konversation.
Am bekanntesten wurde seine Graphikfolge
*Suite d'Estampes pour servir à l'histoire des
mœurs et du costume des Français dans le dix-
huitième siècle*, herausgegeben in Paris 1774
und 1775. Neben diesen bald in ganz Europa
bekannten Interieurszenen, welche das Sa-
voir-vivre gehobener Kreise demonstrieren,
schuf Freudenberger ländliche Figurenbilder,
welche die Abkehr von ebendieser mit aller
Raffinesse ausgestatteten Kultur zeigen. In
diversen aquarellierten Federzeichnungen
stellte er Städter dar, welche versuchen, anläßlich eines Ausfluges in die Umgebung
von Paris das Leben der Bauern zu beobach-

268

Lit.: SCHALLER 1990, S. 135.

Stadtbewohner entdecken die Annehmlich-
keiten des Landlebens, ziehen an freien Tagen oder, falls finanziell möglich, während
der warmen Sommerzeit weg von der Stadt
auf einen Landsitz und genießen das neue
Lebensgefühl in der bäuerlichen Umwelt.
Dieser Trend war keine kurzlebige Modean-
gelegenheit der zweiten Hälfte des 18. Jahrhunderts, sondern hielt bis weit ins 19. Jahrhundert an.   M.-L. Schaller

ten, sogar nachzuahmen. Daß dies nicht auf
naiv-direkte Art möglich war, ist auf einem
kleinformatigen Blatt Freudenbergers zu erkennen. Es zeigt einige Figurengruppen: eine
tanzende, eine in Kreisanordnung sitzende
und eine, die sich auf eine stehende Person
konzentriert. Die drei verschiedenen Forma-
tionen werden durch die Hintergrundarchi-
tektur bildmäßig miteinander verbunden.
Der aufmerksame Betrachter fragt sich jedoch, weshalb denn ein Tänzer links im Bild
eine weit ausholende Beinbewegung voll-
führt, die elegant gekleideten Stadtdamen
ein Landmädchen derart genau begutachten.
Diese auffallenden Haltungen weisen auf
eine Fülle von Vorbildern, welche ein damals aktuelles Thema verarbeiteten: Den Besuch des Städters auf dem Lande. Freudenbergers Tänzer, hier in eleganter Weste und
in feinen Strümpfen, findet sich in ebenso
gymnastisch ausholender Bewegung auf
niederländischen Kirmesdarstellungen des
17. Jahrhunderts, zur Zeit Freudenbergers
überliefert in französischen Farbkupfersti-
chen. Die Haltung des jungen, verschüchtert
dastehenden Landmädchens entspricht jener
Szene der Brautübergabe, die Greuze in seinem Gemälde *L'accordée de village* eindrücklich dargestellt hat.
　Freudenberger berührt in *La fête au village*
einen Themenkreis, den er nach seiner
Rückkehr in die Schweiz im Jahr 1773 ausgiebig und mit großem Erfolg bearbeitet hat:

268

SALOMON GESSNER
Zürich 1730–1788 Zürich

Griechische Landschaft. 1777
Aquarell, 27,5 × 39 cm
Bern, Kunstmuseum, Inv. A 6377
(Eigentum der Berner Kunstgesellschaft)

Die Kombination von Landschaft und grie-
chischer Antike setzte im Ancien Régime
Kräfte frei, die an der Durchsetzung der
Menschenrechte seit der Renaissance entscheidenden Anteil hatten und die am Ende
des 18. Jahrhunderts zum Sturz der französischen Monarchie führten. Dieser bereits von
Diderot scharfsinnig beobachtete Emanzipa-
tionsprozeß (VON WALDKIRCH 1991) nahm
durch die Breitenwirkung der Schriften von
Rousseau und Winckelmann – beide hatten
Gessners Idyllen mit Begeisterung aufgenommen – deutlichere Konturen an. Durch
autodidaktische Studien hatten sie Kunst-
und Naturgeschichte in einen die Gegenwart
mit einbeziehenden Entwicklungszusam-
menhang gebracht (LEPENIES 1986). Es
schien nun denkbar, die gesellschaftlichen
Verhältnisse weltweit zu verändern, ja zu
verbessern, wenn der Einzelne, durch elementare Selbstaufklärung mündig geworden,
sich nicht mit der Ausübung seiner bürgerlichen Rechte und Pflichten begnügte, sondern darüber hinaus um die sittliche Ver-
vollkommnung seiner Person bemüht war.
Erst durch diesen dritten Entwicklungs-
schritt, den Pestalozzi in Anlehnung an Kant

269

als höchste Aufgabe der Erziehung betrachtete (PESTALOZZI 1797), schien die Annäherung an einen idealen antikischen Freiheitsbegriff auch auf politischer Ebene realisierbar. Gessners Idyllen waren für viele Zeitgenossen ein erster künstlerischer Ausdruck dieses Freiheitsgedankens (BERNHARD 1977; WEDEWER und JENSEN 1986; RASPI SERRA und VENTURI FERRIOLO 1989). Mit Goethes ablehnender Kritik in den *Frankfurter gelehrten Anzeigen vom Jahr 1772* begann sein Stern zu sinken. Wenige Jahrzehnte später geriet der Zürcher Dichter in Vergessenheit, während das Nachleben des Künstlers vor allem durch die heroisch-idyllischen Landschaften der Deutschrömer noch bis weit ins 19. Jahrhundert gesichert blieb (MAISAK 1981). B. von Waldkirch

Lit.: BIRCHER und WEBER 1982, Nr. 169, S. 148, 184.

269

SALOMON GESSNER
Zürich 1730–1768 Zürich

Arkadische Landschaft mit Schäferpaar
1787
Gouache, 29 × 40,5 cm
Bern, Kunstmuseum, Inv. A 7818

Maßgebend für die ästhetische Wirkung einer arkadischen Landschaft in der Spätaufklärung waren die gefühlsmäßig und gedanklich nachvollziehbaren Bezüge zwischen der Stimmung eines pittoresken, landschaftlichen Motivs und dem stillen Dasein der arkadischen Hirtenstaffage. Die Wirkung auf den Betrachter war gefragt und nicht mehr die Vollendung des Ideals im Gemälde oder im Gedicht. »Ein großer Landschaftsmahler muß bald jedes Talent aller Mahler in anderen Arten in sich vereinigen« (SULZER 1792, Bd. 3, S. 149). In der Nachfolge von Lairesse und Hagedorn forderte Sulzer vom Landschaftsmaler schier Unmögliches. Durch unablässiges Studium der Natur sollte sich der von wahrem »Künstlergeist« (GOETHE 1772) beseelte Kunstliebhaber von dem nur reproduzierenden »Dilettante, der ein Spiel und ein Zeitvertreib aus den schönen Künsten macht« (SULZER 1792, Vorrede; VON WALDKIRCH 1990) unterscheiden. Ähnlich wie Gessner verstand Sulzer unter »Natur« deren harmonische innere Gesetzmäßigkeiten, wie sie sich dem dichterischen Auge am frühen Morgen und im Frühjahr offenbaren (DOBAI 1978, S. 51).

Als erfolgreicher Künstler hatte Gessner die befreiende Wirkung seines Selbststudiums bis in seine letzten Lebensjahre erfahren. Um den Unannehmlichkeiten des Stadtlebens zumindest zeitweise zu entkommen, floh der junge Geschäftsmann in »einsame Gegenden« vor der Stadt, wo er sich, »ganz Empfindung über ihre Schönheit … glücklich wie ein Hirt im goldnen Weltalter und reicher als ein König« (GESSNER 1756), ungestört seinen Naturstudien widmen konnte. »Neben den Geschäften, zu denen mich meine Mitbürger berufen haben, hab' ich meine ganze übrige Zeit der Zeichnung gewidmet« (GESSNER 1768). Aus einer anfänglichen Liebhaberei wird ein ernsthaftes Kunststudium. Dazu bahnte sich Gessner mit kritischem Verstand mittelbar über qualitativ hochstehende Reproduktionsstiche einen Weg zu den großen Klassikern der Landschaft: »Das Größeste und Schönste, was ich in diesem Felde der Kunst fand, waren die Werke des Poussin u. Claude Lorrin [sic]. Bei diesen blieb ich stehen und studierte nichts mehr als diese und die Natur« (GESSNER 1768; vgl. *Die Kahnfahrt*, 1768, lavierte Pinselzeichnung, Kunsthaus Zürich; VON WALDKIRCH 1988, Nr. 15, S. 35–38).

Die lavierten Landschaftszeichnungen der 1760er und 1770er Jahre zeigen die charakteristischen Hügel des ostschweizerischen Voralpengebiets. Dort hatte Gessner auf Reisen und Wanderungen im freien Umgang mit den Bergbewohnern antike Einfachheit und Heiterkeit selbst erlebt. Wettläufe und Steinstoßen erinnerten ihn an die »Spiele des

Alterthums« (GESSNER 1751), und wenn sie in der Landsgemeinde um ihre Rechte und Freiheit stritten, traten die Leidenschaften der Parteien in einem rauhen Schweizerdialekt und in sprechenden Gesten, sinnlich »gefasst« (GESSNER 1751) wie auf einem antiken Relief, in Erscheinung. In den 1780er Jahren sind es vor allem die Gegenden im Sihlwald und in der nahen Umgebung von Zürich, die Gessner zum Malen mit Gouachefarben inspirierten. Dabei bevorzugte er für seine Vordergründe eine einheitliche, rötlich-braun lavierte Untermalung, auf der sich in deckenden Grüntönen ein reich differenzierter Pflanzenteppich entfaltete. Die Luft ist meistens in einer goldenen Dämmerungsstimmung gehalten. Zuletzt wurden die Lichter mit feinem, deckendem Pinsel aufgetragen.   B. von Waldkirch

Lit.: GESSNER 1751; GESSNER 1756; GESSNER 1768; GOETHE 1772, S. 669; SULZER 1792; DOBAI 1978, S. 51.

270

JOHANN HEINRICH WÜEST
Zürich 1741–1821 Zürich

Salomon Gessners Denkmal auf dem Platzspitz in Zürich. 1791
Öl auf Holz, 39 × 54 cm
Schaffhausen, Museum zu Allerheiligen, Inv. 586 (Vereinigung Schaffhauser Kunstfreunde)

»Der muß wol kein Liebling der Gegend gewesen sein, dessen Grabmal ihr so zerfallen lasset: Die Nachkommen müssen wol wenig seinem Andenken geopfert, wenig Blumen auf sein Grab gestreut haben.« Die beiden Hirten in der Idylle *Daphnis und Micon* wenden sich entsetzt von den Ruinen eines zerfallenen Herrscherdenkmals ab. Seine Macht beruhte auf Despotismus und Gewalt, »fruchtbare Felder hat er verwüstet, und freie Menschen zu Sklaven gemacht«. Wie in vielen *Neuen Idyllen* (1772) greift Gessner nicht nur moralisierend in die Aufklärungsdebatte ein. Anstatt dem fragenden Micon das mar-

270

morne Denkmal eines Tugendhelden zu zeigen, führt er ihn durch Wiesen und Äcker »in die stillen Schatten fruchtbarer Bäume, in deren Mitte eine bequeme Hütte stand«. Dem Andenken an den Vater, der diese verödete Landschaft wiederaufgebaut hat, gilt das Trankopfer, das Micon am Schluß der Idylle darbringt. Als Denkmal stehen seine Werke und ihre Wirkungsgeschichte vor aller Augen.

Die Szene des Trankopfers wählte Alexander Trippel (1744–1793) in Rom für die Verzierung des 1788–1792 verwirklichten Gessner-Denkmals (WEBER 1980, S. 163–170; BIRCHER und WEBER 1982, Nr. 32). Es galt nicht in erster Linie dem Dichter oder Künstler, auch nicht dem Magistraten (seit 1767 war Gessner Mitglied des Kleinen Rates der Zürcher Regierung), ganz allgemein dem Repräsentanten des inzwischen überwundenen Ancien Régime, vielmehr sollte es im Sinne des frühklassizistischen

Egalitätsgedankens auf einem öffentlichen Platz, den »jedermann mit Vergnügen besucht«, zu »bürgerlicher Tugend« und »patriotischen Gesinnungen« aufmuntern (SULZER 1792, Bd. 1, S. 597). In seinen klar gegliederten, einfachen Formen erweist sich Trippels Werk als ein Vorläufer des bürgerlich-national gesinnten Denkmalkultes im frühen 19. Jahrhundert.

Wenige Wochen nach Gessners Tod brachte eine mehrköpfige Kommission von Gelehrten, Künstlern und Freunden des Verstorbenen die nötigen Mittel auf, um Entwürfe für ein öffentliches Denkmal bei namhaften Bildhauern und Künstlern der Zeit einzuholen (WEBER 1980, S. 164). Von Michel Vincent Drandoin (1733–1790) in Vevey wurde die Idee eines Kubus aus schwarzem einheimischem Marmor mit eingelassenen Reliefs und Graburne aus hellem Carrara-Marmor übernommen, das Gesamtwerk schließlich Trippel anvertraut, dessen bereits im Herbst 1789 in Rom verfertigter Entwurf (BENDEL 1944, Abb.10) im November desselben Jahres zur Ausführung bestimmt wurde. Auf einem Rustikasockel fest mit dem Boden verankert, erhebt sich der würfelförmige Denkmalkörper, der mit einer gestuften Platte abschließt und dessen vorderer Flachgiebel ein Profilmedaillon in Lebensgröße nach der Totenmaske des Dichters enthält. Die Rückseite des Denkmals ziert eine Inschrift mit einem Gessner-Zitat in goldenen Lettern: »Dem Andenken Salomon Gessners von seinen Mitbürgern billig verehrt die Nachwelt den Dichter den die Musen sich geweihet haben die Welt Unschuld und Tugend zu Lehren Tod Abels I. Ges.«

In seiner kleinen Monographie zum Denkmal beschreibt Johann Heinrich Meyer (1755–1829) den Platzspitz als jenen Ort, wo »seine Muse so oft ihn begeisterte« (MEYER 1793), und die Gräfin von Genlis (1746–1830) erinnert sich später an ein gemeinsames Gespräch im Sommer 1775 auf der Promenade: «C'est là, m'a-t-il dit, qu'il a rêvé toutes ses idylles» (zit. nach WEBER 1980, S.168). Im Frühjahr 1793 war auch der frisch gepflanzte Hain so weit, daß man das bereits im Herbst des Vorjahres vollendete Monument auf dem Platz zwischen Sihl und Limmat einweihen konnte. Die »sanftmelancholische« Stimmung, die für solche Anlagen am zweckmäßigsten erschien (HIRSCHFELD 1782, S.81), wurde bewußt inszeniert: »Ein Kranz von jungen Pappeln erhebt sich rings um das Denkmal – Am Eingang stehen zwo Trauerweiden – hinter der Gruppe verbreiten alte Bäume ihre schwerbelaubten Äste. Die ganze Parthie des Hayns ist so angeordnet, daß die niedergehende Sonne ihre letzten schönen Strahlen auf die Hauptseite des Denkmals werfen kann« (MEYER 1793).

Das Gemälde von Johann Heinrich Wüest (1741–1821) zeigt das Natur- und Kunstdenkmal von der Schauseite in der Art einer idealen Parklandschaft, die vom realisierten Zustand in mehr als einer Einzelheit abweicht. Als Vorlage diente Trippels 1789

verfertigter endgültiger Entwurf. Eine weitere Fassung, ebenfalls eine ideale Ansicht des Denkmals, befindet sich in der Zentralbibliothek Zürich (ESCHER 1939, S.91, Abb.42). Nach einer dieser Idealansichten radierte Wilhelm Friedrich Gmelin (1760–1820) in Rom 1791 eine heroischidyllisch überhöhte, klassizistische Landschaft. Das Gemälde des Landschaftsmalers Wüest, den Gessner 1769 nach dessen Rückkehr aus Holland als Menschen und Künstler schätzen lernte, versucht die schwebende Leichtigkeit des Rokoko mit den strengeren Formvorstellungen des Frühklassizismus zu verbinden. Ein Vergleich mit der recht unbeholfenen Pinselzeichnung von 1804 (BIRCHER und WEBER 1982, Abb.33), die das verkleinerte Denkmal im wirklichen Zustand zeigt (mit einer Vase anstelle der Graburne, mit Sträuchern hinter der hölzernen Abschrankung und Sitzbänken), läßt die Vermutung zu, daß das Gemälde in enger Zusammenarbeit mit Trippel, Gmelin oder Meyer entstanden sei. Möglicherweise hat Meyer, der 1793 zu seiner Monographie eine Ansicht des gebauten Denkmals radierte, die Architektur gezeichnet und Wüest die Landschaft ausgeführt. Bedenklicher und Gessners Denkmalauffassung geradezu entgegengesetzt wirken die unnatürlich zum Triumphbogen gewölbten Trauerweiden im Vordergrund. Sie weisen auf die dem bürgerlichen Denkmalkult innewohnende Gefahr einer Anpassung nach oben.

Der heutige Zustand des Denkmals erinnert an die schon bald nach dessen Errichtung einsetzende Verfalls- und Restaurierungsgeschichte. Die beiden Reliefs von Trippel mußten bereits 1808 repariert und an geschützterem Ort aufbewahrt werden (WEBER 1980, S.166). Anstelle des Hauptbildes setzte man eine lebensgroße Gessner-Büste in Bronzeguß vom Trippel-Schüler Joseph Anton Maria Christen (1767–1838) ein (WEBER 1980, S.166, Abb.221). Darunter wurden Gessners Namen und Lebensdaten angebracht, die im Verlauf des 19. Jahrhunderts mit dem Marmor verwitterten. Vor der Renovation von 1930 war das Denkmal

271

»von Epheu überwuchert« (ESCHER 1939, S. 90). Heute steht es wie ein Fremdkörper im Schatten des pulsierenden Verkehrs.

B. von Waldkirch

Lit.: *Museum zu Allerheiligen* 1989, Nr. 42, S. 91.

271

PETER BIRMANN
Basel 1758–1844 Basel

Allegorie auf die Basler Revolution von 1798. 1798
Feder und Aquarell, 38,1 × 55,7 cm
Basel, Kupferstichkabinett, Inv. Bi. 361.11

Am Rande des Waldes auf dem Gellertfeld östlich von Basel mit dem Blick auf die Ebene von St. Jakob, Muttenz und den burgruinenbekrönten Wartenberg im Hintergrund, begrüßen sich – in Kostümen des 16. Jahrhunderts – der Vertreter der Stadt Basel und derjenige der Landschaft Basel.

Den Handschlag bekräftigt der Basler Herr im geschlitzten schwarzweißen Gewand mit Halskrause und Federbusch auf dem Barett, indem er dem Vertreter der Landschaft freundschaftlich die Hand auf die Schulter legt. Ihnen zugewendet steht die Allegorie der Weisheit, Minerva, auf einem Sockel mit Reliefs zu Rütlischwur und Tell mit seinem Sohn, so wie ihn die Holzskulptur Trippels auf dem Becher der Helvetischen Gesellschaft zeigt (um 1780; Kat. 69). Daneben sind die Embleme der Revolution, der Landwirtschaft, des Handels, der Wissenschaften und der Künste ausgebreitet. Im Mittelgrund aber tanzt eine Runde junger Leute um einen Freiheitsbaum, der mit dem Tellenhut bekrönt ist.

Der Basler Maler, Kunsthändler und -verleger Birmann hat offenbar das vorliegende Aquarell zeitlich nahe an den Ereignissen des Umsturzes vom Dezember und Januar 1797/98 geschaffen. Zwei erste, flüchtigere Entwürfe, die den Bruderkuß zwischen den Vertretern der regierenden Stadt und der bis dahin rechtlosen Landbevölkerung zeigen, spiegeln noch die Euphorie des 19. Januar 1798, da – einen Monat nach dem ersten, von der Stadt ausgegangenen Antrag zur politischen Gleichstellung der Stadtbürger und des Landvolks – auf dem Petersplatz in Basel Landschäftler und Basler Truppen die Einigkeit zwischen Stadt und Land beschworen hatten und da am 22. Januar auf dem Münsterplatz das große Revolutionsfest gefeiert worden war.

Unser bereits etwas kühler gestimmtes Aquarell ist die Vorzeichnung zu einer braun lavierten Umrißradierung, die den Rundtanz im Mittelgrund ohne Freiheitsbaum (der allerdings auf Bestellung von Hand eingefügt werden konnte) zeigt. Diese gemäßigte radierte Version dürfte im Frühjahr 1798 und jedenfalls vor der Besetzung der ganzen Schweiz durch die Franzosen im Mai 1798 entstanden sein.

Mit dieser baslerischen Revolutionsallegorie, die das im Morgenlicht liegende Baselbiet zeigt und die Stadt selbst ausblendet, bekennt sich der Landschaftsmaler Birmann zu seiner Sympathie für die Rechte des Landvolks. Er unterscheidet sich damit vom aristokratisch gesinnten Konkurrenten, dem Kunstverleger Christian von Mechel (1737–1817), der die viel bekanntere Radierung mit der Darstellung des Festes auf dem Münsterplatz vom 22. Januar 1798 herausgegeben hatte und dessen bürgerlich orientierte, mit einem neuen Publikum rechnende Nachfolge der Birmannsche Kunstverlag am Ende des Ancien Régime nun antrat.

Y. Boerlin-Brodbeck

Lit.: BIRMANN 1894, S.186–200; FROMER-IM OBERSTEG 1945, S.42–53; WÜTHRICH 1959, S.37, Nr.90; Lausanne 1989, S.190, Nr.234.

272

FRANZ NIKLAUS KÖNIG
Bern 1765–1832 Bern

Alphirtenfest in Unspunnen. 1808
Aquarell, 47,5 × 69 cm
Basel, Kupferstichkabinett, Inv. Bi. 260.1

Die Regierung der Helvetik nimmt 1798 die Veranstaltung eines Nationalfestes in ihr Kulturprogramm auf, nach dem Muster der Fête de la Fédération am 14. Juli 1790 in Frankreich; es soll die Bande zwischen Ständen des Staatenbundes stärken und zugleich eine alte Tradition aufleben lassen. Zum Anlaß dient die Erinnerung an den Sturz des Herrn von Unspunnen. Die im 18. Jahrhundert zur Ruine zerfallene alte Burg wird zum Ausgangspunkt für die Vereinigung der Stadt Bern und des Haslitals, beide reichsunmittelbar. Doch das für den 12. April 1799 vorgesehene Unspunnenfest findet wegen verschiedener innenpolitischer Schwierigkeiten nicht statt. Endlich wird, dank dem Einsatz der Berner Freunde alter Vaterländischer Sitten und Gebräuche, der 17. August 1805 als Datum des geplanten Festes gewählt, an dem nun auch die erneute Vereinigung der Stadt Bern mit dem Oberland nach der kurzen Trennung der Helvetik gefeiert wird. Alle Hirten sind geladen, sich mit ihren Familien einzufinden, um sich wetteifernd im Alphornspiel, im Steinstoßen, im Ringkampf und im Armbrustschießen zu bewähren. Das Fest wird durch patriotische Lieder beschlossen, welche die Vorväter und das Schweizervolk hochleben lassen.

Die Organisatoren des Hirtenfestes sind der Berner Schultheiß und Historiker Niklaus von Mülinen, Sigmund Wagner, der 1804 in Bern die Schweizerische Kunst- und Industrie-Ausstellung veranstaltet hatte, der Oberamtmann Thormann und der Maler König, dem der Empfang ausländischer Ehrengäste obliegt. Dreitausend Einheimische erscheinen 1805 zu Gesang, Tanz und Schmaus unter den Festzelten. Im Jahre 1808 wird das Fest in ähnlichen Formen wiederholt, wie es das Gemälde der Malerin Elisabeth Vigée-Lebrun bezeugt. Dann wird es nicht mehr gefeiert, um im Jahre 1905 in neuer Gestalt aufzuleben.

König gibt in seinem Aquarell den Zuschauerkranz um die Ringkämpfer wieder. Schon Albrecht von Haller beschrieb in seinem Werk *Die Alpen* solche Volksfeste an

272

der Rigi, am Brünig oder an der Großen Scheidegg: nach seinen Ausführungen symbolisieren diese Wettkämpfe den Existenzkampf des Menschen der Alpenregion gegen die hier besonders wuchtigen Elemente: Das Steinstoßen erinnert an den Kampf gegen den Sturm, der Ringkampf an die Bärenjagd, das Schießen an die Fährnisse des Bergwaldes. Königs Aquarell findet großes Echo, um so mehr, als es durch den Stich von F. Bartel verbreitet wird. Der Maler hält auch Einzelheiten dieser Veranstaltung in graphischen Blättern fest, die im *Schweizer Almanach* von 1806, mit einer Beschreibung der verschiedenen Begebenheiten publiziert werden. Eines davon stellt einen Steinstößer dar, vielleicht den Maler Anton Dörig, der damals als Sieger hervorging, ein anderes die Preisverleihung. Solche Darstellungen sind schlichte Sinnbilder der Charaktertugenden, welche die Reisenden der Zeit den Schweizer Bürgern und Bergbewohnern zuschreiben. M. Pinault

Lit.: Bern 1983, S. 20–24.

273–276
Transparentbilder
von Franz Niklaus König

Seit dem ausgehenden 18. Jahrhundert experimentierten viele Künstler mit immer neuen und spektakulären Bildtechniken. Laterna magica, Panorama und Transparentbilder erfreuten sich einer großen Beliebtheit beim Publikum. Die Transparentbilder knüpften an die Bühnenmalerei an, wo solche Lichteffekte häufig verwendet wurden.

Franz Niklaus König (1765–1832) lehnte sich an die Technik Philipp Hackerts (1737–1807) an. Seine Bilder malte er auf Papier, das er an jenen Stellen, wo das Licht durchscheinen sollte, mit einem Messer abschabte oder mit Spiritus tränkte. Um 1810 begann König seine »Diaphanoramen oder Transparent-Gemälde« zu malen; der große Publikumserfolg, der sich sogleich einstellte, ermunterte ihn, weitere Transparentbilder zu verfertigen und der bernischen Öffentlichkeit, besonders aber den immer zahlreicher werdenden Touristen, vorzustellen. Im Jahre

273

274

1815 eröffnete er in Bern ein »Transparenten-Kabinett«, das einen großen Erfolg verbuchen konnte. In der Folge zeigte König sein Kabinett auch in anderen Schweizer Städten und unternahm regelrechte Tourneen in Deutschland und Frankreich. Auf einer solchen Reise 1820 führte König sein Kabinett in Weimar vor, und auch Johann Wolfgang Goethe äußerte sich beifällig über die Transparentbilder – dieses Lob bedeutete für König den Höhepunkt der Anerkennung. Nach seinem Tod ließ das Interesse nach; neue Bildmedien wie das Diorama und das Panorama liefen den Transparentbildern den Rang ab.

König muß um die hundert solcher Transparentbilder gemalt haben, von denen nur weniger als die Hälfte heute noch erhalten sind. Schon 1819 hat König ein gedrucktes Verzeichnis der Transparente mit Beschreibungen der einzelnen Bilder erscheinen lassen: *Diaphanoramen oder Transparent-Gemälde, die merkwürdigsten Gegenstände der Schweiz enthaltend.* Nach seinem Tode erschien 1832 eine zweite, erweiterte Auflage.

F. de Capitani

273

FRANZ NIKLAUS KÖNIG
Bern 1765–1832 Bern

Der Obere Grindelwaldgletscher oder Die Gemsjagd. Vor 1819
Aquarell, 84 × 119 cm
Bern, Kunstmuseum, Inv. A 9503

König (1819, S. 10) schreibt: »Bei Betrachtung dieses Gemäldes kann man sich einen sehr richtigen Begriff von einem Gletscher machen, da die Skizze dazu auf Ort und Stelle mit besonderer Genauigkeit groß in Öl gemalt wurde; deshalb zeigt sich deutlich das Schmutzige auf der platten Oberfläche des Eises, und dagegen die reinliche und glänzende Farbe bei den Pyramiden.

Der Standpunkt ist am Fuße des Wetterhorns, an der obersten Höhe des Gletschers; hoch über letzteren empor raget der Eiger und der Mettenberg; auch sieht man rechts die Wengenalp, und ganz in der Tiefe das Dorf Grindelwald mit seiner Kirche.

Im felsigten Vorgrund hat ein Gemsjäger eben nach einer Gemse geschossen; andere Gemsen jagen erschrocken davon. Dieser Jäger ist nach dem besten Gemsjäger, Roth in Grindelwald, mit allen Jagdgeräthschaften gezeichnet worden.« F. de Capitani

274

FRANZ NIKLAUS KÖNIG
Bern 1765–1832 Bern

Der Rigi-Kulm. Nach 1819
Aquarell, 84,5 × 119 cm
Bern, Kunstmuseum Inv. A 9497

König (1832, S. 16) schreibt: »Der Rigi liegt so ziemlich in der Mitte der Schweiz; er ist sehr leicht zu besteigen, und zwar von mehreren Seiten her. Es ist unglaublich, wieviele

275

276

Wahlfahrten dahin gemacht werden, sowohl von Fremden, als auch von Einheimischen, und immer wird der frühe Morgen dazu gewählt, um des erhabenen Schauspiels der aufgehenden Sonne zu genießen. Dies war auch die schwierige Aufgabe des Künstlers. Im Vordergrund erscheint der Rigi-Kulm, das Belvedere auf dem höchsten Gipfel, und rechts das oberste Wirthshaus. Eben trittet die Sonne über dem Glärnisch hervor, und breitet ihr Licht über die Gegend, in welcher sich folgende Gegenstände zeigen: der Sturz von Goldau, der Lowerzer-See, die Mythen oder Schwytzerhacken, Schwytz, Säntis, und einige Seen. Auch sieht man links im Vorgrund die Stelle, wo vor 6 Jahren ein deutscher Reisender hinab gestürzt ist.«

F. de Capitani

Lit.: König 1819; König 1832; Bourquin 1963; Specker 1962; Oettermann 1980.

275

FRANZ NIKLAUS KÖNIG
Bern 1765–1832 Bern

Tellskapelle am Vierwaldstättersee
Vor 1819
Aquarell, 84 × 118,5 cm
Bern, Kunstmuseum, Inv. A 9496

König (1819, S. 12) schreibt: »Diese Gemälde stellt vor, wie eine Reisegesellschaft Nachts aus dem Schiffe steigt, und sich

durch einen Unterwaldner-Bauer die Kapelle zeigen läßt; ein Bedienter leuchtet mit der Fackel. Das Felsstück, auf dem diese Kapelle steht, nennt sich Tells Platte, indem Wilhelm Tell eben diese vorspringende Felsplatte benutzte, um durch einen Sprung aus dem Schiffe den Verfolgungen des Vogts Geßler zu entgehen.

Im Hintergrund dieses Bildes sieht man den Rigiberg, den Mythenstein und Brunnen, und vorne den obern Theil des Sees in unruhiger Bewegung, wie es gewöhnlich da der Fall ist.

Der Künstler hat hier vorzüglich die schwierige Bahn betreten, nämlich zwei verschiedene Lichter, wie Mond- und Lampenlicht, im nämlichen Gemälde zu vereinigen.«

F. de Capitani

276

FRANZ NIKLAUS KÖNIG
Bern 1765–1832 Bern

Die Jakobsfeuer am Brienzersee
Vor 1819
Aquarell, 84 × 119 cm
Bern, Kunstmuseum, Inv. A 9494

König (1819, S. 13) schreibt: »Jeden Jakobsabend [25. Juli] sieht man in den mehrsten Gegenden des Kantons Bern auf den zugänglichsten Alpen Feuer flammen, zum Andenken an die gewonnene Schlacht bei Villmergen [1712]. Der Anblick dieser Alpen-

277

Der *Senn mit Alphorn* von Valentin Sonnenschein (signiert) ist eine klassisch idealisierte
Figur. Entspannt steht er, das linke Bein vorgestellt, das rechte abgewinkelt, an einen
großen Baumstumpf gelehnt da. Mit der linken Hand hält er das krumme, umwickelte
Horn (das ursprünglich länger war; der obere
Teil des Rohrs ist abgebrochen und fehlt);
die Rechte in die Seite gestützt blickt er nach
links in die Ferne. Er trägt die typische Sen-
nentracht: ein Hemd mit weit offenem Kragen aus in reichen Falten fallendem Stoff, einen schlichten Kittel, enganliegende, glatte,
unter den Knien gebundene Hosen und
Schnallenschuhe. Auf dem dicht gelockten
Haupt sitzt das Sennenkäppchen. So bietet er
das Bild eines gesunden, naturverbundenen,
in Freiheit lebenden jungen Mannes.

Das Werk gehört in eine Serie von Hir-
tenbildern, zu der Sonnenschein durch die
Unspunnenfeste (vgl. Kat. 260, 272) angeregt worden ist, die 1805 und 1808 stattfanden. Zu beiden Festen verfaßte sein Freund
Sigmund Wagner einen Bericht, wobei derjenige von 1808 unter dem Titel *Das Hirtenfest zu Unspunnen oder die Feyer des fünften Ju-
biläums der schweizerischen Freyheit* erschienen
ist. Ein Senn mit Alphorn und Umschrift
»Zur Ehre des Alphorns« war das Motiv der
Medaille, die zum ersten dieser Feste ediert
wurde; 1808 hieß die Umschrift dann »Zur
Ehre der Heimat«. Der *Senn mit Alphorn* von
Valentin Sonnenschein schließt sich diesen
Darstellungen an und verkörpert in roman-
tisch-verklärter Form die Schweiz als das
Land der Hirten; der Betrachter wird durch
ihn daran erinnert, daß die Begründer der
schweizerischen Freiheit Hirten waren.

Die Statuette kommt angeblich aus einem Berner Pfarrhaus und ist vom Bernischen Historischen Museum 1914 erworben
worden.   R. Schnyder

feuer, besonders in Seegegenden, ist prächtig. Hier ist der Brienzer-See vorgestellt, wo
im Vorgrund die kleine Insel bei und mit
dem Dörfchen Iseltwald erscheint; weiterhin
und endlich ganz in der Ferne wird man gewahr: Ringgenberg, Golzwyl, Interlacken,
Galgenhübel, klein und groß Ruge, Abend-
berg, Niesen und das Angstmatthorn. Auf allen diesen Hügeln und Bergen flammen
diese Jakobsfeuer deren Wiederschein sich
in dem klaren See spiegelt.«   F. de Capitani

Lit.: *Jahresbericht des Bernischen Historischen Museums*
1914, S. 32.

277

VALENTIN SONNENSCHEIN
Stuttgart 1749–1828 Bern

Senn mit Alphorn. Um 1805–1810
Statuette aus Terrakotta, Höhe 30,5 cm
Bern, Bernisches Historisches Museum,
Inv. 7779

278

278

ADAM-WOLFGANG TÖPFFER
(Zuschreibung)
Genf 1766–1847 Genf

Hochzeit auf dem Dorf. Um 1812
Öl auf Leinwand, 67,5 × 92 cm
Aarau, Aargauer Kunsthaus, Inv. 60.1263
(Besitz des Aargauer Kunstvereins)

Die meisten Gemälde Töpffers stützen sich
auf ein großes zeichnerisches Werk, das auf
verschiedenen Streifzügen in der ländlichen
Umgebung Genfs im Savoyischen entstand.
So erlangt der Maler mit Landschafts- und
Genrebildern einen gewissen Ruhm und die
Goldmedaille und das Kreuz der Ehrenlegion im Pariser »Salon« von 1812 sowie die
Goldmedaille in der Berner Ausstellung von
1830. Seine Vorbilder finden sich vorab in
der holländischen Malerei, die um 1800 die

Genremalerei beeinflußt und die der solven-
ten Genfer Elite wohlgefällt (BRULHART
1978).

Das Bild *Hochzeit auf dem Dorf,* das gewiß
zu Recht Töpffer zugeschrieben wird, ist unvollendet geblieben. Es stellt einen Hoch-
zeitszug am Kirchenausgang dar. Das frisch-
getraute Paar folgt dem Musiker, der den
Festzug zwischen schaulustigen Dorfbewoh-
nern und munter kläffenden Hunden an-
führt. Die Bildkomposition ist gleichförmig
bis zur Langeweile: drei gleiche Teile, unten
die Figuren, über diesen, in der von Architektur und Landschaft beherrschten Mittel-
zone, der Fluchtpunkt auf halber Bildhöhe,
darüber ein Drittel Himmel. Für Louis
Gielly (1935) gehen solche malerische Szenen »nicht über das Anekdotische hinaus; lebendig und detailreich arrangiert, ausführlich
in der Ausstattung, aber ohne Salz und
Witz ... Es ist ein leichtfertiger, etwas

279

schönfärberischer Realismus, und die bäuerlichen Schönen erwecken eher den Eindruck
eines Festspiels als den der harten Wirklichkeit auf den Feldern«, die Bildmotive mögen
einzeln noch sosehr nach der Natur beobachtet sein, und die Landschaft mag noch so typisch savoyisch sein – gerade im Vergleich
zu italianisierenden Landschaften anderer
Genfer Maler, wie etwa jenen von Pierre-
Louis De la Rive (1753–1817) – das Ganze
bleibt gestellt und etwas steif arrangiert. Die
Erinnerung an ein Festspiel trifft durchgehend zu: Töpffer lädt uns an eine Freilicht-
aufführung, die gastliche Geselligkeit und
entspannten Frohsinn abseits der Zeitgeschichte zum Thema hat. In Tat und Wahrheit aber prägt in Savoyen die französische
Fremdherrschaft eine archaisch-starre Gesell-
schaftsform aus, und das idyllische Bild, das
Töpffer vom Leben daselbst entwirft, entspringt seiner idealisierenden Phantasie.
Zeitgenössische Statistiker und Reiseschriftsteller geben Einblick in Überbevölkerung,
soziale Ungerechtigkeiten, Häßlichkeit der
Bevölkerung, Kleinwuchs infolge von Hun-

ger und Not (PALLUEL-GUILLARD 1986).
Das Bild Savoyens unter der Restauration ist
nicht rosiger: Dem ultra-reaktionären Katholizismus der Dynastie Sardiniens untertan,
wird Savoyen zum Schauplatz politischer
Spannungen um Zölle und Polizeiwesen.
    Die einheimische oder fremde Kund-
schaft Töpffers aber kümmert sich wenig um
die Wahrscheinlichkeit seiner Bildwelt. Sie
findet da eine Illusion, die sie gern glaubt,
ein Vorurteil, das zugleich aus Rousseaus
Sicht wie aus der des Touristen stammt, ein
entfremdetes Bild vom glücklichen Landleben, das vielleicht sogar etwas von der
Nostalgie einer Zeit technischer Umwälzungen enthält, einer Zeit, die in der Malerei
herbstliche Töne anschlägt, verdämmerndes
Tageslicht und jene romantischen Ruinen,
die den anderen Töpffer verraten, den Karikaturisten, den Sittenkritiker und den für
seine Generation typischen Sinnierer und
Träumer: »Ich habe eine merkwürdige Vorliebe für Ruinen, die ich, ohne genau zu
wissen warum, aufsuche ..., ich versetze
mich in die Zeiten, die diese Schlösser bau-

280

ten« (aus einem von BAUD-BOVY 1904 zitierten Brief). Die Ruinen scheinen eine wehmütige Zuflucht zu gewähren vor dem beschleunigten Fortschritt, welcher der Revolution folgte (JUNOD 1983). In Töpffers ländlichen Hochzeits- und Festbildern könnten sie auch die Rolle des Memento mori spielen, ein Gegenpol zum Alltagsglück und den Lebenshoffnungen der Menschen, die im Vordergrund agieren.   Ph. Kaenel

Lit.: BAUD-BOVY 1904; GIELLY 1915; BRULHART 1978; LOCHE 1985; BUYSSENS 1988, S. 172–198.

279

JOSEPH MALLORD WILLIAM
TURNER
London 1775–1851 London

Ein Festtag in Zürich. 1845
Aquarell über Bleistift, mit Rasuren,
29,3 × 47,8 cm
Zürich, Kunsthaus, Graphische Sammlung,
Inv. 1976/14

In seinen späten Jahren entwickelte Turner eine neue Methode, sich Aufträge zu sichern. Mit einer Ausnahme, *Koblenz*, handelt es sich um Aquarelle mit Schweizer Motiven. Auf Schweizerreisen in den Jahren 1841, 1842, 1843 und 1844 (er hatte die Schweiz schon 1802 und 1836 besucht) füllte Turner zahlreiche Skizzenbücher mit Studien: Aquarellen, die er mit breitem Pinsel über Bleistiftzeichnung ausführte. Diese benutzte er für eine kleinere Anzahl von weiter ausgeführten Aquarellen, die den regelmäßigen Käufern seiner Werke gezeigt wurden, um Aufträge für vollständig durchgearbeitete Aquarelle nach diesen Vorlagen zu bekommen. Der Kunsthändler Thomas Griffith vermittelte auf diese Weise in den Jahren 1842, 1843 und 1845 zehn Aufträge für vollständig durchgearbeitete Aquarelle. Das Blatt *Ein Festtag in Zürich* wurde so im Jahre 1845 von B. G. Windus bestellt; die Vorlage ist das Aquarell in der Clore Gallery, London (T.B. CCCLXIV-289, 23,2 × 32,6 cm, beschriftet rückseitig Windus Zurich; Farbabb. in RUSSELL und WILTON 1976, S. 121).

Es wurde von T. A. Prior 1854 – nach Turners Tod – gestochen.

Wie bei den anderen späten Schweizer Aquarellen folgt das Zürcher Blatt der Vorlage recht eng. Der Hauptunterschied besteht darin, daß die Figuren im Vordergrund der Skizze in eine dichte Ansammlung von Menschen verwandelt sind, 'intent', sagt John Ruskin, 'on aquatic affairs of an unintelligible kind'. Turner pflegte seit langem seine topographischen Landschaftsaquarelle mit Staffagen zu steigern, um das Leben und Treiben des dargestellten Ortes zu charakterisieren. Wahrscheinlich hat er als ausländischer Besucher Zürich für die volksreichste und festfreudigste Schweizer Stadt gehalten.

M. Butlin

Lit.: RUSKIN 1904, S. 199–200, 475–485; RUSSELL und WILTON 1976, S. 27–28, 121; WILTON 1979, S. 231–245, 486 (Nr. 1548), Abb. Taf. 254

281

Romantische Alpen

280

JOSEPH ANTON KOCH
Obergiblen (Tirol) 1768–1839 Rom

Schweizer Gebirgslandschaft (Jungfrau) mit wanderndem Maler. 1794
Feder und schwarze Tinte mit Aquarell,
47,2 × 67,7 cm
Bern, Kunstmuseum, Inv. A 7657

Von Basel 1792 vertrieben, bereist Koch bis zu seiner Abreise nach Rom die Schweiz. Hier hält er die berühmtesten Natursehenswürdigkeiten fest, den Grindelwaldgletscher, den Staubbachfall, den er bereits 1785–1790 gezeichnet hatte, das Grimselhospiz, um nur wenige zu nennen. Verschiedene Künstler regen Koch an: der Stecher und Herausgeber Christian von Mechel, bei dem Koch in Basel gearbeitet hat, mit Landschaften und Historienbildern, ältere Schweizer, etwa Aberli oder Dunker, mit Landschaften, vorab jedoch Salomon Gessner, der auch durch seine Schriften auf Jüngere Einfluß nimmt. Das

Naturgefühl in seinen Elegien ist immer noch vorbildlich, wie die Literatur überhaupt die Maler inspiriert, sei es die Lyrik mit Hallers *Alpen,* sei es die Wissenschaft eines de Saussure, Ramon oder Bourrit, die sehr en vogue sind. Reiseberichte, ob illustriert oder nicht, bringen den Reiselustigen die Bergwelt nahe. Viele Künstler schöpfen aus Laborde und Zurlauben oder aus Stichwerken nach Wolf. Zu diesen wissenschaftlichen, literarischen oder künstlerischen Quellen kommt bei Koch die Naturanschauung, etwa anläßlich eines Ausflugs mit seinem Freund Christian Roos an den Bodensee (26. April–3. Mai 1791), den er zum Zeichnen nutzt. So entstehen die heute in einem Album vereinten Blätter, zu denen Christoph Heinrich Pfaff die Texte verfaßt (Stuttgart 1989, Nrn. 5–6). Sie sind Vorläufer späterer Werke Kochs und zeigen seine Freude an Naturschauspielen, besonders dem Rheinfall, und an Panoramen.

Hier im Bild des Aaretals leitet Koch den Blick schichtenweise über Licht- und Schattengründe in die Bildtiefe zum Gipfel der Jungfrau hinauf, ein für Koch typisches Kompositionsprinzip. Ihre wohlgebaute und doch freie Disposition verbindet diese

Zeichnung Kochs mit den klassizistischen eines Bidault, Valenciennes oder sogar Granet, um lediglich die Franzosen zu erwähnen; wie damals üblich, sind die Baumarten exakt beobachtet.

Koch weist dem Gebirge den Hintergrund zu und bevölkert den Vordergrund nur mit der Gestalt des Zeichners, der sich ins Tal aufmacht, sein Motiv frei nach Lust und Laune zu suchen, während ihn junge Mädchen aus ihrem Schattensitz beobachten. Ganz deutsche Sinnesart zeigt der ungebunden in träumerischer Stimmung streifende Wanderer. M. Pinault

Lit.: LUTTEROTTI 1985, S. 34, 325, Z 582, Abb. 85; Stuttgart 1989, Nr. 24.

281

JOSEPH ANTON KOCH
Obergiblen (Tirol) 1768–1839 Rom

Der Schmadribachfall. 1792–1794
Aquarell mit Bleistift, Feder in Braun, weiß
gehöht, 48,8 × 40,6 cm
Basel, Kupferstichkabinett. Inv. 1942.135

Während seines zweijährigen Schweizer Aufenthaltes steht Koch im Banne der Berge; er sieht sie mit dem Auge des Geologen; insofern knüpft er an Caspar Wolf an, aber seine romantische Auffassung der Natur rückt ihn in die Nähe Samuel Birmanns; auch nimmt er bereits die Sachlichkeit des 19. Jahrhunderts vorweg, etwa eines Otto Frölicher, der 1880 dasselbe Sujet malt (Solothurn, Kunstmuseum; Tokio 1977, Nr. 70): den Wasserfall des Schmadribachs am Ende des Tals der Weißen Lütschine, zwischen Großhorn und Breithorn. Koch komponiert das Bild wiederum hälftig: duftiger Horizont mit Indigotönen und Weiß für Gestein, Schnee, Wasser und das Gewölk, das die unnahbare Höhe des eisigen Berggipfels andeutet, darunter dunkel gehaltener bewegter Vorder- und Mittelgrund, die Zone des Menschen und Tiers, die im Tannenwald etwas Geheimnisvolles bekommt. Die zerfetzten Bäume am Wildbachufer im Vordergrund erinnern an die entfesselten Naturgewalten des Gebirgs. Nach Rudolf Zeitler stellt das Werk ein wahres Landschaftsporträt dar und versinnbildlicht die Freiheit und die Ordnung des Ewigen; das unendlich Kleine ist im unendlich Großen aufgehoben.

Koch gibt den Berg in aller Naturtreue wieder, die großen Massen so gut wie kleine Einzelheiten; er wirft mit seiner in brauner Tinte getauchten Feder den Umriß zerklüfteter Steine rasch hin. Wie alle Maler der Zeit, liebt er das kompakte, zähe Fließen der Gletscher und das strähnige Rinnen der Bäche. Aber auch das Licht, das die Bildgründe gegeneinander profiliert, spielt eine wichtige Rolle, der kurz aufleuchtende Sonnenstrahl, der inmitten des Fichtenwaldes eine kleine Wiesenlichtung erhellt.

Diese Einfühlung in die Natur geht bis in die Wolken, welche die Gipfel zum Teil verschleiern. Die ländliche und doch heroisch überhöhte Landschaft Kochs unterscheidet sich von der eher dramatisch in Szene gesetzten eines Caspar David Friedrich (1774–1840). Von Koch gibt es denselben Vorwurf in Feder und Sepialavierung, mit dem etwas gesucht wirkenden Parisurteil im Vordergrund, dem ein Gessnerischer Klassizismus Pate gestanden hat (Stuttgart 1989, Nr. 27). M. Pinault

Lit.: LUTTEROTTI 1985, S. 316, Z 63; Stuttgart 1989, Nr. 26, Taf. 1, 89.

282

JOSEPH ANTON KOCH
Obergiblen (Tirol) 1768–1839 Rom

Das Lauterbrunnental bei Wolkentreiben. 1792/94
Aquarell, weiß gehöht, 29 × 35 cm
Innsbruck, Tiroler Landesmuseum
Ferdinandeum. Inv. K 72

Koch sucht zwischen 1792 und 1794 wiederum das Lauterbrunnental mit seinen Kaskaden auf, wie schon in den Jahren 1785–1790, als er den Staubbachfall malte

282

283

(Stuttgart 1989, Nr. 2), den er nun in einer Federzeichnung wiederholt (Privatbesitz; Stuttgart 1989, Nr. 17).

Er stellt eine Felsklippe zwischen Trümmelbach und Lauterbrunnen dar, mit der Weißen Lütschine, die, sich im Tal windend, hie und da in einem Sonnenstrahl aufblitzt. Das eher dunkle Kolorit verleiht der Landschaft eine Stimmung friedlicher Stille – trotz des tosenden Wasserfalls. Die Einführung von Wolken in die Malerei geht parallel zur wissenschaftlichen Erforschung der meteorologischen Phänomene, wie Barbara-Maria Stafford (1984) ausführt. Französische, englische oder deutsche Maler studieren verschiedene Wolkenarten nach der Natur. Es gibt sogar gedruckte Kompendien mit Wolkenformen als Vorlagen. Auch die Dichter sind für das Romantische einer wolkenverhangenen Landschaft empfänglich. Kochs Aquarell erinnert in seiner gefühlvollen Stimmung daran, daß in der alten Herberge der nahen Wengernalp Lord Byron Teile des *Manfred* verfaßte. Und Goethe beschreibt in seinen *Briefen aus der Schweiz* Wolken, die er zwischen Martigny und Sion beobachtet.

Auch in diese Bildkomposition führt Koch einige Figuren ein, einen mit einer Skizzenmappe ausgestatteten Zeichner, in welchem wir ein Selbstbildnis des Künstlers vermuten dürfen. In späteren Jahren, zwischen 1820 und 1830, malt Koch diesen Ort

noch öfters, wobei er die Bergkulissen nicht verändert, aber die Vordergründe mit ländlichen Szenen belebt.   M. Pinault

Lit.: LUTTEROTTI 1985, S. 35, 337, Z 1061, Taf. I; Stuttgart 1989, Nr. 22, Taf. 84.

283

JOSEPH ANTON KOCH
Obergiblen (Tirol) 1786–1839 Rom

Der Schmadribachfall. 1811
Öl auf Leinwand, 123 × 93 cm
Leipzig, Museum der bildenden Künste,
Inv. 121

In Rom beginnt Koch im Jahre 1802 auf Anregung Gottlieb Schicks Landschaften als Ölbilder zu komponieren, wobei Mediterran-Klassisches und Alpines seiner früheren Reisen sich mischen. Das Gemälde in Leipzig unterscheidet sich in seinem Aufbau wenig vom Aquarell in Basel (Kat. 281), das 17 oder mehr Jahre älter ist, jedoch ist der Übergang zwischen den Firnen und dem

Felsen markanter, derjenige zwischen dem Felsen und den Wäldern sanfter. Das Wasser ist hier zum Hauptmotiv geworden, dessen Lauf der Betrachter durch Fichtenwälder, Gestrüpp und Karstfelder im Vordergrund verfolgen kann. In der Bildmitte ist der naturalistische Detailreichtum zugunsten großflächiger, stereometrischer Körperlichkeit aufgegeben, im Sinne der Monumentalisierung.

Diese Idealversion des Schmadribachfalls belebt Koch durch einen Ziegenhirten und einen Jäger, die den Maßstab setzen und die Einfachheit und Abgeschiedenheit des Lebens in den Alpentälern zum Ausdruck bringen.

Eine andere, sehr ähnliche Version von 1821–1822 stammt aus der Sammlung des Bayernkönigs Ludwig I. und wird in München aufbewahrt (Neue Pinakothek). Auf der Wiese hütet ein Hirte seine Herde. Heroische Landschaft und einfaches Landleben sind hier gültig gegeneinandergestellt.

M. Pinault

Lit.: LUTTEROTTI 1985, S.63–64, 286, G 16, Abb. 15; Stuttgart 1989, Nr.93.

284

284

JOSEPH ANTON KOCH
Obergiblen (Tirol) 1786–1839 Rom

Berner Oberland. 1815
Öl auf Leinwand, 70 × 89 cm
Wien, Österreichische Galerie des 19. und 20. Jahrhunderts im Oberen Belvedere, Inv. 2622 (nicht ausgestellt)

Drei Versionen dieses Motivs sind bekannt: die ausgestellte von 1815 stammt vom Ende des Wiener Aufenthalts des Malers, nachdem er 1812 Rom aus politischen Gründen verlassen mußte, die zweite von 1816 aus Rom für einen Schweizer Sammler, Honegger von Bremgarten (Dresden), und die dritte, ebenfalls aus Rom, für den Händler Philipp Passavant aus Frankfurt (Innsbruck).

Vom Oberhasli, einem der eindrücklichsten Täler der Alpen, macht Koch zwischen 1792 und 1794 eine in Graubraun gehaltene Aquarell- und Gouache-Studie nach der Natur, die seinen Gemälden als Vorlage dient (Wien, Akademie der Bildenden Künste; Stuttgart 1989, Nr.35). Es hält das Aaretal, das Wetterhorn und die Reichenbachfälle fest. In einem Brief an Robert von Langer vom 16. Januar 1817 beschreibt Koch das Motiv als »Schweizergegend aus dem Tal Oberhasli im Kanton Bern, welche eine totale Vorstellung gibt von dem Alpenwesen«. Schon 1815 hatte er sie gegenüber Langer in einem Brief vom 22. März eine der schönsten der Schweizer Alpen genannt.

Diese nur in Kleinigkeiten wie den Staffagefiguren variierten Werke sind charakteristisch für Koch: heroische Landschaft mit Figuren, Einfluß der Spätgotik und beginnenden Renaissance, sogar Brueghels, den Koch von Wiener Museen kennen konnte, und patriarchalisches Landleben, ein Abglanz des Goldenen Zeitalters. Hier zählt Koch bilderbuchartig die Hauptbeschäftigungen der Bergbauern auf: Fruchternte, Holzlese, Jagd, Viehtränken und Feiern bei Musik. Schon in seinem Werk *Grimselhospiz* von 1813 (Karlsruhe, Staatliche Kunsthalle; Stuttgart 1989, Nr.100) und in seinen italienischen Bildern aus der Campagna hatte Koch die verschiedenen Tätigkeiten der Landbevölkerung in einem Bild gehäuft und etwas lehrhaft vorgestellt. Kochs Einfluß auf die jüngere Generation von Deutschrömern, die Nazarener, ist bedeutend. Ein Werk der Zusammenar-

285

beit mit jenen sind die Fresken des Casino Massimo in Rom von 1825–1828. Verglichen mit dem Aquarell ist die Landschaft der drei ausgeführten Werke weniger empfunden und stilisiert, aber sie zeigt unvermindert Kochs Interesse an Bodenformationen, ob steinig oder vereist, an Baumarten, Wasserfällen und Wolken. Der altmeisterliche Realismus Kochs verdankt vieles der flämischen Malerei des ausgehenden 16. Jahrhunderts.   M. Pinault

Lit.: LUTTEROTTI 1985, S. 84–85, 291, G 35, Abb. 32.

285

FRANZ NIKLAUS KÖNIG
Bern 1765–1832 Bern

Der Staubbachfall im Lauterbrunnental
1804
Öl auf Leinwand, 136 × 108 cm
Bern, Kunstmuseum, Inv. 281 (Depositum der Bernischen Kunstgesellschaft)

Der Staubbachfall im Sommer ist ein beliebtes Motiv der Künstler, denen zwei Möglichkeiten der Komposition offenstehen: entweder ein breites Panorama, welches das ganze Tal umfaßt, oder ein Hochformat aus der Nähe. Letzteres wurde häufiger gewählt, weil es die Darstellung der eindrücklichen Höhe von mehr als dreißig Metern und den Sturz des sich in Staub auflösenden Wassers erlaubt. Die Wahl des Hochformats bietet Gegensätze an zwischen der ungestümen Natur – im Blick gegen die Gletscher – und dem im Talgrund friedlich geborgenen Menschendasein. Hier stellt König Spaziergänger dar, die auf einem Pfad zum Dorfe streben. Anderswo wird gemolken, etwa auf Le Barbiers Zeichnung (Wien, Österreichische Nationalbibliothek), gestochen von Masquelier für die *Tableaux topographiques de la Suisse,* wo zwei Sennerinnen und eine Kuh den Vordergrund beleben. Die Beschreibung des Staubbachfalls in den *Tableaux* paßt vortrefflich auf Königs Bild: »Um den besten Eindruck zu genießen, muß man frühmorgens von Unterseen aufbrechen, weil nach elf Uhr die Sonne nicht mehr günstig steht. Alles ist spektakulär in diesem hinreißenden Naturschauspiel. Das Wasser, das sich hoch über den Felsen herabstürzt, schimmert zwischen den schwarzen Tannen um so weißer hervor; es ergießt sich in Massen und Schwällen, die zunächst getrennt bleiben, sich aber dann in die Länge ziehen und vereinen, jedoch in so rascher Folge, daß eine Form, die man zu erfassen glaubt, durch einen fallenden Baum zerstört wird; man bleibt geschlossenen Auges davor stehen. Man erfaßt nur eine grandiose Bewegung, die den Blick fesselt, aber auch ermüdet; man kommt nicht los davon, so sehr wird die Einbildungskraft verblüfft. Der Geist müht sich umsonst, sich selbst Rechenschaft über das Erlebte zu geben, geschweige denn es anderen zu schildern.«

Ein Besuch der Wasserfälle ist für die von ganz Europa in die Schweiz strömenden Touristen geradezu obligatorisch, man muß diese »chûtes d'eau merveilleuses« gesehen haben, nach den *Tableaux topographiques de la*

Suisse außer dem Fall des Staubbachs: den Rheinfall bei Schaffhausen, die Wasserfälle der Leventina im Gotthardmassiv oder diejenigen von Saint-Maurice bei Martigny, den Pissevache, den Alpbachfall und den Reichenbachfall, beide bei Meiringen. Alle Zeugnisse stellen den Schauer vor der Naturgewalt dem heiteren Betrachtungsvergnügen gegenüber, aber sprechen auch vom Akustischen, vom donnergleichen Tosen der Wasser, das auch an Erdbeben erinnert, und vom optischen Phänomen des Regenbogens. An solche Betrachtungen knüpfen sich aber auch moralisch-religiöse über die Macht und Größe des Schöpfers, »Majesté du créateur« (Pinault 1985, S. 71–79). M. Pinault

Lit.: BOURQUIN 1962, S. 63–64, 134, 142; BOURQUIN 1963, S. 42 und Abb. 13; *Kunstmuseum Bern: Die Gemälde* 1983, Nr. 296.

286

286

THOMAS COLE
Bolton-le-Moor (England) 1801–1848
New York

Manfred. 1833
Öl auf Leinwand, 127 × 97 cm
New Haven, Yale University Art Gallery,
Inv. 1968–102 (John Hill Morgan, B.A.
1893, Fund)

Die Bilder von Thomas Cole sind möglicherweise der charakteristischste Ausdruck der amerikanischen Landschaftsmalerei während der Frühphase der 1820er und 1830er Jahre. Wie viele der Hudson-River-Schule nahestehende Künstler bereichert Cole seine Landschaften mit religiösen Anspielungen, um – in der Art des Claude Lorrain – den Gegenstand seiner Beobachtungen darzustellen und ihn gleichzeitig als Beispiel der göttlichen Schöpfung zu interpretieren. Insofern übernimmt er Mittel und Ziele der Historienmalerei. Cole fühlte sich vom wilden, ungezügelten Charakter der amerikanischen Landschaft stark angezogen, und in seinem *Essay on American Scenery* von 1835 unterstrich er die Wildheit als typisch amerikanische Eigenschaft, da der Sinn für das Urtümliche in Europa zerstört oder zumindest stark eingeschränkt worden sei. Es erstaunt deshalb nicht, daß die Ausbreitung und der unvermeidliche Niedergang der Zivilisation zu den Hauptthemen in Coles Malerei gehören, Themen, welche in der Serie *The Course of Empire* ihre konsequenteste Formulierung erfahren.

Coles Bildmotive sind also mehrheitlich amerikanisch, speziell in seinen erzählerischen Werken, die durch die Literatur inspiriert sind. Einige davon zeigen jedoch europäische Landschaften; aber keines vermittelt stärker das Gefühl der Einsamkeit, der Wildheit und des Erhabenen als sein *Manfred*. Cole war ein begeisterter Leser von Gedichten der Romantik, und Byrons Ruf war schon gefestigt, als Cole im Jahr 1829 nach England reiste. Dieses Bild ist das einzige, das sich explizit auf diese Quelle bezieht, obwohl man weiß, daß er Motive aus Byron-Gedichten in andere Werke einfließen ließ. Das Bild zeigt zwar nicht die berühmte Szene von Manfred auf dem Berggipfel der

287

288

Jungfrau, aber einen nachfolgenden Moment dieser dramatischen Dichtung von 1817 (2. Akt, 2. Szene), da der lebensmüde Held – die Hilfe der Geisterwelt suchend – in ein Bergtal hinabsteigt und die Hexe der Alpen anruft – jene Erscheinung, die sich in der Gischt des Wasserfalls abzeichnet. Aber er weigert sich, auf seine magischen Kräfte zu verzichten, um den Trost und die Freiheit, die er herbeisehnt, zu gewinnen.

Doch die Hauptdarstellerin der Szene ist zweifellos die Landschaft selbst. Cole schuf eine Komposition mit schroffen Felsen, schneebedeckten Bergen und Gipfeln, in der er die majestätische Würde eines John Martin erreicht, welcher seinen *Manfred* schon fünf Jahre zuvor gemalt hat, oder eines Turner, dessen Kunst er in England kennengelernt hatte. Es ist nicht zufällig, daß Cole dieses Gefühl der urtümlichen Kraft mittels einer schweizerischen Landschaft ausgedrückt hat, denn trotz der Entwicklung des Tourismus konnte die Schweiz sich noch der unberührten, wilden Natur rühmen, in welcher der Künstler den Inbegriff der Schöp-

fung sah. Obwohl es einen literarischen Text illustriert, Bezug auf die Schweiz nimmt und in seiner Stillage romantisch bleibt, erprobt das Bild eine Landschaftskonzeption, die in Amerika erst in der folgenden Generation mit den großen Kompositionen der Eroberung des Westens verwirklicht wurde.

W. Hauptman

Lit.: BAIGELL 1981, S. 48.

287

ALEXANDRE CALAME
Vevey 1810–Menton 1864

Ansicht des Staubbachfalls. 1837
Öl auf Leinwand, 169,8 × 129,9 cm
Bern, Schweizerisches Alpines Museum

Die *Ansicht des Staubbachfalls* fand nicht die gleiche Zustimmung der Kunstfreunde, wie der *Ausblick von der Handeck*. Kritisiert wurde vor allem der als unüberbrückbar erscheinende Kontrast zwischen der kleinräumigen Welt des Talgrundes und der bedrohlichen

289

Höhe der Gipfel, der durch den Wasserfall und den streng symmetrischen Aufbau des Bildes noch betont wird. »Zwei Bilder in einem«, wurde Calame vorgeworfen (RAMBERT 1884, S. 74).

Die Bilder des Jahres 1837 bilden eine wichtige Etappe in der Entwicklung der Alpenmalerei Calames, die wenig später – mit dem *Sturm an der Handeck* (Kat. 289), einen ersten Höhepunkt erreicht.   F. de Capitani

Lit.: RAMBERT 1884; ANKER 1987, Nr. 85.

288

ALEXANDRE CALAME
Vevey 1810-Menton 1864

Ausblick von der Handeck. 1837
Öl auf Leinwand, 169 × 131 cm
Bern, Schweizerisches Alpines Museum

Im Sommer 1835 bereiste Alexandre Calame zum ersten Mal das Berner Oberland.

Der Staubbach und die Handeck waren seine ersten Reiseziele, die er auch im folgenden Jahr wieder aufsuchte.

In diesen ersten Alpenbildern knüpft Calame noch durchaus an die Tradition eines Diday oder König an; doch schon sucht er sich von der idyllischen Naturbetrachtung zu lösen. Die strenge Symmetrie der Bilder unterstreicht die Unnahbarkeit der erhabenen Alpenwelt und den Kontrast zwischen der Erhabenheit der Gipfel und der kleinräumigen Welt der Täler.

Die Zeitgenossen haben diese Abkehr von der frühromantischen Alpenidylle begeistert begrüßt. John Coindet, ein Genfer Kritiker, schrieb im Entstehungsjahr über den *Ausblick von der Handeck*: «Tout y est sauvage, comme la nature dans les parties retirées des Alpes; sapins sont beaux de forme, de couleur, d'antiquité; on sent la fraicheur glacée des eaux; le glacier, beau et vrai, sort tout à fait de la manière conventionelle adoptée en Suisse pour les rendre; intermédiaires sont suaves de ton, justes d'effet et de formes; les roches du bas de la droite sont rendues jusqu'à l'illusion. C'est la Suisse, nous voulons le répéter encore, la belle Suisse, et M. Calame est son peintre; que seulement il ne l'oublie pas!» F. de Capitani

Lit.: RAMBERT 1884; ANKER 1987, Nr. 84.

289

ALEXANDRE CALAME
Vevey 1810–1864 Menton

Sturm an der Handeck. 1839
Öl auf Leinwand, 191 × 259,5 cm
Genf, Musée d'art et d'histoire,
Inv. MAH 1839-1

Als Schüler François Didays (1802–1877), den er später überflügelte, widmet Calame sein Hauptwerk der hochalpinen Landschaft der «zone supérieure des Alpes», wie sein Freund Töpfer es ausdrückt, wo das Chaotisch-Erhabene herrscht.

Das Gebiet der Handeck nördlich des Grimselpasses ist ein Lieblingssujet des Malers. Das Gewitterbild bezeichnet nach Valentina Anker (1987, S.140–142) einen ersten persönlichen Stil des Meisters, eine Synthese zwischen Diday und den holländischen Gewittermalern des 17. Jahrhunderts, romantisch gequält und zutiefst inspiriert. Im Pariser Salon von 1839 erringt Calame damit den zweiten Preis und entsprechenden Ruhm. Das Bild wird vom Musée d'art et d'histoire in Genf durch Subskription erworben, gilt es doch als wahres Manifest der Erneuerung der Schweizer Landschaftsmalerei.

Calame gibt das Heftige und das Zarte der Natur mit den Mitteln der – bewegten – Komposition und der – beruhigten – Lichtführung wieder. Das Großformat kommt, wie oft bei Calame, dem Großartigen des Vorwurfs entgegen. Calames Vorliebe für das Gewaltsame, Ungestüme ja Zerstörerische der Natur, das todbringend sein kann, zeigt einen Wandel in der Landschaftsmalerei an: die Schweiz wird fortan romantisch gesehen, als eine Welt der Schrecken.

Im Gegensatz zu den Malern des ausgehenden 18. Jahrhunderts, die gern Betrachter der Aussicht ins Bild einführen, verbannt Calame den Menschen daraus, läßt den wirklichen Betrachter das dramatische Bildgeschehen von außerhalb erleben. Calames tiefe Religiosität schimmert in seinen Bildern durch, etwa in den lichten, vergeistigten Hintergründen der biblisch anmutenden Landschaften. Das Gewitter in der Natur spiegelt das Gottesgericht, die beseelte Gottnatur deutet auf einen mächtigen Schöpfergott, den des Alten Testaments, den Calvins, einen prüfenden und strafenden Gott. Das Fehlen menschlicher Figuren ist als Beweis für die Nichtigkeit des Menschen und als Ehrfurcht vor der unermeßlichen Schöpfung zu werten. In Calames Augen verkörpern die Bäume »den mit den Gewittern, mit den Naturgewalten ringenden Menschen, ... der grausamen Prüfungen unterworfen ist« (ANKER 1989, S. 140). In einem seiner Skizzenbücher notiert Calame: »Der Baum beherrscht, bevor er entwurzelt fällt, die unermeßliche Einöde, er allein mit Gott.«
M. Pinault

Lit.: SANDOZ 1975, S.178–181, Abb. 2; ANKER 1987, S.140–142 und Nr.108; Genf 1987, Abb. S. 2.

Tafel IX (Kat. 256)

Vorrevolution: Erneuerung und Utopie

L'homme est né libre, et partout il est
dans les fers. Tel se croit le maître des autres,
qui ne laisse pas d'être plus esclave qu'eux.
(J.-J. Rousseau, *Contrat social*, 1762)

Der Wandel des Freiheitsbegriffs im 18. Jahrhundert ist eng mit dem Wandel des Menschenbildes verbunden. Hand in Hand mit dem Aufbrechen der Wirtschaftsräume, dem Erstarken des Bürgertums, das immer mehr den Rahmen der traditionellen Feudalwelt sprengte, und der langsamen, aber unaufhaltsamen Säkularisierung vieler Lebensbereiche entstand ein neues Selbstbewußtsein. Geburt und Stand, die seit dem Mittelalter die Stellung des Einzelnen in der Gesellschaft vorzeichneten, blieben nicht länger die einzigen Kriterien des gesellschaftlichen Erfolgs. Gerade im England des 17. Jahrhunderts hatten sich neue Ideale ausgeprägt, die zunehmend den gesellschaftlichen Rang mitbestimmten. Besitz und Bildung wurden zu den magischen Begriffen des Erfolgs. Nicht der größere Rahmen der Gesellschaft definierte den Einzelnen; die Individuen definierten gemeinsam die Gesellschaft. Crawford Brough McPhearson hat dafür die einprägsame Formel des »Possessiven Individualismus« geprägt:

> Der possessive Charakter des Individualismus im 17. Jahrhundert liegt in der Vorstellung, daß der Einzelne im wesentlichen der Besitzer seiner Person und seiner Fähigkeiten ist, unabhängig von der Gesellschaft. Das Individuum wird so weder als moralische Größe noch als Teil eines größeren Ganzen verstanden, sondern als Besitzer seiner selbst. So wird die Gesellschaft zu einer Menge von freien und gleichen Individuen, die sich miteinander verbinden als Besitzer ihrer selbst und ihrer erworbenen Qualitäten (McPhearson 1973).

Mag MacPhearsons These auch nur einen Teil des Wandels im Verständnis des Verhältnisses zwischen Individuum und Gemeinschaft erfassen, so hat er doch auf ein ganz zentrales Element für den Wandel des Freiheitsbegriffes im Übergang zum 18. Jahrhundert aufmerksam gemacht: Die gesellschaftlichen Verhältnisse können auf diesem Hintergrund durch die Kraft der Individuen verändert und perfektioniert werden. Die Machbarkeit der Welt beruht letztlich auf der freien Verfügung des Einzelnen über sich selbst. Die Handlungsautonomie des Individuums und der unerschütterliche Glaube an den Fortschritt bestimmten nun das politische Handeln. Die Vernunft wurde zur alleinigen Instanz des moralischen Handelns erklärt.

Die Ergründung der menschlichen Existenz, ihrer Hoffnungen und Ängste machte vor keinen überlieferten Schranken Halt. Die Hoffnung auf den Fortschritt, auf das Anbrechen einer besseren Zukunft war nur die eine, lichte Seite des sogenannten Zeitalters der Aufklärung. Auf der anderen Seite finden wir ebensosehr die Faszination vor dem Schrecken und den Abgründen des menschlichen Denkens. Auch die finstere Magie eines Cagliostro, die unendliche Grausamkeit eines Marquis de Sade sind Ausdruck dieser Schrankenlosigkeit des Intellekts. Der Mensch als Herr des Universums war gleichzeitig ein Bild der Hoffnung und des Schreckens. So stehen Denken und Fühlen im 18. Jahrhunderts in der ständigen Zerrissenheit zwischen der Sehnsucht nach Harmonie und Ebenmaß auf der einen Seite und der pathetischen Geste der ungezügelten Leidenschaften auf der anderen Seite.

Im Zentrum der geschichtlichen Betrachtung stand nun nicht mehr die christliche Heilsvorstellung, auf die letztlich alles Handeln ausgerichtet sein sollte. Der menschliche Fortschritt und nicht mehr die göttliche Gnade sollte den Gang der Menschheit bestimmen. Diese neue Interpretation der Geschichte der Menschheit bildete den Ausgangspunkt für den unbedingten Willen, auch die Zukunft in den Griff zu bekommen.

Der gesellschaftliche Wandel, der alle Länder Europas, wenn auch in unterschiedlichem Ausmaß und nicht gleichzeitig, erfaßte, und ein um sich greifendes neues Selbstbewußtsein des Individuums veränderten nach und nach auch die Vorstellungen der politischen Freiheit.

Der Gesellschaftsvertrag, seit jeher überlieferter Bestandteil der meisten politischen Theorien, erhält nun eine direkte politische Bedeutung. Er ist nicht mehr die akademische Herleitung des Entstehens der Gesellschaften in grauer Urzeit, sondern ein in jeder Generation aktueller Grundvertrag, dessen Ausprägung und Einhaltung dem Willen und der Kontrolle der Vertragspartner unterliegen. Der Begriff der Republik erhält in diesem Zusammenhang eine Aufwertung. Die republikanische Verfassung entspricht in ihren Institutionen dem Bild der kollektiven Verantwortung die auf der Gleichheit der beteiligten Individuen beruht. Als «république des savants» wurde schon im ausgehenden 17. Jahrhundert die Gelehrtenwelt bezeichnet, in der die Gleichheit unter Gleichgestellten den Fortschritt der Forschung garantierte. Die Republik wurde immer häufiger in der Theorie zur besten aller möglichen Gesellschaftsformen erklärt. Neben dieser Idealvorstellung konnten die bestehenden Republiken der Niederlande oder der Eidgenossenschaft mit ihren verknöcherten Strukturen nur als Zerrbilder erscheinen.

Die Diskussion um die Republik war nicht von Anfang an ein Diskurs gegen die Monarchie; sie ging die Frage viel grundsätzlicher an: es war eine Diskussion um Legitimität und Willkür. Der kollektive Wille allein sollte

Voraussetzung der legitimen Verfassung sein. Jean-Jacques Rousseau hat diesen weitverbreiteten Gedanken folgendermaßen ausgedrückt:

Tout Gouvernement légitime est républicain. Je n'entends pas seulement par ce mot une Aristocratie ou une Démocratie, mais en général tout gouvernement guidé par la volonté générale, qui est la loi. Pour être légitime il ne faut pas que le gouvernement se confonde avec le Souverain, mais qu'il en soit le ministre: alors la monarchie elle-même est république.

Die Politik wurde zum Thema der öffentlichen Diskussion. In den unzähligen Salons, Gesellschaften und Akademien, in den Kaffeehäusern, in der Flut von Zeitungen, Broschüren und Pamphleten stand die Erneuerung der Gesellschaft und ihrer Institutionen im Zentrum des Interesses. Die neu entstehende Öffentlichkeit hatte sich des Staates bemächtigt, lange bevor die Revolution die überlieferten Institutionen zu Fall brachte. Das englische System, wo nach der Glorreichen Revolution von 1688 die parlamentarische Kontrolle des Staates dem Absolutismus traditioneller Prägung ein Ende gesetzt hatte und wo erstmals eine politische Öffentlichkeit ihren Einfluß geltend machen konnte, diente immer wieder als Vorbild.

Kein gesellschaftliches Phänomen hat die Stellung der Künstler derart verändert wie das Entstehen der modernen Öffentlichkeit. Der Künstler stand nun nicht mehr dem Auftraggeber oder einem klar definierten Kreis von möglichen Kunden gegenüber, sondern einem nicht mehr fest umreißbaren Publikum, dessen Zusammensetzung ständig im Fluß war. In Diskussionen und in der Publizistik formulierte sich eine öffentliche Meinung, die den Kunstmarkt entscheidend beeinflussen konnte und auf die die Künstler Rücksicht nehmen mußten. Die Konfrontation zwischen Künstler und Publikum fand in den Ausstellungen statt. Seit 1737 wurden in Paris regelmäßig »Salons« veranstaltet, die den Künstlern die Möglichkeit boten, ihre Werke einem offenen Publikum vorzustellen.

Mehr denn je dominierten die großen städtischen Zentren, in denen höfische und bürgerliche Kreise zusammentrafen, den Kunstbetrieb. Die fortschreitende Säkularisierung führte auch zu einer immer größeren Bedeutung der weltlichen Kunst, hinter die die religiöse zurücktrat. Damals wurde Paris zur alles überragenden europäischen Kulturmetropole, von wo aus die Impulse sich über ganz Europa verbreiteten, um wieder nach Paris zurückzuwirken. Paris wurde zum Zentrum der Kunstkritik, seine Salons bestimmten die öffentliche Meinung in ganze Europa und setzten die Maßstäbe der Malerei und des Geschmacks. Neben Paris konnte im 18. Jahrhundert nur Rom für sich beanspruchen, ein Zentrum des künstlerischen Austausches, der Auseinandersetzung mit der Tradition und der Erneuerung zu sein.

Kunstsammlungen – die Vorläufer unserer Museen – öffneten sich für Kunstliebhaber, die nun ihr Urteil über die zeitgenössischen Künstler in den größeren Rahmen der Kunstgeschichte zu stellen suchten. Der Künstler trat nicht nur gegen seine lebenden Konkurrenten an, sondern mußte sich an der ganzen Tradition der europäischen Kunst messen.

Mit den neuen Institutionen des Kunstmarktes setzte auch eine neue Diskussion um die Aufgaben und Funktionen der Kunst ein. Der Künstler hatte an der Realisierung einer besseren Zukunft mitzuarbeiten, die Ängste und Hoffnungen, die Ideale und Utopien mitzutragen. Der Künstler als gleichberechtigter Partner im Diskurs der Aufklärung erhielt eine bisher unbekannte Freiheit zugestanden, verlor aber seine bisherige Absicherung. Der um sich greifende Geniekult, der den Künstler über alle anderen Menschen erhob, löste ihn aus den traditionellen Banden eines privilegierten Auftragsempfängers, lieferte ihn aber gnadenlos den Mechanismen eines unberechenbaren Kunstmarktes aus.

Hand in Hand mit dem Entstehen dieser neuen Rahmenbedingungen der künstlerischen Produktion und den veränderten Erwartungen des Publikums ging auch die Herausbildung eines neuen Selbstverständnisses der Künstler selbst einher. Ungebundenheit und Freiheit wurden zu Vorbedingungen des schöpferischen Prozesses erklärt. Im Aufbrechen von Freiräumen außerhalb der traditionellen Institutionen fand das Genie die Möglichkeiten der Entfaltung. Der Künstler sah sich als neuen Prometheus, der den Menschen das Licht brachte, und wurde vom Publikum auch als solcher wahrgenommen.

Die Ästhetik wurde zu einem neuen Zweig der Philosophie und suchte die Regeln der Kunst und ihrer Bildsprache zu ergründen. Die Vorstellung, daß eine universelle Rhetorik der Bilder es erlauben würde, die ganze Menschheit zu erreichen, ihre Gefühle und Sehnsüchte auszudrücken, beherrschte die Theoretiker des 18. Jahrhunderts.

Die Bildsprache des 18. Jahrhunderts ist eine Sprache der großen Gesten. Der einzelne Mensch mit seinen individuellen Regungen und Besonderheiten teilt sich in den Gesten mit, weist über sich hinaus und soll den Betrachter direkt berühren. Leidenschaft und Ergriffenheit finden im Pathos des Kunstwerkes ihren Ausdruck.

Nicht nur in den Bildnissen wird die Geste zum Sinnträger, auch in der Historienmalerei erhält sie eine zentrale Bedeutung. In ihr kristallisiert sich die Aussage des Künstlers, in ihr teilt er sich mit.

Der Rückgriff auf die Antike erhält in der Kunst der letzten Jahrzehnte des 18. Jahrhunderts eine neue Bedeutung. Die Beispiele der Bürgertugenden dienen aber nicht mehr der Legitimierung des Erreichten, sondern werden zum Programm der Erneuerung, zu Gesten der Befreiung. Das Anknüpfen an das antike Vorbild war gleichzeitig eine Absage an die dazwischenliegenden Zeiten des Zerfalls, der Dunkelheit, des Aberglaubens und der Unfreiheit. Die Faszination, die im 18. Jahrhundert von den Ruinen ausging und der sich auch die Künstler nicht entzogen, zeugt von diesem neuen Umgang mit der großen historischen Dimension, von der erlebten Spannung von Untergang und Kontinuität.

Die vorrevolutionäre Rhetorik in der Literatur diente auch hier als Vorbild für die darstellende Kunst. Zwischen Pathos und Verinnerlichung, zwischen Lust und Schrecken erhielt jede Regung ihren Platz im künstlerischen Diskurs, wurde zum Exempel oder Programm.

F. de Capitani

Ahnungen und Symbole

290 a, b

GIOVANNI BATTISTA PIRANESI
Mogliano bei Mestre 1720–1778 Rom

Kerker (Carceri d'Invenzione)
2. Ausgabe 1761
Blatt II: *Architektur mit Folterszene*
Radierung, 56,5 × 41,8 cm
Blatt XVI: *Pfeiler mit Ketten*
Radierung, 41,8 × 56,6 cm
Zürich, Graphische Sammlung der
Eidgenössischen Technischen Hochschule,
Inv. Mappe 27 A

290 a

Piranesi gab 1761 eine zweite Fassung seiner
1749 entstandenen *Invenzioni capric di Carceri*
unter dem abgeänderten Titel *Carceri d'Invenzione* heraus, die durch zwei neue Blätter (II
und V) ergänzt war. Diese beiden Blättern
und die stark überarbeitete Radierung XVI
erhellen die Absicht Piranesis, das gute Beispiel des frühen römischen Reiches der Tyrannei der Kaiserzeit Neros gegenüberzustellen.

Von verschiedenen Plattformen aus verfolgen in Blatt II kleine, aufgeregt gestikulierende Gestalten in Kostümen des 18. Jahrhunderts eine im Vordergrund stattfindende,
überproportional groß dargestellte Folterszene. Der Gefolterte wird mit einer Streck-
winde gequält, während hinter ihm der mit
einer Toga bekleidete Henker einen Dolch
drohend über sein Haupt hält. Am oberen
Bildrand sind vier Reliefbüsten über einem
großen Bogen angebracht, die als »[Muna-
tius] GRATVS«, »P[etilius] ANICIVS CER[ia-
lis]«, »L. ANNAEVS MEL[a]« und »C[aius]
PETRONIVS M.« zu identifizieren sind. Die
vier Reliefköpfe in der Bildmitte links
können durch die Inschriften am Pfeiler
ebenfalls benannt werden: »L BAREA
[S]ORAN[us]«, »M. TRASE[a] PAE[tus]«,
»[An]TISTIVS« und »MI[nucius Thermus]«.
Bei allen diesen Männern handelt es sich um
Opfer der Willkürherrschaft des Nero, die in
den *Annalen* des Tacitus geehrt werden.

Bredekamp führt aus, daß in Blatt II nicht
die Schrecken der neronischen Zeit dargestellt sind, sondern deren Überwindung. Die
Szene spielt sich draußen ab, und die Architektur gewährt große Durchblicke in andere
Freiräume – unten rechts steigen Menschen
aus den Verliesen an das Licht. Den Henker
bezeichnet Bredekamp als »respublica liberata« mit einer Art Freiheitshut und Stich-
waffe, den beiden Attributen, die Brutus
nach der Ermordung Cäsars auf einer Münze
verewigte (Kat. 154). Die »respublica liberata«, die Folter und Hinrichtung braucht,
um ihre Freiheit zu erreichen, wirkt wie eine
Vorwegnahme der blutigen Revolutionen,
die Europa später im Jahrhundert erschüttern
sollten.

In Blatt XVI werden Beispiele aus der gerechten Zeit des römischen Imperiums aufgeführt. In einer düsteren, verschachtelten
Architektur sind drei Inschriften zu finden,
die aus Livius' *Ab urbe condita* stammen. An

290 b

einer Säule mit ägyptischem Lotuskapitell ist folgende Schrifttafel angebracht: »AD TER-ROREM INCRESCENTIS AVDACIAE« (Zur Abschreckung der überhandnehmenden Dreistigkeit; I, 33). Diese erinnert an den Bau des ersten Kerkers in Rom und begründet die Notwendigkeit der Strafe. Der Pfeiler mit Relief, rechts, trägt das Zitat »INFAME SCELVS.S /[arbo]RI INFELICI SVSPE[ndito]« (frei: Der ruchlose Verbrecher soll gehängt werden; I, 26) und erinnert an den siegreichen Horatier, der seine Schwester erdolchte, weil diese um einen unterlegenen, mit ihr verlobten Curiatier trauerte. In Anbetracht seines Verdienstes um das Vaterland wurde der Horatier von der vom König einberufenen Volksversammlung trotz Mordes freigesprochen. Die letzte Inschrift – »IM-PIETATI ET MALIS ARTIBVS« (Der Pflichtvergessenheit und der Lasterhaftigkeit [zur Mahnung]; in Anlehnung an Livius II, 5) – unter den Köpfen am Mahnmal im Vorder-

grund bezieht sich auf Lucius Junius Brutus, der seine beiden Söhne hinrichten ließ, weil diese eine Verschwörung zugunsten der feindlichen Tarquinier angezettelt hatten. Er stellte somit das Recht, das auf kollektivem Interesse fußt, über seine Privatinteressen.

Piranesi findet für den Niedergang des Rechtssystems und der Moral unter Nero auch die Entsprechung in der Architektur. In seinem gleichzeitig mit den Carceri erschienenen Werk *Della Magnificenza ed Architettura de' Romani* (1761), lobt er die Würde und Einfachheit der vorgriechischen Architektur, die das Blatt XVI der *Carceri* prägt. Blatt II beherrschen hingegen die Architekturformen der Kaiserzeit Neros, der als wichtigster Förderer der Hellenisierung galt.

R. Bühlmann

Lit.: ROBINSON 1986, Nrn. 42 und 43; BREDE-KAMP 1988.

291

291

HUBERT ROBERT
Paris 1733–1808 Paris

**Die »Grande Galerie« des Louvre in
Ruinen.** Nach 1798(?)
Öl auf Leinwand, 32,7 × 40,1 cm
Paris, Musée du Louvre, Département des
peintures, Inv. R.F. 1961-20

Dieses kleine Bild gehört zusammen mit seinem Pendant, einem *Projekt für die Neueinrichtung der »Grande Galerie«*, zu einer Reihe
von Variationen über das Thema des neuen
Musée du Louvre, zu dessen Kustos Hubert
Robert 1784 und zu dessen Konservator er
1795 ernannt worden war. Die Datierung
des Gemäldes ist umstritten; einen Anhaltspunkt bietet die große Ausführung (Louvre,
Inv. R.F. 1975-11), die zwar ebenfalls unda-

tiert ist, aber zusammen mit ihrem Pendant
am »Salon« von 1796 ausgestellt war. Der
Vergleich der beiden Versionen spricht dafür, daß die größere früher gemalt wurde;
der Apoll vom Belvedere erscheint hier in
einer Bronzekopie, wie es sie damals in
Frankreich mehrfach gab (Fontainebleau,
Versailles), während es sich in unserem Bild
anscheinend um eine Marmorstatue handelt.
Nun weiß man aber, daß das berühmte antike Bildwerk, von Papst Pius VI. im Vertrag
von Tolentino abgetreten, im Juli 1798 in
Paris eintraf und vom 9. November 1800 an
im Musée Central des Arts ausgestellt war.
Ende 1816 wurde es dem Vatikan zurückerstattet.

Die »Grande Galerie« wurde Ende des
16. Jahrhunderts gebaut, um den Louvre mit
den Tuilerien zu verbinden. Von 1776 an
entstanden Projekte für die Einrichtung des

von Angiviller geplanten Museums. Es ist
schwierig, Hubert Roberts Anteil an den
Umbauten zu bestimmen, die freilich noch
lange auf sich warten ließen; aber es ist sicher, daß der Maler, seit 1778 Mitglied einer
Studiengruppe für die »Grande Galerie«, zur
öffentlichen Debatte über die damals disku-
tierten Lösungen beitrug. Dazu gehörten das
Oberlicht und die Rhythmisierung des
Raums, zu der er die Anregung wohl aus seiner Vertrautheit mit den klassischen Ruinen
schöpfte. Wenn sich auch das Thema der
tunnelartigen Galerie, von dem Robert geradezu besessen war, nicht unmittelbar auf ein
römisches Vorbild zurückführen läßt (Corboz 1978), verleiht ihr hier das antike Kleid
doch eine besondere Würde, die übrigens
durch die vollkommene Symmetrie der Pendants noch unterstrichen wird. Genau wie
die sogenannten Revolutionsarchitekten versucht der Maler, die Zukunft auf eine neue
Lektüre der Vergangenheit zu gründen.

Während jedoch ein Panini in seinen römischen »capricci« das Alte und das Neue
nebeneinanderstellt, wird hier das Verhältnis
unmerklich umgedreht: Die Vergangenheit
des Museums (die Ruine) wird in eine imaginäre Zukunft projiziert, seine Gegenwart
(oder ein unmittelbar bevorstehender Zustand) erscheint als dessen Vergangenheit, es
entsteht ein Verhältnis von Futurum und Futurum exactum. Robert, der »Ruinenmaler«,
liebte dieses Verfahren der archäologischen
Phantasmagorie, deren Analogien sich in der
gleichzeitigen Literatur finden, bei Sébastien
Mercier (L'an deux mille quatre cent quarante
und Tableau de Paris) zum Beispiel. Die gleiche Behandlung erfuhren unter dem Pinsel
Roberts der Tempietto von Bramante, die
Villa Medici, die Villa Rotonda von Palladio, die Vorhalle des St.-Peters-Doms, die
Villa Sacchetti von Pietro da Cortona, die
Porte Saint-Denis, die Sorbonne und das
Panthéon von Soufflot.

So erscheint die archäologische Phantasmagorie als hochgradig symptomatisch für
einen Wandel im Geschichtsbewußtsein, wie
er sich auch in der Gründung der Museen
ausdrückt; Robert nahm auch an der des Mu-

sée des monuments français von Alexandre
Lenoir Anteil (Busch 1986). Aber das veränderte Zeitbewußtsein läßt sich auch in der
Gartenkunst verfolgen, in den »jardins an-
glo-chinois«, einem weiteren Betätigungs-
feld des Malers. Dem Paradigma des Museums entspricht hier die Zusammenstellung
der Ziergebäude, der »fabriques« verschie-
denster Abkunft, wo durch die jeweilige
historische und geographische Distanz ein
raum-zeitlicher Mikrokosmos dargestellt
wird – Voraussetzung für den Historismus
in der Architektur des 19. Jahrhunderts. Die
künstliche Ruine – die inszenierte Rache der
Natur an der Kultur und die gebaute Entsprechung zur antizipierten Ruine – spielt in
Roberts Gärten dieselbe Rolle eines Schar-
niers zwischen Vergangenheit und Zukunft
wie in seinen Gemälden; wir denken unwillkürlich an den unvollendeten Tempel
der Philosophie in Ermenonville, dessen Gestalt Robert dem Tempel der Sibylle im Ti-
voli entliehen hat.

Diderot brachte die Poesie der Ruinen in
Zusammenhang mit dem Thema Reise.
Wenn in Roberts Gemälde der »Grande Ga-
lerie« des Louvre fahrendes Volk erscheint –
könnte das nicht eine Erinnerung an den
Kritiker sein, der am meisten zu des Malers
Ruhm beitrug?   Ph. Junod

Lit.: Burda 1967, S. 105; Corboz 1978,
S. 45-51; Sahut 1979, S. 14-44; Junod 1983,
S. 28-31; Busch 1986, S. 904-905; Boulot
1989, S. 141-151; Cayeux 1989, S. 259-260;
Herzog 1989, S. 178-180.

292

JOHANN HEINRICH FÜSSLI
Zürich 1741-1825 London

Der Tod des Gaius Gracchus. Um 1776
Feder und Tusche, laviert und rötlich getönt,
36,2 × 47 cm
London, Trustees of the British Museum,
Inv. 1885-3-14-226

Eine der drei bei Schiff verzeichneten Zeichnungen zu dem verschollenen Gemälde
Gaius Gracchus Dying near the Temple of Fates,

292

293

invoking them to revenge his cause on Rome
(Gaius Gracchus, sterbend vor dem Tempel
der Furien, diese um Rache an Rom für seinen Tod anflehend). Das Bild war 1778 in
der Londoner Society of Artists ausgestellt;
eine heute in der Pierpont Morgan Library
New York aufbewahrte Zeichnung mit dem
gleichen Motiv ist 1776 datiert, weshalb
auch unser Blatt in diesem Jahr, mithin noch
in Rom, vor Füsslis 1778 erfolgter Abreise
nach London, entstanden sein wird. Nach
Schiff sind mit den im Titel des Bildes irr-
tümlich genannten 'Fates' die Furien gemeint, vor deren Heiligtum der für die
Rechte des unbemittelten Volkes eintretende
römische Volkstribun sich auf der Flucht vor
dem Senat nach Plutarch von seinem Sklaven töten ließ.

Das Blatt verrät – wie zahlreiche andere
Werke Füsslis aus dieser Zeit – Spannung
und Unruhe. Effektvoll werden der auf
Steine gebettete sterbende Volkstribun und
der neben ihm sitzende, in dumpfes Brüten
versunkene Sklave in Kontrast gesetzt zu den
auf zukünftige Racheakte versessenen, da-
vonstürmenden Furien. Mit dem Sieg der
konservativen Senatspartei, der Optimaten,
über die Volkspartei, die Popularen, und deren Vertreter Gaius Gracchus wird in der Interpretation Füsslis kein Ende der Kämpfe
um die Volksrechte herbeigeführt, sondern
werden die Kriegsfurien erst recht entfesselt.
Füssli hat mit diesem Motiv ohne Bezug auf
ein bestimmtes Ereignis den Ahnungen der

Zeit um bevorstehende revolutionäre Umwälzungen und Freiheitskämpfe des Volkes
als künstlerischer Bahnbrecher und Sympathisant revolutionärer Bewegungen Ausdruck gegeben.   H. C. von Tavel

Lit.: SCHIFF 1973, Nr. 403.

293

JOHANN HEINRICH FÜSSLI
Zürich 1741–1825 London

**Marcus Curius Dentatus weist die
Geschenke der Samniter zurück**
1776–1777
Feder und Tusche über Rötel, rötlich getönt,
33,6 × 43,4 cm
Zürich, Kunsthaus, Graphische Sammlung,
Inv. 1914-39

Die Zeichnung stellt Marcus Curius Dentatus, den römischen Konsul und Sieger über
Pyrrhus und die Samniter (275 v.Chr.) dar,
dem die Besiegten, von links eintretend, mit
Gebärden der Unterwerfung Geschenke an-
bieten. Der Sieger wendet sich von seinem
einfachen Mahl den Eintretenden zu, denen
er, so die Überlieferung, erklärt, er ziehe es
vor, über Menschen zu herrschen, die Gold
besitzen, als selber solches zu besitzen. Er ist,
bis auf den Lendenschurz, nackt dargestellt
und erinnert in seiner Pose und durch das
kurzgeschnittene, lockige Haar an augustei-
sche Plastik. Füssli muß aus der neuen Wertung republikanischer Tugenden der römi-

schen Antike zu diesem Blatt motiviert worden sein. Es ist während seines Aufenthaltes in Rom entstanden und nimmt sowohl thematisch wie formal die Kunst von Jacques-Louis David (Kat. 301, 302) vorweg. Obschon dieser zur Zeit von Füsslis Aufenthalt in Rom ebenfalls dort studierte, ist nichts über persönliche Kontakte zwischen den beiden Künstlern bekannt.   H. C. von Tavel

Lit.: SCHIFF 1973, Nr. 407, S. 94.

294

JOHANN HEINRICH FÜSSLI
Zürich 1741–1825 London

Herakles erlegt den Adler des Prometheus. 1781
Feder und Sepia, getönt, 30 × 38,5 cm
Zürich, Kunsthaus, Graphische Sammlung,
Inv. 1940/155

Prometheus, einer der Titanen, aber ursprünglich Helfer der Götter in ihrem Kampf gegen die Titanen, wurde zum Feind der Götter, als er ihnen das Feuer stahl und es den Menschen schenkte, womit er deren höhere Kultur und die Künste ermöglichte. Zeus ließ ihn, aus Angst vor seiner Macht und der Macht, die er mit dem Feuer den Menschen verlieh, an einen unermeßlich hohen Felsen schmieden, wo ein Adler nachts von seiner sich tagsüber regenerierenden Leber fraß.

Das Blatt zeigt eine äußerst dramatische Inszenierung der Befreiung des Prometheus durch Herakles. Dieser ist im Begriff, seinen Pfeil auf den riesigen Adler abzuschießen. Die aufgehende Sonne im Hintergrund deutet den Anbruch des Tages und eines neuen Zeitalters an. Ἄμετρον μεν ὑψος – »unermeßlich aber ist die Höhe«, schreibt Füssli unter die Zeichnung; das letzte griechische Wort (hypsos) bezeichnet auch die damals zentrale ästhetische Kategorie des Erhabenen. Die vielfältige Aufnahme der Prometheussage, vor allem in der Literatur, geht zurück auf Hesiod, *Theogonie*, 521–534, und Aischylos, *Der gefesselte Prometheus*. Hesiod sah in Prometheus den Gegner der Götter,

294

während Aischylos ihn als Schöpfer und Wohltäter des Menschen zeichnete.
H. C. von Tavel

Lit.: SCHIFF 1973, Nr. 800.

295

JOHANN HEINRICH FÜSSLI
Zürich 1741–1825 London

Odysseus zwischen Skylla und Charybdis. 1794–1796
Öl auf Leinwand, 126 × 101 cm
Aarau, Aargauer Kunsthaus, Inv. 884

Nackt und nur mit einem Schild bewaffnet, durchquert Odysseus die Meerenge zwischen der vielköpfigen, menschenfressenden Skylla und dem Schlund der das Meer verschlingenden und ausspeienden Charybdis (Homer, *Odyssee*, XII, 73–259). Eine Anzahl der Gefährten von Odysseus zappelt in Skyllas Mäulern, während im Schiffsbauch Ruderer zu bemerken sind, die das Schiff aus dem tödlichen Gegenüber der beiden Ungeheuer hinausführen. Es handelt sich um eine Ölskizze zum 12. Bild von Füsslis *Milton Galerie*, mit der der Maler dem englischen Dichter John Milton (1608–1674) ein ehrgeiziges Denkmal setzte. Im Buch II des *Paradise Lost*, Strophe 1019, beschreibt Milton die Durchfahrt des Odysseus zwischen den Ungeheuern, die ihm dank 'labour hard' (harter Arbeit) gelingt. Füssli nennt in dem von ihm verfaßten Katalog der *Milton Galerie*

295

die Szene eine 'exemplification of Satan straitened in his passage to Light' (Exemplifizierung des vom Licht beengten Satans). Mit Satan ist hier nicht der Teufel, sondern Luzifer, der Lichtbote und Lichtsucher gemeint. In diesem Zusammenhang sind Skylla und Charybdis als Symbol für »Chaos« zu verstehen. Die enge Verwandtschaft der Komposition und des Themas mit *Tells Sprung aus dem Schiff* (Kat. 63, 64) ist offenkundig. Auch in unserem Bild lehnt sich die Figur des Schiffers an den *Borghesischen Fechter* an. In beiden Bildern wird mit dieser Figur die Befreiung von der Übermacht des Bösen, hier naturdämonisch, dort politisch, durch die Unerschrockenheit des Individuums zum Ausdruck gebracht. Bezog sich *Tells Sprung aus dem Schiff* noch eindeutig auf die politischen Hoffnungen am Vorabend der Revolution, so ist, nach den Enttäuschungen Füsslis über den Verlauf der Revolution, *Odysseus zwischen Skylla und Charybdis* ein allgemeines Gleichnis ohne direkten Bezug zu den geschichtlichen Ereignissen.   H. C. von Tavel

Lit.: Schiff 1973, Nr. 894, S. 137, 197, 205; Mosele 1979, Nr. 33; Atlanta 1988, S. 70.

296 a–f

WILLIAM BLAKE
London 1757–1827 London

Europa, eine Prophezeihung. 1794
Gedruckt und koloriert um 1796–1800
17 Reliefätzungen, gedruckt in Braun, Blau und Grün, zusätzlich aquarelliert, Blattgröße etwa 37,5 × 27 cm (unregelmäßig), Tafeln 8 und 14 mit Wasserzeichen 'I TAYLOR'
Glasgow, The University Library

Alexander Gilchrist erzählt in der ersten veröffentlichten Biographie Blakes, wie dieser Mitglieder des radikalen Kreises um den Verleger Joseph Johnson zu treffen pflegte und wie Blake bis in seine letzten Tage sich einen 'Liberty Boy' nannte; Frederick Tatham, der Blake in dessen letzten Lebensjahren kannte, schrieb um 1832 in seiner unpublizierten Biographie Blakes, daß es Blake war, der 1792 Thomas Paine warnte, nicht nach Hause zurückzukehren, sondern ins Ausland zu fliehen. Wir wissen zwar, daß Blake eine Anzahl von Werken bei Joseph Johnson erscheinen ließ; aber es bleibt ungewiß, wie gut er die anderen Mitglieder der Gruppe kannte, die neben Paine auch William Godwin, Thomas Holcroft und Mary Wollstonecraft umfaßte. Kein Zweifel herrscht dagegen über seine freiheitliche Gesinnung; diese spricht aus mancher seiner Schriften. Doch die Ereignisse in der ersten Hälfte der 1790er Jahre, vor allem die wachsende Repression unter William Pitts Regierung, aber auch die zunehmende Gewalttätigkeit und die Schreckensherrschaft in Frankreich veranlaßten Blake, die radikale Sache weniger offen zu verfechten.

Das läßt sich ermessen im Vergleich zwischen seiner ersten wichtigen politischen Stellungnahme, *The French Revolution*, und den nachfolgenden; genereller wird Blakes Entwicklung von »Unschuld« zu »Erfahrung« deutlich im Abstand zwischen seinen *Songs of Innocence* von 1789 und den *Songs of Experience*, die er 1794 hinzufügte. Von den angekündigten sieben Teilen von *The French Revolution* ließ Joseph Johnson 1791 nur den

296 a   296 b

ersten setzen, und auch davon existiert nur ein einziges Exemplar, wahrscheinlich ein Korrekturabzug. Schon der Titel bildete eine offene Herausforderung, und Blake spielte auch unverhohlen auf Personen der Zeitgeschichte an, so auf den König von Frankreich, auf Finanzminister Jaques Necker und zahlreiche Mitglieder der französischen Aristokratie. Bereits zwei Jahre später, in *America*, verschleierte Blake die Anspielungen auf den amerikanischen Unabhängigkeitskrieg; die Personennamen seiner Figuren sind seine Erfindung, Bestandteile seiner eigenen Mythologie. Dasselbe ist der Fall bei *Europa*.

Obwohl von *America* und den nachfolgenden Werken bedeutend mehr Exemplare erschienen als – nach den erhaltenen Exemplaren zu schließen – von *The French Revolution*, produzierte Blake diese späteren Bücher in einer persönlicheren und privateren Art und Weise. Während der Text von *The French Revolution* gesetzt wurde, zeigen *America* und die nachfolgenden Werke eine ungewöhnliche Kombination der von Blake verfaßten und in Kupfer gestochenen Texte und seiner Umrißzeichnungen auf derselben

Platte; jedes Exemplar wurde dann einzeln für den Verkauf koloriert, ein Arbeitsprozeß den wir erstmals bei den *Songs of Innocence* bewundern können (Erstausgabe 1789). Druck und Kolorierung scheinen jeweils erfolgt zu sein, wenn eine konkrete Nachfrage erfolgte. Die Drucke wurden anfänglich von Hand aquarelliert, von *Europa* an verwendete Blake eine von ihm erfundene Technik des Farbdrucks, bei der er deckende Pigmente auf die Platte auftrug und diese nochmals druckte. Blake scheint dieses Verfahren für ganze Werke nur bis 1796 angewandt zu haben; für Einzelblätter benutzte er ähnliche Techniken bis in die ersten Jahre des 19. Jahrhunderts. Das ausgestellte Exemplar der *Europa* macht die Vielfalt und Wirksamkeit des Verfahrens deutlich.

Vielleicht konzipierte Blake seine politischen Bücher zuerst als einen Zyklus von vier nach den Kontinenten benannten Gedichten. *America* (1793) und *Europa* (1794) haben das gleiche Format und annähernd denselben Umfang. *Africa* und *Asia* erschienen jedoch nur als Teile von *The Song of Los* (1795) und sind viel kürzer. Alle handeln

296 c

296 d

296 e

296 f

von der damaligen politischen Krise, die Blake als ein apokalyptisches Jüngstes Gericht ansah, aber in jedem Buch unter einem anderen Zeithorizont betrachtete.

Während sich *America* auf die vergleichsweise kurze Periode zwischen der amerikanischen Revolution und einer möglichen englischen Revolution in England im Erscheinungsjahr konzentriert, führt *Europa* hin zum Ausbruch des Krieges mit Frankreich im gleichen Jahre 1793, jedoch in der Perspektive der Erzählung von Enitharmons 1800jährigem Schlaf, der mit Christi Geburt beginnt und am Tag des Gerichts endet. (Enitharmon, eine Figur aus Blakes Privatmythologie, ist Emanation und Gemahl von Los und Mutter von Orc.) Gewisse Persönlichkeiten, die mit Pitts repressiver Regierung verbunden waren, erscheinen unter von Blake erfundenen Decknamen, Pitt selbst als Rintrah und Burke als Palambron. Der Ton des Buches ist pessimistischer als in *America*, und Orc, der Geist der Revolution erscheint weniger als der Herold der Freiheit denn als zerstörerische Macht, die das Jüngste Gericht herbeiruft. Er stellt das jakobinische Element dar, dem Albion-England soeben den Krieg erklärt hatte, welcher in Blakes Augen zum Jüngsten Gericht führen mußte. David Erdman geht so weit, Orc mit Christus zu verbinden; das wäre der Gottessohn als Tiger statt Christus als Gotteslamm. Trotz des Pessimismus, der in dem Buch vorherrscht, endet es auf Tafel 15 mit einem Aufschwung und selbst einige Bilder der Zerstörung wie Tafel 9 werden durch die Darstellung von Energie als positiver Kraft entlastet.

a

Frontispiz, 'The Ancient of Days'. Gott als Weltschöpfer, eine Darstellung, die Antwort gibt auf die rhetorische Frage auf Tafel 2: 'And who shall bind the infinite with an eternal band?' (Und wer wird das Unendliche in ewige Banden schlagen?). Blake sah die Schöpfung als Etappe des Sündenfalls; sie gab der Materie Form und beschleunigte damit die Zerteilung des ursprünglich vollständigen Menschen in verschiedene Elemente: Einbildungskraft, Intellekt, Wahrnehmung und Leib. (Das Thema wurde von Blake in einem berühmten Farbdruck von 1795 entfaltet, *Elohim creating Adam*, wo Gottvater den Adam erschafft, der in der Haltung des Gekreuzigten am Boden liegt und von einem Riesenwurm umschlungen wird.) Gottvater erscheint in Gestalt von Blakes Urizen, Verkörperung der Vernunft ohne das Licht der Einbildungskraft. Der Zirkel, obgleich aus Miltons Schöpfungserzählung im *Paradise Lost* entliehen, unterstreicht Blakes Ansicht, daß mit der Schöpfung der rationale Materialismus begann; ein Echo finden wir in einem der großen Farbdrucke von 1795, *Newton*, und Newton erscheint auch im Text von Tafel 13 der *Europa*. Das Frontispiz wurde von Blake auch als Einzelblatt herausgegeben; zwei Exemplare sind bekannt, das eine im Farbdruck wie in dem ausgestellten Buch, um 1795 anzusetzen, das andere angeblich von Blake auf dem Totenbett von Hand vollendet.

b

Die *Titelseite* steht dem Frontispiz mit Gottvater im Bild von Urizen gegenüber; die Schlange der Titelseite stellt fast sicher Orc dar, den Geist der Rebellion. Die drohende Gestalt der Schlange weist auf die Botschaft der »Prophezeihung« hin. ('Prophecy' erscheint im Titel von Blakes Gedicht.)

c

Tafel 9. Die Darstellung von Krankheit ist eine Illustration zu den apokalyptischen Schrecken wie die des Kriegs (Tafel 5), des Hungers (Tafel 6) und der Pest (Tafel 11 in unserem Exemplar von *Europa*, sonst meist Tafel 7). Die beiden Gestalten gießen Mehltau und Brand auf ein Getreidefeld. Das Bild gehört zu den Zeilen auf demselben Blatt, welche beschreiben, wie, während Enitharmon schläft, »Menschenschatten in Scharen mit den Winden dahineilend, / die Himmel Europas zerteilen, / bis Albions Engel, von seinen eigenen Plagen befallen, mit seinen Scharen flieht; / schwer lastet die Wolke auf Albions Küste.«

d

Tafel 10 (in den meisten Exemplaren Tafel 11). Die Darstellung, die Karikatur eines thronenden Papstes, illustriert die beistehenden Textzeilen, die beschreiben, wie Urizens ehernes Buch auf Erden von Königen und Priestern abgeschrieben wurde. Zwei Engel tragen Heroldsstäbe, die in Lilien enden; sie verkünden, daß sie die Erde der Macht der französischen Monarchie unterwerfen.

e

Tafel 13. Der zugehörige Text berichtet, wie Rintrah dreimal vergeblich in die Posaune stieß (Erdmann verbindet das dreimalige Blasen mit Pitts drei Versuchen, England in den Krieg zu führen: 1787, 1790 und 1791); dann »Ergriff ein mächtiger Geist ... mit Namen Newton ... die Posaune und ließ sie erschallen«; dieser Schall war das Signal zum Krieg mit Frankreich von 1793. Obwohl Blake in dem Farbdruck von 1795 Newton als Begründer der rationalen Materialisierung verurteilt (er hält, wie schon gesagt, den Zirkel, der auch auf dem Frontispiz in *Europa* erscheint), betrachtete er ihn doch auch als einen Menschen, dessen Fehler wenigstens das eine positive Resultat zeitigten, daß sie dem Irrtum eine greifbare Form gaben. Der Gefangene schaut nicht auf den mit Leitern beladenen Wärter, der seine Zelle verläßt, sondern auf den Text; erstaunt hält er die Hände empor, als wollte er den Posaunenschall begrüßen, der das Jüngste Gericht ankündigt, somit die Auferstehung und wohl auch die Freiheit.

f

Tafel 15. »Der schreckliche Orc« hat »von den Höhen des Enitharmon geschossen, / und in den Weinbergen des roten Frankreichs« erscheint »das Licht seiner Wut«. Das Bild zeigt einen jungen Mann, der Weib und Kind aus den Flammen von Krieg und Revolution rettet, aber Blake, in Anspielung auf die bekannte Szene von Vergils *Äneis*, wo Äneas das brennende Troja mit dem Vater auf den Schultern und dem Sohn an der Hand verläßt, setzt Hoffnung auf die Zu-

kunft: der freie Mensch, in seiner nackten Vollkommenheit, wird eine neue Welt heraufführen, welche die der gebrochenen klassischen Säule überwindet, eine neue Welt, deren Zeichen die freifliegenden Vögel sind, die den darüberstehenden Text begleiten.

M. Butlin

Lit.: GILCHRIST 1863, S.92–95; KEYNES 1957, S.237–245, 895–896; ERDMAN 1965, S.58–65, 725, 816–818 (Ausg. 1982, S.60–66, 803, 903–905); BENTLEY 1969, S.40–41, 502, 530–531; KEYNES 1969, Taf. 3, 9, 10, 12, 14 und 15 (Farbfaksimile); TOLLEY 1970, S.115–145; ERDMAN 1974, S.155–173; BENTLEY 1977, S.141–164; ERDMAN 1977, S.201–202, 209–225, 264–269, 512–513; BUTLIN 1981, S.103, 147–151; SCHIFF 1990, S.108–117, Nr. 22 (vollst. Farbabb.).

297

LOUIS DUCROS

Moudon 1748–1810 Lausanne

Vesuvausbruch mit Schiff in Seenot
Um 1794–1800
Aquarell, gehöht mit Gouache und Ölfarbe, auf Leinwand geleimt, 103 × 72,7 cm
Lausanne, Musée cantonal des beaux arts, Inv. D-819

In der Folge der großen Revolutionen, der Amerikanischen (1776) und der Französischen (1789), findet ein Bedeutungswandel bei gewissen Wörtern und Bildern statt. So bekommt das Wort »Freiheit« ein ganz neues Gewicht, und bisher unbekannte Anspielungen oder Metaphern tauchen dafür auf. So erhält in den 1790er Jahren ein Vulkanausbruch in der Literatur oder in der Malerei plötzlich einen neuen, politischen Sinn. Wenn die symbolische Bedeutung eines Vulkanausbruchs oft klar beabsichtigt wird, wie es etwa der Fall ist in einem als Trompe-l'œil gemalten Bild, das sich auf die St. Galler Wirren von 1795 bezieht (Lausanne 1989, Nr. 66), so ist bei Ducros der Vesuvausbruch nur noch ein Vorwand für die Nebenbedeutung, die also zur Hauptsache wird. Das Metaphorische überwiegt über

Tafel X (Kat. 298)

297

vollen Abruzzen, die Romanschriftstellern wie Sade oder Radcliffe so lieb waren, ferner die antiken Ruinen Kampaniens sowie verschiedene Bilder des tätigen Vesuvs.

Naturkatastrophen, Vulkanausbrüche, Gewitter oder Seenot nehmen im Werk Ducros' seit 1794 überhand; sein Malstil entwickelt sich ins Düstere. Es hielte schwer, darin nicht ein Zeichen von Unruhe und Angst des Malers vor den Umwälzungen, welche die Revolutionen der europäischen Gesellschaft brachten, zu sehen. Wenn auch in einer ganz anderen Formensprache, spricht Saint-Ours ähnliche Gefühle aus: Verunsicherung der privaten Existenz des Künstlers sowie prinzipielle Bedenken für das Fortkommen einer von Umbruch erschütterten Gesellschaft, etwa in seinem Bild *Erdbeben* (Kat. 298). P. Chessex

Lit.: Kenwood 1985, Nr. 87; CORBOZ 1986; Atlanta 1988, S. 76; Paris: Révolution 1989, Bd. I, Nr. 310.

das Topographische der Landschaft, und diese scheint den heroischen Kampf zwischen der alten und der neuen Gesellschaftsordnung zu veranschaulichen, wie bei vielen Vorromantikern (Köln 1984).

Der Schweizer Louis Ducros machte seine ganze Karriere als Maler in Italien. In Rom malt er für die reisenden Engländer auf ihrer »Grand Tour« großformatige Aquarelle italienischer Landschaften mit antiken Ruinen und Sehenswürdigkeiten der Natur, von der erhabenen oder der malerischen Art (HASKELL und CHESSEX 1985). Er nimmt einen gewichtigen Platz ein unter den fremden Landschaftsmalern der Ewigen Stadt, aber sein Umgang mit französischen Künstlern, die des Jakobinertums und der Freimaurerei verdächtigt werden, kosten ihn 1793 seinen Aufenthalt im Kirchenstaat. Von da vertrieben, verliert er alles; einige Zeit hält er sich in den Abruzzen auf, dann flüchtet er 1794 nach Neapel. Bis zum Jahrhundertende malt er die wilden, geheimnis-

298

JEAN-PIERRE SAINT-OURS
Genf 1752–1809 Genf

Das Erdbeben. 1792–1799
Öl auf Leinwand, 261 × 195 cm
Genf, Musée d'art et d'histoire, Inv. 1825-1
(Farbtaf. X)

Dieses Monumentalgemälde zeigt eine verzweifelte Familie, die versucht, der Katastrophe, von der sie plötzlich überrascht wird, zu entrinnen. Es verweist uns auf die menschlichen Tragödien und die Umwälzungen, welche die Revolution, die Zeit der jakobinischen Schreckensherrschaft (Terreur) und die daraus resultierenden Kriege hervorriefen.

Das Erdbeben von Sizilien, welches 1783 Messina zerstörte, beeindruckte Saint-Ours tief. Dieses Ereignis war sicher entscheidend für die Entstehung dieses Gemäldes, ebenso der Genfer Aufstand von 1782. Schon seit Beginn des 18. Jahrhunderts trachtete die Genfer Bevölkerung danach,

298

die bürgerliche und politische Freiheit für alle zu erlangen; wenn es sein mußte, auch mit Gewalt. 1782 wurde ein folgenreicher Aufstand von der regierenden Oligarchie brutal niedergeschlagen und die Beteiligten – unter ihnen auch Verwandte des Künstlers – mußten mit ihren Familien das Land verlassen. Eine erste Skizze zu diesem Bild, welche in Rom nach dem sizilianischen Erdbeben entstand, wie auch mehrere Briefe des Künstlers aus dem gleichen Jahr erlauben, die ihn beeindruckende Analogie zwischen der Gewalt der entfesselten Naturkräfte und jener – ebenso unberechenbaren – der politischen Ereignisse zu erfassen (DE HERDT 1984).

1792, kurz bevor er Rom verließ, um – wie er schreibt – im revolutionären Genf sein Vaterland zu verteidigen (défendre sa patrie), entwirft Saint-Ours diese Komposition. Obwohl ganz von vorromantischem Geist durchdrungen, ist sie von der Winckelmannschen Antikenverehrung beeinflußt (retour à l'antique). Das Untergangsmotiv der Sintflut lag auf der Hand, diente es doch seit jeher den Künstlern als Parabel, um mit einem Maximum an dramatischen Effekten das Ende einer Welt oder einer Kultur heraufzubeschwören. Der schwärmerische Idealismus von Saint-Ours, wie er vielen weltoffenen Geistern der Zeit eigen war, gewann ihn für die Revolution. Aber die blinde Gewalt, welche in der Phase der Schreckensherrschaft ihren Höhepunkt erlebte, erschütterte ihn gleichermaßen, wie die expansionistische Politik des Direktoriums ihn empörte. So schwand für Saint-Ours die utopische Hoffnung, in Europa jene bessere Welt, wie sie Rousseau vorschwebte, je verwirklicht zu sehen, ebenso jene Form der Freiheit und Gleichheit, nach der er selbst trachtete. Entmutigt und verbittert ließ er sich von allen staatlichen Ämtern und Verpflichtungen befreien und nahm die Malerei wieder auf.

Erst 1799, kurz nach der Annexion von Genf durch Frankreich, entschloß sich der Künstler, das große Bild zu vollenden. Als »vor der Sintflut flüchtende Familie« hatte er es noch in Italien entworfen und gab ihm schließlich den stimmigeren Titel *Tremblement de terre* (Erdbeben). Die gewaltigen Bodenplatten verschieben sich, die riesigen Säulen stürzen ein, die ganze Szene wird dramatisiert durch den Widerschein einer Feuersbrunst, die den Himmel in glühendes Rot taucht. Die Ästhetik des Sublimen erreicht hier tiefen Pessimismus (DE HERDT: Saint-Ours 1989). Auf Anregung von einigen Kunstfreunden der Genfer »Société des Arts«, welche die weitreichende Symbolik des Bildes erkannt hatten, wurde es sogleich für das zukünftige »Musée de Genève« angekauft (BUYSSENS 1988). A. de Herdt

Lit.: DE HERDT 1984, S. 41, 126; BUYSSENS 1988, S. 147–148; DE HERDT: Earthquake 1989.

299

Antike und Bürgertugend

299

JEAN-PIERRE SAINT-OURS
Genf 1752–1809 Genf

Titus Quinctius Flaminius gibt den besiegten Griechen die Freiheit zurück
Um 1782
Pinselzeichnung, weiß gehöht, auf cremefarbenem Papier, 43,3 × 63,3 cm
Genf, Musée d'art et d'histoire, Cabinet des dessins, Inv. 1979-44

Wie Jean-Jacques Rousseau, Sohn und Enkel eines Uhrmachers, hätte Saint-Ours zu
Recht sagen können, daß vor seinem Vater
»die Werke von Tacitus, Plutarch und Grotius neben den Instrumenten seines Hand-
werks lagen«. Der Maler wuchs in Genf in
demselben regsamen und kultivierten Milieu der »Fabrique« auf, dem Mittelpunkt der
Kunsthandwerker, die sich an den Schriften

der klassischen Antike, der reformierten
Theologie und der Aufklärungsphilosophie
bildeten und wo sich im 18. Jahrhundert
zuerst der Ruf nach mehr Gerechtigkeit, aber
auch nach Rückkehr zu den calvinistischen
Grundsätzen der persönlichen Unabhängigkeit und der Brüderlichkeit erhob. In Paris,
wo sich Saint-Ours im Atelier von Vien an
der Seite Davids fand und wo die neuen
Ideen hitzig diskutiert wurden, lernte er mit
den Feinheiten von Symbol und Allegorie
umgehen. Nachdem er den Grand Prix der
Academie royale de peinture erhalten hatte,
begab er sich nach Rom. Das Gedankengut
Rousseaus beeinflußte sein Werk von nun
an beständig, aber Saint-Ours benutzte die
antiken Schriften als Alibi, da er sich weder
im Vatikan noch in den kosmopolitischen
Kreisen der Ewigen Stadt auf den Genfer berufen konnte. Oft stützte er sich auf Plutarch,
dessen *Vitae parallelae* das Lieblingsbuch
Rousseaus waren.

Auf diesen antiken Moralisten stützt sich
Saint-Ours auch, wenn er in unserer Pinselzeichnung Gerechtigkeit und Freiheit verherrlicht, indem er darstellt, wie der römi-

sche Feldherr Flaminius den von ihm in der
Schlacht von Kynoskephalä besiegten und
unterworfenen Griechen bei den Isthmi-
schen Spielen in Korinth im Jahre 196 v.
Chr. ihre Freiheitsrechte zurückgibt (DE
HERDT 1980). Die Wahl dieser sinnbildhaf-
ten Szene ist höchst bezeichnend für des
Malers Suche nach sozialer und politischer
Freiheit. Vielleicht hat er sich auch von dem
Historiker Polybius inspirieren lassen, dessen
Schriften er besaß; dieser beschreibt die
durch den römischen Sieg in der griechischen Welt geschaffene Lage als »die von
Flaminius verkündete nachfolgende Befreiung der griechischen Städte, die bedeutet,
daß im Kampf zwischen den Städten und
den Königen die Städte gesiegt hatten und
daß gegenüber der absoluten Macht eines
Einzelnen die Gemeinschaft der Bürger aufs
neue die Herrschaft besaß« (MOSSÉ 1975) –
mit anderen Worten: die Rückkehr zur Republik.

In den meisten Werken drückt Saint-
Ours eher kollektive Gemütsbewegungen als
individuelle Gefühle aus. In der *Flaminius*-
Zeichnung folgt er der Beschreibung des
Plutarch: »Als die Trompete das Signal gab
und der Herold vortrat, um die Befreiung
der griechischen Völker zu verkünden, erhob
sich ein Freudengeschrei von unglaublicher
Stärke, das bis ans Meer zu hören war. Die
Menschen waren aufgesprungen, und jeder
eilte von seinem Platz, um dem Retter Griechenlands die Hand zu drücken.« Die ganze
ansteckende Freude über die wiedergefun-
dene Freiheit ist hier eindrücklich spürbar.
Dieses »gezeichnete Bild«, um 1782 entstanden, zeigt als erstes Werk von Saint-Ours,
auf der Lanze eines Berittenen, den »pileus
libertatis«, der in der Ikonographie der Französischen Revolution ungeheuren Erfolg
hatte und den der Nationalkonvent im Jahre
1793 zum offiziellen Emblem »du civisme
et de la liberté« machte.   A. de Herdt

Lit.: MOSSÉ 1975, S. 115–116; DE HERDT 1980;
DE HERDT: Saint-Ours 1989, S. 134–135.

300

JEAN-PIERRE SAINT-OURS
Genf 1752–1809 Genf

Die Auswahl der Kinder von Sparta. 1786
Öl auf Leinwand, 138 × 260 cm
Genf, Musée d'art et d'histoire,
Inv. 1976.359

Die gekonnte und dramatische Komposition
Le choix des enfants de Sparte zeigt die Geron-
ten von Sparta bei der Auswahl der Kinder,
die kräftig genug erscheinen, um von der
Gemeinschaft aufgezogen zu werden, während man die anderen Kinder beseitigte ...
(BUYSSENS 1988). Nach einer eigenhändigen Beischrift des Malers ist diese Episode
aus dem Leben des Lykurg, wie es Plutarch
berichtet, gezogen. Der Maler spielt also
nicht, wie man denken könnte, auf Platon
an, der im *Staat* die Organisation einer idealen Stadt mit ähnlichen, obgleich weniger
brutalen Regeln beschreibt, als sie in Sparta
galten. Saint-Ours ließ sich zur Zeit, da das
Gemälde entstand, von dem im geheimen
gelesenen Rousseau inspirieren, dessen
Werke *Emile* und *Le Contrat social* 1762 vom
Kleinen Rat von Genf verbrannt worden
und die in der Stadt immer noch verboten
waren. Im vorliegenden Bild verzeichnet
man den Einfluß des *Discours sur l'inégalité*,
worin der Philosoph die Härte des spartanischen Gesetzes mit der Härte der Natur vergleicht, die ähnliche Wirkungen zeitigen
sollen (DE HERDT 1984).

Als das Gemälde 1786 in Rom gezeigt
wurde, erregte es Bewunderung. Goethe bemerkte es in der Villa Medici neben Davids
Schwur der Horatier, und angesehene Zeitungen veröffentlichten glänzende Kritiken, die
unterstrichen, wiesehr es dem Künstler gelungen sei, die Grausamkeit der spartanischen Gesetze und die Tragödien, die sie
verursachten, darzustellen. Im »Salon de la
Liberté«, 1791 in Paris, bewunderten die
Kritiker auch den strengen Stil und den
edeln und schönen Ausdruck der Figuren
von Saint-Ours; sie verurteilten auch einmü-
tig die in den spartanischen Gesetzen enthaltene Eugenik als unmenschlich.

300

Es überrascht nicht, daß Saint-Ours sich mit den Sitten der Spartaner beschäftigte; denn genferischer Ernst und Fleiß – durch Sittenmandate erzwungen – wurden häufig mit der spartanischen Strenge in Parallele gesetzt, obwohl sich schon Calvin dagegen verwahrt hatte (RAWSON 1969). Rousseau zitierte das Beispiel Spartas oft, zumal in der *Lettre à d'Alembert,* einer Schrift, auf die sich der Künstler erwiesenermaßen gerne berief. Aber Adam-Wolfgang Töpffer, ein alter Freund von Saint-Ours, gibt uns hier einen zusätzlichen Schlüssel. In einer satirischen Komposition, ebenfalls betitelt *Choix des enfants de Sparte* (Kat. 458), karikiert er nämlich mehrere Persönlichkeiten der Jahre nach 1815, die mit ernster Miene die gesprungenen Krüge betrachten, aus denen die Köpfe derjenigen Mitglieder des Kantonsparlamentes aufsteigen, die in den Staatsrat gewählt werden könnten (BAUD-BOVY 1917). Diese Anspielung stützt unsere Hypothese, wonach das Gemälde von Saint-Ours auch eine politische Allegorie ist und als solche von den Genfer Zeitgenossen verstanden wurde, die es zu Gesicht bekamen. Auf dieser Ebene ist die »Wahl der Magistraten von Genf« dargestellt. Wie viele seiner Mitgen-

fer begehrte Saint-Ours 1786 einen neuen Modus für die Verteilung der Macht in der Stadt, die seit dem 16. Jahrhundert aus einer Demokratie allmählich eine reine Aristokratie geworden war. In der grausamen Szene aus dem alten Sparta, dargestellt durch die Mittel der Historienmalerei, hat Saint-Ours hier seine Hoffnung ausgedrückt, daß sich die Oligarchie einem Gericht von Weisen unterziehe, und seinen Wunsch, gewisse Magistraten, denen die Fähigkeiten für die Regierung der Stadt fehlten, würden vom politischen Leben ausgeschlossen – wie die unglücklichen Kinder von Sparta vom Leben überhaupt (DE HERDT: Saint-Ours 1989).

A. de Herdt

Lit.: ROUSSEAU 1758 bzw. 1824, S. 211–212; BAUD-BOVY 1917, S. 54–55, 67, 68; PLUTARCH 1951, S. 107–108; PLATON 1966, 5, 460; RAWSON 1969, S. 133, 158–160, 235, 236; DE HERDT 1984, S. 6–8; BUYSSENS 1988, S. 163–164; DE HERDT: Saint-Ours 1989, S. 138–141, 156, 158, 159.

301

301

JACQUES-LOUIS DAVID
Paris 1748–1825 Paris

Der Schwur der Horatier. 1784
Ölskizze auf Papier auf Leinwand,
25,5 × 37,5 cm
Paris, Musée du Louvre, Département des
peintures, Inv. R.F. 47

Seit 1781 war David von dem römisch-anti-
ken Stoff fasziniert, der bereits Corneille zu
einem Drama inspiriert hatte. Er beabsichtigte ein Gemälde *Horatius als Sieger über die
Curiatier,* wo er zeigen wollte, wie der Held
seine Schwester Camilla tötet, die Braut eines der unglücklichen Curiatier, deren einziger Fehler es war, den Tod des Gatten zu be-
trauern. Diese gewaltätige Episode verließ
David zugunsten einer Komposition mit
dem alten Horatius, der zur Menge spricht
und nach der Verurteilung zum Tod für die
Ermordung der Camilla die Begnadigung
seines Sohnes erreicht. Die Zweideutigkeit
dieses brutalen Helden, der das Gesetz ver-
achtet, machte die beiden beabsichtigten Gemälde ungeeignet, als Ansporn für die Hin-
gebung an das Vaterland gesehen zu werden,
wie ihn die königliche Verwaltung und die
Kritiker forderten. Erst 1784 wechselt David
vom tragischen Knoten der Geschichte hin-
über zum Vorspiel, das sie in Gang setzt,
zum Schwur, den die Söhne des Horatius
vor dem Vater ablegen *(Le serment des Horaces
entre les mains de leur père).* Mit einer formalen Knappheit, die Epoche macht, schafft er

das packende Bild vollkommener Entschlossenheit. – Wenn seine Zeitgenossen, im »Salon« von 1785 mit dem großen Gemälde
konfrontiert, befinden, es enthalte durch
eine Kontrastwirkung die Schwächen und
Fehler der akademischen Körperschaften und
implizit die Frivolität der Sitten der Aristokratie, so behält das Werk in der ganzen Revolutionszeit seine Aktualität doch weniger
durch solche kritischen Absichten als durch
seinen ideologisch-emblematischen Charakter. An der Fête de la Fédération, am 14. Juli
1790, inspiriert die Gruppe von Davids Horatiern eine der Szenen, die den Altar des
Vaterlandes zieren: der Bürgereid beruft sich
nachdrücklich auf die Tradition des antiken
Eidschwurs. Etwas später, im Herbst 1791,
wie David vergeblich als Abgeordneter in
die Gesetzgebende Versammlung gewählt zu
werden versucht, zögern seine Freunde
nicht, ihn als den »französischen Patrioten,
den Schöpfer des *Brutus* und der *Horatier,*
dessen Genius die Revolution vorwegge-
nommen hat«, darzustellen. Die Presse dient
als Bindeglied dieser Überzeugung; haben
seine Bilder nicht »mehr Seelen für die Freiheit entflammt als die besten Bücher?«
(BORDES 1983, S. 53).

Als ob er das ideologische Kapital seines
Bildes arbeiten lassen wollte, nimmt David
im Jahre 1790 ein riesiges Gemälde in Angriff, wo er den Heldenmut der Abgeordneten der Nation am 20. Juni 1789 zeigt, welche das Königtum durch den Schwur heraus-
fordern, Frankreich eine Verfassung zu geben. Es handelte sich für die Männer der
Revolution nicht allein darum, die antike Erzählung von den Horatiern sehr glaubwürdig
darzustellen («rendre cette histoire des anciens très vraisemblable»), sondern mehr
noch, die antiken Vorbilder zurückzulassen.

Voll Enthusiasmus proklamiert David
seine Überzeugung: »Die Geschichte keines
anderen Volkes bietet mir etwas so Großes,
so Erhabenes wie der Ballhausschwur, den
ich malen muß.«   Ph. Bordes

Lit.: Rom 1981, S. 133–143; CROW 1985,
S. 211–254; Paris 1989–1990, S. 138–141,
162–175.

302

302

JACQUES-LOUIS DAVID
Paris 1748–1825 Paris
Die Liktoren bringen Brutus die Leichen seiner Söhne. 1788/89
Ölskizze auf Papier auf Leinwand,
27,5 × 35 cm
Stockholm, Nationalmuseum,
Inv. NM 2683

Die Geschichte des Lucius Junius Brutus enthält zwei Beispiele von Mut und Bürgersinn, welche die Maler am Ende des 18. Jahrhunderts elektrisieren: das an der Leiche der Lukretia gemachte Gelöbnis, Rom von Tarquinius und von der Monarchie überhaupt zu befreien, und das Todesurteil gegen die beiden eigenen Söhne, als sie sich gegen die römische Freiheit verschworen. Das erste Thema ist eng mit Davids Vorarbeiten zum *Schwur der Horatier*

verknüpft. Einen Augenblick lang dachte er daran, das zweite Thema zu behandeln, wie das eine kürzlich wiederaufgefundene Zeichnung zu bezeugen scheint. Aber David verwirft die Gerichtsszene auf öffentlichem Platz, bei der Brutus gegenüber seinen Söhnen und seinen Nächsten, die um Gnade bitten, taub bleibt, und wendet sich von 1787 an der intimeren, schmerzvolleren Episode zu, in der die Liktoren der Familie des Brutus die verstümmelten Leichen der Söhne bringen – eine Szene, die David weitgehend selbst erfunden hat. Die verheerende Wirkung, welche die Unerbittlichkeit des Staatsmannes zeitigt, drückt sich meisterlich in einer Komposition aus, die sich der akademischen Regel, Gruppen miteinander zu verbinden, entschlägt. Im ausgeführten Gemälde hat David auf die beiden gräßlichen, auf Lanzen aufgesteckten Köpfe verzichtet; aber die tragische Gewalt bleibt.

Man muß die Figur des Brutus vor dem Hintergrund der 1780er Jahre sehen: Die politische Agitation wächst, die Parlamentsreden sind gespickt mit Hinweisen auf die großen Männer der Antike, die ihr persönliches Glück den höheren Interessen der Nation geopfert haben. Mit Berufung auf Brutus erscholl immer unerschrockener der Ruf nach Reformen. Während der Revolution wurde Voltaires *Brutus* auf vielen Bühnen aufgeführt, ein wirksames Mittel, das Thema politisch aufzuladen. Im Herbst 1789 versuchte die königliche Verwaltung vergeblich, die Ausstellung von Davids Gemälde, dessen Gefährlichkeit sie erkannte, zu verhindern. Der Maler hat vier Jahre später diese ungeschickte Zensur so gedeutet: »Es gab damals Parallelen zwischen der Haltung, die Brutus einnahm, und derjenigen, die Ludwig XVI. gegenüber seinem Bruder und anderen Verwandten, die sich ebenfalls gegen die Freiheit ihres Landes verschworen, hätte einnehmen sollen.« Das sollte die Elle bleiben, mit der im öffentlichen Leben gemessen wurde, bis dann 1794 die öffentliche Meinung, von der jakobinischen Schreckensherrschaft traumatisiert, im Verhalten des Brutus gegenüber seinen Söhnen den Ausdruck widernatürlicher Härte zu sehen begann.   Ph. Bordes

Lit.: HERBERT 1972; Paris 1989–1990, S. 194–206.

303

Selbstmord dargestellt worden, so stellte Gavin Hamilton 1763/64 den Racheschwur des Brutus in den Vordergrund (London, Theatre Royal, Drury Lane). Damit begründete er den Typus des Schwurs (ROSENBLUM 1961), der von Füssli (Kat. 3) und David (Kat. 301) übernommen wurde und dem auch Trumbull mit seiner Darstellung der Lukretia folgte (Kat. 304). Réattus *Tod der Lukretia* stellt sich ebenfalls in die neue Tradition. Links ist Lukretia hingesunken, während hinter ihr Brutus den Dolch, den er ihr herausgezogen hat, hält und entschlossen schwört, die Königsherrschaft der Tarquinier zu zerstören.   R. Bühlmann

Lit.: ROSENBLUM 1961; ROSENBLUM 1974; SIMONS 1985, Nr. 54, S.102 f.

303

JACQUES RÉATTU
Arles 1760–1833 Arles

Der Tod der Lukretia. Um 1796
Öl auf Leinwand, 22,5 × 31 cm
Arles, Musée Réattu, Inv. 868-1-11

Nach 1760 bekam die Kunst in Frankreich einen immer moralisierenderen Inhalt (ROSENBLUM 1974, S. 50f.). Die Historienmalerei griff mit Vorliebe auf die römische Geschichte zurück. Das Thema der Lukretia erfuhr dabei eine entscheidende Innovation. War bis anhin der Moment der Schändung Lukretias durch Sextus Tarquinius oder ihr

304

JOHN TRUMBULL
Lebanon (Conn.) 1756–1843
New York

Der Tod der Lukretia. 1777
Öl auf Leinwand, 100,3 × 124,5 cm
New Haven, Yale University Art Gallery, Inv. 1942.111 (Geschenk der Erben von David Trumbull Lanman)

John Trumbull, Sohn des Gouverneurs von Connecticut, wurde in Harvard eine fundierte klassische Bildung vermittelt, die im Kontext der atlantischen Spätaufklärung auch im Amerika des 18. Jahrhunderts keine Aus-

304

nahme darstellte: Die Lektüre antiker Autoren wie Plutarch, Tacitus, Polybius oder Livius erfolgte noch in der Originalsprache (REINHOLD 1984, S.25–28), wobei das Wissen um die beiden Republiken Athen und Rom seit Beginn des Unabhängigkeitskampfes 1775 überdies dem Aufbau der amerikanischen politischen Institutionen zugute kommen sollte. Die Geschichtswerke der genannten Autoren überlieferten dazu Beispiele eines dem Gemeinwohl verpflichteten republikanischen Tugendverhaltens (exempla virtutis), das von der Gründergeneration mit wenigen Ausnahmen als unabdingbar für den Bestand der amerikanischen Republik angesehen wurde. Daß die instruktivsten Beispiele dabei in der römischen Geschichte zu finden waren, wußten die Amerikaner zumindest seit dem Erscheinen der *Letters on the Study of History* des Lord Bolingbroke von 1752; auch Trumbull berichtet in seiner Autobiographie über die starken Eindrücke der *Roman History* von Charles Rollin, die in England und Amerika weite Verbreitung und große Popularität erlangte.

Das Gemälde *Brutus and His Friends at the Death of Lucretia* illustriert einen Bericht des Livius *(Römische Geschichte I, 57–59)*: Während eines Besuchs beim Freund Collatinus dringt Sextus Tarquinius, der Sohn des Königs, in das Schlafgemach der Frau des Freundes ein; Lukretia aber fürchtet den Tod nicht und ergibt sich erst, als Sextus droht, sie zu töten und einen erwürgten Sklaven

nackt an die Seite zu legen, um sie in den Verdacht des Ehebruchs zu bringen. Über diesen Vorfall berichtet Lukretia dem Vater, dem Ehemann und den Freunden Valerius und Brutus; sie drängt die Männer, das an ihr begangene Unrecht zu rächen. Damit sich aber niemand im Fall des Ehebruchs auf Lukretia berufen könne, tötet sie sich. Lucius Iunius Brutus schwört der Tarquinierdynastie Rache, womit das Vergehen an Lukretia zum auslösenden Moment für den Sturz des Königtums und die Errichtung der Republik wird.

Einflüsse der Historienbilder des in London tätigen Amerikaners Benjamin West sind in diesem frühen Werk Trumbulls ebenso deutlich erkennbar wie die oft wörtlichen Zitate aus Darstellungen desselben oder eines ähnlichen Themas bei anderen Künstlern (ROSENBLUM 1974, S.69; PROWN 1982, S.44/45). In seiner Darstellung des Brutus folgte er dem Text von Rollin, der den Tyrannenmörder weniger als gewalttätig-entschlossenen Helden zeichnet, sondern als noblen Charakter, der aus Mitgefühl für das dem Mitbürger angetane Unrecht seiner patriotischen Pflicht Folge leistet. T. Fröschl

Lit: HALL 1979, S.259; PIGLER 1974, Bd.2, S.407–408; PROWN 1982, S.24–25; REINHOLD 1984, S.25–28, 38–39, 155.

Bilder der Gesellschaft

305

PIETRO LONGHI
Venedig 1702–1785 Venedig

Der Maler im Atelier. Um 1760
Öl auf Leinwand, 44 × 53 cm
Venedig, Ca' Rezzonico, Inv. CI.I°, 133
(ehem. Sammlung Teodoro Correr)

Pietro Longhi, 1702 (oder 1700?) in Venedig geboren und hier 1785 gestorben, verließ die Stadt nur während seiner Lehrzeit bei Giuseppe Maria Crespi in Bologna, etwa

auf die metaphorische Schicht des Werks, ohne es zu einem politischen oder sozialen Manifest machen zu wollen. Denn ein solches fiele aus dem kulturellen Rahmen der Nobilität und der Intellektuellen, in dem sich Longhi bewegte.   G. Busetto

Lit.: Ravà 1923, S. 47; Pallucchini 1951, S. 213; Moschini 1956, S. 24; Pignatti 1968, S. 100; Pignatti 1974, S. 88; Romanelli und Pedrocco 1986, S. 89; Pignatti 1987, S. 71.

305

in den Jahren 1719–1730. Er heiratete 1732; als erste Kind kam 1733 Alessandro zur Welt, der wie sein Vater Maler werden sollte.

Giovanni Battista Tiepolo berief Pietro Longhi an die Akademie, wo er von 1756 bis 1780 unterrichtete. Als der »große Meister der kleinen Anlässe« malte er als Gegenstücke zu den Außenräumen Canalettos und Guardis die Innenräume mit Genreszenen. Diese sind Parallelen zu den Stücken Pietro Goldonis, mit dem er befreundet war, in der scharfen Erfassung der gesellschaftlichen Wirklichkeit an einer Zeitenwende.

Der Maler im Atelier ist ein Thema, das Longhi mehrfach behandelt hat (Dublin, National Gallery of Ireland; Privatbesitz, ehem. Sammlung Stirling; Entwurfszeichnungen Venedig, Museo Correr, Inv. 437, 439). Im Rahmen dieser Werkgruppe läßt sich eine Interpretation versuchen. Der Unterschied zwischen dem Bild im Bilde – das ovale Frauenporträt auf der Staffelei – und dem Blick auf die Umgebung gibt den Maßstab für die Distanz zwischen der feierlichen Darstellung der vornehmen Gesellschaft und deren Wirklichkeit – Fächer und Hündchen in den Händen der Dame, der galante Begleiter in der Bauta, d. h. im Maskenmantel mit Kapuze –, aber auch deren Lebensraum – hier das Atelier des Malers in seiner äußersten Kahlheit, die immerhin die Gegenwart der Künste (Palette, Kontrabaß recht hinten) duldet. Die vorgeschlagene Deutung zielt

306

PIETRO LONGHI
Venedig 1702–1785 Venedig

Die Löwenbude. 1762
Öl auf Leinwand, 62 × 51,5 cm
Venedig, Fondazione Querini Stampalia,
Inv. 20.274 (Legat Querini Stampalia)

Longhi hat zahlreiche Buden dargestellt. Auf unserem Bild liest man auf der Schrifttafel unten: »Il casotto del lione / Veduto in Venezia / Nel Carnevale de M.7.62 / Dipinto dal naturale / Da Pietro Longhi«. Zur Karnevalszeit strömten seit jeher die Schausteller von allen Seiten nach Venedig, um auf der Piazzetta di San Marco mit ihren Vorstellungen die Volksmenge anzulocken. Unser Gemälde wurde vielleicht für einen »S.r Marchese cristal« geschaffen; so stand es auf dem ursprünglichen Rahmen, der heute ein anderes Gemälde Longhis, die *Contadini all'osteria* in derselben Galerie, schmückt. Wir sehen die charakteristische Bretterbühne mit einem großen zahmen Löwen, dessen leicht vermenschlichtes Haupt vielleicht an den Markuslöwen erinnern soll. Der Realismus der Darstellung ist offensichtlich; aber mögliche weitere Bedeutungsebenen tauchen auf, die Spannung einer geheimnisvollen Emblematik durchzittert die gleichsam surreale, evokative Aura, die dem rätselhaften Ausdruck vieler Porträts von Longhi entspricht. Aus Zeit und Raum entrückt erscheinen auch die Bewegungen: der die Peitsche emporhaltende Arm des Schaustellers, die zum Tanz in Kleidern abgerichteten Pudel, der Geiger.

306

307

Hinter dem maskierten Publikum erscheinen zwei Unmaskierte, in denen man Pietro Longhis Sohn Alessandro und – mit größeren Zweifeln – Francesco Guardi sehen will, beide namhafte Maler. G. Busetto

Lit.: *Pinacoteca Querini Stampalia* 1925, S. 41; Moschini 1956, S. 32; Pallucchini 1960, S. 184; Pignatti 1968, S. 109–110; Pignatti 1974, S. 99–100; Dazzi und Merkel 1979, S. 94; Busetto und Molinari 1989.

307

PIETRO LONGHI
Venedig 1702–1785 Venedig

Im Spielkasino (Il ridotto). 1757–1760(?)
Öl auf Leinwand, 60 × 47 cm
Venedig, Fondazione Querini Stampalia, Inv. 193 (ehem. Sammlung Donà delle Rose)

Der *Ridotto* ist ein Thema, das Longhi liebt und das er mit geringen Abweichungen in verschiedenen Fassungen wiederholt hat.

Darüber hinaus ist das Paar in der Mitte in Dutzenden seiner Bilder gegenwärtig, wobei die Dame den Kopf etwas schräg hält, als wollte sie Widerstand mimen, um die Form zu wahren. Das eigentliche Thema ist also nicht das Spielkasino, sondern die Verführung, die auch sonst in Longhis Werken oft begegnet.

Der Ridotto entstand 1638 nach Jahrhunderten des öffentlichen Verbots von Glücksspielen, die gleichwohl oft praktiziert wurden, und zwar im Stadtviertel San Moisè, im Palast des Marco Dandolo. Eine Verordnung hielt 1704 fest, daß nur Adlige die Spielbank halten durften und daß sie dazu das Gesicht zeigen mußten; man kann dieses Detail im Mittelgrund rechts erkennen. Die Spieler dagegen hatten nur mit der Bauta Zutritt, d. h. einer Vermummung, die das Gesicht umgab, den Kopf umhüllte und als Cape über die Schultern fiel, vervollständigt durch Dreispitz und Gesichtsmaske.

Das Gemälde wird gewöhnlich um 1760 angesetzt; man geht dabei von einem Stich von Pietro Longhis Sohn Alessandro aus, der ein Gemälde mit demselben Gegenstand wiedergibt; diese Vorlage aber, dem Pietro Longhi nicht unwidersprochen zugeschrieben, scheint identisch zu sein mit dem im Besitz des Banco Ambrosiano Veneto in Vicenza befindlichen Gemälde, das den Ridotto vor den tiefgreifenden Umbauarbeiten des Jahres 1768 am Dandolo-Palast darstellt.

Vor den Augen des Adligen, der links im Vordergrund sitzt, gleichsam als Pendant zu dem zusammengekauerten Hündchen rechts, scheint sich die ganze Lebenswut des Spielkasinos zu entfalten: rechts die zu Boden flatternden Karten, die Bank mit den völlig von den Wechselfällen absorbierten Spielern, der Diener mit den Beuteln voll Goldmünzen; in der Mitte führen zwei maskierte Paare eine doppelte Verführungsszene auf; links zwei Frauen mit der Moretta (eigentlich Mohrenmädchen), der Vollmaske, die man mit einem Knopf zwischen den Zähnen hält, die zum Schweigen zwingt und zu unmißverständlichem Winken einlädt.

G. Busetto

308

Lit.: LORENZETTI und PLANISCIG 1934, S. 27; *Itinerario delle sale di esposizione* 1946, S. 23; PIGNATTI 1968, S. 111; PIGNATTI 1974, S. 96; DAZZI und MERKEL 1979, S. 92; FIORIN 1989, S. 88–89.

308

PIETRO LONGHI
Venedig 1702–1785 Venedig

Der Haarkünstler (Il parrucchiere)
Gegen 1760
Öl auf Leinwand, 63 × 51 cm
Venedig, Ca' Rezzonico, Inv. CI.I°, 128

Wir blicken in einen hellen, patrizisch ausgestatteten Innenraum, dezent in allen Einzelheiten bis hin zu dem hoch oben hängenden Porträt des Carlo Ruzzini, der von 1732 bis 1735 als Doge regierte, das gleichsam die Aszendenz der vornehmen Dame bezeugt, die in der Mitte sitzt, in einem reich mit Hermelin verbrämten Kleid, das sie zwischen dem Haarkünstler in schmucker Livrée und dem eleganten Toilettentischchen hervorhebt.

Elegant wirkt auch die links mit einem Kind auf den Armen stehende Amme; man beachte ihre Schnallenschuhe.

Das Gemälde versammelt alle charakteristischen Elemente der Genremalerei, die Longhi bei Crespi gelernt hat; aber hier geizt der Realismus der Szene mit jenen freundlichen Einzelheiten, die ein nachsichtiger Pinsel sonst zu malen pflegt; so tritt das Wesen des Innenraumes nüchterner hervor, der mit einer Art sanfter Trauer dargestellt ist, welche das Privatleben in einer Welt ohne Lächeln umhüllt.

Das Museo Correr in Venedig besitzt zwei Entwurfszeichnungen zu unserem Gemälde (Inv. 441, recto, und 539). G. Busetto

Lit.: LAZARI 1859, S. 24; RAVÀ 1923, S. 10; MOSCHINI 1956, S. 90; PIGNATTI 1960, S. 166; PIGNATTI 1968, S. 100; PIGNATTI 1974, S. 98; ROMANELLI und PEDROCCO 1986, S. 89; PIGNATTI 1987, S. 115–117.

309

309

PIETRO LONGHI
Venedig 1702–1785 Venedig

Die Familie Michiel. Um 1780(?)
Öl auf Leinwand, 49 × 61 cm
Venedig, Fondazione Querini Stampalia,
Inv. 206 (ehem. Sammlung Donà delle
Rose)

Familienporträts sind ein weiteres häufiges
Thema im Werk Pietro Longhis. Wiederum
finden wir an der Wand ein Porträt hängen,
diesmal rechts oben als eine Art Gegenstück
zum Familienwappen. Der Dargestellte ist
der Freund und Besteller Pietro Barbarigo,
für den Longhi auch den Zyklus der sieben
Jagdszenen *Caccia in Valle* gemalt hat (ebenfalls in der Fondazione Querini Stampalia).
Die Dargestellten wirken bescheiden,
bürgerlich: recht verschieden von den mit
Prunk und Pracht umgebenen Protagonisten
anderer kleiner Gemälde von Longhi. Es
handelt sich jedoch um hervorragende Personen der venezianischen Öffentlichkeit:
Die junge Frau, die links ihre Töchterchen
begleitet und vorstellt, ist keine Geringere
als Giustina Renier, eine Intellektuelle, Ver-
fasserin eines berühmten Werkes über die
traditionellen venezianischen Feste, Nichte
des Dogen, des überaus reichen Paolo Renier, und von diesem anstelle seiner Gemahlin, die nicht von Adel war, dazu berufen,

die Funktionen der Dogaressa zu übernehmen; das Volk nannte sie »dosetta«; sie übte
das Amt der »dogaressina« von 1779 bis
1788 aus.
Neben dem Familienoberhaupt Marcantonio Michiel sitzen am Tisch seine Schwestern Clara und Cecilia sowie die Mutter
Elena, eine geborene Corner. Links erscheint
eine Amme aus dem Volk, die auf dem Arm
den Jüngsten hält und die Atmosphäre bürgerlicher Bescheidenheit dieses Gruppenporträts bestätigt.   G. Busetto

Lit.: RAVÀ 1923, S. 125; LORENZETTI und PLA-
NISCIG 1934, S. 25; MOSCHINI 1956, S. 40; VAL-
CANOVER 1956, S. 25; PALLUCCHINI 1960,
S. 186; PIGNATTI 1968, S. 111; PIGNATTI 1974,
S. 104; DAZZI und MERKEL 1979, S. 96.

310

EMANUEL HANDMANN
(Zuschreibung)
Basel 1718–1781 Bern

**Alexander von Wattenwyl (1700–1758)
mit seiner Familie.** 1757/58
Öl auf Leinwand, 145 × 217,5 cm
Bern, Beatrice von Wattenwyl-Haus
(Schweiz. Eidgenossenschaft)

Die dominierende Rolle der Porträts in den
Häusern der führenden, aber auch der weniger einflußreichen Familien im alten Bern
fiel auch ausländischen Besuchern auf. Der
pflichtbewußte Einstieg in die von der Republik zu vergebenden Ämter, Rivalitäten
und die möglichen Karrieren in fremden
Diensten belebten und gaben Impulse. Es
entwickelte sich ein Standesbewußtsein, das
dem einzelnen über die Befriedigung der
Selbstdarstellung hinaus das Gefühl des Ge-
borgenseins in einer fortlebenden Ahnen-
reihe gab. Familienbildnisse, welche diese
Generationenfolge sichtbar werden lassen,
sind dabei ausgesprochen selten. Besonders
eindrücklich ist ein 1693 datiertes sehr großes Werk von Joseph Werner (1637–1710).
Es zeigt die Familie des Ratsherrn und Ven-
ners (und späteren Schultheißen) Emanuel
von Graffenried (1636–1715) in römischen

310

Gewändern, eingebettet in eine symbolträchtige Staffage, ein anschauliches Beispiel
der Bewunderung des alten Bern für das antike Rom (GLAESEMER 1974, S. 207).

Von den wenigen aus dem 18. Jahrhun-
dert stammenden Gruppen- bzw. Familien-
bildern (vgl. WYSS 1983) schuf das vorlie-
gende der aus Basel stammende Emanuel
Handmann (vgl. Kat. 225), der fruchtbarste
Maler der bernischen Gesellschaft im
18. Jahrhundert. Es zeigt in Großformat die
Familie von Alexander von Wattenwyl,
Herrn von Luins im Waadtland. Hinter dem
Elternpaar gruppieren sich die Kinder: sieben
Söhne und eine Tochter, die beiden Jüngsten bilden die Flanken. Ein Hund und
ein Hündchen bringen etwas Bewegung.
Die beiden Ahnenbilder gemahnen an ver-
pflichtendes Erbe. Neben seiner Gattin,
Margarethe von Wattenwyl-von Erlach
(1719–1794), sitzt der Hausherr; er ist Mitglied des Rats der Zweihundert. Seit einigen
Jahren dient er als Oberstleutnant im holländischen Schweizer Garderegiment; vor ihm
ausgebreitet sind Pläne aus seiner militäri-

schen Arbeit. Der Dienst in den republikanischen Niederlanden ist in Bern besonders
beliebt. Von den sieben, noch unverheirate-
ten Söhnen dienen zwei wie ihr Vater den
Generalstaaten (Beat Ludwig quittiert 1805
als französischer Brigadegeneral), drei weitere in Piemont, Preußen und Frankreich. In
fremden Diensten gesammelte Erfahrungen
kommen der eigenen Milizarmee zugut.

H. Haeberli

Lit.: *Portrait Bernois* 1920–1922, III, Taf. 45; *Berner
Porträts bis 1850* 1962 ff.; CETTO und HOFER
1964, S. 38–39; VON WATTENWYL 1943, Taf. VI.

311

JOHANN LUDWIG ABERLI
Winterthur 1723–1786 Bern

Freundeskreis am Kamin. 1758
Öl auf Leinwand. 75 × 65,5 cm
Bern, Privatbesitz

Das 18. Jahrhundert ist auch das Jahrhundert
der Gesellschaftsgründungen. Nicht alle die
zahlreichen wissenschaftlich, ökonomisch,

311

patriotisch oder literarisch-kulturell ausgerichteten Sozietäten sind, wie etwa die Helvetische Gesellschaft oder die 1759 gegründete Bernische Ökonomische Gesellschaft, in die Geschichte eingegangen (vgl. ERNE 1988).

Im Zuge der Verfeinerung des Lebensstils entstanden in Bern zur Anregung des gesellschaftlichen Lebens und zur Förderung gemeinsamer Interessen verschiedene Vereinigungen innerhalb des Patriziats und der Burgerschaft. Neben der bekannten »Grande Société« existiert eine ganze Reihe von clubartigen Vereinigungen, sogenannten Leisten (DE TSCHARNER 1909, bes. S. 47–55).

Der junge Johann Ludwig Aberli, noch in der Porträtmalerei tätig, hat 1758 eine Gruppe von fünf etwa 30jährigen Burgern aus dem Kreis des regierenden Patriziats festgehalten. Was die kleine Runde regelmäßig zusammenführte, offenbart die rückseitige kalligraphische Legende, welche die kleine Gesellschaft auch gleich vorstellt: »Der/ Freundschafft / zu ehren / und zu stetem / angedenken / der genauen und / unzertrennten Verbindung / haben sich hier / abschildern / laßen«. Es sind, mit Buchstaben bezeichnet: (A) Friedrich Lienhard, (B) Karl Friedrich Bucher, (C) Abraham Wild, (D)

Paul Friedrich Otth und (E) Albrecht Herbort. Mit Ausnahme des jung verstorbenen Friedrich Lienhard gelangten alle später in den Rat der Zweihundert und amteten auch als Landvogt; Herbort wurde 1791 Mitglied des Kleinen Rats (Regierung). Der abschließende Text bezeugt die Zufriedenheit der fünf Freunde mit der Arbeit des beauftragten Malers:

> Das aüßere von uns,
>   die Ähnlichkeit der Zügen
> Hat zwar durch seine Kunst
>   der Mahler vorgestellt:
> Wer aber stellet vor
>   das seltene Vergnügen
> Des engen Freündschaffts-Band,
>   das uns zusammenhält?
> Zur Zeit ist noch der Mann
>   mit seiner Kunst zu finden
> Der auszudrücken weis,
> was wir beÿ uns empfinden.

H. Haeberli

Lit.: *Berner Porträts bis 1850* 1962 ff.; KÖNIG-VON-DACH 1987.

312

FIRMIN MASSOT
Genf 1766–1849 Genf

Landvogt Ludwig von Büren (1735–1806) und seine Familie vor dem Lausanner Schloß. 1796
Öl auf Leinwand, 81 × 102 cm
Bern, Bernisches Historisches Museum, Inv. 46603

Kurz vor dem Ende der alten Republik Bern im Gefolge der Französischen Revolution malte Firmin Massot, ein Freund Adam Töpffers und ausgezeichneter Porträtist der Genfer Schule, 1796 die Familie des Lausanner Landvogts Ludwig von Büren. Der Schloßgarten, mit dem Ökonomiegebäude im Hintergrund, erinnert an die traditionelle Verbundenheit des bernischen Patriziats mit der Landschaft und der Landwirtschaft. Das gesattelte Pferd wartet auf den Ausritt des Hausherrn, der sich in körperlicher Fülle prä-

312

sentiert neben seiner eher zierlichen Gattin Marguerite, einer Tochter des Schultheißen Friedrich von Sinner (vgl. Kat. 225) «Un géant qui a épousé une naine», überliefert eine zeitgenössische Quelle. Das jüngste Kind des Landvogts verläßt sich im Schutze seiner Eltern auf die Gutmütigkeit des Hofhunds. Von den drei Söhnen kümmern sich zwei um das Pferd, während die einzige Tochter mit ihrem Gatten, Emanuel Ludwig von Ougsburger, und dem Söhnchen als eigene junge Familie etwas abseits steht.

Ludwig von Büren, in jungen Jahren als französischer Offizier im Siebenjährigen Krieg ausgezeichnet (die Verdienstmedaille hat er sich für diesen Anlaß angesteckt), bekleidete seit 1793 einen äußerst unruhigen Posten. In Lausanne weilten zahlreiche geflüchtete Emigranten, hier agierten aber auch die Anhänger der Revolution. Kaum zwei Jahre nach der Entstehung des Bildes wird

sich im Hof des im Hintergrund aufragenden Schlosses der Landvogt am 24. Januar 1798 der aufgewühlten, die neue Freiheit fordernden Menge stellen. Wenige Stunden später wird die Waadt unter dem Schutz der zum Einmarsch bereiten französischen Invasionstruppen ihre Unabhängigkeit erklären. Am nächsten Tag, am 25. Januar, um 3 Uhr nachmittags, wird Ludwig von Büren mit seiner Familie in drei Kutschen die Stadt verlassen. Mit diesen zeitlich etwas vorausgreifenden Gedanken verdichtet sich Massots Werk zu einem facettenreichen und stimmungsvollen Erinnerungsbild einer zu Ende gehenden Epoche.　　H. Haeberli

Lit.: *Berner Porträts bis 1850* 1962 ff.; *Jahresbericht des Bernischen Historischen Museums* 1986, S. 42–43.

313

FELIX MARIA DIOGG
Andermatt 1762–1834 Rapperswil
Bildnis Ulysses von Salis-Marschlins
1794 Öl auf Leinwand, 76,5 × 63 cm
Chur, Rätisches Museum, Inv. I 65

Mit dem Bildnis von Ulysses von Salis-Marschlins hat Felix Maria Diogg ein für ihn außergewöhnliches Porträt geschaffen. Während er sich bei den meisten seiner Werke darum bemühte, die Würde der Dargestellten durch eine besonnene Haltung und einen konzentrierten Blick zu betonen, zeigt dieses Porträt einen von der Last seiner Gedanken gebeugten Menschen: Der in die Hand gestützte Kopf – eine typische Geste der Melancholie – sowie der Blick, der nichts mehr festzuhalten vermag, zeugen vom Unglück dieses Mannes. Dioggs Porträt gilt denn auch als Dokument einer Tragödie.

313

Es entstand im gleichen Jahr, in dem Ulysses von Salis-Marschlins aus seiner Heimat Graubünden auf Lebenszeit verbannt und für vogelfrei erklärt wurde.

Diese Verbannung setzte der Karriere eines Mannes ein Ende, der von dem Wunsch, seinem Vaterland zu dienen, gleichermaßen beseelt war wie von dem Willen, sein persönliches Ansehen und die Macht seiner Familie zu festigen. Seit 1762 Mitglied der Helvetischen Gesellschaft, bemühte er sich, die Ideen dieser der Aufklärung verpflichteten patriotischen Vereinigung in die Praxis umzusetzen. Er versuchte, die wirtschaftlichen Bedingungen in Graubünden durch die Einführung der Baumwollspinnerei und der Seidenraupenzucht zu verbessern. Mit zahlreichen wissenschaftlichen und literarischen Schriften wollte er zudem den bündnerischen sowie einen neuen eidgenössischen Patriotismus verstärken. Bekannt wurde besonders das »Philantrophin«, ein in seinem Stammschloß Marschlins eingerichtetes Elitegymnasium, in dem nach dem Modell Johann Bernhard Basedows (1723–1790) nicht nur Altphilologie, sondern auch Naturwissenschaften und Fremdsprachen gelehrt wurden. Salis Projekte hatten jedoch nur kurzfristigen Erfolg. Die Seidenraupenzucht erwies sich als nicht konkurrenzfähig; die Schule mußte 1777 aufgelöst werden.

Persönlicher Ehrgeiz prägte Salis' politische Tätigkeit. Seit 1755 Führer der profranzösischen Salis-Partei, wurde er 1767 zum Geschäftsträger Frankreichs in Graubünden ernannt. Auf eigenen Wunsch erhielt er dabei den Titel eines Ministers. Salis bemühte sich, zwischen den französischen und den österreichischen Interessen in Graubünden zu vermitteln. Sein diplomatisches Geschick brachte ihm jedoch in seiner Heimat gleichzeitig den Ruf eines Intriganten, der nur auf seinen persönlichen Vorteil bedacht sei. 1792, nach dem Sturz des französischen Königshauses, verlor Salis seinen Ministerposten. 1794 wurde er anläßlich einer außerordentlichen Standesversammlung in Chur unter dem Vorwand einer ungesetzmäßigen Landaneignung angeklagt. Nachdem er nach Zürich geflüchtet war, erfolgte die Verbannung. Ulysses von Salis-Marschlins starb 1800 in Wien.   C. Hofmann

Lit.: HUGELSHOFER 1941, Nr. 63; DOLF 1970; DOSCH 1984.

314

314

FELIX MARIA DIOGG
Andermatt 1762–1834 Rapperswil

Bildnis Johannes von Müller. 1797
Öl auf Leinwand. 65 × 52 cm
Schaffhausen, Museum zu Allerheiligen,
Inv. 407

»Denn diese eure Historie, o Eidgenossen!
ist nicht geschrieben, um euch müßige Stunden zu füllen, sondern damit ihr aufwachet,
und sehet, wer ihr gewesen, wer ihr seyd,
wer ihr seyn sollt in besseren Zeiten, wenn
ihr es würdig seyd, auch wohl wieder werden könnt« (MÜLLER 1806, S. 757).
    Mit seinen *Geschichten Schweizerischer Eid-
genossenschaft* (5 Bde., 1780–1808) entwarf
Johannes von Müller (1752–1809), einer
der ersten bedeutenden Schweizer Historiker, das Sittenbild eines Volkes, das Friedrich Schiller als Grundlage für seinen 1804
erschienenen *Wilhelm Tell* diente und das damit den Patriotismus der Schweiz bis heute
prägt.

Nach seinem Theologiestudium beschloß
der Pfarrerssohn aus einer alteingesessenen
Schaffhauser Familie, die Geschichte der
Schweiz zu erforschen. Der von den Ideen
der Aufklärung und besonders von den
Schriften Montesquieus (1689–1755) überzeugte Müller hoffte, mit seiner Arbeit dazu
beitragen zu können, daß die Eidgenossenschaft durch einen engeren politischen Zusammenschluß im Innern den zentralisti-
schen Tendenzen in Europa entgegenwirken
könne. Als Vertreter des aufkommenden Historismus glaubte er an die pädagogische
Kraft der Geschichtsschreibung. So propagierte er die antiken Tugenden wie Mut,
Scharfsinn, Gesetzestreue und Freiheitsliebe
als die tragenden Werte der alten Eidgenossenschaft, die es nun zu erneuern gelte, um
innerhalb Europas als souveräner Kleinstaat
bestehen zu können.
    Die schriftstellerische Arbeit war jedoch
nur ein Bereich in Müllers Schaffen. Nachdem er in Schaffhausen und Genf als Lehrer
gewirkt hatte, versuchte er, sich im europäischen Rahmen als Geschichtsprofessor und
Diplomat zu etablieren. Im Gegensatz zu seiner immer gleichbleibenden helvetisch-pa-
triotischen Gesinnung spiegelt seine Haltung
auf dem internationalen Parkett die Unste-
tigkeit jener Umbruchszeit. So wurde er ab-
wechslungsweise nicht nur für verschiedene
deutsche Fürstenhöfe und Österreich tätig,
sondern ließ sich 1807 sogar von Napoleon
als Minister-Staatssekretär für das Königreich Westfalen in Kassel engagieren. 1791
war er von Leopold II. für seine Verdienste
als politischer Vermittler geadelt worden.
    Bei einem Aufenthalt in der Schweiz ließ
er sich 1797 von Felix Maria Diogg porträtieren. Diogg, der sich wie Müller in den
Kreisen der 1761/62 gegründeten Helvetischen Gesellschaft bewegte, zeigt Johannes
von Müller ohne die Attribute seines Standes, aber in ruhiger, selbstbewußter Haltung.
Der neutrale grau-beige Hintergrund bewirkt, daß der Betrachter unmittelbar mit
dem Porträtierten konfrontiert wird. Diese
Konfrontation verschärft sich noch durch
Müllers Blick, der trotz der leicht abgewand-

316

315

ten Kopfhaltung eindringlich, gleichzeitig aber mit unüberwindbarer Distanz auf den Betrachter geheftet scheint.   C. Hofmann

Lit.: HUGELSHOFER 1941, Nr. 110; *Museum zu Allerheiligen* 1989, Nr. 51.

315, 316

JEAN-PIERRE SAINT-OURS
Genf 1752–1809 Genf

Der Generalschatzmeister Jacob-Lamoral Du Pan im Jahre 1792
1797
Öl auf Leinwand, 98 × 76 cm
Genf, Musée d'art et d'histoire,
Inv. 1905–11

Der Nationalschatzmeister Jacob-Lamoral Du Pan im Jahre 1794
1797
Öl auf Leinwand, 70 × 59 cm
Genf, Musée d'art et d'histoire,
Inv. 1983–16

Nach seiner Rückkehr nach Genf führte Saint-Ours genau Buch über sein Schaffen.

Er unterschied bezahlte Werke und andere. Unter den bezahlten Werken findet man 1797 zwei »tableaux de M. Du Pan«, das eine zu 30, das andere zu 15 Louisdor. Es handelt sich um die Porträts von Jacob-Lamoral Du Pan-Sarasin (1753–1819) in seinen Ämtern als Genfer Schatzmeister des Ancien Régimes (trésorier général) und der revolutionären Regierung (trésorier national). Unter den Notabilitäten der Stadt zählte man übrigens verschiedene berühmte Überläufer, so den Philosophen und Geologen Horace-Bénédict de Saussure, den Förderer der wissenschaftlichen Eroberung der Alpen.

Jacob Du Pan stammte aus einer Familie, die sich zwei Jahrhunderte lang in den Regierungsgeschäften glänzend hervortat. Er selbst wurde Oberst im Schweizer Garderegiment in niederländischen Diensten. Von 1786 an war er regelmäßig Mitglied des Rats der Zweihundert oder des Kleinen Rats. Im Jahre 1792 vereinigte er die Ämter des Ratsherrn, des Generalschatzmeisters und des Gardemajors. 1794, im dritten Genfer Revolutionsjahr, finden wir ihn auf dem Posten des Nationalschatzmeisters. Später wurde er zwar vom Revolutionsgericht verurteilt, aber gleichwohl von den »syndics« und »conseils« im Amte bestätigt.

Offenbar um zwei Stationen, die er in seiner politischen Laufbahn und im Leben der Stadt für entscheidend hielt, symbolisch darzustellen, hat Jacob Du Pan den Maler Saint-Ours mit den Erinnerungsbildern beauftragt. Diesem gelingt es, uns in der Gegenüberstellung der beiden Bildnisse die ganze Ironie des Schicksals und der Geschichte spüren zu lassen. In wenigen Monaten wird aus der reichen, satten Magistratsperson ein strenger, klardenkender, engagierter Staatsbeamter. Saint-Ours beobachtet einfühlend und genau die zweideutigen Anzeichen des sozialen und kulturellen Übergangs, der, vom Individuum aus gesehen, oft weniger brutal und radikal war, als man gemeinhin annimmt.

In seinem patrizischen Porträt tritt Du Pan als »gnädiger Herr« auf. Er trägt einen Pelzrock und ist von Emblemen umgeben: der Waage des Geldwechslers, der Schatztruhe und der schwarz-rot-goldenen Fahne der Genfer Miliz. In den Händen hält er ein großes Rechnungsbuch, und man erkennt unter den Büchern auf seinem Schreibtisch den *Dictionnaire universel du commerce* von Jacques Savary de Bruslon, ein in Genf erschienenes Werk. Der Maler hat sein Modell in eine prächtige Säulen- und Gewölbearchitektur versetzt. Ein schwerer geraffter Vorhang bildet den Hintergrund und verleiht dem Dargestellten eine Würde, die ihn zum Archetypus der Genfer Oligarchie macht.

Im zweiten Porträt entsteht aus dem ernsten Antlitz, dem vom hochgeknöpften Rock eingeschnürten Oberkörper und dem roten Mantel des »citoyen-fonctionnaire« das Bild des vollendeten Republikaners. So sieht Saint-Ours den »neuen Menschen«: verantwortungsbewußt, wachsam, brüderlich, der öffentlichen Wohlfahrt hingegeben, man würde heute auf französisch sagen »régénéré« (OZOUF 1989). Jacob Du Pan, ohne Dekorum dargestellt, scheint bereit, der Stadt gegenüber, die ihn durch das allgemeine Wahlrecht zu seinem Amt berufen hat, die schwere Verantwortung, die es bringt, zu tragen, aber ohne Selbstüberschätzung. Sein Umriß steht vor einem Ausblick auf Himmel und Bäume; zu seiner Linken prangt auf dem Stein das Wappen der neuen Republik.   A. de Herdt

Lit.: BUYSSENS 1988, S. 157, 166; DE HERDT: Saint-Ours 1989, S. 146–147: OZOUF 1989.

Das Zeitalter der Revolutionen

Zeittafel

Die großen politischen Umwälzungen des ausgehenden 18. und des 19. Jahrhunderts prägen bis heute unsere Staatenwelt. Vieles, was uns im heutigen politischen Alltag selbstverständlich ist, geht im Entwurf auf die Kämpfe der großen Revolutionen jener Zeit zurück.

In Nordamerika entstand mit den Vereinigten Staaten erstmals ein Staat nach modernen philosophischen Vorstellungen. Die Französische Revolution führte zum radikalen Bruch mit den in Jahrhunderten gewachsenen Denkwelten und Institutionen der absoluten Monarchie und der ständischen Feudalgesellschaft und zwang ganz Europa zur unbedingten Auseinandersetzung mit neuen politischen Vorstellungen. Die politische Gesamterneuerung der Gesellschaft war nicht mehr ein Spiel der Philosophen, sondern eine allzuoft blutige und grausame Konfrontation zwischen völlig verschiedenen Grundüberzeugungen, die sich gegenseitig auszurotten suchten. Während Jahrzehnten kam Europa nicht zur Ruhe. Einen letzten Höhepunkt bildete das europäische Schicksalsjahr 1848, in dem fast ganz Europa von Revolutionen erschüttert wurde. Auch wenn die meisten Erhebungen in erbitterten Kämpfen niedergeschlagen wurden, so veränderte sich doch der Grundcharakter aller europäischen Staaten.

Die Legitimität der Herrschaft war das zentrale Problem der Auseinandersetzung. Der Vorstellung einer historisch gewachsenen und durch göttlichen Willen eingesetzten politischen Struktur stand der Entwurf einer zu allen Zeiten gültigen, nach vernunftmäßigen Grundsätzen begründbaren Ordnung der menschlichen Gesellschaft gegenüber. Das Bekenntnis zu allgemein verbindlichen Menschenrechten, die allen anderen Rechten übergeordnet sind, prägte das neue politische Denken und bildete die Grundlage für das politische Handeln.

In der amerikanischen Unabhängigkeitserklärung vom 4. Juli 1776 wird die politische Aktion direkt mit diesen elementaren Rechten begründet:

> Folgende Wahrheiten bedürfen für uns keines Beweises: Daß alle Menschen gleich geschaffen sind, daß sie von ihrem Schöpfer mit gewissen unveräußerlichen Rechten ausgestattet sind, daß dazu Leben, Freiheit und das Streben nach Glück gehören, daß zur Sicherung dieser Rechte Regierungen unter den Menschen eingesetzt sind, die ihre rechtmäßige Autorität aus der Zustimmung der Regierten herleiten; daß, wenn immer irgendeine Regierungsform diesen Zielen abträglich wird, das Volk berechtigt ist, sie zu ändern oder abzuschaffen und eine neue Regierung einzusetzen und diese auf solchen Prinzipien zu errichten und ihre Gewalten solchermaßen zu organisieren, wie es ihm zur Gewährleistung seiner Sicherheit und seines Glücks am ratsamsten erscheint.

Von da riß die Reihe der Menschenrechtserklärungen nicht mehr ab. Von den Deklarationen des 18. Jahrhunderts führt ein direkter Weg zu den heutigen politischen Grundsätzen, wie sie in jeder modernen Verfassung proklamiert werden. Der Glaube an die Machbarkeit des Glücks der Gesellschaft, an die Gleichheit der Menschen und an die Souveränität des Volkes wurden zu den zentralen Themen der politischen Auseinandersetzung, und diese Themen bestimmen bis heute unser Denken und Handeln.

Die Träume der Philosophen gingen nicht in Erfüllung. Die allgemeine Begeisterung wich rasch der Ernüchterung, ja der Verzweiflung. Aus den Trümmern der zerschlagenen Institutionen gedieh nicht eine natürliche Gesellschaft freier und gleicher Menschen, sondern neue Hierarchien und Herrschaftsmonopole entstanden und kämpften um ihre Machtpositionen. Es kam nicht zum friedlichen Zusammenleben freier Völker, sondern zum fanatischen Kampf um nationale Vorherrschaft.

Auf dem Hintergrund einer rasch wachsenden Bevölkerung, der Industrialisierung und der Erschließung globaler Wirtschaftsräume gewann die Suche nach neuen staatlichen Identitäten in Europa und den beiden Hälften Amerikas ihre Brisanz. Die alten Staaten und Obrigkeiten mit ihren feudalen und agrarischen Grundlagen konnten mit den Herausforderungen der industriellen Revolution, der sozialen Umschichtungen, der fortschreitenden Urbanisierung und den damit verbundenen Problemkreisen nicht fertig werden. Der Wandel zum modernen und effizienten Verwaltungsstaat war vorgezeichnet, doch wie ein solcher Wandel geschehen konnte, war unabsehbar. Unabhängig von den Staatsformen trat immer mehr die Identifikation mit der Nation an die Stelle der althergebrachten Loyalität zur Obrigkeit. Der Nationalismus wurde zum eigentlichen Motor der Politik im 19. Jahrhundert. Die Philosophen der Aufklärung hatten großzügigere Utopien entworfen: die Verbrüderung der gesamten Menschheit schien ihnen die logische Folge der Umgestaltung der Gesellschaft auf den Prinzipien der Menschenrechte. Dies schloß zwar den Patriotismus nicht aus, doch schien es ihnen undenkbar, ihn mit dem Haß auf andere Völker in Verbindung zu bringen. Wie ein Krebsübel erfaßte mit den Revolutionen und Gegenrevolutionen der Nationalismus die Völker Europas und zerstörte die Hoffnungen auf eine neue, gerechte und freie Gesellschaftsordnung. Das Ausgeliefertsein des Einzelnen vor den großen Veränderungen in der Wirtschaft und der Gesellschaft förderte die Suche nach vermeintlich Schuldigen, ließ Ideologien ihren freien Lauf, die das Heil in einem neuen Wir-Bewußtsein versprachen, auch wenn sie sich immer weiter von den Idealen der Freiheit, der Gleichheit und der Brüderlichkeit entfernten.

Der unbedingte Glauben an den Fortschritt auf der einen Seite, die Verzweiflung über die Ohnmacht vor den Schrecken der Ereignisse auf der anderen bilden die beiden Pole, zwischen denen sich die Neugestaltung Europas abspielt.

Der Kampf für die Freiheit war ein Kampf gegen die Willkür der Herrschenden. Wenn es zu Beginn der Französischen Revolution noch vielen Denkern als selbstverständlich galt, daß ein neues, republikanisches und demokratisches Regime sozusagen von Natur aus auch eine gerechte Herrschaftsform sein müsse, so belehrte sie die Realität rasch eines besseren. Korruption, Terror und Willkür stürzten immer wieder die Bevölkerung der revolutionären Staaten in neue Zwänge und Abhängigkeiten. Jede Revolution im 19. Jahrhundert war nicht nur ein Aufbruch zu einer neuen Freiheit, sondern auch ein Sturz in eine neue Unfreiheit. Im Spannungsfeld zwischen nationaler Freiheit und individueller Freiheit wurde der revolutionäre Kampf zur Tragödie, zur heroischen Geste des Scheiterns.

In dieser Zeit wurde die Republik zu einem Schlüsselbegriff im politischen Denken. Schon in der Diskussion um das englische Parlamentssystem war im 18. Jahrhundert die Frage aufgetaucht, ob von einer wahren Monarchie überhaupt noch gesprochen werden könne. Die Gründung der Vereinigten Staaten konfrontierte die alte Welt mit einem Staat, der für sich beanspruchte, ein für allemal die Grundlagen des menschlichen Glücks nach allgemeingültigen Grundsätzen entworfen zu haben. Als in Frankreich schließlich 1789 die Revolution ausbrach, war der Begriff der Republik bereits in aller Leute Mund. Die Absetzung des Königs und die Ausrufung der Republik 1792 bildeten den vorläufigen Höhepunkt der Auseinandersetzung.

Der Kampf um die Staatsform war für Jahrzehnte nicht vom Kampf um die Menschenrechte zu trennen. Verbanden die Anhänger der Revolution mit der Staatsform der Republik den Aufbruch zu einer neuen und freien Gesellschaft, so sahen ihre Gegner in ihr den Inbegriff der Anarchie und des Terrors. Die Entwicklung in Frankreich schien den Gegnern recht zu geben; erst unter dem autoritären Regime des Direktoriums und später der napoleonischen Monarchie beruhigte sich die innere Lage. Die Angst vor der Republik ebenso wie die Sehnsucht nach der Republik waren Konstanten der politischen Diskussion in der ersten Hälfte des 19. Jahrhunderts. Nur die Schweiz und San Marino überlebten in Europa die Kriege der Revolution als Republiken und konnten sich weiterhin behaupten. In der alten Welt schien mit dem Ende der Revolutionskriege die Zukunft der Republiken besiegelt.

In seiner Ode an Venedig beklagt Lord Byron den Untergang der Republiken:

> Der Name Republik ist weggefegt
> Vom Erdteil, wo der Zwingherrn Macht hinreicht;
> Venedig ist zermalmt – Holland erträgt
> Den Purpur, vor dem Zepter jetzt gebeugt;
> Und wenn der freie Schweizer jetzt allein
> Die fessellosen Berge noch betritt,
> Wird dies nur noch von kurzer Dauer sein.

Ganz anders sah die Lage im europäischen Einflußgebiet in Übersee aus. Die Befreiung der spanischen und portugiesischen Kolonien unter der Führung Bolivars führte in Südamerika zur Gründung selbständiger Staaten, die sich alle als Republiken konstituierten. Monarchische Zwischenspiele wie in Brasilien und Mexiko konnten sich nicht behaupten. Beide Amerika blieben für die Republikaner des 19. Jahrhunderts vielbeachtete Idealbilder.

Den letzten Höhepunkt erreichte die Auseinandersetzung um die Republik in Europa im Revolutionsjahr 1848. Als Schreckgespenst oder als große Hoffnung stand die Republik im Zentrum des Interesses. Die Ausrufung der Zweiten Republik in Frankreich wirkte als Signal für den europäischen Aufstand gegen das Staatensystem der Restauration. Einmal mehr scheiterte die große Idee der Verbrüderung der freien und gleichen Menschen; auch die Idee der Republik als des Garanten einer besseren Zukunft mußte begraben werden. Der Kampf für die Grundrechte des Einzelnen verlagerte sich nach englischem Vorbild zu einem Kampf um parlamentarische Mitbestimmung und schließlich um demokratische Rechte. Es erwies sich, daß demokratische Grundrechte durchaus im Rahmen der Monarchie realisiert werden konnten, und die Erfahrungen des Jahres 1848, besonders jene der Zweiten Republik in Frankreich und ihres unrühmlichen Endes, zeigten drastisch, daß die republikanische Staatsform noch keine Garantie für die Demokratie war.

Heinrich Heine hat in seinen letzten Lebensjahren dem weitverbreiteten Pessimismus und der Enttäuschung über die Republik Ausdruck gegeben:

Nicht der Vortrefflichkeit ihrer Lehre wegen, sondern wegen der Vulgarität derselben und weil die große Menge unfähig ist, eine höhere Doktrin zu fassen, glaube ich, daß die Republikaner, zunächst in Frankreich, allmählich die Oberhand gewinnen und für einige Zeit ihr Regiment befestigen werden. Ich sage: für einige Zeit, denn jene plebejischen Republiken, wie unsere Radikalen sie träumen, können nicht lange halten ... Indem wir mit Gewißheit ihre kurze Dauer voraussehen, trösten wir uns ob der Fortschritte des Republikanismus. Er ist vielleicht eine notwendige Übergangsform, und wir wollen ihm gern den verdrießlich eingepuppten Raupenzustand verzeihen, in der Hoffnung, daß der Schmetterling, der einst daraus hervorbricht, desto farbenreicher seine Schwingen entfaltet und im süßen Sonnenlichte mit allen Lebensblumen spielen wird!

Kein Künstler blieb von den Umwälzungen unberührt, ob er sich nun für die Revolution begeistern ließ, ob er sie ablehnte oder ob er versuchte, sich in einen privaten Freiraum zurückzuziehen und die Stürme der Zeit zu ignorieren.

Der gesellschaftliche und politische Wandel veränderte als erstes die Bedingungen von Kunstaufträgen nachhaltig. Besonders dramatisch war in Frankreich der Zusammenbruch des Ancien Régime mit dem zeitweiligen Verschwinden der traditionellen Träger des Kunstlebens verbunden, ohne daß eine neue Schicht von Auftraggebern ihre Stelle einnahm. Die Abschaffung der Aristokratie, des Hofes und der kirchlichen Institutionen hinterließ ein Vakuum, das zwar von einzelnen Künstlern als Chance wahrgenommen werden konnte, das aber für viele den Ruin bedeutete.

Auch war den neuen Republiken die Kunst häufig suspekt. War sie nicht die Dienerin der Fürsten, des Luxus und der Dekadenz? In den ersten Jahrzehnten der amerikanischen Republik fürchtete man, daß der traditionelle Kulturbetrieb das Bestehen der Republik gefährden könnte. Sogar der amerikanische Maler und Politiker John Trumbull teilte die Befürchtungen:

Sind wir nicht zu sehr auf den Handel versessen? Schätzen wir den Wohlstand nicht zu hoch ein? Warum stürzen wir uns in die Nachahmung jeglicher Art von Luxus? Wird dies alles nicht unvermeidlich den Untergang der republikanischen Tugend und unseres nationalen Charakters mit sich bringen? Ich befürchte es.

Strenge und Nüchternheit, hohe Ideale bei der Themenwahl der Bilder sollten diese Gefahr bannen helfen. Im Dienste des souveränen Volkes stieß die Kunst auf unüberwindbare Probleme. Waren schon im staatlichen Leben repräsentative Entscheide schwer genug zu treffen, so erst recht im Bereich der Kunst. Vieles blieb Entwurf; in den Zeichnungen und Skizzen finden wir künstlerische Höhenflüge, die ihre Realisierung verfehlten.

Im revolutionären Frankreich sollte das große patriotische Fest ein eigentliches Gesamtkunstwerk für und durch das ganze Volk werden. Trotz der Beteiligung der bedeutendsten Künstler aber blieben solche Manifestationen hohl und ohne die erhoffte Wirkung. Statt neuen künstlerischen Wegen die Bahn zu ebnen, verstärkte sich der Hang zum Rückgriff auf altbewährte Darstellungsmuster. Die Antike wurde zur Requisitenkammer der revolutionären Kunst. Die großen Meisterwerke blieben vereinzelt und waren rückwärtsgewandt.

In der Abkehr von der offiziellen Auftragskunst lag die Möglichkeit der freien Künstler, ihren ganz persönlichen Anliegen Ausdruck zu verleihen. An die Stelle der traditionellen Bildwelten traten persönliche Visionen, Symbole einer individuellen Ikonographie. Die fortschreitende Auflösung der Bildkonventionen isolierte den Künstler.»Frei, aber einsam« wurde zur Devise des Künstlers im 19. Jahrhundert. Der Individualisierung der Ausdrucksmittel stand die Ausdifferenzierung des Publikums gegenüber. Nur wenige allgemein bekannte Bildthemen, von meist einfacher Aussage, erreichten die Massen.

Die Historienmalerei und die Allegorien blieben weiterhin von hervorragender Bedeutung, doch änderte sich die Optik des Malers in den Jahrzehnten nach der Revolution. Nicht die alles entscheidende Tat, die den Helden zum unpersönlichen Symbol einer Idee emporhob, stand nun im Zentrum des Interesses, sondern das individuelle Schicksal, das psychologische Drama als Gleichnis für Glück und Leid der Menschheit.

Der Kampf für die Freiheit fand auf verschiedenen Ebenen der Kunst statt. In der offiziellen Auftragskunst herrschten nach wie vor die traditionellen Bildwelten vor, das Bild einer satten Freiheit, die – wie auch immer verstanden – zur Herrschaftsikonographie gehörte. Die Sehnsucht nach einer weitergehenden Freiheit aber manifestierte sich anders. Auf der einen Seite finden wir das subversive Engagement in der Druckgraphik, die durch neue Techniken der Vervielfältigung eine bisher unbekannte Resonanz erreichte; durch die massenhafte Verbreitung der Lithographie im 19. Jahrhundert wurden Bilder des politischen Konfliktes zum Allgemeingut einer sehr breiten Schicht der Bevölkerung. Auf der anderen Seite konzentrierten sich die politischen Äußerungen in den privaten Bildwelten der Künstler, die für

eine kleine, intellektuelle Elite arbeiteten. Sie malten nicht Bilder der Staatsformen, sondern Bilder des individuellen Schicksals, des Leidens an der Unfreiheit und der Hoffnung auf Veränderung auf einer Ebene, die dem politischen Diskurs auswich.

Die Tragik des Künstlers, der sich mit den großen Ereignissen der Revolution auseinandersetzt, lag im Widerspruch zwischen seinem universalen
Engagement für eine bessere Gesellschaft und seiner Abkapselung in der
ihm eigenen Bildwelt. Die Hoffnung, daß die Kunst der Veredelung des
Volkes dienen werde, hatte sich zerschlagen. Ebensowenig hatte sich die Befürchtung bewahrheitet, daß die Kunst eine Gefahr für die Tugenden einer
neuen Gesellschaft darstelle.

F. de Capitani

Die amerikanische Revolution

317

JOHN SINGLETON COPLEY
Boston? 1738–1815 London

Bildnis Nicholas Boylston. 1767
Öl auf Leinwand, 127,3 × 102 cm
Boston, Museum of Fine Arts, Inv. 23.504
(Vermächtnis von David P. Kimball)

317

Um die Mitte der 1760er Jahre hatte sich Copley in Boston mit raffiniert komponierten, manchmal auch schwülstigen Porträts aus dem Kreis amerikanischer Handels- und Kaufleute bereits einen großen Ruf erworben. Seine Bildformeln entspringen einer langen englischen Tradition, welche über verschiedene Kanäle in den Vereinigten Staaten Fuß faßte und sich einer neuen sozialen Struktur anpaßte. Das vorliegende Porträt zeigt beide Aspekte, die verpflanzte Tradition wie auch Copleys Originalität innerhalb eines Systems, an dessen Fortbestehen er mitwirkte.

Nicholas Boylston (1716–1771) war ein extravaganter, außerordentlich erfolgreicher Kaufmann, der in Boston für seinen aufwendigen Lebensstil bekannt war. Er muß ein leidenschaftlicher Sammler von kostbaren Objekten und Möbeln gewesen sein, die er in seiner Stadtvilla stolz zur Schau stellte. Ein Jahr bevor Copley dieses Bildnis malte, besuchte John Adams, der zukünftige Präsident, den Handelsherrn und beschrieb anschließend in seinem Tagebuch die bemerkenswerte Qualität der Möbel, Teppiche, Marmortische und anderer Gegenstände, welche er zu den auserlesensten Dingen zählte, die er je gesehen hatte. Boylston bestellte das Porträt – wie auch die Bildnisse seiner Schwester Rebecca und seiner Mutter Sarah, einer geborenen Morecock – um es in seiner Stadtvilla zu plazieren. Die näheren Umstände dieser Auftragsarbeiten liegen jedoch im dunkeln.

Die hohe soziale Stellung Boylstons rechtfertigte hier eine üppigere Bildformel als bei Copleys früheren Bostoner Porträts. Der Dargestellte posiert in einem modischen, reich verzierten Rock aus Damast, den er über einer beigen seidenen Weste und Kniehosen trägt; ein beträchtlicher Kontrast zu den althergebrachten dunkeln Anzügen, welche die meisten der Bostoner Geschäftsleute auf ihren Bildnissen zur Schau stellen, als Zeichen eines eingewurzelten Amerikanismus, der Anspielungen auf den Wohlstand zugunsten einer idealen Genügsamkeit dämpft. Copley unterstreicht demgegenüber den neuerworbenen Reichtum wie auch dessen Herkunft aus dem Handel, indem er den Dargestellten vor einem Tisch mit mächtigen Rechnungsbüchern zeigt und im Hintergrund rechts Boylstons Handelsflotte präsentiert. Auf diese Weise evoziert der Künstler gleichsam die Vorstellung der Stabilität und des kontinuierlichen Wirtschaftswachstums. Möglicherweise wollte Copley auch die strenge Kontrolle des Kaufmanns über seine Vermögenswerte vor Augen führen, und dies nicht nur durch den zuversichtlichen, überzeugten Blick, sondern auch – symbolisch – durch die angespannte, fast verkrampft wirkende Haltung der rechten

318

Hand. Das einzige wirklich entspannte Moment des Porträts bildet der rosafarbene Turban, der anstelle der wohl schicklicheren Perücke den Kopf des Dargestellten bedeckt; ein Element übrigens, das Copley schon mehrmals in Bildniskompositionen mit einbezogen hatte. Die Kombination von Luxus und Entspannung wirkt typisch amerikanisch und wurde zu einem wichtigen Element der nationalen Ikonographie.

Es gibt drei Fassungen dieses Porträts: die eine wurde vom Dargestellten der Harvard University geschenkt, die hier besprochene blieb im Besitze Boylstons und eine dritte, größere Version gab Harvard nach Boylstons Tod bei Copley in Auftrag.   W. Hauptman

Lit.: BAYLEY 1915; PARKER und WHEELER 1938, S. 44; PROWN 1966, S. 54–55; Boston 1983, S. 196.

318

JOHN SINGLETON COPLEY
Boston? 1738–1815 London

Der Tod des Earl of Chatham. 1779
Öl auf Leinwand, 52,7 × 64,5 cm
Washington, National Gallery of Art,
Inv. 1947.15.1 (Geschenk von Mrs. Gordon Dexter)

Im Februar 1779 wurde Copley als Vollmitglied in die Royal Academy aufgenommen, nach dem gewaltigen Erfolg, den er seinem Bild *Watson und der Hai* verdankte. Er strebte danach, seinen Ruhm mit einem neuen, großformatigen Historienbild zu mehren. Dazu sollte ein dramatisches Ereignis den Anlaß geben, das sich am 7. April 1778 im britischen Oberhaus zugetragen hatte. An diesem Tag war eine wichtige Debatte im Gange über die schwierige Frage der britischen Einflußnahme in Amerika nach der Unabhängigkeit der Kolonien. Der Duke of Richmond plädierte leidenschaftlich für den vollständigen britischen Rückzug – sowohl moralisch wie strategisch. Seiner Rede folgte eine ebenso brillant vorgetragene Darlegung der oppositionellen Haltung durch den Viscount of Weymouth. Danach ergriff der von seinem Gichtleiden gezeichnete William Pitt, Earl of Chatham, das Wort. Chatham war zwar grundsätzlich gegen die amerikanische Unabhängigkeit, er erkannte aber die politische und wirtschaftliche Realität und plädierte für den Ausbau starker Handelsbeziehungen mit Amerika. Darin sah er die bessere Möglichkeit, den Einfluß des britischen Empire zu festigen und zu vergrößern, als etwa mit Besitz an Grund und Boden. Aber während seiner Rede brach Lord Chatham mit dramatischer Geste zusammen. Er wurde in sein außerhalb von London gelegenes Haus verbracht, wo er noch im gleichen Monat starb.

Copley schätzte und respektierte Chatham, wie die meisten Amerikaner, wenn auch seine politischen Ansichten sich nicht immer mit den Interessen der Vereinigten Staaten deckten. Schon kurz nach dem dramatischen Vorfall scheint er eine Ölskizze begonnen zu haben. Das Ereignis zog aber auch Benjamin West in seinen Bann, der ebenfalls einen Entwurf anfertigte und seinerseits auf einen Auftrag des Königs für ein Gemälde hoffen konnte. Aber in einer Geste der Freundschaft und Bewunderung überließ er Copley des Thema. Dieser hat gewiß Wests Arbeit gesehen und Nutzen daraus gezogen. Der hier besprochene Entwurf von Copley steht Wests Komposition sehr nahe – näher als schließlich das ausgeführte Bild –, und es ist offensichtlich, wie sehr Copley seinem Kollegen verpflichtet war. Beide Künstler erkannten die großen Möglichkeiten – sowohl in künstlerischer wie in politischer Hinsicht – die in der Dramatik der Szene steckten, und beide planten eine Kombination von Historienbild und Gruppenporträt. Copley ließ die meisten der Beteiligten direkt posieren, nicht nur der histo-

rischen Treue wegen, sondern auch im Hinblick auf günstigere Absatzmöglichkeiten. Den entscheidenden dramatischen Moment sah er in Chathams Zusammenbruch – nicht eigentlich im Tod, wie der Titel besagt –, und er schuf eine barocke, spannungsvolle Komposition, die den niedergesunkenen Chatham in den Armen der Herzöge von Cumberland und Portland zeigt. Die Sympathie des Malers für seinen Helden manifestiert sich in der Referenz an die christliche Ikonographie: Die Haltung Chathams nimmt direkt Bezug auf Darstellungen der Kreuzabnahme. Die Figur zu seinen Füßen und die beiden Lords über ihm erscheinen in den Posen der Helfer, die den Leichnam Christi vom Kreuz nehmen. Durch diese Anspielung verleiht Copley seiner Darstellung eines historischen Ereignisses eine moralische und universale Bedeutung.

W. Hauptman

Lit.: BAYLEY 1915, S. 34, 76; PROWN 1966, S. 275 ff.; VON ERFFA und STALEY 1986, S. 218.

319

JEAN-HONORÉ FRAGONARD
Grasse 1732–1806 Paris

**Au génie de Franklin. Eripuit Coelo
Fulmen Sceptrumque Tyrannis.** 1778
Radierung von Marguerite Gérard
nach Entwurf von Fragonard, 55,5 × 42,4 cm
New York, Historical Society
(nicht ausgestellt)

Ende 1776 traf der schon betagte Benjamin Franklin als Vertreter des amerikanischen Kontinentalkongresses in Paris ein, um einen Allianzvertrag auszuhandeln. Populär seit der Erfindung des Blitzableiters, erregte er durch die zur Schau gestellte »republikanische Einfachheit« Aufsehen. Bildnisse und Büsten des Amerikaners waren mehr denn je gefragt, seit ihm 1778 der Abschluß der amerikanisch-französischen Allianz gelungen war. Vermutlich in diesem Zusammenhang traf Franklin auch mit Fragonard zusammen, denn am 15. November 1778 informierte

319

das *Journal de Paris* potentielle Käufer über ein in Fragonards Atelier aufliegendes Blatt, das Marguerite Gérard unter seiner Aufsicht angefertigt hatte. Diese »Dem Genie Franklins« gewidmete Darstellung erläutert ein lateinisches Motto in Abwandlung des Zitats «Eriputitque Jovi fulmen Phoebusque sagittas» aus Turgots *Anti-Lucretius* von 1777. Seine Bildwelt wurzelt also tief in der ikonologischen Tradition Alteuropas und erfordert zu ihrer Entzifferung die Bildungsinhalte klassischer Gelehrsamkeit – eine kleine Ironie insofern, als sich gerade Franklin als aufrichtigen Gegner dieses Bildungswissens bekannte und dem Studium der alten Sprachen keinen praktischen Nutzen abgewinnen konnte (REINHOLD 1984, S. 176).

Franklin thront als greiser Mann gleich Jupiter über den Wolken und wendet mit dem Schild der Minerva die Blitze ab; gleichzeitig weist er mit der Rechten auf den Kriegsgott Mars, der Geiz (dargestellt als alte Frau mit verzerrtem Gesicht) und Tyrannis (mit Eisenkrone und Schwert) bekämpft. Die ruhig das Geschehen betrachtende Personifikation der Amerika zu Franklins Füßen zeigt

eine bekleidete Frau mit Sternenkrone und Liktorenbündel (fasces) – sie folgt damit nicht der seit Ripa üblichen Darstellung des Kontinents Amerika (im Rahmen der »Vier Weltteile«) als halbnackte Frau mit Federkrone, Pfeil und Bogen sowie dem Alligator als Attribut. Denn mit der Anerkennung ihrer Unabhängigkeit – zunächst durch die führende Macht Frankreich – traten die Vereinigten Staaten in die europäische Staatenfamilie, womit sich die Personifikation Amerikas als USA an gebräuchlichen Darstellungen bestehender Länder orientieren konnte: Schon Ripa gibt ein Beispiel in der »Italia« (BUSCAROLI I, 1987, S. 230–232) mit sterngekrönter Mauerkrone, Zepter und Füllhorn, die auf einem Globus sitzt und den Weltherrschaftsanspruch in der Nachfolge des Imperium Romanum verkörpert. Personifikationen der »Britannia« folgten nach, und in dieser Tradition steht die vorliegende Deutung der Amerika zu sehen: Nicht mehr die Welt der Eingeborenen, sondern die der jungen Vereinigten Staaten ist gegenwärtig, mit den Fasces als dem Symbol der »Concordia« der 13 Staaten der Union und einem ebenfalls globalen Herrschaftsanspruch, den die Weltkugel im Hintergrund andeutet. T. Fröschl

Lit.: HONOUR 1975, S. 206; REINHOLD 1984, S. 120/121; New York 1988, S. 422, 488–499; Paris: Révolution 1989, I, S. 338–341.

320
JEAN-ANTOINE HOUDON
Versailles 1741–1828 Paris

Washington. 1786
Terrakottabüste auf Sockel aus geädertem Marmor, 56 (Gesamthöhe) × 32 × 26,9 cm
Paris, Musée du Louvre, Département des sculptures, Inv. R.F. 350

Am 4. Juli 1776 erklären die Vereinigten Staaten von Nordamerika ihre Unabhängigkeit. Sie fassen den Plan, ihre Helden zu ehren, vorab George Washington, der als Vater des Vaterlandes gilt. An einem Dienstag, dem 22. Juni 1784, beschließt das Parlament des Staates Virginia, ihm ein Marmorstand-

320

nimmt. Das Terrakotta-Original befindet sich heute noch in Mount-Vernon; es trägt das Datum 1785. Das Terrakotta-Exemplar im Louvre beruht zweifellos auf einer in Frankreich modellierten zweiten Version und trägt das Datum 1786. Diese beiden Büsten stellen den General nach antiker Manier dar, nackt in der Version von Mount-Vernon, mit Tunika bekleidet in jener des Louvre. Beide Formulierungen werden für die endgültige Fassung, ein Marmorstandbild des Generals in Uniform, aufgegeben.

J.-R. Gaborit

Lit.: GIACOMETTI 1929, Bd. 2, S. 174–181; RÉAU 1964, Bd. I, S. 405 und Kat. 204; ARNASON 1977, S. 77, Taf. 97a; DE GAIGNERAN 1976.

321

BENJAMIN WEST
Springfield, Mass., 1738–1820 London

Die Unterzeichnung des vorläufigen Friedensvertrags von 1782. 1783–1784
Öl auf Leinwand, 72,5 × 92,5 cm
Winterthur, Delaware, Henry Francis
Du Pont Delaware Museum, Inv. 57.856

West war besonders geschickt darin, die Idealität und den Adel eines historischen Themas mit dem scharfen Realismus des Porträtfachs zu verschmelzen. Einige Dutzend seiner Gemälde aus den 1770er/80er Jahren zeigen die innovative Integration von Historien- und Porträtmalerei. So gut wie Trumbull wäre West dafür geeignet gewesen, einen Zyklus von Bildern zu den Hauptereignissen der amerikanischen Revolution zu malen. West beabsichtigte in der Tat ein solches Unternehmen, wie wir aus einem Brief an den Maler Charles Willson Peale wissen; offensichtlich unterblieb es aber, mit Ausnahme der hier gezeigten Ölstudie, deren Thema chronologisch an das Ende des geplanten Zyklus gehört.

West stellt die feierliche Unterzeichnung des ersten Friedensvertrags zwischen Amerika und England dar. Diese geschah am 30. November 1782, fast ein Jahr, nachdem

bild zu errichten, das im Kapitol seiner Hauptstadt Richmond aufgestellt werden sollte (siehe Abb. 9). Das Parlament wendet sich an einen französischen Künstler, der sich schon ausgezeichnet hat, als er im «Salon» von 1779 die Büste Franklins ausstellt, nämlich den Bildhauer Houdon; eine Reise in die Vereinigten Staaten wird vereinbart, damit Houdon seiner Gewohnheit entsprechend vor dem lebenden Modell arbeiten kann.

Houdon reist im Juli 1785 ab und kehrt im Dezember desselben Jahres heim. Während dieser Zeitspanne wohnt er in Mount-Vernon, wohin sich Washington zurückgezogen hat. Er macht Abgüsse von Händen und Schultern seines Modells und nimmt alle Maße mit dem Zirkel auf; auch modelliert er an Ort und Stelle eine erste Büste, deren Gipsabguß er nach Frankreich mit-

321

Lord Cornwallis die Waffen gestreckt und damit den Konflikt zwischen den beiden Nationen beendigt hatte. Obwohl an der Spitze der englischen Regierung damals der proamerikanische Marquis of Rockingham stand, wurde die Selbständigkeit der ehemaligen Kolonie nur widerstrebend anerkannt, und kein hohes Regierungsmitglied erschien zu den Verhandlungen in Paris. Gegenüber dem unerfahrenen Großkaufmann Richard Oswald, einem Freund von Adam Smith, hatte Benjamin Franklin leichtes Spiel. Nach Rockinghams Tod im Juli 1782 zögerte die neue Regierung unter dem Earl of Shelburn noch mehr, die amerikanische Unabhängigkeit anzuerkennen. Aber die Schwäche der britischen Regierung und französische Hilfe erlaubten es Franklin, über die Unabhängigkeit hinaus territoriale Zugeständnisse zu erlangen: bessere Bedingungen, als der Kongreß erwartet hatte.

West war bei der Vertragsunterzeichnung nicht zugegen, sondern rekonstruierte die Szene nach Berichten amerikanischer Teilnehmer. Von links nach rechts sind zu sehen: John Jay (Kongreßpräsident, Diplomat, später höchster Richter), John Adams (künftiger zweiter Präsident der USA), Benjamin Franklin, Henry Laurens (Repräsentant von South Carolina, bei einer diplomatischen Mission gefangengenommen und gegen Lord Cornwallis ausgetauscht) und Franklins Enkel William (Sekretär der amerikanischen Delegation). Auf der rechten Seite sollte die englische Delegation dargestellt werden, Oswald und sein Sekretär Caleb Whitefood. West konnte die Amerikaner in seinem Atelier in London porträtieren; den 77jährigen Franklin malte er nach einem Bildnis von Duplessis, von dem ihm Whitefood eine Kopie des amerikanischen Malers Joseph Wright lieferte. Oswald jedoch ließ sich

322

nicht porträtieren, entweder weil er häßlich und auf einem Auge blind war (ADAMS 1874, Bd. III, S. 559) oder weil er nicht bei einem für ihn und England wenig rühmlichen Akt dargestellt werden wollte. West gab das Projekt nicht auf. Noch 1817 sagte er zu John Quincy Adams, dem Sohn des zweiten Präsidenten und künftigen sechsten Präsidenten der USA, er wolle es zu Ende führen und das Gemälde dem Kongreß schenken. Doch wenn auf dem Bild das Porträt eines der Hauptakteure fehlte, blieb das aussichtslos.   W. Hauptman

Lit.: ADAMS 1874, Bd. III, S. 559; MARKS 1974, S. 15–35; ALBERTS 1978, S. 149–153; VON ERFFA und STALEY 1986, S. 218–219, Nr. 105.

322

EDWARD SAVAGE
Princeton 1761–1817

Der Kongreß beschließt die Unabhängigkeit. 1796–1817
Radierung, ca. 60 × 90 cm
Washington, Library of Congress, Prints and Photographs Division

Über das Werk und die Karriere von Edward Savage ist wenig bekannt. Nach seiner Ausbildung bei Benjamin West spezialisierte er sich in der Porträtmalerei, daneben entstanden Historien- und Genrebilder. *Der Kongreß beschließt die Unabhängigkeit* ist sein Hauptwerk (Philadelphia Historical Society of Pennsylvania), hier gezeigt in Form einer Radierung von seiner Hand, die er aber nicht mehr selbst vollenden konnte. Die dargestellte Szene entspricht nicht eigentlich dem Akt der Unterzeichnung der Unabhängigkeitserklärung vom Juli 1776, es handelt sich vielmehr um den Augenblick, da der Kontinentalkongreß über die Resolution abstimmte, welche am 7. Juni von Richard Henry Lee eingereicht worden war, um einen von der britischen Kontrolle befreiten Staatenbund zu schaffen. Der Kongreß bat in der Folge Thomas Jefferson, diesen Vorstoß auszuarbeiten und in einem Dokument festzuhalten, was er mit Hilfe eines Komitees bis zum 28. Juni bewerkstelligte. Es handelt sich nun um eben dieses Dokument, über das der Kongreß im Versammlungsraum des Regierungspalastes von Pennsylvania zu befinden hat. Savage zeigt Jefferson im Moment, da er die Schrift dem Präsidenten des Kongresses, John Hancock, überreicht, unter den Augen der Mitglieder seines Ausschusses, zu dem John Adams, Roger Sherman und Robert Livingston gehören, ebenso Benjamin Franklin, der sich in betont kontemplativer Pose von dem Geschehen abwendet. Was die eigentliche Abstimmung über die Unabhängigkeit anbelangt, d.h. jene über den Vorschlag des Kongresses, die im erwähnten Dokument ausformulierte Resolution von Lee anzunehmen, so fand sie am 2. Juli 1776 – und nicht am 4. Juli, wie allgemein angenommen wird – statt; dessen ungeachtet beteuerten im Lauf des nächsten Jahrzehnts sowohl Jefferson und Adams wie auch Franklin unabhängig voneinander, das sakrosankte Datum sei der 4. Juli 1776.

Trotz seines dokumentarischen Wertes ist das Bild von Savage von der berühmten Darstellung des gleichen Themas durch John Trumbull in den Schatten gestellt worden, deren erste Fassung (New Haven, Yale University Art Gallery, Trumbull Collection) beinahe ein Jahrzehnt früher entstanden ist. Trumbulls Bild – eine Ikone der amerikanischen Historienmalerei – bildet ohne Zweifel die ausgereiftere künstlerische Leistung und basiert in bezug auf die große Zahl von Porträts auf weitergehenden Recherchen. Umgekehrt ist Savage, der nicht weit vom Regierungspalast in Pennsylvania wohnte und das Gebäude noch vor der Restaurierung von 1815 besuchen konnte, in der Darstellung der architektonischen Gegebenheiten genauer. So zeigt er beispielsweise bei den Pilastern die ionische Ordnung, während bei Trumbull die dorische zu sehen ist. Der Sohn von Savage schrieb übrigens an Trumbull, um Priorität zugunsten der Radierung seines Vaters zu beanspruchen, als er erfuhr, das Trumbull in der Rotunde des Kapitols eine Version seiner Komposition plazieren wollte. Aber es scheint, daß Trumbull weder das Gemälde noch die Radierung von Savage gekannt hat. W. Hauptman

Lit.: JAFFE 1976, S. 68.

323

JOHN TRUMBULL
Lebanon, Conn., 1756–1843 New York

Der Tod von General Warren
Nach 1786?
Öl auf Leinwand, 50,8 × 75,6 cm
Boston, Museum of Fine Arts (Geschenk von Howland S. Warren), Inv. 1977-853

Als Trumbull seine Serie von Bildern der wichtigsten Episoden aus der amerikanischen Revolutionsgeschichte begann, steckte die Historienmalerei in den Vereinigten Staaten noch in den Anfängen. Die Idee, zeitgenössische Ereignisse mit realistischen Landschaften und Kostümen darzustellen, konnte nur Fuß fassen dank den Leistungen von Malern wie Benjamin West und John Singleton Copley, die Trumbull bewunderte und an denen er mit Erfolg die Kunst, große Kompositionen zu entwerfen, geschult hatte. Trumbull selbst trug zum Durchbruch der Historienmalerei amerikanischer Spielart bei, indem er in seinen Werken auf antike Verkleidung verzichtete. Es war für ihn ein Leichtes, dem Argument Gehör zu verschaffen, daß kein Grieche und kein Römer je die Erde der Neuen Welt beackert habe, und der Freiheitskampf der Amerikaner war für ihn ein ungleich stimmigeres Thema als für West und Copley, die beide ihre Wurzeln in London hatten.

323

Trumbull war als hervorragender Soldat zum Rang eines Obersten aufgestiegen und durfte von sich behaupten, er vermöge eine Schlachtszene mit äußerster Korrektheit wiederzugeben. Eingeteilt im Regiment von Connecticut unter Oberst John Spencer, war er am 17. Juni 1775 in der Schlacht von Bunkers' Hill mit dabei. Diese erste wichtige Schlacht im Unabhängigkeitskrieg wurde von den Amerikanern zwar verloren, aber erst nach erbittertem Widerstand, was für sie einem moralischen Sieg gleichkam. Im Zentrum von Trumbulls Bild sehen wir General Joseph Warren, welcher, von einer Kugel in den Kopf getroffen, sterbend niedergesunken ist. Der englische Major John Small interveniert, um den Bajonettstoß eines Soldaten gegen den Sterbenden zu verhindern. Der Maler hat eine Komposition in barockem Stil gewählt, belebt durch eine Gruppe britischer Soldaten in roten Uniformen, die gegen das Zentrum des Geschehens drängen. In der Bildpartie rechts wird mit den Figuren des Leutnants Thomas Grosvenor und seines

schwarzen Dieners, die den Rückzug antreten, ein Gegengewicht geschaffen.

Trumbull wurde zu Beginn des 19. Jahrhunderts oftmals kritisiert, er habe einen für die Schlacht nebensächlichen Aspekt als Bildthema gewählt. General Warren war beileibe nicht der Hauptakteur der Auseinandersetzung, und sein Tod keineswegs ein Symbol des amerikanischen Widerstandes. Aber Trumbull ging es offensichtlich nicht um die nationale Bedeutung des Ereignisses. Für ihn – wie für West – mußte ein Historienbild einen moralischen Appell enthalten, eine Vorstellung, die auch aus den Bildern von Jacques-Louis David spricht, welche er 1786 in Paris gesehen hatte. So liegt denn der Akzent in der edlen Haltung des englischen Majors – in der Ehrerbietung eines Offiziers gegenüber einem Offizier der feindlichen Armee. Trumbull wollte vielleicht darauf hinweisen, daß inmitten der Unmenschlichkeit des Krieges Handlungen der Humanität und der Güte möglich waren. Trotz der erwähnten, immer lauter werden-

den Kritik feierte Trumbull mit diesem Gemälde einen seiner größten Erfolge. Als es
Joshua Reynolds in London sah, glaubte er,
es stamme von Benjamin West, und be-
glückwünschte diesen zu seinen Fortschritten
in der Farbgebung. West seinerseits zollte
dem Bild ungewöhnliches Lob; er bezeichnete es als eines der besten modernen
Schlachtgemälde.

Die hier gezeigte Fassung ist eine Replik
des Bildes von 1786 (New Haven, Yale
University Art Gallery, Trumbull Collection).

Die Detailszene rechts mit Leutnant
Grosvenor und seinem schwarzen Diener
wurde von Trumbull fast zehn Jahre später
für Madame de Brehan, die Schwägerin des
Grafen von Moustier, von 1787 bis 1790
Gesandter Frankreichs in den Vereinigten
Staaten, eine Freundin von Thomas Jefferson, den sie während seiner Paris-Mission
kennenlernte, wiederholt (ebenfalls Yale
University College). Madame de Bréhan war
eine leidenschaftliche Verfechterin der amerikanischen Politik und sah in der Neuen
Welt – einige Jahre vor der Französischen
Revolution – den Weg zur Realisierung eines neuen Edens. Die Konfrontation mit
der amerikanischen Wirklichkeit muß ihren
Enthusiasmus gedämpft haben, und in ihren
Briefen beklagt sie sich über das Klima, über
die Qualität des Weins und über die Absenz
einer Gesellschaft, die diesen Namen verdient; andererseits findet man in diesen Papieren nicht die leiseste Erwähnung von
Trumbull und von diesem Auftrag. Es ist
immerhin nicht auszuschließen, daß Jefferson als Vermittler fungiert hat, da er mit
Trumbull in engem Kontakt stand: Er war
sein Berater für das Bild *Die Unabhängigkeitserklärung* (siehe Kat. 322), und Jefferson hat
den Maler beigezogen bei der Vergabe eines
Auftrags des Staates Virginia für eine Statue
George Washingtons an Houdon (Kat. 320).

Der schwarze Diener des Thomas Grosvenor wurde aufgrund eines 1855 entstandenen Stiches nach dem Gemälde als Peter Sa-
lem identifiziert. Man weiß, daß ein Schwarzer dieses Namens, der von seinem Herrn

für den Kriegsdienst in der Kolonialarmee
freigegeben worden war, sich tatsächlich
durch seine Beteiligung in den Schlachten
von Lexington und Bunkers' Hill auszeich-
nete. Aber es gibt kein Zeichen dafür, daß er
mit Grosvenor liiert war. Dieser – man sieht
ihn hier auf dem Rückzug – wurde bei Bunkers' Hill verwundet. Die Identifizierung
bleibt also zweifelhaft. Die in die Armee
aufgenommenen Schwarzen taten Dienst als
Diener oder Waffenträger, was vielleicht die
Tatsache erklärt, daß auf dem Bild der
schwarze Soldat hinter dem Leutnant steht
und dessen Gewehr hält. Am 8. Oktober
1775, ungefähr drei Monate nach der dargestellten Schlacht, verbot das amerikanische
Oberkommando die Anwerbung von
Schwarzen, sowohl freien wie Sklaven; diese
Politik mußte um die Mitte des folgenden
Jahres wieder aufgegeben werden, als es immer schwieriger wurde, Verstärkung für das
Heer zu finden. In den Südstaaten allerdings
wurde während der ganzen Dauer des Krieges am Verbot festgehalten.

Mehrere Skizzen belegen, daß Trumbull
anfänglich im Sinne hatte, Grosvernor einen
weißen Begleiter zur Seite zu stellen. Anlaß
zur Änderung könnte ein Bild Copleys von
1784 gewesen sein: *Der Tod von Major Pierson* (London, Tate Gallery). Auch hier nimmt
ein Schwarzer einen prominenten Platz im
Bildgeschehen ein; das Bild könnte als
Quelle gedient haben für die Detailausfüh-
rung der zwei Figuren, welche in der großen
Komposition die Aufmerksamkeit klar auf
das zentrale Motiv lenken.   W. Hauptman

Lit.: Trumbull 1832, S. 7–11; Chinard 1927,
S. 1–2; Sizer 1967, S. 146; Jaffe 1975, S. 317 ff.;
Honour 1989, S. 43.

324 a, b, c, d, e

GILBERT STUART
North Kingston, Rhode Island 1755–1828
Boston

**Das »Gibbs-Coolidge Set«
der ersten fünf
amerikanischen Präsidenten**
1805–1828

324 a

a

George Washington (Athenaeum Typ)
Um 1810–1815
Öl auf Holz, 67 × 54,6 cm
Washington, National Gallery of Art,
Geschenk von Thomas Jefferson Coolidge
IV zum Andenken an seinen Urgroßvater
Thomas Jefferson Coolidge, seinen
Großvater Thomas Jefferson Coolidge II
und seinen Vater Thomas Jefferson
Coolidge III, Inv. 1979.5.1

b

John Adams. Um 1825
Öl auf Holz, 66 × 54,2 cm
Washington, National Gallery of Art, Ailsa
Mellon Bruce Fund, Inv. 1979.4.1

c

Thomas Jefferson. Um 1810–1815
Öl auf Holz, 65,9 × 54 cm
Washington, National Gallery of Art,
Geschenk von Thomas Jefferson Coolidge
IV zum Andenken an seinen Urgroßvater
Thomas Jefferson Coolidge, seinen
Großvater Thomas Jefferson Coolidge II
und seinen Vater Thomas Jefferson
Coolidge III, Inv. 1986.71.1

d

James Madison. Um 1810–1815
Öl auf Holz, 65,2 × 53,9 cm
Washington, National Gallery of Art, Ailsa
Mellon Bruce Fund, Inv. 1979.4.2

e

James Monroe. Um 1817
Öl auf Holz, 64,7 × 54,6 cm
Washington, National Gallery of Art, Ailsa
Mellon Bruce Fund, Inv. 1979.4.3

1793 kehrte Stuart in die Vereinigten Staaten zurück, nachdem er 1777–1782 in London bei seinem Landsmann Benjamin West
in der Lehre gewesen war und sich danach
mit einem eigenen Atelier in England und
Irland einen Namen gemacht hatte. West bezeichnete ihn als besten Porträtisten seiner
Zeit, und dieser Ruf verhalf ihm auch in seiner Heimat schnell zu wichtigen Aufträgen.
Stuarts malerische und auf psychologischem
Einfühlungsvermögen beruhende Kunst
stand im Gegensatz zu den bis anhin provin-
ziellen und eher naiven amerikanischen Por-
trätbildern. Führende Persönlichkeiten aus
Wirtschaft und Staat ließen sich von ihm
malen, und 1795 führte er das erste von
rund 114 Bildnissen George Washingtons
aus, der 1789 zum ersten Präsidenten ernannt worden war. Colonel George Gibbs
von Rhode Island bestellte bei ihm die Porträts der ersten fünf, zwischen 1789 und

324 b

324 c

324 d

324 e

1825 amtierenden Präsidenten der jungen Republik. Stuart, den die physiognomische Ähnlichkeit und der Ausdruck der Modelle interessierte, schuf fünf Bilder von bedeutender künstlerischer Qualität, die jeden Präsidenten als Individuum charakterisieren. Das *Gibbs-Coolidge Set* machte Stuart zum wichtigsten Chronisten der Staatsmänner, die nach der Unabhängigkeitserklärung der Vereinigten Staaten 1776 den Aufbau und die Konsolidierung der Republik leiteten.

R. Bühlmann

Lit.: Führungsblatt des Museums zu Gilbert Stuart, o. J.; Washington 1967 (nicht eingesehen); Syracuse 1976 (nicht eingesehen).

Die Französische Revolution

325

PIERRE-FRANÇOIS PALLOY
1775–1835

Modell der Bastille. Um 1790–1793
Bemalter Gips, Stein(?), Kupferplättchen,
45 × 101,5 × 51,5 cm
Bern, Bernisches Historisches Museum,
Inv. 691

Die Bastille (bastille Saint-Antoine) wurde 1369 als Teil eines neuen Mauerrings um die Stadt Paris begonnen und allmählich von einem zweitürmigen Tor zu einer Zitadelle mit acht Türmen ausgebaut. Am Ende des Ancien Régime hatte die Bastille viel von ihrer militärischen Bedeutung verloren und diente vor allem als Kerker für einige wenige königliche Gefangene, besonders für Schriftsteller und für Geisteskranke aus gutem Haus. Die Unterhaltskosten schienen gemessen am Nutzen maßlos; der Abbruch war geplant.

Nicht das Gefängnis, sondern die als Arsenal und Pulvermagazin dienende Festung, von der aus ein Ausfall in die am dichtesten bevölkerten Viertel von Paris möglich war

und welche auch die Besetzung der Hauptstadt durch fremde Truppen erleichtert hätte, war es, deren sich am 14. Juli 1789 die Volksmenge, mit den Garden vereint, bemächtigte. Wenn auch der Sturm auf die Bastille und ihre Zerstörung, die noch am gleichen Abend begann, ohne eigentlichen Plan erfolgt war, so wurde ihre symbolische Bedeutung doch sogleich in ganz Europa begriffen.

Ein königlicher Bauunternehmer, Pierre-François Palloy, machte sich anheischig, das Symbol auszuschlachten (GARRIGUES 1988, S. 14–16), indem er die Schleifung der Feste organisierte, sich die Verwertung des Abbruchmaterials zusprechen ließ und kleine Bastillemodelle zu fabrizieren begann. Er bot solche den Pariser Stadtbehörden und der Nationalversammlung an und überreichte den 83 Départements, in die Frankreich am 15. Januar 1790 aufgeteilt wurde, je ein Exemplar. Diese Modelle sollten bei bürgerlich-weltlichen Prozessionen mitgetragen werden; Pierre-Etienne Le Sueur hat in einer seiner ausgeschnittenen, mit Gouache bemalten Figurengruppen einen solchen Umzug mit Bastillemodell dargestellt (Paris, Musée Carnavalet, siehe Paris 1983, Umschlag und Nr. 76; TULARD und PARINAUD 1989, S. 34). Was hier noch wie eine Reliquie behandelt wurde, sank bald zum Souvenir herab; die Auswertung der Bastillesteine wurde zur Monomanie: Palloy überschwemmte mit seinen oft nur noch schnell und wohlfeil aus Kunststein oder bloßem Gips hergestellten Modellen ganz Frankreich und seine Kolonien, produzierte Büsten, Statuetten, Tabakdosen, Tintenfässer, Briefbeschwerer usw., ruinierte sich und begrüßte schließlich die Restauration mit Freuden (BEAUMONT-MAILLET 1989, S. 401).

Nur wenige Bastillemodelle haben sich erhalten, trotz der ursprünglich großen Anzahl und trotz des beabsichtigten Erinnerungswertes. Das Exemplar des Bernischen Historischen Museums wurde 1793 dem zum französischen Département du Mont-Terrible gewordenen Fürstbistum Basel überreicht. Als der Wiener Kongreß dessen

325

Territorien zur Schweiz schlug und dem Kanton Bern einverleibte, wurde es vom bernischen »Canzler« Abraham Friedrich von Mutach in Pruntrut entdeckt und – ungeachtet der Restauration und ihrer versuchten Rückkehr zur Ordnung vor dem Bastillesturm – nach Bern zur Aufbewahrung in der städtischen Sammlung gesandt (Bernisches Historisches Museum, Archiv des Antiquariums in Bern, 1810–1878, Bd. 1 AV 1,4; 1,39; 1,40).

Das Modell gibt die Gesamtform der Bastille getreu wieder, vereinfacht aber den Grundriß zum Rechteck. Sein Reliquiencharakter erhellt aus dem eingeschlossenen Stein, der – nach dem Gewicht zu schließen – den Kern bildet, über den der Gips modelliert ist. Seine didaktische Aufgabe, an das verschriene königliche Gefängnis zu erinnern, wird durch Inschriften auf Kupferplättchen unterstrichen. Wir lesen hier: »Du Règne de Charles XI/1383« (Umfassungsmauer, über der Zugbrücke), »Corps de Garde du / Invalides et Logement / des Portes-clefs«, »Bibliothèque renfermant / les Lettres et Manuscrits / qui étoient improuvés« und »Clocher de l'horloge où le marteau / mettait une minute à fraper chaque / heure de façon que midi sonnait / en douze minute; cette Lenteur / frapait les oreilles des malheureux / et rappeloit leurs tourments«. Drei weitere Plättchen, die sich vom Modell gelöst haben, tragen den Text der »Capitulation du Gouverneur«, die »Noms des Citoyens administrant« im Département du

Mont-Terrible sowie die Beschreibung eines »Modèle de Médaille provenant des chaines tirées des déchets de la Bastille offertes à l'assemblée Législative« (Anspielung auf ein anderes Projekt des Unternehmers Palloy) und weisen auf die »Colonne de la Liberté élevée sur les débris de la Bastille«. Das Modell war von einem Grundriß der Zitadelle begleitet (ebenfalls im Bernischen Historischen Museum), erklärt durch ein größeres Schild mit der Geschichte von Bau, Eroberung und Zerstörung der Bastille, alles geschaffen »par P. F. Palloy patriote qui en a levé ce Plan et en a fait l'hommage aux 83 Départements, Districts, Cantons, Sections et Colonies de l'Empire français, jour du Pacte fédératif du 14 juillet 1790, l'an deuxième de la liberté«.   D. Gamboni

Lit.: Beschriftung des Berner Modells von F. Bächtiger; zu anderen Exemplaren GARRIGUES 1988, S. 16; TULARD und PARINAUD 1989, S. 45.

326

JACQUES BERTAUX
Tätig in Paris 1778–1806

Vorbereitungen zum 14. Juli 1790. 1790
Feder in Schwarz, laviert, 49 × 10 cm
Paris, Musée du Louvre, Département des arts graphiques, Inv. 23.742

Nach Bailly, dem Bürgermeister von Paris, der Anfang Juni 1790 der Nationalversammlung das Projekt einer »Fête de la Fédération« vorstellte, sollte dieses Fest »auf den kommenden 14. Juli fallen, den wir alle als den Zeitpunkt der Freiheit betrachten. Dieser Tag wird dazu bestimmt beschwören, daß wir sie verteidigen und bewahren.« Außerdem sollte die Feier Gelegenheit geben, mit Gepränge den Bürgereid zu leisten, auf immer untrennlich geeint zu sein, einander zu lieben und einander im Falle der Not von einem Ende des Königreichs zum anderen zu Hilfe zu eilen (BIVER 1979). Das zugrunde liegende Bild einer regenerierten Gesellschaft, die in Harmonie und Hilfsbereitschaft lebt, »dem Gesetz und dem König

326

verpflichtet«, zielt in Wirklichkeit darauf, den starken Druck zu neutralisieren, den die föderative Bewegung seit dem Herbst 1789 von den Provinzen her ausübte; ein Aufruf zur allgemeinen Wachsamkeit gegenüber den Machenschaften tatsächlicher oder bloß vermuteter Gegner der Revolution (OZOUF 1976). Je nach Standpunkt konnte man die Feier als den »Endpunkt einer bewegten Ära« oder als Signal einer neuen Etappe auffassen, und vor diesem Hintergrund politischer Divergenz betrachten wir die Zeichnung von Bertaux.

Das Blatt fügt sich unauffällig in eine Reihe von Darstellungen (darunter Gemälde Hubert Roberts neben verschiedenen Zeichnungen und Drucken) über das Thema der Teilnahme von Bürgern aller Schichten an den Vorbereitungsarbeiten auf dem Champde-Mars. Die Bildlegende einer recht verbreiteten Radierung des Verlegers J. S. Chéreau erklärt das Thema genau: »Diese unermeßliche Ebene ist schlagartig in eine weite und außergewöhnliche Arena verwandelt worden ... Man möchte sagen, ein Zauberstab habe diese Erde berührt und aus dem Nichts den Palast der Freiheit herbeigerufen. Aus der Befürchtung, diese Arbeiten seien zu dem sehnlichst herbeigewünschten Zeitpunkt nicht vollendet, haben sich Bürger je-

den Alters und Standes gemeldet, um sie zu beschleunigen« (BRUEL 1914, Nr. 3729). Die 15 000 Taglöhner, die man für die Arbeiten gedingt hatte, freuten sich wenig über die Ankunft von »mehr als 40 000 Freiwilligen und tags darauf über 80 000 Bürgern, die ihnen helfen sollten; aber sie getrauten sich nicht, den Mund zu öffnen oder, wie verabredet, die Werkzeuge zu entfernen.« Der Architekt Brongniart, der diese Einzelheiten in einem Brief beschreibt, fügt bei: »Das ist für diese Leute eine gute Lektion. Wenn sich die ehrlichen Leute verständigen, wird das Gesindel ratlos« (SILVESTRE DE SACY 1940, S. 78).

Trotz des Datums 1790 hinter der Signatur Bertraux' am unteren Blattrand wäre es möglich, daß seine Zeichnung, die von den in Stich veröffentlichten Szenen abhängt, erst einige Jahre nach dem Ereignis entstanden ist. Der Gegenstand ist so pittoresk aufgefaßt, daß man von Karikatur sprechen könnte. Man sieht, wie sich die freiwilligen Helfer erholen, einander schöntun und sich im Schatten erleichtern. Die Zeichnung der Figuren beschränkt sich manchmal auf naive Formeln, ähnlich wie bei Lallemand, dem Maler-Chronisten des Bastillesturms. Bis zum Archaismus vermeidet der Zeichner die Überschneidung der Menschengruppen;

diese auf Lesbarkeit zielende, der volkstümlichen Graphik entlehnte Darstellungsweise
könnte auch als Mittel verstanden werden,
die dem Ereignis eigene Ideologie des Egali-
tarismus zu unterstreichen. Es ist jedoch ungewiß, ob eine solche Anpassung des Stils an
das Thema bedacht und gewollt ist. Man findet nämlich die gleiche Ungelenkheit von
Komposition und Perspektive in den meisten bekannten Werken Bertraux', einem
Zyklus von vier Jagdstücken, 1778–1781 für
den Herzog von Orléans gemalt, und 17
Zeichnungen aus dem Zeitraum 1789–1806,
die mit der ausgestellten zusammen im
Louvre aufbewahrt werden.   Ph. Bordes

Lit.: GUIFFREY und MARCEL 1907, S. 56–59;
OZOUF 1976, S. 44–74; BIVER 1979, S. 11–31.

327

JOSEPH CHINARD
Lyon 1756–1813 Lyon

Jupiter erschlägt die Aristokratie. 1791
Gipsgruppe, 45,5 × 17 × 13 cm
Paris, Musée du Louvre, Département des
sculptures, Inv. R.F. 2477

Im Jahre 1791, bei seinem zweiten Aufenthalt in Rom, erhielt Chinard von einem
Lyoner Händler, Van Risemburgh, einem
gebürtigen Holländer, der für die neuen
Ideen gewonnen worden war, die Bestellung
für Entwürfe zweier Kandelaberbasen mit
den Themen *Jupiter erschlägt die Aristokratie*
und *Apollo besiegt den Aberglauben.* In der
letztgenannten Gruppe stattet der Bildhauer
den Aberglauben mit den traditionellen Attributen der Kirche aus, Schleier, Kreuz und
Kelch. Nachdem er den Behörden des Kir-
chenstaates angezeigt worden war, wurde
Chinard am 22. September 1792 in der En-
gelsburg eingekerkert und erst durch die
Vermittlung des Gesandten der Französischen Republik in Neapel wieder freigesetzt.
Die in Frage stehenden Kerzenstöcke wurden aber nie ausgeführt, und die zwei auf-
rührerischen Gruppen, die wir durch ihre
Bozzetti in Terrakotta und in Gips kennen
(Paris, Musée Carnavalet), wurden anschei-

327

nend erst im 19. Jahrhundert in Bronze gegossen (ehem. Slg. Heilbronner).

Chinard läßt hier die frische Tatkraft, das
ernste Gesicht und den harmonisch gebauten
Körper Jupiters – sein Adler auf einem Pflug
inmitten reifen Kornes sitzend – kontrastieren mit der monströs gezeichneten Aristokratie: Diese ist als Echse gebildet, mit gesträubtem, struppigem Haar (Grausamkeit?)

und langen Ohren (Unwissenheit?), die sich mit der Linken ein Schwert in die Brust stößt, während ihr fransenbesetzter Mantel (Verschwendung?) die krallenbewehrte Tatze des rechten Arms bloßlegt (Raffsucht?); dieses Ungeheuer stürzt in sich zusammen inmitten von symbolischem Plunder, wie dem fallenden zinnenbekrönten Turm, einem gesprungenen Wappen, Ketten, Urkunden, Bücher und den gebündelten Insignien Schwert, Kreuz und Marschallstab. Wellenlinien auf dem Sockel verraten, daß eine erläuternde Inschrift geplant war. Es ist behauptet worden, Chinard habe bloß eine Zeichnung des Malers Philippe-Auguste Hennequin in Vollplastik übertragen. Das Werk, daß Chinard nach seiner Rückkunft in Lyon schuf, beweist aber deutlich, daß der Bildhauer fähig war, die Metaphern der Revolutionszeit mit den Mitteln der Plastik selbständig zu formulieren.   J.-R. Gaborit

Lit.: SAUNIER 1910; Paris: Révolution 1989, Bd. 2, Nr. 825.

328

328

JOSEPH CHINARD
Lyon 1756–1813 Lyon

Die Republik. 1794
Terrakotta, 35 × 27 × 16,4 cm
Paris, Musée du Louvre, Département des sculptures, Inv. R.F. 1883

Unter dem Anschein strengster Einfachheit ist Chinards Statuette der *Republik* ein bedeutungsgeladenes Werk. Die Republik sitzt majestätisch, das Haupt ist mit der phrygischen Mütze bedeckt, die recht Hand enthüllt die Tafel der Menschenrechte und bedeckt die Gesetzestafel mit dem Zweig einer Eiche (Symbol der Stärke). Auf der Rückseite lesen wir die Inschrift »Liberté«; sie wird gerahmt von einer mit Blumen bekränzten Keule – wahrscheinlich Anspielung auf die Darstellung des französischen Volkes als Herkules – und vom Stabbündel der Einigkeit, um das sich die Schlange der Ewigkeit windet. Die Statuette ist ein eigentliches Kultbild für die neue Religion der Revolution. Gewisse Züge (wie die frontale Stellung, das strenge Antlitz, die stilisierte Haartracht) sind von archaischen oder archaisierenden Prototypen der Antike entlehnt, Werke, die damals lebhafte Aufmerksamkeit erregten, wie man an der häufigen Verwendung des Typus der *Artemis der Epheser* als Bild der Natur sehen kann. Die halbkreisförmig abschließenden Tafeln, die an die herkömmliche Darstellung der Mosestafeln erinnern, postulieren, daß ein neues Gesetz das alte ablösen muß.

Die Statuette trägt links die folgende Inschrift: »Chinard inv. et fe^t 23 germinal l'an 2^m [12. April 1794] de la R[épublique] f[rançaise] u[ne] et ind[ivisible]«. Sie erlaubt es, das Werk genauer zu situieren. Chinard war vom Oktober 1793 bis zum Februar 1794 in Lyon inhaftiert. Nach seiner Befreiung war sein politisches Engagement noch stärker als zuvor. Die Statuette könnte im Hinblick auf einen der öffentlichen Räume geschaffen worden sein, die in der Revolutionszeit in großer Zahl geplant, aber selten realisiert

wurden, jedenfalls nicht in dauerhaftem Material. Chinards *Republik* hätte sich ohne weiteres in einen monumentalen, ja kolossalen
Maßstab übertragen lassen. Aber die außerordentliche Sorgfalt der Ausführung und die
Perfektion im Detail lassen vermuten, daß
sie eher für privaten Gebrauch gedacht war.
Der Louvre erwarb sie 1926 von D. David-
Weill.   J.-R. Gaborit

Lit.: DE LA CHAPELLE 1897, S. 142; VOVELLE
1986, Bd. 3, S. 218; Vizille 1986, Nr. 35; Paris:
Révolution 1989, Bd. 3, Nr. 856.

329

329

NANINE VALLAIN, verh. Piètre
Tätig in Paris 1787–1810

Die Freiheit. 1793–1794
Öl auf Leinwand, 128 × 97 cm
Vizille, Musée de la Révolution française,
Inv. D 1986–4

Dieses »Gemälde von Nanine Vallain, die
Freiheit darstellend« wurde im November
1794 bei der Schließung des Jakobinerklubs
beschlagnahmt. Damals Staatsbesitz geworden, wurde es kürzlich vom Louvre dem Re-
volutionsmuseum von Vizille als Depositum
übergeben. Die Zuschreibung an die Malerin Vallain stützt sich auf einen Bericht über
die Ausstellung im Mai 1788 an der Place
Dauphine, in dem der Einfluß von Suvée auf
die junge Künstlerin betont wird (*Mercure de
France,* 7. Juni 1788, S. 46). Wir wissen
nicht, wie das Gemälde bei den Jakobinern
gezeigt wurde; wahrscheinlich hat es die
Vallain dem Jakobinerklub als Geschenk angeboten und sich so zu dessen politischen
Ansichten bekannt.
    Die Erklärung der Menschenrechte, die
man auf dem Pergament in der Rechten der
allegorischen Figur der Freiheit liest, ist diejenige, die am 23. Juni 1793 angenommen
wurde. Die militärische Mobilmachung beherrschte damals das Tagesgespräch; das bezeugen in dem Bild mehrere Einzelheiten:
die mit schwarzem Flor bedeckte Urne mit
der Weihinschrift «à nos frères morts par

elle» (unseren Brüdern, die für sie gestorben
sind) und die Lorbeerzweige des Ruhms, die
den Siegern winken. Auf einem Steinblock
erinnert die Inschrift an die Gründungstage
der Republik, den 14. Juli und den 10. August. Die Herkuleskeule und das Liktorenbündel kreuzen sich hinter der Menschen-
rechtsurkunde und verstärken das Bild der
siegesgewissen Republik. Auf der Gegenseite, unten rechts, mahnen die Embleme
des Ancien Régime an Korruption und Ver-
sklavung. Eine mächtige Pyramide, Trauer-
symbol der Ewigkeit, schließt das Bildfeld.
Der Anspruch auf Freiheit konzentriert sich
auf die beredte Darstellung der roten Mütze
vor dem Himmelszelt.
    Man hat sich gefragt, ob die Figur, die
dieses Dispositiv von Symbolen belebt, die
Freiheit oder die Republik sei. Es gibt Stiche
der »Freiheit«, die der Figur der Vallain na-
hestehen, die gleichsam die Devise »Freiheit
oder Tod« verkörpert. Aber man kennt auch
Allegorien der »Republik«, wie das Staatssie-
gel von 1792, die die Allegorie unseres Gemäldes ähnlich. In diesem ist die Zweideu-

330

tigkeit gewollt (HUNT 1984, S. 61–62). Dieses Vorgehen rechtfertigte sich sowohl politisch als auch ästhetisch. Winckelmann schrieb im *Versuch einer Allegorie, besonders für die Kunst* (1766, französisch 1799, S. 81), die beste und vollkommenste Allegorie bestehe darin, zwei oder mehrere Ideen zu vereinigen und in einer Figur auszudrücken. Diese Methode bringt hier eine der charakteristischsten Kunstschöpfungen der Revolutionszeit hervor. Ph. Bordes

Lit.: Los Angeles 1976, S. 47; Paris: Révolution 1989, Bd. 3, S. 662, Nr. 870.

330

JACQUES-LOUIS DAVID
Paris 1748–1825 Paris

Der Triumph des französischen Volkes
1793–1794
Bleistift, grau laviert, quadriert, 39 × 71 cm
Paris, Musée Carnavalet, Inv. D 4852

Nach dem Zeugnis Alexandre Lenoirs, der mit David befreundet war und diese Zeichnung besaß, handelt es sich um den Entwurf zu einem «rideau de l'Opéra» (Theatervorhang). Das läßt an eine Komposition in Leimfarbe denken, eher in der Art der von

ihm gearbeiteten Festdekorationen als in der seiner Historienbilder. David zeichnete eine erste, weniger ausgearbeitete Fassung (Louvre) offenbart nach Vollendung des *Marat* (Oktober–November 1793) und vor dem Höhepunkt des Châlier-Kultes (Januar–Februar 1794); denn Châlier fehlt in dem Zug der Freiheitsmärtyrer, der rechterhand dargestellt ist. Einen Hinweis auf das Datum unserer Zeichnung geben außerdem zwei Berichte, die der Maler als Mitglied des Konvents über das projektierte Denkmal des französischen Volkes, das auf dem Pont-Neuf errichtet werden sollte, im November 1793 verfaßte und die sein Interesse für das Thema unserer Zeichnung, den *Triumph des französischen Volkes,* bezeugen.

In der vorliegenden Fassung sind die neuen Märtyrer Bayle, Beauvais und Fabre de l'Hérault, die man seit Anfang April 1794 verehrte, berücksichtigt, nicht aber die einen Monat zurückliegenden intensive Propaganda für den Kult der kindlichen Märtyrer Bara und Viala. Zur Zeit der »Schreckensherrschaft« hat die Darstellung eines Märtyrerleichnams – oft gezeigt und hier von David inszeniert – den politischen Zweck, Rache zu fordern und die Bürger dazu aufzustacheln, sofort Maßnahmen gegen das »aristokratische Komplott« zu verlangen (DE BEAC-

331

QUE 1987). Marat, bis »zum letzten Atemzug« ein passives Opfer, aufersteht als militanter Aktivist; ein Schachzug, um Marats Popularität zugunsten der jakobinischen Politik auszuschlachten. Die den Sansculotten zugeteilte Rolle ist nicht weniger Ausdruck einer Manipulation: Das »Volk« ist gleichzeitig die Triebkraft der Revolution und, auf dem Triumphwagen sitzend, die Verkörperung der neuen Souveränität. In der unversöhnlichen Dualität dieser Darstellungen – die eine das Volk bestialisierend, die andere es idealisierend – erscheint der Mechanismus der jakobinischen Schreckensherrschaft: Mißachtung der Bürgerrechte. Ph. Bordes

Lit.: SCHNAPPER 1988, S. 110–112; Paris 1989–1990, S. 292 ff., Nr. 124; BORDES (im Druck).

331
FRANÇOIS GÉRARD
Rom 1770–1837 Paris
Das französische Volk verlangt
die Absetzung des Tyrannen
(10. August 1792). 1794
Feder in Braun, laviert, Weißhöhung,
66,8 × 91,7 cm
Paris, Musée du Louvre, Département des arts graphiques, Inv. 26.713

Im April 1794 rief das Wohlfahrtskomitee »alle Künstler der Republik dazu auf, eines der ruhmreichsten Ereignisse der Französischen Revolution auszuwählen und in einem Gemälde darzustellen«. Die Preisrichter traten nach dem Sturz Robespierres (Juli 1794) zusammen und entschieden sich für die Komposition des jungen David-Schülers François Gérard. Dieser bleibt Davids *Ballhausschwur* treu, indem er der Darstellung eines zeitgenössischen Vorwurfs die Größe der

Historienmalerei zu geben trachtet. Damit befindet er sich einerseits im Gegensatz zu den Stechern und einigen Malern, welche die blutigen Kämpfe im Hof der Tuilerien darstellen, andererseits zu denjenigen Künstlern, die sich der Allegorie bedienen, um die historische Bedeutung dieses erneuten Umsturzes auszudrücken: Absetzung des Königs, Einsetzung der Republik. Ein Sympathisant der Jakobiner wie Hennequin malt zur Zeit des Direktoriums das Thema allegorisch, gestützt auf eine politische Reflexion, die man bei Gérard nicht findet:»Das Volk, von der Philosophie geleitet, besiegt die Verbrechen und sieht Geburt und Triumph der Freiheit.« (BORDES 1979, S. 211)

Noch mitten in Robespierres Schreckensherrschaft zeigt sich Gérard vorsichtig und zielt auf das Wesentliche: den Auftrag des Volkes, das Land vor drohender Gefahr zu retten und den König abzusetzen, der Landesverrat begangen hatte. Die Kräfte sind im Gleichgewicht dargestellt: Die königliche Familie befindet sich neutralisiert hinter den Gitterstäben der Protokollschreiberloge; der Girondistenausschuß der Versammlung bekundet seinen Verdruß über das Mißlingen der Versuche, den König zu retten; das Volk fordert den Preis für seine Opfer bei den Tuilerienkämpfen; Unterstützung kommt ihm von den Abgeordneten der»Montagne« und von den Bürgern auf den Tribünen, die dafür garantieren, daß die politische Krise überwunden wird. In diesem»parlamentarischen Schauspiel« kontrastieren Leid und Elend des Volkes mit Verschwendung und Korruption der Monarchie, signalisiert durch den Schutz der Tuilerien im Vordergrund der Szene.

Was Gérard darstellt, ist genau die jakobinische Version der Revolutionsgeschichte, worin dem Volk bei den Ereignissen des 14. Juli und 5. Oktober 1789 und des 10. August 1792 die führende Rolle zugebilligt, aber zugleich an den Stufen der gesetzgebenden Gewalt eine Grenze gezogen wurde. Gérard minimiert absichtlich den Druck, den die Volksverwaltung der Stadtgemeinde von Paris auf den Konvent ausübte. In Wirklichkeit war es am 10. August 1792 eine Abordnung der neuen Stadtvertreter, welche die gerichtliche Absetzung des Königs forderte; sie kam mit drei Fahnen, auf denen «Patrie, Egalité, Liberté» stand. Der Soldat, der Nationalgardist und das Sektionsmitglied bezeugen vereint die Stärke des Volks, aber das disparate Bild aufgebrachter Menschengruppen unterstützt gleichzeitig die Fiktion, die Volkskräfte, welche die Jakobiner unter Kontrolle bringen wollen, seien führungslos.

Der Auftrag des Staates an Gérard billigte ihm für die Ausführung des Gemäldes im großen Format 18 Monate zu. Wir wissen, daß er 1797/98 an der Arbeit war, aber alles läßt vermuten, daß er sie wenig später aufgab. Das stete Bemühen des Direktoriums, die Volksbewegung zu neutralisieren, die Anforderungen einer reichgewordenen Kundschaft, das Aufkommen einer Geschmacksrichtung, die sich in der Abkehr von der Politik gefiel, die Lauheit, mit der die Jakobiner den Künstler unterstützten, sind Ursachen dafür, daß Gérard sein Werk nicht zu Ende führte.   Ph. Bordes

Lit.: MOULIN 1983; OLANDER 1984, S. 317–319; Paris: Beau idéal 1989, S. 122–125, 151–152.

332

JACQUES RÉATTU
Arles 1760–1833 Arles

Der Triumph der Freiheit. 1794
Öl auf Leinwand, 34,5 × 47 cm
Arles, Musée Réattu, Inv. 868-1-42

1790 gewann Jacques Réattu den Prix de Rome und begab sich daraufhin 1791 an die Académie de France in Rom. Schon 1793 mußte er allerdings nach einer Flucht über Neapel wieder in die Provence zurückkehren, weil die Feindlichkeiten der Römer den Franzosen gegenüber immer stärker zugenommen hatten. In seiner Heimat bemühte er sich sofort, einen Auftrag der Republik zu erhalten, was ihm aufgrund seiner bereits sehr detaillierten Idee zum Triumph der Frei-

332

heit im Rahmen der »travaux d'encouragement« auch gelang. Der Sturz Robespierres führte allerdings schnell zur Unterbrechung der Arbeiten. Heute sind noch zwei Ölskizzen und zwei Kompositionszeichnungen erhalten – eine großformatige Version ist nicht überliefert.

Réattu kannte wahrscheinlich aus Beschreibungen das Thema des Triumphzuges wie es von Vien (Kat. 334) oder David (Kat. 330), der auch die Festzüge der Republik inszenierte, umgesetzt worden war. Réattus Komposition lehnt sich stark an diese Werke an, nur daß seine Freiheit nicht auf einem Wagen vorbeigezogen, sondern auf einem von nackten Männern gehaltenen Schild getragen wird. Im Gegensatz zu Davids Triumphzug, der auch reale Personen der Revolutionszeit integriert, verwendet Réattu nur allegorische Figuren.

Das Programm erläuterte Réattu in einigen noch erhaltenen Texten, die nur in wenigen Details von den ausgeführten Skizzen abweichen. Links bahnen Mars und Herkules der Freiheit den Weg, indem sie die feindlichen Mächte vertreiben. Die Freiheit mit Faszien, Trikolore und phrygischer Mütze wird über die vernichteten Gegner getragen, während die Weisheit, Minerva, ihr den Rücken stärkt und mit vorausweisender Geste auf den Genius zeigt. Dieser geflügelte und mit einer Flamme gekrönte Genius, Symbol für das revolutionäre Frankreich, teilt die Wolken, hinter denen die Sonne durchbricht. Dem Triumphzug folgen Personifikationen der Gleichheit, des Gesetzes, verschiedene Tugenden und die von ihren Fesseln befreiten Völker. Das Bild entspricht in seiner aggressiven Dynamik der Zeit des Terrors der Jakobiner und ihrer Devise »La Liberté où La Mort«. R. Bühlmann

Lit.: Simons 1982; Simons 1985, Nr. 42, S. 30–36, S. 98–100.

333

333

JACQUES RÉATTU
Arles 1760–1833 Arles

Der Triumph der Zivilisation. Um 1795
Öl auf Leinwand, 98 × 130 cm
Hamburg, Kunsthalle, Gemäldegalerie,
Inv. 5314

Die Auftragslage und die Bestimmung des
sehr ambitiösen, in der Tradition barocker
Allegorien stehenden *Triumphs der Zivilisation,* der als direktes Vorbild den Medici-Zyklus von Rubens im Louvre hat, sind nicht
bekannt. Der Beschreibung Réattus können
wir aber den Sinn des Gemäldes entnehmen,
zu dem noch eine Skizze im Musée Réattu
erhalten ist. Im Zentrum thront auf einem
Podest die lorbeergeschmückte Union, die
in der rechten Hand eine umkränzte Scheibe
hält, auf der zwei sich ergreifende Hände ab-

gebildet sind. Die Union ist Symbol für das
geeinte Frankreich, in dem die Kultur zu einer neuen Blüte kommt. Neben ihr steht
Herkules mit einem Bein auf Waffen, begleitet von den ihn charakterisierenden Tugenden der Mäßigkeit, Klugheit und Wachsamkeit. Im Anschluß an diese Gruppe tröstet die Gerechtigkeit das Unglück. Vor der
Union verschleiert sich die Nacht vor der
Personifikation des Tages, die mit pathetischer Geste den wichtigsten Hauptstädten
Frankreichs die Hand reicht. Diese wenden
sich mit ihren miteinander verbundenen, an
den *Schwur der Horatier* (Kat. 301) mahnenden Händen der Union zu. In ihrem Rücken
werden Laster und Mißbrauch vom blitzeschleudernden Genius Frankreichs, der in
der Mitte des Himmels schwebt, verscheucht. Unter diesem enthüllt die Allegorie des Sieges eine janusköpfige Büste und
reicht gleichzeitig den Hauptstädten vier

334

Kränze dar. Ergänzt wird die Komposition durch die allegorische Figur der Wissenschaft rechts im Vordergrund, die die nackten Gestalten von Unwissenheit und Irrtum niederhält. Kleine Genien der Astronomie, Mathematik, Musik, Dichtung, Malerei und Skulptur befassen sich mit dem Buch der Wissenschaft. Links symbolisiert Neptun mit seinen Tritonen die natürlichen Grenzen Frankreichs, den Ozean, den Rhein und die Mosel, innerhalb deren sie die Einigkeit ausrufen und durch ein zerbrochenes Joch das Ende der Tyrannei verkünden. In der Himmelszone rechts schreibt die Geschichte die Worte, die Chronos vor ihr in einen Obelisken graviert, auf: «[Répu]blique [França]ise/ [At]hènes [Ro]me». Anhand der beiden Werke Réattus, des *Triumphs der Freiheit* (Kat. 332) und des *Triumphs der Zivilisation,* läßt sich zeigen, wie sehr die Tagespolitik die Themenwahl der Künstler bestimmte. Kaum

hatte Réattu sein Bild der Freiheit begonnen, war dessen Inhalt schon als subversiv zu betrachten. Die neuen Verhältnisse in der Zeit des Direktoriums ab 1795 verlangten nicht mehr nach kämpferischen Bildern, und so verzichtete Réattu im *Triumph der Zivilisation* auf die Symbolsprache der Revolution. Die Betonung der Einigkeit und der humanitären Errungenschaften der Republik mußte in den Vordergrund treten. Im Vergleich zum scheinbar ähnlichen *Triumph der Freiheit* herrscht im späteren, statischeren Werk ein pazifistischer Ton vor, der den politischen Bestrebungen nach dem Thermidor entspricht.   R. Bühlmann

Lit.: Simons 1982; Simons 1983; Simons 1985, Nr. 52, S. 36 f., S. 102; Hofmann 1989, Nr. 401 (Farbabb. 36).

334

JOSEPH-MARIE VIEN
Montpellier 1716-1809 Paris

Der Triumph der Republik. 1794
Feder in Schwarz, grau und braun laviert,
Weißhöhung; Vorzeichnung mit schwarzer
Kreide; Quadrierung, 34 × 48 cm
Paris, Musée du Louvre, Département des
arts graphiques, Inv. R. F. 38.804

Im Alter von 78 Jahren nahm Vien, der anerkannte Patriarch der französischen Maler,
an dem zur Zeit der Schreckensherrschaft
vom Wohlfahrtskomitee ausgeschriebenen
Wettbewerb teil, der die Maler dazu anregen
sollte, ihre Kunst in den Dienst der Republik
zu stellen. Mit Verspätung und vielleicht mit
inneren Vorbehalten legte Vien diese Zeichnung vor und gab dazu folgende Erklärung
ab: »Es ist eine Ehrbezeugung, die ich dem
Gesetz schulde, und ein Beispiel das ich als
alter Mann der Jugend geben zu müssen
glaube.« Das Blatt zeigt den Triumph über
den fremden Feind Österreich, dargestellt als
doppelköpfiger Adler, der unter den Rädern
des Wagens verendet. Dies ist das einzige
dramatische Element in einer Komposition,
die weniger einen Aufruf zu Wachsamkeit
bedeutet als eine feierliche Würdigung der
mit dem Sieg verbundenen Wohltaten.
Links erinnern Mars, Herkules, Legionäre
und Löwen an die nationale Kraftanstren-
gung, an die patriotische Soldatenwerbung,
deren es bedurft hatte. Diese Vorhut rechtfertigt erst die Darstellung der Republik als
Verkünderin von Frieden und Überfluß, die
den Soldaten belohnt und den Landmann
beschwichtigt.
Politisch gesehen stellt sich Vien an die
Seite von Rousseau und sieht über die gesellschaftliche Wirklichkeit seiner Zeit hinweg. Die Allegorie von Freiheit und Gleichheit und der Anspruch, den sie verkörpern,
stehen im Schatten. Man kann in Herkules
das Volk sehen, das sich gehorsam in den
Dienst der Obrigkeit stellt – für die Jakobiner sind Volk und gesetzmäßige Republik
geradezu Rivalen. Die zerbrochene Krone

erinnert an die aufstandähnliche Gewaltsam-
keit des 10. August 1792, an dem der König
abgesetzt wurde; aber es zeigt sich deutlich
genug, daß Vien zu den Gemäßigten gehört.
Vergeblich sucht man die Embleme der Aristokratie und der Kirche, deren Zerstörung
zur Regie der Feste, aber auch der allegorischen Kompositionen gehört, die auf den
Trümmern der alten die neue Ordnung errichten.   Ph. Bordes

Lit.: GAEHTGENS und LUGAND 1988, S. 109, 252
(Nr. 142); Paris: Beau idéal 1989, S. 99-101
(Nr. 60).

335

BÉNIGNE GAGNERAUX
Dijon 1756-1795 Florenz

**Der Genius des Friedens zügelt die
Pferde des Mars.** 1794
Öl auf Leinwand, 69,5 × 93 cm
Genf, Musée d'art et d'histoire, Inv. 1837-1

Am 5. Januar 1791 schreibt Gagneraux seinem Lehrer Desvoges: »Ich beehre mich, Ihnen die Ideenskizze eines Bildes, das ich ausgeführt habe zu schicken. Es stellt den Genius des Friedens dar, der das Gespann des
Mars bezähmt. Ich habe es eigens dazu gemalt, um es an die Seite der Schlacht (*Passage
du Rhin*, zu Ehren des Grand Condé gemalt)
zu stellen und um zu zeigen, daß ich etwas
von der Antike verstehe, wobei sich ein
durchaus markanter Kontrast der Stile abzeichnet« (SANDSTRÖM 1981, S. 243, Anhang XXXV). Aus diesem Text erhellt Gagneraux' Bekenntnis zur Bewegung des
Klassizismus, zur intellektuellen Neubele-
bung der Antike, mit dem Ziel »die Kunst
dem Gedanken unterzuordnen« (STAROBIN-
SKI 1979, S. 95).
Gagneraux malte dieses Bild in Florenz,
wohin er sich nach heftigen franzosenfeind-
lichen Aufständen in Rom geflüchtet hatte,
für seinen Gastgeber, Graf Jean de Sellon,
einen gebürtigen Genfer, der ebenfalls aus
den revolutionären Wirren seiner Heimatstadt geflohen war. Diese ätherische Allego-

335

rie stellt einen geflügelten Genius dar, einen apollinischen lorbeerbekränzten Epheben, der das Viergespann des Mars mittels dünner Goldfäden zügelt und zurückhält, um die Pferde daran zu hindern, Ähren, Symbole des Friedens und der Wohlfahrt, zu zertreten. Im Vordergrund rechts ruhen Brustpanzer, Helm, gebrochene Lanze, gelöschte Fakkel und geknickte Eichenzweige auf einem Schild und bedeuten das Ende des Krieges. Im Hintergrund hat der Künstler eine felsige Phantasielandschaft, zum Teil von dichtem Gewölk umhüllt, hingeworfen.

Dieses in der Malerei des ausgehenden 18. Jahrhunderts selten behandelte Thema scheint es Gagneraux angetan zu haben: eine erste Version stammt von 1791 (Mâcon, Musée des Ursulines), eine Zeichnung (Dijon, Musée des beaux-arts) nimmt die hier besprochene Genfer Version wieder auf, während jene in Mâcon sich in einem 1792

datierten Umrißstich wiederfindet, im *Recueil de dix-huit estampes au trait, composées et gravées à Rome par Gagneraux*. Der Künstler verbildlicht hier seine Hoffnung auf künftigen Frieden in einer zarten, seltsam entrückten Allegorie, beladen mit Reminiszenzen aus der Antike; die bildlichen Quellen dazu sind Studien nach Reliefs und Vasen des Altertums, wie jene Pausen, die Gagneraux nach dem Sammelband von d'Hancarville ausführt (*Antiquités étrusques, grecques et romaines, tirées du cabinet de M. Hamilton*, Neapel, 1766–1767; SANDSTRÖM 1981). R. Loche

Lit.: Paris 1974, S. 419–421; SANDSTRÖM 1979; STAROBINSKI 1979; SANDSTRÖM 1981; Dijon-Rom 1983, S. 175–178.

336

336, 337

JACQUES KUIJPER
Amsterdam 1761–1808 Amsterdam

**Freiheitsfest am 4. März 1795 in
Amsterdam.** 1795
Feder und Pinsel, Bister, 33,2 × 47,2 cm
Amsterdam, Historisch Museum,
Inv. A 10639 (Legat C. J. Fodor)

**Fest der Allianz am 19. Juni 1795 in
Amsterdam.** 1795
Feder und Pinsel, Bister, 33,2 × 47,2 cm
Amsterdam, Historisch Museum,
Inv. A 10638 (Legat C. J. Fodor)

Die kraftlose Haltung des letzten niederländischen Statthalters Wilhelm V. im Krieg gegen England und in den daraus entstehenden Auseinandersetzungen im Lande selbst führte zur Aufstellung von Freikorps der Patrioten, die den Orangisten so zusetzten, daß

der Statthalter sich allein durch das Eingreifen der Truppen seines Schwagers Friedrich Wilhelm von Preußen behaupten konnte. Vor allem Amsterdam war Herd der Unruhen, hier bildete sich denn auch ein Comité révolutionnaire, das am 18. Januar 1795 die Macht übernahm. Am selben Tag hatte sich der Statthalter nach England eingeschifft, auf der Flucht vor den französischen Revolutionstruppen, die aus den südlichen Niederlanden über die zugefrorenen Flüsse in den Norden zogen.

Obwohl die Franzosen auch im Süden durch Aufständische und ein revolutionäres Parlament begrüßt wurden, war ihre Stellung in der traditionell als politisches Vorbild betrachteten Niederländischen Republik doch grundlegend anders als in den spanisch-habsburgischen Niederlanden, die schon 1793 durch die Französische Republik annektiert wurden. (In demselben Jahr erklärte Frankreich auch der Niederländischen Repu-

337

blik den Krieg, errang aber nur sehr geringe
militärische Erfolge.) Holländer und Franzosen betrachteten einander zunächst als
Schwesterrepubliken, eine ideologische Ver-
brämung der politischen Realität, die sich in
den harten Forderungen des Friedensvertrags
und der herablassenden Behandlung der holländischen Revolutionäre enthüllte.

In den ersten Monaten der »Franzosenzeit« war die Freude wohl noch allgemein.
Sie äußerte sich in den nach dem Vorbild
des revolutionären Frankreich organisierten
Festen, die sich in Amsterdam konzentrierten – und zwar vor dem Rathaus auf dem
Dam, der jetzt »Revolutionsplatz« hieß. Die
Beschreibung eines Augenzeugen des Revo-
lutionsfestes vom 4. März 1795 spricht für
sich. Sie beginnt mit dem beinah dreißig
Meter hohen Freiheitsbaum:

> Der Baum, der auf einem Grashügel zu
> stehen schien, war spiralförmig in Rot-
> Weiß-Blau und oben mit einer Girlande

von Eichenblättern bemalt. Sie endete in
einer beweglichen Baumkrone, die
kunstvoll aus Eichenzweigen und -blät-
tern geflochten war. Hieraus ragte die
Spitze des Baumes mit dem Freiheitshut
und seiner dreifarbigen Kokarde. Die
Säule, die den Baum ... festhielt, war
von dorischer Ordnung. Sie symbolisierte die Standfestigkeit und war als Zeichen von Freude und Belohnung von einem Lorbeerzweig umschlungen. Auf ihrem Kapitell baute sich eine Trophäe von
drei Rüstungen mit farbigen Bändern
und Federn auf. Zusammen mit Palmzweigen und drei Schilden, die bei der
Enthüllung am Freiheitsbaum aufgehängt
waren, bildeten sie ein Ganzes (VAN DER
VIJVER 1844 ff., III, S. 222 ff.).

Diese wurden durch militärische und zivile
Gruppen im Laufe eines ganztägigen Festes
in einem Aufzug an den Baum gehängt. Das
erste zeigte die Allegorie von Amsterdam

mit Freiheitsmütze und Wasserwaage (als Symbol der Gleichheit), ein Franke hat ihr zur Freiheit verholfen. Der zweite Schild stellte Freiheit und Gleichheit dar, der dritte zwei Bataver, die sich die Hand schüttelten und die eine Beischrift als »Brüderlichkeit« erklärte. Ansprachen, Gesänge – darunter das populäre *Ça ira* – und Tänze füllten den Tag, der mit einer Aufführung des *Wilhelm Tell* im Theater abgeschlossen wurde.

Die erste Zeichnung (4.3.1795) gibt den Blick von der Kalverstraat auf den Revolutionsplatz, der wie die ihn umgebenden Gebäude dicht mit Menschen gefüllt ist. Der Zeichner Kuijper legt neben der Darstellung der allgemeinen Festfreude – Fahnen, Transparente mit der Aufschrift »leesgezelschap«, d. h. Aufzügen der fortschrittlichen bürgerlichen Lesegesellschaften – und auf Bajonetten getragene selbstgemachte »Freiheitshüte« – Nachdruck auf genrehafte Detailszenen: bekränzte Kinder mit Schärpen, die mit Soldaten tanzen, eine Frau, die in ihrer Begeisterung umgefallen ist. Wie die Details der offiziellen Dekoration durchgehend sinnbildhaft sind (der Baum steht als Zeichen des natürlichen Ursprungs der Freiheit in einem Grashügel, er fordert durch seine Höhe das Rathaus heraus) – wie diese Zeichen sind auch die volkstümlichen Details durchgehend bedeutungsgeladen. Der Tanz etwa kann als Ausdruck von Freude und Eintracht verstanden werden, er verbindet programmatisch alt und jung und schließt die an ihrer zweigeteilt schwarz-roten Kleidung erkennbaren städtischen Waisenkinder bewußt ein.

Die zweite Zeichnung (19.6.1795) zeigt von der anderen Seite des Revolutionsplatzes das Fest der Allianz mit Frankreich, bei dem zugleich die neuen Repräsentanten in ihr Amt eingeführt wurden. Der Freiheitsbaum ist unverändert (er sollte bis zum Frieden von Amiens 1802 stehenbleiben), allerdings jetzt in der Form, die er beim vorigen Fest erst abends erhielt: umgeben von eisernen Bögen, die den Eindruck eines Brunnens – Zeichen der überströmenden Wohltaten des neuen Regimes – geben mußten.

Zudem ist der Mittelrisalit des Rathauses jetzt mit Schilden geschmückt, die wieder mit symbolisch-emblematischen Darstellungen die neue Ordnung verherrlichen.

Die Szene selbst ist weniger ausgelassen: Der innere Teil des Platzes ist für das Publikum abgeriegelt; hier wird das Fest, nachdem die eingeladenen französischen Volksvertreter in das Gemeentehuis gekommen waren und die französisch-niederländische Allianzflagge gehißt war, mit einem Autodafé eröffnet. Wappen, Schilde und andere Attribute des Ancien Régime – darunter auch die altmodischen Perücken – wurden aus dem Ratssaal auf den Platz gebracht, um hier, nachdem die Bürger sie zerschlagen hatten, verbrannt zu werden (VAN DER VIJVER, 1844 ff., III, S. 251 ff.).

Zu diesem symbolischen Bildersturm spielte fröhliche Musik und zogen wieder zahllose Gruppen auf, die ihre Treue zur neuen Regierung beschworen. Überall in der Stadt wurden bei dieser Gelegenheit symbolische Darstellungen gezeigt; die Gestaltung dieses Festes mischte deutlich die Volkskundgebungen der französischen Revolutionsfeste mit Elementen der traditionellen »Einzüge«, mit denen die Niederländer seit dem 15. Jahrhundert ihren Fürsten gehuldigt und zugleich ihre Freiheitsrechte bestätigt hatten. Bewußt knüpfte man sowohl an die römisch-germanische wie die antispanische Tradition des Kampfes gegen Tyrannen an – natürlich unter den veränderten revolutionären Bedingungen. Frühere Feste

verhöhnten das Menschengeschlecht, forderten die Wahrheit heraus, geben den Umfang der Herrschsucht an und zeigten den Bewohnern des Landes ihre Sklaverei, Feste also, die die Tyrannei aufzwang, bei denen ihre Günstlinge allein jauchzen konnten, aber an denen jedermann teilnehmen mußte, obgleich tiefe Trauer das vaterländische Herz erfüllte (*Beschrijving* 1795, S. 2).

Zehn Jahre später sollte die Situation gerade an dieser Stelle völlig verändert sein: die Franzosen, die sich schnell als Unterdrücker

338

entpuppten, hatten unter Napoleons Bruder
Louis Napoléon ein Königreich der Niederlande errichtet. Der neue König war in das
Rathaus eingezogen, das seither als Königspalast dient. Die Wache auf dem Dam wurde
abgerissen, da sie die königliche Aussicht
störte.   J. Becker

Lit.: Stuttgart 1980, Nr. 47 (Allianzfest); GRIJ-
ZENHOUT 1989, bes. S. 127 ff.

338

JOSEPH ANTON KOCH
Obergiblen (Tirol) 1786–1839 Rom

**Schwur der 1500 Republikaner bei
Montenesimo.** 1797
Radierung, 33 × 64 cm (Plattenrand)
Wien, Graphische Sammlung Albertina,
Inv. ÖK Koch, fol. 19

Nachdem er aus der strengen Karlsschule in
Stuttgart geflohen ist, findet Koch Arbeit in
Straßburg, wo er mit dem Club des Jacobins
der Stadt in Verbindung tritt, dieser Tochter-
gründung des Paris Klubs. Die Jakobiner
spielen während der Revolution eine wichtige Rolle, Persönlichkeiten wie Barnave
oder Mirabeau gehören dem Klub an. Koch

distanziert sich zwar bald von ihm, bewahrt
aber zeitlebens die großzügigsten der Revo-
lutionsideen: Er lebt die Brüderlichkeit gegenüber seinen jüngeren deutschen Maler-
kollegen, die in Rom mit außergewöhnlicher Ausdauer arbeiten. Von Basel, in das er
übersiedelt war, wird er 1792 wegen Ver-
dachts auf revolutionäre Gesinnung vertrieben. Von 1792 bis 1794 hält er sich in der
Schweiz auf, insbesondere im Berner Oberland, und 1794 bekommt er vom englischen
Mäzen, dem Theologen George Frederick
Nott, ein dreijähriges Stipendium für Italien;
er lebt vorübergehend in Mailand, Bologna,
Florenz und Neapel, um sich 1795 in Rom
niederzulassen. Wie viele seiner Zeitgenossen, etwa Beethoven, ist er unter den ersten,
die sich für die martialische Noblesse des
jungen Bonaparte und seine Kampagne in
Italien begeistern; eine Zeichnung gilt dem
Eidschwur in Montenesimo, wo Bonaparte
als junger General die 1500 Mann zählende
Truppe General Antoine Guillaume Ram-
pons befeuert; man sieht ihn eine Standarte
mit der Aufschrift »Vaincre ou Mourir«
schwenken. Der Sieg von Montenesimo, des
heutigen Cairo Montenotte bei Savona,
wurde am 14. April 1796 als einer der glän-

zendsten der Franzosen über 15 000 Österreicher errungen.

Kürzlich tauchte eine Vorzeichnung für dieses Blatt im Handel auf (Stuttgart 1989, Nr. 86a). Koch gliedert seine Komposition in zwei Tiefenschichten: Der Vordergrund lehnt sich an Davids *Schwur der Horatier* an, während der Hintergrund mit den von Kanonenrauch verhängten Bergen an die 1792–1794 entstandenen Schweizer Berglandschaften des Künstlers erinnern. Der Stich wird für den Verleger Johann Friedrich Frauenholz entworfen, für den Koch 1797–1802 arbeitet. Jean Baptiste Wicar, damals in Florenz, gibt dasselbe Ereignis wie Koch wieder, aber minder romantisch; der Kreis zuhörender Soldaten um Bonaparte erscheint etwas starr (BECKER 1971, Abb. 148). M. Pinault

Lit.: BECKER 1971, S. 82, Abb. 149; LUTTEROTTI 1971, S. 82, Abb. 149; LUTTEROTTI 1985, S. 39, 404 und Abb. 246; Paris: La Révolution française 1989, Nr. 679; Berlin 1989–1990, Nr. 82.

Die Revolution in Genf

339

GABRIEL-CONSTANT VAUCHER
Genf 1768–1814 Genf

Marcus Curius Dentatus weist die Geschenke der Samniter zurück. 1792
Öl auf Leinwand, 100,5 × 156 cm
Genf, Musée d'art et d'histoire, Inv. 1836–3

Im Rahmen der Verherrlichung antiker Tugend durch die klassizistische Kunst des ausgehenden 18. Jahrhunderts wurde das Thema der Zurückweisung von Geschenken – das für die bildliche Ausschmückung von Rathäusern beliebt war (Kat. 41a, 106, 293) – häufig verwendet, um die vorbildliche Sittenstrenge des sich von Glücksgütern abwendenden Helden vor Augen zu führen. Von Valerius Maximus im Kapitel *De abstinentia et continentia* (IV, 3,5) mit Fabricius

Luscinus in Verbindung gebracht, gehört Marcus Curius Dentatus' Unbestechlichkeit in den gleichen Bilderkreis wie die Enthaltsamkeit des Scipio Africanus, die Standhaftigkeit des Hypocrates gegenüber den Persern, die Unverführbarkeit des Fabricius Luscinus, welcher Pyrrhus' Angebote ausschlägt, oder die Größe der Mutter der Gracchen, Cornelia, die ihre Söhne als ihren schönsten Schmuck schätzt (ROSENBLUM 1989, S. 57; Montauban 1989, S. 38; BUYSSENS 1988, Nr. 202).

Schon vor Vaucher malten im Jahre 1776 Gagneraux (Rom 1983, Nr. 3) und im Jahre 1787 Peyron (ROSENBERG und VAN DE SANDT 1983, Nr. 112) die Verachtung materieller Güter, die der römische Konsul beweist, indem er die Gaben des samnitischen Gesandten ablehnt mit den Worten: »Lieber befehle ich denen, die Gold haben, als daß ich es selber besitze«, überliefert von Valerius Maximus und Plutarch (*Leben Catos des Älteren*, 2).

Kannte Vaucher diese Werke seiner Vorgänger? Seine Bildauffassung ist eng verwandt mit derjenigen Peyrons, jedoch sind in der Komposition Rechts und Links vertauscht, was die Kenntnis durch einen Stich naheleg t. Vaucher folgt Peyron, der den Konsul auf niedrigem Hocker vor seinem Haus (unweit vom häuslichen Herd) sein frugales Mahl zubereiten läßt. Dagegen posiert Gagneraux' Held noch auf einem Thron.

Ein einfaches, naturverbundenes Leben, das nicht nur der Korruption die Stirn bietet, sondern auch der Verweichlichung und dem Luxus, das ist der Gedankenkreis Rousseaus, den Vaucher gekannt haben muß, und zwar durch Vermittlung seines Vetters und Lehrers Saint-Ours (siehe Kat. 298–300 und 340–344). Mit diesem teilt Vaucher die Vorliebe für Menschenmengen und sich in ferne Landschaften weitende Bildräume. Mehr noch als Peyron betont Vaucher den Gegensatz zwischen dem Gepränge und der Üppigkeit der Geschenke, die in einem regelrechten Festzug gebracht werden, und der Nüchternheit des Römers, dessen Naturver-

339

bundenheit durch die großangelegte nahe
Landschaft sinnfällig wird.   D. Buyssens

Lit.: BUYSSENS 1988, S. 202 und Nr. 401.

340

JEAN-PIERRE SAINT-OURS
Genf 1752–1809 Genf

**Kostümentwürfe für die Genfer
Magistraten.** 1793
Aquarell, Tuschfeder, auf cremefarbenem
Papier, 39,5 × 52 cm
Genf, Bibliothèque publique et universitaire,
Inv. Dic 41G Rig 1610

Es war im Dezember 1792, drei Jahre nach
dem Sturm auf die Bastille, als die Republik
Genf – auf ihre Weise – ihre eigene Revolution durchführte, welche ihr den Weg zur
modernen Demokratie ebnete. Die bürgerliche und politische Gleichheit aller Bevölke-
rungsteile war damit verkündet. »Seit dem
Fall des Ancien Régime, wo die Mächtigen

sich noch durch ihre aristokratische Erscheinung und ihre Standeszeichen kennzeichneten, erfinden die Genfer Revolutionäre neue
Unterscheidungsmerkmale, in denen die
Macht nicht mehr an der Person, sondern
an ihrer Aufgabe erkennbar ist« (WALKER
1989).

Als Mitglied der Nationalversammlung,
betraut mit verschiedensten Regierungsäm-
tern, stellte Jean-Pierre Saint-Ours seine
ganze Zeit und seine ganze Kunst in den
Dienst der neuen Republik. Insbesondere
spielte er keine geringe Rolle bei der Ausarbeitung von Erkennungszeichen für die hohen öffentlichen Beamten. Er wurde mit
Entwürfen für die Amtstrachten und die Attribute der Würdenträger beauftragt und
hinterließ uns im vorliegenden Aquarell ein
Zeugnis, zu dem wir dank der beigefügten,
äußerst genauen Beschreibung die vielfälti-
gen allegorischen Details kennen. Nachdem
diese – mit nur geringfügigen Änderungen –
im Dezember 1793 als Druck erschienen
war, wurde das ambitiöse Projekt Anfang

340

1794 genehmigt. Doch im Verlauf der folgenden Monate erfuhr es zahlreiche Abstriche, um schließlich in äußerster Bescheidenheit zu enden. Es waren tatsächlich viel einfachere Kostüme, welche die Magistraten bei der ersten Ratsversammlung zur Schau trugen. In dieser Zeit aber, da »égalité« und »austérité« den Ton angaben, zeigte sich die Bevölkerung selbst dann noch schockiert ob ihrer Pracht. Schließlich verblieb – zur Unterscheidung der Regierungsmitglieder – als einziges symbolisches Machtattribut die Schärpe in den Genfer Farben Rot und Gelb.

Nach dem Entwurf von Saint-Ours hätten die Magistraten verschiedene, auf ihr spezifisches Amt hinweisende Zeichen tragen sollen, emblematische Attribute, welche die Aufsicht (surveillance), die Wachsamkeit (vigilance), das Gesetz (loi) oder auch das sein Wahlrecht ausübende Volk (le peuple donnant son suffrage) symbolisierten. Der Künstler hatte auch vorgesehen, daß jedes Ratsmitglied einen weiten, in der Art einer Toga drapierten Mantel trüge, dessen Farbe symbolische Bedeutung zukäme und der den feierlichen Ratsversammlungen zusätzlich einen Hauch von antiker Würde verliehen hätte: »Der weiße Mantel, zum Beispiel, bezeichnete den Richter, um so das Individuum zurücktreten zu lassen.« An offiziellen Umzügen hätte den Würdenträgern ein Amtsdiener vorausgehen sollen, mit einem – den Römern entlehnten – Emblem, versehen mit der Devise und dem Wappen von Genf, bekrönt mit einer Freiheitsmütze (DE HERDT: Saint-Ours 1989).   A. de Herdt

Lit.: WALKER 1989, S. 84; DE HERDT: Saint-Ours 1989, S. 143–144, 159.

341

JEAN-PIERRE SAINT-OURS
Genf 1752–1809 Genf

Entwurf für einen Amtsstab
Um 1793–1794
Bleistift, Feder mit brauner Tinte, laviert,
24,3 × 19 cm, Genf, Musée d'art et
d'histoire, Cabinet des dessins,
Inv. s. n. dossier Saint-Ours

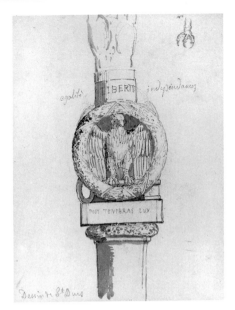

341

Jean-Pierre Saint-Ours hatte in seiner Verantwortung als Künstler einen äußerst hohen Anspruch. Aufgewachsen in einem aufgeklärten Milieu, ausgebildet in der großen klassischen Tradition und als Preisträger der Pariser Académie royale nahm er sich vor, in seinen Bildern die Heldentaten und bürgerlichen Tugenden zu verherrlichen. Aber die Revolution sollte seine Karriere erschüttern, die er ganz der Historienmalerei widmen wollte. Als feuriger Patriot vertraute er den Postulaten von Gleichheit und Freiheit, und, um sich selbst treu zu bleiben, stellte er sich der Genfer Republik zur Verfügung und begann zu handeln.

In der Folge beteiligt er sich als Künstler und als Politiker nie als Terrorist an der Regierung. Er entwirft Bilder und Symbole – wie diesen Amtsstab – die in der Tradition der Herrschaftsattribute anzusiedeln sind, wie etwa die Bürgermeisterstäbe: »Seit Beginn des 15. Jahrhunderts war es Brauch, daß der Bürgermeister einen Amtsstab trug, den er von seinem Vorgänger übernommen hatte, und den er dann vor versammeltem Bürgerrat seinem Nachfolger weitergeben mußte. Seit der Einführung der Reformation verstärkte das unabhängige Genf zusehends die Rolle der Bürgermeister. In der Folge wurden deren Insignien schnell zu sichtbaren und materiellen Zeichen der vergänglichen Macht, der sie sich erfreuten. Der Bürgermeisterstab bekam alsbald die Bedeutung eines Erkennungszeichens der legalen, im Volk verankerten Macht« (LESCAZE 1972).

Man weiß nicht genau, welche Funktion für diesen von Saint-Ours sehr plastisch entworfenen Stab vorgesehen war. Gewiß war er im Rahmen des dem Künstler übertragenen Projekts für neue magistrale Ehrenzeichen und Amtstrachten entstanden. Bekrönt mit einer Schwurhand als Sinnbild der Macht, trägt er die Embleme des neuen republikanischen Genf: den in einen Siegeskranz eingeschriebenen Adler mit ausgebreiteten Flügeln, der den Schlüssel in seinen Klauen hält. Weiter findet sich der Wahlspruch jener Zeit, «Egalité, Liberté, Indépendance», wobei das Prinzip der Unabhängigkeit (indépendance) jenes der Brüderlichkeit (fraternité) aus der französischen Devise ersetzt. Für die damaligen Bürger des von französischen Truppen total eingekreisten Genf war die Unabhängigkeit wahrhaftig eine der Hauptsorgen (DE HERDT: Saint-Ours 1989).

A. de Herdt

Lit.: LESCAZE 1972; DE HERDT: Saint-Ours 1989, S. 144–145.

342

JEAN-PIERRE SAINT-OURS
Genf 1752–1809 Genf

Studie für die Figur der Republik Genf
1794
Öl auf Holz, 95,8 × 49,5 cm
Genf, Musée d'art et d'histoire,
Inv. 1985–240

342

Mit dem Ziel, das Bild der Demokratie zu festigen und der eben erst erweiterten Gemeinschaft ein Gefühl der Identität zu geben, beschließt der Gesetzgebende Rat (Conseil législatif) der Republik Genf im Jahre 1793, neue, allgemein anerkannte Symbole zu schaffen. Saint-Ours, Abgeordneter und Historienmaler, erhält den Auftrag, die wichtigste Allegorie der Stadt zu erfinden und darzustellen, ein Bild, das für jedermann die Republik verkörpern soll und das für den Chor der Kathedrale bestimmt ist, wo die Gemeindeversammlungen (Assemblées souveraines) abgehalten werden. Man findet die Quellen des Malers in Skizzen, die er in Rom nach Werken der Antike gezeichnet hat. Eine davon stellt Kybele dar, die Schutzgöttin der Städte, eine andere die Minerva der Villa Medici, eine dritte die behelmte Göttin Roma, die den Staat und sein Glück verkörpert.

Unsere Ölstudie entspricht bis auf wenige Einzelheiten dem ausgeführten Gemälde. Wie die Athena Polias erscheint Genava als weibliche Allegorie mit zahlreichen Attributen. Gewandet und auf dem Haupt die Mauerkrone der Stadtgöttinnen tragend, sitzt sie auf einer mit Schlangenstäben, Symbolen des Handels und der Medizin, geschmückten Steinbank. Sie stützt sich auf eine mit der Freiheitsmütze geschmückte Urne und zeigt auf das Jahr I der »Egalité genevoise« (1792). In der Rechten hält Genava ein römisch anmutendes Feldzeichen mit Wimpel, das den Magistraten vorangetragen werden sollte. Andere Attribute weisen auf die Ressourcen der Stadt: Sanduhr, Taschenuhr, Tintenfaß und Buch. Die standbildartige Figur hebt sich ab von einer ihrer-seits symbolhaften Landschaft, gekennzeichnet durch den See, den Höhenzug des Salève und die kräftigen Türme der Kathedrale (DE HERDT 1982). Von großer Bedeutung ist ein

343

Element, das die Studie von dem ausgeführten Gemälde unterscheidet: Genava tritt mit ihrem linken Fuß auf die weiße Mitra und die Stola des Bischofs von Genf. (Im Eingangsbuch des Musée Rath steht zum Jahr 1886: «Genève protestante tenant sous ses pieds la tiare épiscopale», obwohl das ausgeführte Gemälde aus der Kathedrale gemeint ist.) Offenbar wollte Saint-Ours daran erinnern, daß die Genfer bereits im 16. Jahrhundert in einer Revolution die staatliche Souveränität errungen hatten, in dem sie sich von der Herrschaft des Bischofs befreiten und 1536 die Reformation annahmen (DE HERDT: Saint-Ours 1989).

Es war vorgesehen, das Gemälde *Figure de la République* bei einer Feier zu enthüllen, in der die Kathedrale zum »Tempel der Gesetze« (Temple des Lois) erklärt werden sollte. Es kam anders – die Stichworte Schreckensherrschaft und Thermidor genügen: Das Gemälde wurde fast heimlich im Chor der Kathedrale aufgehängt und 1798

ebenso heimlich wieder entfernt, als nach der Annexion von Genf der französische Regierungskommissar befahl, alle Symbole der alten Republik zu beseitigen (GAMBONI, im Erscheinen).   A. de Herdt

Lit.: DE HERDT 1982; BUYSSENS 1988, S. 167; DE HERDT: Saint-Ours 1989, S. 154–156, 159; GAMBONI, im Erscheinen.

343

JEAN-PIERRE SAINT-OURS
Genf 1752–1809 Genf

Die Genfer Magistraten legen den Amtseid ab. 1794–1795
Schwarze Kreide, Feder und Pinsel in Braun, auf crèmefarbigem Papier, 37,3 × 54,2 cm
Genf, Musée d'art et d'histoire, Cabinet des dessins, Inv. 1971–86

Der Stadtstaat Genf besaß seit der Reformation demokratische Regierungsstrukturen.

Der Souverän bestand im Conseil général, der die »citoyens et bourgeois« umfaßte. Für die Regierungstätigkeit waren der Kleine Rat und der Rat der Zweihundert zuständig. Der Conseil général versammelte sich seit dem 15. Jahrhundert für Wahlen und Hauptgeschäfte in der Kathedrale, zuerst im Kreuzgang und, als dieser zu eng und zu alt geworden war, in der Kirche selbst. »Das reformierte Genf machte aus diesem Gotteshaus allmählich den selbstverständlichen Ort aller öffentlichen Kundgebungen von Gewicht« (NEUENSCHWANDER 1981).

Im Verlauf des 17. und 18. Jahrhunderts monopolisierte die Finanz- und Politaristokratie die Macht. Der Conseil général wurde nur noch selten einberufen und verlor seinen Einfluß. Das war einer der Gründe für die Genfer Revolution, die Ende 1792 das Ancien Régime stürzte. Die Genfer beriefen mit allgemeinem Wahlrecht eine Nationalversammlung (Assemblée nationale) ein, zu deren Mitgliedern Jean-Pierre Saint-Ours gehörte. Sie sollte eine neue »allgemein verständliche« Verfassung ausarbeiten, welche Gewaltentrennung und raschen Ämterwechsel festlegte. Die Präambel sollte eine Erklärung der Menschenrechte enthalten: «Déclaration des droits et devoirs de l'homme social».

Die Ausdehnung der demokratischen Rechte in Genf war im damaligen Europa beispiellos: Jedermann erhielt das Stimmrecht, und abgestimmt wurde über alles. Zwischen 1793 und 1798 rief man die Genfer durchschnittlich jede Woche einmal zu den Urnen. Die Verhandlungen der Gemeindeversammlungen (Assemblées souveraines) waren öffentlich, die Abstimmungen geheim, das Wahlrecht allgemein. Schauplatz war die Kathedrale. »Bisher legten neugewählte Amtsträger und Neubürger den Eid ebenfalls in der Kathedrale ab, und zwar vor den Räten und auf die Heilige Schrift. Nach der Revolution verlangten die Anhänger des Gleichheitsprinzips, daß der Eid nicht mehr vor den Magistraten, sondern vor dem Volk geschworen werde. Die Zeichnung von Saint-Ours zeigt beide Formen des Eid-

schwurs, den alten auf die Bibel durch eine Rückenfigur und den neuen durch einen stehenden Mann, der den Arm gegen die im Kirchenschiff versammelte Menge streckt« (GOLAY 1989).

In der flüchtigen Pinselzeichnung des *Amtseids* wird man an eine antike Volksversammlung erinnert. Man erkennt den Chor der Kathedrale mit den vor den Seitenapsiden errichteten Stufen, über welche die Bürger zur Abstimmung schritten. Man darf hier daran erinnern, daß in Genf das Bürgerrecht auch während der heftigsten Revolutionsstürme vom protestantischen Bekenntnis abhängig war und daß jede Entchristianisierung unterblieb.   A. de Herdt

Lit.: NEUENSCHWANDER 1981, S. 11; GOLAY 1989, S. 45–61, 98, 100, 103, 105.

344

JEAN-PIERRE SAINT-OURS
Genf 1752–1809 Genf

Die Stadt Genf, antikisch idealisiert
Um 1794
Schwarze Kreide, Pinsel in Braun,
auf crèmefarbigem Papier, 43,7 × 77,3 cm
Genf, Privatsammlung (Depositum
im Musée d'art et d'histoire, Cabinet des
dessins)

In den zwölf Jahren, die Saint-Ours in Italien verbringt, um seine Kenntnis der Antike zu vertiefen, wird er nicht müde, die berühmten Denkmäler und Bildwerke des Altertums zu zeichnen. Um auch die griechisch-römische Naturerfahrung nachzuvollziehen, durchstreift er Latium und füllt viele Blätter mit weniger topographischen als »synthetischen« Skizzen von fernen, an den Hängen klebenden Dörfern, deren Staffelung und Volumetrie einen idealen Rahmen für seine Historienbilder abgeben werden. Und wie er um 1794 seine großformatigen Ansichten der antikisch idealisierten Stadt Genf in Angriff nimmt, transponiert er die Silhouetten italienischer Städte, deren Skizzen er aufbewahrt hat.

Tafel XI (Kat. 353)

344

Für Saint-Ours hat das Landschaftsbild symbolischen Wert und muß beispielhaft sein, um den hohen Ansprüchen, die er als engagierter Mensch und Künstler stellt, zu entsprechen. Anders als viele Schweizer Maler läßt er sich von der Reinheit der Berggipfel nicht verführen; Alpen und ländliche Gegenden fehlen in seinem Werk: nur die Stadtlandschaft, eingebettet in eine absichtsvoll strukturierte und geordnete Natur, kommt in Betracht, und so entstehen wirklichkeitsferne Kompositionen, Früchte der klassizistischen Illusion.

Nach solcher Metamorphose erscheint Genf wie eine antike Stadt auf ihrem Hügel: mit Tempel, Säulenhalle und Ringmauer. Erkennbar sind die sogenannte Treille, die Porte Neuve und die Befestigungswerke. Durch die Bildmacht ruft der Maler seine Mitbürger dazu auf, aus ihrer Republik den Ort und Hort einer Musterdemokratie zu machen. Er träumt davon, seine Heimat in eine Idealstadt zu verwandeln, wo Umgebung und Stadtgestalt, als Harmonie verstanden und erstrebt, die menschlichen Beziehungen, die Arbeit und die Errichtung der Freiheiten begünstigen. In einem Bericht an die Genfer Regierung über die Förderung der Künste, der Wissenschaften und der Industrie sind die Mittel, um dieses Ziel zu erreichen, beschrieben; Saint-Ours zeigt darin, welche Wirkung (action civilisatrice) und welchen Nutzen (utilité économique) die Kultur und zumal die endlich zur Geltung gebrachten Künste in der Stadt zu stiften vermöchten (SAINT-OURS 1989).

Vor der Mauer, am Eingang der Stadt, bezeugt der Maler ihrem berühmten Sohn Jean-Jacques Rousseau die Ehre, indem er das Denkmal, das ihm die Genfer stifteten, und das Grabmal in Ermenonville unter riesigen Bäumen nebeneinanderstellt (FORNARA 1989). Saint-Ours war seit seiner Jugend von den Ideen des *Emile* und des *Contrat social* angetan. Er war es, dem die Genfer Nationalversammlung das Projekt zum Rousseau-Denkmal anvertraute, eine Büste auf hoher Säule inmitten einer Bepflanzung; er organisierte 1794 auch den Festzug und das Volksfest zu Ehren des großen Citoyen de Genève.   A. de Herdt

Lit.: FORNARA 1989; SAINT-OURS 1989.

Licht und Schatten

345

FRANCISCO DE GOYA
Fuendetodos 1746–1828 Bordeaux

Du, der du es nicht kannst
Um 1797–1799
Rötel, rot laviert, 24,2 × 16,6 cm
Madrid, Museo del Prado, Inv. 98

Vorzeichnung zu Nr. 42 der Graphikserie *Caprichos*, die 1799 veröffentlicht wurde. Die Inschrift «Tu que no puedes» zitiert das spanische Sprichwort «Tu que no puedes, llevame a cuestas» (Du, der du es nicht kannst, trage mich auf den Schultern). Goya spricht damit die Bauern an, die auf ihren Schultern zwei Esel tragen und sich unter der Last krümmen. Das Blatt gehört zu der sog. Eselssequenz innerhalb der *Caprichos*. Der Ritt des Esels auf dem Menschen ist ein altes ikonographisches Motiv, durch das ungerechte Machtverhältnisse dargestellt werden. Die Esel stehen bei Goya für den spanischen Adel. Seine Satire gilt dem Dünkel, dem Müßiggang, der Dummheit sowie – in unserem Blatt – der Ausbeutung der Bauern durch diese Klasse. Die historische Rolle des Adels sieht Goya hier ausschließlich unter negativem Vorzeichen. – In dem Blatt B 93 seines Madrider Skizzenbuches (vgl. GASSIER 1973, S. 121), das Goya um 1797 ausführte, zeigt er einen Weg der Befreiung: Ein junger Bauernbursche treibt die adeligen Esel mit seinem Stock in die Flucht. Seltener als diese Auflehnung zeigt Goya jedoch immer wieder – wie in unserem Blatt – Machtlosigkeit, Resignation und subjektive Einwilligung der Opfer in die jahrhundertelange Unterdrückung.   J. Held

Lit.: HARRIS 1964, S. 114, Nr. 77; GASSIER 1975, S. 137; Frankfurt 1981, S. 60, Nr. D 33, und S. 177, Nr. L 16; NILSSON 1978.

345

346

FRANCISCO DE GOYA
Fuendetodos 1746–1828 Bordeaux

Hier ein Hinkender, der adlige Vorfahren hatte. Um 1805–1820
Tuschpinsel, 20,5 × 14,3 cm
Madrid, Museo del Prado, Inv. 90

Die Zeichnung *Este fue un cojo que tenia señoria* stammt aus dem sog. Skizzenbuch C, an dem Goya wohl ca. 1805–1820 arbeitete. – Unter den Volkstypen seiner Zeit, deren *condition humaine* Goya zu ergründen sucht, hat er viele Male Bettler dargestellt. Es geht ihm darum, die subjektiven und objektiven Ursachen zu erforschen, die sie zur Bettelei bewegten. – In unserem Fall ist es ein verarmter Adliger, der seinen einst feinen, federgeschmückten Hut für eine milde Gabe ausstreckt, derweil er sich mit der Rechten auf einen Stock stützt und mühsam aufrecht hält, denn sein rechtes Bein ist lahm. Seine Klei-

346   347

dung verrät die vornehme Herkunft: ein gekrauster Kragen, Spitzenmanschetten und geschlitzte Ärmel, Seidenstrümpfe und Kniebundhose, die mit Schleifen besetzten Schnallenschuhe. Diese Kleidungsstücke sind aber auch deutlich veraltet, sie entsprechen der Mode des 16./17. Jahrhunderts. Unser Hidalgo ist also nicht mehr in der Lage, seine Kleidung zu erneuern. Wie er die alten Kleider seines Standes nicht ablegen kann, so auch dessen Vorurteile und mentalen Haltungen nicht, die es einem Adligen verbieten zu arbeiten. Seit dem *Lazarillo de Tormes*, dem ersten Schelmenroman, gibt es in Spanien eine satirische Literatur, die den Hidalgo verspottet, weil er eher zum Bettelstab greift als Privileg und Stolz des Adels zu verleugnen und eine Handarbeit zu verrichten. Im 18. Jahrhundert wurde in der verarmten, zahlenmäßig nicht unbedeutenden adligen Bevölkerung, die nicht bereit war, ihre traditionelle Lebensweise aufzugeben, ein Problem gesehen. Goyas Grundüberzeugung

war die der Aufklärer, daß das Bettelwesen überwunden werden müsse. Hellsichtiger als viele seiner literarischen Freunde erkennt er jedoch die immensen Widerstände auf diesem Weg in eine moderne Welt, der nur über die freie Nutzung der eigenen Arbeitskraft führen konnte. So scheint er hier nicht ausschließlich den Hidalgo für sein Elend verantwortlich zu machen, den er nicht gnadenlos karikiert, sondern dessen altes Gesicht er nicht ohne Würde und Tragik zeichnet.   J. Held

Lit.: GASSIER 1973, S. 233 und 356; Boston 1989, S. 176 ff., Nr. 78.

347

FRANCISCO DE GOYA
Fuendetodos 1746–1828 Bordeaux

Du wirst ihn nicht finden
Um 1803–1820
Tuschpinsel, 20,5 × 14,2 cm
Madrid, Museo del Prado, Inv. 419

Diogenes, der Außenseiter unter den antiken Philosophen, soll auf dem Markt zu Korinth am hellichten Tag mit brennender Laterne vergeblich nach einem »wahren Menschen« gesucht haben. Diese Anekdote ist in der Literatur und der bildenden Kunst zahllose Male variiert und ihre Pointe verschoben worden (vgl. HERDING 1989). Rousseau schreibt: »Ich habe viele Masken gesehen – wann werde ich endlich Menschen zu Gesicht bekommen?« und: »Ich habe meine Laterne unnütz getragen – ich habe weder einen Menschen noch eine Seele gefunden« (zit. bei HERDING 1989, S. 168). Ähnlich pessimistisch beurteilt Goya das Unterfangen. »Du wirst ihn nicht finden« (No lo encontraras), ruft er dem Philosophen mit seiner Inschrift zu. In der kahlen Landschaft ist Diogenes allein, und die Laterne läßt ihn einzig seinen eigenen Schatten erkennen. Überrascht beugt er sich über ihn, und die Suche nach dem Menschen wird zur Suche nach sich selbst. Doch sein Schatten bleibt amorph, und auch die Gesichtszüge des Philosophen hat Goya – wohl um die Unergründlichkeit eines Menschen auch uns zu demonstrieren – unscharf und verschattet gezeichnet. Wiederholt hat Goya die Suche nach Erkenntnis, die er im Sinne der Aufklärung an das Sehvermögen des Menschen knüpft, thematisiert, u. a. in der Zeichnung *Aprende a ver* (GASSIER 1973, S. 174; HELD: Blind Men 1987, S. 51 ff.).   J. Held

Lit.: GASSIER 1973, S. 256 und 361.

348

348

FRANCISCO DE GOYA
Fuendetodos 1746–1828 Bordeaux

Weil er die Erdbewegung entdeckt hat
Um 1810–1812
Tuschpinsel, 20,5 × 14,3 cm
Madrid, Museo del Prado, Inv. 333

Das Blatt gehört zu einer Sequenz von Zeichnungen im Skizzenbuch C, auf denen Goya anonyme und bekannte Opfer der Justiz, nicht selten der Inquisition, vorführt.

Die Inquisition, die im 18. Jahrhundert in Spanien an Einfluß verloren hatte und nur noch selten durch spektakuläre Urteile von sich reden machte, wurde 1810–1812 bei den Diskussionen um eine Verfassung erneut in die Debatten einbezogen. Es ging dabei um die Forderung der liberalen Reformer, sie gänzlich aufzulösen. Goyas Zeichnungen, die aus denselben Jahren stammen, sind in diesem Diskussionszusammenhang als ein aktuelles Plädoyer gegen diese Institution zu verstehen (Boston 1989, S. 217 ff.).

Aus den unterschiedlichsten Gründen – die Goya im Sinne der Liberalen ungerecht erschienen – werden die dargestellten Angeklagten Verhören ausgesetzt, gefangengesetzt, gefesselt und gefoltert. Stets sind es die Leiden der Opfer, die Goya in den pathetischen Gesten und der gequälten Mimik der Gefangenen nachzeichnet. Die Ankläger, eine schaulustige Volksmenge, die Vollstrecker des Urteils, sind nur selten zugegen. In seinen Inschriften wählt Goya oft die Form

der Zwiesprache mit den Gefangenen, oder
er nennt die Gründe ihrer Verurteilung.

Hier ist es Galilei, der italienische Ma-
thematiker und Astronom, der 1633 von der
römischen Inquisition angeklagt wurde, weil
er die kopernikanische Theorie unterstützte,
nach der die Erde um die Sonne kreist, *Por
descubrir el mobimiento de la tierra.* Das wider-
sprach der kirchlichen Überzeugung, die in
der Erde das ruhende Zentrum des Universums sah. Galileis Theorien wurden Ende
des 18. Jahrhunderts in Spanien diskutiert.
Der Gelehrte galt als Symbol der modernen
Wissenschaft und der Wahrheit, die man
durch die Mächte der Finsternis noch immer
bedroht sah (Boston 1989, S. 229). In Galilei
wurde ein Märtyrer gesehen, obwohl nicht
bekannt ist, daß er überhaupt durch die Inquisition gefangengesetzt worden war. –
Vornübergebeugt, die Arme an Steinblöcken
gefesselt und die Beine in Ketten, so stellt
Goya ihn dar. Voll Emphase hat er die Gestalt schräg auf sein Blatt gesetzt. Mit den
ausgestreckten Armen, den trotz seiner Leiden gefaßten Zügen seines Gesichtes evoziert er das Bild des gekreuzigten Christus.

J. Held

Lit.: GASSIER 1973, S. 317 und 375; Boston
1989, S. 228 ff.

349

349

FRANCISCO DE GOYA
Fuendetodos 1746–1828 Bordeaux

Göttliche Freiheit. Um 1812–1820
Tuschpinsel, 20,5 × 14,4 cm
Madrid, Museo del Prado, Inv. 347

Die Zeichnung ist von Eleanor Sayre um
1812 (vgl. Boston 1989, S. 240, Anm. 1),
von Gassier um 1820 datiert worden. Beide
Autoren bringen sie mit der liberalen Verfassung Spaniens in Verbindung, die 1812
von den *Cortes* in Cádiz, wo die Stände der
nicht von den Franzosen besetzten Provinzen zusammengekommen waren, beschlossen worden war. König Ferdinand VII., der

1814 auf den Thron zurückkehrte, erkannte
sie nicht an. 1820 wurde sie während der
kurzen Phase der Revolution erneut in Kraft
gesetzt.

Die Kleidung des Bürgers auf unserer
Zeichnung, der Hut und der weite Umhang,
sind um 1810 in Mode. Sie findet sich ähnlich auf einer Reihe der um 1811–1812 ausgeführten Blätter der *Desastres de la Guerra*
(vgl. u. a. HARRIS 1964, Nrn. 178 und 181).
Unser Blatt beschließt die Serie der Gefangenen aus dem Skizzenbuch C. »Erwache,
Unschuldiger«, »Deine Qualen werden ein
Ende nehmen« und »Bald wirst du frei sein«,
lauten die Inschriften der drei letzten Blätter,
die in dem Skizzenbuch unserer Zeichnung
vorangingen. Goya spricht seinen Geschöp-
fen Mut zu und bereitet sie auf die kaum
noch erhoffte Freiheit vor. Der sie begrüßt,
ist ein Schriftsteller. Tintenfaß mit Federn
und Papier liegen am Boden. Er kniet nieder
und blickt zur Sonne auf, deren Licht in
breiten Strahlen ihm entgegen strömt. Die

ausgebreiteten Arme, eine Geste, die bei
Goya meist Schicksalsergebenheit anzeigt (so
in seinen Gemälden *Der dritte Mai 1808*
und *Gethsemane*, vgl. GASSIER und WILSON
1971, Nrn. 984 und 1640), ist hier eine Gebärde des Dankes und der Freude. – Die
»göttliche Freiheit«, die Goya hier feiert, hat
man als Presse- und Meinungsfreiheit gedeutet, die von der Verfassung von Cádiz
garantiert wurden, und von der man sich
Frieden und gesellschaftliche Harmonie versprach. Goya war mit Gallardo befreundet, der vehement für sie eintrat (vgl. RO-
DRÍGUEZ-MOÑINO 1959; GLENDINNING
1984). Es fällt auch auf, daß Goya relativ
viele Intellektuelle unter seinen Gefangenen
vorstellt, denen die Freiheit der Rede und
des Glaubens viel bedeuten mußte: Liberale,
den Arzt Zapata, Galilei, den Bildhauer Tor-
regiano, einen Schriftsteller (GASSIER 1973,
S. 316, 317, 319, 321, 323, 332). Dennoch
greift diese Deutung wohl zu kurz. Die *Divina Libertad* bedeutet nicht allein abstrakte
Gedankenfreiheit und ihr modernes Derivat,
die Freiheit der Presse. In dem Kontext der
Gefangenenbilder ist sie zunächst einmal Befreiung von physischen und psychischen
Schmerzen, die Goya uns in den vorangehenden Zeichnungen so eindringlich vor
Augen führte. Sie ist kreatürlicher gedacht,
die konkreten, materiell spürbaren Lebens-
umstände betreffend, die man hoffte, in einer Republik ändern zu können. Die Freiheit, die Goya preist, nennt er göttlich, und
er repräsentiert sie durch das Licht. So
schwingt der Gedanke der Aufklärung mit,
der bei Goya zugleich eine metaphysische
Erlösungshoffnung impliziert, ein Geschenk
des Himmels mehr als ein Ergebnis von Politik (vgl. HELD 1989).   J. Held

Lit.: GASSIER 1973, S. 337 und 378; Boston
1989, S. 238 ff., Nr. 107; HELD 1989, S. 20 ff.

350

350

FRANCISCO DE GOYA
Fuendetodos 1746–1828 Bordeaux

Lux ex tenebris. Um 1812

Tuschpinsel, 20,5 × 14,3 cm
Madrid, Museo del Prado, Inv. 347

Über einer amorphen, dunklen Volksmenge,
in der Mönche und ein modisch gekleideter
Mann zu erkennen sind, schwebt eine helle
Frauengestalt, ein geöffnetes Buch in Händen haltend. Ein Lichtschein erhellt dieses
Buch und das Antlitz der Frau und umgibt
sie wie ein Nimbus. Die Inschrift, »das Licht
aus der Finsternis«, hat Goya – für ihn ungewöhnlich – sorgfältig in Großbuchstaben geschrieben. Er wandelt damit den berühmten
Vers aus dem Johannesevangelium ab, »et
lux in tenebris lucet« (Joh. 1, 5).

Die schwebende Gestalt ist jüngst als die
Verkörperung des auf eine Verfassung gegründeten Spanien gedeutet worden, das sich

1812 konstituierte (vgl. Boston 1989, S. 242). Wichtigstes Indiz dafür ist das geöffnete kleine Buch, das die Gestalt feierlich in Händen trägt. Dies Buch in der Hand einer weiblichen Gestalt findet sich auch in Goyas Stockholmer Allegorie (GASSIER und WILSON 1971, Nr. 695). Vor allem sein kleines Format veranlaßte Eleanor Sayre, diese weibliche Figur des Stockholmer Gemäldes nicht als Allegorie der Philosophie oder der Wahrheit zu deuten, die beide als Attribut ein Buch tragen (können), sondern als Allegorie der spanischen Verfassung von 1812. Dies Argument ist nicht stichhaltig, denn schon auf dem emblematischen Titelbild einer gedruckten Ausgabe der Verfassung von 1812, auf das Sayre hinweist (Boston 1989, S. 242), hält die Frau ein sehr viel größeres Buch. – Die helle, von Licht umgebene Frauengestalt erscheint bei Goya des öfteren als Hoffnungsträgerin; so auf einer Zeichnung des Skizzenbuches F, wo sie von Klerus, Mönchen und Dämonen bedroht wird (GASSIER 1973, S. 427). Die erste, posthume Ausgabe der *Desastres de la Guerra* von 1863 endete mit zwei Radierungen, die zu den sog. *Caprichos enfáticos* gehören, an denen Goya um 1820 arbeitete (vgl. hierzu SAYRE 1974, S. 129 f., 291 ff.). Ihre Inschriften lauten: *Murió la verdad* (Die Wahrheit ist gestorben) und *Si resucitará?* (Wird sie auferstehen?). Hier ist es eindeutig die Wahrheit, die durch die lichte Frauengestalt repräsentiert wird. Sie ist ohne Attribute dargestellt, allein von Lichtstrahlen umhüllt. Der Klerus, darunter ein Bischof, trägt sie in heuchlerischer Trauer zu Grabe, derweil Justitia mit ihrer Waage verzweifelnd zu ihren Füßen sitzt. Auf dem folgenden Blatt umringen die finsteren Gestalten erschreckt und zornig den Lichtkreis, besorgt, daß die Wahrheit sich wieder erheben könnte. – Das Blatt Nr. 82 der *Desastres*, das Goya als letztes seiner *Caprichos enfáticos* geplant hatte, heißt: *Esto es lo verdadero*. Es zeigt erneut die von Licht umflutete Frauengestalt, die hier ihren Arm auf die Schulter eines Landarbeiters legt. Die Wahrheit ist nun zugleich Abundantia, die dem Bauern den Weg zu Reichtum und

Glück weist. – Die semantischen Valenzen, die diese Frauengestalt bei Goya repräsentiert, variieren also leicht. Sicher aber assoziiert er Licht, Wahrheit und Aufklärung miteinander und er folgt damit alter Tradition (vgl. BLUMENBERG 1957). Eine zu rationell gedachte Einschränkung auf die Konstitution Spaniens schöpft den konnotativen Hintergrund dieser Gestalt sicher nicht aus.

In allen Blättern wird die Opposition zu der »Wahrheit«, die Macht der Finsternis, maßgeblich durch Kleriker gebildet. Obskurantismus, Mißbrauch von Macht, sieht Goya vor allem hier konzentriert. Das Licht der Wahrheit ist also der kirchlichen Doktrin entgegengesetzt, statt in ihr bewahrt zu sein. Dennoch ist Goyas Bild der Wahrheit deutlich von religiösen Vorstellungen geprägt. Das überirdische Licht, die schwebende, engelsgleiche Gestalt, sind aus der christlichen Ikonographie entlehnt. Aufklärung und Fortschritt werden von Goya metaphysisch begründet, tragen aber zugleich deutlich antiklerikale Züge. Diese gegenkirchliche Religiosität, die bei Goya auch seinen aufklärerischen Impetus durchdringt, hat vorbürgerlichen, volkstümlichen Charakter (HELD 1989, S. 20 ff.). Zu dieser »archaischen« Form des Glaubens gehört es auch, daß die Frau als Hoffnungsträgerin erscheint, während die Mächte der Finsternis, der offiziellen Kirche, männlich sind.

Trotz der religiösen Assoziationen, die Goya mit seiner Bildsprache weckt, denkt er den Kampf zwischen Licht und Finsternis dennoch als innerweltlichen Antagonismus. Das beweist seine eigenwillige Modifizierung des Bibelzitats, das er für seine Inschrift verwendet. Das Licht kommt aus der Finsternis, es dringt nicht von jenseits in sie ein. Es ist – wieder ein dialektischer Gedanke – eine Möglichkeit der Finsternis selbst.

J. Held

Lit.: GASSIER 1973, S. 339 und 380; SAYRE 1979, S. 40-44; HELD 1989, S. 20 ff.

351

FRANCISCO DE GOYA
Fuendetodos 1746–1828 Bordeaux

Göttliche Vernunft, verschone keinen
Um 1812–1820
Tuschpinsel, 20,5 × 14,3 cm
Madrid, Museo del Prado, Inv. 409

351

Divina Razon, göttliche Vernunft, nennt Goya die helle, bekränzte Frauengestalt, die mit der Peitsche in der Hand die dunklen Vögel vertreibt. Mit der Vernunft sieht Goya die Gerechtigkeit, Justitia, im Bunde, deren Attribut die Waage ist.

Bereits in seinem berühmten Capricho Nr. 43 *El sueño de la razon produze monstruos* – Der Schlaf der Vernunft bringt Ungeheuer hervor – hatte Goya die Opposition zur Vernunft durch Nachttiere, Eulen und Fledermäuse, dargestellt, die für Ignoranz und Obskurantismus stehen. – Hier könnten mit den schwarzen Vögeln – wohl Raben – spezieller Mönche gemeint sein. Die Zeichnung, die aus dem Skizzenbuch C stammt, gehört zu der sog. Mönchsserie (GASSIER 1973, S. 341 ff.), die sich an die Inquisitionsbilder und deren hoffnungsvollen Abschluß mit den Blättern *Divina Libertad* und *Lux ex tenebris* anschließt (vgl. Kat. 349, 350).

Die Inschrift *No deges ninguno*, mit anderer Tinte geschrieben als *Divina Razon* gilt als später. Diese Aufforderung »verschone keinen«, hat Gassier auf die Auflösung der Klöster bezogen, die mit der Säkularisationsdiskussion von 1810–1812 vorbereitet und seit 1820 durchgeführt wurde (GASSIER 1973, S. 382).

Diese Zeichnung vertritt also einen dezidiert antiklerikalen Standpunkt. Das schließt jedoch nicht aus, daß Goya – wenige Zeichnungen darauf – emphatisch die subjektiven Sorgen und Ängste der Mönche und Nonnen nachzuzeichnen versteht, denen ihr klösterlicher Lebensentwurf durch die Säkularisation zerstört worden war. Goyas Argumentationsstil ist durch große Beweglichkeit und die Fähigkeit gekennzeichnet, Widersprüche sichtbar zu machen. Er entwickelt in seinen graphischen Folgen eine Art unsystematischer Dialektik, indem er die historischen Bewegungen seiner Zeit von verschiedenen Blickpunkten aus wahrnimmt und die unterschiedlichen Aspekte eines Phänomens einander konfrontiert (vgl. HELD 1981).

J. Held

Lit.: PALM 1971, S. 337 ff.; GASSIER 1973, S. 344 und 381 f.; Boston 1989, S. 250 ff., Nr. 113.

352

FRANCISCO DE GOYA
Fuendetodos 1746–1828 Bordeaux

Ich habe es gesehen. Um 1810–1812
Bleistift und Rötel, 17,7 × 23,4 cm
Madrid, Museo del Prado, Inv. 138

Vor dem Hintergrund eines Dorfes und eines Bergmassivs bewegt sich eine fliehende Volksmenge, die aus der Talsenke des Mit-

352

telgrundes hervorkommt. Teils reitend, lau-
fend, teils mit dicken Ballen bepackt, drängt
sie nach vorn. Die beiden dunklen Männer
im Vordergrund und die helle Gestalt einer
Frau, die ihre zwei Kinder packt, blicken und
weisen voller Schrecken nach rechts, wo eine
unsichtbare Gefahr droht. Die zentrifugale
Bewegung dieser Figuren vorn, ihre kontra-
stierenden Tonwerte und kontrapostisch ausgerichteten Fluchtschritte, ihre angespannte
Haltung und Gestik ergeben ein Bild pani-
scher Angst.

Das Blatt ist eine Vorzeichnung zu Nr.
44 der Graphikserie *Desastres de la guerra*. In
der Radierung hat Goya gegenüber der
Zeichnung die Kontraste und Widersprüche
vermehrt und verschärft. Die Blickrichtun-
gen und Motivationen seiner Figuren scheinen nun deutlicher zu differieren. Am linken Rand hat Goya die Silhouetten von Bäumen und dichte Schatten hinzugefügt, so daß
die Flucht nun ins Dunkel führt.

Die Zeichnung und die zugehörige Radierung zählen zu der frühesten Gruppe seiner *Desastres* (um 1810–1812), in der Goya
vorrangig den Aufstand, Widerstand und die
Siege des spanischen Volkes gegen die napoleonischen Invasoren darstellt, während auf
seinen späteren Blättern das Elend des Krieges überwiegt.

Im Oktober 1808 reiste Goya nach Sara-
gossa, das die erste französische Belagerung
hatte abwehren können. Der siegreiche General Palafox hatte ihn aufgefordert, »die
Ruinen zu prüfen« und den »Ruhm der Einwohner« darzustellen. In diesem Auftrag
liegt der Anfang seiner Arbeit an den *Desastres*, die ihn bis um 1820 beschäftigen sollten und die zu seinen Lebzeiten nicht publiziert wurden.

Ende 1808 flohen die Bauern aus ihren
Dörfern; viele strömten in die Stadt Sara-
gossa, um sich vor dem erneuten Angriff der
Franzosen – der im Dezember 1808 erfolg-

353

te – in Sicherheit zu bringen. Eine solche
Szene stellt Goya dar. *Yo lo ví* bezeichnet er
die Radierung, »ich habe es gesehen«.
                                        J. Held

Lit.: HARRIS 1964, Nr. 164; SAYRE 1974, Nr.
149; GASSIER 1975, S. 254, Nr. 195; Boston
1989, S. 185 ff.

353

FRANCISCO DE GOYA
Fuendetodos 1746–1828 Bordeaux

Der Koloß. Um 1810 (vor 1812)
Öl auf Leinwand, 116 × 105 cm
Madrid, Museo del Prado, Inv. 2785
(Farbtaf. XI)

Das Gemälde ist unter dem Titel *un gigante*
in dem Inventar genannt, das nach dem
Tode von Goyas Frau 1812 aufgestellt
wurde (SÁNCHEZ-CANTÓN 1946). Es muß
also vor diesem Datum gemalt sein. Man hat
es sicher zu Recht mit dem napoleonischen
Krieg in Verbindung gebracht. – Vorn, in
der hellen Senke der Landschaft, ist eine
Menschenmenge zu sehen, die in wilder
Flucht auseinanderstiebt. Während eine
Herde Stiere nach rechts flieht und hinter

der dunkeln Böschung verschwindet, bewegt
sich der Menschenstrom mit den Wagenge-
spannen nach links hin, dem Tal folgend.
Vorn ist eine Frau gestürzt, um die sich eine
Gruppe verzweifelt Gestikulierender bildet.
Die kleinen Figuren sind als dunkle Schatten
oder – grell beleuchtet – mit wenigen Bunt-
farben gegeben und mit ihren ausfahrenden
Gliedern nichts als Chiffren der Panik und
der Flucht. – Der Riese wendet sich mit seiner geballten Faust nicht gegen das Volk,
von ihm kann also die Gefahr nicht ausgehen. Er ist daher sicher nicht als Allegorie
des Krieges zu verstehen. Nigel Glendinning
hat 1963 auf die Analogien zu der patriotischen Dichtung von Juan Bautista Arriaza,
La Profecía de los Pirineos (1808), hingewiesen. Ein Riese aus den Pyrenäen erhebt sich
hier und besiegt die napoleonischen Truppen. In Verbindung mit diesem Text läßt
sich Goyas Koloß als Verkörperung Spaniens
deuten, das sich gegen die von außen ein-
dringenden Feinde verteidigt. Das Bild des
coloso wurde 1808 wiederholt auf den Staat,
auf staatsförmige, mächtige Institutionen, auf
einzelne Personen oder das Volk, die den
Staat repräsentieren, angewendet (Boston
1989, S. 154 ff.). Diese Interpretation hat M.
Stuffmann auch für das große Schabkunst-
blatt *Der Koloß* angenommen, auf dem der
Riese, halb noch im Dunkel der Nacht hok-
kend, sein Gesicht dem Licht zuwendet. –
Stuffmann weist auf Tizians *Sisyphus* und *Ti-
tyus* hin (Madrid, Prado), die Goya aus der
königlichen Sammlung bekannt sein mußten
und die ihn bei der Konzeption seiner Riesen haben anregen können (Frankfurt 1981,
S. 122 ff.)
Eine nicht nur bildliche, sondern auch
gedankliche Quelle ist m.E. vor allem das
Titelblatt von Thomas Hobbes' *Leviathan*
(1651). Die riesenhafte Halbfigur dieses Stiches, die wie bei Goya hinter dem Horizont
der Landschaft auftaucht (allerdings nach
vorn, über die Landschaft blickt, so, wie
auch Goya seinen Koloß zunächst konzipiert
hatte, wie die Röntgenaufnahme beweist), ist
eine Allegorie des Staates. Diese ikonographische Tradition, in der Goyas Koloß steht,

354

bestätigt Glendinnings Interpretation des Riesen als Verkörperung Spaniens (vgl. Kat. 354).   J. Held

Lit.: SÁNCHEZ-CANTÓN 1946, S. 34; GLENDINNING 1963; GASSIER und WILSON 1971, S. 214 und 265, Nr. 946; SAYRE 1974, S. 279 ff.; Frankfurt 1981, S. 122 ff.; Boston 1989, S. 154 ff., Nr. 69.

354

FRANCISCO DE GOYA
Fuendetodos 1746–1828 Bordeaux

Menschen klettern auf einen schlafenden Riesen. Um 1815–1824
Rot lavierte Zeichnung, 24,3 × 32,8 cm
Madrid, Museo del Prado, Inv. 201

Die Zeichnung *Personajes trepando por un gigante dormido* gehört zu den Vorstudien zu den *Desparates*, einer graphischen Folge, die erst nach Goyas Tod, 1864, zum erstenmal veröffentlicht wurde. Der Prado besitzt achtzehn dieser Vorzeichnungen, die in den Maßen, der Technik, im Stil und in der enigmatischen Motivik eine zusammengehörige Gruppe bilden. Unsere Zeichnung ist zusammen mit vier weiteren dieser Gruppe (SÁNCHEZ-CANTÓN 1954, Nrn. 392–397) nicht in eine Radierung umgesetzt worden. Goya arbeitet an den Zeichnungen und der graphischen Folge ca. 1815–1824 (GASSIER 1975, S. 430 f.; HARRIS 1964, S. 368 ff.).

Dargestellt ist ein liegender Riese, dessen Beine nach rechts gestreckt sind. Seinen Oberkörper richtet er halb auf, indem er sich auf den rechten Unterarm stützt. Sein Mund ist maskenhaft breit verzogen. – Entlang den Konturen seiner Beine und seines Nackens klettern kleine Gestalten empor; links hat jemand eine Leiter angelegt und steigt sie empor. Auf dem Gipfel des riesenhaften »Berges« hat sich eine Gestalt wie im Triumph breitbeinig postiert, die Arme weit in die Luft gestreckt.

Das Motiv des belagerten Riesen findet sich in anderer Form in einer Zeichnung des Skizzenbuchs G, das aus Goyas letzten Jahren in Bordeaux stammt. Goya hat sie *Gran Coloso dormido* bezeichnet (GASSIER 1973, S. 507 und 559 f.). Hier erscheint nur der Kopf eines schlafenden Riesen im Bild, der von einer wimmelnden Menschenmenge, teils mit Leitern, erstiegen wird. Auch hier stehen auf dem Scheitel des Kopfes zwei triumphierende Gestalten, die Fahnen schwenken. – Beide Zeichnungen werden als Gulliver bei den Zwergen gedeutet (SÁNCHEZ-CANTÓN 1954; GASSIER 1973 und 1975). Swift schickt in seinem satirisch-utopischen Reiseroman (*Travels into several remote nations of the world*, London 1726) seine Erzählerfigur Gulliver zunächst ins Reich der Zwerge Lilliput. Dort wird er, der als Riese erscheint, im Schlaf gefesselt, und die Lilliputaner klettern an ihm empor (I, Kap. 1).

Goya interessiert an dieser Geschichte offensichtlich der Antagonismus zwischen der riesenhaften Gestalt des Kolosses und der kleinfigurigen Menschenmenge, der es gelingt, den Giganten zu bezwingen.

Der ebenfalls riesenhaften und anthropomorph vorgestellten Staatsallegorie in Hobbes *Leviathan* (1651, vgl. Kat. 353) waren sämtliche Glieder mit winzigen menschlichen Figuren angefüllt. Sie stellen die Bevölkerung des Landes dar, welche die unterschiedlichen Staatsfunktionen ausüben. Der Organismus des Staates reguliert und beherrscht die Menschenmenge. – In Goyas Bildern mit dem allegorischen Riesen treten dagegen Volk und Staatskoloß auseinander, ja, in den beiden Gulliver-Zeichnungen bekämpfen sie einander. Der Staat wird nicht mehr als die »natürliche« Organisationsform des Volkes verstanden, sondern tritt ihm als eine fremde Macht entgegen.   J. Held

Lit.; SÁNCHEZ-CANTÓN 1954, Bd. II, Nr. 397; GASSIER 1975, S. 470 f., Nr. 309.

355

355

CASPAR DAVID FRIEDRICH
Greifswald 1774–1840 Dresden

Chasseur im Wald. 1814
Öl auf Leinwand, 65,7 × 46,7 cm
Privatbesitz

In der letzten Phase der Napoleonischen Kriege, 1813–1814, der Zeit der Befreiungskriege, wurde die Befreiung Deutschlands von dem äußeren Feind auch mit der Hoffnung auf innere Reformen verbunden. Als die Kämpfe sich 1813 wieder nach Sachsen/Norddeutschland verlagerten, französische Truppen Dresden einnahmen und Napoleon dort einzog, flüchtete Friedrich aus der Stadt in die Sächsische Schweiz (HOCH 1985). In schriftlichen Zeugnissen bekannte er sein Engagement für die nationale Sache: »Rüstet Euch heute zum neuen Kampf teutsche Männer / Heil euren Waffen«, rief er, als Randnotiz zu einer Zeichnung von Fichten- und Laubbäumen, Ende Juli 1813 den deutschen

Patrioten zu (HINZ 1966). In den Bildern dieser Periode fanden seine Zeitgenossen »eine eigene, ich möchte sagen politisch prophetische Deutung«, Hinweise auf »die Befreiung Deutschlands vom Druck des fremden Jochs«, wie sein norwegischer Malerfreund Dahl feststellte (HINZ 1974).

Entsprechend politisch-patriotisch wurde der *Chasseur im Wald* bei seiner Ausstellung im Oktober 1814 in Berlin gedeutet: »Einem französischen Chasseur, der einsam durch den beschneiten Tannenwald geht, singt ein auf einem alten Stamm sitzender Rabe sein Sterbelied.« (AUBERT 1911, SUMOWSKI 1970). Das Bild – oder eine vorausgehende Sepiazeichnung – war bereits im März 1814 auf der »Patriotischen Kunstausstellung« im befreiten Dresden zu sehen (BÖRSCH-SUPAN/JÄHNIG 1973). Das patriotische Thema gestaltete Friedrich auch in zwei dort ebenfalls ausgestellten Felslandschaften, in denen der zeitgenössische Kampf gegen Napoleon in Beziehung gesetzt wurde zum Befreiungskampf der Cherusker unter Arminius (*Grabmale gefallener Freiheitskrieger,* Hamburger Kunsthalle, und *Höhle mit Grabmal,* Kunsthalle Bremen).

Friedrichs *Chasseur im Wald* ist eine politische Allegorie, in der das Landschaftsbild an die Stelle eines politisch-historischen Ereignisbildes getreten ist. Die »teutschen« Tannen werden zum »Sinnbild des Patriotismus« (BÖRSCH-SUPAN/JÄHNIG 1973) und charakterisieren den Wald als nationalen Ort. Das Bild der zusammenstehenden, hochgewachsenen Fichten kann zugleich die Hoffnung auf politische Einheit wie Brüderlichkeit symbolisieren. Der Wachstumsprozeß der Fichten verweist auf die stete Erneuerung des Waldes und damit seine überzeitliche Dauer und Macht. Er erscheint als ein dunkler, feindlicher Raum, in den der versprengte Soldat nur um den Preis des Todes eindringen kann. Der Chasseur wird vom Jäger zum Gejagten, in dessen Rücken die Stümpfe abgeschlagener Bäume als Mahnmale eines gewaltsamen Todes drohen. Bereits von der Naturmacht des Winters in Rußland besiegt, geht er nun in Deutschland, wie einst die Römer, seinem Schicksal entgegen.

Die Vorstellung von Wald als Garant der Freiheit wie Sinnbild nationaler Identität – in Kunst und Literatur beschworen (z. B. bei Hölderlin und Körner) – steht in der Tradition rousseauscher Naturbegeisterung. Neuen Auftrieb erhält diese politische Naturmetaphorik in der Zeit während und nach der Französischen Revolution (JÄGER 1971, ANDEREGG 1968, RAUTMANN 1979). Friedrichs Rückzug aus Dresden, wie auch sein Wunsch, in die Schweiz und nach Island zu reisen, sind Ausdruck eines Freiheitsverlangens: Wälder, Hochgebirge und der Norden sind ihm nicht nur topographische, vielmehr geschichtsmächtige Regionen der Freiheit.

P. Rautmann

Lit.: AUBERT 1911, S. 609–615; HINZ 1966, Bd. 2, S. 99 f.; ANDEREGG 1968; SUMOWSKI 1970, S. 98–100; JÄGER 1971, S. 34–41; BÖRSCH-SUPAN/JÄHNIG 1973, S. 82 f., 327 f.; HINZ 1974, S. 208; RAUTMANN 1979, S. 50–56; HOCH 1985, S. 55 f.

356

EUGÈNE DELACROIX
Saint-Maurice bei Paris 1798–1863 Paris

Griechenland auf den Ruinen von Missolunghi. 1826
Öl auf Leinwand, 213 × 142 cm
Bordeaux, Musée des beaux-arts,
Inv. HBxE439 (Farbtaf. XII)

Der Freiheitskampf der Griechen gegen das Ottomanische Reich, der 1821 begann und nicht zuletzt von den Ideen der Französischen Revolution beflügelt wurde, gewann rasch die Gunst der öffentlichen Meinung Europas, die erschüttert war vom Massaker auf der Insel Chios (1822) und von dem hartnäckigen Widerstand der Stadt Missolunghi (griech. Mesolongion, 1825–1826). Kurz nach deren Fall, bei der sich die Verteidiger selbst in die Luft sprengten, wurde in Paris (wie anderswo auch; z. B. Genf, vgl.

356

BUYSSENS 1986) eine Gemäldeausstellung zugunsten der Griechen veranstaltet. Delacroix, dessen *Massaker von Chios* am »Salon« von 1824 Aufsehen erregt hatte, sandte zu dieser Wohltätigkeitsausstellung das Missolunghi-Gemälde, verkaufte es aber erst 1852 an die Stadt Bordeaux. In Frankreich verlangte die liberale Opposition eine Intervention zugunsten der Griechen; vor diesem Hintergrund muß man die hilfesuchende Gebärde der Frauenfigur in Delacroix' Bild sehen, ohne daß man daraus auf eine innenpolitische Stellungnahme des Malers unfehlbar schließen darf (vgl. ATHANASSOGLOU 1980 und 1989; HOLLENSTEIN 1983, S. 58).

Victor Hugo rühmte das romantische Pathos des Gemäldes, zu dem Einzelheiten wie die aus dem Schutt ragende Hand – vielleicht Anspielung auf ein Gedicht des bei Missolunghi gefallenen Lord Byron (HAMILTON 1952) oder ein Hommage an Géri-

cault (HOLLENSTEIN 1983, S. 691) –, der von Blut befleckte Stein und die auf einer Mauer aufgereihten abgehauenen Köpfe beitragen; aber Delacroix schafft darüber hinaus eine Stimmung der verhaltenen Trauer, in dem er den Akzent auf die Figur einer Bittflehenden vor düsterem Hintergrund legt.

Für diese junge Frau in der Landestracht, welche Griechenland darstellt, hat man verschiedene Vorbilder namhaft gemacht: antike Stadtpersonifizierungen (TRAPP 1971), die klagende Maria aus einem Stich Raimondis nach Raffael und eine der Sabinerinnen aus Davids gleichnamigem Gemälde (LICHTENSTEIN 1979). Durch die Wahl einer allegorischen Darstellung erscheint Griechenland als Wiege der Freiheit und der abendländischen Kultur unter dem Ansturm der Barbarei und des Irrationalen (RUBIN 1987).

Zum Mittel der Allegorie sollte Delacroix erneut greifen, als er ein anderes zeitgenössisches Ereignis der Politik darstellte: in der berühmten *Freiheit auf den Barrikaden* von 1831, deren erstes Konzept auf die Beschäftigung mit dem griechischen Freiheitskampf zurückgeht (Paris 1982, Nr. 2; vgl. Kat. 359). In beiden Fällen vereinigt der Maler das Reale mit dem Idealen (HAMILTON 1952, S. 258), offenbar geleitet von der seit der zweiten Hälfte des 18. Jahrhunderts häufigen (BORDES 1988) und im 19. Jahrhundert allgemeinen Kritik der Allegorie, die als kalt und schwerverständlich galt (HOBSBAWM 1978; AGULHON 1979; HADJINICOLAOU 1979). In beiden Gemälden ersetzt die Allegorie als handelnde und leidende Figur den Helden, den der Institutionalismus im Staatsdenken und die Begrifflichkeit in der Geschichtsphilosophie des 19. Jahrhunderts unmöglich machten. Delacroix' »realistische« Interpretation der allegorischen Darstellungsweise, die sich schon immer gerne weiblicher Figuren bedient hat, ermöglicht es ihm, sowohl eine Gemütsbewegung mit erotischer Komponente hervorzurufen (HOFMANN 1986, S. 345 ff.) als auch durch die Märtyrer des griechischen Freiheitskampfes der Idee der politischen Freiheit zu huldigen.   D. Gamboni

Lit.: HAMILTON 1952; JOHNSON 1964, S.261; TRAPP 1971, S.66; LICHTENSTEIN 1979, S.95–97; ATHANASSOGLOU 1980, S.111–124; JOHNSON 1981, Bd. 1, S.69–71, Bd. 2, S.84; HOLLENSTEIN 1983, S.68–71, 129–130, 160–161; RUBIN 1987, S.61–62; ATHANASSO-GLOU 1989, S.87–107.

357

VINCENZO VELA
Ligornetto 1820–1891 Ligornetto

Spartacus. 1847–1850
Marmor, Höhe 207 cm
Lugano, Municipio (Gottfried Keller-Stiftung)

Spartacus ist ausgebrochen! Mit geballter Faust und nur mit einem Dolch bewaffnet, stürmt er die Tritte herunter, während an seinen Fußgelenken noch die zersprengten Ketten hängen. Der Sockel ist zur Treppe abgestuft, so daß die heftig bewegte Figur wie in einer dramatischen Momentaufnahme erscheint. Der römische Sklave thrakischer Herkunft entfloh 73 v. Chr. mit einer Gruppe von Gefährten aus einer Gladiatorenschule bei Capua. Durch Zulauf weiterer Sklaven und Angehöriger der Unterschichten führte er bald ein Heer von 60 000 Menschen, mit denen er mehrere römische Heere besiegte. Weite Bereiche Süditaliens waren in seinen Händen, als er nach Norden zog, doch fiel er 71 v. Chr. mit dem größten Teil seiner Anhänger in einer Schlacht gegen Crassus in Lukanien.

Unklar ist, ob er Freiheit und Heimkehr wollte oder ob ihn auch gesellschaftliche Überlegungen zur Revolte bewogen. Doch wie Wilhelm Tell und Tommaso Masaniello eignete auch er sich zum Heldenmythos. Erstmals wurde er im Vorfeld der Französischen Revolution in Kunst und Politik als Träger freiheitlicher und sozialutopischer Ideen verwendet. Auch im 20. Jahrhundert: Am berühmtesten ist wohl der radikal-marxistische Spartakusbund, den Rosa Luxemburg und Karl Liebknecht 1917 gründeten. Auf ganz andere Weise vereinnahmt wurde er im Hollywood-Film *Spartacus* von Stanley

357

Kubrick mit Kirk Douglas in der Hauptrolle (1960).

Vela verwendete die Legende für eine formal wie inhaltlich kühne Antwort auf die politische Situation in der Lombardei, die seit dem Wiener Kongreß von Österreich besetzt wurde. In Rom begann er 1847 einen rund 60 cm hohen Entwurf, der in mehreren Kopien bekannt ist, und eine überlebensgroße Figur in Gips (Ligornetto, Museo Vela). Mit der möglichst wahrheitsgetreuen Modellierung des Akts führte er die Abkehr vom Spätklassizismus der Canova-Nachfolge vor und kritisierte somit den konservativen Schönheitsbegriff der Restauration. Die Fertigstellung wurde aber im November durch Velas Teilnahme als überzeugter Republikaner am Sonderbundskrieg und anschließend am lombardischen Aufstand gegen Österreich im März 1848 unterbrochen. Die Marmorfassung im Auftrag von Herzog Antonio Litta wurde erst 1850 fertig. Immer noch zur rechten Zeit, denn die aktuelle, politisch herausfordernde Themenwahl bot der Mailänder Bevölkerung Gelegenheit zur Identifikation mit dem Helden der Unterdrückten. *Spartacus* wurde in der Lombardei nicht in erster Linie als künstlerische Leistung gewürdigt, sondern war vor allem Sinnbild der revolutionären Ideale und des nationalen Widerstands gegen Österreich. Die Bildhauerei Velas, der die Regeln der Historien-malerei in die Denkmalkunst übertragen hatte, war durch dieses Werk zur Trägerin des Risorgimento, der Wiederentstehung Italiens, geworden. M.-J. Wasmer

Lit.: SCOTT 1979, S. 126-135; Mailand 1979, Nr. 159, S. 218; Rom 1982, S. 109-111; MASSOLA 1983, S. 95-103; JANSON 1985, S. 87, 89, 137, 219; WASMER 1987, S. 4-7; ZELGER 1990, S. 402-404; HAUSER 1991, S. 251-253 (Abb. 42), 336, 344.

Tafel XII (Kat. 356)

Nationalstaat und Volksrecht

Das Jahr 1848 war das letzte große Aufbäumen der Ideale der Revolutionszeit gewesen. In den folgenden Jahrzehnten kam es in allen Ländern Europas zur Konsolidierung moderner Nationalstaaten. Handels- und Gewerbefreiheit, breit abgestützte parlamentarische Mitbestimmung und eine weitgehende Gewaltentrennung charakterisieren die Modernisierung in West- und Mitteleuropa. Die Einigung Italiens und Deutschlands sowie die Umgestaltung des Habsburgerreiches zur Doppelmonarchie Österreich-Ungarn schlossen diesen Prozeß ab. Der Liberalismus als Voraussetzung für den Erfolg des kapitalistischen Wirtschaftssystems wurde kaum mehr in Frage gestellt. Einzig im Einflußbereich des russischen Zaren und im osmanischen Reich dominierten noch vorkapitalistische, feudale Strukturen, die erst im Umfeld des Ersten Weltkrieges untergingen.

Der wirtschaftliche Erfolg Europas war nicht zu übersehen: Nach und nach gelang es den europäischen Mächten und den Vereinigten Staaten, die gesamte Weltwirtschaft zu dominieren. Der Kolonialismus verband sich mit der Ideologie der Überlegenheit der weißen Rasse und, davon abgeleitet, dem Anspruch, der ganzen Welt deren Vorstellungen von Wirtschaft und Gesellschaft aufzuzwingen. Neben dem Nationalismus wurde der Rassismus zum Instrument der Herrschaft. Antisemitismus und sozialdarwinistische Vorstellungen von der biologischen Ungleichheit der Menschen erwiesen sich als verführerische Drogen, die die Emotionen der Massen von den eigentlichen Problemen, deren Lösung auf unüberwindliche Schwierigkeiten stieß, ablenken konnten.

Das System des Liberalismus und der Nationalstaaten sicherte nur wenigen die erhoffte und erkämpfte Freiheit. Nur die wirtschaftlich Erfolgreichen sahen sich am Ziel ihrer Vorstellungen: Der Staat garantierte elementare Grundrechte, ohne die Entfaltungsmöglichkeit des Einzelnen mehr als absolut notwendig einzuschränken. Die liberale Hoffnung aber, daß die Kräfte des Marktes bald den Wohlstand für alle bringen würden, erwies sich als voreilig. Die große Masse der Gesellschaft lebte im Elend; die liberalen Errungenschaften blieben für sie ohne Bedeutung, ja entzogen ihnen sogar jenen Schutz, den die alten patriarchalischen Obrigkeiten ihnen noch gewährt hatten. Das Proletariat der großen Städte hatte zwar für die Revolution an vorderster Front mitgekämpft, sah aber seine Hoffnung auf eine bessere Zukunft enttäuscht. Die Massen in ihrem unvorstellbaren Elend bildeten den Gegenpol zum Bürgertum, das durch Handel und Industrie zu Reichtum und kultureller Entfaltung gekommen war.

Der Konflikt zwischen den sozialen Klassen zeichnete sich schon im Vorfeld der Revolution von 1848 ab. Sozialistische und kommunistische Bewegungen aller Schattierungen begannen sich mit der Lage der Arbeiterschaft abzugeben; in der Einleitung zum *Kommunistischen Manifest* von 1848 – wenige Wochen vor Ausbruch der Revolution in Frankreich – beschwor Karl Marx das Aufkommen einer neuen Bewegung:

> Ein Gespenst geht um in Europa – das Gespenst des Kommunismus. Alle Mächte des alten Europas haben sich zu einer heiligen Hetzjagd gegen dies Gespenst verbündet, der Papst und der Zar, Metternich und Guizot, französische Radikale und deutsche Polizisten. Wo ist die Oppositionspartei, die nicht von ihren regierenden Gegnern als kommunistisch verschrieen worden wäre, wo die Oppositionspartei, die den fortgeschritteneren Oppositionsleuten sowohl wie ihren reaktionären Gegnern den brandmarkenden Vorwurf des Kommunismus nicht zurückgeschleudert hätte?

Die Sozialreformer griffen auf die Ideale der Revolution zurück, forderten aber, daß nicht nur die politischen Institutionen erneuert werden sollten, sondern auch die Eigentumsverhältnisse. Die liberale Vorstellung, daß sich mit der Freiheit auch eine natürliche Gleichheit zwischen den Menschen einstellen werde, hatte sich nicht bewahrheitet. Aus dem Scheitern dieser Hoffnung folgte das Postulat, daß nur gleiche gesellschaftliche Ausgangspositionen für alle Menschen die wahre Freiheit ermöglicht.

Auf diesem Hintergrund war es klar, daß ein nach sozialistischen Idealen erneuerter Staat nur eine Republik sein konnte, doch die Institutionen der bürgerlichen Republik waren für die Sozialisten ebenso unannehmbar wie jene der konstitutionellen Monarchien. Dem herrschenden Nationalismus setzten die Sozialisten den universalen Charakter ihrer Bewegung gegenüber. Die Erneuerung der Gesellschaft sollte in der Utopie schließlich den Nationalstaat überhaupt überflüssig machen und ihn durch einfache Strukturen der Selbstverwaltung ersetzen. Radikaler waren die Forderungen der Anarchisten, die in der Auflösung des Staates die erste Voraussetzung zur Errichtung einer freien Gesellschaft sahen.

In der Abwehr der sozialistischen Bewegung verständigten sich in seltener Einmütigkeit alle Staaten Europas. Die Errichtung eines revolutionären Regimes in der Stadt Paris im Frühjahr 1871, der Commune, bildete den ersten Höhepunkt des sozialistischen Kampfes. Die Commune wurde mit einer kaum je dagewesenen Brutalität niedergeschlagen, doch konnte mit militärischer Gewalt die soziale Frage nicht gelöst werden. Der Schock, den das Experiment der Commune in ganz Europa auslöste, wirkte lange nach. Der Alptraum einer »roten Revolution« verhärtete die Fronten.

Der Kampf für soziale Besserstellung und Gerechtigkeit setzte sich innerhalb der liberalen Staats- und Wirtschaftsordnung fort. Trotz verfassungsmäßiger Hürden gelang es den Sozialisten, in den meisten Ländern West- und Mitteleuropas in die Parlamente einzuziehen. Der Streik wurde zum wirtschaftlichen Druckmittel, um die liberale Wirtschaftsordnung mit den eigenen Mitteln zu schlagen.

Liberale und sozialistische Hoffnungen auf das baldige Kommen eines Goldenen Zeitalters waren durchaus dem Menschlichkeitsideal der Aufklärung verpflichtet, doch drängten die Massen, die im Elend lebten, auf eine Verbesserung ihrer Lage nicht in einer fernen Zukunft, sondern zu Lebzeiten. Die Hoffnungslosigkeit der eigenen Lage, die tägliche Unfreiheit und die nur zögernden Fortschritte in der Sozialpolitik gefährdeten die Ideale der Brüderlichkeit, die jedem Freiheitskampf erst die moralische Berechtigung gibt.

Nationalismus und Rassismus, Intoleranz und Totalitarismus boten gefährliche Denkmodelle, die eine vermeintlich rasche und alle Probleme hinwegfegende Lösung in Aussicht stellten. So konnte der Ausbruch des Ersten Weltkrieges wie ein Fanal wirken. Der Nationalismus erwies sich als stärker als alle völkerverbindenden Ideale des Liberalismus und des Sozialismus.

Die Russische Revolution stellt einen Wendepunkt in der europäischen Geschichte dar. Getragen von liberalem und sozialistischem Gedankengut formierte sich die Opposition gegen das noch immer in feudalistischen Strukturen verharrende Zarenreich. Die kommunistische Machtergreifung brach aber mit den liberalen Traditionen der europäischen Politik. Ein totalitäres Regime – wenn auch nur als Übergang gedacht – sollte die Gleichheit und damit schließlich die Freiheit erzwingen. Der Gedanke der »Diktatur des Proletariats« als Weg zur Freiheit kündigt die totalitären Systeme unseres Jahrhunderts an: der Utopie werden Freiheit und Menschlichkeit geopfert. Die Spannung zwischen individueller und kollektiver Autonomie kann nur durch den Appell an die Gerechtigkeit und die Menschlichkeit und schließlich durch diese selbst gelöst werden.

Der Zerrissenheit der Gesellschaft stand die Zerrissenheit der Kunst gegenüber. Die Ausdifferenzierung des Publikums in verschiedene Interessengruppen, politische Lager und soziale Schichten blieb nicht ohne Auswirkungen auf die Auftragslage der Künstler.

Die Nachfrage nach Kunstwerken jeglicher Art blieb groß; das erstarkte Bürgertum suchte durch den Besitz von Kunstwerken an jenen gesellschaftlichen Lebensstil anzuknüpfen, der bisher dem Adel vorbehalten gewesen war. Doch war dieses Publikum keine homogene Masse, sondern spiegelte in seinen Ambitionen und Vorlieben das ganze Spektrum der Meinungen und Konflikte der Zeit wider. Weniger denn je bildeten die Künstler einen klar umrissenen Stand. Die völlige Lösung von der handwerklichen Tradition ließ den Maler- und Bildhauerberuf zu einem offenen Tätigkeitsfeld werden. Aus allen sozialen Schichten, aus allen politischen und kulturellen Milieus finden wir Männer und später auch Frauen, die sich dem Künstlerberuf verschrieben haben. Die soziale Position der Künstler im 19. Jahrhundert läßt sich nicht auf einen Nenner bringen: vom steinreichen Würdenträger bis zum armen Außenseiter finden wir alle Möglichkeiten der Künstlerexistenz.

Aus dem liberalen Verständnis heraus wurde der Kunst ein Freiraum zuerkannt, der den Gesetzen des Marktes zu genügen hatte. Neben den Institutionen der Salons und Akademien begann der freie Kunstmarkt entscheidend die Arbeitsbedingungen der Künstler zu beeinflussen. Die zweite Hälfte des 19. Jahrhunderts ist auch das Zeitalter der großen Kunsthändler und Kunstkritiker, deren Vorlieben und Abneigungen entscheidend auf das Publikum einwirken konnten. Die Museen und ihre Ankaufspolitik wurden zu bedeutenden Faktoren der öffentlichen Meinungsbildung und zu Leitbildern des legitimen Geschmacks.

Der schöpferische Freiraum verband über alle Gegensätze hinweg die Künstler der verschiedenen Schulen und förderte die Entwicklung eines gemeinsamen Selbstbewußtseins, das auch vom Publikum anerkannt wurde. Der Künstler als der einsame Visionär, der über seine Zeit hinauswirkt, wurde zur allgemein verbreiteten und akzeptierten Vorstellung und entsprach den Erwartungen des Publikums. Folgerichtig wurden die Richtungskämpfe innerhalb der Kunst zum öffentlichen Spektakel, zum vieldiskutierten und heftig umstrittenen Gegenstück zur politischen Debatte.

Als 1863 in Paris neben dem altehrwürdigen »Salon« ein eigener «Salon des refusés» eingerichtet wurde, in welchem die Bilder, die den ästhetischen Vorstellungen der Jury nicht entsprachen, zu sehen waren, wurde die Debatte über die Aufgaben der und die Anforderungen an die Kunst öffentlich. Überall kam es in der Folge zu einem Aufbrechen der traditionellen Strukturen; die »Sezessionen« und inoffiziellen Ausstellungen wurden zu Foren der Auseinandersetzung um den Freiraum der Kunst. Der nun viel verwendete Begriff der »Avantgarde«, dem militärischen Sprachgebrauch entnommen, zeigt, wie sehr die verschiedenen Richtungen ihre auseinanderklaffenden Auffassungen von Kunst als Kampf in der Öffentlichkeit verstanden.

Im Brennpunkt der Auseinandersetzung standen die Fragen nach den Aufgaben der Kunst und den Gesetzen der Ästhetik. Hatte man bisher explizit oder unausgesprochen vorausgesetzt, daß die Kunst belehren und erbauen sollte, so wurde dieser Grundsatz nun immer häufiger radikal in Frage gestellt. Das Postulat einer völlig autonomen Kunst, die frei war, ihre eigenen Gesetze zu entwerfen, fand im Schlagwort «l'art pour l'art» ihren programmatischen Ausdruck. Eine Kunst, die nicht mehr an die gesellschaftlichen Konventionen anknüpfte, sondern an das individuelle Urerlebnis des Künstlers, stellte sich in Widerspruch zur traditionellen Auffassung, die der Kunst eine verbindliche moralische Aufgabe zuwies.

Der erklärte Wille der Künstler, alle Bereiche des menschlichen Fühlens und Erlebens einzufangen, äußerte sich in einer unübersehbaren Zahl von Schulen und Richtungen, die miteinander und gegeneinander arbeiteten, sich ablösten und ergänzten. Das Experimentieren mit neuen Darstellungsformen, Themen und Techniken, das Auflösen der Inhalte in Formen und Farben entsprang dem Drang, alle bisherigen Grenzen und Konventionen der darstellenden Kunst zu sprengen und neue Bereiche des Erlebens und Denkens zu eröffnen.

Das Verhältnis der Avantgarde zur etablierten Kunst war nicht statisch. Was heute als letzter Schrei galt, konnte zwanzig Jahre später als fest etabliert gelten und hatte sich gegen eine neue Avantgarde zu behaupten. Ein und derselbe Künstler konnte sich einer Tendenz anschließen, sie wiederum verlassen und zu neuen Ufern streben. Der liberale Glaube an den Fortschritt machte auch vor dem Kunstbetrieb nicht Halt. Künstlergenerationen und Sammlergenerationen lösten sich ab und erlaubten eine bisher unbekannte Dynamik der Kunstentwicklung.

Ebenso breit gefächert wie die ästhetischen Absichten der Künstler waren ihr politisches Engagement und ihre Vorstellungen, wie einem solchen Engagement mit den Mitteln der Kunst Ausdruck verliehen werden konnte. Resignation und Abkapselung, Rückzug in symbolische Welten und sublimierte Empfindungen standen der traditionellen Idee des Bildes als einer Waffe im politischen Kampf gegenüber. Hin- und hergerissen zwischen programmatischer Deklaration und Flucht vor den Gegenständen der Gegenwart suchten die Künstler ihren Platz im politischen Diskurs.

F. de Capitani

358

1830: Neuer Aufbruch

358

DOMINGOS ANTÓNIO
DE SEQUEIRA
Lissabon 1768–1837 Rom

Allegorie auf die Verfassung von 1822
(Studie). 1822
Öl auf Leinwand, 62 × 102,5 cm
Lissabon, Museu Nacional de Arte Antiga,
Inv. 497

Mit 13 Jahren trat Domingos António de Sequeira in die Aula Régia de Denho e Figura, die königlich portugiesische Kunstschule, ein, wo er eine ausgezeichnete Schulung genoß und mehrere Preise gewann. 20jährig siedelte er nach Rom über, um an der Akademie von Domenico Corvi (1721–1803) zu studieren. Nach Portugal zurückgekehrt, soll er eine religiöse Krise durchlebt haben. Er trat in einen Orden ein und blieb hier bis 1802. In dieser Periode malte er einige kirchliche Bilder. Hernach

näherte er sich dem Königshof, und wurde zum Professor und Direktor der Zeichenschule ernannt, deren Sitz damals die Stadt Porto war.

Zum Zeitpunkt, da er nach Lissabon zurückkehrte, floh die königliche Familie nach Brasilien. Portugal wurde von französischen Truppen besetzt. Sequeira begab sich in den Dienst des französischen Generals und Generalgouverneurs von Portugal Andoche Junot, geriet dadurch in einen Prozeß und wurde in Haft gesetzt. Während der Besetzung durch die Engländer (1810–1820) nahm er seine Tätigkeit als Professor wieder auf. Mit Enthusiasmus begrüßte er die liberale Revolution von 1820. Die Ölstudie *Allegorie auf die Verfassung von 1822* zeugt davon. Die Gegenrevolution von 1823 trieb Sequeira ins Exil. In Paris gewann er am »Salon« von 1824 eine Goldmedaille. Man betrachtete ihn damals als Vorläufer der romantischen Bewegung in der portugiesischen Malerei, und Stendhal stellte ihn an die Seite von Delacroix.

Die *Allegorie auf die Verfassung von 1822* zeigt in der Mitte die Freiheit, ganz in Weiß gekleidet. Die liberale Revolution von 1820, durch die Konstituierende Versammlung und durch die Verfassung von 1822 legitimiert, bricht mit dem Ancien Régime; sie unterwirft sich der Idee des Konstitutionalismus und setzt fest, daß die »Souveränität auf der Nation beruht«, daß diese niemandem eigentümlich gehört, daß sich das Volk durch die Abgeordneten in den Cortes bloß vertreten läßt und schließlich daß der König nur der erste Diener des Staates ist. Daraus folgt die Trennung der Gewalten.

Die Revolution von 1820 hatte auch patriotischen Charakter, denn sie gewann die portugiesische Unabhängigkeit gegenüber England zurück. Als vergleichsweise »späte« Revolution nahm sie verschiedene Einflüsse auf, namentlich von den revolutionären Verfassungen Frankreichs, von der Verfassung von Cádiz (1812) und von der republikanischen Verfassung der Vereinigten Staaten. In der Terminologie jener Zeit waren die Cortes der »souveräne Kongreß«, und ein Journalist konnte schreiben, Portugal sei lediglich deshalb keine Republik, weil »den Portugiesen die republikanischen Tugenden fehlten«.

Wie dem auch sei, drei Jahre lang wurde Portugal von einer revolutionären Exekutive und einer gewählten Legislative regiert. Die Verfassung von 1822 wird oft als zu »fortschrittlich« beurteilt; das habe ihren Fall beschleunigt. Man kann das auch anders sehen: Die traditionalistischen Kräfte hatten genug Macht, um den Umsturz herbeizuführen, und nach dem Bürgerkrieg von 1828–1834 siegte der Konstitutionalismus. Die republikanische Revolution setzte sich in Portugal erst 1910 durch.

Die Ölstudie von Sequeira konzentriert sich auf die Freiheit. Minerva und Abundantia (Überfluß) zeigen aber, daß die im doppelten Wortsinn vielschichtige Komposition bedeutungsgeladen ist.

M.-H. Carvalho dos Santos

Lit.: DA COSTA 1939; FRANÇA 1967; DE LUCENA 1969; BEAUMONT 1972; CARVALHO DOS SANTOS 1983; Paris: Soleil 1987; Lissabon 1988.

359

359

EUGÈNE DELACROIX
Saint-Maurice bei Paris 1798–1863 Paris

Skizze im Zusammenhang mit der »Freiheit auf den Barrikaden«. Nach 1820
Öl auf Leinwand, 65 × 82 cm
Schweizer Privatbesitz

Das Gemälde ist nicht signiert, trägt aber unten rechts den Stempel des Nachlaßverkaufs aus dem Atelier von Pierre Andrieu (1821–1892), dem letzten Mitarbeiter und Kopisten von Delacroix; Lee Johnson (1975) hält es deshalb für eine Kopie Andrieus nach dem berühmten Gemälde *Die Freiheit auf den Barrikaden (Le 28 Juillet. La liberté guidant le peuple)* von 1831 (Paris, Louvre). Hélène Toussaint vertritt hingegen mit guten Gründen die Meinung, daß der Schwung in der Anlage und die Geschwindigkeit in der Ausführung die Zuschreibung an Delacroix rechtfertigen; diese Ölskizze bereite zwar die *Freiheit* vor, gehöre aber zu einer Reihe von Versuchen der Jahre 1821/22 im Hinblick auf eine allegorische Verherrlichung des Aufstands der Griechen gegen die türkische Herrschaft (vgl. Kat. 356), die Delacroix jedoch nach den Massakern von Chios und Missolunghi beiseite gelegt habe (Paris 1982).

Unsere Ölskizze zeigt in der Tat unbestreitbar Verwandtschaften mit einer Gruppe von Zeichnungen, die sich auf das Thema des griechischen Unabhängigkeitskrieges beziehen, besonders mit einem querformatigen Kroki, auf dem Hélène Toussaint eine Uferlandschaft mit überwuchertem Geröll und Blick auf das von einem Felsen begrenzte Meer sieht (Paris 1982, Nr. 17, S. 21–22). Indessen trägt die zentrale Frauengestalt unserer Ölskizze weder die Mauerkrone wie einige Zeichnungen der »griechischen« Gruppe, noch die phrygische Mütze auf anderen Blättern und auf dem Bild von 1830. Soweit der skizzenhafte Charakter unseres Bildes eine Aussage erlaubt, scheint diese Figur weder ihre Brust zu entblößen noch die volkstümlichen Züge und den anatomischen Realismus zur Schau zu tragen, durch den die Kritiker des »Salon« von 1831 schockiert wurden (Paris 1982, S. 55 ff.; HADJINICOLAOU 1979); auch scheint sie keine Waffe zu tragen. Die Fahne, die sie emporhält, zeigt zwar so etwas wie eine Stange, erinnert aber noch an die Beischrift einer der frühesten Studien, die Hélène Toussaint untersucht hat (Paris 1982, Nr. 2, S. 11), d.h. die Figur läßt »das Tuch im Winde flattern, um ihre Söhne zu den Waffen zu rufen«; eine Trikolore ist nicht zu erkennen. Auch die Barrikaden der Julirevolution fehlen, ebenso die drei aufrechten Figuren, welche die ragende »Freiheit« begleiten und verschiedene Elemente des revolutionären »Volkes« auf dem Bild von 1830 verkörpern. Unter den Leichen im Vorgergrund erkennt man aber bereits den traditionellen Typus des Hektor, mit hochgehobenen Beinen, den die dunkeln Farbtöne hervortreten lassen; er symbolisiert den Krieger, der durch Selbstaufopferung zum Helden wird; im Zusammenhang mit Griechenland dürfte er sich direkt auf Homers *Ilias* beziehen.   D. Gamboni

Lit.: JOHNSON 1975, S. 68, Abb. 6; HOFMANN 1975, S. 64, Abb. 2; JOHNSON 1981, S. 145; Paris 1982, Nr. 21, S. 25–26; Zürich/Frankfurt 1987–1988, S. 325, Nr. 350.

360

360

PIERRE-JEAN DAVID D'ANGERS
Angers 1788–1856 Paris

Die Freiheit. 1839
Bronzestatuette, 57,5 × 23 × 17,5 cm
Paris, Musée du Louvre, Département des sculptures, Inv. R.F. 1963

Nach antiker Art mit einer kurzen Tunika bekleidet, die phrygische Mütze tragend, dabei aber mit einem aufgesteckten Bajonett bewaffnet – vielleicht Delacroix' Einfluß –, so verbildlicht David d'Angers die Freiheit und definiert ihre Bedeutung mit Inschriften und sinnbildlichem Zubehör. Auf der Plinthe erinnern die zwei Verse der Marseillaise «Liberté, liberté chérie / Combats avec tes défenseurs!» (O heißgeliebte Freiheit führe / Den Kampf an Seite deiner Retter!») an die Französische Revolution von 1789, während auf einem von der Freiheit in der rechten Hand gehaltenen Blatt Papier die zwei Daten 1789 und 1830 auf die Kontinuität des Kampfes des französischen Volkes um die Anerkennung seiner Rechte hinweisen; ein Haufen gesprengte Ketten unter ihrem linken Fuß symbolisiert diesen Freiheitskampf.

Ein Altar, gegen welchen ein Winkelmaß lehnt, trägt die Worte »Egalité – Fraternité« und erinnert daran, daß David d'Angers' Vater während der Revolution einen Freiheitsaltar skulptiert hatte und daß er selbst Freimaurer war. – Es ist bekannt, daß David d'Angers, wie übrigens viele andere Bildhauer, den Plan hegte, den Arc de Triomphe de l'Etoile mit einer gigantischen Bronzestatue der Freiheit zu bekrönen, die sich auf ein Gewehr stützen und einen Ölzweig halten sollte; ihr hätte der Triumphbogen als Sockel gedient. Vielleicht ist die Statuette von 1839 im Pariser Musée Carnavalet im Zusammenhang mit diesem Projekt zu sehen. Dagegen spricht zwar – mehr noch als das Attribut Lorbeerkranz statt Ölzweig – die Art und Haltung der Figur, die schlank und in gewissen Partien sehr subtil modelliert und damit weit entfernt ist vom »ernsten Monumentalstil der Ägypter«, den David d'Angers in seinen Heften vorschlägt; sie war für eine Vergrößerung ins Kolossale ungeeignet.

Den Erfolg dieser Allegorie, die bei aller Weiblichkeit eine wilde, heroische Gespanntheit ausdrückt, bezeugen zahlreiche Bronzegüsse und etliche Biscuit-Versionen, ja sogar solche in bemalter Fayence. Einige davon sind durch Inschriften, die sich auf die 1848er Revolution beziehen, aktualisiert worden. Zu jener Zeit scheint das Bild der Freiheit mit dem der Republik zu verschmelzen. Der Bildhauer, der nach dem Staatsstreich vom 2. Dezember 1851 vor seiner schwarzumflorten Statuette sitzend für den Fotografen posiert, widerspricht der Angleichung beider Allegorien jedenfalls nicht.

J.-R. Gaborit

Lit.: HUCHARD 1984, S. 116.

361

1848: Europa am Scheideweg

361

FRANÇOIS RUDE
Dijon 1784–1855 Paris

Die Marseillaise. Nach 1836
Bronzekopf, 43 × 30 × 28 cm
Genf, Musée du Petit Palais, Inv. 12097

Als allegorische Vorspann-Figur von politischen Parteien der verschiedensten Richtungen benutzt, mußte Rudes *Marseillaise* viele Jahre auf ihre endgültige Benennung warten. Sie stammt von der Hauptfigur eines der Gewände am Arc de Triomphe de l'Etoile, wo Rude im Auftrag Adolphe Thiers' arbeitete, aus der Gruppe mit dem Titel *Aufbruch der Freiwilligen im Jahre 1792*. Die verschiedenen Interpretationen dieser einen Figur und ihre weite Verbreitung beweisen den Erfolg der Bildprägung. Der im Zeichen von Louis-Philippes synkretistischer Politik bestellte Reliefschmuck des Arc de Triomphe de l'Etoile war dazu bestimmt, sowohl die Armee der Revolution als auch die des Empire zu verherrlichen. Kein Zufall, daß die Wahl auf Rude fiel, der durch seinen leidenschaftlichen Einsatz für die Sache der Revolution und Bonapartes zugleich bekannt und kurz zuvor aus seinem Brüsseler Exil zurückgekehrt war. Die Bestellung wurde in den Jahren von 1833 bis 1836 ausgeführt.

Seine Flügel, seine kriegerische Haltung und sogar seine Diagonalkomposition machen aus diesem Weib eine antike Viktoria. Ihre ersten Titel, zu einer Zeit, da die *Hymne des Marseillais* wieder ein aufwieglerisches Lied geworden war (VOVELLE 1984, S. 109-110), hießen «Génie de la Patrie» oder «Génie de la Guerre, (qui) le glaive à la main, pousse le cri d'alarme» (Kriegsgenius der, das Schwert in der Hand, zur Schlacht aufruft: DULAURE 1838). Man sah in dieser Figur auch ein Bild der Freiheit oder der Republik, und zweifellos ist sie auf den verschlungenen Wegen, welche die *Hymne des Marseillais* zur Nationalhymne nahm (VOVELLE 1984, S. 109-134), zu ihrem endgültigen Rufnamen gekommen. Wenn auch David d'Angers bereits um 1840 seine kritischen Stellungnahmen zur plastischen Gruppe, die sein Bildhauerkollege schuf, mit der treffenden Beschreibung ausstattet: «La Liberté indiquant aux citoyens armés le chemin de la victoire, c'est la Marseillaise en action» (Die Freiheit, welche den Bürgern in Waffen den Weg zum Sieg zeigt, das ist die zur Tat schreitende Marseillaise: BRUEL 1958, S. 90), so erscheint doch der hier geprägte Name in keinem der unter dem Second Empire gedruckten Texte; erst in den 1880er Jahren setzt er sich nach und nach durch, um im Ersten Weltkrieg zu triumphieren (MONTORGUEIL 1915-1916, S. 185-186).

Die Bronzeversion, welche auf die Helmzier verzichtet, wodurch die Phrygiermütze besser zur Geltung kommt, legt eine weniger kriegerische Bedeutung nahe und somit den Namen, den die Figur fortan tragen sollte.   I. Leroy-Jay Lemaistre

Lit.: DULAURE 1838, S. 70; SPULLER 1886, S. 70; BERTRAND 1888, S. 65; ADAM 1891, S. 28; JOUIN o. J., S. 17; FOURCAUD 1904, S. 193-205; MONTORGUEIL 1915-1916, S. 185-186; CALMETTE 1920, S. 80; BRUEL 1958, S. 90; VOVELLE 1984, S. 102-134.

362

HONORÉ DAUMIER
Marseille 1808-1879 Valmondois

Der Aufruhr. 1848/49
Öl auf Leinwand, 87,6 × 113 cm
Washington, Phillips Collection

Die Figur des hemdsärmeligen Proleten ist aus Daumiers bissigen Kommentaren zu den nachrevolutionären Jahren des Justemilieu (1830-1848) wohlbekannt. Das Bürgerkönigtum bricht im Februar 1843 unter Hunderten von Barrikaden zusammen – doch die Ärmel bleiben hochgekrempelt zu Arbeit und Revolte.

In der Diagonalen verstrebt die vorwärtsdrängende Gestalt des Arbeiters über die geballte Faust, den rechten Arm und die Schultern den Bildraum; durch die bedrängende Nähe des Brustbildes teilt sich der Geist des Aufruhrs unabweisbar mit. Hinterfangen wird der hell hervortretende Empörer von einem Ensemble von Figuren, das jenen volksverbundenen Zusammenhang anzeigt, der als klassenübergreifende Einheitsfront Delacroix' *Freiheit auf den Barrikaden* (vgl. Kat. 359) von 1831 krönt. Nur: Dieser Aufstand wird nicht als eine der großen Revolutionen in die Geschichte eingehen, auf welche sich kommende Generationen selbstzufrieden berufen sollten. Die Zeiten, die sind vorbei – spätestens seit dem Massaker an den Aufständischen des Juni 1848. So will es nicht nur die Historie, so will es bei näherer Betrachtung auch Daumiers Gemälde.

Mögen auch namhafte Kunstverständige dem Bild schwärmerisch den Rang einer

362

klären. Der Zerschlagung revolutionärer Hoffnung (vgl. Kat. 482) war mit den Mitteln karikierender Überzeichnung bildlich nicht mehr beizukommen. Die eigentliche Trauerarbeit am Schock des Junimassakers verlagerte Daumier in der Folge in die privateren Medien der Zeichnung, der Malerei und der Plastik (vgl. Kat. 363). R. Zbinden

Lit.: Hofmann 1974, S. 166–167; Maison 1968, S. 193; Phillips 1982, S. 209–216; Clark 1973.

»Marseillaise« verordnet haben – diesen »Kindern des Vaterlandes« fehlt es entschieden an Harmonie: während die zentrale Gestalt des Arbeiters mit der revolutionären Losung auf den Lippen vorwärtsstürmt, scheinen in ihrem Rücken ein Bürger mit Zylinder und zwei Frauen ihn zwar anzufeuern, selber jedoch vor der Tat zurückzuschrecken. Einzig der am linken Bildrand aus dunklem Grund skizzenhaft sich herausschälende Mann mit Mütze teilt in seiner Haltung die Bewegung der Hauptfigur. Der Umstand, daß die Gesichter dieser Assistenzfiguren von fremder Hand nachträglich überarbeitet worden sind, tut diesem Befund keinen Abbruch, bezieht er sich doch auf die Gesamtanlage des Bildes, nicht jedoch auf die leicht manipulierbare Mimik einzelner Gestalten. Ein Vergleich mit der *Liberté* von Delacroix mag dies verdeutlichen: An die Stelle der mitreißenden Kooperation unterschiedlicher Klassen und Schichten ist bei Daumier das isolierte Vorpreschen des Proletariers getreten.

Im Juni 1848 war Daumier Zeuge einer verzweifelten Arbeiterrevolte, blieb uns jedoch die Verarbeitung dieser Erfahrung in seinem angestammten Medium der Lithographie weitgehend schuldig. Weder die verschärfte Pressepolitik unter dem Ausnahmezustand noch der neuerdings opportunistische Kurs von Daumiers Arbeitgeberin, der satirischen Tageszeitung *Le Charivari*, vermögen seine Zurückhaltung hinlänglich zu erklären.

363

HONORÉ DAUMIER
Marseille 1808–1879 Valmondois

Die Emigranten. Nach 1848/vor 1862
Metallrelief, 32,4 × 70,8 cm
Privatbesitz

Das Relief *Die Emigranten* zeigt einen endlos scheinenden Zug nackter Flüchtlinge. Zeichnerisch nur flüchtig umrissen, tauchen die Männer, Frauen und Kinder rechts aus dem Reliefgrund auf, gewinnen gegen die Mitte zu allmählich fast vollplastische Gestalt und versinken links wieder in der Fläche. Die ungleichmäßige Durchmodellierung und die markante Betonung einzelner Figuren bewirken eine rhythmische Spannung: Der mächtige weibliche Rückenakt im Zentrum – ein Kind auf dem rechten Arm und ein zweites an der linken Hand – verklammert im linksgerichteten Schrittmotiv und in der Rückwendung des Oberkörpers nach rechts die vorangehende mit der nachkommenden Figurengruppe und verkörpert gleichsam die Gegenwart zwischen verlorener Vergangenheit und ungewisser Zukunft. Die monumentale Wirkung des relativ kleinformatigen Reliefs resultiert aus dem radikalen Verzicht auf jede anekdotische und allegorische Ausstaffierung der eng zusammengedrängten Körper, die den rahmenlosen Grund zu sprengen drohen. Die skizzenhafte Oberflächenstruktur, die eine flackernde Lichtbrechung hervorruft, verstärkt die innere Dynamik zusätzlich.

363

Das ausgestellte Relief trägt weder einen Gießerstempel noch eine Auflagennumerierung. Daumier schuf ursprünglich zwei Versionen der *Emigranten* in Ton, die er von seinem Freund, dem Plastiker Victor Geoffroy-Dechaume wohl vor 1862 in Gips gießen ließ. Bei diesem Prozeß wurden die Tonformen zerstört. Die beiden Gipsoriginale, die sich in Maßen und Details nur geringfügig voneinander unterscheiden, figurierten in der ersten Daumier-Ausstellung von 1878 unter der Bezeichnung »Fugitifs, esquisse en plâtre«. »Original I« befindet sich heute im Musée d'Orsay, »Original II« in einer kanadischen Privatsammlung. Von beiden Originalen existieren insgesamt fünf posthume Surmoulages (je ein Exemplar im Musée d'Orsay), d. h. Gipsabgüsse, nach denen verschiedene Bronzeeditionen gegossen wurden. Beim ausgestellten Werk, das stumpfer wirkt als die Auflagengüsse, handelt es sich wohl um eine um 1910 hergestellte Galvanoplastik (elektrochemische Abformung) nach einer Surmoulage von Version II.

In welchem Jahr Daumier, fern jeder offiziellen Denkmals- und akademischer Salonkunst, die Originale modellierte, ist aus Mangel an beweiskräftigen schriftlichen Quellen in der Forschung bis heute umstritten. Formal die Traditionslinie römischer Sarkophagreliefs aufnehmend, reflektieren

die *Emigranten* ein Stück zeitgenössischer Leidensgeschichte: Die Datierungsvorschläge reichen von 1830 (polnische Revolution) über 1848 (Juniaufstand) bis 1870/71 (Deutsch-Französischer Krieg, Pariser Commune). Aus stilkritischen Überlegungen, stärker aber noch aus einer Einschätzung von Daumiers politischem Engagement, wie es sich in seinem lithographischen Werk Tag für Tag verfolgen läßt, bietet sich die Datierung auf 1848–1850 an, als Zehntausende von Aufständischen der Mai- und Juni-Insurrektionen (vgl. Kat. 362) in die Kolonien deportiert wurden. Das tragische Thema der Flüchtlinge sollte den Republikaner Daumier über Jahre hinweg auch in einer ganzen Anzahl von Gemälden und Zeichnungen beschäftigen.   J. Albrecht

Lit.: WASSERMANN 1969, S. 174–183; CLARK 1973, S. 99–123; CHERPIN 1979, S. 155–162 und 201–204; Rom 1983/84, S. 84–87; ALBRECHT 1984.

364

364

ALFRED RETHEL
Diepenbend bei Aachen 1818–1859
Düsseldorf

Ein Totentanz aus dem Jahre 1848. 1849
Sechs Holzschnitte, je 23 × 33 cm, mit
einem Kommentar von Robert Reinick,
7. Auflage

Berlin, Deutsches Historisches Museum,
Inv. 1988/1012

Die Erstausgabe dieser Holzschnittfolge war
ein Fünfzehngroschen-Album mit dem Titel
Auch ein Todtentanz, in einer Auflage von
4500 Exemplaren. Sie hatte sofort Erfolg
und genoß internationalen Ruhm (Aufnahme in die *Illustration* vom 28. Juli 1849),
der dauerhaft war (12 Auflagen bis 1900).
Die hier abgebildete Volksausgabe von
10 000 Exemplaren verkaufte sich zu fünf
Groschen das Stück.
　　Der Titel dieser zweiten Version (*Ein
Todtentanz aus dem Jahre 1848*), die aufgefal-
tet fast einen Quadratmeter mißt, beseitigt

Unklarheiten bezüglich Datierung und Inhalt. Gewisse Autoren glauben dennoch, Rethel habe die Bilder anläßlich seines Aufenthalts in Dresden gemacht, sie bezögen sich
dann auf den Volksaufstand in Dresden im
Mai 1849. Ihnen widerspricht aber der
Briefwechsel zwischen Rethel und seinem
Kommentator R. Reinick sowie das Zeugnis
der Frau des Künstlers, welche festhalten,
daß sowohl die Zeichnungen als auch die
Holzschnitte im Laufe des Winters 1848/49
beendet waren (SCHMID 1898; PONTEN
1911). Aller Wahrscheinlichkeit nach bezieht sich der Zyklus auch nicht auf die Berliner Revolte im März 1848, sondern auf die
Volkserhebung in Baden im Herbst jenes
Revolutionsjahres.
　　Die genaue Datierung der Blätter ist
wichtig für das Verständnis ihrer politischen
Aussage; von Champfleury bis in unsere
Tage hinein interpretierte man ihren Sinn als
konterrevolutionär (CHAMPFLEURY 1869;
PARET 1988; BOIME 1990). Diese Ausle-
gung scheint durch einen vielzitierten Brief
Rethels vom 2. Mai 1848 widerlegt; darin
bekundet der Künstler, daß seine Bedenken

gegen eine »Rote Republik, Kommunismus mit allen seinen Konsequenzen« durch die edle Begeisterung des Volkes zerstreut worden seien (PONTEN 1912; Paris 1976). Des Künstlers gesellschaftlicher und politischer Stand ist jener des mittleren Bürgertums, dem er zugehört; er etabliert sich auch als offizieller Maler, indem er in den 1840er Jahren den Gemäldezyklus für den Kaisersaal im Rathaus von Aachen in Angriff nimmt. Die bürgerliche Mittelschicht fühlt sich durch die Arbeiterbewegung von links überrannt und schlägt sich kurz nach der 48er-Revolution auf die Seite der Krone (HARTWIG und RIHA 1974), die für Ordnung in der Gesellschaft steht. So zielt Rethels Kritik in seinem Totentanz nicht auf die liberalen Kräfte, sondern auf die Extremen, deren Sprachrohr vorab die von Karl Marx im Juni 1848 gegründete *Neue Rheinische Zeitung* ist, welche die Massen mit rhetorischer Gebärde aufruft, die Waffen zu ergreifen. Vielleicht ist die Holzschnittfolge mit dem Totentanz auch eine Replik auf Ferdinands Freiligraths Gedicht *Die Todten an die Lebenden*, das im Juli 1848 in 9000 Exemplaren erscheint (abgedruckt in *Illustrierte Geschichte* 1988; Berlin 1972).

Auf Tafel I zeigt Rethel den Tod in Gestalt des durch den Ruf »Freiheit, Gleichheit, Brüderlichkeit« aus dem Grab auferstehenden Knochenmanns. Die Eitelkeit hält ihm Spiegel und Hut hin, die List ein Schwert, die Blutgier eine Sense, die Tollheit ein Pferd, die Lüge eine Waage. Schwert und Waage wurden der Justitia, die an ein Justizgebäude, dessen Fundament einstürzt, gefesselt ist, entrissen. Auf Tafel II trabt Schnitter Tod auf eine Stadt zu, die durch drei bezeichnende Baugattungen dargestellt wird: Schanzenwall, Kathedrale und rauchende Fabriken. Auf seinem Durchgang schreckt er Bäuerinnen und Raben auf. Tafel III zeigt den vermummten Tod vor einer jüdischen Herberge, wie er die Macht der Krone verhöhnt, indem er die Krone nicht schwerer als eine Tabakspfeife wiegen läßt, wobei er hinterhältig die Waage am Züngelein statt am Waagebalken packt. Eine Alte mit Kind und

Rosenkranz wendet sich vom Geschehen ab. Tafel IV stellt Volksmassen auf dem Marktplatz dar; unter Hochrufen auf die Republik streckt ein Agitator dem auf einer Estrade stehenden Tod das Schwert der Volksjustiz entgegen, während im Hintergrund Militär die Ordnung wiederherstellen kommt. Auf Tafel V steht der Anführer des Aufstandes auf den Barrikaden und hält ein Banner von der Farbe des Blutes, das vergossen wird, hoch. In einer fast obszönen Gebärde entblößt er seinen Skelett-Leib und somit seine wahre Person. Der triumphierende Held der Roten Republik, so schließt Freiligraths Gedicht, war der Tod. Die Ziele, die diese dem Volk versprochen hatte, erreicht der Tod, vor ihm nämlich sind alle Menschen gleich, frei und Brüder.

Für den Totentanz Rethels ist sowohl sein früheres Werk, wo der Tod immer gegenwärtig ist, maßgebend (PONTEN 1911) als auch das Werk der Zeitgenossen; so ist auf dem letzten Blatt die Gestalt, die sich auf ihren Armen aufrichtet, eindeutig von Delacroix' *Die Freiheit auf den Barrikaden* inspiriert. Die allegorischen Figuren, die den Zyklus einleiten, tragen durchaus vieldeutige Attribute; Spiegel, Schwert, Waage, Schlangen; ohne den Erläuterungstext von Reinick, den der Künstler selber durchsah, ließen sich einige unter ihnen wohl schwer bestimmen. Die hauptsächlichen Vorbilder sind jedenfalls Dürer und Holbein: Dürer vorab, was die Technik, den Holzschnitt, betrifft; diese prägt den starren und archaisierenden Stil, der mit der gleichzeitigen, romantischen Illustrationsgraphik in Frankreich kontrastiert (FRANKE 1921); Holbein aber bezüglich des Inhalts: mit seinem Totentanz ist er eine unumgängliche Quelle für die Bildwelt des Todes geworden. Die Stuttgarter Faksimile-Ausgabe von 1847 ist eine jener Publikationen, die vom erwachten Interesse für dieses Thema zeugen, das sich bei Künstlern wie bei Gelehrten regt (BUCHHEIT 1926).

Wie Grandvilles 1830 lithographiertes Werk *Voyage pour l'éternité* erneuert Rethels *Auch ein Todtentanz* die Ikonographie jener Bildgattung (BRIESEMEISTER 1926; KAISER

365

1982; Paris 1985). Rethel gibt ihr eine ganz neue Aktualität, die besonders im Kostüm des Todes mit dem charakteristischen Federhut liegt, das man zu jener Zeit Hecker-Habit nannte nach dem damaligen Badischen Abgeordneten der Linken (Kat. 478). Die moralische Botschaft wird also buchstäblich eingekleidet in eine politische. Dennoch darf man auch die religiöse nicht unterschätzen, wie aus Reinicks Beischrift hervorgeht. Sie prägt die Holzschnitte entscheidend, erinnert doch die Auferstehung des Todes auf dem ersten Blatt an Lazarus oder Christus, und der Tod, der mit seiner Siegesfahne auf den Barrikaden steht, erinnert an Christus in der Vorhölle. Und spielt nicht der lorbeerbekränzte Tod der letzten Tafel auf die Offenbarung Johannis an, auf die vier Apokalyptischen Reiter (Kap. 6, 2–8)? Dem ersten auf einem weißen Pferd ward eine Krone gegeben, dem zweiten ein großes Schwert, der dritte hatte eine Waage in seiner Hand, der vierte endlich, auf einem fahlen Pferd reitend, hieß mit Namen Tod.   Ph. Kaenel

Lit.: CHAMPFLEURY 1869, S. 268–285; SCHMID 1898, S. 98–108; PONTEN 1911, S. 47–51: PONTEN 1912, S. 119; FRANKE 1921, S. 28–30; PONTEN 1922; BRIESEMEISTER 1926; BUCHHEIT 1926; SCHMIDT 1959; Berlin 1972; HARTWIG und RIHA 1974; Paris 1976, S. 159–164; KAISER 1982; PARET 1988; *Illustrierte Geschichte* 1988; BOIME 1990, S. 344–346.

365

JOHANN PETER HASENCLEVER
Morsbach 1810–1853 Düsseldorf

Arbeiter und Stadtrat. 1848/49
(2. Fassung)
Öl auf Leinwand, 89 × 131 cm
Solingen, Schloß Burg an der Wupper,
Bergisches Museum, Inv. M/Öl 66/16

Eine Delegation von Arbeitern ist in den Ratssaal einer deutschen Stadt eingedrungen und trägt den erschrockenen und verwirrten Ratsherren ihre Forderungen vor. Durch das offene Fenster erblickt man den Rathausplatz, wo sich das Volk im Aufruhr versammelt hat. Auf der einen Seite sitzen die aufgeschreckten Magistraten unter der Porträtbüste des Landesherrn, auf der anderen Seite drängen die Arbeiter an die Macht, unterstützt von den versammelten Volksmassen. Den philisterhaften Bürgern stellt der Künstler die kraftvollen Figuren der Arbeiter gegenüber.

Johann Peter Hasenclever, ein Vertreter der kritischen Realisten aus der Düsseldorfer Malerschule, spielt nicht auf ein Einzelereignis in einer bestimmten Stadt an, sondern will in seinem Bild eine Grundsituation zum Ausdruck bringen, wie sie sich immer wieder in der deutschen Revolution von 1848 zeigte. »Der Ort der Handlung ist Deutschland«, schrieb 1850 ein Rezensent.

Hasenclever hat die Revolution in Düsseldorf selbst miterlebt; unter dem direkten Eindruck der dortigen Kämpfe begann er mit den Arbeiten zum vorliegenden Bild. Schon 1849 stellte er eine erste Ölskizze in Düsseldorf aus. Neben den Skizzen sind zwei Fassungen entstanden, von denen die erste im Kunstmuseum Düsseldorf aufbewahrt wird.

F. de Capitani

Lit.: KESSEMEIER 1986.

366

366, 367

CARL SPITZWEG
München 1808–1885 München

Fiat Justitia. 1857
Öl auf Leinwand, 48,5 × 26,5 cm
Bonn, Bundespräsidialamt

Justitia. Um 1860
Bleistift, 21 × 16,9 cm
Nürnberg, Germanisches Nationalmuseum,
Inv. Hz 3409

Nach einer Ausbildung als Apotheker wandte sich Carl Spitzweg der Malerei zu. Er gehörte also nach Herkunft und Ausbildung durchaus zu jenem Kleinbürgertum, das er in seinen Werken mit hintergründigem Humor und Einfühlungsvermögen festgehalten hat. Nur selten liegen politische Anspielungen offen zutage, Zwar erschienen 1848 einige

Karikaturen in den *Fliegenden Blättern*, doch meist liegt das politische Engagement Spitzwegs in subtilen Nuancen seiner versponnenen Weltsicht.

Das Bild *Fiat Justitia* mag auf den ersten Blick als Idylle erscheinen: Eine Figur der Gerechtigkeit steht auf dem Geländerpfeiler einer Treppe, die wohl in ein Rathaus führt. Um die Ecke, an das Gebäude gelehnt, wacht ein Polizist über die nächtliche Ruhe und Ordnung.

Doch der erste Blick trügt; das Bild, dessen ganze Komposition Ruhe und Ordnung ausstrahlt, sagt bei näherem Hinsehen mehr über die Ordnung, die gemeint ist, aus. Jensen hat das Fehlen der einen Waagschale der Gerechtigkeit folgendermaßen gedeutet: »Von gerechter Abwägung von Schuld und

368

367

Strafe, von Verurteilung und Freispruch kann keine Rede sein. Der Polizist lugt unter seinem federgeschmückten Hut aufmerksam um die Mauerecke. Hier bleibt dem Bürger nur die Möglichkeit, das Versagen der Justiz und ihrer Hüter resignierend zur Kenntnis zu nehmen.«

Agressiver wird Carl Spitzweg in einer im gleichen Zeitraum entstandenen Bleistiftskizze. Hier tritt uns eine höhnisch lachende Justitia entgegen, das Schwert geschultert und die Binde von den Augen auf die Stirn geschoben: das Bild einer pervertierten Gerechtigkeit.   F. de Capitani

Lit.: Roennefahrt 1960, Nr. 847; Jensen 1975; Wichmann 1990 (Nr. 65).

368

FERENC ÚJHÁZY
Szolnok 1827–1921 Budapest

Betrübter Honvéd. 1850
Öl auf Leinwand, 50 × 63 cm
Budapest, Ungarische Nationalgalerie,
Inv. 81.7

Zum Geistlichen bestimmt ging Újházy 1843 nach Pest, um sich bei Jakab Varságh zum Künstler auszubilden.

Im Freiheitskampf von 1848/49 beteiligte er sich als freiwilliger Honvéd-Offizier. In der Schlacht von Temesvár wurde er verwundet und fiel in Gefangenschaft. Als er entlassen wurde, ging er nach Wien, wo er sich, auf sich selbst angewiesen, allein weiterbildete. In den Gemäldegalerien studierte er die Werke alter und zeitgenössischer Künstler. Nach Pest zurückgekehrt, stellte er seine Werke im Pester Kunstverein mit Erfolg aus.

Újházy war einer der Gründer der Gesellschaft für Bildende Künste. Er wirkte als Zeichenlehrer in der Budaer Staatlichen Realschule. 1867 nahm er mit einem großen Stilleben an der Pariser Weltausstellung teil.

Unser Gemälde zeigt einen Friedhof, in dem vor einem Grabmal ein Honvéd mit grauem Bart und gesenktem Kopf sitzt. In der linken Hand hält er eine Fahne der Revolution von 1848, die sich zum Boden neigt. Auf der Steinplatte steht die Aufschrift »Euer Kampf ist der Kampf der Völker«. Das Bild voll melancholischer Stimmung ist eine Erinnerung an die Märtyrer der Revolution und des Freiheitskampfes von 1848/49, die von den Österreichern in Blut erstickt wurden.   Z. Bakó

Lit. zu dem Maler: *Művészet Magyarországon 1830–1870* 1981, Bd. II, S. 289–290.

369

369

JAN MATEJKO
Krakau 1838–1893 Krakau

Polen in Ketten. 1864
Öl auf Leinwand, 158 × 232 cm
Krakau, Nationalmuseum, Sammlung
Czartoryski, Inv. XII-453

Am Ende des 18. Jahrhunderts wurde Polen
durch seine drei Nachbarstaaten Rußland,
Preußen und Österreich, die sein Territorium unter sich teilten, seiner Unabhängigkeit beraubt. Während der 123 Jahre dauernden Fremdherrschaft erhoben sich die Polen verschiedentlich in bewaffneten Aufständen für ihre Befreiung – vergeblich. Die
Freiheit erlangte das Land dann als Frucht
des Ersten Weltkrieges.

Nach der im November ausgebrochenen
Volkserhebung von 1830–1831 war die
Empörung, die am 22. Januar 1863 gegen
das zaristische Rußland begann und den Namen »Januar-Aufstand« trägt, der wichtigste
Freiheitskampf. Zuvor waren patriotische
Kundgebungen und Unruhen 1861 durch
die Kosaken in Warschau blutig erstickt worden; sie ergriffen in der Folge auch Litauen
und Weißrußland. Der Aufstand scheiterte
nach monatelangen Verzweiflungskämpfen.
Es folgte eine Zeit grausamer Unterdrük-
kung, mit Todesurteilen und Deportationen
nach Sibirien, die einen gefährlichen Defä-
tismus zeugten, der Polen an der Erlangung
seiner Unabhängigkeit verzweifeln und den
Großteil der Nation in tiefe Apathie versinken ließ.

Das Bild, das Jan Matejko, der größte
polnische nationale Maler des 19. Jahrhunderts, schuf, trägt den Titel *Polen in Ketten*,
Polonia oder auch *Das Jahr 1863* und bezieht
sich auf die genannten Ereignisse. Teils ist es
die sachliche Darstellung einer Gruppe von
polnischen Bürgern, die auf die Deportation
nach Sibirien warten, teils eine allegorische
der polnischen Nation nach dem geschei-ter-

ten Aufstand. Die Szene spielt sich in einer durch betrunkene Soldateska profanierten Kirche ab. In der polnischen nationalen Malerei erscheint dieses Motiv häufig, zum Beispiel im Werk Artur Grottgers, und symbolisiert das Vaterland. Nach allgemeiner Auffassung verkörpert die in Trauer gekleidete Kniende, die in Ketten gelegt wird, Polonia, das polnische Vaterland. Die weißgekleidete Frau, die ein russischer Soldat von Polen losreißt, verbildlicht Weißrußland, und die halb entkleidete Leiche einer jungen Frau in einer Blutlache Litauen. Eine Gruppe zaristischer Offiziere mit den beiden Generälen Murawjew und Berg, welche die grausame Befriedung nach den Aufständen in Litauen und im Königreich Polen durchgeführt hatten, beobachten diesen Akt der nackten Gewalt. Über dem Haupt der Polonia erblickt man den Anschlag, der den Ausbruch der Revolution erklärt, sowie das Symbol des zaristischen Reiches, den Doppeladler, auf dessen Brust dasjenige Polens, der weiße Adler, erscheint.

Das einzige Bild Matejkos, das zeitgenössisches Geschehen behandelt – der Künstler war Historienmaler –, blieb unvollendet. Prinz Wladyslaw Czartoryski, der es 1879 erwarb, ließ es, trotz der ästhetischen Ideale des 19. Jahrhunderts, nicht vollenden. Zur Zeit der Volkserhebung war Czartoryski Diplomat der Nationalregierung; er unternahm leider fruchtlose Schritte, um die bewaffnete Unterstützung der Aufständischen durch westliche Staaten zu erwirken.

Das Bild hängt im Czartoryski-Museum in Krakau, das zu Beginn des 19. Jahrhunderts in Pulawy durch die gleichnamige Großmutter des Prinzen, Prinzessin Isabella, geborene Flemming, gegründet worden war. Seit 1951 gehört dieses zum Nationalmuseum Krakau.   D. Dec und J. Walek

Lit: (zum Maler) WITKIEWICZ 1908; TRETER 1939; STARZYNSKI 1973; (zum Werk) MYCIELSKI 1893, S.39; OCHENKOWSKI 1914, Nr.107; KOMORNICKI 1929, Nr.134; Paris 1977, Nr.39; WALEK 1979, S.31-40; MICHALOWSKI 1979, Nr.7; MALINOWSKI 1987, S.84-85.

Freiheit und Elend

370

JEAN-BAPTISTE CAMILLE COROT
Paris 1796–1875 Paris

Der Traum: Stadtbrand von Paris. 1870
Öl auf Leinwand, 30,5 × 54,5 cm
Paris, Musée Carnavalet, Inv. P 1628

Ungewohnt in Corots Werk, aus seinem sonstigen Schaffen herausfallend, wurde dieses Bild während des Deutsch-Französischen Krieges gemalt, einige Tage nach der Kapitulation Napoleons III. in Sedan (2. September 1870). Die Nachricht von der Niederlage erreichte Paris am 3. September und führte am folgenden Tag zur Ausrufung der Republik und zur Bildung eines Kriegskabinetts (gouvernement de la Défense nationale). Corot verbrachte den Sommer 1870 in seinem Haus in Ville-d'Avray und begab sich Ende August nach Paris, kurz bevor die Stadttore geschlossen wurden. Hier blieb er bis zum Beginn der Commune, auf sein Atelier zurückgezogen. Mehrfach bot er bedeutende Summen für die Hilfe an den Verwundeten und für die Verteidigung der belagerten Stadt an (DUMESNIL 1875, S.86ff.). In der Nacht vom 9. auf den 10. September, als die deutschen Truppen auf Paris marschierten, träumte er, der Feind dringe in die Hauptstadt ein und setze sie in Brand. Dieses Gesicht malte er sogleich, »beim Erwachen, in einer fieberhaft auf die Leinwand geworfenen Skizze« (ROBAUT 1905 bzw. 1965, Bd.1, S.249). Das Bild verließ das Atelier erst nach des Malers Tod und figurierte in der »Vente Corot« unter den Studien und Skizzen (Faksimile des Verkaufskatalogs in ROBAUT 1905 bzw. 1965, Bd.4). Auf dem Keilrahmen liest man, wahrscheinlich von Corots Hand: «10 7bre 1870 Paris supposé [brûlé] par les Prussiens».

Das Werk zeigt eine panoramische Ansicht der verwüsteten Stadt, über der sich zwei kolossale Figuren abzeichnen, Allegorien der beiden kriegführenden Nationen. Das unterste Drittel des Bildes wird von ei-

370

ner dunkeln, brodelnden, von roten Streifen durchzuckten Masse besetzt: Paris in einem Flammenmeer, aus dem hier und da rauchende Dächer steigen. Rechts sieht man den »Würgeengel nach vollbrachter Tat« davonfliegen (ROBAUT 1905 bzw. 1965, Bd. 3, Nr. 2352). Dieser düstere Schatten, die Kapuze über das schwarze Gesicht gezogen, kontrastiert mit der hieratischen, lichtvollen Figur in der Bildmitte, die eine Fackel hält: Frankreich »im Herzen der zerstörten Stadt stehend, gänzliche Wiedergutmachung versprechend« (ebd.). Die Silhouette erinnert merkwürdigerweise an die Freiheitsstatue deren erste Entwürfe Bartholdi annähernd gleichzeitig in Angriff genommen hat. Etwas weiter rechts hebt sich vom Horizont die Kuppel des Panthéon ab, das seit 1851 wieder der Stadtpatronin von Paris, Genoveva, geweiht war. Nach Alfred Robaut, dem Freund und Biographen Corots, brachte der Maler das Bild später in Verbindung mit dem Brand von Paris unter der Commune; er deutete es als »Vorahnung des Unheils, das im Bürgerkrieg die Vision bewahrheitete, die sich unter der drohenden fremden Eroberung eingestellt hatte« (ebd.).

S. Wuhrmann

Lit.: DUMESNIL 1875, S. 87; ROBAUT 1905 bzw. 1965, Bd. 1, S. 249, Bd. 3, Nr. 2352; SELZ 1988, S. 248.

371
ÉDOUARD MANET
Paris 1832–1883 Paris

Die Barrikade. 1871(?)
Lithographie (2. Zustand), 46,4 × 33 cm
Bern, E.W.K.

Manet ist einer der wenigen Maler, der die Belagerung von Paris 1870 und den Bürgerkrieg teilweise miterlebt und ins Bild umgesetzt hat. Er war ein Anhänger der Kommune, die am 18. März 1871, nach der Belagerung von Paris, ausgerufen wurde. Am 18. Mai kehrte Manet von Südwestfrankreich, wo seine Familie Zuflucht gefunden hatte, in die Hauptstadt zurück und wurde hier Zeuge der brutalen Niederschlagung des Aufstandes, die gegen 25 000 Tote forderte und die unter dem Namen der «semaine sanglante» in die Geschichte einging.

Die Lithographie *Die Barrikade* ist neben der Lithographie *Der Bürgerkrieg* (Kat. 372)

371

Szene bilden die in hellen Sonnenschein getauchten Häuserfassaden, die einen starken Kontrast zu der dunkel verschatteten Straßenecke bilden, vor der sich das weiße Gesicht des Füsilierten abhebt.

Ob Manet eine ähnliche Szene selbst gesehen oder ob er sie nach Reportagen und Fotografien angefertigt hat, ist nicht genau geklärt. Er hat jedenfalls ein eindrückliches Mahnmal dieser blutigen Unterdrückung der Freiheit geschaffen, das ohne große Helden auskommt.

Die Veröffentlichung dieser Lithographie konnte wegen der strengen Zensur erst 1884, nach seinem Tode, erfolgen.

R. Bühlmann

Lit.: SLOANE 1951; HARRIS 1970; HANSON 1977; Providence 1981; REFF 1982; BROWN 1983; Paris/New York 1983; BAAS 1985; MAI und REPP-ECKERT 1987.

eines der wenigen Beispiele, die die Ereignisse dieser Zeit dokumentieren und Manets Sympathie für die radikal sozialistische Kommune bekunden. Sie geht zurück auf eine gleichnamige Zeichnung (Budapest, Museum der Bildenden Künste), welche wiederum die Komposition der *Erschießung Maximilians* von Manet aufnimmt, die an Goyas *3 de Mayo* (Madrid, Prado) anknüpft.

Aus nächster Nähe sieht man die Todesopfer dem Erschießungskommando gegenüberstehen. Während die Barrikaden auf den Bildern des 19. Jahrhunderts normalerweise in Trümmern liegen, bietet bei Manet eine noch intakte Mauer den Opfern Halt und Stärke. Der Gegensatz zwischen Unterdrükkern und Unterdrückten wird verstärkt durch die Tatsache, daß die Schützen anonym von hinten gezeigt sind, während der größere der beiden Todgeweihten würdevoll aufrecht dasteht. Den rechten Arm trotzig erhoben, den Mund zu einem letzten Ausruf geöffnet, schaut er mit offenen Augen dem Tod ins Auge. Den hinteren Abschluß der

372

ÉDOUARD MANET
Paris 1832–1883 Paris

Der Bürgerkrieg. 1871
Lithographie (2. Zustand), 39,4 × 50,5 cm
Kunstmuseum Bern, Inv. E 5987

Der Bürgerkrieg zeigt im Gegensatz zur brutalen Handlung in der *Barrikade* (Kat. 371) die Stille danach. In starker Verkürzung, den Kopf uns zugewandt, liegt im Vordergrund ruhig auf dem Rücken ausgestreckt die Gestalt eines toten Soldaten in der Uniform der Nationalgarde. Um ihn herum sind Pflastersteine, ein Faß, ein Gewehr verstreut, und rechts unten ragen die gestreiften Hosenbeine eines Zivilisten ins Bild. Hinter einer teilweise zerstörten Barrikade versperrt eine Fassade den Blick.

Es entsteht eine starke Spannung zwischen der Nahsicht und der Anonymität des Opfers, dessen Tod völlig unspektakulär und ohne Leidenschaft dargestellt ist. Trotz der Zensur konnte diese Lithographie 1874 in einer Auflage von 100 Exemplaren erschei-

372

373

nen. Der Zeitpunkt der Veröffentlichung hängt mit Manets Abneigung gegen die Wahl von Marschall MacMahon zum Präsidenten der Republik zusammen, hatte dieser doch die blutige Niederschlagung der Kommune befehligt (BAAS 1985). Baas identifiziert den Gegenstand, den der Soldat mit der rechten Hand ergreift, als weißes Tuch, das Zeichen der Kapitulation. Daß der Mann trotzdem getötet worden ist, zeugt vom rücksichtslosen Vorgehen der Ordnungstruppen.

Wie Théodore Duret berichtet (BAAS 1985), hat Manet diese Szene an Ort und Stelle in der Nähe der Madeleine skizziert. Die Architektur hat man wiederholt als die Madeleine identifiziert, die Kirche also, vor der etwa 300 Kommunarden massakriert worden sind.

Formal geht die Gestalt des Soldaten auf Manets *Toten Torrero* von 1864 (Washington, National Gallery) zurück. Daumiers Lithographie *Rue Transnonain le 15 avril 1834*, ist das große Vorbild für eine Darstellung der unzähligen unschuldigen Opfer, die ein Bürgerkrieg fordert.   R. Bühlmann

Lit.: SLOANE 1951; HARRIS 1970; HANSON 1977; Providence 1981; REFF 1982; BROWN 1983; Paris/New York 1983; BAAS 1985; MAI und REPP-ECKERT 1987.

373

ÉDOUARD MANET (?)
Paris 1832–1883 Paris

Die Erschießung
Viertes Viertel 19. Jahrhundert
Öl auf Leinwand, 37,5 × 45,5 cm
Essen, Museum Folkwang, Inv. G 112

Vor einer weißen Wand aus Pulverdampf, die fast die ganzen oberen zwei Drittel des Bildes ausfüllt, spielt sich eine schreckliche Todesszene ab – eine Exekution von Kommunarden durch die Ordnungstruppen 1871. In expressiven Verrenkungen brechen die Getroffenen zusammen, einige liegen schon tot oder verwundet auf dem Pflaster. Links im Hintergrund, vom Rauch fast verdeckt, wird ganz klein der Auslöser dieses Massakers sichtbar – ein anonymes Exekutionskommando, das der Freiheit der Kommune ein gnadenloses Ende bereitet. Das Bild lebt von den Helldunkelkontrasten und der lebhaften Mimik und Gestik der Soldaten im Vordergrund, die in einer Art Todesreigen untergehen.

Nachdem das Werk lange Manet zugeschrieben war (die Signatur »Manet 1871« ist nicht original), zweifelt die jüngste Forschung nun stark an dessen Urheberschaft für dieses theatralische Werk, das erst seit 1905 bekannt ist. Rouard und Wildenstein führen es nicht im Werkkatalog, und Reff

schreibt es Félix Vallotton oder dessen Umkreis zu.   R. Bühlmann
Lit.: HELD 1971; REFF 1982; *Recht und Gerechtigkeit* 1988, S.222 (Farbabb.).

374

THÉOPHILE-ALEXANDRE
STEINLEN
Lausanne 1859–1923 Paris

Louise Michel auf den Barrikaden
Um 1894
Öl auf Leinwand, 86 × 112 cm
Genf, Musée du Petit Palais, Inv. 7789
(Farbtaf. XIII)

374

Mit der Darstellung von Louise Michel
(1830–1905), der Lehrerin, Lazarettgehilfin
und legendären Figur der Pariser »Commune«, die der Kriegsrat von Versailles zur
Deportation nach Neu-Kaledonien verur-
teilte, zielte Steinlen auf das Thema des Bürgerkriegs von 1871. Man nimmt gewöhnlich an, daß er das Bild um 1885 malte
(CATE und GILL 1982; HOFMANN 1986),
zu dem Zeitpunkt also, da in seinem graphischen Werk die sozialkritischen Themen
überhandnahmen (GILL 1979). Zwei Argumente geben jedoch Anlaß, diese Datierung
zu überprüfen und die Ausführung des Werkes entschieden später, um 1894, anzusetzen
(KIMMEIER 1974). Das erste Argument beruht auf der Beobachtung, daß Steinlen 1894
dieselbe Komposition für *Mai 1871* benutzte, eine Lithographie, die auf dem Umschlag der Zeitung *Le Chambard socialiste*
(26. Mai 1894) erschien, die damals im Feuil-
leton die Memoiren eines alten Kommunarden abdruckte (HOFMANN 1986, Nr. 320).
Das zweite Argument beruht auf der Existenz einer zweiten, stark abweichenden Fassung der *Louise Michel* (PIANZOLA 1971,
S. 75), die Steinlen dem Direktor des *Chambard* Gérault-Richard verehrte und die wahrscheinlich 1894 entstanden ist, in dem Jahr,
da Steinlen für diese Zeitung arbeitete. Auf
jeden Fall wurde das Bild nach Rückkehr
von Louise Michel nach Frankreich gemalt.

Steinlen inspiriert sich an Delacroix' *Freiheit auf den Barrikaden* (CATE und GILL
1982; HOFMANN 1986; vgl. Kat. 359); und
präsentiert ein idealisiertes Bildnis der Revo-
lutionärin, indem er die historische Persönlichkeit einer allegorischen Figur annähert.
Nichts erlaubt dem Betrachter, die dargestellte junge Frau mit der vierzigjährigen
Aktivistin zu identifizieren, ausgenommen
vielleicht der Hut mit roter Nelke und das
schwarze Kleid, die Louise Michel zu tragen
liebte. Wie die meisten populären Allegorien der »Commune« (AGULHON 1979,
S. 182 ff.) zeigt sie sich in heftiger Bewegung und mit entblößter Brust. Sie erscheint
auf den Trümmern einer Barrikade, in einer
kaum angedeuteten zerstörten Stadt, in eine
rote Fahne gehüllt. Man möchte glauben,
daß sie unbewaffnet, durch ihre bloße Gegenwart, die Kräfte der Repression zurück-
schlägt. Dergestalt entpersonalisiert und sub-
limiert, wird Louise Michel zum Symbol der
sozialen Revolution (KIMMEIER 1974; CATE
und GILL 1982; HOFMANN 1986). Zurück-
gewandt, das Hemd blutbefleckt, trägt sie die
Niederlage des Aufstandes in sich. Steinlen
aber, indem er eine heroische Kämpferin, die
nicht aufgibt, darstellt, verherrlicht den Mythos der »Commune« und nährt die Hoffnung, daß der Kampf der Arbeiterbewegungen für die soziale Gerechtigkeit und die
Freiheit ans Ziel führt.   S. Wuhrmann

Lit.: KIMMEIER 1974, S. 20–23; CATE und GILL
1982, S. 70; HOFMANN 1986, Nr. 319; AGULHON
1989, S. 311.

375

375

THÉOPHILE-ALEXANDRE
STEINLEN
Lausanne 1859–1923 Paris

Die Befreierin. 1903
Öl auf Leinwand, 114 × 146 cm
Genf, Musée du Petit Palais, Inv. 14712

Im Werk Steinlens gibt es zwei entgegengesetzte Verkörperungen der Marianne, entsprechend den »zwei Ausprägungen der Republik, zwischen welchen die Arbeiterbewegung schwankte« (AGULHON 1989, S. 310):
die eine, negative, zeigt die Republik als
spießbürgerlich und kompromißbereit gegenüber der Macht; die andere versteht die
Republik als Trägerin der Werte von 1789,
als Verkörperung des Sozialstaates, der sich
mit dem Klassenkampf identifiziert (KIM-
MEIER 1974, S. 55 ff.; AGULHON 1989,
S. 311 ff.).

Steinlens *Befreierin* reiht sich in die letzt-
genannte, positive Gruppe ein; formal
schöpft sie aus Delacroix' *Liberté guidant le
peuple* und aus der *Marseillaise* von Rude
(Kat. 359, 361; DITTMAR 1984, S. 82). Angetan mit der Phrygiermütze und einem roten Kleid, das eine Brust freiläßt, erhebt sie
sich fackelschwingend inmitten der verblüff-
ten Arbeitervolksmasse, die bei ihrem Anblick sich aufrafft, die Ketten der Knechtschaft zu sprengen. Sie packt einen Berg-
arbeiter bei der Hand und befeuert das Volk
zum Sturm auf die Bastion des Kapitals, wo
das Goldene Kalb thront, welches durch die
Armee verteidigt und durch die Basilika Le
Sacré-Cœur beschirmt wird, dieses Symbol
der Reaktion, das zur Sühne für die Commune erbaut worden war und bei Steinlen
oft die Stelle einer neuen Bastille einnimmt.
Die übermenschliche Größe der Göttin, die
sich in die Lüfte zu schwingen scheint, ihr
flügelartig ausgebreiteter Mantel einerseits

und andererseits das wächserne Inkarnat der
Leiber der Massen, die sich unter dem Licht
gleichsam beleben, gemahnen an das Wirken
des Engels am Jüngsten Gericht und an die
Auferstehung der Toten (HOFMANN 1986).
Steinlen benutzt dieses Bild der Befreierin,
die zum gesellschaftlichen Umsturz aufruft,
in verschiedenen Varianten. Erstmals 1896
auf dem Titelblatt von *Evolution et Révolution,*
einem Pamphlet des Anarchisten Elisée Reclus, verwendet (SPRINGER 1979, Abb. 1),
erscheint sie 1900 auf dem berühmten
Plakat, welches das Erscheinen des *Petit Sou,*
der »Zeitung sozialer Verteidigung«, ankündigt (DITTMAR 1984, Nr. 135). Drei Jahre
später schafft Steinlen eine Lithographie,
deren Komposition sich mit derjenigen des
hier besprochenen Gemäldes deckt, für das
anarchistische Organ *Les Temps nouveaux*
(DITTMAR 1984, Nr. 134); 1924 wird diese
Lithographie für ein Wahlplakat der Kommunistischen Partei Deutschlands wieder
aufgenommen (Nürnberg 1989, Nr. 599).

Das Gemälde *Die Befreierin* steht am
Kreuzweg zweier Traditionen in der sozialistischen Darstellung der Arbeiterschaft: Man
kann darin entweder eine der letzten Verkörperungen der revolutionären Freiheit
durch eine weibliche Allegorie sehen oder
ein frühes Beispiel einer neuen Ikonographie, diejenige des heroisierten Arbeiters mit
nacktem Oberkörper (HOBSBAWM 1978;
AGULHON 1979), die seit Ende des 19. Jahrhunderts zunehmend Raum gewinnt und die
bei Steinlen gut vertreten ist. Die Gestalt des
Bergarbeiters, der aus der Menge auftaucht,
gehört zur neuen Bildwelt. S. Wuhrmann

Lit.: HOFMANN 1986, Nr. 330; Montreuil 1987,
Nr. 291; AGULHON 1989, S. 312.

376

JULES ADLER
Luxeuil 1865–1952 Nogent-sur-Marne

Demonstration für Ferrer. 1911
Öl auf Leinwand, 89 × 130 cm
Genf, Musée du Petit Palais, Inv. 14711

Francisco Ferrer Guardia (1859–1909), eine
Hauptfigur der anarchistischen Bewegung
Spaniens, führte einen langen Kampf gegen
das Unterrichtsmonopol der katholischen
Kirche in seinem Land. In der Erziehung sah
er das grundlegende Instrument zur wirtschaftlichen und sozialen Befreiung. So
gründete er 1901 in Barcelona die weltliche
und rationalistische »Moderne Schule«. Angeklagt, die antiklerikalen Krawalle angezettelt zu haben, die im Juli 1909 in Barcelona
ausbrachen, wurde Ferrer vor Gericht gestellt, nach summarischer Untersuchung vom
Kriegsrat zum Tod verurteilt und am 13. Oktober 1909 erschossen. Die Nachricht von
seiner Hinrichtung erweckte in Europa die
Entrüstung der liberalen Kreise, vor allem in
Frankreich, wo Ferrer eine Zeitlang gelebt
hatte.

In Paris wurden zwei Demonstrationen
durchgeführt. Die erste fand noch am Tage
der Hinrichtung statt und artete zum Krawall
aus. Die zweite, am 19. Oktober, verlief ruhig. Dieses Ereignis ist es zweifellos, das Jules Adler hier darstellt (FAVRE 1989). Bekannt als Maler der Arbeiterwelt (THIEME-
BECKER, Bd. 1, S. 85), griff Adler in der *Demonstration für Ferrer* («La manifestation Ferrer») das Thema der militanten Volksmenge
auf, das er 1900 in *Streik bei Le Creusot,* seinem berühmtesten Werk, gemalt hatte.

Statt einer streng frontalen wählt Adler
eine leicht schräge Ansicht. Er baut seine
Komposition in horizontalen Streifen auf:
die Begrenzung der Avenue, durch die Al-
leebäume und durch Lichtflecke rhythmi-
siert, die drängende Masse der Köpfe,
schließlich die dunkle Kleidung der Männer,
die den Protestmarsch anführen. Das Gemälde ist ein Zeugnis für den nach der Jahrhundertwende entstehenden neuen Typus
der Massendemonstration: die »geordnete«
Kundgebung, deren friedlicher Verlauf
durch die Anwesenheit bekannter Vorkämpfer garantiert wird, welche die Menge ein-
rahmen und einen Damm gegen Ausbrüche
bilden (FAVRE 1989). Diese Rolle spielen
hier Persönlichkeiten aus der französischen
Sektion der Internationalen Vereinigung der

376

Arbeiterbewegungen; man erkennt vorn von rechts nach links Jean Jaurès mit Melone, Edouard Vaillant und, mit Stock, Marcel Sembat. Hinter Vaillant und Sembat erscheint ein bärtiges Gesicht, vielleicht das von Arthur Groussier.   S. Wuhrmann

Lit.: FAVRE 1989, S. 387–388; Montreuil 1989, Nr. 1.

377

ROBERT KOEHLER
Hamburg 1850–1917 Minneapolis

Der Sozialist. 1885
Öl auf Holz, 39,7 × 31 cm
Berlin, Deutsches Historisches Museum,
1989/1144

Robert Koehlers *Sozialist* ist vermutlich die erste Darstellung eines aus der Arbeiterklasse stammenden Agitators. Die rote Decke auf dem Rednerpult, das rote Anstecktuch am offenen Mantel und die vor ihm auf dem

Tisch liegende Zeitschrift *Sozialist*, weisen den vehement gestikulierenden Redner als Sozialisten aus. 1885 in New York erstmals ausgestellt, wurde das Gemälde noch im selben Jahr in den *National Academy Notes* als Holzstich mit der Bildunterschrift "A German Sozialist propounding his bloodthirsty ideas" publiziert.

Vermutlich wurde Koehler, der als Kind mit seinen Eltern nach Milwaukee ausgewandert war und in München studiert hatte, zu seiner Themenwahl durch die Aufsehen erregenden Agitationsreisen prominenter deutscher Sozialdemokraten durch die USA angeregt. Während im Deutschen Reich die Arbeiterbewegung durch das Sozialistengesetz geknebelt wurde, sprachen prominente deutsche Sozialdemokraten auf Massenversammlungen in New York, Boston, Philadelphia, Chicago, Milwaukee und anderen Städten vor einem begeisterten Publikum. Das überwältigende Echo, auf das das die deutschen Sozialisten – Flüchtlinge – in der von Arbeitskämpfen geprägten Krisensituation

der achtziger Jahre stießen, löste in der bürgerlichen amerikanischen Öffentlichkeit
starke Beunruhigung aus. Prägend für das öffentliche Bewußtsein war dabei, wie die
Bildunterschrift zu Koehlers Sozialisten
deutlich macht, die deutsche Provenienz dieser Ideen.   A. von Specht

Lit.: »Germantown« 1982, S. 412 (mit Abb.);
Nürnberg 1985, S. 407.

378

JENS BIRKHOLM
Faaborg 1869–1915 Faaborg

Evangelium der armen Leute. 1900
Öl auf Leinwand, 141 × 181 cm
Berlin, Deutsches Historisches Museum,
Inv. 1988/305

Dieses Gemälde, auch »Arbeiterevangelium«
genannt, ist das wohl politischste Werk des
dänischen Malers Birkholm. Es zeigt einen
jungen Redner der Sozialdemokratie oder
Gewerkschaft, der vor einer Versammlung
von Arbeitern spricht, während im Hintergrund – neben der Büste von Karl Marx –
Vertreter der Obrigkeit wachen. Bei dem
Redner handelt es sich um ein Selbstporträt
Birkholms, das ein Freund, der Berliner
Schriftsteller Georg Herrmann, als eine
»merkwürdige Mischung aus Christus und
Agitator« charakterisierte.   R. Beier

Lit.: Berlin 1987, S. 350.

377

378

379

SIMON HOLLÓSY
Máramarossziget 1857–1918 Técső

Rákóczi-Marsch, Entwurf. 1899
Öl auf Leinwand, 92 × 124 cm
Budapest, Ungarische Nationalgalerie,
Inv. 8032

Zunächst studierte er an der Budapester Ge-
werbezeichenschule und dann von 1878 bis
1882 an der Münchner Akademie. 1886 er-

öffnete er in München eine private Mal-
schule, wo sich Maler um ihn gruppieren,
die gegen den Akademismus Stellung nahmen und nach etwas Neuem strebten. Für
seine frühen Bilder ist eine aus dem Münchner Realismus hervorgehende betonte Vortragsweise kennzeichnend. Hollósy malte in
erster Linie Genrebilder (*Maisschälen,* 1885;
Zechende Gesellschaft, 1888). In den neunziger Jahren näherte sich sein Stil dem Pleinair
(*Übel des Landes,* 1893; *Zrinyis Ausbruch,* um
1895). 1896 ging er mit Freunden nach Na-

379

gybánya (Rumänien), wo er eine Künstlerkolonie gründete, in der er auch unterrichtete.
Hier begann er sein Hauptwerk, den *Rákóczi-Marsch*, zu malen. Wegen Meinungs-
verschiedenheiten mit seinen Genossen verließ er die Künstlerkolonie von Nagybánya,
und von da an verbrachte er den Sommer
mit seinen Schülern in Técső. Die zu dieser
Zeit gemalten Werke können an den Plei-
nair-Realismus geknüpft werden.

Hollósy begann mit dem Malen des Bildes im Herbst 1895 in Nagybánya. Hier
wurde der erste Entwurf fertiggestellt. Obwohl das Thema den Künstler bis zum Tod
beschäftigte, hat er die endgültige Variante
nie vollendet. Dieser Entwurf ist von allen
der bedeutendste und interessanteste. Das
Bild stellt eine unter den Klängen des Rá-
kóczi-Marsches dahinziehende, von einem
singenden Bauernjungen angeführte Menge
dar. Obwohl das Thema eine Darstellung
des gesellschaftlichen Konfliktes der Epoche
ist, handelt es sich nicht um ein gewöhnli-

ches Historienbild. Durch die Darstellung
des Stromes der unter den Klängen des revolutionären Marsches heranziehenden armen
Leute beabsichtigte der Künstler, die im un-
garischen Volk lebende revolutionäre Sehnsucht zu einem einzigen dramatischen Moment zu verdichten.

Das Bild ist eine aus konturlosen, dekorativen Farbenflecken bestehende, traum-
hafte, ahnungsvolle, malerische Vision.

Z. Bakó

Lit.: NEMETH 1968, S. 17; NEMETH 1981,
S. 278-280.

380

ISTVÁN RÉTI
Nagybánya 1872–1945 Budapest

Begräbnis eines Honvéds. 1899
Öl auf Leinwand, 196 × 226 cm
Budapest, Ungarische Nationalgalerie,
Inv. 1745

380

381

FERDINAND HODLER
Bern 1853–1918 Genf

Einmütigkeit (Studie). 1912
Öl auf Leinwand, 52,5 × 163 cm
Genève, Musée d'art et d'histoire,
Inv. 1939–44

Nach Absolvierung der Budapester Muster-
zeichenschule ging Réti nach München und
wurde Schüler von Simon Hollósy. Nach
zwei Jahren bildete er sich an der Pariser
Académie Julian weiter. Anschließend malte
er sein Hauptwerk mit dem Titel *Weihnachts-
abend von Bohemiens in der Fremde* (1893). Er
war an der Vorbereitung der Gründung der
Künstlerkolonie in Nagybánya beteiligt, die
er ab 1902 leitete. Sein Lieblingsfach war
das Porträt, aber er malte auch gern Interieurs (*Alte Weiber, Brotschneider*). Für seine
Gemälde sind ein Pleinair-Stil mit zurück-
haltendem Kolorit und – vorübergehend –
eine Neigung zum Flächig-Dekorativen
kennzeichnend. Ab 1913 hielt er sich nur im
Sommer in Nagybánya auf. Ab 1923 war er
Professor der Hauptschule für Bildende
Künste und schrieb ein Buch über die Geschichte von Nagybánya (1944).

Das in Nagybánya entstandene Bild stellt
einen Trauerzug alter Honvéds der Revolution von 1848 dar. Sie begleiten einen Ka-
meraden, einen 48er-Freiwilligen, auf seinem letzten Weg, mit flatternder Fahne, unter Trommelwirbel. Das Bild erzählt eine
wahre Geschichte in einer melancholischen,
düsteren, malerischen Vortragsweise.

Z. Bakó

Lit.: Aradi 1960, S. 87–96; Aradi 1981, S. 292.

Durch Vermittlung von Max Liebermann
erteilte die Stadt Hannover 1911 Hodler
den Auftrag für ein Wandbild im Sitzungssaal der Städtischen Kollegien. Man hatte
sich für ein Historienbild entschieden und
bezeichnenderweise die Aufforderung von
Dietrich Arnsborg an die Bürgerschaft, sich
durch Erheben der Hand zur Reformation zu
bekennen, als Thema geeignet gefunden.
Hodlers Bild vom Reformationsschwur folgt
wie sein *Turnerbankett* (Kat. 431) der Reihe
der Historienbilder des 19. Jahrhunderts, die
eine Ansprache (nicht eine Handlung oder
ein Geschehen) zum Thema haben. Es ist offensichtlich, daß Hodler sich auf Jacques-
Louis Davids *Serment du Jeu de Paume* von
1790/91 (Abb. 32) gestützt hat, das ebenfalls
für einen Parlamentssaal vorgesehen war
(Bordes 1983; Kemp 1986). In den langen
Entwurfsarbeiten hatte Hodler wieder wie in
seinem Wandbild für die Universität Jena
eine horizontale Zweiteilung der Wand
erwogen, diese Ideen aber schließlich zugunsten eines einzigen Figurenfrieses aufgegeben.

David hat für den *Ballhausschwur* seine
kompositorischen Maßnahmen ergriffen, um
aus der Versammlung der Abgeordneten des
Dritten Standes in Versailles das entscheidende Ereignis der Revolution zu machen.
Im Verhältnis zu David wird bei Hodler
sichtbar, daß er die Varietät der Komposition
beseitigt. Ferner macht er aus dem Redner
im Zentrum eine kolossalische Kraftfigur,
und damit ist sein Thema nicht die Überzeugung, sondern die Überwältigung. Sicher hat
dieser kolossalische grimmige Supermann
seine engste Verwandtschaft mit den *Holz-
fällern*, die Hodler in mindestens fünfzehn
Fassungen 1910 gemalt hatte. Er leitet sich

381

wie dieser her von den Riesengestalten Johann Heinrich Füsslis. Das unmittelbare Vorbild für Hodlers Redner (von dem der Maler wie vom *Holzfäller* fasziniert war) ist jedoch die Kolossalstatue von Hermann dem Cherusker, gemäß dem Entwurf des Standbildes im Teutoburger Wald, der 1838 von Josef Ernst von Bandel publiziert worden war. Es ist die teutonische Siegergestalt, die in Hodlers Bild für das Rathaus von Hannover die Mitte der Versammlung einnimmt.

Die zweite große Fassung, die Hodler im Herbst 1913 in Paris ausstellte, rief die Ablehnung von Guillaume Apollinaire hervor, die sich auf das Grobschlächtige und Preußische dieses Bildes bezog. Eine Münchner Bierbrauerei erschien Apollinaire als angemessener Ort dafür. Das war eine Beleidigung ohne nähere Kenntnis der Beziehungen zwischen Preußen und Bayern. Doch ist die unablässige Wiederholung der ausgestreckten Hände durch wenig variierte Figuren um eine zentrale preußisch-herkulische Gestalt im ganzen kaum eine glückliche Erfindung und Komposition. Die gleichmäßige Verteilung von Rot, Gelb und Blau gleicht die Dominanz des Schreiers in der Mitte ein wenig aus, aber durch das Mittel der Einförmigkeit.   O. Bätschmann

Lit.: MÜHLESTEIN und SCHMIDT 1942, S. 382–383; GMELIN 1968; SCHREINER 1968; BRÜSCHWEILER 1983, S. 156; BÄTSCHMANN 1989 S. 219; BAUMGARTNER 1989, Nr. 31, S. 100–101.

Aufbruch ins 20. Jahrhundert: Die russische Revolution

382

SERGEJ WASSILJEWITSCH IWANOW
Rusa bei Moskau 1864–1910 Swistucha bei Moskau

Die Erschießung. 1905
Öl auf Leinwand, 69 × 61 cm
Moskau, Zentralmuseum der Revolution, Inv. 17992

Vom Blutigen Sonntag in St. Petersburg im Januar 1905 bis zum Arbeiteraufstand in Moskau im Dezember desselben Jahres fehlte es in der ersten russischen Revolution nicht an dramatischen Ereignissen. Die Künstler stürzten sich vor allem auf den Aspekt des Makabren; den Niederschlag finden wir zur Hauptsache in den Illustrationen für den Schwarm von satirischen Blättern – etwa 380 –, die in Rußland bis 1907 gedruckt wurden. Der Moskauer Sergej Iwanow gehört zu den wenigen, welche die Ereignisse in Gemälden darstellten.

Die Szene der *Erschießung* (oder *Schießerei*) zeigt ebenso die Herausforderung wie das Martyrium der Aufständischen; sie ist gleichzeitig Momentaufnahme und distanzierte Verallgemeinerung: Hinter den Op-

382

383

ILJA JEFIMOWITSCH REPIN
Tschugujew (Ukraine) 1844–1930 Kuokkala
(Finnland)

Die Kundgebung am 17. Oktober 1905
1906
Öl auf Leinwand, 42 × 63 cm
Moskau, Zentralmuseum der Revolution,
Inv. 3949

fern, die wir im Vordergrund sehen, treten
die Manifestanten der Truppe entgegen und
erwidern das Feuer.

Das Echo auf die Revolution von 1905
war in der symbolistischen Bewegung, die
sich damals auf ihrem Höhepunkt befand,
besonders lebhaft; sie löste eine Endzeit-
stimmung und eine Reflexion aus, welche
die Geschichte, den Staat und das russische
Volk in Frage stellten. Die schärfsten Anklagen gegen die zaristische Autokratie kamen
nicht sosehr aus dem Kreis der realistischen
und populistischen »Wandermaler« als von
seiten der als dekadent verschrienen Symbolisten der Gruppe »Welt der Kunst«. Der
auch als Maler der nationalen Geschichte
bekannte Sergej Iwanow gehörte beiden
Künstlergruppen an. Sein soziales Engagement verhinderte nicht, daß er im Revolutionsjahr 1905 Mitglied der Kaiserlichen
Akademie wurde. A. Baudin

Im Kaiserlichen Manifest vom 17. Oktober
1905 versprach Zar Nikolaus II. die Verfas-
sungsreform und eine Erweiterung der bürgerlichen Freiheiten. Diese Erklärung wurde
als erster Sieg über die Autokratie gefeiert
und weckte in der gemäßigten Opposition
große Hoffnungen; die revolutionäre Bewegung dauerte indessen fort.

Die Ölstudie von Ilja Repin läßt den
Volksjubel über die Zugeständnisse verspüren; aber auf der in den Jahren 1907–1911,
während der konservativen Reaktion, geschaffenen endgültigen Fassung mischt sich
Verbitterung in das Bild; die Manifestanten
werden bei der Ausarbeitung des Gemäldes
zu Drahtpuppen.

Das hier behandelte Thema blieb das einzige, das der Maler im Zusammenhang mit
der Revolution von 1905 entwickelte. Das
Werk zeugt von den verzweifelten Wider-
sprüchen der alten Garde der »Wandermaler«, als deren Hauptvertreter Repin gelten
darf. Einst Revolutionäre, sind sie bereits die
Hüter der direkt vom Zarenhof verbürgten
akademischen Ordnung geworden. Wir finden sie deshalb hin- und hergerissen zwischen der Loyalität und dem Streben nach
Demokratie, das ihre Popularität gesichert
hatte.

Dieselbe Spannung sollte auch das spätere Schicksal Repins bestimmen. Als politischer Flüchtling widerstand er den Angeboten der Sowjetregierung, und erst nach seinem Tod wurde er zum Inbegriff des sozialistischen Realismus kanonisiert. A. Baudin

Lit.: GRANOWSKY 1962; *Rewoljuzija 1905–1907*
1977; KING und PORTER 1983.

Lit.: STERNIN 1985; *Rewoljuzija 1905–1907*
1977; VALKENIER 1977, S. 138–140.

383

384

384

BORIS MICHAILOWITSCH KUSTODIJEW
Astrachan 1878–1927 Leningrad

Der Bolschewik. 1920
Öl auf Leinwand, 101 × 141 cm
Moskau, Tretjakow-Galerie, Inv. Sh-27

In einer oft nachgeahmten Zeichnung stellte Boris Kustodijew 1905 ein riesiges Skelett dar, das vor dem Hintergrund eines Stadtbrandes einen im Aufruhr begriffenen Vorort von Moskau betritt. Der Maler ersetzte in dem Gemälde von 1920 den Knochenmann durch einen Bannerträger der Revolution, der die Züge des Arbeiters, des Bauern und sogar (durch seine Schärpe) des militanten Intellektuellen vereinigt. Allegorie und Synthese zeigt auch die unbegrenzte Entfaltung der Volksmenge und der Fahne in einem Phantasie-Moskau. Nicht zu verkennen sind die Kirche im Vordergrund und die stattliche Figur des Helden, die unweigerlich an den legendären Kosaken Jemeljan Pugatschow erinnert. Diese synkretistische Vision ist sozusagen national aufgeladen; Kustodijew, mit dem Kreis von »Welt der Kunst« verbunden, unermüdlicher Illustrator des Lebens in der Provinz, scheint hier vor allem die elementare Kraft des russischen Volkes zu verherrlichen, für die sich die Symbolisten begeisterten.

Das Gemälde, 1923 ausgestellt und für das Armeemuseum erworben, wurde zunächst als erster bedeutender künstlerischer Beitrag eines älteren Meisters zur Ikonographie der Oktoberrevolution begrüßt. Die stalinistische Geschichtsschreibung ließ sich nicht täuschen und deckte die zweifelhafte politische Botschaft auf. Das Bild gelangte 1954 in die Tretjakow-Galerie und wurde schließlich, in der nachstalinistischen Ära, eines der am häufigsten zur historischen Legitimation der sowjetischen Machtausübung dienenden Kunstwerke.　　　　A. Baudin

Lit.: KAUFMANN 1951, S. 49–50; KING und PORTER 1983, S. 118; ETKIND 1983.

385

385

KASIMIR SEWERINOWITSCH MALEWITSCH
Kiew 1878 – 1935 Leningrad

Suprematismus (mit 8 roten Rechtecken). 1915
Öl auf Leinwand, 57 × 48 cm
Amsterdam, Stedelijk Museum, Inv. A 7672

Malewitsch hat dieses Werk erstmals an der Ausstellung »0 – 10« vom Dezember 1915 in Petrograd gezeigt. Es ist charakteristisch für die erste Phase des Suprematismus durch die Bejahung der reinen Farbe in ihrer Autonomie. Die scheinbare räumliche Kohärenz der Konfiguration entlang einer diagonalen Achse wird durch die seitliche Verschiebung der verschiedenen Flächen gestört, wie sie dem suprematistischen Prinzip des freien Schwimmens der Farbmassen in einem irrationalen und unendlichen Raum entspricht. Die Metapher vom »Fliegen«, die für dieses Gemälde oft gebraucht wird, verweist auf die kommende Entwicklung zum »dynamischen« und weiter zum »kosmischen« Suprematismus (MARCADÉ 1990).

386

Das Postulat der absoluten Autonomie der Kunst bestimmte die Richtung, welche die Experimente der russischen Avantgarde am Vorabend und am Beginn der Oktoberrevolution nahmen. Zuerst frei von allen direkten politischen Verwicklungen, versuchte der Suprematismus wie die anderen Strömungen, sich in den revolutionären Prozeß zu integrieren. Aber die auf dem Konzept der »gegenstandslosen Welt« fußende Utopie, die Malewitsch 1920 auszuarbeiten begann, namentlich in Opposition zur materialistischen und instrumentalen Ausrichtung der Konstruktivisten und zu ihrer Huldigung gegenüber den politischen Machthabern, geriet in einen offenen Konflikt mit der herrschenden Ideologie und führte ihn rasch ins Abseits. A. Baudin

Lit.: MARCADÉ 1990, S. 155–160; TUROWSKI 1990.

386

KASIMIR SEWERINOWITSCH MALEWITSCH
Kiew 1878 – 1935 Leningrad

Die rote Kavallerie. 1928–1932
Öl auf Leinwand, 91 × 140 cm
Leningrad, Russisches Museum
(nicht ausgestellt)

Die »supranaturalistisch« genannte Periode in Malewitschs Werk ist gekennzeichnet durch die Wiedereinführung des Figürlichen und die Anwendung der künstlerischen Prinzipien suprematistischer Farbgebung, die er seit 1920 entwickelt hat. Gleichsam als Antwort auf die kosmische Schau des frühen Suprematismus verbindet sich hier der tektonische und energetische Fluß der farbigen Bänder mit der Erde. Das rhythmische Motiv des Reiterfrieses – außergewöhnlich bei Malewitsch wie auch das dem Übereinanderdrucken ähnelnde Verfahren – erscheint um nichts weniger gespenstisch.

Das Gemälde war 1932 ausgestellt und verschwand dann bis Ende der 1970er Jahre. Es ist auf 1918 vordatiert und wird oft als ein später Tribut des Künstlers an die Revolutions-Ikonographie interpretiert. Man hat es inhaltlich und formal in Verbindung gebracht zu I. Babels Erzählungen von der berühmten Kavallerie des Generals Budjonny (FLAKER 1982); diese Reitertruppe stellte übrigens ein bevorzugtes Thema der »proletarischen Realisten« dar. Ironie ist nicht auszuschließen. Doch scheint die Aussage des Bildes weiter gefaßt, wenn man sich auf den Slogan auf der Rückseite der Leinwand verlassen darf: »Sie galoppiert, die rote Kavallerie..., um die sowjetischen Grenzen zu schützen.« Man wird hier vor allem den Ausdruck einer bitteren Sehnsucht finden. Die ganze »bäuerliche« Werkgruppe, zu der unser Bild gehört, kann verstanden werden als ein dramatischer Kommentar über die Lebensbedingungen des sowjetischen Menschen und über die enttäuschten Hoffnungen der Revolution. A. Baudin

Lit.: FLAKER 1982; Leningrad/Amsterdam 1988 bis 1989, S. 84.

Wo stehen wir?

387

EDUARDO ARROYO
Geb. Madrid 1937

Tod in Granada im Sommer 1970, unweit der Costa del Sol. 1970
Öl auf Leinwand, 163 × 163 cm
Genf, Galerie Anton Meier

Im Bild *Mort à Grenade* von Eduardo Arroyo liegen drei Körper im gleißenden Sonnenlicht. Aus den Leichen fließt Blut in einem unregelmäßigen Muster in einen Straßengraben. Die linke obere Ecke des Bildes wird durch einen in den Farben der spanischen Fahne gehaltenen Streifen abgetrennt.

387

Der Titel des Bildes *Mort à Grenade pendant l'été 1970, non loin de la Costa del Sol* bringt diese blutige Szene in Beziehung mit einem konkreten Ereignis. Am Mittwoch, den 21. Juli 1970 versammelten sich vor dem Gewerkschaftshaus von Granada rund tausend streikende Arbeiter, um ihre Repräsentanten für die anstehenden Lohnverhandlungen zu wählen. Die spanische Polizei befürchtete Unruhen und versuchte die Versammlung aufzulösen. Als sich die Streikenden zur Wehr setzten, schossen die Polizisten in die Menge: Die drei Arbeiter Antonio Cristobal Ibanez, Antonio Huertas Remigio und Manuel Sanchez Mesa wurden getötet. Fünfundvierzig weitere Arbeiter erlitten Verletzungen.

Arroyo reduziert das Geschehen auf die schemenhafte Darstellung der drei Toten. Die drei Körper sind in Form und Farbe identisch gestaltet, jeder Individualität entkleidet. Sie werden zu einer eindeutig lesbaren Anklage gegen Unterdrückung und Gewalt. Mit dem emblemhaften rot-gelb-roten Streifen, der die linke obere Bildecke abtrennt, und der Jahreszahl des Ereignisses im Titel läßt Arroyo keine Zweifel an der Urheberschaft des Unrechts: der spanische Staat unter General Francisco Franco, der bis zum Tod des Diktators 1975 alle Freiheitsbestrebungen unterdrückte.

Das Bild diffamiert aber nicht nur die politischen Verhältnisse in Spanien, sondern deckt durch den im Titel gegebenen Hinweis auf die beliebte Feriengegend Costa del Sol den Bruch zwischen der offiziellen, im Ausland nur zu gerne akzeptierten Selbstdarstellung Spaniens und der Realität auf. Arroyo appelliert damit an den Betrachter, die Zusammenhänge zwischen Unrechtsstaat und Ferienparadies wahrzunehmen und eine ganzheitliche, politische Sehweise zu entwikkeln. Mit der plakativen Aufdeckung des Unrechts versucht er den spanischen Staat bloßzustellen, zu isolieren und zu schwächen. Arroyo, der bereits 1958 nach Paris emigrierte, leistete damit seinen Beitrag im Kampf für die Freiheit.   M. Landert

Lit.: ARROYO 1974; Paris: Arroyo 1982.

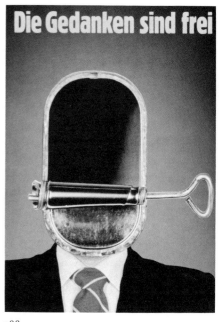

388

KLAUS STAECK
Geb. Pulsnitz (Bez. Dresden) 1938

388

Plakate. Seit 1971
Siebdruck/Offsetdruck auf Papier,
je 59,4 × 84 cm
Heidelberg, Edition Staeck

Seit 1971 produziert der deutsche Künstler Klaus Staeck vorwiegend Plakate und Postkarten, mit denen er aktuelle politische und gesellschaftliche Probleme auf pointierte Art und Weise zur Sprache bringt. Ganz bewußt das Spannungsfeld zwischen Kunst und Politik ausnützend, äußert sich der Künstler engagiert zu Themen wie Meinungsfreiheit, Umweltverschmutzung, Aufrüstung, Menschenrechte oder soziale Ungerechtigkeit. Er erweitert die Möglichkeiten der Kunst um jene der Werbung und der polemischen Graphik und sprengt damit die Grenzen der traditionellen Kunstvorstellung. Die solcherart erweiterte Kunst enthält für Staeck »stets eine Dimension von Freiheit und Offenheit: um wichtige gesellschaftliche Probleme darstellen zu können, die sonst nur schwer zur Sprache zu bringen sind und von denen ich

glaube, daß es nicht nur meine eigenen sind« (STAECK 1988, S. 12).

Staecks Fotomontagen, die in der Tradition von John Heartfield und George Grosz stehen, werden oft von den angegriffenen Interessenskreisen mit rechtlichen Mitteln bekämpft. Immer wieder muß der Künstler seine Plakate vor Gerichten verteidigen. Ohne Übertreibung kann so Staeck, der eine Zulassung als Rechtsanwalt besitzt, sagen: »Ich habe die Durchsetzung der in Artikel 5 des Grundgesetzes garantierten Meinungsfreiheit zum Beruf gemacht« (ebd., S. 18).

In vielen Plakaten von Staeck erfolgt eine direkte Auseinandersetzung mit dem Begriff der Freiheit. Dabei zeigt sich, daß sich dieser Begriff heute aus einem rein politischen Diskurs gelöst hat und nur noch in umfassenden gesellschaftlichen Zusammenhängen diskutiert werden kann. Darüber hinaus wird deutlich, daß in der Medien- und Konsumgesellschaft und in der Welt der multinationalen Konzerne der Begriff der Freiheit höchst ambivalent wird und sein Gebrauch nicht selten die Unfreiheit des Einzelnen erhalten hilft. Staecks gezielte Diffamierung dieses Mißbrauchs des Begriffs ist ein gewichtiger Beitrag zu dessen Neudefinition. Aus der Serie bilden wir ab *Die Gedanken sind frei*, 1979.   M. Landert

Lit.: STAECK 1988.

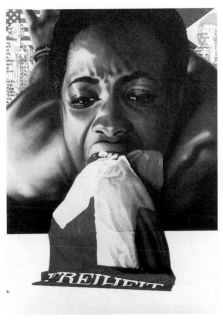

389

HUGO SCHUHMACHER
Geb. Zürich 1939

Freiheit. 1971
Acryl auf Leinwand und Fahne,
300 × 200 cm
Pfäffikon SZ, Sammlung »Moderne Kunst –
unsere Gegenwart«

Das Bild *Freiheit* von Hugo Schuhmacher zeigt eine gefesselte, mit der Schweizer Fahne geknebelte Negerin. In den Eckbereichen des Hintergrundes sitzt je links und rechts eine Helvetia vor den Flaggen der Vereinigten Staaten von Amerika und von Europa. Diese Figuren werden durch Daten aus Börsenberichten überlagert.

389

Schuhmacher rückt Schweizerfahne und Helvetia, die traditionellen Zeichen schweizerischen Freiheitsbewußtseins, in neue Zusammenhänge. Er deckt dadurch auf, wie die Schweiz durch ihre Beziehungen zu den internationalen Finanz- und Machtzentren Anteil hat an der Unterdrückung der Menschen in der Dritten Welt und enthüllt damit, wie schnell ein Zeichen der Freiheit zu einem Zeichen der Unterdrückung werden kann. Freiheit erweist sich plötzlich auch als eine Frage des Standpunktes.

Schuhmachers plakative Diffamierung schweizerischer Selbstgerechtigkeit ist ein sprechendes Beispiel für die grundsätzliche Veränderung der Haltung von Künstlerinnen und Künstlern im 20. Jahrhundert. Der allenthalben betriebene Mißbrauch der Kunst durch diktatorische Systeme sowie die ständige Abnutzung aller Symbole durch Massenmedien und kommerzielle Nutzung verunmöglichen es heute weitgehend, positive Zeichen der Freiheit zu setzen. Kunst kann nur noch als Mittel der Kritik, der Aufklärung und der Sensibilisierung im Dienste der Freiheit tätig sein. Schuhmacher findet im Realismus die gestalterischen Mittel, Kritik zu üben und die aktuellen Konflikte der gegenwärtigen Gesellschaft aufzuzeigen: »Als Realismus kann nur gelten, was umfassend die Wirklichkeit befragt und beantwortet, die bestehenden Tabus durchbricht, aufklärend und emanzipatorisch wirkt« (zit. aus Dübendorf 1974).   M. Landert

Lit.: Dübendorf 1974; KILLER 1985, S. 94.

390

BETTINA EICHIN
Geb. Bern 1942

**»z. B. 6. Juni 1982,
Eidg. Abstimmungssonntag«.** 1991
Wachs, ca. 400 × 400 cm
Im Besitz der Künstlerin

»Im nassen Laub fand sich eine in Auflösung begriffene Fahne. Das beschädigte Tuch trock-

390

Die Fahne, Inbegriff aller moralischen und politischen Tugenden des Schweizers und traditionelles Zeichen der Freiheit, erweist sich in Bettina Eichins Darstellung als ein löchriges, zerfallendes Tuch. Die Künstlerin hängt diesen kläglichen Rest des ehemals stolzen Symbols in den politischen Wind, um damit ebenso die Ursachen des Zerfalls wie die Aktualität des Symbols zu ergründen. Das Ergebnis ist deutlich: «Le vent se lève!» Und er weht von rechts. Aus welcher Ecke genau verdeutlicht das Datum, das die Künstlerin ihrem Werk zuschreibt: 6. Juni 1982, eidgenössischer Abstimmungssonntag. An diesem Tag lehnte das Schweizervolk ein Gesetz ab, das zu einer Verbesserung der Rechtsstellung der Ausländer geführt hätte. Gleichzeitig wurde eine Verschärfung des Strafrechts gutgeheißen, die mit dem Argument bekämpft worden war, daß mit einer solchen Verschärfung die »Gefahr eines unkontrollierbaren Wucherns der polizeilichen Überwachung unserer Bevölkerung verbunden [sei], wie sie mit dem Klima einer freiheitlichen und rechtsstaatlichen Demokratie unvereinbar ist« (RICHARD BÄUMLIN in Berner Zeitung, 15. Mai 1982, S. 4). Nach der Abstimmung wurde das Ergebnis auf eine konservative, ja reaktionäre Haltung eines Großteils des Volkes zurückgeführt und als »eine Niederlage des liberalen Menschbilds« gedeutet (PAUL EHINGER, ebd. 7. Juni 1982) Mit dem dem Datum vorangestellten »z. B.« macht Bettina Eichin deutlich, daß dieses Ergebnis nur ein Ereignis unter vielen ist und daß dieser Abstimmungssonntag als Illustration eines umfassenderen gesellschaftlichen Trends nach rechts verstanden werden muß.

Bettina Eichin verwendet die traditionellen ikonographischen und gestalterischen Mittel des Denkmals – Schweizerfahne und Bronzeguß – für ein Monument eines nicht denkmalwürdigen Ereignisses. Ihre Beziehungssetzung der Mittel schweizerischer Selbstdarstellung mit der Realität deckt die Falschheit der traditionellen »Zeichen der Freiheit« in der aktuellen Situation auf und erzwingt deren kritische Hinterfragung. Dem

nete leise im Wind und ließ öffentliche und private Konfrontation mit Geschichte lebendig werden: ‹Le vent se lève! ... Il faut tenter de vivre!› (Paul Valéry: Le Cimetière Marin).« B. E.

Ein Fundstück, eine weggeworfene, vermodernde Schweizerfahne war der Ausgangspunkt für Bettina Eichins Auseinandersetzung mit dem traditionellen schweizerischen Staats- und Freiheitssymbol. Angeregt durch die rot-weißen Stoffetzen gestaltete die Künstlerin 1983 einen Bronzeguß, der eine zerschlissene Schweizerfahne zeigt, auf dem die Worte Paul Valérys «Le vent se lève, il faut tenter de vivre» stehen, Worte, die Bettina Eichin erstmals in den sechziger Jahren in Paris als Sprayschrift auf einer Mauer gelesen hatte. Für die Ausstellung Zeichen der Freiheit entstand 1991 eine monumentale Version desselben Motivs aus Wachs, die später ebenfalls in Bronze gegossen werden kann.

391

ernüchternden Ergebnis ihrer Untersuchungen schweizerischer Werte stellt die Künstlerin den zweiten Teil des Valéry-Zitates entgegen: «Il faut tenter de vivre». Das Leben muß gewagt werden, trotzdem.

Abgebildet ist statt der Wachsversion das gleichnamige Bronzeunikat, 1982/83, 86 × 79 cm, Brunnen SZ, Privatbesitz. M. Landert

Lit.: ITEN 1991.

391

ERIK BULATOW
Geb. Swerdlowsk 1933

Liberté. 1990
Öl auf Leinwand, 140 × 279 cm
Bern, Kunstmuseum (Verein der Freunde
des Kunstmuseums)

Im Zentrum von Erik Bulatows Bild stehen die zwei Hauptfiguren aus Eugène Delacroix' Werk *La Liberté guidant le peuple/Die Freiheit auf den Barrikaden*. Der russische Künstler hat die Figurengruppen aus ihrem historischen Kontext des Barrikadenkampfes

der Pariser Julirevolution 1830 herausgelöst und inszeniert sie vor den monumentalen Schriftzügen des Wortes «Liberté», die im Stile sowjetischer Plakatkunst vor Gorbatschow in perspektivischer Verkürzung von hinten ins Bild ragen.

Mit seiner Frauenfigur hatte Delacroix ein Symbol geschaffen, »das zeitunabhängig für die Idee der Freiheit stehen kann« (which can stand for the spirit of liberty in all ages) (JOHNSON 1981, 1, S. 148). Bulatow greift diese Bedeutung der Figur auf und spricht sie in den Wortblöcken noch einmal aus. Diese Übersteigerung bis zur Banalität liquidiert alle differenzierten Nebentöne des Bildes von Delacroix und erzeugt eine Eindeutigkeit, die zum Schlagwort erstarrt keinen Widerspruch erträgt. Damit führt Bulatow in seiner Malerei modellhaft vor, wie das Symbol der Freiheit durch seine Manipulation in sein Gegenteil verkehrt wird. Die teilweise Verdeckung der Frauenfigur durch die Wortblöcke deutet an, daß die Gefährdung der Freiheit von totalitären Staaten und ihren Manipulationsmitteln ausgeht oder – weiter gefaßt – von einer alles verdrängenden Rationalität. M. Landert

Es lebe die Republik!

Bis zum Ersten Weltkrieg blieb die republikanische Staatsform in Europa die Ausnahme, nur in der Schweiz wurde die Republik nie ernsthaft in Frage gestellt. Ganz anders verlief die Entwicklung in den beiden Amerika: hier wirkte das Beispiel der Vereinigten Staaten, die sich 1776 vom englischen Mutterland losgesagt hatten, richtungweisend für die Befreiungsbewegungen in Zentral- und Südamerika. Monarchische Konstitutionen in Brasilien und Mexiko konnten sich auf die Dauer nicht behaupten.

Am bewegtesten verlief die Entwicklung in Frankreich, wo monarchische, imperiale und republikanische Bewegungen sich das ganze Jahrhundert hindurch bekämpften. Die Zweite Republik blieb Episode, die Dritte Republik brauchte Jahrzehnte, um sich endgültig durchzusetzen.

Die USA, die französischen Republiken und die Schweiz bilden drei verschiedene Beispiele der republikanischen Staatsform im 19. Jahrhundert.

In einer Staatenwelt, in welcher der monarchische Nationalstaat dominierte, war es für die Republiken nicht einfach, eine künstlerische Sprache zu finden, die ihre Ideale versinnbildlichen konnten. Die enge Verbindung des republikanischen Gedankens mit jenem der Demokratie wurde für die Selbstdarstellung bestimmend. In der Architektur, in den Historienbildern und den Allegorien sollte nicht nur die Idee einer kollektiven Verantwortung zum Ausdruck kommen, sondern auch das Ideal einer demokratischen Verfassung.

In den USA stand nach der Erlangung der Unabhängigkeit die Idee des radikalen Neubeginns im Vordergrund. Ein neues Land für neue Menschen schien in Griffnähe zu sein. Der Dekadenz Europas wurde der Aufbruch in eine bessere, unverdorbene Welt gegenübergestellt. Doch ohne Vorbilder kam der neugegründete Staat nicht aus. Er fand sie – wie zuvor schon so manche Republik der Neuzeit – in der antiken Welt, in den Bürgertugenden des alten Griechenlands und Roms. Die Architektur der Regierungsgebäude sollte sinnfällig zum Ausdruck bringen, daß – wie Benjamin Franklin es formuliert hatte –»die Künste es lieben, westwärts zu reisen«. Die neugegründete Stadt Washington wurde zum Musterbeispiel einer republikanischen Hauptstadt, in deren Grundriß die politischen Ideale ihre architektonische Entsprechung fanden.

Die ursprüngliche Vorstellung vieler Politiker der Gründungszeit, daß die Künste sich von allein analog zur politischen Neuordnung entwickeln würden, erwies sich bald als zu einfach. Skepsis gegenüber den Künsten, ja sogar offen kunstfeindliche Haltungen waren nicht selten. Konnten Tugend und

Religion überhaupt mit der Kunst in Einklang gebracht werden? War die Kunst nicht eng mit »Despotismus und Aberglauben« verhängt, wie John Adams vermutete, und daher für die neue Republik überflüssig, ja sogar gefährlich? Viele amerikanische Künstler befanden sich im frühen 19. Jahrhundert in einer schwierigen Situation. Ihre gesellschaftliche Stellung war keine sehr angesehene. Maler wie John Trumbull verdankten ihr Ansehen nicht der Kunst, sondern der politischen und militärischen Karriere. Viele Künstler fanden zuerst in Europa jene Anerkennung, die sie in ihrer Heimat erst spät erlangten. Nur Künstler, die sich in ihrem Werk eindeutig für die politischen Ideale begeisterten, hatten eine Chance, sich durchzusetzen und ein amerikanisches Publikum zu erreichen. Erst im ausgehenden 19. Jahrhundert entstand in den großen Städten jenes Sammlerpublikum, das sich an den europäischen Vorbildern orientierte und bereit war, dem Künstler einen Freiraum zuzugestehen.

Das neue Land und die neue Gesellschaft blieben darum lange Zeit die wichtigsten Themen der amerikanischen Malerei. Der Mythos der Westgrenze, des Vorstoßens in neue, unberührte und freie Gegenden beflügelte auch die Phantasie der Künstler. Die Landschaft als Gesellschaftsallegorie nimmt so neben der Schilderung des politischen Alltages in der amerikanischen Kunst des 19. Jahrhunderts einen bedeutenden Platz ein.

Die Diskussion um die politische Freiheit war in den Vereinigten Staaten des 19. Jahrhunderts eng mit der Sklavenfrage verbunden. War es für die meisten Gründungsväter noch selbstverständlich gewesen, daß Freiheitsrechte nur von Männern europäischer Abstammung in Anspruch genommen werden konnten, so geriet dieser Standpunkt immer mehr in Widerspruch zur Idee einer universal gültigen Gleichheit der Menschenwürde. Die Aufhebung der Sklaverei konnte nur durch einen Bürgerkrieg erzwungen werden, der die aufgeklärte Hoffnung auf einen friedlichen und kontinuierlichen Fortschritt des menschlichen Glückes nachhaltig in Frage stellte.

Sehr viel komplexer waren die Beziehungen zwischen den Künstlern und den staatlichen Institutionen in Frankreich. Jeder französische Staat, ob Königreich, Kaiserreich oder Republik, war zwar um die Förderung der Künste bemüht, wußte, daß eine große Zahl von Künstlern direkt von seinen Aufträgen abhängig war, und versuchte auch nach Kräften, in das Kunstgeschehen einzugreifen, doch war der Staat mit seinen Institutionen der Kunstförderung immer nur eine von vielen Kräften, die auf den Kunstbetrieb einwirkten. Die verschiedenen Gruppen von Kunstsammlern und Kunstliebhabern waren nie mit der politischen Führungsschicht deckungsgleich, sondern vertraten sehr divergierende Interessen und Vorstellungen und förderten dementsprechend auch sehr verschiedene Kunstrichtungen. Die Anziehungskraft der Stadt Paris hielt das ganze Jahrhundert hindurch an: Paris war das weltweite Zentrum der künstlerischen Auseinandersetzungen, der Richtungskämpfe und der sich befehdenden Schulen. Einen Konsens über die Beziehungen zwischen den staatlichen Institutionen und der Kunst zu finden, war unmöglich.

Eine unlösbare Spannung lag zwischen der politisch engagierten Kunst und der staatlich geförderten Kunst. Auf dem Hintergrund der institutionellen Umwälzungen kam es zu mehreren radikalen Brüchen in der staatlichen Auftragskunst. Stand zuerst die Verherrlichung der königlichen Monarchie und ihrer Geschichte im Vordergrund, so kam nach 1848 eine republikanische Selbstdarstellung zum Zuge, die sehr rasch der imperialen Machtdarstellung Napoleons III. weichen mußte. Jeder dieser Regierungswechsel war auch mit der Förderung eines eigenen Bildes der französischen Geschichte verbunden, die der Legitimierung des Staates dienen sollte. Das Königreich sah sich als Bewahrer des mittelalterlichen Frankreichs, dem Erbe des heiligen Ludwig und der Jeanne d'Arc verpflichtet; das Kaiserreich stellte die heroische und kriegerische Tradition Napoleons I. in den Vordergrund, und die Republiken knüpften an die Geschichte der Ersten Republik an und sahen sich als Vollender einer noch nicht zu Ende geführten Befreiung.

Nur langsam fand die Dritte Republik nach 1875 die ihr angemessenen Darstellungsformen, sorgfältig bemüht, weder an monarchische Traditionen noch an sozialrevolutionäre Elemente anzuknüpfen. Für die Künstler konnten Loyalitätskonflikte nicht ausbleiben. Während des ganzen 19. Jahrhunderts wurden sie in ihrem Engagement für die vermeintlich gute Sache immer wieder enttäuscht, sowohl von den Monarchien als auch von den Republiken.

In der kurzlebigen Zweiten Republik von 1848 wurde sogleich versucht, dem Staat ein neues Bild zu geben. Wie bisher die Person des Königs den Staat verkörperte, so suchte man jetzt der allegorischen Darstellung der Republik zum Durchbruch zu verhelfen. Im großen Künstlerwettbewerb von 1848 kamen alle Spielarten der Allegorie zur Darstellung: die revolutionäre ebenso wie die konservative Republik, die Anknüpfung an das Beispiel der Antike ebenso wie der Versuch, eine neue Tradition zu begründen. Aus den Anregungen dieses Wettbewerbes, der allerdings kein allgemein befriedigendes Resultat erbrachte, schöpfte die Dritte Republik bis zu ihrem Untergang die Ideen für die Selbstdarstellung des Staates und seiner Ideale.

Die Büste der »Marianne«, wie die Allegorie der Republik seit der Revolutionszeit genannt wurde, wurde zur allgegenwärtigen Figur der politischen Öffentlichkeit. Auf Denkmälern, in Amtsstuben und auf offiziellen Publikationen, auf Münzen und Briefmarken verkörperte sie die Botschaft der republikanischen Tugenden, als deren Hüterin sich Frankreich verpflichtet fühlte.

Schon in der Republik von 1848 war das große republikanische Fest zum eigentlichen Akt der Staatsrepräsentation geworden. Die Tradition der Revolutionszeit lebte für kurze Zeit wieder auf. Seit 1880 wurde in der Dritten Republik der Jahrestag der Erstürmung der Bastille im Jahre 1789 – der 14. Juli – zum Nationalfeiertag. In diesem Fest sollte sich die Nation selbst feiern, unter offenem Himmel, mit Reden, Gedenkstunden, patriotischen Installationen und fröhlicher Geselligkeit. In diesem Feiertag fand die Dritte Republik die adäquate Ausdrucksform ihres republikanischen Nationalbewußtseins. Im Fest konnten für einige Stunden die Ideale der Freiheit, der Gleichheit und der Brüderlichkeit vorgelebt werden, wenn diese Tugenden auch im Alltag immer wieder mit Füßen getreten wurden.

Zwischen 1798 und 1848 kam die Schweiz kaum zur Ruhe. Nach den Wirren der Revolution und der Zeit der französischen Fremdherrschaft bedeutete die Restauration die Rückkehr zum lockeren Staatenbund, in dem die Kantone eifersüchtig auf ihre Eigenständigkeit pochten. Der Weg zum Bundesstaat war lang und schmerzhaft. Im Sonderbundskrieg von 1847 standen sich nochmals die alten Fronten im Bürgerkrieg gegenüber: die meist reformierten Stände des Mittellandes gegen die katholische Innerschweiz und ihre Verbündeten. Der Sieg der Reformierten ebnete den Weg für die Bildung zentraler politischer Institutionen, die bisher nur rudimentär vorhanden gewesen waren. Eine gemeinsame Regierung, ein demokratisch gewähltes Parlament, die Vereinheitlichung von Zöllen, Post- und Münzwesen waren die entscheidenden Schritte für eine staatliche Einheit, die sukzessive ausgebaut wurde.

Bis ins 19. Jahrhundert hinein war das schweizerische Nationalbewußtsein nicht notwendig mit der Idee einer starken staatlichen Einheit verbunden gewesen. Den Mythen der gemeinsamen Geschichte und des gemeinsamen Lebensraumes war keine konkrete staatliche Institution gegenübergestanden. Mit der Gründung des Bundesstaates änderten sich diese Bedingungen. Die Auseinandersetzung mit dem Nationalbewußtsein wurde jetzt zur Auseinandersetzung mit dem Bundesstaat, mit der Tagespolitik.

Auf dem Hintergrund der inneren Spannungen in der schweizerischen Politik muß die Sehnsucht nach Harmonie und Konkordanz gesehen werden, die aus der Beschwörung der schweizerischen Nation im 19. Jahrhundert spricht. Die Kluft zwischen den reichen und aufstrebenden Industriekantonen und den krisengeschüttelten Agrarregionen wurde immer größer;

die sozialen Konflikte in den Städten brachen offen auf, und die divergie-
renden Interessen der verschiedenen Regionen führten zu folgenschweren
inneren Konflikten.

Der junge Bundesstaat tat sich schwer mit der Kunst. Wie in den Vereinigten Staaten, standen viele Politiker der Kunstförderung skeptisch gegenüber, sahen in der Kunst eine mögliche Gefährdung der republikanischen
Tugenden von Einfachheit und Sparsamkeit, eine Verführung zu Luxus und
Verweichlichung. Die Aufträge des Bundes blieben denn auch spärlich und
heiß umstritten.

Das Postulat einer »nationalen Kunst« wurde zwar immer wieder erhoben, doch blieben die schweizerischen Künstler den internationalen Strömungen verpflichtet. Nur in der Ikonographie bildete sich ein Kanon nationaler Themen heraus, der einerseits an die schweizerische Tradition anknüpfte, andererseits aber neuen Themen, Bildern der Demokratie und der
Freiheit, zum Durchbruch verhalf. Das große patriotische Fest, der eigentliche Ort nationaler Selbstfindung in der Schweiz des 19. Jahrhunderts,
wurde zum Symbol des demokratischen Staates. Es sind Bilder der Gemeinschaft freier und gleicher Menschen, Bilder der Solidarität, die immer wieder im Werk schweizerischer Künstler auftauchen.

Die weitverbreitete Leidenschaft für die Politik, die Erich Gruner als die
eigentliche kulturelle Leistung der Schweizer bezeichnet hat, kam auch in
den Werken der Kunst zum Ausdruck. Kaum ein schweizerischer Künstler
hat sich der politischen Stellungnahme völlig verschlossen. Die enge Verbindung von politischem Engagement und kulturellem Leben hat das Werk
der Künstler von Anker bis Hodler geprägt.

F. de Capitani

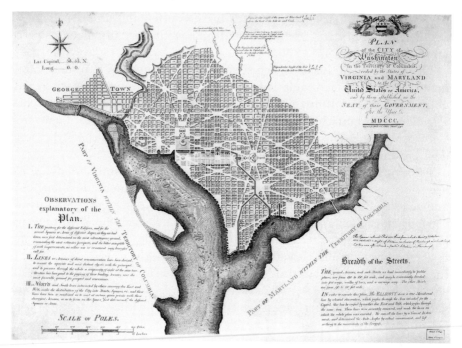

392

Die Vereinigten Staaten von Amerika

392

PIERRE-CHARLES L'ENFANT
1754–1825

Plan für die Stadt Washington. 1791
Stich von Thackara und Vallance,
53,6 × 74,9 cm
Washington, Library of Congress,
Geography and Maps Division,
Inv. G3850.1792 E45 Vault

Im Jahre 1790 beschloß der junge amerikanische Kongreß, am Ufer des Potomac River die nach dem ersten Präsidenten Amerikas zu benennende Bundeshauptstadt Washington als Regierungs- und Verwaltungssitz zu errichten. Das Siedlungsgebiet sollte ein von den Nachbarstaaten Virginia und Maryland abgetretener »District of Columbia« bilden. Thomas Jefferson, damals noch Minister, entwarf im Sommer 1790 erste Planskizzen mit Straßenzügen im Schachbrettmuster (wie es später ähnlich in Manhattan nach einem Plan von 1811 ausgeführt wurde). In diesen ersten Entwürfen war bereits die durch das Regierungssystem vorgegebene Bipolarität von »Capitol« und »President's House« als Sitz des Zweikammerparlamentes und der Präsidialexekutive angedeutet, ebenso war der sog. »Tyber Creek« ein kleiner Seitenarm des Potomac, zu einer städtebaulichen Hauptachse ausgestaltet worden.

1791 betraute George Washington den französischstämmigen Architekten und Major der amerikanischen Armee Pierre-Charles L'Enfant, mit der Stadtplanung. Dieser überlagerte den bei Jefferson angedeuteten Schachbrettraster durch ein System von Plätzen mit radial ausstrahlenden Straßenanlagen, welche (jeweils um ein Denkmal bereichert) die dreizehn Gründungsstaaten der amerikanischen Union symbolisieren sollten. Das Kapitol sollte auf eine Anhöhe am Ende des zur »Mall« ausgestalteten Geländeeinschnittes des Tybers zu stehen kommen, während der Präsidentensitz an einer im L-förmigen Winkel angelegten zweiten Grünachse schräg gegenüber plaziert wurde. Die architektursymbolisch unverzichtbare Blickverbindung zwischen den beiden Bauten der Legislative und der Exekutive sollte durch die diagonal geführte Pennsylvania Avenue hergestellt werden. L'Enfants schöner Plan, der das klassische Schachbrettsystem um die in Rom und Versailles vorgegebenen Dreistrahlachsen bereichert, nimmt sich wie ein letzter Ausläufer barocker Stadtbaukunst, mehr noch barocker Gärten aus.

Auch wenn bereits 1792 die Zusammenarbeit zwischen Washington und L'Enfant durch Zerwürfnis ein Ende fand, wurde die amerikanische Hauptstadt mit geringfügigen Änderungen nach dem Plan des Franzosen ausgeführt. Sogar die Idee, die Bundesstaaten symbolhaft in der Kapitale zu vereinigen, wurde beibehalten, indem die Avenues die Namen der Gliedstaaten erhielten. Washington als Gründungsstadt wuchs langsamer als erhofft und erreichte nie jene durch eine systematisierte Randbebauung bewirkte städtebauliche Geschlossenheit, die der Grundplan vordergründig erwarten ließ. Das hing nicht zuletzt mit den großen Dimensionen der Stadtanlage und mit einem hypertrophen Verkehrsnetz zusammen: Lewis Mumford hat einen fast fünffach überproportionalen Straßen- und Platzanteil für die ursprünglich bloß auf hunderttausend Einwohner angelegte Stadt errechnet. B. Schubiger

Lit.: Caemmerer 1950; Mumford 1979, Bd. 1, S. 468–478, Bd. 2, S. 766; Lowry 1985, S. 10–26; Corboz 1989; Verheyen und Hawkins 1990, S. 211–220.

393 a–d
Das Kapitol in Washington

Das so imponierende und symbolkräftige Gebäude des Kapitols in Washington am Ende der breiten Mall hat eine längere und kompliziertere Planungs- und Baugeschichte, als man von außen vermuten würde. Die Projektierung nahm – kurz nach L'Enfants Ausscheiden als Stadtplaner von Washington – ihren Anfang in einem Architektur-Wettbewerb des Jahres 1792, der mit dem ernüchternden Resultat weniger und teils provinziell anmutender Eingaben ausging. In der Folge wurden die Richter George Turner von Philadelphia und der französische Architekt Etienne-Sulpice Hallet zu einer zweiten Planeingabe ermuntert und dabei persönlich von Präsident George Washington über seine Ideen zur Architektur des künftigen Kapitols ins Bild gesetzt, auch Thomas Jefferson blieb in dieser Planungsphase nicht ohne Einfluß. Turner verzichtete auf eine weitere Beteiligung, während Hallet 1792/93 einen beachtenswerten Plan einreichte, zu dem sich ein ähnlicher des Arztes Dr. William Thornton gesellte. Es ist interessant zu beobachten und als typisch amerikanisch zu würdigen, wie stark der Einfluß der Baudilettanten und wie fruchtbar ihr Gespräch untereinander in dieser jungen Republik war.

Beide Pläne waren noch von L'Enfants Vorstudien beeinflußt, die schematisch in seinem Stadtgrundriß Eingang gefunden hatten. So war die Aufgliederung in eine axiale Rotunde und die unterschiedlich großen Ratssäle des Repräsentantenhauses und des Senats in den beiden Gebäudeflügeln vorgezeichnet. Nach Thorntons Plan wurde schließlich – mit mannigfachen Modifikationen und unter dreimal wechselnder Bauleitung – das Kapitol in Angriff genommen und bis 1800 so weit geführt, daß die beiden Seitenflügel des Gebäudes aufrecht standen. 1803 berief der 1801 zum Präsidenten gewählte Thomas Jefferson den 1793 aus England eingewanderten Architekten Benjamin Henry Latrobe zum Inspektor der öffentli-

393 a

chen Gebäude der Vereinigten Staaten und betraute ihn mit der Vollendung des Kapitols. In der Gestaltung der Fassadenmittelteile und vor allem der Innenräume, die nach der Inbrandsetzung durch die englische Marine 1814 teilweise erneuert werden mußten, ist dieses Parlamentsgebäude Latrobes Werk geworden. Nach dessen Rücktritt oblag von 1817 bis 1827 die Vollendung des Urbaus mit einer gestelzten Pantheon-Kuppel über dem Mittelbau dem Architekten Charles Bulfinch. Seine endgültige Gestaltung erhielt das Kapitol unter Architekt Thomas Ustick Walter in den Jahren 1851–1865 durch die Hinzufügung von kolonnadenbestückten Seitenflügeln und den Aufbau der majestätischen Kuppel mit doppeltem Tambour – der Schritt vom Revolutionskind zur aufstrebenden Wirtschaftsmacht war getan. Die schwere Laterne bekrönt die Allegorie der Freiheit, welche Latrobes entsprechende Statue über der Westfassade abgelöst hat.

Wie schon der Stadtgrundriß so dokumentiert auch das Kapitol den dominierenden Einfluß der italienischen und vor allem der klassischen französischen Architektur in den Vereinigten Staaten. Zahlreiche Architekten oder Baudilettanten kannten sie aus persönlicher Anschauung oder fanden sie in gestochenen Entwurfssammlungen kopierbereit. Man wird den architektursymbolisch orientierten Legitimationsdrang der Neuen Welt nicht unterschätzen dürfen. Es gilt aber auch das architektonisch formulierte Emanzipationsbestreben zu erkennen, das beispielsweise seit etwa 1800 stark durch das aufkommende Greek Revival akzentuiert wird. Bekannt ist, daß Latrobe in einigen Innenräumen des Kapitols – landeskonform – Maiskolben und Tabakblätter als Vorlagen für seine Kapitell-Gestaltung wählte. Das originär Schöpferische Amerikas ist schließlich in der Ausgestaltung dieses neuartigen Zweikammersystems und der gelungenen Lösung der architektonischen Fragestellung zu würdigen – einem fruchtbaren Rückgriff auf den opaionbeleuchteten Typus des Halbkreissaales in der französischen Universitätsarchitektur (vgl. Abb. 11).   B. Schubiger

Lit.: PEVSNER 1976, S. 36–39; LOWRY 1985, S. 16–35.

393 b

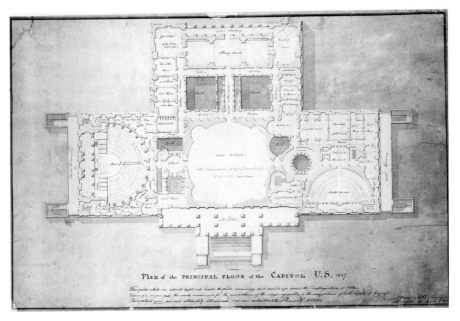

393 c

393 d

393 a, b, c, d

BENJAMIN HENRY LATROBE
Yorkshire 1764–1820 New Orleans

Querschnitt durch den Saal des Repräsentantenhauses. 1804
Aquarellierte Zeichnung, 34,6 × 55,8 cm
Washington, Library of Congress, Prints and
Photographs Division,
Inv. ADC II-Latrobe 74

Westfassade des Kapitols. 1811
Aquarellierte Zeichnung, 49,5 × 76,2 cm
Washington, Library of Congress, Prints and
Photographs Division,
Inv. ADC II-Latrobe 138

Grundriß des Hauptgeschosses. 1817
Aquarellierte Zeichnung, 53,8 × 80,5 cm
Washington, Library of Congress, Prints and
Photographs Division,
Inv. ADC II-Latrobe 144

Entwurf zu einer Statue der Freiheit
Um 1810/15
Aquarellierte Zeichnung, 71,8 × 47 cm
Washington, Library of Congress, Prints and
Photographs Division,
Inv. ADC II-Latrobe 163

Latrobe baute den Saal des Repräsentantenhauses (House Chamber) zuerst über ovalem Grundriß (a); nach dem Brand von 1814 gestaltete er ihn über halbkreisförmigem Grundriß neu (c); er dient heute als Statuenhalle (Statuary Hall). Die Straffung der Disposition umfaßte nach dem Brand alle Flügel; der ausgestellte Grundriß (c) stammt aus dem Jahr von Latrobes Demission, 1817. Der überkuppelte Mittelteil war beim Brand noch kaum begonnen. Latrobe hatte dafür 1811 eine griechisch-dorische Tempelfront als Eingang projektiert (b). Den Hauptportikus sollte eine Statue der Freiheit bekrönen; vielleicht gehört der ausgestellte Entwurf in diesen Zusammenhang (d). — B. Schubiger

394

EMANUEL GOTTLIEB LEUTZE
Schwäbisch Gmünd 1816–1868 Washington

Westwärts geht der Weg des Imperiums
(Entwurf). 1861
Öl auf Leinwand, 76,2 × 101,6 cm
Tulsa, Oklahoma, Gilcrease Institute of
American History and Art, Inv. 0126.1615

Obwohl in Deutschland geboren und hauptsächlich dem erzählerischen und sachlichen Stil der Düsseldorfer Schule verpflichtet, verstand sich Leutze immer als amerikanischer Künstler, und in einigen seiner Jugendwerke erprobte er bereits verschiedene Aspekte der Ikonographie der Neuen Welt. Sein unbestrittenes Meisterwerk – *Washington überquert den Delaware* – zeigt den zukünftigen ersten Präsidenten der Vereinigten Staaten während des Überraschungsangriffs auf die britischen Truppen in Trenton, New Jersey, der zu einer entscheidenden Wende im amerikanischen Revolutionskrieg führte.

394

Das gigantische Panorama war 1852 im Kapitol ausgestellt und wurde fast schlagartig zu einem der wichtigsten amerikanischen Symbole, was für den Künstler zur Folge hatte, daß sein Name wie jener Bartholdis (Kat. 401) nur noch mit diesem einen Werk in Verbindung gebracht werden sollte.

Der Erfolg dieses Bildes veranlaßte Leutze, beim amerikanischen Kongreß um einen Auftrag nachzusuchen, vorerst jedoch ergebnislos. Er kehrte 1852 nach Deutschland zurück, wo er dem Leben George Washingtons noch weitere Bilder widmete. 1854 jedoch wurde sein Vorstoß – durch die Initiative von Captain Meigs, dem neugewählten Direktor des Kunstdepartementes im Kapitol – nochmals im Kongreß behandelt. Aber erst 1861 erhielt Leutze einen Auftrag zur Darstellung der Eroberung des Westens, ein damals aktuelles Thema, denn seit 1860 überschritten immer mehr Amerikaner die traditionsreiche Grenze des Mississippi. Leutze bereiste in der Folge selbst die Rocky Mountains, um Studien vor Ort zu machen, bevor er 1862 die Ausführung des sechs auf neun Meter großen Wandbildes im Foyer des Repräsentantenhauses an die Hand nahm.

Leutze schuf zwei Entwürfe, wovon der vorliegende der erste sein muß. Der originale Titel – *Westward the Course of Empire Takes Its Way (Westward Ho!)* – stammt aus einem Gedicht, welches George Berkely 1729 in England veröffentlichte, kurz bevor er die Seereise nach Amerika antrat. Das Bild von Leutze enthält in seinen Grundzügen die typisch amerikanische Vorstellung der »höheren Fügung« (Manifest Destiny) – ein Begriff, der 1845 nach der Annexion von Texas geprägt worden ist, um die amerikanischen Gebietsansprüche zu rechtfertigen. Die Darstellung zeigt verschiedene Typen von

Amerikanern, die sich auf dem Weg nach dem noch wenig erforschten Westen des Landes befinden, und betont die Härte der ungewöhnlich langen Reise, welche vor der Fertigstellung der transkontinentalen Eisenbahnverbindung im Jahre 1869, Monate dauerte und von vielen mit dem Tod bezahlt wurde (siehe die Begräbnisszene in der Bildmitte). Das Bild ist auch Ausdruck der Hoffnung, auf der unerforschten Seite des amerikanischen Kontinents ein neues Eden zu finden. Die mittlere Figurengruppe wird von einem Kundschafter dominiert, der mit ausgestrecktem Arm in Richtung des »gelobten Landes« weist, welches kommenden Generationen – dargestellt durch die Mutter mit ihren Kindern – zur Heimat werden soll. Solche sinnbildhafte Anspielungen finden sich noch in größerer Zahl auf dem ausgeführten Gemälde, besonders auch auf dem bemalten Rahmen, wo in Vignetten eine ganze Reihe von »Forschungsreisenden« gezeigt wird, z.B. die Vikinger oder die Heiligen Drei Könige. Die Landschaft unten zeigt die Bucht von San Francisco. Sie ist von zwei Medaillons mit den Porträts von Daniel Boone und Captain Clark eingefaßt, die hier auf dem ersten Entwurf allerdings noch ohne Namensnennung und in abweichender Ausführung erscheinen. Im zweiten Entwurf – wie auch im ausgeführten Bild – hat Leutze dann die Gebirgspartie rechts noch höher gestaltet, um den Kontrast zwischen dem Massiv der Rocky Mountains und den Great Plains, die zum Pazifik führen, zu betonen.

W. Hauptman

Lit.: Groseclose 1976, S. 60–61; Berlin 1988, Nr. 39.

395

ALBERT BIERSTADT
Düsseldorf 1830–1902 New York

Abend in der Prärie. Um 1870
Öl auf Leinwand. 81,2 × 123 cm
Castagnola, Sammlung Thyssen-Bornemisza,
Inv. 1981.56 (Farbtaf. XIV)

395

Bierstadt ist vielleicht unter den amerikanischen Künstlern jener, der sich am intensivsten mit der Landschaftsdarstellung auseinandergesetzt hat. Wie Leutze (vgl. Kat. 394) ist er in Deutschland geboren, kam jedoch schon im Alter von nur zwei Jahren in die Vereinigten Staaten und verstand sich stets als amerikanischer Maler. Seine Hauptthemen sind die spezifisch amerikanischen Aspekte des Landes. Die Ausbildung erhielt er jedoch in Düsseldorf, und er eignete sich die stilistischen Besonderheiten der dortigen Schule an, z.B. die Verliebtheit ins Detail, die gelegentliche Heftigkeit des Kolorits und die leuchtend helle Behandlung der Himmelspartien. Fasziniert von den offenen, unendlich weiten Landschaften, wurde er schnell gewahr, daß der amerikanische Kontinent seiner romantischen Naturauffassung besser entsprach als Europa. 1859 unternahm er die erste von drei langen Reisen in die Rocky Mountains. Wie damals üblich, entstanden vor der Natur lediglich Studien, die er später im Atelier erweiterte und umsetzte. Seine Reisen dienten gleichsam der Erarbeitung eines Repertoires an Szenen, Typen und Effekten. Später bevorzugte er großformatige Leinwände, wie wenn er den überwältigenden Charakter der Naturschauspiele nur mit imposanten Dimensionen adäquat zu fassen vermocht hätte.

Das Bild, das Bierstadt vom Westen des Kontinents gibt, ist gleichermaßen journalistisch und panoramahaft aufgefaßt. Mit Vorliebe wählt er malerische und gefühlsbetonte Momente wie die helle, kristalline Atmosphäre im Licht des Mittags oder das großartige Schauspiel eines Sonnenunterganges. *Abend in der Prärie* gibt davon einen guten Eindruck. Es geht Bierstadt hier nicht nur um das Erfassen der unendlichen Weite der Ebene, sondern auch um das Vermitteln einer Empfindung des Erhabenen, die sein Publikum im Osten des Landes faszinieren mußte. Man ist versucht, in dieser Malerei ein amerikanisches Gegenstück zum Arkadien Claude Lorrains zu sehen, wenngleich dieses bei Bierstadt eher in vertrauten Gegenden angesiedelt ist als in idealen Gefilden. Die beinahe versteckte Silhouette eines einsamen Reiters entspringt einem bezeichnenden Kunstgriff des Malers, um den Maßstab bzw. die Weite der Landschaft zu betonen. Sie ist aber auch ein Hinweis auf die Präsenz des Menschen, welche im Westen nach dem Bürgerkrieg offensichtlich immer stärker wurde. Aber der eindrücklichste Effekt ist jener des durch die Wolken hindurchbrechenden Lichts, den Bierstadt in Dutzenden von Aquarellen zu einer Meisterschaft entwickelt hat, die nur von wenigen Amerikanern erreicht worden ist und mit der von Constable verglichen werden darf.

W. Hauptman

Lit.: Grosvenor 1982, S.65; Novak 1986, S.208.

396

FRANK BUCHSER
Feldbrunnen 1828–1890 Feldbrunnen

General William Tecumseh Sherman
1869
Öl auf Leinwand, 137,9 × 102,7 cm
Bern, Kunstmuseum, Inv. 1029 (Eigentum der Schweizerischen Eidgenossenschaft)

Als sich das Ende des Sezessionskrieges abzeichnete, plante eine Gruppe schweizerischer radikaler Politiker, die amerikanische Republik mit einem künstlerischen Auftragswerk für das Bundesratshaus in Bern zu ehren. Frank Buchser, der politisch dieser Gruppe nahestand, begrüßte die Idee und

396

schiffte sich im Mai 1866 nach Amerika ein, um vor Ort Studien und Skizzen für dieses Projekt zu erstellen, ungewiß, ob dieses je realisiert werden könnte. In Washington gelang es ihm, Audienzen bei führenden Politikern zu erlangen. Davon zeugen unter andern die bemerkenswerten Bildnisse von Präsident Andrew Johnson und Staatssekretär William Seward. Sommer 1866 begleitete Buchser General William Sherman und dessen Bruder, Senator John Sherman, auf einer ausgedehnten Inspektionsreise in den amerikanischen Westen. Die bei dieser Gelegenheit entstandenen Landschafts- und Indianerstudien gehören zum Besten in Buchsers Schaffen.

Mit General Sherman porträtierte Buchser eine der angesehensten und zugleich schillerndsten Persönlichkeiten der amerikanischen Militärgeschichte. Sherman war auf den unüblichen Vornamen Tecumseh getauft worden, nach einem legendären Häuptling der Shawnee-Indianer, der sich als Wortführer im Widerstand der vereinten

Indianerstämme gegen die Weißen hervor-
getan hatte. Der Name William wurde ihm
erst später durch seine katholische Adoptiv-
mutter gegeben, die wegen des »heidnischen« Indianernamens um sein Seelenheil
bangte. Obwohl aufgrund seiner Fähigkeiten
zum militärischen Führer berufen, liebte
Sherman den Kampf keineswegs, ja er bat
sogar Präsident Lincoln, ihn von einem unabhängigen Kommando zu dispensieren –
ein Wunsch, den Lincoln 1861 gänzlich
ignorierte, im Wissen um Shermans militärisches Talent. Sherman zeichnete sich in der
Folge in vielen Schlachten aus, besonders
durch die Invasion von Georgia, wo er für
den Brand von Atlanta die Verantwortung
übernahm, und durch den berühmtgeworde-
nen »Marsch zum Meer«, einen kühnen
Vorstoß gegen Savannah, der die Front der
konföderierten Armee spaltete und wesentlich zur Kapitulation der Südstaaten beitrug.

Wie die Inschrift besagt, ist das Porträt
des Generals in St. Louis, Missouri, im Frühjahr 1869 entstanden. Die Komposition entspricht dem Schema, welches Buchser schon
für das Bildnis von Präsident Johnson verwendet hat: der Dargestellte steht im Bild-
zentrum und stützt sich mit der Hand auf ein
Pult oder ein Tischchen, während die Hin-
tergrundszenerie auf eine spezifische Situation Bezug nimmt. Das Bildnis Shermans
zeigt rechts dessen Adjutanten, Leutnant
Dayton, der ein Diktat entgegennimmt. Im
Hintergrund ist das Feldlager vor Atlanta zu
erkennen, wie es auch eine Photographie aus
dem Besitz des Künstlers wiedergibt. Die
Bildidee zielt darauf ab, rückblickend Shermans Ruhm als Heerführer in der Schlacht
um Atlanta festzuhalten, und nicht seinen
aktuellen Status als Oberbefehlshaber der
amerikanischen   Streitkräfte.   Eigentlich
wollte Buchser den heroischen Sieg im Se-
zessionskrieg mit einem Porträt von General
Ulysses Simon Grant verewigen, doch dieser
weigerte sich strikt, dem Maler zu posieren.
Für das zeitgenössische Publikum aber war es
eher Shermans Kühnheit, die für den republikanischen Sieg stand, denn Grants Führer-
position. Ohne Zweifel hegte Buchser große

397

Sympathie zu Sherman – er sah in ihm den
Typus des unzimperlichen amerikanischen
Individualisten – und vielleicht bewunderte
er ihn auch deshalb, weil dieser den Mythos
von der Männlichkeit des Krieges gleichsam
demontierte mit den Worten: »Der Krieg ist
die Hölle.«   W. Hauptman

Lit.: WÄLCHLI 1941, S. 142–143; LÜDEKE 1941,
S. 73–76; *Buchser* 1975, S. 24; Solothurn 1990,
S. 139–144.

397

FRANK BUCHSER
Feldbrunnen 1828–1890 Feldbrunnen

General Robert Edward Lee. 1869
Öl auf Leinwand, 137,8 × 102,7 cm
Bern, Kunstmuseum, Inv. 1030 (Eigentum
der Schweizerischen Eidgenossenschaft)

Nachdem er das Porträt von Sherman vollendet hatte, reiste Buchser nach Lexington im Staat Virginia, um dort – ohne Voranmeldung – Robert Edward Lee, den ehemaligen General der besiegten Konföderationsarmee, aufzusuchen. Dieser hatte zur Zeit das Präsidentenamt des Washington College inne. Buchsers Wunsch, ein Porträt des Generals zu malen, stieß aber auf Ablehnung. Lee haßte das Posieren und gab Überbelastung mit amtlichen Verpflichtungen als Entschuldigungsgrund an. Dennoch scheint Buchser den Ex-General irgendwie beeindruckt zu haben, sei es als Erzähler einiger seiner zahlreichen Reiseabenteuer aus Europa oder Nordafrika, sei es durch sein musikalisches Talent. Lee räumte ihm jedenfalls ein wenig Zeit für Porträtsitzungen ein, und schließlich bot er dem Maler auch noch Unterkunft im eigenen Hause an. Buchser schwebte vor, Lees Porträt in eine historische Darstellung der Kapitulation bei Appomattox zu integrieren, auf welcher eine Partie der Leinwand freigelassen bliebe, in welche später das Bildnis des siegreichen Generals der Nordstaaten, Ulysses Simpson Grant, eingefügt werden sollte – falls dieser doch noch für Porträtsitzungen zu gewinnen wäre. Lee lehnte aber strikte ab, im Zusammenhang mit dieser für ihn so delikaten Angelegenheit in Uniform zu posieren, mit der Begründung, er sei nicht mehr Soldat. Sein ausgeprägter Stolz ließ es nicht zu, den Moment seiner Niederlage auf einem Gemälde verewigt zu wissen. Buchser verzichtete auf das Projekt des Doppelporträts in historischem Kontext und beschränkte sich auf die vorliegende Darstellung. Das Bild zeigt Lee im einfachen schwarzen Anzug; die Uniform, die er bei der Kapitulation trug, liegt diskret auf einem Tisch zu seiner Rechten, zusammen mit dem Säbel, dem Gurt, der Feldmütze und dem Feldstecher.

Obwohl Buchser politisch auf der Seite der Nordstaaten stand, begann er Lee als Person und als General zu schätzen und zu bewundern, und er notierte in seinem Tagebuch, wie nobel und zuvorkommend der General auf ihn wirke. Lee seinerseits war dem Maler mehr und mehr zugetan und kam während der täglichen Porträtsitzungen auf Themen zu sprechen, zu denen er sich nach Beendigung des Bürgerkrieges – wohl kaum einem Amerikaner gegenüber geäußert hätte. Er anvertraute Buchser seine Überzeugung, daß der Krieg in Tat und Wahrheit durch wenige armselige, ruhm- und habgierige Politiker ausgelöst worden sei. Auch sprach er davon, wie er im Grunde General Grants Tapferkeit und militärisches Talent bewundert habe. Diese und weitere Beurteilungen von Kriegsereignissen beeindruckten Buchser durch ihre Aufrichtigkeit und ihre Großmut. In seinem Porträt von Lee – es war erst das dritte, zu dem der General Modell gestanden hatte – kommt die Verehrung, die der Maler für sein Modell empfunden hat, zum Ausdruck. Es zeigt Lee, ein Jahr vor seinem Tod, als ehrwürdige, selbstbewußte Persönlichkeit, von seinen 62 Jahren deutlich weniger gezeichnet, als dies zeitgenössische Photographien dokumentieren.

Das Porträt wurde am 18. Oktober 1869 vollendet, und Lee, der es sehr schätzte, gab aus diesem Anlaß einen Empfang. Buchser schickte darauf die Leinwand nach Washington, in die Hauptstadt der Union, wo er für das Bildnis des ehemaligen Generals der Südstaaten keine besondere Aufmerksamkeit erwarten konnte. Als es im November im Kapitol ausgestellt wurde, fand es jedoch überraschend gute Aufnahme: alle Kritiken konstatierten den lebendigen und würdevollen Ausdruck des ehemaligen Gegners der Republik. Im Mai 1870 ließ Buchser dann die beiden Generalsporträts von Sherman und Lee, die man inhaltlich als Pendants bezeichnen könnte, nach Bern transportieren. Er hoffte, sie würden dort im Bundesratshaus einen Platz finden. In einem Begleitbrief notierte der Maler, daß das Bildnis von Sherman, als Symbol des Sieges der Union, wohl keiner weiteren Erklärung bedürfe, daß mit Lee hingegen einer außergewöhnlichen Persönlichkeit gedacht werden solle: »Er ist ein großer Charakter und der Haß gegen den Süden hat sich gelegt und Er dürfte somit

bald im Senate der Union sitzen und ist außerdem das Ideal der Amerik. Demokratie«
(Solothurn 1990, S. 146).   W. Hauptman

Lit.: WÄLCHLI 1941, S. 146–149; Biberist 1975,
S. 24; HONOUR 1975, Nr. 336; FLOOD 1981,
S. 216–222; Solothurn 1990, S. 146–148.

398

FRANK BUCHSER
Feldbrunnen 1828–1890 Feldbrunnen

Vox Populi, Vox Dei. 1869
Bleistift, Tinte und Kohle, 44,1 × 57,3 cm
Basel, Kupferstichkabinett,
Inv. 1896.66.798

398

Als Buchser die Schweiz verließ, um ein
Monumentalgemälde zu Ehren der amerikanischen Demokratie zu schaffen, hatte er,
wie es scheint, keine konkrete Vorstellung
von der Form, die dieses Unternehmen annehmen sollte. Unter seinen Bildideen exi-
stierte z.B auch das Projekt eines veritablen
Pantheons der zeitgenössischen politischen
Elite. Im Hinblick darauf realisierte er einige
wenige Bildnisse (Kat. 396–397). Buchser
sah seine künstlerische Mission aber vielmehr darin, nicht nur Persönlichkeiten, sondern auch Ideen in den Bildern zur Darstellung zu bringen; in diesem Sinne war er
eher einer allegorischen Bildtradition verpflichtet als einer dokumentarischen Darstellungsweise. Mehrere Zeichnungen belegen,
daß er verschiedene Bildkonzeptionen
prüfte. Eine davon betraf einen entscheidenden Aspekt des amerikanischen Demokrati-
sierungsprozesses: die Beteiligung der Staatsbürger an den Wahlen und Abstimmungen.

Die vorliegende Zeichnung gehört zu einer Serie, welche Amerikaner bei Abstimmungen zeigen. Das Recht auf Gedanken-
und Meinungsfreiheit war für Buchser eine
der wesentlichsten unter den politischen
Konzeptionen. Die Inschrift gibt ein lateinisches Sprichwort wieder, das von Seneca
stammen soll: «Vox Populi, Vox Dei» (Die
Stimme des Volkes ist die Stimme Gottes).
Diese Sentenz wurde im Europa des
19. Jahrhunderts nach der Revolution von

1830 gleichsam zum geflügelten Wort, um
dem absoluten Charakter des Rechts auf Gedankenfreiheit und des Wahlrechtes nach
dem Majorzprinzip Nachdruck zu verleihen.
Die weiteren Worte der Inschrift sind in
Englisch geschrieben: »Citizens on the Poll«,
eine etwas umständliche Formulierung
Buchsers, um auf den amerikanischen Kontext hinzuweisen, da der Ausdruck »Poll«
nichts anderes bedeutet als »Wahllokal« oder
»Abstimmung«.

Wir wissen nicht, wie vertraut Buchser
mit der Entwicklung der amerikanischen
Wahlpraxis war; ob er den komplizierten
Weg verstand, den das Prinzip der Gleichheit zurückzulegen hatte, um im politischen
Leben Amerikas Fuß zu fassen. Eine zentrale
Frage, die im amerikanischen 19. Jahrhundert debattiert wurde, war jene, wem überhaupt das Stimm- und Wahlrecht zustehen
solle. In den meisten Landesteilen durften
weder die Frauen, noch Indianer, noch Sklaven wählen, nicht einmal befreite, im Norden lebende Schwarze. Weiße, die nicht
über ein bestimmtes Vermögen oder Ein-
kommen verfügten, waren nur in vereinzelten Staaten wahlberechtigt. Die Autoren der
Verfassung von 1787 hatten nicht explizit
festgelegt, wer eigentlich in einer demokratischen Republik zu den Wahlen und Abstimmungen zugelassen ist. Erst 1870, ein
Jahr nachdem Buchser diese Zeichnung geschaffen hatte, verabschiedete der Kongreß
den 15. Zusatz zur Verfassung, betreffend

»das Wahlrecht der Bürger der Vereinigten Staaten«. Aber auch diese grundlegende Ergänzung betraf nur das Stimmrecht der Männer. Erst mit dem 19. Zusatzartikel vom Jahr 1920 wurden die Frauen in den USA stimm- und wahlberechtigt. Buchsers Darstellung hat somit eher symbolischen als dokumentarischen Charakter. Sie zeigt eine Gruppe von Männern, welche mündlich ihre Stimme abgeben und dabei die rechte Hand erheben (um so die individuelle, unabhängige Meinungsäußerung zu unterstreichen). In Amerika wurde aber – außer in ländlichen Gegenden zu lokalen Abstimmungsvorlagen – durchweg schriftlich abgestimmt, damit den Stimmberechtigten garantiert werden konnte, sich ungestraft und frei der öffentlichen Meinung zu widersetzen. Um den Bürger zu schützen, war selbst die Größe der Stimmzettel geregelt: sie mußten klein sein, damit sie absolut diskret ausgefüllt und gefaltet werden konnten. Die mündliche Stimmabgabe war – noch vor der Unabhängigkeitserklärung – vor allem im Staat Virginia üblich. Buchser dürfte, indem er diese direkte Art der Meinungsäußerung bildlich festhielt, vor allem an ein schweizerisches Publikum gedacht haben, dem die traditionelle Abstimmungsform der Landsgemeinde vertraut war. W. Hauptman

Lit.: Solothurn 1990, S. 142.

399

FRANK BUCHSER
Feldbrunnen 1828–1890 Feldbrunnen

Die Heimkehr des Freiwilligen. 1867
Öl auf Leinwand, 97 × 67 cm
Basel, Öffentliche Kunstsammlung,
Inv. 146

Zu den wichtigsten amerikanischen Bildern Buchsers gehören die Darstellungen von Schwarzen. Buchser war aber nicht der erste Schweizer Maler, der seine Aufmerksamkeit den Farbigen schenkte. Peter Rindisbacher und Karl Bodmer hatten bereits vor ihm das Leben der Indianer in zahlreichen Skizzen,

399

Studien und Bildern festgehalten. Keiner von ihnen beschäftigte sich hingegen in den 1860er Jahren so eingehend mit der Alltagswirklichkeit der Schwarzen, wie Buchser es tat. Im Unterschied zu den meisten Genremalern seiner Zeit beschönigte er in seinen Darstellungen nichts von den meist unwürdigen Lebensbedingungen der schwarzen Bevölkerung. Sie bestand größtenteils noch aus Analphabeten, ihre staatsbürgerlichen Rechte waren noch nicht vollumfänglich garantiert, und durch die generationenlange Sklaverei sahen sie sich in hoffnungslose Armut gestürzt. Buchser bot sich ausreichend Gelegenheit, die Schwarzen in den Straßen von Washington zu beobachten. Nach dem Krieg hatten sich Tausende aus dem Süden nach der Hauptstadt der Union begeben, in der Hoffnung, hier von den Regierenden – die sie als ihre Befreier betrachteten – Arbeit und Ansehen zu erhalten.

Das 1867 datierte Bild mit dem Titel *The Volunteer's Return* zeigt einen jugendlichen, kaum der Adoleszenz entwachsenen schwarzen Kriegsheimkehrer, der noch voll Stolz die ihm vom Staat überlassenen Militärrequisiten zu Schau trägt: das Gewehr, den

400

Mantel, den Gürtel, die Feldflasche. Gebannt lauschen zwei Stiefelputzer – beide fast noch Kinder – den Schilderungen seiner Heldentaten. Die abenteuerlichen Geschichten müssen auf sie, die in Armut und Elend leben, wie Traumbilder wirken. Die Aufnahme in die Armee wurde den Schwarzen – wie schon im amerikanischen Unabhängigkeitskrieg (vgl. Kat. 323) – erst 18 Monate nach Ausbruch des Sezessionskrieges gestattet, und dies aus ähnlichen Gründen: erstens war die Angst, Schwarze zu bewaffnen, weit verbreitet, und zweitens tat man sich schwer mit der Vorstellung, Schwarze auf diese Art tatsächlich den Weißen gleichzustellen. 1863 aber, als die Rekrutierung weißer Soldaten für die Union immer schwieriger wurde, erlaubte man den Beizug von schwarzen Freiwilligen. Sie wurden hingegen nur schlecht und mit veraltetem Material ausgerüstet – das Gewehr im Bild belegt dies. Zudem waren sie vor Übergriffen der konföderierten Truppen rechtlich kaum geschützt. Diese be-

trachteten Schwarze nicht als Kriegsgefangene, sondern als vogelfreie, zum Töten freigegebene Rebellen. Bei Kriegsende hatten nicht weniger als 180 000 schwarze Freiwillige in der Unionsarmee gedient, was immerhin 10% des Gesamtbestandes ausmachte. Infolge der schlechten medizinischen Betreuung von schwarzen Verwundeten starben aber fast 37% von ihnen im Krieg – eine erschreckend hohe Zahl! Obwohl anekdotisch, gibt Buchser eine ungeschminkte Darstellung der extremen Armut der schwarzen Amerikaner, wenngleich er die zerschlissenen und von Schmutz befleckten Kleider malerisch wirksam inszeniert. Wie andere Vertreter des europäischen Realismus wurde der Schweizer Maler wegen seiner Akzentuierung des Häßlichen kritisiert: er habe damit die Grenzen des guten Geschmacks überschritten. Buchser selbst aber sah in diesem Bild ein kleines Meisterwerk innerhalb der Ikonographie der Darstellung von Schwarzen, ein Bild, welches das wahre Leben der schwarzen Bevölkerung zeige, ohne Sentimentalität, in authentischer Optik. W. Hauptman

Lit.: WÄLCHLI 1941, S. 132–133; Biberist 1975, S. 21; HONOUR 1989, S. 240–241: Solothurn 1990, S. 154–156.

400

FRANK BUCHSER
Feldbrunnen 1828–1890 Feldbrunnen

Das Lied der Mary Blane. 1870
Öl auf Leinwand, 103,5 × 154 cm
Solothurn, Kunstmuseum,
Inv. C 13 (Gottfried Keller-Stiftung)

Als Buchser durch die Südstaaten Amerikas reiste, berührte ihn das Schicksal der zahlreichen Schwarzen, die – zwar aus der Sklaverei befreit – als Landarbeiter auf den Gehöften zumeist in größter Armut lebten. Nachdem er 1867, noch in Washington, das Bild *Die Heimkehr des Freiwilligen* (vgl. Kat. 399) beendet hatte, besuchte der Maler im Sommer desselben Jahres den Staat Virginia, wo er in kleinen Städten – wie etwa Woodstock – den Alltag der schwarzen Bevölkerung in den Straßen und in den Slums skizzierte, ja selbst Porträts von Schwarzen malte. Die lokale Presse reagierte auf Buchsers Interesse mit heftiger Kritik; sie empfand es als Affront gegenüber Anstand und Moral.

Das Lied der Mary Blane ist das größte und wohl ehrgeizigste Genrebild, das Buchser in Amerika geschaffen hat. Entworfen hatte er es noch in Charlottesville im Sommer 1869, kurz bevor er nach Lexington aufbrach, um General Lee zu treffen. Den Titel übernahm er von einer wehmütigen Ballade, in der ein schwarzer Sklave den Verlust seiner Geliebten beklagt – je nach Überlieferung wird sie von einem Indianer oder einem weißen Sklavenhalter entführt; schließlich findet er sie wieder, entehrt und geschunden, auf dem Sklavenmarkt. Das Lied war zu jener Zeit sehr populär und gehörte im Norden wie im Süden zum festen Repertoire der fahrenden Gauklertruppen. Die weißen Darsteller tra-

ten dabei in betont entwürdigender und grotesker Aufmachung als Schwarze verkleidet auf. Buchsers Anliegen aber war, ein Gemälde zu schaffen, das dem Schicksal der Schwarzen unter dem Joch der Sklaverei gewidmet sein sollte, und er verwendete dazu Bildelemente, die in der Ikonographie der Schwarzen verbreitet waren. So zum Beispiel die Wassermelone, die Maiskolben und das Banjo, welches – ursprünglich in Schwarzafrika beheimatet – lange Zeit ausschließlich als »Negerinstrument« zur Begleitung vulgärer Songs betrachtet wurde. Buchser situierte die Szene – der Inschrift auf dem Faß gemäß – in Charlottesville, aber, präziser noch, vor dem ehemaligen Landsitz von Thomas Jefferson auf dem Hügel von Monticello. Dieser ist im Hintergrund, im Zentrum der Komposition, zu sehen. Möglicherweise wollte Buchser auf diese Weise diskret daran erinnern, daß die grundlegenden Worte des Verfassers der amerikanischen Unabhängigkeitserklärung – »Alle Menschen wurden gleich erschaffen« – für die schwarze Bevölkerung noch keine entsprechende Konsequenz gezeitigt hatten. W. Hauptman

Lit.: WÄCHLI 1941, S. 151–153; VIGNAU-WILBERG 1973, S. 75–76; Biberist 1975, Nr. 90; Atlanta 1988, Nr. 35; HONOUR 1989, S. 243–244; Solothurn 1990, S. 170–171.

401

FREDERIC-AUGUSTE BARTHOLDI
Colmar 1834–1904 Paris

Die Freiheit leuchtet der Welt. Um 1876
Originalentwurf (»Modèle du Comité«)
Terrakotta, Höhe 135 cm
Colmar, Musée Bartholdi, Inv. MB. 170

Nur wenige Kunstwerke sind in vergleichbar unwiderruflicher Art zu unantastbaren Personifikationen eines Ideals geworden wie die Kolossalstatue von Bartholdi im Hafen von New York. Im Lauf der letzten hundert Jahre, seit seiner Errichtung auf Bedloe-Island, ist dieses nur scheinbar einfach konzi-

401

pierte Bildwerk zum erstrangigen Emblem Amerikas, des Republikanismus und der Demokratie aufgerückt. Es ließ alle Konkurrenten hinter sich, aber auch zweifellos die Träume und Vorstellungen seines Schöpfers. Die mythische Dimension, welche diesem Werk anhaftet, wie auch seine unvermeidliche Popularität und Verbreitung, haben dazu beigetragen, die historischen und insbesondere politischen Umstände seiner Entstehung zu verdunkeln. Während der Name Bartholdis fest mit dem Entstehen der Statue in Verbindung gebracht wird – auf Kosten seiner anderen Werke –, muß die zündende Idee, die ihrer Konzeption zugrunde liegt, dem politischen Denker Edouard de Laboulaye zugeschrieben werden, dessen republikanische Gesinnung im monarchistischen Umfeld des Second Empire weithin bekannt war. Zusammen mit Bartholdi schuf er die Figur nicht nur als Zeichen der Verbundenheit – sie war ein Geschenk der Franzosen an die Amerikaner – sondern auch als gigantische Botschafterin eines übergreifenden politischen Ideals, welches man sich dies- und jenseits des Atlantiks erträumte: der Idee der Freiheit.

Die ikonographischen Quellen und Intentionen Bartholdis sind komplexer und unterschiedlicher, als man gemeinhin annimmt. Einerseits orientiert er sich an den traditionellen Freiheitsdarstellungen der französischen Kunst des 19. Jahrhunderts, andrerseits bezieht er sich auf die allgemein gültigen Personifikationen der Wahrheit, des Glaubens und der Tugenden, wie sie in den berühmten Beispielen von antiken Kolossen und Leuchttürmen überliefert sind. Man hat sich übrigens ausgiebig amüsiert über die Feststellung, Bartholdi habe der Statue die Gesichtszüge seiner Mutter verliehen. Vielleicht beabsichtigte er damit eine Anspielung auf den Deutsch-Französischen Krieg von 1870/71, in dessen Verlauf die Stadt Colmar von den Preußen eingenommen wurde und Bartholdis Mutter, welche dort ausharrte, sich ihrer Freiheit beraubt sah. Eine solche Lesart mindert jedoch bedenklich die symbolische Dimension des Werks.

Die Gipsentwürfe aus den 1870er Jahren unterstreichen im Gegenteil den zeitlosen Aspekt der Formulierung, welcher ohne Zweifel im Zentrum von Bartholdis und Laboulayes Projekt steht. Sie erlauben die Beobachtung einer Entwicklung, in der mehrere Ideen erprobt werden, mit und ohne spezifische Attribute. Der hier ausgestellte Originalentwurf wurde 1876 in einer Auflage von 200 Exemplaren von der Französisch-Amerikanischen Union zum Verkauf angeboten. Die Union war in der Folge der Etablierung der Dritten Republik entstanden, um die nötigen Geldmittel für das Projekt einer Freiheitsstatue zusammenzubringen.

Die Figur tritt die gesprengten Ketten mit Füßen und hält die Tafel, welche in englischer Sprache das – wie sich herausstellte irrtümliche – Datum der amerikanischen Unabhängigkeitserklärung trägt: 4. Juli 1776 (vgl. Kat. 322). Die Drapierung des Gewandes entspricht bereits dem ausgeführten

Werk, aber bei diesem Exemplar fehlen noch die strahlenartigen Spitzen der Krone. Der Prozeß der Herstellung, der Transport und die Errichtung der in mehreren Teilen gegossenen Figur stellte gewaltige Probleme, welche insbesondere durch die Mithilfe von Ingenieur Gustave Eiffel gemeistert werden konnten. Das monumentale Geschenk wurde jedoch in Frage gestellt, da sich die Amerikaner mit der Geldmittelbeschaffung für die Konstruktion des Sockels schwertaten. Es ist daran zu erinnern, daß die Wahl des Standortes amerikanischerseits heftige Debatten auslöste, welche schließlich durch ein Komitee unter der Leitung von General Sherman (siehe Kat. 396) koordiniert werden konnten. Bartholdi selbst scheint das Resultat seiner gut zehn Jahre dauernden Bemühungen nicht für ein großes Kunstwerk gehalten zu haben – anders als seinen berühmt gewordenen Löwen von Belfort. Er sah darin eher eine ganz gewöhnliche Statue, welche – übermäßig vergrößert – auf einem Sockel im öffentlichen Raum plaziert worden war.   W. Hauptman

402

Lit.: GSCHAEDLER 1966, passim; TRACHTENBERG 1966, S. 54 ff; Paris 1986, S. 102 ff.

Die französischen Republiken

402

AUGUSTIN-ALEXANDRE DUMONT
Paris 1808–1884 Paris

Der Genius der Freiheit. 1833
Bronzestatue, 235,5 × 112 × 130 cm
Paris, Musée du Louvre, Département des sculptures, Inv. R.F. 680

Seit dem 13. Dezember 1830 bestand ein Dekret zur Errichtung eines Denkmals für die Opfer der Julirevolution, die nach den drei Tagen, an denen sie stattfand (27., 28. und 29. Juli); diese führte zum Sturze Karls X. In einer Verordnung vom 6. Juli 1831 bestimmte der König der Franzosen, Louis-

Philippe, daß dieses Monument in Form einer Säule auf der Place de la Bastille zu errichten sei. 1833 vom Architekten Jean-Antoine Alavoine begonnen, wurde die Säule 1840 durch seinen Mitarbeiter Louis-Joseph Duc vollendet; sie ist in Bronze gegossen und mißt 52 Meter. Der Bildhauer Antoine-Louis Barye entwarf als Schmuck für den Sockel einen schreitenden Löwen sowie vier Hähne. Anscheinend bereitete die Bekrönung dieser Denkmalsäule einiges Kopfzerbrechen: Alavoine hatte zunächst eine bekrönte Kugel, dann eine Personifikation Frankreichs inmitten dreier Viktorien vorgeschlagen; vorgezogen wurde aber, vielleicht auf Intervention Adolphe Thiers' hin, die Gestalt des Geistes der Freiheit, für die Augustin Dumont, ohne daß er öffentlich beauftragt worden wäre, 1833 einen Entwurf lieferte. Dieser war ein im »Salon« von 1836 ausgestellter Bronzeguß, während die endgültige Fassung der Statue in der Gießerei Soyer und Inger zu besichtigen war. Die Wahl wurde eher nach ideologischen als nach ästhetischen Gesichtspunkten getroffen. Die Monarchie, die aus der Julirevolution hervorgegangen war, fand fraglos eine die Säule beherrschende weibliche Gestalt, die allzu leicht mit der Göttin Freiheit von 1789 identifiziert werden konnte, unpassend. Also zog man, wie Maurice Agulhon argumentiert, eine politisch weniger festgelegte Figur vor, nämlich einen männlichen Genius, der in der Rechten eine Fackel trägt, in der Linken gesprengte Ketten. – Trotz Ähnlichkeit der Haltung beider Figuren ist es zweifelhaft, ob Dumont den Genius Regnaults kannte, der das verschollene Bild *La Liberté ou La mort* beherrscht (Freiheit oder Tod, ausgestellt im »Salon« von 1795, durch eine vereinfachte Kopie in der Kunsthalle Hamburg überliefert). Der Ehrgeiz, mit dem *Merkur* des Giambologna zu rivalisieren, ist offensichtlich, ebenso eine vielleicht sogar unbewußte Erinnerung an Raffaels *Heiligen Michael*. Nach einer Überlieferung Vattiers soll der Bildhauer auch an die Silhouette des Papstes, der die Scharen der Gläubigen auf dem Petersplatz in Rom segnet, gedacht haben. Dumonts Werk, das im Salon von den Kritikern eher schlecht aufgenommen wurde, erlangte nach seiner definitiven Aufstellung unter dem Namen »Génie de la Bastille« eine eigentliche Popularität. Wenn die politische Aussage der Figur auch nicht eindeutig festgelegt ist – die geborstene Kette ist aus der Bodenperspektive kaum zu erkennen –, so ist sie plastisch klar und gut lesbar und in glücklicher Proportion zum ganzen Denkmal, im Gegensatz zu etlichen von diesem Monument abgeleiteten Werken, zum Beispiel *Le Génie de la Belgique reconnaissante* am Denkmal für Leopold I. in Laeken, von Guillaume De Groot. Ein Gipsentwurf von 1833 in halber Ausführungsgröße befindet sich im Museum von Semur-en-Auxois. Nach diesem Werk wurde das im Louvre aufbewahrte, hier besprochene 1885 gegossen, im Auftrag des Staates, kurz nach dem Tode des Künstlers.   J.-R. Gaborit

Lit.: Vattier 1885; Agulhon 1976, S. 145.

403–405

Die Allegorie der Zweiten Republik

Kurz nach der Februarrevolution, im März 1848, beschloß der Minister des Inneren, Ledru-Rollin, je einen Wettbewerb unter den Malern, den Bildhauern und den Medailleuren auszuschreiben, um die Darstellung einer »Figure symbolique de la République« zu erhalten. Der Wettbewerb wurde zweistufig durchgeführt. In der Sektion Malerei wählte das Preisgericht 20 Entwürfe (eingereicht wurden 450 Bilder), nach denen ein großformatiges Gemälde ausgeführt werden sollte. Man wollte mit Kopien davon die öffentlichen Gebäude schmücken. Die zweite Wettbewerbsstufe war ein Mißerfolg: nicht ein einziges Gemälde wurde angekauft.

Die Künstler mußten mit dem Entwurf ein Signet und eine Devise einsenden, ein bei anonymen Wettbewerben übliches Verfahren. Einige Maler wiederholten das Signet auf dem Entwurf und machten daraus den Schlüssel zum Verständnis der dargestellten Allegorie (siehe Janet-Lange, Kat.405). Minister Ledru-Rollin hatte kein Programm vorgeschrieben, um dem Ideal der Freiheit zu genügen und zugleich das Verfahren der Ersten Republik im »Concours de l'an II« zu erneuern. Ein Aufruf an die Künstler unterstrich, daß man von ihnen die Erfindung eines Symbols für die neue Verfassung erhoffte. Dem zu schaffenden Typus der »Republik« war indessen ein erzieherisches Ziel zugedacht: die Förderung republikanischer Ideen und die Grundlegung eines staatsbürgerlichen Bewußtseins. Deshalb versuchte der Minister, einige »Ratschläge« zu erteilen. Ein Zirkularschreiben wurde an die Künstler versandt und in bestimmten Zeitungen veröffentlicht, so beispielsweise im *Journal des débats* (2. Mai 1848). Diese ikonographischen Empfehlungen spiegeln einen Republikanismus gemäßigter Art wider. Den Künstlern wurde nahegelegt, die »Republik« sitzend darzustellen, um die Vorstellung der Stabilität zu vermitteln, kriegerische Attribute wie die Lanze und das Beil zu vermeiden sowie die republikanische Devise »Freiheit, Gleichheit, Brüderlichkeit« und die Trikolore zu verwenden; diese war im Februar 1848 zum Zeichen der Nation erkoren worden, nachdem sich Lamartine gegen die rote Fahne ausgesprochen hatte.

Die phrygische Mütze erinnerte peinlich an die Auswüchse der Revolution und der Ersten Republik; die Künstler wurden deshalb aufgefordert, dieses »Zeichen der Freiheit« zwar beizubehalten, aber es gebührend abzuwandeln. M.-C. Chaudonneret

Lit.: AGULHON 1979; CHAUDONNERET: Oxford 1987.

403

403

PAUL BAUDRY
La Roche-sur-Yon (Vendée) 1828–1886
Paris

Die Republik. 1848
Öl auf Leinwand, 44 × 33 cm
Nantes, Musée des beaux-arts, Inv. 81-I

Baudry hat die *Republik* sehr wahrscheinlich im Jahre 1848 gemalt, aber angesichts der geringen Maße des Bildes ist es zweifelhaft, daß er es zum oben genannten Wettbewerb einsandte, wo für die Entwürfe eine Höhe von ungefähr 65 cm gefordert war. Ein Brief Baudrys bestätigt diese Annahme (GOARIN 1986).

Die ausgestellte Ölskizze kommt ikonographisch den Erwartungen des Ministers Ledru-Rollin nahe. Baudry stellt eine statisch sitzende Figur dar und entwirft damit eine ruhige, vertrauenerweckende »Republik«. Ihre üppige Blätterkrone versteckt geschickt die anstößige, aber unvermeidliche phrygische Mütze. Der Löwe als Symbol der Stärke und der Bienenkorb als das doppelte Symbol des Überflusses und des Gemeinschaftslebens sind Attribute, die in den Entwürfen des 1848er Wettbewerbs oft erscheinen. Das leuchtende Dreieck über dem Haupt der Figur, bei den Wettbewerbsteilnehmern eben-

falls beliebt, versteht sich als Hinweis auf die drei Begriffe der republikanischen Devise »Freiheit, Gleichheit, Brüderlichkeit«.
M.-C. Chaudonneret

Lit.: GOARIN 1986, S. 55, Nr. 2; CHAUDONNERET: Figure 1987, S. 48, S. 78 (Nr. P. 2) und S. 106.

404

ALEXANDRE COLIN
Paris 1798–1873 Paris

Die Republik. 1848
Öl auf Leinwand, 73 × 59 cm
Paris, Musée du Petit-Palais,
Inv. P. Dut. 1724

Zum 1848er Wettbewerb sandte Colin den vorliegenden Entwurf sowie eine sehr ähnliche Komposition ein (CHAUDONNERET: Figure 1987, S. 80, Nr. P. 7, und S. 203, Nr. 114). Signatur und Datum (»Colin 1848«) wurden vermutlich später angebracht; denn der Wettbewerb war anonym. Zur Kennzeichnung seiner Einsendung wählte der Maler Zeichendreieck und Richt-

404

waage, eingeschrieben in einen Kreis, den
eine sich in den Schwanz beißende Schlange
bildet.

Colin gibt eine Allegorie der siegreichen
Republik: sie tritt das Joch der Unterdrük-
kung mit Füßen, hält in der einen Hand
gleichzeitig Kampfschwert und Siegeslorbeer
und in der anderen die Trikolore. Die republikanische Devise, auf die schon das Signet
hinweist, wird symbolisiert durch die phrygische Mütze, überhöht vom Dreieck im
Nimbus, durch das Zeichendreieck auf dem
Altar des Vaterlands und von zwei Reliefs
auf dessen Front: einer Caritas und drei sich
verbrüdernden Männern. Diese Allegorie
der Brüderlichkeit (wiederum gerahmt von
der Schlange, die sich in den Schwanz beißt,
Symbol der Ewigkeit) zeigt einen Mann in
der Tunika (den Bauern?), einen Priester und
einen altrömischen Krieger, die auf die ständisch gegliederte Gesellschaft anspielen. Im
Hintergrund erscheint das Panthéon, das
1848 zum »Temple de l'Humanité« erklärt
wurde und das Ledru-Rollin durch den Maler Chenavard mit dem Thema der *Palinge-
nese* schmücken lassen wollte.

M.-C. Chaudonneret

405

ANGE-LOUIS JANET
genannt JANET-LANGE
Paris 1815–1872 Paris

Die Republik
(Frankreich erleuchtet die Welt). 1848
Öl auf Leinwand, 72 × 59 cm
Paris, Musée Carnavalet, Inv. P. 188

Unter den zum Wettbewerb von 1848 ein-
gesandten Entwürfen zeigt die Allegorie des
Malers Janet-Lange die komplexeste Ikonographie. Das Steuerruder und der gallische
Hahn, der den Trikoloreschild hält, zeigen
an, daß Frankreich von der Republik gelenkt
wird, deren Sitz auf einem Sockel mit den
Emblemen der republikanischen Devise
steht: phrygische Mütze für Freiheit, Zeichendreieck für Gleichheit, Handschlag für
Brüderlichkeit.

Doch ist es das Signet, mit dem Janet-
Lange seine Einsendung kennzeichnete und
das er in roter Farbe unten rechts auf das
Bild selbst malte, das den Schlüssel zu seiner
Allegorie gibt: das Freimaurersymbol aus
Zeichendreieck und Zirkel im sternförmigen
Salomonssiegel. In der Symbolik der Freimaurer bezeichnet die Art, wie sich Zeichendreieck und Zirkel kreuzen, den erreichten Grad. Hier berühren die Spitzen des Zir-
kels das Dreieck, was der dritten und höchsten Stufe der Einweihung entspricht, wo
der Geist die Materie transzendiert.

Wir wissen nicht, ob Janet-Lange in die
Geheimnisse des Ordens eingeführt war;
doch finden wir in seinem Bild weitere Anspielungen auf die Freimaurerei. Seine »Republik«, nicht von der phrygischen Mütze
der Freiheit, sondern vom Lorbeerkranz des
Friedens bedeckt, und die Waage der sozialen Gerechtigkeit haltend, sitzt zwischen den
Seitenlehnen des Throns, die in Kugeln,
Sonne und Mond darstellend, enden. Diese
Bekrönung erinnert an die Tempelsäulen,
die zur Ausstattung einer Freimaurerloge gehören und Licht und Schatten bedeuten. Janet-Lange will sagen, daß die Republik dem
Eingeweihten, also dem durch die Freiheit

Tafel XIII (Kat. 374)

wiedergeborenen Staatsbürger, vom Schatten ins Licht, vom Unwissen zum Wissen zu gelangen ermöglicht. Das in der Freimaurersymbolik wesentliche Licht erhält hier eine wichtige Stelle: Die Fackel in der Hand der »Republik« leuchtet vor dem nächtlichen Himmel und erhellt eine Fabrik im Betrieb und eine Kirche im Bau, Werke der Architektur, in der die Freimaurer den Ursprung der Zivilisation sehen. Die »Republik« verbindet die Bauten im Hintergrund mit den Motiven im Vordergrund, den Emblemen von Landwirtschaft, Industrie, Handwerk und Kunst, deren letzte den Freimaurern als symbolische Werkzeuge gelten.

Mit all diesen Emblemen drückt Janet-Lange aus, daß die Bürger in einem Staat, wo mit der Freiheit auch Gleichheit und Gerechtigkeit zur Herrschaft kommen, brüderlich vereint und den republikanischen Grundsätzen treu, gemeinsam am großen Werk des sozialen Fortschritts arbeiten. Als Bilder des geistigen und materiellen Universums konnten die Freimaurersymbole sich ohne weiteres mit der Idee der Republik verbinden. Aber hinter der Allegorie von Janet-Lange steckt mehr als die bloße Verwandtschaft zwischen den republikanischen Grundsätzen und den Idealen der Freimaurerei. Am 6. März 1848 richtete die französische Großloge Grand-Orient an die provisorische Regierung, in der einige Freimaurer saßen, eine Adresse, um ihre Treue und ihren Gehorsam gegenüber der neuen Republik zu bekunden. Der Logenbruder Adolphe Crémieux verfaßte die folgende Antwort, die im *Moniteur universel* erschien (7. März 1848): »Der Große Architekt des Universums hat der Welt die Sonne gegeben, um sie zu erleuchten, die Freiheit, um sie zu erhalten. Der Große Architekt des Universums will, daß alle Menschen frei sind; er hat uns die Erde als Erbteil übergeben, damit sie fruchtbar werde, und es ist die Freiheit, die sie fruchtbar macht.«　　　M.-C. Chaudonneret

Lit.: Boime 1971, S. 73 und 77; Trachtenberg 1966, S. 76–77; Chaudonneret: Figure 1987, S. 47, S. 53–54 und S. 87 (Nr. P. 27).

405

406–408
Die Feierlichkeiten von 1848

Sowenig wie die Französische Revolution verachtete die Revolution von 1848 die Feste als politisches Instrument. Es wurden deren viele organisiert, jedesmal mit besonderer Zielsetzung. Außer dem Pflanzen von Freiheitsbäumen bei mehr oder weniger spontanen Festen gab es Feierlichkeiten, die an Märtyrer der Freiheit erinnern sollten: die des 2. März an Armand Carrel, die des 4. März an die im Februar gefallenen anonymen Opfer.

Unter den offiziellen Veranstaltungen waren die Feiern, welche die Errichtung der Republik umgaben, die größten. Zweimal wurde das Volk aufgerufen, sich zur neuen Verfassung zu bekennen: Am 27. Februar wurde in Gegenwart der provisorischen Regierung vor dem Pariser Rathaus die Republik proklamiert, und am 4. Mai wurde die Republik erneut ausgerufen, doch diesmal vor dem Palais-Bourbon, vor den Repräsentanten des Volkes.

Andere Feiern mit minuziös ausgearbeitetem Ablauf (Programm, Bildung des Fest-

406

zugs, Route) waren dazu bestimmt, soziale Werte zu würdigen und staatsbürgerliche Tugenden einzuprägen, vor allem Brüderlichkeit und Einheit (fête de la Fraternité, am 20. April) sowie Arbeit und Eintracht (fête de la Concorde, am 21. Mai). Die letzte große Zeremonie (eine Neuauflage der vorhergehenden), die Verfassungsfeier (fête de la Constitution), fand am 12. November statt, nachdem in den blutigen Junitagen die Väter der Zweiten Republik entmachtet worden waren.   M.-C. Chaudonneret

Lit.: VAUTHIER 1921; AGULHON 1977.

406

JEAN-JACQUES CHAMPIN
Sceaux 1796–1860 Paris

Die Ausrufung der Republik vor der Säulenfront des Palais-Bourbon. 1848
Öl auf Leinwand, 31 × 44 cm
Paris, Musée Carnavalet, Inv. P. 42

Am 27. Februar 1848 wurde die Republik proklamiert. Aber das Regime wollte zeigen, daß es seine Macht nicht den Barrikadenkämpfern, sondern einer gesetzlich gewählten Volksvertretung verdankte. Die am 23. April gewählten Abgeordneten traten am 4. Mai erstmals im Palais-Bourbon zusammen und riefen im Sitzungssaal die Republik aus. Sie beschlossen darauf, »sich dem Volk zu zeigen und sich vor versammelter Menge zur Republik zu bekennen« (*Moniteur universel, 5. Mai 1848*). Eine riesige Menschenmenge schrie vor den Volksvertretern mehrmals «Vive la République».

Champin gibt nicht eigentlich eine Darstellung dieses Ereignisses, sondern ein panoramaartiges Pariser Stadtbild. Fast sicher war unser Gemälde zusammen mit dem unten beschriebenen *Verfassungsfest* am »Salon« von 1849 ausgestellt, unter Nr. 349: *Vues de Paris en 1848 (mars–avril–mai)*, und unter Nr. 350: *Vues de Paris en 1848 (juin–juillet–novembre–décembre)*. Champin schildert von der Terrasse des Tuileriengartens aus eine

407

dichte Volksmenge mit gegen das Palais-Bourbon ausgestreckten Armen und vor dessen mit blau-weiß-roten Fahnen geschmückter Säulenfront, auf der Freitreppe, die Abgeordneten. In aller Eile waren in den nächstgelegenen Kasernen der Nationalgarde die Fahnen geholt worden, »um dem Anlaß eine zusätzliche Weihe zu geben« *(Moniteur universel)*. Die Menge erwies ihre Reverenz nicht allein der Republik, sondern auch der Trikolore, die nicht – Lamartine hatte das im Februar betont, als er die Trikolore gegen die rote Fahne verteidigte – das Zeichen eines Regimes, sondern das Symbol der Nation und deren Kontinuität sein will. Die Trikolore wurde dann am 20. April, am Fest der Brüderlichkeit, feierlich als Zeichen eingesetzt und an die Nationalgarde und die Armeekorps verteilt; hierauf leistete man der Republik den Fahneneid.

Unter den offiziellen Feiern des Jahres 1848 war die des 4. Mai als Symbol die wichtigste. Als man 1849 zwischen den Gedenktagen des 24. Februar und des 4. Mai wählen mußte, entschied man sich für den Nationalfeiertag am 4. Mai. Der 24. Februar war die revolutionäre Proklamation eines Prinzips; die Feier des 4. Mai aber bestätigte dieses Prinzip und begründete die Legitimität der Republik.   M.-C. Chaudonneret

407

JEAN-JACQUES CHAMPIN
Sceaux 1796–1860 Paris

Das Verfassungsfest auf der Place de la Concorde. 1848
Öl auf Leinwand, 30 × 44 cm
Paris, Musée Carnavalet, Inv. P. 44

Die Verfassung wurde in der Abstimmung vom 4. November 1848 angenommen. Das Fest des 12. November besiegelte dieses Ereignis. Die Gräben zwischen der Terrasse des Tuileriengartens und dem angrenzenden Platz wurden aufgefüllt, um Estraden für die Mitglieder der Nationalversammlung und der anderen Räte aufzuschlagen. Auf einem Vorsprung erhob sich der Altar, auf dem der Erzbischof von Paris eine Messe lesen sollte. Am Fuße des Obelisken, dem Altar gegenüber, stand eine Statue der »Verfassung«. Die offizielle Feier war eine Neuauflage der vorangegangenen Feste. Das Bekenntnis zu den Grundsätzen der Einheit (union), der Brüderlichkeit (fraternité) und der Eintracht (concorde) wurde erneut durch Symbole ausgedrückt. Wie anläßlich der »fête de la Concorde« waren die Verwaltungseinheiten durch 88 Masten dargestellt (86 für die Départements und je einer für Algerien und die Kolonien); sie umgaben, an der Spitze mit blau-rot-weißen Wimpeln geschmückt, den Platz. Die Front der Estrade war von Wappenschilden mit den Buchstaben RF (für République française) markiert, über denen blau-weiß-rote Fahnen wehten. Die Tribüne, von der aus die Verfassung verlesen wurde, war von einem Baldachin überhöht, auf dessen Umhang die Worte »Liebet einander!« prangten.

Das Verfassungsfest stand also unter dem doppelten Zeichen von Brüderlichkeit und Einheit, wie das bereits beim Fest der Brüderlichkeit im April der Fall gewesen war, wo die Farben Blau, Weiß und Rot die Einmütigkeit der Nation symbolisierten. Doch diese Einmütigkeit war bald darauf, während der Aufstände und ihrer Unterdrückung in den blutigen Junitagen, kläglich zerbrochen.

M.-C. Chaudonneret

408

408

JEAN-BAPTISTE gen. AUGUSTE CLÉSINGER
Besançon 1814–1883 Paris

Die Republik. Um 1848(?)
Gipsbozzetto, vergoldet und bronziert,
40 × 19,5 × 52 cm
Paris, Musée d'Orsay, Inv. R.F.1981

Berauscht von Kunst und Ruhm war Clésinger bei jeder Ablösung des Regimes zur Stelle. Man weiß zwar, daß ein Bildhauer ohne Aufträge nicht existieren kann; einzigartig an Clésinger war aber, daß er immer schon das Passende auf Lager hielt: im Kaiserreich alle Kaiser (Cäsar, Karl den Großen, Napoleon I.), in der Republik die republikanischen Militärs (Marceau, Kléber, Hoche, Carnot). Diese Regimewechsel erlebte er anscheinend ohne ideologische Hemmungen. In seinen Briefen fiebert er für den, der an der Macht ist, woher er auch komme.

Der hier gezeigte Bozzetto gilt als Studie zu der kolossalen Statue der Republik, die am 21. Mai 1848 zum Fest der Eintracht auf dem Pariser Marsfeld errichtet wurde. Obwohl von Stanislas Lami »Freiheit« betitelt, handelt es sich um eine »Republik« mit einem Diadem in Form einer phrygischen Mütze. Diese Kolossalstatue hält in der erhobenen Rechten ein Schwert, in der Linken einen Kranz von Eichenlaub und lehnt sich an einen Pfeiler mit der Richtwaage und der Devise »LIBERTÉ, ÉGALITÉ, FRATERNITÉ«. Durch strenge Würde, unterstrichen von ihrem in parallelen Falten fallenden Peplos (CHAUDONNERET: Figure 1987, S.230, Abb. 10), entfernt sie sich weit von der bewegten Studie, die mit ausgebreiteten

Armen schreitet, mit einer Art Pelzstola gegürtet, deren Enden den Flügeln einer Windmühle ähneln.

Dreißig Jahre später griff Clésinger darauf zurück, als er für die Weltausstellung von 1878 eine monumentale Statue *La France* vorschlug, um den apolitischen Schmuck des ersten Trocadéropalasts zu vervollständigen (Allegorien der Kontinente, der Künste und der Wissenschaften sowie Tiere). Im März bemerkten die Stadtbehörden von Paris, damals weiter »links« als die des Staates, mit Befremden es fehle das Bild der Republik, um »die Völker, die sie einlädt, zu empfangen«. Sie schlugen einen Wettbewerb vor und forderten, daß die 1848 preisgekrönte, im Zweiten Kaiserreich ins Depot verbrachte marmorne *Republik* von Jean François Soitoux am günstigsten Platz in der Ausstellung gezeigt werde (JOBBE-DUVAL 1878).

Die Zeit drängt. Kein Wettbewerb – Clésinger erhält den Auftrag. Seine Allegorie auf Frankreich wird eine »Republik« sein, deren Kopfbedeckung von ferne an eine phrygische Mütze erinnert. »Clesinger hat sich verständlich zu machen bemüht, ohne seinen Mitbürgern eine Gänsehaut zu verursachen. Wenn man vom Pont d'Iéna aus die *Republik* erblickt, glaubt man zunächst, eine verführerische Kopftracht zu sehen; aber sobald man nähertritt, wird man beruhigt: es ist nur ein Feuerwehrhelm – un casque de pompier« (MÉNARD 1878, S. 262). Die Inschriften allein vermögen die Allegorie zu erklären »République / Française / Constitution / 25 Février / 1875« und »R.F.«. Viollet-le-Duc nannte sie »eine Statue, die man ebensogut als Personifizierung des Krieges wie des Friedens auffassen kann« (VIOLLET-LE-DUC 1879, S. 11). Clésinger realisierte zur gleichen Zeit kolossale Büsten (vergrößerter Kopf seiner *Republik*) dank den Marmorblöcken, die er vom Staat für seine Arbeiten am Senat und am Palais Bourbon erhielt.

Die Verkleinerung einer sitzenden Staatsallegorie Clésingers (Gips, vergoldet, datiert 1870) ist im Victor-Hugo-Haus in

409

Paris ausgestellt. Man erkennt sie auf dem Stich von *L'Illustration* (30. Mai 1885), der den Tod des Dichters darstellt.   A. Pingeot

Lit.: Mündliche und schriftliche Auskünfte von Frédérique Thomas-Maurin, die vor dem Abschluß ihrer Dissertation über Clésinger an der Universität Besançon steht; Archives nationales (F 21 204); CHAUDONNERET: Figure 1987.

409

JEAN GAUTHERIN
Ouroux 1840–1890 Paris

Die Republik. 1880
Marmorbüste, 110 × 80 × 43 cm
Paris, Hôtel de ville, Inv. DBA S 312

Die Stadtväter von Paris sehen 1878 die Notwendigkeit, das öffentlich anerkannte Modell einer Büste der »Republik« zu schaffen. Der Conseil municipal hält darauf, hier wie bei der Errichtung einer monumentalen Statue eine militante Rolle zu spielen, damit diese Bildwerke seine demokratischen Überzeugungen verkörpern. Er setzt die phrygische Mütze, Symbol der Revolution und 1878 immer noch verboten, als obligates Attribut der Büste durch. Unlösbar scheint jedoch eine Zeitlang das Problem, in einer und derselben Figur die für ein offizielles Zeichen notwendige Idealisierung mit der Modernität zu verschmelzen, welche die Symbolisierung eines fortschrittlichen Regimes erheischt. An dieser Schwierigkeit scheitert der Wettbewerb, der Ende 1879 ausgeschrieben wird, um für den Trauungssaal im Bürgermeisteramt des XIII. Stadtkreises eine Büste der »Republik« zu schaffen.

Die Büste Gautherins hätte ein solches offizielles Bild der »Republik« werden können. Das Werk wurde am »Salon« von 1879 gekauft; denn es gefiel dem Conseil municipal durch seine subtile Dosierung von Schlichtheit und Würde. Während das offene Haar und das enge Mieder einer Bäuerin der Dargestellten einen volkstümlichen Charakter verleihen, machen sie die phrygische Mütze und der Löwenkopf am Bandelier zur Allegorie des wehrhaften demokratischen Staates.

Dem Gleichgewicht der Attribute entsprechen ästhetische Qualitäten; so werden Kraft und Fülle des Faltenwurfs gemildert durch Stille und Ernst im Gesicht.

Für das Hôtel de ville von Paris wurde die Marmorausführung bestellt. Den Vertrieb von Abgüssen übernahm die Firma Susse. Die Büste war einst weit verbreitet und findet sich noch heute in zahlreichen Bürgermeisterämtern. Die Weihe öffentlicher Anerkennung blieb ihr jedoch versagt; dafür hätte es in den Augen damaliger Republikaner der Legitimation durch einen Wettbewerbssieg bedurft.   G. Groud

Lit.: AGULHON 1989, S. 62; IMBERT 1989, S. 62 bis 76.

410 a–f

LÉOPOLD MORICE
Nîmes 1846–1920 Paris

**Der Schwur im Jeu de Paume –
Der Bastillesturm – Die »Fête de la
Fédération« – Das Volk von Paris
begrüsst die Trikolore – Die Organisation
des allgemeinen Wahlrechts –
Das Nationalfest,** Entwürfe. 1881
Sechs Gipsreliefs, je 50 × 80 cm
Ivry-sur-Seine, Dépôts des œuvres d'art
de la Ville de Paris, Inv. BA 355

Am 14. Juli 1883 wird im Herzen des populären Paris das Denkmal der Republik eingeweiht, das die Brüder Morice, der Bildhauer Léopold und der Architekt Charles, geschaffen haben. Das Denkmal erhebt sich über drei Treppenstufen. Es wird bekrönt von der großen Bronzefigur der aufrecht stehenden, majestätischen, antikisch gewandeten »Republik«; der obere Sockel dieser Figur wird flankiert von drei allegorischen Figurengruppen, welche die Freiheit, die Gleichheit und die Brüderlichkeit darstellen; die Basis umgürten Bronzereliefs, welche die großen Daten der republikanischen Geschichte Frankreichs illustrieren. Auf zwölf Tafeln wird durch die Erinnerung an die Revolutionen der vergangenen 100 Jahre (1789, 1830, 1848) und ihre Errungenschaften und der lange Kampf um die Errichtung des neuen Regimes erzählt. Wahrscheinlich hat nicht nur der gedanklich klare Aufbau des Denkmals, sondern auch die Ikonographie dieser Reliefs, die von der Republik eine kämpferische Vorstellung geben, diesem Projekt zum Durchbruch verholfen. Gewisse Punkte in der Vorgeschichte stützen diese Vermutung. Blicken wir zurück. Morice gewinnt einen Wettbewerb, den der Conseil municipal Anfang 1879 ausschreibt. Schon im Vorjahr verlangt dessen radikale Mehrheit, im Bestreben, in der schwankenden nationalen Politik ein Zeichen zu setzen, die Errichtung einer großen Skulptur, die in der Hauptstadt den Verfassungswechsel und die Erinnerung an die Französische Revolution feiern sollte:

410a

410b

410c

410d

410e

410f

411

ein politisches Manifest zur Besiegelung des historischen Bundes zwischen Paris und der Republik. Offenbar entsprach die von Morice in Konkurrenz mit etwa achtzig anderen eingereichte Maquette den Erwartungen an ein symbolhaftes Werk. Sein Entwurf sticht zuletzt denjenigen von Jean Gautherin aus, dessen »Republik« sich damit begnügt, zur moralischen und staatsbürgerlichen Pflicht aufzurufen.

In der Verwendung erzählerischer Reliefs folgte Morice der Typologie des Denkmals für große Männer. Doch ist der Anteil seiner Erfindungskraft nicht geringzuschätzen. Durch die Wahl der Themen, die er im Laufe der Arbeit bereinigt, zielt er auf ein eigentliches Lehrstück. So sind die Szenen »Fête de la Fédération« (14. Juli 1790) und »Der erste Nationalfeiertag« (14. Juli 1880), die den Sinngehalt des Reliefs ausbalancieren, erst in der Schlußredaktion hinzugekommen. Im Bemühen um historische Treue benutzt Morice Stichvorlagen. Sein *Serment du Jeu de Paume* beruht auf der Zeichnung Davids (Abb. 32), andere Reliefs erinnern an die unter Louis-Philippe geschaffenen retrospektiven Illustrationen. Ausgehend von diesen Bildquellen arbeitet der Bildhauer bestimmte, in den Entwürfen bereits erkenn-

bare Wirkungen heraus: die Schärfe der Hintergrundszeichnung, die perspektivische Tiefe, die im Hochrelief vom Grund abgehobenen Figuren. So entsteht eine Bühne, auf der die an der Rampe stehenden Figuren mit symbolischer Gebärde das Geschehen zusammenfassen. Mit diesem malerischen Reliefstil erscheint das Pariser *Monument à la République* über die ideologische Dimension hinaus als zukunftsweisend. G. Groud

Lit.: CHAUDONNERET 1988, S. 339; IMBERT 1989, S. 32–47.

411

JULES DIDIER
Paris 1831–1914 Paris

Errungenschaften der Revolution
Entwurf. 1884
Öl auf Leinwand, 72 × 180 cm
Paris, Musée du Petit Palais, Inv. PPP 4811

Im Jahre 1883 schreibt die Stadt Paris einen Wettbewerb für die Ausschmückung des Trauungssaals im Bürgermeisteramt des XX. Stadtkreises aus. Das Preisgericht entscheidet sich für den Entwurf von Léon

412

Buchillustrationen erinnern auch die hellen, als Wandteppiche behandelten Hintergründe, die Genauigkeit im Kostüm und die etwas theatralische Haltung der Figuren. Gleichwohl entbehrt der Entwurf nicht der Monumentalität. Trotz der Unterteilung in Bildfelder schließen sich die Szenen zu einem Fries zusammen. Auch besticht der Entwurf durch seine Lichthaltigkeit und einen pittoresken Charme. Jules Didier, ein geübter Historienmaler, verläßt hier die traditionelle republikanische Ikonographie der Allegorien und Ereignisbilder und bringt die dekorative mit der didaktischen Absicht in Einklang. G. Groud

Lit.: IMBERT 1989, S. 75.

412, 413

PAUL-ALBERT BESNARD
Paris 1849–1934 Paris

Der 14. Juli 1790, Entwurf. 1884
Öl auf Leinwand, 70 × 43 cm
Paris, Musée du Petit Palais, Inv. PPP 3862

Der 14. Juli 1880, Entwurf. 1884
Öl auf Leinwand. 70 × 75 cm
Paris, Musée du Petit Palais, Inv. PPP 3861

Glaize, der über die ganze Wandfläche allegorische Friese auf den Ruhm der Republik und der großen Männer zieht. Didier wählt etwas anderes. Sein Entwurf unterteilt die Wände mit dekorativen Rahmen. Die Errungenschaften der Französischen Revolution, auf die sich die Dritte Republik gerne beruft, illustriert er durch drei Szenen aus dem Leben. Diese zeigen die heiligen Rechte und Pflichten des republikanischen Staatsbürgers: Geburtsanzeige und amtliche Einschreibung; Anwerbung und Auszug der Freiwilligen zur Verteidigung des Landes; allgemeines Wahlrecht, dargestellt im Gang zur Wahlurne. In den Rahmenstreifen sind Kartuschen eingelassen, die den Titel und das Gründungsdatum der gezeigten Einrichtungen enthalten und so zur Belehrung durch die Bilder beitragen, die zweckentsprechend in der Art von Buchvignetten behandelt sind. An

Zu Beginn der Dritten Republik schmücken sich die Bürgermeisterämter mit großflächigen republikanischen Wandgemälden. Am stärksten ist die Bewegung in Paris, wo es dem mehrheitlich radikalen Conseil municipal um zwei Dinge geht. Einerseits folgen die Ratsherren ihrer demokratischen Überzeugung, die sich in der Kunstpolitik als Förderung des Wettbewerbswesens und in der Offenheit gegenüber den neuesten Kunstströmungen manifestiert; andererseits erheben sie damit Anspruch auf eine führende Rolle im Verhältnis zwischen Öffentlichkeit und bildender Kunst; denn das nach Ende der »Commune« erlassene Notstandsgesetz hat die Macht des Conseil municipal empfindlich beschnitten.

Besnard beteiligte sich mit den beiden Entwürfen vergeblich an dem zu Ende des Jahres 1883 ausgeschriebenen Wettbewerb

413

für den Festsaal im Bürgermeisteramt des
IV. Stadtkreises. Die von ihm gewählten
Themen entfalten in mehreren Panneaux alle
Aspekte des Festes: die privaten (der Ball auf
dem Lande, der Ball in der Stadt) und die
öffentlichen (der 14. Juli 1790, der 14. Juli
1880). Die Parallele zwischen »Fête de la Fédération« (anläßlich der Beschwörung der
Verfassung durch König und Stände am
14. Juli 1790) und Nationalfeiertag 1880
(damals von der Republik neu eingeführt)
bietet den Vorteil, den Akzent auf die »Brüderlichkeit« zu legen und nicht unmittelbar
an den Bastillesturm vom 14. Juli 1789 zu
erinnern – als Volkserhebung ein umstrittenes Symbol.

Von den Festen der Jahre 1790 und
1880 vermitteln Besnards Entwürfe sowohl
die zugrunde liegende Idee als auch den
emotionellen Gehalt. Meisterlich lassen im
ersten Bild die auf den Altar des Vaterlands
ausgerichteten farbigen Pinselstriche den
Atem der Geschichte spüren. Das Pendent,
der zeitgenössische *14. Juli*, zeigt das stille
Schaukeln einer Barke, besetzt von drei in
die Trikolorefarben gekleideten Frauen, Allegorien der republikanischen Tugenden. Ein
illuminierter Kai der Ile de la Cité, im Herzen von Paris, bildet den realen Schauplatz
des nächtlichen Festes. Die zahlreichen Lichter, die Behandlung der Reflexe auf dem
Wasser, das Interesse für die nächtliche Be-

414

leuchtung erinnern an die impressionistische
Technik. Der Maler verschmilzt hier verschiedene Sprachen und setzt damit seine
Suche nach einer neuen Wandmalerei fort,
in der sich der Gedanke dem Gemüt durch
die Farbe mitteilt.   G. Groud

Lit.: MAUCLAIR 1914, S. 14; FOLLIOT 1986,
S. 142–145; GROUD 1989, S. 188.

414

ALFRED-HENRI BRAMTOT
Paris 1852–1894 Garennes

Das allgemeine Wahlrecht, Entwurf. 1888
Öl auf Leinwand, 34 × 52 cm
Paris, Musée du Petit Palais, Inv. PPP 4597

Die Bürgermeisterämter, die »Mairies«, als
Vollziehungsorte der neuen Einrichtungen,
preisen in ihrem künstlerischen Schmuck die
moralischen und staatsbürgerlichen Ideale
der Dritten Republik. Der Bürger sieht sich
hier durch Allegorien oder Szenen aus dem
Leben an seine wichtigsten Rechte und

Pflichten erinnert: Freiheit, Gleichheit, allgemeines Wahlrecht, Landesverteidigung, Arbeit, Familie, Staatsschule … Die Wahl
hängt von der Bestimmung des jeweiligen
Raumes ab: Trauungssaal, Festsaal, Ratssaal,
Treppenhaus.
    Die Ausschmückung des Ratssaals im
Bürgermeisteramt von Les Lilas, einer Paris
benachbarten, dem damaligen Département
de la Seine zugehörigen Gemeinde, wird
1888 dem Maler Alfred Bramtot anvertraut.
Am Versammlungsort der gewählten Ge-
meinderäte drängt sich das Thema »Wahlrecht« auf. Gezeigt ist seine Anwendung; der
Künstler nimmt als Handlungsort ein Wahllokal und stellt in einer schlichten Komposition eine zeitgenössische Szene dar. Jedes
Element spielt darin eine symbolische Rolle.
Zur Linken erläutern die Büste der »Republik«, die Fahne und eine Karte Frankreichs
den politischen Sinn der Szene; die soziale
Dimension erscheint in den beiden mittleren Figuren, einem Arbeiter und einem Bürger; zur Rechten führt ein Mädchen einen
Greis, und diese Begegnung zweier Lebens-

alter mahnt an die staatsbürgerliche Pflicht.
Helles Licht silhouettiert die Figuren und
unterstreicht den Gestus der den Wahlzettel
zur Urne streckenden Hände. Die Kargheit
des dargestellten Raumes, die Einfachheit
der Körperhaltungen, die zurückhaltende
Farbigkeit (Grau in Grau) unterstreichen die
Wichtigkeit des Wahlaktes, der die Demokratie begründet. Im ausgeführten, am »Salon« von 1891 ausgestellten Gemälde tragen
anekdotische Details zum Realismus der
Szene bei. G. Groud

Lit.: FOLLIOT 1986, S. 216–219.

415

415

ÉDOUARD MANET
Paris 1832–1883 Paris

Fahne. 1880
Tusche und Aquarell, 14,5 × 11 cm
Zürich, M. Feilchenfeldt

Am 6. Juli 1880 war der 14. Juli zum Nationalfeiertag erklärt worden – es war die
Legalisierung eines Festes, das inoffiziell
schon vorher in Paris gefeiert worden war.
Gleichzeitig war die Generalamnestie für die
unter der Dritten Republik immer noch in-
haftierten Kommunarden ausgerufen worden, da man nicht die Republik feiern
konnte, solange dieser Makel an ihr haftete.

Aus gesundheitlichen Gründen verbrachte Manet den Sommer 1880 in Belle-
vue in der Nähe von Sèvres, von wo er um
die vierzig mit Skizzen illustrierte Briefe
verschickte. Am 14. Juli schrieb er als überzeugter Republikaner zwei Briefe, die seine
politische Einstellung deutlich zeigen. Der
eine, adressiert an Isabelle Lemonnier, ist
verziert mit zwei gekreuzten französischen
Flaggen und dem Ausruf »Vive l'amnistie«
(Paris, Louvre, Cabinet des Dessins). Das andere, hier ausgestellte Schreiben, dessen
Adressat unbekannt ist, trägt über einer
Fahne den Schriftzug »Vive la République«.

Manet hatte nach der Unterwerfung der
Kommune lange an den schrecklichen Erinnerungen des Bürgerkriegs gelitten und

während einer nervösen Depression seine
Arbeit niedergelegt. Diese beiden Briefe bekunden nun seine Freude über die
Versöhnungsgeste der Regierung der Vergangenheit gegenüber. R. Bühlmann

Lit.: ROUARD und WILDENSTEIN 1975, II, Nr.
596; REFF 1982.

416

ALFRED ROLL
Paris 1846–1919 Paris

Der 14. Juli 1880, Entwurf. 1880/82
Öl auf Leinwand, 175 × 270 cm
Paris, Musée du Petit Palais, Inv. PPP 829bis

Frankreich feierte im Jahre 1880 zum erstenmal den Nationalfeiertag am bedeu-
tungsvollen Datum des 14. Juli, das gleichzeitig an den Bastillesturm (14. Juli 1789)
und an das Fest anläßlich der Beschwörung
der Verfassung durch König und Stände
(14. Juli 1790) erinnerte, Symbol für Freiheit und Brüderlichkeit. Das neu eingeführte

416

republikanische Fest sollte eine möglichst große Zahl von Franzosen um die Ideale des neuen Regimes scharen.

Die Einweihung des von den Brüdern Morice geschaffenen Denkmals – noch in Gips – auf der Place de la République machte diesen Pariser Platz zu einem Mittelpunkt des 14. Juli 1880. Zur Erinnerung an das Ereignis gab der Staat 1880 bei dem Maler Alfred Roll ein großes Gemälde in Auftrag, ein breitformatiges Ölbild, das die Vielfalt des Festes darstellen sollte. Wir sehen im Hintergrund die Statue der »Republik«, welche die Szene symbolhaft beherrscht; zu Füßen des Denkmals defiliert ein Regiment unter dem Applaus der Menge, in deren Rücken die letzten Vorbereitungen getroffen werden (Masten werden aufgerichtet, Lampions befestigt und Girlanden aufgehängt...), während sich links schon die ersten Paare zum Klang des Orchesters drehen; in der Mitte hält ein Straßenverkäufer seinen Trikolorekram empor.

Als das Gemälde 1882 im Salon ausgestellt wurde, lobte die Kritik die Komposition, in der sich das Gewühl der Menschenmasse rhythmisch gebändigt zeigt, und das pleinairistische Licht. Dem rasch gemalten Entwurf dagegen fehlt diese Klarheit noch; doch zeugt er von der Absicht des Malers, durch das Flimmern der Farben und durch die Spontaneität der Pinselführung das Bild einer fröhlichen Volksmenge wiederzugeben. Solche Züge charakterisieren um 1880 Rolls Stil, der nun die Dunkeltonigkeit seiner frühen Gemälde aufgibt und sich Darstellungen des zeitgenössischen Lebens und der modernen Lichtmalerei zuwendet. Diese stellt sich hier in den Dienst einer aufmerksamen Beobachtung der Lebenswelt und eines gesellschaftlichen Optimismus.

G. Groud

Lit.: ROGER-MILÈS 1914, S. 86–87; HÉROLD 1924, S. 45–47, 65, 71; GROUD 1989, S. 197–199.

417

417

VINCENT VAN GOGH
Groot Zundert 1853–1890 Auvers-sur-Oise

Der 14. Juli. 1886
Öl auf Leinwand, 44 × 39 cm
Privatbesitz (Farbtaf. XV)

Vincent van Gogh war Anfang März 1886 von Antwerpen zu seinem Bruder Theo nach Paris gezogen. Hier lernte er in Ausstellungen und bei persönlichen Besuchen die Malerei der Impressionisten und Neoimpressionisten kennen und schätzen. Seine eigene Palette hellte sich auf, die Farben wurden intensiver und seine ehemals tonigen Harmonien machten starken Kontrasten Platz. Eines der frühesten Bilder, in dem er die neuen Erfahrungen umgesetzt hat, ist *Der 14. Juli in Paris*, das 1901 bei Bernheim-Jeune in Paris ausgestellt war. Im Vordergrund links spaziert eine Frau mit Schirm vorbei, rechts sieht man einen französischen Soldaten in Begleitung einer Frau mit einem Kind an der Hand und einem anderen auf dem Arm. Über dieser Straße breitet sich ein in wilden Pinselstrichen gemaltes Fahnenmeer aus, das

die rauschende Stimmung die an diesem Festtag herrscht, versinnbildlicht.
Der 14. Juli ist das Fest der drei Farben Rot, Blau und Weiß, die in diesem Fall an den triumphalen Sturm auf die Bastille am 14. Juli 1789 erinnern – danach war als Bekenntnis zum Republikanismus die Trikolore gehißt und in die Fenster gehängt worden. Die herausragende Rolle, die die Fahne an Festtagen in der Straßendekoration spielt, war schon für Edouard Manet und Claude Monet beim Fest des Friedens am 30. Juni 1878 Anlaß für mehrere großartige Werke gewesen. Van Goghs Darstellung ist ein weiteres Meisterwerk in dieser Tradition, auf das das folgende zeitgenössische Zitat über die gewaltige Fahnenfülle am 14. Juli genau zutrifft: «Dans certaines rues, note un témoin, l'entrelacement de leurs plis est si touffu que c'est à peine si à travers les interstices apparaît ça et là un coin de ciel bleu» (SANSON 1976, S.82). R. Bühlmann

Lit.: SANSON 1976; Essen/Amsterdam 1990, S.76 bis 77 (Farbabb.).

418

THÉOPHILE-ALEXANDRE STEINLEN
Lausanne 1859–1923 Paris

Der 14. Juli. 1895
Öl auf Leinwand, 38 × 46 cm
Genf, Musée du Petit Palais, Inv. 8800

Der 14. Juli von Steinlen besitzt unter den zahlreichen Darstellungen von nationalen Festen aus dem letzten Viertel des 19. Jahrhunderts eine Sonderstellung. Im Gegensatz zu Manet oder Monet, deren Bilder (REFF 1982, Nrn. 86 und 90) den Blick auf die am 30. Juni 1878 beflaggten Straßen öffnen und damit die behördliche Prachtentfaltung zeigen, vermeidet Steinlen den offiziellen Aspekt der Feier und führt uns in die nächtliche Straße eines Arbeiterquartiers. Im Vordergrund heben sich drei sonntäglich gekleidete Paare aus der Schicht der Werktätigen von der um die Tribüne gedrängten Menge

418

ab. Tuchfühlung haltend, ziehen sie durch die Straße und singen mit entschlossenen Mienen ein Lied. Das Bild unterstreicht damit »die Kraft und Entschiedenheit« der Arbeiterbewegung (REFF 1982). Die Trikolore, sonst bevorzugtes Kennzeichen des 14. Juli, fehlt in unserer Darstellung fast gänzlich. Es dominiert das Rot der Laternen, das die Gesichter färbt. Auch ohne diese Einzelheit hat die Szene etwas Herausforderndes. Der 14. Juli wird hier nicht als republikanisches Fest erlebt, sondern als Gedenktag der Revolution. Steinlen hat ähnliche Gedenktage dargestellt, so den *18. März* und den *1. Mai* in zwei Lithographien, die im Jahr zuvor im *Chambard socialiste* erschienen (17. März und 28. April 1894) und Arbeiterumzüge zeigen, an deren Spitze eine weibliche Allegorie marschiert, die Inkarnation der Freiheit und der proletarischen Einheit (KIMMEIER 1974,

S. 33 ff.; CATE und GILL 1982, S. 72). Steinlen schuf außerdem zwei weitere Darstellungen, die auf den 14. Juli Bezug nehmen: einen *Ball des 14. Juli* (Paris: Marianne 1989, Nr. 99) und einen sozialkritischen Druck, der ebenfalls im *Chambard socialiste* erschien (14. Juli 1894) und die Kluft zwischen der festlichen Verschwendung und dem Elend eines Arbeiters, der seine Kinder nicht zu nähren vermag, anprangert (Montreuil 1987, Nr. 357). Schließlich illustrierte er auch eine Sondernummer der *Assiette au Beurre* (11. Juli 1901), wo der 14. Juli als ein Fest erscheint, das der von der Bourgeoisie beherrschte Staat usurpiert hat (DITTMAR 1984, S. 117 ff.).   S. Wuhrmann

Lit.: REFF 1982, Nr. 93; Paris: Marianne 1989, S. 207.

Tafel XIV (Kat. 395)

419

RAOUL DUFY
Le Havre 1877–1953 Forcalquier
(Basses-Alpes)

Der 14. Juli. 1906
Öl auf Leinwand, 81 × 65 cm
Paris, Musée national d'art moderne,
Inv. AM 4113 P

Das Fest des 14. Juli, das seine Wurzeln in
Paris hat, gewann auch im übrigen Frankreich an Bedeutung. Die Fauvisten überliefern uns Darstellungen aus anderen Städten
– Henri Manguin hat in Saint-Tropez gemalt, Dufy und Albert Marquet in Le Havre.
Dufy und Marquet (Kat. 420) pflegten in ihrer fauvistischen Phase enge Kontakte miteinander und unternahmen gemeinsame
Reisen. Im Juli 1906 waren sie in Le Havre,
wo sie Seite an Seite dieselben Motive malten. Die beflaggten Straßen am 14. Juli haben beide zu mehreren Bildern inspiriert;
von Dufy sind im Werkkatalog (LAFFAILLE
1972) 14 Versionen aufgeführt.

In Dufys Werk *Der 14. Juli* öffnet sich
der Blick von einem distanzierten, hohen
Standpunkt auf eine Straßenflucht. Links ragen zwei französische Fahnen in die Straße,
auf der sich mehrere anonyme Personen bewegen, die nichts von einer Feststimmung
vermitteln. Zwei andere, die Komposition
dominierende Fahnen schweben – gleichsam
als Sinnbilder – ohne eine feste Verankerung
und jede Perspektive vernachlässigend über
dieser Szene. Im *14. Juli* von Dufy spürt
man nichts mehr vom Fahnenrausch eines
Monet oder Van Gogh (Kat. 417) – das Bild
lebt von der expressiven Kraft der Farben,
die den lebhaften Pinselduktus ersetzt.

Wie Reff ausführt, spielen nicht nur
künstlerische Motive für das Interesse Dufys
am 14. Juli eine Rolle, sondern auch ein
wiedererstarkter Nationalismus, ausgelöst
durch die Bedrohung durch den russisch-ja-
panischen Krieg (1904–1905) und den deutschen Kolonialismus in Afrika.
R. Bühlmann

Lit.: DAULTE 1957, S. 91; LAFFAILLE 1972; REFF
1982, S. 252 f.

419

420

ALBERT MARQUET
Bordeaux 1875–1947 Paris

Der 14. Juli. 1906
Öl auf Leinwand, 65 × 81 cm
Privatbesitz

Der 14. Juli von Marquet ist zur gleichen
Zeit in Le Havre entstanden wie Dufys
Werk (Kat. 419). Die Komposition ist offe-
ner und zeigt eine Ansicht des Hafens mit
einer langen Häuserzeile im Hintergrund,
die von einem Kanal begrenzt ist. Vorn zieht
sich eine breite, durch mehrere Passanten belebte Straße mit Marktbuden durch das Bild,
die rechts in eine Brücke mündet. Im Gegensatz zu Van Goghs (Kat. 417) oder Dufys
(Kat. 419) Ansichten des 14. Juli sind die
Trikoloren bei Marquet sehr zurückhaltend
plaziert. Einige Wimpel flattern im Wind,
und nur ein Triumphbogen, der sich zentral
im Bild befindet, ist mit einigen französische Fahnen beflaggt. Neben den Fahnen,
Wimpeln, Girlanden und Lampions bilden
die Triumphbögen aus Papiermaché, die sich
über einer Büste der Marianne wölben kön-

420

nen, einen festen Bestandteil in der Ausschmückung des öffentlichen Raumes während des Festtages. Hier in Le Havre trägt er die Inschrift »PAX – LAB« (die als »PAX – LABOR« ergänzt werden kann) und spannt sich vor der Brücke über die Straße, auf der möglicherweise das alljährliche Defilee stattfindet.   R. Bühlmann

Lit.: DAULTE 1957, S.91–92; Bordeaux/Paris 1975/76; SANSON 1976; Lausanne 1988, Nr. 25bis.

421

HENRI ROUSSEAU
Laval (Mayenne) 1844–1910 Paris

Die Vertreter der fremden Mächte kommen, um die Republik im Zeichen des Friedens zu grüßen. 1907
Öl auf Leinwand, 130 × 161 cm
Paris, Musée Picasso, Inv. R.F. 1973–91

Rousseau glaubte an die Revolution und an die Staatsform der Republik und widmete sich in einigen Werken diesen Themen. Auf dem Bild der *Vertreter der fremden Mächte* posieren auf einer mit Fahnen geschmückten Tribüne Staatsoberhäupter für eine offizielle Zeremonie. Diese Versammlung entspricht aber keiner realen Begebenheit. Es finden

421

sich gleichzeitig sechs in dunkle bürgerliche Anzüge gekleidete Präsidenten der französischen Republik ein, die dieses Amt zwischen 1879 und 1907 innehatten. Neben ihnen sind mit Frankreich verbündete monarchische Herrscher wie König Eduard VII. von England, aber auch feindlich gesinnte wie Kaiser Franz Joseph und Kaiser Wilhelm II. versammelt. Ganz rechts auf der Treppe stehen die Personifikationen der Französischen Kolonien Madagaskar, Schwarzafrika, Indochina und Nordafrika. Alle halten Olivenzweige als Symbol des Friedens in den Händen. Dominierend ist die von einem Löwen begleitete allegorische Figur der Republik mit phrygischer Mütze, deren Schild die »Unio[n] [d]ES PEUPLES« verkündet. Im Vordergrund propagieren vier mit Oliven-

zweigen gekrönte Ecksteine die Errungenschaften der Republik: »PAIX«, »TRAVAIL«, »LIBERTÉ« und »FRATERNITÉ«.

Vor einer reich beflaggten Häuserzeile vollführen rechts hinten Personen verschiedener Nationalitäten einen Reigentanz um das 1889 vom Bildhauer Ernest Guilbert geschaffene, heute zerstörte Denkmal für Etienne Dolet. Dieser französische Humanist und Buchdrucker war für religiöse Toleranz eingetreten und wurde wegen Häresie und Atheismus 1546 auf der Place Maubert verbrannt (Paris: Marianne 1989, S. 140 ff.). Am Denkmalsockel ist das Bronzerelief der *Ville de Paris relevant la libre pensée* sichtbar. Das Monument für Dolet besaß dazumal immer noch große Aktualität, war doch 1905, zwei Jahre vor der Entstehung von

Rousseaus Bild, die Trennung von Kirche und Staat nach langen Auseinandersetzungen vollzogen worden. Die Umgebung, die Rousseau für seine imaginäre Szene wählt, und die Figur der Republik, die schützend einen Olivenzweig in der ausgestreckten linken Hand über die Versammelten hält, bezeugen Rousseaus Vertrauen in die Republik und seine Hoffnung auf einen Weltfrieden unter deren Schirmherrschaft.

Das Werk war 1907 im »Salon des Indépendants« erstmals ausgestellt und hatte sofort einen großen Erfolg. Gerade zu dieser Zeit wurde die zweite Hager Konferenz, die die internationale Entspannung und den Frieden fördern sollte, organisiert – ein Umstand, dessen sich Rousseau nach eigener Aussage nicht bewußt gewesen war.

R. Bühlmann

Lit.: ARTIERI und VALLIER 1969, Nr. 194; BIHALIJ-MERIN 1976, S. 108 ff.; Paris/New York 1984/85, Nr. 35 (Farbabb.); WERNER 1987, Nr. 13 (Farbabb.); Paris: Marianne 1989, S. 140 ff.

422

Die Schweizerische Eidgenossenschaft

422

FRANZ ABART
Schlinig im Vintschgau 1769–1863
Kerns OW

Bechergestell als Sinnbild der Eintracht
1807
Lindenholz, Höhe 137 cm
Basel, Historisches Museum, Inv. 1903.312

Das am Sockel als »Sinnbild der Eintracht« bezeichnete Bildwerk widmete der zurücktretende Kommandant des 1. Regiments des Kantons Basel, Oberstleutnant Rudolf Emanuel Wettstein, seinen Offizieren als Ausdruck seines Dankes und als ein Pfand der unauslöschlichen gegenseitigen Freundschaft des 18köpfigen Männerbundes. In der Widmungsurkunde vom 15. November 1807

und in der beigefügten Erklärung werden die Schenkung und die Bedeutung des Monuments genauer erläutert:

»Erklärung der Sinnbilder an dem Bechergestelle der XVIII Freunde:

1. Ein alter Schweizer blickt auf Siebzehn seiner vormaligen Gefährten und umarmt sie. Dieselben sind allegorisch dargestellt durch einen Bund von 17 Speeren, deren jeder den Nahmen eines der bemeldten Freunde trägt. Dieser Bund ist das Sinnbild der *Eintracht*.

2. Die Eiche, auf dem Schilde des Schweizers, unerschütterlich auf einem Felsen mitten im stürmenden Meere, ist das Symbol der *Beharrlichkeit*.

3. Tells Hut bekrönt den Bund; Die 3 Federn bezeichnen die 3 *Urkantone*.

4. Der Felsenblock (nach der Natur geformt in der Nähe des *Rütli's* versinnlicht den klassischen Boden der *Freyheit*.

5. Das Epheu, das sich an denselben anklammert, bedeutet in der Bildersprache, *Anhänglichkeit* an das Vaterland.

6. Der in der Waffensäule enthaltene Becher, mit 2 ineinander gefügten Händen,
und mit den Anfangsbuchstaben der Nahmen obbemeldeter Freunde, bildet, nach an-
ticker Forme, einen *Altar der Freundschaft.*
Anno 1807.«

Als Sinnbild der Eintracht weicht das
Bildwerk vom ikonographischen Kanon ab:
anstelle einer weiblichen Personifikation mit
Liktorenbündel und Schild als Attributen
symbolisiert ein Speerbündel, jeden einzelnen der Waffenbrüder verkörpernd, den
Freundesbund. Auf zwei der prominentesten
Vorbildern der eidgenössischen Heldeniko-
nographie nimmt die Darstellung Bezug und
unterstreicht damit den mit dem Denkmal
verbundenen Anspruch: bestimmend auf Arnold von Winkelried, wie er schon 1724 in
dem Standbild des Winkelriedbrunnens in
Stans Gestalt gewonnen hatte, unweit des
Wohnorts von Franz Abart – es zeigt den
geharnischten Helden, der mit dem rechten
Arm ein Bündel Speere umfängt –, außerdem auf Wilhelm Tell, wie er z.B. in
einer Lithographie von Joh. Georg Volmar
(1769–1831) gezeigt wird, ein Liktorenbündel mit aufgestecktem Freiheitshut umfassend.   B. von Roda

Lit.: LANZ 1954, S. 27–36.

423

JEAN-LÉONARD LUGARDON
Genf 1801–1884 Genf

Der Rütlischwur. 1836
Öl auf Leinwand, 83 × 65,5 cm
Genf, Musée d'art et d'histoire, Inv. 1947-61

Lugardon hat den Rütlischwur wenigstens
dreimal gemalt (frühere Versionen im Genfer Musée d'art et d'histoire: 1826, Inv.
1881-10; 1833, Inv. 1937-29). Ausgebildet
im Atelier des Barons Gros, als sich dieser
erneut der Lehre Davids genähert hatte, gefördert durch Ingres, mit dem er während
seines ersten Italienaufenthaltes regen Umgang pflog, warf sich Lugardon auf die Darstellung der Schweizergeschichte und wurde

423

in den Augen seiner Zeitgenossen zu einem
der Häupter der Genfer Schule. In der ersten
Hälfte des 19. Jahrhunderts, als Genf mit
mehr oder weniger ehrlichem Enthusiasmus
an seiner Integration in die Schweiz arbeitete, übernahm diese Schule ihre Rolle im
Aufbau einer nationalen Identität, sei es
durch die gewählten Themen, sei es durch
die Entwicklung eines Stils, den man absichtsvoll «rude, âpre et sévère comme les
Alpes» nannte.

Wie Lugardon für die Darstellung des
Rütlischwurs von einer Lösung zur anderen
fand, ist für diesen Aufbau beispielhaft. Die
erste Version stellt drei Männer nebeneinander, die nur das Gebärdenspiel zusammenhält, das unübersehbar von Davids *Schwur
der Horatier* geprägt ist. Die vornehmen,
schlanken Gestalten, mit großen Schwertern
gegürtet und in Gewänder gesteckt, die historisch korrekt sein wollen und doch itali-
enisierend wirken, geraten gefährlich nahe
ans Theatralische.

Zahlreiche Studienblätter bezeugen Lu-
gardons Absicht, diese Version umzubilden.
In der um sieben Jahre späteren Fassung

424

gruppiert er die drei Schwörenden gemäß der deutschschweizerischen Tradition, versetzt sie an einen der Erzählung entsprechenden Ort und gibt ihnen in Physiognomie und Tracht das Aussehen einfacher Bauern. Aber was er an intimer Feierlichkeit gewinnt, verliert er an mythischer Würde. In dem hier ausgestellten Gemälde von 1836 sehen wir Arnold von Melchtal im Feuer der Jugend; er strebt zur Entschlossenheit des reifen Alters, das Werner Stauffacher personifiziert; Walter Fürst schließlich, der die Weisheit des Alters verkörpert, segnet das geschlossene Bündnis.

Durch die Allegorie der Lebensalter transzendiert, in ein Mondlicht getaucht, das der Szene eine mystische Atmosphäre verleiht, grenzt dieser *Schwur der drei Eidgenossen* an das Register des Erhabenen. D. Buyssens

Lit.: ZELGER 1973, S. 47–48 und Abb. 22–23; BUYSSENS 1990 (mit Bibliographie).

424

LUDWIG VOGEL
Zürich 1788–1879 Zürich

Die Eidgenossen bei der Leiche Winkelrieds. 1841
Öl auf Leinwand, 134 × 158 cm
Basel, Öffentliche Kunstsammlung, Inv. 632

Der Zürcher Maler Ludwig Vogel hat aus der Folge vaterländischer Szenen diejenige herausgegriffen, die an das Treffen von 1386 zwischen Eidgenossen und Habsburgern erinnert. Ein Zweizeilervers, der unter die Kupferstich-Reproduktion des Gemäldes gesetzt wurde, zeigt dem Betrachter den Bildeinstieg in dieses bürgerliche Konversationsstück.

Schaut her, ihr Eidgenossen!
preist ihn, den edlen Mann,
der um sein theures Leben,
uns diesen Sieg gewann.

Der Blick auf den mythischen Helden Winkelried wird weitergeleitet zu den Umstehenden. Es geht offensichtlich *nicht* um das historische Ereignis von 1386, sondern um den *Diskurs* über die vollbrachte Opfertat. Die im Halbrund aufgereihten Protagonisten reagieren darauf mit je einem eigenen Ausdruck (Trauer, Gedenken, Andacht, Entsetzen etc.). Die öffentliche Auseinandersetzung über das Vollbrachte wie über das zu Vollbringende ergibt jenen Konsens, den auch die Parteivertreter im Halbrund des Parlaments suchen sollen, wenn es um das Wohl der Nation geht. Das Bild macht sich für ein Bürgertum stark, das als Elite bereits die nationale Einheit vor seinem geistigen Auge sieht und darauf hinwirkt. Nicht von ungefähr tragen die meisten »Krieger« in irgendeiner Weise ein Schweizerkreuz in ihrem Habit. Die Gemütserhebung für die nationalstattliche Sache erreicht der Künstler mit dem in Theater, Oper und Bildwelt geläufigen Motiv »Tod eines Helden«. Damit führt der Maler eine Formel ein, die erlaubt, gleichzeitig mehrere Emotionen für das politische Anliegen, für die neue Staatlichkeit, zu aktualisieren: 1. Der tote Held wird dargestellt wie der zu beweinende Christus. Winkelried ist zum »Heiland der Nation« geworden und vermittelt dem Betrachter eine nationale Sakralität. – 2. Winkelried liegt da wie einer, der löwengleich gekämpft hat, aber unterlegen ist. Thorwaldsen hat für eine solche »ehrenvolle Opfertat« das Löwendenkmal in Luzern entwickelt. – 3. Die Helden umstehen den Toten wie Söhne ihren Vater, den »Vater des Vaterlandes«. Im 18. Jahrhundert hatte Greuze in *Le fils prodigue* dafür die Bildformel geprägt.

Die Verzahnung zwischen Persönlichem und Allgemeinem, Charakteristikum des Mythos läßt sich in diesem Bild gut zeigen: Einerseits soll die Emotion der Eidgenossen auf dem Bild die Empfindung beim Publikum, den Betrachtern vor dem Bild anregen. Das 1835 begonnene und 1841 vollendete Gemälde hat einerseits auch direkte Bezüge zur privaten Situation des Malers. Der Tod von Vogels Frau bildete u.a. Ursache für

diese Bestellung des Ölbildes, auf dem der Maler auch seine beiden Söhne neben der Leiche zeigt.

Seit der Wende von 1848 wirkte die passiv-elegische Darstellung Vogels bei den konservativen und katholischen Kreisen länger nach als bei den «progressiven», die sich eher dem draufgängerischen Lanzenbrecher Winkelried zuwandten. Spätestens seit 1886 merkte man jedoch, daß soziale Fragen sich nicht mehr nach dem Motto »Einer für Alle« lösen lassen, lesbar an der Gründung der Winkelriedstiftung, daß neue Gedanken der Sozialfürsorge verlangt sind und daß der nationale Rahmen für die expandierende Wirtschaft nicht genügt.

Was bleibt von diesem Bild übrig, wenn es aus dem bürgerlichen Verweissystem gelöst wird, ohne ausgrenzenden, nationalen Kontext gelassen werden muß, weder mit der Repräsentation einer bestimmten Gesellschaftsschicht noch mit privaten Anspielungen rechnen kann? – Vogels Darstellung kommt das Verdienst zu, in der jungen eidgenössischen Demokratie für lange Zeit eine prägende Kraft ausgeübt zu haben, nicht zuletzt dank tausendfacher Reproduktion des Gemäldes. H. Thommen

Lit.: SUTER 1977; THOMMEN 1986.

425, 426

CHARLES GLEYRE
Chevilly VD 1806–1874 Paris

Major Davel (Skizze). 1848
Öl auf Leinwand, 46 × 38 cm
Lausanne, Musée cantonal des beaux-arts,
Inv. 1341

Major Davel (Fragment). 1850
Öl auf Leinwand, 144 × 102,5 cm (ganze Leinwand ursprünglich 300 × 270 cm)
Lausanne, Musée cantonal des beaux-arts,
Inv. 1387

Den Anstoß zu diesem in der Schweiz wohl bekanntesten und gewiß am meisten reproduzierten Gemäldes Gleyres verdanken wir

425

426a

dem patriotischen Engagement von Marc-Louis Arlaud (1772–1845), einem ehemaligen Schüler von Jacques-Louis David und Gründer des ersten öffentlichen Museums in Lausanne. Arlaud verfügte in seinem Testament, daß die beträchtliche Summe von 2500 Franken für einen künstlerischen Auftrag einzusetzen sei, der das Schicksal von Major Davel zum Thema haben müsse und von dem Schweizer Maler Charles Gleyre ausgeführt werden solle. Arlaud war dem Künstler zwar nie begegnet, doch hatte dieser im Pariser »Salon« von 1843 einen beachtlichen Erfolg zu verzeichnen. Es sollte sich um das erste große Historienbild handeln, das von einem Waadtländer für ein waadtländisches Publikum in Auftrag gegeben wurde und das eine entscheidende Episode in der Geschichte der waadtländischen Unabhängigkeit illustriert.

Jean-Daniel-Abram Davel (1760–1723) war ein angesehener Offizier, der, beinahe im Alleingang, eine Revolte gegen die bernische Besetzungsmacht des zukünftigen Kantons Waadt in Bewegung brachte. Es drängte ihn, jene zu stürzen, die er als fremde Herren empfand, aber – aufgrund einer Vielzahl von komplexen politischen Verstrickungen – mißlang sein Aufstand. Davel wurde gefangengenommen und im März 1723 enthauptet. Der Aufstand wurde später als erstes Aufflackern des waadtländischen Unabhängigkeitswillens erkannt und Davel als Märtyrer und Held gefeiert. Wie allen Westschweizern war Gleyre die Geschichte von Major Davel aus Erzählungen, aus Liedern und aus der Literatur bestens bekannt. Er mußte aber bald feststellen, daß er auf keinerlei überlieferte ikonographische Formeln zu diesem Thema zurückgreifen konnte. Der einmalige und zugleich lokale Charakter des Bildgegenstandes zwang ihn, sich aus verschiedensten Quellen zu informieren. Besonders hilfreich war ihm die von seinem Freund, dem Waadtländer Dichter Juste Olivier verfaßte und 1842 publizierte

426b

Davel-Biographie. In Gleyres Bild entspricht schließlich auch eine ganze Reihe von Details genau den Schilderungen Oliviers, so z. B. die Art und die Umgebung der Richtstätte, die Kostüme, die Gesichtszüge einzelner Beteiligter bis hin zum Typus des Richtschwertes. Für weiterführende historische Recherchen in der Schweiz stellte sich Olivier als Vermittler zur Verfügung. Gleyre brauchte Monate, bis er sich für die Ausgestaltung der Physiognomie der Davel-Figur entschieden hatte, welche gleichermaßen einem heroischen wie auch einem waadtländischen Typus verpflichtet sein sollte. Die Lösung zeigt schließlich die Züge seines Freundes Olivier, ohne daß jedoch der Eindruck eines Porträts entstand.

Die vorliegende, zweite Ölskizze zum Bild lenkt die Aufmerksamkeit des Betrachters vielmehr auf die letzten Worte Davels als auf die bevorstehende Hinrichtung. Die Haltung des Helden erinnert stark an die Figur des Sokrates im Bild von Jacques-Louis David und unterstreicht Davels Bedeutung als exemplum virtutis. Gleyre arbeitete während fast fünf Jahren an der definitiven Fassung der Komposition, welche – entsprechend ihrem hohen ideellen Anspruch – in

Großformat Gestalt annahm. Im September 1850 kam das Gemälde in das Musée Arlaud, wo es bald als Prototyp einer waadtländischen Historienmalerei gefeiert wurde. In den folgenden Jahren erhielt es für die Waadtländer gleichsam die Bedeutung einer Freiheits-Ikone und fand große Verbreitung durch Reproduktionen, zum Teil wurde es auch richtiggehend kommerziell ausgeschlachtet. 1980 zerstörte ein Feuer, das ein Unbekannter gelegt hatte, die große Komposition. Das einzige erhaltene Fragment zeigt – ironischerweise – den weinenden Soldaten in der rechten unteren Ecke, welcher, die letzten Worte Davels vernehmend, dessen Martyrium vorauszuahnen scheint. Auch zu dieser Figur hat – wie man weiß – Juste Olivier Modell gestanden. W. Hauptman

Lit.: CLÉMENT 1879, S. 223 ff.; THÉVOZ 1974, S. 70–84; HAUPTMAN 1980, S. 25–36.

427

CHARLES GLEYRE
Chevilly VD 1806–1874 Paris

Die Römer unter dem Joch der Helvetier. 1858
Öl auf Leinwand, 240 × 192 cm
Lausanne, Musée cantonal des beaux-arts, Inv. 1392

Das große Aufsehen, welches der *Major Davel* (Kat. 426) 1850 in Lausanne erregt hatte, bewog die Waadtländer Regierung, bei Gleyre ein Pendant in Auftrag zu geben. Der Künstler war dabei völlig frei in der Wahl des Themas. Gleyre dachte zuerst an die Geschichte von Reine Berthe, die wohl lokale Bezüge aufweist, aber im Vergleich zum Davel-Thema ungleich weniger universal angelegt ist. Die Figur von Wilhelm Tell verkörperte für Gleyre zwar umfassend das typisch Schweizerische, stieß aber im südwestlichen Teil des Landes auf ausgesprochen wenig Resonanz. Gleyre entschied sich schließlich für eine Begebenheit, die er in Texten von Cäsar und Livius fand: die Niederlage, welche die Helvetier unter Divico im Jahr 107

427

v. Chr. den römischen Invasoren zufügten. Diese Schlacht soll – wie man damals annahm – an den Ufern des Genfersees stattgefunden haben. Vor diesem Hintergrund können die beiden Historiengemälde von Gleyre als antike und moderne Darstellung der Auflehnung des waadtländischen Volkes gegen jegliche Unterdrückung durch fremde Herrschaft gesehen werden. Das vorliegende Bild zeigt nun jenen Moment nach der Schlacht, da Divico – den man zu Pferd am linken Bildrand erkennt – die besiegten Römer zwingt, zum Zeichen ihrer Unterwerfung unter einem Joch durchzuschreiten.

Wie schon beim Davel-Bild erforschte Gleyre mit akribischer Genauigkeit die Details des historischen Schauplatzes und die Physiognomien der Figuren. Auch war er bemüht um archäologische Treue in der Wiedergabe der Bekleidung und der Waffen. Mehrere Studien zeigen zudem die Gebirgskette im Hintergrund; ihre Darstellung sollte dem Betrachter eine genaue Lokalisierung des Bildgeschehens ermöglichen. Um die anspruchsvolle Pose des Helden besser studieren zu können, benutzte Gleyre das

Wachsmodell eines Pferdes. Und über die spezifische Physiognomie der römischen Soldaten orientierte er sich an antiken Bildwerken. Auch holte er sich Rat bei Historikern wie Henri Martin und Prosper Mérimée, gleichfalls bei Spezialisten der helvetischen Altertumskunde. Sein Anspruch auf historisch getreue Wiedergabe – der in diesem Fall weitaus schwieriger zu realisieren war als beim Davel-Thema – ging so weit, daß er in der Sammlung von Frédéric-Louis Troyon, einem Pionier der Archäologie des Waadtlandes, Originalfundstücke aus dieser Zeit studierte und zeichnete. Authentizität war für Gleyre eine *conditio sine qua non* für glaubwürdige Historienmalerei.

Im Gegensatz zum Pendant handelt es sich hier um eine äusserst komplexe Komposition, und dies sowohl aus formalen wie ästhetischem Gründen. Die Realisierung des Bildes, die sich über Jahre dahinzog, zu welcher der Maler Hunderte von Skizzen und Studien anfertigte, zeigt deutlich, wo Gleyre den Hauptakzent sah: in der Demütigung jener in der Antike wohl als am schlagkräftigsten eingestuften Armee durch eine »unzivilisierte« Horde. Gleyre, welcher zeitlebens ein überzeugter Republikaner war – und zudem ein erklärter Gegner von Napoleon III. – bot sich hier die Möglichkeit, eine pikante Anspielung auf den französischen Herrscher, der sich selbst gern als Cäsar des modernen Zeitalters zu bezeichnen pflegte, zu lancieren. Es ist anzunehmen, daß dieser weit über die Grenzen der Waadt hinausweisende Aspekt des Bildes, das seit 1858 in Lausanne zu sehen war, von den Zeitgenossen kaum wahrgenommen wurde. Bezeichnend aber ist, daß keine der beiden großen historischen Kompositionen Gleyres zu Lebzeiten des Künstlers je in Frankreich gezeigt worden ist.   W. Hauptman

Lit.: CLÉMENT 1879, S. 264–276; THÉVOZ 1974, S. 70 ff.; HAUPTMAN 1980, S. 37–43.

428

428

CHARLES GLEYRE
Chevilly VD 1806–1874 Paris

Gallischer Soldat. Um 1858
Öl auf Leinwand, 40,5 × 32,5 cm
Lausanne, Musée cantonal des beaux-arts,
Inv. 1354

Gleyres politische Ansichten haben in den
Bildaufträgen, die er in Frankreich erhielt,
kaum Niederschlag gefunden. Es handelte
sich dabei mehrheitlich um Gemälde mit biblischer oder klassischer Thematik. Ihnen gemeinsam ist, daß sie alle refüsiert wurden,
sei es von Louis Napoléon oder durch die
Légion d'honneur, sei es, daß ihnen die Aufnahme in den »Salon« verweigert wurde. In
den schweizerischen Aufträgen von 1845
und 1850 hingegen (Kat. 425–427), die für
ein republikanisches Publikum bestimmt waren, trat dann die eigene republikanische
Auffassung des Künstlers offen zutage. Im
Zusammenhang mit der Ikonographie des
zweiten Auftragswerkes – die Darstellung
des Sieges der Helvetier über die Römer –
hat Gleyre zwei weitere Bilder mit politi-

scher Aussage geschaffen, die aber unvollendet geblieben sind. Das eine – eine großformatige Zeichnung – zeigt Vercingetorix im
Moment, da er seine Waffen vor Cäsar nie-
derlegt. Im Zentrum der Komposition ist –
als bezeichnendes Detail – ein urinierender
Hund zu erkennen (Lausanne, Musée cantonal des beaux-arts, Inv. D 1045) Beim anderen handelt es sich um eine Ölstudie mit
dem Titel *Gallischer Soldat,* zu der mehrere
vorbereitende Skizzen vorhanden sind. Der
Titel scheint nicht von Gleyre zu stammen,
auch lassen die primitive Bekleidung, der
mit Hörnern besetzte Helm und die gebir-
gige Landschaft eher an die Darstellung eines schweizerischen Kriegers denken, die im
Zusammenhang mit dem Bild *Die Römer unter dem Joch der Helvetier* (Kat. 427) entstanden
sein könnte. Wie auch immer, die Absicht
des Künstlers ging dahin, das Bild einer stolzen, kriegerischen Herausforderung zu malen, in dem – und dies ist eine Ausnahme im
Werk von Gleyre – die Landschaft eine entscheidende Rolle spielen sollte. Gleyre hat
auch in diesem Fall nie die Erlaubnis gegeben, das Bild in Frankreich auszustellen.

W. Hauptman

Lit.: CLÉMENT 1879, S. 274.

429

ALBERT ANKER
Ins 1831–1910 Ins

Die Gemeindeversammlung. 1857
Öl auf Leinwand, 104 × 171 cm
Bern, Kunstmuseum (Gottfried Keller-
Stiftung)

Zum Zeitpunkt der Entstehung der *Gemeindeversammlung* stand Anker, 26jährig, am
Ende seiner Ausbildung in Paris und am Anfang seiner Laufbahn als selbstverantwortli-
cher Künstler. Nachdem er mit einer religiösen Komposition *Hiob und seine Freunde*
(Bern 1962, Nr. 1) einen Mißerfolg an der
Schweizerischen Kunstausstellung in Bern
erlitten hatte, pflegte er fortan fast ausschließlich das Genrebild. Die Wahl des er-

429

sten Motivs in dieser Sparte, die Darstellung
einer Versammlung der stimmfähigen Bürger, geht zweifellos auf Erlebnisse in seiner
Inser Heimat zurück. Sie bildet den Auftakt
zu einer Reihe von Bildern mit der Schilderung von Ereignissen im Ablauf des Dorfle-
bens, von denen die jährlich mehrmals stattfindende Gemeindeversammlung einer der
Höhepunkte war.

Anker ist zu jenen Künstlern zu rechnen,
welche sich eingehend auf moraltheologi-
scher Grundlage mit allgemeinen Fragen des
Lebens und der Gesellschaft auseinandersetzen. Die bisher bekannten Briefe aus seiner
Hand bezeugen eine ungewöhnliche Anteilnahme an politischen Problemen, insbesondere an seinen zwei Wohnorten, Paris und
Ins. Anker bekleidete mehrmals öffentliche
Ämter. So war er von 1870 bis 1874 gewählter Großrat im Berner Parlament und
nach 1889 Mitglied der Eidgenössischen
Kunstkommission, eines kurz zuvor eingesetzten Instruments der offiziellen Kunstpflege der Schweiz. Seine Bibliothek (bei
den Nachkommen erhalten; vgl. Bern 1981)
verzeichnet eine Reihe von geschichtlichen

und gesellschaftspolitischen Publikationen.
Die traditionelle schweizerische Gemeindeversammlung ruft die mündigen Bürger zusammen und überträgt ihnen die Entscheidung in allen wichtigen kommunalen Angelegenheiten. Die Behandlung umstrittener
Geschäfte wird auch heute noch in kleineren
Gemeinden in direkter Rede und Gegenrede
gehandhabt. Diese Duelle bestimmen den
Ausgang der anschließenden Abstimmung
und sind ein eindrückliches Kennzeichen der
in der Schweiz üblichen direkten Demokratie.

Das Gemälde zeigt den Künstler noch
nicht auf der Höhe seiner Meisterschaft. Anker stellt einen mit bewegter Gestik argu-
mentierenden Redner in den Mittelpunkt
der Komposition. Im Vordergrund werden
einige Teilnehmer der Versammlung hervorgehoben, teils aufmerksam zuhörend,
teils trinkend oder schwatzend. Weitere Bürger säumen das Geschehen. Links im Hintergrund verkörpert ein Soldat die staatliche
Gewalt. Ein Vergleich mit einer acht Jahre
später entstandenen Fassung des gleichen
Motivs im Musée d'art et d'histoire in Genf

(Bern 1962, Nr. 47) zeigt manche Verbesserungen. So verzichtet Anker auf die ablenkenden Requisiten im Vordergrund, ordnet die Gruppen kompakter und konzentriert die Lichtführung auf die Hauptszene. Beiden Gemälden eignet ein kompliziertes psychologisches Geflecht zwischen den Protagonisten. H. A. Lüthy

Lit.: Bern 1962, Nr. 39; KUTHY und LÜTHY 1980; Bern 1981.

430

430

ALBERT ANKER
Ins 1831–1910 Ins

Der Gemeindeschreiber. 1875
Öl auf Leinwand, 64,2 × 51,3 cm
Lausanne, Musée cantonal des beaux-arts,
Inv. 692

Die politischen Einrichtungen der Schweiz beruhen auf langen Traditionen. Die Stelle und Kompetenzen eines schweizerischen Gemeindeschreibers können sich zwar je nach Kanton ändern; im wesentlichen jedoch ist der Gemeindeschreiber das oberste festangestellte Behördenmitglied der kleinsten politischen Organisation und verkörpert damit die Konstante zwischen den gewählten Honoratioren und dem Bürger. Zu seinen Pflichten gehört die allgemeine Führung der Gemeindeverwaltung, die Verantwortung für die Finanzen, die Vorbereitung und Protokollierung der Gemeindeversammlungen, die Eintragungen in die Einwohner- und Zivilstandslisten sowie der Verkehr mit den Bezirks- und Kantonsbehörden. Diese Ämter verliehen ihrem Inhaber im Dorf eine erhebliche Macht, welche einerseits auf seinen im 19. Jahrhundert meist selbst erworbenen juristischen Kenntnissen, andrerseits auf dem Umfang seiner Befugnisse beruhte. (Eine verwandte Amtsform kennt Deutschland unter dem Titel des Stadtkämmerers, dem vor allem die Verwaltung der Finanzen obliegt.)

Ankers Darstellung des dorfpolitischen Würdenträgers reiht sich nicht in die Kategorie seiner meist konventionellen Bildnisse ein, sondern betrifft vielmehr die Interpretation des Amtes selbst. Der Gemeindeschreiber wird während des Vollzugs seiner Aufgaben gezeigt, er beschäftigt sich in angestrengter Konzentration mit einem amtlichen Papier, welches der Form nach ein Heimatschein oder Schuldbrief sein könnte; die offiziellen Instrumente wie Gemeindesiegel samt den zum Siegeln benötigten Lack und Kerze, aber auch der Federkiel gelangen prominent zur Geltung. Weitere offizielle und private Attribute wie Protokollbücher, gebundene und freie Aktenstöße, daneben Pfeife, Zündholzschachtel und Tabakpäckchen begleiten in malerischer An- und Unordnung die Halbfigur und bestimmen die gesammelt-geistige Atmosphäre des in knappem Ausschnitt gezeigten Innenraums.

In den raffiniert durch Schwarzweißkontraste hervorgehobenen Gegenständen spiegelt sich die ganze Welt des amtlichen Lesens und Schreibens. Die Anonymität der herumliegenden Papiere legt auch die oberflächlich verdeckte Macht des Funktionärs offen; die piratenmessergleich quer im Mund gehaltene Feder weckt die Erinnerung an eine Waffe und verleiht der scheinbar harmonischen Szene einen dämonischen Unterton.

Die erste Fassung des Bildes datiert von 1874 und ging im Januar 1875 an den Kunsthändler Ankers, Goupil. Vom Œuvrekatalog 1962 und dem Verzeichnis der Werke Ankers im Musée cantonal des beauxarts, Lausanne, 1987 noch als verschollen bezeichnet, tauchte sie 1989 in Schweizer Privatbesitz wieder auf. Die unmittelbare Wirkung der sofort beliebten Darstellung zeigt sich in Aufträgen für Wiederholungen. Die erste wurde im November 1875 wiederum für Goupil geschaffen, eine zweite ging im März 1876 an den englischen Händler Wallis und hängt heute in den City Art Galleries in Sheffield. Solche allerdings immer etwas veränderte Zweit- und Drittfassungen gehören zum Werk Ankers, der sich gerne als Handwerker der Kunst bezeichnete und gemäß eigenen Zeugnissen auf künstlerische Höhenflüge verzichtete. Goupil erwarb auch das Urheberrecht am Motiv und vertrieb es in verschiedenen Techniken. Eine letzte Fassung in Öltechnik entstand 1899 für den öfter Repliken bestellenden Basler Sammler A. Bohni. Anker war dabei unglücklich über das neue, nachgestellte Modell: »... er ist langweilig gegen den alten, es ist die Physiognomie eines Leimsieders.« (MEISTER 1981, S. 77; dort auch zum Modell der ersten Fassungen, einem gewitzten Sattler und Kleinhändler in Ins).

Die schweizerische Postverwaltung gab 1981 eine Briefmarke zu 70 Rappen mit einer Reproduktion des Bildes heraus.

H. A. Lüthy

Lit.: Bern 1962, Nr. 322; MEISTER 1981; WYDER 1987.

431

FERDINAND HODLER
Bern 1853–1918 Genf

Das Turnerbankett. 1877/78
Öl auf Leinwand, 228 × 335 cm
Zürich, Kunsthaus (nicht ausgestellt)

Die Genfer Société des Arts schrieb 1875 zu ihrem hundertjährigen Bestehen einen Zeichenwettbewerb aus für ein Sujet aus der Geschichte der Gegenwart Genfs. Hodler wählte mit dem *Turnerbankett* eine zeitgenössische Szene und erhielt den halben ersten Preis. Dargestellt ist eine anfeuernde Ansprache, die vom Stehenden an die jungen Turner gerichtet wird, die zu beiden Seiten des Tisches sitzen. Das Kompositionsmuster entspricht dem der klassischen »adlocutio«, der Rede des Feldherrn an seine Truppen. In den zahlreichen Verwendungen des Musters bis zu Raffael und Poussin spricht der Redner von einem erhöhten Standort zu einer tieferstehenden Gruppe. Hodler benützte Stehen und Sitzen zum Ausdruck des Rangunterschieds. Das Vorbild für diese Umwandlung des Musters ist Caravaggios *Berufung des Matthäus* in San Luigi dei Francesi in Rom.

Um 1908, als er an seinem Historienbild *Der Auszug der Jenenser Studenten 1813* arbeitete, fand Hodler sein frühes Werk miserabel. Er führte den »Schmarren«, wie er das Bild nannte, auf seine Lektüre von Platos *Gastmahl* zurück. Er sei der »literarischen« Versuchung erlegen, die Überlegung zu illustrieren: »Wie würde Sokrates heute zu der Jugend sprechen? und fand als Antwort darauf: – als Festredner!« Anselm Feuerbachs *Gastmahl des Plato* von 1869 habe das Muster für Hodlers Komposition gegeben. Doch dürfte Feuerbachs Salonbild im antikisierenden Geschmack für Hodler ein Gegenbild abgegeben haben. Seine Aktualisierung des mahnenden Sokrates im Vorturner ist weit entfernt von Feuerbach (Karlsruhe 1976, Nr. 53, S. 182–183).

Nachdem Hodler sich in Genf der Kritik schon als ein Maler gezeigt hatte, dem das Häßliche und Gemeine wie Gustave Courbet vorgeworfen werden konnte, überrascht die positive Aufnahme, die das *Turnerbankett* bei der Jury und der Kritik fand. Zwar wurde der Karton nicht angekauft, obwohl Barthélemy Menn ein Gesuch gestellt hatte, das mit der Ausführung des Gemäldes und der Teilnahme an der Pariser Weltausstel-

431

lung begründet war. Zwischen dem Wettbewerb und der Ausführung des Gemäldes lag Hodlers erste Reise nach Paris (1877).

Das *Turnerbankett*, das Hodler auf eigene Kosten ausführte, ist in mehrfacher Hinsicht ein Initialbild: es ist seine erste Mehrfigurenkomposition, der erste Gebrauch des Formats eines Historienbildes (damit auch die erste Darstellung von lebensgroßen Ganzfiguren) und die erste Beschäftigung mit einem vaterländischen Thema. Hodler nahm ein Genrethema auf und versuchte, seine Bedeutung durch Format und Komposition zu heben. Die Darstellung des Redens von Höhergestellten an Untergebene ist ein typisches Motiv der Historienmalerei des 19. Jahrhunderts. Im Gegensatz zu ihr hat Hodler den Standesunterschied zwischen Genre- und Historienbild ignoriert. Darin folgte er Gustave Courbet, der in seinem monumentalen *Begräbnis in Ornans* von 1849–1850 aus einer gewöhnlichen Begräbnisszene im Dorf ein Historienbild machte

und darin die Dorfbewohner porträtierte. Ebenso hat Hodler sich die Dienste seiner Mitschüler als Modelle gesichert.

O. Bätschmann

Lit.: LOOSLI 1922, Bd. II, S. 108–109; BRÜSCHWEILER 1983, S. 50–51 und 53.

432

FERDINAND HODLER
Bern 1853–1918 Genf

Schwingerumzug II. Um 1882–1887
Öl auf Leinwand, 358 × 269 cm
Zürich, Kunsthaus, Inv. 602 (Depositum der Schweiz. Eidgenossenschaft)

Turnen, Schwingen, Schießen: Hodler widmete allen drei Arten des patriotischen Kampfsports der Eidgenossen im 19. Jahrhundert zwischen 1877 und 1887 wichtige Bilder. Mit dem Schwingen beschäftigte er sich wiederholt zwischen 1882 und 1885–1887. Sein künstlerischer Ehrgeiz trieb ihn dazu, auf dem Gebiet der Komposition mit Raffael, auf dem der Farbe mit Rubens naiv und treuherzig sich zu messen. Die erste Version wurde 1882 in Genf ausgestellt, die dritte gemalte Fassung erhielt an der Pariser Weltausstellung 1889 eine »mention honorable«. Für diese und andere schweizerische Motive (wie dem *Zornigen Krieger* von 1884) erhielt Hodler die erste öffentliche Zustimmung. Sie war damit verbunden, daß er zum Hoffnungsträger für einen »nationalen Stil« wurde, den Paul Seippel 1884 und 1890 mit Rauheit, Männlichkeit und Brutalität charakterisierte.

Hodlers mehrfigurige Bilder der achtziger Jahre – mit Ausnahme der Dekorationen der Taverne du Crocodile und der beiden religiösen Genrebilder – zeigen Figuren in einer gemessenen Bewegung nach vorn, in Richtung auf den Betrachter. Zugleich verliert die perspektivische Anlage an Bedeutung gegenüber einer Staffelung, die mehr und mehr sich der Fläche annähert. Die beiden Maßnahmen haben ihren Sinn in der Verstärkung des Kontaktes zum Publikum und der Bildmacht. Hodler wandte sie gemäß Edouard Castres Entwurf für das heranschreitende Berner Bataillon im Bourbaki-Panorama an. Das Verhältnis von Oberturner und Turnerschar im *Turnerbankett* wird jetzt, um neunzig Grad gedreht, zur Beziehung zwischen Bild und Publikum.

Im Schwingerumzug hat Hodler seine erste strikt bilateral symmetrische Figurenkomposition geschaffen. Sie hat hier zwei Funktionen. Erstens soll sie dem Sujet Bedeutung verschaffen. Wie hoch sie der Künstler geschätzt hat, geht aus seiner hartnäckig festgehaltenen Überzeugung hervor, die Komposition sei Raffael entliehen. Zweitens soll durch die Symmetrie die Macht des Bildes über das Publikum erhöht werden; die Bourgeoisie liebt die Symmetrie (Buñuel).

Gemäß Hodlers Anweisung hat man denn auch vermeintlich raffaelische Dreiecke sehen wollen. Maßgebend für die Komposition ist aber die Kreuzung zweier Mittelachsen in einem Rechteck und die Besetzung

432

der Ecken mit Figuren, Fahnen und Triumphbogen. Die senkrechte Mittelachse wird gebildet durch Fahnenträger, Schwingerkönig, Fahne und Bekrönung des Triumphbogens und die waagrechte durch die Männerschar. Der Hauptfarbgegensatz ist Rot-Weiß. Die Heraldik könnte nicht sprechender sein. Die Bildmacht stützt sich auf Thema, Farben und Komposition. Sie sollen ihre Wirkung tun bei einem patriotischen Publikum, dem sich der Maler durch vaterländische Themen und Mittel empfiehlt.

O. Bätschmann

Lit.: Mühlestein und Schmidt 1942, S. 265–276: Brüschweiler 1983, S. 65–66, 89 und 90; Brüschweiler 1985.

433

FERDINAND HODLER
Bern 1853–1918 Genf

Das moderne Grütli. 1887–1888
Öl auf Leinwand, 100 × 131 cm
Genf, Musée d'art et d'histoire, Inv. 1911-1
(Gottfried Keller-Stiftung)

433

Den Handschlag der Schützen hat Hodler als Motiv ausgewählt für seine Teilnahme am Concours Diday von 1887, der ein Sujet aus einem Schützenfest in der Schweiz vorschrieb. Die 1824 gegründeten Eidgenössischen Schützenfeste wurden um die Mitte des Jahrhunderts als »Grütli der Neuzeit« aufgefaßt. Auf den Schwur der Eidgenossen geht Hodlers Bild ein, bietet aber mit dem Handschlag den zeitgenössischen Ersatz. Es sind Typen aus verschiedenen Landesgegenden und aus unterschiedlichen sozialen Klassen, die hier zu einer Symmetrie aufgestellt sind. Schon dies demonstriert, daß es um mehr geht als bloß um eine Begrüßungsszene. Das bestätigt das mehrfache Herausstellen der Hände im leeren Raum zwischen den Figuren.

Hodler stellt die Halbfiguren in den Vordergrund an den untern Bildrand. Die Distanz, die im *Schwingerumzug* (Kat. 432)

von den Schreitenden bis zum Bildrand noch eingelegt war, ist hier verschwunden. Damit ist aus dem Heranschreiten der Figuren zum Publikum die Gemeinschaft mit ihm geworden. Wie das gedacht ist, zeigt die Hand des Fahnenträgers, die zwischen die Gruppe links gestreckt ist. Die Schützenhalle, die sich oben über die ganze Breite des Bildes hinzieht, gibt der demonstrierten Gemeinschaft das Dach. Hodler stellt eine symbolische Funktion des Gebäudes in seinem Bild her. Der weite Platz zwischen den Figuren und der Halle und das perspektivische Tiefenmotiv rechtfertigen die Verkleinerung des Gebäudes und ermöglichen dessen symbolische Funktion im Bild.

Die Figuren sind in zweifacher bilateraler Symmetrie angeordnet. Eine Mittelachse und somit ein Platz für eine Hauptfigur fehlt (im Gegensatz zum *Schwingerumzug*), es sind lediglich die Positionen 2 und 3 verdoppelt.

434

Die Symmetrie ist bereichert durch die Gestalt zwischen der Gruppe links und durch
die unterschiedliche Charakterisierung der
Personen. Wenn die Art der Symmetrie
Gleichheit herstellt, schaffen darin Porträts
und Bekleidung Verschiedenheit, und die
Gebärden zeigen die Verbindung.

In *Das moderne Grütli* liegt wiederum die
Stilisierung einer Genreszene durch die
Komposition vor. Durch sie soll der Handschlag der Schützen in einen bedeutsamen
vaterländischen Akt verwandelt werden. Die
beiden Teile, das Genremotiv und die signi-
fikante Komposition, sind in allen drei Bildern der vaterländischen Kampfsporte
ebenso evident wie das Fehlen der Verbindung zwischen Szene und Bedeutung. Hodler hat nur wenige Halbfigurenbilder mit
mehreren Figuren gemalt (1880 ein religiö-
ses Genrebild, 1886–1887 ein patriotisches
Genrebild). *Das moderne Grütli*, das einzige
Halbfigurenbild der Gattung Genre-Histo-
rie, ist signifikant der Modernität entgegengesetzt, wenn wir diese mit Baudelaire als
Zufälligkeit und Flüchtigkeit auffassen. Das
Gegenbild zu Hodlers stilisierter Symmetrie
ist Edgar Degas *Place de la Concorde* von etwa
1874, in dem die Halbfiguren des Vicomte
Lepic und seiner Töchter vor dem weiten
Platz in einer Konstellation erscheinen, die
auf das Zufällige und Momentane gerechnet
ist.   O. Bätschmann

Lit.: Pfäffikon SZ 1981, S. 116–118.

434

FERDINAND HODLER
Bern 1853–1918 Genf

Der Rückzug von Marignano (dreiteiliger
Konkurrenzentwurf). 1896
Bleistift und Feder mit Tusche, mit Gouache
gehöht, auf braunem Papier, 20 × 19,3 cm,
35,4 × 49,5 cm, 20 × 18,8 cm
Zürich, Kunsthaus, Inv. 1034 (Depositum
der Schweiz. Eidgenossenschaft)

Daß Hodlers Entwurf der *Rückzug von Marignano* von 1896 für den Waffensaal des
Landesmuseums einen dreijährigen Kunst-
streit auslöste, ist bekannt. Die Eidgenössische Kunstkommission und die Landesmu-
seumskommission lieferten sich unter aktiver Beteiligung der Öffentlichkeit und der
Behörden eine Auseinandersetzung, die auf
den Künstler und seine Arbeit, auf die Entwürfe und die Ausführung, die Bemalung
der gegenüberliegenden Saalseite, auf das
Kunstverständnis und auf die Kunstpolitik
die größten Auswirkungen hatte. Hodler
mußte unzählige Male seine Entwürfe gemäß den Ratschlägen und Anweisungen der
Kommission verändern, überarbeiten und
modifizieren. Der Streit lehrte die Kommission und Behörden aller Stufen in der ganzen Schweiz, äußerste Zurückhaltung zu
üben gegenüber allem, was als »modern«
hätte aufgefaßt werden können. Hodler

wurde mit Banknotenentwürfen beschäftigt, während Wandbildaufträge an untergeordnete Kräfte gingen.

Mit seinem ersten Entwurf (Zürich, Kunsthaus, Dep. der Schweiz. Eidgenossenschaft) hatte Hodler ein kritisches Historienbild vorgeschlagen, insofern er mit blutenden und verwundeten Schweizern die schrecklichen Folgen des Krieges in einer offenen und vielleicht brutalen Art darlegte. Diese Elemente wurden in der jahrelangen Überarbeitung sukzessive ausgeschieden. Das ausgeführte Fresko bietet einen geordneten Abzug prächtig gekleideter Krieger mit einigen Verwundeten unter hochgehaltenen Fahnen und Speeren. Das herausfordernde Exponieren der Scheußlichkeit des Krieges aus dem ersten Entwurf ist vollständig verschwunden. Die Attacke auf das Publikum, die Konsequenz aus der Bewegung nach vorn, die Hodler in den achtziger Jahren eingeführt hatte, wird ihm ausgetrieben.

Den verschiedenen Fassungen von *Marignano* liegen verschiedene Kombinationen von zwei Kompositionsmustern zugrunde. Das eine ist die bilateral symmetrische Disposition, das andere die translative Wiederholung von Figuren in Bewegung. Hodler hat fast durchwegs an der Kombination von statischer Aufstellung und Bewegung auf mehreren Grundlinien festgehalten. Die Studie in Zürich zeigt vier Figuren im Vordergrund in statischer Bewegung, und im Mittelgrund den Abzug einiger Krieger mit Verwundeten. Ein weiterer, dichter Zug scheint auf einer dritten Linie im Hintergrund angedeutet zu sein, doch ist er durch die roten Striche fast getilgt. Die Idee der Kombination von Schreiten und Stehen zeigt sich an im Krieger auf der linken Seite vorn. Dieses Motiv und das des Kriegers auf der rechten, der sich gegen den Feind wendet, war von Anfang an vorhanden und blieb in allen Entwürfen erhalten.

Hodler hat die Kombination von Statik und Bewegung auf zwei Grundlinien beibehalten in seinem Wandbild für die Universität Jena, mit dem er 1907 beauftragt wurde. Dagegen führte er in den Entwürfen für *Die*

435

Schlacht von Murten 1915–1917, mit der die Ausmalung des Waffensaales in Zürich hätte abgeschlossen werden sollen, auch in der vordern resp. untern Ebene Bewegungen gegeneinander.　　　　　　O. Bätschmann

Lit.: SCHMID 1946; BENESCH 1962 bzw. 1973, S. 137–158; GRISEBACH 1983; Zürich 1983, Nrn. 58–59; BÄTSCHMANN 1986, S. 64–69; BÄTSCHMANN 1988.

435

VINCENZO VELA
Ligornetto 1820–1891 Ligornetto

Wilhelm Tell, Gipsmodell. 1858
Gips, Höhe 125 cm
Ligornetto, Museo Vela, Inv. 106 (Eigentum der Schweizerischen Eidgenossenschaft)

In Lugano wurde 1856 an der Seepromenade ein Tell-Denkmal von Vincenzo Vela errichtet. Dieses Gipsmodell in etwa halber Größe ist die Vorlage dazu. Bei der Einweihung stellte sich der Festredner Carlo Cattaneo diesen Volkshelden ganz leibhaftig vor, wie er auf einer Klippe am Seeufer stehe.

Mit der Rechten recke er drohend zwei Pfeile empor und drücke mit der Linken seine Armbrust an sich. Sein Gesicht sei das eines Freischärlers, der eine stolze Nachricht verkünde und zu verwegenen Taten aufrufe. Kraft, Beweglichkeit und männliche Entschlossenheit verkörpere er, und sein einfaches Leinenhemd sei die Kleidung der Sennen. Ein echter Tell aus dem Volk.

Den Sockel zum Denkmal bildet ein felsiger Brunnen aus rohem Gestein. Nach Norden zur Urschweiz gerichtet, stand Tell zuerst am Seeufer vor der malerischen Kulisse des Berges San Salvatore und war Element der Platzgestaltung gegenüber dem Albergo del Parco (heute Grand Hotel Palace), dessen Besitzer Giacomo Ciani war. Er wurde 1914 zur Riva Albertolli vor den Kursaal versetzt, wo er seine ursprüngliche Aufgabe und die von Vela eingeplante Umgebung verlor.

Dieses Werk hatte eine politisch erzieherische Rolle zu erfüllen. Es entstand unter dem unmittelbaren Eindruck der Bundesverfassung von 1848, die das Tessin zum eigenständigen Kanton machte, und der knapp abgewendeten Annektion durch Österreich im Jahr 1853. Es ging darum, statt einer abstrakten Allegorie, die eher dem klassizistischen Ideal der Restauration entsprochen hätte, die republikanische Vorstellung von Freiheit und Zugehörigkeit zur Eidgenossenschaft anhand einer historischen Gestalt bildhaft darzustellen, mit der sich die Betrachter und vielleicht auch die Betrachterinnen identifizieren konnten.

Knapp sechs Jahre nach dem *Spartacus* (Kat. 357) für Mailand vollendete Vela diesmal ein Denkmal eines mythischen Helden, der auch in Lugano eine Symbolfigur des schweizerischen Patriotismus war. Diesmal konnte er mit der Tellstatue auf die Geschichte des eigenen Landes verweisen. Dies war nach Auffassung der Romantiker eine wichtige Grundlage für die Bildung der nationalen Unabhängigkeit. Formal wählte Vela zwar eine etwas theatralische Pose des Helden, doch verzichtete er auf weitere Einzelheiten. Kein Walter, kein Apfel, kein

436

Geßler. Allein die Figur auf dem hohen Sockel vor dem grandiosen Panorama sollte den Freiheitsmythos der Tell-Legende zur Geschichte in der Gegenwart machen und möglichst nacherlebbar zum Ausdruck bringen.

M.-J. Wasmer

Lit.: Scott 1979, S. 273–274; Vismara-Bernasconi 1984; Hauser 1991, S. 243–245, 253, 254 (Abb. 44), 291, 318, 321 (Abb. 37).

436

VINCENZO VELA
Ligornetto 1820–1891 Ligornetto

Stefano Franscini, Gipsmodell. 1860
Gips, Höhe 114 cm
Ligornetto, Museo Vela, Inv. 81 (Eigentum der Schweizerischen Eidgenossenschaft)

»Betrachtet das sprechende Bild des rechtschaffenen Mannes, des tugendhaften Bürgers, intelligenten Magistraten und tiefgründigen Schriftstellers. Erkennt auf dessen Stirn den Geist in Verbindung mit der Bescheidenheit und die Standhaftigkeit, die von der Milde gemäßigt ist.« Mit diesen

Worten enthüllte der Festredner 1860 im Liceo Cantonale von Lugano das Denkmal des ersten Tessiner Bundesrats, Stefano Franscini. Er war 1819–1821 in Mailand als Lehrer mit bedeutenden Männern des Risorgimento in Kontakt gekommen und schlug dann eine politische Laufbahn ein, die 1848–1857 mit dem Mandat im Bundesrat gipfelte. Er erwarb sich vor allem Verdienste als Vorkämpfer der Tessiner Verfassung von 1830 sowie als Förderer des Schulwesens.

Interessant ist die Entstehungsgeschichte dieses bürgerlichen Denkmals. Seit 1852 hatte ein Komitee im ganzen Kanton für die Finanzierung geworben. Selbst Schulklassen gaben kleine Spenden und ließen sich in der Gönnerliste eintragen. Das Monument entstand also nicht wie zu absolutistischen Zeiten im Auftrag der Obrigkeit zu deren Verherrlichung, sondern der herausragende Mitbürger wurde aufgrund seiner Verdienste für die Allgemeinheit von Vertretern des Volks ausgewählt und mit einem Denkmal als Vorbild geehrt. Diese Form von Politik auf dem Sockel war eine ebenso gesellschaftsbindende Kraft wie das Stimm- und Wahlrecht für Männer. Vor allem in Italien und Frankreich führte diese Tendenz zu einer regelrechten Statuomanie: Es gab kaum eine Ortschaft, die nicht einen heldenhaften Sohn der Nation mit einer Statue zu feiern wußte. Auffallend gering ist aber in der Denkmalkunst des 19. Jahrhunderts die Zahl von Menschen aus der Unterschicht, und berühmte Frauen fehlen fast ganz.

Bildung aller gesellschaftlichen Schichten war eine Hauptforderung der Liberalen. Wer anderes als Stefano Franscini, der Tessiner Pestalozzi, wäre damals geeigneter gewesen für ein Monument im Knabengymnasium von Lugano? Vela arbeitete mit engagierten und mit ihm befreundeten Laien an der Planung und vertrat bei der Ausführung einen noch unverbrauchten, populären Geschmack. Die Figur sollte möglichst lebensgetreu und im »bezeichnenden Augenblick« erfaßt sein. Das psychologisch fein gestaltete Bildnis steht zwar in der bekannten Tradition der Professorengrabmäler und weist auch formale Entlehnungen von Bernini auf. Es zeigt in diesem Rahmen aber vor allem das naturalistische Abbild von Franscini in einer für ihn typischen Lebenssituation, als ob er während einer Rede kurz aufblickte. Die städtische Kleidung sowie die Bücher (u.a. die *Statistica svizzera*) und die Karte des Kantons Tessin lassen in ihm einen aufgeklärten Zeitgenossen erkennen, der sich selbstlos für die Wohlfahrt des Volkes eingesetzt hat. Das Bild des Republikaners in der Lehranstalt ersetzt das Heiligenbild in der Kirche; es wird zum Leitbild eines neuen Glaubens, des Glaubens an die Demokratie. Äußere Erscheinung und innere Werte kommen in diesem vorbildlichen Patrioten nach Auffassung des Festredners ideal zur Deckung, wie es die Inschrift am Denkmal besagt: » STEFANO FRANSCINI / PADRE DELLA EDUCAZIONE POPOLARE / CHE NULLA A SÈ. TUTTO VISSE ALLA PATRIA / I TICINESI RICONOSCENTI / INAUG. LI 6 SETTEMBRE 1860«.

M.-J. Wasmer

Lit.: SCOTT 1979, S. 293–298; HAUSER 1991, S. 222 (Abb. 13), 303.

437

VINCENZO VELA
Ligornetto 1820–1891 Ligornetto

Die Freiheit, Entwurf. 1869–1872
Terrakotta, 39 × 44 × 24 cm
Ligornetto, Museo Vela, Inv. 130 (Eigentum der Schweizerischen Eidgenossenschaft)

Der Entwurf war für das Grabmal der Brüder Giacomo und Filippo Ciani gedacht. Blickfang ist die »Freiheit«, während die Verstorbenen beidseits des Sockels in Profilbildnissen wiedergegeben sind. Die Auftraggeber lebten nach der gescheiterten piemontesischen Revolution der Carbonari seit 1821 in Lugano im Exil, wo sie 1839 vorübergehend ausgewiesen wurden, was den Aufstand im Tessin auslöste, den sie finanziell unterstützten. Sie gehörten zu den geistigen Urhebern der Risorgimento-Bewegung, die sie durch Aufnahme prominenter

437

Flüchtlinge in ihrer Villa vom Ausland aus
förderten.

Die weibliche Gestalt ist keine bestimmte Persönlichkeit. Die Gedenkstätte im
Cimitero Monumentale von Mailand (heute
Privatbesitz, Conigo [Varese]) verkündet einzig das politische Programm der Brüder
Ciani. Die *Libertà* dient der Erhöhung republikanischer Ideale. Sie ist eine der vielen allegorischen Figuren, die auf bürgerlichen
Monumenten die abstrakten Werte des modernen Staates sinnlich faßbar machen sollten. Ihre Schwestern heißen Repubblica, Justitia, Scientia, Electricias, Défense, Victoria,
Liberty, Britania, Berna, Helvetia etc.

Dieses Bild der Freiheit wirft auch ein
Licht auf das damals herrschende Bild der
Frau, der in der Denkmalkunst des 19. Jahrhunderts nur eine passive Rolle zugetraut
wurde. Die französische Freiheitskämpferin
Jeanne d'Arc, wie ein Mann hoch zu Roß
und in Rüstung, bildet da die Ausnahme, die
die Regel bestätigt. Sonst erscheinen Frauen
lediglich in den Sockelreliefs der Helden-
male, als Statistinnen, wenn sie ihre in den
Krieg ziehenden Gatten und Söhne hoff-

nungsvoll verabschieden oder wenn sie als
Schmerzensmütter die heimgebrachten Toten hingebungsvoll beweinen. Bilder, die
auch heute nicht unbekannt sind.

Dieser Sachverhalt kommt auch hier zum
Ausdruck. Die »Freiheit« ist erkennbar am
offenen Haar und der phrygischen Mütze,
die an die Werte der Französischen Revolution erinnert. Die entblößte Brust hingegen
wäre, wie in der *Freiheit auf den Barrikaden*
von Eugène Delacroix (1831, vgl. Kat. 359),
ikonographisch eher der »Victoria« zuzuordnen. Vela dürfte die frivol zur Schau gestellte Nacktheit als pikantes Detail im Geschmack der damaligen Salonkunst verwendet haben. Der erotische Reiz der etwas akademisch geratenen Schönheit, die Velas
kämpferischen Realismus der frühen Jahre
vermissen läßt, dient also eher als Blickfang,
ist ein formaler Vorwand: Die »Freiheit« ist
eine hübsche Vorzeigerin des Papierbogens,
auf dem im Original minuziös die politischen Tugenden der beiden Risorgimento-
Anhänger aufgelistet sind.   M.-J. Wasmer

Lit.: BOITO 1873, S. 966–967; SCOTT 1979,
S. 400–401.

438

VINCENZO VELA
Ligornetto 1820–1891 Ligornetto

Helvetia, Entwurf. 1883
Gips, Höhe 81 cm
Ligornetto, Museo Vela, Inv. 149 (Eigentum
der Schweizerischen Eidgenossenschaft)

Vincenzo Vela bot 1853 der Regierung in
Bern zum Selbstkostenpreis eine Freiheitsstatue an, die er vor dem neuen Bundesrathaus
aufstellen wollte. Das Projekt wurde zwar
fallengelassen (1863 schuf statt dessen Raphael Christen einen Berna-Brunnen), doch
griff er auf die Idee zurück, als er 1883 mit
Hilfe von Raimondo Pereda und Gottardo
Induni für das Eidgenössische Feldschießen
in Lugano in der Nähe des Triumphbogens
eine »Helvetia« in Gips gestaltete. Ausgestellt ist hier der Entwurf. Nach den Worten

des Chronisten war sie die große Sehenswürdigkeit auf dem Areal: »Velas Kolossalstatue zwischen dem Weinausschank und
dem Tempel der Preisverleihungen wirkt
majestätisch und selbstbewußt. Mit der einen Hand hält sie die Fahne der Republik,
als führte sie die Völker legionenweise zur
Eroberung erhabener Ideale. Der Fuß zertritt
auf dem Boden Despotismus, Knechtschaft
und Unterdrückung.«

Velas *Helvetia* ist eine laubgekrönte
Frauengestalt mit Hellebardenbanner, die in
Siegerinnenpose die monarchischen Symbole (Krone, Zepter, Ketten) tritt. In den fel-
sigen Sockel sind »LAUPEN«, »MORGARTEN«
etc. eingemeißelt, mythische Stationen in
der Geschichte der Alten Eidgenossenschaft,
wo die tapferen Väter sich im Heldenstreit
für ein Ideal töten ließen, das nun mit der
Entstehung der Nationalstaaten Früchte
brachte.

Velas kriegerische »Helvetia« ohne
Schild enthält also zugleich auch die Merkmale der »Republik« und der »Freiheit«. Die
kurzlebige Gipsstatue illustriert als Bestandteil der Festdekoration das missionarische
Geschichtsbild der Organisatoren: »Frankreich und die Schweiz sind gegenwärtig mitten im modernen Europa der Leuchtturm der
republikanischen Ideen«, schrieb der Fest-
chronist. Das Wettschießen zeigte daher
nicht allein die Bereitschaft zur Verteidigung
heimatlichen Bodens, sondern hatte auch die
Aufgabe, die Staatsutopie über die Grenzen
hinaus vorzuführen. Velas Statue war die Allegorie dafür. Sie gab bildhaft ein politisches
Sendungsbewußtsein wieder, welches die
Schweiz zur Vorkämpferin republikanischer
Werte machte.

Das Feldschießen war der ideale Ort, wo
Kunst und Folklore, wo bildhafte Allegorie
und alljährliches Ritual gemeinsam den Mythos von Freiheit, Brüderlichkeit und
Gleichheit erneuerten. Wie die *Libertà* der
Brüder Ciani (Kat. 437) war auch hier die
weibliche Figur als Trägerin republikanischer
Ideale lediglich Gegenstand von Projektio-
nen. Allerdings war Velas *Helvetia* auf dem
gebirgigen Sockel die einzige Frau über-

438

haupt, die an diesem Fest das Treiben der
Schützen zwischen Schießstand und Wein-
halle aufmerksam beobachtete.

M.-J. Wasmer

Lit.: SCOTT 1979, S. 254–257; MASONI 1983,
S. 18–20; HAUSER 1991, S. 253–255 (Abb. 45),
260 (Abb. 51), 268, 301–302.

439

ANONYM

Relief zum Grabmal von Vincenzo Vela
1892
Gips, Höhe 60 cm, Breite 139 cm
Ligornetto, Museo Vela, Inv. 352 (Eigentum
der Schweizerischen Eidgenossenschaft)

Das Gipsrelief ist die Gußvorlage zu einem
Teil von Velas Grabmal im Friedhof von Ligornetto bei Mendrisio. Das Gemeinschafts-
werk von Schülern nach Plänen des Architekten Augusto Guidini verewigt in Marmor
und Bronze die Aufbahrung des Künstlers
Anfang Oktober 1891 im großen Ausstellungssaal der Villa. Stellvertretend für das
umfangreiche Werk ist am Kopfende eine
Kopie des dornengekrönte *Christus* (1868,

439

Ligornetto, Museo Vela), während zu Füßen des Verstorbenen Gegenstände hingelegt sind, die ihn zugleich als engagierten Republikaner und Bildhauer kennzeichnen. Vincenzo Vela war Freischärler und politischer Künstler.

Karabiner und Säbel, noch heute Bestandteil eines regelrechten Arsenals im Museum, gehörten zur Revolutionsausrüstung: 1847 war Vela während des Sonderbundskriegs am Gotthard bei den Truppen von General Henri Dufour. Im März 1848 half er im Aufstand gegen die österreichische Besatzungsmacht in der Lombardei (vgl. Kat. 357). Auch danach blieb er ein aktiver Bürger. Zwischen 1877 und 1881 hatte er als antiklerikaler Radikaler einen Sitz im Großen Rat des Kantons Tessin, wo er die benachteiligten Bevölkerungsschichten mit Motionen zur Verbesserung des Schulwesens unterstützte.

Das Bildhauerwerkzeug ist mehr als nur Schmuck eines gewöhnlichen Künstlergrabes. Wie im Stilleben Meißel und Karabiner symbolisch beisammenliegen, waren für Vela Kunst und Leben eine Einheit, die er in den Dienst der Politik stellte. Die Monumentalplastik auf den öffentlichen Plätzen war wie das Fernsehen heute eine wirkungsvolle Waffe im politischen und gesellschaftlichen Kampf. Auch für Vela und seine Auftraggeber eignete sie sich als unübersehbares Propagandamittel auf dem Sockel, sei es für die Einigung Italiens (vgl. Kat. 357, 437), sei es zur Stärkung der republikanisohen Kräfte der noch jungen Schweiz (vgl. Kat. 435, 436, 438).

Das Grab wurde zwar von den Hinterbliebenen ausgeführt, doch ist es auch zu verstehen als Ergänzung des Atelierhauses, des heutigen Museo Vela. Dieses Vela-Pantheon wurde 1862–1865 nach den Vorstellungen des Künstlers gebaut und mit einem großen Ausstellungssaal versehen. Die zahlreichen Gipsmodelle der Denkmäler machten das Haus von Anfang an zum Ruhmestempel der Republikaner. Vor allem Anhänger und Anhängerinnen des Risorgimento gehörten zum großen Publikum, das aus dem nahen Italien zu dieser einzigartigen Erinnerungsstätte herbeipilgerte und im Friedhof einen kurzen Halt machte, um Velas Grab zu sehen.   M.-J. Wasmer

Lit.: *Il Monumento a Vincenzo Vela* 1893, S. 391; WASMER 1987, S. 18, 34–38; HAUSER 1991, S. 224 (Abb. 15).

440

KARL STAUFFER
Trubschachen 1857–1897 Florenz

Porträt Bundesrat Emil Welti. 1887
Öl auf Leinwand, 85,5 × 63 cm
Aarau, Aargauer Kunsthaus, Inv. 942/698
(Legat Dr. Welti-Kammerer)

440

Friedrich Emil Welti, 1825 in Zurzach geboren, war in der zweiten Hälfte des 19. Jahrhunderts – allein seiner langen Amtszeit als Bundesrat (1866–1891) wegen – eine der bedeutendsten politischen Persönlichkeiten der Schweiz. Schon den Zeitgenossen galt er als Kopf der Landesregierung und hervorragendster eidgenössischer Staatsmann. Nach dem Studium der Rechte in Jena und Berlin begann sein rascher Aufstieg in den Ämtern des Heimatkantons und des Bundes, der am 8. Dezember 1866 durch die Wahl zum Bundesrat gekrönt wurde. Bezeichnete Welti zu Beginn der politischen Laufbahn seine parteipolitische Haltung als radikal-demokratisch, wurde er als Bundesrat Leiter der Mittel- oder Zentrumsgruppe. Er setzte sich gegen die Mehrung der Volksrechte und für eine Vereinheitlichung und Stärkung der Bundesgewalt ein. In anderen Konflikten, dem Kulturkampf etwa, ging es Welti mehr um Versöhnung als um Verschärfung der Gegensätze; so wurde er in vielen Belangen als überparteilich angesehen. Sein angeblich hoher Gerechtigkeitssinn und seine Liebenswürdigkeit im persönlichen Umgang stärkten im Volk das Vertrauen zu seiner Person.

Karl Stauffer, 1881 in Berlin zum gefeierten Porträtisten avanciert, war 1885 dem Schulkameraden Emil Welti, dem Sohn des Bundesrats, begegnet. Der Großbürger zog den Künstler näher an sich, lud ihn in seinen Landsitz »Belvoir« bei Zürich ein und stellte ihn seiner Gattin Lydia Welti-Escher vor. In der Folge standen die Frau und der Maler während Jahren in regem geistigen Kontakt, bis sich die Beziehung zur leidenschaftlichen und tödlichen Affäre zuspitzte.

Das Bundesratsbild, bereits im Sommer geplant, kam im Oktober 1887 zur Ausführung (ZÜRCHER 1914). Es ist gemeinsam mit dem Porträt Gustav Freytags – gleichfalls 1887 im Auftrag des Staates für die Nationalgalerie Berlin ausgeführt – Höhepunkt und Abschluß der Tätigkeit Stauffers als Porträtmaler. Damals hatte der Künstler bereits die Plastik als seine Berufung erkannt. »Detailkram« – in der Porträtmalerei, wo nach Ansicht Stauffers alles auf sprechende Ähnlichkeit des Dargestellten und Verblüffung des Publikums ankommt (STÖCKLI 1942), unumgänglich – wurde als Ballast empfunden (ZÜRCHER 1961). Das Bildnis Emil Weltis bezeichnet den Übergang vom naturalistischen Realismus der frühen Porträts zur »großen Erscheinung«. Die Technik – glatter Farbauftrag ohne koloristischen Reiz – wird zugunsten des Psychologischen und des geistigen Ausdrucks zurückgedrängt. Was bleibt, ist die stilistische Ausrichtung an altmeisterlichen Vorbildern; der dunkle Grundton, aus dem der Kopf – in diesem Fall Zentrum des einzelnen Individuums wie der ganzen Nation – als Lichterscheinung plastisch hervortritt.

441

sich-Ruhen signalisieren, eignet sich zum
»exemplum virtutis«, zum Bild für ein mit
Gleichmut und Willen zur Leistung getrage-
nes verantwortliches Dasein im Dienste der
Allgemeinheit. Und wie im höfischen
Staats- oder Herrscherporträt kommt es zur
Rechtfertigung und Idealisierung des Verge-
genwärtigten; es wird vergessen gemacht,
daß sich auch im demokratischen Staat ein
Autokratie beanspruchendes Herrschersub-
jekt von der Volksgemeinschaft entfernt.
Die in der Körperhaltung angezeigte Distan-
ziertheit des Dargestellten soll durch den
fest auf den Betrachter gerichteten väterli-
chen Blick überbrückt werden; ein Blick, der
von der Fähigkeit zu Anteilnahme zeugen
will und zum Miterleben zwingt.   M. Vogel

Lit.: ZÜRCHER 1914, S. 260, 263, 265; HUGGLER
und CETTO 1942, S. 61, Taf. 78; VON ARX 1969,
S. 42; MOSELE 1979, S. 122.

Stauffer, der im Bildnis das Ausgeprägte
hervorhob, aber nicht vom Pfad der »schönen Wahrheit« abweichen wollte, malte mit
Vorliebe Persönlichkeiten, die so reich waren, daß ihnen das »stark Akzentuierte« entsprach. In Bundesrat Welti glaubte der
Künstler einen Menschen gefunden zu haben, dessen vielfältiger Charakter, dessen
hervorragende Bedeutung und natürliche
Autorität nicht in der Theatralik, sondern in
der Minimalbewegung, der stoischen Haltung, deutlich hervortraten. Hier traf sich die
Intention des Künstlers mit dem Verlangen
des machtbewußten Großbürgers nach zurückhaltender, doch unverkennbarer Repräsentation im Bild – ruhevoll und diskret.
Das bürgerliche Standes- oder Schichtpor-
trät, das sich mit der nahezu frontalen Halbfigur des Dargestellten ohne Beigabe von
Berufsattributen begnügt, wird unversehens
zum Staatsporträt. Der republikanische
Staatsmann, dessen verschränkte Arme Ab-
wehrbereitschaft und unerschütterliches In-

441

FRANK BUCHSER
Feldbrunnen 1828–1890 Feldbrunnen

Kritik. 1888
Öl auf Leinwand, 153 × 103,5 cm
Solothurn, Kunstmuseum, Inv. B 111

Der Titel *Kritik*, den der Maler Frank Buchser seinem Gemälde gegeben hat, unterstreicht das Programmatische dieser »allégorie réelle«. Der 60jährige stellt selbst den
Maler dar, der zwischen seinem Modell (der
Natur, der Muse, der Wahrheit) und dem
Kritiker (der Kritik) steht. Buchser liebt es,
sich in Szene zu setzen; so gibt er sich hier
das Aussehen eines Bohémien oder orientalischen Paschas. Das Modell, das die Palette
des Künstlers hält und den Frauenverehrer
anhimmelt, ist blond und blauäugig und
trägt die vollen Körperformen zur Schau, die
zu orientalischen Träumen verlocken, wie
sie das Bild im Hintergrund verkörpert, eine
Huri, Schwäne fütternd (von 1886; Solothurn
1990, Nr. 4.9, spiegelbildlich). Vorne rechts,
ein buchstäbliches Repoussoir der Szene, erscheint der Kritiker, in welchem man den

Landarzt und Mundartdichter Franz Joseph Schild (1821–1889) erkennen will. Er kommt offensichtlich gerade von einem Schützenfest. Er trägt einen schwarzen Festtagsanzug, hat das Präzisionsgewehr (einen Stutzer 1851) über die Schulter gehängt; an den Aufschlag des Gehrocks ist ein Festabzeichen gesteckt; über den Zylinderhut hat er ein buntes Band mit Schleife gestreift und hinter die Kokarde die erworbenen Auszeichnungen, die »Festkartons« gesteckt.

Was bedeutet der Kontrast zwischen der strengen, ins Lächerliche kippenden Haltung des Alten, der bewußten Nachlässigkeit in der Kleidung des Künstlers und der freigebigen Entblößung des Modells, und was bedeutet der ausgestreckte, leicht erhobene Zeigefinger des ersten? Wahrscheinlich handelt es sich um eine Anspielung auf die Kritiken, die Buchser mit seinem Werke und besonders mit seinen Aktbildern in der Heimat und in Solothurn, der Hauptstadt seines Heimatkantons, erntete. Als er 1890 seine *Huri* an der ersten Schweizerischen Kunstausstellung in Bern, die er nach Kräften gefördert hatte, ausstellte, gab er ihr den verharmlosenden mythologischen Titel *Ariadne an den Ufern des Alpheus* (vgl. Bern 1980). Und was bedeutet schließlich die Bezugnahme auf das Schützenfest, Inbegriff der politischen Kultur der Schweiz in der zweiten Hälfte des 19. Jahrhunderts (vgl. Kat. 433)? Vielleicht sollte hier das künstlerische Banausentum angeprangert werden, dessen Verständnislosigkeit Buchser begegnet war, als er der Kunst in der Republik einen offiziellen Rang verschaffen wollte (MARFURT-ELMIGER und VOGEL 1990).

Unser Bild steht indessen auch in weiteren Zusammenhängen. Es zollt dem *Atelier* von Courbet, das Buchser seit 1855 bewunderte, Tribut (vgl. Solothurn 1990, S. 32, 39 und 159); es gehört auch in die lange Reihe von Schmähbildern auf den Kunstfreund (vgl. GEORGEL und LECOQ 1983, S. 132–134), die sich Ende des 19. Jahrhunderts angesichts der steigenden Macht der Kunstkritik vervielfachen und zu einer eigentlichen Kritik-Kritik gehören (vgl. GAM-

BONI 1989). Gabriela Christen hat den Gegensatz hervorgehoben, den das Bild bewerkstelligt: auf der einen Seite steht die Hellsicht des Malers, symbolisiert durch seine Brille, auf der anderen die Blindheit des Kritikers, ausgedrückt durch die auf die Stirn geschobene Brille und das nutzlos herabhängende Lorgnon. Die Brille Franz Joseph Schilds ist eine Schützenbrille. Was immer Buchser insgeheim über die schweizerische Kulturpolitik gedacht haben mag – er sieht offenbar als erster den Kritiker als Schützen. D. Gamboni

Lit.: Solothurn 1990, Nr. 1.4, S. 53 (Gabriela Christen). – Mitteilungen von Ferdinand Piller, Schweizerisches Schützenmuseum, Bern.

442

ARNOLD BÖCKLIN
Basel 1827–1901 San Domenico bei Fiesole

Die Freiheit. 1891
Öl auf Holz, 96 × 96 cm
Berlin, Nationalgalerie, Staatliche Museen
Preußischer Kulturbesitz, Inv. NG 5002

Die Darstellung der *Freiheit* entstand aus Anlaß der schweizerischen Bundesfeier von 1891. Arnold Böcklin war beauftragt worden, die offizielle Gedenkmünze zu gestalten. Verschiedene Umstände führten jedoch dazu, daß sein Entwurf als Medaille schließlich unausgeführt blieb. Dem Künstler war es insbesondere nicht gelungen, rechtzeitig einen ausführungsreifen Vorschlag zu entwickeln. Böcklins zögerlicher Umgang mit dem Auftrag wird damit erklärt, »daß ihm bei einem so wichtigen Anlaß nichts seinen künstlerischen Forderungen völlig Entsprechendes eingefallen sei« (FREY 1903). Man kann sich aber auch fragen, ob nicht eine grundsätzliche Unvereinbarkeit zwischen den Anforderungen an Staatsaufträge dieser Art und anspruchsvoller Gestaltung bestehe. Böcklin klagte in einem Schreiben vom 27. September 1890: »Bis heute ist mir keine ausführbare Idee gekommen, die nicht schon

442

ähnlich dagewesen wäre.« Eine wesentliche Anforderung an die damalige Repräsentationskunst bestand indessen darin, daß sie nur in oberflächlicher Weise originell sein durfte und keine tatsächlich individuellen Schöpfungen gestattete.

Das Gesamtmotiv – die Freiheitsgöttin über den Wolken thronend und mit zwei Attributen ausgestattet, die Friedenspalme in der Linken, den Adler als Ausdruck der Kraft und der Kühnheit in der Rechten –, entsprach durchaus der herrschenden Konvention. Eher ungewöhnlich war die halb stehende, halb sitzende Stellung der Figur.

Das lässige Anlehnen der *Freiheit* kontrastiert mit den drei üblichen Haltungen solcher Figuren: Entweder thronen sie als Majestäten, oder sie stehen stramm als unverrückbare Wächterinnen, oder sie stürmen als entfesselte Kämpferinnen mit kriegerischer Gestik voran. Man ist versucht, aus der Häufigkeit des Auftretens der verschiedenen Typen auf den Zeitgeist zu schließen (z. B. AGULHON 1979) oder umgekehrt die dynamischere und jugendlichere Variante als typischen Ausdruck des jungen Republikanismus des 19. Jahrhunderts zu sehen (z. B. Delacroix' *Freiheit* von 1830, vgl. Kat. 359) und die statische und ältere Variante als Ausdruck des etablierten Bürgertums (vgl. besonders Kat. 410). Böcklins Darstellung liegt insofern im Trend der Zeit, als die Figur keine martialische Erscheinung ist. Die Entwicklung zum Zivilen läuft gerade in diesen Jahren über die alte Tradition der antikisierenden Togabekleidungen hinaus hin zu pseudoländlichen Trachten und bäuerlichen Mädchengestalten. Die bekannteste Variante dieses Typus findet man auf der 1897 von Fritz Ulysse Landry geschaffenen Goldmünze, die eine *Helvetia* darstellen sollte, mit den Jahren bezeichnenderweise aber zu einem *Vreneli* wurde (Kat. 196). Der erste Entwurf war sogar noch weiter von der klassischen Staatsallegorie entfernt, weshalb die Jury den Künstler aufforderte, «à remplacer la vierge par une mère, symbolisant la patrie suisse, telle que notre peuple la comprend», die vertraute »Mutter Helvetia« darzustellen.

Atypisch für das späte 19. Jahrhundert ist gewiß die Kopfbedeckung der Frauenfigur: die phrygische Mütze behält in der Schweiz (anders als in Frankreich) den revolutionären Anstrich, den ihr die Jakobiner gegeben haben. Entsprechend selten kann man sie auf schweizerischen Darstellungen finden. Als Gustave Courbet 1875 zum Dank für das Asyl, das er nach seiner Beteiligung am Aufstand der Pariser Commune in der Schweiz gefunden hatte, seiner neuen Heimatgemeinde eine Frauenbüste mit Phrygiermütze schenken wollte, wurde ihm offiziellerseits bedeutet, die Skulptur nicht direkt mit der Schweiz in Verbindung zu bringen. (Kat. 145–147).

Ob als »Libertas« oder als »Helvetia« – die Figur sollte als übergeordneter Bezugspunkt im Widerstreit divergierender Interessen den Zusammenhalt fördern und die bestehende Ordnung stabilisieren oder zum mindesten ein beruhigendes Gegengewicht zur beunruhigenden Dynamik der Moderne bilden (KREIS 1989). Da es die männliche Welt war, die den Widerstreit führte und durch die Pflege von Idolen die offenbar nötigen Kompensationsstrategien entwickelte,

erstaunt es nicht, daß die daraus hervorgehenden Kultfiguren weiblicher Natur sind: imaginierte Mehrzweckweiblichkeit, die einerseits Mut einflößen und anspornen und andererseits Trost spenden und beruhigen sollte. G. Kreis

Lit.: FREY 1903, S. 192–210; ANDREE 1977, S. 497–4988; Basel 1977, S. 214, 239; CHESSEX 1984; KREIS 1989; KREIS 1991.

443

ALBERT WELTI
Zürich 1862–1912 Bern

Gesamtentwurf zum Landsgemeindefresko im Ständeratssaal des Bundeshauses in Bern. 1909
Tempera auf Holz, 68 × 171 cm
Zürich, Kunsthaus, Inv. 1047 (Leihgabe)

Das zwischen 1894 und 1902 errichtete Bundeshaus in Bern erhielt eine reiche künstlerische Ausstattung, die es zu einem Hauptmonument der schweizerischen Selbstdarstellung, zu einem Nationaldenkmal macht. Albert Welti entwarf das große Wandbild im Ständeratssaal, das eine schweizerische Landsgemeinde darstellt. Es wurde nach seinem Tod von Wilhelm Balmer in Fresko ausgeführt.

Die Wahl des Themas war Welti freigestellt. Er schrieb dazu 1910: »Man hätte sich's ja bedeutend bequemer machen können, so eine Art allegorischer Siegesallee durch die fünf Felder wäre schneller gegangen. Ich fand, ich sei's dem Schweizervolke schuldig, nicht in Rätseln zu reden, sondern ihm einen klaren Spiegel seiner von den Vätern erstrittenen Freiheit vorzuhalten« (WELTI 1916, S. 192). Die Landsgemeinde, die sich in drei Schweizer Kantonen bis heute erhalten hat, war in den meisten »Ländern« (nicht in den Städten) der alten Eidgenossenschaft das oberste Organ der gemeinsamen Willensbildung. Unter freiem Himmel trafen sich alle eingebürgerten Landleute

443

einmal jährlich zur Beratung und Beschluß-
fassung. Als sichtbare Form der direkten Demokratie wurde sie zu einem Sinnbild des
republikanischen Staatswesens.

Das Bild im Ständeratssaal zeigt die im
Landsgemeindering (es handelt sich um denjenigen des Kantons Nidwalden) versammelten Männer beim Anhören der Argumente eines Mitbürgers. Die Frauen waren
damals noch nicht stimmberechtigt und blieben deshalb zusammen mit den Kindern außerhalb des Ringes. Die dargestellte Volksgemeinschaft verkörpert durch ihre Tätigkeit
und ihre Geschlossenheit die Idee der Freiheit im Sinne der Selbständigkeit und politischen Unabhängigkeit. Zusätzlicher Garant
ihrer Freiheit sind die Alpen im Hintergrund, die die kleine Republik beschützen.
Neben der Gemeinschaft als ganzer ist aber
auch jedes ihrer Glieder frei. Alle Bürger besitzen das gleiche Recht zur freien Meinungsäußerung. Welti war es deshalb ein
Anliegen, die Personen als Individuen zu
charakterisieren, wozu er – zusammen mit
Balmer – über 150 Innerschweizer einzeln
porträtierte.

Weltis Landsgemeinde vermittelt das
Bild einer konsolidierten Republik, in der
die Freiheit seit Jahrhunderten eine Selbstverständlichkeit darstellt. Die Versammlung
wirkt ruhig und beschaulich. Keine Bewe-

gung, kein Aufruhr, vielmehr herrscht das
Gefühl von Vertrauen und Zustimmung.
Die historischen Kostüme verleihen der
Darstellung zusätzlich einen idealisierten,
sonntäglichen Charakter. Es stellt sich die
Assoziation zu einem historischen Festspiel
ein. Welti, der mit den Entwicklungen der
Moderne Mühe hatte, schuf bewußt ein ge-
schöntes Bild des schweizerischen Staatswesens. Er wollte die alte Vorstellung vom helvetischen Arkadien bewahren und ins
20. Jahrhundert retten.   J. Stückelberger

Lit.: WELTI 1916; STÜCKELBERGER 1985; STÜK-
KELBERGER 1988.

444 a–d

JOHANN GEORG MÜLLER
Wil SG 1822–1849 Wien

**Idee für ein Schweizerisches
Nationalmonument.** 1845–1846
Grundriß 61,5 × 93,5 cm, Ansicht
61,5 × 94,5 cm, Schnitt 61,5 × 94 cm
Winterthur, Stadtbibliothek,
Handschriftenabt. Inv. 24, 22, 23; Modell
im Maßstab 1:100 von Urs Huber, Kehrsatz
(1990–1991)

Seit dem mittleren 18. Jahrhundert entwik-
kelte die Schweizerische Eidgenossenschaft
vor dem Hintergrund der Aufklärung und

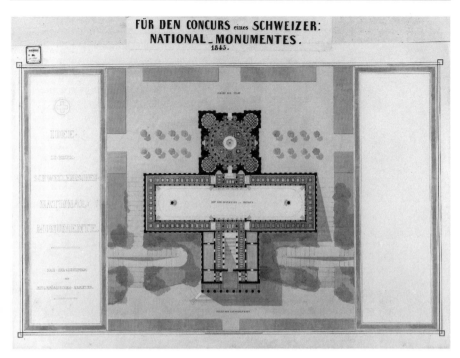

444a

des aufkommenden Nationalgefühls eine beachtliche Denkmaltradition. Sie mußte sich der Staatsform entsprechend von jener in den umliegenden Monarchien unterscheiden. Die Denkmäler (oder Denkmalprojekte) galten vorerst zeitgenössischen oder kurz zuvor verstorbenen Zelebritäten im Sinne des Geniekults, sodann dem schweizerischen Nationalgedanken, aufbauend auf der spätmittelalterlichen Befreiungslegende, schließlich in vereinzelten Fällen den gewonnenen Kriegen, in der Nachfolge der Schlachtkapellen. Die Opfer des Franzoseneinfalls von 1798 animierten in der Mediationszeit seit 1803 und vermehrt nach dem Wiener Kongreß von 1815 weitere Denkmäler. Die Restaurationszeit zwischen 1815 und 1830 bot dann Anlaß zu einer Vielzahl von Denkmälern oder Denkmalplanungen zur Erinnerung an die eidgenössischen Befreiungsschlachten des 14. und 15. Jahrhunderts; sie sind in erster Linie als Monumente

der postulierten Kantonssouveränität zu interpretieren. Daneben erlebten in der Gattung des Zelebritätendenkmals Wissenschaftler, Wohltäter und Unternehmer eine merkliche Aufwertung, und erstmals wurden historische Persönlichkeiten unter Einschluß von Reformatoren in größerem Umfang als denkmalwürdig erachtet.

Alle diese Denkmalgedanken sollten – so unsere Interpretation – in einem »schweizerischen Nationaldenkmal« zusammengefaßt und so in ihrer Wirkung potenziert werden, wenn es nach dem Willen des Winterthurer Kartographen, Verlegers und Kommunalpolitikers Jakob Melchior Ziegler (1801–1883) gegangen wäre. Dieser hatte in einer Rede vor der Schweizerischen Künstlergesellschaft in Zofingen vom Mai 1843 die Idee eines architektonischen Nationaldenkmals über dem Grundriß eines Schweizerkreuzes propagiert und im folgenden Monat den in St. Gallen tagenden Schweizerischen Inge-

444 b

nieur- und Architekten-Verein (SIA) für die
Lancierung eines Architektur-Wettbewerbs
gewinnen können (publiziert 1844).

Ziegler selber verfaßte in Anlehnung an
seine Zofinger Rede das Wettbewerbs-Pro-
gramm, das durch die SIA-Jahresversamm-
lung nur noch geringfügig modifiziert
wurde. Der Denkmalbau über fünf kreuzför-
mig angeordneten Quadraten sollte in seinem senkrechten Stamm einen längsrechtek-
kigen Innenhof (inspiriert vom Campo
Santo in Pisa) mit umlaufenden Arkadengän-
gen für malerische und plastische Zyklen zur
Schweizergeschichte und ihren Helden aufnehmen. Der Querstamm mit den seitlichen
Quadraten sollte zwei Oberlichtsäle für Versammlungen resp. für Kriegstrophäen und
Staatsaltertümer umfassen. Den Schnittpunkt
der beiden Achsen als Zentrum des Monumentes sollte ein Brunnen mit der Symbolik
des St. Gotthards und des Schweizerischen
Gewässernetzes im Herzen Europas einnehmen. Antikisierende Baustile sollten vermieden werden, hielt das Programm fest. Hingegen äußerte es sich weder über die Art der

Realisierung noch über den Standort des Nationaldenkmals. Ziegler hatte in seiner Rede
eine Innerschweizer Voralpenlandschaft angedeutet.

Anregungen für seine Idee fand Ziegler
formal oder inhaltlich in ähnlichen Natio-
nalmonumenten umliegender Länder. Er
hatte in seiner Rede König Louis-Philippes
Musée Historique in der Galerie des Batail-
les von Schloß Versailles erwähnt (eingerichtet 1833–1837), ebenso König Ludwigs I.
Walhalla bei Regensburg (erbaut von 1830
bis 1842). Ihre Vollendung kurz vor der
Ausschreibung, dürfte den unmittelbaren
Anlaß zu diesem Wettbewerb gegeben haben.

Die Bauaufgabe des Nationaldenkmals
vertraten damals auch das Panthéon in Paris
und die Befreiungshalle bei Kehlheim (begonnen 1842).

Im Oktober 1845 nahm der SIA in Winterthur die Jurierung des 1843 ausgeschriebenen Wettbewerbs vor. Bloß sieben Architekten hatten sich mit insgesamt neun Pro-
jekten daran beteiligt. Die vier prämierten

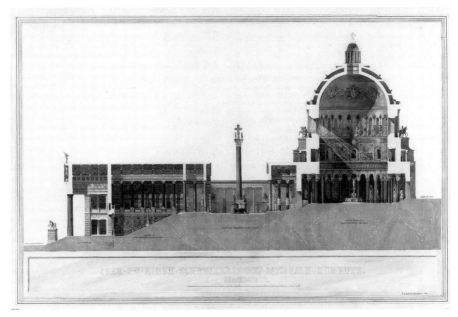

444 c

Entwürfe konnten vor wenigen Jahren in der Stadtbibliothek Winterthur aufgefunden werden, wohin sie offenbar durch den Nachlaß von Jakob Melchior Ziegler gelangt waren. Zum Sieger wurde Samuel Késer-Doret (1813–1902) aus Vevey erkoren, der unter dem Titel »Freiheitsburg« einen türmebewehrten Kolossalbau historisierender Prägung entworfen hatte. Der zweite Preis ging an den Luzerner Ludwig Pfyffer von Wyher (1783–1845); in klassizistischer und neugotischer Variante hatte dieser ein Projekt eingereicht, welches Zieglers patriotischen Vorstellungen nacheiferte und diese an architekturikonologischem Beziehungsreichtum noch übertraf. Das drittrangierte Projekt von François Jaquerod (1818–1879) aus Aigle beschied sich mit einem kleinlichen Bau im Münchner Rundbogenstil; die Jury berücksichtigte es vor allem wegen der exakten Einhaltung der Programmvorschriften.

Über diese setzte sich der junge Johann Georg Müller in mancher Hinsicht hinweg, zumal er vermutete, daß das Wettbewerbs-

programm von einem Baudilettanten entworfen worden war; auch reichte er sein Projekt unvollendet ein. Eine Preisverleihung war somit ausgeschlossen. Da aber die künstlerische Qualität von Müllers Arbeit herausragte, sprach ihm die Jury aus der SIA-Vereinskasse eine Goldmedaille außerhalb des Wettbewerbs zu, unter Vorbehalt der Fertigstellung des Projektes.

Müllers Plan behält zwar die Grundrißform des Schweizerkreuzes bei; aber die additive Raumabfolge der Programmvorgaben weicht einem spannungsvollen Architekturorganismus, dessen szenographischer Effekt durch die ansteigende Hanglage gesteigert wird. So nimmt sich Johann Georg Müllers Wettbewerbsarbeit wie eine intelligente Kritik an Zieglers Absichten aus. Eine solche ließ sich schließlich um so leichter wagen, als der Wettbewerb utopische Züge aufwies.

Müllers kolossale Planarchitektur intendiert keine epische Zurschaustellung schweizerischen Herkommens (wie Ziegler und die Preisträger), sondern einen ehrfurchtgebietenden Gang zu einem sakralisierten Ziel-

punkt: Ihr Ausgangspunkt bildet ein dorischer Portikus mit Giebelrelief, aus dessen
Vorhalle eine Kolonnadentreppe zum Säu-
lenumgang des nun quergerichteten Innen-
hofes führt. Das monumentale Treppenhaus
und die darüber ansetzenden Seitengänge
sollen als »Amphitheater der Reden und Feste« dienen, eine auf zentraler Säule sich er-
hebende Freiplastik des Rütlischwurs den
Sammelpunkt bilden. Neben der Verwendung als Versammlungsraum wird aber die
Treppe im Eingangsflügel noch durch eine
weitere Funktion überlagert, indem Müller
in deren Seitenräumen das Museum der vaterländischen Altertümer plaziert. Dadurch
gewinnt der Entwerfer die Freiheit, den gegenüberliegenden Kreuzarm zur »Concor-
dienkirche«, zu einer Art Nationaldom und
»Baptisterium der Stadt«, auszugestalten.
Man erreicht ihn durch den eingeschobenen
»Querhof der Denkmäler und Frescobilder«,
der in zwei kreuzbekrönten Monumentalsäulen mit Figurenschmuck und Brunnen-
becken seinerseits Sammlungspunkte findet.

Nach dem Weiteranstieg in den vierten
Kreuzarm öffnet sich die »Concordienkir-
che«, welche im Grundriß das griechische
Kreuz wiederholt. Die Nebenrotunden in
den Diagonalen sollten die sterblichen Reste
der »Gründer unserer Freiheit« aufnehmen.
Ins Zentrum der Kirche setzt der Architekt
ein oktogonales Taufbecken mit der Brun-
nenstockfigur des heiligen Johannes des
Täufers. Sie steht in offensichtlichem Bezug
zur gegenüberliegenden Rütlischwurgruppe
und beleuchtet das für Müllers Projekt überlieferte Motto »Durch Vaterlandsliebe zur
Religion«. Die ebenfalls sakral konzipierte
Ausmalung dominiert den Raumeindruck
der Kirche, die durch eine mächtige Kuppel
und eine Laterne mit bekrönendem Kreuz in
200 Fuß Höhe abgeschlossen wird.

In teilweisem Gegensatz zu den Pro-
grammwünschen und seinen eigenen Stil-
vorlieben hat sich Johann Georg Müller in
seinem Entwurf für ein schweizerisches Nationalmonument zur Anwendung der klassischen Säulenordnungen entschieden. Allerdings ist seine Denkmalarchitektur nicht frei

von Stilmischungen und Nuancenwechseln.
Sie manifestieren sich in den Stilsprüngen
zwischen Innen- und Aussenbauten; sie werden subtiler beim Durchqueren des Gebäudes erlebt, das ein Voranschreiten im Sinne
einer geistig-kulturellen Entwicklung und
Läuterung nachvollziehen läßt – eine Para-
phrase auf die Nationen- und Staatenbildung
der Schweiz auf der Basis des Christentums,
abgeleitet vom Stamme der Helvetier: Die
Archaik einer dorischen Ordnung der Tempelfront empfängt den Besucher, der geleitet
wird in den Querhof mit ionischer Kolonnade; die korinthische Ordnung ist der
Treppenhalle und den beiden christlich ge-
deuteten Hofsäulen vorbehalten, welche auf
die im Innern ravennatisch-pisanisch anmu-
tende Taufkirche mit korinthischen Säulen-
kränzen hinweisen.

Diese Rotundenkirche hat keine konkreten Vorbilder und doch viele Ahnen. Einige
kennen wir aus Müllers architektonischem
Skizzenbuch, nämlich das Pantheon in Rom,
den Dom in Florenz und das Panthéon in
Paris. Im Jurygutachten heißt der Entwurf
»ein Rivale« des Pariser Invalidendoms und
des Royal Naval Hospital in Greenwich.
Ähnlichkeiten bestehen auch zu Bramantes
Entwurf zu St. Peter in Rom oder zu Wrens
Paulskathedrale in London. Einen Schlüssel
hat uns Johann Georg Müller selber in die
Hand gegeben, indem er seinem Plansatz einen gestochenen Querschnitt des Baptiste-
riums von Pisa beilegte. Die flankierenden
Monumentalsäulen im Hof sodann erinnern
deutlich an die Karlskirche in Wien und an
einige um 1800 entstandene Entwürfe.

Obwohl bloß als Gehäuse des schweizerischen Nationalgedankens gedacht, ist diese
großartige Architektur in der Tradition des
akademischen Klassizismus eine Summe
abendländischer Kultur: nach Müller selbst
»ein phantastischer Wunschtraum«, der erst
recht bei der Jury das Gefühl erweckte, »daß
ein Monument dieser Art mehr für eine
mächtige große Nation bestimmt zu seyn
scheint, als für die Schweiz«. Die politische
Zerrissenheit der Schweiz im Vorfeld des
Sonderbundskrieges, dieses Bürgerkrieges

von 1847, ließ die Realisierung eines solchen Einigkeit beschwörenden Monumentes vergessen. Den Gedanken daran hielt Zieglers Publikation von 1860 wach.

B. Schubiger

Lit.: ZIEGLER 1844, S. 55–81; ZIEGLER 1860, S. 4; POLASEK 1957, S. 17–19; GERMANN 1972, S. 50f.; SCHUBIGER 1985; GAMBONI 1987, S. 162f.; SCHUBIGER 1991.

Karikatur und Revolution

Zu den Kindern des »geselligen Jahrhunderts« gehört auch die politische Karikatur. Neben der unübersehbaren Flut von satirischen und polemischen Schriften, die als Broschüren und Flugblätter das Publikum Europas und Amerikas überschwemmten, trat nun das Bild als Mittel im politischen Kampf an die Öffentlichkeit.

Das Entstehen der politischen Karikatur im 18. Jahrhundert ging mit dem Entstehen der politischen Öffentlichkeit Hand in Hand. Es erstaunt deshalb nicht, daß England, wo schon in der ersten Hälfte des 18. Jahrhunderts eine öffentliche und freie politische Diskussion möglich war, auch das erste Land war, in dem sich eine moderne politische Karikatur etablierte. Nur in einem Land, das eine weitgehende Pressefreiheit garantierte, konnte die Karikatur Fuß fassen, denn sie lebt von der öffentlichen Anprangerung von Mißständen. Indem sie eine Person, ein Land, eine Handlung oder eine Haltung der Lächerlichkeit preisgibt, nimmt sie Partei im politischen Kampf.

Die Karikatur lebt von einer bereits bestehenden Polarisierung der politischen Meinungen; sie will den politischen Gegner nicht bekehren oder belehren, sondern ihn unglaubhaft machen und schwächen. Gleichzeitig aber soll sie die eigenen Anhänger in ihrer Meinung bestätigen und stärken. Die Karikatur ist deshalb in ihrem Wesen zerstörerisch; der Gegner wird zum Opfer. In der Karikatur – wie in der Satire – können die Machtverhältnisse der politischen Realität auf den Kopf gestellt werden: der Schwache zerstört den Starken, indem er ihn lächerlich macht. Das erklärt auch, warum die Kraft der Satire und der Karikatur seit jeher nur in der Darstellung des Kampfes der Schwachen gegen die jeweils Mächtigen liegt: der Spott der Starken auf die Schwachen ist keine Satire, sondern Überheblichkeit.

Die Karikatur ist nicht nur eng mit den Rahmenbedingungen, die ihr die politische Öffentlichkeit zugesteht, verbunden, sondern auch mit den zur Verfügung stehenden Vervielfältigungstechniken. Holzschnitt und Kupferstich waren die ersten jener Techniken gewesen, die eine kostengünstige Vervielfältigung von Bildern ermöglicht hatten. In den großen Kämpfen von Reformation und Bauernkrieg, im Freiheitskampf der Niederländer und in der englischen Revolution hatten Bilder den politischen Kampf mitbestimmt. Doch diese Bilder blieben fast immer im verborgenen, waren nur einem kleinen Kreis zugänglich und konnten kaum zum Tagesgespräch werden, weil es eine breit abgestützte öffentliche Debatte über die politischen Angelegenheiten noch gar nicht gab.

Im aufgeklärten England des 18. Jahrhunderts mit seinen parlamentarischen Entscheidungsinstanzen waren erstmals die Voraussetzungen gegeben,

damit die Karikatur vor eine breite interessierte Öffentlichkeit treten
konnte. William Hogarth (1697–1764) wurde für die ganze weitere Entwicklung der Karikatur zur Kunstform wegweisend. In seinen Stichen geißelt er die Mißstände seiner Zeit, das Zerrbild wird zum moralischen
Gleichnis. Das Beispiel Hogarths und seiner Nachfolger wurde für ganz Europa und für die jungen Vereinigten Staaten zum Vorbild.

Französische Revolution und Gegenrevolution wurden von einer riesigen
Zahl von Karikaturen begleitet, die allen Facetten der politischen Polemik
ein Bild zu geben versuchten. Es ist aber bezeichnend, daß in dieser Zeit nur
wenige hervorragende Karikaturen entstanden, denn die kriegerischen Zeiten und die weitgehenden Presse- und Versammlungsverbote unterbanden
die Mechanismen der offenen politischen Diskussion.

Die Erfindung der Lithographie und ihre rasche Verbreitung im frühen
19. Jahrhundert bildete einen Markstein für die Entwicklung der Karikatur.
Die Vervielfältigung von Zeichnungen konnte nun sehr viel unkomplizier-
ter, billiger und rascher vor sich gehen. Illustrierte Zeitschriften schossen
überall aus dem Boden und ermöglichten eine breite Streuung nicht nur von
Texten, sondern auch von Bildern und damit Karikaturen. Die berühmteste
dieser Zeitschriften *La Caricature* erschien während fünf Jahren in Paris nach
der Revolution von 1830. In diesen Jahren einer relativen Pressefreiheit erreichte die politische Karikatur einen Höhepunkt ihrer Verbreitung und Beliebtheit. Honoré Daumier (1808–1879) wurde nach Hogarth der unbestrittene Meister, der in Tausenden von Lithographien die Vorgänge in Frankreich und Europa von der Julirevolution 1830 bis zur Dritten Republik
karikierte.

Neben Frankreich war es die liberale Schweiz der Regenerationszeit nach
1830, in der sich die Karikatur recht frei entfalten konnte und wo sie in der
politischen Debatte eine wichtige Rolle zu spielen begann. Es ist bezeichnend, daß die Karikatur zu jenen Kunstformen gehört, in der die Schweizer
Künstler sich durchaus mit europäischen Vorbildern messen durften. Die
politischen Verhältnisse bildeten dafür einen fruchtbaren Boden. Martin
Disteli (1802–1844) sah in der Karikatur einen Weg, mit der Kunst das
Volk direkt anzusprechen. Seine Ideen kommen in einem Zeitungsartikel
aus dem Jahre 1838 zum Ausdruck: »Wir haben keine Höfe, die die Kunst
unterstützen. Die Künstler müssen sich selbst Bahn zum Volke brechen. Es
handelt sich um einen Ehrenpunkt: Ob die Kunst nur an Fürstenhöfen begünstigt, und nicht auch auf republikanischem Boden gepflegt werden
könne?« (zit. nach LEITESS 1977, S. 85). Mit den Mitteln der Kunst, mit engagierten Bildern und Karikaturen, hoffte Martin Disteli den Kampf gegen
die Reaktion im Volk zu verankern.

Das Revolutionsjahr 1848 bildete in ganz Europa einen Höhepunkt des politischen Kampfes für eine neue Freiheit. Die Pressefreiheit in Frankreich ließ die liberalen Traditionen der Karikatur sofort wieder aufleben; in Deutschland und anderswo entstand in kürzester Zeit eine reiche polemische Bildpublizistik, die allerdings nach der Niederschlagung der Revolution viele Jahre wieder ein Schattendasein führen mußte.

Schritt für Schritt wurde in der zweiten Hälfte des 19. Jahrhunderts in den meisten europäischen Ländern die Zensur gelockert. Im Zuge des Wirtschaftsliberalismus konnte auch eine weitgehende Pressefreiheit durchgesetzt werden. Satirische Zeitschriften erschienen nun regelmäßig in allen Ländern, und damit wurde die politische Karikatur zur alltäglichen Begleiterin der politischen Presse.

F. de Capitani

Hogarth

445

WILLIAM HOGARTH
London 1697–1764 Leicester Fields

König, Bischof und Richter. 1724
Radierung und Stichel, 19,2 × 18,5 cm
Schweiz, Privatbesitz

Nach der Bildlegende zu *König, Bischof und Richter (Royalty, Episcopacy and Law)* gehört dieser Druck in zwei kulturgeschichtliche Rahmen: erstens den der Wissenschaft mit der populären astronomischen Erforschung der Himmelskörper dank damals verbesserter optischer Geräte, zweitens den der Literatur, mit ihrer in England seit der *Utopia* des Thomas Morus von 1516 stets lebendigen Tradition der Utopie, wie etwa in den parodistischen zeitgenössischen Schriften Jonathan Swifts. Das außerirdische Anderswo der Utopie ist hier nicht eine Insel, sondern der Mond, der sein Licht sowohl von der Sonne direkt als auch reflektiert durch die Erde erhält, also buchstäblich ein Spiegel unserer Welt ist. So reflektiert der Mond hier die gesellschaftlichen Zustände der Welt. Die Vertreter ihrer herrschenden Klassen sind mit kleinen Buchstaben beschriftet, welche ihre Reihenfolge, die hierarchische, von links nach rechts bezeichnen. Der König, dessen Antlitz durch die Kopfseite einer Guinee dargestellt ist, trägt als Würdezeichen Halbmond und Halskette aus Bullen, die symbolisch politische Labilität und menschliche Schwäche bedeuten. Der Bischof hat als Gesicht eine Maultrommel – ein volkstümliches, »geschwätziges« Musikinstrument – und betätigt eine Geldpumpe, die als Brunnen mit einem Kirchturm als Stock gebildet ist, wobei am Hebelarm eine Bibel als Griff dient. Der Kirchturm trägt eine Wetterfahne – Symbol der Richtungslosigkeit –, der Brunnentrog in Gestalt einer Geldtruhe trägt das Bischofswappen mit Mitra und Eßbesteck als Symbol der Unersättlichkeit, die Wasserröhre ist ein Kanonenrohr. Der Richter endlich, mit einem

Some of the Principal Inhabitants of y^e MOON, as they Were Perfectly Discovered by a Telescope brought to y^e Greatest Perfection Since y^e last Eclipse, Exactly Engraved from the Objects, whereby y^e Curious may Guess at their Religion, Manners, &c.

445

Hammer als Gesicht unter wuchtiger Perücke, hält das Schwert der Gerechtigkeit, während in seinem Rücken ein Dolch durch ein Sieb (NICHOLS 1785) in Form des Hutes eines Londoner Bürgermeisters (PAULSON 1965) stößt, also die feinmaschige Gesetzesstruktur gewaltsam zerstört. Auf dem Bretterboden steht ein elegantes Höflingspaar, der Mann mit Adelswappen als Gesicht, die Frau mit einem Teekrug sowie mit Trinkglas und Fächer. Links als Gegenüber Diener und Soldaten, die aus Spiegeln und die Wärme zurückwerfenden Ofenplatten bestehen, Symbolfiguren der Servilität.

Diese Karikatur, die den Machtmißbrauch auf politischem, religiösem und juristischem Gebiet in Szene setzt, nutzt die sprachlichen Mittel der Allegorie; sie ersetzt die Person durch das Amt, das sie bekleidet, der Mensch wird auf seine Tracht und seine Würdezeichen reduziert. Die surreale Kreuzung von menschlicher Figur und Dingen zu Monstren, wie sie hier erscheint, steht übrigens in einer langen Tradition (ANTAL 1962; GEORGE 1959, Taf. 4), die zur Allegorie, zu Rebus und Groteske im Barock gehört. Hogarth, der bei einem Goldschmied in die Lehre gegangen war, für den er Ornamentales aus Heraldik, Allegorie und Emblematik kopieren mußte, schrieb 1753 in seiner *Analysis of Beauty*:»Es ist vergnügliche Schwerarbeit, die kniffligsten Probleme zu lösen. Allegorien und Bildrätsel, mögen sie auch als Tändelei gelten, verschaffen dem Geist unterhaltende Kurzweil.« Die Buchstaben, welche die Personen auf diesem Blatt bezeichnen, bedeuten wahrscheinlich, daß Hogarth des Rätsels Lösung als Bildlegende beizufügen gedachte. Im Keim trägt dieses Jugendwerk das moralisch-politische Engagement der Reifezeit der großen Bildkompositionen von 1730–1750 (Kat. 446–448).

Ph. Kaenel

Lit.: NICHOLS 1785, S.442–444; GEORGE 1959;ANTAL 1962, S.131; PAULSON 1965, S.109 bis 110; Berlin 1980, S.49–51.

446 Blatt I–IV

WILLIAM HOGARTH
London 1697–1764 Leicester Fields

Folge von vier Blättern über eine Wahl
1755–1758 Radierung und Stichel,
je ca. 40,5 × 54 cm
Schweiz, Privatbesitz

Die vier Ölgemälde Hogarths (1754, London, Soane's Museum), die in diesen Stichen wiedergegeben werden, gehören als Zyklus zu den anspruchsvollsten des Künstlers, sowohl was ihr Format als auch was ihren Inhalt betrifft: die besonders vielschichtige Handlung, der Reichtum an Personen und an Anspielungen auf Geschichte und Kultur. Diese Reihe bezieht sich auf die Ereignisse von 1754, anläßlich der halbjährlichen Wahlveranstaltungen in der Grafschaft Oxfordshire, einer Hochburg der konservativen Tories, die seit der Absetzung Jakobs II. im Jahre 1688 verschiedene Versuche, die Regierung der Whig-Partei zu stürzen, unternommen hatten. Diese liberaler gesinnte Partei hatte 1753 die Jew Bill, den Juden-Artikel, durchgesetzt, der den jüdischen Ein-

wohnern das englische Bürgerrecht verlieh, was flammenden Prostest der Tories zur Folge hatte und ihnen im Jahr darauf zu einem Wahlsieg verhalf.

Die Tories verkörpern die Partei des Alten Interesses, die Whigs die des Neuen Interesses; die ersten tragen hier als Symbolfarbe Blau, die zweiten Orange und nicht Grün, die offizielle Farbe der Whigs. Dieses absichtliche Versehen zeigt den verzwickten Geist, der in Hogarths Bildern steckt. Er gibt ihnen durch sinnbildliche Handlungsweisen oder Attribute etwas Allgemeingültiges, das über jenes spezielle lokale innenpolitische Ereignis hinausführt. Daraus ergeben sich tiefgründige Mehrdeutigkeiten; denn viele Einzelheiten können ebensogut als symbolträchtige Motive der Moral wie als wirkliches Geschehen, das in der Presse erscheint, gelesen werden. Dies trifft etwa auf den siegreichen Tory-Kandidaten auf Blatt IV zu, der, im Triumph hochgestemmt, bereits auf der Kippe ist – er kommt zu Fall. Abgesehen davon, daß um 1754 kein Gewählter so im Triumph geführt wurde, wird er mit den Zügen von George Bubb Dodington, einem der Whig-Partei anhängenden Millionär, dargestellt, der als einziger Politiker bestimmt keine Wiederwahl zu erwarten hatte. Er erblickt eben einen skulptierten Totenkopf, der den Eingangspfeiler in der Friedhofmauer bekrönt, dem Kaminfegerknaben zum Spaß eine Brille aufgesetzt haben, so daß dieser auf jenen zu starren scheint. Über ihnen sieht man eine Sonnenuhr mit der Aufschrift »Wir müssen (alle sterben)«. Die bedeutungsvolle Lage des Kandidaten wird noch sinnreicher durch seine Stellung im Bilde, zwischen einem halbzerfallenen Haus, in das ein Festmahl getragen wird, und dem Ort der letzten Ruhe. Vanitas vanitatis ist wohl der tiefste Sinn dieser Stichfolge, die Bestechlichkeit und Gewalt, welche aus den Interessen dieser Welt - alte und neue - erfolgen, geißelt.

Hogarth hat dieser Bildfolge keine aufschlüsselnde Texte beigegeben, aber sein Herausgeber T. Caslon veröffentlichte 1759 eine dichterische Beschreibung *Poetical De-*

446 Blatt I

scription, »geschrieben mit Genehmigung und unter Aufsicht von Herrn Hogarth«, welche die Rätsel lösend, das Verständnis der Bilder erleichtert. Diese gibt aber keinen Aufschluß über die ikonographische Seite: Hogarths Anleihen bei alten Meistern, die hier gehäuft vorkommen (WIND 1938–1939). Das Bankett auf Blatt I ist zum Beispiel von Leonardo da Vincis *Abendmahl* entliehen, die drei Hauptpersonen in der Bildmitte von Blatt II paraphrasieren Herkules am Scheideweg, die über den Kandidaten hinweg fliegende Gans auf Blatt IV ist jener über Alexander den Großen ziehende Adler in der *Schlacht am Granikos* von Pietro da Cortona und Le Brun; sie erinnert zugleich an die Kapitolinischen Gänse. Solche Zitate aus der Weltmalerei sind auch Teil eines Kalküls des Künstlers: Hogarth hat Interesse an der Verbreitung der Stiche, denen er seinen Wohlstand und die Emanzipation aus der ökonomischen Bedrängnis, die dem aristokratischen Mäzenat anhaftete, verdankt. In seiner

ganzen Stichfolge des *Progress*, die er 'comic history painting' oder 'modern moral subjects' nennt, vertritt Hogarth eine Kunst der Mitte, die sich von vulgär-populären Druckerzeugnissen abhebt und sich an ein vermittelndes Publikum, die bürgerliche 'Middleclass' Englands wendet, aus der er selber stammt; aber gleichzeitig visiert er als Publikum seines Werkes – besonders des gemalten – die Verwalter der künstlerischen Legitimität, die Aristokraten an, die er öfters in Porträts festhält (ANTAL 1962).

Hogarth ist ein Regisseur, ein Meister der pantomimischen Wiedergabe von Intrigen im Bild, das er in seinen *Autobiographical Notices* eine »stumme Theatervorstellung« nennt. Die Bildkomposition der *Four Prints of an Election* kennt im Gegensatz zu jener von *Royalty, Episcopacy and Law* (Kat. 445) keine zwingende Reihenfolge; die Perspektive der Bühne und die Verteilung der Figurengruppen organisieren, Akzente setzend, die Bildfläche.

Blatt I: **Das Wahlbankett.** Februar 1755
An Election Entertainment ist das einzige Blatt
der Folge, dessen Kupferplatte seitenverkehrt
gearbeitet wurde, so daß das abgezogene
Blatt seitengleich mit dem Gemälde herauskommt (PAULSON 1965). Das Neue Interesse, dessen Wahrspruch 'Liberty and
Loyalty' auf der Fahne links erscheint, lädt
zum Festmahl. Dreizehn Personen sitzen am
Tisch, unter ihnen, an der linken Schmal-
seite, der elegant gekleidete junge Kandidat,
der aus dem Bild heraus den Betrachter ins
Auge faßt, während er den Kuß einer dicken
Bürgersfrau hinnehmen muß, aber auch die
Rache ihres Mannes, der die Perücke des Rivalen mit seiner Tabakpfeife ansengt; er
wird durch einen Zettel mit einem sprechenden Namen bezeichnet: 'Sir Commodity Ta-
xem Bart'. Ein zweiter, älterer Kandidat muß
zwei aufdringliche Trunkenbolde aushalten.
Hinter diesem bekommt eine junge Schöne,
deren Mann die Fahne besingt, ein Wahlge-
schenk, zugleich mit einem Billetdoux. Es
folgen am Tisch ein feister Geistlicher, welcher schwitzt, sowie Leute, die ein Gast –
der Dichter Thomas Parnell – zum Lachen
bringt, indem er mit seiner Hand Kasperl
spielt, ferner ein in Ohnmacht gefallener
Schlemmer – vielleicht der Bürgermeister –,
der zur Ader gelassen wird. In seinem Rük-
ken wehrt ein senkrechter Methodist die Be-
stechungsversuche durch einen Wahlagenten
ab, trotz den inständigen Bitten seiner ärmli-
chen Familie. Draußen paradieren die Parteigänger des Alten Interesses mit Sprüchen ihrer Wahlpropaganda: 'Liberty and Property
and no Excise' oder 'No Jews'; sie werfen
Pflastersteine durchs Fenster, einer davon
trifft den Parteisekretär, der eben die Stimmen zählt. Einen Parteigänger im Vordergrund kuriert äußerlich und innerlich ange-
wendeter Gin. Ein Kind bereitet einen ganzen Zuber voll Punch.

Blatt II: **Der Stimmenfang.** Februar 1757
Canvassing for Votes spielt in einer Straße bei
Guzzledown (guzzle down, hinunterschlin-
gen, also: Schlemmerstadt): links eine Bier-
schenke, rechts ein Gasthaus der Tories (The
Royal Oak) und weiter hinten eines der Ge-
genpartei (The Crown). In der Bildmitte versuchen zwei Gastwirte, einem gutgekleide-
ten Bauern unterwegs seine Stimme mit einer Gratismahlzeit abzukaufen. Rechts davon
bemüht sich ein Kandidat der Tories, zwei
Damen, die sich über die Balkonbrüstung
des Gasthauses 'Royal Oak' lehnen, für seine
Partei zu gewinnen, indem er ihnen Geschenke anbietet, die ironischerweise ausgerechnet ein Jude feilhält, hatten doch die
Konservativen die antisemitische Wahlkam-
pagne geführt. Die Wirtin zählt ihr Geld im
Schoß, unter den begehrlichen Blicken eines
in der Tür stehenden Soldaten. Ein Schiffs-
bug mit einer Löwengalionsfigur dient ihr
als Stuhl; der Löwe verzehrt die französische
Königslilie als Anspielung auf den Franzö-
sisch-Englischen Krieg von 1756; ein späterer Zustand der Platte zeigt den Löwen mit
abgefeilten Zähnen.

Das Wirtshausschild wird durch ein großes Wahlplakat mit der Aufschrift 'PUNCH
CANDIDATE for Guzzledown' fast verdeckt.
Im oberen Bildteil wird aus dem Schatzamt
Gold ausgeschüttet, das von Männern in
Säcke gefüllt wird, im untern wirft Punch
dies Geld zwei Männern zu, die seine stock-
bewehrte Frau überwacht. Es sind dies Anspielungen auf ein satirisches Schauspiel von
1756, *Punch's Opera*. Die Züge, die Kasperl
trägt, gleichen je nach Zustand der Kupferplatte einmal dem Politiker Henry Fox, einmal dem Herzog von Newcastle, der ein militanter Anhänger der Whigs war.

In der Taverne links, mit Aufschrift
'(Por)tobello' hört ein Schuhmacher einem
Barbier zu, der die Großtaten des Admirals
Vernon von 1739 in Porto Bello in der Kari-
bik erzählt. Im Hintergrund, unter dem
Wirtshausschild der »Krone«, schlägt sich
eine Gruppe Leute; am Schild hängt die Auf-
schrift 'The Excise Office', eine Anspielung
auf ein heftig umstrittenes Binnenzollprojekt
von 1733. Ein Tory ist daran, den hölzernen
Schildarm, auf dem er sitzt, also den eigenen
Ast, abzusägen, während ein Whig vom
Gasthausfenster aus auf die Menge feuert.

446 Blatt II

Blatt III: **Die Wahlen.** Februar 1758
Am Tag der Wahlen (*The Polling*) haben
beide Kandidaten auf einer Tribüne Platz genommen; derjenige rechts kratzt sich bedenklich am Kopf, da er den für ihn ungün-
stigen Ausgang der Wahlen ahnt. Ganz links
im Bild karikiert ein Zeichner den anderen
Kandidaten, den seiner Wahl; auf der Gegenseite lachen einige Anhänger des Verlie-
rers über ein Pamphlet, auf dem ein gehäng-
ter Kandidat dargestellt ist. Der erste im
Aufmarsch der Wähler ist ein Veteran, der
beide Hände und ein Bein verloren hat; er
schwört daher, indem er seinen Eisenhaken
anstelle der Hand auf die Bibel legt, was
zwei Notaren wegen der Gültigkeit des Ei-
des zu schaffen macht. Rechts muß ein Gei-
stesschwacher schwören, dahinter drängt sich
in der Menge auf der Treppe ein Blinder, ein
weiterer Invalide, ja sogar ein Sterbender,
eine Anspielung auf den Patienten eines gewissen Doktor Barrowby, den dieser ins

Jenseits beförderte, indem er ihn wählen
schickte. Im Mittelgrund ist die Staatskarosse
Britannia umgekippt, was die beiden karten-
spielenden betrügerischen Kutscher nicht zur
Kenntnis nehmen, trotz der Passagierin, die
Alarm schlägt und läutet. Im Hintergrund
überquert ein Festzug eine Brücke.

Blatt IV: **Die Gewählten werden im
Triumphzug getragen.** Januar 1758
Die Kandidaten des Alten Interesses haben
gewonnen, sie werden im Triumph durch
die Menge getragen (*Chairing the Members*).
Der erste Gewählte vorn ist bereits am Kip-
pen, während der nächste, angeführt von einer stockbewehrten Menge, die sich um die
Standarte mit der politischen Farbe 'True
Blue' schart, lediglich als Schattenriß auf der
Rathausfassade erscheint. Um den Gewählten herum herrscht ein wahres Chaos: Hinter
einem blinden Geiger, der unbekümmert
des Weges zieht, folgt der flintentragende

446 Blatt III

Affe eines Schaustellers, aus dessen Rohr ein Schuß losgeht, gerade auf den Kaminfegerjungen zu, welcher auf der Friedhofmauer kauert. Rechts neben diesem fällt eine Frau – die Gattin des Gewählten – in Ohnmacht angesichts der drohenden Katastrophe. Schon schlägt sich ein alter Pirat mit einem Bauern, der, mit seinem Dreschflegel ausholend, versehentlich einen der Sesselträger erschlägt, während Affe und Bär des Seefahrers in der Tonne eines Packesels herumwühlen, über den der Eselsführer seinen Knüttel schwingt. In der allgemeinen Panik rennt eine Muttersau mit ihren Ferkeln quer durch den Umzug und wirft dabei eine Dame um. Rechts im Vordergrund hat ein verwundeter Soldat die Waffen niedergelegt und schnupft den Tabak '[Kriton's] best', die Marke eines Tabakhändlers in Fleet Street, den seine finanzielle Unterstützung des Wahlkampfes von 1754 ruiniert hat. Er sitzt vor einem Haus, in das ein Festmahl getragen wird. Im Fenster des ersten Stocks erscheinen Parteigänger des Neuen Interesses, die sich über das Schauspiel draußen amüsieren, im Fenster des zweiten Stocks sieht man eine federführende Hand und ein gesiegeltes Papier mit dem Vermerk «indintur»: also handelt es sich um das Haus eines Advokaten der – wie die *Poetical Description* von 1759 erläutert – in jedem Fall von einer solchen Wahlaffäre profitiert. Der ruinöse Zustand des Hinterhauses, der von Straßenkämpfen herrühren mag, könnte auf ein Sprichwort anspielen, nach welchem im Schatten des Gesetzes nichts sprießen kann, oder ganz allgemein die Vergänglichkeit menschlicher Unternehmungen zum Ausdruck bringen.   Ph. Kaenel

Lit.: NICHOLS 1785, S. 334–364; *Anecdotes of William Hogarth* 1833, S. 247–248; WIND 1938–1939; PAULSON 1965, S. 226–235; PAULSON 1971, Bd. 2, S. 198–204; *Tout l'œuvre peint de Hogarth* 1978, S. 112–113, Taf. 52–55.

446 Blatt IV

447

WILLIAM HOGARTH
London 1697–1764 Leicester Fields

Unsere Zeit. Blatt I und II, September 1762
und 1762–1763
Radierung und Stichel, 24,6 × 30,5 cm und
25,5 × 31 cm
Schweiz, Privatbesitz

In seinen *Autobiographical Notes* erklärt Hogarth, daß ihn die Übel des Krieges mit seinen wirtschaftlichen Folgen zum Thema *The Times*, das Eintracht und Frieden propagiert, angeregt haben. Eben dieser Stich trägt ihm – Ironie des Schicksals! – Streit mit der Öffentlichkeit ein und entzweit ihn endgültig mit mehreren seiner Bekannten, unter anderen mit dem Parlamentarier John Wilkes (Kat. 448). Am 25. September 1762 greift John Wilkes das erste Blatt heftig an; er kritisiert die herrschende Verwirrung und

nennt Hogarth einen auf das erbärmliche Niveau der Parteipropagandisten herabgesunkenen Plagiator, dessen Arbeit nur den Zweck verfolge, die Gunst seines neuen Protektors, des Königs, der ihm 1757 den offiziellen Titel eines Hofmalers verliehen hatte, zu erhalten.

Das erste Blatt lebt vom politischen Gegensatz zwischen dem Premierminister William Pitt (1708–1778), einem militanten Gegner Frankreichs, und dem jungen, konzilianten König Georg III., der den in diesem Jahr vorgeschlagenen Friedensvertrag anzunehmen geneigt war. Angesichts der Opposition des Königs und eines Kreises von Königstreuen, die sich um einen vom Volk gehaßten Schotten, den überaus reichen Lord Butt, scharten, hatte Pitt seinen Rücktritt genommen. Das Feuer veranschaulicht den Siebenjährigen Krieg, der die Häuser Frankreichs, Deutschlands und Spaniens zerstört, je heraldisch symbolisiert durch die Lilie, den Doppeladler und einen Schild mit dem Handschlag zweier Männer, der Spaniens Bund von 1761 mit Frankreich bedeutet. Der Brand droht die ganze Welt zu erfassen, und ein Feuerwehrmann, der Georg III. darstellt, versucht umsonst, ihn mit Hilfe britischer und schottischer Soldaten zu löschen. Aber ihr Einsatz wird sabotiert durch einen Stelzenläufer, der William Pitt darstellt, den die Menge verehrt, und durch Heckenschützen, die ihre Wasserspritze auf den Feuerwehrhauptmann richten, nämlich John Wilkes, Charles Churchill und Lord Temple, drei Oppositionelle zur königlichen Politik; ein letzter Querschläger verstellt den Weg mit Hetzblättern, wie etwa der Zeitung *North Briton*, für die Wilkes und Churchill arbeiten. Im Vordergrund rechts sitzt als Spielmann der ehemalige, von Pitt bezahlte Verbündete, Friedrich II. von Preußen, um ihn herum die anderen »Kriegsopfer«, während ein Kind mit einer Uhr als Symbol der Zeit tändelt.

Das zweite Blatt nimmt anstelle des Brandes die Gartenbaukunst zum Vorwand. Georg III. ziert als zentrale Figur einen Brunnen, dessen Sockel Embleme von Staat und Kirche trägt, aus welchen Wasserstrahlen sprudeln, die Fruchtbäumchen in Töpfen begießen; diese stehen für die Hofpfründen. Der Politiker Henry Fox wirft die sterilen Zierbäume, welche die vergangene Herrschaft symbolisieren, in den Schloßgraben, während Lord Bute die Brunnenpumpe betätigt. Hinter ihm tagt ein absonderliches Parlament, von dessen Mitgliedern die Hälfte schläft, die andere, darunter Pitt, der den Kopf abwendet, auf die Friedenstaube schießt. Als Gegenstück dazu lungern rechts im Bild versehrte Veteranen des Siebenjährigen Krieges, die ein Loch in der Leitung des königlichen Brunnens besprengt. Am Pranger steht John Wilkes für üble Nachrede; er trägt ein Exemplar des *North Briton* und bildet mit seinem Körper und dem ﬁeiner Nachbarin am Pranger die Ziffer 17, welche die Nummer der Zeitung, die Hogarth verunglimpft hatte, bedeutet. Dahinter ist die Gesellschaft für die Förderung der Kunst,

mit der Hogarth zerstritten war, daran, eine Riesenpalette mit Aufschrift 'Premium' (Preisverleihung), zu hissen, als Anspielung auf deren Unterstützung junger Künstler. Im Hintergrund erkennbar die Londoner Kirche St Mary-le-Strand. Den hintersten Grund nimmt William Chambers' Chinesische Pagode in Kew Gardens ein; der reine Zierbau kontrastiert mit Nutzbauten wie dem eines Spitals weiter vorn im Straßenprospekt. Das Baugerüst daneben weist auf Bauvorhaben, die der Premierminister 1762 zur Verschönerung Londons beschlossen hatte, die ironischerweise mit 'Butyfying of London' bezeichnet werden.

Dieses zweite Blatt ist in der Parteinahme nicht so eindeutig wie das erste. König Georg III. kehrt dem Volk den Rücken zu; man könnte ihn als Marionette Lord Butes interpretieren. Dieser begießt zwar die Pflanzen in der Nähe des Königs, läßt jedoch die Veteranen nur versehentlich besprengen. Die politische Plattform des Königs und seines Hofes wird von der Bürgerstadt durch einen tiefen Graben getrennt. Die Satire läßt keinen ungeschoren, weder den König noch die Partei der Tories noch die der Whigs, ja nicht einmal das Volk. Angesichts der wachsenden Unpopularität Butes, der im April 1763 denn auch demissionierte, und der Angriffe auf Hogarth, der zunehmend mit den Schotten und anderen Jakobinern gleichgesetzt wurde, hat der Maler vielleicht einen Rückzug in eine kritisch gefärbte Neutralität gewählt. Möglicherweise war er für einen Friedensschluß gewesen wie viele Londoner der Zeit, aber gegen die Favoriten des Königs (PAULSON 1965). Es ist übrigens bezeichnend, daß er sich zeitlebens enthielt, dieses Blatt zu veröffentlichen; die Erstauflage erfolgte nicht vor 1790.   Ph. Kaenel

Lit.: NICHOLS 1785, S. 375–377; *Anecdotes of William Hogarth* 1833, S. 265–268; PAULSON 1965, S. 249–255; PAULSON 1971, Bd. 2, S. 375–383; Berlin 1980, S. 231–234.

447a

447b

448, 449

WILLIAM HOGARTH
London 1697–1764 Leicester Fields

John Wilkes. 1763
Radierung, 35,7 × 23 cm
Schweiz, Privatbesitz

ANONYM ENGLAND
**Auge um Auge oder
W. Hogarth Esq. Erster Maler Seiner
Majestät.** Juni 1763

Radierung, 30,8 × 21,5 cm
London, Trustees of the British Museum,
Inv. 1868-8-8-4327

Kaum hatte John Wilkes in der Zeitung
North Briton eine Replik auf Hogarths An-
würfe gegen ihn in den Blättern *The Times*
(Kat. 447), veröffentlicht, verunglimpfte dieser sehr liberale Politiker und Sohn eines
durch die Bierbrauerei reich gewordenen
Bürgers, die Würde des Königs in ebendieser Zeitung. Daraufhin wird er, Anfang Mai
1763, für kurze Zeit im Tower eingekerkert,
dann aber freigesprochen. Diese Affäre war
für Hogarth ein gefundenes Fressen; er
nahm sie zum Anlaß für eine Replik auf jenen Artikel, in Form einer Karikatur; er
nutzte die Gelegenheit des Prozesses gegen
Wilkes in Westminster, um eine Bleistiftskizze seines Gegners anzufertigen (OPPÉ
1948, Taf. 89, Kat. 95).

Dieser Druck ist einer der populärsten
Hogarths; damals verkleidete man sich für
Maskeraden als 'Wilkes', wie H. Walpole
schreibt (PAULSON 1965); ein Herausgeber
will eine Auflage von 4000 Exemplaren in
Umlauf gesetzt haben (NICHOLS 1785).
John Wilkes hält auf diesem Blatt mit seiner
Rechten lässig einen 'Staff of Maintenance'
als Zeichen der Macht, auf den die phrygische Mütze als Symbol der Jakobiner, mit
der Aufschrift 'Liberty', gepflanzt worden
ist. Zu seiner Rechten kann man zwei Exemplare des *North Briton* erkennen, eines mit
der Majestätsbeleidigung auf den König und
eines mit dem Angriff auf Hogarth. Wilkes,
der zum Zeichen seiner Unredlichkeit heftig

schielt, während ein sardonisches Lächeln
sein schadhaftes Gebiß entblößt, trägt eine
Perücke, die ihm Hörner zu geben scheint;
er sitzt auf einem Sessel, dessen falsche Per-
spektive durch Diagonalen der Komposition
verstärkt, das Gefühl von Labilität erweckt.
So wirken die karikierend-verformenden
Züge im Raum und in der Figur zusammen.
Zeitgenossen bewunderten die treffende
Ähnlichkeit des Porträts.

Das Erscheinen dieses Druckes rief eine
beträchtliche Reaktion hervor, sowohl gezeichnete als auch geschriebene, gemäß dem
Vergeltungsprinzip Auge um Auge oder auf
Englisch, 'Tit for Tat'. Hogarth war seit dem
Erscheinen seiner *Analysis of Beauty* 1753 das
Opfer vieler Karikaturisten geworden; aber
die Affäre Wilkes verursachte einen in der
ganzen Geschichte der europäischen Malerei
einmalig heftigen Schlagabtausch. Er zeigt
die spezifischen Möglichkeiten der Karikatur, mit bildlichen Mitteln Mißstände der
Lächerlichkeit preiszugeben.

*Tit for Tat or Wm. Hogarth Esqr. Principal
Pannel Painter to His Majesty* ist eine der dreizehn Karikaturen, die als Antwort auf John
Wilkes' Porträt herauskamen, die Mary D.
George (1959) zusammenstellte. Hogarth erscheint da als Künstler, im Begriff das be-
rühmt-berüchtigte Porträt in großem Format
zu zeichnen. Er sitzt in einem Lehnsessel in
der Art dessen, den er zeichnet, und kehrt
sich seinem Modell zu, das sich auf die
Lehne stützt. Er trägt die schellenge-
schmückte Narrenkappe – zugleich Jakobinermütze –, die für Verrücktheit oder die
Karikaturistenkunst steht. Seine weibischen
Kleider passen schlecht zum herkulischen
Körperbau, zu seinen muskulösen Armen
und den groben Zügen seines Antlitzes, die
vielleicht auf den ordinären Stil dieses populären Künstlers anspielen. Sein zwerghaft
untersetzter Körper zieht Hogarths Ehrgeiz,
ein großer Herr zu sein, ins Lächerliche.
Aber dieser Druck zielt sogar weiter, auf
Hogarths künstlerische Anschauungen und
Ambitionen. Die literarische Aufschlüsse-
lung des Bildes findet sich im Artikel Wilkes' von 1762; er beschuldigt Hogarth, am

448

449

Hofe nichts als ein Dekorateur zu sein, dem es verboten sei, die königliche Familie zu porträtieren, da er mit seinem Karikaturistenblick selbst diese entstellen müßte. *Tit for Tat* zeigt ihn im Augenblick, da er den Politiker in eine Karikatur verwandelt.

Diese Interpretation wird durch Sigismonda aus Boccaccios *Decamerone*, die im Hintergrund über dem Herzen ihres Liebsten jammert, bestätigt. Tatsächlich hatte Hogarth 1759 diesen Vorwurf gemalt, um mit einem Correggio zugeschriebenen Gemälde zu wetteifern, sein Bild war aber vom Besteller, Sir Grosvenor, zurückgewiesen worden. Diese Episode aus Hogarths Karriere als Maler war eine seiner peinlichsten Niederlagen gewesen. Der Verfasser des Artikels *Tit for Tat* stellt das Herz von Sigismonda boshaft in der Form eines gespaltenen Frühstückeis im Eierbecher dar und läßt sie dieses in einer fast obszönen Gebärde streicheln. Wilkes hatte in seinem Artikel die Heroine mit Hogarths Frau identifiziert

und ihr Liebesleiden zur physischen Leidenschaft verdreht. Das Ei könnte ebensogut auf das Subskriptionsbillett der *Analysis of Beauty* anspielen, wo das Ei des Kolumbus dargestellt war, als Hinweis auf Hogarths »geniale« Erfindung im Gebiet der Ästhetik: die Schlangenlinienkomposition. Ob vielleicht Sigismonda darüber klagt, daß ihr malender Schöpfer, unfähig, sein Schönheitsideal zu verwirklichen, vielmehr gezwungen war, seine Modelle zu verunstalten?   Ph. Kaenel

Lit.: NICHOLS 1785, S.77 ff.; *Anecdotes of William Hogarth* 1833, S.48–49; OPPÉ 1948, Taf. 89; PAULSON 1965, S.256–259; PAULSON 1971, S.384–399; Berlin 1980, S.234–237.

Revolution

450

JAMES GILLRAY
Chelsea 1757–1815 London

Voltaire lehrt das Kind den Jakobinismus. Um 1800
Öl auf Papier, 27,3 × 20,3 cm
New York, New York Public Library Print Collection, The Miriam and Ira D. Wallach Division of Art, Prints and Photographs; Astor, Lenox and Tilden Foundations, Inv. MEKV (Farbtaf. XVI)

Von 1797 bis 1800 vertritt das satirische Werk des ersten professionellen englischen Karikaturisten die Interessen der politischen Machthaber. James Gillray bezieht zu jener Zeit eine von Premierminister William Pitt zugebilligte Rente. So illustriert der Zeichner den *Anti-Jacobin* (1797–1798), eine Wochenzeitung, in welcher Pitt und der Untersekretär des Foreign Office, George Canning, das Sagen hatten.

Um 1800 plant der Verleger John Wright eine Luxusausgabe der im *Anti-Jacobin* abgedruckten Gedichte für welche er Gillray um seine Mitarbeit ersucht; dieser willigt ein. Jedoch erscheint *Poetry of the Anti-Jacobin* ohne Illustrationen wegen des Widerstandes von Canning und anderer Mitarbeiter der Zeitung, die befürchteten, der Künstler, der sich kategorisch weigerte, seine Zeichnungen vor der Publikation zu zeigen, könnte in seine Karikaturen zuviele persönliche Anspielungen einfließen lassen, so daß eine Polemik entstünde, die sich zu einem Rechtsfall ausweiten könnte (GEORGE 1959, S. 32 ff.; HILL 1965, S. 88–101). Von diesem gescheiterten publizistischen Projekt sind fünf oder sechs Skizzen im Besitz der Öffentlichen Bibliothek von New York erhalten geblieben, ferner drei Öl- oder Sepiastudien, unter denen *Voltaire lehrt das Kind den Jakobinismus* zweifellos die abgerundetste ist. Geplant war sie als Illustration zu der im *Anti-Jacobin* des 26. März 1798 erschienenen *Ode to Jacobinism*, die nichts anderes ist als

450

eine Parodie eines Gedichtes von Thomas Gray mit dem Titel *Hymn to Adversity* (Hymne auf das Unglück).

Voltaire, in den groben Holzschuhen des niederen Volkes, belehrt das affenartige Kind der Revolution, das auf einem Buch – wohl die Bibel – steht, auf welches es anscheinend pißt. Im Gedicht findet sich der Schlüssel zur Identifikation der Meister und Schüler umstehenden Gestalten: die Rache, die in ihrem blutbefleckten Kleid schauerliche Lust zeigt, der Undank mit vor Schuld und Unrast brennenden Augen, der auf die Lehne des Lehrerstuhls aufgestützte Tod, hinter ihm die maskierte Ungerechtigkeit, die eine Brandfackel schwingt, und schließlich die schwarzgekleidete Angst in Tränen. Andere furchteinflößende Figuren, die nicht so leicht zu benennen sind, nehmen an der höllischen Szene teil. Die schweinsköpfige Furie mit Hängezitzen, die im Hintergrund einen Säbel schwingt, könnte jene »Tochter der Hölle ... welche das Menschengeschlecht vertilgt« sein, die das Gedicht eröffnet: die Revolution.

Ausgerechnet ein Immigrant, Abbé Bar-
ruel, entwickelt in seinen sehr populären
Memoirs Illustrating the History of Jacobinism
(1797) die These eines Komplotts, den der
»Dämon Philosophie« anzettelt, um das
Christentum zu stürzen. Hierin gibt der
Abbé eindeutig den Philosophen und insbesondere Voltaire die Schuld, die Revolution
angestiftet zu haben (SCHILLING 1950).
Voltaire findet im letzten Drittel des
18. Jahrhunderts eine große Verbreitung, die
durch die Überführung seiner sterblichen
Hülle in das Panthéon im Jahre 1791 begünstigt wird. Im Zeitpunkt, da Gillray ihn
zeichnet, waren Voltaires Züge ein für allemal geprägt, besonders durch die Gemälde
und die Stiche von Jean Huber und die
Skulpturen von Houdon (DESNOIRETERRES
1879; GIELLY 1948; *Album Voltaire* 1983).
Im Ölentwurf in New York erkennt man
des Philosophen sardonisches Lächeln, seine
lange Nase über den schmalen Lippen, den
verkniffenen Mund und das vorgestreckte
Kinn. Der Karikaturist gibt aber seinem Voltaire in der Hölle eine weitere Rolle, diejenige des Antichrists. Als Darstellung des Satanischen führt dieser Entwurf erstaunlich
nahe an Goya heran, der seine *Capriccios*
1797 veröffentlicht. Ein das Illustrationspro-
jekt für den *Anti-Jacobin* betreffender Briefwechsel nennt jedoch seine hauptsächliche
Anregung: Darin betont Gillray die Notwendigkeit, sich an jenen Stil zu halten, der
das Erhabene lächerlich macht (Mock Sub-
lime 'Mad Taste'), den Johann Heinrich
Füssli geprägt hatte (zitiert in HILL 1965,
S. 90). Der Schöpfer der *Shakespeare Gallery*
und des *Alptraums* (1781) steht also als Inspi-
rator hinter Gillrays Spuk.   Ph. Kaenel

Quellen: Genf, Institut et Musée Voltaire (Charles
Wirth)

Lit.: DESNOIRETERRES 1879; GIELLY 1948;
SCHILLING 1950; GEORGE 1959, Bd. 2, S. 32 ff.;
HILL 1965, S. 57–72, 88–101; ATHERTON 1982;
Album Voltaire 1983.

451

BALTHASAR ANTON DUNKER
Saal bei Stralsund 1746–1807 Bern

Die Gottheit des Jahrhunderts. Um 1798
Feder in Braun und Kreide, 31,4 × 23,5 cm
Bern, Kunstmuseum, Inv. A.5720 (Gottfried
Keller-Stiftung)

Innerhalb der Berner Künstlerschaft und des
gesamtschweizerischen Kreises der Kleinmeister blieb Balthasar Anton Dunker der
einzige, der sich in pointierter Form zum politischen Geschehen seiner Zeit äußerte. Neben den mehrteiligen Folgen politisch moti-
vierter Blätter sind uns verschiedene Einzelblätter überliefert, die meist in allegorischer
Form den antirevolutionären Standpunkt
vertreten. Dunker nähert sich in diesem
Bereich den Künstlern David Hess
(1770–1843) und Johann Martin Usteri
(1763–1827) mit denen er seine Kritik an
der Französischen Revolution und deren
Auswirkungen auf die Schweiz teilte.

In *La Divinité du Siècle*, um 1798, bedient
sich Dunker für seine Revolutionskritik eines bekannten ikonographischen Musters. Er
verwendet das Motiv der Frau als Allegorie
einer Staatsparole, wie dies für die Versinn-
bildlichung von Ideen wie Revolution, Freiheit, Vernunft, Wahrheit, Republik üblich
war. Mit Hilfe von gezielt eingesetzten Attributen pervertiert Dunker die ursprünglich
positive allegorische Gestalt in ihr Gegenteil.
Freundlich lächelt uns die Gottheit des Jahrhunderts in der Gestalt einer halbnackten,
geflügelten Schönheit entgegen. Der erste
Blick täuscht jedoch: Um die rechte Hüfte
windet sich ein kräftiger, wurmartiger Drachenschwanz. Der Drache gilt als Symbol
der Revolution. Die Flügel der Engelhaften
weisen spitze Krallen auf. Unter ihren nackten Brüsten trägt sie ein Gürtelband mit der
Aufschrift »Séduction«; den Kopf deckt ein
Helm mit Fuchsschwanz. Verführerisch sind
ihre weiblichen Reize und ihre süßen Versprechungen, doch ebenso gefährlich kann
sich ihre Macht gegen uns wenden. In ihrer
Linken winkt sie mit einer brennenden Fakkel, die schwarzen Rauch verbreitet, in ihrer

La Divinité du Siècle.

451

Rechten hält sie eine Peitsche. Hinter ihrer lieblichen Gestalt sind Räder und Rohr einer Kanone, ihrer wahren Waffe, zu sehen. Das Kanonenrohr trägt die Bezeichnung »Prédicateur« (Kanzelredner). Vor sich hält die Schöne einen ovalen Schild mit verschiedenen Emblemen: »La Justine«, »Voltaire«, »Emile«, »Nature«, »Liberté d'opinion«, »Il n'y a qu'un Dieu, ce Dieu est la Nature«, »La Pucelle« ist zu lesen. Sie selbst tritt mit ihren Füßen die Bibel und eine Weltkarte, die symbolisch für die Weltordnung steht.

H. Mentha Aluffi

Lit.: Lausanne 1989, S. 200; Bern 1990, Nr. 177.

452

BALTHASAR ANTON DUNKER
Saal bei Stralsund 1746–1807 Bern

Tell widersetzt sich dem Drachen der Revolution. Um 1798
Aquarell und Feder, 40,5 × 31,5 cm
Zürich, Schweizerisches Landesmuseum,
Inv. LM 20965

Das 18. Jahrhundert brachte eine allgemeine Aufwertung der Schweiz. Die begeisterten Berichte zahlreicher Reisenden, die Schriften von Schweizer Schriftstellern wie Haller, Bodmer, Lavater unterstützten den wachsenden Patriotismus und die aufblühende Verehrung Wilhelm Tells. Die Lobeshymnen auf den Schweizer Nationalheld machten nicht Halt an den Landesgrenzen.

Antoine-Marie Lemierres Theaterstück *Wilhelm Tell* erschien rund zwanzig Jahre vor dem Ausbruch der Revolution regelmäßig auf dem Spielplan der Comédie Française in Paris. In der ereignisreichen Zeit gegen das Ende des 18. Jahrhunderts wurde der Freiheitsheld der Eidgenossen auch von den Französischen Revolutionären in Anspruch genommen. Der Tyrannenmörder Wilhelm Tell wurde zum Symbol der Revolution und damit zum wichtigsten Beitrag der Schweiz an die politische Umwälzung in Frankreich. Eine nahezu kultische Verehrung erfuhr Tell von den Jakobinern, die die Vereinigung »Section Guillaume Tell« gründeten. Während die französischen Truppen Anfang 1798 mit dem Ruf «Vive les descendants de Guillaume Tell!» in eidgenössischem Territorium einrückten, gab es in der Schweiz Stimmen, die sich unter dem Eindruck des Widerstands gegen den französischen Eindringling ihrerseits auf den Urner Freiheitshelden beriefen.

Diese Gesinnung verrät auch das Aquarell von Dunker. Wilhelm Tell schreitet, begleitet von seinem Sohn, von links ins Bild. Die beiden Gestalten stehen vor dem Hintergrund hell leuchtender Sonnenstrahlen, die die schwarzen, Unheil verheißenden Wolkentürme aufzubrechen vermögen. Tells Schritt ist kraftvoll, sein Blick entschlossen. In der Linken hält er seine Armbrust, in der Rechten einen Kriegsschild, auf welchem die Darstellung des Rütlischwurs zu sehen ist. Diesen Schild richtet Tell gegen das bereits vom Schrecken gelähmte, devot auf dem Rücken liegende Revolutionsungeheuer. Das Untier ist mit seinen drei Köpfen eine Mischung aus Hahn, Hund und Esel, versehen mit einem kräftigen Drachenschwanz und

452

mit fledermausartigen Flügeln. Der Hunde-
kopf trägt eine Art roter Jakobinermütze; der
Hahn die Narrenkappe mit Schellen. Interessant, daß Tell die Revolution nicht mit seiner Armbrust bekämpft, sondern daß von
seinem Schild und dem dort dargestellten
Rütlischwur eine magische Kraft auf das Ungeheuer auszugehen scheint. Tell wendet
sich siegreich gegen die Jakobiner, die ihn
als ihren Schutzpatron mißbraucht haben.

H. Mentha Aluffi

Lit.: LECHNER 1907, S.153–155; LABHARDT
1947; STUNZI 1973, S.88–106; Lausanne 1989,
S.186–189, 199–200; DUNKER 1990, Nr. 176.

453

GOTTFRIED MIND (Zuschreibung)
Bern 1768–1814 Bern

**Die Sintflut. Karikatur auf den
Untergang Berns.** 1798
Feder laviert, 20,5 × 36,5 cm
Bern, Bernisches Historisches Museum,
Inv. 44932

Diese Karikatur, dem »Katzen-Raffael«
(WAGNER 1816) Gottfried Mind zuge-
schrieben, gibt ein Bild vom Untergang des
Alten Bern im Jahre 1798, besiegelt am 5.
März durch den Einmarsch der französischen
Truppen unter General Balthasar von
Schauenburg in die Stadt. Die Travestierung
des Ereignisses als Sintflutscene erlaubt es,
das Ende des Ancien Régime als gottgewollt
darzustellen und die bernischen Oligarchen
den Frevlern aus den ersten Tagen der
Menschheit gleichzusetzen. In der Mitte des
Bildes ragt noch das Dach des Münsterturms
aus den Fluten. General Karl Ludwig von Erlach, der Kommandeur der bernischen Truppen, hat hier Zuflucht gefunden und klam-
mert sich in wilder Verzweiflung an die bernische Fahne. Mit gesträubtem Haar blickt er
voll Schrecken auf einen am Galgen Gehängten, der die Handbewegung eines Redners macht: den Münsterpfarrer David Müslin, der in seinen Predigten den Sturz der
Republik voraussagte (Mitteilung F. Bächtiger). Auf der anderen Seite gelingt es Niklaus Friedrich von Steiger, dem letzten
Schultheißen der Republik Bern, das Festland zu gewinnen. Der überlange Zopf seiner Perücke hat sich in einem Papierdrachen
verknotet und *steigt* in die Luft; er zeigt das
Lächerliche der exzentrischen Kleidermode,
die sich mit den Gedanken an die Aristokratie verbindet, und spielt zugleich auf den
Namen des Schultheißen von Steiger an
(Mitteilung F. Bächtiger). Man gewahrt auf
dem Drachen eine Eule, das Attribut der
Weisheit, die hier ironisch zu verstehen ist.
Der Mann, der dem Schultheißen beisteht,
kann mit Christian Dubi identifiziert werden, der ihm zur Flucht nach Süddeutschland
verhalf. Am Horizont erscheint eine be-
flaggte Arche, das Staatsschiff der neuen
Helvetischen Republik (Mitteilung F. Bächtiger).

Vom letzten Viertel des 18. Jahrhunderts
an zeigt sich eine bemerkenswerte Vorliebe
für das Thema der Sintflut, besonders in
Frankreich und England (VERDI 1981).
Diese Erscheinung gehört zu dem allgemeinen Interesse an apokalyptischen Motiven

453

und allen Arten von Naturkatastrophen; im besonderen ist es eng mit dem Erscheinen von Salomon Gessners Gedicht *Ein Gemaehld aus der Syndfluth* (Zürich 1762), dessen sogleich folgenden Übersetzungen und weiter Verbreitung verknüpft; denn hier wurde die biblische Episode im Geschmacke der Zeit dargestellt. Die Sintflut konnte wie das Erdbeben (Kat. 298; DE HERDT 1989, S. 135 ff.) und der Ausbruch des Vesuv (Kat. 297; Lausanne 1989, Nr. 66) als Metapher der politischen Umwälzung erscheinen. So diente die berühmte Sintflutszene, die Anne-Louis Girodet 1806 im »Salon« zeigte und die er selbst als allegorische Darstellung des Schicksals der Menschen »auf den Klippen der Welt und inmitten der sozialen Stürme« bezeichnete (LEVITINE 1989, S. 184), noch im gleichen Jahr als Grundlage für einen anonymen satirischen Stich, der die Expansion des französischen Kaiserreichs im Norden Europas aufs Korn nahm (Münster 1983, Nr. 100). Anders als diese Karikatur inspiriert sich die bernische *Sintflut* an keinem genauen Vorbild. Höchstens könnte das Durcheinander von Gebrauchsgegenständen – vom Zuber bis zum Vogelbauer – auf die zahlreichen genrehaften Sintflutszenen

vom Ende des 16. Jahrhunderts zurückgreifen, wie sie namentlich die Bassano und ihre Werkstatt schufen. S. Wuhrmann

Lit.: *Jahresbericht des Bernischen Historischen Museums* 1985, S. 21 (Abb.). – Brief von Franz Bächtiger, 2. 12. 1990.

Regeneration

454

ADAM-WOLFGANG TÖPFFER
Genf 1766–1847 Genf

Die Geißel der Lächerlichkeit. Um 1817
Feder und braune Tinte, aquarelliert,
37 × 63 cm
Genf, Musée d'art et d'histoire, Cabinet des dessins, Inv. 1914-93

Um 1802 nennt Bruun-Neergaard in seinem *Etat actuel des arts à Genève* Adam Töpffer den Genfer Hogarth, der »besonders in der Karikatur hervorragt«. Der Künstler hatte denn auch 1798 im Salon de la Société des Arts Karikaturen ausgestellt, eine Seltenheit in Calvins Stadt! Zunächst Typograph, dann Radierer, Illustrator und Zeichner, erstieg er

454

die ganze Stufenleiter der graphischen Techniken, um sich schließlich als Landschafts-
und Genremaler zu spezialisieren (Kat. 278).
Für seine Karikaturistenlaufbahn waren verschiedene Aufenthalte in Paris, zwischen
1786 und 1814, ebenso entscheidend wie
eine Reise nach England im Jahre 1816, von
der er eine Sammlung von Hogarths Druck-
werken heimbringt. In London beschäftigt er
sich besonders mit den Stichen Rowlandsons
und Gillrays, denen er in seiner Technik,
seinen Themen und seinem Verfahren viel
näher steht.

Im Blatt *Die Geißel der Lächerlichkeit* stellt
sich Töpffer selbst dar, hoch zu Stek-
kenpferd, das Pegasusflügel trägt, in Verfolgung aller jener, die seine Karikaturen geißeln: die Faulpelze und Hohlköpfe der Politik, die Wortspalter und Großmäuler, die
Esel und die Enten (auch Anspielung auf
Zeitungsenten), welche die «sages en peinture», die dünkelhaften Kunstkritiker perso-
nifizieren, die Puter und Tölpel, die kleinen
Gernegroße unter stattlichen Perücken.
Baud-Bovy identifiziert unter ihnen zeitgenössische Berühmtheiten, zum Beispiel den
eleganten Notabeln Pictet de Rochemont,

mit einer Abhandlung über Landwirtschaft
unter dem Arm, sowie den Syndikus Joseph
Des Arts, auf den Töpffers Spott hauptsächlich zielt (Kat. 456–458). Es handelt sich also
hier um eine Karikatur über die Karikatur.
Nicht nur hat der Künstler sich selber schonungslos karikiert, auf einem Holzpferdchen
galoppierend; er reitet buchstäblich eine Attacke, seine Strategie ist aber die eines künstlerischen Angriffs. (Französisch »charge«
heißt »Attacke« und »Karikatur«.) Zudem
bildet der verlängerte, unten eingerollte
Ausläufer des Buchstabens R des Wortes
»Réputations« auf der Sprechblase der Enten
das charakteristische Profil der Nase des
Künstlers, was niemand beachtet zu haben
scheint; die Blase bildet den Kopf nach.
So gibt Töpffer in merkwürdiger Ironie
den Schlagworten der ihn verurteilenden
Kunstrichter, die er in seinen Briefen uner-
müdlich widerlegt, sein eigenes Profil.

Ph. Kaenel

Lit.: Baud-Bovy 1904, S. 10; Baud-Bovy
1917, S. 58–59.

455

455

ADAM-WOLFGANG TÖPFFER
Genf 1766–1847 Genf

Die Steuerwalze. Um 1817
Feder und braune Tinte mit Aquarell,
34 × 48,5 cm
Genf, Musée d'art et d'histoire, Cabinet des
dessins, Inv. 1914-70

»Kleine Vorrichtung, um die Großzügigkeit
des Bürgers zu mindern oder zu mehren«
notiert Töpffer sarkastisch über dem beeindruckenden Walzwerk, das dem Steuer-
pflichtigen seine Einkünfte abpreßt, so daß
er Gulden und Uhren ausspuckt, als Symbole der zwei Pfeiler der Genfer Wirtschaft,
Bankwesen und Uhrenindustrie. Zu diesem
Zeitpunkt, 1817, hatte Genf Jahre der französischen Besetzung (1798–1813) mit
schweren Steuerlasten hinter sich, gefolgt
von der kostspieligen Einquartierung der
österreichischen Befreiungsarmee unter Ge-

neral Bubna, 1814. Die Restauration beginnt
düster mit Wirtschaftskrise, Mißernte, Hungersnot und entsprechenden Volksaufstän-
den. Überdies sind die Finanzen der Stadt
ruiniert durch die ungeheuren Ausgaben,
welche der heißumstrittene Unterhalt der
Befestigungswerke und der Garnison verur-
sacht; 1819 verschlingt er zum Beispiel über
ein Viertel des kantonalen Budgets (BAUD-
BOVY 1917). Das ist der Grund, warum der
durch die Walze gedrehte Bürger folgende
Botschaft von sich gibt: »Für die Garnison
und die unnütze Instandsetzung der Befestigungen«.

Diese Zeichnung gemahnt in ihrem bur-
lesken Stil an den englischen Humor; wahrscheinlich ist sie auch von einer Karikatur
G. M. Woodwards von 1796 inspiriert, die
den Titel »Johnny in the Flatting Mill« trägt,
wo der Bürger »John Bull« durch Steuern
und Staatsausgaben ausgequetscht und platt-
gewalzt wird. Töpffer bedient sich oft – wie
hier – eines Figurenschatzes, der für den

französischen Geschmack mitunter stoßend wirken muß; er schreckt nicht vor kruden Metaphern aus der fäkalen Bildsprache zurück, wenn er beispielsweise die Garnison zeigt, die fünfzig Prozent des Stadteinkommens in die Rhone scheißt. Solche überraschende Direktheit und Heftigkeit erklärt sich zum Teil durch den halbprivaten Charakter dieser Aquarelle, die zu ihrer Zeit nur in einem Kreis von dem Künstler politisch oder persönlich nahestehenden Personen kursierten; es ist eine Art von publizistischer Selbstzensur, die sich Töpffer auferlegt, welche die Freiheit und Frechheit seiner unpublizierten Blätter gewährleistet. Übrigens sind diese Werke unsigniert, was eine notwendige Vorsichtsmaßnahme bedeutet unter einer Regierung, die ihre Verulkung im Bild nicht zu dulden geneigt war.   Ph. Kaenel

Lit.: BAUD-BOVY 1917, S. 10, 49 und 70–71; GUICHONNET 1974.

456, 457, 458

ADAM-WOLFGANG TÖPFFER
Genf 1766–1847 Genf

Wie der Reiter, so sein Reittier
Um 1817
Feder in Braun, aquarelliert, 29 × 44 cm
Genf, Musée d'art et d'histoire, Cabinet des dessins, Inv. 1914.64

Gib uns unsere politischen Rechte zurück! Um 1817
Feder in Braun, aquarelliert, 23,5 × 34 cm
Genf, Musée d'art et d'histoire, Cabinet des dessins, Inv. 1914.63

Die Auswahl der Kinder von Sparta
Um 1818
Feder in Braun, aquarelliert, 24,5 × 4 cm
Genf, Musée d'art et d'histoire, Cabinet des dessins, Inv. 1914.61

Die Hauptfigur dieser drei Karikaturen ist Joseph Des Arts (1743–1827), Advokat und Staatsanwalt von 1774–1776, den der Revo-

lutionäre Gerichtshof vom Juli 1794 in contumaciam zum Tode verurteilt hatte, weil er als eine der führenden Persönlichkeiten der aristokratischen Partei, genannt Partei der Negativen, galt; er sollte später ein Hauptbefürworter der konservativen Verfassung von 1814 werden. Im ersten Aquarell zeigt ihn Töpffer als die Verkörperung der Reaktion, die er in liberaler Sicht war, »schwarz Robe und Kniehose, weiß die Krawatte und die Batistmanschetten, Seidenstrümpfe und Silberschnallen an den Schuhen, Dreispitz mit rot-gelber Kokarde, Zopfperücke, Degen und Ebenholzstock mit Goldknauf« (BAUD-BOVY 1917). Ein Schmerbauch, das Gesicht verkniffen, der Rücken verkrümmt, der Hut so tief ins Gesicht gedrückt, daß er ihm die Sicht benimmt und ihn blind macht, sein Rock dekoriert mit der Ziffer acht des infamen Artikels acht (siehe Kat. 459), so stellt ihn Töpffer dar. Im übrigen wird der Schatz an Tiermetaphern beigezogen: Das Reittier des Syndikus ist seine Verfassung; den Kopf des Ungeheuers bildet das Blatt des «Art. 8 de la Constitution, ou Mystification du Peuple Genevois» (Artikel acht der Verfassung oder wie das Genfvolk hinters Licht geführt wird), dem Hintern des Reittiers entströmen Gerüche oder Gerüchte »Willkür, Garnison, Steuern, Befestigungen«. Aus der Amtstracht des Reiters sticht entlarvend ein Fuchsschwanz hervor, der auf die schlau verdrehenden diplomatischen Machenschaften, vielleicht auf die »Fuchsschwänzerei« seines Trägers weist. In seiner Rechten hält dieser »Maulkörbe für das Volk«. Sein Reittier besteht aber aus Putern (ein Truthahn ist im Französischen ein Tölpel), die sich Patrioten nennen, deren Füße aber sich in Bärentatzen verwandeln, in Anspielung auf die Rolle, die Bern und die eidgenössischen Kantone spielten, die verlangt hatten, Genfs Verfassung müsse auf konservativer Basis stehen, weil die Stadt in der Vergangenheit verschiedentlich zum Schauplatz politischer und sozialer Zusammenstöße geworden war.

Im zweiten Aquarell wird Des Arts von einer Geistererscheinung gepackt: Das durch einen muskulösen Mann personifizierte

456

457

458

Volk Genfs, in einer Wolke schwebend, aber gefesselt, verlangt seine politischen Rechte zurück. Die Figur entsteigt der antikisierenden Säulenvorhalle der Kathedrale Saint-Pierre in Genf, die damals Sitzungsort – des 1814 aufgehobenen – Conseil général war, der dem Volk seine Souveränität vorenthalten hatte (siehe unten). Die republikanische Anspielung auf die Antike ist hier gleich doppelt gegeben, in der Tempelarchitektur und im athletischen Körper des Volkes. Der Heros Volk, in klassischer Nacktheit, und die Religion vereinigen sich hier in der Anklage der Ungerechtigkeiten, die Des Arts, eingeführt hat, er in seiner starren, engen Amtstracht, dekoriert mit dem Orden »8«.

Das Blatt *Die Auswahl der Kinder von Sparta* bezieht sich auf das Gemälde von Jean-Pierre Saint-Ours, das die Auslese der Kinder, die für lebenswert befunden werden, durch die Ältesten der Stadtgemeinschaft, darstellt; Töpffers Blatt könnte somit

einen politischen Hintersinn im Historiengemälde von Saint-Ours, das (notabene) im »Salon de la Liberté« in Paris ausgestellt war (Kat. 300) offenbaren. Wie Baud-Bovy (1917) kommentiert, bezieht sich der Vorwurf auf Artikel zehn der Verfassung von 1814, der beinhaltete, daß bei Wahlen die Wahlzettel (bulletins) durch die »Syndics«, den Ersten der jeweiligen Pastoren und Professoren, vier durch das Los bestimmten Mitgliedern der »Assemblée« und den ad actum gewählten Sekretären ausgezählt wurden. Man erkennt unter den Verulkten Des Arts, der «P[our] le C[onseil] R[eprésentatif]» einen gesprungenen Topf mit dem Antlitz des Konservativen Gaspard De la Rive auswählt; die andern Potentaten sind wahrscheinlich der Sekretär Trembley-Colladon, der auf seinem Rock die Ziffer zehn des Verfassungsartikel trägt, Pastor Choisy – die «Vénérable Compagnie ecclésiastique» spielte eine politische Hauptrolle – sowie ein

Eindringling, der am Boden in einem irdenen Topf, die Augen auf den Betrachter geheftet, zu ersticken scheint: der Liberale Etienne Dumont. Die Personen in den Töpfen stehen für die dem Conseil d'état oder Kleinen Rat (P[etit] C[onseil]) auf den Leim gegangenen, die aber durch die reaktionäre Politik der herrschenden Autoritäten neutralisiert, zur Rolle von bloßen Statisten herabgewürdigt werden. Die Topf-Metapher, die im heutigen Sprachgebrauch noch lebendig ist («sourd comme un pot», stocktaub, oder «payer les pots cassés», für etwas den Kopf hinhalten müssen) ist auch in der französischen Revolutions-Karikatur gebräuchlich, zum Beispiel auf einem anonymen Blatt mit dem Titel «Assemblée des aristocrates ou l'harmonica des aristocruches» (auf Deutsch, im heutigen Jargon, etwa übersetzbar mit »Flaschen« in Anspielung auf ihre Hohlheit); ein anderes Revolutionsblatt, «L'armée des Royales-Cruches» stammt von Jacques-Louis David selber, der die englische Armee mit dem Wort «cruche», Bettflasche, verhöhnt (VOVELLE 1986, Bd. II). In der emblematischen, der bildlichen Sprache bedeutet der Begriff «cruche» auch den moralischen Fehler der Selbstgerechtigkeit. Um 1822 verfaßt der Sohn Adam-Wolfgangs, Rodolphe Töpffer (1799–1846), ein Gedicht, *Les pots,* in welchem Töpfe, die alle »aus ein und demselben Lehm geknetet« sind, sich zum Bild der Welt zusammenfügen (GAULLIEUR 1856). Das Gedicht läuft jedoch auf eine konservative Kritik an den eitlen Aufstiegshoffnungen des Kleinbürgers hinaus; dieser überhebt sich über die gewöhnlichen Steinguttöpfe des gemeinen Volkes, um sich am aristokratischen Porzellan zu stoßen. Dieser Schluß nimmt die politische Kehrtwendung des Verfassers nach rechts vorweg. Man könnte sich fragen, ob das Wort »Topf« als Bestandteil des Namens Töpffer nicht ein Werk von Vater und Sohn auch den Stellenwert einer verschlüsselten Signatur habe.

Ph. Kaenel

Lit.: GAULLIEUR 1856, S. 19–23; BAUD-BOUVY 1917, S. 59, 66, 67, 74; VOVELLE 1986, Bd. II.

459

ADAM-WOLFGANG TÖPFFER
Genf 1766–1847 Genf

Artikel acht regiert in Genf. Um 1817
Feder und braune Tinte, laviert, mit Collage,
30,5 × 49,5 cm
Genf, Musée d'art et d'histoire, Cabinet des dessins, Inv. 1914-65

Der Artikel acht der neu eingeführten konservativen Verfassung, der von einer Kommission stammt, deren Mitglied der Syndikus Des Art war, ist in den Augen der Liberalen, unter ihnen Töpffer, der Inbegriff reaktionärer Diskriminierung. Tatsächlich beinhaltet der Artikel die Zensurierung der Wahlen und führt – de facto – eine vom Staate bestallte politische Oligarchie ein, welcher vier »Syndics« vorstehen. Töpffer klebt den Text dieses fatalen Artikels als Ausschnitt in die Mitte seiner Zeichnung, eine in der Geschichte der politischen Karikatur nie dagewesene Lösung.

Die Stadt Genf ist hier einzig durch ihre berühmte Umwallung, die im 17. Jahrhundert als Festungsstern vergrößert und verstärkt worden war, vertreten. Diesem Schanzenwerk kam Symbolbedeutung zu; es repräsentierte die lokale Identität der Stadt – einen dem Ancien Régime verbundenen Protestantismus –, und sein Schicksal, die Erhaltung oder der Abbruch, war Gegenstand heftiger politischer Kontroversen während der Restauration gewesen. In Töpffers Karikatur scheint die für Konservativismus stehende Bastion das Glacis eines Ödlandes zu beherrschen: die Ironie wird erst augenfällig, wenn man weiß, wie zeitgenössische, für den Tourismus werbende Stichwerke sich im Gegenteil bemühen, die Stadt in ihre grüne Umgebung einzubetten und ihre Mauern mit Vegetation zu kaschieren, um die Reiseführer, die Genfs »prächtige Lage« und »herrliche Aussichtspunkte« rühmen, nicht Lügen zu strafen (DE LOËS 1988). Für Töpffer ist Genf hingegen die von der Reaktion beherrschte Stadt, ein buchstäblich verknöchertes Monument eines Stadtstaates. Die

459

auf Kanonenrädern montierten »schildhaltenden« Pferdeschädel mit ihren übermäßigen Gebissen stehen für die den Liberalen verhaßte Garnison, ein nicht mehr lebensfähiges Relikt aus alter Zeit, das große Mittel verschlingt. Das Rathaus im Stadtzentrum, wo die konservative Autorität herrscht, wird schwach beleuchtet durch ein Nachtlicht, das auf der Portalseite abgeblendet ist; über diesem setzt Töpffer maliziös die verdrehte Inschrift: «Post lucem tenebras» des Genfer Wahlspruches «Post tenebras lux», durch Nacht zum Licht (BAUD-BOVY 1917, Taf. XII).   Ph. Kaenel

Lit.: BAUD-BOVY 1917, S.62–63; BLONDEL 1946; *Histoire de Genève* 1956; DE LOËS 1988.

460a, b

MARTIN DISTELI
Olten 1802–1844 Solothurn

Volksvertreter
Spiegels Unschuld
Zeichnungen zu den *Umrissen zu*
A. E. Fröhlichs Fabeln, 1829
Feder und schwarze Tinte, 16,5 × 22,5 cm
Olten, Kunstmuseum, Inv. Di 144 und
Di 148

Die Erstauflage der hundert Fabeln des dichtenden Pfarrherrn aus dem Aargau, Abraham Emanuel Fröhlich (1796–1865), der für seine radikalen politischen Anschauungen bekannt war, ist 1825 datiert. Der Kanton Aargau stand damals unter einer eher liberalen Regierung. Martin Disteli nahm sehr früh schon Kontakte zu dessen progressiven Kreisen auf und konnte hier seine ersten Illustrationen veröffentlichen. Als Sohn des reichsten Webers im solothurnischen Olten,

460a

460b

der Anfang 1829 falliert, verkehrt Disteli anläßlich seiner Studien in Solothurn, Luzern, Freiburg im Breisgau und Jena in Studentenverbindungen, die von demokratischen und national-freiheitlichen Idealen geprägt sind. Der Dichter und der Maler Disteli sind hier im Einklang, dem Maler ist sein Einsatz in *Umrisse zu A. E. Fröhlichs Fabeln* wichtig, handelt es sich doch um sein erstes verhältnismäßig eigenständiges Werk, das in Gestalt eines gebundenen Albums mit zehn Radierungen überliefert ist. Die bildliche Darstellung geht dabei über die literarische hinaus, was die gesellschaftliche und politische Kritik betrifft; sie erhellt die beigeschriebenen Originaltexte. Auf der Tafel *Die Volksvertreter* (6. Blatt der Bilderfolge) wird ein vom Volk gewählter Abgeordneter in Gestalt eines Esels vor die Legislativbehörde komplimentiert, und zwar mit herablassender Höflichkeit, wo er seinen Antrag auf Rückerstattung der Volksrechte vorzubringen hätte. Vom königstreuen Löwen und seinen hündischen Ministern wird dem Esel Hafer vorgelegt, damit dieser nur noch ein unterwürfiges I-a der Zustimmung vernehmen lassen könne. Die Tafel *Spiegels Unschuld*, das letzte Blatt des Albums, zeigt einen Affen, der sein Spiegelbild im Wasser erblickt und meint, jenes Fratzengesicht mache sich über ihn lustig. Die dazugehörenden Verse enden mit den vielsagenden Worten »und keiner kömmt dem Quell mehr nah«. Vertreter verschiedener Gesellschaftsschichten in Tiergestalt bevölkern diesen Quell: eine Kröte im Hausrock des alten Rentners, ein großer klerikaler Hund, ein Dandy-Fuchs, ein militärischer Hasenfuß, ein inmitten seines Hofstaates thronender Löwe, ein Jesuit als Rabe, ein vagabundierendes Dromedar, eine blaublütige Ente. Die traditionelle Allegorie der Tierfabel und des Tiersinnbildes, beispielsweise die Dummheit des Esels oder die Unterwürfigkeit des Hundes, kommt hier breit zum Zug und wird sogar bisweilen ins Ironische verdreht, so wenn der furchtsame Hase den Offizier spielt. Das Bild der Tiere, die sich selber im Quellwasser bespiegeln und ihr Spiegelbild

bemängeln oder gar angreifen, bietet sich als idealen Schluß für Fröhlichs Sammlung an: Es zeigt die Aufgabe der Fabel, durch die komödienhafte Parodie vorzubeugen und zu heilen, eine Aufgabe, welche der Fabel und der Karikatur gemeinsam ist. Es ist der Spiegel der Wahrheit, welcher vor den Tieren erscheint, der gleiche, der dem zeitgenössischen Betrachter durch Disteli in seinen Karikaturen vorgehalten wird.

Die Vermenschlichung der Tiere und andererseits die Vertierung des Menschen, ein Sondergebiet in Distelis Werk, leitet sich zum guten Teil aus J.-J. Grandville ab; Disteli kannte die Lithographien seiner *Métamorphoses du jour,* die seit August 1828 in Paris erschienen und großen Erfolg verbuchten. Aber auch der deutsche Einfluß ist deutlich faßbar, vorab die an Flaxman gemahnenden Umrißzeichnungen von Cornelius in den Illustrationen zu *Faust* (1811–1817) und jene von Moritz Retzsch, *Umrisse zu Goethe's Faust* (1816), in Distelis Besitz, dessen Titelbild der Schweizer Künstler paraphrasiert. Grandville entdeckt er als einen ihm verwandten Graphiker der strengen Form, aber vielmehr noch als einen karikierenden Republikaner, als Zeitgenossen und Pariser Alter ego.   Ph. Kaenel

Lit.: WÄLCHLI 1940; WÄLCHLI 1943, S. 27–29, 88–90.

461

MARTIN DISTELI
Olten 1802–1844 Solothurn

Das bedrohte Froschparlament. Um 1833
Feder und Aquarell 10 × 14 cm
Olten, Kunstmuseum, 1916. B. 169

Von 1830 bis 1839 ist Disteli Mitarbeiter des populärsten Schweizer Almanachs, *Alpenrosen,* der damals von A. E. Fröhlich herausgegeben wird. Das sehr ausgefeilte Blatt scheint als Vorlage zu einer Radierung gearbeitet worden zu sein, im Hinblick auf diese Publikation, jedoch keine Verwendung darin gefunden zu haben. Handelt es sich um eine Tierfabel, und wenn ja, welchen Inhalts? Al-

Tafel XV (Kat. 417)

461

les weist darauf hin, daß in den Tieren getarnt eine moralische Botschaft steckt, die mit politischen Anspielungen gespickt ist. In einer ersten Bedeutungsebene verulkt der Karikaturist jene ahnungslosen Idealisten mit ihrem unnützen Palaver, in deren Rücken schon der gierige Storch wartet, der seinerseits von einem Adler bedroht ist. Wälchli (1943) weist übrigens darauf hin, daß in Distelis Werk die Frösche eine überlebte Gesellschaftsordnung mit konservativer politischer Anschauung verkörpern. Neuerdings sieht man im Adler eine Anspielung auf das österreichische Wappentier, somit auf die von Metternich geplante Neuordnung Europas, welche die schweizerische Autonomie bedrohte (LEITESS, NOSEDA und WIEBEL 1978). Hier muß daran erinnert werden, daß 1830–1831 mehrere Kantone ihre Verfassung im Sinne der Demokratie revidieren, und daß sieben unter ihnen, Solothurn inbe-

griffen, 1832 einen Bund, das Siebner Konkordat, schließen, im Hinblick auf die Revision des Bundesstaates, aus Angst vor einer übergewichtigen reaktionären Opposition.

Vielleicht schöpft Disteli in diesem Aquarell aus einer Lithographie von J.-J. Grandville, die 1831 in der Wochenzeitung *La Caricature* erschien, unter dem Titel *Die Frösche, die einen König fordern*. Grandville illustriert eine Fabel von La Fontaine, welche die rückgratlosen Lurche eindeutig mit den Sympathisanten des Adels identifiziert:

Da die Frösche Überdruß
An der Republik empfanden,
Huben sie ein Zetern an,
Bis sie König Jupiter
Unter seine Herrschaft zwang.

Frösche vollführen da einen großen Tumult, während sich hinter ihnen ein Fischreiher drohend abzeichnet; von weitem aber beobachtet der Adler, eben Jupiter, das Treiben. Diese Fabel, die Grandville auf die Julimonarchie anwendet, kann auch auf die schweizerischen Verhältnisse passen, wo die liberale Regeneration auf die konservative Restauration prallt. Die hier angeführte Hypothese zeigt, wie international die politischen Spannungen sowie ihr zeichnerischer Ausdruck in der zeitgenössischen Karikaturenwelt war. Ph. Kaenel

Lit.: Wälchli 1940; Wälchli 1943, S. 30–31, 39–40; Leitess, Noseda und Wiebel 1978, S. 114.

462, 463, 464

MARTIN DISTELI
Olten 1802–1844 Solothurn

Zelotenpredigt. Um 1834
Feder und Aquarell, 32,2 × 34,9 cm
Genf, Musée d'art et d'histoire, Cabinet des dessins, Inv. CRd 11

Chorgericht. Um 1834
Feder und Aquarell, 32 × 36 cm
Olten, Kunstmuseum, Inv. 1861.B.86

Gestörtes Liebesabenteuer. Um 1834
Feder und Aquarell, 32 × 35 cm
Olten, Kunstmuseum, Inv. 1861.B.85

Die drei Aquarelle bilden eine Ausnahme im satirischen Werk Distelis, nicht nur wegen ihrer Größe, sondern auch wegen ihrer Technik und ihres Stils, der nicht nach Deutschland, sondern nach England weist, zu Gillray, Rowlandson und Cruikshank. Wahrscheinlich handelt es sich um Entwürfe für Stoffdrucke (Noseda 1983). Alle drei nehmen die religiöse Heuchelei, die mit den Jesuiten in Verbindung gebracht wird, aufs Korn. Der Orden wurde von Papst Clemens XIV. im Jahre 1773 aufgelöst, bestand aber in der Schweiz unter andern Namen weiter, bis zu seiner Wiederherstellung durch Pius VII., 1814. In der Folge werden in den katholisch-konservativen Kantonen, in Sitten, Brig, Estavayer, Schwyz und Luzern Jesuitenkollegien gegründet. 1832 vertreibt Solothurn, dessen Regierung mehrheitlich liberal ist, die Jesuiten.

In der *Zelotenpredigt* zieht Disteli die übertriebene Theatralik des Predigers ins Lächerliche; anscheinend versucht dieser mit einer Schilderung der Höllenstrafen seine Zuhörer zu beeindrucken. Die fliegende Gebärde seines Körpers mit erhobenen Armen findet sich in verschiedenen Zeichnungen des Künstlers wieder, auf einem Aquarell von 1833 ist gar aus dem Prediger eine gestikulierende Heuschrecke geworden, wie denn schon im Wort Heu-schrecke der Schrecken steckt; im ersten Teil des Wortes klingt aber der Heuchler an, der Hypokrit. Genau diese zwei Begriffe verwendet der Leitartikel des *Schweizerischen Republikaners* von 1836 (Kat. 465), um die ultramontane Verschwörung der Geistlichen zu geißeln, welche, mit Ausnahme einiger weniger, würdiger Priester, »denen das Evangelium heiliger ist als die Augen der Heuchler«, Nutzen ziehen aus dem »Schrecken der gefährdeten Religion«, den sie dem Volke vormalen, um »die Wurzel unserer Freiheit (und) den arglosen Sinn des Volkes zu vergiften«. Zu Füßen des Jesuiten liegt ausgerechnet das Evangelium, von dem er sich abwendet, um seine Gläubigen zu mesmerisieren oder magnetisieren; man glaubt aus ihrem Antlitz stupide Devotion, naive Angst und Geistesschwäche lesen zu können.

Im *Chorgericht* gesteht ein Landjunker in zerknitterter Kleidung, ohne Perücke, dem geistlichen Ehegericht seine eheliche Untreue: Die verschämt und anzüglich in den Hut sich schiebende Hand sagt alles über die Art seines Verbrechens, wie auch das kaum zu unterdrückende Lächeln des Erinnerungsvergnügens. Die Geistlichen, die ihn umringen, sind anderer Ansicht; ein langer Hagerer zeigt mit dem Finger in die Höhe gegen Gott; ein anderer, der von einer lachhaften Häßlichkeit ist, scheint eben seine Absolution erteilen zu wollen, aber er schnupft Tabak, ein dritter schaut zu, die Augen springen ihm vor moralischer Entrüstung fast aus dem Kopf. Der dicke Mönch rechts aber

462

streichelt eine Katze – ein Tier, das die
Schwarze Magie sowie die Falschheit bedeutet – mit der gleichen Gebärde wie ein In-
quisitor auf einem anderen Blatt Distelis, das
im *Republikaner-Kalender* 1834 veröffentlicht
wurde und das den liberalen Priester Alois
Fuchs vor dem Ketzergericht darstellt, das
ihn 1832 wegen seiner Reformbestrebungen
seines Amtes entsetzte.

Das Blatt *Gestörtes Liebesabenteuer* zeigt
wiederum einen Geistlichen – die rut-
schende Perücke läßt eine verräterische
Glatze sehen –, der eben eine unförmig
dicke reiche Witwe küßt; ihre ballonartig
geblähten Brüste kugeln über den Tisch, an

dem sie sitzt. Zeuge dieser grotesken Idylle
wird ein Hund, den der Maler auch als Anspielung auf das Triebhafte des Liebhabers
benutzt, ebenso wie den verschütteten Wein.
Von hinten drängt Landvolk durch die geöffnete Tür herein und überführt die Lie-
benden, wie der in einen Hirsch verwan-
delte Aktäon die Göttin Diana auf dem Gemälde an der Wand überrascht. Die Begebenheit könnte eine politische Pointe besitzen: Das Volk überrascht die unter der Restauration erneuerte Allianz zwischen Klerus
und Aristokratie (BÄTSCHMANN 1989).
Schließlich deckt die mythologische Szene
über den beiden Verliebten das Gefälle auf,

463

464

das zwischen den hohen Idealen der Antike und der schreienden Banalität der damaligen Wirklichkeit besteht. Ph. Kaenel

Lit.: Wälchli 1943, S. 41, 85–86; Leitess, Noseda und Wiebel 1978, S. 49–54; Noseda 1983; Bätschmann 1989, S. 175–178.

465

MARTIN DISTELI
Olten 1802–1844 Solothurn

Schweizerischer Republikaner
Titelillustration, 1836
Holzstich 24 × 21 cm
Olten, Kunstmuseum, Inv. Di 174

465

In den Jahren um 1830 ist Disteli Mitarbeiter verschiedener Zeitungen mit radikaler Tendenz: *Züricher Kalender* (1833–1835), *Republikaner-Kalender* (1834), *Haus- und Wirtschaftskalender des Schweizerischen Republikaners* (1835) und *Schweizerischer Kalender* von 1836. Seit 1839 widmet sich Disteli fast ausschließlich dem *Schweizerischen Bilderkalender,* der in Solothurn herauskommt und unter dem Namen *Distelikalender* besser bekannt ist. Zur Entstehungszeit des Titelblatts für den *Schweizerischen Republikaner,* herrscht in der schweizerischen Politik eine Atmosphäre des Kalten Krieges, Zank zwischen Kantonen mit Regenerations- und solchen mit Restaurationsverfassungen, zwischen Liberalen und Konservativen, Protestanten und Katholiken, Stadt- und Landkantonen. Der Leitartikel der ersten Lieferung für das Jahr 1836 entwirft ein düsteres Bild der fünf vergangenen Jahre; er fordert den Leser auf, sich im Kampf gegen die Reaktion dem militanten Radikalismus anzuschließen.

Ein wahrer Hexensabbat umgaukelt den Titel der Zeitung, alle Symbole der konservativen Ordnung sind aufgereiht; sie hängen an den Flügeln eines Teufels, der in seinen Klauen die Embleme von Kirche und Monarchie hält, nach welchen auf der linken Seite ein Skelett von einem Adeligen, auf der rechten ein Kleriker, der mit Kreuz, Rosenkranz und Weihrauchfaß bewaffnet ist, gieren.

Über diesen befinden sich andere Kreaturen der Kirche, welche affenähnlich karikiert, den Teufel regelrecht beim Schwanz packen. Das Ganze wird gekrönt durch ein Engelchen, das auf einem flammenden Gerechtigkeitsschwert sitzt und Geißel und Maske in Händen hält, Symbole der Karikatur und der Satire. Ein Einziger nimmt es mit dem Teufel und seinem schändlichen Gefolge auf: der Schweizer Soldat, der sein Gewehr ergreift, wobei ihm das Skelett des Aristokraten mit seinem Schwert in den Arm fällt. Dieser Soldat und seine Waffe weisen auf die Ideologie der Radikalen, die national-progressiv ist und die den Milizsoldaten hochachtet, samt den großen patriotischen Kundgebungen, zum Beispiel Schützenfeste, die in der damaligen Sicht Manifestationen des immer noch wachen Willens zur Selbstverteidigung und des Strebens nach Freiheit sind, wie sie Wilhelm Tell und die Helden der Urschweiz beseelt hatten. Ph. Kaenel

Lit.: Wälchli 1943, S. 40–41.

466

MARTIN DISTELI
Olten 1802–1844 Solothurn

Sie kommen, die Jesuiten! Illustration zu
einem Gedicht von Gottfried Keller, 1844
Lithographie, 37 × 26,5 cm
Olten, Kunstmuseum, Inv. Di 155

Eines der letzten Werke Distelis ist: *Sie kommen, die Jesuiten!* Es illustriert die erste Veröffentlichung eines jungen, hoffnungsvollen Dichters, Gottfried Keller (1819–1891). Diese Beilage zur ersten Nummer der literarischen und politischen Wochenschrift *Die freie Schweiz* (3. Februar 1844) wird später als Flugblatt verbreitet. Die Zeit, in welcher sie erscheint, ist von einer Verhärtung der Konflikte geprägt, die zum Bürgerkrieg, dem Sonderbundskrieg, führen sollte (1847). Das von Disteli bebilderte Pamphlet Kellers wird in Luzern beschlagnahmt, der berühmte, vom Karikaturisten herausgegebene *Schweizerische Bilderkalender,* mit einer Auflage von zwanzig- bis dreißigtausend Exemplaren, wird verboten und sogar in mehreren katholischen Kantonen öffentlich verbrannt. Auch wird dort die Nachricht vom Tod des Künstlers im März 1844 mit kaum verhohlener Genugtuung zur Kenntnis genommen.

Gedicht und Zeichnung prangern an, daß die Jesuiten nach Luzern zurückberufen und ihnen die höheren Schulen anvertraut werden. Die Lithographie stellt denn auch eine Jesuitenprozession dar, die, während der typische Jesuitenhut die Sonne verdunkelt, gegen Luzern zieht, das links im Bild durch die Fassade der Hofkirche angedeutet ist. Dies geschieht unter den Augen des erzürnten Gottes, der das Schwert zieht, um sein flehendes Volk von einem Jesuitenpater zu befreien, der mit ewigen Höllenstrafen droht. Ein schlauer Fuchs schaut dem Treiben zu. In der letzten Strophe des Gedichtes faßt Keller den Inhalt zusammen: »O Schweizerland, du schöne Braut, / Du bist dem Teufel angetraut!«, was Disteli bildhaft darstellt, indem er eine junge Älplerin, bedroht von drachenreitenden Jesuiten und vom ultramontanen Geist in Gestalt des Leibhaftigen hinter ih-

rem Rücken, zeigt. »Vom Gotthard weht ein schlimmer Wind – / Sie kommen, die Jesuiten!«

Das höllische Gewimmel, das so manche von Distelis antiklerikalen Visionen illustriert (Kat. 462–465), wird in einem Gedicht aufgenommen, das Keller nach Distelis Tod dem Karikaturisten widmet: »Schaut dies Gewimmel ohne Ruh und Rasten, / Den Bodensatz in einer Republik! / Solch einen Sabbat wohlgemut zu schildern, / Braucht es fürwahr ein unerschrocknes Blut! / Nun warf er hin den Stift, nahm Stock und Hut, / Und fluchend steht das Volk vor seinen Bildern.« Ph. Kaenel

Lit.: COULIN 1920, S. 59–62; WÄLCHLI 1943, S. 69–73.

467

DAVID HESS
Zürich 1770–1843 Zürich

Geist unserer Zeit. 1831
Radierung, 27,3 × 22,5 cm
Zürich, Graphiksammlung der
Eidgenössischen Technischen Hochschule,
Inv. 1938.25/M 533

Mit sechzig Jahren erfährt der Schriftsteller und Zeichner David Hess mit Grauen, daß die Schweiz und der Kanton Zürich von der revolutionären Bewegung, die 1830 aus dem Pariser Juli-Aufstand hervorgegangen war, ergriffen worden sind. »Es ist ein Fatum, das wie ein trüber Strom unaufhaltsam die halbe europäische Welt überschwemmt und nun auch unser schönes Ländchen mit seinem Schlamm überdeckt. Das Unkraut, das der Teufel lustig säet, wird üppig darin aufwachsen« (zitiert nach ESCHMANN 1911). Das Bild des Teufels erscheint eher häufig in der konterrevolutionären Karikatur; in England wird es oft auf die Sansculotten (Gegensatz zu culotté, Aristokrat) und auf den General Bonaparte angewendet, so von James Gillray und später von George Cruikshank. Der Ausdruck des von Hess gezeichneten Monsters ähnelt andererseits dem einer blinden Harpyie auf einem Aquatintablatt des Basler

466

Malers Marquard Wocher, welche die Revolution symbolisiert; sie entrollt einen Rosenkranz von jakobinischen Erlassen, den ein Engelchen in Brand steckt (LANGLOIS

467

1988, Nr. 21). Mit diesem Teufelsbild greift Hess sowohl den Revolutionsgeist wie auch Frankreich, das ihn zeugte, an. Sein Haß gegenüber der Grande Nation wurde durch drei Hauptereignisse geschürt: das Massaker an der Schweizergarde vor den Tuilerien, seine persönliche Erfahrung als Offizier im Dienste der Niederlande während der Revolution und der Besetzung durch Frankreich 1794 – sein erstes Karikaturen-Album *Hollandia regenerata* (1792–1796) entwirft ein Bild dieser bewegten Zeit – und schließlich die Greuel der französischen Besetzungstruppen unter General Masséna, welche die Stadt Zürich sowie das väterliche Landgut des Künstlers 1799 plündern.

Das Werk ist signiert »Von einem Quidam«. Der diabolische Zeitgeist trägt an seinem Gürtel befestigt verschiedene Schmähschriften, unter andern die *Appenzellerzeitung,* die zu den liberalsten gehörte. Er schickt sich an, ein Plakat über die »Toleranz oder Gleichgültigkeit, Unglaube, Schwachheit« anzukleben. Die Plakatwand ist bereits übersät mit Dekreten oder schönen Titeln wie Freiheit, Philanthropie, Volkswohl oder Volkssouveränität, Pressefreiheit, die alle in der Sicht des Zürcher Oligarchen Wahnwitz, Demagogie, Anarchie und Sittenlosigkeit zur Folge haben. Rechts unten an der Wand bemerkt man die Zeichnung eines Teufels, der auf eine Zeitung, ausgerechnet den *Volksfreund,* hofiert – ein Fingerzeig auf die Bedeutung dieser Karikatur als Ganzes.

Der Teufel tritt mit Füßen oder eben mit seinen Bockshufen die Symbole der Religion und der politischen Ordnung: Kreuz und Rosenkranz, die Heilige Schrift und die besiegelte Urkunde eines Paktes. Eine Hippe steht für das Zerstörerische seiner Tätigkeit, und eine Sanduhr spielt auf den Titel der Karikatur, *Geist unserer Zeit,* an. Hier ist ein Detail erwähnenswert, nämlich daß dieser die Zeit versinnbildlichende Gegenstand und sein Schatten den Rahmen der Karikatur sprengen. Vielleicht will Hess damit den betrachtenden Zeitgenossen ins Bild hineinziehen und ihm bedeuten, auch er sei von diesem satanischen Zeitgeist betroffen, oder aber der Maler will damit sagen, auch dieser revolutionäre Zeitgeist sei nur eine zeitgebundene, vorübergehende Angelegenheit. Die Vorstellung vom Teufel als Plakatankleber ist besonders zählebig, da seit dem Ende des 18. Jahrhunderts und besonders in den 1820er Jahren das sich an die Volksmassen wendende Plakat das vorzügliche Mittel revolutionärer Agitation ist. Zugleich ist das Plakat auch bezeichnend für den Anbruch einer neuen, wirtschaftorientierten Epoche: für die industrielle Revolution, die sich unter anderem durch die Notwendigkeit der Publizität auszeichnet. Ph. Kaenel

Lit.: GRAND-CARTERET 1885, S. 54, 56–60, 64, 371–372; FUCHS 1901, S. 410–411; ESCHMANN 1911, S. 179 ff., 221 ff.; LANGLOIS 1988.

468

HIERONYMUS HESS
Basel 1799–1850 Basel

Eine Käsedruckete. 1848
Aquarell, 17,8 × 25,3 cm
Basel, Kupferstichkabinett, Inv. 1927.454

Bürger und Bauer nehmen einen Mönch und einen Aristokraten in die Klemme und drücken beide von der Bank. Der Mönch liegt schon am Boden, der Aristokrat ist in arger Bedrängnis. Die Darstellung trifft den Kern der europäischen Revolution von 1848: neue Schichten drängen an die Macht, die bisher fast ausschließlich dem Adel und dem Klerus vorbehalten war. Hieronymus

Hess hat sicher in erster Linie die schweizerische Situation im Jahre 1848 vor Augen. Die Macht der katholischen Kirche war 1847 im Sonderbundskrieg gebrochen worden: der Mönch, der Inbegriff der reaktionären und klerikalen Hetze, liegt schon am Boden. Die Aristokratie wird im neuen Bundesstaat ihre letzten Machtpositionen verlieren.

F. de Capitani

Lit.: PFISTER-BURKHALTER 1952; KUHN 1980.

469

JOHANN JAKOB ULRICH
Andelfingen 1798–1877 Zürich

Der Teufel und seine Großmutter halten die Symbole der Reaktion und des Sozialismus. 1845
Lithographie, 29,7 × 40 cm
München, Sammlung Dr. Günter Böhmer

Johann Jakob Ulrich greift auf die Grundidee einer Karikatur aus den ersten Jahren der französischen Revolution zurück. Paul Usteri (1769–1795), der früh verstorbene Bruder des Malers Martin Usteri, hatte sie gezeichnet: Der Teufel und seine Großmutter stritten sich, wer von ihnen das größere Übel unter die Menschheit gebracht habe. Der Teufel verwies auf die »schlauen und geckhaften Hofleute«, die er erschaffen hatte; die Großmutter hielt ihm das Bild des »wütenden Jakobinismus« entgegen, ein ungleich größeres Übel. Der Teufel mußte sich geschlagen geben.

Ludwig Meyer von Knonau erwähnt und kommentiert dieses Blatt in seiner kurzen Biographie Paul Usteris, die 1829 im Neujahrsblatt der Stadtbibliothek Zürich erschienen ist. Johann Jakob Ulrich zeichnete die Karikatur für die von ihm mitherausgegebene Zürcher Wochen-Zeitung, ein Sprachrohr der Konservativen. Die Zeichnung erschien mit einem ausführlichen Kommentar am 14. Januar 1845 in der zweiten Nummer der Wochen-Zeitung. Sie nimmt die Grundidee Usteris wieder auf, bezieht sie aber auf die

468

469

damals gerade aktuellen »Gefahren« der Menschheit. So prahlt der Teufel mit einem Jesuiten, die Großmutter übertrumpft ihn mit einem radikalen Jacobiner und einem Kommunisten.

Die Karikatur muß im Zusammenhang mit der weitverbreiteten Kommunistenangst gesehen werden, die nach 1840 einsetzte und in der Schweiz 1843 ihren ersten Höhepunkt erreichte. Die Verhaftung des deutschen Handwerkers und Kommunisten Wilhelm Christian Weitling (1808–1871) in Zürich führte zur Einsetzung einer Kommission unter dem Vorsitz von Johann Caspar Bluntschli. Der Kommissionsbericht *Die Kommunisten in der Schweiz nach den bei Weitling vorgefundenen Papieren* fand im ganzen deutschen Sprachraum große Beachtung.

F. de Capitani

Lit.: Fuchs 1901–1903; Lüthy 1965; Schieder 1982.

1848 in Deutschland

470

JOHANN MICHAEL VOLZ
Nördlingen 1784–1858 Nördlingen

Der Anti-Zeitgeist. 1819
Kolorierte Radierung, 25,7 × 18,5 cm (Platte)
München, Sammlung Dr. Günter Böhmer

Der Esel in Hofuniform reitet sein Steckenpferd: den Stammbaum, der bis auf Kain und Adam zurückreicht. Unter dem Arm hält er einen Folianten, der die »Uralten Rechte« enthält. Auf seiner Hand sitzt ein Greifvogel, halb Geier, halb Falke oder Habicht, wohl ein Symbol der Habsucht. Die Sonne verfinstert sich, mit dem Fuß stößt der Esel die lichtspendende Kerze um. Er tritt die Waage der Gerechtigkeit und die ro-

Der Anti-Zeitgeist.

470

ten Freiheitskappen mit Füßen. Nachttiere – Eulen und Fledermäuse –, Kröten, Lurche und Sumpfpflanzen runden das Bild ab.

Johann Michael Volz hat zu dieser Karikatur ein Pendant gezeichnet: *Der Zeitgeist,* ein Angriff auf den Radikalismus, der halb Teufel oder Drache mordbrennend über die Erde zieht. Die beiden Karikaturen greifen die politischen Extrempositionen an: den Reaktionär und den Revolutionär.

Die frühen Karikaturen der Restaurationszeit in Deutschland beschränken sich meist darauf, sehr allgemein die Auswüchse des politischen Lebens zu persiflieren. Eine strenge Zensur ließ auch kaum schärfere Angriffe zu. Erst seit den 40er Jahren wurde in Deutschland die Karikatur zur wirksamen Waffe im politischen Kampf, als sie sich konkreter den Tagesthemen der Politik zu widmen begann.

Eduard Fuchs hat auf die Harmlosigkeit dieser Biedermeierkarikatur hingewiesen: »Wenn man genau hinschaut, merkt man freilich, daß die Freiheitsmützen in Wirklichkeit rote Zipfelmützen sind. Diese Bildchen sind sicher ganz nett, aber nichts mehr. So klein das Format ist, so klein ist die Lösung der gestellten Aufgabe. Kein Zug von Größe. Das waren keine Keulen aus dem Holze, mit denen man einen Feind wie Metternich überwindet!« F. de Capitani

Lit.: FUCHS 1901–1903; Münster 1983.

471

ANONYM DEUTSCHLAND

Wie einer immer daneben trat!
Um 1842
Lithographie, 28,7 × 23,5 cm
München, Sammlung Dr. Günter Böhmer

Auf den König Friedrich Wilhelm IV. (1840–1861, regierungsunfähig 1857) waren große liberale Hoffnungen gesetzt worden, die aber rasch enttäuscht wurden. Sein romantischer Hang zu historischen Träumereien, Entschlußlosigkeit, Trunksucht und Prahlerei ließen ihn zu einem Spielball der politischen Kräfte werden.

Im Jahre 1841 lockerte Preußen vorsichtig die Pressezensur und im folgenden Jahr auch die Bildzensur; doch bereits ein Jahr später, im März 1843, wurde die Zensur wiederum verschärft. In diese kurze Zeit einer relativen Pressefreiheit fällt der Beginn einer neuen, kritischen Karikatur in Deutschland.

Wie Einer immer daneben trat!

471

472

Das vorliegende Motiv erschien erstmals 1842 in einer Karikatur der *Rheinischen Zeitung*, einem engagierten politischen Kampfblatt, dessen Redaktor seit Oktober 1842 Karl Marx war. Die Wirkung der vorliegenden Karikatur war durchschlagend. In immer neuen Auflagen und Varianten wurde das Thema dargestellt; der schwankende König, dem es nicht gelingt, in die Fußstapfen seines großen Vorbildes, Friedrich II., zu treten. Die Champagnerflaschen deuten auf seinen Spottnamen hin: »Champagner-Fritze«. Diese und ähnliche Karikaturen des Jahres 1842 waren entscheidende Anlässe für die Wiedereinführung einer strengen Zensur nach 1843.

Eduard Fuchs nennt diese Karikatur »unstreitig die beste satirische Schöpfung der Zeit«, und fährt fort: »Von allen satirischen Angriffen gegen Friedrich Wilhelm IV. ist dies ohne Frage der kühnste, der furchtbarste

Hieb, den er ob seines stets mißglückenden Bemühens, Friedrich II. zu gleichen, erdulden mußte. Der Witz ist einfach, aber ebenso schlagend, ein Denkstein in der Geschichte der Karikatur.« F. de Capitani

Lit.: FUCHS 1901–1903; KOSZYK 1984.

472

HENRY RITTER
Montreal (Kanada) 1816–1853 Düsseldorf

Deutschland im Jahr 1847. 1848
Zweifarbige Lithographie aus
Düsseldorfer Monatsblätter 1848, 35 × 33 cm;
bezeichnet Lith Joh. Arnz & Co.
in Düsseldorf. Monogramm: HR
[Henry Ritter]
München, Sammlung Dr. Günter Böhmer

Der Kaiser mit langem Bart schläft auf dem Thron unter einem Baldachin, dessen Rückwand die Wappen der deutschen Staaten trägt. Auch der Mantel des Königs ist mit den Wappen der Partikularstaaten geschmückt. »Schmeichler« mit Geldsäcken lecken seine Füße, der »Sclavensinn« küßt den Boden, die »Policei« in Begleitung eines als »Automaten« bezeichneten Soldaten salutiert. Die »Lüge« (mit der Schere der Zensur) flüstert dem Schlafenden etwas ins Ohr und die »Heuchelei« (im Priestergewand) hält einen Heiligenschein über den schlafenden König. Auf den Stufen des Thrones liegen zerrissene »Petitionen des Volkes«. Im Hintergrund erhebt sich ein riesiger Baumstamm mit Speerspitzen, eine Irminsäule zu Ehren des Kriegsgottes, dem das Volk zum Opfer gebracht wird. Das Volk liegt in Ketten. Nur ein geketteter Mann mit phrygischer Mütze steht auf und hebt die Hand zur Rede. Ein Soldat richtet bereits sein Gewehr auf den Aufrührer. Die »Rohheit« will nichts hören und hält sich die Ohren zu.

Das Bild knüpft an die Barbarossa-Legende an: Der Kaiser Friedrich I. Barbarossa (1151–1190) soll schlafend im Kyffhäuser-Gebirge auf den Zeitpunkt warten, wo er wieder an die Spitze seines erstarkten und geeinten Reiches treten wird. Der Genremaler und Lithograph Henry Ritter läßt das Volk seinen Retter rufen, während die Höflinge alles daransetzen, den schlafenden Kaiser nicht zu wecken.   F. de Capitani

Lit.: HOFFMANN 1978; VOLLMER 1983.

473–475

Drei Karikaturen zum deutschen Michel

Die Figur des deutschen Michels wurde im Vormärz sehr populär. In den vielen polemischen und satirischen Schriften zur politischen Lage verkörperte Michel das gutmütige, etwas verschlafene deutsche Volk, das von skrupellosen Mächten und Fürsten ausgenutzt und unterdrückt wird. Seine Geduld ist groß, doch geht sie zu Ende, so wird er sich zu wehren wissen.

Martin Disteli hatte 1843 die *Wahrhaftige Geschichte vom deutschen Michel und seinen Schwestern* von Wilhelm Schulz illustriert. Das Büchlein wurde in der Schweiz gedruckt, nach Deutschland geschmuggelt und fand dort rasch eine große Verbreitung und Nachahmer.

473

Der deutsche Michel.

474

473

R. SABATKY

Michel wird gefesselt. Um 1843
Lithographie, 33,5 × 53,5 cm
München, Sammlung Dr. Günter Böhmer

Das erste Blatt spielt auf die Verschärfung
der preußischen Pressezensur im Jahre 1843
an. Der Freiheit werden die Flügel gestutzt,
der deutsche Michel wird gefesselt und geknebelt, sein Mund mit einem Vorhängeschloß verschlossen. Eine Stange mit Hut
und Kranz – die Überreste eines Freiheitsfe-
stes? – wird zu Fall gebracht. Die Zensur mit
Schere und Rasiermesser versperrt den Weg
in lichtere Gefilde, während die Höflinge
angestrengt ein Gesetzbuch (?) studieren.

474

R. SABATKY

Der gefesselte Michel. Um 1843
Lithographie, 41,5 × 50 cm; bezeichnet:
Steindruck von Sabatky. Verlag von Julius
Springer in Berlin
München, Sammlung Dr. Günter Böhmer

Hilflos sitzt Michel auf einem Nachtstuhl,
den als Wappentier ein Schaf ziert. Er trägt
eine Zwangsjacke mit den Wappen der 38
souveränen Staaten und ein Vorhängeschloß
vor dem Mund. Ein Höfling (der Schlüssel
weist ihn als Kämmerer, der Stammbaum als
Adeligen aus) läßt ihn zur Ader. Die Mächte
Europas fallen über den wehrlosen Michel
her: der russische Zar zieht ihm das Hemd

475

aus, Frankreich reißt ihm den Rock herunter, die englische Bulldogge raubt das Gold, der Papst droht mit Bann. Im Hintergrund exerziert das kaum handelungsfähige Bundesheer, statt einzugreifen.

475

R. SABATKY

Der befreite Michel. Um 1843
Lithographie 41 × 51,5 cm; bezeichnet:
Verlag von Julius Springer in Berlin
München, Sammlung Dr. Günter Böhmer

Der deutsche Michel ist erwacht und hat sich befreit: Michel steht auf, erhebt die Schwurfinger und schwingt seine Keule. Statt der Zwangsjacke trägt er nun ein Wams mit dem Reichsadler, eine neue Jacke mit einer wohlgefüllten Geldbörse. Er zertritt den Stammbaum des Höflings. Das Heer setzt zum Sturm an, der Franzose wird erstochen. Die englische Bulldogge muß sich zurückziehen. An die Stelle des Wappens mit dem Schaf ist eines mit einem Löwen getreten, der das Otterngezücht zerbeißt. Der Thron des Papstes ist umgeworfen, Tiara und Schlüssel fallen zu Boden.   F. de Capitani

Lit.: WÄSCHER 1956; OTTO 1982; WOLF 1982; KOSZYK 1984; RIHA 1984; Ludwigshafen 1988.

476

PHILIPP WINTERWERB
Braubach a. Rh. 1827–1873 Frankfurt a. M.

Deutscher Hofball 1848. 1848
Lithographie, 42 × 30 cm; bezeichnet:
Druck und Verlag v. Ed. Gust. May in
Frankfurt a. M.
München, Sammlung Dr. Günter Böhmer

Das Volk bläst den Fürsten den Marsch. In einer Polonaise treten die Protagonisten der Restauration von der Bühne ab: Fürst Metternich mit den Karlsbader Beschlüssen unter dem Arm als der Repräsentant der österreichischen Reaktion, der preußische König Friedrich Wilhelm IV, Ferdinand I. und der bayerische König Ludwig I. mit seiner skandalumwitterten Mätresse Lola Montez, die von ihm den Titel einer »Gräfin von Landsfeld« erhalten hatte. Ein Volksvertreter erhebt die Forderung nach einem »Deutschen Parlament«, eine Fahne mit der Inschrift »Freiheit« beherrscht die Szene. Das angestimmte Lied war schon am Hambacher Fest (1832) erklungen und gehörte zu den streng verbotenen und dennoch weit herum bekannten Liedern der deutschen Republikaner:

> Fürsten zum Land hinaus!
> Fürsten zum Land hinaus!
> Jetzt kommt der Völkerschmaus!
> Jetzt kommt der Völkerschmaus!
> naus, naus, naus, naus.
>
> F. de Capitani

Lit.: FUCHS 1901–1903; FUCHS 1904; WOLF 1982; zum Lied: vgl. OTTO 1982, S. 186 ff.

477

ANONYM ÖSTERREICH

Februar 1848. 1848
Radierung, 28,5 × 35,5 cm
München, Sammlung Dr. Günter Böhmer

Diese Karikatur, die mit großer Wahrscheinlichkeit aus dem österreichischen Raum stammt, faßt die europäischen Ereignisse der ersten Monate des Jahres 1848 im Rückblick zusammen. Noch ist der Ausgang der Revolutionen nicht abzusehen. Der Narr verkündigt das Motto: »Soll es Lachen oder Weinen sein?« Auf Österreich als Erscheinungsland der Karikatur weist das ausführliche Lamento Ferdinands I. und die eindeutig proösterreichische Haltung gegenüber den italienischen Ereignissen hin.

In Österreich verläßt der Fuchs mit Ranzen und Regenschirm das Land – eine Anspielung auf die Flucht Metternichs unter falschem Namen nach England. Kaiser Ferdinand von Österreich hält ein Blatt »40 Constitution« in der Hand. Die Forderung nach einer Konstitution war das Hauptanliegen der Aufstände vom 13.–15. März in Wien. Der geistesschwache Kaiser Ferdinand I. versucht hilflos die Situation zu verstehen. Sein Gesprächspartner Oerindur könnte der Innenminister Franz Freiherr von Pillersdorff sein, der Verfasser der Verfassungsurkunde vom 26. April. Der Name Oerindur ist eine Anspielung auf das geflügelte Wort »Und erklärt mir, Oerindur, / diesen Zwie-

476

477

spalt der Natur« aus dem Schicksalsdrama
Die Schuld (1813) von Adolf Müllner (1774–
1829).

> O! Erklärt mir Oerindur
> Bin nicht disponiert zu denken
> Was begehren meine Kinder?
> Werde ihnen Alles schenken!
> Nichts soll meinen Theuren fehlen
> = Freiheit Constitutionen =
> Nur soll man mich nicht mehr quälen,
> Soll mit Denken mich verschonen!
> Ach du lieber Gott!

> Stimme: Über Deine heil'ge Dummheit
> Darfst Du, Vater, Dich nicht kränken,
> Denn die freien Kinder werden
> Hell und klar statt deiner denken.

Ganz Süddeutschland ist in Aufruhr begriffen: »Ein halbes Schock von Gänseköpfen
und ein Ausrufungszeichen in Gestalt einer
Rakete«.

Drei süddeutsche Fürsten stehen ratlos
vor den Revolutionsereignissen: »Schläft
ihr? Gott bewahre, wir sind blos etwas
blind.«

Die Rakete zielt nach dem Norden. Hier
jongliert der preußische König mit Tabak-
pfeifen. Das Rauchen in der Öffentlichkeit
war in Berlin verboten und gab immer wieder zu Konflikten Anlaß. Die Lockerung
dieses Verbots gehörte mit zu den Forderungen der Aufständischen im März 1848. Am
25. März wurde das Verbot aufgehoben. Em-
pört äußert sich der König:

> Die Flegel rühren sich?
> Pah! Das ist nur zum Lachen
> Ich darf nur abermals
> Ein einz'ges Kunststück machen.
> Dann eine Lügenred
> Zwei Scheffel Adlerorden
> Und hilft das alles nicht,
> So fang ich an zu morden.

Tafel XVI (Kat. 450)

Auf dem dänischen Thron war im Januar 1848 Friedrich VII. auf Christian VIII. gefolgt. Schon seit Jahren schwelte der Konflikt um Schleswig-Holstein, das sich gegen ein Aufgehen im dänischen Staat wehrte. Im März 1848 erklärte sich Schleswig-Holstein selbständig, muß sich aber der militärischen Intervention Dänemarks beugen. Die harte Haltung des dänischen Königs: »Was soll er fressen? Dreck!«

Der Schweizer, mit der phrygischen Mütze auf dem Haupt, ersticht einen Drachen, eine Anspielung auf die Niederwerfung des Sonderbundes im Jahre 1847.

In Italien versucht ein Priester mit Weihwasserwedel den Doppeladler wegzujagen: »Weihwasser thut's freilich nicht«. Schon im Januar 1848 waren in Neapel und Palermo Aufstände ausgebrochen. Das Königreich Neapel mußte – unter dem Druck einer englischen Intervention – weitgehende liberale Zugeständnisse machen. Die Bewegung griff bald auf die übrigen italienischen Staaten über. Die Unabhängigkeitsbewegungen in den österreichischen Gebieten wurden blutig niedergeschlagen.

In Griechenland haben es die Türken mit der Angst zu tun: »Bedürfnis? Bei Allah, blos die Angst.« Griechenland war 1830 unabhängig geworden, doch blieb die Türkei noch im Besitz einiger Territorien, was immer wieder zu Konflikten führte.

In Frankreich verliert Louis Philippe auf dem hohen Seil das Gleichgewicht und die Krone. Er wird von einem Adler aus dem Gleichgewicht gebracht, der die Devise: «Liberté – Egalité – Fraternité» trägt. Das Motto verkündet: «Balancez donc». Die Revolution vom 22.–24. Februar hatte in Frankreich den König gestürzt und die Zweite Republik aufgerufen. Im Wasser vor der Küste Frankreichs verfolgen lachende Gesichter, wohl Exilrepublikaner, die Szene.

Die laszive Szene in Spanien mit der Legende »Schöne Aussicht« spielt auf die Königin Isabella II. an, deren Eheprobleme die Diplomaten ganz Europas in Atem hielten. In Portugal kämpfte die Königin Maria II. mit großen inneren Problemen. England

und Spanien intervenierten 1847 mit Truppen zum Schutz der bedrohten Monarchie. Es herrscht: »Ägyptische Finsternis«.

Die Szene in Irland spielt auf die schrecklichen Hungerjahre nach 1845 an, denen über 700000 Menschen zum Opfer fielen. Der Tod spielt mit Schädeln Kegeln: »Spaß muß sein«.

In England empfangen Königin Viktoria und ihr Gemahl Albert eine Delegation, vielleicht aus den indischen Kolonien, wo England in diesen Jahren seine militärische Oberhoheit ausbaute:

Wir kommen aus dem Morgenland
Die Freiheits-Sonne
hat uns schwarz gebrannt.
Wir sehen aus wie Moren
Was ist euer Handwerk?
Wir haben alles verloren!
Zum Fechten sind wir geboren
Juchee! Amen

F. de Capitani

478

HIERONYMUS HESS
Basel 1799–1850 Basel

Die deutsche Republik auf der Schusterinsel, 26., 27., 28. April 1848
1848
Bleistift laviert, 27,4 × 38,1 cm
Basel, Kupferstichkabinett, Inv. 1927.289

Die Zeichnung, die auch als Vorlage für eine Lithographie diente, schildert das schmähliche Ende des republikanischen Aufstandes in Baden. Unter der Führung von Friedrich Hecker und Gustav Struwe waren von Konstanz aus Freischaren in Baden eingefallen, die hofften, mit einer großen Volkserhebung die deutsche Republik ausrufen zu können. Aus dem Elsaß griff ein Korps deutscher Exilrepublikaner unter der Führung des glühenden Republikaners Georg Herwegh in die Kämpfe ein. Die große Solidarisierung mit den Massen der süddeutschen Bevölkerung blieb aber aus, und die Revolutionstruppen wurden von den Regierungstruppen in mehreren Gefechten aufgerieben. Herwegh und Hecker konnten in die Schweiz entkommen, Struve wurde verhaftet und zu einer hohen Freiheitsstrafe verurteilt, kam aber schon 1849 wieder frei. Das Korps der Exilrepublikaner Herweghs konnte sich nach Frankreich absetzen. Eine Gruppe von einigen hundert Freischärlern besetzte am Ostermontag, dem 26. April, die Schusterinsel bei Hüningen nahe von Basel. Hier harrten sie mehrere Tage aus, bis die Nachricht von der endgültigen Niederlage des badischen Aufstandes bekannt wurde; darauf zogen sie sich nach Frankreich zurück.

Unter den neugierigen Augen der Basler Bevölkerung ging eine dramatische Episode des deutschen Revolution von 1848 zu Ende. Tatenlos mußten die Freischärler unter dem Kommando von August Willich den Zusammenbruch ihrer republikanischen Hoffnungen erleben. Hieronymus Hess hat diesen letzten Tagen der »deutschen Republik« ein kleines Denkmal gesetzt.

F. de Capitani

Lit.: KUHN 1980; VOLLMER 1983.

479

FERDINAND SCHRÖDER
Zeulenroda 1818–1859 Zeulenroda

Rundgemälde von Europa im August MDCCCXLIX. 1849
Lithographie aus *Düsseldorfer Monatshefte,*
22,5 × 29,7 cm
Münster, Westfälisches Landesmuseum für Kunst- und Kulturgeschichte,
Inv. F 82.4.769

Die Revolution ist gescheitert. In Frankfurt hängt die schwarz-rot-gelbe Fahne in Fetzen an einer Vogelscheuche. Preußen mit Pickelhaube und Eisernem Kreuz fegt die Aufständischen hinweg, die unter dem schweizerischen Freiheitshut Schutz suchen. Württemberg und Bayern wenden sich angewidert ab, während die norddeutschen Fürstentümer den Schutz Preußens suchen. Österreich mit dem Doppeladler, unterstützt von einem russischen Kosaken, schlägt auf Ungarn ein.

478

Das Licht der polnischen Freiheit ist erloschen und die Fahne des freien Venedig durchgestrichen.

Auch Frankreich – schon mit dem Napoleonshut – ist von Aufständischen leergefegt; Flüchtlinge haben sich eingeschifft, um in Amerika ein besseres Los zu suchen.

Der dänische König hüpft vor Freude über die gescheiterte Revolution, während die englische Königin, ein Kind in den Armen, blasiert den europäischen Angelegenheiten zuschaut und ihre Augen vom irischen Elend abwendet. Löwe und Einhorn sind vor ihren Wagen gespannt, den Merkur als Kutscher lenkt.

Ferdinand Schröder war ein geschätzter Zeichner und Radierer, der seine künstlerische Tätigkeit als Illustrator und Karikaturist neben seinem Hauptberuf als Augenarzt ausübte.

F. de Capitani

Lit.: OTTO 1982; Münster 1983; VOLLMER 1983.

480

ERNST SCHALCK
Frankfurt a. M. 1827–1865 Frankfurt a. M.

Schwangere Germania. 1849
Lithographie, 24,2 × 37 cm; bezeichnet:
Commission v. Rocca in Leipzig, Steindruck von Pönicke & Sohn
München, Sammlung Dr. Günter Böhmer

479

Lith. Inst. von Arnz & Cᵒ in Düsseld.

Schönen guten Morgen, Germania!
Endlich guter Hoffnung?
Gratuliere!
Die schwangere Germania steht unter einer
Eiche, an der Reichsschild und Reichs-
schwert hängen. Im Hintergrund sieht man
die Stadt Frankfurt, über der die Sonne auf-
geht. Auch diese Karikatur ist in verschiedenen Drucken aus verschiedenen Städten mit
kleinen Varianten überliefert. Eine in Frankfurt gedruckte Version trägt die zusätzliche
Textzeile: »den 10. Mai 1849 in Frankfurt
a/Main« und ermöglicht so die genaue Einordnung in den historischen Rahmen.
　　Die Deutsche Nationalversammlung, die
seit dem 18. Mai 1848 in Frankfurt tagte,
hatte ihre Arbeit, den Entwurf einer Reichsverfassung, am 28. März 1849 abgeschlossen.
Der Entwurf sah ein erbliches Kaisertum
und einen Reichstag mit zwei Kammern vor.
Während die kleineren deutschen Staaten

und ihre Fürsten diesem Vorschlag meist ge-
wogen waren, stemmten sich die großen
Staaten gegen diese Einigungsbemühungen.
Der preußische König Friedrich Wilhelm IV.
wurde zwar zum Kaiser gewählt, doch lehnte
er nach einigem Zögern am 28. April 1849
die Wahl ab. Am 10. Mai trat Heinrich von
Gagern als Präsident des Nationalparlamen-
tes zurück. Die konstitutionelle Erneuerung
des deutschen Reiches war nicht gelungen;
das Parlament in Frankfurt stand vor einem
Scherbenhaufen.
　　Die Revolution flammte im süddeutschen und rheinischen Raum sogleich wieder
auf. Forderungen nach Republik und Demokratie wurden laut, die Möglichkeit auf den
Trümmern der mißlungenen Reichsverfassung weitergehende Freiheiten zu erringen,
schien während der Maitage in Griffnähe.
Auch diese Aufstände wurden blutig niedergeschlagen. »Die Freiheit ist den Deutschen

480

für einmal wieder eingesalzen worden«,
schrieb resigniert Gottfried Keller.

F. de Capitani

Lit.: FUCHS 1906; HOFFMANN 1978; WOLF 1982; VOLLMER 1983; Nürnberg 1989.

Daumier

481

HONORÉ DAUMIER
Marseille 1808–1879 Valmondois

Der Pariser Gassenjunge in den Tuilerien. Sapperment! ... wie man da hinein versinkt
Aus *Charivari*, 4. März 1848
Lithographie, 25,5 × 22,7 cm
Zürich, Kunsthaus, Graphische Sammlung

Das Blatt *Der Pariser Gassenjunge in den Tuilerien* ist Daumiers erste politische Karikatur nach einer dreizehnjährigen Selbstzensur, die der Presse durch die Gesetzeserlasse von 1835 auferlegt worden war. Als unmittelbarer Kommentar auf das Tagesgeschehen, erscheint es im hochsatirischen republikanischen *Charivari*, kaum eine Woche nach den Ereignissen des Februars 1848, die den Sturz

der Julimonarchie zur Folge haben und die Einsetzung einer provisorischen Regierung, welche die Verfassung der Zweiten Republik vorbereitet. Tatsächlich handelt es sich erst um die vierte politische Karikatur-Lithographie, welche die Zeitung *Charivari* veröffentlicht. Im Leitartikel vom 27. Februar hatte sie gestanden, daß »der Zeichenstift nicht so schnell reagiert wie die Schreibfeder, zumal wenn die Hand durch das Tragen des Gewehrs des Nationalgardisten benommen ist«.

Wie anläßlich der 1830er Revolution, wird der Tuilerien-Palast am 24. Februar vom Pöbel erstürmt, und die Ereignisse wiederholen sich. Arbeiter setzen sich einer nach dem andern auf den Thron und äffen die gestürzte Macht nach. Die Bildlegende nimmt übrigens den Text einer Karikatur von Eugène Forest (1808–nach 1866) wieder auf, die im August 1830 erschienen war: «Cré! coquin! ... comme on s'enfonce là-dedans».

Der »Pariser Gassenjunge« ist eine Leitfigur der Stadt unter der Julimonarchie; er ist es, der mit zwei Pistolen bewaffnet, der Allegorie der Freiheit im berühmten Gemälde von Delacroix (1830, siehe Kat. 359) den Weg bereitet. Im Jahre 1836 hat die Vaudeville-Komödie *Le Gamin de Paris* einen lebhaften Erfolg in Paris; und wer denkt nicht

Dernier conseil des ex ministres .

482

an den jungen Gavroche in Victor Hugos *Les Misérables?* Spottlustig, keck, ausgelassen, aber warmherzig, verkörpert er das joviale Volk. Daumiers Darstellung des kleinen Lumps, der die niedrigste Sprosse der gesellschaftlichen Stufenleiter einnimmt und in die Polster der Monarchie förmlich versinkt, zeugt von ikonoklastischer Respektlosigkeit, bleibt aber dennoch gutmütig und optimistisch wie alle Karikaturen Daumiers unter der provisorischen Regierung der Zweiten Republik. Ph. Kaenel

Lit.: DELTEIL 1925–1930, Nr. 1743; AGULHON 1977, S. 243 ff.

482

HONORÉ DAUMIER
Marseille 1808–1879 Valmondois

Letzte Sitzung der Ex-Minister
Aus *Charivari*, 9. März 1848
Lithographie, 26,9 × 21,6 cm
Schweiz, Privatbesitz

Die Lithographie *Letzte Sitzung der Ex-Minister* erschien nur wenige Tage vor der Ankündigung eines »Wettbewerbs für eine gemalte Figur der Republik und eine Gedenkmedaille« im *Moniteur universel* vom 14. März 1848; Daumier beteiligt sich daran mit einer Ölskizze (Paris, Musée d'Orsay), die übrigens von der Jury gewählt wurde (CLARK 1973; CHAUDONNERET 1987, vgl. Kat. 403–405). Die Darstellung der Republik ist in seinem früheren Werk eher selten (PROVOST 1989). In der nachrevolutionären französischen Kunst unterscheidet sich diese allegorische Figur wenig von jener der Freiheit, von der Personifikation Frankreichs oder der Stadt Paris (HARTWIG 1974 bis 1975). Der Wettbewerb von 1848 hatte auch das Ziel, diese ikonographische Unbestimmtheit zu klären, um ein gültiges modernes Bild der Republik festzulegen.

Der Historiker Jules Michelet (1798 bis 1874) beschreibt in einem Brief aus seinem Exil an den Künstler, 1851, das Blatt *Letzte Sitzung der Ex-Minister* folgenderma-

ACTUALITES.

164.

PAQUEBOT — NAPOLÉONIEN.

483

ßen: »Ich entsinne mich einer anderen Skizze, worin Sie, selbst für den einfachsten Geist, das Recht der Republik augenfällig werden ließen. Sie kehrt zu sich heim, sie findet dort die Diebe am Tisch, die vor Schrecken umfallen. Sie hat die Stärke und die Selbstsicherheit der Herrin des Hauses. Da ist sie also klar umschrieben, und ihre Rechte sind für jedermann einsichtig. Nur sie allein ist hier in Frankreich bei sich zu Hause. Probleme nähern sich einer Lösung nur dann, wenn man für sie eine so ins Auge fallende Form findet« (COURTION 1945). Michelet vergleicht die Ex-Minister, unter welchen man rechts das Profil von Adolphe Thiers erkennt, mit Dieben; vielleicht schwingt auch die Vertreibung der Wechsler aus dem Tempel durch Jesus in diesem Bilde mit, dessen Klarheit und Leserlichkeit der Historiker rühmt. Wie dem auch sei, die Figur der Republik, die durch eine göttliche Lichtaura wie eine Erscheinung wirkt, ist nicht neu; in der Karikatur zwischen 1830 und 1835, vor dem Inkrafttreten der Zensurgesetze, wird sie mehrmals so dargestellt. Daumier bringt in einer Lithographie von 1871, die ein verwandtes Thema hat, das göttliche Licht und die Republik ähnlich wie hier in Beziehung zueinander: ein Sonnenstrahl, auf dem das Wort »République« steht, stürzt die Monarchen. Der Stich trägt den Titel: *Ihr Menetekel* (DELTEIL 1925–1930, Nr. 3841). Ph. Kaenel

Lit.: DELTEIL 1925–1930, Nr. 1746; CLARK 1973; HARTWIG 1974–1975; AGULHON 1979; CHAUDONNERET 1987.

483

HONORÉ DAUMIER
Marseille 1808–1879 Valmondois

Napoleonisches Passagierschiff
Aus *Charivari*, 2. Dezember 1848
Lithographie, 21 × 28 cm
Schweiz, Privatbesitz

Als die 1848er Revolution ausbricht, lebt Louis Napoléon Bonaparte, der Neffe des großen Feldherrn, in England und bereitet seine Rückkehr aus dem Exil vor. Im April dieses Jahres in die Verfassunggebende Versammlung gewählt, erhält er in den Wahlen um die Präsidentschaft der Republik, die eine Woche nach dem Erscheinen von Daumiers Karikatur, am 10. Dezember, stattfinden, eine große Mehrheit. Daumier inszeniert seine Rückkunft mit zwei Symbolen des Kaiserreichs: dem berühmten Zweispitzhut und dem Adler Napoleons, deren Würde hier ins Lächerliche gezogen wird. Diese zwei napoleonischen Attribute werden übrigens von der satirischen Presse seit 1848 weidlich ausgebeutet, insbesondere von der *Revue comique,* einer offen gegen die Bestrebungen Louis Bonapartes agitierenden Zeitung (GRAND-CARTERET 1889). Diese Tafel des *Charivari* führt übrigens sehr nahe an Bertalls Karikaturen-Attacke im *Journal pour Rire* des 18. Novembers 1848 heran; sie trägt den Titel *Le candidat pour rire* und zeigt diesen als von einem lahmen Adler auf Krücken geführten Blinden, der «un petit empire, s'il vous plaît», bitte ein kleines Kaiserreich, erbettelt. Daumier gibt Louis Napoléon eine dem kaiserlichen Vogel, der ihn verdrossen schleppt, nachgebildete Adlernase; so unterstreicht er die lächerliche Identifikation ihres Trägers mit seinem berühmten Vorfahren, der angesichts des als Boot dienenden Hutes zum Riesen gegenüber seinem zwerghaften Neffen wird.

Das Bild bezieht sich wohl auf den zweiten Versuch eines Staatsstreiches durch Louis Bonaparte, 1840, der jämmerlich scheitert, als er in Boulogne von einem in England gemieteten Dampfschiff an Land geht. Die Presse der Julimonarchie versäumte es nicht, sich über die Aufmachung des Verräters – kleiner Hut und Schwert von Austerlitz – lustig zu machen und insbesondere über den zahmen Adler, der ihn begleitete und der lebend auf dem Schiff gefunden wurde. Schließlich spielt Daumier durch die den Hut zierende Kokarde auf die neue republikanische Berufung an und auf die volks-

freundlichen Bestrebungen, die der Prätendent zur Schau trägt, nachdem er in seinem Gefängnis auf Fort Ham mehrere Werke gesellschaftspolitischer Art veröffentlicht hat. Dieses sein neues politisches Bekenntnis wird von Daumier in der Lithographie als Heuchelei angeprangert, indem er ihn mit Triumphatoren- und Cäsarengebärde auftreten läßt, ihn, den Victor Hugo »Napoléon le petit« nannte, dem der Künstler später einen tiefen Haß entgegenbrachte, besonders nach dem Staatsstreich vom 2. Dezember 1851, welcher die Zweite Republik beendete (ALEXANDRE 1888, zit. nach COURTHION 1945).

Ph. Kaenel

Lit.: GRAND-CARTERET 1889, S. 299–309; DELTEIL 1925–1930, Nr. 1754; COURTHION 1945, S. 104–105.

484

HONORÉ DAUMIER
Marseille 1808–1879 Valmondois

Dieser Wagen rollt, auch wenn man Knüppel zwischen die Räder steckt!
Aus *Charivari,* 29. November 1849
Lithographie, 21,6 × 26,7 cm
Zürich, Kunsthaus, Graphische Sammlung

Dieser von der Republik gelenkte Triumphwagen fordert einen Vergleich mit dem von Louis Bonaparte bemannten Hutschifflein im Blatt *Paquebot-napoléonien* (Kat. 483) heraus. Die majestätische allegorische Figur in antikischer Aufmachung ist auf der Höhe der Taille abgeschnitten, wodurch sie monumental wirkt, während die drei kleinen Widersacher, die sich bemühen, ihren Siegeslauf zu hindern, wie Kleinkinder erscheinen. Daumier verwendet den antiken Wagen, den andere vor ihm in die Karikatur einführten, mehrmals. So variiert er eine Lithographie von Traviès, betitelt «Il serait plus facile d'arrêter le soleil», eher könnte man die Sonne aufhalten *(La Caricature,* 1834), für das *Journal pour Rire* vom 11. März 1848, zu einem Zeitpunkt, da die erst neulich be-

484

freite Karikatur nach Mustern und Vorbildern sucht.

Wie oft in seinem lithographierten Werk münzt Daumier eine zündende Idee aus, hier die Redensart »Knüppel in die Räder stecken«. Das Bildgeschehen kann auf einen Kommentar verzichten. Bezeichnenderweise wiederholt die wie häufig bei Daumier von einem Journalisten verfaßte Bildlegende nur in pleonastischer Weise den leicht ablesbaren Bildinhalt.

Als diese Lithographie erscheint, geht die Republik durch eine reaktionäre Phase hindurch. Louis Napoléon, seine Minister und die Parlamentsversammlung, welche von der konservativen Partei beherrscht wird, treffen Gegenmaßnahmen zur Konstitution von 1848; sie bemühen sich, die Monarchie oder das Kaiserreich wiederherzustellen. Trotz ihrer politischen Uneinigkeit sind die drei karikierten Gnomen in ihrer gemeinsamen Anstrengung einig; man erkennt die Physiognomie des Orléans-Anhängers Adolphe Thiers (Kat. 486), des Grafen de Montalembert (1818–1870), eines Ultramontaners der extremen Rechten, und des Grafen Molé (1781–1855), eines der Hauptvertreter der monarchischen Koalition. Aber der Knüppel der Reaktion bricht, denn die Republik stützt sich auf ihrem Triumphzug auf zwei Pfeiler, das allgemeine Wahlrecht, das die Urne sinnfällig macht, und das Sinnbild der latei-

nischen auctoritas, das Liktorenbündel, das die Republik in ihrer Rechten hält.

Ph. Kaenel

Lit.: DELTEIL 1925–1930, Nr. 1915.

485

HONORÉ DAUMIER
Marseille 1808–1879 Valmondois

Der Freiheitsbaum. Wie, kein einziger Freund da, um zu warnen: Du wirst dir noch den Hals brechen!
Aus *Charivari*, 3. Februar 1850
Lithographie, 20,4 × 25,2 cm
Zürich, Kunsthaus, Graphische Sammlung

Der Freiheitsbaum ist ein wichtiges Symbol des revolutionären Kultes geblieben. Bäume, mit Blumen und Bändern geschmückt, waren Mittelpunkte von Festen und Reigentänzen bei denen «Ça ira» oder die Carmagnole gesungen wurde; oft wurden sie das Opfer von säge- oder vitriolbewehrten Royalisten. Im Februar 1848 pflanzte man in Paris öffentlich – oder »wild« – solche Bäume, die in der Folge der reaktionären Regierung ein Dorn im Auge waren (AGULHON 1977 und 1979). Am 24. Februar 1850 sollte bei der Bastille ein Fest, genannt «Des Couronnes» (Blumenkränze) stattfinden, zur Erinnerung an die Tage der Revolution. Eine Ordonnanz des Polizeipräfekten Carlier, welcher solches Bäumefällen oblag, löste am 8. Februar einen Aufruhr aus. Am 11. März gab Thiers die Weisung, die Kränze zu entfernen, da sie »aufrührerische, dem Polizeireglement zuwiderlaufende Symbole seien« (PROVOST 1989).

Diese Begebenheit wurde in der satirischen Presse reichlich kommentiert, und Daumier widmet ihr drei Karikaturen. Die eine, die unveröffentlicht blieb, stellt Molé, Montalembert und Thiers dar, mit gesenkten Köpfen und niedergeschlagenem Ausdruck, während im Hintergrund das Pariser Volk einen mit französischen Fahnen geschmückten Baum umringt (DELTEIL 1925–1930, Nr. 1932). Eine nahverwandte Karikatur zeigt Thiers, wie er dem bei der Bastille ver-

485

sammelten Festvolk den Rücken kehrt und von einer Frau mit den Worten angesprochen wird «Achetez-moi donc une couronne, citoyen!», kauft mir doch einen Kranz ab, Bürger (DELTEIL 1925–1930, Nr. 1992). In der hier wiedergegebenen Lithographie strauchelt Napoleon, in bürgerlicher Kleidung, unter den Augen des Volkes über den Strunk des abgesägten Freiheitsbaumes des 24. Februar. Wie im Blindekuhspiel sieht er nicht, auf was er zugeht; er kann in den Augen Daumiers nur Verlierer sein. Die zarte Pflanze Republik, die 1848 aufgerichtet worden war, widerstand allerdings den reaktionären Äxten nicht. Ph. Kaenel

Lit.: DELTEIL 1925–1930, Nr. 1985; AGULHON 1977, S. 253 ff.; AGULHON 1979, S. 85–87; PROVOST 1989, S. 145.

486

HONORÉ DAUMIER
Marseille 1808–1879 Valmondois

Ein Muttermord
Aus *Charivari*, 16. April 1850
Lithographie, 22,4 × 20,4 cm
Bern, Kunstmuseum, Inv. E 135

Germaine Cherpin (1973) hat im graphischen Gesamtwerk Daumiers die Rekordzahl von hundertelf Darstellungen Adolphe Thiers' ausgemacht; Louis-Philippe ist Zweiter mit hundertfünf. Unter anderem verdankt der erste diese Aufmerksamkeit, die ihm der Karikaturist schenkt, seiner ungewöhnlichen politischen Langlebigkeit. Marie Joseph Adolphe Thiers, der in Marseille – wie Daumier – 1797 zur Welt kam, hatte von 1830 bis zu seinem Tode 1877 viele offizielle Ämter inne. Mehrmals Minister unter Louis-Philippe, in die verschiedenen verfassung- und gesetzgebenden Behörden der Republik und des Zweiten Kaiserreichs gewählt, Abgeordneter in verschiedenen Départements und schließlich 1871 Präsident der Republik, ist Thiers ein Chamäleon, das in jedem politischen Klima zu überleben versteht, was Daumier in einer Attacke mit dem Stift ausdrückt, indem er ihn im Gewand des Harlekins darstellt. »Einziges diesem Politiker wirklich anstehendes Kostüm«, erklärt die Bildlegende (DELTEIL 1925 bis 1930 Nr. 2006).

Ein Muttermord spielt direkt auf Thiers' Herkunft aus dem Journalismus an; dieser hatte 1829 an der Zeitung *Le Constitutionnel*

ACTUALITÉS.

LA PRESSE

Un parricide.

486

ACTUALITÉS.

Les nouveaux Icares.

487

gearbeitet und 1830, zusammen mit Carrel und Mignet, *Le National* gegründet. Bewaffnet mit einer »Pressegesetz« beschrifteten Keule (ein die Pressefreiheit einschränkendes Gesetz, das eben zu jener Zeit in der Assemblée diskutiert wurde), steht er im Begriff, seine Mutter zu erschlagen. Die Allegorie der Presse strahlt wie die der Republik (Kat. 459) in überirdischem Licht (siehe auch Kat. 349–350) und kontrastiert mit der schwarzen Gestalt ihres Mörders. Sie führt die Feder, er die Keule. In dieser Tafel finden sich der logische und klärende Geist, den Michelet so bewunderte, wieder. Dieser sah in Daumiers Bildern eine eigentliche Volkssprache. Er schreibt 1851: »Mit Freude sehe ich einer Zeit entgegen, in welcher das Volk selber die Regierung ist, wo es, weil es erzieherisch werden muß, sich gewiß an Ihr Genie wenden wird ... Durch Sie wird das Volk zum Volke sprechen können« (zitiert nach COURTHION 1945).   Ph. Kaenel

Lit.: DELTEIL 1925–1930, Nr. 2002; COURTHION 1945, S. 87–88; G. CHERPIN 1973, S. 115–122.

487

HONORÉ DAUMIER
Marseille 1808–1879 Valmondois

Die neuen Ikarusse
Aus *Charivari*, 7. Juni 1850
Lithographie, 27,4 × 21,6 cm
Zürich, Kunsthaus, Graphische Sammlung

Thiers (Kat. 486), der brillante Advokat Berryer (Kat. 492), der alte Graf Molé und der ultramontane Montalembert, der einen Heiligenschein trägt, stürzen zu Boden und reißen in ihrem Sturzflug Federn, Flügel und einen Kerzenlöscher – Symbol der katholischen Reaktion – mit sich. Eine wimmelnde Menschenmenge am Horizonte, die gewiß für das Volk steht, scheint diesem Schauspiel Applaus zu spenden. Diese neuen Ikarusse, soviel wird klar, versuchten die Sonne der 1848er Revolution zu erreichen, um ihr Licht mit dem mitgeführten Löschhütchen zu verfinstern. Der Sturz des Ikarus und des Phaëton gehört zum Repertoire der zeitgenössischen Karikaturisten, die oft die Antike parodieren (HERDING 1980). Vielleicht lebt in dieser Lithographie eine Erinnerung an eine Zeichnung der dritten Lieferung der

eine Zeichnung der dritten Lieferung der *Revue Comique* nach, wo Louis Bonaparte als Ikarus sich die Flügel an der Sonne der Präsidentschaft versengt. Es handelt sich um eine Variation über ein Thema einer anderen Lithographie, betitelt *Les moucherons politiques* (Die politischen Mücken), welche dieselben Figuren zusammenstellt, aber diesmal in Gestalt von Mücken (Delphine de Girardin hatte Thiers den Spitznamen «Mirabeau mouche» verliehen); sie bemühen sich blasend, die Flamme der drei glorreichen Februartage von 1848 zu löschen (DELTEIL 1925–1930, Nr. 2012). Das Motiv des Löschens wird von Daumier mehrere Male verwendet, besonders im August 1851, wo er den Grafen Montalembert beim Versuch, die Sonne zu löschen, zeigt (DELTEIL 1925–1930, Nr. 2133).

Die vier reaktionären Ikarusse sind die wichtigsten Mitglieder der »Burggrafen«, wie die Kommissionsmitglieder der Gesetzgebenden Versammlung genannt wurden, die 1850 beauftragt worden waren, ein das allgemeine Wahlrecht beschneidendes Gesetz auszuarbeiten. Im ursprünglichen, mittelalterlichen Sinn waren es die Schloßkommandanten; sie kamen seit 1843 in Mode durch das Stück mit diesem Titel von Victor Hugo, der sie als lächerliche Greise auf die Bühne stellte. Die Karikatur mit dem Sturz dieser unheilvollen, gerupften Figuren könnte auch auf die spöttische Verhunzung des Übernamens »Burgraves« anspielen; es ist, nach der *Grande Encyclopédie* von Pierre Larousse, «Buses-graves» (buse: Bussard, Dummkopf). Ph. Kaenel

Lit.: DELTEIL 1925–1930, Nr. 2013.

488

HONORÉ DAUMIER
Marseille 1808–1879 Valmondois

Der neue Hoftapezierer schickt sich an, den Thronsessel frisch zu überziehen
Aus *Charivari*, 21. Oktober 1850
Lithographie, 23,8 × 21,1 cm
Zürich, Kunsthaus, Graphische Sammlung

488

Anders als Thiers wird Pierre-Jules Baroche von Daumier selten im Vordergrund seiner politischen Karikaturenbühne dargestellt. Geboren 1802, ergriff Baroche, welcher von Beruf Advokat war, in der 1848er Revolution die Partei der Republikaner, dann schwenkte er, wie viele seiner Kollegen der Assemblée, nach rechts: er hängte seinen Mantel nach dem Wind und wählte fortan beharrlich mit der Rechten. Als Vertreter des Ordnungsprinzipes wurde er 1849 zum Pariser Staatsanwalt ernannt. Im März 1850 wurde er Innenminister, im April 1851 Außenminister und setzte sich aktiv für den Erlaß verschiedener einschränkender Gesetze ein, vorab jenes, das das Wahlrecht (31. Mai 1850) und die Pressefreiheit (8. Juni 1850) beschnitt, diese fundamentalen Rechte der freien Meinungsäußerung, für die Daumier und seine republikanischen Genossen stets gekämpft hatten. Und als zwischen der Gesetzgebenden Versammlung und Louis Bonaparte der Kampf offen ausbricht, wird Baroche das doppelzüngige willfährige Werkzeug des Präsidenten, dazu angetan, die Ängste der Deputierten vor einer Rückkehr zur kaiserlichen Monarchie zu besänftigen.

In den Augen des Karikaturisten ist er also einer der dekorierten Mietlinge der Mächtigen; deshalb ist der Innenminister

hier als gewöhnlicher Innendekorateur gezeigt, der sich an einem Thron zu schaffen
macht. Ein solcher war als Symbol der Monarchie bezeichnenderweise auf der Place de
la Bastille am 24. Februar 1848 verbrannt
worden. Welcher Stoff wird da zurechtge-
schnitten? Man meint, darauf die französische Königslilie zu erkennen, aber es wird
sich wohl eher um die kaiserliche Biene handeln... Ph. Kaenel

Lit.: DELTEIL 1925–1930, Nr. 2037.

489

HONORÉ DAUMIER
Marseille 1808–1879 Valmondois

**Der Nachtmahr eines harmlosen
Kleinbürgers der Place Saint-Georges**
Aus *Charivari*, 16. Januar 1851
Lithographie, 20 × 25,1 cm
Zürich, Kunsthaus, Graphische Sammlung

Träume und Alpträume bieten sich den Karikaturisten als weites Feld der Einbildungskraft an; in Daumiers graphischem Werk
kommen Traumgesichte als Motiv häufig
vor. Seit 1830 gibt es zwei Darstellungsty-
pen: Der eine, nach Goyas *Capriccios,* zeigt
einen am Arbeitstisch oder vor dem Kamin-
feuer Eingenickten, den Dämonen seiner
Einbildungskraft umgaukeln; der andere,
nach Füssli, ist bei weitem populärer als der
erste und wird hier von Daumier befolgt.
Thiers, der als gutmütiger Kleinbürger aufgefaßt wird, wohnhaft an der Place Saint-
Georges bei der Kirche Notre-Dame-de-
Lorette, leidet in seinem Schlaf unter dem
lastenden Gewicht eines Alpdruckes, der als
kindlicher Sukkubus oder Inkubus personifiziert wird, welcher die revolutionäre phrygische Mütze trägt. Es ist dies die Republik
von 1848, die hier also vierjährig ist, und
dem Politiker strahlend und frech eine lange
Nase dreht. Der Einfall, die Republik oder
die Freiheit als kleines Kind darzustellen,
stammt vom Zeichner Alexandre-Gabriel
Decamps, der zwanzig Jahre zuvor in einer
Lithographie, unter dem Titel *Liberté (Françoise Désirée) fille du peuple, née à Paris le 27 juil-*

let 1830 (La Caricature, 5. März 1831) ein
angeschirrtes Kleinkind zeigt, das von Louis-
Philippe und seinen Ministern am Gängel-
band zurückgezogen wird. Wie Jean Adhémar (1954) richtig bemerkt, war Decamps
wahrscheinlich für die Karikatur das Haupt-
vorbild Daumiers.

In der Tafel *Der Nachtmahr* sind die beiden Mützen der zwei Protagonisten einander
gegenübergestellt: die revolutionäre Phrygiermütze der Republik und die Schlafmütze
des konservativen Bürgers. Ähnlich spielt
Daumier schon auf einem Blatt von 1834
mit dem Gegensatz zweier Mützen: Doktor
Véron, der Besitzer der Zeitung *Le Constitutionnel,* trägt eine bis über die Augen ge-
stülpte Mütze und wird von einem macchia-
vellischen Gnom der Zeitung *La Caricature,*
der die Narrenschellenkappe trägt, bedrängt
(DELTEIL 1925–1930, Nr. 188). Ph. Kaenel

Lit.: DELTEIL 1925–1930, Nr. 2082; ADHÉMAR
1954.

490

HONORÉ DAUMIER
Marseille 1808–1879 Valmondois

Erneuerung des Schwurs der Horatier
Aus *Charivari*, 18. und 19. April 1851
Lithographie, 20,2 × 25,9 cm
Zürich, Kunsthaus, Graphische Sammlung

Die *Erneuerung des Schwurs der Horatier* ist
eine schonungslose Parodie auf das berühmte Bild *Der Schwur der Horatier* von Jacques-Louis David (siehe Kat. 301). Dies
Verfahren der Persiflage, das seit der Julimonarchie in der französischen Karikatur
üblich wurde (Hannover 1980–1981), ist
doppelbödig: Einerseits verulkt es selbstiro-
nisch die Vertreter der Lithographie, die in
grotesker Art und Weise die Gebärden antiker Helden nachäffen, andererseits verspottet
es die große klassizistische Historienmalerei,
für die Daumier nichts übrig hat. Er wiederholt übrigens im Mai 1851 das Thema in einem Blatt mit dem Titel *Die Horatier des Ely-
sées* (DELTEIL 1925–1930, Nr. 2105), auf
welchem Montalembert seinen Parteigän-

52.

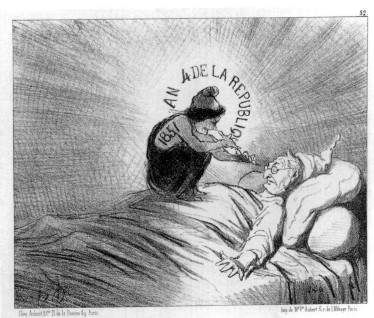

Un Cauchemar d'un bon petit bourgeois de la Place St. Georges.

489

ACTUALITÉS

110.

Renouvelé du serment des Horaces.

490

gern für die Verfassungsrevision statt
Schwertern Federn austeilt.

Graf Molé, der Advokat Berryer und der
ultramontane Montalembert – unfehlbar mit
dem Heiligenschein ausgezeichnet – strek-
ken den Arm nach den Schwertern aus, die
ihnen Thiers als Zwerg, der unter dem Gewicht der Waffen zu wanken scheint, entge-
genbringt. Die drei herkulischen Helden des
alten Rom in Davids Sicht werden hier ersetzt durch einen senilen Aristokraten, einen
Bürger mit feisten Lippen und einen kir-
chentreuen erlauchten Katholiken. Sie ver-
schwören sich, nicht für die Rettung des Vaterlandes, sondern gegen die Selbständigkeit
der Republik, die sie mit drei Waffen bekämpfen: den «Lois exterminatives» (exter-
miner, ausrotten, vertilgen) den «Lois répres-
sives» (réprimer, den Fortschritt hemmen,
Einhalt tun) und den «Lois contre la presse»
(gegen die Pressefreiheit). Der Degen, auf
welchen sich der Graf stützt, ein Attribut des
Adels, könnte dem Betrachter eine weitere
Variation des Themas auf einer dritten Bedeutungsebene nahelegen: eine Anspielung
auf die *Drei Musketiere* von Alexandre Du-
mas (1844).   Ph. Kaenel

Lit.: DELTEIL 1925–1930, Nr. 2095.

491

HONORÉ DAUMIER
Marseille 1808–1879 Valmondois

Die Blinden
Aus *Charivari*, 9. und 10. Juni 1851
Lithographie, 21,2 × 26,6 cm
Zürich, Kunsthaus, Graphische Sammlung

Das allgemeine Wahlrecht wird von Daumier meistens in der Gestalt einer Urne
symbolisiert, selten auch durch einen riesenhaften Gulliver, der durch Liliputaner von
»Burggrafen« an den Boden gefesselt wird.
Auf einem anderen Blatt zeichnet Daumier
ebendiese Burggrafen – wie immer Molé,
Berryer, Montalembert und Thiers – in voller Rüstung, mit Helm und Turnierlanze,
um die Urne der Verfassung zu bestürmen
(DELTEIL 1925–1930, Nr. 2096). Im Blatt

491

Die Blinden spielen die vier Diebe Blindekuh
und rennen sich an einer Riesenurne die
Schädel ein. Die hier gezeigte Verblendung
kehrt bei Daumier gelegentlich wieder, sie
steht für den Mangel an realpolitischer Klar-
sicht oder eher an politischer Visionskraft
der Konservativen (Kat. 485 und DELTEIL
1925–1930, Nr. 2152: *Die drei Blinden*).

Hier erscheint die Urne als Sinnbild des
allgemeinen Stimmrechtes zum letztenmal
bei Daumier: Gegen die Erneuerung der Republik wird ein Gesetzesentwurf am 8. Juni
1851 vorgelegt, der zur «Loi du 31 mai»
führt, die beinhaltet, daß die Wähler seit
mindestens drei Jahren im gleichen Bezirk
ansässig sein müssen, was eo ipso die Armen
und die Handlanger, die notgedrungen von
Bauplatz zu Bauplatz ziehen, ausschließt.
Daumiers Karikatur erscheint in der Ausgabe
des 9.–10. Juni, aber sie kämpft für eine bereits verlorene Sache. In einer Lithographie
vom Juni 1851 zeigt Daumier den Riesen
des allgemeinen Stimmrechtes, der sich von
seinen Banden zu befreien anschickt, im
Zeitpunkt, da die Frage der Annullierung des
Gesetzes vom 31. Mai aufgeworfen wird
(DELTEIL 1925–1930, Nr. 2120). Es ist ver-
gebene Liebesmühe, denn der Widerruf
wird von der Assemblée im Oktober endgültig verworfen; der Riese bleibt für die
kommenden Jahre am Boden gefesselt.
                                   Ph. Kaenel

Lit.: DELTEIL 1925–1930, Nr. 2113.

Chez Aubert & C.ie, P.l. de la Bourse 29, Paris.

RÉAPPARITION DE LA *JEUNESSE DORÉE* EN *1851.*

— Ma pàole d'honneu, il faut assolument que nous envesions demain cette épublique!......

Imp. de M.V.Aubert, 5. r. de l'Abbaye, Paris.

492

492

HONORÉ DAUMIER
Marseille 1808–1879 Valmondois

Die Jeunesse Dorée taucht 1851 wieder auf. Auf mein Eh'enwo't, wi' müss'n unbedin't morgen diese Republik mit Krieg übe'ziehn! ...
Aus *Charivari*, 30. Juni 1851
Lithographie, 21,5 × 27,9 cm
Zürich, Kunsthaus, Graphische Sammlung

Berryer und Guizot erscheinen im Juni 1851 zweimal als Paar im Werk Daumiers. Damals steht eine Fusion der zwei großen politischen Familien der Monarchisten zur Sprache: die der Legitimisten als Parteigänger der älteren Linie Bourbon und des Grafen Chambord, an ihrer Spitze Berryer, und die

der Anhänger des Hauses Orléans, an deren Spitze der gewesene Minister Louis-Philippes, François Guizot (1787–1874), der sich nach England zurückgezogen hatte. Das Merkwürdige daran ist nur, daß keiner der beiden vom Adel abstammt, was für Daumier einen Grund mehr darstellt, sie mit dem aus der Mode gekommenen, vornehmen Adelskostüm des Ancien Régime auszustaffieren. In diesem Aufzug läßt sie der Karikaturist auf seinem Blatt vom 13. Juni 1853 posieren und sagen: »Jetzt handelt es sich nur noch darum, uns der Öffentlichkeit in unserer neuen Montur zu zeigen, um die Pariser zur alten Tracht zurückzubringen und zur alten, gediegenen und gesunden Tradition der ‹culottes courtes› und ‹ailes de pigeon› zurückzukehren« (DELTEIL 1925 bis 1930, Nr. 2115).

Im Blatt *Die Jeunesse Dorée taucht wieder auf* geht Daumier einen Schritt weiter: Er gibt dem Paar die Art jener jungen Gecken, welche reaktionäre Banden bildeten und nach dem 9. Thermidor zahlreiche Gewalttaten gegen die Jakobiner verübten. Berryer und Guizot, mit altmodischem Firlefanz behangen, halten Stöcke, wie sie die Agenten Napoleons, etwa der unselige Ratapoil, tragen (Kat. 493-494), was kaum ein Zufall sein kann. Diese Schlagstöcke sind zeitgemäß. Im Publikationsjahr dieser Karikaturen kommt die 1848er Republik tatsächlich in eine Phase politischer Gewalttätigkeit, die im Dezember des gleichen Jahres zum Staatsstreich, hinter dem Louis Bonaparte steht, führt.   Ph. Kaenel

Lit.: DELTEIL 1925-1930, Nr. 2121.

493, 494

HONORÉ DAUMIER
Marseille 1808-1879 Valmondois

Ratapoil und sein Generalstab – Es lebe der Kaiser! Aus *Charivari*, 1. Juli 1851
Lithographie, 25,3 × 22,4 cm
Schweiz, Privatbesitz

Schöne Dame, darf ich Ihnen mein Geleite antragen? – Ihre Leidenschaft kommt zu plötzlich, als daß ich daran glauben könnte!
Aus *Charivari*, 25. September 1851
Lithographie, 25,6 22 cm
Zürich, Kunsthaus, Graphische Sammlung

Daumiers erster Biograph, Arsène Alexandre (1888) beschreibt die Begegnung des Historikers Michelet und Daumiers, als dieser die Statuette von Ratapoil modellierte, dem Inbegriff des Bonapartisten, der mit nackter Gewalt die Rückkehr zum Kaiserreich betreibt: »Er (Michelet) stößt begeistert aus: ›Ah, Sie haben den Feind ins Herz getroffen! Sie haben die Napoleonische Inkarnation auf alle Zeiten angeprangert!‹ Auf dem Modellierbock des Bildhauers wirft sich eine Figur auf und krümmt sich, ein Mann, der die

Hüften schwenkt und beinah ausrenkt, mit unheilvoller Gebärde; ein alter schlaffer Gehrock wird über einem vorgewölbten Leib, dem eines ehemaligen Garnisonsexerziermeisters, gekreuzt. Die eine Hand ist tief in die Tasche einer abenteuerlichen Husarenhose gesteckt, die andere schwingt einen Knüppelstock...« Madame Daumier, die Alexandre darum befragte, erinnert sich, daß die Ratapoil-Statuette vorsorglich versteckt und so geschützt werden mußte, weil der Bildhauer Konfiskation und politische Repressalien befürchtete.

Die Spezialisten sind sich darüber uneinig, wann Ratapoil im lithographierten Werk Daumiers erstmals erscheint (J. CHERPIN 1973; PROVOST 1989). Die erste Erwähnung Ratapoils findet sich im Charivari vom 28. September 1850, seine endgültige Fassung, die der Beschreibung Alexandres entspricht, erscheint am 11. Oktober. Die Bildlegende dieser Bildtafel (DELTEIL 1925-1930, Nr. 2035) lautet ironisch »Bildnis nach der Natur von wirklich frappanter Ähnlichkeit«. Die Kriegsgurgel Ratapoil ist immer mit dem Knotenstock bewaffnet, der zur Einschüchterung oder für Ausfälle gegen die Feinde Louis Bonapartes dient. Der Name ist übrigens sprechend, setzt er sich doch zusammen aus den Wortsilben »rat« (Ratte), »tape« (schlägt) und »poil« (Haar). Die Lithographie *Ratapoil und sein Generalstab* stellt ihn als Aufwiegler dar; er und seine Kumpane bilden eine Art Ehrenspalier, der von Stecken starrt, vor dem Defilée des Präsidenten, den er mit dem Ruf »Kaiser« hochleben läßt. Dieser Ruf wurde übrigens gegen Ende des Jahres 1850 laut, bei einigen Truppen, anläßlich von vier großen aufeinanderfolgenden Paraden (DE LA GORCE 1898). Diesbezüglich erzählt Alexandre (1888), daß Daumier einen solchen Haß gegen Louis Bonaparte hegte, daß er an einem Fest- oder Paradetag, an welchem Helme und Säbel blitzten, sich mit den Worten abwandte »Nein, ich habe ihn nie gesehen, und ich will diesen unglückbringenden Mann auch jetzt nicht sehen!«, wobei er seine Mutter und seine Frau gewalt-

ACTUALITES. 162.

UN JOUR DE REVUE.
RATAPOIL ET SON ÉTAT MAJOR — Vive l'Empereur!

ACTUALITÉS 212

— Belle dame, voulez-vous bien accepter mon bras ?
— Votre passion est trop subite pour que je puisse y croire !

493

494

sam fortriß. Ratapoils abgewetzter, auf den Knüppel aufgepflanzter Hut ist eine klägliche Erinnerung an die gehißte Freiheitsmütze der Revolutionszeit.

Im zweiten Bild versucht der Verfechter des Napoleonischen Kaisertums Frau Republik zu verführen und auf seine Seite zu bringen; diese ist würdevoll drapiert und durch einen Schild geschützt. Um ans Ziel zu gelangen, versteckt der Heuchler Ratapoil seinen Stock hinter seinen schwarzen Rock und macht eine galante Verbeugung mit einer theatralischen Gebärde – die ihn sehr nahe an die von Michelet bewunderte Statuette rückt. Die Assoziation mit dem Theater gibt einen Hinweis auf ein denkbares Modell für diesen herumfuchtelnden Kerl: der Guignol oder Kasperl im Puppentheater. Auf einer Karikatur mit dem Titel *Die Hauptdarsteller der Komödie, die gegenwärtig in den Champs-Elysées gegeben wird* (DELTEIL 1925–1930 Nr. 2156) stellt Daumier den Ratapoil ausgerechnet als Marionette dar: das

durch die Machthaber, deren Mietling er ist, gegängelte Geschöpf, wird seinerseits zum demagogischen Manipulator der Massen.

Ph. Kaenel

Lit.: ALEXANDRE 1888, S. 295, 301; DE LA GORCE 1898, Bd. 2, S. 365 ff.; DELTEIL 1925–1930, Nrn. 2123 und 2153; J. CHERPIN 1973, S. 108–110; PROVOST 1989, S. 146 (LD 2000).

495, 496

HONORÉ DAUMIER
Marseille 1808–1879 Valmondois

Ihr werdet es schon noch leid, mich anzugreifen, ihr armen kleinen Würmer!
Aus *Charivari*, 19. November 1851
Lithographie, 25,2 × 21,8 cm
Zürich, Kunsthaus, Graphische Sammlung

495   496

Das Volk als Schiedsrichter beurteilt die Schläge

Aus *Charivari*, 18. November 1851
Lithographie, 25,8 × 22 cm
Zürich, Kunsthaus, Graphische Sammlung

Diese zwei Werke zählen zu den letzten politischen Lithographien Daumiers, denn vierzehn Tage später, am 2. Dezember, gelingt Louis Bonaparte der Staatsstreich, der im Werke Daumiers eine vierjährige Phase republikanischer Karikatur beendet.

Um die thronende majestätische Gestalt der Französischen Republik wimmelt eine Masse von Pygmäen, unter denen die Hauptvertreter der monarchischen Reaktion auszumachen sind, Ultramontane und Bonapartisten: der Advokat Berryer, Doktor Véron mit seiner Klistierspritze bewaffnet, Louis Veuillot, der Redaktor der Zeitung *L'Univers religieux,* der Journalist François Chambolle, der *L'Ordre* gegründet hatte, Thiers und Ratapoil (siehe Kat. 493–494). Diese Verbildlichung der Republik hat eine gewisse Verwandtschaft mit Daumiers Skizze für den Wettbewerb von 1848 (siehe

Kat. 482); sie ist ein königliches Weib, antik drapiert, machtvoll, mütterlich, mit muskulösen arbeitsgewohnten Armen, die an das Volk denken lassen.

Auf der Lithographie *Das Volk als Schiedsrichter beurteilt die Schläge* (der Boxer) wird die Gestalt der Republik ersetzt durch diejenige eines Proletariers im Überkittel, der dem Monarchisten Berryer zuschaut, wie er zum Schlag gegen den Bonapartisten Ratapoil ausholt, während sich Thiers mit seinem bekannten politischen Geschick elegant aus diesem Parteimachtkampf hält. Das Volk ist, soviel steht fest, urteilend, richtend; es ist unbeteiligt am Spiel und scheint sogar machtlos, seine Hände sind hinter dem Rücken gehalten. Es ist ein Koloß, aber ein abgezehrter Koloß mit undeutlichen Gesichtszügen: die Augen versinken in Schattenpartien, die dem Gesicht einen melancholischen Ausdruck verleihen, der bartverhangene Mund zeigt Ernst und Konzentration an. Hier handelt es sich um eine sowohl in Daumiers Werk als auch in der zeitgenössischen Bildwelt der politischen Karikatur äußerst seltene Personifikation des Volkes; dieses wird häufiger durch die Allegorie der Republik dargestellt. Die Gestalt des Volkes auf diesem Blatt hinterläßt einen zwiespältigen Eindruck, weil sie Daumier nicht aus der Ebene der Realität in die Ebene des Sinnbildes erhoben hat; man ist deshalb versucht, von einer «allégorie réelle» zu sprechen. Frankreich hat keine Volksfigur, die dem englischen John Bull oder dem deutschen Michel entspräche. Dies ist bis zu einem gewissen Grad verständlich, denn das Volk muß sozial und politisch definiert werden. Delacroix gibt in seinem Gemälde *Die Freiheit auf den Barrikaden* das von ihr geführte Volk (1830, siehe Kat. 359) durch eine Gruppe von Menschen wieder, die sich sowohl aus Bürgern als auch aus Arbeitern zusammensetzt. Dagegen macht Daumier 1851 aus dem Volk einen Proletarier, ein Zeichen dafür, daß sich im französischen politischen Bewußtsein ein Bruch vollzogen hat: nach der Revolution von 1848 kann sich das Bürgertum nicht mehr mit dem Volk oder mit der Nation decken. Diese Spaltung entspricht dem damaligen doppelten Bild der Republik: hier proletarisch und den Aufstand verkörpernd, dort bürgerlich und liberal (AGULHON 1979).   Ph. Kaenel

Lit.: DELTEIL 1925–1930, Nrn. 2167 und 2168; AGULHON 1979, S. 105 ff.

497

HONORÉ DAUMIER
Marseille 1808–1879 Valmondois

Das hier hat jenes getötet
Aus *Charivari*, 9. Februar 1871
Lithographie, 23,7 × 19,7 cm
Zürich, Kunsthaus, Graphische Sammlung

Gegen das Ende des Second Empire bewirkt die Lockerung der Pressegesetze, wie schon 1848, die Gründung einer Vielzahl von Zeitungen, begleitet von einem Aufblühen der politischen Karikatur, die sich bis anhin im antipreußischen Lager verschanzen mußte. Angesichts der wachsenden Ablehnung ge-

497

genüber der imperialen Staatsform veranstaltet Napoleon III. geschickt ein Plebiszit, in dem er sich als einzigen Garanten der Legitimität und des Friedens darstellt. Die Abstimmung macht sich durch seinen überwältigenden Sieg am 8. Mai 1870 für ihn bezahlt. Am 19. Juli erklärt Frankreich Preußen den Krieg.

Die Bilder Daumiers jener Zeit sind von den schwärzesten im ganzen Werk. Seine allegorischen Figuren, etwa Frankreich oder der Tod, stehen oft vor einem mit Leichen übersäten Schlachtfeld, wie zum Beispiel im Bild *Ein Alptraum Bismarcks*, worin der Knochenmann dem Minister ein mit Gefallenen bedecktes Feld zeigt, oder in jenem Bild *Entsetzt über die Erbschaft*, wo das trauertragende Frankreich seine Toten beweint (DELTEIL 1925–1930, Nrn. 3802 und 3838). Der Titel *Das hier hat jenes getötet* ist ein Echo auf Victor Hugos Formel in *Notre-Dame de Paris* «Ceci tuera cela», welche die Welt der Bücher derjenigen der gotischen Kathedralen gegenüberstellt. Hier im Bild steht ein mageres, gealtertes Weib, die Heimat oder Frankreich darstellend, das mit der einen

Hand auf die Urne des Plebiszits von 1870 weist, mit der anderen auf die Folgen der Stimmen zugunsten Napoleons III. Mit solchen graphischen Blättern wendet sich Daumier, der eben die Auszeichnung durch die Ehrenlegion abgelehnt hat, ein letztes Mal gegen die napoleonische Politik. Die Dritte Republik, am 4. September 1870 geboren, sieht Daumier wiederum bedroht durch die Angriffe der Vertreter der Reaktion, wie schon die Zweite im Jahre 1848, vorab durch Thiers, der vorübergehend die Präsidentschaft an sich zieht. Daumier greift also abermals zum Stift, um durch die Mittel der Satire gegen seine traditionellen Feinde zu kämpfen, und führt seine letzten Lithographien aus. Ph. Kaenel

Lit.: DELTEIL 1925–1930, Nr. 3845.

Anhang

Literaturverzeichnis

ADAM, G., *L'Arc de triomphe de l'Etoile*, Paris 1891.

ADAMS, ANN JENSON, *The Paintings of Thomas de Keyser (1596/97–1667): A Study of Portraiture in Seventeenth-Century Amsterdam*, Diss. Harvard 1985.

ADAMS, JOHN QUINCY, *Memoirs of John Quincy Adams*, Philadelphia 1874.

ADAMS, WILLY PAUL, *Republikanische Verfassung und bürgerliche Freiheit*, Neuwied 1973.

ADHÉMAR, JEAN, *Honoré Daumier*, Paris 1965.

AGOSTI, G., »Sui teleri perduti del Maggior Consiglio del Palazzo Ducale di Venezia«, in *Ricerche di Storia dell'Arte*, Nr. 30, 1986, S. 61 ff.

AGULHON, MAURICE, »L'allégorie de la République«, in *Romantisme*, Nr. 13–14, 1976.

AGULHON, MAURICE, »Fête spontanée et fête organisée«, in *Les fêtes de la Révolution, colloque de Clermont-Ferrand, juin 1974, actes recueillis et présentés par Jean Ehrard et Paul Viallaneix*, Paris 1977, S. 243–271.

AGULHON, MAURICE, *Marianne au combat. L'imagerie et la symbolique républicaines de 1789 à 1880*, Paris 1979.

AGULHON, MAURICE, »Propos sur l'allégorie politique en réponse à Eric Hobsbawm«, in *Actes de la recherche en sciences sociales*, Nr. 28, Juni 1979, S. 27–32 (»On Political Allegory: A Reply to Eric Hobsbawm«, in *History Workshop*, Bd. 8, Herbst 1980).

AGULHON, MAURICE, »Les statues du Centenaire«, in *Gazette des beaux-arts*, Bd. 111, 1988, S. 131–136.

AGULHON, MAURICE, *Marianne au pouvoir. L'imagerie et la symbolique républicaines de 1880 à 1914*, Paris 1989.

ALBERTS, ROBERT C., »Benjamin West and the American Revolution«, in *American Art Journal*, Bd. 6, 1974, S. 15–35.

ALBERTS, ROBERT C., *Benjamin West: A Biography*, Boston 1978.

ALBRECHT, JUERG, *Honoré Daumier*, Reinbeck bei Hamburg 1984.

Album Voltaire, Iconographie choisie et commentée par J. van Heuvel (Bibliothèque de la Pléiade), Paris 1983.

ALEXANDRE, ARSÈNE, *Honoré Daumier – L'Homme et l'Œuvre*, Paris 1888.

ALPERS, SVETLANA, »Is Art History?«, in *Daedalus*, Nr. 106, Sommer 1977, S. 1–13.

ALTIERI, GIOVANNI, und VALLIER, DORA, *L'opera completa di Rousseau il Doganiere*, Mailand 1969.

AMMANN-FEER, PAUL, »Johann Rudolf Meyer«, in *Lebensbilder aus dem Aargau* (Argovia, Bd. 65), Aarau 1953, S. 20–30.

AMSCHWAND, RUPERT, *Bruder Klaus. Ergänzungsband zum Quellenwerk von Robert Durrer*, Sarnen 1987.

Amsterdam 1972: Ausst.-Kat. *Regenten en Regentessen, overlieden en chirurgijns: Amsterdamse groepsportretten van 1600 tot 1835* (Amsterdams Historisch Museum).

Amsterdam 1977: Ausst.-Kat. *Focus on sculpture. Quellien's art in the Palace on the Dam* (Koninklijk Paleis).

Amsterdam 1979: Ausst.-Kat. *Vondel en Amsterdam: Vondels gedicht »De Inwijdinge van 't Stadthuis t'Amsterdam« in beeld gebracht* (Theatermuseum).

Amsterdam 1980–1981: Ausst.-Kat. *Gods, Saints and Heroes: Dutch Paintings in the Age of Rembrandt* (Amsterdam, Rijksmuseum; Detroit, Detroit Institute of Arts; Washington, National Gallery of Art).

Amsterdam 1984–1985: Ausst.-Kat. *Meesterwerken in zilver: Amsterdams zilver 1520–1820* (Museum Willet-Holthuysen).

Amsterdam 1987: Ausst.-Kat. *»Van Heeren, die hun' stoel en kussen niet beschaemen«: Het stadsbestuur van Amsterdam in de 17e en 18e eeuw* (Koninklijk Paleis).

Amsterdam 1989: Ausst.-Kat. *Het kunstbedrijf van de familie Vingboons: schilders, architecten en kaartmakers in de Gouden Eeuw* (Koninklijk Paleis).

Amsterdam/Ontario 1977: Ausst.-Kat. *Opkomst en bloei van het Noordnederlandse stadsgezicht in de 17de eeuw*.

ANDEREGG, SUZANNE, *Der Freiheitsbaum. Ein Rechtssymbol im Zeitalter des Rationalismus*, Diss., Zürich 1968.

ANDERES, BERNHARD, und HOEGGER, PETER, *Die Glasgemälde im Kloster Wettingen*, Baden 1988 (2. Aufl. 1989).

ANDERSSON, CHRISTIANE, *Dirnen, Krieger, Narren. Ausgewählte Zeichnungen von Urs Graf*, Basel 1978.

ANDREE, ROLF, *Arnold Böcklin. Die Gemälde* (Schweizerisches Institut für Kunstwissenschaft, Œuvrekataloge Schweizer Künstler, 6), Basel/München 1977.

ANDRESEN, ANDREAS, *Der deutsche Peintre-Graveur*, Bd. 3, Leipzig 1872.

Anecdotes of William Hogarth Written by Himself: with Essays on his Life and Genius, and Criticism on his Works selected from Walpole [et al.], London 1833 (Reprint 1970).

ANKER, VALENTINA, *Alexandre Calame. Vie et œuvre, catalogue raisonné de l'œuvre peint*, Freiburg im Üchtland 1987.

ANTAL, FREDERICK, *Hogarth and his Place in European Art*, London 1962.

ARADI, NÓRÁ, *Réti István*, Budapest 1960.

ARADI, NÓRÁ, *Réti István*, Budapest 1981.

ARASSE, DANIEL, »Portrait, mémoire familiale et liturgie dynastique«, in *Il ritratto e la memoria*, Rom 1989, S. 112 ff.

ARCHAMBAULT, P., »The Analogy of the Body in Renaissance Political Literature«, in *Bibliothèque d'humanisme et Renaissance*, Bd. 29, 1967.

ARENBERG, princesse Auguste d', »Princesse Auguste d'Arenberg, comtesse de La Marck (1757–1810), *Journal de mon voyage en Suisse. 1789*. Présentation et notes de J.-R. Bory«, in *Versailles* 1971, Nr. 43, S. 29–44; Nr. 44, S. 31–42; Nr. 45, S. 25–31; 1972, Nr. 46, S. 31–39; Nr. 47, S. 25–30; Nr. 48, S. 29–40; Nr. 49, S. 31–36.

ARETINO, PIETRO, *Lettere sull'arte*, Hrsg. Ettore Camesasca, 3 Bde., Mailand 1957.

ARNASON, H. HARVARD, *The Sculptures of Houdon*, London 1975.

ARROYO, EDUARDO, *Trente cinq ans après*, Paris 1974.

ARX, BERNARD VON, *Der Fall Karl Stauffer. Chronik eines Skandals*, Bern/Stuttgart 1969.

ATHANASSOGLOU, NINA, *French Images from the Greek War of Independence, 1821–1827: Art and Politics under the Restoration*, Diss. Princeton 1980.

ATHANASSOGLOU, NINA, *French Images from the Greek War of Independence, 1821–1830: Art and Politics under the Restoration*, New Haven/London 1989.

ATHERTON, HERBERT M., »The British Defend their Constitution in Political Cartoons and Literature«, in *Studies in Eighteenth-Century Culture*, Bd. 2, 1982, S. 3–31.

Atlanta 1988: Ausst.-Kat. *From Liotard to Le Corbusier. 200 Years of Swiss Painting, 1730–1930* (High Museum of Art).

AUBERT, ANDREAS, »Patriotische Bilder von Caspar David Friedrich aus dem Jahre 1814«, in *Kunst und Künstler*, Nr. 9, 1911, S. 609–615.

AVERY, CHARLES, »Medicean Medals«, in Ausst.-Kat. *Firenze e la Toscana dei Medici nell'Europa del '500*, Bd. 3, Florenz 1983, S. 885 ff.

AZZI VISENTINI, MARGHERITA, »Venezia in una sconosciuta veduta a volo d'uccello del Seicento«, in *Antichità viva*, 1979, Nr. 4, S. 31–38.

AZZI VISENTINI, MARGHERITA, »Ancora un'inedita pianta prospettica di Venezia in un dipinto di Odoardo Fialetti per Sir Henry Wotton«, in *Bolletino Civici Musei Veneziani d'Arte e di Storia*, N.F., Bd. 25, 1980, Nr. 1–4, S. 19–25.

BAAS, JACQUELYNN, »Edouard Manet and *Civil War*«, in *Art Journal*, Bd. 45, 1985, Nr. 1, S. 36–42.

BÄCHTIGER, FRANZ, »Erörterungen zum *Alten und Jungen Eidgenossen*«, in *Jahrbuch des Bernischen Historischen Museums*, Jg. 49–50, 1969–1970, Bern 1972, S. 35–70.

BÄCHTIGER, FRANZ, »Marignano. Zum *Schlachtfeld* von Urs Graf«, in *Zeitschrift für Schweizerische Archäologie und Kunstgeschichte*, Bd. 31, 1974, S. 31–54.

BÄCHTIGER, FRANZ, »Andreaskreuz und Schweizerkreuz. Zur Feindschaft zwischen Landsknechten und Eidgenossen«, in *Jahrbuch des Bernischen Historischen Museums*, Jg. 51–52, 1971–1972, Bern 1975, S. 205–270.

BÄCHTIGER, FRANZ, »Die Dreizehn Pannerträger der alten Eidgenossen. Zur Rekonstruktion des Berner Gemäldezyklus« in *Der Bund*, Nr. 85, 11. April 1976.

BÄCHTIGER, FRANZ, »Freiheit – Gleichheit. Zur Devise des letzten bernischen Schultheißenthrons 1785–1832«, in *Jahrbuch des Bernischen Historischen Museums*, Jg. 53–54, 1973–1974, Bern 1977, S. 79–103.

BÄCHTIGER, FRANZ, »Tell-Mythos und Tell-Gewandung«, in *Echo*, 1979, Nr. 8.

BÄCHTIGER, FRANZ, »Das Schlachtfeld von Marignano. 1521«, in Ausst.-Kat. Niklaus Manuel Deutsch, Maler, Dichter, Staatsmann, Kunstmuseum Bern 1979, S. 180–182.

BÄCHTIGER, FRANZ, »Der Tod als Jäger. Ikonographische Bemerkungen zum Schlußbild des Berner Totentanzes«, in Jahrbuch des Bernischen Historischen Museums (= Festschrift für Hans-Georg Bandi zum 65. Geburtstag), Jg. 63–64, 1983–1984, Bern 1985, S. 23–30.

BAECQUE, ANTOINE DE, »Le corps meurtri de la Révolution. Le discours politique et les blessures des martyrs (1792–1794)«, in Annales historiques de la Révolution française, Nr. 287, Januar-März 1987, S. 17–41.

BAETJER, CATHERINE, und LINKS, JOSEPH GLUCKSTEIN, Canaletto (Ausst.-Kat.), New York 1989.

BÄTSCHMANN, OSKAR, »Ferdinand Hodlers Kombinatorik«, in Beiträge zu Kunst und Kunstgeschichte um 1900 (Schweizerisches Institut für Kunstwissenschaft, Jahrbuch 1984–1986), Zürich 1986, S. 55–79.

BÄTSCHMANN, OSKAR, »Förderung in Entfremdung. Zum Widerspruch zwischen Künstler und Öffentlichkeit«, in Der Bund fördert – Der Bund sammelt. 100 Jahre Kunstförderung des Bundes, Baden 1988, S. 40–52.

BÄTSCHMANN, OSKAR, Die Malerei der Neuzeit (Ars Helvetica, Bd. 6), Disentis 1989.

BAIER-FUTTERER, ILSE, Die Bildwerke der Romanik und Gotik (Kataloge des Schweizerischen Landesmuseums), Zürich 1936.

BAIGELL, MATTHEW, Thomas Cole, New York 1981.

BAILEY, COLIN J., »Joseph Anton Koch's Landscape with William Tell. An early Watercolour Rediscovered«, in Annual Report and Bulletin of the Walter Art Gallery, Bd. 5, 1974–1975.

BAILYN, BERNARD, Ideological Origins of the American Revolution, Harvard 1967.

BARON, HANS, »Calvinist Republicanism and Its Historical Roots«, in Church History, Bd. 8, 1939, S. 30 ff.

BARRELL, JOHN, The Political Theory of Painting from Reynolds to Hazlitt, New Haven 1986.

BARTA, I., »Der disziplinierte Körper. Bürgerliche Körpersprache und ihre geschlechtsspezifische Differenzierung am Ende des 18. Jahrhunderts«, in I. BARTA et al., Frauenbilder, Männermythen. Kunsthistorische Beiträge, Berlin 1987, S. 84–116.

BARTSCH, ADAM, Le Peintre-Graveur, 21 Bde., Wien 1802–1821.

Basel 1977: Ausst.-Kat. Arnold Böcklin 1827–1901 (Kunstmuseum).

Basel 1980: Ausst.-Kat. Caspar Wolf (1735–1783). Landschaft im Vorfeld der Romantik (Kunstmuseum).

Basel 1984: Ausst.-Kat. Spätrenaissance am Oberrhein. Tobias Stimmer 1539–1584 (Kunstmuseum).

Bau- und Kunstdenkmäler der Hansestadt Lübeck, Lübeck, 1979.

BAUD-BOVY, DANIEL, »Adam Töpffer«, in Peintres genevois 1766–1849, Genf 1904, S. 21–64.

BAUD-BOVY, DANIEL, Les caricatures d'Adam Töpffer et la Restauration genevoise, Genf 1917.

BAUD-BOVY, DANIEL, Les maîtres de la gravure suisse, Genf 1935.

BAUER, JENS-HEINER, Daniel Nikolaus Chodowiecki. Das druckgraphische Werk, Hannover 1982.

BAUM, JULIUS, Die Luzerner Skulptur bis zum Jahre 1600, Luzern 1965.

BAUMGARTNER, MARCEL, »Katalog der Sammlung Max Schmidheiny«, in OSKAR BÄTSCHMANN und HANS A. LÜTHY, Hrsg., Sammlung Schmidheiny (Schweizerisches Institut für Kunstwissenschaft, Kataloge Schweizer Museen und Sammlungen, 11), Zürich 1989, S. 39–115.

BAXMANN, INGE, Die Feste der Französischen Revolution. Inszenierung von Gesellschaft als Natur, Weinheim/ Basel 1989.

BAYLEY, FRANK W., The Life and Works of John Singleton Copley, Boston 1915.

BEAUMONT, M.A., Domingos António de Sequeira – Desenhos, Lissabon 1972.

BEAUMONT-MAILLET, LAURE, »Le 14 juillet 1789«, in Ausst.-Kat. La Révolution française et l'Europe 1789–1799, Bd. 2, Paris 1989, S. 382–413.

BECKER, JOCHEN, »›De Rotterdamsche heyligh‹: zeventiende-eeuwse echo's op het standbeeld van Erasmus«, in L. ROOSE und K. PORTEMAN, Hrsg., Vondel beijgelegenheid 1679–1979 (Leuvense studiën en tekstuitgaven, N.F., Bd. 1), Middleburg 1979, S. 11–62.

BECKER, JOCHEN, »Zoo praalt ook Neêrlands maagd in de achtbre rei der kunsten: nationalisme in de Nederlandse kunst en kunstgeschiedschrijving in de 17de en 19de eeuw«, in Eigen en vreemd: identiteit en ontlening in taal, literatuur en beeldende kunst (Handelingen van het 39e Nederlandse Filologencongres), Amsterdam 1987, S. 171–180.

BECKER, JOCHEN, und OUWERKERK, ANNEMIEK, »De eer des vaderlands te handhaven: Costerbeelden als argumenten in de strijd«, in Oud Holland, Bd. 99, 1985, S. 229–270.

BECKER, WOLFGANG, *Paris und die deutsche Malerei 1750–1850*, München 1971.

BEEK, MARIJKE, und KURPERSHOECK, ERNEST, *De Nieuwe Kerk te Amsterdam*, Amsterdam 1983.

BELLAVITIS, GIORGIO, und ROMANELLI, GIANDOMENICO, *Venezia*, Bari 1985.

BELLOSI, LUCIANO, und SEIDEL, MAX, »Castrum pingatur in palatio«, in *Prospettiva*, Nr. 28, 1982.

BELTING, HANS, »Wandmalerei und Literatur im Zeitalter Dantes«, in BELTING, HANS, und BLUME, DIETER, Hrsg., *Malerei und Stadtkultur in der Dantezeit*, München 1989, S. 23 ff.

BELTING, HANS, und BLUME, DIETER, Hrsg., *Malerei und Stadtkultur in der Dantezeit*, München 1989.

BENDEL, MAX, »Zur Entstehungsgeschichte des Salomon-Gessner-Denkmales in Zürich. Nach Briefen Alexander Trippels, zu dessen 200. Geburtstag«, in *Schaffhauser Beiträge zur vaterländischen Geschichte*, Bd. 21, 1944, S. 176–193.

BENESCH, OTTO, »Hodler, Klimt und Munch als Monumentalmaler«, in *Wallraf-Richartz-Jahrbuch*, Bd. 24, 1962.

BENESCH, OTTO, *The Drawings of Rembrandt*, 6 Bde., 1954–1957, erw. Ausg., London 1973.

BENTLEY, G.E., *Blake Records*, Oxford 1969.

BENTLEY, G.E., *Blake Books*, Oxford 1977.

BERENSON, BERNARD, *Italian Pictures of the Renaissance. The Venetian School*, 2 Bde., London 1957 (1. Aufl. 1932).

Bericht der Gottfried Keller-Stiftung 1891 ff.

Berlin 1972: Ausst.-Kat. *Kunst in der Bürgerlichen Revolution von 1830 bis 1848–1849* (Neue Gesellschaft für Bildende Kunst).

Berlin 1980: Ausst.-Kat. *William Hogarth 1697–1764* (Staatliche Kunsthalle).

Berlin 1987: Ausst.-Kat. *Berlin: Die Ausstellung zur Geschichte der Stadt*.

Berlin 1988: Ausst.-Kat. *Bilder aus der Neuen Welt. Amerikanische Malerei des 18. und 19. Jahrhunderts* (Staatliche Museen Preußischer Kulturbesitz, Nationalgalerie, Orangerie des Schlosses Charlottenburg).

Berlin 1989–1990: Ausst.-Kat. *Asmus Jakob Carstens und Joseph Anton Koch. Zwei Zeitgenossen der Französischen Revolution* (Staatliche Museen zu Berlin, Nationalgalerie).

Bern 1810: Ausst.-Kat. *Verzeichnis der Kunstwerke und anderen Gegenstände der Kunst- und Industrieausstellung in Bern*.

Bern 1962: Ausst.-Kat. bzw. *Katalog der Gemälde und Ölstudien von Albert Anker*, Bearb. von Max Huggler, Hugo Wagner und K. von Walterskirchen (Kunstmuseum).

Bern 1979: Ausst.-Kat. *Niklaus Manuel Deutsch, Maler, Dichter, Staatsmann* (Kunstmuseum).

Bern 1980: Ausst.-Kat. *Kunstszene Schweiz 1890. Künstler der Ersten Nationalen Kunstausstellung im Jahr der Entstehung von Hodlers »Nacht«* (Kunstmuseum).

Bern 1981: Ausst.-Kat. *Albert Anker und das Buch* (Schweizerische Landesbibliothek).

Bern 1983: Ausst.-Kat. *Franz Niklaus König 1765–1832* (Kunstmuseum).

Bern 1985: Ausst.-Kat. *Traum und Wahrheit. Deutsche Romantik aus Museen der Deutschen Demokratischen Republik* (Kunstmuseum), 1985.

Bern 1990: Ausst.-Kat. *Balthasar Anton Dunker 1746–1807* (Kunstmuseum).

BERNHARD, KLAUS, *Idylle. Theorie, Geschichte, Darstellung in der Malerei, 1750–1850. Zur Anthropologie deutscher Seligkeitsvorstellungen*, Köln 1977.

BERTRAND, A., *François Rude*, Paris 1888.

Beschrijving van het feest der Revolutie, gevierd in Amsterdam ... op den vierden van lentemaand, 1795, Amsterdam 1795.

BETTAGNO, ALESSANDRO, *Canaletto. Disegni – Dipinti – Incisioni*, Venedig/Vicenza 1982.

BEVERS, H., *Das Rathaus von Antwerpen (1561–1565): Architektur und Figurenprogramm* (Studien zur Kunstgeschichte, 28), Hildesheim usw. 1985.

BIALOSTOCKI, JAN, *Die Eigenart der Kunst Venedigs*, Wiesbaden 1979.

Bibliotheca Bernensis Bongarsiana. Die Stadt- und Hochschulbibliothek Bern. Zur Erinnerung an ihr 400jähriges Bestehen und die Schenkung der Bongarsiana, Hrsg. Hans Bloesch, Bern 1932.

Bibliotheca Bernensis 1974. Festgabe zur Einweihung des umgebauten und erweiterten Gebäudes der Stadt- und Universitätsbibliothek und der Burgerbibliothek Bern am 29. und 30. August 1974, Bern 1974.

BIETENHARD, BENEDIKT, »Verwaltungsgeschichtliches zum bernischen Bauwesen im 18. Jahrhundert«, in *Berner Zeitschrift für Geschichte und Heimatkunde*, Bd. 36, 1974, S. 65–108.

BIHALIJ-MERIN, LISE und OTTO, *Henri Rousseau. Leben und Werk*, Köln 1976.

BIRCHER, MARTIN, und WEBER, BRUNO, *Salomon Gessner*, Zürich 1982.

BIRMANN, MARTIN, und BIRMANN, JULIANA geb. Vischer, »Blätter der Erinnerung«, in MARTIN BIRMANN, *Gesammelte Schriften*, Bd. 1, Basel 1894, S. 186–200.

BIVER, MARIE-LOUISE, *Fêtes révolutionnaires à Paris*, Paris 1979.

BIZOT, *Histoire métallique de la République de Hollande*, Paris 1867.

BLANKERT, A., *Kunst als regeringszaak in Amsterdam in de 17e eeuw: Rondom schilderijen van Ferdinand Bol*, Lochem 1975.

BLANKERT, A., *Ferdinand Bol: Rembrandt's Pupil*, Doornspijk 1982.

BLICKLE, PETER, *Die Revolution von 1525*, 2. Aufl., München/Wien 1983.

BLICKLE, PETER, *Unruhen in der ständischen Gesellschaft 1300–1800* (Enzyklopädie deutscher Geschichte, Bd. 1), München 1988.

BLONDEL, LOUIS, *Le développement urbain de Genève à travers les siècles*, Genf 1946.

BLUMENBERG, HANS, »Licht als Metapher der Wahrheit«, in *Studium Generale*, Bd. 10, 1957, S. 432–447.

BOCHER, EMMANUEL, *Les gravures françaises du XVIIIe siècle ou catalogue raisonné des estampes, vignettes, eaux-fortes, pièces en couleur au bistre et au lavis, de 1700 à 1800*, Bd. 6, Jean-Michel Moreau le Jeune, Paris 1882.

BOCK, ELFRIED, *Holzschnitte des Meisters DS*, Berlin 1924.

BODIN, JEAN, *Les six livres de la République* [1576], Reprint Aalen 1977.

BÖRSCH-SUPAN, HELMUT, und JÄHNIG, KARL-WILHELM, *Caspar David Friedrich. Gemälde, Druckgraphik und bildmäßige Zeichnungen*, München 1973.

BOESCH, PAUL, *Die Schweizer Glasmalerei*, Basel 1955.

BOIME, ALBERT, »The Second Republic's Contest for the Figure of the Republic«, in *Art Bulletin*, Bd. 53, 1971.

BOIME, ALBERT, *Art in an Age of Revolution 1750–1800. A Social History of Modern Art*, Bd. 1, Chicago/London 1987.

BOIME, ALBERT, »Social Identity and Political Authority in the Response of Two Prussian Painters to the Revolution of 1848«, in *Art History*, Bd. 13, 1990, S. 344–385.

BOITO, CAMILLO, »Rassegna artistica«, in *Nuova Antologia*, April 1873, S. 966–967.

BOLOGNA, FERDINANDO, *I pittori alla corte angioina di Napoli*, Rom 1969.

BONI, ONOFRIO, *Elogio di Pompeo Girolamo Batoni*, Rom 1787.

BONTEMANTEL, HANS, *De reegeringe van Amsterdam soo in't civiel als crimineel en militaire (1653–1672)*, Hrsg. G. W. Kernkamp, 2 Bde., Den Haag 1897.

Bordeaux/Paris 1975–1976: Ausst.-Kat. *Albert Marquet* (Galerie des beaux-arts; Orangerie des Tuileries).

BORDES, PHILIPPE, »Topino-Lebrun, Hennequin et la peinture politique sous le Directoire«, in *Revue du Louvre et des musées de France*, 1979, S. 199–212.

BORDES, PHILIPPE, *Le serment du Jeu de Paume de Jacques-Louis David*, Paris 1983.

BORDES, PHILIPPE, »Le recours à l'allégorie dans l'art de la Révolution française«, in *Les images de la Révolution française. Actes du colloque des 25–26–27 oct. 1985 tenu en Sorbonne*, Hrsg. Michel Vovelle, Paris 1988, S. 243–249.

BORDES, PHILIPPE, »David, conventionnel et terroriste«, in Kolloquium *David contre David* (Louvre, 1989), im Erscheinen.

BORDIER, HENRI, *La Saint-Barthélémy et la critique moderne*, Genf/Paris 1879.

BORGIA, L., CARLI, E., CEPPORI, M.A., MORANDI, U., SINNIBALDI, P., ZARRILI, C., *Le Biccherne*, Rom 1984.

BORSOOK, EVE, »Maestro Francesco and a Portrait of the Signoria of Florence«, in *Festschrift Ulrich Middeldorf*, Berlin 1968, S. 60 ff.

BOSCHINI, MARCO, *Le Minere della pittura*, Venedig 1664.

BOSCHINI, MARCO, *Le ricche Minere della pittura veneziana*, Venedig 1674.

Boston 1983: Ausst.-Kat. *A New World: Masterpieces of American Painting 1760–1910* (Museum of Fine Arts).

Boston 1989: Ausst.-Kat. *Goya and the Spirit of Enlightenment* (Museum of Fine Arts; Madrid, Museo del Prado; New York, Metropolitan Museum of Art).

BOULOT, CATHERINE, et al., *Hubert Robert et la Révolution*, Musée de Valence, 1989.

BOURQUIN, MARCUS, *Franz Niklaus König. Leben und Werk 1765–1832*, Diss. Bern 1962 (gekürzter Druck in der Reihe Berner Heimatbücher, 94–95, Bern 1963).

BOUWSMA, WILLIAM J., *Venice and the Defence of Republican Liberty: Renaissance Values in the Age of the Counter Reformation*, Berkeley usw. 1969.

BRAUNFELS, WOLFGANG, *Abendländische Stadtbaukunst. Herrschaftsform und Baugestalt*, Köln 1976.

Braunschweig 1979: Ausst.-Kat. *Jan Lievens: ein Maler im Schatten Rembrandts* (Anton Ulrich-Museum).

BREDEKAMP, HORST, »Piranesis Foltern als Zwangsmittel der Freiheit«, in CHRISTIAN BEUTLER, KLAUS-PETER SCHUSTER und MARTIN WARNKE, Hrsg., *Kunst um 1800 und die Folgen. Festschrift für Werner Hofmann*, München 1988, S. 30–46.

BREDIUS, A., *Rembrandt: The Complete Edition of the Paintings*, 3. Aufl., Hrsg. E. Gerson, London usw., 1969 (1. Aufl. 1935).

BREITBART, O., »Johann Valentin Sonnenschein«, in *Anzeiger für Schweizerische Altertumskunde*, N.F., Bd. 13, 1911, S. 272–299.

BRENNINKMEYER-DE ROOIJ, B., »Notities betreffende de decoratie van de Oranjezaal in Huis ten Boesch, uitgaande van H. Peter-Raupp, *Die Ikonographie des Oranjezaal*, Hildesheim/New York 1980«, in *Oud Holland*, Bd. 96, 1982.

BRENZONI, GINO, Hrsg., *I Dogi*, Mailand 1982.

BRESC-BAUTIER, GENEVIÈVE, »Les bustes de Cornelis Witsen et de sa femme«, in *Revue du Louvre*, 1982, S. 278–283.

BREYER, VICTOR, und BRESC-BAUTIER, GENEVIÈVE, *La sculpture au Musée du Louvre*, Bergamo 1977.

BRIDEL, JEAN-LOUIS-PHILIPPE, »Lettre sur les artistes suisses maintenant à Rome (28 juillet 1789)«, in *Etrennes Helvétiennes et Patriotiques pour l'An de Grâce 1790*, Nr. 8, Lausanne 1790.

BRIELS, J.G.C.A., *De zuidnederlandse immigratie in Amsterdam en Haarlem omstreeks 1572–1630...*, Diss. Utrecht 1976.

BRIESEMEISTER, DIETRICH, *Bilder des Todes*, Bd. 1, *Entwicklung des Totentanzes*, Berlin 1926.

BRINITZER, CARL, *Die Geschichte des Daniel Chodowiecki. Ein Sittenbild des 18. Jahrhunderts*, Stuttgart 1973.

Brisbane/Tokio 1988: Ausst.-Kat. *Bronzes de la Renaissance à Rodin. Chefs-d'œuvre du Musée du Louvre*.

British Museum Catalogue, Coins of the Roman Empire, London 1923 ff.

BROWN, MARILYN R., »Art, the Commune, and Modernism: The Example of Manet«, in *Arts Magazine*, Bd. 58, Dez. 1983, S. 101–107.

BRUEL, A., *Les carnets de David d'Angers*, Bd. 2, 1838–1855, Paris 1958.

BRUEL, FRANÇOIS-LOUIS, *Collection de Vinck. Inventaire analytique*, Bd. 2, Paris 1914 (Reprint 1970).

BRÜSCHWEILER, JURA, »Ferdinand Hodler (Bern 1853–Genf 1918). Chronologische Übersicht: Biografie, Werk, Rezensionen«, in Ausst.-Kat. *Ferdinand Hodler*, Kunsthaus Zürich 1983, S. 43–169.

BRÜSCHWEILER, JURA, »La participation de Ferdinand Hodler au *Panorama* d'Edouard Castres et l'avènement du parallélisme hodlérien«, in *Zeitschrift für Schweizerische Archäologie und Kunstgeschichte*, Bd. 42, 1985, S. 292–296.

BRULHART, ARMAND, *La peinture hollandaise dans les collections privées de Genève au XVIIIᵉ et au XIXᵉ siècle*, Diss. Genf 1978.

BRUN, CARL, Hrsg., *Schweizerisches Künstler-Lexikon*, 4 Bde., Frauenfeld 1905–1917.

BRUNETTI, M., *Civico Museo Correr. Le collezioni storiche*, Venedig 1955.

BRUNNER, OTTO, CONZE, WERNER, und KOSELLECK, REINHART, Hrsg., *Geschichtliche Gundbegriffe. Historisches Lexikon zur politisch-sozialen Sprache in Deutschland*, Bd. 1 ff, Stuttgart 1972 ff.

BRYANT, L.M., »Parlementaire. Political Theory in the Parisian Royal Entry Ceremony«, in *Sixteenth Century Journal*, Bd. 6, 1976, S. 15–24.

BUCHBINDER-GREEN, B., *The Painted Decorations of the Town Hall of Amsterdam* (Diss. Oranje City 1974), Ann Arbor usw. 1976.

BUCHHEIT, GERT, *Der Totentanz. Seine Entstehung und Entwicklung*, Berlin 1926.

Frank Buchser in Amerika, 1866–1871, Biberist 1975.

BÜRGER, WILLIAM, *Musées de la Hollande: Amsterdam et La Haye: études sur l'école hollandaise*, Paris 1858.

BÜRGER, WILLIAM, *Musées de la Hollande*, Bd. 2, *Musée van der Hoopp à Amsterdam, Musée de Rotterdam*, Paris usw. 1860.

BÜTTNER, EVA, *Zur humoristischen Graphik der Düsseldorfer Malerschule. Die Veröffentlichungen von 1830–1850*, Diss. Erlangen/Nürnberg 1981.

BUFFENOIR, HIPPOLYTE, *Les portraits de Jean-Jacques Rousseau. Etude historique et iconographique. Souvenirs, documents, témoignages*, Paris 1913.

BURDA, HUBERT, *Die Ruine in den Bildern Hubert Roberts*, München 1967.

BURKE, PETER, *Venice and Amsterdam: A Study in Seventeenth Century Cultural Elites*, London 1974.

BUSCAROLI, PIERO, Hrsg., *Cesare Ripa. Iconologia (Padova 1618)*, 2 Bde., 2. Aufl., Turin 1987.

BUSCH, GÜNTER, »Grab oder Schatzhaus. Ein Kapitel Museumsgeschichte im Spiegel zweier Bilder«, in HEINZ MAIER-LEIBNITZ, Hrsg., *Zeugen des Wissens*, Mainz o.J. [ca. 1986], S. 897–937.

BUSCH, WERNER, und SCHMOOCK, PETER, Hrsg., *Kunst. Die Geschichte ihrer Funktionen*, Weinheim/Berlin 1987.

BUSCHHAUSEN, H., »Das Altersbildnis Kaiser Friedrichs II.«, in *Jahrbuch der Kunstsammlungen in Wien*, Bd. 70, 1974, S. 7 ff.

BUSETTO, GIORGIO, und MOLINARI, C., Hrsg., *Visioni dello spettacolo a Venezia*, Venedig 1989.

BUTLIN, MARTIN, *The Paintings and Drawings of William Blake*, New York/London 1981.

BUTTLAR, ADRIAN VON, *Der englische Landsitz 1715–1760: Symbol eines liberalen Weltentwurfs*, Mittenwald 1982.

BUYSSENS, DANIELLE, »Les premières expositions d'art à Genève 1789–1851«, in *Zeitschrift für Schweizerische Archäologie und Kunstgeschichte*, Bd. 43, 1986, S. 367.

BUYSSENS, DANIELLE, *Peintures et pastels de l'Ancienne école genevoise, XVIIᵉ – début XIXᵉ siècle, Musée d'art et d'histoire de Genève, catalogue des peintures et pastels*, Genf 1988.

BUYSSENS, DANIELLE, »Profil d'un héros, Arnold de Melchtal peint en 1840 par Jean-Léonard Lugardon«, in *Genava*, N.F., Bd. 38, 1990, S. 169–178.

BYAM SHAW, JAMES, »A Drawing by F. Guardi«, in *Smith College Museum of Art Bulletin*, Nr. 39, 1959, S. 13 ff.

CAEMMERER, H.P., *The Life of Pierre-Charles L'Enfant*, Washington 1950.

CALIARI, PAOLO, *Paolo Veronese*, Rom 1888.

CALMETTE, JOSEPH, *François Rude*, Paris 1920.

CAMPBELL, L., *Renaissance Portraits*, New Haven/London 1990.

CANDAUX, JEAN-DANIEL, »Le veritable portrait de J.-J. Rousseau peint par La Tour«, in *Studi francesi*, Nr. 38, Mai-August 1969, S. 266–267.

CARLEN, LOUIS, »Der Gerichtsstab in Bern«, in *Berner Zeitschrift für Geschichte und Heimatkunde*, Bd. 31, 1969, S. 107 ff.

CAROLL, MARGARET DEUTSCH, »Civic Ideology and Its Subversion: Rembrandts Oath of Claudius Civilis«, in *Art History*, Bd. 9, 1986, S. 12–35.

CARTER SOUTHARD, E., *The Frescoes in Siena's Palazzo Pubblico (1289–1539)*, New York 1979.

CARVALHO DOS SANTOS, MARIA HELENA, *As ideas republicanas em Portugal e o jornalista Rocha Loureiro (1778–1853)*, Lissabon/Paris 1983.

CAST, DAVID, »Liberty, Comment, Honor: Comment on the Position of the Visual Arts in the Renaissance«, in *Yale Italian Studies*, Bd. 1, 1977, S. 371–397.

CASTELUNOVO, ENRICO, »Il significato del rittrato pittorico nella società« in *Storia d'Italia*, Bd. 5/2, Turin 1973, S. 1035–1094.

CASTELUNOVO, ENRICO, »Arti e rivoluzione. Ideologie e politiche artistiche nella Francia rivoluzionaria«, in ENRICO CASTELNUOVO, *Arte, Industria, Rivoluzioni*, Turin 1985, S. 125–158.

CASTELNUOVO, ENRICO, *Das künstlerische Portrait in der Gesellschaft. Das Bildnis und seine Geschichte in Italien von 1300 bis heute*, Berlin 1988.

Catalogue of the Prints and Drawings in the British Museum, Division I: Personal and Political Scenes, London 1870.

Catalogus van goud en zilverwerken, Rijksmuseum, Amsterdam 1952.

CATE, PHILLIP DENNIS, und GILL, SUSAN, *Théophile-Alexandre Steinlen*, Salt Lake City 1982.

CAYEUX, JEAN DE, *Hubert Robert*, Paris 1989.

CAZELLES, RAYMOND, »Peinture et actualité politique sous les premiers Valois«, in *Gazette des beaux-arts*, Bd. 92, 1978, S. 53–65.

CECCHETTI, B., *Il Doge di Venezia*, Venedig 1864.

CESSI, ROBERTO, »Politica, economia e religione«, in *Storia di Venezia*, Bd. 2, Venedig 1958.

CETTO, ANNA MARIA, und HOFER, PAUL, *Das Beatrice von Wattenwyl-Haus in Bern*, Bern 1964.

CHAMPFLEURY, JULES, *Histoire de l'imagerie populaire*, Paris 1869.

CHAUDONNERET, MARIE-CLAUDE, *La figure de la République*. *Le concours de 1848* (Notes et documents des Musées de France, 13), Paris 1987.

CHAUDONNERET, MARIE-CLAUDE, »1848 La République des Arts«, in *Oxford Art Journal*, 1987, Nr. 1, S. 59-70.

CHAUDONNERET, MARIE-CLAUDE, »Le mythe de la Révolution«, in PHILIPPE BORDES und RÉGIS MICHEL, Hrsg., *Aux armes et aux arts. Les arts de la Révolution 1789-1799*, Paris 1988, S. 313-339.

CHERPIN, GERMAINE, »Les cent onze figurations de M. Thiers«, in JEAN CHERPIN, *L'homme Daumier. Un visage qui sort de l'ombre*, Marseille 1973, S. 115-122.

CHERPIN, JEAN, *L'homme Daumier. Un visage qui sort de l'ombre*, Marseille 1973.

CHERPIN, JEAN, *Daumier et la sculpture*, Paris 1979.

CHESSEX, PIERRE, »Gustave Courbet en exil. Mythes et réalité«, in *Malerei und Theorie. Das Courbet-Colloquium 1979*, Frankfurt am Main 1980, S. 121-130.

CHESSEX, PIERRE, »Helvétia en Liberté. Courbet sculpteur (1875)«, in *Unsere Kunstdenkmäler*, Bd. 35, 1984, S. 66-73.

CHINARD, GILBERT, *Trois amitiés françaises de Jefferson: Madame de Bréhan, Madame de Tessé et Madame de Corny*, Paris 1927.

CHRIST, M.P., *De Brabantsche saecke: het vergeefse streven naar een gewestelijke status voor Staats-Brabant, 1585-1675* (Bijdragen tot de geschiedenis van de zuiden van Nederland, Bd. 41), Tilburg 1984.

Chronik Ulrich Bräker. Auf der Grundlage der Tagebücher 1770-1798, Bern/Stuttgart 1985.

CLARK, ANTHONY M., *Pompeo Batoni. A Complete Catalogue of his Works*, Hrsg. Edgar Peters Bowron, Oxford 1985.

CLARK, TIMOTHY J., *The Absolute Bourgeois. Artists and Politics in France 1848-1851*, London 1973.

CLÉMENT, CHARLES, *Gleyre, étude biographique et critique*, Genf/Neuenburg/Paris 1879.

COFFIN HANSON, ANNE, *Manet and the Modern Tradition*, New Haven/London 1977.

COLVIN, HOWARD MONTAGU., *The History of the King's Work*, London 1976.

CONSTABLE, WILLIAM GEORGE, *Canaletto*, Oxford 1962.

CONSTABLE, WILLIAM GEORGE, und LINKS, JOSEPH GLUCKSTEIN, *Canaletto*, Oxford 1989 (1. Aufl. 1976).

CONSTANT, ROSALIE DE, *Un voyage en Suisse en 1819*, Hrsg. Mary Colville und Alice Daulte, Paris/Lausanne, 1964.

CONTARINI, GASPARO, *De Magistratibus et Republica Venetorum*, Venedig 1543.

COOPER, HELEN A. et al., *John Trumbull: The Hand and Spirit of a Painter* (Ausst.-Kat.), New Haven 1982.

COORNHERT, D.V., *Zedekunst dat is Wellenvenskunst (1586)*, Hrsg. B. Becker, Leiden 1942.

CORBIN, A., «Das trauernde Geschlecht und die Geschichte der Frauen im 19. Jahrhundert«, in A. CORBIN, A. FARGE und M. PERROT, Hrsg., *Geschlecht und Geschichte*, Frankfurt am Main 1989, S. 63-81.

CORBOZ, ANDRÉ, *Peinture militante et architecture révolutionnaire. A propos du thème du tunnel chez Hubert Robert*, Basel/Stuttgart 1978.

CORBOZ, ANDRÉ, *Canaletto. Una Venezia immaginaria*, 2 Bde., Mailand 1985.

CORBOZ, ANDRÉ, »Le ciel de l'Arcadie se couvre«, in *Ausst.-Kat. A.L.R. Ducros (1748-1810). Paysages d'Italie à l'époque de Goethe*, Musée cantonal des beaux-arts Lausanne 1986, S. 41-54.

CORBOZ, ANDRÉ, »Ein Netz der Unregelmäßigkeiten und Fragmente. Genesis einer neuen Stadtgliederung im 18. Jahrhundert«, in *Daidalos*, Heft 34, 15. Dezember 1989, S. 65-71.

COULIN, JULES, *Der Anti-Philister. Maler Distelis Kalender*, Basel 1920.

COURTHION, PIERRE, *Daumier raconté par lui-même*, Genf 1945.

COZZI, GAETANO, »Venedig, eine Fürstenrepublik?«, in HELMUT KOENIGSBERGER, Hrsg., *Republiken und Republikanismus im Europa der frühen Neuzeit*, München 1988, S. 41-56.

CRAIG, L., et al., Hrsg., *The Federal Presence. Architecture, Politics and National Design*, Cambridge (Mass.)/London 1984.

CRAWFORD, MICHAEL, *Roman Republican Coinage*, Cambridge 1974.

CROW, THOMAS, *Painters and Public Life in Eighteenth-Century Paris*, New Haven/London 1985.

DA COSTA, L.X., *Desenhos de Domingos António de Sequeira, M.N.A.A.*, Lissabon 1939.

DAL POZZO, BARTOLOMEO, *Le Vite de' pittori, degli scultori et degli architetti veronesi* [1718], Hrsg. Licisco Magagnato, Verona 1967.

DA MOSTO, ANDREA, *I Dogi di Venezia nella vita pubblica e privata*, Florenz 1977 (1. Aufl. 1966).

DAPPER, O., *Historische Beschrijving der Stadt Amsterdam*, Amsterdam 1663 (Reprint 1975).

DAULTE, FRANÇOIS, »Marquet et Dufy devant les mêmes sujets«, in *Connaissance des Arts*, Nr. 69, November 1957, S. 86–93.

DAZZI, M., und MERKEL, E., Hrsg., *Catalogo della pinacoteca della Fondazione Scientifica Querini Stampalia*, Vicenza 1979.

DE BRUYN, J.P., »Officiele opdrachten aan Erasmus II Quellinus«, in *Jaarboek van het Koninklijk Museum voor Schone Kunsten te Antwerpen* 1983, S. 211–260.

DE BRUYN, J.P., »Erasmus II Quellinus als tekenaar«, in *Jaarboek van het Koninklijk Museum voor Schone Kunsten te Antwerpen* 1986, S. 213–273.

DE BRUYN, J.P., *Vlaamse schilders uit de tijd van de grote meesters*, 4. Teil: *Erasmus Quellinus*, Freren 1988.

DEICHMANN, FRIEDRICH WILHELM, »Die Bärtigen mit dem Lorbeerkranz vom Brückentor Friedrichs II. zu Capua«, in FLORENS DEUCHLER et al., Hrsg., *Von Angesicht zu Angesicht. Porträtsstudien. Michael Stettler zum 70. Geburtstag*, Bern 1983, S. 71–77.

DE JONGH, E., *Portretten van echt en trouw. Huwelijk en gezin in de Nederlands kunst van de 17de eeuw*, Haarlem 1986.

DELFICO, MELCHIORRE, *Memorie storiche della Reppublica di San Marino*, Florenz 1804.

DELLA PERGOLA, PAOLA, *Galleria Borghese. I Dipinti*, 2 Bde., Rom 1955–1959.

DELTEIL, LOYS, *Le peintre graveur illustré XIXe et XXe siècles*, Bd. 10–20 bis: *Daumier*, 11 Bde., Paris 1925–1930.

DESAIX, général, *Journal de Voyage, Suisse et Italie*, Hrsg. A. Chuquet, Paris 1907.

DESCAMPS, J.-B., *Voyage pittoresque de la Flandre et du Brabant*, Paris 1792.

DESNOIRETERRES, GUSTAVE, *Iconographie voltairienne. Histoire et description de ce qui a été publié sur Voltaire par l'art contemporain*, Paris 1879.

DEUCHLER, FLORENS, *Die Burgunderbeute*, Bern 1963.

DE VECCHI, *L'opera completa del Tintoretto*, Mailand 1970.

DE VRANKRIJKER, C.J., *De motivering van onzen opstand: de theorieën van het verzet der nederlandsche opstandelingen tegen Spanje in de jaren 1565–1581*, Diss. Amsterdam, Nijmegen 1933.

DIDEROT, DENIS, »Essais sur la peinture, 1766–1773«, in DENIS DIDEROT, *Œuvres complètes*, Bd. 14, Paris 1984, S. 343–411.

Dijon/Rome 1983: Ausst.-Kat. *Bénigne Gagneraux 1756–1795. Un peintre bourguignon dans la Rome néoclassique* (Sylvain Laveissière).

DITTMAR, PETER, *Théophile Alexandre Steinlen. Ein poetischer Realist in der Epoche des Jugendstils*, Zürich 1984.

D'IVERNOIS, FRANCIS, *Tableau historique et politique des deux dernières révolutions de Genève*, 2 Bde., London 1789.

DOBAI, JOHANNES, *Die Kunstliteratur des Klassizismus und der Romantik in England*, Bd. 1, *1700–1750*, Bern 1974.

DOBAI, JOHANNES, *Die bildenden Künste in Johann Georg Sulzers Ästhetik* (= 308. Neujahrsblatt der Stadtbibliothek Winterthur 1978), Winterthur 1978.

DOLF, WILLY, »Ulysses von Salis-Marschlins 1728–1800«, in *Bedeutende Bündner aus fünf Jahrhunderten*, Chur 1970, Bd. 1, S. 303–316.

DONATO, M.M., »Gli eroi romani tra storia ed exemplum. I primi cicli umanistici di Uomini famosi«, in SALVATORE SETTIS, Hrsg., *Memoria dell'antico nell'arte italiana*, Bd. 2, Turin, 1985, S. 297 ff.

DONATO, M.M., »Famosi Cives. Testi, frammenti e cicli perduti a Firenze tra Tre e Quattrocento«, in *Ricerche di Storia dell'Arte*, Nr. 30, 1986, S. 27 ff.

DONATO, M. M., »Per la fortuna monumentale di Giovanni Boccaccio fra i grandi fiorentini: Un ciclo pittorico ad Asciano (Siena)«, in *Studi sul Boccaccio*, 1988.

DONATO, M.M., »Palazzo Pubblico e l'iconografia politica della fine del Medio Evo«, in *Annali della Scuola Normale Superiore di Pisa*, 1988, S. 1105 ff.

DOSCH, Luzi, »Herr Felix Maria Diogg, ein Portraitmahler«, in *Bündner Jahrbuch*, Jg. 26, 1984, S. 151–153.

DUBIEZ, F.J., »Maria de Medicis: het bezoek aan Amsterdam in augustus 1638«, in *Ons Amsterdam*, Bd. 10, 1958, S. 266–276.

Dübendorf 1974: Ausst.-Kat. *Wir Bildermacher arbeiten hier und jetzt (1. Gruppenausstellung der Produga)*.

DUDOK VAN HEEL, S.A.C., »In Presentie van den Heer Gerard ter Borgh«, in *Essays in Northern European Art, Presented to Egbert Haverkamp Begemann on his Sixteenth Birthday*, o.O. 1983, S. 66–71.

DUDOK VAN HEEL, S.A.C., »Amsterdamse burgemeesters zonder stamboom. De dichter Vondel en de schilder Colijns vervalsen geschiedenis«, in *De zeventiende eeuw*, Bd. 5, 1990, S. 144–151.

DULAURE, J.A., *Histoire physique, civile et morale de Paris*, Bd. 8, Paris 1838.

DUMESNIL, HENRI, *Corot. Souvenirs intimes*, Paris 1875.

DUNCAN, C., »Happy Mothers and Other New Ideas in Eighteenth-Century French Art«, in *Art Bulletin*, Bd. 55, 1973, S. 570–583.

DURAND, YVES, *Les républiques au temps des monarchies*, Paris 1973.

DURRER, ROBERT, *Die Kunstdenkmäler des Kantons Unterwalden*, Zürich [1899-] 1928 (Reprint 1971).

DURRER, ROBERT, *Bruder Klaus. Die ältesten Quellen über den seligen Nikolaus von Flüe, sein Leben und seinen Einfluß*, 2 Bde., Sarnen 1981 (1. Aufl. 1921).

EBERLE, OSKAR, »Der Zuger Dramatiker Johann Kaspar Weissenbach«, in *Zuger Neujahrsblatt 1928*, S. 18–25.

EHRMANN, JEAN, »Massacre and Persecution Pictures in Sixteenth-Century France«, in *Journal of the Warburg and Courtauld Institutes*, Bd. 8, 1945, S. 195–199.

EKKART, R.E., »Johannes Cornelisz. Verspronck«, in *Leven en werken van een Haarlems portretschilder uit de 17de eeuw*, Haarlem 1979.

EMEIS, M.G., *Het Paleis op de Dam: De geschiedenis van het gebouw en zijn gebruikers*, Amsterdam usw. 1981.

EMMENS, J.A., *Rembrandt en de regels van de kunst*, Utrecht, 1968 (Wiederabdruck in J.A. EMMENS, *Verzameld werk*, 4 Bde., Amsterdam 1979-1981, Bd. 2).

EMMERLING, ERNST, *Pompeo Batoni. Sein Leben und Werk*, Darmstadt, 1932.

ENGELMANN, WILHELM, *Daniel Chodowiecki's sämmtliche Kupferstiche. Beschrieben, mit historischen, literarischen und bibliographischen Nachweisungen, der Lebensbeschreibung des Künstlers und Registern versehen*, Leipzig 1857.

EPSTEIN, JAMES, »Understanding the Cap of Liberty«, in *Past and Present*, Nr. 122, Februar 1989, S. 75–118.

ERDMAN, DAVID V., *The Poetry and Prose of William Blake*, New York 1965.

ERDMAN, DAVID V., *The Illuminated Blake*, New York 1974, London 1975.

ERDMAN, DAVID V., *Blake, Prophet against Empire*, Princeton 1977.

Ereignis Karikatur s. Münster 1983.

ERFFA, HELMUT VON, und STALEY, ALLEN, *The Paintings of Benjamin West*, New Haven/London 1986.

ERNE, EMIL, *Die Schweizerischen Sozietäten, Lexikalische Darstellung der Reformgesellschaften des 18. Jahrhunderts in der Schweiz*, Zürich 1988.

ERTZ, KLAUS, *Josse Momper der Jüngere (1564-1635)*, Feren 1986.

ESCHER, HANS ERHARD, *Beschreibung des Zürich Sees*, Zürich 1692.

ESCHER, KONRAD, *Die Kunstdenkmäler des Kantons Zürich*, Bd. 4 (Die Kunstdenkmäler der Schweiz, Bd. 10), Basel 1939 (Reprint 1947).

ESCHMANN, ERNST, *David Hess. Sein Leben und seine Werke*, Aarau 1911.

Essen/Amsterdam 1990: Ausst.-Kat. *Vincent van Gogh und die Moderne. 1890-1914* (Museum Folkwang; Van Gogh Museum).

ETKIND, MARK, *Boris Kustodijew. Malerei. Zeichnung. Buchgraphik. Bühnenbildgestaltung*, Leningrad 1983.

EVENHUIS, R.B., *Ook dat was Amsterdam*, 5 Bde., Amsterdam 1965-1978.

EVERDELL, WILLIAM R., *The End of Kings: A History of Republics and Republicans*, New York 1983.

EVERDELL, WILLIAM R., »From State to Free-State. The Meaning of the Word Republic from Jean Bodin to John Adams«, in *Saint Ann's Journal*, Bd. 1, Nr. 2, Januar 1990, S. 1–49.

FAJARDO, SAAVEDRA, *Idea de un Principe Politico Cristiano* [1640], Madrid 1930.

FATTORI, MARINO, *Ricordi storici della Repubblica di San Marino*, Florenz 1893.

FAVRE, PIERRE, »Fixer l'événement. La représentation des manifestations dans la peinture au début du XXᵉ siècle«, in *Idéologies, partis politiques et groupes sociaux, études réunies par Yves Meny pour Georges Lavau,* Paris 1989, S. 381-393.

FEHR, BURKHARD, *Die Tyrannentöter, oder: Kann man der Demokratie ein Denkmal setzen?,* Frankfurt am Main 1984.

FELDER, PETER, *Die Kunstdenkmäler des Kantons Aargau,* Bd. 4 (Die Kunstdenkmäler der Schweiz, Bd. 54), Basel 1967.

FELDER, PETER, *Medailleur Johann Carl Hedlinger (1691-1771). Leben und Werk,* Aarau 1978.

FELLER, RICHARD, *Geschichte Berns,* Bd. 3, *Glaubenskämpfe und Aufklärung 1653 bis 1790,* Bern/Frankfurt am Main 1974.

FELLER, RICHARD, *Geschichte Berns,* Bd. 4, *Der Untergang des alten Bern, 1789 bis 1798,* Bern/Frankfurt am Main 1974.

FELLER, RICHARD, und BONJOUR, EDGAR, *Geschichtsschreibung der Schweiz vom Spätmittelalter zur Neuzeit,* Basel/Stuttgart 1979.

FERNIER, ROBERT, *La vie et l'œuvre de Gustave Courbet,* Bd. 2, Paris/Lausanne 1978.

FÉTIS, E., *Catalogue descriptif et historique du Musée royal de Belgique,* Brüssel 1865.

FEUGÈRE, A., *L'Abbé Raynal,* Angoulême 1922.

FIGGIS, J.N., *Political Thought from Gerson to Grotius,* New York 1960.

FIOCCO, GIUSEPPE, *B. Strozzi a Venezia,* o.O. 1922.

FIOCCO, GIUSEPPE, *Francesco Guardi,* Florenz 1923.

FIOCCO, GIUSEPPE, *Paolo Veronese,* Bologna 1928.

FIOCCO, GIUSEPPE, *La pittura veneziana del '600 e '700,* Florenz 1929.

FINLAY, ROBERT, *Politics in Renaissance Venice,* New Brunswick (New Jersey) 1980.

FIORIN, A., Hrsg., *Fanti e denari. Sei secoli di giochi d'azzardo,* Venedig 1989.

FISCHER, HENRY B. DE, *Le portrait bernois à travers les siècles,* 3 Bde., Basel 1920-1922.

FISCHER, HERMANN VON, *Die Kunsthandwerker-Familie Funk im 18. Jahrhundert in Bern* (Berner Heimatbücher, 79-80), Bern 1961.

FISCHER, HERMANN VON, *Emanuel Handmann 1718-1781, Berns bedeutendster Porträtist aus der Mitte des 18. Jahrhunderts* (Ausst.-Kat., Schloß Jegenstorf), 1962.

FISCHER, RAINALD, »Die Malerei des 17. Jahrhunderts in Appenzell Innerrhoden«, in *Zeitschrift für Schweizerische Archäologie und Kunstgeschichte,* Bd. 34, 1977, S. 34-37.

FISCHER, RAINALD, »Das Recht in der Kunst Appenzell Innerrhoden«, in *Festschrift für Ferdinand Elsener,* Sigmaringen 1977, S. 111-117.

FISCHER, RAINALD, *Die Kunstdenkmäler des Kantons Appenzell Innerrhoden* (Die Kunstdenkmäler der Schweiz, Bd. 74), Basel 1984.

FLACH, DIETER, *Tacitus in der Tradition der antiken Geschichtschreibung* (Hypomnemata, 39), Göttingen 1973.

FLAKER, ALEKSANDAR, »Babel i Malevitch«, in *Wiener Slawistischer Almanach,* Bd. 10, 1982, S. 253-269.

FLOOD, CHARLES BRACELIN, *Lee: The Last Years,* Boston 1981.

FLURI, ADOLF, »Niklaus Manuels Totentanz in Bild und Wort«, in *Neues Berner Taschenbuch auf das Jahr 1901,* S. 119-266.

FLURI, ADOLF, »Pierre Mercier und der Hugenottenteppich in der Berner Ratstube«, in *Neues Berner Taschenbuch für das Jahr 1916,* S. 83-115.

FLURI, ADOLF, »Die alte Ratstube (Nachträgliche Notizen)«, in *Neues Berner Taschenbuch für das Jahr 1916,* S. 116-129.

FLURI, ADOLF, »Die alte Burgerstube«, in *Blätter für bernische Geschichte, Kunst und Altertumskunde,* Bd. 20, 1924, S. 73-108.

FLURI, ADOLF, »Die Siegel der Stadt Bern 1224-1924«, in *Blätter für bernische Geschichte, Kunst und Altertumskunde,* Bd. 20, 1924, S. 257-300.

FLURI, ADOLF, »Zur Renovation der Burgerstube im Jahr 1735«, in *Blätter für bernische Geschichte, Kunst und Altertumskunde,* Bd. 23, 1927, S. 156-159.

FOKKENS, M., *Beschrijvinge der wijdt-vermaarde koop-stadt Amstelredam,* Amsterdam 1662.

FOLLIOT, FRANCK, »Les décors de mairies: origine et évolution«, in Ausst.-Kat. *Le triomphe des mairies. Grands décors républicains à Paris 1870-1914,* Musée du Petit Palais Paris 1986, S. 54-61.

FORNARA, LIVIO, »Genève idéalisée par Saint-Ours«, in Ausst.-Kat. *Révolutions genevoises 1782–1798*, Maison Tavel Genf 1989, S. 133–137.

FORTINI-BROWN, P., *Venetian Narrative Painting in the Age of Carpaccio*, New Haven/London 1988.

FOUCAULT, MICHEL, *Folie et déraison. Histoire de la folie à l'âge classique*, Paris 1961.

FOURCAUD, L. DE, *François Rude, sculpteur, ses œuvres et son temps*, Paris 1904.

FRANÇA, J.-A., *A arte em Portugal no Séc. XIX*, Lissabon 1967.

FRANCQUEVILLE, ROBERT DE, *Pierre de Franqueville sculpteur des Médicis et du roi Henri IV*, Paris 1968.

FRANKE, WILLIBALD, *Alfred Rethels Zeichnungen*, Berlin/Wien 1921.

Frankfurt 1981: Ausst.-Kat. *Goya. Zeichnungen und Druckgraphik* (Städtische Galerie im Städelschen Kunstinstitut).

FRANZ, GÜNTHER, *Der deutsche Bauernkrieg*, München/Berlin 1933.

FRANZOI, UMBERTO, Hrsg., *Il serenissimo Doge*, Treviso 1986.

FREDERIKS, J. W., *Dutch Silver, Embossed Plaquettes, Tazze and Dishes from the Renaissance until the End of the Eighteenth Century*, Den Haag 1952.

FREIVOGEL, THOMAS, *Emanuel Handmann 1718–1781. Eine Werkmonographie*, in Vorbereitung.

FREMANTLE, KATHARINE, »Some Drawings by Jacob van Campen for the Royal Palace of Amsterdam«, in *Oud Holland*, Bd. 68, 1953, S. 73–95.

FREMANTLE, KATHARINE, *The Baroque Town Hall of Amsterdam*, Utrecht 1959.

FREMANTLE, KATHARINE, *Focus on sculpture: Quellien's art in the Palace on the Dam*, Amsterdam 1977.

FREY, ADOLF, *Arnold Böcklin: Nach den Erinnerungen seiner Zürcher Freunde*, Stuttgart/Berlin 1903.

FRIEDLÄNDER, UELI, *Schweizer Medaillen aus altem Privatbesitz*, Zürich 1989.

FRÖSCHL, THOMAS, «Selbstdarstellung und Staatssymbolik in den europäischen Republiken der frühen Neuzeit an Beispielen der Architektur und bildenden Kunst«, in HELMUT G. KOENIGSBERGER, Hrsg., *Republiken und Republikanismus im Europa der frühen Neuzeit*, München 1988, S. 239–271.

FROMENTIN, EUGÈNE, *Les maîtres d'autrefois: Belgique – Hollande* [1876], Hrsg. Maurice Allemand, Paris o.J. [1939].

FROMER-IM OBERSTEG, LISELOTTE, *Die Entwicklung der schweizerischen Landschaftsmalerei im 18. und 19. Jahrhundert* (Basler Studien zur Kunstgeschichte, Bd. 3), Basel 1945.

FUCHS, EDUARD, *Die Karikatur der europäischen Völker*, 2 Bde., Berlin 1901–1903.

FUCHS, EDUARD, *Ein vormärzliches Tanz-Idyll: Lola Montez in der Karikatur*, Berlin, o.J. [1904].

FUCHS, EDUARD, *Die Frau in der Karikatur*, München 1906.

GABRIËLS, J., *Artus Quellien de Oude: »Kunstrijck Belthouwer«*, Antwerpen 1930.

GAEHTGENS, THOMAS, und LUGAND, JACQUES, *Joseph-Marie Vien, Peintre du Roi (1716–1809)*, Paris 1988.

GAGNEBIN, BERNARD, *Album Rousseau*, Paris 1976.

GAIGNERAN, AXELLE DE, »Washington éternisé par Houdon«, in *Connaissance des arts*, Januar 1976, S. 20–27.

GALLINI, BRIGITTE, »Le Serment du Rütli par Johann Heinrich Füssli«, in Ausst.-Kat. *La Révolution française et l'Europe 1789–1799*, Grand Palais Paris 1989, Bd. 1, S. 327.

GALLO, RODOLFO, »Canaletto, Guardi, Brustolon«, in *Atti dell'Istituto Veneto di Scienze, Lettere ed Arti. Classe di Scienze Morali e Lettere*, Bd. 115, 1956–1957, S. 1–10.

GAMBONI, DARIO, *Die Kunstgeographie* (Ars Helvetica, Bd. 1), Disentis 1987 (französische Originalfassung 1987).

GAMBONI, DARIO, »Après le régime du Sabre le régime de l'homme de lettres: la critique d'art comme pouvoir et enjeu«, in *La critique d'art en France 1850–1900. Actes du colloque de Clermont-Ferrand, 25, 26 et 27 mai 1987, réunis et présentés par Jean-Paul Bouillon*, Saint-Etienne 1989, S. 205–220.

GAMBONI, DARIO, »Instrument de la tyrannie, signe de la liberté: la fin de l'Ancien Régime en Suisse et la conservation des emblèmes politiques«, in *Actes du 27e Congrès international d'histoire de l'art* (Straßburg 1989), im Erscheinen.

GANTNER, THEO, »Einheit und Vielfalt. Der eidgenössische Wappenfries im 19. Jahrhundert«, in FRANÇOIS DE CAPITANI und GEORG GERMANN, Hrsg., *Auf dem Weg zu einer schweizerischen Identität 1848–1914. Probleme – Errungenschaften – Mißerfolge*, Freiburg im Üchtland 1987, S. 143–153.

GARRIGUES, JEAN, *Images de la Révolution. L'imagerie républicaine de 1789 à nos jours*, Paris 1988.

GASSER, HELMI, *Die Kunstdenkmäler des Kantons Uri*, Bd. 2 (Die Kunstdenkmäler der Schweiz, Bd. 78), Bern 1986.

GASSER, MANUEL, »Die Welt entdeckt den Schützen Tell«, in *Du*, August 1971, S. 568–572.

GASSIER, PIERRE, *Les dessins de Goya*, Bd. 1, *Les albums*, Freiburg im Üchtland 1973.

GASSIER, PIERRE, *Les dessins de Goya*, Bd. 2, Freiburg im Üchtland 1975.

GASSIER, PIERRE, und WILSON, JULIET, *Goya. His Life and Work*, London 1971.

GAULLIEUR, EUSÈBE H., »Rodolphe Töpffer«, in *Etrennes Helvétiennes. Album suisse*, 1856, S. 1–84.

GAUSS, JULIA, *Johann Rudolf Wettsteins Diarium 1646/1647*, Bern 1962.

GAUSS, JULIA, und STOECKLIN, ALFRED, *Bürgermeister Wettstein. Der Mann. Das Werk. Die Zeit*, Basel 1953.

GAUSS, ULRIKE, *Die Zeichnungen und Aquarelle des 19. Jahrhunderts in der Graphischen Sammlung des Staatsgalerie Stuttgart*, Stuttgart 1976.

Genf 1896: Ausst.-Kat. *Exposition nationale Genève 1896. Catalogue du Groupe 25 (Art ancien)*.

Genf 1987: Ausst.-Kat. *Alexandre Calame* (Musée Rath).

Genf/Chambéry 1989: Ausst.-Kat. *C'est la faute à Rousseau. Révolution, Romantisme, République. »L'image« de Jean-Jacques Rousseau* (Musée d'art et d'histoire; Musée savoisien).

GENLIS, STÉPHANIE-FÉLICITÉ, COMTESSE DE, *Les souvenirs de Félicité L.*, Paris 1804.

GEORGE, MARY DOROTHY, *English Political Caricature. A Study of Opinion and Propaganda*, Oxford 1959.

GEORGEL, PIERRE, und LECOQ, ANNE-MARIE, *La peinture dans la peinture*, Dijon 1983.

GERMANN, GEORG, »Melchior Berris Rathausentwurf für Bern (1833)«, in *Basler Zeitschrift für Geschichte und Altertumskunde*, Bd. 69, 1969, S. 239–319.

GERMANN, GEORG, »Frühe Nationaldenkmäler«, in *Archithese*, 1972, Nr. 2, S. 42–52.

GERMANN, GEORG, »Architektur und Denkmal der Vorromantik in der Schweiz«, in ERNEST GIDDEY, Hrsg., *Vorromantik in der Schweiz*, Freiburg im Üchtland 1982, S. 171–190.

»Germantown, 300 Jahre Auswanderung in die USA 1683–1983«, in *Zeitschrift für Kulturaustausch*, Jg. 32, 1982.

GERN, PHILIPPE, *Aspects des relations franco-suisses au temps de Louis XVI*, Neuenburg 1970.

Illustrierte Geschichte der deutschen Revolution 1848–1849, Berlin 1988.

GESSNER, SALOMON, »Brief von dem Nutzen und dem Schönen in der Mahlerey«, in *Crito. Eine Monatsschrift*, Zürich 1751, zitiert nach SALOMON GESSNER, *Idyllen*, Hrsg. E. Theodor Voss, Stuttgart 1973, S. 155–165.

GESSNER, SALOMON, »An den Leser«, in *Idyllen*, Zürich 1756, zitiert nach SALOMON GESSNER, *Idyllen*, Hrsg. E. Theodor Voss, Stuttgart 1973, S. 15–18.

GESSNER, SALOMON, »Brief an Friedrich Nicolai, Zürich, 28. April 1768«, zitiert nach SALOMON GESSNER, *Idyllen*, Hrsg. E. Theodor Voss, Stuttgart 1973, S. 174–175.

GIACOMETTI, GEORGES, *La vie et l'œuvre de Houdon*, Paris 1929.

GIACOSA, GIORGIO, und OLIVARI, MARCO, »I rapporti tra Venezia e la Svizzera documentati attraverso le medaglie«, in *Medaglia*, Bd. 19, 1984, S. 6–44.

GIELLY, LOUIS, *Voltaire. Documents iconographiques*, Genf 1948.

GILBERT, CREIGHTON E., »On Castagno's Famous Men and Women: Sword and Book as the Basis for Public Service«, in M. TETEL et al., Hrsg., *Life and Death in Fifteenth-Century Florence*, Durham/London 1989, S. 174 ff.

GILCHRIST, ALEXANDER, *Life of William Blake*, London 1863.

GILL, SUSAN, »Steinlen's Prints: Social Imagery in Late 19th Century Graphic Art«, in *The Print Collector's Newsletter*, Bd. 10, Nr. 1, März-April 1979, S. 8–12.

GINZBURG, CARLO, »High and Low: The Theme of Forbidden Knowledge in the Sixteenth and Seventeenth Centuries« in *Past and Present*, Nr. 73, November 1976, S. 28–42.

GIRARDIN, FERNAND DE, *Iconographie de Jean-Jacques Rousseau. Portraits, scènes, habitations, souvenirs*, Paris 1909 (Reprint 1970).

GLAESEMER, JÜRGEN, *Joseph Werner 1637–1710* (Schweizerisches Institut für Kunstwissenschaft, Œuvrekataloge Schweizer Künstler, 3), München/Zürich 1974.

GLENDINNING, NIGEL, »Goya and Arriaza's *Profecia del Pirineo*«, in *Journal of the Warburg and Courtauld Institutes*, Bd. 26, 1963, S. 363–366.

GLENDINNING, NIGEL, »Cambios en el concepto de la opinión pública«, in *Nueva revista de filología hispánica*, Bd. 33, 1984, Nr. 1, S. 163 ff.

GMELIN, HANS GEORG, »Zur Entstehung von Ferdinand Hodlers Wandbild ›Einmütigkeit‹ in Hannover«, in *Niederdeutsche Beiträge zur Kunstgeschichte*, Bd. 7, 1968, S. 219-246.

GOARIN, VÉRONIQUE, *Baudry, 1828-1886* (Ausst.-Kat.), La Roche-sur-Yon 1986.

GOETHE, JOHANN WOLFGANG, »Die schönen Künste in ihrem Ursprung, ihrer wahren Natur und besten Anwendung betrachtet«, in *Frankfurter gelehrte Anzeigen* (18.12.1772), zitiert nach WILHELM SCHERER, *Frankfurter gelehrte Anzeigen vom Jahr 1772, kritische Neuausgabe*, Heilbronn, 1883.

GÖTZ-MOHR, B. VON, *Individuum und soziale Norm. Studien zum italienischen Frauenbildnis des 16. Jahrhunderts* (Europäische Hochschulschriften), Frankfurt am Main 1987.

GOLAY, ERIC, »Genève en démocratie directe: votes et élections«, in Ausst.-Kat. *Révolutions genevoises 1782-1798*, Maison Tavel Genf 1989, S. 45-80.

GOMBOSI, G., »Paolo Veronese...«, in *Magyar Müvészeti*, Bd. 10, 1928, S. 724-728.

GOMBRICH, ERNST, *Meditations on a Hobby Horse and Other Essays on the Theory of Art*, London 1963.

GOMBRICH, ERNST, »*The Father of Art History*: A Reading of the *Lectures on Aesthetics* of G.W.F. Hegel (1770-1831)«, in ERNST GOMBRICH, *Tributes: Interpreters of our Cultural Tradition*, Oxford 1984, S. 51-70.

GRAND-CARTERET, JOHN, *Les mœurs et la caricature en Allemagne*, Paris 1885.

GRAND-CARTERET, JOHN, *Les mœurs et la caricature en France*, Paris 1889.

GRANDJEAN, MARCEL, *Les monuments d'art et d'histoire du canton de Vaud*, Bd. 1 (Die Kunstdenkmäler der Schweiz, Bd. 51), Basel 1965.

GRANDJEAN, MARCEL, »La sculpture et la peinture des 16e et 17e siècles«, in *Encyclopédie illustrée du Pays de Vaud*, Bd. 6, Lausanne 1976, S. 94-97.

GRANOVSKI, I., *S.V. Ivanov. Jizn i tvortchestvo*, Moskau 1962.

GRAVELOT, HUBERT-FRANÇOIS, und COCHIN, CHARLES-NICOLAS, *Iconologie par figures* [um 1791], Genf 1972 (Reprint).

GREYERZ, HANS VON, *Nation und Geschichte im bernischen Denken. Vom Beitrag Berns zum Schweizerischen Geschichts- und Nationalbewußtsein*, Bern 1953.

GRIFFITHS, G., »The Revolutionary Character of the Revolt of the Netherlands«, in *Comparative Studies in Society and History*, Bd. 2, 1959-1960, S. 453-469.

GRIJZENHOUT, FRANS, *Feesten voor het vaderland: Patriotse en Bataafsche feesten, 1780-1806*, Diss. Amsterdam VU, Zwolle 1989.

GRISEBACH, LUCIUS, »Historienbilder«, in Ausst.-Kat. *Ferdinand Holder*, Kunsthaus Zürich 1983, S. 257-274.

GROHN, HANS WERNER, *Tout l'œuvre peint de Holbein le Jeune, introduction par Pierre Vaisse, documentation et mise à jour par Hans Werner Grohn* (Les classiques de l'art), Paris 1987.

GROSECLOSE, BARBARA, *Emanuel Leutze, 1816-1868: Freedom is the Only King*, Washington 1976.

GROSVENOR, Edwin S., »Inside the Thyssen Collection«, in *Portfolio*, Bd. 4, Nr. 4, Juli-August 1982.

GROUD, GUÉNOLA, »La fête«, in Ausst.-Kat. *Quand Paris dansait avec Marianne 1879-1889*, Musée du Petit Palais Paris 1989, S. 54-61.

GRUBER, ALAIN, *Weltliches Silber. Katalog der Sammlung des Schweizerischen Landesmuseums Zürich*, Zürich 1977.

GRUBER, KARL, *Das deutsche Rathaus*, München 1943.

GSCHAEDLER, A., *True Light on the Statue of Liberty and its Creator*, Narbeth (Pennsylvania) 1966.

GUDLAUGSSON, S.J., *Geraert Ter Borch*, 2 Bde., Den Haag 1959-1960.

GUGGER, HANS, »Vom Louis-Seize Ornament hinter Berns Fassaden und im besonderen von den kostbaren Rahmen der Schultheißenbildnisse«, in *Galerie Stuker Blätter*, Nr. 23, April 1990, S. 10-13.

GUICHONNET, PAUL, Hrsg., *Histoire de Genève*, Toulouse/Lausanne 1974.

GUIFFREY, J., und MARCEL, P., *Inventaire général des dessins du Musée du Louvre et du Musée de Versailles. Ecole Française*, Bd. 1, Paris 1907.

GUILLAUME, J., *Procès-verbaux du Comité d'instruction publique de la Convention nationale*, Bd. 5, Paris 1905.

GYR, SALOMON FRIEDRICH, *Zürcher Zunfthistorien*, Zürich 1929.

HAAK, BOB, »De nachtelijke samenzwering van Claudius Civilis«, in *Antiek*, Bd. 4, 1969-1970, S. 136-48.

HAAK, BOB, *The Golden Age. Dutch Painters of the Seventeenth Century*, London 1984.

Haarlem 1983: »Gerestaureerd: *Aankomst van Frederik van de Palts en zijn gemalin Elisabeth Stuart te Vlissingen, 20 april 1613*«, in Ausst.-Kat. *Kijken in het Frans Halsmuseum* (Frans Halsmuseum).

HADJINICOLAOU, NICOS, »*La liberté guidant le peuple* de Delacroix devant son premier public«, in *Actes de la recherche en sciences sociales*, Nr. 28, Juni 1979, S. 3–26.

HAEBERLI, HANS, »Ein bernischer Porträtkatalog«, in FLORENS DEUCHLER et al., Hrsg., *Von Angesicht zu Angesicht. Porträtstudien. Michael Stettler zum 70. Geburtstag*, Bern 1983, S. 246–248.

HAENDCKE, BERTHOLD, *Die schweizerische Malerei im 16. Jahrhundert*, Aarau 1893.

HAIRS, M.L., »Théodore van Thulden«, in *Revue belge d'archéologie et d'histoire de l'art*, Bd. 34, 1965, S. 11–74.

HAITSMA MULIER, ECO O.G., *The myth of Venice and Dutch Republican Thought in the Seventeenth Century* (Speculum historiale, 11), Assen 1980.

HALL, JAMES, *Dictionary of Subjects and Symbols in Art*, 2., durchg. Aufl., New York 1979.

Hamburg 1989: Ausst.-Kat. *Europa 1789. Aufklärung – Verklärung – Verfall* (Hamburger Kunsthalle).

HAMILTON, GEORGE H., »Delacroix's Memorial to Byron«, in *Burlington Magazine*, Bd. 94, 1952, S. 257–261.

Handbuch der Schweizer Geschichte, 2 Bde., Zürich 1972.

Hannover 1980–1981: Ausst.-Kat. *La Caricature. Bildsatire in Frankreich aus der Sammlung von Kritter* (Wilhelm-Busch-Museum Hannover; Kunstsammlung der Universität Göttingen; Kunsthalle Tübingen).

HANSMANN, W., *Baukunst des Barock: Form, Funktion, Sinngehalt*, Köln 1978.

HANSON s. COFFIN HANSON

HARRIS, JEAN C., *Edouard Manet, Graphic Works. A Definite Catalogue Raisonné*, New York 1970.

HARRIS, TOMÁS, *Goya. Engravings and Lithographs*, Bd. 2: *Catalogue raisonné*, Oxford 1964.

HARTWIG, HELMUT, »Die Republik und andere allegorische Frauengestalten«, in Ausst.-Kat. *Honoré Daumier und die ungelösten Probleme der bürgerlichen Gesellschaft* (Neue Gesellschaft für Bildende Kunst Berlin; Württembergischer Kunstverein Stuttgart), 1974–1975, S. 80–99.

HARTWIG, HELMUT, und RIHA, KARL, *Politische Ästhetik und Öffentlichkeit. 1848 im Spaltungsprozess des historischen Bewußtseins*, Steinbach 1974.

HARVARD, HENRI, *Amsterdam et Venise*, Paris 1876.

HASKELL, FRANCIS, »Francesco Guardi as *Vedutista* and some of His Patrons«, in *Journal of the Warburg and Courtauld Institutes*, Bd. 23, 1960, S. 256–276.

HASKELL, FRANCIS, »Art and the Language of Politics«, in FRANCIS HASKELL, *Past and Present in Art and Taste: Selected Essays*, New Haven/London 1987, S. 65–74.

HASKELL, FRANCIS, und CHESSEX, PIERRE, *Roma romantica. Vedute di Roma e dei suoi dintorni di Ducros (1748–1810)*, Mailand 1985.

HAUG, HANS, *Musée des Beaux-Arts de la Ville de Strasbourg. Catalogue des peintures anciennes*, Straßburg 1938.

HAUPTMAN, WILLIAM, »Charles Gleyre: Tradition and Innovation«, in Ausst.-Kat. *Charles Gleyre 1806–1874*, New York 1980, S. 11–78.

HAUPTMAN, WILLIAM, »Notes on Courbet's Statue *Helvétia* or *La Liberté*«, in *Source, Notes in the History of Art*, Bd. 3, Nr. 1, Herbst 1983, S. 23–27.

HAUSER, ANDREAS, »Lugano«, in *INSA. Inventar der Schweizer Architektur 1850–1920*, Bd. 6, Bern 1991, S. 205–255.

HAUTECŒUR, LOUIS, *Histoire de l'architecture classique en France*, Bd. 4, *Le style Louis XVI, 1750–1792*, Paris 1952.

HAVERKAMP-BEGEMAN, E., *Willem Buytewech*, Amsterdam 1959.

HEGEL, GEORG WILHELM FRIEDRICH, *Ästhetik*, Hrsg. Friedrich Bassenge, 2 Bde. o.O.u.J. [1951].

HEINEMANN, FRANZ, *Tell-Iconographie. Wilhelm Tell und sein Apfelschuß im Lichte der bildenden Kunst eines halben Jahrtausends*, Luzern/Leipzig 1902.

HELD, JUTTA, Bearb., *Museum Folkwang Essen. Katalog der Gemälde des 19. Jahrhunderts*, Essen 1971.

HELD, JUTTA, »Goyas Bilddialektik. Das künstlerische Verfahren bei einigen Bildsequenzen seiner Skizzenbücher«, in Ausst.-Kat. *Goya. Zeichnungen und Druckgraphik*, Frankfurt am Main 1981, S. 227–233.

HELD, JUTTA, »Between Bourgeois Enlightenment and Popular Culture: Goya's Festivals, Old Women, Monsters and Blind Men«, in *History Workshop Journal*, Bd. 23, Frühjahr 1987, S. 39–58.

HELD, JUTTA, »Marienbild und Volksfrömmigkeit. Zur Funktion der Marienverehrung im Hoch- und Spätmittelalter«, in I. BARTA et al., Hrsg., *Frauenbilder, Männermythen. Kunsthistorische Beiträge*, Berlin 1987, S. 35-68.

HELD, JUTTA, »Goya y el espíritu de la ilustración«, in *Kunstchronik*, Bd. 42, 1989, S. 16-31.

HENKEL, ARTHUR, und SCHÖNE, ALBRECHT, *Emblemata. Handbuch zur Sinnbildkunst des 16. und 17. Jahrhunderts*, Stuttgart 1967; Supplement, Stuttgart 1976.

HENSELER, ANTOINE, *Antoine Bovy, Artiste-graveur en médailles. Sa vie et ses principales œuvres*, Freiburg im Üchtland 1881.

HEPBURN, FREDERIK, *Portraits of the Later Plantagenets*, Woodbridge 1986.

HEPPNER, A., »Moses zeigt die Gesetztafeln bei Rembrandt und Bol«, in *Oud Holland*, Bd. 52, 1935, S. 241-251.

HERBERT, ROBERT L., *David, Voltaire, Brutus and the French Revolution*, London 1972.

HERDING, KLAUS, »Inversionen. Antikenkritik in der Karikatur des 19. Jahrhunderts«, in *Nervöse Auffangsorgane des inneren und äußeren Lebens. Karikaturen* (Kolloquiumsakten), Marburg/Gießen, 1980, S. 131-171.

HERDING, KLAUS, *Im Zeichen der Aufklärung. Studien zur Moderne*, Frankfurt am Main 1989.

HERDING, KLAUS, »Diogenes als Bürgerheld«, in KLAUS HERDING, *Im Zeichen der Aufklärung. Studien zur Moderne*, Frankfurt am Main 1989, S. 163-181.

HERDING, KLAUS, und REICHHARDT, ROLF, *Die Bildpublizistik der Französischen Revolution*, Frankfurt am Main 1989.

HERDT, ANNE DE, »Rousseau illustré par Saint-Ours, peintures et dessins pour le Lévite d'Ephraïm«, in *Genava*, N.F., Bd. 26, 1978.

HERDT, ANNE DE, »A propos d'un dessin de Saint-Ours inspiré par Plutarque«, in *Genava*, N.F., Bd. 28, 1980, S. 221-227.

HERDT, ANNE DE, »La Figure de la République de Genève«, in Ausst.-Kat. *Saint-Pierre Cathédrale de Genève*, Genf 1982, S. 101-102.

HERDT, ANNE DE, *Dessins genevois de Liotard à Hodler*, Genf 1984.

HERDT, ANNE DE, »The Earthquake«, in Ausst.-Kat. *French Art During the Revolution*, Galerie Colnaghi New York 1989, S. 281-288.

HERDT, ANNE DE, »Saint-Ours et la Révolution«, in *Genava*, N.F., Bd. 37, 1989, S. 131-170.

HERDT, ANNE DE, »Le Tremblement de terre de Jean-Pierre Saint-Ours dans sa version romantique«, in *Geneva*, N.F., Bd. 38, 1990, S. 189-196.

HERINGA, J., *De eer en hoogheid van de staat: over de plaats der Verenigde Nederlanden in het diplomatieke leven in de zeventiende eeuw*, Diss., Groningen 1961.

HÉROLD, A.-FERDINAND, *Roll*, Paris 1924.

's-Hertogenbosch: Ausst.-Kat. *Theodoor van Thulden 1606-1669* (Noorbrabants Museum).

HERZOG, GÜNTER, *Hubert Robert und das Bild im Garten*, München 1989.

HEUER, FRITZ, *Die Darstellung der Freiheit: Schillers transzendentale Frage nach der Kunst*, Köln usw. 1970.

HIERONYMUS, FRANK, *Oberrheinische Buchillustration*, Bd. 2: *Basler Buchillustration 1500-1545 (Ausstellung in der Universitätsbibliothek Basel 1984)*, Basel 1984.

HIGONNET, PATRICE, *Sister Republics. The Origins of French and American Republicanism*, Cambridge (Mass.)/London 1988.

HILL, DRAPER, *Mr Gillray the Caricaturist. A Biography*, London 1965.

HINZ, SIGRID, *Caspar David Friedrich als Zeichner*, Diss., 2 Bde., Greifswald 1966.

HINZ, SIGRID, Hrsg., *Caspar David Friedrich in Briefen und Bekenntnissen*, München 1974.

HIRSCHFELD, CHRISTIAN CAY LORENZ, *Theorie der Gartenkunst*, Bd. 4, Leipzig, 1782.

Histoire de Genève de 1798 à 1931, publié par la Société d'histoire et d'archéologie de Genève, 2 Bde., Genf 1956.

HOBBES, THOMAS, *Leviathan*, London 1651.

HOBSBAWM, ERIC, »Sexe, symboles, vêtement et socialisme«, in *Actes de la recherche en sciences sociales*, Nr. 23, September 1978, S. 2-18 (»Man and Woman in Socialist Iconography«, in *History Workshop*, Bd. 6, Herbst 1978).

HOCH, KARL-LUDWIG, Hrsg., *Caspar David Friedrich. Unbekannte Dokumente seines Lebens*, Dresden 1985.

HOEGGER, PETER, *Die Kunstdenkmäler des Kantons Aargau*, Bd. 6 (Die Kunstdenkmäler der Schweiz, Bd. 63), Basel 1976.

HOFER, PAUL, *Die Kunstdenkmäler des Kantons Bern*, Bd. 3 (Die Kunstdenkmäler der Schweiz, Bd. 19), Basel 1947.

HOFER, PAUL, *Die Kunstdenkmäler des Kantons Bern*, Bd. 1 (Die Kunstdenkmäler der Schweiz, Bd. 28), Basel 1952.

HOFFMANN, DETLEF, »Germania zwischen Kaisersaal und Paulskirche – der Kampf um Vergangenheit und Gegenwart (1830–1848)«, in *Trophäe oder Leichenstein! Kulturgeschichtliche Aspekte des Geschichtsbewußtseins in Frankfurt im 19. Jahrhundert*, Frankfurt am Main 1978.

HOFFMANN, DETLEF, »Überlegungen zum Problem einer politischen Ikonographie der deutschen Aufklärung«, in HANS ERICH BÖDEKER und ULRICH HERRMANN, Hrsg., *Aufklärung als Politisierung – Politisierung der Aufklärung*, Hamburg 1987.

HOFMANN, WERNER, Hrsg., *Johann Heinrich Füssli 1741–1825*, München 1974.

HOFMANN, WERNER, *Das Irdische Paradies. Motive und Ideen des 19. Jahrhunderts*, München 1974 (1. Aufl. 1960).

HOFMANN, WERNER, »Sur la Liberté de Delacroix«, in *Gazette des beaux-arts*, September 1975, S. 61–70.

HOFMANN, WERNER, Hrsg., *Eva und die Zukunft. Das Bild der Frau seit der Französischen Revolution*, München 1986.

HOFMANN, WERNER, Hrsg., *Europa 1789. Aufklärung – Verklärung – Verfall*, Köln/Hamburg 1989.

HOLLENSTEIN, ROMAN P., *Der griechische Freiheitskrieg. Klassizistische Tradition und romantische Sehnsucht. Ein Beitrag zur Griechenlandrezeption in der Kunst des frühen 19. Jahrhunderts*, Diss. Bern 1983 (ungedruckt).

HOLLSTEIN, F. W. H., *Dutch and Flemish Etchings, Engravings and Woodcuts*, Bd. 1 ff., Amsterdam 1949 ff.

HOLLSTEIN, F. W. H., *Hollstein's German Engravings, Etchings and Woodcuts 1400–1700, Bd. XIV, XIV A, XIV B, Ambrosius Holbein to Hans Holbein the Younger*, Bearb. ROBERT ZIJLMA, Roosendaal 1988.

HOLSTEN, SIEGMAR, »Goyas Zeitgenossen zwischen Revolution und Restauration«, in WERNER HOFMANN, Hrsg., *Goya: Das Zeitalter der Revolutionen 1789–1830*, München 1980, S. 349 ff.

HONOUR, HUGH, *The European Vision of America*, Cleveland (Ohio) 1975.

HONOUR, HUGH, *The Image of the Black in Western Art: From the American Revolution to World War I*, Teil 1, Cambridge (Mass.) 1989.

HOUBRAKEN, ARNOULD, *De groote Schouburgh der Nederlantsche konstschilders en schilderessen*, 3 Bde., 2. Aufl., Den Haag 1753 (Reprint 1976; 1. Aufl. 1718–1721).

HUBER, WALTER, »Die Geschichte des Naturhistorischen Museums Bern«, in *Festschrift zur 150-Jahr-Feier des Naturhistorischen Museums Bern*, Bern 1982, S. 11–47.

HUCHARD, VIVIANE, *La Galerie David d'Angers*, Angers 1984.

HUDIG, C. J., »Johannes Lutma en de stad Amsterdam«, in *Maandblad voor beeldende kunsten*, Bd. 8, 1941, S. 13–22.

HÜTTINGER, EDUARD, »Zur Porträtmalerei Jacopo Tintorettos. Aus Anlaß eines unbekanntes Bildes«, in *Pantheon*, Bd. 27, November-Dezember 1968, S. 467–473.

HUGELSHOFER, WALTER, *Felix Maria Diogg. Ein Schweizer Bildnismaler 1762–1834*, Zürich/Leipzig 1941.

HUGELSHOFER, WALTER, *Schweizer Zeichnungen, von Niklaus Manuel bis Alberto Giacometti*, Bern 1969.

HUGGLER, MAX, und CETTO, ANNA MARIA, *Schweizer Malerei im neunzehnten Jahrhundert*, Basel 1942.

HUIZINGA, JAN, *Holländische Kultur des 17. Jahrhunderts. Ihre sozialen Grundlagen und nationale Eigenart*, Jena o. J. (niederländisch 1933).

HUME, DAVID, *Essays Moral, Political, and Literary* [1777], Hrsg. Eugene F. Miller, 2. Aufl., Indianapolis 1987.

HUMFREY, PETER, »Pittura e devozione: la tradizione narrativa quattrocentesca«, in M. LUCCO, Hrsg., *La Pittura nel Veneto. Il Quattrocento*, Mailand 1990, S. 295 ff.

HUNT, LYNN, *Politics, Culture, and Class in the French Revolution*, Berkeley 1984.

HUSE, NORBERT, und WOLTERS, WOLFGANG, *Venedig. Die Kunst der Renaissance. Architektur, Skulptur, Malerei, 1460–1590*, München 1986.

IMBERT, DANIEL, »Marianne«, in Ausst.-Kat. *Quand Paris dansait avec Marianne 1879–1889*, Musée du Petit Palais Paris, 1989, S. 2–76.

IMDAHL, MAX, *Farbe: Kunsttheoretische Reflexionen in Frankreich*, München 1987.

IM HOF, ULRICH, *Die Helvetische Gesellschaft. Spätaufklärung und Vorrevolution in der Schweiz*, Bd. 1, Frauenfeld 1983.

IM HOF, ULRICH, *Mythos Schweiz. Identität – Nation – Geschichte 1291–1991*, Zürich 1991.

IRWIN, DAVID, »Johann Heinrich Füssli, *Der Schwur der drei Eidgenossen auf dem Rütli*«, in EKKEHARD MAI und ANKE REPP-ECKERT, Hrsg., *Triumph und Tod des Helden. Europäische Historienmalerei von Rubens bis Manet*, Mailand/Köln 1987, S. 348–349.

ITEN, KARL, Hrsg., *Bettina Eichin. *1942. Das bildhauerische Schaffen 1978–1991*, Altdorf/Riehen 1991.

Itinerario delle sale di esposizione, Galleria Querini Stampalia, Venedig 1946.

IVERNOIS, siehe D'IVERNOIS

JÄGER, HANS-WOLF, *Politische Metaphorik im Jakobinismus und im Vormärz*, Stuttgart 1971.

JAFFE, IRMA, *John Trumbull: Patriot-Artist of the American Revolution*, Boston 1975.

JAFFE, IRMA, *Trumbull: The Declaration of Independance*, New York 1976.

Jahrbuch des Bernischen Historischen Museums, Bern 1921 ff.

Jahresbericht des Bernischen Historischen Museums, Bern 1894–1920 und 1971 ff.

[Jahres-]Bericht der Gottfried Keller-Stiftung 1891 ff.

Jahresbericht des Schweizerischen Landesmuseums, Zürich 1892 ff.

JANSON, CAROL LOUISE, *The Birth of Dutch Liberty: Origins of the Pictorial Imagery*, Diss. University of Minnesota, 1982.

JANSON, HORST W., *19th-Century Sculpture*, New York 1985.

JANTZEN, HANS, *Das niederländische Architekturbild*, Leipzig 1910.

JENKINS, M., *The State Portrait. Its Origin and Evolution*, New York 1947.

JENS, WALTER, »Libertas bei Tacitus«, in *Hermes*, Bd. 84, 1956, S. 331–352.

JENSEN, CHRISTIAN, *Carl Spitzweg. Zwischen Resignation und Zeitkritik*, Köln 1975.

JIMKES-VERKADE, E., »De Ikonologie van het grafmonument van Willem I., Prins van Oranje«, in *De Stad Delft, Cultur en maatschappij*, Stedelijk Museum Het Prinsenhof, 1980.

JOBBÉ-DUVAL, »Rapport au nom de la 5e Commission (Architecture et Beaux-Arts) sur une proposition tendant à réclamer le concours de la Ville pour l'érection d'une statue de la République, destinée à figurer à l'Exposition universelle«, annexe au *Procès-verbal* de la séance du 14 mars 1878 (Paris, Archives nationales, dossier F²¹ 204 Clésinger *République*).

JOHNSON, D., »Corporality and Communication: The Cultural Revolution of Diderot, David, and the *Oath of the Horatii*«, in *Art Bulletin*, Bd. 121, 1989, S. 92–113.

JOHNSON, LEE, »The Delacroix Centenary in France – II«, in *Burlington Magazine*, Bd. 106, 1964, S. 259–267.

JOHNSON, LEE, »Pierre Andrieu, un polisson«, in *Revue de l'art*, Nr. 21, 1975.

JOHNSON, LEE, *The Paintings of Eugène Delacroix. A Critical Catalogue*, Bd. 1, Oxford 1981.

JOST, HANS ULRICH, »La Nation, la politique et les arts«, in *Schweizerische Zeitschrift für Geschichte*, Bd. 39, 1989, Nr. 3, S. 293–303.

JOUIN, H., *Histoire et description de l'Arc de l'Etoile* (Paris, Monuments civils, 5), Paris o.J.

JUNOD, PHILIPPE, »Ruines anticipées ou l'histoire au futur antérieur«, in *L'homme face à son histoire* (Publications de l'Université de Lausanne), Lausanne 1983, S. 23–47.

KAISER, GERT, Hrsg., *Der Tanzenden Tod. Mittelalterliche Totentänze*, Frankfurt am Main 1982.

KALLEN, HORACE M., *Art and Freedom: A Historical and Biographical Interpretation of the Relations between the Ideas of Beauty, Use and Freedom in Western Civilization from the Greeks to the Present Day*, 2 Bde., New York 1942 (Reprint 1969).

KAMPINGA, H., *De opvattingen over onze oudere vaderlandsche geschiedenis bij de Hollandsche historici der XVIᵉ en XVIIᵉ eeuw*, Diss. Leiden, Den Haag 1917.

KANT, IMMANUEL, *Kritik der Urteilskraft und Schriften zur Naturphilosophie* (Werke, Hrsg. Wilhelm Weischedel, Bd. 5), Darmstadt 1965.

KAPOSSY, BALÁZS, »Numismatische Randnotizen zu einigen Werken von Joseph Werner«, in *Jahrbuch des Bernischen Historischen Museums*, Jg. 51–52, 1971–1972, Bern 1975, S. 187–192.

KAPOSSY, BALÁZS, »Die große bernische Verdienstmedaille von J. C. Hedlinger«, in *Jahrbuch des Bernischen Historischen Museums*, Jg. 51–52, 1971–1972, Bern 1975, S.193–198.

KAPOSSY, BALÁZS, »Bemerkungen zu einigen schweizerischen Renaissance-Medaillen«, in *Schweizerische Numismatische Rundschau*, Bd. 58, 1979, S.287–303.

Karlsruhe 1976: Ausst.-Kat. *Anselm Feuerbach 1829–1880. Gemälde und Zeichnungen* (Kunsthalle).

KASCHNITZ WEINBERG, GUIDO, »Bildnisse Friedrichs II. von Hohenstaufen«, in *Mittteilungen des deutschen Archäologischen Institutes. Römische Abteilung*, Bd.60–61, 1953–1954, S.1ff., Bd.62, 1955, S.1ff.

Katalog der Gemäldegalerie (Akademie der Bildenden Künste), umgearbeitete und erweiterte Ausgabe, Wien 1972.

KAUFMAN, R.S., *Sovetskaïa tematitcheskaja kartina 1917–1941*, Moskau 1951.

KELLER, HARALD, *Die Kunstlandschaften Italiens*, München 1960.

KELLER, ROLF, »Kontinuität und Wandel bei Darstellungen der Schweizer Geschichte vom 16.-18. Jahrhundert«, in *Zeitschrift für Schweizerische Archäologie und Kunstgeschichte*, Bd. 41, 1984, S.111–117.

KELLERHALS, ANDREAS, und STRÜBIN, JOHANNA, »Die Berner Werkmeister des späten 16. bis zum Ende des 18. Jahrhunderts«, in *Zeitschrift für Schweizerische Archäologie und Kunstgeschichte*, Bd. 47, 1990, S.113–120.

KEMP, WOLFGANG, »Das Revolutionstheater des Jacques-Louis David. Eine neue Interpretation des Schwurs im Ballhaus«, in *Marburger Jahrbuch für Kunstwissenschaft*, Bd. 21, 1986, S.165–184.

Kenwood 1985: Ausst.-Kat. *Images of the Grand Tour, Louis Ducros 1748–1810* (The Iveagh Bequest).

KESSEMEIER, SIEGFRIED, »Johann Peter Hasenclever. Arbeiter und Magistrat«, in *Westfälisches Landesmuseum, Das Kunstwerk des Monats*, Mai 1986.

KEYNES, GEOFFREY E., Hrsg., *The Complete Writings of William Blake*, London/Oxford/New York 1957.

KEYNES, GEOFFREY E., »Description and Bibliographical Statement«, in *Blake Trust facsimile of »Europe« copies B and G*, London 1969.

KILLER, PETER, »Kunst im Schritt und Gegenschritt der Zeit 1939–1984«, in *Moderne Kunst – Unsere Gegenwart*, Pfäffikon 1985.

KIMMEIER, SILVIA, *Théophile-Alexandre Steinlen (1859–1923). La thématique révolutionnaire*, mémoire de licence, Université de Lausanne, Faculté des lettres, 1974 (ungedruckt).

KING, DAVID, und PORTER, CATHY, *Images of Revolution. Graphic Art from 1905 Russia*, New York 1983.

KLEINSCHMIDT, IRENE, *Gruppenvotivbilder und die Entwicklung einer Aufgabe* (Centro Tedesco di Studi Veneziani, Quaderni, 4), Venedig 1977.

KLEINSCHMIDT, IRENE, »Gruppenvotivbilder venezianischer Beamten (1550–1630) im Palazzo dei Camerlenghi und im Dogenpalast«, in *Arte Veneta*, Bd. 31, 1977, S.104–118.

KLEMM, CHRISTIAN, *Johann Heinrich Füssli: Zeichnungen* (Kunsthaus Zürich, Sammlungsheft 12), Zürich 1986.

KOEGLER, HANS, »Über das Flugblatt der Juliusgeschenke und die Druckwerke des Hans Rüegger in Zürich«, in *Schweizerisches Gutenbergmuseum, Musée Gutenberg suisse*, Jg. 12, 1926, S.47–54.

Köln 1974: Ausst.-Kat. *Heroismus und Idylle. Formen der Landschaft um 1800* (Wallraf-Richartz-Museum).

Köln 1978: Ausst.-Kat. *Die Parler und der schöne Stil 1350–1400*, 3 Bde. (Museen der Stadt Köln); Kolloquiumband 1980; Resultatband 1980.

Köln 1984: Ausst.-Kat. *Heroismus und Idylle. Formen der Landschaft um 1800, bei Jacob Philipp Hackert, Joseph Anton Koch und Johann Christian Reinhart* (Wallraf-Richartz-Museum).

KÖNIG, FRANZ NIKLAUS, *Diaphanoramen oder Transparent-Gemälde, die merkwürdigsten Gegenstände der Schweiz enthaltend*, Aarau 1819.

KÖNIG, FRANZ NIKLAUS, *Diaphanoramen oder Transparent-Gemälde, die merkwürdigsten Gegenstände der Schweiz enthaltend*, Bern 1832.

KÖNIG-VON DACH, CHARLOTTE, *Johann Ludwig Aberli 1723–1786*, Bern 1987.

KOENIGSBERGER, HELMUT G., »Republics and Courts in Italian and European Culture«, in *Past and Present*, Nr. 83, Mai 1979, S.32–56.

KOENIGSBERGER, HELMUT G., Hrsg., *Republiken und Republikanismus im Europa der Frühen Neuzeit* (Schriften des Historischen Kollegs, Kolloquien, 11), München 1988.

KOEPSEL, WERNER, *Die Rezeption der Hegelschen Ästhetik im 20.Jahrhundert*, Bonn 1975.

KOMORNICKI, S., *Muzeum ksiazat Czartoryskich w Krakowie*, Krakau 1929.

Konsthistorisk Tidskrift, Bd. 25, 1956 (Sondernummer über *Claudius Civilis* von Rembrandt).

KONZE, WERNER, »Demokratie«, in *Geschichtliche Grundbegriffe, Historisches Lexikon zur politisch-sozialen Sprache in Deutschland*, Bd. 1, Stuttgart 1972, S. 821–899.

Kopenhagen 1973: Ausst.-Kat. *»Maegtige Schweiz…«. Inspirationer fra Schweiz 1750–1850* (Thorvaldsens Museum).

KOPP, PETER FERDINAND, *Schweizerische Ratsaltertümer. Bewegliche Rathaus-Ausstattung von den Anfängen bis zum Untergang der alten Eidgenossenschaft*, Diss., Zürich 1972.

KOSZYK, KARL, »Deutsche Karikatur im Vormärz und in der Märzrevolution 1848/1849«, in GERHARD LANGEMEYER et al., Hrsg., *Bild als Waffe. Mittel und Motive der Karikatur in fünf Jahrhunderten*, München 1984.

KRÄMER, G., Hrsg., *Städtische Kunstsammlungen*, Bd. 2, *Deutsche Barockgalerie*, Augsburg 1984.

KRANZ-MICHAELIS, CHARLOTTE, *Rathäuser im deutschen Kaiserreich 1871–1918*, München 1976.

KREIS, GEORG, »La force tranquille d'une femme colossale« und »Helvétia symbole du patriotisme helvétique«, in *Terre des femmes* (Itinéraires Amoudruz, 6), Genf 1989, S. 210–223 und 225–231.

KREIS, GEORG, *Helvetia – Im Wandel der Zeiten. Die Geschichte einer nationalen Repräsentationsfigur*, Zürich 1991.

KREYTENBERG, GERT, »Hans Holbein der Jüngere: Die Wandgemälde im Basler Ratsaal«, in *Zeitschrift des Deutschen Vereins für Kunstwissenschaft*, Bd. 24, 1970, S. 77–100.

KRISTELLER, PAUL OSKAR, »The Modern System of the Arts«, in PAUL OSKAR KRISTELLER, *Renaissance Thought*, Bd. 2, New York usw. 1965, S. 163–228.

KUHN, HEINRICH, *Hieronymus Hess. Ein Basler Karikaturist des 19. Jahrhunderts*, Basel 1980.

Kunstmuseum Bern, Katalog der Gemälde und Ölstudien, Bern 1962.

Kunstmuseum Bern. Die Gemälde, Bern 1983.

KUNZE, IRENE, »Joseph II. Werner«, in HANS VOLLMER, Hrsg., *Allgemeines Lexikon der Bildenden Künstler*, Bd. 35, Leipzig 1942, S. 414–416.

KUTHY, SANDOR, »Elisabeth Louise Vigée-Lebrun und das Alphirtenfest in Unspunnen«, in *Zeitschrift für Schweizerische Archäologie und Kunstgeschichte*, Bd. 33, 1976, S. 157–172.

KUTHY, SANDOR, *Kunstmuseum Bern. Gemälde des 19. Jahrhunderts*, Bern 1983.

KUTHY, SANDOR, *Kunstmuseum Bern. Die Skulpturen und Objekte*, Bern 1986.

KUTHY, SANDOR, und LÜTHY, HANS A., *Albert Anker*, Zürich 1980.

KUYPER, W., *Dutch Classicist Architecture*, Delft 1980.

LABHARDT, RICCO, *Wilhelm Tell als Patriot und Revolutionär 1700–1800. Wandlungen der Tell-Tradition im Zeitalter des Absolutismus und der französischen Revolution* (Diss., Basler Beiträge zur Geschichtswissenschaft, 27), Basel 1947.

LA CHAPELLE, S. DE, »Œuvres de Chinard«, in *Revue du Lyonnais*, Januar 1897, S. 142.

LADNER, GERHART, *Die Papstbildnisse des Altertums und des Mittelalters*, Bd. 1, Vatikanstadt 1941.

LADNER, GERHART, »Die Anfänge des Kryptoporträts«, in FLORENS DEUCHLER et al., Hrsg., *Von Angesicht zu Angesicht. Porträtstudien. Michael Stettler zum 70. Geburtstag*, Bern 1983, S. 78–97.

LAFFAILLE, MAURICE, *Raoul Dufy. Catalogue raisonné de l'œuvre peint*, Bd. 1, Genf 1972.

LA GORCE, PIERRE DE, *Histoire de la Seconde République Française*, 2 Bde., Paris 1898.

LAMI, STANISLAS, *Dictionnaire des sculpteurs de l'école française du XIXᵉ siècle*, 4 Bde., Paris 1914–1921 (Reprint 1970)

LANDOLT, ELISABETH, »Das Schlachtfeld von Marignano, 1521«, in Ausst.-Kat. *Erasmus von Rotterdam, Vorkämpfer für Frieden und Toleranz*, Historisches Museum Basel 1986, S. 173.

LANDWEHR, J., *Splendid Ceremonies: State Entries and Royal Funerals in the Low Countries*, Nieuwkoop usw. 1971.

LANE, FREDERIC C., »At the Roots of Republicanism«, in *American Historical Review*, Bd. 71, 1966, S. 403–420.

LANE, FREDERIC C., *Venice. A Maritime Republic*, Baltimore 1973.

LANGLOIS, CLAUDE, *La caricature contre-révolutionnaire*, Paris 1988.

LANGLOTZ, ERNST, »Das Porträt Friedrichs II. vom Brückentor in Capua«, in *Beiträge für Georg Swarzenski*, Berlin 1951, S. 45 ff.

LANZ, HANS, »Werke Innerschweizer Bildhauer in Basel zur Zeit des Klassizismus«, in *Jahresbericht des Historischen Museums Basel* 1954, S. 27-36.

LAPAIRE, CLAUDE, »Une ambassade suisse auprès de Louis XIV: le renouvellement du traité d'alliance de 1663«, in *Versailles*, Nr. 7, Januar 1961, S. 43-51.

Lausanne 1985: Ausst.-Kat. *Le refuge huguenot en Suisse. Die Hugenotten in der Schweiz* (Musée historique de l'Ancien-Evêché).

Lausanne 1988: Ausst.-Kat. *Albert Marquet* (Fondation de l'Hermitage).

Lausanne 1989: Ausst.-Kat. *La Suisse et la Révolution française* (Musée historique de Lausanne).

LAZARI, V., *Notizie delle opere d'Arte e d'Antichità della raccolta Correr*, Venedig 1859.

LEBEL, GUSTAVE, »La peinture française au XVIe siècle. Nouvelles précisions sur Antoine Caron«, in *L'amour de l'art*, Bd. 7, September 1938, S. 279.

Lebensgeschichte des Schultheißen der Stadt und Republik Bern, Niklaus Friedrich von Mülinen (SA, Schweizer Geschichtsforscher), Bern 1837.

LECHNER, ADOLF, »Dunker und Tell«, in *Blätter für bernische Geschichte, Kunst und Altertumskunde*, Bern 1907.

LEDERLE-GRIEGER, URSULA, *Gerechtigkeitsdarstellungen in deutschen und niederländischen Rathäusern*, Diss. Heidelberg, Philippsburg 1937.

LEEUWENBERG, J., *Beeldhouwkunst in het Rijksmuseum*, Amsterdam 1973.

LEHMANN, HANS, *Zur Geschichte der Glasmalerei in der Schweiz*, Leipzig 1925.

LEHRS, MAX, *Geschichte und kritischer Katalog des deutschen... Kupferstichs im XV. Jahrhundert*, 9 Bde., Wien 1908-1934.

LEIRIS, ALAIN DE, *The Drawings of Edouard Manet*, Berkeley/Los Angeles 1969.

LEITESS, LUCIEN, NOSEDA, IRMA, und WIEBEL, BERNHARD, *Martin Disteli... und fluchend steht das Volk vor seinen Bildern*, Olten 1978.

LEITH, JAMES A., *The Idea of Art as Propaganda in France, 1750-1799*, Toronto 1965.

LEMOLLÉ, ROLAND, *Georges Vasari et le vocabulaire de la critique d'art dans les »Vite«*, Grenoble 1988.

Leningrad/Amsterdam 1988-1989: Ausst.-Kat. *Kazimir Malevitch - Kazimir Malevich* (Russisches Museum; Stedelijk Museum).

LEPENIES, WOLF, »Johann Joachim Winckelmann, Kunst und Naturgeschichte im 18. Jahrhundert«, in THOMAS W. GAEHTGENS, Hrsg., *Johann Joachim Winckelmann 1717-1768*, Hamburg 1986.

LESCAZE, BERNARD, »Le bâton syndical de Genève: sur un insigne du pouvoir au XVIe siècle«, in *Genava*, N.F., Bd. 20, 1972.

LEVITINE, GEORGE, »L'allégorie sociale des représentations du déluge et du naufrage à la fin du XVIIIe et au début du XIXe siècles«, in *La Révolution française et les processus de socialisation de l'homme moderne. Actes du Colloque international de Rouen (13, 14, 15 octobre 1988)*, Paris 1989.

LICHTENSTEIN, SARA, *Delacroix and Raphael*, New York/London 1979.

LIEURE, J., *Jacques Callot. Catalogue de l'œuvre gravé*, Paris 1927.

LILEYKO, J., *Zamek Warszawski Rezydencja Królewska i Siedziba Wladz Rzeczypospolitej 1569-1763*, Breslau 1984.

LINKS, JOSEPH GLUCKSTEIN, *Canaletto*, Oxford 1982.

LISINI, ALESSANDRO, *Le tavolette dipinte di Biccherna e di Gabella del Regio Archivio di Stato in Siena*, 2 Bde., Florenz 1902.

Lissabon 1988: Ausst.-Kat. *Arte Portuguesa do Século XIX* (Palacio Nacional da Ajuda).

LIVAN, LINA, *Notizie d'Arte tratte dai Notari e dagli annali del N. H. Pietro Gradenigo*, Venedig 1942.

LOCHE, RENÉE, »Une fête champêtre d'Adam-Wolfgang Töpffer (1766-1847)«, in *Genava*, N.F., Bd. 33, 1985, S. 98-111.

LOËS, BARBARA und ROLAND DE, *Genève par la gravure et l'aquarelle*, Genf 1988.

LÖSEL, EVA-MARIA, *Zürcher Goldschmiedekunst vom 13. bis 19. Jahrhundert*, Zürich 1983.

LOGAN, OLIVIER, *Culture and Society in Venice 1470-1790: The Renaissance and Its Heritage*, London 1972.

LOHNE, H., *Mit offenen Augen durch Frankfurt*, Frankfurt am Main 1969.

LOOSLI, CARL ALBERT, *Ferdinand Hodler. Leben, Werk und Nachlaß*, 4 Bde., Bern 1922.

LORENZETTI, GIULIO, *Feste e Maschere Veneziane* (Ausst.-Kat.), Venedig 1937.

LORENZETTI, GIULIO, und PLANISCIG, LEO, *La collezione dei Conti Donà delle Rose a Venezia*, Venedig 1934.

LORENZI, GIAMBATTISTA, *Monumenti per servire alla storia del Palazzo Ducale di Venezia*, Venedig 1868.

Los Angeles 1976: Ausst.-Kat. *Women Artists: 1550–1950*, Bearb. Ann Sutherland Harris und Linda Nochlin (Los Angeles County Museum of Art).

LOVISA, DOMENICO, Hrsg., *Il Gran Teatro delle pitture e prospettive di Venezia in due tomi diviso*, Venedig 1720.

LOWRY, BATES, *Building a National Image. Architectural Drawings for the American Democracy 1789–1912*, Washington 1985.

Lucca 1967: Ausst.-Kat. *Mostra di Pompeo Batoni*, Hrsg. Isa Belli Barsali.

LUCCO, MAURO, »Venezia 1400–1430«, in MAURO LUCCO, Hrsg., *La pittura nel Veneto. Il Quattrocento*, Mailand 1990, S. 13 ff.

LUCENA, A. DE, *Sequeira na arte do seu tempo*, Lissabon 1969.

LUDWIG, GUSTAV, »Bonifacio de' Pitati da Verona, eine archivalische Untersuchung«, in *Jahrbuch der Königlichen Preußischen Kunstsammlungen*, Bd. 23, 2. Teil, 1902, S. 36–66.

Ludwigshafen 1988: Ausst.-Kat. *Liberalnichtoftsky und der deutsche Michel. Die Karikatur in der Revolution von 1848* (Stadtmuseum).

LÜDEKE, HENRY, *Frank Buchsers amerikanische Sendung, 1866–1871. Die Chronik seiner Reisen*, Basel 1941.

LÜTHY, HANS ARMIN, *Der Zürcher Maler Johann Jakob Ulrich II. 1798–1877. Ein Beitrag zur Geschichte der schweizerischen Landschaftsmalerei in der ersten Hälfte des 19. Jahrhunderts*, Diss. Zürich, Zürich 1965.

LUGT, FRITS, *Musée du Louvre. Inventaire général des dessins des écoles du Nord: école Flamande*, 2 Bde., Paris 1949.

LUNGAGNANI, H., »Zur Ikonographie der Lübecker Bilderfolge des Stefano Torelli«, in *Niederdeutsche Beiträge zur Kunstgeschichte*, Bd. 9, 1970, S. 179–194.

LUTTEROTTI, OTTO R. VON, *Joseph Anton Koch*, Stuttgart 1971.

LUTTEROTTI, OTTO R. VON, *Joseph Anton Koch (1768–1839). Leben und Werk. Mit einem vollständigen Werkverzeichnis*, Wien/München 1985.

Madrid 1988: Ausst.-Kat. *Eugène Delacroix* (Prado, Palacio de Villahermosa).

MAGER, WOLFGANG, »Republik«, in *Geschichtliche Grundbegriffe. Historisches Lexikon zur politisch-sozialen Sprache in Deutschland*, Bd. 5, Stuttgart 1984, S. 549–651.

MAHÉRAULT, MARIE-JOSEPH-FRANÇOIS, *L'œuvre gravé de Jean-Michel Moreau le Jeune (1741–1814). Catalogue raisonné et descriptif, avec notes iconographiques et bibliographiques* (Paris 1880), Neuausgabe Amsterdam 1979.

MAI, EKKEHARD, und REPP-ECKERT, ANKE, Hrsg., *Triumph und Tod des Helden. Europäische Historienmalerei von Rubens bis Manet*, Mailand/Köln 1987.

MAIER, H., »Freiheit«, in *Historisches Wörterbuch der Philosophie*, Bd. 2, Basel/Stuttgart 1972, Sp. 51–52.

Mailand 1979: Ausst.-Kat. *Arte e Socialità in Italia dal realismo al simbolismo 1865–1915* (Palazzo della Permanente).

MAISAK, PETRA, *Arkadien, Genese und Typologie einer idyllischen Wunschwelt*, Frankfurt am Main 1981.

MAISON, K.E., *Honoré Daumier. Catalogue Raisonné of the Paintings, Watercolours and Drawings*, Paris/London/New York 1968.

MALINOWSKI, J., *Imitacje swiata*, Krakau 1987.

MARCADÉ, JEAN-CLAUDE, *Malevitch*, Paris 1990.

MARFURT-ELMIGER, LISBETH, und VOGEL, MATTHIAS, *Frank Buchser als Kunstpolitiker*, Solothurn 1990.

MARIACHER, GIOVANNI, »Per il nuovo allestimento del Museo Correr: Dipinti restaurati: L. Bastiani, Gentile Bellini, J. Tintoretto, S. Longhi«, in *Arte Veneta*, Bd. 7, 1953, S. 205–209.

MARINI, REMIGIO, *L'opera completa del Veronese*, Mailand 1968.

MARKS, ARTUR S., »Benjamin West and the American Revolution«, in *American Art Journal*, Bd. 6, 1974, S. 15–35.

MARTINDALE, ANDREW, »Painting for Pleasure«, in A. BORG und A. MARTINDALE, Hrsg., *The Vanishing Past. Studies Presented to Christopher Hohler* (British Archaeological Reports, International Series, 111), 1981, S. 112–113.

MARTINDALE, ANDREW, »The Problem of Guidoriccio«, in *Burlington Magazine*, 1986, S. 259 ff.

MARTINEAU, JANE, und HOPE, CHARLES, Hrsg., *The Genius of Venice. 1500–1600* (Ausst.-Kat.), London 1983.

Martini, Georg Christoph, *Viaggio in Toscana (1725–1745)*, Messa 1969.

Martinola, Giuseppe, *Inventario delle cose d'arte e di antichità del distretto di Mendrisio*, o.O. [Bellinzona], 1975.

Martinoni, Renato, *Giovan Vincenzo Imperiali politico, letterato e collezionista genovese del Seicento*, Padua 1983.

Mason, Rainer Michael, *Vues vénitiennes du XVIIIe siècle* (Ausst.-Kat.), Genf 1973.

Masoni, Franco, *Centenario del Tiro Federale Lugano 1883–1983. 150 anni di storia della »Civici Carabinieri« Lugano 1832–1983*, Lugano 1983.

Massola, Donata, *Vincenzo Vela*, Lugano 1983.

Matteucci, Anna Maria, »L'attività veneziana di Bernardo Strozzi«, in *Arte Veneta*, Bd. 9, 1955.

Matthey, François, »L'entreprise des portraits«, in *Annales de la Société Jean-Jacques Rousseau*, Bd. 36, 1963–1965, S. 87–104.

Matthey, François, »A propos d'un portrait de J.-J. Rousseau par Maurice Quentin de La Tour«, in *Musée neuchâtelois*, 3. Folge, Jg. 5, 1968, Nr. 1, S. 3–12.

Mattingly, H., Sydenham, E.A. et al., *The Roman Imperial Coinage*, London 1923 ff.

Mauclair, Camille, *Albert Besnard. L'homme et l'œuvre*, Paris 1914.

Maurer, François, »Zu den Rathausbildern Hans Hobeins des Jüngeren«, in Casimir Hermann Baer, *Die Kunstdenkmäler des Kantons Basel-Stadt, Bd. 1, Unveränderter Nachdruck 1971 mit Nachträgen von François Maurer* (Die Kunstdenkmäler der Schweiz, Bd. 3), Basel 1971, S. 765–776.

Mauritshuis: The Royal Cabinet of Paintings, Illustrated Catalogue, Den Haag 1977.

Mayor, Jacques, *La tapisserie du renouvellement de l'alliance des Suisses et de Louis XIV*, Genf 1896.

Mazard, Jean, *Histoire monétaire et numismatique contemporaine 1790–1963*, 2 Bde., Paris/Basel 1965.

Méchoulan, Henry, *Amsterdam au temps de Spinoza: argent et liberté*, Paris 1990.

Meier, Kurt-Werner, *Die Zurlaubiana. Werden – Besitzer – Analysen*, 2 Bde., Aarau/Frankfurt am Main/Salzburg 1981.

Meintel, Paul, *Schweizer Brunnen*, Frauenfeld/Leipzig 1931.

Meister, Robert, *Albert Anker und seine Welt. Briefe – Dokumente – Bilder*, Bern 1981.

Ménard, Louis, »La sculpture à l'Exposition universelle de 1878«, in *L'Art*, Bd. 1, 1879, S. 257–268.

Menz, Cäsar, »Zu einer neuerworbenen Zeichnung Niklaus Manuels«, in *Berner Kunstmitteilungen*, Nr. 197–198, April–Juni 1980, S. 3–8.

Metzger, Othmar, *Januarius Zick. Datierte und datierbare Gemälde*, München 1981.

Meyer, Bruno, *Weißes Buch und Wilhelm Tell*, Weinfelden 1985.

Meyer, Daniel, *L'Histoire du Roy*, Paris 1980.

Meyer, Johann Heinrich, *Denkmal Salomo Gessners in Zürich, dargestellt in einem Kupferstiche in Quarto*, Zürich 1793.

Michalowski, J., *Jan Matejko*, Warschau 1979.

Michel, André, »Deux portraits de Rousseau«, in *Annales de la Société Jean-Jacques Rousseau*, Bd. 2, 1906, S. 137–152.

Michel, Hans A., »Die österlichen Verhandlungen in Bern nach dem Oster-Curialen-Buch von 1786/1788«, in *Berner Zeitschrift für Geschichte und Heimatkunde*, Bd. 32, 1970, S. 63–112.

Mittig, Hans-Ernst, *Dürers Bauernsäule. Ein Monument des Widerspruchs*, Frankfurt am Main 1984.

Möbius, Helga, »Die Moralisierung des Körpers. Frauenbilder und Männerwünsche im frühneuzeitlichen Holland«, in I. Barta et al., *Frauenbilder, Männermythen. Kunsthistorische Beiträge*, Berlin 1987, S. 69–83.

Möbius, Helga, *Studien zum holländischen Porträt im 17. Jahrhundert*, Humboldt-Universität, Berlin 1988 (ungedruckt).

Möbius, Helga, »Zeichen für Vitalität und Schönheit. Frauenfiguren im städtischen Raum der DDR«, in I. Linder et al., Hrsg., *Blick-Wechsel. Konstruktionen von Männlichkeit und Weiblichkeit in Kunst und Kunstgeschichte*, Berlin 1989, S. 271–280.

Möbius, Helga, *Die Schöne Madonna. Frauenbilder im Spätmittelalter*, Leipzig, im Druck.

Möseneder, Karl, *Zeremoniell und monumentale Poesie. Die »Entrée solennelle« Ludwigs XIV. 1660 in Paris*, Berlin 1985.

Mojonnier, A., und Gessler, E.A., *Geschichte der Eidgenossen in Wort und Bild*, Zürich 1951.

MOLTKE S. VON MOLTKE

Montauban 1989: Ausst.-Kat. *La Révolution Française à l'école de la Vertu antique 1775-1796* (Musée Ingres).

MONTESQUIEU, *Œuvres complètes*, Hrsg. R. Caillois, Paris 1951.

MONTORGUEIL, G., »La Marseillaise de l'Arc de Triomphe«, in *Mélanges Emile Le Senne*, Paris 1915-1916.

Montreuil 1987: Ausst.-Kat. *Le Bel Héritage. Th. A. Steinlen, rétrospective 1885-1922* (Musée de l'Histoire Vivante).

Montreuil 1989: Ausst.-Kat. *Les Yeux fertiles* (Musée de l'Histoire Vivante, 43e Congrès de la Confédération Générale du Travail).

»Il Monumento a Vincenzo Vela nel cimitero di Ligornetto, dell'arch. Guidini«, in *L'Illustrazione Italiana*, 20, 17. Dezember 1893, Nr. 51, S. 391.

MORASSI, ANTONIO, *Guardi, Antonio e Francesco*, Venedig o.J. [1973].

MORTARI, LUISA, *Bernardo Strozzi*, Rom 1966.

MOSCHINI, VITTORIO, *Francesco Guardi*, Mailand 1952, 2. Aufl. 1956.

MOSCHINI, VITTORIO, *Pietro Longhi*, Mailand 1956.

MOSCHINI-MARCONI, SANDRA, *Gallerie dell'Accademia di Venezia. Opere d'arte dei secoli XVII, XVIII, XIX*, 3 Bde., Rom 1955, 1962, 1970.

MOSELE, FRANZ, *Sammlungskatalog Aargauer Kunsthaus Aarau*, Bd. 1, *Gemälde und Skulpturen vom 18. Jahrhundert bis zum Ersten Weltkrieg* (Schweizerisches Institut für Kunstwissenschaft, Zürich, Kataloge Schweizer Museen und Sammlungen, 5/1), Aarau 1979.

MOSSÉ, CLAUDE, *Histoire des doctrines politiques en Grèce*, Paris 1975.

MOULIN, MONIQUE, »François Gérard peintre du 10 Août 1792«, in *Gazette des beaux-arts*, Mai-Juni 1983, S. 197-202.

MOUT, H.E.H.N., »Van arm vaderland tot eendrachtige republiek. De rol van politieke theorieen in de Nederlandse Opstand«, in *Bijdragen en medelingen betreffende de geschiedenis der Nederlanden*, Jg. 101, 1986, S. 350 ff.

MÜHLESTEIN, HANS, und SCHMIDT, GEORG, *Ferdinand Hodler, 1853-1918. Sein Leben und sein Werk*, Erlenbach (Zürich) 1942.

MÜLINEN, W. FRIEDRICH VON, »Bernische Wappentafeln und Staatskalender«, in *Archives héraldiques suisses. Schweizer Archiv für Heraldik*, Bd. 32, 1918, S. 40-43, 86-90, 119-126.

MÜLLER, CHRISTIAN, *Hans Holbein der Jüngere, Zeichnungen aus dem Kupferstichkabinett der Öffentlichen Kunstsammlung Basel* (Ausst.-Kat.), Basel 1988.

MÜLLER, CHRISTIAN, »New Evidence for Hans Holbein the Younger's Wall Paintings in Basel Town Hall«, in *Burlington Magazine*, Bd. 133, Januar 1991, S. 21-26.

MÜLLER, JOHANNES VON, *Der Geschichten Schweizerischer Eidgenossenschaft Zweyter Theil*, Leipzig 1806.

MÜLLERS, W., *Der Bataveraufstand 69/70 n. Chr. Zerstörung und Schlacht von Vetera*, 3 Bde., Köln 1978.

München 1980: Ausst.-Kat. *Wittelsbach und Bayern*, Bd. 2/2.

München 1983-1984: Ausst.-Kat. *Zeichnungen aus der Sammlung des Kurfürsten Carl Theodor* (Staatliche Graphische Sammlung).

Münster 1983: Ausst.-Kat. *Ereignis Karikaturen. Geschichte in Spottbildern, 1600-1830* (Westfälisches Landesmuseum für Kunst und Kulturgeschichte).

Münster 1988: H. GALEN, G. DETHLEFS und K. ORDELHEIDE, Ausst.-Kat. *Der Westfälische Frieden*, Bd. 2, *Die Friedensfreuden auf Münzen und Medaillen* (Stadtmuseum).

Müvészet Magyarországon 1830-1870, Budapest 1981.

MUIR, EDWARD, *Civic Ritual in Renaissance Venice*, Princeton 1981.

MULLER, FREDERIK, *Beredeneerde beschrijving van Nederlandsche historienplaten, zinneprenten en historische kaarten*, 4 Bde., Amsterdam 1863-1882.

MULLER, SHEILA D., *Charity in the Dutch Republic: Pictures of Rich and Poor for Charitable Institutions*, Ann Arbor 1985.

MULLER, SHEILA D., »Jan Steen's Burgher of Delft and His Daughter: A Painting and Politics in Seventeenth-Century Holland«, in *Art History*, Bd. 12, 1989, S. 268 ff.

MUMFORD, LEWIS, *Die Stadt, Geschichte und Ausblick*, München 1979.

MURARO, MICHELANGELO, und ROSAND, DAVID, Hrsg., *Tiziano e la silografia veneziana del Cinquecento* (Ausst.-Kat.), Vicenza 1976.

MUSCHG, WALTER, Hrsg., *Heinrich Füssli, Briefe*, Basel 1942.

Museum zu Allerheiligen Schaffhausen. Kunstabteilung, Katalog der Gemälde und Skulpturen (Schweizerisches Institut für Kunstwissenschaft, Kataloge Schweizer Museen und Sammlungen, 13), Schaffhausen 1989.

MYCIELSKI, J., *Galeria obrazów przy Muzeum ks. Czartoryskich w Krakowie*, Krakau 1893.

Nantes 1985: Ausst.-Kat. *Les frères Sablet. Peintures, dessins, gravures* (Musées départementaux de Loire-Atlantique).

NATALE, MAURO, Hrsg., *Art vénitien en Suisse et au Lichtenstein* (Ausst.-Kat.), Mailand 1978 (auch deutsch).

NÉMETH, LAJOS, *Hollósy Simon*, 1968.

NÉMETH, LAJOS, *Hollósy Simon* , Budapest 1981.

NEUENSCHWANDER, MARC, »La République à Saint-Pierre«, in *La République à Saint-Pierre*, Genf 1981, S. 11–29.

NEURDENBURG, ELISABETH, *De zeventiende eeuwsche beeldhouwkunst in de Noordelijke Nederlanden*, Amsterdam 1948.

New York 1983: Ausst.-Kat. *The Art of the European Goldsmith. Silver from the Schroder Collection.*

New York 1988: Ausst.-Kat. *Fragonard*, Bearb. Pierre Rosenberg (Metropolitan Museum of Art).

NICHOLS, JOHN, *Biographical Anecdotes of William Hogarth; and a Catalogue of His Works...*, London 1785 (Reprint 1971).

NICOLET, CLAUDE, *L'idée républicaine en France, 1789–1924*, Paris 1982.

NILSSON, STEN AKE, »The Ass-Sequence in *Los Caprichos*«, in *Konsthistorisk Tidskrift*, Bd. 47, 1978, S. 27–38.

NIPPERDEY, THOMAS, »Nationalidee und Nationaldenkmal in Deutschland im 19. Jahrhundert«, in *Historische Zeitschrift*, Bd. 206, 1968, S. 529–585.

NOCQ, HENRY, *Les Duviviers*, Paris 1911.

NOSEDA, IRMA, »Martin Disteli«, in *Kunstmuseum Olten. Sammlungskatalog* (Schweizerisches Institut für Kunstwissenschaft, Kataloge Schweizer Museen und Sammlungen, 8), Zürich 1983, S. 48–51.

NOVAK, BARBARA, *The Thyssen-Bornemisza Collection: Nineteenth-Century American Painting*, London 1986.

Nürnberg 1985: Ausst.-Kat. *Leben und Arbeiten im Industriezeitalter.*

Nürnberg 1989: Ausst.-Kat. *Freiheit – Gleichheit – Brüderlichkeit. 200 Jahre Französische Revolution in Deutschland* (Germanisches Nationalmuseum).

OCHENKOWSKI, H., *Galeria obrazów. Katalog tymczasowy*, Krakau 1914.

OEHLER, DOLF, *Pariser Bilder I (1830–1848). Antibourgeoise Ästhetik bei Baudelaire, Daumier und Heine*, Frankfurt am Main 1979.

OEHLER, DOLF, *Ein Höllensturz der Alten Welt. Zur Selbsterforschung der Moderne nach dem Juni 1848*, Frankfurt am Main 1988.

OETTERMANN, STEPHAN, *Das Panorama. Die Geschichte eines Massenmediums*, Frankfurt am Main 1980.

OLANDER, WILLIAM, »*Pour transmettre à la postérité«: French Painting and Revolution, 1774–1795*, Diss. New York University 1983, Ann Arbor 1984.

OLDENBOURG, RUDOLF, *Thomas de Keysers Tätigkeit als Maler: Ein Beitrag zur Geschichte des holländischen Porträts*, Leipzig 1911.

OPPÉ, PAUL ADOLF, *The Drawings of William Hogarth*, London 1948.

ORTALLI, G., *Pingatur in Palatio. La pittura politica infamante nei secoli XIII-XIV*, Rom 1979.

OTTO, ULRICH, *Die historisch-politischen Lieder und Karikaturen des Vormärz und der Revolution von 1848/1849*, Köln 1982.

OZOUF, MONA, *La fête révolutionnaire, 1789–1799*, Paris 1976.

OZOUF, MONA, »Liberté«, in FRANÇOIS FURET und MONA OZOUF, Hrsg., *Dictionnaire critique de la Révolution française*, Paris 1989, S. 763–774.

PADOAN URBAN, LINA, »Il Bucintoro secentesco e gli scultori Marcantonio ed Agostino Vanini«, in *Arte Veneta*, Bd. 21, 1967, S. 231–236.

PALLMERT, SIGRID, »Kleider machen Leute – Könige machen Mode«, in *Zeitschrift für Schweizerische Archäologie und Kunstgeschichte*, Bd. 47, 1990, S. 49–54.

PALLUCCHINI, RODOLFO, *La giovinezza del Tintoretto*, Mailand 1950.

PALLUCCHINI, RODOLFO, »La pittura veneziana del Settecento alla Whitechapel Gallery di Londra«, in *Arte Veneta*, Bd. 5, 1951, S. 213.

PALLUCCHINI, RODOLFO, »Un capolavoro del Tintoretto: la Madonna del Doge Alvise Mocenigo«, in *Arte Veneta*, Bd. 8, 1954, S. 222–235.

PALLUCCHINI, RODOLFO, *La pittura veneziana del Settecento*, Venedig/Rom 1960.

PALLUCCHINI, RODOLFO, *Francesco Guardi*, Mailand 1965.

PALLUCCHINI, RODOLFO, *Tiziano*, 2 Bde., Florenz 1969.

PALLUCCHINI, RODOLFO, *La pittura veneziana del Seicento*, Mailand 1981.

PALLUCCHINI, RODOLFO, *Veronese*, Mailand 1984.

PALLUCCHINI, RODOLFO, und ROSSI, PAOLA, *Tintoretto. Le opere sacre e profane*, 2 Bde., Mailand 1982.

PALLUEL-GUILLARD, André, et al., *La Savoie de la Révolution à nos jours. XIXe–XXe siècle*, Ouest-France, 1986.

PALM, WALTER, »Goya et Jean-Baptiste Boudard«, in *Gazette des beaux-arts*, Bd. 77, 1971, S. 337–340.

PARET, PETER, »The German Revolution and Rethel's *Dance of Death*«, in ROBERT I. ROTBERG und THEODORE K. RABB, Hrsg., *Art History. Images and Their Meaning*, Cambridge/New York usw. 1988, S. 233–255.

Paris 1907: Ausst.-Kat. *Exposition des portraits peints et dessinés du XIIIe au XVIIe siècle*, Vorwort H. Marcel, Bearb. C. Couderc.

Paris 1974: Ausst.-Kat. *De David à Delacroix. La peinture française de 1774 à 1830*, Bearb. Jean-Pierre Cuzin.

Paris 1976: Ausst.-Kat. *La peinture allemande à l'époque du Romantisme* (Orangerie des Tuileries).

Paris 1977: Ausst.-Kat. *L'esprit romantique dans l'art polonais, XIXe–XXe siècles* (Galeries nationales du Grand Palais).

Paris 1981: Ausst.-Kat. *Les fastes du gothique, le siècle de Charles V.*, Bearb. F. Baron.

Paris 1982: Ausst.-Kat. *Eduardo Arroyo* (Centre Georges Pompidou).

Paris 1982: Ausst.-Kat. »*La Liberté guidant le peuple de Delacroix*«. Les dossiers du département des peintures (Musée du Louvre).

Paris 1983: Ausst.-Kat. *La Révolution française. Le premier Empire. Dessins du Musée Carnavalet* (Musée Carnavalet).

Paris 1985: Ausst.-Kat. *L'homme et la mort. Danses macabres de Dürer à Dali. Mensch und Tod* (Goethe-Institut).

Paris 1986: Ausst.-Kat. *La statue de la liberté, l'exposition du centenaire* (Musée des arts décoratifs).

Paris 1987: Ausst.-Kat. *Soleil et ombres. Art portugais du XIXe siècle* (Petit Palais).

Paris 1989: Ausst.-Kat. *Le beau idéal*, Bearb. Régis Michel (Musée du Louvre).

Paris 1989: Ausst.-Kat. *Quand Paris dansait avec Marianne 1879–1889* (Musée du Petit Palais).

Paris 1989: Ausst.-Kat. *La Révolution française et l'Europe 1789–1799*, 3 Bde. (Galeries nationales du Grand Palais).

Paris 1989–1990: Ausst.-Kat. *Jacques-Louis David*, Bearb. Antoine Schnapper und Arlette Sérullaz (Musées du Louvre et de Versailles).

Paris 1990: Ausst.-Kat. *La Rome baroque de Baratti à Piranesi. Dessins du Louvre et des collections publiques françaises*, Bearb. Catherine Legrand und Domitilla d'Ormesson-Peugeot.

Paris/New York 1983: Ausst.-Kat. *Manet 1832–1883* (Galeries nationales du Grand Palais; Metropolitan Museum of Art).

Paris/New York 1984–1985: Ausst.-Kat. *Henri Rousseau* (Galeries nationales du Grand Palais; Museum of Modern Art).

PARKER, BARBARA NEVILLE, und WHEELER, ANNE BOLLING, *John Singleton Copley: American Portraits in Oil, Pastel, and Miniature*, Boston 1938.

PASSAVANT, JOHANN DAVID, *Le peintre-graveur*, Bd. 6, Leipzig 1864.

PAULSON, RONALD, *Hogarth's Graphic Works*, 2 Bde., New York/London 1965.

PAULSON, RONALD, *Hogarth: His Life, Art and Times*, 2 Bde., New Haven/London 1971.

Pau/Paris 1989–1990: Ausst.-Kat. *Henri IV et la reconstruction du royaume* (Musée national du château; Archives nationales).

PEIL, DIETMAR, *Untersuchungen zur Staats- und Herrschaftsmetaphorik in literarischen Zeugnissen von der Antike bis zur Gegenwart*, München 1983.

PÉLICHET, EDGAR, *Merveilleuse porcelaine de Nyon*, Lausanne 1973.

PESTALOZZI, HEINRICH, *Meine Nachforschungen über den Gang der Natur in der Entwicklung des Menschengeschlechts* (Zürich 1797), in H. PESTALOZZI, *Sämtliche Werke*, Bd. 12, Berlin/Zürich 1927 und 1958.

PETER-RAUPP, HANNA, *Die Ikonographie des Oranjezaals*, Hildesheim/New York 1980.

PETERS, EDWARD, »*Libertas inquierendi* and the *Vitium curiositatis* in Medieval Thought«, in G. MAKDISI, Hrsg., *La notion de liberté au moyen âge: Islam, Byzance, Occident* (Dumbarton Oaks Colloquia, 4), Paris 1985, S. 89–98.

PETERSMANN, FRANK, *Kirchen- und Sozialkritik in den Bildern des Todes von Hans Holbein d. J.*, Bielefeld 1983.

PEVSNER, NIKOLAUS, *A History of Building Types*, London 1976.

PEYER, HANS CONRAD, *Verfassungsgeschichte der alten Schweiz*, Zürich 1978.

Pfäffikon 1981: Ausst.-Kat. *Der frühe Hodler. Das Werk 1870–1890* (Seedamm-Kulturzentrum), Bern 1981.

PFISTER-BURKHALTER, MARGARETE, »Wettstein-Bildnisse«, in *Öffentliche Kunstsammlung Basel, Jahresberichte 1941–1945*, o.O.u.J. [Basel 1947].

PFISTER-BURKHALTER, MARGARETE, *Hieronymus Hess 1799–1850*, Basel 1952.

PHILLIPS, MARJORIE, *Duncan Phillips and His Collection*, New York/London/Washington 1982 (1. Aufl. 1970).

PIANZOLA, MAURICE, *Théophile-Alexandre Steinlen*, Lausanne 1971.

PIERSON, W.H., JR., *American Buildings and Their Architects*, Bd. I, *The Colonial and Neoclassical Styles*, New York/Oxford 1970.

PIGLER, ANDOR, *Museum der bildenden Künste. Katalog der Galerie Alter Meister*, Budapest 1967.

PIGLER, ANDOR, *Barockthemen: Ein Auswahl von Verzeichnissen zur Ikonographie des 17. und 18. Jahrhunderts*, 2., erw. Aufl., 3 Bde., Budapest 1974 (1. Aufl. 1968).

PIGNATTI, TERISIO, *Il Museo Correr di Venezia. Dipinti del XVII e XVIII secolo*, Venedig 1960.

PIGNATTI, TERISIO, *Pietro Longhi*, Venedig 1968.

PIGNATTI, TERISIO, »Cinque secoli di pittura nel Palazzo dei Dogi«, in *Il Palazzo Ducale di Venezia*, Turin 1971, S. 91–168.

PIGNATTI, TERISIO, *Le Dodici Feste Ducali di Canaletto-Brustolon*, Venedig 1972.

PIGNATTI, TERISIO, Hrsg., *L'opera completa di Pietro Longhi*, Mailand 1974.

PIGNATTI, TERISIO, »Le Feste Ducali – Canaletto, Brustolon, Guardi«, in *Critica d'Arte*, 1975, Nr. 144, S. 41–68.

PIGNATTI, TERISIO, *Paolo Veronese*, Venedig 1976.

PIGNATTI, TERISIO, Hrsg., *Disegni antichi del Museo Correr di Venezia*, Vicenza 1987.

PILES, ROGER DE, *Dissertation sur les ouvrages des plus fameux peintres*, Paris 1681.

PILES, ROGER DE, *Abrégé de la vie des peintres*, Paris 1699.

Pinacoteca Querini Stampalia, catalogo, Venedig 1925.

PINAULT, MADELEINE, »Chûtes d'eau merveilleuses«, in *Corps-Ecrit*, Nr. 16, 1985, S. 71–79.

PINAULT, MADELEINE, *Le peintre et l'histoire naturelle*, Paris 1990.

PLATON, *La République*, Paris 1966.

PLÜSS, EDUARD, *Künstler-Lexikon der Schweiz, XX. Jahrhundert*, Bd. 1, Frauenfeld 1958–1961.

PLUTARCH, *Vies parallèles, Philopoemen et Flamininus, Vie de Titus (227–182 av. J.-C.)*, Paris 1950.

PLUTARCH, »Vie de Lycurgue«, in *Les Vies des hommes illustres*, Bd. 1, Paris 1951.

POLASEK, BORIS IWAN, *Johann Georg Müller. Ein Schweizer Architekt, Dichter und Maler, 1822–1849* (97. Neujahrsblatt herausgegeben vom Historischen Verein des Kantons St.Gallen 1957), St.Gallen 1957.

POMMIER, EDOUARD, »La Révolution et le destin des œuvres d'art«, in QUATREMÈRE DE QUINCY, *Lettres à Miranda sur le déplacement des monuments de l'art de l'Italie (1796)*, Paris 1989, S. 7–83.

POMMIER, EDOUARD, »Winckelmann et la vision de l'Antiquité classique dans la France des Lumières et de la Révolution«, in *Revue de l'art*, Nr. 83, 1989, S. 9–20.

PONTEN, JOSEF, *Alfred Rethel*, Stuttgart 1911.

PONTEN, JOSEF, *Alfred Rethels Briefe in Auswahl*, Berlin 1912.

PONTEN, JOSEF, *Studien über Alfred Rethel*, Stuttgart 1922.

Berner Porträts bis 1850, 1962 ff. (Photodokumentation in der Burgerbibliothek Bern).

Portrait bernois s. H. B. DE FISCHER

PRADERVAND, BRIGITTE, »Le décor des voûtes de l'église (1577) et le peintre Humbert Mareschet«, in MARCEL GRANDJEAN et al., *Lutry, arts et monuments. Du XIᵉ au début du XXᵉ siècle*, Teil 1, Lutry 1990, S. 238–256.

PRÄEL-HIMMER, HEIDI, *Der Augsburger Goldschmied Johann Andreas Thelot* (Forschungshefte des Bayerischen Nationalmuseums München, 4), München 1978.

PRICE, J.L., *Culture and Society in the Dutch Republic During the Seventeenth Century*, New York 1974.

Providence 1981: Ausst.-Kat. *Edouard Manet and the »Execution of Maximilian«* (Bell Gallery, List Art Center).

PROVOST, LOUIS, *Honoré Daumier. A Thematic Guide to the Œuvre*, edited with an Introduction by Elisabeth C. Childs, New York/London 1989.

PROWN, JULES DAVID, *John Singleton Copley*, Cambridge (Mass.) 1966.

PROWN, JULES DAVID, »John Trumbull as History Painter«, in HELEN A. COOPER, Hrsg., *John Trumbull. The Hand and Spirit of a Painter*, New Haven 1982, S. 22–92.

PUTTFARKEN, THOMAS, *Roger de Piles' Theory of Art*, New Haven/London 1985.

QUATREMÈRE DE QUINCY, *Lettres à Miranda sur le déplacement des monuments de l'art de l'Italie (1796)*, Hrsg. Edouard Pommier, Paris 1989.

RAAFLAUB, KURT, *Die Entdeckung der Freiheit: Zur historischen Semantik und Gesellschaftsgeschichte eines politischen Grundbegriffs der Griechen* (Vestigia, 37), München 1985.

RAEBER, WILLI, *Caspar Wolf 1735–1783. Sein Leben und sein Werk. Ein Beitrag zur Geschichte der Schweizer Malerei des 18. Jahrhunderts* (Schweizerisches Institut für Kunstwissenschaft, Œuvrekataloge Schweizer Künstler, 7), Aarau 1979.

RAGGIO, O., *Faide e parentele*, Turin 1990.

RAGIONIERI, G., *Simone o non Simone*, Florenz 1985.

RAINSSANT, PIERRE, *Explication des tableaux de la Galerie de Versailles*, Paris 1687.

RAMBERT, EUGÈNE, *Alexandre Calame, sa vie et son œuvre d'après les sources originales*, Paris 1884.

RAMDOHR, FRIEDRICH WILHELM BASILIUS VON, *Über Mahlerei und Bildhauerarbeit in Rom für Liebhaber des Schönen in der Kunst*, 3 Bde, Leipzig 1787.

RAMSEYER, RUDOLF J., *Zibelemärit, Martinimesse*, Bern 1990.

RASPI SERRA, JOSELITA, und VENTURI FERRIOLO, MASSIMO, Hrsg., *Il nuovo sentire. Natura, arte e cultura nel '700*, Mailand 1989.

Das Basler Rathaus, Hrsg. Staatskanzlei des Kantons Basel-Stadt, Basel 1983.

RAUPP, HANS-JOACHIM, »Die Illustrationen zu Francesco Petrarca, *Von der Artzney bayder Glueck des guten und widerwertigen* (Augsburg 1532)«, in *Wallraf-Richartz-Jahrbuch*, Bd. 45, 1984, S. 59–112.

RAUTMANN, PETER, *Caspar David Friedrich. Landschaft als Sinnbild entfalteter bürgerlicher Wirklichkeitsaneignung*, Diss., Frankfurt am Main usw. 1979.

RAVÀ, A., *Pietro Longhi*, Florenz 1923.

RAWSON, ELIZABETH, *The Spartan Tradition in European Thought*, Oxford 1969.

RÉAU, LOUIS, *Houdon*, Paris 1964.

Recht und Gerechtigkeit im Spiegel der europäischen Kunst, Hrsg. Wolfgang Pleister und Wolfgang Schild, Köln 1988.

REFF, THEODORE, *Manet and Modern Paris. One Hundred Paintings, Drawings, Prints and Photographs by Manet and His Contemporaries*, Washington 1982.

Regensburg 1985: Ausst.-Kat. *Elias Holl und das Augsburger Rathaus*.

REIMANN, HANS LEO, »Demokratie, II. Überlieferung und Rezeption im Mittelalter«, in *Geschichtliche Grundbegriffe. Historisches Lexikon zur politisch-sozialen Sprache in Deutschland*, Bd. 1, Stuttgart 1972, S. 835–839.

REINHARDT, HANS, »Une pièce d'orfèvrerie strasbourgeoise peu connue: la coupe du bourgmestre bâlois Jean-Rodolphe Wettstein, 1649«, in *Cahiers alsaciens d'archéologie, d'art et d'histoire*, 1967, S. 253–260.

REINHOLD, MEYER, *Classica Americana. The Greek and Roman Heritage in the United States*, Detroit 1984.

REINLE, ADOLF, *Die Kunstdenkmäler des Kantons Luzern*, Bd. 3 (Die Kunstdenkmäler der Schweiz, Bd. 31), Basel 1954.

REINLE ADOLF, *Das stellvertretende Bildnis. Plastiken und Gemälde von der Antike bis ins 19. Jahrhundert*, Zürich/München 1984.

RENNEFAHRT, HERMANN, *Die Rechtsquellen des Kantons Bern. Das Stadtrecht von Bern*, Aarau 1959.

Revolioutsia 1905–1907 godov i izobrazitelnoe iskousstvo, Moskau 1977.

RICHTER SHERMAN, C., *The Portraits of Charles V of France (1338–1380)*, New York 1969.

RICHTER SHERMAN, C., »Some Visual Definitions in the Illustrations of Aristoteles' *Nicomachean Ethics* and *Politics* in the French Translations of Nicolas Oresme«, in *Art Bulletin*, Bd. 59, 1977, S. 326 ff.

RIDOLFI, CARLO, *Le meraviglie dell'arte, ovvero le vite degli illustri pittori veneti, e dello stato* (Venedig 1648), Hrsg. Detlev von Hadeln, 2 Bde., Berlin 1914–1924.

RIEGL, ALOIS, *Das holländische Gruppenporträt*, Wien 1931 (Erstdruck 1902).

RIGGENBACH, RUDOLF, »Die Wandgemälde des Rathauses zu Basel aus dem XV. und XVI. Jahrhundert«, in *Die Kunstdenkmäler des Kantons Basel-Stadt*, Bd. 1, Basel 1932, S. 517–608 (Reprint 1971).

RIHA, KARL, »Der deutsche Michel. Zur Ausprägung einer nationalen Allegorie im 19. Jahrhundert«, in *Nervöse Auffangorgane des inneren und äußeren Lebens. Karikaturen* (Kolloquiumsakten), Marburg/Gießen 1984.

RIKLIN, ALOIS, »Jean-Jacques Burlamaqui und die Genfer Aristodemokratie«, in WALTER HALLER et al., Hrsg., *Im Dienst der Gemeinschaft. Festschrift für Dietrich Schindler zum 65. Geburtstag*, Basel/Frankfurt am Main 1989, S. 639–654.

RIPA, CESARE, *Della Più che Novissima Iconologia di Cesare Ripa Perugino... Ampliata dal Sig. Ca. Gio. Zaratino Castellini Romano*, Padua 1630.

RIPA, CESARE, *Iconologie ou Explication nouvelle de plusieurs images, emblèmes et autres figures hiéroglyphiques des vertus, des vices, des arts, des sciences ..., œuvre augmentée d'une seconde partie nécessaire à toute sorte d'esprits, tirée des recherches et des figures de César Ripa, moralisées par J. Baudoin*, Paris 1644.

RITTMEYER, DORA FANNY, *Geschichte der Luzerner Silber-und Goldschmiedekunst von den Anfängen bis zur Gegenwart*, Luzern 1941.

ROBAUT, ALFRED, *L'œuvre de Corot. Catalogue raisonné et illustré, précédé de l'Histoire de Corot et de ses œuvres par Etienne Moreau-Nélaton*, Paris 1905 (Reprint 1965).

ROBERT, *Voyage dans les XIII Cantons suisses, les Grisons, le Vallais, et autres pays et états alliés, ou sujets des Suisses, par M. Robert, Géographe ordinaire du Roi*, 2 Bde., Paris 1839.

ROBINSON, ANDREW, *Piranesi. Early Architectural Fantasies. A Catalogue Raisonné of the Etchings*, Washington/Chicago/London 1986.

ROCHETTE, RAOUL, *Lettres sur la Suisse écrites en 1820, suivies d'un voyage à Chamouny et au Simplon*, 2 Bde., Paris 1822.

RODRÍGUEZ-MOÑINO, ANTONIO, »Goya y Gallardo: Noticias sobre su amistad«, in *Relieves de erudición: Estudios literarios y bibliográficos*, 1959, S. 327–340.

ROENNEFAHRT, GÜNTER, *Carl Spitzweg. Beschreibendes Verzeichnis seiner Gemälde, Ölstudien und Aquarelle*, München 1960.

ROESLE, ALFONS E., »Die Sechzehnerpfennige der Stadt und Republik Bern (Anhang FRANZ E. KOENIG, Stempelkatalog)«, in *Schweizerische Numismatische Rundschau*, Bd. 68, 1989, S. 97–160 und Taf. 9–19.

RÖTHLIN, NIKLAUS, »Wege der Selbstdarstellung und Ansätze zu staatlicher Kunstpflege der Helvetischen Republik«, in *Zeitschrift für Schweizerische Archäologie und Kunstgeschichte*, Bd. 47, 1990.

ROGER-MILÈS, L., *Alfred Roll*, Paris 1914.

Rom 1981–1982: Ausst.-Kat. *David e Roma*, Bearb. Régis Michel, Arlette Sérullaz und Ugo van de Sandt (Villa Médicis).

Rom 1982: Ausst.-Kat. *Garibaldi. Arte e Storia* (Museo del Palazzo di Venezia).

Rom 1983: Ausst.-Kat. *Bénigne Gagneraux (1756–1795), un pittore francese nella Roma di Pio VI* (Galleria Borghese).

Rom 1983–1984: Ausst.-Kat. *Honoré Daumier. Georges Rouault* (Académie de France à Rome, Villa Médicis).

ROMANELLI, GIANDOMENICO, »Ritrattistica dogale: ombre, immagini e volti«, in GINO BRENZONI, Hrsg., *I Dogi*, Mailand 1982, S. 125–161.

ROMANELLI, GIANDOMENICO, *Museo Correr*, Mailand 1984.

ROMANELLI, GIANDOMENICO, und PEDROCCO, F., *Ca' Rezzonico*, Mailand 1986.

ROSAND, DAVID, und MURARO, MICHELANGELO, Hrsg., *Titian and the Venetian Woodcut* (Ausst.-Kat.), Washington 1976.

ROSENBERG, PIERRE, et al., *Venise au dix-huitième siècle. Peintures, dessins et gravures des collections françaises* (Ausst.-Kat.), Paris 1971.

ROSENBERG, PIERRE, und VAN DE SANDT, UGO, *Pierre Peyron, 1744–1814*, Neuilly 1983.

ROSENBLUM, ROBERT, »Gavin Hamilton's *Brutus* and Its Aftermath«, in *Burlington Magazine*, Bd. 103, 1961, S. 8–16

ROSENBLUM, ROBERT, *Transformations in Late Eighteenth Century Art*, 3. Aufl., Princeton 1974 (1. Aufl. 1967, französisch 1989).

ROSENKRANZ, ALBERT, *Der Bundschuh, die Erhebungen des südwestdeutschen Bauernstandes in den Jahren 1493–1517* (Schriften der Elsaß-Lothringer im Reich), 2 Bde., Heidelberg 1927.

ROSENKRANZ, PAUL, *Die Zunft zu Safran Luzern*, Luzern 1978.

ROSSI, PAOLA, *Jacopo Tintoretto. I ritratti*, Venedig 1974.

ROSSI, PAOLA, *I disegni di Jacopo Tintoretto*, Florenz 1975.

ROTH, ALFRED G., »Einig und gerecht«, in *Burgdorfer Jahrbuch*, Jg. 32, 1965, S. 102–106.

ROTT, HANS, *Quellen und Forschungen zur südwestdeutschen und schweizerischen Kunstgeschichte im 15. und 16. Jahrhundert*, Bd. 2, Stuttgart 1934.

ROTTERMUND, A., *Zamek Warszawski w Epoce Oswiecenia. Rezydencja monarsza funkcje i tresci*, Warschau 1989.

ROUARD, DENIS, und WILDENSTEIN, DANIEL, *Edouard Manet. Catalogue Raisonné*, 2 Bde., Genf 1975.

ROUSSEAU, JEAN-JACQUES, »Lettre à d'Alembert«, in JEAN JACQUES ROUSSEAU, *Œuvres complètes*, Bd. 2, Paris 1824.

ROUSSEAU, JEAN-JACQUES, *Correspondance complète de Jean Jacques Rousseau*, Hrsg. R.A. Leigh, Bd. 10, Genf/Madison 1969.

ROUSSEAU, JEAN-JACQUES, *Die Bekenntnisse, übersetzt von Alfred Semrau, mit einem Nachwort und Anmerkungen von Christoph Kunze*, München 1981.

ROWLANDS, JOHN, *Holbein. The Paintings of Hans Holbein the Younger. Complete Edition*, Oxford 1985.

ROY, ALAIN, *Le 17e siècle flamand au Louvre: histoire des collections* (Les dossiers du département des peintures, 14), Paris 1977.

RUBIN, JAMES H., *Eugène Delacroix. Die Dantebarke. Idealismus und Modernität*, Frankfurt am Main 1987.

RUBINSTEIN, N., »Political Ideas in Sienese Art: The Frescoes by Ambrogio Lorenzetti and Taddeo di Bartolo in the Palazzo Pubblico«, in *Journal of the Warburg and Courtauld Institutes*, Bd. 21, 1958, S. 179 ff.

RÜSCH, Gerold, *Die Appenzeller Tracht in der Druckgraphik der Kleinmeister*, Rorschach/Appenzell 1990.

RUSKIN, John, *The Works of John Ruskin*, Hrsg. E.T. COOK und ALEXANDER WEDDERBURN, Bd. 13, London 1904.

RUSSELL, JOHN, und WILTON, ANDREW, *Turner in Switzerland*, Zürich 1976.

SADOUL, GEORGES, *Jacques Callot, miroir de son temps*, Paris 1959.

SAHUT, MARIE-CATHERINE, *Le Louvre d'Hubert Robert* (Les dossiers du département des peintures, 18), Paris 1979.

SAINT-OURS, JEAN-PIERRE, »Rapport sur les arts et professions, plan de lois ou de règlements qui peuvent faire prospérer l'industrie dans la République de Genève«, in *Genava*, N.F., Bd. 37, 1989, S. 160–170.

SÁNCHEZ-CANTÓN, FRANCISCO JAVIER, *Cómo vivía Goya*, Madrid 1946.

SÁNCHEZ-CANTÓN, FRANCISCO JAVIER, *Museo del Prado, Los dibujos de Goya*, 2 Bde., Madrid 1954.

SANDOZ, MARC, »Essai sur l'évolution du paysage de montagne consécutive à la *découverte* des *glacières* du Faucigny du milieu du XVIIIᵉ au milieu du XIXᵉ siècle«, Teil 4, »Alexandre Calame«, in *Genava*, N.F., Bd. 23, 1975, S. 178-181.

SANDSTRÖM, BRIGITTA, »Bénigne Gagneraux à Florence«, in *Actes du colloque Florence et la France. Rapport sous la Révolution et l'Empire* (Institut français de Florence, 4. Folge, Nr. 1), Florenz/Paris 1979, S. 115-128.

SANDSTRÖM, BRIGITTA, *Bénigne Gagneraux (1756-1795). Education, inspiration, œuvre*, Diss., Stockholm 1981.

SANSON, ROSEMONDE, *Les 14 juillets (1789-1975). Fête et conscience nationale*, Paris 1976.

SANSOVINO, FRANCESCO, *Venetia città nobilissima et singolare... Con aggiunta di tutte le Cose Notabili della stessa Città, fatte, & occorse dall'Anno 1580 fino al presente 1663 da D. Giustinano Martinioni*, Venedig 1663 (Erstdruck 1581).

SANUDO, MARIN, *De origine, situ et magistratibus urbis Venetae ovvero La città di Venezia (1493-1530)*, Hrsg. Angela Caracciolo Aricò, Mailand 1980.

SAUERLÄNDER, WILLIBALD, »*Marat à son dernier soupir* oder Malerei und Terreur«, in *Idea*, Bd. 2, 1983, S. 49 ff.

SAUNIER, CHARLES, »Joseph Chinard et le style Empire«, in *Gazette des beaux-arts*, Januar 1910, S. 32-33.

SAYRE, ELEANOR A., *The Changing Image: Prints by Francisco Goya*, Boston 1974.

SAYRE, ELEANOR A., »A Moment in Time« in *Stockholm Nationalmuseum Bulletin*, Bd. 3, 1979, Nr. 1, S. 40-44.

SCALIA, GIUSEPPE, *Il console Rodolfo e Ferdinando I de' Medici, punto per la storia di due statue pisane*, Rom 1987.

SCHALLER, MARIE-LOUISE, *Annäherung an die Natur. Schweizer Kleinmeister in Bern 1750-1800*, Bern 1990.

SCHAMA, SIMON, *The Embarassment of Riches. An Interpretation of Dutch Culture in the Golden Age*, New York 1987.

SCHEIDIG, WALTER, *Die Holzschnitte des Petrarca-Meisters zu Petrarcas Werk »Von der Artzney bayder Glück des guten und widerwärtigen«*, Berlin 1955.

SCHEINFUSS, K., Hrsg., *Von Brutus zu Marat. Kunst im Nationalkonvent 1789-1795. Reden und Dekrete*, Bd. 1, Dresden 1973.

SCHIEDER, WOLFGANG, »Kommunismus«, in *Geschichtliche Grundbegriffe. Historisches Lexikon zur politisch-sozialen Sprache in Deutschland*, Bd. 3, Stuttgart 1982, S. 455-525.

SCHIFF, GERT, *Johann Heinrich Füssli 1741-1825* (Schweizerisches Institut für Kunstwissenschaft, Œuvre-kataloge Schweizer Künstler, 1), 2 Bde., Zürich/München 1973.

SCHIFF, GERT, »Introduction«, in Ausst.-Kat. *William Blake*, Tokio 1990.

SCHILD, WOLFGANG, »Gerechtigkeitsbilder«, in *Recht und Gerechtigkeit im Spiegel der europäischen Kunst*, Köln 1988, S. 86-171.

SCHILLER, FRIEDRICH, dtv-Gesamtausgabe, München 1966.

SCHILLING, BERNARD N., *Conservative England and the Case against Voltaire*, New York 1950.

SCHILLING, H., »Gab es im späten Mittelalter und zu Beginn der Neuzeit in Deutschland einen städtischen Republikanismus? Zur politischen Kultur des alteuropäischen Stadtbürgertums«, in HELMUT G. KOENIGSBERGER, Hrsg., *Republiken und Republikanismus im Europa der frühen Neuzeit*, München 1988, S. 101-143.

SCHLÉGL, ISTVÁN, *Samuel Hofmann (um 1595-1649)* (Schweizerisches Institut für Kunstwissenschaft, Œuvrekataloge Schweizer Künstler, 8), Stäfa/München 1980.

SCHMID, ERNST HEINRICH, *Ferdinand Hodlers »Rückzug bei Marignano« im Waffensaal des Landesmuseums Zürich. Ein Beitrag zur Geschichte des Schweizerischen Wandbildes*, Diss. Zürich, Affoltern am Albis 1946.

SCHMID, HEINRICH ALFRED, »Die Gemälde von Hans Holbein dem Jüngeren im Basler Großratsaale«, in *Jahrbuch der Preußischen Kunstsammlungen*, Bd. 17, 1896, S. 73-96.

SCHMID, MAX, *Rethel*, Bielefeld/Leipzig 1898.

SCHMIDT, HARRY, *Jürgen Ovens, sein Leben und seine Werke, ein Beitrag zur Geschichte der niederländischen Malerei im 17. Jahrhundert*, Kiel o. J. [1922].

SCHMIDT, HEINRICH, *Alfred Rethel 1816–1859*, Neuß 1959.

SCHMIDT-LINSENHOFF, V., Hrsg., *Sklavin oder Bürgerin? Französische Revolution und neue Weiblichkeit 1760–1830* (Ausst.-Kat., Historisches Museum), Frankfurt am Main 1989.

SCHNAPPER, ANTOINE, »A propos de David et des martyrs de la Révolution«, in *Les images de la Révolution française* (Kolloquium, Sorbonne, 1985), Paris 1988, S. 109–117.

SCHNEIDER, GERHARD, *Ser Libertin: Zur Geistes- und Sozialgeschichte des Bürgertums im 16. und 17. Jahrhundert*, Stuttgart 1970.

SCHNEIDER, HANS, »Ferdinand Bol als Monumentalmaler im Amsterdamer Stadthaus«, in *Jahrbuch der Preußischen Kunstsammlungen*, Bd. 47, 1926, S. 73–96.

SCHNEIDER, HANS, »Theodoor van Thulden en Noord-Nederland, I«, in *Oud Holland*, Bd. 45, 1928, S. 1–15.

SCHNEIDER, JENNY, *Die Standesscheiben von Lukas Zeiner im Tagsatzungssaal zu Baden. Ein Beitrag zur Geschichte der schweizerischen Standesscheiben*, Basel 1954.

SCHNEIDER, JENNY, *Glasgemälde, Katalog des Schweizerischen Landesmuseums*, Stäfa 1970.

SCHNEIDER, JENNY, »Die Kleidung«, in *Zürich im 18. Jahrhundert*, Zürich 1983, S. 95–110.

SCHNEIDER, JENNY, »Lux Zeiner, Bahnbrecher der Wappenscheibenkunst«, in *Turicum, Vierteljahresschrift für Kultur, Wissenschaft und Wirtschaft*, Jg. 19, 1988, Heft 4, S. 10–16.

SCHNYDER, RUDOLF, *Zürcher Staatsaltertümer: Der Zürcher Staat im 17. Jahrhundert* (Aus dem Schweizerischen Landesmuseum, Bildheft 34), Bern 1975.

SCHNYDER, RUDOLF, »Der Tell der Helvetischen Gesellschaft, ein wiedergefundenes Werk von Alexander Trippel«, in *Zeitschrift für Schweizerische Archäologie und Kunstgeschichte*, Bd. 41, 1984.

SCHÖFFER, J., »The Batavian Myth During the Sixteenth and Seventeenth Centuries«, in S.A. GEURTS und A.E.M. JANSSEN, Hrsg., *Geschiedschrijving in Nederland: studies over de historiografie van de nieuwe tijd*, 2 Bde., Den Haag, 1981, Bd. 2, S. 85–110.

SCHREIBER, M., »Die Bocksbergerschen Dekorationsentwürfe für die Fassaden des Regensburger Rathauses. Ein Beitrag zur Rathausprogrammatik im 16. Jahrhundert«, in *Ars Bavarica*, 57–58, 1989, S. 31–64.

SCHREINER, LUDWIG, »Karl Friedrich Schinkels Entwurf zum Hermannsdenkmal und die Bandelsche Vorplanung«, in *Niederdeutsche Beiträge zur Kunstgeschichte*, Bd. 7, 1968, S. 205–218.

SCHUBIGER, BENNO, »Architektur für eine Idee. Neue Materialen zum Wettbewerb für ein Schweizerisches Nationalmonument 1843–1845«, in *Neue Zürcher Zeitung*, Nr. 267, 16.-17. November 1985, S. 69 ff.

SCHUBIGER, BENNO, *Patriotische Kunst in der Zeit vor der Helvetik bis zum Sonderbundskrieg. Der Wettbewerb für ein schweizerisches Nationalmonument und die schweizerische Denkmalgeschichte vor 1848* (Nationales Forschungsprogramm 21, Kulturelle Vielfalt und nationale Identität, Reihe: Kurzfassungen der Projekte), Basel 1991.

SCHÜTTAUF, KONRAD, *Die Kunst und die bildenden Künste: Eine Auseinandersetzung mit Hegels Ästhetik*, Bonn 1984.

SCHULZ, JUERGEN, *Venetian Painted Ceilings of the Renaissance*, Berkeley/Los Angeles 1968.

Schutters in Holland. Kracht en zenuwen van de stad, Hrsg. M. CARASSO-KOK und J. LEVA-VAN HALM, Zwolle/Haarlem 1988.

SCHWARTZ, GARY, *Rembrandt. Zijn leven, zijn schilderijen*, Maarssen 1984.

SCHWARTZ, GARY, *The Dutch World of Painting*, Vancouver 1986.

SCHWEIZER, PAUL, *Geschichte der Familie Schwyzer oder Schweizer*, Zürich 1916.

SCOTT, NANCY J., *Vincenzo Vela, 1820–1891*, New York/London 1979.

SEELIG, LORENZ, *Studien zu Martin Van der Bogaert gen. Desjardins*, Diss. München, Hamburg 1980.

SELZ, JEAN, *La vie et l'œuvre de Camille Corot*, Paris 1988.

SENNET, RICHARD, *The Fall of Public Man*, New York 1977.

SÉRIÔME, ACCARIAS DE, *La richesse de la Hollande ...*, London 1778 (niederl. 1780).

SHERMAN S. RICHTER SHERMAN

SILVESTRE DE SACY, JACQUES, *Alexandre-Théodore Brongniart*, Paris 1940.

SIMON, KARL, *Abendländische Gerechtigkeitsbilder*, Frankfurt am Main 1948.

SIMONS, KATRIN, »Vom Triumph der Republik zur Apotheose Napoleons – Überlegungen zur Ikonographie der Revolution und des Konsulats am Beispiel einiger Gemälde von Jacques Louis David und Jacques Réattu«, in *Wallraf-Richartz-Jahrbuch*, Bd. 43, 1982, S. 207–230.

SIMONS, KATRIN, »Der *Triumph der Zivilisation* von Jacques Réattu. Zu einer Neuerwerbung der Hamburger Kunsthalle«, in *Idea*, Bd. 2, 1983, S. 113–128.

SIMONS, KATRIN, *Jacques Réattu 1760–1833. Peintre de la Révolution française*, Neuilly-sur-Seine 1985.

SIMONSON, GEORGES A., *Francesco Guardi 1712–1793*, London 1904.

SINDING-LARSEN, STAALE, »Christ in the Council Hall. Studies in the Religious Iconography of the Venetian Republic«, in *Acta ad archaeologiam et artium historiam pertinentia*, Bd. 5, Rom 1974.

SINDING-LARSEN, STAALE, »L'immagine della Repubblica di Venezia«, in LIONELLO PUPPI, Hrsg., *Architettura e Utopia nella Venezia del Cinquecento*, Mailand 1980, S. 40–49.

SINDING-LARSEN, STAALE, »Paolo Veronese a Palazzo Ducale«, in ALESSANDRO BETTAGNO, Hrsg., *Paolo Veronese. Disegni e Dipinti* (Ausst.-Kat.), Vicenza 1988.

SIZER, THEODORE, *The Works of Colonel John Trumbull*, New Haven 1967.

SLOANE, JOSEPH C., »Manet and History«, in *Art Quarterly*, Bd. 14, 1951, S. 92–106.

SMITH, DAVID R., »Carel Fabritius and Portraiture in Delft«, in *Art History*, 1990, S. 151 ff.

SNOEP, DERK P., »Van Atlas tot last: Aspecten van het Atlasmotief«, in *Simiolus*, Bd. 2, 1967–1968, S. 6–22.

SNOEP, DERK P., *Praal en propagande: Triumfalia in de Noordelijke Nederlanden in de 16de en 17de eeuw*, Diss. Utrecht 1975, Alphem aan den Rijn 1975.

Solothurn 1990: Ausst.-Kat. *Frank Buchser 1828–1890* (Kunstmuseum Solothurn).

SOMMER, C., *Die Anklage der Idolatrie gegen Papst Bonifaz VIII. und seine Porträtstatuen*, Freiburg im Üchtland 1919.

SONNTAG, OTTO, Hrsg., *The Correspondance between Albrecht von Haller and Charles Bonnet* (Studia Halleriana, 1. Publikationsreihe der Albrecht von Haller-Stiftung der Burgergemeinde Bern), Bern 1983.

SONNTAG, OTTO, Hrsg., *The Correspondance between Albrecht von Haller and Horace-Benedict de Saussure* (Studia Halleriana, 3. Publikationsreihe der Albrecht von Haller-Stiftung der Burgergemeinde Bern), Bern 1990.

SOUCHAL, FRANÇOIS, »Les statues aux façades du château de Versailles«, in *Gazette des beaux-arts*, Bd. 114, 1972, S. 65–110.

SOUCHAL, FRANÇOIS, *French Sculptors of the Seventeenth and Eighteenth Centuries*, 2 Bde., Oxford 1977–1981.

Souvenirs numismatiques de la Révolution de 1848, Paris o. J. [1849?].

SPANGENBERG, P.-M., *Maria ist immer und überall. Die Alltagswelten des spätmittelalterlichen Mirakels*, Frankfurt am Main 1987.

SPECKER, HANS, »Die Transparentbilder von F.N. König 1832«, in *Berner Zeitschrift für Geschichte und Heimatkunde*, Bd. 24, 1962, S. 125–127.

SPEICH, KLAUS, *Die Künstlerfamilie Dünz aus Brugg. Ein Beitrag zur Kulturgeschichte der Barockzeit im reformierten Stand Bern*, Brugg 1984.

SPICKERNAGEL, E., »Die Macht des Innenraumes. Zum Verhältnis von Frauenrolle und Wohnkultur in der Biedermeierzeit«, in *Kritische Berichte*, Bd. 13, 1985, Nr. 3, S. 5–15.

SPICKERNAGEL, E., *Vom Aufbau des großen Unterschieds. Der weibliche und männliche Körper und seine symbolische Formen*, in I. BARTA et al., Hrsg., *Frauenbilder, Männermythen. Kunsthistorische Beiträge*, Berlin 1987, S. 107–114.

SPREY, W., *Tacitus over de opstand der Batavieren*, Groningen 1953.

SPRINGER, ANNEMARIE, »Terrorism and Anarchy: Late 19th-century Images of a Political Phenomenon in France«, in *Art Journal*, Bd. 38, Sommer 1979, S. 261–266.

SPULLER, M.E., »La vie et les œuvres de François Rude«, Vortrag gehalten im Grand Théâtre in Dijon am 25. Juli 1886.

STADLER, EDMUND, »Die Osterfeiern im Alten Bern«, in *Berner Zeitschrift für Geschichte und Heimatkunde*, Bd. 48, 1986, S. 127–153.

STAECK, KLAUS, *Plakate*, Göttingen 1988.

STAFFORD, BARBARA MARIA, *Voyage into Substance: Illustrated Accounts c. 1760–1840*, Cambridge (Mass.)/London 1984.

STAROBINSKI, JEAN, »Eloquence and Liberty«, in *Journal of the History of Ideas*, Bd. 38, 1977, S. 195–210.

STAROBINSKI, JEAN, *1789. Les emblèmes de la raison*, Paris 1979 (1. Aufl. 1973).

STAROBINSKI, JEAN, »Eloquence antique, éloquence future: aspects d'un lieu commun d'Ancien Régime«, in KEITH MICHAEL BEKAER, Hrsg., *The Political Culture of the Old Regime* (The French Revolution and the Creation of Modern Political Culture, 1), Oxford usw. 1987, S. 311–329.

STARZYNSKI, J., *Matejko*, Warschau 1973.

STEIGER, KURT VON, »Die Bildnisse des Schultheißen Niklaus Friedrich von Steiger (1729–1799)«, in *Jahrbuch des Bernischen Historischen Museums*, Jg. 41–43, 1961–1962, Bern 1963, S. 141–161.

STEIGER, KURT VON, *Schultheiß Niklaus Friedrich von Steiger. Ein Leben für das alte Bern*, Bern 1976.

STERNIN, GRIGORY, et al., *Ilya Repin. Painting. Graphic Arts*, Leningrad 1985.

STETTLER, MICHAEL, *Das Rathaus zu Bern 1406–1942*, 2., erw. Ausg., Bern 1942.

STÖCKLI, FRITZ, *Karl Stauffer-Bern. Leben, Werk, Briefe*, Bern 1942.

STOURZH, GERALD, *Alexander Hamilton and the Idea of Republican Government*, Stanford 1970.

STOURZH, GERALD, *Wege zur Grundrechtsdemokratie*, Wien/Köln 1989.

STRUB, MARCEL, *Deux maîtres de la sculpture suisse au XVIᵉ siècle: Hans Geiler et Hans Gieng*, Freiburg im Üchtland 1962.

STÜCKELBERGER, JOHANNES, »Die künstlerische Ausstattung des Bundeshauses in Bern«, in *Zeitschrift für Schweizerische Archäologie und Kunstgeschichte*, Bd. 42, 1985, S. 185–234.

STÜCKELBERGER, JOHANNES, »Kunst für das Volk – zwischen Historismus und Heimatkunst. Albert Weltis Landsgemeindefresko im Bundeshaus in Bern«, in Ausst.-Kat. »*Der sanfte Trug des Berner Milieus*«. *Künstler und Emigranten 1910–1929*, Bern 1988, S. 72–97.

STUMPF, JOHANNES, *Gemeiner loblicher Eydgenossenschafft Stetten / Landen und Völckeren Chronik wirdiger thaaten beschreybung*, Zürich 1548.

STUNZI, LILLY, Hrsg., *Quel Tell?*, Lausanne 1973 (deutsch 1972).

STURM, LEONHARD CHRISTOPH, *Vollständige Anweisung Regierungs-, Land- und Rath-Häuser ... anzugeben*, Augsburg 1718.

Stuttgart 1980: Ausst.-Kat. *Amsterdam gemalt und gezeichnet: aus der Sammlung des Amsterdamer Historischen Museums* (Galerie unterm Turm).

Stuttgart 1989: Ausst.-Kat. *Joseph-Anton Koch, Ansichten der Natur* (Staatsgalerie).

SUCCI, DARIO, Hrsg., *Da Carlevarijs ai Tiepolo. Incisori veneti e friulani del Settecento* (Ausst.-Kat.), Venedig 1983.

SUIDA, WILHELM, *Tiziano*, Paris 1935 (deutsch 1933).

SULZER, JOHANN GEORG, *Allgemeine Theorie der Schönen Künste* (1. Aufl. 1771–1774), Leipzig 1792 (Reprint 1967–1970).

SUMOWSKI, WERNER, *Caspar David Friedrich-Studien*, Wiesbaden 1970.

SUMOWSKI, WERNER, *Drawings of the Rembrandt School*, 9 Bde., New York 1970–1985.

SUTTER, BEAT, *Arnold Winkelried der Held von Sempach. Die Ruhmesgeschichte eines Nationalhelden* (Beiheft Nr. 17 zum Geschichtsfreund), Stans 1977.

SUTTON, S.C., *Pieter de Hooch*, Oxford 1980.

Syracuse 1976: Ausst.-Kat. *Gilbert Stuart: Painter of the Presidents* (Everson Museum of Art of Syracuse and Onondaga County, Syracuse, N.Y.).

SZAMBIEN, WERNER, *Les projets de l'An II. Concours d'architecture de la période révolutionnaire*, Paris 1986.

TAINE, HIPPOLYTE, *Philosophie de l'art dans les Pays-Bas*, Paris, 2. Aufl., Paris 1883 (1. Aufl. 1866).

TAINE, HIPPOLYTE, *Philosophie de l'art*, Paris 1895 (1. Aufl. 1865).

TAMASSIA MAZZAROTTO, BIANCA, *Le feste veneziane*, Florenz 1961.

TAVEL, HANS CHRISTOPH VON, »Die Schweizer Trachtenbildnisse des Malers Joseph Reinhart«, in *Jahrbuch des Bernischen Historischen Museums*, Jg. 39–40, 1959–1960, Bern 1961, S. 197–256.

TAVEL, HANS CHRISTOPH VON, »Kunstwerke Niklaus Manuels als Wegbereiter der Reformation«, in ERNST ULLMANN, Hrsg., *Von der Macht der Bilder, Beiträge des C.I.H.A.-Kolloquiums »Kunst und Reformation«*, Leipzig 1983, S. 223–231.

TAVEL, HANS CHRISTOPH VON, *Wege zur Kunst im Kunstmuseum Bern*, Bern 1983.

TAVEL, HANS CHRISTOPH VON, *Nationale Bildthemen* (Ars Helvetica, Bd. 10), Disentis 1991.

TAWNEY, R.H., *Religion and the Rise of Capitalism*, Harmondsworth 1942.

TAYLOR, CHARLES, *Hegel*, Cambridge usw. 1975.

TEKOTTE, W., *Beiträge zur Publizistik des Westfälischen Friedens*, Diss. Münster 1935.

TEN DOESSCHATE CHU, PETRA, *French Realism and the Dutch Masters: The Influence of Dutch Seventeenth-Century Painting on the Development of French Painting between 1830 and 1870*, Utrecht 1974.

TERVARENT, GUY DE, *Attributs et symboles dans l'art profane 1450–1600*, Genf 1958.

THÉVOZ, MICHEL, »Peinture et idéologie«, in Ausst.-Kat. *Charles Gleyre ou les illusions perdues*, Lausanne 1974, S. 70–85.

THIEME, ULRICH, und BECKER, FELIX, Hrsg., *Allgemeines Lexikon der bildenden Künstler, von der Antike bis zur Gegenwart*, 37 Bde., Leipzig 1907–1950.

THOMMEN, HEINRICH, »Die Eidgenossen bei der Leiche Winkelrieds. Ein Historienbild von Ludwig Vogel«, in *Arnold von Winkelried – Mythos und Wirklichkeit*, Stans 1986.

THOMMEN, HEINRICH, *Die Schlacht von Sempach im Bild der Nachwelt* (Ausst.-Kat.), Luzern 1986.

THORMANN, FRANZ, *Die Schultheißenbilder der Berner Stadtbibliothek*, Bern 1925.

THURMANN, PETER, »Johann Heinrich Füssli, *Der Schwur auf dem Rütli*«, in WERNER HOFMANN, Hrsg., *Europa 1789: Aufklärung – Verklärung – Verfall*, Köln/Hamburg 1989, S. 140.

TICOZZI, PAOLO, »Le incisioni da Paolo Veronese nel Museo Correr«, in *Bollettino dei Musei Civici veneziani*, 3–4, 1975, S. 6–89.

TIETZE, HANS, *Tizian. Sein Leben und sein Werk*, Wien 1936.

Tokio 1977: Ausst.-Kat. *Die Alpen in der Schweizer Malerei* (Tokio, Galerie Odakya; Chur, Bündner Kunstmuseum).

TOLLEY, MICHAEL J., »*Europe*: "to those ychain'd in sleep"«, in DAVID V. ERDMAN und JOHN GRANT, Hrsg., *Blake's Visionary Forms Dramatic*, Princeton 1970.

La Tour-de-Peilz 1982: Ausst.-Kat. *Courbet et la Suisse, exposition documentaire* (Château de La Tour-de-Peilz).

Tout l'œuvre peint de Hogarth, introduction par Pierre Georgel, documentation par Gabriel Mandel, Paris 1978.

TRACHTENBERG, MARVIN, *The Statue of Liberty*, London 1966.

TRAEGER, JÖRG, *Der Tod des Marat. Revolution des Menschenbildes*, München 1986.

TRAPP, FRANK A., *The Attainment of Delacroix*, Baltimore/London 1971.

TRETER, M., *Matejko. Osobowosc artysty, twórczosc, forma i styl*, Lemberg 1939.

TROESCHER, GEORG, »Weltgerichtsbilder in Rathäusern und Gerichtsstätten«, in *Wallraf-Richartz-Jahrbuch*, Bd. 11, 1939, S. 139–215.

TRUMBULL, JOHN, *Catalogue of Paintings by Colonel Trumbull...*, New Haven 1832.

TSCHARNER, LOUIS S. DE, *La Grande Société de Berne 1759–1909*, Bern 1909.

TUCCI, UGO, »I meccanismi dell'elezione dogale«, in GINO BRENZONI, Hrsg., *I Dogi*, Mailand 1982.

TÜMPEL, A., »Claes Cornelisz. Moeyaert«, in *Oud Holland*, Bd. 88, 1974, S. 21–27.

TULARD, JEAN, und PARINAUD, MARIE-HÉLÈNE, *La Révolution française à Paris à travers les collections du Musée Carnavalet*, Paris 1989.

TUNK, W., »Der Nürnberger Rathausbau des Jakob Wolff d.J.«, in *Zeitschrift des Deutschen Vereins für Kunstwissenschaft*, Bd. 9, 1942, S. 53–90.

Turin 1980: Ausst.-Kat. *Théophile-Alexandre Steinlen, illustratore e testimone della società europea di fine secolo* (Galleria Civica d'Arte Moderna).

TUROWSKI, ANDRZEJ, *Wielka utopia awangardy. Artystyczne i spoleczne utopie w sztuce rosyjskiej 1910–1930*, Warschau 1990.

USTERI, EMIL, *Die Schildner zum Schneggen*, Zürich 1960.

VALCANOVER, FRANCESCO, »Affreschi sconosciuti di Pietro Longhi«, in *Paragone*, 1956, Nr. 73, S. 25.

VALCANOVER, FRANCESCO, *L'opera completa di Tiziano*, Mailand 1969.

VALENTINER, WILLEM R., *Pieter de Hooch*, Stuttgart 1929.

VALKENIER, ELIZABETH, *Russian Realist Art. The State and Society: the Peredvizhniki and Their Tradition*, Ann Arbor 1977.

VALLIÈRE, S. DE, *Treue und Ehre. Geschichte der Schweizer in Fremden Diensten*, Lausanne 1940 (französisch 1913).

VAN DEN BRANDEN, F.J., *Geschiedenis der Antwerpsche Schilderschool*, Antwerpen 1883.

VAN DEN HEUVEL, GERD, *Der Freiheitsbegriff der Französischen Revolution* (Schriftenreihe der Historischen Kommission bei der Bayerischen Akademie der Wissenschaften, 31), Göttingen 1988.

VAN DEN VONDEL S. VONDEL

VAN DER VIJER, C., *Geschiedkundige beschrijving der stad Amsterdam* ..., 4 Bde., Amsterdam 1844–1848.

VAN DE WAAL, HANS, »Tempesta en de Historieschilderingen op het Amsterdamse Raadhuis«, in *Oud Holland*, Bd. 56, 1939, S.49–66.

VAN DE WAAL, HANS, *Drie eeuwen vaderlandsche geschied-uitbeelding 1500–1800. Een iconologische studie,* 2 Bde., Den Haag 1952.

VAN DE WAAL, HANS, *Steps toward Rembrandt: Collected Articles 1937–1972,* Amsterdam usw. 1974.

VAN DIJK, J., *Beschrijving van de schilderijen in het stadhuis te Amsterdam,* Amsterdam 1790.

VAN EEGHEN, I.H., »Het Leprozenhuis te Amsterdam«, in *Maandblad Amstelodamum,* Bd. 42, 1955, S.85–90.

VAN EEGHEN, P., »300 jaat Stadhuis-Paleis«, in *Maandblad Amstelodamum,* Bd. 42, 1955, S.81–85.

VAN GELDER, H.E., *Het Haagsche Binnenhof. Een nationaal monument,* Antwerpen 1943.

VAN GELDER, R., und KISTEMAKER, R., *Amsterdam 1275–1795: De ontwikkeling van een handelsmetropool,* Amsterdam 1983.

VAN HEURN, JOHANN HEINRICH, *Historie der stad en Meyereye van 's Hertogenbosch* ..., 4 Bde., Utrecht 1776–1778.

VAN LOON, GERARD, *Beschryving der Nederlandsche Historipenningen,* 4 Bde., Den Haag 1721–1731.

VAN MANDER, KAREL, *Den Grondt der edel vrij schilder-const,* Hrsg. H. Miedema, 2 Bde., Utrecht 1973.

VAN SCHEVICHAVEN, H.D.J., »Leprozen en Leprozenhuizen«, in *Oud Holland,* Bd. 25, 1907, S.97–113.

VAN WINTER, P.J., »De Hollandse Tuin«, in *Nederlands Kunsthistorisch Jaarboek,* Bd. 8, 1975, S. 19–122.

VATTIER, G., *Augustin Dumont,* Paris 1885.

VAUTHIER, GABRIEL, »Cérémonies et fêtes nationales sous la Seconde République«, in *La Révolution de 1848,* Bd. 18, 1921, S.51–63.

VEENSTRA, F., *Ethiek en moraal bij S.C. Hooft: twee studies in renaissancistische levensidealen* (Zwolse reeks van taal- en letterkundige studies, 18), Zwolle 1968.

VEENSTRA, F., »Harmoniënleer in de Renaissance«, in *Weerwerk: opstellen aangeboden aan professor dr. Garmt Stuiveling t.g.v. zijn afscheid als hoogleraar aan de Universiteit van Amsterdam,* Assen 1973, S.187–201.

VELDMAN, J.M., »Lessons for Ladies«, in *Simiolus,* Bd. 16, 1986, S.113–127.

VERDI, RICHARD, »Poussin's *Deluge:* the Aftermath«, in *Burlington Magazine,* Bd. 123, Nr. 940, Juli 1981, S.389–400.

VERHEYEN, EGON, »John Trumbull and the U.S. Capitol: Reconsidering the Evidence«, in H.A. COOPER, Hrsg., *John Trumbull. The Hand and Spirit of a Painter,* New Haven 1982, S.260–273.

VERHEYEN, EGON, und HAWKINS, DON A., »Bemerkungen zur Planung von St.Petersburg und Washington D.C.«, in Ausst.-Kat. *Klar und lichtvoll wie eine Regel. Planstädte der Neuzeit vom 16. bis zum 18.Jahrhundert,* Karlsruhe 1990.

VIGNAU-WILBERG, PETER, *Museum der Stadt Solothurn. Gemälde und Skulpturen* (Schweizerisches Institut für Kunstwissenschaft, Zürich, Kataloge Schweizer Museen und Sammlungen, 2), Solothurn 1973.

VIGNAU-WILBERG, THEA, »Zur Ikonographie des Rütlischwurs im 17.Jahrhunderts«, in *Zeitschrift für Schweizerische Archäologie und Kunstgeschichte,* Bd. 32, 1975, S.141–147.

VIGNAU-WILBERG, THEA, »Zu Christoph Murers Frühwerk«, in *Jahrbuch des Bernischen Historischen Museums,* Jg. 59–60, 1979–1980, Bern 1980, S.91–113.

VIGNAU-WILBERG, THEA, *Christoph Murer und die »XL. Emblemata Miscella Nova«,* Bern 1982.

VIOLLET-LE-DUC, EUGÈNE, *Rapport au Conseil municipal de Paris,* Archives de la Seine (Répartition des crédits des beaux-arts pour 1879, 11 février 1879).

VISMARA-BERNASCONI, FLORIANA, »Il monumento a Guglielmo Tell di Vincenzo Vela«, in *Unsere Kunstdenkmäler,* Bd. 35, 1984, S.74–78.

VITRY, PAUL, »Les monuments à Jean-Jacques Rousseau de Houdon à Bartholomé«, in *Gazette des beaux-arts,* 1912, S.97–117.

Vizille 1986: Ausst.-Kat. *Droits de l'homme et conquêtes de la liberté* (Musée de la Révolution française).

VÖGELIN, FRIEDRICH SALOMON, *Die ehemalige Kunstkammer auf der Stadtbibliothek in Zürich* (Neujahrsblatt der Stadtbibliothek in Zürich auf das Jahr 1873), Zürich 1872.

VOLLMER, FRANZ X., *Der Traum von der Freiheit. Vormärz und 48er Revolution in Süddeutschland in zeitgenössischen Bildern*, Stuttgart 1983.

VONDEL, JOOST VAN DEN, *De Werken*, Hrsg. J.F.M. Sterck et al.(Wereldbibliotheek), 10 Bde., Amsterdam 1927–1940.

Vondels Inwydinge van 't Stadthuis 't Amsterdam, Hrsg. S. Albrecht, O. de Ruyter, M. Spies et al., Muiderberg 1982.

VON MOLTKE, J.W., *Govaert Flinck 1615–1660*, Amsterdam 1965.

VOS, JAN, *Alle de gedichten*, Amsterdam 1662.

VOVELLE, MICHEL, »La Marseillaise, la guerre ou la paix«, in PIERRE NORA, Hrsg., *Les lieux de mémoire*, Bd. 1, *La République*, Paris 1984.

VOVELLE, MICHEL, Hrsg., *La Révolution française. Images et récit, 1789–1799*, 5 Bde., Paris 1986.

WÄLCHLI, GOTTFRIED, *Martin Disteli, Romantische Tierbilder*, Zürich 1940.

WÄLCHLI, GOTTFRIED, *Frank Buchser, 1828–1890. Leben und Werk*, Zürich/Leipzig 1941.

WÄLCHLI, GOTTFRIED, *Martin Disteli 1802–1844. Zeit – Leben – Werk*, Zürich 1943.

WÄSCHER, HERMANN, *Das deutsche illustrierte Flugblatt*, Bd. 2, Dresden 1956.

WAGNER, HUGO, und WYSS, ROBERT L., »Die Bildnisse im Bernischen Historischen Museums«, in *Jahrbuch des Bernischen Historischen Museums*, Bd. 31 (1951), 32–33 (1952–1953) und 34 (1954) (auch durchpaginierter Sonderdruck, 1957).

WAGNER, SIGMUND, »Etwas über dem Maler Sablet von Morsee...«, in *Journal für Literatur und Kunst*, Heft 3, Zürich 1805.

WAGNER, SIGMUND, *Das Leben und die Charakteristik Gottfried Minds von Bern, Zwölftes Neujahrstück, herausgegeben von der Künstler-Gesellschaft in Zürich auf das Jahr 1816*, Zürich 1815.

WALDKIRCH, BERNHARD VON, *Von Gessner bis Turner, Zeichnungen und Aquarelle von 1750–1850 aus der Graphischen Sammlung des Kunsthauses Zürich*, Zürich 1988.

WALDKIRCH, BERNHARD VON, »Salomon Gessner – Vom Amateur zum Autodidacten«, in *Zeitschrift für Schweizerische Archäologie und Kunstgeschichte*, Bd. 47, 1990, S.142–145.

WALDKIRCH, BERNHARD VON, »Lycas, oder die Erfindung der Gärten. Aspekte der Naturversöhnung zwischen Gessnerzeit und Französischer Revolution«, in *Atti del convegno La Grecia antica, mito e simbolo per l'età della Grande Rivoluzione. Genesi e crisi di un modello nella cultura del Settecento*, Mailand 1991, S.219–236.

WALEK, J., »Alegoria Polski Jana Matejki (*Kazanie Skargi, Retjan, Rok 1863*)«, in *Sztuka XIX wieku w Polsce. Naród – Miasto. Material Sesji SHS*, Warschau 1979, S.31–40.

WALKER, CORINNE, »Des couleurs et des images«, in Ausst.-Kat. *Révolutions genevoises 1782–1798* (Maison Tavel), Genf 1989, S.81–116.

WALTER, R. VON, *Das Augsburger Rathaus. Architektur und Bildgehalt*, Augsburg 1972.

WARNKE, MARTIN, Hrsg., *Politische Architektur in Europa vom Mittelalter bis heute – Repräsentation und Gemeinschaft*, Köln 1984.

Washington 1967: Ausst.-Kat. *Gilbert Stuart: Portraitist of the Young Republic. 1755–1828* (National Gallery of Art).

Washington 1967–1968: Ausst.-Kat. *Swiss Drawings, Masterpieces of Five Centuries, Organized by the Pro Helvetia Foundation, Introduction and Notes by Walter Hugelshofer, Circulated by the Smithsonian Institution*.

Washington 1980: Ausst.-Kat. *Gods, Saints and Heroes*.

WASMER, MARC-JOACHIM, *Museo Vela in Ligornetto* (Schweizerische Kunstführer, Serie 41, 401–402), Bern 1987.

WASSERMAN, JEANNE L., *Daumier Sculpture. A Critical and Comparative Study*, Harvard 1969.

WATSON, F.J.B., »Notes on Canaletto and his Engravers«, in *Burlington Magazine*, Bd. 92, 1950, S.291–293.

WATTENWYL, HANS ALBERT VON, *Genealogie der Familie von Wattenwyl 1943*, Bern 1943.

WEBER, BRUNO, Hrsg., *Berge und Städte der alten Schweiz. 75 Kupferstiche aus der Zeit um 1780*, Basel 1973.

WEBER, BRUNO, »Das Denkmal auf dem Platzspitz in Zürich«, in Ausst.-Kat. *Salomon Gessner, Maler und Dichter der Idylle*, Zürich 1980, S.163–170.

WEBER, BRUNO, Red., *Die Alpen in der Malerei*, Rosenheim 1981.

WEDEWER, ROLF, und JENSEN, JENS CHRISTIAN, Hrsg., *Die Idylle. Eine Bildform im Wandel, zwischen Hoffnung und Wirklichkeit, 1750–1930*, Köln 1986.

WEESE, ARTUR, *Die Bildnisse Albrecht von Hallers*, Bern 1909.

WEGENER SLEESWIJK, C., »De maten van het Paleis op de Dam te Amsterdam«, in *Bouwkundig weekblad Architectura*, 1940, S. 338–341.

WEGNER, W., »Untersuchungen zu Friedrich Brentel«, in *Jahrbuch der Staatlichen Kunstsammlungen in Baden-Württemberg*, Bd. 3, 1966, S. 114 ff.

WEHRLI, MAX, »Der Schweizer Humanismus und die Anfänge der Eidgenossenschaft«, in *Schweizer Monatshefte für Politik, Wirtschaft, Kultur*, Jg. 47, 1967–1968, S. 127–146.

WELTI, ALBERT, *Briefe Albert Weltis*, Hrsg. Adolf Frey, Bd. 1, Zürich 1916.

WENK, S., »Der öffentliche weibliche Akt. Eine Allegorie des Sozialstaates«, in I. BARTA et al., *Frauenbilder, Männermythen. Kunsthistorische Beiträge*, Berlin 1987.

WENK, S., »Die steinernen Frauen. Weibliche Allegorien in der öffentlichen Skulptur Berlins im 19. Jahrhundert«, in S. ANSELM und B. BECK, Hrsg., *Triumph und Scheitern in der Metropole*, Berlin 1987, S. 91–114.

WERNER, GERLIND, *Ripa's »Iconologia«. Quellen – Methode – Ziele*, Utrecht 1977.

WERNER, KLAUS, *Henri Rousseau*, Berlin 1987.

WETHEY, HAROLD E., *The Paintings of Titian*, Bd. 2, *The Portraits*, London 1971.

WICHMANN, SIEGFRIED, *Carl Spitzweg*, München 1990.

WICKHOFF, FRANZ, »Der Saal des großen Rates zu Venedig in seinem alten Schmucke«, in *Repertorium für Kunstwissenschaft*, Bd. 6, 1883, S. 1 ff.

WIECEK, A., *Sebastian Dadler, medelier gdanski XVII wieku*, Danzig 1962.

WIERUSZOWSKI, HELENE, »Art and the Commune in the Time of Dante«, in *Speculum*, Bd. 19, 1944, S. 14 ff.

WILCKENS, LEONIE VON, »Eintracht«, in *Reallexikon zur deutschen Kunstgeschichte*, Bd. 4, Stuttgart 1958, Sp. 1031–1039.

WILDERMING, JOHN, *American Paintings: An Illustrated Catalogue, National Gallery of Art*, Washington 1980.

WILLIAMS, HÉLÈNE-MARIE, *Nouveau Voyage en Suisse, contenant une peinture de ce pays, de ses mœurs et de ses Gouvernemens actuels; avec quelques traits de comparaison entre les Usages de la Suisse et ceux de Paris moderne, traduit de l'anglais par J.-B. Say*, 2 Bde., Paris an VI [1798].

WILTON, ANDREW, *The Life and Work of J. M. W. Turner*, Freiburg im Üchtland/London 1979.

WINCKELMANN, JOHANN JOACHIM, *Histoire de l'Art chez les Anciens*, 2 Bde., Paris 1789 (französisch zuerst 1765).

WINKELMANN, JOHANN JOACHIM, *Geschichte der Kunst des Altertums*, Hrsg. Victor Fleischer, Berlin 1913 (Erstausgabe 1769, datiert 1764).

WIND, EDGAR, »Borrowed Attitudes in Hogarth and Reynolds«, in *Journal of the Warburg and Courtauld Institutes*, Bd. 2, 1938–1939.

WINTER, P. J., »De hollandse tuin«, in *Nederlands Kunsthistorisch Jaarboek*, Bd. 8, 1975, S. 29–122.

WIRSZUBSKI, CH., *Libertas as a Political Idea at Rome During the Late Republic and Early Principate*, Cambridge 1950.

WITKIEWICZ, S., *Matejko*, Lemberg 1908.

WITT, RONALD, »The Rebirth of the Concept of Republican Liberty in Italy«, in *Renaissance Studies in Honour of Hans Baron*, Dekalb (Ill.) 1971.

WOLF, SYLVIA, *Politische Karikaturen in Deutschland 1848/1849*, Mittenwald 1982.

WOLTERS, WOLFGANG, »Der Programmentwurf zur Dekoration des Dogenpalastes nach dem Brand vom 20. Dez. 1577«, in *Mitteilungen des Kunsthistorischen Institutes in Florenz*, 1966, S. 271–318.

WOLTERS, WOLFGANG, *Der Bilderschmuck des Dogenpalastes, Untersuchungen zur Selbstdarstellung der Republik Venedig im 16. Jahrhundert*, Wiesbaden 1983 (italienisch 1987, s.u.).

WOLTERS, Wolfgang, *Storia e politica nei dipinti di Palazzo Ducale. Aspetti dell'autocelebrazione nella repubblica di Venezia nel Cinquecento*, Venedig 1987.

WOLTERS 1986, s. HUSE

WÜTHRICH, LUCAS, *Christian von Mechel*, Basel 1955.

Wüthrich, Lucas, *Das Œuvre des Kupferstechers Christian von Mechel*, Basel/Stuttgart 1959.

Wüthrich, Lucas, *Die Schweiz – Werdegang einer Nation*, Le Locle 1976.

Wyder, Bernard, *Anker, chroniques intemporelles*. *Catalogue raisonné des œuvres d'Albert Anker au Musée cantonal des beaux-arts de Lausanne*, Lausanne 1987.

Wyss, Eduard, *Johann Grimm 1677–1747, ein Burgdorfer Kunstmaler des frühen 18. Jahrhundert*, Burgdorf 1964.

Wyss, Johann Rudolf, Hrsg., *Niklaus Manuels Todtentanz, gemalt zu Bern um 1515–1520, lithographiert nach den getreuen Copien des berühmten Kunstmalers Wilhelm Stettler*, Bern 1823.

Wyss, Robert L., *Die Bannerträger der dreizehn alten Orte aus dem Berner Rathaus. Humbert Mareschet 1584–1585*, o.O.u.J. [Bern 1968].

Wyss, Robert L., »Pierre Nicolas Legrand und das Familienbild des Franz Salomon Wyss. Ein Beitrag zum bernischen Gruppenbild im 18. Jahrhundert«, in Florens Deuchler et al., Hrsg., *Von Angesicht zu Angesicht. Porträtstudien. Michael Stettler zum 70. Geburtstag*, Bern 1983, S. 216–227.

Wyttenbach, Jakob Samuel, »*Kurzer Abriß der fürnehmsten Umstände meines bisherigen Lebens.* Ein autobiographischer Text über Kindheit und Studienjahre des Pfarrers Jakob Samuel Wyttenbach (1748–1830), Edition und Kommentar von Leonhard A. Burckhardt«, in *Berner Zeitschrift für Geschichte und Heimatkunde*, Bd. 43, 1981, S. 41–74.

Yates, Frances A., *Astrea: The Imperial Theme in the Sixteenth Century*, London usw. 1975.

Zampetti, Pietro, Hrsg., *Mostra dei Guardi* (Ausst.-Kat.), Venedig 1965.

Zanetti, Antonio Maria, *Descrizione di tutte le pubbliche pitture della città di Venezia*, Venedig 1773.

Zanetti, Antonio Maria, *Della beretta dogale...*, Venedig 1779.

Zbinden, Rolf, und Albrecht, Juerg, *Honoré Daumier, »Rue Transnonain, le 15 avril 1834«. Ereignis – Zeugnis – Exempel*, Frankfurt am Main 1989.

Zelger, Franz, *Heldenstreit und Heldentod. Schweizerische Historienmalerei im 19. Jahrhundert*, Zürich/Freiburg im Breisgau 1973.

Zelger, Franz, »Der manipulierte Held«, in Ekkehard Mai und Anke Repp-Eckert, Hrsg., *Triumph und Tod des Helden. Europäische Historienmalerei von Rubens bis Manet*, Mailand/Köln 1990, S. 389–406.

Zemp, Josef, *Die schweizerischen Bilderchroniken und ihre Architekturdarstellungen*, Zürich 1897.

Zeri, Federico, *La percezione visiva dell'Italia e degli Italiani*, Turin 1988.

Ziegler, Jakob Melchior, »Über monumentale und nationale Kunst und über die Idee eines Schweizerischen Nationalmonumentes«, in *Mittheilungen der Allgemeinen Schweizerischen Künstlergesellschaft*, Basel 1844, S. 55–81.

Ziegler, Jakob Melchior, *Aus dem künstlerischen Nachlasse von Johann Georg Müller. Mit einer Lebensskizze Müller's und Notizen*, Winterthur 1860.

Zinsli, Paul, *Der Berner Totentanz des Niklaus Manuel (etwa 1584–1530) in den Nachbildungen von Albrecht Kauw (1649)*, 2., erw. Aufl., Bern 1979.

Zürcher, U. W., *Karl Stauffer-Bern. Familienbriefe und Gedichte*, Leipzig/München 1914.

Zürcher, U. W., *Karl Stauffer-Bern, Leben und Werk*, Bern 1961.

Zürich 1981: Ausst.-Kat. *Zürcher Kunst nach der Reformation, Hans Asper und seine Zeit* (Helmhaus).

Zürich 1983: Ausst.-Kat. *Ferdinand Hodler* (Kunsthaus).

Zürich 1984: Ausst.-Kat. *Das Porträt auf Papier* (Zentralbibliothek).

Zürich 1988: Ausst.-Kat. *Von Gessner bis Turner. Zeichnungen und Aquarelle von 1750–1850 im Kunsthaus Zürich, Graphische Sammlung*.

Zürich/Frankfurt am Main 1987–1988: Ausst.-Kat. *Eugène Delacroix* (Kunsthaus; Städtische Galerie im Städelschen Kunstinstitut).

Zurlauben, Beat Fidel, *Tableaux topographiques, pittoresques, physiques, historiques, moraux, politiques, littéraires de la Suisse*, 3 Bde., Paris 1780–1788; andere Ausgabe des gleichen Werkes: Beat Anton Fidel de Zurlauben, *Tableaux de la Suisse ou Voyage pittoresque fait dans les Treize Cantons et Etats alliés du Corps Helvétique*, 2 Bde., Paris 1780–1786 (Reprint 1977).

Herkunft der Abbildungen

Essays

Abb. 1: Baugeschichtliches Archiv der Stadt Zürich; Abb. 2: Staatsarchiv des Kantons Bern; Abb. 3: Städtische Kunstsammlungen Augsburg; Abb. 4: Bildstelle und Denkmalsarchiv der Stadt Nürnberg; Abb. 5: Gemeentearchief Amsterdam (J. Wester); Abb. 6: Museen der Stadt Regensburg, Kunst- und Kulturgeschichtliche Sammlungen; Abb. 7: Rijksmuseum-Stichting, Amsterdam; Abb. 8: Biblioteka Narodowa, Warschau; Abb. 9: Library of Congress, Washington; Abb. 10: Repro nach H.A. Cooper, *John Trumbull*, New Haven 1982, S. 261; Abb. 11: Bibliothèque nationale, Paris; Abb. 12: Staatliche Landesbildstelle Hamburg; Abb. 13: Archiv der Eidgenössischen Komission für Denkmalpflege, Bern; Abb. 14: Repro nach der Broschüre *State of Illinois Center* (Photos M. Ferguson, G. Losik), Chicago, o.J.; Abb. 15: Archivi Alinari, Florenz; Abb. 16: Kunsthistorisches Institut Florenz; Abb. 17: Archivi Alinari, Florenz; Abb. 18: Fototeca Berenson, Florenz; Abb. 19: Archivi Alinari, Florenz; Abb. 20: Reale Fotografia Giacomelli, Venedig; Abb. 21: Repro nach Jürg Meyer zur Capellen, *Gentile Bellini*, Stuttgart 1985; Abb. 22: National Gallery, London; Abb. 23, 24: Archivi Alinari, Florenz; Abb. 25: National Gallery of Art, Washington; Abb. 26: Mauritshuis, Den Haag; Abb. 27: Amsterdams Historisch Museum, Amsterdam; Abb. 28: Gemeinde Deventer; Abb. 29: Repro nach Simon Schama, *The Embarassment of Riches*, London 1987; Abb. 30: Rijksmuseum-Stichting, Amsterdam; Abb. 31: Schweizerisches Landesmuseum, Zürich; Abb. 32: Réunion des musées nationaux, Paris; Abb. 33: Repro nach Katharine Fremantle, *The Baroque Town Hall of Amsterdam*, Utrecht 1959; Abb. 34: Repro nach Beelden Kijken, *De Kunst van Quellien in het paleis op de dam*, Amsterdam 1977; Abb. 35 und 36: Stedelijk Museum De Lakenhal, Leiden; Abb. 37: Gemeentelijke Archiefdienst Delft; Abb. 38 und 39: Archivio Cameraphoto, Venedig; Abb. 40: Repro nach Alois Riegl, *Das holländische Gruppenporträt*, Wien 1931; Abb. 41: Rijksmuseum-Stichting, Amsterdam; Abb. 42 und 43: Frans Halsmuseum (T. Haartsen), Haarlem; Abb. 44: Frans Halsmuseum, Haarlem; Abb. 45 und 46: Bibliothèque royale, Brüssel; Abb. 47: Verfasser; Abb. 48: Niedersächsische Staats- und Universitätsbibliothek Göttingen; Abb. 49: Herzog August Bibliothek, Wolfenbüttel; Abb. 50: Seitz-Gray-Foto, Frankfurt am Main; Abb. 51: Senat der Hansestadt Lübeck; Abb. 52: Rijksmuseum-Stichting, Amsterdam; Abb. 53: Bibliothèque nationale et universitaire, Straßburg; Abb. 54: Städtische Kunstsammlungen Augsburg; Abb. 55–59: Verfasser; Abb. 60: Jacques Mayer, Grasse; Abb. 61: Musée des beaux-arts de Besançon (Ch. Choffet); Abb. 62: Musée des beaux-arts de Lille; Abb. 63: Verfasser; Abb. 64: Bundesarchiv, Koblenz; Abb. 65: Schweizerisches PTT-Museum, Bern; Abb. 66: Statens Konstmuseet, Stockholm.

Werkbeschreibungen

Photographien und Reproduktionsrechte verdanken wir den Leihgebern, mit folgenden Präzisierungen oder Ausnahmen: J.S. Anders, Berlin (Kat. 442); J. Brun, Luzern (Kat. 26); K. Burkard, Winterthur (Kat. 420); A. Dingjan, Den Haag (Kat. 87); W. Dräyer, Zürich (Kat. 279); M. Galli, Vogtsburg-Oberrotweil (Kat. 390); T. Haartsen, Ouderkerk a.d. Amstel (Kat. 84–86); M. Hesse, Bern (Kat. 15); G. Howald, Kirchlindach (Kat. 43, 70, 72, 96, 139, 287, 288); Hutin, Compiègne (Kat. 80); Schweizerisches Institut für Kunstwissenschaft, Zürich (Kat. 2, 63, 64, 265, 400, Ergänzung zu Kat. 426); S. Jean, Nantes (Kat. 403); Ch. Kempf,

Colmar (Kat. 401); M. Koenig, Lausanne (Kat. 145, 146); M. Lacanaud, Arles (Kat. 332); S. Lauri, Bern (Kat. 45, 61, 71, 74, 76, 213, 234, 235, 241, 245, 246, 249, 250, 254, 256, 257, 260, 267–269, 273–276, 280, 285, 363, 372, 396, 397, 429, 446–448, 451, 469–480, 482, 483, 486, 493); G. Luisoni, Morbio Superiore (Kat. 435); G. Martignoni, Chiasso (Kat. 436); Musées de la ville de Paris, Paris (Kat. 330, 370, 404–407, 409–414, 416); Fotostudio Otto, Wien (Kat. 284); Piraud und Grivel, Genf (Kat. 387); E.-M. Preiswerk-Lösel, Zürich (Kat. 25); S. Rebsamen, Bern (Kat. 10, 21, 46–48, 55, 56, 59, 60, 95, 143, 147, 149–157, 170–175, 177, 193, 196, 199, 201, 202, 204, 208–218, 220–225, 229, 231, 232, 264, 277, 312, 325, 453); Réunion des musées nationaux, Paris (Kat. 77, 78, 89, 135–138, 266, 301, 319, 320, 326–328, 360, 402, 408); A. Seiler, Basel (Kat. 158, 159, 179–183, 191); Ch. Senn, Bern (Kat. 437–439); Y. Siza, Genf (Kat. 298); Photo Studio 3, St. Augustin (Kat. 366); Ottica Vicari, Lugano (Kat. 127, 128); Studio Vioget, Lausanne (Kat. 148); E. Walford, Hamburg (Kat. 88, 91, 98, 103, 333); Werberei Woodtli, Zürich (Kat. 239, 240); Kat. 90: Repro nach Rudolf Oldenbourg, *Thomas de Keyzers Tätigkeit als Maler*, Leipzig 1911; Kat. 306, 307 und 309: Repro nach Terisio Pignatti, *Pietro Longhi*, Venedig 1968; Kat. 386: Repro nach *Kazimir Malevich* (Ausst.-Kat., Leningrad/Moskau/Amsterdam 1988–1989); Kat. 421: Repro nach Jean Garrigues, *Images de la Révolution*, Paris 1988; Kat. 445: Repro nach *William Hogarth. Dipinti Disegni Incisioni* (Ausst.-Kat., Venedig 1989).

Orientierungspläne

Fritz Bürki ASG SWB, Bern

Register der Personennamen

Im Register sind die Aufsätze (Seitenzahlen und Abbildungen) und die Beschreibungen der einzelnen Objekte im Katalog (Kat., Seitenzahlen für Kommentare zu Objektgruppen) erfaßt. Kursiv gesetzte Zahlen weisen auf ein Werk des betreffenden Künstlers. Die bibliographischen Angaben werden im Register nicht berücksichtigt. Bei italienischen und niederländischen Namen gilt die natürliche Wortfolge.

Cornwallis, Lord: Kat. 321
Corot, Jean-Baptiste Camille: Kat. *370*
Corradini, Antonio: Kat. 133
Correggio (Antonio Allegri): Kat. 449
Correggio, Matteo da: S. 35
Corsini, Filippo: S. 35
Corvi, Domenico: Kat. 358
Courbet, Gustave: S. 114; Kat. *145–147,*
    431, 441, 442
Crassus, Marcus Licinius: Kat. 357
Crayer, Caspar de: S. 108
Crémieux, Adolphe: Kat. 405
Crespi, Giuseppe Maria: Kat. 123, 305, 308
Croesus: S. 151–153, Kat. 27, 28, 30
Cromwell, Oliver: S. 6; Kat. 83, 165
Cruikshank, George: Kat. 462, 463, 464, 467
Cumberland, Herzog von: Kat. 318
Curius Dentatus, Marcus: S. 151 f., Kat. 41 a,
    98, 104, 105, 106, 110, 293, 339
Curtat, Louis: Kat. *148*
Cyro, Peter: Kat. 43
Cyrus: Kat. 27
Cysat, Renward: Kat. 208, 211
Czartoryski, Isabella: Kat. 369
Czartoryski, Wladyslaw: Kat. 369

D

Da Cortona, Pietro: Kat. 291, 440
Dadler, Sebastian: Kat. *163, 164, 165*
Dahl, Johan Christian Claussen: Kat. 355
Dandolo, Andrea: Kat. 118
Dandolo, Marco: Kat. 307
Dante Alighieri: S. 36
Dassier, Jean: Kat. *173*
Datzerath, Johann Michael: Abb. 50
Daudet, Alphonse: S. 195
Daumier, Honoré: S. 95; Kat. *362, 363, 372,*
    481, 482, 483, 484, 485, 486, 487, 488,
    489, 490, 491, 492, 493, 494, 495, 496,
    497
Davel, Jean-Daniel-Abram: Kat. 425, 426,
    427
David: S. 152 f., Kat. 33, 38, 323
David, Jacques-Louis: Abb. 32, S. 50, 51;
    Kat. 68, 233, 234, 293, 299, 300, *301,*
    302, 303, *330,* 331, 332, 338, 356, 381,
    410, 423, 425, 426, 458, 490
David d'Angers, Pierre Jean: Kat. *360,* 361
David-Weill, D.: Kat. 328

Dayton, Leutnant: Kat. 396
De' Barbari, Jacopo: Kat. 115
De Bray, Jan: S. 68, 69; Kat. *87*
Decamps, Alexandre-Gabriel: Kat. 489
De' Franceschi, Domenico: Kat. 126
Defresne, August: Kat. 101
Degas, Edgar: Kat. 433
De Graeff, Cornelis: Kat. 91, S. 241
De Graeff, Jacob: Kat. 92, 93
De Grebber, Pieter Fransz.: Kat. 110
De Groot, Guillaume: Kat. 402
De Groot, Hugo: S. 101, 102, 103; Kat. 99,
    100, 112
De Hooch, Pieter: Kat. *97*
De Jonges, Adriaan (Hadrianus Junius):
    Kat. 228
De Keyzer, Hendrick: S. 60, Abb. 37; Kat. 9
De Keyzer, Pieter: S. 57; Kat. 89
De Keyzer, Thomas: S. 47; Kat. *96*
Dekker, Maurits Rudolph Joel: Kat. 101
Delacroix, Eugène: Kat. *356, 358, 359,* 360,
    362, 364, 374, 375, 391, 437, 442, 481,
    495, 496
De la Rive, Gaspard: Kat. 458
De la Rive, Pierre-Louis: Kat. 278
Del Piombo, Sebastiano: Kat. 120
De Momper, Josse: Kat. 56
De Pestre de Seneffe: Kat. 134–138
Desaix, General: Kat. 252
Des Arts, Joseph: Kat. 454, 456, 457, 458
Descamps, Jean-Baptiste: Kat. 57
Desjardins, Martin: Kat. 77, *78*
De Vos, Marten: S. 56, 83, Abb. 52
De Vos, Philips: Kat. 93
Devosge, François III.: Kat. 335
De Wit, Jacob: Kat. 108
De Witt, Gebrüder: S. 102
De Witt, Jan: Kat. 79, 80
Dick, David: Kat. *229*
Dick, Peter Rudolf: Kat. 48
Diday, François: Kat. 288, 289
Diderot, Denis: Kat. 264, 265, 268, 291
Didier, Jules: Kat. *411*
Diesbach, Ludwig von: Kat. 47
Diesbach, Wilhelm von: Kat. 47
Dietterlin, Wendel: S. 86
Diogenes: Kat. 347
Diogg, Felix Maria: Kat. *313, 314*
Diokletian: Kat. 141

0 1132 0157917 5